한영우 韓永愚, Han Young-Woo

서울대학교 문리대 사학과 졸업(문학박사)
서울대학교 한국문화연구소장, 한국사연구회 회장, 미국 하버드대학 객원교수, 서울대학교 규장각관장, 문화관광부 문화재
위원, 국사편찬위원회 국사편찬위원, 서울특별시 시사편찬위원, 서울대학교 인문대학 국사학과 교수 역임.

주요저서
『정도전 사상의 연구』, 『조선 전기 사회경제 연구』, 『조선 전기 사회사상 연구』, 『조선 전기 사학사 연구』, 『조선 후기 사학사
연구』, 『한국의 문화전통』, 『우리 역사와의 대화』, 『한국민족주의 역사학』, 『다시 찾는 우리역사』, 『조선시대 신분사 연구』,
『미래를 위한 역사의식』

민속원 아르케북스 250 minsokwon archebooks

한국사학사연구
권근의 『동국사략』부터
손진태의 신민족주의 사학까지

| 한영우 |

민 속 원

새로 엮으며

이 책은 한영우 선생님께서 1970년대 중반부터 20년간 진행해 온 사학사 연구의 결실을 종합한 책이다. 한 선생님께서는 사학사 연구를 진행하면서 대상 시기를 구분하여 세 권의 단행본을 내셨다. 『조선 전기 사학사 연구』(1981), 『조선 후기 사학사 연구』(1989), 『한국 민족주의 역사학』(1994)이 그 결실이다. 이 책은 기왕에 간행되었던 세 권의 단행본을 합하고 여기에 수록되지 못했던 두 편의 논문을 추가하여 시대별로 재정리하였다.

한 선생님은 조선시대사 전공자로 사회경제사와 사상사를 집중적으로 연구하였고, 조선시대 역사서의 연구를 고대사 전공자와 고려사 전공자가 주도하는 것에 문제가 있다고 생각하여 사학사 연구를 시작하셨다. 선생님께서는 사회사상으로의 사상사를 중시하고 이를 사학사와 연결하여 이해하며, 사상사의 이해를 심화하기 위해서는 사학사의 정리가 꼭 필요하다고 생각하셨다.

선생님은 사학사의 연구 대상을 역사의식과 역사인식으로 구분하여 보신다. 역사의식은 자기 시대의 정치사회적 과제를 해결하려는 의지로 역사학의 이념적 측면을 말하는 것이라면, 역사인식은 역사를 얼마나 과학적이고 객관적으로 서술하는가의 문제로 역사학의 과학적 측면을 말한다. 선생님은 역사가의 이념이 아무리 진보적이라도 그 학문은 낮을 수 있고, 이념이 뒤졌더라도 그 학문의 수준은 높을 수 있다고 보았고, 이 두 가지 측면을 함께 검토하면서 균형감각을 가져야 한다고 강조하셨다.

선생님께서는 사회사와 사상사 연구의 성과를 사학사 연구에 반영시키려 하였으며, 역사서가 나온 시대에 따라 연구의 초점을 조금씩 달리하셨다. 15세기 사학사에서는 관찬 사서가 성행했으므로 군신 간의 권력 변동이 역사서에 반영된 것으로 보았고, 16세기 사학사에서는 붕당 관계에 초점을 두고 역사서에 나타나는 유학자들의 역사의식을 파악하려고 하셨다. 조선 후기 사학사는 중세사학에서 근대사학으로 넘어가는 과도기에 해당하는 것으로 보고, 각 시기의 사학을 붕당적 배경과 연결하여 보려고 하셨다. 선생님은 붕당정치를 권력투쟁으로만 보지는 않고, 각 정치 세력의 학문과 시국관의 차이, 역사의식의 차이를 반영하는 경합적 정치운영의 형태로 보셨다.

근대로 들어와서는 민족주의 역사학에 주목하셨다. 선생님은 일제 강점기에 민족주의 역사학, 마르크스주의 역사학, 문화주의 역사학 등 세 부류가 나타났으나 최대의 과제는 민족의 해방이었기에 민족주의 역사학이 가지는 의미가 각별하다고 평가하셨다. 선생님은 민족주의 역사학은 한말 민족주의를 바탕으로 성립되었고, 극좌와 극우를 배격하고 초계급적 통합민족국가 건설을 지향하는 신민족주의 단계로 발전한 것으로 보셨다. 또한 앞으로의 민족주의 역사학은 민족통일을 위해 민족을 제일 윗자리에 놓고 좌우 이데올로기를 중화시키면서 각계각층의 대동단결을 추구하는 통합적인 방향으로 나가야 한다고 주장하셨다.

선생님의 사학사 연구는 여기서 끝나지 않았다. 선생님은 1994년에 조동걸, 박찬승 선생님과 공동으로『한국의 역사가와 역사학』(창작과비평사)을 편집하면서 총설 및 고려시대와 조선시대의 사학사 개설을 집필하셨고, 2002년에는『역사학의 역사』(지식산업사)를 출간하면서 동서양 역사학의 전통과 한국 역사학의 전통을 함께 정리하셨다. 따라서 선생님의 사학사 연구를 종합적으로 파악하려면 이 책들도 함께 읽어야 할 것으로 판단된다.

필자는 대학원에 재학할 때 한 선생님을 지도교수로 모셨고, 대학원 수업을 들으면서 선생님의 사학사 연구에 참여할 기회가 있었다. 선생님께서는 매번 학기 초가 되면 한 학기 동안 읽을 역사서 목록을 가져와서 대학원생들에게 분담하여 발표하게 하셨고, 이후 수업 시간에 발표된 내용을 바탕으로 연구논문을 작성하여 차례로 발표하셨다. 이때 필자가 읽었던 사서로는 임상덕의 『동사강목』과 이종휘의 『동사』가 있다.

필자는 최근에 민속원 홍종화 사장님으로부터 한 선생님께서 생전에 사학사 연구를 종합하는 단행본을 내려고 하셨다는 소식을 들었다. 선생님께서 흩어져 있는 글을 하나의 책으로 묶고, 한국 사학사에 대한 만년의 생각을 정리하는 글을 쓰시려 하셨을 텐데, 그 일을 마무리하지 못하고 유명을 달리 하신 것이 못내 아쉽다. 필자는 스승의 책에 머리말을 쓰는 것은 무례한 일이라 생각하여 여러 번 사양하였으나 홍 사장님과 유족의 부탁이 있고 묵직한 저서의 첫머리를 비워두기도 어려워 이렇게 부족한 글을 쓰게 되었다. 이 책의 간행을 통해 한영우 선생님의 사학사 연구에 대한 열정과 업적이 독자들에게 온전히 전해지기를 기대하며 글을 맺는다.

2024년 8월
제자 김문식 씀

감사의 말씀

　민속원 홍종화 사장님으로부터 전화가 온 것은 선친께서 돌아가신 후 어느 정도 세월이 흐른 뒤였습니다. 말씀인즉, 선친이 돌아가시기 1년 전인 2022년 봄, 한창 병마와 싸우시던 와중에, 과거 출판하셨던『조선 전기 사학사 연구』,『조선 후기 사학사 연구』,『한국 민족주의 역사학』이 세 권의 책을 한 책으로 합쳐 출판하고 싶다는 뜻을 사장님께 밝히셨고 사장님께서 이에 동의하여 그 작업을 진행하고 있다는 것이었습니다. 사장님의 전화는 선친의 타계 이후 그 작업을 계속 진행해도 되는지의 여부를 유족에게 묻는 것이었고, 이를 위해 유족 가운데 선친과 마찬가지로 역사학계에 몸담고 있는 제게 연락하신 것이었습니다. 엉겁결에 사장님께 동의의 뜻을 밝힌 지 몇 개월이 지난 2024년 8월, 드디어 원고의 타이핑이 다 끝나고 책의 기초 작업이 끝났다는 사장님의 연락을 받았고 곧이어 사장님이 직접 가지고 오신 출력된 원고도 확인할 수 있었습니다. 위의 세 책은 출판된 지 워낙 오래된 것이라 선친께서 요즘처럼 컴퓨터로 작업하신 것이 아니기에 원고의 파일이 존재하지 않았습니다. 따라서 출판사에서 그 세 책의 내용을 일일이 다시 타자를 쳐서 입력하는 작업을 진행한 것이었습니다. 이것이 상당한 시일과 노력을 요하는 작업이라는 것은 제게 자명해 보였습니다.

　완성된 원고를 보니 세 권의 책이 원래 지니고 있던 제목과 목차 등 구조를 그대로 유지하되, 다만 제목과 본문에 나오는 한자를 대폭 한글로 변환하여 독자들이 읽는 데 편의를 도모한 것이 특징이었습니다. 세 책을 합쳤기에 1000 페이지가 넘는 방대한 분량이 되어 독자들이 휴대하기에 곤란해 보이긴 했지만 이 세 책을 하나로 합쳐야만 사학사의 통사로서 책의 의미가 산다는 사장님의 말씀이 이해되었습니다. 조선 전기, 후기, 근현대 한국의 사학사를 다루는 세 권의 책이 모두 절판되어 도서관에서만 볼 수 있을 뿐 시중에서는 유통되지 않는 것이 이번 출판의 한 가지 이유이겠지만, 동시에 조선 전기부터 1940년대까지의 사학사를 아우르는 한 권의 책을 만드는 것은 선친이 이 책을 의도하신 중요한 이유일 것이라는 생각이 들었기 때문입니다.

위 세 권의 책이 출판된 이후 관련 주제에 대해 많은 연구가 축적되었을 것이고 이번에 새롭게 엮은 책이 그러한 연구를 반영하지는 못하지만 이미 절판된 앞선 세대의 사학사 연구를 후학들이 더욱 편리하게 참조할 수 있게 하는 것도 의미있을 것으로 생각합니다. 또 각기 분리된 관련 내용들이 하나로 합쳐졌을 때 독자들이 뜻밖에 새로운 영감을 얻을 수 있을지도 모른다는 생각도 들었습니다. 유족의 관점에서 말씀드리자면 이 책은 선친이 큰 열정을 기울인 분야인 사학사 연구의 마무리를 짓는 작업이라는 의미를 지니기도 합니다.

이 책이 세상의 빛을 볼 수 있도록 노력해 주신 많은 분들께 감사의 말씀을 드립니다. 유족도 잘 모르는 선친과의 약속을 끝까지 지키시어 이 책을 출판해 주신 민속원의 홍종화 사장님, 그리고 방대한 분량의 내용을 일일이 컴퓨터에 입력해 주시고 한글로 바꾸어 가독성을 높여 주신 출판사 편집진분들, 그리고 방대한 원고를 검토하시고 꼼꼼히 문장을 수정해 주셨으며 이 책의 머리말까지 작성해 주신 단국대 사학과 김문식 선생님께 깊은 감사의 말씀을 드립니다.

2024년 8월
둘째 아들 한승현

차례

제2부
조선 후기 사학사 277

제3부
한국 민족주의 역사학 795

제1장 민족주의 사학의 성립과 전개
—— 797

제2장 한말 신채호의 민족주의사론
—— 832

제3장 1910년대 이상룡·김교헌의 민족주의 역사서술
—— 876

일러두기

1. 이 책은 『朝鮮前期史學史研究』(서울대학교출판부, 1981), 『朝鮮後期史學史研究』(一志社, 1989), 『韓國民族主義歷史學』 (一潮閣, 1994)을 저본으로 하여 한 권(『한국사학사연구』)으로 합본하였다. 각 권을 1부 조선 전기 사학사, 2부 조선 후기 사학사, 3부 한국민족주의 역사학으로 정했으며, 원책의 머리말은 각 부가 시작하는 부분에 넣었다.

2. 위의 책 발간이후 작성된 논문 2편(제2부 2장, 6장)을 추가로 넣었다.

3. 한자로 되어 있는 본문을 현대에 맞게 한글로 수정했다. 단, 책명, 이름 등 한자가 필요한 부분은 한자를 병기했다.

제1부

조선 전기
사학사

조선시대는 유교사회였던 만큼 유교경전이 서적의 중심을 이루었지만, 경전 다음으로 중요시된 것은 사서였다. 경학과 사학은 유학자의 필수 교양이었던 까닭에 경학이 발달하는데 병행해서 사학이 발달하였다.

조선시대의 역사에 대한 관심은 대체로 중국사에 치중되었지만 조선초기(15세기)와 조선 후기(18·19세기)에는 국사에 대한 관심도 비상히 고조되었다.

조선시대에 편찬된 국사서는 크게 보아 관찬과 사찬으로 구분되는데 사찬사서는 아직 그 종류조차 다 파악되지 못하고 있는 실정이다.

지금까지의 사학사연구는 고려사·동국통감·동사강목과 같은 몇몇 대표적 사서를 단편적으로 이해하는데 그치고 있었을 뿐이었으며, 대체로 고대사나 고려시대사 연구자에 의해서 조선시대의 사서가 연구되었기 때문에 조선시대 역사의 문맥에서 이해되기보다는 고대사나 고려시대사의 연구자료로서의 가치에 중점을 두는 경향이 있었다.

원래 사서에 대한 검토는 자료적인 측면과 편사정신, 즉 역사의식의 측면을 함께 다루어야 하기 때문에, 자료중심의 연구방법도 중요한 의미를 가지는 것이 사실이다. 그러나 편사정신의 측면은 조선시대사의 문맥에서 검토되는 것이 더 바람직하다는 느낌이다.

필자가 조선 전기 사학사에 관심을 갖게 된 것은 지난 20년간 이 시대의 사회경제사와 사상사를 공부해온 경험을 사학사연구에 조금이나마 활용해보자는 생각이 하나의 동기였다. 이 연구가 기왕의 연구와 다른 점이 있다면 바로 조선시대 전공자의 입장의 차이가 반영되었다는 점일 것이다.

비단 사학사 분야에서만 아니라 다른 분야의 연구에 있어서도 필자가 항상 유의하고 있는 것은 역사학과 사회과학을 접근시켜 보자는 입장이다. 이는 역사학의 사회과학화인 동시에, 역사학이 종합사로 나아가는 학문적 추세에 발맞추어야 한다는 당위성 때문이기도 하다. 이러한 필자의 고민과 시험이 과연 이 연구에 제대로 반영되었는지는 좀더 시간을 두고 반성해 보아야 할 것이다. 다만, 본고에서 실증 이상의 문제에까지 자주 언급하고, 지나치리만큼 논리를 추구하려는 태도를 보인 것은 위와 같은 고민에서 나왔다는 것을 밝혀두며, 이 점 독자제현의 양해를 구하는 바이다.

본서의 각장은 개별논문으로서 이미 발표된 것을 토대로 재구성하였으나, 적지 않은 부분에서 첨삭·수정·보완하였다. 따라서 기발표논문의 문책은 본서로서 대신하려고 한다.

이 조그만 연구가 탄생되는 과정에 물심양면으로 도움을 주신 분들에게 뜨거운 감사를 드린다. 먼저, 이 연구를 지원해 주신 서울대학교 학술연구재단의 후의를 잊을 수가 없다. 또 필자를 끊임없이 격려·지도해 주신 한우근 선생을 비롯하여, 본 논문에 대하여 유익한 충고를 주고 결함을 지적해 주신 김철준, 변태섭, 이원순, 이재룡 선생, 그리고 이 책을 정성들여 제작해 주신 서울대학교 출판부 여러분에게도 아울러 감사를 드리는 바이다. 끝으로, 본서의 교정·인쇄 과정의 어려운 일들을 뒷바라지 해 준 한국문화연구소 안병욱 조교에게도 고마운 뜻을 전한다.

1981. 2.

韓永愚 識

서론

(1)

삼국사기가 편찬된 고려중기 이래 한말·일제시대에 근대사학이 성립될 때까지 우리나라의 편사활동은 유교사관에 바탕을 두었다. 유교사관이라고 해서 심오한 이론체계가 성립되었던 것은 아니고, 또 모든 역사기술이 유교사관에만 바탕을 둔 것은 물론 아니었다. 불교나 도교 혹은 민간신앙에 바탕을 둔 역사기술도 없는 것이 아니었다. 그러나 적어도 사관이나 사학이라고 부를만한 수준에 가까웠던 것은 그래도 유교적 편사활동이었으며, 또 그것이 조선시대에 이르러서는 모든 편사활동의 주류를 이루었다. 따라서 조선시대는 중세적 교학체계로서 유교가 사상계의 주류였던 것과 마찬가지로, 사학사의 측면에서도 유교적 편사시대라고 불러서 좋을 것이다.

불교·도교 혹은 민간신앙에 바탕을 두었던 고대의 편사정신 및 편사방법과 유교사관에 입각한 그것과의 근본적인 차이점은 무엇일까? 유교적 편사정신 및 편사방법자체도 시대에 따라 많은 차이가 있으므로 한 마디로 그 성격을 논정하는 것도 어려운 일이다. 그러나 거시적으로 보면, 다음과 같은 몇가지 이념적 특색을 검출할 수 있을 듯하다.

첫째, 유교적 편사는 단순히 사건을 나열하거나 기록을 집적하여 무의지적으로 과거를 재구성하는 것이 아니라, 지나간 사건의 선악과 시비를 포폄하여 현재의 교훈을 삼으려는데 목적을 둔다. 따라서 그것은 일종의 교훈사관이며, 그런 점에서 이데올로기적이기도 하다.

둘째, 선악과 시비를 포폄하는 가치기준은 경학에 둔다. 경학의 내용은 시대에 따라 다를 수 있으므로, 가치기준도 반드시 일정한 것은 아니지만 시대를 초월하여 불변하는 경학의 정신은 강상과 왕도주의라고 말할 수 있을 것이다. 역사기술은 이러한 경학의 기본정신에 바탕을 두고 과거를 비판하는 수단이라고 보기 때문에, 사학은 경학과 체용관계를 가지면서 경학에 종속되어 경학을 응용하는 학으로 이해되었다. 물론 "經以載道 史以記事"라 하여 경과 사의 독립성이 어느 정도 인정되기도 하였지만, '기사'로서의 사보다는 '재도'로서의 경이 항상 우위로 인정되었으므로, 사가 경의 구속을 벗어나지는 못하였다. 사학이 경학에 종속되고, 경학의 기본정신이 강상도덕에 있다는 점에서 유교사관은 일종의 도덕사관이라고 부를 수 있다.

셋째로, 유교사관에서는 귀신·내세 혹은 신비의 세계를 실재로서 인정하지 아니하고, 그러한 사실들을 기록한 신화 혹은 설화들을 황탄불경荒誕不經한 것으로서 배격한다. 불교나 도교 혹은 민간신앙을 이단으로서 배척하고, 또 그러한 종교·신앙에 바탕을 둔 역사기록들, 예컨대 고기류를 불신하는 이유가 여기에 있다. 종교적 세계관이나 신비주의를 배격하고 가시적이고 경험적인 현실세계를 실재로서 인정한다는 점에서 유교사관은 합리적이며, 신비주의에 바탕을 둔 고대의 사관과 기본적으로 구별된다. 물론 유교의 합리정신은 자연과학적 지식에 토대를 둔 근대적 합리주의와는 성격이 다르다는 점을 유의할 필요가 있을 것이다.

끝으로, 유교적 편사방법에 있어서는 문헌자료에 의거한 실증을 존중한다. 없는 자료를 조작한다거나, 있는 자료를 자의로 변개變改하는 것은 불공정한 것으로 생각한다. 편사는 공정함을 생명으로 하는 것이며, 편사의 공정성은 문헌자료에 의한 실증을 통해서 보장된다고 믿는 까닭이다.

물론 유교적 편사에서 문헌실증을 존중한다고 해서 어떠한 내용의 기록이든지 편사에 이용한다는 뜻은 아니다. 불합리한 내용을 담은 기록, 즉 황탄불경한 자료는 이용하지 않으며, 강상에 크게 저촉되는 기록은 삭제한다. 이것이 곧 필筆해야 할 것은 필하고 삭削해야 할 것은 삭한다는 이른바 필삭의 원칙이다. 따라서 유교적 편사는 자료를 기계적으로 나열하는 것이 아니고, 일정한 기준 위에서 자료를 선별하고, 배열하고, 평가하는 것이며, 그러한 의미에서 편사 그 자체가 역사서술의 성격을 갖는 것이다.

(2)

유교적 편사정신과 편사방법은 이상과 같은 이념적 제특징을 갖는 것이지만, 유교사상 자체가 시대에 따라 혹은 집단에 따라 변질되고, 편사에 중요한 영향을 주는 자료의 이용 도가 시기에 따라 일정하지 않으므로, 역사서술의 내용은 부단히 바뀌게 마련이다. 유교 적 편사시대 안에서도 또다시 미시적인 시대구분이 가능한 이유가 여기에 있다 할 것이다.

조선시대를 놓고 볼 때, 15세기와 16세기의 편사정신과 편사방법이 서로 다르고, 17 · 18세기와 19세기의 그것이 또 같지 않은 것을 발견하게 된다. 즉 15세기의 조선초기에는 관찬사서가 성행하고, 여러 사체를 절충하거나 다양화하는 경향을 보이고 있으나, 16세 기에는 사찬에 의한 사략형史略型사서가 주류를 이루고 있다. 17 · 18세기에도 사찬사서 가 여전히 주류를 이루고 있지만, 사체는 대부분 강목법을 따르고 있다. 그러다가 18세기 말 이후로는 백과사전 형식의 사서가 성행하고, 19세기 말의 개화기에는 소위 개화사체開 化史體 혹은 신사체新史體가 등장하게 된다.

이와 같은 각 시기 사서의 체재와 편사방식의 차이는 그 안에 국사체계 혹은 편사정신 의 변화를 수반하고 있는 것으로서, 사학사의 연구과제는 바로 그러한 변화의 내용과 의 미를 체계적으로 밝혀내어 이를 사상사 내지는 일반사와 접합시키는 일이 될 것이다.

사학사가 사상사와 유리될 수 없는 것은 편사의 주관성, 즉 사관이 개재하는 까닭이다. 편사의 객관적 측면, 즉 자료의 유무나 신빙성의 문제도 사학사연구에서 고려의 대상이 되어야 하겠으나, 그 역시 사관의 영향을 받는 까닭에 사학사연구에서 일차적으로 중요 한 것은 사관의 문제가 아닌가 한다.

사학사를 사상사와 연결시킨다고 할 때, 또 한가지 고려해야 될 것은 사상과 사회조건 이 서로 유리될 수 없다는 사실일 것이다. 사회조건을 형성하는 정치 · 경제 · 계층(혹은 신분)구조에 대한 이해 없이는 사상의 참된 이해가 어려울 것이다. 사학사가 궁극에 가서 일반사(넓은 의미의 사회사)와 접합되어야 하는 이유도 여기에 있을 것이다.

조선시대 사상사를 사회사와 연결시켜 이해할 경우에는 유교 하나만이 관심의 대상이 될 수는 없다. 유교 안에도 여러 분파가 있지만, 또 그 밖에 불교 · 도교 · 민간신앙 등의 흐름도 간과할 수 없을 것이다. 물론 유교는 여러 사조 가운데서 가장 수준이 높은 것이 고, 그러하기 때문에 지배적인 위치에 있었던 것은 사실이다. 그러나 비록 이론수준이 뒤져서 하위에 밀려나기는 하였더라고 불교·도교·민간신앙 등은 상위 지식체계인 유교와 부단히 접촉하면서 서로 영향을 주고 받았다고 보아야 할 것이다. 이는 사회변동에 있어서 도전과 대응의 원리가 작용한다는 사실과도 관련이 있는 것이 아닐까. 물론, 사상의 변동에는 국외로부터 들어오는 새로운 사조의 영향도 무시할 수 없다. 그러나 외부의 영향도 내부의 조건에 따라서 다양하게 변용될 수 있으므로 내적 변화의 논리를 찾아내는 것이 더욱 긴요한 일인 줄 안다.

유교가 다른 사조와 서로 영향을 주고 받는다는 사실을 가정한다면, 유교적 편사정신과 편사방법에서도 그러한 가정은 성립될 수 있을 것이다. 가령, 유교가 이단적 사조를 흡수하는 폭이 크면 클수록 그 편사방법과 편사정신은 유교의 이념적 정형에서 멀어질 것이다.

이단사상은 종교적이요 신비주의적인 까닭에 그것에 바탕을 둔 역사인식도 같은 성격을 갖게 되는 것이며, 그렇기 때문에 그것은 다분히 낭만적이며 신비적인 분위기를 푸익게 된다. 또 그것은 일정한 사체를 성립시키지 못한 까닭에 설화나 시가의 형식을 빌리는 경우가 많다. 또한 이단사상은 기본적으로 고대적 사유인 까닭에 그 역사기술도 자연히 고대의 역사경험을 전달하는 경우가 많다. 역사적 인물로서는 단군이, 역사무대로서는 만주가 특별히 주목되는 이유가 여기에 있다. 유교문화권에 완전히 편입되기 이전의 고대에 있어서는 중국중심의 세계관이 성립되지 않았던 것이고, 원시신앙에 바탕을 둔 천손의식이 지배하였을 터이므로 그 상징적 인물로서 단군이 주목되었을 것이다. 만주를 역사활동의 중심무대로 생각하는 것도 고구려인의 역사경험으로서는 자연스러운 일이었을 것이다.

이와 같은 고대의 역사경험은 유교문화권에 편입되고 영토가 반도로 축소된 후대의 역사경험과는 자연히 다를 수밖에 없었다. 따라서 이제 국사를 보는 눈은 유교문화권이라는 확대된 시야에서 재정립되지 않으면 안되었고, 유교라고 하는 새로운 가치체계를 가지고 고대문화를 비판·극복하지 않으면 안되었다. 그리하여 중국문화를 이 땅에 전수한 것으로 전해지는 기자가 주목되고, 중세적 세계질서로서 사대관계가 존중되며, 사대관계가 형성된 이후의 현강토(반도)를 실지失地(만주)보다 더 중시하는 새로운 국사인식의 성립을 보게 되는 것이다.

유교적 국사인식은 이렇듯 고대적 국사인식을 극복하고 성립된 것으로서, 보다 현실성과 합리성을 띤 것임에는 틀림이 없다. 그러나 그 현실성과 합리성이라는 것은 사관의 측면에서 그러하다는 것이지, 국사인식 자체가 사실적이고 객관적이라는 의미와는 다르다는 것을 유념할 필요가 있다. 오히려, 국사인식의 객관성이라는 측면에서 본다면, 유교문화권에 편입되기 이전의 고대사를 유교문화권에 편입된 이후의 현재적인 관점에서 지나치게 무시하거나 굴절시켜서 이해하는 경향이 있다. 고대적·이단적 국사인식은 바로 유교적 국사인식의 이같은 한계를 극복해가는 과정에 부단히 자극과 영향을 주었다.

한편, 이데올로기의 측면에서 본다면, 유교 특히 주자학은 이단사상보다는 진일보한 교학체계이지만, 무인武人이나 기술직인技術職人, 공·상인, 노비, 서얼 그리고 소작농민의 입장에서는 적극적인 의미를 갖지 못한 것이었다. 따라서 이러한 계층의 사회적 욕구가 팽배되는 시대에 있어서는 유교는 사회변동의 이론으로서 적극적인 기능을 수행하기 어려운 것이었다. 여말麗末·선초鮮初가 바로 그러한 시대로서, 사상적으로 유·불·선이 유교를 중심으로 하여 합일되는 추세가 나타나는 이유가 여기에 있었다. 그리고 이러한 사상통합은 전제왕권을 강화시키려는 군주의 입장에서 더욱 절실하게 요구되었다. 그것은 사상통합이 사회통합의 한 수단이 되는 까닭이었다.

군주와 일반신료와의 관계는 기본적으로는 상호 협력관계를 맺고 있으며, 유교의 정치사상이 또한 그러한 관계를 뒷받침하고 있는 것이지만, 그 협력관계라는 것도 군주의 입장에서 생각하는 것과 신료의 입장에서 생각하는 것은 반드시 서로 일치되는 것은 아니다. 유교의 이상적인 군주상은 신료의 정치적 자율성을 최대로 보장해주는 군주에서 찾아지는 까닭에 왕권강화를 추구하는 군주일수록 유교에 대하여 한계를 느끼고, 유학자이외의 계층이나 그들의 문화와 연결을 가지려는 성향을 보이게 되는 것이다. 더욱이 권력관계라는 것은 한 사람 이상의 일인자를 용납할 수 없는 속성을 가진 까닭으로 군권과 신권, 특히 신료의 수석인 재상이 군주와 갈등을 일으킬 가능성은 항상 존재하는 것이다.

역사기술이 재야의 인사에 의해서 이루어질 때에는 군신 간의 권력관계에 대하여 덜 예민해질 가능성이 크지만, 군명을 받들어 신료가 편찬하는 관찬사서의 경우에는 사정이 다르다고 보아야 할 것이다. 15세기의 관찬사서를 이해함에 있어서, 군신 어느 쪽이 편사의 주도권을 쥐고 있으며, 군신의 권력관계의 변동이 어떻게 사서에 반영되었나를 유심히 관찰해야 될 이유가 여기에 있다.

(3)

 본 연구는 대략 위에 설명한 여러 문제점을 유의하면서 진행되었으며, 연구대상 시기
는 15·16세기의 조선 전기에 한정하였다. 이 책의 제1장에서 제3장까지는 15세기를, 제
4장은 16세기를 각각 다루었다. 15세기와 16세기를 양분한 것은 사학사적으로 어느 정도
시대구분이 가능하다는 점을 고려한 것이다. 15세기 사서에서는 군신관계에, 16세기 사
서에서는 붕당관계에 각각 초점을 맞추어 편사정신의 차이를 이해하려고 노력하였다.
이는 전자가 관찬이요, 후자가 사찬이라는 점을 고려한 것이기도 하지만 정치사가 궁극
적으로 사상사 및 사회사를 포괄한다는 사실을 유념한 까닭이다.
 이 연구는 사학사의 전개 과정을 동태적으로, 그리고 전체적으로 이해하는데 역점을
둔 까닭에 사서 하나하나에 대한 미시적 분석이나, 조선 전기 사서의 전반에 흐르는 일반
적 특성에 대한 평면적 고찰은 상대적으로 소홀해진 감이 있다. 따라서 각 사서의 공통점
을 찾는 것보다는 차이점을 찾는데 주력하여, 지나치게 동태적인 면이 강조되지 않았나
하는 아쉬움이 있다. 또한 사상사나 사회경제사의 연구수준이 아직 미흡한 단계에서 전
체사적 접근을 시도한 것이 너무 무리하지 않은가 하는 자책이 앞선다. 이 조그만 시론적
인 작업이 조선조 사학사의 체계화에 조금이라도 보탬이 된다면 다행으로 생각한다.

15세기 관찬 사서 편찬의 추이

　　조선 태조太祖에서 성종대成宗代에 이르는 시기는 유례없이 많은 사서史書가 편찬되어 역사서술에 대한 관심이 비상히 고조되었다. 이 시기에 편찬된 사서는 국사國史에 관한 것과 외국사外國史에 관한 것이 골고루 망라되어 역사인식의 공간적 시야視野가 크게 확대되어 있음을 보여 주고 있으며, 정사正史뿐만 아니라 시가형식詩歌形式의 서사문학敍事文學 작품과 야사류野史類도 적지 않아서 역사기술의 형식도 매우 다양함을 드러내고 있다.

　　선초鮮初의 역사인식의 성격을 총체적으로 이해하려면 국사와 외국사에 관련되는 모든 사서와 문학작품의 성격을 검토해야 할 것이나, 그것은 워낙 방대한 작업을 요구하는 것이므로 뒤로 미루고, 여기서는 국사에 관련되는 사서와 문학작품의 성격을 검토하는 데서 그치려고 한다.

　　선초에 간행되어 현존하는 사서로서는 『동국사략東國史略』(權近 等 撰) · 『고려사高麗史』(鄭麟趾 等 撰) · 『고려사절요高麗史節要』(金宗瑞 等 撰) · 『삼국사절요三國史節要』(盧思愼 等 撰) · 『동국통감東國通鑑』(徐居正 等 撰) 등이 있다. 그리고 비록 현존하지는 않지만 각각 개성을 가진 사서들이 각 왕대王代마다 편찬되어 그 편모片貌를 엿볼 수가 있으므로 각 시기의 역사인식의 성격을 이해하는데 시사하는 바가 크다.

　　이 밖에 시가형식詩歌形式으로 역사적 사건을 서술한 것으로는 권근權近의 『응제시應制詩』, 권제權踶(蹈)의 『동국세년가東國世年歌』, 권제 · 안지安止 등의 『용비어천가龍飛御天歌』, 그리고 권람權擥의 『응제시주應制詩註』 등을 들 수가 있다.

　　이들 사서와 문학작품은 거개擧皆가 관찬官撰이요, 또 단독저술이 아니라 공동저술의 형식을 띠고 있다. 여기에 참여한 인사들은 위로는 재상으로부터 아래로는 말단사신末端

史臣에 이르기까지 정치와 문한文翰을 주도하던 고급관료들이므로 당시의 집권층의 역사인식을 가장 생생하게 반영한다고 하겠다.

지금까지 선초 사서의 체재나 역사인식의 성격에 대해서는 적지 않은 논고가 발표되었다.[1] 이로써 이 시기의 사학동향史學動向에 대한 기초적인 이해를 갖게 된 것은 매우 반가운 일이다. 그러나 이 시기 역사인식의 성격을 보다 심층적으로 이해하기 위해서는 각 시기의 정치동향이나 문화성격에 대한 보다 면밀한 배려가 따라야 할 것이 아닌가 생각한다. 원래 군주나 고급관료의 역사인식은 순수한 학문적 동기에서 출발한다기보다는 현실적인 지배체제의 정당화와 지배이념의 수립에 목표를 두는 경우가 많기 때문에 그들의 역사인식은 그들의 정치적 위치 및 정책일반과 관련시켜서 이해하지 않으면 안된다. 정치주도층이 바뀜에 따라 편사編史의 방향이 수시로 달라지는 이유도 여기에 있다.

조선왕조는 유교정치 이념을 신봉하는 신진사대부新進士大夫에 의해서 건국되었으므로, 역사인식도 자연히 유교사관儒敎史觀에 바탕을 두게 되었지만, 사대부 자체 안에도 온건파와 급진파의 갈등이 있고, 또 왕권王權과 신권臣權의 알력도 만만치 않아서, 이들 상호간의 정치파동政治波動을 경험할 때마다 새로운 역사인식의 성립을 보게 되는 것이다. 이 장에서는 조선초기 100년간을 통시대적通時代的으로 관찰하지 아니하고, 각 왕대마다 정치주도층이 교체되는 현상에 대응하여 유교적 역사인식이 변화되는 추이를 살피려고 한다.

1. 태조대의 사대부 중심 역사서술

1) 정도전鄭道傳의 『고려국사』

태조대에 편찬된 대표적 사서는 태조 4년에 완성된 『고려국사高麗國史』(37권)이다. 이

---

[1] 金哲埈, 高麗史(『韓國의 古典百選』, 新東亞, 1969年 1月號 附錄); 李基白, 高麗史解題(景仁文化社, 1972); 申奭鎬, 高麗史編纂始末(海圓黃義敦先生古稀記念史學論叢); 李元淳, 鮮初史書의 歷史認識(韓國民族思想史大系 II, 1974; 鄭求福, 東國史略에 대한 史學史的 考察(歷史學報 68, 1975. 12); 鄭求福, 三國史節要에 대한 史學史的 考察(歷史敎育 18, 1975. 12); 鄭求福, 朝鮮前期의 歷史敍述(韓國의 歷史認識 上, 1976. 11); 邊太燮, 高麗史와 高麗史節要의 史論(史叢 21 · 22, 1977); 邊太燮, 高麗國史의 編纂內容과 史論(學術論叢 3, 1979).

책은 조선왕조 건국 후 처음으로 편찬된 사서일 뿐 아니라, 조선왕조의 개국공신인 정도전과 정총鄭摠 등이 주축이 되어 편찬하였다는 점에서 조선 건국 주체 세력의 역사인식을 반영하는 사서이기도 하다.[2]

『고려국사』는 여러 사관史官의 공편共編이라고는 하지만, 그 주역을 담당한 이는 정도전이었다. 그는 조선왕조 개창에 가장 공이 큰 원훈元勳으로서 새 왕조의 통치규범을 설정하고 문물제도를 재정비하는 과정에서 사서 편찬에도 참여하였던 것으로 보인다. 따라서 『고려국사』에 대한 이해는 그 자체만으로는 온전한 이해가 어려운 것이며, 편자編者 정도전의 문화의식과 그의 역사인식의 전반에 대한 이해가 전제되어야 하리라고 본다. 그러나 논술의 편의상, 먼저 『고려국사』의 외형적 성격부터 검토하기로 한다.

『고려국사』는 현존하지 않으므로 그 내용을 정확히 파악하기는 어렵다. 그러나 『동문선東文選』에 정총이 쓴 서문이 남아 있고, 정도전이 태조 4년 6월에 찬진한 『경제문감별집經濟文鑑別集』 「군도편君道篇」에 실린 고려국왕의 치속治績에 대한 서술이 『고려국사』 내용의 일부를 담은 듯하며, 또 태종·세종대에 『고려국사』가 개찬되면서 이 책의 내용이 부분적으로 지적되고 있어서 어느 정도의 내용은 파악할 수 있다.

첫째, 『고려국사』 편찬은 태조 원년 10월에 착수되어 동왕同王 4년 정월에 완성된 편년체사서編年體史書로서 사실史實과 사론史論을 수록하였다.

둘째, 본서는 고려시대의 실록과 민지閔漬의 『편년강목編年綱目』, 이제현李齊賢의 『사략史略』, 이인복李仁復, 이색李穡의 『금경록金鏡錄』 등을 참고하여 편찬하였다.

셋째, 본서 편찬의 요강要綱이 되었던 것은 ① 정명正名 ② 근례謹禮 ③ 중기임重其任 ④ 중구현重求賢 ⑤ 저충신著忠臣 ⑥ 존천왕尊天王 ⑦ 근천견謹天譴 ⑧ 계일예戒逸豫 등이다. 먼저 「정명正名」과 관련하여 고려 역대 군왕의 존칭을 격하格下하여 개서改書하였으며, 「근례謹禮」와 관련하여 조회朝會와 제사祭祀를 기록하였고, 「중기임重其任」에서는 재상의 직책을 중요시하여 재상의 임명을 기록하였고, 「중구현重求賢」과 관련해서 현자賢者를 선발하는 과거제도를 상술하고, 「저충신著忠臣」으로서 대간臺諫의 복합상소伏閤上疏를 반드시 기록하였다 한다. 「존천왕尊天王」은 중국의 천왕天王을 높이기 위한 것으로 중국과의 사신 왕래

---

2 처음에 편찬 명령을 받은 이는 趙浚·鄭道傳·鄭摠·朴宜中·尹紹宗 등 5人이었으나, 마지막에 완성한 이는 鄭道傳·鄭摠 2人이었다.

를 기술하고, 「근천견諡天諡」과 관련해서는 천견天諡을 삼가기 위하여 재이災異와 수한水旱을 반드시 기록하였다. 끝으로 일예逸像를 경계하기 위하여 군주의 유전遊畋과 연락宴樂을 낱낱이 기록하고자 한 것이 「계일예戒逸像」의 정신이라고 한다.

이상과 같은 『고려국사』의 몇 가지 성격 중에서 우리가 가장 주목해야 할 것은 셋째, 즉 본서 편찬의 요강이라고 하겠다.

『고려국사』의 편찬 요강을 중심으로 하여 『고려국사』를 이해하려 할 때, 그 취지가 바로 정도전의 건국이념, 즉 그가 조선왕조의 통치규범을 정립하기 위하여 저술한 『조선경국전朝鮮經國典』 및 『경제문감』의 이념과 기본적으로 일치되고 있음을 볼 수 있다. 『고려국사』의 편찬요강 가운데서 「정명」과 「존천왕尊天王」은 그의 대명對明 사대외교의 이념과 일치되는 것이며, 그 나머지는 ① 재상권宰相權의 강화 ② 능력 위주의 관리 등용과 그 제도 장치로서의 고시제도考試制度의 존중 ③ 언론정치의 강화 ④ 군주의 절제 등을 추구하는 그의 통치이념의 기본 성격과 부합된다.[3] 또 『고려국사』에 붙인 사론에서도 그와 같은 취지가 반영되고 있다.[4]

따라서 『고려국사』는 여말麗末 유신儒臣들이 쓴 사서와 사론을 참작하고 실록의 자료를 발췌하여 엮었다고는 하지만, 기본적으로는 정도전의 건국 이념에 입각하여 서술되고 재해석된 사서이며, 그 사서 편찬의 목적 자체가 새 왕조의 통치규범의 정립에 두어지고 있었다는 것을 용이하게 간취할 수 있는 것이다.

흔히 지금까지는 본서의 성격과 관련하여 다음과 같은 사실이 지나치게 강조되어 온 느낌이 든다. 첫째는 여말의 정치사에 관한 곡필曲筆 문제이며, 둘째는 정명과 관련된 존칭개서尊稱改書 문제이다. 이 두 문제는 태종 · 세종대에 특히 논란이 되었고, 그 때문에 『고려국사』의 개찬이 이루어지는 중요한 계기가 된 것이기도 하였다. 그러나 이 문제를 받아들이는 우리의 입장은 좀 더 신중하고 냉정하여야 한다고 믿는다.

우리는 먼저 이 두 문제가 『고려국사』의 총체적인 가치를 평가하는 데 있어서 얼마만큼의 비중을 가지느냐를 검토하여야 할 것이며, 다음에는 왜 태종 · 세종대에 와서 이 문제에 대한 논란이 야기되었는가의 이유를 밝혀야 할 것이다.

---

3   韓永愚, 「鄭道傳思想의 硏究」, 『韓國文化硏究叢書』 15, 1973. 11, 제3장 참조.

4   邊太燮교수는 前揭論文들에서 『高麗國史』 찬자 자신들이 쓴 사론이 많음을 밝혀내고, 그 내용이 反高麗的 · 排佛崇儒的 · 事大的 · 宰相中心政治 사상을 반영한다고 하였다.

먼저 여말정치사麗末政治史의 곡필로서 문제가 되었던 것은 ① 신우辛禑·신창辛昌 부자 父子 및 변안열邊安烈의 죽음에 관한 기록 ② 이숭인李崇仁의 죽음에 관한 기록 ③ 정몽주鄭夢 周·김진양金震陽 등에 대한 평가 ④ 정도전의 부父 정운경鄭云敬에 대한 기록 등이다. 다시 말하면, 여말 정치사에 대한 평가 기준을 혁명파革命派에 유리하게 설정하여 혁명파의 행 적을 정당화시키고 반혁명파의 행적을 폄출貶黜하였다는 것이다. 그러나 여기서 우리가 유의하여야 할 것은『고려국사』의 곡필 여부 그 자체보다도 곡필을 문제삼은 태종·세종 초의 정치적 상황이다. 태종 정권은 태조 정권에 대한 반발에서 성립된 것이며, 태조대에 실권을 장악했던 정도전 일파와 대립되었던 정치세력에 의해서『고려국사』의 곡필 문제 가 제기되었던 것이다. 그러므로 이 문제는 처음부터 정치적 이해관계를 초월한 중립적 입장에서 제기된 것이 아니고, 첨예하게 정치적 이해가 엇갈린 두 집단의 자기합리화의 방편으로서 제기된 것이었다. 그러니, 반혁명파의 인사들을 충신으로 두둔하고 혁명파 를 깎아내리려는 태종대 수사관修史官의 문제 제기가 반드시 공정한 태도라고 단정하기도 어려운 일일 수밖에 없다.

다음에, 정명과 관련된 존칭의 개서改書문제는 세종대에 이르러 비로소 논란되었던 것 이며, 세종이『고려국사』를 가리켜 "없는 것만 같지 못하다"고까지 극언極言하게 한 중요 한 이유의 하나가 되었던 것이기도 하다. 고려 왕실의 각종 존칭을 사실대로 직서直書하지 않고 제후의 명분에 맞추어 개서한 것은 분명히『고려국사』의 결함의 하나임에 틀림없 다. 그러나 존칭의 개서는 정도전이 처음으로 시도한 것이 아니고, 이미 이제현의『사략』 에서 그렇게 된 것을 정도전이 답습한 것에 지나지 않는다. 또한 정도전의 시대는 대명對 明 외교의 긴박성에 비추어, 세종 때처럼 여유를 가지고 사대명분을 조정할 단계가 아니 었음을 고려해야 할 것이다.

무릇, 대외관계에서의 주체성의 문제는 형식적·외교적 명분으로 촌탁될 수 있는 것은 아니다. 이 문제는 문화정책이나 대외정책의 전반적 성격을 전제로 하여서만 올바로 평 가될 수 있으므로 항項을 달리하여 상술할 필요가 있다고 본다.

2) 정도전의 문화의식과 사대정책

사대적 명분론에 입각한 정도전의 역사인식은 비단『고려국사』에만 반영된 것이 아니라, 국호國號 제정과 관련된 그의 고대사 인식에 있어서도 그대로 투영되고 있음을 본다. 『조선경국전朝鮮經國典』「국호조國號條」에서 그는 '조선'이라는 국호가 선정된 경위를 이렇게 설명한다.

> 海東의 나라는 그 칭호가 일정하지 않았다. 「朝鮮」이라고 칭한 것이 셋이 있으니, 檀君·箕子·衛滿이 그것이다. 朴氏·昔氏·金氏가 서로 잇대어서 新羅를 칭하고, 溫祚가 먼저 百濟를 칭하였으며, 甄萱이 뒤에 백제를 칭하였다. 또 高朱蒙은 고구려를 칭하고 弓裔는 後高麗를 칭하였다. 王氏는 弓裔를 대신하여 고려라는 국호를 계승하였다.

여기에서 우리나라의 고대사는 단군조선에서부터 비롯되어 기자조선·위만조선으로 이어지는 인식 체계가 나타나 있다. 이와 같은 삼조선三朝鮮의 인식은 이미 고려 말에 일연一然의 『삼국유사三國遺事』에서 비롯되어 이승휴李承休의 『제왕운기帝王韻記』에서 계승되었던 것으로 정도전의 상고사 인식도 그 영향을 받고 있다는 것을 알 수 있다. 다만, 『유사』와 『운기』는 다같이 삼조선을 인정하면서도, 그 다음에 오는 삼한三韓·부여扶餘·발해渤海·옥저沃沮 등의 열국列國을 삼조선과 어떻게 연결시키고, 그 민족구성을 어떻게 인식하느냐에 있어서는 상당한 차이가 있는데, 정도전은 이 복잡한 문제가 얽혀 있는 열국에 대해서는 언급을 회피하고 있다. 따라서 위 인용문만 가지고서는 그의 상고사 인식이 『유사』쪽을 따르는 것인지 『운기』쪽을 따르는 것인지 알 수가 없다.

정도전이 이렇듯 상고사에서 삼조선과 삼국만을 운위云謂하는 까닭은 그의 관심이 지금 상고사의 체계적 정리에 있는 것이 아니라, 새 왕조의 국호를 정하는 명분을 이끌어내는 데 있는 까닭이었다. 국호에 관한 한, 그는 당시 지식층에서 정설화定說化되다시피한 삼조선의 인식으로써 충분한 것으로 믿었던 것 같다.

그의 국호에 대한 명분은 삼조선 중에서 기자조선과 연결되고 있었다. 그 이유는 다음과 같다.[5]

첫째, 기자조선은 삼조선 중에서 중국 황제(周 武王)의 봉封함을 받은 최초이자 유일한 국가라는 점.

---

5   韓永愚, 前揭書, 第三章 第6節 참조.

둘째, 기자는 홍범洪範을 추연推衍하여 팔조八條의 교教를 베풂으로써 조선의 정화政化와 풍속을 아름답게 만들었다는 점.

셋째, 주周 무왕武王이 기자를 조선후朝鮮侯로 봉한 것은, 명明의 천자가 이성계李成桂를 조선의 국왕으로 봉한 것과 같은 뜻을 지닌다는 점.

말하자면 삼조선 중에서 중국과 사대관계를 맺고, 중국의 승인을 받고, 중국과 동등한 문화를 갖게 된 것은 오직 기자조선뿐이므로, 이러한 기자조선의 역사적 전통을 계승하여 '조선'이라는 국호를 갖게 되었다는 것이다. 여기에서 이씨조선李氏朝鮮은 기자조선의 후계자임이 천명된다.

삼조선을 기자조선 중심으로 인식하는 것은 『유사』나 『운기』의 정신과는 다르다. 『유사』나 『운기』에서는 단군조선이 중심적인 위치에 있으며, 단군조선의 인식이야말로 고려 말기에 있어서 자주의식의 성장이 가져온 귀중한 사학적史學的 결실이 아닌가. 그렇다면, 정도전의 역사인식은 이렇듯 귀중한 사학적 성과를 외면하고 자주의식과는 반대되는 길을 걸어갔는가? 이 점은 이성계의 위화도威化島회군의 명분론이나, 앞에 언급한 『고려국사』에서 고려왕실의 존칭을 격하하여 개서한 사실과 아울러서 이성계 및 정도전 일파를 사대주의자로 규정하는 중요한 논거가 되어온 것이 사실이다.

그러나 우리는 이성계 및 정도전 등 조선왕조 건국의 주체세력이 건국을 전후하여 정력적으로, 그리고 매우 사려 깊게 추진하여 온 일련의 국방정책과 문화정책을 주의 깊게 관찰한다면, 그들의 대명對明 사대외교의 본질이 어디에 있는가를 이해할 수 있을 것이다. 이성계 일파의 일관된 대외정책의 기본과제는 한마디로 말해서 요동수복遼東收復이었다고 해도 좋지 않을까 한다. 이성계는 이미 공민왕대恭愍王代에 지용수池龍壽와 더불어 요동을 정벌하고 돌아온 사실이 있으며 공양왕恭讓王 2년에는 이성계의 반대파가 이성계 일파一派의 요동수복 계획을 명 황제에게 밀고하여 저 윤이尹彝·이초李初의 옥獄사건을 일으키게 하였고,[6] 이 때문에 명 황제가 이성계정권을 끝끝내 불신하는 계기를 만들었던 것이다.

공양왕대의 공요계획攻遼計劃이 사실로 있었던 것인지, 그렇지 않으면 단순한 무고誣告인지는 확실치 않지만, 명으로서는 시종일관 이성계 일파를 의심하고 있었던 것만은 확실하였다. 건국 후에는 더욱 치밀하고 조직적인 공요운동攻遼運動이 추진되었으며, 명은

---

6 李相佰, 『李朝建國의 硏究』, 乙酉文化社, 1947, 74~79쪽.

이것을 간파하고 그 주동자인 정도전을 조선의 화근이라고 지칭하고 그의 제거에 혈안이 되었던 것이다.[7] 태조 5년의 소위 표전문表箋文 사건은 정도전과 아무 관련이 없음에도 불구하고 명明이 정도전의 압송을 강요한 것도 이 까닭이었으며, 이성계가 끝끝내 명의 인신印信을 얻어내지 못하고 물러나게 된 것도 여기에 이유가 있었다. 더욱이 태조 7년에 일어난 소위 무인난戊寅亂(일명 정도전난)도 따지고 보면, 공요운동을 둘러싼 찬성파와 반대파의 갈등으로 빚어진 권력투쟁의 양상을 크게 벗어나는 것이 아니었다. 다시 말하면, 공요운동을 반대하던 이방원李芳遠 일파가 공요파功遼派인 정도전 일당─黨을 제거하고 권력을 장악한 것이 소위 정도전난鄭道傳亂의 진상이었던 것이다.[8] 이 사건을 계기로 이성계의 하야까지 몰고 갔으니, 공요운동은 그야말로 이성계정권의 운명을 건 일대거사였음을 부인할 수 없다. 이렇게 볼 때 이성계 일파가 명明에 대하여 내건 일련의 사대명분론이 실은 원대한 국가적 이상과 실리를 노리는 외교적 제스처에 지나지 않음을 알겠다.

명明은 중국의 어느 왕조보다도 위압적 대외정책을 써서 주변 국가를 압박하였으며, 과거 어느 때보다도 강화된 사대조공관계事大朝貢關係를 조선측에 강요하였다. 이러한 고압적인 명을 상대로 하여 요동수복의 웅지雄志를 달성하려 했던 이성계 일파의 고충은 적지 않았을 것이며, 실리와 명분을 다 얻을 수 없는 불가피한 상황에서 이성계 일파는 실리를 위하여 명분을 양보하였다고 보아야 할 것이다.

본래 요동수복운동은 몽골 간섭하에 민족의식의 성장과 짝하여 나타난 국민적 염원이었던 것이며, 단군조선을 중심으로 하는 상고사 인식의 확대도 현실적으로 공요운동과 관련이 있었던 것이다. 요동수복遼東收復의 역사적 당위성은 그곳이 단군 이래 아강我疆이었다는 사실에 두어지고 있었던 까닭이다. 공민왕恭愍王 19년에 이성계의 요동정벌시에 내린 여진인女眞人에 대한 초유방문招諭榜文에

本國은 堯와 같은 시기에 세워져서 …… 서쪽으로는 遼河에까지 이르렀으며, 세세로 疆을 지켜왔다.[9]

---

7   李相佰, 「鄭道傳論」, 『朝鮮文化史硏究論政』, 1947; 申奭鎬, 「조선왕조 개국 당시의 대명 관계」, 『국사상의 제 문제』 제1집, 1959; 韓永愚, 『鄭道傳思想의 硏究』, 1973, 139~141쪽; 朴元熇, 「明初 文字獄과 朝鮮表箋問題」, 『史學硏究』 25, 1975; 朴元熇, 「明初 朝鮮의 遼東攻伐計劃과 表箋問題」, 『白山學報』 19, 1975.

8   李相佰, 前揭論文 및 韓永愚, 前揭書, 141쪽.

고 한 것이 단적으로 그것을 말해준다.

정도전은 공요攻遼의 명분으로서 단군조선을 언급하지는 않았으나, 역대로 외이外夷가 중원을 정복한 사실을 들어서 이성계로 하여금 공요를 결심하도록 독려하였다고 하며, 고려태조 왕건의 동명구강東明舊疆 수복을 위한 북진정책을 찬양하고, 또 왕건이 발해를 여국與國이라고 부르고, 발해를 침벌한 거란契丹에 대한 단교와 발해 유민의 포섭을 칭송한 것이라든가,[10] 함흥咸興을 나라의 중앙이라고 표현함으로써[11] 요동이 고구려 구강舊疆인 동시에 현실적으로 다시 수복되어야 할 아강我疆의 일부임을 암시하고 있다. 정도전과 직접 관련은 없으나, 태조 이성계는 건국 직후에 예조전서禮曹典書이며 개국공신이자 정도전의 문인인 조박趙璞의 건의에 따라 평양의 기자箕子사당에 단군을 합사合祀하는 조치를 취하였다. 국가에서 단군을 개국 시조로 치제致祭한 것은 역사상 이것이 처음이다. 이로 본다면 이성계 일파의 단군에 대한 숭앙崇仰은 의외로 강렬하다는 것을 인정치 않을 수 없다.

이상과 같은 여러 가지 사정을 고려할 때, 정도전이 국호의 명분으로서 기자조선을 내세운 것이 과연 그들의 본심인가는 적이 의문이다. 더욱이 기자조선과 이씨왕조를 연결지어 국호의 정당성을 인정하여 준 것은 조선측이 아니라 바로 명明측이었다는 것을 생각하면, 정도전의 국호론은 단순히 외교적 입장에서 쓰인 것이 아닌가 의심된다. 결국 '조선'이라는 국호는 단군조선의 후계자라는 민족적 명분에 근거를 둔 것이 이쪽의 진심이요 순수한 동기라면, 그 명분을 기자조선과 연결시켜 승인해준 것은 어디까지나 명明의 입장이요, 그것을 받아들인 것은 조선측의 외교적 양보에 지나지 않는다고 보아야 하겠다.

정도전의 역사인식과 관련하여 우리의 주목을 끄는 것은 그의 문화의식의 성격이다. 그는 여말麗末·선초鮮初의 유학자 중에서 가장 철저하게 불교를 비판하고 성리학性理學을 옹호한 자이다. 이 사실을 고지식하게 받아들이면, 그는 가장 융통성이 없고 교조적인 성리학자처럼 보이기도 한다. 그러나 그의 성리학 옹호는 사실은 당시에 가장 긴박한 사회문제를 야기시키고 있던 사원경제寺院經濟의 폐단을 시정하고, 이성계의 숭불崇佛을 억제하기 위한 수단에 불과한 것이며, 그의 사상은 결코 성리학 일변도에 치우친 것은 아니었

9 『高麗史』列傳, 池龍壽傳.
10 韓永愚, 前揭書, 139쪽.
11 『三峰集』卷2, 詩(七言絶句) 又赴咸州幕都連浦途中「湖光天影共蒼茫 一片孤城帶夕陽 忍向此時聞舊曲 咸州原是國中央」

다. 그는 사회개혁과 새 왕조의 건설에 도움이 되는 것이면 어떤 사상이든 받아들이기를 주저하지 않았으며, 그런 까닭에 그의 사상과 학문은 다양하고 넓었다. 그의 관심은 경학經學 · 문학 · 역사 · 군사 · 음악 · 음양역학陰陽曆學 · 도참圖讖신앙 · 의학 등 다방면에 미치고 있었으며, 그 어느 분야에 있어서나 한 시대 또는 한 학파의 영향을 일방적으로 받고 있는 것이 아니라, 폭넓게 가감 · 절충된 성격을 지니고 있었다.

그는 당우삼대唐虞三代만을 추앙하는 단순한 상고주의자尙古主義者만도 아니며, 송대의 도학道學만을 숭상하는 편협한 도학주의자道學主義者도 아니었다. 한漢 · 당唐 · 송宋 · 원元의 역대 문물에 대해서도 이를 폭넓게 취사 · 선택하는 안목을 지녔고, 또 우리의 전통문물에 대한 체계적 이해를 통해서 이를 비판적으로 계승하는 자세를 견지하였다. 따라서 그의 사상계보는 한당유학漢唐儒學에 넣을 수도 없으며, 그렇다고 송대의 정통적 성리학파에 연결시키는 것도 온당치 않다.

그는 당시의 가장 철저한 성리학 옹호자였지만, 또 가장 비非성리학적 사상 요소를 넓게 포용한 자였다. 그는 성리학의 철학적 · 윤리적 측면을 수용하여 도道 · 불佛 철학의 사회적 역기능을 극복하려 하였으며, 동시에 부국강병과 중앙집권에 유리한 한당漢唐의 제도를 넓게 포용함으로써 성리학적 사회사상의 한계성을 극복하려 하였다. 그의 사상의 절충성과 탄력성이야말로 고려문화의 폐단과 고려사회의 모순을 시정하면서도 전통과의 접맥을 잃지 않고, 중국문화의 수용과 중국에 대한 사대를 추구하면서도 국가적 자립성과 문화적 개성을 상실하지 않는 혁신적인 기능을 가질 수가 있었던 것으로 보인다. 정도전의 문화의식과 그의 대외정책의 이중적 성격을 이해할 때 그의 역사인식에 나타난 사대적 명분론이나 대명對明외교에 표방된 사대명분은 창업기創業期의 어려운 시대적 여건 속에서 국가이익을 추구하려는 정책 이상의 의미를 부여하기는 어렵지 않은가 한다.

2. 태종대의 왕권강화와 역사서술

1) 권근의 『동국사략』(삼국사략)

태종대의 역사인식을 반영하는 대표적 사서는 권근의 『동국사략』이며, 비록 완성을 보지는 못하였으나 『고려국사』에 대한 개수改修작업도 이 시기의 역사인식을 반영하는 중요한 사건으로 간주될 수 있다. 전자가 이 시기의 고대사인식을 반영하는 것이라면, 후자는 고려사 인식을 반영한다는 점에서 양자는 서로 보완관계를 가진다.

『동국사략』은 태종 2년 6월에 왕명으로 착수되어 동왕同王 3년 8월에 완성되었으며,[12] 삼국시대사가 중점적으로 서술되었기 때문에 일명 『삼국사략三國史略』이라고도 한다. 여기에 참여한 신하는 하륜河崙·권근權近·이담李詹 등이었으나, 주역을 담당한 이는 권근이다. 서문과 전문이 모두 그의 작作이며 50여 편의 사론의 대부분은 그가 쓴 것이다. 그러나 왕권강화에 부심하던 태종이 정치적 실권을 갖지 못한 권근에게 수사修史의 주역을 맡겼다는 점에서 이 책은 근본적으로 왕권강화에 유리한 사서로서 편찬된 것이다.

권근은 본래 안동安東 대성大姓인 권씨權氏 가문의 후예로서 학문적으로는 오경五經, 그중에서도 예기禮記를 깊이 공부한 예학적 성리학자였고, 정치적으로는 이성계 일파의 개혁운동을 반대하여 한때 유배 생활을 보내기도 하였으나, 개국 후에는 태도를 바꾸어 정도전의 저술을 주석하기도 하고, 이성계와 왕실을 위한 문한文翰을 담당하였다. 그의 예학적 학문 경향과 친왕親王적 정치성향은 강상綱常의 확립을 통하여 왕권강화를 추구하려던 태종의 호감을 얻을 수 있었다. 주자가례朱子家禮를 비롯하여 여러 예법이 주로 권근에 의해서 상정詳定되었고, 주자가례의 인반印頒과 때를 같이 하여 『동국사략』이 찬진撰進된 것을 유의할 필요가 있다. 부자간의 갈등과 이복형제간의 상쟁, 그리고 정도전 등 서얼 출신 개국훈신들과의 심각한 권력투쟁을 거쳐서 가까스로 왕위에 오른 태종으로서는 강상綱常의 명분을 확립시키는 것이 왕권강화에 얼마나 긴요한 일인가를 깨달았고, 그러한 입장에서 국사의 재구성을 시도하게 된 것 같다. 수사관修史官으로서 하륜도 임명되었지만, 서속庶屬인 그로서는 적극적으로 강상명분을 내 걸 입장이 못 되었다. 아마도 이것이 권근으로 하여금 수사를 주도하게 한 큰 이유인 것 같다.

『동국사략』은 그 서문에서 밝히고 있듯이, 김부식의 『삼국사기』를 주로 참고하였으나, 삼국시대에 관한 역사인식과 서술체제는 『삼국사기』와 다른 점이 많고, 또 『삼국사기』에서 누락된 삼국 이전의 상고사가 첨가되어 통사적通史的 성격을 띠고 있다는 점에서

---

12 『太宗實錄』 卷3, 太宗 2年 6月 庚申 「命領司平府事河崙·參贊議政府事權近·藝文館大提學李詹 修三國史」 同上 卷6, 太宗 3年 8月 乙亥 「左政丞河崙等進新修東國史略 崙與參贊權近·知議政府李詹修之」

도 차이가 있다.

『동국사략』의 상고사 인식은 단군조선을 시발로 하여 기자조선 · 위만조선 · 한사군漢四郡 · 이부二府 · 삼한 · 삼국으로 이어지는 단선적인 체계로서 구성되어 있으며 삼국 이전을 '외기外紀'로 취급하여 삼국보다도 그 비중을 낮추어 놓고 있다. 삼국 이전을 외기로서 처리한 것은 아마 자료의 제약으로 자세하고 확실한 서술이 불가능하다는 판단에서 그렇게 한 것 같다.[13]

삼국 이전의 상고사를 국사에 편입시킨 것은 이미 여말의 『삼국유사』와 『제왕운기帝王韻記』에서도 보이는 것이므로, 권근이 그 영향을 받은 것은 확실하다. 그러나 『유사』와 『운기』에서는 상고사를 외기로서 취급하지는 않았다. 다만, 『운기』가 상고사와 삼국사를 거의 대등하게 서술한데 반하여 『유사』에서는 상고사를 기이편紀異篇에서만 서술하고 왕력편王曆篇에서는 제외하여 상고사를 삼국사보다 낮추어 서술한 듯한 인상을 주고 있다.

또 뒤에 재론하겠지만, 『운기』에서는 상고사와 삼국사가 단일혈통의 민족사로서 단절이 없이 적극적으로 연결되고 있으나, 『유사』에서는 상고사와 삼국사가 혈연적인 단절을 거쳐서 소극적으로, 그리고 애매한 상태에서 연결되고 있다는 점도 차이를 나타낸다. 따라서 『유사』에서는 외기라는 표현은 쓰고 있지 않지만, 실질적으로는 외기로서 상고사가 다루어지고 있다고 해도 과언이 아니다. 『동국사략』에서 상고사가 외기로서 다루어지고 있는 것은 이와 같은 『유사』의 영향을 받은 것이 아닌가 한다.

『사략』이 『유사』의 영향을 받았다는 것은 삼한에 대한 서술에서 결정적으로 입증된다. 본래 삼한에 대한 인식은 『유사』와 『운기』가 전혀 다르다. 『운기』에서는 삼한 70여 국을 모두 단군의 후예로 인식하고, 부여 · 비류沸流 · 시라尸羅(신라) · 고례高禮(고구려) · 옥저沃沮 · 예맥穢貊 등을 모두 삼한 70여 국에 포함시켜 단군조선에서 삼국에 이르는 상고사가 단군후예의 대민족사로 구성되어 있다. 기자조선 · 위만조선 · 한사군은 중국인이 지배한 시대로서 인정되고 있지만, 그것이 단군족의 국가 활동을 전적으로 단절시킨 것이 아니라, 제한된 시기와 지역에 국한된 것으로 묘사되고 있다.

이에 반하여 『유사』에서는 단군후예와 연결되는 국가활동은 부여 · 고구려 · 백제로

---

13 權近의 상고사 체계를 거의 그대로 계승한 『東國通鑑』에서도 삼국 이전을 外紀로 처리하고 있는데, 凡例에서는 그 이유를 記錄의 未備로 설명하고 있다.

이어지는 단선적이고 지역적인 흐름뿐이며, 그보다는 기자조선·위만조선·한사군·이부·삼한으로 이어지는 중국계의 국가활동이 더 큰 비중으로 다루어지고 있다. 특히 『유사』에서는 삼한이 거의 중국인 이주민과 연결되어 있는 것이 특이하다. 즉 마한馬韓은 기자조선의 후예가, 진한辰韓은 진秦나라의 망인亡人이 세운 것이며, 변한弁韓은 그 소출所出이 불명한 것으로 되어 있다.[14] 다만 삼한의 지배하에 있던 70여 국은 조선유민이 세운 것으로 보아 삼한의 민인民人까지도 전적으로 중국인으로 보지는 않았지만, 그 조선유민이라는 것이 반드시 단군족을 가리키는 것은 아니므로, 삼한과 단군족과는 직접 연결되지 않는다. 따라서 『유사』에서의 상고사 인식은 중국인의 국가활동이 상고사의 주류를 이루고 있는 셈이다. 『유사』와 『운기』의 이와 같은 차이는 양자가 의거하고 있는 자료의 차이에 기인하는 것이다. 『운기』가 어떤 자료에 의거하고 있는지는 확실하지 않지만, 중국측 자료보다는 국내의 고기류古記類를 주로 참작한 결과가 아닌가 생각된다.[15] 이에 반하여 『유사』는 고기류도 참고하였지만, 그와 동시에 후한서後漢書·당서唐書·위지魏志 등과 같은 중국측 기록을 충분한 비판적 검토를 거치지 않은 채 참고한데서 그러한 인식이 성립되었던 것이다.

어쨌든 권근은 『유사』의 상고사 체계를 많이 따르고 있으며, 특히 삼한에 대한 인식은 거의 일치한다. 『유사』와 다른 점은 삼한의 위치에 대한 인식뿐으로서, 『유사』가 『후한서』와 최치원설을 따르는데 반하여, 권근은 이를 부인하고 『당서』의 삼한설을 따르고 있다.[16]

이러한 위치비정의 차이는 상고사인식 체계를 근본적으로 바꾸는 것은 아니다. 그러나 기자조선의 후예가 세운 마한의 위치를 고구려 지방에 비정하지 않고 백제 지방에 비정한 것은 결과적으로 삼한의 중심체를 남방으로 이끌어 내린 것을 뜻하며, 기자조선의 발달한 문물이 고구려에 전승되었음을 부인하는 것이기도 하다.

『사략』에서는 또한 한사군 다음에 이부二府를 설정함으로써 『유사』와 일치된 인식을

---

14 『三國遺事』 紀異篇 馬韓條·弁韓條·辰韓條.
15 『帝王韻記』는 그 「進呈引表」에서 簡牘을 窮搜하여 東國史를 썼음을 밝히고, 다시 下卷의 「東國君王開國年代序」에서는 國事(三國史記)·各本紀·殊異傳 및 中國의 經史에서 자료를 뽑았음을 밝히고 있는데, 단군조선과 三韓에 대한 설명은 거의 전적으로 檀君本紀·東明本紀 등 古記類에 의거하고 있다.
16 崔致遠은 馬韓을 高句麗地方, 弁韓을 百濟, 辰韓을 新羅에 比定한 데 反하여 權近은 馬韓을 百濟, 弁韓을 高句麗, 辰韓을 新羅에 比定하였다. 따라서 辰韓의 위치에 대해서는 兩者가 서로 一致하고, 馬韓·弁韓의 위치에 대한 인식은 兩者가 正反對이다.

나타내고 있다. 『운기』에서는 이부에 대한 언급이 없다.

그러나 『사략』의 상고사인식이 전적으로 『유사』와 일치되느냐 하면 그런 것은 아니다. 앞에서 언급한 삼한의 위치비정이 새로울 뿐 아니라, 단군조선의 개국연대와 단군의 향년에 대한 인식이 다르며,[17] 『유사』에서 비체계적으로 잡다하게 망라되어 있는 낙랑국樂浪國 · 부여 · 대방帶方 · 흑수黑水 · 옥저 · 가야 · 발해 등의 국가들이 누락되었다. 이로써 『사략』은 『유사』보다는 훨씬 정리된 상고사 체계를 세우고 있으나 그 반면 기자조선과 마한의 위치를 상대적으로 부각시켜 상고사의 주류로 설정하고 그 중심 무대를 반도이남으로 끌어내리는 결과를 가져 왔던 것이다. 따라서 상고사의 스케일은 더욱 협소해지고 중국문화의 영향은 한층 강조된 셈이다.

본래 『삼국유사』는 유교적 사대사관事大史觀을 배격하고, 불교적 · 도교적 세계관과 연결된 자주적 사관을 지향하였다는 점에서 본다면, 『삼국사기』의 역사의식과는 많은 차이가 있는 것이 사실이나, 이규보李奎報의 『동명왕편東明王篇』이나 이승휴李承休의 『제왕운기』에서 보이는 것처럼 북방중심 · 고구려중심의 고대사관을 성립시키지 않고 어디까지나 남방중심 · 신라중심의 고대사관을 가졌다는 점에서 본다면 김부식의 『삼국사기』와 근본적으로 궤도를 같이한다고 볼 것이다.[18] 그런데 권근은 이렇듯 남방중심적인 『삼국

---

17 『三國遺事』에서는 檀君의 개국을 唐堯卽位50年(庚寅)으로 보고 檀君의 壽를 1908年으로 서술하였으나, 權近은 檀君의 開國을 唐堯卽位年(戊辰)으로 보고 檀君의 壽를 檀君朝鮮의 歷年으로 해석하였다.

18 『三國遺事』의 역사의식이 『三國史記』의 亞流的 성격을 갖는 것이냐, 아니면 『東明王篇』의 그것을 계승한 것이냐의 문제는 속단하기 어려운 점이 많다. 신화를 존중하면서 天帝와 직결되는 독립된 민족사를 지향하였다는 점에서 본다면 『三國遺事』의 역사의식은 『東明王篇』의 그것에 가깝다고 볼 수 있다. 그러나 『遺事』에 수록된 神話 · 傳說은 거의 대부분 신라와 관련된 것들이며 扶餘 · 高句麗 등 北方系와 관련된 神話 · 傳說은 數도 극소할 뿐 아니라, 내용도 지나치게 단순화되어 있다. 예컨대 朱蒙說話만 하더라도 『東明王篇』에 보이는 것과 같은 흥미진진하고 다채로운 스토리를 찾아볼 수가 없다.

전반적으로 보아 『東明王篇』이나 『帝王韻記』는 같은 神話를 다루면서도 神敎的 · 道敎的 체취를 물씬 풍기고 있으나, 『三國遺事』의 神話나 說話들은 新敎的 · 道敎的 색채보다는 佛敎的 체취가 압도적으로 강하게 풍긴다. 檀君神話에 있어서도 檀君을 壇君으로 표기하고 桓因을 上帝라 하지 않고 帝釋이라고 풀이한 점, 太白山을 妙香山으로 해석한 점 등은 모두가 본래의 檀君神話를 불교적으로 윤색한 것이 아닌가 생각된다. 또한 『三國遺事』는 三國以前의 上古史를 紀異編으로 몰아붙이고 王曆에서 빼버림으로써 적극적으로 三國史와 연결시키지 못하였으며, 더욱이 三韓을 中國系와 관련시켜서 이해함으로써 民族史의 體統을 큰 혼란에 빠뜨리고 말았다. 이런 점에서 본다면, 『三國遺事』의 上古史 체계는 『三國史記』에서 크게 진보한 것이 없다고도 볼 수 있지 않을까 한다.

일찍이 崔南善도 『三國遺事』의 解題에서 新羅中心 · 慶州一圓中心 · 佛敎中心 · 王代中心을 들어서 그 한계성을 지적한 바가 있거니와, 北方系文化에 대한 인식 부족으로 이 같은 소극적 上古史體系를 세우게 된 것이 아

유사』의 상고사체계를 더욱 위축시키고 단순화시키는 방향에서 그의 상고사체계를 계승했다고 볼 수 있다.[19]

『동국사략』은 삼국시대 서술에 있어서 신라를 주主로 삼아, 신라의 연기年紀 밑에 신라 · 고구려 · 백제의 순으로 사건을 서술하고, 신라의 사건을 기술할 때에는 국명을 붙이지 않아, 신라가 삼국의 주인이라는 것을 명백하게 드러내고 있다. 그리하여 고대사의 주류는 기자 · 마한에서 신라로 이어지는 것으로 새롭게 체계화되었다. 신라를 삼국의 주인으로 설정한 이유에 대하여, 권근은 신라가 '선기후멸先起後滅'하였기 때문이라고 한다. 그러나 참된 동기는 사대事大와 강상綱常의 명분을 확립함에 있어서 신라를 정통으로 내세우는 것이 유리하다고 판단한 데 있는 것 같다. 또한 그것은 권근 · 하륜 등 수사관을 비롯하여 많은 영남 유신들이 태종의 지우知遇를 얻어 득세하던 정치세력의 변동과도 어떤 관련이 있는 것은 아닐까.

『삼국사기』는 기전체紀傳體인 데 반하여 『사략』은 편년체編年體를 따르고, 강목綱目을 나누어 사건의 경중에 따라 서술의 비중을 달리하였다. 본래 기전체는 인물중심 · 사실중심 · 기록중심의 역사서술에 적합한 것이고, 편년체와 강목체는 연대중심 · 가치중심 · 해석중심의 역사서술에 적합한 것으로 피차 일장일단이 있는 것인데, 권근이 후자를 따른 것은 삼국문화를 가치중심으로 재해석하려는 의도를 가졌던 까닭으로 이해된다. 그래서 권근은 『삼국사기』가 ① 부피가 너무 크고, 1년의 사건이 이곳저곳에 분산되어 기술되어 있는가 하면, 한 가지 일을 중복해서 기술하여 집약적 파악이 어렵다는 점과 ② 대의大義가 인경麟經에 어그러지고 필삭筆削과 범례가 마땅함을 다하지 못했다고 비난한다.[20] ①은 『사기』의 체재에 대한 불만이요, ②는 역사의식에 대한 불만인데, 『사기』에 대한 일차적인 불만은 ①보다도 ②에 있다고 보아야 할 것이다.

닌가 한다.

19 鄭求福 敎授는 『東國史略』의 上古史體系가 "三國遺事를 참고도 하지 않았다"(東國史略에 대한 史學史的 考察, 14쪽), 혹은 "삼한까지의 상고사는 일연의 『三國遺事』 내용보다 이승휴의 『帝王韻記』 쪽의 내용을 따르고 있다."(朝鮮前期의 歷史敍述, 222쪽)고 하여, 『東國史略』의 상고사체계를 『帝王韻記』와 일치하는 것으로 해석하고 있으나, 필자는 이에 동의할 수 없다. 상고사체계는 삼한의 민족구성을 어떻게 해석하느냐에 따라서 크게 달라지는데, 『東國史略』의 삼한 민족구성에 대한 인식은 『帝王韻紀』와는 전혀 다르고 도리어 『三國遺事』와는 완전히 일치한다.

20 權近, 『東國史略』 序.

다시 말하면, 김부식과 다른 역사의식을 가지고 삼국사를 재해석하고, 싶은 것이 그의 근본 의도이며, 해석중심의 역사서술을 시도하고자 할 때, 기전체에 대한 불만이 따르게 된 것이라 하겠다. 그러므로 우리가 정작 주목해야 할 것은 그의 삼국문화에 대한 재해석이다.

권근이 삼국문화를 해석하는 기준은 한마디로 말해서 강상적綱常的·사대적事大的 명분론인 것이었다. 그래서 그는 삼국의 연기年紀를 사실에 맞게 즉위년칭원법卽位年稱元法으로 쓰지 않고 유년칭원법踰年稱元法으로 개서改書하였으며, 거서간居西干·차차웅次次雄·이사금尼師今·마립간麻立干 등 신라왕의 고유한 칭호를 사실대로 기록하지 않고 이를 비야鄙野하다 하여 왕으로 개서하였다. 또한 여왕女王·태후太后·태자太子 등의 칭호도 이를 강상의 윤리와 제후의 명분에 맞추어 여주女主·대비大妃·세자世子 등으로 개서하였으며, 제천행사·불교행사·도교행사 기타 관혼상제冠婚喪祭에 관련된 사건에 대해서도 이를 이단문화로서 또는 강상의 윤리에 어긋나는 행위로서, 또는 제후의 명분에 어그러지는 행위로서 낱낱이 비평을 가하였다. 그리고 신이神異한 내용을 담은 신화나 전설을 황탄불경荒誕不經한 것으로 여기어 대부분 삭제하고 싣지 아니하였다.[21]

결국 『동국사략』은 성리학적 가치관을 가지고 성리학이 아닌 한당적漢唐的 유학과 도道·불佛의 이단문화가 융성하였던 삼국문화를 이해하게 되니, 삼국문화에 대한 비판의식이 김부식보다 강해질 것은 뻔한 이치이며, 또 사실에 대한 기록보다도 평가에 중점을 두게 되니 탈삭脫削이 많아지는 것도 어쩔 수 없는 일이다. 그러므로 삼국문화를 이해하는 사료적 가치로 본다면 『삼국사기』가 상대적으로 우월한 것이 사실이다. 또한, 중국에 대한 사대명분의 강도를 비교해 보더라도 존칭을 개선하지 아니한 『삼국사기』 쪽이 덜 사대적이었다는 해석이 내려질 법도 하다.

그러나 이것만으로 두 사서의 우열과 장단을 비교한다거나, 주체성의 강약을 논단한다는 것은 문제가 있다. 순전히 사대의 형식만 가지고 본다면, 김부식과 김부식 시대의 사대보다는, 권근과 권근 시대의 사대가 더 국가의 위신을 손상시킨 것이 사실이다. 김부식 시대에는 제후의 명분이 철저히 준수되지 않아도 좋았으나, 권근 시대에는 제후의 명분이 보다 철저히 준수되었기 때문이다. 그러나 국가의 실리라는 측면에서 본다면, 권근의

---

21 『三國史記』와 『東國史略』의 三國史敍述의 차이점에 대해서는 鄭求福 敎授의 前揭論文에 구체적으로 言及되었으므로 여기서는 詳說하지 않기로 한다.

시대에 국가의 위신이 저하된 그만큼 실리가 따라서 축소된 것은 결코 아니다. 태종 시대에는 사대의 명분에서 양보를 보이면서 명明의 시의猜疑를 무마시키고 안으로 부국강병을 다지고 민생안정을 겨냥한 일련의 사회개혁을 추진함으로써 실리를 착실히 쌓아가고 있었다. 그러므로 태종이나 권근의 사대사상을 주체성을 결여한 사대주의로 단정해서는 안 될 것이며,[22] 그것은 어디까지나 그 당시의 동아시아 국제질서에서는 현실적이며 탄력성을 지닌 외교정책으로 간주되어야 할 것이다.

그다음, 성리학적 명분론에 입각한 사료의 산삭刪削과 도·불 문화에 대한 혹독한 비판도 권근 당시의 역사적 조건 하에서는 일정한 개혁적 의미가 내포된 것이었음을 유의할 필요가 있다. 권근의 이단에 대한 배척은 현실적으로 도교나 불교 또는 민간신앙이 지닌 반사회적 역기능을 시정하는데 기본목표를 둔 것이며, 실제로 태종일대를 통해서 사원전寺院田과 사원노비의 혁파와 같은 큰 개혁이 이루어졌다. 이단문화의 역기능은 민생의 안정과 국부의 증진, 그리고 중앙집권의 강화를 위해서는 반드시 시정되어야 할 문제였다.

그러나 불교를 비롯한 이단신앙은 해국害國·해민害民적인 측면도 있지만, 왕권강화에 이용될 수 있는 요소를 많이 가지고 있었다. 권근의 이단 배척과 태종내의 반이단정책은 결코 이단을 전면 부정하려는 것은 아니었다. 권근이나 태종은 이단을 배척하면서, 다른 한편으로 이단을 보호하고 장려하였다. 그들은 도선道詵의 도참圖讖을 믿었고, 그것으로써 신왕조의 건국과 한양 천도의 명분을 찾았으며,[23] 불교사원을 중창重創하고, 도교신앙을 허용하였다.[24]

아이러니하게도 열렬한 척불왕斥佛王인 태종은 신실한 호불護佛의 군주이기도 하였다.[25] 그들이 배격한 이단은 미신화되고 귀족화된 반국가적·반사회적 성격을 가진 이단이며,

---

22　鄭求福 敎授는 權近의 事大名分을 주체성을 전혀 찾아볼 수 없는 事大主義로 규정하였다. 金富軾 以後의 儒敎를 事大主義=奴隸思想으로 매도하는 것은 한말·일제시대의 民族主義史家들에게서부터 비롯된 것으로 극렬한 민족주의운동을 전개해야 할 필요성이 절박하였던 당시의 상황으로서는 그렇게 해석하여 매도하는 것도 무리가 아니다. 그러나 냉정한 눈으로 바라볼 때, 儒敎의 事大思想이 民族主義와 거리가 있는 것은 사실이지만, 그렇다고 事大主義=奴隸思想으로까지 酷評하는 것은 正道를 잃은 것이다.

23　權近과 太宗의 圖讖信仰에 대해서는 李丙燾, 『高麗時代의 硏究』 참고.

24　太宗代의 佛敎信仰과 道敎信仰에 대해서는 다음 論文이 참고 된다.
韓㳓劤, 「世宗朝에 있어서의 對佛敎施策」, 『震檀學報』 25, 26, 27 합병호; 韓㳓劤, 「朝鮮王朝初期에 있어서의 儒敎理念의 實踐과 信仰·宗敎」, 『韓國史論』 3, 1976.8; 李相佰, 『韓國文化史硏究論攷』, 1947, 76~170쪽; 李能和, 『韓國道敎史』.

25　李相佰, 前揭書 참조.

그들이 옹호한 이단은 왕권강화와 중앙집권에 이바지할 수 있는 이단인 것이었다. 그것은 전통의 개혁과 계승이 동시적으로 추구된 것이라고 말할 수도 있다. 그러므로 권근의 반이단적 삼국문화 비판은, 이단을 더 많이 포용하면서 삼국문화를 정리한 김부식이 도리어 귀족화된 도·불세력과 타협하는 성향을 가진 것과는 구별되어야 하는 것이다.

요컨대,『삼국사기』와『동국사략』의 역사의식은 시대적 조건을 무시한 채 피상적皮相的으로 비교되어서는 안 될 것이다. 이러한 점에서 권근의 역사의식이 반도중심의 소극적 상고사 인식을 가진 것이요, 사대와 강상의 명분론이 철저한 것이라 하더라도 태종초의 역사적 상황에서는 정치안정에 긍정적으로 기여하였다.

2) 하륜의『고려국사』개찬

태종대의 고대사서술이 권근의『동국사략』으로 대표되었다면, 이 시대의 고려역사 서술은『고려국사』의 개찬 작업으로 반영되었다. 정도전이 지은『고려국사』에 대한 개찬改撰이 착수된 것은 태종 14년 5월이며, 여기에 참여한 인사는 하륜河崙·이숙번李叔蕃·변계량卞季良 등이었다. 이 작업은 총책임자인 하륜이 태종 16년에 죽고, 또 태종마저 18년에 물러남으로써 완결을 보지 못하고 말았지만, 태종대의 고려사 인식의 변화를 반영한다는 점에서 시사示唆하는 바가 적지 않다.

태종이『고려국사』의 개찬을 명령한 주된 이유는『고려국사』가 여말의 정치사를 정도전 일파에게 유리하게 곡필하였다는 데에 있었다.『고려국사』는 여말의 사관史官이 쓴 사초史草에 의거하여 쓰인 것인데, 그 사초 자체가 사관이 필화를 두려워하여 곡필曲筆·개서改書한 것이 많다는 것이었다. 그러한 곡필의 예로서 태조 관계기사가 부실하고, 윤소종尹紹宗(회군공신)이 지나치게 충신으로 묘사되고, 정도전의 아버지 정운경鄭云敬만이 가장 모범적인 양리良吏인 것처럼 미화되었다는 점이 지적되었다.[26]

---

26 『太宗實錄』卷27, 太宗14年 5月 壬午 "… 國初命鄭道傳·鄭摠等撰之 僞朝以後之事 頗多失眞 故有是命 … 初上 謂群臣曰 予觀高麗史末紀 太祖之事 頗有不實 韓尙敬對曰 太祖亦嘗有是言矣 李膺曰 … 臣聞太祖之時 命鄭道傳·鄭摠·尹紹宗 修撰前朝實錄 諸史官皆改書史草而納之 … 上曰 若如此書 前朝之季 直言於君者 唯尹紹宗一人而已 善爲州者 唯鄭云敬一人而已 開國之時 機密之事 予悉知之矣 韓尙德(敬?)曰, 臣聞諸趙浚亦曰 玄陵以後之事 皆誤書矣 夫信史所以示後世 以殿下所知改正何如 上曰 吾當與領議政議 遂命承文院 編次丁亥年以後受敎條畫"

여기에서 우리는 비록 단편적인 사례이긴 하지만, 태종의 『고려국사』 개찬 의도가 어디에 있는가를 짐작할 만하다. 그것은 곧 『고려국사』에 대한 전면적인 불만에 있는 것이 아니라, 어디까지나 정도전 일파의 행적과 관련된 서술에 불만이 집중되고 있다는 것을 알 수 있다.

『고려국사』의 여말 정치사 서술이 과연 얼마나 사실을 왜곡하였는지를 우리가 따질 필요는 없다. 한 왕조를 뒤엎은 혁명파 인사들이 자신들의 혁명과업을 정당화하기 위하여서도 자신들에게 유리하게 여말 정치사를 서술하였을 가능성은 충분히 짐작되는 바이다. 물론 그 곡필의 정도가 문제이겠으나, 어디까지나 사초에 의거하여 기술하였다면, 곡필에도 한계가 있을 터이다.

그럼에도 불구하고, 이 곡필 문제를 중대시하고 그것을 바로 잡아야겠다고 나선 태종 측의 태도에도 문제가 있다고 하겠다. 이미 앞에서 잠깐 언급한 바와 같이 태종정권은 바로 정도전 일파와 첨예한 대립 관계에서 성립된 것을 상기하여야 하겠다. 그러므로 태종 측에서 볼 때에는 여말 정치사를 어떻게 쓰느냐가 바로 자신들의 집권의 정당성 여부와 직결되는 문제가 되는 것이다. 자신들의 집권을 정당화하기 위해서는 정도전 일파의 행적을 되도록 깎아내릴 필요가 있었으며, 또 그것은 개국과정에 있어서 개국공신이 아닌 온건파와 보수파에 속했던 자신들의 위치를 안정시키는 방법이 될 수 있을 것이다. 개국공신들이 대부분 제거되거나 사망한 태종 14년에 와서 『고려국사』에 대한 개찬 작업이 나타나게 된 이유도 이러한 배경하에서 이해되어야 할 것이다.

요컨대 태종대의 『고려사』 개찬 작업은 이조개국李朝開國을 냉정한 눈으로 바라볼 수 있는 제3자적 입장에서의 개찬 작업이 아니라, 이해가 상반되는 두 적대 세력간의 자기정당화의 수단이었다는 점에서 그 의미를 찾아야 할 것이다. 그러므로 태종 측의 비난을 일방적으로 받아들여 정도전의 『고려국사』를 평가하는 자세는 지양되어야 할 것이다.[27]

27　지금까지는 鄭道傳의 『高麗國史』를 不公正한 것으로, 太宗代의 『高麗國史』 改撰作業은 공정한 것으로 대비시켜서 이해하는 경향이 많으나, 兩派의 政治的 대립관계를 무시한 이와 같은 이해 태도는 중립성을 잃을 우려가 있다. 소위 鄭道傳亂의 책임을 전적으로 鄭道傳一派의 책임으로만 전가시키려 했던 太宗으로서 과연 鄭道傳一派의 行蹟에 관한 역사서술을 公正히 할 수 있었을는지는 매우 의문이다.

3. 세종·문종대의 역사서술과 군신의 갈등

1) 권제의 『동국세년가』

세종대에는 문화의 융흥과 병행하여 많은 관찬사서官撰史書가 간행되었다. 관찬사서들 가운데에는 중국사에 관한 것도 있고 국사에 관한 것도 있는데 국사에 관련된 사서 편찬으로는 『고려사』 개찬을 대표로 꼽을 수 있다.

한편, 세종대에는 정사正史 이외에 시가詩歌의 형식으로 편찬된 서사문학敍事文學도 적지 않은데, 권제의 『동국세년가東國世年歌』와 권제·안지安止·정인지鄭麟趾가 지은 『용비어천가龍飛御天歌』는 그 대표라 할 만하다. 이 중에서 후자는 이조건국사李朝建國史를 노래로 지은 것이므로, 어찌보면 고려사의 말미 부분과 중복되는 점도 적지 않아, 『고려사』 개찬에 관한 설명에서 언급하기로 한다. 이에 반하여 『동국세년가』는 천지의 개창에서부터 원대에 이르는 중국의 역사를 적은 『역대세년가歷代世年歌』와 나란히 본국사를 서술한 것으로서 단군에서부터 고려말에 이르는 전全 역사를 포괄하고 있다. 즉 이 책의 상편은 중국사를 서술하여 『역대세년가』라 하고, 하편은 동국사東國史를 서술하여 『동국세년가』라 하였다.

본서에 실린 이계전李季甸의 서문에 의하면, 이 책은 신하들의 역사에 대한 무지를 깨우쳐 주기 위한 세종의 명령에 의하여 세종 18년에 편찬된 것으로 『자치통감훈의資治通鑑訓義』를 낸 것과 병행하여 초학자용初學者用으로 펴낸 것이라 한다. 본서의 대본이 된 것은 원초元初의 사인詞人 증선지曾先之가 지은 『역대세년가』인데, 이 책은 원나라 역사가 빠졌기 때문에 원사元史에 대한 부분은 장미화張美和의 시詩로써 보충하였고, 또 윤회尹淮로 하여금 주석을 붙이게 하였다 한다.[28] 하편의 『동국세년가』는 권제가 지은 것이다.

본서의 상·하편을 통하여 공통적으로 느껴지는 것은 그 서술체재나 내용이 이승휴의 『제왕운기』와 매우 흡사하다는 점이다. 중국사中國史와 동국사東國史를 상·하편으로 나누어 기술한 것이 그러하고, 칠언시로 된 문체도 같다. 중국사의 서술도 양자가 대동소이

---

28 李元淳, 前揭論文 참조.
　『世宗實錄』卷72, 世宗 18년 4月 庚子 "先是上念學者時於史籍 旣令修資治通鑑訓義 且慮初學未能遍覩 表章曾先之歷代世年歌 命尹淮註釋 獨元朝闕焉 補以臨江張美和之詩 至於東國年代 亦不可不知也 命史曹判書權踶撰次 仍爲註解 篇帙雖簡 開闢以來 運祚長短 國勢離合 本末大略 一覽瞭然 至是今鑄字所印之 頒賜于大小臣僚"

한데, 『운기』가 사마광司馬光의 『자치통감資治通鑑』을 따라서 삼국 중 위魏를 정통으로 서술한 데 반하여, 『세년가』에서는 주자의 『통감강목通鑑綱目』을 따라 촉蜀을 정통으로 한 점, 그리고 『운기』에서는 금金과 고려高麗와의 혈연관계를 언급하였으나, 『세년가』에서는 그러한 언급이 빠진 것 등이 다르다. 『운기』와 『세년가』의 이같은 유사성으로 미루어 보건대, 『세년가』는 이미 『운기』의 영향도 받았던 것이 아닌가 생각된다.

그러나 우리가 주목해야 할 것은 『동국세년가』와 『제왕운기』의 동국사 서술이 과연 어느만큼의 공통성을 가지느냐이다.

우선 『동국세년가』는 지리기地理紀 · 단군조선 · 기자조선 · 위만조선 · 사군四郡 · 이부二府 · 삼한 · 삼국 · 고려의 순으로 서술하고 있는데, 이와 같은 순차는 『동국사략』이나 『유사』, 그리고 『운기』에 공통적인 것이므로 새로울 것이 없다. 그러나 상고사 서술은 삼한의 민족구성을 어떻게 해석하느냐에 따라서 결정적으로 인식 체계가 달라지게 마련이고, 그러한 차이가 『운기』와 『유사』 사이에 그어지고 있음은 이미 앞에서 고찰한 바 있다. 그런데 『세년가』는 바로 이 삼한의 민족구성에 대한 인식에 있어서 『운기』와 대체로 일치한다. 양자의 삼한에 대한 서술을 소개하면 다음과 같다.

	제왕운기	동국세년가
삼한의 성립	隨時合散浮沈際 自然分界成三韓 三韓各有幾州縣 蚩蚩散在湖山間	遂分三韓保山谷 (自置郡以後 民人相聚自保 遂爲三韓)
삼한의 국가	各自稱國相侵凌 數餘七十何足徵 (稱國者 馬有四十, 辰有二十, 弁有十二) 於中何者是大國 先以扶餘(註: 略) 沸流稱(註: 略) 次有尸羅與高禮 南北沃沮穢貊膺 此諸君長問誰後 世系亦自檀君承 其餘小者名何等	各自稱國相侵凌 數餘七十何足徵 (三韓各統小國 馬韓五十四國 辰韓 · 卞韓各統 十二國) 其中扶餘與沸流 (扶餘國名在北 又號北扶餘 沸流亦國名 卽今平安道成川郡) 立國最先知幾秋

삼한의 역년	(중략) 辰 馬 弁 人 終 鼎 峙 羅 與 麗 濟 相 火 興 自 分 爲 郡 至 羅 起 計 年 七 十 二 筭 零	三 韓 分 號 辰 馬 弁 (辰韓慶尙道界 馬韓全羅道界 弁韓 今平安道界) 鼎 峙 紛 紛 日 相 戰 始 終 七 十 二 年 間 民 風 慘 淡 國 步 艱

먼저 삼한의 성립에 관한 서술을 보면 양자가 다 같이 한사군 이후 조선 유민이 자보自保의 수단으로 결집되어 성립한 것으로 되어 있다. 삼한이 한漢 세력에 대항하는 조선민인朝鮮民人의 결집체라는 것은 그 다음 삼한의 국가에 대한 설명에서 더욱 확실하게 천명된다. 『운기』에서는 삼한 70여국의 군장이 모두 단군의 후예로서 부여扶餘 · 비류沸流 · 시라尸羅 · 고례高禮 · 옥저沃沮 · 예맥穢貊이 삼한 70여국 가운데서 가장 세력이 큰 국가들이라고 한다. 『세년가』에서는 삼한 70여국이 모두 단군의 후예라고 못박아 말하지는 않았지만, 삼한 78개국 중에서 부여와 비류가 가장 먼저 입국하였다고 하여, 삼한의 민족구성을 『유사』나 『사략』에서처럼 중국인 이주민과 연결시키고 있지는 않다.

그 다음 삼한의 역년歷年을 72년으로 보는 것도 양자가 같다. 다만 『운기』와 『세년가』가 서로 다른 것은 삼한의 분속국가수分屬國家數와 위치에 대한 서술인데, 『세년가』는 이 점에 관해서는 권근의 견해를 따르고 있다.

삼한 다음에 오는 삼국의 혈통에 대해서는 『운기』가 이를 모두 단군 및 천손天孫과 연결시키고 있으나, 『세년가』에서는 신라만은 단군과 직접 연결시키지 않고 있다. 그러나 삼국의 건국을 모두 신화로써 설명하고 천손과 연결시킨다는 점에는 양자가 다를 것이 없다.

『운기』와 『세년가』의 또다른 차이점은, 『운기』에 언급된 발해渤海(고구려의 후예)가 『세년가』에는 빠져 있고, 『운기』가 시조의 개국과정을 주로 서술한 데 반하여 『세년가』는 삼국의 역대 왕의 역년과 치적을 모두 망라하여 서술한 점이 다르다. 『운기』가 민족과 국가의 영광을 드러내고자 한데 반하여, 『세년가』는 군주의 권위를 높이는데 용심用心하고 있다. 또 『운기』는 역대왕조의 문화를 도교道敎(仙敎) 중심으로 서술하여 환인桓因을 '상제上帝'로, 단군을 '단군檀君'으로, 단군의 정치를 '무내변화無奈變化'(無爲變化)로 기술하고, 구월산九月山의 삼위사당三危祠堂(三聖祠)을 소개하여 단군신화와 단군조선을 도교적 입장에서 해석하고 있으며, 해모수解慕漱 · 동명왕東明王신화도 기본적으로 이규보李奎報의 『동명왕편東明

王篇』과 마찬가지로 도교적 입장에서 서술하고 있다. 그리하여 천손 해모수는 지상에서 죽는 것이 아니라 천궁天宮으로 돌아가고, 동명왕도 천정天政을 베풀다가 기린麒麟을 타고 조천朝天하여 하늘로 올라가는 것으로 되어 있다. 고려 태조 왕건王建의 출생에 대해서도 산신계山神系 신화와 연결하여 설명하고, 고려 예종睿宗대에 기사奇士가 많음을 칭송하면서 이자현李資玄 · 곽여郭輿와 같은 도가류道家流 은사隱士를 기록하고 있는 것도 흥미를 끈다.

이렇듯 『운기』는 다분히 도교적인 문화의식을 가지고 역대문화를 이해하고 있으며, 지나치리만큼 단군중심의 단일민족사로서 국사의 체계를 세우고 있는 데 반하여, 『세년가』는 이러한 태도가 훨씬 완화되고 있다는 점에서 중요한 차이점을 찾을 수 있다. 그러면서도, 『세년가』가 권근의 『사략』이나 『삼국유사』의 역사서술과 큰 차이를 갖게 되는 것은 『운기』류의 도교적 문화의식과 역사인식의 영향을 적지 않게 받고 있는 사실이다. 이것은 세종대에 와서 세종 자신이 문화정책과 역사서술을 주도하면서 이단문화에 대한 배척의 강도가 크게 완화되고, 국사를 국왕중심의 역사로서 이해하려는 방향으로 전환되고 있던 시대 분위기와 관련이 있는 것이다. 권근과 권제는 부자 사이이면서도 그들의 역사적 인식이 이렇듯 달라진 것은 두 사람의 시대의 차이에 연유하는 것이라 하겠다.

2) 세종대의 『고려사』 개찬

세종 · 문종대의 고려사 인식을 반영하는 대표적 사서는 『고려전사高麗全史』(혹은 高麗史라고도 함)와 『고려사절요』이다. 그러나 이 두 사서는 세종이 돌아간 후에 완성된 것이므로 세종 자신의 편사編史 취지가 어느 정도 반영되었는지는 의문이다. 세종은 즉위 직후부터 돌아갈 때까지 30여 년 간의 재위 기간 비상한 관심을 가지고 고려사 개찬 작업을 추진하였으나, 끝내 고려사의 완성을 보지 못하고 돌아갔다. 세종은 세 차례나 수사관修史官을 바꾸면서 초지初志를 관철시키려는 집념을 보였고, 세종 28년에 일단 완성을 보아 인출印出까지 해놓고서도 미흡한 점이 발견되어 반포를 중단시키고 말았다. 세종 31년에 마지막으로 고려사 개찬 작업을 김종서金宗瑞 · 정인지鄭麟趾 등에게 새로이 위촉하였을 때에는 이미 세종은 세자(문종)에게 정치를 맡기고 원로대신들이 거의 실권을 장악한 때였다. 그러므로 고려사 편찬의 주도권은 이제 세종의 손에서 대신들의 손으로 넘어갔으며, 문종대에 간행된 『고려전사』와 『고려사절요』는 일단 세종과는 무관하게 대신들이 주도하여 만들어낸 사서라 할 것이다.

편사의 주체가 바뀌면서 고려사 서술의 성격이 어떻게 달라졌을까. 그리고『고려전사』와『고려사절요』는 어떠한 차이점이 있는가. 우리는 먼저 세종의 고려사 인식 태도부터 고찰하기로 한다. 세종의 고려사 인식은 한 마디로 역사추진의 주체를 왕가 중심으로 이해하고 군주, 특히 창업주의 권위를 성화聖化시키려는 입장이 큰 특징으로 지적될 수 있다. 이러한 입장이『용비어천가龍飛御天歌』를 짓게 한 것이며,『용비어천가』에 서술된 여말 정치사는 바로 세종의 고려사 인식의 한 축소판이라 해도 좋은 것이다.『용비어천가』는『동국세년가』를 지은 바 있는 권제와 안지安止 · 정인지 등이 찬撰하고, 최항崔恒 · 박팽년朴彭年 · 강희안姜希顏 · 신숙주申叔舟 등이 주해註解를 붙였으나, 세종 생존 시에 완성된 것이므로 왕의 주관이 크게 반영된 것이라고 볼 수 있다.

『용비어천가』에서는 이태조李太祖와 그 4대조의 적덕누인積德累仁에 의한 화가위국化家爲國이 극도로 미화되어 있고, 특히 태조 이성계의 일거일동一擧一動이 신격화되어 있으며, 그의 언행과 치적이 중국 역대 제왕과 종횡무진으로 비교되고 있다.

특히, 태조가 가장 빈번하게 비교되고 있는 것은 당태종唐太宗 · 송태조宋太祖 · 한고조漢高祖 · 금태조金太祖이다. 조선왕조 건국 과정에서 이태조의 역할이 미화된 반면에는 개국공신들의 역할이 상대적으로 미미하게 평가되고, 특히 정도전 일파는 반역으로 종신한 것으로 기록되어 개국의 주역으로서의 영광을 찾을 수 없게 되었다. 왕실중심의 고려사 서술은 태종의 입장과도 일치하는 것이지만, 태종은 왕실의 위치를 성화聖化하려고 하지는 않았다.

개국공신을 격하시켰다고 해서, 그들과 갈등 관계에 있었던 비혁명파 사대부의 입장을 옹호하는 것에도 세종은 찬성하지 않았다. 혁명파 윤소종尹紹宗의 2세인 윤회尹淮나 비혁명파인 권근의 2세인 권제의 고려사 개찬이 궁극적으로 세종의 의취를 부합시킬 수 없었던 것도 이와 관련이 있다고 하겠다. 권제 등이 완성한『고려사전문高麗史全文』(大全)에 대하여,『용비어천가』에 실린, 태조 관계 기사가 누락된 것과 권씨 가문의 비위를 감춘 사실 등이 적발되어 반포頒布가 중단된 것이 단적으로 그것을 말해준다. 세종은 어디까지나 혁명파 사대부와 비혁명파 사대부의 중립적인 위치에서 왕실중심의 조선 건국사를 쓰고 싶었던 것으로 보인다. 파당적 편견이 작용하였던 태조 · 태종대의 건국사 서술은 세종이 바라는 것이 아니었다.[29]

그 다음, 세종은 직서주의直書主義 원칙을 강력히 지지하였다. 이것도 태조·태종대의 역사 서술 태도와는 상이한 것이다. 그리하여 고려시대 왕실에 관련된 각종 존칭이나 관제의 명칭을 원형대로 기록하여 개서하지 말 것을 명하였다. 개서주의改書主義를 주장한 태종대의 구신 변계량이 수사修史의 책임에서 물러난 것도 이 때문이었다. 세종의 표면적인 이유는 명분에 구애되어 사실을 매몰시켜서는 안 된다는 것이었지만, 실은 그것은 중국에 대하여 국가위신을 높이려는 의도가 숨어 있다고 볼 것이다. 세종은 우리나라가 제후의 명분을 철저하게 고수해야 한다는 사대적·성리학적 명분에 대하여 퍽 탄력적이고 융통성있는 자세를 견지하였다.

끝으로, 세종은 고려사 편찬의 또 하나의 원칙으로서 철저한 기록보존주의를 지지하였다. 말하자면, 고려사를 하나의 충실한 자료집으로 만들기 위하여 어떤 가치 기준에 입각한 필삭筆削을 삼가고 입수入手할 수 있는 모든 자료를 망라하여 고려시대 문화를 원형대로 복원하려 하였다. 그리하여 그는 고려사의 체재에 있어서도 관람에 편리하고 가치 평가가 준엄한 강목체보다는, 관람에 불편하지만, 서사敍事가 상세해질 수 있는 편년체를 지지하였다.[30]

"번거로운 폐단이 있더라도 소략疎略하여 사실史實을 매몰시켜서는 안 된다."[31]는 것이 세종의 기본 태도이었다. 이와 같은 그의 기록보전주의 입장은 전통문화를 되도록 원형대로 이해하여 문화의 자기개성을 보존하려는 입장과 관련된 것으로 보인다.

요컨대 세종의 고려사 수사修史원칙은 ① 존왕실주의尊王室主義 ② 직서주의直書主義 ③ 기

---

29 太祖에서 世宗代에 이르는 약 반세기 기간은 革命派나 非革命派 인사, 또는 그들의 2세가 생존한 시대로서 그들이 고려말기 정치사를 서술할 적에 족벌적 또는 파당적 편견이 작용할 가능성이 충분히 예견되는 것이다. 실제로 鄭道傳의 『高麗國史』는 開國功臣=革命派의 입장에서 쓰인 것이고, 河崙·卞季良 등의 『高麗史』 개수는 非革命派의 입장에서 쓰인 것이다. 世宗代의 尹淮·柳觀 등이 撰한 『讎校高麗史』도 尹淮가 回軍功臣이자 『高麗國史』의 撰者의 한 사람인 尹紹宗의 子라는 점에서 아무래도 親革命派的 서술이 되었을 가능성이 크며, 權踶 등이 撰한 『高麗史大全』은 반대로 그의 先代인 權近·權溥·權準·權皐 등의 부정한 행실을 감춤으로써 族閥的 偏見을 드러내고 말았다. 이와 같은 派黨的·族閥的 高麗史 서술에 대해서 世宗이 중립적인 태도를 견지한 것은 실제로 世宗이 이들에 대해서 政治의 부담을 져야 할 만큼 派黨的 정치세력과 연결되어 집권한 것이 아니라는 점이 지적되어야 할 것이며, 또 王朝의 기반을 튼튼하게 다지기 위해서는 派黨을 초월한 중립적 태도가 필요하다는 것을 인식한 때문으로 이해된다.

30 『世宗實錄』卷57, 世宗 14年 8月 丙申 "上嘗覽高麗史 傳旨春秋館曰 以綱目法修撰則於小事重疊 難以悉記 然便於觀覽 以編年法修撰 則觀覽雖難 叙事則詳 何以處之 孟思誠·權軫·申檣·鄭麟趾·金孝貞·偰循等議啓曰 大抵史記 有編年 而後有綱目 上曰 予意亦然 以編年撰之"

31 同上文 참조.

록보존주의記錄保全主義로 요약될 수 있는 바, 이것은 지금까지의 수사원칙을 크게 바꾸는 것으로서, 세종 자신의 독특한 문화의식과 역사의식을 반영하는 것이라 하겠다. 이제 세종의 전반적인 문화정책과 관련시켜서 그의 고려사 인식 방향을 좀 더 천착할 필요가 있을 것 같다.

첫째로 세종이 왕가 중심의 고려사관을 가지려고 한 것은 현실적으로 이李왕실의 왕권을 안정시키려는 목적과 관련된 것으로 보인다. 세종은 태종 14년에 실시된 육조직계제六曹直啓制를 계승하여 재상권宰相權을 억누르면서 자신의 왕권을 강화하였으며, 세종 18년에는 육조직계제를 의정부서사제議政府署事制로 바꾸어 재상권을 다소 강화시켜 주었으나, 이때에는 자신이 길러낸 집현전 학사들이 의정부를 견제하는 구실을 담당하여 왕권 안정에 불안을 느끼지 않았다. 그러나 말년에 이르러 집현전 출신 관료의 정치적 비중이 점차로 비대해지자, 세종은 그들과 정치적으로 자주 충돌하였고 왕권에 대하여 적지 않은 불안을 느꼈던 것 같다. 이李왕가 중심의 조선 건국사를 정립하려고 하는 의도는 이와 같은 불안한 정치적 정세 속에서 고조되어간 것으로 보인다.

『용비어천가』에서 태조 이성계를 한·당·송의 전제적專制的 군주와 자주 비교한 것이나, 특히 당태종의 『정관정요貞觀政要』의 주註를 내고, 한유문韓柳文과 두시杜詩에 대한 주해를 낸 것, 주자의 『통감강목』보다도 북송의 사마광司馬光의 『자치통감』에 더 관심을 가진 것, 그리고 불교를 비롯한 이단문화에 대해서도 이를 옹호하는 정책을 쓴 것 등은 모두가 일면에 있어서 왕권강화와 관련된 것이라고 볼 수 있다. 원래 성리학적 정치사상에서는 삼대三代의 총재제도冢宰制度를 이상으로 보면서 왕권강화를 상징적 의미로 해석하고 재상권에 더 큰 비중을 두려고 하는 경향이 크다. 그러한 정치이념은 이미 정도전에게서 확고하게 이론적으로 정립되어지고 있었다. 세종이 정도전의 『고려국사』를 가리켜 "없는 것만 같지 못하다"[32]고까지 혹평한 것도 단순히 존칭을 개서했다거나 여말 정치사의 곡필이 많다는 이유뿐만 아니라 그의 재상중심, 사대부중심의 정치이념에 불안을 느낀 것이 아닌가 한다.

실제로, 세종이 죽고 병약한 문종과 나이 어린 단종端宗이 왕위를 이으면서 왕권과 재상권 사이의 갈등은 심각한 지경에 이르렀고, 세조世祖가 무단으로 집권하게 된 것도 위축된

32　『世宗實錄』卷2, 世宗 卽位年 12月 庚子條.

왕권을 일으켜 세우려는 의도가 분명한 것이다. 이와 같은 정치적 역학관계를 이해해야만, 뒤에 기전체紀傳體의 『고려사』와 편년체編年體의 『고려사절요』가 편찬되는 동기를 밝힐 수 있게 된다.

그 다음, 세종이 직서주의와 기록보전주의의 수사원칙을 고집한 이유도, 현실적으로 왕권강화를 전제로 한 대내적 단합과 대외적 자주성을 선양하려는 의도와 관련된 것으로 보인다. 세종은 이를 위한 전제로서 부국강병과 민생안정을 위한 여러가지 사회개혁을 단행하였거니와, 문화적으로는 기층문화로서 전승되어온 고대문화를 흡수함으로써 기층사회의 지지를 획득하고, 대외적으로도 중국문화와 개성을 달리하는 민족문화를 육성하려 하였던 것이다. 훈민정음을 비롯하여 『농사직설農事直說』·『향약집성방鄕藥集成方』·『동국정운東國正韻』 등이 모두 그러한 기조 위에서 만들어진 것임은 새삼 말할 나위도 없다. 즉 오방풍토五方風土가 다르면 문화가 다르게 마련이므로 제각기 자기의 풍토에 맞는 언어·문자·농법·의약 등을 가져야 한다는 것이 위의 여러 문물을 만들어 내게 된 동기였다.

세종이 성리학에 관심과 조예가 깊어서 『성리대전性理大全』을 비롯하여 『사서오경四書五經』을 간행하면서도 전적으로 성리학 일변도에 흐르지 않고, 중국의 역대문화를 골고루 수용하고, 또 중국문화만을 일방적으로 수용하는 것이 아니라 우리의 전통문화를 유지·보존하면서 여기에 중국문화를 접목시켜서 새롭게 재창조한 것은 문화의 통합이 왕권을 더 넓은 사회기반 위에서 안정시킬 수 있었던 까닭이었다.

이미 권제의 『동국세년가』에 간접적으로 반영되었듯이, 세종의 국사 인식은 민족사의 차원에서 이해되고 있었다. 즉 국사는 천손天孫인 동이족東夷族의 단군의 후예가 요하이동遼河以東의 만리의 대국을 역사무대로 하여 토속문화(언어)와 중화문화를 혼용하면서 독립국가를 연면히 이어온 민족사인 것이었다. 물론 민족이라는 용어는 당시에 쓰이지 않았으나, 문화적·역사적·정치적·혈연적·지역적 독자성을 가진 대동大東·삼한三韓·동이東夷·단군檀君·동국東國이라는 용어가 민족을 상징하는 용어로 널리 쓰이고 있었다.

세종의 이와 같은 민족의식의 성격으로 볼 때, 고려사 편찬에 있어서의 직서주의와 기록보전주의는 결국 사실을 사실대로 기술함으로써 고려문화의 독자적 개성을 손상시키지 않으려는 입장인 것이며, 이것은 훈민정음을 만든 동기와 하등 다를 것이 없는 것이다.

물론, 세종이 민족의식을 가지고 고려사를 쓰려고 했다고 해서, 중국에 대한 사대를 전적으로 거부했다는 뜻은 아니다. 제후로서의 사대는 외교의 형식으로서 여전히 남는 것이지만, 국가위신은 전대前代보다 상대적으로 앙양昂揚되지 않을 수 없다.[33] 세종이 이렇듯 민족의식을 강화함으로써 국가위신을 높일 수 있었던 것은 그가 태조나 태종처럼 국내의 정적과의 권력투쟁을 통해서 불안하게 왕위에 오른 것이 아니기 때문에 중국의 권위를 빌어서 집권을 정당화할 필요가 적었다는 점과, 또 조선의 국력이 크게 신장되어 대외적으로 자신을 가질 수 있었던 현실적 조건에 기인하는 것이라고 말할 수 있을 것이다.

3) 정인지의『고려전사』

세종 31년에 왕이 최종적으로 고려사 개찬의 책임을 김종서金宗瑞와 정인지鄭麟趾 등에게 맡겼을 때, 정치적 실권은 이미 그들에게 넘어가 있었다. 따라서 김종서 등은 지금까지 편년체編年體를 고집해온 세종의 수사원칙을 철회시키고 기전체紀傳體로서 수사방향을 바꾸어 놓는데 성공하였으며, 이로부터 2년이 지난 문종 원년(1451)에 거질巨帙의 기전체『고려전사高麗全史』를 완성하였다. 이렇듯 거질의『전사』가 짧은 기간 안에 완성될 수 있었던 것은 그 이전의 축적이 있었기 때문이기도 하겠지만, 그보다도 세종의 간섭이 없어진 데에 더 큰 이유가 있었다고 보아야 할 것이다. 문종은 병약하여 대신들을 통어할 만한 역량이 없었으며, 정치적 실권은『전사』의 수찬자修撰者들이 쥐고 있었다. 그러니 그들의 수사작업修史作業을 간섭하거나 방해할 사람은 아무도 없었다.

김종서 등이 편년체를 기전체로 바꾼 데에는 표면적으로 기록의 완전한 보전이 표방되었다. 즉 편년체보다는 기전체가 정사正史로서 기록보전에 유효하다는 것이었다.[34] 그러나 이것은 구실을 위한 구실인 것 같다. 왜냐하면 기전체는 물론 기록보전에 효과적인 체재이기는 하지만, 편년체로 쓴다고 해서 반드시 기록보전이 어려운 것은 아니기 때문이

33　事大關係는 上國(天子國)과 諸侯의 관계이므로 아무리 國家威信을 높인다 해도 諸侯로서의 위치를 궁극적으로 벗어날 수는 없는 것이다. 世宗도 諸侯의 位置를 부인하지는 않았다. 그러나 諸侯라 하더라도 天子와 똑같은 尊稱을 사용하고, 천자가 行하는 祭天을 行하고, 中國의 政治的 干涉을 받지 않고, 또 獨自的인 文化를 가지고 있다면, 그것은 이미 天子 즉 中國과 거의 同等한 諸侯인 셈이다. 세종의 直書主義原則은 그가 현실적으로 祭天을 行한 것과 더불어 朝鮮王朝의 國家的 威信을 거의 天子國과 동등한 水準으로 이끌어 올린 것이라고 말할 수 있다.

34　『世宗實錄』卷123, 世宗 31年 2月 丙辰條.

다. 세종은 기록보전을 위하여 편년체를 지지했던 것이 아닌가. 아마 그 진정한 이유는 인물중심의 역사, 즉 열전列傳을 가진 고려사를 쓰고자 한 데 기본 동기가 있었던 것 같다. 기전체는 열전이 가장 중요한 것이며, 그래서 인물중심의 역사를 쓰고자 할 때에는 기전체가 가장 효과적이다.[35] 처음에 기전체를 강력히 주장한 것은 김종서나 정인지보다도 신석조辛碩祖·최항崔恒·박팽년朴彭年·하위지河緯地·유성원柳誠源·양성지梁誠之 등이었는데, 이들이 주로 뒤에 열전을 담당하여 쓴 것만 보더라도[36] 기전체 주장의 동기가 어디에 있는가를 짐작할 수 있다. 열전을 쓰게 되면, 그만큼 신민臣民의 활동이 역사의 주체로서 한층 돋보이게 될 뿐 아니라, 열전의 인물을 어떻게 선정하고 서술하고 분류하느냐에 따라 인물평가가 결정되기 때문에, 찬사자撰史者들의 현재적 지위에도 매우 중요한 영향을 주게 되는 것이다.[37] 따라서 고려사 찬자들은 편년체보다도 기전체를 따름으로써 군주보다도 자신들에게 유리한 방향에서 고려사를 정리하려는 의도를 가졌던 것으로 보인다. 그러나 『고려사』는 전적으로 사신의 주관만이 반영된 사서는 아니었다. 『고려사』 전문에 "대의大義는 모두 성재聖裁에 품품稟하였다"고한 것을 보면 세종이 수사修史 방향을 결정했음을 말해준다. 실제로 『고려사』의 체재와 내용을 검토해보면, 뒤의 『절요』에 비해서는 세종의 수사원칙이 크게 반영된 사서라는 것을 알 수 있다. 따라서 『고려사』는 세종의 입장과 사신의 입장이 타협하는 선에서 성립된 사서라고 말해도 좋다.

이제 열전列傳·세가世家·지志·표表 전반에 걸쳐서 나타난 『고려사』의 역사인식·문화의식의 성격을 검토해 볼 때, 고려말기의 정치사나 열전의 인물선정에 있어서 비혁명파의 구신舊臣 쪽에 비중을 많이 두어서 정도전을 비롯한 개국공신들의 활약이 그렇게 두드러지게 돋보이지 않으며, 신구 세력의 정치투쟁이 간략하게 묘사되어 제3자가 시비 기준을 세우기가 퍽 어렵게 되어 있다. 이것은 좋게 말하면 중립적 서술이라고도 볼 수 있으

---

35 梁啓超는 『中國歷史研究法』(20쪽)에서 紀傳體는 人物本位의 歷史로서, 編年體는 年代爲主의 歷史로서, 그리고 紀事本末體는 事件爲主의 歷史로서 적합한 史體라고 말하고 있다.

36 紀傳體를 주장한 人物 가운데서 列傳을 담당한 이는 崔恒·朴彭年·柳誠源 등이다. 이 밖에 李克堪·申叔舟가 列傳 편찬에 참여하였다.

37 金哲埈 敎授도 高麗史 편찬에서 列傳에 重點이 두어졌음을 지적하고 "이 高麗史에서의 人物評價가 그 子孫들이 朝鮮時代의 支配階層으로서 참가함에 資格考査하는 성격을 띠어 朝鮮朝 支配階級身分의 形成과 그 성격에 영향을 주는 점을 충분히 인식한 데서 온 것이라고 생각한다"고 하였다. (韓國의 古典百選, 新東亞, 1969年 1月號 부록)

나 결과적으로는 그 중립적 입장이 군주와 구신의 입장을 감싸주는 효과를 가져오고 있는 것이다. 이 점은 뒤에 설명할『고려사절요』의 서술 태도와 다른 점의 하나이다. 그리고 이와 같은 사정은 실제로 이 시기의 지배층을 형성한 것이 개국공신의 후예라기보다는 구신계열의 후예라는 사실과도 무관하지 않을 것이다. 그리고 고려문화를 이해하는 기준이 대체로 세종대의 문화 분위기를 그대로 반영한 것이라 해도 좋을 것 같다. 즉『고려사』에서는 고려전기를 긍정적으로, 고려후기를 부정적으로 평가하고, 고려전기의 문화적 성격이 조선왕조의 건국이념과 연결되는 것으로 인식되고 있는데, 이것은 고려전기의 문화가 가진 한당유학漢唐儒學적 성격, 도참신앙, 호불護佛정책, 민간신앙 등을 큰 저항 없이 받아들이고, 또 이 시기의 부국강병과 영토확장(북진정책)을 긍정적으로 평가하는 데서 이루어진 것이다. 소위 이단문화에 대해서는 기본적으로는 비판적인 입장에서 서술하고 있지만, 그 강도가 미약하고, 이자현李資玄 · 박인량朴寅亮 · 이규보李奎報 · 이승휴李承休 · 김위제金謂磾 등과 같은 이단사상과 밀접된 인물들도 열전에 수록하고 있다.

실제로『고려사』에 인용된 자료들을 보면 관찬자료나 유학자의 기록은 물론이요,『선록잡기禪錄雜記』·『삼국유사』·『도선명당기道詵明堂記』·『삼한회토기三韓會土記』등과 같은 이단적 기록들도 널리 참고하고 있고, 세전世傳 · 언전諺傳이라 하여 민간의 구전자료까지 참고하는 성의를 보이고 있다. 따라서『고려사』는 관료들이 쓴 지배층의 사서라는 한계성을 인정하고서 본다면, 이단적 기층문화를 비교적 넓게 포용한 사서라고 말할 수 있다. 원래 지리지地理志나 천문지天文志 · 역지曆志 · 오행지五行志 · 예지禮志 등과 같은 것은 유교적 관점만으로는 정리되기 어려운 것인데,『고려사』에서는 비유교적 토속신앙이나 도교신앙, 그리고 그러한 얽힌 설화들이 적지 않게 수록되고 있다. 왕건의 세계와 관련된 산신설화나 용신설화를 비롯하여 강감찬姜邯贊의 탄생전설, 구월산九月山의 삼성사三聖祠, 양양襄陽의 사선랑四仙郎, 김해金海 초현대招賢臺의 암시선인巖始仙人설화, 마니산摩尼山의 단군제천단과 삼랑성三郎城전설 따위가 그것이다. 이것은 세종의 이단에 대한 완화 정책과 전통문화를 존중하려는 의식과 상통하는 것이라 하겠다.

그 다음 고려왕실의 존칭을 직서한 것이나, 원사元史를 모방하여 세가世家에 논찬論贊을 새로이 첨가하지 않음으로써 장 시비포폄是非褒貶보다는 기록보전에 치중한 점도 세종의 취지를 따른 것이라 할 것이며,『고려사』가 결과적으로 사료집의 성격을 강하게 띠게 된 것도 여기에 연유하는 것이다.

또 『고려사』가 그 체재에 있어서 기전체를 따랐으면서도, 세가는 사기史記 · 양한서兩漢書 · 원사元史를 참작하여 세가의 서술비중을 크게 하고, 표表는 『삼국사기』를 준거하여 군주중심의 연표를 작성하는 등 여러 사체의 장단점을 취사하여 군주중심의 서술에 알맞은 체재를 갖게 된 것도 세종의 의취를 반영하는 것이라 하겠다. 당시에 있어서는 주자의 강목법이 큰 영향을 줄 수 있었고, 또 강목법을 채용하려는 노력이 고려 말기의 민지閔漬 · 정몽주, 그리고 태종대의 권근 등 일부 학자들 사이에서 관심을 끌었음에도 불구하고, 오히려 그보다 시대를 소급하여 한당漢唐문화나 북송 · 원대문화에 더 큰 관심을 가지고 있었다는 것은, 정주학程朱學적 성리학이 가지는 화이적 · 중국중심적 세계관에 몰입되지 않았으며, 또 정주학적 사회 · 정치이념에 일정한 거리를 두었음을 뜻하는 것이라고 하겠다.

4) 김종서의 『고려사절요』

김종서金宗瑞 등이 기전체 『고려사』를 문종에게 찬진하면서 바로 그 자리에서 편년체 고려사의 수찬을 건의하여 5개월 만에 완성된 것이 『고려사절요』이다. 김종서가 편년체의 『고려사절요』의 편찬을 주장한 표면적인 이유는 『고려사』가 전사全史이므로 내용이 번잡하여 관람에 불편하다는 것이었다.[38]

따라서 그 표면적인 동기만을 피상적으로 받아들인다면, 『고려사절요』는 『고려사』를 기계적으로 간추린 것이 아닌가 하는 생각을 갖게 한다. 그러나 두 사서를 비교해 보면, 역사인식상 적지 않은 차이가 있을 뿐만 아니라, 두 사서를 반포하는 과정에서 심각한 상호충돌이 있었다는 것을 주의할 필요가 있다. 김종서가 단종대에 『고려사절요』를 인출할 적에 『고려전사高麗全史』의 인출을 꺼려했다는 다음과 같은 기사가 있다.

　　檢詳李克堪將堂上議啓曰 高麗全史 人之是非得失 歷歷俱載 皇甫仁 · 金宗瑞懼全史出則 人
　　人皆知是非 故但印節要頒賜 而全史則少印 只藏內府 吾東方萬世可法可戒之書 莫如高麗史 請
　　印全史廣布 從之[39]

38　『文宗實錄』卷9, 文宗元年 8月 庚寅 "知春秋館事金宗瑞等 進新撰高麗史 … 宗瑞啓曰 此全史也 當節其煩文 編年紀事 庶可便於觀覽耳"
39　『端宗實錄』卷12, 端宗 2年 10月 辛卯條.

이 기사에 의하면, 김종서·황보인 등은『고려전사』의 인물에 대한 시비득실是非得失을 꺼려하여 소량만 인출하여 내부에 보관해 두고 그 대신『절요』를 많이 찍어내어 반사頒賜했다는 것이다. 이 기사가 보이는 것은 단종 2년 10월 신묘辛卯로써 이때는 이미 황보인·김종서 등이 소위 계유정난癸酉靖難으로 수양대군首陽大君에 의하여 피살된 지 1년 뒤이다. 여기서 우리는 김종서·황보인 등이 제거되면서『고려사절요』의 반포가 억제되고, 그 대신『고려전사』가 광포廣布된 것을 알 수 있다. 세조 일대를 통해서『고려사절요』는 한 번도 거론된 일이 없으며,『동국통감』수찬 과정에 있어서도 세조대에는『고려사』는 참고되었으나,『고려사절요』는 참고되지 않았다.

단종대에 김종서 등이 실권을 쥐고 있을 때에도『고려사절요』의 반포는 우여곡절이 많았던 것 같다.

단종 원년 7월 당시 시강관侍講官이던 성삼문成三問은 경연에서『고려사절요』의 광포를 요청하는 다음과 같은 계啓를 올렸다.

臣聞命頒高麗史節要 登名頒賜記者 皆已知之 昨日還收頒賜記 削其五十餘人 此書自太宗時
始撰 至世宗朝功訖 許人私印而以書有誤撰 遂命改之 近日書成 前日納私紙者 並擬受賜 雖一人
不可誣也 況五十餘人之多乎 …… 今若不足則更命加印廣布可也 不從

즉『고려사절요』의 반사기頒賜記에 등명登名된 자 중에서 50여 인의 이름을 삭제하는 소동을 벌인 것을 공박하고 있는데, 어떤 이유로 이런 조처가 내려진 것인지는 알 수 없으나, 아무튼『고려사절요』의 반포를 둘러싸고 찬반양론이 엇갈린 것만은 확실하다. 또『고려사절요』의 광포를 주장한 성삼문이 반세조파反世祖派요,『고려사절요』의 광포를 비난한 이극감李克堪이 친세조파親世祖派 인물이라는 것도 우연한 일은 아닌 것 같다. 즉『고려사』와『고려사절요』의 반포는 친세조파와 반세조파의 정치적 대립과 깊이 관련되어 있다는 사실을 주목할 필요가 있다.

그렇다면,『고려사』와『고려사절요』는 내용상 어떤 차이점이 있는 것일까? 먼저,『고려사절요』는 착수한 지 5개월 만에 속성으로 완성된 것에 주목할 필요가 있다. 이것은 기찬旣撰의 어떤 사서에 약간의 수정을 거쳐서 나왔다는 것을 시사한다. 위 성삼문의 계啓에 의하면,『고려사절요』는 태종 때 착수되고, 세종 때에 완성되어 사적으로 인출되었던 것을, 잘못을 바로잡아 근일에 완성되었다고 한다. 세종 때 완성되어 사인私印된 것이라면, 윤회尹淮·유관柳觀이 찬찬撰한『수교고려사讐校高麗史』일 가능성이 크다.[40] 권제의『고려사대전』(全文)은 일단 공간公刊되었다가 반포가 중지된 것이므로 사인된 것은 아니며, 이 책은 뒤에 세조대에 양성지·권람이 수정·간행하였다.

이제『고려사』와『고려사절요』의 내용상의 중요한 차이점을 들면 다음과 같다. 첫째로,『절요』는『고려사』보다 논찬論贊이 압도적으로 많다.『고려사』는 세가世家에 이제현李齊賢과 그 밖에 고려시대 사신의 논찬만을 싣고 조선조 사신의 논찬을 따로이 붙이지 않았으나,『절요』에서는 "史臣曰"이라 하여 조선조 사신의 논평을 많이 첨가하고 있다. 논찬이 많아진 것은 그만큼 평가를 중시한다는 뜻이다.『고려사』가 기록보전 위주로 쓰인 것과 좋은 대조를 이룬다.

둘째로,『절요』에 첨가된 사론의 내용을 검토해보면, 먼저 불교행사·도교행사, 기타 도참신앙 등 이단사상과 관련된 행사에 대한 비판이 신랄하게 가해지고 있음이 주목된다. 즉 이단에 대한 비판의 강도가『고려사』보다 한층 날카로워지고 있다는 점이다. 그러한 비난은 태조왕건의 호불護佛정책에 대해서까지도 퍼부어지고 있다. 이러한 비난은 세종의 호불정책에 대한 비판이라고도 볼 것이다. 그 다음,『절요』의 사론에서는 유교적인 통치이념에 입각한 시비포폄是非褒貶이 한층 강렬하게 제시되고 있다. 그것을 요약한다면, ① 군주전제君主專制의 비판 ② 재상권宰相權의 강화 옹호 ③ 문무일치와 병농일치兵農一致 ④ 군주의 일예逸豫와 사치에 대한 경계 ⑤ 능력주의의 인재등용 ⑥ 언론의 존중 ⑦ 천명天命(天災)에 대한 경외 ⑧ 권귀權貴·종척宗戚·환시宦寺 등의 정치 참여에 대한 경계 등으로 모아진다.[41] 이와 같은 통치이념의 제시는『고려사』의 논찬에서도 보이지 않는 것은 아니나, 그 강도가 미약하다. 이와 같은 통치이념의 제시는 이미 정도전의『고려국사』에서도 고려사 서술의 기조로서 나타나 있음은 앞에서 설명한 바와 같거니와, 이제 그러한 전통이『수교고려사』를 교량으로 하여『고려사절요』로서 재현되고 있음은 주목되는 사실이다.

정도전의『고려국사』에 제시된 통치이념이 자신을 포함한 개국공신의 정치적 주도권

---

40 金庠基 先生도 高麗史節要解題(東國文化社刊)에서『高麗史節要』가『讐校高麗史』에 刪潤을 加한 것으로 推定하였다.
41 儒教的 統治理念의 제시는 史論에서만 보이는 것이 아니라,『高麗史節要』의 進箋文과 凡例에서부터 선명하게 드러난다.

을 전제로 하여 표방된 것과 마찬가지로, 『고려사절요』의 통치이념도 현실적으로 찬사자 자신들의 정치적 주도권 확립과 깊이 관련되면서 제시되고 있다는 점을 유의할 필요가 있다. 문종·단종대에는 군권이 실제로 미약하였고, 정치의 실권은 김종서·황보인 등 재상과 집현전 출신 학자들에 의해서 장악되고 있었다. 이미 세종 말년부터 집현전관集賢殿官의 정치적 지위가 급속히 성장하여 의정부·사헌부·사간원 등으로 진출하여 단종대에 이르면 군권과 신권의 조화가 완전히 깨졌다. 당시의 사관 이승소李承召의 말을 빌면 "人主는 손 하나 움직일 수 없는 괴뢰적인 존재로 전락되고 百官은 왕명을 거들떠보지도 않았으며 …… 의정부가 있는 것은 알겠으나 군주가 있는 것은 알지 못한 지가 오래되었다"[42]고 할 정도로 의정부 재상의 권한이 비대해졌다. 세조가 집권하여 재상의 권한을 약화시키기 위하여 의정부의의제議政府擬議制를 육조직계제六曹直啓制로 바꾸었을 때, 하위지河緯地·어효첨魚孝瞻·이계전李季甸·이예장李禮長 등 집현전 출신 관료들은 이를 맹렬히 반대하였고, 세조는 "冢宰(재상)의 制는 君이 죽은 제도이다. 너는 나를 죽은 것으로 생각하느냐"[43]고 호령하면서 하위지의 관冠을 벗기기까지 하였다.

이러한 당시의 분위기로 보아서 『고려사절요』의 통치이념이 현실적으로 찬사자 자신들의 정치적 주도권 문제와 밀접하게 관련된 것을 쉽게 이해할 수 있으며, 바로 그러하기 때문에 군권을 강화하려는 세조의 입장에서 『고려사절요』가 용납될 수 없는 것이기도 하였던 것이다. 정도전이 재상권을 강화시키려다가 태종에게 격살된 것과 마찬가지로 김종서 일파도 자신들의 정치적 주도권을 유지·강화하려다가 결국 세조에 의해서 격살되고 말았음은 우연의 일치라고 볼 수 없다.

그 다음, 여말정치사에 대한 서술에 있어서 『고려사』와 다른 것은 개국공신들의 역할을 큰 비중으로 서술하고, 비혁명파 인사들을 비판적으로 서술한 점이다. 예컨대 『고려사』에서 이른바 윤이尹彝·이초李初의 옥獄사건에 관한 기사를 간략히 다루고 이 사건에 관련된 이색李穡·권근權近·이숭인李崇仁 등이 석방된 데 대하여 "國人이 크게 기뻐하였다"고 기록함으로써 반이성계파를 은근히 두둔하고, 또 조준趙浚·정도전·윤소종尹紹宗 등이 변란을 꾸민다고 상소하여 그들을 귀양가게 한 김진양金震陽 같은 인물을 정신전庭臣

---

42 『世祖實錄』卷2, 世祖元年 8月 辛亥條.
43 『世祖實錄』卷2, 世祖元年 8月 辛亥條.

傳에 넣는 등 호의적으로 서술한 데 반하여, 『고려사절요』에서는 이들의 반혁명 책동을 상세히 기록하여 은근히 비판적인 입장에서 서술하고 있다.

또 대외관계의 기사에 있어서도 『고려사』는 사행의 기록을 많이 탈락시키고 있으나 『고려사절요』에서는 거의 빼놓지 않고 기록하고, 송宋과 요遼의 연호를 기록하여 존하사대尊夏事大의 명분을 돈독히 하고 천재지변과 같은 사건도 군주의 천견天譴을 삼가는 뜻에서 낱낱이 기록하고 있다.

말하자면 총체적으로 보아서 『고려사절요』는 신하의 입장에서 관료중심의 통치이념을 정립함으로써 군주의 전제를 방지하여 정치의 명분을 확립하려는 교훈적 의도가 강하게 보이며, 그러한 편사 취지는 『자치통감』의 그것과도 상통하는 점이 많다.

『고려사절요』는 김종서가 주동이 되어 편찬되었으나, 실제로 수사에 참여한 사신의 명단을 보면 『고려사』 찬자의 명단과 대동소이하여 외형상으로는 편사의 주체가 별로 바뀐 것 같지가 않다.[44] 그러나, 『고려사』와 『고려사절요』의 반포를 둘러싸고 찬사자들이 둘로 나뉘어, 친고려사파와 친고려사절요파가 정치적으로는 친세조파와 친단종파로 갈라진 것을 볼 때 『고려사절요』 수찬의 주동적 인물은 김종서를 비롯하여 허후許詡ㆍ박팽년朴彭年ㆍ유성원柳誠源ㆍ이계전李季甸 등이고, 성삼문成三問ㆍ하위지河緯地ㆍ황보인皇甫仁 등이 그 반포를 배후에서 지원했던 것으로 보인다. 정인지ㆍ이선제李先齊ㆍ신석조申碩祖ㆍ정창손鄭昌孫ㆍ신숙주申叔舟ㆍ이극감李克堪ㆍ양성지梁誠之ㆍ이예李芮ㆍ김예몽金禮蒙ㆍ윤기견尹起畎 등은 두 사서 편찬에 모두 참여하였지만 『절요』보다는 『고려사』에 더 애착을 가졌던 것으로 보인다. 따라서 우리는 『고려사』나 『고려사절요』의 편찬에 참여한 이들이 모두 같은 마음으로 참여했다고는 말하기 어려운 것이다.

---

44 『高麗史』 撰者로서 『高麗史節要』 수찬에 참여하지 않은 사람은 金銚ㆍ鄭昌孫ㆍ崔恒ㆍ盧叔同ㆍ李石亨ㆍ崔德之ㆍ魚孝瞻ㆍ金淳ㆍ金命中ㆍ趙瑾ㆍ芮承錫ㆍ李仁全ㆍ柳子文ㆍ吳伯昌ㆍ尹子雲 등 15명이며, 나머지 21명이 『高麗史節要』의 편찬에 참여하였다. 한편 『高麗史』 편찬에는 참여하지 않았으나 『高麗史節要』 수찬에만 참여한 인물은 李季甸ㆍ金孟獻ㆍ金磧ㆍ李翊ㆍ李尹仁 등 7명뿐이다. 그러나 이들은 대부분 하위직에 있어서 주동인물로는 볼 수 없다.

4. 세조대의 전제군주적 역사서술

1) 권람의 『응제시주』

세조대에도 국사 편찬에 관한 군신의 열의가 비상하였고, 이에 따라서 국사 편찬 사업이 정력적으로 추진되었다. 세조대의 국사 편찬은 『동국통감東國通鑑』 수찬으로 나타났다. 이 작업은 세조 당대에 완성을 보지 못하고, 성종대에 이르러 『삼국사절요』와 『동국통감』이라는 두 개의 사서로서 잉태되었다.

『동국통감』 수찬이 국가사업으로 추진된 것과는 별개로, 개인에 의한 저술도 나타났다. 그 중에서도 세조 6년에 이루어진 권람의 『응제시주應製詩註』가 가장 저명하다. 먼저, 『응제시주』에 반영된 권람의 역사인식의 성격을 알아보고, 다음에 『동국통감』 수찬 과정에 나타난 세조 및 수사관修史官의 역사인식을 검토하기로 한다.

『응제시주』는 찬자撰者 권람의 조부이자, 『동국세년가』의 찬자요 『고려사』 편찬에도 참여했던 권제의 아버지인 권근이 지은 소위 『응제시應制詩』에 대해서 주석을 붙인 것이다. 권람은 권근이 태조 5년에 이른바 표전문表箋文사건으로 명경明京에 갔을 때, 명제明帝가 내준 시제詩題에 따라 지은 24편의 시와, 명제 자신이 지어서 권근에게 준 3편의 시[45]에 대하여 상세히 주석을 붙여서 엮어낸 것이 이 책이다. 이 책을 펴낸 목적은 권씨 일가의 가보로 삼기 위해서라고 하나, 『응제시』 자체와 권람의 주석 사이에는 상당한 역사인식의 차이가 나타나고 있는 점으로 보아, 조부 권근의 역사인식을 수정 보완하려는 의도가 엿보이기도 한다.

『응제시주』는 주어진 시에 대한 단편적인 주석에 그치고 있으므로 체계적인 사서라고 볼 수는 없으나, 찬자 권람의 역사인식의 방향을 이해하는 데에는 중요한 자료이며, 그가 세조대 훈신의 하나라는 점에서 세조대의 역사인식의 분위기를 이해하는데 시사하는 점

---

45 應製詩 24篇과 明帝의 詩 3篇의 제목은 다음과 같다.
　가) 應製詩 : 王京作古 · 李氏異居 · 出使 · 奉朝鮮命至京 · 道經西京 · 渡鴨綠江 · 由遼左 · 航萊州海 · 始古開闢東夷主 · 相望日本 · 金剛山 · 新京地理 · 辰韓 · 馬韓 · 弁韓 · 新羅 · 耽羅 · 大同江 · 聽高歌於來賓 · 閱伶人放重譯 · 引觴南市酩酊而歸 · 開懷北市落魄而還 · 醉仙暢飮遊目於江皐 · 鶴鳥再坐聞環珮而珊珊
　나) 明帝詩 : 題鴨綠江 · 高麗古京 · 使經遼左

이 많다.

우선, 『응제시주』에서 인용되고 있는 자료들을 검토해보면, 우리나라측 자료로서 『삼국사기』·『삼국유사』·『고기古記』·『신지비사神誌秘詞』·『도선기道詵記』·『도선답산가道詵踏山歌』·『동명왕편東明王篇』·『삼한회토기三韓會土記』 등이 보이고, 중국측 자료로서 『요동지遼東誌』·『괄지지括地志』·『습유기拾遺記』·『속수신기續搜神記』·『신당서新唐書』·『주례周禮』·『문헌통고文獻通考』·『열자列子』·『위서魏書』 등이 인용되고 있다. 위 자료들은 대부분 정사正史가 아닌 잡기류라는 것이 주목된다. 특히 우리나라측 자료는 『삼국사기』를 제외하면 모두 고려시대에 성행되었던 고기류古記類나 비기秘記·참서讖書들로서, 『고려사』나 『용비어천가』 주석에도 인용되고 있는 자료들이다. 이로써 본다면, 권람의 역사인식이 대개 어떤 방향으로 전개될 것인가 짐작이 간다.

『응제시주』에 반영된 역사인식의 가장 큰 특징은 민족시조나 개국시조에 얽힌 설화를 거의 빠짐없이 수록하고 있는 점이다. 위로는 단군신화로부터 아래로는 이성계의 행적에 얽힌 갖가지 설화에 이르기까지 마치 설화집이라고 착각할 만큼 설화중심의 역사 서술을 시도하고 있다. 이런 점에서 본다면, 『응제시주』는 『삼국유사』의 기이편紀異篇이나 『제왕운기』의 체취를 흠씬 풍기고 있다.

『응제시주』의 설화와 전설은 대부분 『삼국유사』·『동명왕편』·『제왕운기』·『고려사』 세가世家 및 지리지, 그리고 『용비어천가』에서 뽑은 것이지만 전혀 새로운 자료에서 뽑은 것도 있다. 이를 정리해 보면 다음과 같다.

    ①『東明王篇』에서 뽑은 것.
       • 주몽설화[46]
    ②『帝王韻記』에서 뽑은 것
       • 夫婁(東扶餘王)·金蛙說話[47]
       • 溫祚說話[48]
    ③『帝王韻記』 및 『高麗史』와 一致하는 것

---

46 『應制詩註』, 題鴨綠江의 註.
47 同上書, 題鴨綠江 및 始古開闢東夷主의 註.
48 註 46)와 同.

- 王建說話[49](山神 및 龍神說話)

④ 『高麗史』에서 뽑은 것

- 耽羅三聖人說話[50]

- 金海府 招賢臺 巖始仙人說話[51]

- 李成桂 武勳 및 建國說話[52]

⑤ 『三國遺事』에서 뽑은 것

- 朴赫居世說話[53]

- 昔脫解說話[54]

- 金閼智說話[55]

- 金首露王說話[56]

⑥ 『帝王韻記』와 『三國遺事』, 기타 古記를 절충한 것

- 檀君說話[57]

　위 설화 중에서 이성계에 관한 것을 제외한다면, 모두가 고기류에서 재인용한 것이므로 위와 같은 분류가 무의미할 것 같기도 하다. 그러나 같은 고기류에 의거했다 하더라도 설화의 내용은 반드시 일치되는 것만은 아니다. 그 좋은 예가 『유사』와 『운기』에 실린 단군신화이다. 『유사』와 『운기』의 단군신화는 다른 점이 많은데, 『응제시주』에서는 양자를 절충하여 환인桓因을 상제上帝로 해석하고, 단군의 이름, 단군의 개국 시기, 향년, 단군 사당에 관한 설명은 대체로 『운기』쪽을 따르고, 그 나머지 환웅桓雄이 하강하여 단군이 탄생될 때까지의 과정은 『유사』쪽을 따르고 있다.[58] 또한 단군이 아들 부루夫婁를 도산塗山

49　『應制詩註』, 新羅의 註.

50　同上書, 耽羅의 註.

51　註 49)과 同.

52　『應制詩註』, 李氏異居의 註.

53　同上書, 新羅의 註.

54　同上.

55　同上.

56　同上.

57　『應制詩註』, 始古開闢東夷主의 註.

58　『應制詩註』, 始古開闢東夷主의 增註 "古記云 上帝桓因有庶子 曰雄 意欲下化人 間 受天三印 率徒三千 降於太白山神檀樹下 是謂桓雄天王也 桓或云檀 山即今平安道熙川郡妙香山也 將風伯 · 雨師 · 雲師而主穀 · 主命 · 主病

에 보내어 우禹에 조현朝見했다는 기사는 『유사』와 『운기』의 어느 쪽에도 없는 것인데, 이는 제3의 고기古記에서 뽑은 것 같다.

주몽설화는 『동명왕편』, 『제왕운기』, 『삼국유사』에 공통적으로 보이지만 『운기』와 『유사』는 비교적 내용이 간략하다. 또 『유사』에서는 해모수와 주몽의 승천에 관한 이야기가 탈락되어 있다. 『운기』는 간략하기는 하지만, 해모수와 주몽의 승천[朝天]이 언급되어 있어서 『동명왕편』에 보이는 신화를 압축한 느낌이 든다. 말하자면 『동명왕편』과 『제왕운기』의 주몽설화는 『유사』의 그것보다 훨씬 더 민간신앙적·도교적 체취를 가진 점에서 공통점이 발견되는데, 『응제시주』에서는 『동명왕편』을 거의 전재하다시피 하고 있다.

그 다음 동부여왕東扶餘王 부루설화는 『유사』와 『운기』가 약간 다른데, 『응제시주』에서는 대체로 『운기』 쪽을 따르고 있다.[59]

·主刑·主善惡 凡主人間三百六十餘事 在世理化 時有一熊一虎 同穴而居 常祈于雄 願化爲人 雄遺靈艾一炷· 蒜二十枚曰 食之不見日光百日 便得人形 熊虎食之 虎不能忌而 熊忌三七日 得女身 無與爲婚 故每於檀樹下 呪願 有孕 雄乃假化而爲人 孕生子曰 檀君 與唐堯同日而立國 號朝鮮 初都平壤 後都白岳 娶非西岬河伯之女 生子曰 夫 婁 是爲東扶餘王 至禹會諸侯塗山 檀君遣子夫婁朝焉 檀君歷虞夏至商武丁八年乙未 入阿斯達山 化爲神 今黃海 道文化縣九月山也 廟至今存焉 享年一千四十八年 厥後一百六十四年己卯箕子來封" 檀君의 享年과 享國에 대해 서는 『유사』·『운기』·『시주』가 각각 다르다. 즉 『유사』에서는 御國 1500년, 壽 1908년으로, 『운기』에서 는 理國 1038년, 享國 1028년으로, 『시주』에서는 享年 1048년으로 각각 되어 있다.

59 『三國遺事』에서는 檀君과 河伯女 사이에 난 夫婁와, 解慕漱(天帝子, 北扶餘王)의 아들 扶婁(夫婁) 등 두 사람의 夫婁가 나타나고 있으며, 또 河伯女와 解慕漱 사이에 朱蒙이 태어나서 朱蒙과 夫婁가 異母兄弟라고 해석하고 있다. 이것을 表로 만들어 보면 夫婁가 둘이 되어 不合理하다.

```
檀君 ── 夫婁(東扶餘王) … 金蛙
  ‖
河伯의 女
  ‖────── 朱蒙
解慕漱(天帝子, 北扶餘王) ── 夫婁
```

한편, 『帝王韻記』에서는 夫婁를 檀君과 河伯女 사이에 태어난 것으로 보고, 河伯女와 解慕漱 사이에 朱蒙이 태어난 것으로 되어 있다.

```
檀君
  ‖── 夫婁 … 金蛙
河伯의 女
  ‖────── 朱蒙
解慕漱
```

이것은 『三國遺事』보다는 合理的이지만, 河伯女가 檀君과도 관계하고 解慕漱와도 관계한 것이 되어 역시 문제가 남는다.

『應制詩註』에서는 解夫婁를 그냥 檀君의 子로 해석하고 解慕漱와 河伯女 사이에 朱蒙이 태어난 것으로 하여, 夫婁를 檀君의 아들로만 해석한 것은 『帝王韻記』와 一致하지만, 檀君과 河伯女와의 관계는 부인되고 있는 점이상 『응제시주』의 신화와 설화의 성격을 종합해보면, 기본적으로는 『제왕운기』계열의 설화를 따르고 있으며, 다만 『제왕운기』에 없는 것은 『삼국유사』나 그 밖의 고기류에서 보충하고 있음을 알 수 있다. 그래서 전반적으로 신화 또는 설화에 깔려있는 사상적 기초는 민간신앙 내지는 도교 쪽과 가깝고 불교적 색채가 약한 것이 특징이다. 이 점은 권제의 『동국세년가』가 『유사』보다도 『운기』의 영향을 크게 받고 있는 것과 흡사하다. 앞서 권근에 의해서 크게 배척을 받았던 신화·전설이 아들과 손자에 이르러 재인식되고, 특히 손자 권람에 의해서 낭만적인 신화중심의 역사로까지 비약된 것은 격세의 감을 갖게 한다.

『응제시주』의 설화중심의 역사인식은 고대지명에 대해서도 새로운 비정比定으로 연결된다. 그중에서도 한사군의 위치에 대한 비정은 매우 특이하다. 지금까지의 사서들은 한사군이 조선 고지故地에 설치된 것으로 막연히 추정하였고, 진번眞番·임둔臨屯이 남북에, 낙랑樂浪·현도玄菟가 동서에 있었다고 믿어져 왔다. 그리고 낙랑은 평양으로 인식되었다. 그러나 『시주』에서는 김부식의 『삼국사기』등이 지명 비정에 소홀하고 무성의했던 점을 지적하면서 낙랑=평양설을 의심하고 압록강 북쪽에 낙랑이 있었을지도 모른다고 새롭게 추정하였으며,[60] 현도에 대해서도 유주幽州(요동)의 동북 3천리 지방으로 추정하여 지금의 만주 심양瀋陽 부근에 비정하였다.[61] 진번도 마찬가지로 요동지방에 비정하였다.[62] 임둔에 대해서는 언급이 없으나, 한사군 중의 3군이 만주지방에 비정됨으로써, 결국 고조선의 구강舊疆 중에서 압록강 이북의 땅만이 한군현漢郡縣의 치하에 있었던 것으로 인식되고 있었다. 그러므로 삼조선의 수도이자 고구려의 수도였던 평양은 한漢의 지배권 밖에 있었던 셈이다. 평양은 상고시대의 정치적 중심지일 뿐 아니라, 단군사당과 기자사당, 그리고 동명성제사東明聖帝祠가 있으며, 또 동명왕이 승천한 조천석朝天石이 있으므로 은연중 민족신앙의 중심지로서도 인식되고 있다.[63]

이 다르다.

檀君 —— 解夫婁 … 金蛙

해모수

　‖———— 朱蒙

河伯의 長女(柳花)

60　『應制詩註』, 題鴨綠江의 註.

61　同上 및 使經遼左의 註.

62　『應制詩註』, 使經遼左의 註.

63　同上書, 道經西京의 註.

설화중심의 역사인식 자체가 민족신앙에 대한 비상한 관심을 반영하는 것인데, 민족신앙의 핵심이라 할 단군·단군신화·단군조선·단군사당·단군시檀君時의 선인仙人 신지神誌에 대한 인식, 그리고 단군의 아들 부루가 하우夏禹와 도산塗山에서 조현朝見한 것 등 단군과 관련된 인식이 한층 깊어지고 있다.

고대의 지명에 대한 연혁과 관련하여 『응제시주』에서는 요동지방의 역대귀속문제를 상세히 서술하고 있음이 주목된다. 그는 요동을 요서와 요동을 모두 포괄하는 명칭으로 간주하고, 이 지역은 기자의 분봉지分封地(靑州)로서[64] 기자조선 이후로 우리나라의 영토가 되었는데 그 후 한사군이 설치되는 등 피아간의 쟁탈이 끊임없이 반복되었으나, 고구려시대는 다시 아강我疆으로 귀속된 것으로 이해한다. 특히 요동을 둘러싼 고구려의 수·당과의 항쟁을 상세히 기록하여 선인先人들의 애국적인 무훈을 은근히 자랑하고 있다. 요동의 역사적 귀속문제에 관한 상세한 기록은, 현실적으로 요동수복운동을 계획하던 당시의 시대적 분위기를 반영하는 것이 아닌가 한다.

『응제시주』에서는 이렇듯 상고사와 관련된 많은 새로운 인식이 엿보이면서도, 삼한이나 발해 등에 대해서는 거의 『유사』와 권근의 인식을 답습하는 한계성을 보이고 있다.[65] 삼한문제에 관한 한 권람은 자기의 부친 권제의 인식과도 다르다.

그 다음 한성漢城의 연혁과 관련하여 『시주』에서는 조선왕조의 건국과정을 상세히 설명하고 있다. 그의 건국사 인식은 기본적으로 『용비어천가』의 서술을 따라, 이성계의 역할을 신격화시키고, 또 이李왕조의 성립과 한양천도가 이미 단군시檀君時의 선인인 신지神誌의 비사秘詞나 구변도국九變圖局, 또는 그것을 계승한 도선道詵의 참서讖書 등에 예시豫示되었음을 들어서 그 필연성을 정당화시키고 있다. 권람의 이 같은 이조건국사관은 사대부 중심의 건국사관을 가진 정도전이나 김종서 등의 그것과는 다른 것으로서, 김종서를 제거하고 세조의 집권에 공이 큰 그의 정치적 행적과 관련시켜서 생각할 때, 결코 우연한 것이라고 볼 수가 없다.

그리고 이와 같은 그의 이왕가李王家 중심의 건국사관은 「건원릉비문健元陵碑文」을 쓴 권근이나, 『용비어천가』를 지은 권제의 경우와 완전히 일치되며 이러한 점에서 본다면 권

64　同上書, 題鴨綠江.
65　同上書, 辰韓, 馬韓, 弁韓.

근 3대의 역사인식은 이조건국사관에 관한한 변함없이 계승되었다고 할 것이다.

2) 세조의 『동국통감』 수찬

현존하는 『동국통감東國通鑑』은 주지하다시피 성종 15년에 완성되었으나, 원래 세조가 의도하던 『동국통감』의 수찬 취지가 여기에 얼마나 반영되었는가는 적이 의문이다. 더욱이 성종 7년에는 『동국통감』을 편찬하던 수사관修史官들이 『동국통감』이 아닌 『삼국사절요』를 지어 바치는 기이한 사건이 일어났다. 세조의 『동국통감』 편찬사업은 당대에 완성을 보지 못하고 그가 돌아간 후에 성격을 달리하는 두 개의 사서로 나타났다. 이는 마치 세종대의 『고려사』 편찬사업이 문종대에 이르러 『고려사』와 『고려사절요』의 편찬으로 귀결된 것과 매우 흡사한 현상이라 하겠다.

그러면, 『삼국사절요』와 『동국통감』은 역사인식에 있어서 어떠한 차이가 있으며 세조가 본래 의도하던 사서편찬의 방향은 무엇이던가?

세조가 『동국통감』 수찬의 의사를 밝힌 것은 동왕同王 4년 9월로서 수찬 명령의 동기는 이러하다.

> 우리나라의 書記는 脫落이 있어서 자세하지 못하다. 三國·高麗史를 합쳐서 編年書를 짓고자 하여 널리 諸書에서 [자료를] 採集하여 逐年 아래에 纂入하게 하였다. [66]

그 다음, 동왕 9년 9월에도 세조는 『동국통감』 수찬의 필요성을 새삼 강조하여,

> 本國史는 錯亂하여 체계가 잡히지 않았다. 나는 東國史略과 삼국사·고려사 등의 사서를 참작·손익하여 一書를 만들어 東國通鑑이라고 부르고 후세에 보이고 考閱에 편하게 하고자 한다. [67]

---

66 『世祖實錄』卷14, 世祖 4年 9月 丙申條.
67 『世祖實錄』卷31, 世祖 9年 9月 辛酉條.

고 말하였다. 위 두 기사를 종합해보면, 종래 사서에 대한 세조의 불만은 ① 탈락이 많아 자세하지 못하다는 점, ② 국사의 체계가 서 있지 않다는 점, 그리고 ③ 편년체 통사가 없다는 것으로 모아지고 있다. 여기에서 세조의 구사舊史에 대한 불만은 체재體裁·내용·체계의 전반에 걸쳐서 제기되고 있음이 주목된다.

세조는 『동국통감』을 수찬함에 있어서 통감청通鑑廳이라는 특별기구를 설치하였고, 편차사목編次事目과 범례를 스스로 짓고, 자신이 지은 편차사목을 놓고 유생들도 하여금 토론을 시키고 그 강론성적을 가지고 인재를 발탁하여 쓰기도 하였다. 그뿐 아니라 내장內藏의 서책을 내보내어 새로운 기사를 뽑게 하기도 하고, 수사의 실무를 고급관료 뿐 아니라 궐내유생闕內儒生이나 내종승지內宗承旨 등에게도 맡겨서 자기의 의취에 적극 순종하는 하급신료와 종친의 참여에 의해서 자신의 의취에 부합하는 사서를 만들려고 무던히도 진력하였다.

세조가 『동국통감』 수찬 과정에서 보여준 이 같은 비상한 열의와 관심 그리고 간섭은 그의 수사 방향이 기간사서들을 적당히 참작·손익해서 일서를 만들려는 것이 아니라, 기간사서와는 질량에 있어서 차원이 다른 사서를 만들려는 웅지를 가졌음을 시사한다. 10여 년의 각고에도 불구하고 끝내 완성을 보지 못하고 돌아갔다는 사실도 그러한 사실을 입증한다.

세조가 구상한 『동국통감』의 체재는 『자치통감』류의 장편체長編體(편년체)를 따르려 했던 것 같다. 『삼국사절요』의 전문에 의하면, 세조는 "舊史가 體를 잃은 것을 개탄하여 장편의 餘規를 모방하려 하였다"고 한데서도 그러한 의도를 엿볼 수 있다. 따라서 『삼국사기』나 『고려사』 같은 것은 우선 그 체재면에서 보아 마땅치 않았을 것이다. 그러나 정작 편년체 사서인 『고려사절요』는 세조가 가장 싫어하는 사서이었다. 세조때에는 기전체인 『고려사』는 통용되었고, 또 세조도 『고려사』를 『동국통감』 수찬에 참작하라고 명하였으나, 『고려사절요』에 대해서는 일언반구도 언급하지 않았다. 세조는 강목체에 대해서도 호의를 갖지 않았다. 말하자면 세조는 성리학적 명분이나 신권 중심의 통치이념, 또는 인물중심의 서술 등 윤리적 교훈이나 가치평가가 개입되는 사서에는 결코 호의를 갖지 않았음이 확실하다. 그는 군주와 관련되는 역사적 사실을 상세히 담은 기록위주의 편년체사서를 쓰고자 한 것 같다. 이 점은 세종의 수사修史취지와도 상통하는 바가 크다고 하겠다.

군권君權과 사실기록을 존중한다는 입장에서 볼 때, 세조에게 가장 불만을 주었던 것은

『고려사』보다도 고대사를 다룬 『삼국사기』나 『삼국사략』이었던 것 같다. 『삼국사절요』
의 서문에서는 세조가 "삼국의 역사가 체계를 다 얻지 못한 것을 개탄하여 史局을 열고 문
사를 모아 사서를 짓게 하였다"고 하여 『동국통감』 수찬의 목표가 주로 고대사(삼국시대
사)의 개찬에 두어졌음을 시사하고 있다.

　『동국통감』 수찬에 참여했던 수사관들이 『통감』 수찬작업을 일차적으로 마무리하여
『삼국사절요』를 내놓게 된 것도 따지고 보면 이러한 사정을 반영하는 것이라 하겠다.[68]

　세조가 고대사의 개찬에 주안점을 두었으리라는 추정은, 『통감』 편찬작업이 먼저 『삼
국사절요』로서 마무리되어 출간되었다는 사실에 의해서도 뒷받침되는 바이지만, 『통감』
편찬명령이 내려지기 1년 전인 세조 3년 5월에 8도 관찰사로 하여금 전국의 관청과 개인,
또는 사사寺社에 은닉된 비기秘記 · 참서讖書들을 모아들이게 한 사실이나, 또 『통감』 수찬
을 앞장서서 건의한 양성지梁誠之의 역사인식의 성격으로 보아 거의 틀림없는 사실로 인
정된다.

　세조 3년 5월에 내려진 비기 · 참서의 수합령收合令은 어떠한 목적에서 발상된 것인지는
명시되지 않았으나, 이들 서적을 은닉한 자에 대한 처벌규정이 없고 서적을 진상하는 자
에 대해서는 본인이 원하는 서적을 국가에서 보상[回賜]하도록 조처하고 있는 것을 보면,
이들 서적을 국가에서 없애기 위해서가 아니라, 오히려 그것을 보관, 이용하기 위해서 취
해진 조처라는 것을 알 수 있다.[69]

　세조대에는 비단 비기 · 참서에 대해서 뿐 아니라 국내 · 국외에서 간행된 모든 서적을
국가에서 체계적으로 정리 · 보관 · 간행하려는 노력이 나타나고, 이와 관련하여 홍문관
弘文館이 설치되고, 제서諸書의 분류작업이 이루어지기도 하였다. 세조대의 문헌정리 사업
은 양성지의 건의가 크게 영향을 주었는데,[70] 이때에 국가에서 주력한 것은 외국서적보다

---

[68]　鄭求福氏는 「三國史節要에 대한 史學史的 考察」(『歷史敎育』 18)에서 世祖代에서 成宗 7年까지의 기간에 진
　　행된 『東國通鑑』 修撰 작업은 『三國史節要』로 귀결되었다고 한다. 그러나 『三國史節要』가 世祖의 본래 구상
　　대로 쓰인 史書인가는 별도로 검토되어야 할 것이다.
[69]　『世祖實錄』 卷7, 世祖 3年 5月 戊子條.
　　"諭八道觀察使曰 古朝鮮秘詞 · 大辯說 · 朝代記 · 周南逸士記 · 誌公記 · 表訓三聖密記 · 安舍老元董仲三聖記 ·
　　道證記 · 智異聖母 · 河沙良訓文泰山王居仁薛業等三人記錄 修撰企所一百餘卷 · 動天錄 · 磨虱錄 · 通天錄 ·
　　壺中錄 · 地華錄 · 道詵漢都讖記等文書 不宜藏於私處 如有藏者 許令進上 以自願書冊回賜 其廣諭公私及寺社"
[70]　韓永愚, 「訥齋 梁誠之의 社會 · 政治思想」, 『歷史敎育』 17, 1975.

도 국내서적의 보존이었다. 그리고 국내서적이라 하더라도 어떤 특수분야에 국한된 것이 아니라, 경사자집經史子集에 관한 것은 물론이요, 역학ㆍ운서韻書ㆍ악보ㆍ천문ㆍ풍수ㆍ의약ㆍ복서卜筮ㆍ농상農桑ㆍ축목畜牧ㆍ지리ㆍ병서ㆍ지도 등에 관련된 모든 서책을 포함하는 것이었다.

세조는 본래 유학뿐만 아니라 각종 기술학에도 비상한 관심을 가지고 이를 장려하였으며, 노장자老莊子와 도교ㆍ불교 그리고 민간신앙이나 민간풍속에 대해서도 매우 관대한 태도를 취하여 묵인하기도 하고 장려ㆍ부활시키기도 하였다.[71]

세조의 이 같은 이단異端 관용정책으로 미루어볼 때, 세조 3년에 내려진 상기上記 서책 수합령收合令은 결코 비기ㆍ참서의 제거에 목적을 둔 것이 아니라, 도리어 국내서적 보존 정책의 일환으로 취해진 것이 확실하다고 하겠다.

세조 3년에 수합령이 내려진 서책의 명칭은 다음과 같다.

① 古朝鮮秘詞 ② 大辯說 ③ 朝代記 ④ 周南逸士記 ⑤ 誌公記 ⑥ 三聖密記(表訓) ⑦ 三聖記(安舍老ㆍ元董仲) ⑧ 道證記 ⑨ 智異聖母 ⑩ 河沙良訓义泰山王居仁 薛業 등 三人記錄 ⑪ 修撰企所一百餘卷 ⑫ 動天錄 ⑬ 磨虱錄 ⑭ 通天錄 ⑮ 壺中錄 ⑯ 地華錄 ⑰ 道詵 漢都讖記 등

이들 서책이 어떤 내용의 것인지는 확실하지 않지만, 고조선ㆍ지공(神誌?)ㆍ삼성(환인ㆍ환웅ㆍ단군)ㆍ지이성모ㆍ도선 등의 명칭이 보이는 것으로 보아, 대개 민간신앙이나 도교 또는 풍수사상 등과 관련된 설화ㆍ전설ㆍ기담ㆍ예언 등을 적은 것들이고, 또 시대적으로는 상고사에 관련된 자료들이 대부분인 것 같다. 특히 위 서책 가운데서『조대기朝代記』는 조선 후기 숙종대의 선가사서仙家史書인『규원사화揆園史話』에도 소개되고 있는 바, 이에 의하면『조대기』는 고려초기에 발해유민 사이에서 전승된 일종의 선가서로서 뒤에 이명李茗의『진역유기震域遺記』에 큰 영향을 주었다 한다.[72]『규원사화』는『진역유기』의 영

---

71 世祖는 朝鮮初期 君主 중에서 가장 異端에 대하여 관대한 君主의 一人이었다. 그의 護佛政策은 잘 알려진 사실이거니와, 老莊思想에도 관심이 깊어서 經筵에서 이를 進講시키기도 하고, 또 文臣에게 老莊子를 分給하여 畢讀을 명하기도 하였다(『世祖實錄』卷42, 世祖 13年 6月 乙卯條 및 韓祐劤, 前揭論文, 225쪽 참조).
民間信仰은 巫覡信仰ㆍ道教ㆍ風水思想 등이 혼용되어 儒學者들은 이를 淫祀라고 불러 배척하는 경향이 많았으나, 世祖는 淫祀에 대하여 寬容의 정책을 취하였다.
72 韓永愚,「17世紀의 反尊華的 道家史學의 成長 - 北崖子의『揆園史話』에 대하여」,『韓國學報』1, 1975.

향을 받아서 이루어진 사서로서, 선가仙家의 입장에서 단군조선의 역사의 영향을 새롭게 재구성한 것이다. 따라서 우리는『규원사화』를 통해서『조대기』라는 책도 단군중심의 상고사인식을 가진 고기류의 일종이라는 것을 짐작할 수 있다.

세조가 이따위 서책들을 모아들인 것은, 그 다음해에『동국통감』의 편찬을 명령한 사실과 어떤 관련이 있지 않은가 생각된다. 세조가『통감』의 편찬을 명하면서 제서諸書를 방채旁採하여 기간사서의 탈락미실脫落未悉을 보완하도록 지시한 것은, 혹시 이들 서책을 염두에 두고 한 말인 것 같기도 하다. 물론 그 제서가 반드시 위 서책만을 가리키는 것은 아닐 터이지만, 그 제서 가운데에는 기왕의 사서에서 인용되지 않았던 위 서책들이 포함되어 있을 가능성은 크다고 보아야 할 것이다.

만약, 이러한 추정이 옳은 것이라면, 세조가『동국통감』을 수찬하는 목적 가운데에는 우리나라 상고사를 단군중심으로 재구성하거나, 아니면 적어도 기간사서에서 소략하게 다루어진 상고사를 신화·전설 등으로써 크게 보완하려는 의도가 작용하고 있었다고 보아진다. 세조가『삼국사기』나『동국사략』에 대하여 탈락이 많고 체통이 서 있지 않다고 개탄하는 이유도 여기에 있을 것이다.

세조가 왜 이렇듯 상고사의 개편에 관심을 두었느냐의 이유는, 세조와『동국통감』과 양성지梁誠之의 삼자관계를 이해함으로써 해명될 수 있다.

『동국통감』은 본래 양성지의 열렬한 국사교육강화론에 영향되어 편찬명령이 내려진 것이고, 또 처음에『통감』수찬의 주책임을 맡았던 것도 양성지였다. 양성지는 집현전 출신의 저명한 학자로서 이미 세종대부터『고려사』·『고려사절요』의 편찬에 참여했던 인물이다. 특히 그는 지리에 해박하여『고려사』지리지 편찬에 주역을 담당하였었다. 그의 역사지식이 적극적으로 제시되면서 군주의 각별한 관심과 총애를 받게 된 것은 세조가 집권한 뒤의 일이었다.

양성지의 역사의식과 문화의식의 성격에 대해서는 별고로서 발표한 바 있으므로 여기서는 상론하지 않겠거니와,[73] 요컨대 그의 기본 입장은 현실적으로 부국강병을 달성하여 국가위신을 대외적으로 드높이고 요동遼東으로 강역을 늘리는 문제에 귀일되고 있었다. 그는 세종말년에 명나라 황제가 50만 대군을 이끌고 달달족達達族(몽고유민)을 치러 갔다

---

73 韓永愚,「訥齋 梁誠之의 社會·政治思想」,『歷史敎育』17, 1975.

가 대패한 사실을 주목하고, 이러한 국제 정세의 변동에 대응하여 요동을 겨냥한 적극적인 국방강화를 누누이 건의하였으며, 또 중국과의 사대관계에서 초래되는 국가위신의 손상을 회복하여 자주국가의 명실에 상부하도록 각종 제도의 개편과 문화의 혁신을 주장하였다. 예를 들면, 사대사행事大使行의 억제, 왕실과 관련된 각종칭호의 격상, 연호의 제정, 번부악蕃部樂의 설치, 제천례의 부활, 오악제도의 확립, 역대시조와 애국명장에 대한 치제 강화, 문묘배향자의 확대, 우리나라 고유풍속의 부활, 요遼·금金·서하西夏 등 이적국가의 국속 옹호정책을 본받을 것 등이 그것이다.

양성지의 문화의식은 항상 중국을 의식하고 중국과 우리나라와의 지리적 차이, 문화적 차이, 정치적 독립성을 강조하여 민족적 자아를 발견하려는 데 주안점을 두고 있으며, 이러한 민족적 자아발견의 수단으로서 국사의 중요성을 강조하고 있었다. 그러므로 그가 인식하는 국사는 단군을 공동시조로 하는 민족사로서 특징지어지고 있었다. 그래서 그는 단군신앙과 관련된 태백산·묘향산·구월산의 치제를 주장하고, 단군이래의 동국문화를 중국과 동등한 수준으로 자랑스럽게 인식하였다.

국사는 민족사인 까닭에, 국사교육은 자아의식을 고양시키는 중요한 수단으로 인식되었으며, 그래서 그는 국사과목이 경연과 과거에 필수적으로 부과되어야 한다고 주장하였다. 세조는 그를 "나의 제갈량"으로 부르면서 극진히 아끼고, 또 "마음과 마음으로써 사랑하는 신하"라고 칭찬하였다.

세조와 양성지와의 이와 같은 관계를 고려할 때, 『동국통감』 수찬의 배경과 동기는 웅대한 민족사로서의 국사의 체계를 세우려는 데 있었다고 해서 지나친 말은 아닐 것이다.

세조는 정치적으로 군주의 전제권을 강화하고, 부국강병을 달성하기 위하여 육조직계제·직전법·보법·호패제 등과 같은 큰 사업들을 단행하였는데, 이와 관련하여 문화적으로는 왕도와 더불어 패도를, 유학과 더불어 이단문화를 숭상하여 기층문화 내지는 고대문화와 연결을 가지려는 정책을 추진하였다. 특히 세조는 단군과 고주몽에 대한 치제에 가장 관심을 기울이고 고구려의 막강함을 동경하였으며, 천자만이 할 수 있다는 제천행사를 부활하였다. 『동국통감』 수찬은 이러한 문화정책과 관련을 가지면서 사대적 명분론이나 유교적 교훈사관에서 탈피하여 왕권을 강화하고 민족적 자아를 발견하는 데 수사의 기본 방향을 두었던 것으로 보인다. 기록보전에 충실하기 위하여 장편체(편년체)를 따르려 한 것도, 기록보전 자체가 이단문화를 탈락시키지 않기 위함이며, 이단문화를 통하여 국사를 인식하는 것이 왕권강화와 민족적 자아발견에 불가결한 전제가 되는 때문이다.

5. 성종대의 역사서술과 훈신 · 사림의 갈등

1) 신숙주 · 노사신의 『삼국사절요』

『삼국사절요』는 성종 5년에 신숙주申叔舟가 왕명으로 편찬에 착수하였으나, 다음해에 그가 죽음으로써 완성을 보지 못하고, 그 뒤 노사신盧思愼 · 서거정徐居正 · 이파李坡 · 김계창金季昌 · 최숙정崔淑精 등이 작업을 계속하여 성종 7년 12월에 완성하였다. 본서의 진전문進箋文은 노사신 · 서거정 · 이파에 의해서, 서문은 서거정에 의해서 각각 쓰여졌다. 노사신과 서거정은 세조 12년 3월부터 늦게 『통감』 수찬에 참여하였으나, 신숙주 · 이파 등은 그 전부터 참여했던 경험을 가진 인물들이므로, 이들이 세조의 『통감』 수찬의 유의를 받든다고 스스로 천명하면서 『삼국사절요』를 펴낸 것은 충분히 납득이 간다고 하겠다.

그러나 『통감』 수찬을 거의 주도하다시피 하던 세조가 이미 돌아간지 8년이 지났고, 유주幼主 성종이 아직 대비의 청정 밑에서 정치를 견습하는 단계에 있어서 정치의 주도권이 신하들에게 장악되었던 상황하에서 편찬된 『삼국사절요』가 과연 세조의 의취에 전적으로 부합되는 사서가 되었을는지는 적이 의문이라 하지 않을 수 없다. 더욱이 성종초에 실권을 장악한 신숙주는 세조 13년 5월의 이시애란李施愛亂을 전후하여 세조와 미묘한 갈등 관계에 있었고 이시애란 토벌에 유공한 친세조파를 제거하고 실권을 장악한 사실을 고려할 때, 더욱 그러한 의심은 깊어진다.[74]

---

74 申叔舟는 처음에는 世祖의 寵臣의 한 사람으로서 『東國通鑑』 수찬의 책임을 梁誠之 · 權擥 등과 함께 위촉받을 정도로 世祖의 信任이 두터웠다. 그러나 世祖 13年 5月에 李施愛亂이 일어났을 때, 李施愛는 申叔舟 · 韓明澮 · 權擥 등이 자기네와 內通하였다고 선전하여 이들은 한때 체포 · 심문당하는 곤욕을 치르기도 하였다. 李施愛亂을 토벌하는 데 功이 컸던 人物은 龜城君 浚(世祖의 조카)을 비롯하여 曹錫文 · 康純 · 魚有沼 · 南怡 등으로 이들은 亂을 진압한 후 敵愾功臣에 被封되었다. 世祖는 만년에 申叔舟 · 韓明澮 · 鄭麟趾 등 大臣들에게 世子의 보필을 당부하고 돌아갔는데, 幼主 睿宗이 즉위하자 그들은 院相이 되어 議政府大臣보다도 더 높은 위치에서 실권을 장악하였다. 院相들은 親世祖派의 敵愾功臣들을 반역음모의 罪로 몰아내고, 더욱 정치적 기반을 튼튼히 닦아 幼主 成宗의 治下에서 절대적인 權限을 행사하였다.
以上과 같은 政治情勢의 변동을 고려하면서 『東國通鑑』 수찬 과정을 이해할 때, 申叔舟의 修史方向과 世祖의

우선, 본서의 전문이나 서문, 그리고 내용을 일별할 때, 김부식의 『삼국사기』나 권근의 『동국사략』과 다른 성격을 가지려고 고심한 흔적은 역력히 보이고, 이런 점은 세조의 유의遺意를 어느 정도 반영한 것이라고 보아 무방할 것이다. 예컨대, 신화와 전설들이 세주로서 풍부하게 인용되고 있는 것은 본서의 큰 특징인데,[75] 이것은 『삼국사기』나 『동국사략』에서는 크게 배척을 받았던 자료들이다. 『이규보집』과 『삼국유사』 그리고 『수이전殊異傳』 등에서 널리 채취된 신화·전설들이 풍부하게 수록됨으로써 고대문화가 한층 다양하고 폭넓게 인식될 수 있었던 것은 본서의 가장 큰 특색이라고 볼 것이며, 이 한 가지만으로도 본서가 가지는 사학사적 위치는 중요하다고 하겠다.

그 다음, 본서에서는 권근의 개서주의改書主義를 버리고 직서주의直書主義를 따라서 삼국의 각종 명호와 방언·이어俚語를 개서하지 않고 원명 그대로 기술하여 놓은 것도 성리학적·사대적 명분론에 크게 구애받지 않고 사실위주로 국사를 기술하려는 수사정신이 반영된 것이라고 볼 수 있다.

끝으로, 『삼국사절요』가 『삼국사기』나 『동국사략』처럼 신라중심의 서술을 꾀하지 않고, 어디까지나 삼국을 동등한 위치에서 비교하면서 각각의 문화적 개성을 찾으려고 한 점도 본서의 한 가지 중요한 특성으로서 간주되어야 할 것이다.[76] 이것은 찬사자들이 자신의 혈연적 계보나 지역적 파벌을 초월하여 삼국사를 민족사의 차원에서 포용한 것이라고도 볼 수 있다. 또 삼국을 동등한 위치에서 다루어 어느 한 나라에 정통을 두지 않으면서도 고구려계의 신화에 큰 비중을 두고 있으며, 서거정의 서문에서도 삼국을 비교하여

新羅 三姓相傳 仁厚爲政 歷年幾一千 高句麗 雄據遼東 國富兵强 敵慕容 拒齊梁 抗隋唐百萬之

그것 사이에는 은연한 알력이 있었을 것으로 추측된다. 世祖 12年 3月에 通鑑廳의 堂上官과 郎官이 대폭 교체되는데, 이때 申叔舟·權擥 등 지금까지 『通鑑』 수찬을 주도해오던 人物이 빠지고 盧思愼·徐居正 등 새로운 人物이 등장하고 있다. 이것이 바로 李施愛亂이 일어나기 1年前 일이다. 여기서 우리는 申叔舟의 후퇴가 李施愛亂과 깊은 관련이 있지 않은가 의심한다. 또한 申叔舟는 世祖死後에 世祖의 政策을 여러 가지로 앞장서서 批判한 사실을 고려할 때, 世祖와 申叔舟의 알력이 의외로 심각했던 것이 아닌가 한다. 그렇다면, 申叔舟가 成宗初에 『三國史節要』를 서둘러 편찬한 의도를 世祖의 遺意를 받들려는 것으로만 해석하는 것은 문제가 있다고 하겠다.

75 神話·傳說의 具體的 事例는 鄭求福 前揭論文에 詳說되어 있으므로 이를 참조할 것.

76 徐居正은 序文에서 權近이 「先起後滅」을 理由로 新羅를 主體로 삼아 年紀를 기술한 것을 批判하고, 勢力이 均敵한 三國은 그 어느 하나를 主로 할 수 없다고 하여 無統의 時代로 처리하였다.

師 天下稱其强大 歷年又踰六百 百濟 專尙詐力 好兵樂禍 雖傳世不及 二國而尙餘五百年 非南北

朝五季僣君僞主 旋得旋失之比也

라 하여 고구려의 부국강병과 대외항쟁을 높이 평가하고 있는 것을 본다면, 은연중 고구려의 강성을 동경하는 듯한 인상을 감지할 수 있다. 이것은 세조대의 동명구강수복東明舊疆收復을 위한 북진정책과 동명성제사東明聖帝祠에 대한 국가의 치제와 아울러 북방에 대한 관심이 비상히 고조되었던 시대분위기를 반영하는 것이 아닌가 한다. 실제로 신숙주와 같은 이는 북방개척에 지대한 공을 남긴 인물이기도 하다.

이렇듯, 『삼국사절요』는 세조의 의취나 세조대의 문화 분위기를 어느 정도 반영하면서도, 궁극적으로는 본래의 『동국통감』 수사방향과는 크게 달라졌음을 주의해야 할 것이다.

우선, 본서가 문자 그대로 장편의 『통감』이 되지 않고 『절요』가 되었다는 것부터가 세조의 의도하는 바는 아니었을 것이다. 『절요』가 됨으로써 내용이 간추려지고 기사의 탈락이 따르게 됨은 불가피한 일이다. 『삼국사기』나 『동국사략』의 기사를 충실히 흡수하고 또 그 밖의 자료를 채집하여 전대의 어느 사서보다도 삼국의 문화를 폭넓게 정리한 것은 사실이라 하더라도, 철저한 기록보전주의를 지향하지 않고, 어느 정도 필삭을 가미하였던 까닭에 결국 『절요』를 만드는데 그치고 말았던 것이다. 그러한 필삭의 취지는 서거정의 서문에서도

至如荒怪之事 方言 · 俚語 去其太甚 存其大略者

라 한 데서도 엿보인다. 여기에서 황괴荒怪한 일로써 태심太甚한 것을 버렸다고 한 것은 신화 · 전설을 가리키는 것으로 보이는데, 그 구체적인 실례를 든다면, 단군신화가 삭제된 것이다. 그토록 많은 신화를 수록하면서 신화의 대종이라 할 수 있는 단군신화가 삭제된 것은, 단군조선과 삼한 · 삼국과의 혈연적 계보를 끊어 놓는 결과를 가져오고 말았다. 이것은 『삼국유사』나 『제왕운기』의 상고사 인식과는 말할 것도 없고, 권제의 『동국세년가』나 권람의 『응제시주』에 보이는 상고사 인식에서도 크게 선회하여 『삼국사기』나 『동국사략』의 수준으로 되돌아간 것을 의미한다. 단군조선에 관하여 새로운 사실이 첨가된 것은 후한서의 구이설을 인용하여 단군조선과 구이를 연결시켰다는 점뿐이다. 찬사자들은

구이와 연결된 단군조선에 대하여는 자랑을 갖지 않았던 것 같고, 그래서 단군조선을 혈연적으로나 문화적으로 단절된 시대로서 처리하여 버린 것 같다. 이것은 세조시대에『동국통감』수찬을 발의했던 양성지나, 단군숭배에 열을 올렸던 세조의 태도와는 상이한 것이라 하지 않을 수 없다. 세조가 8도에서 수습한 비기·참서류에 실린 단군조선에 관한 기사들은 철저히 묵살된 셈이다.

단군조선에 대한 기록이 탈락된 반면에, 기자조선과 위만조선에 관한 기사는 전대 사서보다 다소 보완되었으며, 삼한에 대한 인식은 완전히 권근의 그것을 따르고 있다. 그러니 삼국이전의 상고사는 구이의 단군조선과 중국계 유망민 또는 중국인 정복자의 국가활동으로 일색되어 민족사로서 적극적으로 편입하기가 어렵게 되었다. 따라서 권근의『동국사략』에서와 마찬가지로 여기에서도 삼국이전 외기로서 처리되고 말았고, 또 그렇게 될 수밖에 없었다. 『삼국사절요』라는 책명도 삼국이전의 역사가 적극적인 의미를 갖지 못한 데서 붙여진 것이며, 서거정도 그 서문에서

우리 東方은 檀君이 나라를 세웠으나 鴻荒하여 좇을 수가 없고 …… 漢이 四郡·二府를 두어 國勢가 中絶하였다. 三韓이 그 사이에서 일어났으나 君臣上下의 구별이 없었으니 어찌 載籍을 傳하는 것이 있으랴.

고 하여 기자조선을 제외한 삼국이전의 문화를 아주 저급하게 평가하고 있다.

결국 이와 같은 소극적인 상고사인식은 기록이 부족하다는 데 그 이유가 돌려지고 있지만, 그보다도 더 근본적인 이유는 다른 데 있다고 보아야 할 것이다. 즉 본서 편찬의 근본 동기는 중국을 의식하면서 민족사를 자랑스럽게 쓰려는 데 있는 것이 아니라, 춘추강목의 뜻에 따라서 유교적 통치이념을 정립하려는 데 있었던 것이다. 그래서 서거정은 그 서문에서 "그 文(體裁)은 溫公의 遺法이지만, 그 意는 春秋綱目의 遺旨"였음을 밝히고, 또 범례가『자치통감』을 따랐음을 명언하고 있다.

이와 같은 춘추강목의 필법을 따르려는 수사 취지는 연기표기에 있어서 중국의 연호를 제일 위에 씀으로써 천자天子(중국)를 높이고 있다든가,[77] 신라의 연호를 참월僭越하다고

---

77 『三國史節要』, 徐居正序文 "每年必先書中國 尊天子也 新羅自用年號 抑而不書黜其僭也" 실제로 中國의 年號를

해서 불서不書한 것이라든가,[78] 삼국의 각종 존칭이나 관명을 개서하지 않고 직서한 것, 그리고 황괴한 일을 적은 것은 사실을 보존하기 위해서보다도 미악美惡을 드러내고 풍속의 순방淳厖을 드러내기 위함이라는 것,[79] 그리고 김부식과 권근의 유교적 명분론에 입각한 사론을 거의 대부분 수록하고 있는 점 등에서 확인된다. 따라서 본서는 전체적으로 보아서 민족의식을 높이려는 의도는 많이 약화된 편이며, 유교적 명분을 확립하여 사대질서를 옹호하고 신권중심의 유교적 통치이념을 정립하려는 교훈적 의미가 강하다고 볼 수 있다. 그리고 그와 같은 수사정신은, 서술시대는 다르지만, 『고려사절요』의 그것과도 일치한다고 볼 것이다.[80]

세조는 고대사를 개편하여 『고려사』와 연결하여 통사체계를 세우려 했다면, 『삼국사절요』는 『고려사절요』와의 연결을 전제로 하여 쓰여진 것 같다. 그러므로 뒤에 서거정이 양자를 합하여 『동국통감』을 펴낸 것도 우연한 일은 아닌 것으로 보인다.

다만, 본서의 골격이 이미 세조대에 어느 정도 짜여졌고, 또 세조대 민족의식을 앙양시키고 이단문화와 연결을 가지려는 분위기의 여운이 아직 남아 있는 까닭에 그런대로 직서주의의 원칙이 관철되고, 또 신화·전설을 많이 수록하는 결과를 가져왔다고 볼 것이다. 이런 점에서 본다면 『삼국사절요』는 권근류의 역사인식에서는 약간 탈피하였으나, 세조적인 역사인식과는 일정한 거리가 있는 사서라고 말할 수 있을 것이다. 다시 말하자면 표

위에 쓴 것은 三國時代뿐이고, 統一以後에는 新羅의 王年을 中國年號보다 위에다 기록하였으므로 반드시 天子를 높이려는 생각에서 中國의 年號를 先書한 것은 아니다. 따라서 이미 鄭求福 敎授가 지적한 것처럼, 徐居正의 序文은 사실을 誤解한 것이 확실하다. 하지만, 그러한 생각을 가진 徐居正이 序文을 썼다는 것 자체가 本書의 史書의 性格에 제약을 주고 있음은 부인할 수 없다.

78 同上序文 참조. 이것도 역시 徐居正의 序文과 本文의 내용과는 차이가 있다. 즉 新羅의 年號를 쓰지 않은 것은 僭越해서가 아니라 新羅가 年號를 一時的으로 사용했기 때문이다. 徐居正은 이러한 修史 취지를 歪曲하여 事大的인 名分을 가지고 自己流로 해석하고 있다.

79 同上書, 徐居正序文 "三國稱君 或名 或號 或諡 存其實也 王妃 或稱夫人 或稱王后 世子 或稱太子 或稱元子 其官職 或冒擬中國 其名號 或因循舊俗 皆據事直書而美惡自見 至如荒怪之事 方言·俚語 去其太甚 存其大略者 不敢輕改舊史 而且以著風俗世道之淳厖爾"

80 『三國史節要』와 『高麗史節要』는 그 修史過程도 비슷한 점이 많고 修史精神도 相通되는 점이 많다. 金宗瑞는 世宗末年에 『고려사』 수찬에 참여하여 그다음 幼主가 即位한 뒤에 강력한 實權을 가지고 있으면서 『高麗史節要』를 자기 취향에 맞게 편찬하였다. 申叔舟·盧思愼·徐居正 등도 世祖代부터 『東國通鑑』 수찬에 참여하였다가, 世祖가 돌아간 다음에 幼主가 들어서서 막강한 實權을 장악한 다음에 자기 취향에 맞는 『三國史節要』를 만들어내었다. 그러므로 두 史書는 공통적으로 君權이 强할 때 착수되었다가 君權이 弱해지고 臣權이 强해졌을 때 完成되었으며, 君權보다도 臣權을 옹호하고 異端보다도 儒敎를 옹호하는 특색을 지니게 되었다.

면적으로는 세조의 유의를 계승하는 것처럼 표방하고, 세조 때 짜여진 골격을 부분적으로 수용하면서, 실제에 있어서는 세조의 수사방향을 크게 선회시킨 사서라고 볼 수 있다.

2) 서거정의 『동국통감』

『삼국사절요』가 찬진된 지 7년 뒤인 성종 14년 10월에 서거정에 의해서 발의되어 1년 만에 완성된 것을, 다시 사론을 첨가하여 성종 16년에 찬진한 것이 오늘날 전해지는 『신편동국통감』이다. 이를 흔히 『동국통감』이라고도 부른다.

본서 간행을 발의한 것도 서거정이요, 진전문을 쓴 것도 서거정이므로 본서는 서거정의 역사인식이 가장 크게 반영된 사서라고 알려지고 있다. 서거정은 세조대부터 『동국통감』 수찬에 참여했고, 또 『삼국사절요』 수찬에도 참여한 경력이 있는 까닭에, 본서의 명칭도 『동국통감』이라 하여 마치 세조의 유업을 완성한 것인 양 전문에서 밝히고 있다. 그러나 엄밀히 말하여 본서는 세조와는 극히 관련이 적으며, 또 서거정 자신이 서문을 쓴 바 있는 『삼국사절요』와도 성격이 다르며, 성종 15년에 완성된 『동국통감』과도 성격이 같은 것이 아니다.

『동국통감』이 편찬된 시기는 이른바 신진사림파新進士林派가 중앙정계에 크게 진출하여 소위 훈구파勳舊派와 점차 정치적으로 갈등을 일으키던 시기였다. 그러므로 훈구파의 거두의 하나인 서거정으로서는 자신의 정치적 지위의 안정과 관련해서도 자기류自己流의 사서를 가지는 것이 유리하다고 판단되었을 것이다.

훈구파와 사림파 사이에는 정치적 입장도 달랐지만, 문화의식과 역사의식면에서도 상당한 차이가 있었다. 양자의 그와 같은 차이는, 『동국통감』 자체에도 반영되어 나타났다.

본래 서거정이 성종 15년에 찬진한 『구편동국통감』은 훈신만이 참여하여 이루어진 것이며, 수사방향도 뒤에 사림과의 합작으로 이루어진 『신편동국통감』과는 상당히 달랐던 것 같다. 서거정 등 훈신은 본래 자신들의 사론을 써넣지 않았으며, 또 그들이 펴낸 『구편동국여지승람』이나 『연주시격聯珠詩格』 등이 뒤에 사림의 참여하에 개찬된 것으로 보아, 『구편동국통감』도 같은 방향에서 개찬되었을 것이다.

서거정 등은 『삼국사절요』와 『고려사절요』를 합쳐서 일서一書를 만들되, 천재지변이나 불교행사, 교린 관계 등은 사건이 너무 많기 때문에 번거로움을 피하여 그 중요한 사건들만 뽑아서 간추릴 생각을 가졌던 것 같다. 『신편통감』의 범례를 보면 『삼국사절요』와 『고려사절요』의 범례나 편사 취지와 거의 같다. 다만 신라의 마립간麻立干 · 거서간居西干 · 이사금尼師今 등의 칭호를 왕으로 개서하고, 선덕 · 진덕 등 여왕을 여주女主로 개서한다고 한 점만이 다르다. 이것은 권근의 『사략』을 따른 것이다. 아마 범례는 『신편』과 『구편』이 서로 같은 것 같다.

그러나 『신편통감』의 내용을 검토해보면, 『삼국사절요』나 『고려사절요』와는 다른 면이 많다. 예컨대 고대사 부분에 있어서 기자조선과 삼한의 문화에 대한 서술을 보완하고, 삼한 중에서 마한의 정치적, 문화적 위치를 중시하여 기자조선에서 마한으로 이어지는 계통을 상고사의 주류로 부각시키려는 의도가 엿보인다.[81] 또 한사군漢四郡의 위치를 대부분 반도 안에 비정하여[82] 상고사에 있어서 중국계 망인이나 중국왕조의 정치적 · 문화적 영향이 한층 강조된 결과를 가져왔다. 이에 따라서 단군과 연결되는 동이족 자체의 정치적 · 문화적 비중은 상대적으로 더욱 작은 의미밖에는 갖지 못하게 되었다. 단군조선은 그 후의 왕조들과 혈연적 · 문화적 연결을 갖지 못한 채 단절되어 있고, 삼국에 와서 천손과 연결되는 부여계의 고구려와 백제, 그리고 막연히 조선유민과 연결을 갖는 신라의 건국이 나타날 뿐이다. 그러므로 단군조선은 민족사의 기원으로서 적극적인 의미를 갖지 못하게 된 셈이다.[83]

더욱이 『신편통감』에서는 『삼국사절요』에 인용되었던 삼국의 신화와 설화들이 거의 삭제됨으로써 토속신앙에 얽힌 낭만적 역사인식이나 비유교적 고대문화의 정수를 찾아볼 수 없게 되었다. 이러한 점에서 볼 때, 『신편통감』의 고대사 인식은 기본적으로 『삼국

---

81 箕子朝鮮에 대해서는 范曄 · 涵虛子 · 漢書 등에서 새로운 資料를 발췌하고 三韓에 대해서는 魏志 東夷傳에서 그 風俗과 國名에 대한 記事를 뽑아 실었다. 箕子朝鮮의 文化가 中國과 동등한 儒敎文化國家로서 높여짐에 따라, 자연히 箕子朝鮮과 연결되는 馬韓의 비중이 높아지게 되고 政治的으로는 辰韓과 弁韓이 馬韓에 예속된 것으로 인식되어 上古史에 있어서 箕子朝鮮과 馬韓의 위치가 政治的으로나 文化的으로 한층 돋보이게 되었다. 朝鮮後期의 性理學者들 사이에서 특징적으로 나타난 소위 三韓正統論의 초석이 이미 여기에서 놓여졌다고 보여진다.

82 樂浪郡治는 朝鮮縣의 右渠 都邑地(平壤)로, 臨屯郡治는 東㬇縣(江陵)으로, 玄菟郡治는 沃沮城(함경도)으로, 眞番郡治는 霅縣(요동)으로 각각 比定되어 眞番을 제외하고서는 모두 半島 이남에 비정된 셈이다. 이와 같은 位置比定은 權擥의 『應制詩註』에서 滿洲地方에 比定한 것과는 많은 차이가 있다.

83 檀君朝鮮에 대해서는 『三國史節要』에서 보이는 後漢書의 九夷說이 삭제되어 우리 民族과 九夷와의 관련이 부인됨으로써 檀君朝鮮의 種族的 起源은 애매하게 처리되고 있다. 따라서 中國과 연결되는 箕子 · 衛滿朝鮮 그리고 三韓의 民人이 더한층 우리와 血緣的 · 種族的인 密着을 갖게 된 셈이다.

사절요』의 그것을 계승하면서도『삼국사절요』보다도 더욱 존화적 · 유교적 색채가 짙어져서 권근의『사략』에 가까워졌다고 말할 수 있다.

그 다음,『신편통감』에 실린 사론의 성격을 검토해 보면, 이미『삼국사절요』나『고려사절요』에 수록된 기성의 사론 이외에 '신등안臣等按'이라 하여『신편통감』찬자 자신들의 사론이 204칙이나 실려 있다. 이 새로운 사론이 구체적으로 누구에 의해서 쓰여졌는지는 확실하지 않으나, 그 사론의 약 절반가량이 최부崔溥의『금남집錦南集』에 실려 있는 것을 보면, 최부가 사론의 일부를 쓴 것만은 확실하다고 하겠다.[84] 본래 서거정은 새로운 사론을 덧붙이는 것을 꺼려하였고, 또 성종 15년 11월에 바쳐진『구편통감』에서는 새로운 사론이 붙여지지 않았다. 그럼에도 불구하고 성종 16년 7월에 찬진된『신편동국통감』에는 상기한 200여 편의 사론이 새로이 첨가된 것을 보면, 사론에 관한 한 서거정의 의견이 반영되지 않았음을 알 수 있다.

이제 구체적으로 새로운 사론의 내용을 검토해본다면, 지금까지의 사론과는 그 성격이 많이 다르다는 것을 알 수 있다. 한마디로 말하여 새 사론들은 도학적 입장이 강하게 반영되고 있다. 그리하여 지금까지 칭송되어 왔던 고려초기의 한당유교적 정치 · 문화가 신랄한 비판의 대상으로 바뀌고 있다. 예컨대 광종의 치세에 당태종의『정관정요貞觀政要』를 상독한 것에 대하여

貞觀政要는 비록 한두 가지 칭송할 점이 있으나, 仁義를 빌어서 功利를 추구하였으며, 德이 不足한 점이 또한 많다.[85]

고 비판하고, 최승로崔承老가 성종에게 올린 시무상소時務上疏에 대해서도, 삼대를 숭상하지 않고 당태종의 정요政要를 진헌하였다고 하여 비판한다.[86] 지금까지 당태종의 정치를 공리주의라는 입장에서 비판한 사론은 일찍이 없었다. 태조에서 세조에 이르는 선초鮮初의 군주들이나 신하들은 당태종의 정치를 하나의 귀감으로 삼았으며,『용비어천가龍飛御天歌』에서도 태조 이성계는 당태종에 비유되어 칭송된 구절이 허다하였다. 그러므로『동국

---

84 李元淳,『鮮初史書의 歷史認識』, 173쪽 참조.
85 『東國通鑑』卷13, 光宗大成王 元年條.
86 同上書, 卷14, 成宗文懿王 元年條.

통감』의 당태종에 대한 비판과 광종·최승로 등에 대한 비판은 바로 선초의 정치와 문화에 대한 비판의 뜻이 전제되어 있다고 보아야 한다.

공리보다 인의를 중시하는 입장은 부국강병보다는 인정의 도덕정치를, 대외팽창정책보다는 사대적 현상고수정책現象固守政策을 추구하는 사론으로도 반영되었다. 그리하여 『통감』에서는 고려 태조의 대거란절화정책對契丹絶和政策에 대해서도 비난의 화살을 겨눈다. 거란이 발해에 대한 신의를 버리고 발해를 멸망시켰다 하여 태조는 거란과의 화친을 거부한 것인데, 사론에서는

> 契丹이 발해에 대해서 信義를 저버린 것이 우리와 무슨 상관이 있기에, 渤海를 위해서 報復한다고 하여 거란의 使臣을 심하게 거절하고 또 海島에 귀양을 보냈으며, 낙타를 굶어 죽게까지 하였는가. 이는 和親을 끊은 것만이 아니고 원수처럼 된 것이니 그들이 우리를 원수처럼 보복하게 된 것은 이상한 일이 아니다.[87]

라고 꾸짖는다. 이러한 사론은 발해를 전혀 여국與國(我族)으로 간주하지 않고 또 태조가 발해를 포섭하면서 발해의 구토인 만주지방을 수복하려는 웅략雄略을 가진 것에 대해서도 전혀 긍정적으로 평가하지 않으려는 태도에서 나온 것이며, 오직 사대와 화친정책으로서 반도의 강토를 지키는 것만을 이상으로 생각하는 현상유지 관념의 소산인 것이다. 이와 같은 방어적 자세에서 최영의 공요攻遼에 대해서도 마찬가지로 비난이 퍼부어지고 있다. 본서의 상고사가 기자·마한중심으로 쓰여지고 한사군漢四郡의 위치를 반도 안에 비정해놓은 것도, 따지고 보면 요동수복의 의욕을 완전히 상실한 채 반도중심의 현상 유지에 자족하고 명과의 긴장을 원하지 않는 도학자들의 대외정책과 관련이 있는 것이라 하겠다.

또 사론에서는 이단에 대한 비판이 한층 강렬하게 나타나고 있다. 불교행사에 대한 비판은 이미 기왕의 사론에서도 누누이 보이는 바이지만, 고려 태조의 훈요십조訓要十條에 보이는 도참신앙圖讖信仰이라든가, 도선道詵의 참위설讖緯說을 비판한 사례는 아직 없었다.[88] 도리어 도선의 참위설은 이조건국을 정당화하는 명분으로서 매우 중요시되어 왔던

87　同上書, 卷13 太祖神聖王 二十五年條.

것이 아닌가. 그러므로 훈요십조의 도참신앙과 도선에 대한 비판은 바로 이조초기의 도참숭상에 대한 비판을 전제로 한다는 것을 알 수 있다. 여말의 척불운동斥佛運動에 대해서도 『통감』은 민감한 반응을 보이고 있다. 박초朴礎와 김초金貂 등의 척불상소斥佛上疏를 극찬하고, 김자수金自粹, 이첨李詹 등의 호불운동護佛運動을 비난한다.

요컨대 『통감』의 사론은 기왕의 사론이 성리학적·사대적 명분론에 입각하여 쓰여졌으면서도 한당적漢唐的·공리적功利的·이단적異端的 요소에 대하여 비교적 관용적 태도를 보였던 것과는 대조적으로 삼대만을 이상으로 하는 철저한 도학적 명분론에 입각하여 쓰여졌다는 점에 차이가 있다. 따라서 문화의식에 있어서 다양성과 포용성은 한층 위축되고, 역사인식에 있어서 민족지향·북방지향적인 의식은 더욱 쇠퇴되지 않을 수 없다.

도학적 성향은 김종직金宗直 문하門下에서 성장한 소위 사림파士林派에게서부터 두드러지게 나타나는 것인데, 『동국통감』 편찬의 하급수사관들 가운데에는 김종직 문인의 사림들이 몇몇 참여하였다. 최부崔溥와 표연말表沿沫은 그 저명한 자者이다. 이들은 뒤에 무오사화戊午史禍와 갑자사화甲子士禍에서 김종직의 당인으로 몰려 처형된 인물이기도 하다. 따라서 이들이 소위 훈구파와 정치적으로 첨예한 대립관계에 있었음은 말할 나위도 없지만, 이미 『동국통감』 수찬 과정에서부터 훈구파와 궤를 달리하는 사론을 쓰게 된 것이 아닌가 한다.

『동국통감』은 요컨대 훈구와 사림의 갈등이 점차 노골화되어 가기 시작하던 성종치세成宗治世 중엽에 훈구와 사림의 동상이몽적인 역사인식이 합작하여 이루어진 것으로서, 훈구파의 사서로서는 마지막이요, 사림파의 사서로서는 첫 시도라고 말할 수 있을 것이다. 말하자면 15세기의 왕패王覇절충적 역사인식에서 16세기의 도학주의적 역사인식으로 이행하는 과도기의 통사로서 나타난 것이 『동국통감』이라 하겠다.

6. 요약

이 장은 조선초기 일세一世 기간期間의 역사서술과 역사인식의 변화과정을 거시적으로

88　同上書, 卷13 太祖神聖王 二十六年條.

통관하는 데 주력하였으므로 사서 하나하나에 대한 미시적 고찰은 상대적으로 소홀하게 다루어지게 되었다. 그러나 15세기 관찬사서를 대표한다고 볼 수 있는『고려사』·『고려사절요』·『삼국사절요』, 그리고『동국통감』에 대해서는 제2·3장에서 상세히 재론하게 될 것이다. 이제 본장의 장황하고 방만放漫한 서술을 요약하는 것으로서 결론을 대신하려고 한다.

15세기는 유례없을 만큼 관찬사서의 편찬이 성행한 시대로서, 고려후기나 조선 후기에 사찬사서 편찬이 성행한 것과 좋은 대조를 이룬다. 관찬사서는 군주와 관료가 역사서술의 주체가 되었음을 뜻하며, 따라서 그들의 역사인식에는 지배체제를 정당화하려는 문제의식이 강하게 투영되어 있다는 점에서 공통성을 갖는다. 물론 사찬사서라 해서 그러한 의식이 간과되고 있다는 뜻은 아니다. 역사인식이란 사회의식의 역사적 투영에 불과한 것이므로 어느 시대의 역사인식이든지간에 정도의 차이는 있을지라도 이데올로기를 완전히 떠나는 일은 드물다.

선초 관찬사서에 투영된 통치이념은 기본적으로 유교적 가치관에 입각한 계층사회를 건설하려는 것이며, 대외적으로는 불평등한 사대적 국제관계를 정립하려는 대전제 위에서 출발하고 있으며, 이런 점에서 본다면 어떤 관찬사서이든지 큰 차이를 발견할 수 없다. 그러나 정치의 실권을 군주가 갖느냐 신하가 갖느냐, 국가의 정책방향을 부국강병과 대외팽창에 두느냐, 아니면 사회안정과 현상고수에 두느냐, 그리고 사대의 정도를 어느 선에서 조정하느냐의 문제에 있어서는 의외로 심각한 갈등이 노정되고 있으며, 그러한 갈등이 사서출간의 난산의 기본 요인이 되고 있었다.

태조대는 개국공신이 실권을 장악하여 신료중심의 통치이념을 제시하는 방향에서 고려사의 정리가 이루어진다. 정도전·윤소종·정총 등이 주체가 되어 편찬한『고려국사』가 그것이다. 대외관계에 있어서는 이중정책이 추진되어 표면상으로는 사대명분을 철저히 고수하여 명에 대한 양보를 크게 보이고 있으나, 내면적으로는 부국강병과 대외팽창정책(攻遼운동)이 집요하게 추진되어, 명분에서 잃은 국가위신을 국력배양의 실리로서 보상한다.『고려국사』에 나타난 개서주의와, 국호선정에 표방된 기자숭배는 외교상의 양보라 할 것이며, 요동에 대한 국토의식과 단군에 대한 치제는 내면적인 팽창 의식의 반영이라 할 것이다.

개국공신 실권파를 제거하고 세워진 태종대의 수사주체는 왕과 비혁명파의 손으로 넘어가서『동국사략』(삼국사략) 편찬과『고려국사』의 개찬 작업으로 나타난다. 전자는 권근이 주동이 되어 고대사를 재정리한 것으로서 여기에 반영된 통치이념은 사대와 강상의 확립에 역점을 둔 것이었다.『동국사략』이 고대문화를 사실대로 기록하기보다도 강상과 사대적 명분에 입각하여 비판과 삭제에 치중한 것이나,『삼국사기』와『삼국유사』기이편의 상고사체계를 짜맞추어 신라중심의 고대사체계를 세워놓은 것은, 서족庶族으로서 공료운동을 전개하면서 실권을 장악했던 정도전 일파를 몰아내고 왕위에 오른 태종 및 그 추종세력으로서는 대내외적으로 매우 현실적인 역사서술이 아닐 수 없었다.

특히『동국사략』의 주찬자인 권근은 이조개국에 반대했던 전력을 보상하기 위해서 태조에 적극 아부하였고, 태종에 대해서도 왕권강화를 위해 적극 협조하는 자세를 지녔던 까닭에 정치적 야망을 크게 가진 정도전과는 수사태도가 같을 수가 없었다.

하륜河崙 등에 의하여 수행된『고려국사』의 개찬도 실은 태종자신과 비혁명파인사들을 두호하려는 태종정권의 자기합리화의 수단이었다. 따라서 그것은 개국공신과 비개국공신 간의 권력 투쟁의 한 표현에 지나지 않는 것이요, 어느 편이 역사를 보다 객관적으로 이해하고, 중국에 대하여 더 주체적인 자세를 가졌느냐를 비교하기는 어려운 일이다. 다만, 태종대의『고려국사』개찬을 전후하여 이왕가의 개국업적을 상대적으로 미화·찬양하려는 노력이 군주측에서 나타나면서 현실적으로, 왕권강화의 한 수단으로 이용되는 경향이 보이는 것은 새로운 변화라 하겠다.

그 다음 세종대에는 정치적 주도권을 세종 자신이 장악하고 수사의 주체로 활약하게 된다. 집권과정에서부터 중국이나 신료들에 대하여 정치적 부채를 갖지 않은 세종은 보다 안정된 정치 기반과 강화된 국력을 배경으로 하여 왕권을 강화시킬 수가 있었고, 또 중국에 대하여도 떳떳하게 대할 수가 있었다. 세종이 바라는 왕권강화는, 단순히 자신의 집권을 정당화하려는 것도 아니고, 자신의 왕권을 전제화하기 위한 것도 아니었다. 세종은 특정한 정치세력의 수장과 같은 왕이기를 바라지 않았고, 또 중국의 승인이나 천자의 권위를 빌어서 왕권의 안정을 꾀할 필요도 느끼지 않았다. 세종이 바라는 것은, 대내적으로 더 넓은 국민의 지지와 숭앙을 받고, 대외적으로 중국의 천자와 어깨를 겨룰 수 있는 더 높은 도덕적 권위를 가진 성왕이 되는 것이며, 나아가 왕 개인보다도 왕실의 기초가 영구히 안정되기를 바라는 것이었다. 이 점은 집권 자체를 정당화하기 위해 급급했던 태종과는 차원이 다른 것이었다.

여기에서 세종은 대명사대 관계를 재조정하여 명분상의 양보를 최소한으로 줄임으로써 국위를 높이고, 기층사회와 깊이 연결하여 왕권의 지지 기반을 확대하는 정책을 쓰게 되며, 이것이 수사원칙으로 반영될 때 직서주의와 존왕실주의, 그리고 기록보전주의로 나타나게 된다. 이러한 수사정신이 고려사 정리로 투영될 때에는 혁명파와 비혁명파를 중립적인 위치에서 평가하고 그 위에 이왕가의 주도적 업적을 크게 성화하여 찬양하는 건국사 서술로 나타나게 되며, 고려국가의 대외적 위신을 드높이는 효과를 기대하게도 된다.

또한 이러한 수사정신이 고대사 정리로 나타날 때에는『동국세년가』에서 보이는 것과 같이『제왕운기』나『동명왕편』계열의 선가적 역사서술과 연결을 가져 단군조선이나 그와 연결된 부여 · 고구려 등 북방사를 반도사와 균형있게 파악하는 특색을 보이게 된다. 다시 말하자면 사대적 양보의 폭이 클 때에는 상고사의 주류를 중국계와 연결되는 기자조선 · 삼한 등에서 찾고 있었으나, 세종대에는 사대적 양보가 극소화되면서 상고사에서 천손과 직결되는 단군조선, 또는 단군조선 및 천손과 연결되는 부여 · 고구려 등을 중시하고, 삼한에 대한 해석도 중국계와 연결시키지 않고 단군계와 연결시키는 등 민족사적인 해석을 시도하는 노력이 보인다. 그리고 이와 같은 민족사적인 역사 해석은, 세종대의 문화정책에서 공통적으로 나타나는 민족지향적인 성격과 궤도를 같이하는 것임은 더 말할 나위도 없다.

여기서 또 한가지 주목해야 할 것은 세종의 민족사적인 역사 해석과 이단문화에 대한 포용과는 아주 밀접한 관계가 있는 것이니, 이단문화 즉 도교 · 불교 · 민간신앙, 그리고 이와 연결된 신화 · 전설 등과 같은 이단문화란 비록 고대문화의 한계성을 가진 것이지만, 중국중심의 세계관을 갖지 않고 천天과 연결되는 독자성을 표방하는 까닭에 민족지향적인 성향은 유교에 비할 수 없이 강한 것이다. 따라서 이단문화가 이론적인 수준에서는 유교에 밀려서 기층사회에 침전되어 있고, 또 그것이 무격신앙과 연결되거나 귀족층과 연결되어 때로는 사회적 역기능을 초래하는 사실이 많았지만, 그러한 역기능이 크게 시정된 세종대에 와서는, 도리어 그것을 흡수하고 포용하는 정책이 국가의 위신을 높이고 왕권의 기반을 확대시키는 데 유리하게 작용하였던 것이다.

세종의 이같은 수사정신은 신료들의 수사정신과는 일정한 간극이 있었다. 수사관들은 유교적 명분에 집착하려 하였고, 이단에 대하여 배타적이었으며, 정치적 파벌성을 탈피하지 못하였다. 이것이 세종대의 고려사 개찬이 궁극적으로 완성을 보지 못한 이유이다.

세종이 돌아가고 문종대에 완성된 기전체紀傳體『고려사』와 편년체編年體『고려사절요』는 수사관들이 정치적 실권을 장악하여 군권이 크게 허약해진 상황하에서 쓰여진 것으로 세종이 의도하던 바와는 차이가 있었다. 기전체『고려사』는 그래도 세종의 수사정신을 많이 살린 편이나 인물중심의 기전체 서술은 세종이 본래 바라던 바가 아니었다. 『고려사절요』는 이단을 혹독하게 비판하고, 여말 정치사를 개국공신중심으로 서술하였으며, 재상중심의 관료 정치를 적극 옹호하여, 세종이나 왕실측의 입장과는 판이한 것이 되어버리고 말았다. 『고려사』와 『고려사절요』는 그 반포 과정에서도 심각한 갈등을 일으키더니, 세조의 집권으로 『절요』파가 패배하고 『고려사』파가 승리를 거두었다. 이것은 정치적으로 왕권과 왕실의 승리를 뜻하는 것이었다.

무단으로 집권한 세조는 세종보다도 더 철저한 부국강병주의자였고, 대외팽창주의자였으며, 왕권전제적이며 민족지향적이었다. 세조는 집권과정에서 도덕적인 부담을 크게 지니게 되었기 때문에 세종과 같이 여유있는 유교적 왕도주의를 표방할 처지가 못되었다. 세조는 태종처럼 강상의 명분을 내세워 왕권강화의 이론적 기반을 찾을 수도 없었고, 세종처럼 왕도의 성군으로 자신을 분장할 수도 없었다. 그가 빌어올 수 있는 유일한 권위의 상징은 민간신앙 속에 뿌리박은 신화속의 군주상이었다. 그것은 바로 하늘의 권위를 업은 군주를 의미한다. 그래서 그는 사대적ㆍ성리학적 명분론을 좋아하지 않았고, 왕도보다는 차라리 패도를 숭상하였으며, 고기류에서 신화를 찾았다.

세조는 바로 이러한 정치이념을 바탕으로 하여 새로운 통사를 만들려 하였으니, 그것이 곧 『동국통감』의 수찬 계획이다. 『동국통감』은 민족적인 색채가 약한 권근의 『동국사략』이나 김부식의 『삼국사기』를 개편하여 단군조선중심의 민족사로서 상고사를 새롭게 체계화하고, 이것을 『고려사』와 연결시키려 한 것이었으며 세조 자신이 편찬 과정에 깊이 관여하고 또 내종승지 등 종친관료를 참여시켜 유신의 수사방향을 조정하려 하였으나, 유신들의 반발과 비협조로 뜻을 이루지 못하였다. 유신들은 세조의 정치이념과 수사방향에 대체로 동조하면서도 왕권과 신권, 사대와 자주, 성리학과 이단, 왕도와 패도, 신화와 이성을 보다 탄력성을 가지고 조화하려는 입장을 지녔기 때문에 세조의 입장과는 일정한 거리를 가지지 않을 수 없었다.

따라서 성종 7년에 신숙주ㆍ노사신ㆍ서거정 등이 펴낸 『삼국사절요』는 세조의 유의遺意를 봉행奉行한 것처럼 표방하였으나, 실제는 세조의 구상과는 많이 달라진 것이 되었다.

즉 『삼국사절요』는 신화·전설을 많이 수록하여 일면 세조대의 수사분위기를 반영하였으나, 신화의 대종인 단군신화를 삭제함으로써 그 근본적인 수사정신은 『동국사략』이나 『고려사절요』의 그것에 접근하였으며, 여기에서 이미 『삼국사절요』와 『고려사절요』가 서로 연결될 다리를 놓았다. 그리하여 성종 15년에는 이 둘이 합쳐져서 『동국통감』이 완성되었는데, 여기에 다시 사림파 수사관의 사론이 대폭 첨가되고, 역사체계의 일부가 수정되어, 현존하는 『동국통감』이 되었다.

따라서 『동국통감』은 훈구파가 골격을 세우고 비평은 사림파가 붙여서 이중적 성격의 사서가 되고 말았다. 훈구파나 사림파는 다같이 신권을 존중하고 관료정치를 지지함에는 마찬가지이지만, 사림파는 패도 및 이단에 대한 배척과 사대적 명분에 있어서 훈구파보다 강렬했으며, 부국강병을 지향하는 한당류漢唐流의 정치政治를 극렬히 비난하고, 삼대를 이상으로 하는 왕도정치를 지지하였다. 한편, 사림은 사대와 강상의 모범국으로서 기자·마한·신라를 중요시하고, 현실적으로 현강토를 고수하면서 향촌사림의 정치적 주체성을 확립하여 사림본위·향촌본위의 사회를 건설하고자 하였다. 그리고 이러한 입장에서 고려문화와 조선초기문화를 이해할 때, 부국강병과 민족의식이 승했던 고려초기나 조선초기는 부정적인 평가가 내려질 수밖에 없었다. 『동국통감』의 완성은 그러한 사상적 전환이 이루어지는 시기에 신·구 세력의 합작으로 나타난 것이며, 그러한 점에서 조선초기 관찬사서의 마지막이요, 사림파 사서의 첫 시발을 알리는 과도기적 사서라고 할 수 있을 것이다.

그러나 『동국통감』이 비록 훈신과 사림의 불안한 합작으로 완성된 것이기는 하지만, 여말·선초에 분화된 여·야의 두 사대부세력이 처음으로 합류하여 통사체계를 구성하였다는 것은 조선왕조가 비로소 사대부 국가로서의 자기합의에 도달했다는 점에서 사학사적 의의가 크다고 하겠다.

『고려사』와 『고려사절요』의 비교

지금까지 『고려사高麗史』의 편찬시말이나 역사서술에 대한 개략적인 연구는 적지 아니 이루어졌다.[1] 또 최근에는 『고려사』와 『고려사절요高麗史節要』의 사론만을 전문적으로 분석한 논고가 발표되어[2] 고려사의 역사서술에 대한 이해가 한 단계 깊어지게 되었다.

지금까지의 연구경향은 대체로 『고려사』의 객관적 측면을 밝히고, 그 객관성을 높이 평가하는 방향에서 연구의 시발점을 설정하고 있는 것이 특색이다. 사실 『고려사』는 다른 시기의 사서들에 비하여 객관성을 많이 가지고 있으며, 그러한 점에서 고려시대 연구 자료로서도 높은 가치를 지니고 있음은 부인할 수 없는 사실이다.

그러나 『고려사』는 단순한 자료집으로서 편찬된 것은 아니다. 그것은 어디까지나 편찬자의 주관하에서 자료를 선택하고, 배열하고, 어느 정도 평가를 내린 역사서술인 것이다. 그러므로 편찬자가 어떠한 주관을 가지고 『고려사』를 서술하였는가를 밝혀내는 것은 『고려사』의 객관성을 이해하는 것 못지않게 중요한 일이며, 또 그러한 주관성에 대한 이해야말로 『고려사』의 객관성을 가늠하는 필수적 전제가 아닌가 생각된다.

---

1   『高麗史』 혹은 『高麗史節要』에 관한 論攷는 다음과 같다.
金庠基, 高麗史節要解題(東國文化社, 1960); 申奭鎬, 高麗史編纂始末(韓國史料解說集 所收, 1964); 金哲埈, 高麗史(韓國의 古典百選, 新東亞, 1969年 1月號 附錄); 李基白, 高麗史解題(景仁文化社, 1972); 李元淳, 鮮初史書의 歷史認識(韓國民族思想史大系 Ⅱ, 1974); 邊太燮, 高麗史編纂에 있어서의 客觀性의 問題(震檀學報 40, 1975); 邊太燮, 高麗國史의 編纂內容과 史論(學術論叢 3, 1979); 閔賢九, 高麗史에 反映된 名分論의 性格(震檀學報 40, 1975); 金烈圭, 高麗史 世家에 나타난 神聖王權의 意識(震檀學報 40, 1975); 鄭求福, 朝鮮前期의 歷史叙述(創作과 批評 41號, 1976); 韓永愚, 朝鮮初期의 歷史叙述과 歷史認識(韓國學報 7, 1977)

2   邊太燮, 「高麗史와 高麗史節要의 史論」, 『史叢』 21, 22合輯號, 1977.

『고려사』의 주관성 문제는 그 자체의 분석으로서도 가능하겠지만, 『고려사』와 대비적인 입장에서 편찬된 『고려사절요』와의 비교·검토를 통해서 더 한층 선명한 이해가 가능해질 것으로 믿어진다. 지금까지 『고려사』와 『고려사절요』의 역사인식상의 차이점에 대해서는 비교적 깊은 주의가 기울여진 것 같지 않다. 양서兩書가 체재상 구별된다는 것은 누구나 다 아는 사실이지만, 그 체재의 차이가 단순히 '읽기에 불편한 것'과 '읽기에 편리한 것'의 차이로만 이해해도 좋을는지는 적잖이 의문이다.

『고려사절요』가 편찬된 표면적인 동기는 『고려사』가 기전체인 까닭으로 관람에 불편하다는 이유에서였다.[3] 편년체인 『고려사절요』가 읽기에 편리한 것은 사실이요, 그러한 점에서 『고려사절요』의 편찬동기가 거짓이라고 말할 수는 없다. 그러나 순전히 관람의 편의만을 고려하여 『고려사절요』를 편찬하였다고 보기에는, 두 사서가 지닌 이질성이 너무나 많다.

두 사서는 먼저 편찬의 진정한 주체가 다르고, 역사서술의 주관적 입장이 다르며, 그렇기 때문에 사서의 반포과정에서도 심각한 갈등을 경험하였다. 그러므로 두 사서의 역사서술상의 차이점을 이해하는 것은 두 사서의 성격을 보다 근원적으로 파악하는데 도움을 줄 것으로 생각된다.

이 장은 이러한 문제의식에서 출발하여 두 사서의 차이점을 다각적으로 분석하고, 그러한 차이점 위에서 두 사서가 서로 만날 수 있는 공통점이 무엇인가를 다시 검토하려고 한다. 그리고 두 사서의 동질성과 이질성이 당시의 정치사 내지는 사상사의 문맥에서 어떠한 의의를 가지는가를 이해하고자 하는 것이 이 장의 궁극의 목표가 될 것이다.

1. 편찬주체 및 체재의 비교

1) 편찬주체의 비교

『고려사』(원명은 高麗全史)는 문종文宗 원년(1451) 8월에 완성되고, 『고려사절요』는 그보

3　『文宗實錄』卷9, 文宗元年8月 庚寅條 "知春秋館事金宗瑞等 進新撰高麗史 …… 宗瑞啓曰 此全史也 當節其煩文 編年紀事 庶可便於觀覽耳"

다 6개월 뒤인 문종 2년(1452) 2월에 완성되었다. 『고려사』가 기전체로서 편찬이 착수된 지 2년 6개월 만에 완성되고, 세종초년에 정도전의 『고려국사』를 개찬하기 시작하던 때로부터 계산하면 무려 30여 년이 지나서 완성될 만큼 난산을 경험한 것과 달리, 『고려사절요』가 불과 6개월 만에 완성될 수 있었던 것은 어디에 이유가 있는 것일까? 그것은 여러 가지 이유를 생각할 수 있겠으나, 무엇보다도 중요한 이유는 군주의 간섭이 없었다는 사실인 것 같다.

세종대에 『고려사』가 난산을 겪은 것은 수사관과 세종의 견해차이 때문이었다. 세종대에는 『수교고려사讎校高麗史』(尹淮 等 撰)와 『고려사대전高麗史大全』(權踶 等 撰)이 6년과 24년에 각각 완성되었음에도 불구하고, 세종이 이를 거부하므로 말미암아 반행되지 못하였던 것이다.[4] 문종원년에 완성된 『고려사』도 만약 세종이 생존하였더라면 이를 반행하였을는지는 확언하기 어렵다. 세종이 승하한 뒤에 완성된 『고려사』가 과연 세종의 의취에 얼마나 부합되는 사서가 되었는지는 적이 의문이다. 그러나 『고려사』 전문(鄭麟趾 撰)에

大義 悉禀於聖裁

라고 한 것을 보면, 수사의 기본원칙은 세종의 재단에 의해서 결정된 것이 거의 틀림없는 것 같다. 물론 세종은 본래 기전체를 원하지 않았고 편년체를 지지하였다.[5] 『고려사』가

---

4 世宗이 臣下들이 편찬한 史書에 관하여 불만을 가진 표면적인 이유는 ① 記事가 소략하여 脫落이 많다는 것. ② 修史가 不公하여 史實을 改書하거나 個人의 痕咎를 은폐하려 하는 事例가 있다는 것 등이었다. 그런데 ①과 ②에 대한 不滿의 眞意는 高麗君王이나 李氏王家에 대한 記事를 소홀히 취급했거나, 또는 君王에 대하여 너무 批判的인 자세를 취하는 데 대한 불만이 작용한 것으로 이해된다.

5 世宗은 綱目法과 編年體의 두 體裁를 놓고 한동안 고민하였으나, 觀覽위주보다는 詳細를 위주로 하여 編年體를 지지하였다. 이른바 '寧失於煩 毋令疏略沒實'하자는 것이 世宗의 근본취지였다.(『世宗實錄』卷57, 世宗 14年 8月 丙申) 世宗이 이렇듯 詳細한 叙述을 원한 까닭은 단순히 史實을 再現하여 記錄을 保全하겠다는 資料集成的 의도라고만 이해하는 것은 곤란하다. 世宗이 詳細하기를 바라는 것은 어디까지나 君主와 王室關係 기사이지 무엇이든지 자세한 것을 能事로 생각하지는 않았다. 一例로 世宗 5年에 尹淮가 『高麗國史』를 讎校하면서 實錄에 수록된 天變地怪기사를 抄寫하여 進呈했을 때, 世宗은 "조그만 星變은 기록하지 말라, 高麗의 實錄에 실린 天變地怪로서 正史에 기록되지 않은 것은 舊史에 의하여 添入하지 말라"(『世宗實錄』卷22, 世宗 5年 12月 丙子)고 하였다. 世宗은 2年 5月에도 卞季良에게 命하여 災異의 기사를 加錄하지 말 것을 당부한 일이 있었다(『世宗實錄』卷8, 世宗 2年 5月 乙未). 世宗이 災異기록을 달갑게 생각하지 않은 것은, 그것이 君主에 대한 하늘의 譴責의 뜻이 있어서 臣下가 君主를 비판하는 중요한 口實의 하나가 되었기 때문인 것으로 생각된다. 여기에서 우리는 世宗의 資料保全에 대한 자세에 일정한 政治性이 작용하고 있다는 것을 엿볼 수 있다.

기전체로 결정된 것은 수사관의 중의에 따른 것이다. 세종은 편년체를 따르면서 세계世系 (고려태조세계)와 지리 등을 따로 넣기를 원하였는데, 수사관은 그것이 체재상 매우 곤란한 점을 들어서 기전체로의 전환을 주장하였던 것이다.[6] 그러나 수사관들이 기전체를 주장한 진의는 열전을 갖고자 한데 있었던 것 같고,[7] 세종은 신하들의 열전보다도 군주와 왕실관계 기사를 자세하게 기록하고자 하는 뜻이 있었기 때문에 기전체를 찬성하지 않고 편년체를 고집하였던 것으로 보인다.

하지만, 중의가 워낙 기전체로 기울어져서 세종은 하는 수 없이 기전체를 승낙하였으나, 가능한대로 군주중심으로 편찬하려는 뜻은 포기하지 않았고, 결과적으로『고려사』는 세종의 주관이 어느 정도 반영된 사서가 되고 말았다. 특히 세가의 서술과 열전의 인물 분류, 그리고 표에서 그러한 분위기가 강하게 풍긴다.

수사관들의 입장에서 볼 때, 기전체가 그들의 본의는 아니었다. 그들도 원칙적으로는 편년체를 원하였고, 지금까지의 고려사편찬은 모두가 편년체로 일관되어 왔다. 그러나 신하가 바라는 편년체와 세종이 바라는 편년체는 성격이 다른 것이었다. 전자는『자치통감』과 같이 일정한 격식에 따라 쓰여진 편년체를 원하였고, 후자는 격식에 매이지 않고 쓰고 싶은 것을 마음대로 쓰는 편년체를 원하였다. 따라서 수사관들이 갑자기 기전체를 찬성하고 나선 것은, 기전체 자체를 찬성해서가 아니라, 세종이 바라는바 편년체의 고집을 일단 좌절시키고, 최소한 열전을 확보한 다음에 다시금 기회를 보아 자신들이 원하는 방향의 편년체를 재구성하려는 의도하에서 제안된 차선책에 불과했던 것으로 보인다. 말하자면, 기전체『고려사』는 군주와 신하의 입장이 엇갈리는 조건 속에서 하나의 타협안으로 성립된 것이라고 생각된다.

『고려사절요』는 순전히 수사관의 자의에 의해서 편찬된 편년체 사서라는 점에서『고려사』와 근본적으로 다르다. 이 책이 단기간에 완성된 것도 군주의 간섭이 없었기 때문일

6　『世宗實錄』卷123, 世宗 31年 2月 丙辰條.

7　원래 紀傳體는 列傳이 核心을 이루는 것으로서 人物中心으로 歷史를 서술하는데 가장 적합한 體裁이다. 中國의 경우, 歷代紀傳體 正史에서 列傳이 차지하는 비중이 가장 크고, 列傳에 수록되는 人物은 臣下가 中心을 이루고 있다.
高麗史의 紀傳體 전환을 주장한 修史官의 眞意는 아마도 列傳을 가짐으로써 臣下의 활약상을 드러내고자 함에 있었던 것 같다. 물론 編年體라고 해서 臣下의 활약상을 드러낼 수 없는 것은 아니지만, 世宗이 추구하는 編年體가 지나치게 君主中心으로 서술되는데 대한 代案으로서 紀傳體로의 전환을 주장한 것 같다.

것이다. 물론 형식은 왕명을 취하였지만, 문종이 편찬에 간여했다는 증거는 찾아볼 수 없다. 또 문종이 당시 정치적 실권을 장악하고 있던 김종서金宗瑞 등의 수사에 간섭할 만큼 왕권이 강하였던 것도 아니었다. 『고려사절요』는 김종서가 『고려사』를 찬진撰進하던 그 자리에서 문종에게 요청하여 편찬승낙을 얻었고, 편찬목적도 "高麗史의 煩文을 節略하여 編年紀事함으로써 觀覽에 편하게 한다"[8]는 아주 간단한 이유였지만, 김종서가 그토록 편찬을 서두른 이유는 단순히 관람의 편의에만 있었던 것이 아님은 명백하다. 또 『고려사절요』가 『고려사』를 간추린 것이 아님은 『고려사』에 없는 기사가 많이 기재되고 있다는 사실에서 확인된다.

『고려사』와 『고려사절요』는 다같이 외형상으로는 김종서가 수사의 주책임을 맡아서 완성된 것이지만, 실제적인 수사의 주체는 이렇듯 서로 다르다는 것을 인식하는 것이 중요하다.

2) 반포상頒布上의 갈등

『고려사』가 어느 시기에 최초로 인출되었는지는 확실하지 않으나 『고려사절요』는 완성된 지 1년 2개월 뒤인 단종端宗 원년 4월에 인출되었음이 그 발문에 의해서 확인되고 있다. 『고려사』도 계유정난癸酉靖難(단종원년 10월) 이전에 이미 인출되었으나, 황보인皇甫仁 · 김종서 등이 『고려사절요』만을 광포廣布하고, 『고려사』는 소량만 인출하여 내부에 보관해두고 이를 광포하지 않았다. 그리하여 『고려사』는 단종원년 10월에 김종서 · 황보인 등이 이른바 계유정난으로 제거된 다음에 가인加印하여 광포하게 되었고(단종 2년 10월), 또 김종서 · 박팽년朴彭年 · 허후許詡 · 유성원柳誠源 등의 이름을 삭제하고 주찬자의 이름을 정인지로 바꾸어 간행하였던 것이다. 김종서 이하 4인은 『고려사절요』 수찬에도 참여한 인물들로서 이들이 모두 세조에 의해서 제거되었다는 것은 흥미있는 일이다. 단종원년 7월에 『고려사절요』의 광포를 요청하던 성삼문成三問[9]도 뒤에 세조의 왕권강화정책에 저항하다가 이른바 사육신의 하나로서 목숨을 잃은 것도 우연한 일이 아니다.

---

8   註 3)과 同.
9   『端宗實錄』 卷7, 端宗元年 7月 丁丑條.

『고려사절요』를 지지하던 신하들이 세조에 의해서 목숨을 잃은 것과는 대조적으로, 세조의 신임을 받은 신하들은『고려사』의 광포를 요구하였다. 이극감李克堪은 그 대표적 인물이다. 그는 두 사서의 편찬에 모두 참여하였고, 뒤에는 세조의 집권을 도와서 좌익공신이 된 인물로서,『절요』보다도『고려사』의 광포를 적극 주장하였으며,『절요』를 광포하려는 황보인·김종서를 맹렬히 비난하였다. 단종 2년 10월에 올린 계언啓言에서 그는 두 사서의 차이점을 암시하는 다음과 같은 주목할 발언을 하였다.

檢詳 李克堪啓曰 高麗全史 人之是非得失 歷歷俱載 皇甫仁·金宗瑞懼全史出則 人人皆知是
非 故但印節要頒賜而全史則少印 只藏內府 吾東方萬世可法可戒之書 莫如高麗史 請印全史廣
布 從之[10]

즉『고려전사』에는 사람들의 시비득실이 자세하게 기록되어, 그 책이 나오면 사람들이 시是와 비非를 알게 될 것을 두려워하여 김종서 등이 전사의 광포를 꺼려하고 그 대신 『절요』를 반포하였다는 것이다. 이는 두 사서의 인물에 대한 시비 평가가 다르다는 것을 간접적으로 암시한다. 이극감은 두 사서의 편찬에 모두 참여한 인물이기 때문에 두 사서의 차이점을 누구보다도 잘 알고 있을 것이다.[11]

이극감의 지적대로 두 사서가 만약 사람들의 시비득실에 대한 평가를 달리하고 있다면 이것은 실로 중대한 문제가 아닐 수 없다. 이 사실은 두 사서의 차이점을 이해하는 중요한 실마리가 될 수 있을 것이며, 왜『고려사절요』를 지지하던 신하들이 목숨을 잃었는가를 설명해 줄 수 있는 근거가 될 수 있을 것이다.

세조집권시대에는『고려사절요』의 반포가 금지되고『고려사』만이 허용되었으며, 세조는『고려사』를 토대로 하여 여기에 고대사를 개찬하여 연결시킴으로써 새로운 통사체계를 수립하려고 하였다.『동국통감』편찬의 착수가 그것이다.[12] 세조가『고려사절요』를 기피한 것은, 그 주찬자가 김종서이기 때문인 것은 아닌 것 같다. 그 내용 자체가 받아

10　『端宗實錄』卷12, 端宗 2年 10月 辛卯條.

11　李克堪은『高麗史』列傳 편찬에 참여한 史臣中의 하나이기 때문에, 특히 人物들에 대한 是非의 차이를 누구보다도 잘 알고 있었을 것이다.

12　本書 第一章·第三章 참조.

들여질 수 없는 성격을 가진 때문으로 보는 것이 더 온당한 해석이 될 것이다. 그것은 한마디로 세조의 왕권강화정책에 역행되는 사서인 까닭이었다.

세조는 또한 세종 24년에 권제權踶, 안지安止, 남수문南秀文 등이 완성한『고려사대전』(고려사전문)을 양성지, 권람으로 하여금 수정시켜 보관케 하였다.[13] 이 책은 세종 28년에 일단 인출까지 하였다가 수사의 불공정성이 드러나서 반포를 중지한 것인데 세조가 이를 수정시킨 것을 본다면, 본질적으로는『고려사』와 같은 계통의 친왕적 사서였다는 것을 암시해준다. 또 책명이『대전』또는『전문』이라고 한 것을 보면, 분량도 매우 방대했던 것 같다.『대전』의 찬자인 권제와 안지는 동시에『용비어천가』의 찬자이기도 하여 그의 친왕적 성향을 엿볼 수 있다.

세조대에는 이렇듯 친왕적 사서가 통용되었고,『고려사절요』와 같은 친신적 사서는 통용되지 않았다. 그러나 성종대에 이르러는 두 계통의 사서가 모두 통용되었고, 특히 성종 16년에 완성된『동국통감』은『고려사절요』를 저본으로하여 고려의 역사가 서술되었다. 그 후 중종·선조대에는『고려사절요』가 가끔 경연에서 강론되었고[14]『고려사』는 거의 관심을 끌지 못하였다.『고려사』가 다시금 관심을 끌기 시작한 것은 광해군내에 이르러서이다.

두 사서의 반포상에 나타난 이상과 같은 추이는, 군권과 신권의 소장과 밀접한 관련을 가졌음을 보여준다. 즉 군권이 신장될 때『고려사』가 존중되고, 반대로 신권이 성장할 때『고려사절요』가 주목을 받았다는 사실이다. 이것은 두 사서의 이질성이 본질적으로 어디에 있는가를 암시하여주는 것이라 하겠다.

3) 편찬체재의 비교

『고려사』는 모두 139권으로 구성되어 있으며, 세가世家(46권)·열전列傳(50권)·지志(39권)·연표年表(2권), 그리고 목록目錄(2권)으로 짜여져 있다.

그런데『고려사』편찬에 있어서 가장 주목되는 것은 중국의 기전체정사紀傳體正史 가운데서『원사』를 가장 많이 참고하였다는 사실이다.『원사』는 명나라 태조 때에 편찬된 것

13　『成宗實錄』卷138, 成宗 13年 2月 壬子條.

14　中宗11年 6月 壬子, 同王 17年 1月 壬申, 同王 17年 3月 己未, 同王 37年 7月 乙亥, 宣祖 27年 10月 乙丑, 同王 28年 1月 庚子, 同王 28年 3月 丙子 등에 그러한 記事가 보인다.

으로 ① 본기本紀는 사실만 적은 당서를 따르지 않고, 양兩 『한서漢書』를 따라서 사실과 언사言辭(詔勅)를 병재並載하며, ② 지志는 사실만 조립한 『당서』의 지가 제도의 근본을 이해하는데 곤란하므로 『송사』의 지를 따라서 조분건렬條分件列하며, ③ 논찬論贊을 짓지 아니하고 사실을 직서하여 문장 사이에 뜻을 드러내고, 또한 성지聖旨의 방침을 받들며, ④ 표表는 요금사遼金史에 준한다고 한 것이 주요 특징이다.[15] 『원사』는 명태조의 지엄한 명령하에 단기간에 완성되었기 때문에 중국의 정사중에서 가장 조잡한 사서로 알려지고 있다. 그러나 명태조 자신의 주관이 크게 반영된 사서이며, 그렇기 때문에 군주의 사실과 언사를 상세히 기록하게 되고, 또 논찬을 부작하여 군주의 성지를 준봉하여 비판을 가하지 않는다는 군주중심의 역사인식이 반영된 사서이기도 하다.

　『고려사』는 세가世家와 지, 그리고 논찬부분에 있어서 『원사』를 따른다고 범례에서 밝히고 있다. 역대 정사 중에서 가장 조잡한 『원사』를 구태여 따르려는 의도가 무엇인가는 추측하기 어렵지 않다. 그것은 원사가 군주의 주도 하에 군주중심으로 쓰여지고, 군주의 성지(언사)에 직접적인 비판을 가하지 않는다는 취지를 반영한 독특한 사서인 까닭일 것이다.[16]

　『고려사』는 『원사』를 가장 많이 따랐으면서도 표와 열전은 『원사』를 따르지 않고 있다. 표는 『삼국사기』를 따르고, 열전은 여러 사서를 참작하되 다만 신우辛禑만은 한서漢書의 예例에 따라서 반역전叛逆傳에 넣는다고 하였다.

　원래 표는 사서마다 달라서 연표年表 · 종실세계표宗室世系表 · 재상세계표宰相世系表 · 고금인표古今人表 · 공신표功臣表 또는 관제연혁표官制沿革表 등 다양하게 이용되고 있는데, 『삼국사기』의 표는 군주연표인 것이었다. 『고려사』의 표가 『삼국사기』를 따라서 군주연표를 지은 것은 역시 군주중심의 역사서술과 관련이 있어 보인다. 『고려사』 연표에는 왕의 연호年號 · 책왕冊王 · 견사遣使 · 탄흥誕薨 · 내란內亂(叛逆) · 외란外亂 등 군주 및 종사의 안위와 관련되는 사건들만을 기록하여 일반신민과 관련되는 사건에는 관심을 보이지 않고 있다.

　열전에서 신우를 반역전에 넣은 것은 전적으로 이성계李成桂의 폐가입진廢暇立眞을 정당

15　內藤虎次郎, 『支那史學史』, 337~338쪽 참조.
16　『元史』는 中國의 歷代 正史(紀傳體) 中에서 本紀의 比重이 가장 큰 史書로 특징지어진다. 그것은 君主의 事實과 言辭가 並載된 데서 그러한 결과가 초래되었다. 『元史』는 明太祖의 一方的인 독려에 의하여 史臣들이 급속히 편찬하였기 때문에 더욱 조잡한 史書가 되었다고 알려지고 있다. (金靜庵, 『中國史學史』, 134쪽)

화하기 위한 것이며, 간신전姦臣傳의 설정도 이성계의 행적을 정당화하려는 목적과 깊은 관련을 가지고 있다. 이 점에 대해서는 뒤에 재론하기로 한다.

『고려사』의 열전이 갖는 또 하나의 특색은 그 분량이 기전체의 일반적인 서술비율叙述比率로 보아 너무나 적다는 사실이다. 원래 기전체는 열전이 중심을 이루는 것이며, 중국 역대정사에서 열전이 차지하는 비중은 평균 61%를 차지하고 있다.[17] 그런데 『고려사』의 열전은 36%에 지나지 않는다. 이것은 그만큼 신하의 활동에 대한 배려가 적게 반영되어 있음을 뜻한다. 물론 자료의 제약이 주는 영향도 없지 않았을 터이지만, 그보다도 애초에 『고려사』가 열전에 중점을 두고 자료를 모으지 않았던 데 더 큰 원인이 있을 것이다.

한편, 세가가 차지하는 비중은 34%로서 중국의 역대 정사가 본기에 약 10% 내외의 비중을 두는 것에 비추어 과도하게 크다는 것을 알 수 있다. 중국의 정사 중에서는 원사가 약 22%로서 본기에 가장 큰 비중을 두고 있는데, 『고려사』세가는 그보다도 약 11%나 더 높은 비중을 두고 있다. 중국의 역대정사는 열전과 본기의 비중이 약 6:1로 되어 있으나, 『고려사』는 거의 1:1로 되어 있다. 이러한 분량상의 수치에서도 『고려사』가 얼마나 군주에 중점을 두고 있는가를 이해할 수 있다.

요컨대 『고려사』는 그 체재에 있어서도 군주중심의 서술을 강화하는 방향에서 원사를 비롯한 여러 사서의 체재를 절충하고 있거니와 그 서술분량에 있어서도 특이할이만큼 세가에 큰 비중을 두고 있다는 것이 중요한 특색으로 지적될 수 있을 것이다.

이에 반하여 『고려사절요』는 『자치통감』에 준하여 편찬된 편년체 사서라는 점에서 『고려사』와 대비된다. 그러나 『고려사절요』는 편년체라는 그 사실자체보다도 신하중심으

---

17 『史記』에서 『明史』에 이르는 代表的 正史에서 列傳과 本紀가 차지하는 比重은 다음 表와 같다. (괄호안의 숫자는 百分比)

書名	史記	漢書	後漢書	晉書	南齊書	魏書	隋書
卷數	130	120	120	130	59	114	85
列傳	70(53.8)	70(58.3)	80(66.6)	70(53.8)	40(67.8)	92(80.7)	50(58.8)
本紀	12(9.2)	12(10)	10(8.3)	10(7.7)	8(13.5)	12(10.5)	5(5.9)
書名	舊唐書	新唐書	宋史	元史	明史	(平均)	
卷數	200	225	496	210	331		
列傳	150(75)	150(66.7)	225(45.3)	97(46.2)	219(66.2)	61.6	
本紀	20(10)	10(4.4)	47(9.5)	47(22.4)	24(7.3)	9.9	

로 역사를 서술하였다는 점에 더 큰 의의를 두어야 할 것이다. 이 책은『고려사』를 저본으로 하여 이를 35권으로 압축한 것은 결코 아닌 것 같다. 단종 원년 7월에 시강관 성삼문이 『고려사절요』의 광포를 요청하면서 올린 계언 가운데

此書 自太宗時始撰 至世宗朝功訖 許人私印而以書有誤撰 遂命改之 近日書成[18]

이라고 한 것을 보면,『고려사절요』는 세종대 완성되어 사인私印된 사서를 개정한 것이라고 한다. 세종대 사인된 사서는 윤회 등이 찬한『수교고려사』일 가능성이 많다. 권제 등이 찬한『고려사대전』은 양성지의 감교하에 주자소에서 정식으로 인출하였기 때문에 사인이라고는 볼 수 없다. 또『고려사대전』은 그 명칭으로 보아서 분량이 방대하였던 것이 틀림없고,『고려사』의 저본이 되었을 뿐만 아니라, 뒤에 세조대에 따로이 개정되었던 만큼, 이것이『고려사절요』의 저본이 될 수는 없다고 보아야 한다.

『수교고려사』는 주찬자인 윤회가 윤소종의 아들이요, 윤소종이 정도전과 더불어『고려국사』를 편찬한 인물이라는 점에서 볼 때, 두 사서가 기본적으로는 큰 차이가 있었던 것 같지 않다.『고려국사』에서 군주와 왕실에 대한 칭호와 사원기의 관제를 개서한 것을 바로잡은 것이『수교고려사』에서 이른바 수교한 내용이 아닌가 한다. 그렇다면『고려국사』·『수교고려사』그리고『고려사절요』는 기본적으로 같은 계통의 사서라고 보아 무방할 것이다.[19] 더욱이『고려사절요』는 그 범례가『고려국사』의 그것과 거의 유사하고, 『절요』에 수록된 왕성품 및 치평에 대한 문장이 정도전의『경제문감별집經濟文鑑別集』「군도君道」에 실린 그것과 거의 유사하다는 점에서도 그러하다.[20]

이 밖에도『고려사절요』의 여말정치사 서술, 즉 이조건국사 서술은 개국공신 중심으로 되어 있어서『고려국사』의 계통을 이어받은 사서라는 심증을 더욱 굳게 해준다.[21]

다시 말하자면,『고려사절요』는 단순히 편년체사서라는 점에서 기전체『고려사』와 대

---

18   註 9)와 同.
19   『高麗史節要』가『高麗國史』및『讎校高麗史』와 같은 系統의 史書라는 점에 대해서는 金庠基先生이 일찍이 지적한 바 있다. (金庠基, 前揭論文)
20   註 2)의 邊太燮, 前揭論文, 124쪽 참조.
21   이 점에 대해서는 本書 116~118쪽에서 詳論하였음.

비되는 것이 아니고, 친왕적 입장이 아닌 친신적 입장에서 쓰여진 편년체사서라는 점에서 특색이 찾아지는 것이며, 같은 편년체이면서도 친왕적 경향을 많이 띤『고려사대전』과 근본적으로 다른 점이기도 하다. 기전체『고려사』는 친왕적 편년체『고려사대전』을 친신적 편년체로 바꾸는 과정에서 나타난 하나의 타협적 성격을 가진 사서라 할 것이다.

2. 역사인식의 비교

1) 전문에 나타난 고려시대 인식의 비교

『고려사』와『고려사절요』에는 각각 정인지와 김종서가 쓴 전문이 실려 있다. 전문은 고려역사의 변천과정을 개관하고, 이어서 이왕조 건국 후에『고려사』가 편찬되는 과정을 서술하고 있다. 따라서 전문에는 편찬자들이 가지고 있는 고려사관이 집약적으로 반영되어 있다. 그렇다면 두 사서의 전문에 반영된 고려사관은 어떠한 차이점이 있을까.

먼저『고려사』의 전문을 소개하면 다음과 같다. (부호 및 점·선은 필자가 붙인 것임)

A

① (前略) 王氏之肇興 自泰封以崛起 降羅滅濟 合三韓而爲一家 舍遼事唐 尊中國而保東土 爰革
　　煩苛之政式 恢宏遠之規

② 光廟(光宗 - 필자)臨軒策士而儒風稍興

③ 成宗建祧立社而治具悉備

④ 宣讓(穆宗 - 필자)失御 運祚幾傾

⑤ 顯濟(顯宗 - 필자)中興之功 宗祐再興

⑥ 文闡(文宗 - 필자) 大平之治 民物咸熙

B

迨後嗣之昏迷 有權臣之顚恣 擁兵而窺神器 一啓於仁廟(仁宗 - 필자)之時 犯順而倒大阿 馴致於
毅宗之日 由是巨姦迭煽而置君如碁奕 强敵交侵而刈民若草菅 順孝(元宗 - 필자)定大亂於危疑

僅保祖宗之業 忠烈昵群變於遊宴 卒構父子之嫌 且自忠肅以來 至于恭愍之世 變故婁作 衰微益甚 根本更蹙於僞朝 歷數竟歸於眞主

C

我太祖康獻大王 勇智天錫 德業日新 布聖武而亨屯艱 克綏黎庶 握貞符而乘軋御 肇造邦家 顧麗社雖已丘墟 其史策不可蕪沒 命史氏而秉筆 倣通鑑之編年 (下略)

　여기에서 A는 태조에서 문종에 이르는 고려전기를, B는 고려후기를, 그리고 C는 이태조의 치적을 각각 약설略說한 것이다.

　먼저 A에서는 군주를 주어로 하여 왕업을 설명하고 있는데, 삼한의 통일, 국토의 보존, 종사의 안정과 중흥이 주로 칭송되고 있으며, 정규政規·치구治具·유풍儒風의 진흥이 그 다음으로 언급되고 있다. 말하자면 고려전기는 군주의 주도하에 종사가 안정되고, 민족이 통일되고, 제도가 정비되었다는 점에서 칭송되고 있는 것이다.

　B에서는 고려후기를 부정적으로 서술하고 있는데, 그 이유는 ① 후사後嗣의 혼미昏迷 ② 권신權臣과 거간巨姦의 발호로 인한 군권약화(置君如碁奕) ③ 강적교침強敵交侵 ④ 대란大亂(三別抄)에서 찾아지고 있다. 말하자면 군주가 무능한데다가 내우內憂·외환外患으로 군권이 약화되고 종사가 위태로워졌다는 점에서 부정적인 시대로 이해되고 있다.

　그 다음 C에서는 이태조의 건국을 진주眞主의 출현이자 역수歷數의 귀결로 정당화하고 그 치적을 장황하게 설명하고 있다.

　『고려사』의 전문에 반영된 일관된 입장은 왕업을 중심으로 하여 치란을 평가하고 있다는 점이다.

　다음에 『고려사절요』의 전문을 옮겨 본다.

　A (前略) 高麗起於唐季 以雄武而剗群兇 以寬大而得衆心 遂建大業 以裕後昆 洎夫立郊社·定章程·興學校·設科擧 置中書 總機務而體統有所繫 遣廉使 察州縣而貪汚不敢肆 府衛之制 得寓兵於農之法 田柴之科 有仕者世祿之意 刑政擧而品式備 中外寧謐 民物殷阜 大平之治 可謂盛矣

B 中葉以降 不克負荷 內爲嬖幸之所惑 外爲權姦之所制 強敵交侵 干戈爛漫陵夷 至於假姓竊位

   而王氏之祀 已不血食矣 恭讓返正 竟以昏懦自底於亡 盖天生眞主 以靖夷我民 固非人力之所

   爲也

C 太祖康獻大王 首命輔臣 纂修麗史 (下略)

　여기에서 A는 역시 고려전기를 긍정적으로 평가하고 있는데, 그 이유는 전적으로 문무
의 관료 제도의 정비에서 찾고 있다. 군주의 이름은 하나도 보이지 않으며, 그대신 교사郊
社 · 장정章程 · 학교學校 · 과거科擧 · 중서성中書省 · 염사廉使 · 부위제府衛制 · 전시과田柴科
등의 제도가 정비됨으로써 태평의 정치가 이루어진 것을 강조하고 있다. 이러한 제도의
정비는 궁극적으로 신하의 치적으로 이해하고 있는 듯이 보인다. 고려건국의 의의도 삼
한통일이라든가 동토東土의 보존이라는 측면에서 이해하는 것이 아니라 문무를 가지고
군흉群兇을 죽이고 중심을 얻은 데서 찾고 있다.
　B에서 저술된 고려후기도 군권의 약화라든가 종사의 위험 등에서 부정적인 평가를 내
리기보다는, 권간 · 폐행 · 강적 등의 발호와 침략이 군주의 무능과 겹쳐서 제도의 붕괴로
나타난 것을 개탄하고 있다.
　그 다음 C에서는 태조 이성계가 고려사 편찬을 명한 사실을 기록하고 있는데, 이태조의
치적을 전혀 언급하지 않고 있을 뿐만 아니라, '보신輔臣'에게 역사찬수를 명하였다고 하여,
『고려사』의 전문에서 '사씨史氏'에게 여사麗史 찬수를 명하였다는 기록과 대조를 보이고 있
다. 말하자면 고려사 전문에서는 이태조의 치적을 장황하게 칭송하면서 고려국사의 편찬
자인 정도전 등을 '사씨'라고 폄하하고 있는데 반하여, 『고려사절요』의 전문에서는 이태조
의 치적을 전혀 언급하지 않으면서 고려국사의 찬수자들을 '보신'이라고 높여주고 있다.
이러한 차이는 단순한 수사상의 차이라고만 보기에는 너무 대조적인 것이다.

2) 범례에 나타난 서술원칙의 비교

　『고려사』와 『고려사절요』는 범례에서 서술상 무엇을 '필서必書'하고, 무엇을 '서書'할 것
인가의 기준을 제시하고 있다. 특히 『고려사』의 경우는 세가의 서술에서만 그러한 기준

이 제시되어 있다. 지志나 열전에서는 그러한 기준의 제시가 없다. 지나 열전은 사실의 분류가 중요한 것이기 때문에 '필서'와 '서'의 기준을 제시할 필요가 없었을 것이다. 그러나 세가는 지와 열전까지도 포괄하여 군주의 전반적인 치적을 서술하는 것이기 때문에 그 서술범위를 어디까지로 한정시키느냐가 중요한 문제로 제기되기 마련이다. '필서'와 '서'는 바로 서술의 한계를 밝혀주는 기준이 되는 것으로서 그 기준을 어떻게 설정하느냐에 따라 세가가 군주중심으로 서술될 수도 있고, 신하중심으로 서술될 수도 있는 가변성을 가지는 것이다. 사실 세가는 어떤 의미에서는 독립된 편년체사서의 성격을 갖는 것으로 세가를 어떻게 쓰느냐가 그 사서 전체의 성격을 결정짓는다고 해도 과언이 아니다.

『고려사』의 세가는 우선 그 분량면에서 특이하리만큼 비중이 크다는 것은 앞에서 언급하였다. 세가의 비중이 비정상적으로 커진 가장 중요한 이유는 양한서와 원사에 준하여 군주와 관계되는 '사실'과 '언사'를 모두 기록한 데 있었다.[22] 특히 원구圓丘·적전籍田·연등燃燈·팔관八關 등과 같은 일상적인 종교행사로서 군주가 친행한 것은 '필서必書'한다는 원칙을 세웠기 때문에[23] '사실'에 대한 기록이 자세해질 수밖에 없었다. 또 군주의 언사인 조詔·교敎를 '개서皆書'하게 되니 세가의 분량이 늘지 않을 수 없다.

세가에서 군주와 관련되는 기사가 상세하게 기술된다는 것은 그만큼 군주의 정치적 비중을 높이는 결과가 되는 것은 자명한 이치이다.

세가에서는 또한 종宗·폐하陛下·태후太后·태자太子·절일節日·제조制詔와 같은 칭호를 제후의 명분에 맞게 개서하지 않고 사실대로 직서한다는 원칙을 제시하고 있다. 이것은 직서주의를 존중하는 입장에서 나온 것이지만, 결과적으로 보면 군주의 권위와 고려 국가의 위신을 그만큼 드높이는 효과를 가져오고 있는 것이다. 비록 왕기王紀를 본기本紀라 하지 않고 세가라고 표기한 것은 중국에 대하여 제후의 명분을 준수한다는 입장을 받아들인 것이지만, 제후로서는 특이하게 천자와 동등한 존칭을 지녔고, 또 천자와 동등하게 제천의 종교 행사를 가졌던 독립제후라는 것이 천명되어지고 있는 것이다.

세가의 앞머리에 고려태조의 세계를 첨부하고 있는 것도 고려사 세가의 중요한 특색이다. 비록 내용이 황탄하다는 단서를 붙이고는 있으나, 세계를 첨부함으로써 고려태조의

---

22 『高麗史』凡例, "一. 世家 …… 其書法準兩漢書及元史 事實與言辭 皆書之"
23 『高麗史』凡例, "一. 世家 …… 如圓丘·籍田·燃燈·八關等常事 書初見 以著其例 若親行則必書"

출자가 그만큼 신성화되고 있는 것은 부인치 못할 사실이다.[24]

따라서 고려사 세가는 양과 질의 양면에서 군주의 권위와 국가의 위신을 선양한다는 취지가 크게 반영되고 있음을 인정할 수 있다.

고려사 세가가 군주와 관련되는 기사를 필서하고, 군주의 권위를 높이는 기사를 직서하고 있는 것과는 대조적으로 『고려사절요』의 범례에서는 '필서'와 '서'의 기준이 전혀 달리 제시되고 있다.[25] 이를 정리하면 다음과 같다.

必書

① 飯僧으로서 數가 千百에 이르고 鉅萬을 허비한 사건

② 上國使臣의 왕래(中夏를 높이기 위함)

③ 災異로서 효험이 있는 일(天譴을 경계하기 위함)

④ 遊田(사냥)과 宴樂(逸豫를 경계하기 위함)

⑤ 大臣의 封拜와 罷免, 賢士의 出處와 始終

⑥ (臣下의) 章疏로서 당시에 행해졌거나 일이 절실한 것(備攷를 위함)

書

① 朝會와 祭祀로서 특별한 연고가 있거나 君主가 親祭한 것

② 君主가 寺院에 遊幸한 것, 菩薩戒를 받은 것, 道場을 설치한 것으로서 初見 有事한 것

먼저 필서에 해당하는 6개 항목 중에서 ①③④는 군주의 실정과 관계되는 사건을 의미한다. ①은 군주가 반승때문에 국가재정을 낭비한 것을 경계하기 위함이며, ③은 천재지

---

24 世家 앞머리에 世系를 붙이는 事例는 다른 類例를 찾기 어렵다. 이것은 世宗의 특별한 요청에 의하여 添入된 것 같다. 원래 世宗은 編年體를 지지하면서 그 속에 따로 「世系」와 「地理」를 넣으려고 하였으나, 史臣들은 世系와 地理를 編年體에 넣는 것이 無理하다고 생각하여 紀傳體로의 전환을 주장하였다. (『世宗實錄』 卷123, 世宗 31年 2月 丙辰條)

25 『高麗史節要』 凡例, "一. (前略) 朝會 · 祭祀常事而有故則書 親祭則書 · 遊幸寺院及 受菩薩戒 · 設道場 時君常事書 不勝煩每王書 初見有事則書 · 飯僧數至千百 虛費鉅萬者 必書 · 上國之使往來 雖頻必書 尊中夏也 · 災異之驗於事者 雖小必書 謹天譴也 · 遊田宴樂 雖數必書 戒逸豫也 · 大臣封拜 · 罷免, 賢士出處始終 悉書之 · 章疏之行於時切於事者 亦悉書之 以備攷焉"

변을 통해서 천견을 두려워하는 정치를 강조하기 위함이며, ④는 군주가 사치와 향락에 빠지는 것을 경계하기 위함이다.

한편, ⑤와 ⑥은 신하의 활약을 드러내기 위함이다. 특히 ⑤는 대신과 현사가 어떠한 직책을 수행하였는가를 밝히고, ⑥은 그들이 실제로 직책을 수행하는 과정에서 어떻게 정책결정에 참여하였는가를 드러내고자 함이다.

그 다음 군주가 일상적으로 행하는 조회와 제사같은 것은 특별한 의의를 가진 것만 추려서 기록하고, 또 군주가 상사로서 자주 행하던 사원유행寺院遊幸 · 보살계菩薩戒 · 도장道場 같은 종교행사는 처음에 보이는 것이나 특별한 의미가 있는 것만 적는다는 것이다.

말하자면 『고려사절요』에서는 군주의 사실과 언사 중에서 특별히 반성자료가 될만한 것이거나 정치적으로 큰 의미를 가진 것만 추려서 싣고 나머지 자질구레한 사건들은 삭제한다는 것이며, 반면에 대신과 현사들의 정치적 행적은 그 직책과 언사를 자세하게 수록한다는 것이다. 따라서 이것은 『고려사』가 군주와 관계되는 사실과 언사를 선별하지 않고 필서한다는 원칙과는 큰 차이를 보이고 있다.

『고려사절요』는 강요綱要만을 서술하는 『절요』인 까닭에 부득이 군주관계 기사를 많이 생략하였다고 생각할 수도 있다. 그러나 그러한 생각은 옳지 않다. 『절요』는 불필요하다고 생각되는 기사는 대폭 삭제하였을 뿐만 아니라, 필요하다고 인정되는 기사는 『고려사』에 빠진 것을 새로이 수집하여 보충하였기 때문이다.

『절요』의 전문에 의하면, "事跡之關於世教者"와 "制度之可爲矜式者"를 부집裒集하였다고 밝히고 있으며, 범례에서도 다시 "事有關於治亂興亡 可監可戒者 悉參錄之 餘則既正史在 略之"와 하여 치란흥망治亂興亡과 관계되는 교훈적인 기사만을 참록參錄하였음을 천명하고 있다.

물론 『고려사』도 일정한 교훈을 목적으로 하여 편찬된 것이고, 그러한 취지에서 '필삭의 공'을 지켰다고 전문에서 밝히고 있는 바와 같이, 있는 자료를 무조건 망라한 것이 아니고 삭제할 것은 삭제하여 기록한 것이다. 그러므로 교훈적인 입장에서 주관적으로 자료를 선택하여 기술하기는 두 사서가 마찬가지이지만, 다만 그 교훈적인 입장이 『고려사』는 어디까지나 군주의 입장에 선 것이고 『고려사절요』는 신하의 입장에 서 있었기 때문에 자료를 선택하는 기준이 다르게 되었던 것이다.

『고려사절요』도 종 · 폐하 · 태자 등과 같은 존칭을 직서하여 사실을 존중한다는 입장을 따르고 있어서 이 점에 관한한 『고려사』의 입장과 일치되고 있다. 그러나 『절요』의 직서주의는 군주의 권위를 높인다는 목적과 관련된 것으로는 보이지 않는다.

3) 서술실례敍述實例의 비교

이미 범례를 통해서 두 사서의 서술원칙이 다르다는 것을 이해하였거니와 실제 본문에는 그러한 원칙이 어떻게 반영되고 있는가를 구체적으로 검토할 필요가 있다.

(1) 군주의 조詔·교敎

군주의 언사에 해당하는 조·교는 한마디로 하여 『고려사』쪽이 훨씬 자세하다. 『고려사』는 세가와 지에서 조·교의 기술에 많은 지면을 할당하고 있는데, 제지諸志에 기록된 것이라도 중요한 것은 세가에 중복되어 기술되어 있다.

한편, 『고려사절요』에서는 조·교를 삭제하거나, 아니면 그 내용을 요약하여 일반기사로서 기록하고 있다. 따라서 조·교의 전문을 이해하려면 『고려사』를 참고하는 것이 효과적이다.[26]

(2) 군주의 제사

대묘大廟(宗廟)·적전籍田·원구圓丘 등에 대한 제사의 기록은 『고려사』가 역시 상세하다. 『고려사』에서는 일상적인 제사를 모두 기록하고 있으나, 『고려사절요』에서는 국가적으로 큰 의의가 있는 제사만을 추려서 기록하고 있다.

(3) 군주의 종교행사

고려시대에는 불교나 도교 또는 토속적인 신앙과 관련된 종교행사가 매우 많았다. 불

---

26 『高麗史』와 『高麗史節要』의 詔·敎는 단순히 자세하고 간략한 차이만 있는 것이 아니라, 表現 자체가 다른 것이 많이 눈에 띈다. 예컨대 『高麗史』에서 '前主' '太祖親兵' '王迎曰' '宥及永世' 등으로 표현된 것이 『節要』에서는 '泰封主' '太祖兵' '王曰' '宥及十世' 등으로 달리 표현되어 있다. 이러한 事例는 헤아릴 수 없이 많으나, 그 표현의 差異點을 찾아보면, 『高麗史』쪽이 되도록 君主의 권위를 높이고 君主에게 유리한 方向으로 표현을 쓰고 있는데 反하여, 『高麗史節要』는 그러한 표현이 적게 보인다는 사실이다. 어느 쪽이 事實에 가까운 것인지는 確言하기 어려우나, 어쨌든 表現의 차이가 많다는 것은 注目할 필요가 있다.

교와 관련된 것으로는 사찰의 창건創建, 사원의 유행遊幸, 보살계菩薩戒, 도장道場의 설치, 그리고 반승飯僧 등이 있고, 도교와 관련된 것으로 초제醮祭가 있으며, 그 밖에 민속·신앙과 관련된 것으로 팔관회·연등회 등이 있었다.

위의 여러 가지 종교행사에 대하여『고려사』는 크고 작은 것을 가리지 않고 총망라하여 세가에서 기록하고 있으며 그중의 상당한 부분이 지志에서도 중복되어 서술되고 있다. 특히 팔관·연등·초제와 같은 제천행사가 예지禮志에 중복되어 기록되고 있다.『고려사』는 석로지釋老志나 석로전釋老傳 같은 것을 따로 설정하고 있지는 않으나, 적어도 군주와 관련되는 종교행사나 왕사王師·국사國師에 관한 것은 극히 상세하게 기록하고 있는 것이 특이할 정도이다. 문종대의 경우를 예로 들어보면,『고려사』세가와『고려사절요』에서 서술된 종교행사 관계기록의 회수는 아래의 표와 같다.

종교행사에 관한 기록(文宗代)

	『高麗史』世家	『高麗史節要』
燃燈會	13회	―
八關會	10회	―
寺院遊幸	59회	12회
設道場	23회	3회
飯僧	7회	5회
菩薩戒	5회	―
醮祭	8회	―
계	135회	20회

즉『고려사』세가에서 서술된 문종대의 종교행사 기록이 모두 135회나 되는데 반하여,『고려사절요』에서는 그 1/7밖에 안되는 20회만이 기록되어있을 뿐이다. 두 사서가 군주의 종교행사에 대하여 얼마나 비중을 달리하여 서술하고 있는가가 단적으로 드러난다.『절요』가 체재상『고려사』와 같은 비중으로 종교관계 기사를 다룰 수 없다는 것은 충분히 인정되는 바이지만, 그 비중의 차이가 7:1이나 된다는 것은 분명히 체재를 넘어선 문제점을 가지고 있다고 보아야 한다.

(4) 군주의 세계와 종실·세자·후비관계 기사

『고려사』에서는 세가의 앞머리에 「세계」편을 첨부하여 왕건의 출자와 관련된 설화와 전설을 상세하게 수록하고 있다. 김관의金寬毅의 『편년통록編年通錄』과 민지閔漬의 『편년강목編年綱目』에 의거해서 작성된 세계는 기본적으로 풍수신앙과 신선신앙·용신신앙, 그리고 불교신앙(특히 선종) 등이 복합된 것으로 미천한 호족출신인 왕건의 출자를 민간신앙으로써 성화한 것이라고 해석된다. 이로써 왕건의 등장은 위로는 음양오행의 천운에 의해서 수덕을 지닌 혁명자로서 정당화되고, 아래로는 산신 또는 수신의 신통을 이어받은 초인적 신인으로 성화되어 하나의 뚜렷한 초월적 영웅상을 형성하고 있다.

물론 세계의 말미에 이제현과 찬자 자신의 논論을 부기하여 세계설화의 불합리성을 비판하고 있기는 하지만, 그러한 비판이 왕건세계의 신성함을 전혀 무의미하게 만들고 있는 것은 아니다. 설화의 기재 그 자체가 이미 설화의 삭제와는 다른 의미를 갖기 때문이다.

『고려사절요』에서는 세계의 설화를 삭제하였다. 이것은 단순히 기사를 절략한다는 취지로서만 이해하기는 곤란하다. 만약 그러한 취지에서라면 세계의 설화를 삭제하기보다는 압축하는 방법을 택했을 것이다. 따라서 세계설화를 삭제한 것은 실화의 불합리성을 승인하지 않겠다는 단호한 의지의 표현인 동시에, 왕건의 출자를 성화하는 데 대한 거부반응의 표현이 되는 것이다. 왕건을 신성한 신인의 후예가 아니라 어디까지나 평범한 인간으로 그려내고자 하는 것이 설화삭제의 목적이 아닌가 한다.

이태조의 세계에 대한 저술에서도 그러한 갈등이 엿보인다. 『고려사절요』에서는 태조 이성계와 여진인 삼선三善·삼개三介와의 혈연관계를 사실대로 기록하여, 삼선·삼개가 이태조의 외형제임을 밝히고 있다. 즉 공민왕 13년에 동북지방을 구략하여 큰 물의를 일으켰던 삼선·삼개와의 전투기사를 적으면서

初北人金方卦娶我度祖女 生三善·三介 於太祖外兄弟也 生長女眞 膂力過人 善騎射 聚惡小
横行北邊 畏太祖不敢肆 …… 三善·三介聞太祖往援西北 誘致女眞 大肆侵略[27]

이라 하여 그들이 여진인 김방괘金方卦와 도조度祖의 딸(이성계의 고모) 사이에서 태어난 인

27　『高麗史節要』卷28, 恭愍王13年 春正月條.

물임을 밝히고 있다.

이 기사는 이왕실의 입장에서는 결코 달가운 것이 될 수 없을 것이 뻔하다. 그래서 그런지 『고려사』 세가에서는 삼선·삼개의 구략寇掠사실만 적고, 그들과 이태조와의 혈연관계는 일체 언급하지 않고 있다. 다만, 『고려사』 열전 한강전韓康傳에 부전된 한방신전韓方信傳에 그러한 기사가 보일 뿐이다.[28] 한방신은 당시 동북면도지휘사로서 이성계와 더불어 삼선·삼개의 침략을 격퇴시킨 인물이다. 『고려사』 세가에서 삼선·삼개와 이성계와의 인척관계를 기록하지 않은 것은 한방신전의 기록과 중복되는 것을 피한 때문이라고 해석될 수도 있다. 그러나 같은 내용의 기사라도 이를 세가에서 서술하는 것과, 미미한 인물의 열전에서 서술하는 것과는 그 효과면에서 현저한 차이가 있는 것이다. 만약 삼선·삼개에 관한 기사가 이태조의 세계를 분식하는데 유리한 기사였다면, 그 기사를 궁벽한 인물의 열전 속에 넣지는 않았을 것이다.

따라서 『고려사절요』가 『고려사』를 압축한다면서, 세가에 빠진 이를 구태여 한방신전에서 뽑아내어 기록한 것은 이태조의 세계를 되도록 미화·분식하려는 의도를 가졌던 『고려사』와는 좋은 대조를 이룬다고 할 것이다.

비단 고려태조나 이태조의 세계에 대해서만 그러한 차이가 나타나는 것이 아니라, 종실·후비·세자 등에 관한 서술에서도 두 사서는 다른 분위기를 보여주고 있다. 『고려사』는 열전에서 4권이나 할애하여 종실·후비·공주전을 설정하고 있으면서, 세가에서 또 중복하여 종실·후비·공주에 관한 기사를 상세하게 기록하고 있다. 예컨대 그들의 탄생·사망·임관·책봉·사원유행 등 크고 작은 사건을 지나치리만큼 성실하게 기록하고 있는 것을 본다. 이에 비하여 『고려사절요』는 중요한 인물과 중요한 사건만을 선별하여 기록하는 태도를 보이고 있다. 경우에 따라서는 열전에 있는 기사를 뽑아다가 보충하기도 하여 『고려사』 세가보다는 더 상세하게 취급된 사례도 적지 않으나, 전체적으로 본다면 『고려사』 세가와 열전에서 다루고 있는 왕실관계기사의 비중에는 훨씬 미치지 못하고 있다.

(5) 군주의 연호年號·조하朝賀·연향宴享

『고려사』는 연표에서 태조의 연호(天授)를 기록하고, 그 다음 광종의 광덕光德 연호도

28　『高麗史』 卷107, 列傳 卷20 韓康傳(附: 韓方信).

아울러 기록하고 있으며, 광종 세가에서도 광종이 연호를 세웠음을 전하고 있다. 그러나 『고려사절요』에서는 태조와 광종의 연호 건립에 대하여 일언반구도 기록하지 않고 있다. 이것도 군주의 권위에 대하여 『고려사』가 예민한 반응을 보인 반면, 『고려사절요』가 보다 냉담한 자세를 취한 것과 관련이 있어 보인다.

군주의 조하朝賀나 연향宴享 등도 군주의 입장에서 본다면 권위의 상징이 될 수 있는 것인데, 『고려사』가 일상적인 것까지 상세히 기술하려는 태도를 가진 것과는 대조적으로 『고려사절요』는 특별한 연고가 있는 경우만을 추려서 선별적으로 기록하고 있다.

(6) 외교문서

고려조정에서 외국에 보낸 표문表文이나 중국 또는 북방국가에서 보내온 조문詔文을 『고려사』는 비교적 삭제하지 않고 전문을 수록하고 있는데 반하여 『고려사절요』에서는 조문이나 표문의 상당수를 삭제해버리거나 또는 싣더라도 내용을 요약하여 요지만을 절취하고 있다. 조문이나 표문은 대개 군주나 왕실과 관련된 의례적인 내용이나, 또는 조공에 관련된 내용이 내부분으로서, 특히 왕실과 관련된 것은 군주의 입장에서는 중요할는지 모르나 신하의 입장에서는 별로 대단치 않은 것도 적지 않다. 『고려사』에서는 조표의 경중을 가리지 않고, 있는 사실은 모두 망라하고 있으나, 『고려사절요』에서는 군주나 왕실의 사사로운 일과 관련된 것은 삭제해버리고 국가적으로 중요한 의의를 가진 것만 뽑아서 기록하였기 때문에 결과적으로 군주나 왕실의 정치적 비중이 그만큼 약화된 인상을 주고 있다.

(7) 관官의 봉배封拜·시종始終

관료의 봉배에 관한 기록은 『고려사』 세가쪽이 훨씬 상세하다. 그 이유는 『고려사』가 대개 5품 이상의 문무백관의 봉배를 모두 기록할 뿐 아니라 종실관직까지도 빼놓지 않고 기록하였기 때문이다. 이에 비하여 『고려사절요』에서는 종실의 봉배기사를 많이 삭제하고, 일반문무 관료도 재상의 봉배에 국한해서 기록하고 있음을 본다.

또 재상의 본직뿐 아니라 겸직까지도 병기하고, 재상이 죽었을 때에는 반드시 졸기에 간단한 약전略傳을 첨기하고 있다.

『고려사절요』의 범례에서도 대신의 봉배와 파면을 필서한다고 밝히고 있거니와, 범례의 취지가 본문에 충실히 반영되고 있음이 확인된다. 『고려사절요』가 간략한 서술을 앞세우면서 대신 봉배와 행적에 대해서는 『고려사』 세가보다도 더 상세하게 기록하고 있는 이유는 대신의 정치기능을 돋보이게 하려는 목적과 관련이 있어 보인다. 이러한 의도는 『고려사절요』의 전문에서 중서성의 기능을 강조하면서 "機務를 總括하고 體統을 동여맸다"고 한 것과도 서로 통하는 바가 있다. 말하자면 고려시대 정치 운영의 구심체를 군주보다도 재상에서 찾으려는 것이 『고려사절요』의 역사서술의 중요한 특색이라고 생각된다.

『고려사』 세가에서 신하의 봉배를 더 넓게 기록한 것은, 그만큼의 대신의 정치적 기능을 돋보이지 않게 만들었던 것이다. 물론 『고려사』는 열전을 따로 두어 대신의 봉배와 정치적 행적을 상세히 기록하고 있지만, 그렇다고 해서 세가에서 약화된 대신상大臣像이 충분히 보상되는 것은 아니다. 세가는 세가자체만으로 독립된 역사상을 지니고 있는 까닭에, 열전이나 지志의 기사가 세가의 역사상에 큰 제약을 주지는 못한다. 기전체서술에서 가장 집약된 역사상을 제시하는 것이 세가이기 때문이다.

(8) 관료와 유생의 장소에 대한 기술

『고려사』에서는 문무제신이 올린 장소를 지志와 열전, 그리고 세가에 분산해서 수록하고 있는데, 개인이 올린 장소는 주로 열전에, 관청에서 올린 상주는 지에 수록되어 있고, 세가에는 열전과 지에 있는 장소의 일부만을 채록하고 있다.

기전체의 체재상 장소가 지와 열전에 분산되는 것은 불가피한 사정이라고 하더라도 지와 열전을 종합하는 성격을 가진 세가에서만은 가장 대표적이고 정치적으로 큰 영향을 준 장소를 채록하는 것이 마땅한 일일 것이다. 그래야만 장소가 지닌 정치적 의의가 살아날 수 있는 것이다.

그러나 『고려사』 세가에 수록된 장소는 기이하게도 정치적으로 큰 의의가 없는 평범한 것들만 채록하고, 정작 큰 의의를 가진 것은 모두 빼버리고 있다. 예컨대, 성종대의 제도 개혁은 최승로崔承老의 이른바 시무時務 28조 상소를 빼놓고서는 이해하기 곤란함에도 불구하고, 『고려사』 세가에서는 시무 28조 상소에 대하여 일언반구도 없다. 그러니 성종대의 정치운영에 있어서 최승로의 위치가 어떠한 것이었는지를 이해할 수 없을 뿐 아니라, 결과적으로는 모든 치적의 공로가 성종에게만 귀일되고 있다.

『고려사절요』에서는 이와 반대로 30면을 할애하여 최승로 상소의 전문을 게재하고 있다. 이로써 그의 정치적 비중이 크게 돋보이게 되는 것은 물을 필요도 없다.

『고려사』 세가가 장소를 얼마나 소홀하게 취급하고 있는가는 여말의 서술에서 더욱 두드러지게 나타난다. 위화도회군威化島回軍 이후 이른바 신진유신들이 올린 상소는 이 시기의 정치사를 이해하는 결정적인 자료가 되는 것으로, 그들의 상소가 열전이나 지에 수록되었다 하더라도, 중요한 의의를 가진 것은 세가에 그 요지를 재수록하는 것이 원칙이다. 그럼에도 불구하고 『고려사』 세가에서는 정도전鄭道傳 · 조준趙浚 · 윤소종尹紹宗 등 개혁파 유신의 개혁상소를 전혀 언급하지 않고 있을 뿐 아니라, 성균생원 박초朴礎 등이 올린 척불상소斥佛上疏에 대해서도 침묵을 지키고 있다. 박초의 척불상소는 김자수전金子粹傳에 보일 뿐이다.

개혁파 유신의 상소가 철저하게 무시당하고 있는 것과는 대조적으로 이행李行 · 허응許應 · 김전金琠 · 민개閔開 등 비개국공신 계열의 유신들이 올린 평범한 내용의 상소문이나 호불상소는 실어주고 있다. 위화도회군에서 이성계가 즉위할 때까지의 기간에 소개된 상소는 불과 10여회에 불과하다.

『고려사절요』에서는 같은 기간에 80여회의 상소분을 기록하고 있다. 그리고 그 상소문의 대부분이 윤소종 · 조준 · 정도전 등 개혁파 유신들이 올린 것들이다. 성균박사 김초金貂, 성균생원 박초 등이 올린 척불상소도 실려 있다. 그러나 한편으로는 『고려사』 세가에 실려있는 상소문을 빼버린 것도 적지 않다. 『고려사』 세가가 정치성이 없는 온건한 상소만을 수록하고 있는 것과는 달리, 『고려사절요』는 정치성을 강하게 띤 예리한 상소를 주로 수록하고 있다.

『고려사절요』의 범례에서 "章疏之行於時 切於事者"를 필서한다고 밝힌 것이 본문의 서술에서 충실히 반영되고 있고, 이것은 대신과 현사의 출처를 필서한다는 원칙과 함께 『고려사절요』가 신하의 언사와 행동을 드러내 살고자 하는데 얼마나 용심用心하고 있는가를 말해주는 것이라 하겠다. 그것은 고려정치의 주체를 어디까지나 군주보다도 신하에 두고자 하는 취지와 관 관련되어 있는 것이다.

(9) 국방과 전란에 관한 기사

『고려사』는 병지兵志와 열전에서 국방과 전란戰亂에 관한 기사를 수록하고, 세가에서는 극히 간략하게 취급하여 이 방면에 별로 큰 비중을 두고 있지 않다.

그런데『고려사절요』에서는 국방과 전란기사가 아주 큰 비중으로 다루어지고 있어서 대조를 이룬다. 예를 들면 태조대에 후백제를 공멸하는 과정이라든가, 성종 전후시기의 대거란항쟁, 예종대睿宗代의 여진정벌과 윤관尹瓘의 구성역九城役, 고종 전후시기의 대몽항쟁對蒙抗爭 등이 비교적 상세하게 서술되고 있다. 이에 따라서 유금필庾黔弼·서희徐熙·강조康兆·양규楊規·하공진河拱辰·강감찬姜邯贊·윤관尹瓘·김취려金就勵 등 애국명장(실은 문신)의 활약이 크게 부각되고 있을 뿐만 아니라, 문신재상이 무장을 겸하여 국가를 보위하고 영토를 개척한 공적이 생생하게 묘사되고 있다. 특히 강감찬과 김취려에 대해서는 사론까지 첨부하여 그 공적을 높이 평가하는 적극성을 보이고 있다.

『고려사절요』는 일반기사를 서술함에 있어서 연월만 표시하고 일자의 간지는 거의 표기하지 않고 있다. 다만 군주나 후비·공주 등의 탄생과 흉거凶去, 또는 천재지변에 관한 기사에는 간지를 적고 있다. 그런데 전란에 관한 기사에는 성실하게 간지를 적고 있는 것이 흥미를 끈다. 이것은 그만큼 전란기사를 중요시한다는 의미가 포함되어 있는 것 같다.

한편, 축성築城이나 군사제도에 관한 기사도 비교적 세밀하게 서술하고 있다. 국방과 전란에 관해 큰 비중을 둔 것은 사론에서 문무 일치를 자주 강조하고 있는 것과도 관련이 있어 보이나, 여기에 대해서는 뒤에 재론하기로 한다.

(10) 기타

위에서 언급한 것 이외에도『고려사절요』에서 비교적 큰 비중을 두고 서술하고 있는 것으로서는 경제관계기사, 학교와 과거관계기사, 신분관계기사를 들 수가 있다. 이러한 기사들은 대부분『고려사』제지에서 발췌한 것들이지만, 특히 선거지選擧志·백관지百官志·식화지食貨志·병지兵志·형법지刑法志의 기사가 많이 채록되어 있다. 천문지天文志·지리지地理志·역지曆志·오행지五行志·예지禮志·악지樂志 등은 비교적 적게 채록되고 있다. 이것은『고려사절요』가 문화전반을 폭넓게 정리하는데 목적을 두기보다는 통치제도의 정리에 초점을 맞추고 있는 증거라 하겠다.

『고려사절요』는 제도에 약점을 두고 있는 까닭에,『고려사』제지의 기사를 탐록하는 데서 그치지 않고,『고려사』에서 누락된 기사까지도 새로이 채집하는 성의를 보이고 있다. 예를 들면, 광종 7년에 시행된 노비안검법奴婢按檢法은 광종대의 정치사를 이해하는데 중요한 의미를 갖는 기사임에도 불구하고『고려사』가 이를 누락시킨 것은 우연의 실수라기보다는 광종의 정치를 지나치게 비판하지 않으려는 의도와 관련이 있어 보인다. 광종이 노비안검을 명한 것은 노비해방을 위해서보다도 구신의 세력기반을 약화시키기 위한 것으로, 정치적으로 정종대의 구신을 대거 숙청하고 왕권강화를 도모한 것과 밀접한 관련이 있다고 보여진다. 쌍익雙翼를 등용하여 과거제를 실시한 것도 같은 의미를 가진 것이다. 이러한 광종의 왕권강화정책에 대하여『고려사절요』는 여러모로 비판을 가하면서,[29] 노비안검법에 대해서는 "陵上의 風이 크게 일어나 사람들이 모두 원망을 품게 되었다"고 꼬집고 있는 것이다. 그러나『고려사』에서는 광종이 '신참호살信讒好殺'한 사실을 비교적 부드럽게 비판하는데서『고려사절요』와 분위기의 차이를 느끼게 한다.『고려사』세가가 군주에게 불리한 기사를 많이 누락시키고 있는 사례는 앞에서 이미 검토한 바 있다.

공양왕 4년 정월에 서적원書籍院을 설치하여 주자鑄字를 관장하고 서적을 인간印刊하게 또한 사건도 중요한 의의를 갖는 것이나,『고려사』세가에는 이 기사가 누락되어 있고, 오직 백관지百官志 서적점조書籍店條에 조그맣게 세주로 들어가 있으며, 설치 월일도 기록되어 있지 않다. 이에 반하여『고려사절요』는 이 기사를 연월을 표기하여 기록하고 있다. 공양 2년 7월에 서운관書雲觀에서 올린 한양천도상소도『고려사』에서는 오직 박의중전朴宜中傳에만 보이고 있으나,『고려사절요』에는 이 사건을 큰 비중으로 다루고 있다.

요컨대『고려사』는 통치제도와 관련되는 중요한 사건들을 지지誌志와 열전에 분산·수록하고, 지지와 열전을 종합해야 될 세가에서는 군주나 왕실과 관련되는 사적인 사건들을 기록하는데 치중하여 고려정치사의 동적인 파악과 정치제도의 입체적 관련성을 이해하는데 큰 곤란을 주고 있다. 이것은 기전체정사의 불가피한 제약이라기보다는, 군주의 입장에서 정치사를 서술하는데서 오는 기형적 결과라고 생각된다. 이런 점에서 볼 때, 제도사에 역점을 두고 편찬된『고려사절요』는『고려사』의 세가世家·지지志·열전列傳을

---

29 『高麗史節要』는 光宗이 王權强化를 위하여 舊臣들을 많이 죽이고, 奴婢按檢法을 실시하고, 또 中國歸化人들을 우대한 사실에 대하여 여러모로 꼬집고 있다. 첫째, 雙翼의 登用을 서술하면서 "時議가 不愜했다"고 但書를 붙이고 있으며, 둘째 朴守卿의 卒記에서 朴守卿이 功이 많은 臣下이면서도 "세 아들이 讒을 입어 下獄되었기 때문에 憂鬱하다가 죽었다"고 하고, 徐弼의 卒記에서는 光宗이 投化唐人을 우대하기 위하여 宰相의 故家까지 빼앗은 處事에 분개하여 스스로 私第를 헌납하기를 요청한 사실을 기록하고 있다. 셋째, 光宗 11年에 評農書史 權信이 大相 俊弘과 佐丞 王同等을 讒한 사실을 기록하면서, 이때부터 "王의 猜忌가 날로 심해졌다"고 쓰고 있으나,『高麗史』世家에서는 '王'字를 빼고 "淸忌가 날로 심해졌다"고 서술하여 매우 완곡한 표현을 쓰고 있다. 넷째로,『節要』에서는 光宗이 죽은 뒤에 "中外가 크게 기뻐했다"고 하여 노골적으로 光宗의 정치에 불만을 표시하고 있으나『高麗史』에서는 그러한 표현이 보이지 않는다.

합일했다는 점에 의의가 있다기보다는, 이러한 합일이 신하의 입장에서 관철되고 있다는 점에 더 큰 의의가 있다고 보여진다.

4) 조선건국사 서술의 비교

우왕禑王 14년 위화도회군 이후의 여말정치사는 고려왕조의 멸망사인 동시에 조선왕조의 건국사이기도 하다. 따라서 이 시대를 어떻게 서술하느냐는 찬사자 자신의 정치적 위치를 정립하는 문제와 직결된다는 점에서 어느 시대보다도 예민한 정치의식이 반영될 소지가 많은 것이다. 사실 『고려사』 편찬이 난산難産을 거듭한 가장 주된 이유도 바로 건국사서술을 둘러싼 견해 차이 때문이었던 것이다.

조선건국사 서술에 있어서 가장 논란의 초점이 되는 문제는 누구를 건국의 주역으로 인정하느냐 하는 것과 건국에 반대했거나 직접 참여하지 않았던 비혁명파 유신들의 정치적 위치를 어떻게 정립시키느냐의 문제이다. 이왕실의 입장에서 본다면, 건국의 주역은 이씨 일가가 되어야 할 것이고, 개국공신의 입장에서 본다면 개국의 주역은 그들 자신이 되어야 할 것이며, 개국에 반대했던 유신들의 입장에서 본다면 그 나름의 자기정당화가 필요하였을 것이다. 건국후의 정치사는 이들 세 세력이 제각기 정치적 주도권을 장악하려는 데서 긴장이 조성되었기 때문에 건국사의 서술은 더욱 어려워질 수밖에 없었던 것이다.

『고려사』와 『고려사절요』의 조선건국사 서술을 비교할 때, 가장 뚜렷한 차이점은 건국의 주역을 각기 달리 부각시키고 있다는 사실이다. 즉 전자가 어디까지나 이왕가李王家를 건국의 주역으로 내세우고 있는 반면에, 후자는 개국공신을 주체로 부각시키고 있다.

먼저 『고려사』는 세가에서 이성계일가의 행적을 가능한 한 미화하는 방향에서 서술하고 있을 뿐 아니라, 사소한 언사와 행동까지도 낱낱이 기록하는 성의를 보여주고 있다. 이성계의 봉배封拜, 군주에게 올린 상전문上箋文, 그리고 군주와의 사연賜宴 등이 일일이 기록되고 있으며, 이방원의 행적도 자세하게 소개되고 있다. 특히 이성계가 공양왕 3년 7월에 공양왕으로부터 하사받은 의대衣襨 · 입자笠子 · 보영寶纓 · 안마鞍馬 등을 이방원李芳遠에게 물려주겠다고 약속한 것을 기록한 것은,[30] 그가 이성계의 신임을 일찍부터 받았다는

---

30   『高麗史』 卷46, 世家 恭讓王3年 7月 己亥條.

것을 암시함으로써 뒷날 왕위쟁탈과정에서 빚어진 부자간의 혐의를 변명하는 듯한 인상을 준다. 또한 정몽주鄭夢周격살은 조영규趙英珪가 주도한 것으로 서술하고, 이방원이 관여한 사실은 삭제하고 있다.

한편, 『고려사절요』에서는 이성계나 이방원에 관한 기사를 많이 삭제하고 있을 뿐 아니라, 이왕가에 불리한 기사도 서슴없이 싣고 있다. 즉 이성계의 상전문이나 군주와의 사연기사를 삭제하였을 뿐만 아니라, 이방원의 봉배와 이성계로부터 신임을 받은 기사 등을 삭제하고 있다. 그 반면, 이방원이 정몽주를 격살하는 과정을 상세히 서술하여 『고려사』와는 좋은 대조를 보이고 있다.

이성계가 왕위에 추대되는 과정은 『고려사』에만 보이고 『고려사절요』에는 삭제되었다. 세가에 의하면, 남은南誾·정희계鄭熙啓·한상경韓尙敬·배극렴裵克廉 등이 추대에 참여하고, 정도전·조준·조인옥 등의 이름이 누락되어 있다. 그러나 태조실록 총서에 의하면, 이성계 추대에 앞장선 것은 남은·조준·정도전·조인옥 등으로 되어있다.

『고려사절요』에서 이성계 추대과정을 기록하지 않은 것은 어떤 이유에서인지 확언하기 어려우나, 결과적으로 이성계 개인에게 화려한 조명이 가해지지 않은 가운데 고려사 서술이 끝맺어진 것은 음미해볼 만한 일이다.

한편 『고려사』 세가는 이성계일가의 행적에 세심한 관심을 기울인 것과는 대조적으로 개국공신의 행적은 그 봉배·유배 기사만을 간단히 기술하고, 그들이 올린 수많은 개혁상소는 일체 삭제해버렸다. 따라서 세가만을 읽어보면, 개국공신들이 이조건국에 무슨 역할을 했는지 회의를 품지 않을 수 없다. 이성계일가의 행적에 많은 지면을 할애한 것과는 너무 대조를 이룬다.

개국공신에 대하여 인색하게 다룬 것과는 달리, 그들과 대립관계에 있었던 이색李穡·정몽주·권근·우현보禹玄寶·이숭인李崇仁·하륜河崙 등에 대해서는 비교적 호의적인 서술태도를 보이고 있다. 예컨대 공양왕 4년 2월에 정몽주가 신정율新定律을 찬진한 사건을 세가에서는 크게 다루고 있으나, 『고려사절요』에서는 누락되어 있다. 공양왕 4년 1월과 2월에 전라도관찰사 하륜이 족자와 병풍을 왕에게 진헌한 기사가 세가에는 있으나 절요에는 빠져 있다. 공양왕 2년 5월에 발생한 소위 윤이尹彝·이초李初의 옥獄 사건은 이색·우현보 등 반이성계세력과 이성계일파와의 정치적 갈등에서 빚어진 것인데, 공양왕은 죄상이 미명未明하다하여 이색일파를 해옥解獄한 일이 있었다. 이 사건을 서술함에 있어서

『고려사』는 공양왕의 사면하교를 길게 소개한 다음에, "國人이 크게 기뻐하였다"[31]고 하여 이색일파를 변호하는 듯한 주관적 해석을 가하고 있다. 그러나 『고려사절요』에서는 그러한 우호적 서술이 보이지 않고, 도리어 이색일당의 처벌을 강화하기를 요청하는 상소문들을 많이 싣고 있다.

전체적으로 보아 『고려사절요』의 공양왕대 서술은 개국공신들의 상소문으로 거의 채워져 있으며, 전체서술의 분량도 『고려사』 세가에 비하여 거의 두 배 가까이 된다. 공민왕대의 서술은 반대로 『고려사』 세가가 『고려사절요』의 그것보다 훨씬 많다. 이렇듯 『고려사절요』가 공양왕대 서술에 한하여 특별히 많은 지면을 할애한 것은 개국공신계열 유신들의 개혁운동을 크게 부각시킨데 원인이 있는 것이다.

요컨대 『고려사』는 이성계일가를 중심으로 하여 화가위국化家爲國의 입장에서 이조건국사를 서술하였다면, 『고려사절요』는 개국공신을 건국의 실질적 주체로 설정하고 이조건국사를 서술하였다는 점에 차이를 보이고 있다.

5) 『고려사』 열전의 친왕적 성격

『고려사』 열전은 종실宗室·후비后妃·공주公主·제신諸臣·방기方技·효우孝友·충의忠義·열녀烈女·양리良吏·폐행嬖幸·환자宦者·혹리酷吏·간신姦臣·반역전叛逆傳으로 구성되어 있다. 이러한 인물분류는 한마디로 친왕적 성격을 짙게 풍기고 있다. 첫째, 후비·종실·공주 등 왕실관계 인물이 열전 50권 중에서 5권이나 차지할 정도로 큰 비중으로 등재되고 있을 뿐 아니라, 둘째로 간신·반역·충의전이 전체의 26%인 13권을 차지하여 군주에 대한 충성과 반역의 권징을 엄하게 하고 있는 것이 그것이다. 충의·효우·열녀전은 삼강의 윤리도덕을 선양하기 위한 것이지만, 충신·의사·효우·열녀가 종국적으로는 충군애국으로 귀일된다는 점에서 친왕적 도덕규범에서 벗어나는 것이 아니다.

간신전이나 반역전에 실려있는 인물들도 군주와의 역관계에서는 간신이나 반역자로 규정될 수 있으나, 국가·민족의 입장에서는 도리어 충신·의사로 간주될만한 애국적 인물이 적지 않다. 간신전에 들어 있는 조민수曺敏修·변안렬邊安烈·왕안덕王安德 등은 왜구

---

31   『高麗史』卷46, 世家 恭讓王2年 6月 乙丑條.

토벌의 명장들이고, 반역전에 들어있는 강조康兆·묘청妙清·배중손裵仲係 등은 자주적인
입장을 지닌 애국자라고 보지 않을 수 없다. 그럼에도 불구하고 이들을 구태여 간신전이
나 반역전에 넣은 것은 군주의 입장에서 그들의 행적을 평가한 까닭이다.

특히 반역전에 신돈辛旽과 신우辛禑를 집어넣고, 간신전에 지윤池奫·이인임李仁任·임
견미林堅味·염흥방廉興邦·조민수·변안렬·왕안덕을 실은 것은 거의 전적으로 이성계
의 행적을 정당화하기 위한 것이다. 우禑·창昌을 신돈辛旽의 아들로 몰아 폐가입진廢假立
眞의 명분을 내걸고 그들을 폐시한 것이 이성계인 만큼, 그들을 반역전에 넣지 않는다면,
이성계 자신이 역신으로 규정될 수밖에 없는 것이다. 지윤池奫 이하 7인의 간신도 우왕대
의 집권자들로서 역시 이성계에 의해서 제거된 인물들이다. 따라서 이들을 간신전에 넣
지 않고 제신전에 넣는다면, 이성계 자신이 간신이 될 수밖에 없다.

한편, 최영崔瑩·지용기池湧奇·정몽주 등은 뒤에 이성계일파에 의해서 제거된 인물들
로서 간신전에 들어갈 만함에도 불구하고 제신전에 넣은 것은 무슨 이유인가? 이것은 그
들의 고려왕조에 대한 충절을 높이 산데서 연유한 듯도 하지만, 사실은 그러한 유교적 도
덕관에서 평가된 것은 아닌 것 같다.[32] 최영崔瑩은 이성계와 더불어 이인임·임견미·염
흥방 등을 숙청하는데 공동참여한 인물인 까닭에, 그를 이인임 일파와 동등하게 간신전
에 넣을 수는 없는 노릇이다.

정몽주와 지용기池湧奇의 경우는, 이성계와 더불어 우·창을 폐위하고 공양왕을 옹립
하는데 참여하여 이른바 중흥공신에 피봉被封된 인물들이라는 사실을 유의해야 한다.[33]
따라서 정몽주가 충신으로 평가되는 것은 공양왕을 위해서 순절했다는 사실보다도 공양
왕을 옹립한 중흥공신의 하나였다는 사실에 더 큰 의의가 있는 것이며, 그가 충신으로 평
가되는 것은 이성계 자신이 충신으로 평가되는 것과 같은 의미를 갖는 것이다. 그러므로
정몽주가 제신전에 들어간 것을 가지고 『고려사』 찬자들이 냉정한 윤리적 신념을 지닌

---

32 崔瑩과 鄭夢周 등을 忠節을 숭상하는 입장에서 諸臣傳에 넣었다면, 그와 비슷한 行蹟을 가진 吉再·徐甄·李
養中·元天錫 등도 諸臣傳에 넣었어야 하고, 나아가서는 節義傳을 따로 설정했을 법도 하다. 또 曹敏修같은
人物도 高麗의 忠臣이라고 해석될 여지도 없지 않다.

33 中興功臣은 九功臣이라고도 하는바 그 名單은 다음과 같다.
    一等 : 李成桂
    二等 : 沈德符
    三等 : 鄭夢周·池湧奇·偰長壽·成石璘·朴葳·趙浚·鄭道傳

것으로 해석하는 데는 의문이 남는다.

이색·우현보·이숭인·권근·김진양 등이 제신전에 들어간 것도 이성계와의 관계에서 해석될 수 있다. 이들이 이조건국에 반대했던 것은 사실이고, 이성계와도 정치적 대립관계를 가진 것은 두말할 나위가 없다. 그러나 개국공신계열의 급진파 유신들이 그들을 적극적으로 배제하려고 했던 것과는 달리, 이성계 자신은 그들을 관용적으로 포섭하려는 입장에 있었고, 결과적으로도 그들은 개국전후하여 극형을 모면하게 되었던 것이다.[34] 태조대에 개국공신이 실권을 장악하고 왕권이 허약해진 상황에서 이왕실과 온건파 고려유신과의 연결이 점차 나타나기 시작하더니, 태종·세종의 적극적인 포용정책이 추진됨에 따라 비혁명파 유신세력의 관료진출이 현저해지게 되었다.[35]

따라서 이왕실의 입장에서 본다면, 여말의 비혁명파 유신들로서 일단 새 왕조의 권력체계에 흡수되었거나 사면된 인사들을 구태여 간신전이나 반역전에 넣을 필요는 없었던 것이며, 도리어 그들이 개국공신을 공격해 준 것이 정도전·남은 등 개국공신의 중추적 인물을 이왕실에 대한 반역죄로 처단한 이왕실의 명분을 유리하게 만들었다고도 볼 수 있다.

『고려사』열전의 인물분류가 왕가의 입장에서 설정되었다는 또 하나의 심증을 던져주는 것은 개국공신들을 열전에서 대거 누락시켰다는 사실이다. 사실 열전 중에서 가장 큰 비중으로 다루어져야 할 것은 바로 공신전이다. 특히 개국공신은 공신 중에서도 수위를 차지해야 마땅하다. 그럼에도 불구하고『고려사』열전은 고려의 개국공신과 이조의 개국공신을 다같이 소홀하게 취급한 흔적이 역력하다.

첫째 공신전을 따로 분류·설정하지도 않았을 뿐 아니라, 고려의 개국공신은 홍유洪儒·배현경裵玄慶·신숭겸申崇謙·복지겸卜智謙 등 일등공신 4인의 행적만을 홍유전 속에 간략하게 병기하는 소극적 태도를 보여주고 있다. 복지겸에 대해서는 "初名砂瑰 桓宣吉·林春吉之謀反也 智謙皆密告 誅之 卒諡武恭"이라고만 간단히 소개되어 있다. 일등공신에 대한 전기로서는 너무나 빈약하다. 『동국여지승람』충청도 면천군 인물조에는 복지겸에 대하여 다음과 같이 기록하고 있다.

34　開國直後에 鄭道傳은 李太祖의 敎書를 지어 禹玄寶·李穡·偰長壽·姜淮伯·李崇仁·金震陽·李擴·李種學 등 56人의 高麗舊臣들을 極刑에 처하도록 하였는데, 李太祖가 교서를 읽고 놀라서 罪를 減해주었다고 한다. (『太祖實錄』卷1, 太祖元年 7月 丁未條)

35　韓永愚, 「王權의 確立과 制度의 改革」, 『한국사』권9, 국사편찬위원회, 1973 참조.

新羅末 有稱卜學士者 自唐來居于此 能勦殺海賊 保聚遺民 智謙其後也 初名砂瑰 與裵玄慶推

戴太祖 爲開國功臣 賜本州田三百頃 子孫世食之 諡武恭

『고려사』 열전의 기사보다도『동국여지승』의 기사가 더 상세하다는 것은 아무래도 납득이 가지 않는다. 신숭겸에 대해서도『동국여지승람』황해도 평산군 인물조에는『고려사』 열전에 없는 흥미 있는 기사가 소개되고 있다.[36] 이것은『고려사』가 그만큼 고려개국공신에 대하여 소홀하게 취급하고 있다는 증좌로 밖에는 이해할 수 없다. 그리고 그것은 태조왕건의 위업을 더욱 빛나게 하기 위한 목적과도 관련이 있는 것은 아닐까.

이조개국공신에 대한 서술도 마찬가지이다. 개국공신으로서 열전에 오른 이는 모두 7인인데, 그중에서 독립열전을 가진 이는 조준 · 정도전 · 남은 · 이두란 · 오사충 등 5인에 불과하다. 조인옥과 김사형은 조돈과 김방경전에 각각 부재되었다. 개국공신 54인의 전기를 모두 싣는 것은 어렵다고 하더라도 1등공신 17인의 전기는 실을 법도 한 것이 아닐까. 이 역시 이태조의 개인적 위업을 돋보이게 하려는 의도와 전혀 무관하다고 보기는 어려울 듯하다.

『고려사』 열전이 군주의 입장에서 편찬되지 않고 신하의 입장에서 편찬되었다면 은일전隱逸傳 · 유림전儒林傳 · 문원전文苑傳 등이 들어갔을 가능성도 없지 않다.

물론『고려사』 열전이 군주의 입장에서 편찬되었다고 해서, 그것이 전적으로 군주, 특히 이왕가에게만 유리한 것이었다고는 말할 수 없다. 열전 중에서 가장 큰 비중을 갖는 제신전은 신하의 행적을 그만큼 현양시키는 의미를 갖는 것이다. 이 점이 찬사자들로 하여금 기전체를 지지하게 만든 기본 요인이었을 것이다. 그러나『고려사』 열전은 위에서 고찰한 것처럼 인물분류에 있어서 군주의 입장이 강하게 반영되었다는 점에서 기본적으로 신하의 입장이 철저하게 관철된 열전이 아닌 것만은 확실하다.

『고려사절요』는 이와 같은 군주중심의 인물평가에서 해방됨으로써 좀 더 자유스럽게 신하의 행적을 서술할 수 있었던 것이며,『고려사』 열전 편찬에 참여했던 이극감이 두 사서의 인물에 대한 시비가 다르다고 지적한 것도 바로 그러한 사정을 가리키는 것이라고 하겠다.

---

36 『東國輿地勝覽』卷41, 黃海道 平山郡 人物條 "申崇謙 本全羅道谷城縣人 太祖賜姓于此 諺傳 崇謙嘗從太祖獵至 三灘 畫膳 適三鴈盤廻 太祖曰 誰射之 崇謙曰 臣試射之 太祖賜弓矢鞍馬 崇謙曰 射第幾鴈 太祖笑曰 射第三鴈左翼 崇謙應命而射 果中如命 太祖嘉嘆 仍命賜州爲鄕 並賜射鴈傍近田三百結 世食其祖 因名其地 爲弓位 餘詳春州"

6) 사론의 비교

(1)『고려사』의 사론

『고려사』는 원칙적으로 사론史論을 붙이지 않으려는 입장을 가지고 있으며, 특히 찬자 자신의 사론을 되도록 억제하려는 자세를 보이고 있다. 그 이유는 범례에서 밝혔듯이 "원사元史에 준準한다"는 취지 때문이었다. 그런데 원사에서 논찬論贊을 짓지 않은 이유는 "성지聖旨의 방침方針을 받든다"[37]는 것이 중요한 이유의 하나였다. 즉 군주의 뜻을 되도록 비판하지 않고 추종한다는 뜻에서였다. 따라서『고려사』가 원사를 따라 논찬을 짓지 아니한 것은 바로 원사의 '성지봉행聖旨奉行'의 취지를 따르겠다는 뜻으로 풀이된다. 이것은 형식상 사실기록에 치중하는 객관적 자세의 표방이라고도 볼 수 있지만, 뒤집어서 생각하면 그 객관성은 군주의 뜻을 봉행한다는 의미의 객관성이기 때문에 군주의 주관성은 그만큼 더 깊이 개입될 소지를 갖는 것이다.

원래 논찬이란 군주를 칭송하는 것보다는 비판하는 경우가 많은 것이 상례이고, 군주를 칭송하는 경우는 대개 신권을 존중하는 군주에 국한되게 마련이다. 따라서 전제적인 군주일수록 논찬을 기피하는 경향이 있다.

『고려사』는 찬사자 자신의 논찬을 싣지 않는 것을 원칙으로 하면서도, 다만 이제현 등이 지은 찬贊만을 잉전仍傳한다고 하였다. 그런데 실제로는 세가에 34칙의 논찬을 싣고 있으며, 제지와 열전에 찬자 자신의 서문을 수록하고 있다. 제지의 서문은 대개 고려초기의 제도와 문물을 칭송하고 고려후기의 제도의 붕괴를 비판하는 내용이 주지를 이루고 있다. 특히 백관지 서문에서는 고려초기의 관제가 재상중심제로서 재상이 6부를 통할하고, 6부가 사寺·감監·창고倉庫를 통할하여 합리적 통치조직을 이루었다고 이해하고 있다.[38] 이와 같은 백관지의 서문이 과연 관제의 실제와 부합하는가는 별문제로 하고, 찬사자 자신이 재상중심제를 긍정적으로 평가하고 있는 점은『고려사』전반이 풍기고 있는 친왕적 분위기와는 위화가 엿보인다. 그러나 제지와 열전의 서문들은 전반적으로 보아 형식적인 내용에 치우쳐서 뚜렷한 사론의 성격을 가진 것은 못된다.

---

37 註 15)와 同.
38 『高麗史』卷76, 百官一 "…(前略) 其立法之始 宰相統六部 六部統寺·監·倉庫 簡以制繁 卑以承尊 省不過五 樞 不過七 宰相之職擧而庶司百寮 各供其職"

『고려사』 세가에 실린 34칙의 논찬은 대체로 일왕일칙을 기준으로 하고 있으나, 숙종肅宗·충목忠穆·우왕禑王에 대해서는 논찬이 없고, 태조에 3, 현종과 인종에 각각 2개의 논찬이 실려 있다. 충목왕은 그 다음 충정왕과 함께 찬贊을 붙였기 때문에 따로이 논찬을 싣지 않았고, 우왕은 열전에 넣었기 때문에 논찬을 뺀 것 같다. 그런데 숙종에 대한 논찬이 없는 것은 납득이 가지 않는다. 『고려사절요』에 숙종에 대한 찬이 2칙이나 실려있는 것을 보면 『고려사』에서 1칙도 싣지 않은 이유를 더욱 이해할 수 없다. 『절요』에 실린 2칙 중에서 1칙은 "史臣曰"로 되어있는데, 그 내용은 국학폐지를 주장한 재상 소태보邵台輔를 비난하고, 아울러 그와 같은 재상을 등용한 숙종의 실정을 비판한 것이다. 나머지 1칙은 이제현의 찬으로서 숙종이 조카인 헌종의 왕위를 찬탈하여 종국을 재흥시킨 것을 칭송한 것이다. 이제현은 헌종이 유자孺子·혼동昏童으로서 왕위를 이은 것을 비판하는 찬을 헌종세가에 쓴 바도 있었다.

위와 같은 2칙의 논찬을 『고려사』에서 받아들이지 않은 것은 무슨 이유일까. 먼저 사신이 쓴 제1칙은 숙종의 실정을 지나치게 공격한 것이 저촉된 것으로 보이며, 그 다음에 이제현의 찬은 유자幼者인 단종을 이미 세자로 책봉한 세종과 문종의 입장에서 볼 때 도저히 받아들일 수 없는 처지였을 것이 틀림없다. 이러한 추정이 지나친 억측일는지 모르나, 그 밖에 다른 이유를 찾기 곤란한 것도 사실이다.

태조에게 붙인 3칙의 논찬 중 2칙은 이제현이 쓴 것이며, 나머지 1칙은 『고려사』 찬자가 직접 쓴 것이다. 그런데 3칙 중 2칙은 사실은 태조세가에 붙인 것이 아니라 태조세계 말미에 붙인 것으로 김관의의 『편년통록編年通錄』과 민지閔漬의 『편년강목編年綱目』에 실린 세계설화의 비합리성을 비판한 글이다. 이제현과 『고려사』 찬자가 쓴 이 2칙의 사론은 『왕씨종족기王氏宗族記』·『성원록聖源錄』, 그리고 황주량黃周亮 소찬의 『태조실록』에 의거하여 세계설화의 괴이한 점과 부회한 사실을 비판하고 있으나, 태조세계 그 자체를 비하하거나 전적으로 부인하는 입장은 아니다. 그리고 태조세가 말미에 붙인 이제현의 찬은 태조의 위업을 송태조의 그것에 비겨서 찬양하는 내용이다.

그다음, 인종세가仁宗世家에 김부식金富軾과 김신부金莘夫의 사론을 2칙이나 실은 이유는 무엇인가? 이 두 사론은 다같이 인종이 안으로 어진 정치를 베풀고 밖으로 사대교린事大交隣을 잘한 것을 칭송하고, 다만 묘청妙淸의 천도설遷都說에 미혹하여 묘청란妙淸亂을 유발시킨 점만을 애석하게 평가하고 있다. 인종세가에 이 두 사론을 모두 실은 것은, 안으로 외척 이자겸의 반란이 일어나고 밖으로 묘청의 난이 일어나서 왕권이 크게 위협받은 사실을 크게 감계하기 위함이 아닌가 한다.

나머지 제왕의 세가에 붙인 각 1칙의 사론들도 대개가 군주의 위업을 칭송하거나, 실정을 비판하더라도 군주 자신보다는 보필하는 신하의 책임으로 돌리는 완곡한 비판들이 대부분이다.[39]

고려 유신들이 쓴 사론은 매우 많다. 『고려사절요』에 108칙의 논찬이 실린 것만 보아도 알 수 있다. 그 많은 사론 중에서 『고려사』 세가는 온건한 것만 추려서 평균 일왕일칙에 맞게 수록한 것 같다. 『고려사』가 단순히 자료집 편찬을 목적으로 하였다면, 이렇듯 기왕의 사론 중에서 선별하여 사론을 수록하지는 않았을 것이다.

세가에 실린 34칙의 사론을 작자별로 분석해 보면, 이제현이 쓴 것이 15칙, 김부식 1칙, 김량경 1칙, 그리고 무명사신이 쓴 것이 14칙, 찬자 자신이 쓴 것이 1칙이다. 그러나 "史臣曰"로 되어 있는 것 중의 하나는 『고려사절요』에 "李齊賢贊曰"로 되어 있는 것으로 보아,[40] 실제로 이제현이 쓴 사론은 16칙이 되는 셈이다. 이제현의 사론은 대체로 숙종 이전의 고려전기에서 끝나고,[41] 의종 이후부터는 무명사신의 사론이 실려 있다. 이 무명사신들은 이름이 알려지지 않은 인물들인지, 아니면 이름을 알아도 밝히기를 꺼려하여 일부러 이름을 밝히지 않은 것인지 확실치 않다. 그러나 태조초에 정도전·정총·박의중 등이 『고려국사』를 편찬하였을 때 찬자 자신들이 사론을 써넣을 가능성이 많은데도 불구하고,[42] 이들의 이름이 사신 가운데 전혀 보이지 않는 것을 보면 무명사신은 『고려국사』의 찬자일 가능성이 크다. 유명사신들은 모두가 정치적으로 큰 시비를 일으킨 인물이 아니다. 그와 반대로 정도전 등은 이왕가의 입장에서 볼 때 사신으로 노출시키기에는 꺼림칙한 인물이 아닐 수 없다. 따라서 이러한 정치적 사정을 고려할 때, 『고려사』의 무명사신들은 이름을 몰라서 무명으로 기록한 것이 아니라, 이름을 노출시키기를 꺼려하여 일부러 이름을 감춘 것이 아닌가 하는 추측도 가능하다.

요컨대 『고려사』는 ① '부작논찬不作論贊'의 원칙을 내세워 가능한 한 사론을 적게 수록

39 　邊太燮, 前揭論文 참조.

40 　高宗世家에 실린 史臣贊이 『高麗史節要』에서는 李齊賢으로 記名되어 있다.

41 　李齊賢은 그의 史略에서 太祖~肅宗代까지만을 서술하였다(『東文選』 卷92, 鄭摠의 『高麗國史』 序).

42 　邊太燮, 前揭論文 참조.

하고 있으며 ② 수많은 기성 사론 중에서 되도록 군주의 비위를 건드릴만한 예리한 사론은 피하고 온건한 사론만을 수록하고 있을 뿐 아니라, ③ 사론의 작자도 정치적으로 왕가의 입장에서 무난하다고 인정되는 온건한 인물의 이름만을 기록하여 군주에 대하여 퍽 소극적인 자세를 보여주고 있다. 따라서 『고려사』는 그 사론에서도 친왕적인 성격을 드러내고 있다는 것이 증명된다.

(2) 『고려사절요』의 사론

『고려사절요』는 『고려사』보다도 분량이 1/3밖에 되지 않는 사서임에도 불구하고, 사론면에서는 도리어 『고려사』의 약 3배에 해당하는 108칙의 사론을 싣고 있다. 『고려사절요』가 이렇듯 많은 양의 사론을 수록하고 있는 것은 단순히 『고려사』에 누락된 사론을 수집한다는 자료정리의 목적으로만 이해할 수는 없을 것 같다. 108칙의 사론은 기왕의 사론을 무작정 모아놓은 것이 아니라, 기왕의 사론 중에서 찬자의 비위에 맞지 않는 것은 고의로 삭제한 것도 없지 않다. 예컨대 『고려사절요』보다 뒤에 편찬된 『동국통감』에는 고려 태조 19년에 후백제의 멸망을 기록하면서, 김부식이 궁예와 견훤의 신라에 대한 배신행위를 비난하는 사론을 싣고 있다.[43] 그런데 이 사론이 『고려사절요』에는 보이지 않는다. 이것은 실수로 인한 누락일 가능성도 없지 않지만 김부식의 사론이 지나치게 신라에 대한 의리를 강조한 것이기 때문에 의도적으로 누락시켰을 가능성이 더 크다.

또한 『고려사절요』의 사론은 『고려사』에 실린 34칙의 사론 중에서 2칙을 빼기도 하였다. 세계말미에 실린 이제현과 찬자 자신의 사론을 뺀 것이 그것이다. 이것은 『고려사절요』에 세계가 삭제되었기 때문에 이에 따라 사론도 자동적으로 삭제된 것으로 다른 특별한 의미는 없다.

그러나 『고려사』 세가에 없는 사론이 75칙이나 새로이 첨가된 것은 중요한 의미를 갖는다. 이 75칙 중에서 32칙은 유명사신이 쓴 것이고, 나머지 43칙은 무명사신이 쓴 것이다. 무명사신의 사론이 유명사신의 사론보다 많아진 것이 우선 주목된다. 무명사신이 대개 여말유신들이고, 특히 그중에는 『고려국사』의 찬자인 정도전 등의 사론이 많이 들어

43 　『東國通鑑』卷13, 高麗紀 太祖 神聖王 19年 秋九月條 "金富軾曰 … 弓裔本新羅之孽而反以宗國為讎 圖夷滅之 至斬先祖之畫像 其爲不仁甚矣 甄萱起自新羅之民 食新羅之穀而包藏禍心 幸國之危 侵軼都邑 虔劉君臣若禽獺而 草薙之 實天下之元惡大憝 ……"

있을 것으로 추측되기 때문에, 무명사신의 사론이 대폭 증가된 것은 단순히 사론의 양적인 증가만을 의미하는 것이 아니라 질적인 변화까지도 예견케 하는 것이다.

이름을 적은 유명사신은 이제현을 비롯하여 모두 24인으로서, 김부일金富佾 · 김부의金富儀 · 임민비林民庇 · 유승단兪升旦 · 권경중權敬中 · 임익任翊 · 이연종李衍宗 · 장항張沆 · 허응린許應麟 · 유사렴兪思廉 · 백문보白文寶 · 원송수元松壽 · 김중장金仲鏘 · 하관河寬 · 안중온安仲溫 · 윤소종尹紹宗 · 하륜河崙 · 진자성陳子誠 · 정정鄭井 등이 새로이 등장한 사신들이다.[44] 이왕가와 정치적 갈등관계를 가진 인물이 단 한 사람도 보이지 않는 것으로 보아, 그러한 인물들은 무명사신으로 기록한 것이 아닌가 하는 심증을 더욱 굳게 해준다.

새 사론들이 어느 시대에 주로 집중되어 있는가를 알아보기 위하여 각왕대별로 사론 수를 조사해보면 다음과 같다.

고려사와 고려사절요의 사론 수 비교(王代別)

			『高麗史』		『高麗史節要』
	世系	2	李齊賢(1) 撰 者(1)		
1	太祖	1	이제현(1)	5	史 臣(2) 이제현(3)
2	惠宗	1	이제현(1)	2	사 신(1) 이제현(1)
3	定宗	1	이제현(1)	1	이제현(1)
4	光宗	1	이제현(1)	1	이제현(1)
5	景宗	1	이제현(1)	1	이제현(1)
6	成宗	1	이제현(1)	1	이제현(1)
7	穆宗	1	이제현(1)	1	이제현(1)
8	顯宗	2	崔 沖(1) 이제현(1)	3	崔 沖(1) 사 신(1) 이제현(1)
9	德宗	1	이제현(1)	1	이제현(1)
10	靖宗	1	이제현(1)	1	이제현(1)

---

44 各史臣別 論贊 數는 다음과 같다.
李齊賢(20) 崔沖(1) 金富佾(1) 金富儀(1) 金富軾(1) 金莘夫(1) 林民庇(1) 兪升旦(1) 金良鏡(2) 權敬中(4) 任翊(1) 李衍宗(1) 張沆(1) 許應麟(1) 兪思廉(1) 白文寶(2) 元松壽(2) 金仲鏘(1) 河 寬(1) 安仲溫(1) 尹紹宗(2) 河 崙(1) 陳子誠(1) 鄭井(1)

		『高麗史』		『高麗史節要』	
11	文宗	1	이제현 (1)	1	이제현 (1)
12	順宗	1	이제현 (1)	1	이제현 (1)
13	宣宗	1	이제현 (1)	4	이제현 (1) 사 신 (3)
14	獻宗	1	이제현 (1)	1	이제현 (1)
15	肅宗			2	사 신 (1) 이제현 (1)
16	睿宗	1 (18)	史 臣 (1)	3 (29)	金富佾 (1) 金富儀 (1) 사 신 (1)
17	仁宗	2	金富軾 (1) 金莘夫 (1)	5	金富軾 (1) 金莘夫 (1) 사 신 (3)
18	毅宗	1	金良鏡 (1)	8	林民庇 (1) 兪升旦 (1) 金良鏡 (2) 사 신 (4)
19	明宗	1	史臣 (1)	14	權敬中 (4) 사 신 (10)
20	神宗	1	史臣 (1)	2	사 신 (2)
21	熙宗	1	史臣 (1)	3	任 翊 (1) 사 신 (2)
22	康宗	1	史臣 (1)	1	사 신 (1)
23	高宗	1	史臣 (1)	5	이제현 (1) 사 신 (4)
24	元宗	1	史臣 (1)	2	사 신 (2)
25	忠烈	1	史臣 (1)	4	이제현 (1) 사 신 (3)
26	忠宣	1	史臣 (1)	1	사 신 (1)
27	忠肅	1	史臣 (1)	10	李衍宗 (1) 張 沆 (1) 許應麟 (1) 兪思廉 (2) 白文寶 (2) 사 신 (3)
28	忠惠	1	史臣 (1)	3	元松壽 (2) 사 신 (1)
29	忠穆	1	史臣 (1)	1	金仲鏋 (1)
30	忠定	1	史臣 (1)	1	사 신 (1)
31	恭愍	1	史臣 (1)	14	河 寬 (1) 安仲溫 (1)

		『高麗史』		『高麗史節要』	
					尹紹宗 (3) 河 崙 (1) 사 신 (8)
32 33	禑王 昌王			2	사 신 (2)
34	恭讓	1	?	3	陳子誠 (1) 鄭 井 (1) ?
	합계	34		108	

위 표에 의하면, 인종 이전의 고려전기에는 불과 29칙의 사론만이 실리고, 인종 이후의 고려후기에는 무려 79칙이 실려 고려후기에 편중되어 있음을 알 수 있다. 고려전기에는 11칙이 늘어나고, 고려후기에는 64칙이 늘어난 셈이다.

먼저 태조왕대에 새로이 첨가한 4개의 사론 중에서 2칙은 태조의 업적을 칭송한 것이고, 하나는 태조의 10사창건을 신랄하게 비난한 것이며, 나머지 하나는 신라 경순왕의 고려귀순을 칭송한 것이다. 특히 태조의 숭불정책(10사창건)을 정면으로 공격한 무명사신의 사론은 그 내용으로 보아 고려왕조가 멸망한 후에 쓰여진 것이 확실하고,[45] 더 구체적으로 말한다면 『고려국사』찬자의 사론일 가능성이 크다.[46] 또 태조의 업적을 칭송한 사론 중 하나는 이제현의 사론으로서 태조가 거란이 보낸 낙타를 아사시킨 것이 후세의 치심侈心을 방지하기 위함이라고 칭찬한 것이며, 다른 하나는 무명사신의 사론으로서 태조의 "規模遠略과 深仁厚澤이 500年의 國脈을 培養했다"는 내용이다. 이 사론은 그 문맥으로 보아 역시 고려 멸망 후에 쓰여진 것이고, 인정仁政과 휼민恤民을 강조한 점으로 보아 정도전이나 그 밖의 『고려국사』찬자의 사론일 가능성이 크다.[47]

『고려사』가 오직 태조를 송태조에 비유해서 그 무인적 영웅상을 칭송한 사론만을 실은 것과는 달리, 『고려사절요』는 태조의 인간상을 인정과 절검節儉의 실천자로서 재구성하면서, 동시에 태조의 숭불정책崇佛政策을 화국해민禍國害民의 근원으로서 비판하는 자세를

45　이 史論은 太祖의 崇佛政策뿐만 아니라 高麗歷代의 崇佛정책을 종합적으로 비판하고 있으며, 끝에 가서는 그러한 崇佛政策이 "(국가의) 亂亡을 救하지 못하고, 佛氏의 禍國·害人이 참담하다"고 한 것으로 보아 李朝初에 쓰여진 것이 확실함을 알 수 있다.
46　이 史論은 佛教의 社會的 폐단과 동시에 佛教의 禍福·因果說의 哲學的 不合理性까지 비판한 점으로 보아 鄭道傳의 佛氏雜辨에 나타난 佛教批判과 그 論旨가 완전히 符合된다.
47　鄭道傳이 쓴 『經濟文鑑』別集 君道篇의 太祖條에도 거의 똑같은 文句가 보인다.

잃지 않고 있어서 서로 대조를 보이고 있다. 즉 『고려사』는 세계를 통해서 태조의 출자出自를 성화聖化하고, 나아가 사론을 통해서 그의 치적을 일방적으로 영웅화하고 있는데 반하여, 『고려사절요』는 태조의 세계를 삭제하고 그가 평범한 변방호족 출신임을 밝히려 하고, 또 사론을 통해서 그의 공적과 과오를 동시에 평가하는 적극적 자세를 보여주고 있다.

다음에 혜종惠宗 2년에 붙인 무명사신의 사론은 혜종의 동성혼인을 비난하고 아울러 태조 이래의 혼인습속을 비판한 것인데, 이 역시 고려 멸망 후 선초 사신에 의해서 쓰여진 것 같다.[48] 여기서도 태조에 대한 비판이 또 한번 시도되고 있어서 흥미를 끈다.

현종왕대에 실린 무명사신의 사론은 강감찬의 업적을 칭송한 것이다. 『고려사』에는 현종만을 중흥지주中興之主로 칭송하고 있는데 반하여, 『절요』에서는 내란과 외란을 극복한 중흥의 공을 도리어 강감찬에게 돌리고 있어서 대조를 이룬다.

그 다음 선종왕대에 실린 3칙의 무명사신의 사론도 군주를 비난하고 있다. 하나는 왕이 상제를 마치기도 전에 송사宋使와 연악을 베풀고, 혼당魂堂에 제사한 것을 비난한 것이고[49] 나머지 둘은 왕의 숭불행사를 비난한 것이다.[50]

숙종에 대해서는 『고려사』 세가에 단 1칙의 사론도 싣지 않고 있으나, 『절요』에서는 2칙의 사론을 수록하고 있다. 그 중의 하나는 국학폐지를 주장한 재상(邵台輔)을 등용한 군주의 실정을 비난한 것이고,[51] 다른 하나는 숙종의 왕위계승을 칭송하면서 유자의 왕위승습을 경계한 것이다.[52] 『고려사』가 숙종에 대한 왕찬을 유보한 것과 달리, 『고려사절요』는 자유스럽게 그의 공과를 평가하고 있다.

예종睿宗에 대해서는 『고려사』가 그의 언무수문偃武修文을 찬양하는 찬贊만을 싣고 있으나, 『고려사절요』에서는 시중侍中 위계정魏繼廷의 행적을 칭송하는 사론과,[53] 모후母后의 칭호를 사후에 태후라 칭한 것의 잘못을 비판하는 사론을 첨가하고 있다.[54]

---

48 史論 中에 "今觀其取姑姊妹者 率多無後傳世五百年之久而宗支終不過數十人云云"이라 하여 "500年 傳世" 云云한 대목이 보이는 점으로 보아 高麗 멸망 후에 쓰여진 史論이 확실하다.

49 『高麗史節要』 卷6, 宣宗2年 3月條.

50 同上, 宣宗5年 8月 및 7年 春正月條.

51 同上書 卷6, 肅宗7年 閏月條.

52 同上, 肅宗10年 冬10月 乙丑條.

53 同上書 卷7, 睿宗元年 12月條의 史臣 金富佾曰.

54 同上, 睿宗7年 8月條 史臣 金富儀曰.

군주에 대한 비판은 고려후기에 이르러 더욱 강렬해지고 있다. 그 내용은 대체로 ① 군주의 사치와 노민勞民에 대한 것 ② 숭불에 관한 것 ⑧ 명상을 방출하고 환사宦寺나 폐행을 가까이 한 것 ④ 부자싸움에 관한 것 ⑤ 복상의 예를 지키지 않은 것 등이다. 또 일반신하의 행적에 관한 평가로서는 ① 이자겸李資謙·정중부鄭仲夫·최충헌崔忠獻·묘청妙淸 등과 같은 역신의 행적을 비판하고, ② 최유청崔惟淸·김취려金就勵와 같은 강직한 명상을 칭송하며, ③ 군주에 대한 간쟁諫諍을 게을리 한 윤환尹桓·이첨李詹 등 언관을 비난한 것 ④ 능력을 고려하지 않고 세월의 구근久近에 따라 인재를 등제等第하는 순자격循資格에 대한 비판, ⑤ 문무를 동등하게 대우하지 않고 무인이 천정하거나, 문신이 무인을 지나치게 천시하는 데 대한 비난 ⑥ 국법에 의하지 않고 구전口傳으로 죄인을 방수放囚한 것에 대한 비난 ⑦ 환관·종척 등이 정치에 간여한 것에 대한 비난 등으로 요약된다. 시대별로 본다면, 의종毅宗 이후의 무신집권시대에는 주로 무신의 천정에 대한 비난이 많고, 충렬왕 이후의 몽골간섭 시에는 군주의 사동奢侈·노민勞民과 종척宗戚의 횡자橫恣에 대한 비판이 중심을 이루고 있다. 따라서 고려전시대를 개관해 본다면, 고려전기는 군신의 조화 위에 제도가 정비된 시대, 무신집권武臣執權시대는 군약신강君弱臣强의 시대, 그리고 몽골간섭시기는 군주의 사적 지배력이 강화된 시대로 요약될 수 있고, 마지막 두 시대가 모두 부정적인 측면이 많은 시대로 인식되고 있다.

이상과 같은 사론들은 기본적으로 통치제도의 문란을 바로잡아 ① 군권과 신권이 조화를 이루고 ② 재상을 정점으로 하는 관료제도가 기능적 분화를 이루며, ③ 문무의 균형 위에서 문신지배체제를 확립하며 ④ 척불숭유斥佛崇儒에 의한 유교적 인정과 민본民本·애민 정치愛民政治를 지향하려는 것으로 집약될 수 있다. 이와 같은 사론의 통치이념은 바로 정도전 등 개국공신이 정립해놓은 조선왕조의 건국이념 바로 그것과 상통하는 것을 발견할 수 있다.[55]

『고려사』가 논찬의 수록을 되도록 억제하면서 결과적으로 군주의 비유교적 정치행적을 봉영奉迎·순응順應하는 자세를 보인 것과는 달리, 『고려사절요』는 신하의 입장에서 일관된 통치이념을 깔고 고려군신의 행적을 적극적으로 비판하는 자세를 견지하고 있다는 점에서 두 사서의 근본적인 차이점이 발견된다.

---

55 韓永愚, 『鄭道傳思想의 硏究』, 1973 참조.

3. 『고려사』와 『고려사절요』의 공통점

『고려사』는 군주, 특히 세종의 수사취지가 크게 반영된 사서이고, 『고려사절요』는 수사관 자신의 자의가 더 많이 투영된 사서라는 점에서 두 사서의 성격이 서로 달라지게 되었으나, 두 사서가 서로 만날 수 있는 공통점도 적지 않다는 것을 유의할 필요가 있다.

그 이유는 두 사서의 수사관들이 서로 중복되는 인물들이고, 또 두 사서의 간행된 시기가 불과 6개월 차이밖에 안 된다는 점에서 찾아진다. 이제 두 사서의 수사관의 명단을 작성해보면 다음과 같다.

① 兩書에 모두 參與한 修史官(21名)

金宗瑞 · 鄭麟趾 · 李先齊 · 辛碩祖 · 申叔舟 · 金禮蒙 · 梁誠之 · 李芮 · 金之慶 · 金闓福 · 李克堪 · 尹起畎 · 朴允貞 · 洪禹治 · 李孝長 · 金孝宇 · 金勇 · 韓瑞鳳 · <u>許詡</u> · <u>朴彭年</u> · <u>柳誠源</u> (밑줄친 人物은 『高麗史』의 修史官 名單에서 누락된 者)

② 『高麗史』 修撰에만 參與한 修史官(15名)

金銚 · 鄭昌孫 · 崔恒 · 盧叔仝 · 李石亨 · 崔德之 · 魚孝瞻 · 金淳 · 金命中 · 趙瑾 · 芮承錫 · 李仁全 · 柳子文 · 吳伯昌 · 尹子雲

③ 『高麗史節要』 修撰에만 參與한 修史官(7名)

李季甸 · 金孟獻 · 金磧 · 李翊 · 李尹仁 · 尹子榮 · 金漢啓

위에서 보듯이 『고려사』 찬자撰者 36명 가운데서 반수가 넘는 21명이 『고려사절요』 수찬에 다시 참여하고, 불과 7명만이 신참新參하고 있는데, 이들 신참자들은 대부분 하위직 수사관으로서 수사의 주도권을 가진 축은 아니었다. 다만, 『고려사』 수찬의 감수를 맡았던 김종서金宗瑞 · 정인지鄭麟趾 · 허후許詡 · 김요金銚 · 이선제李先齊 · 정창손鄭昌孫 · 신석조辛碩祖 등 가운데서 김요 · 정창손의 2인이 『고려사절요』 수찬에 참여하지 않은 것이 중요한 변동이라고 말할 수 있으나, 가장 핵심적인 위치에 있었던 김종서 · 정인지 · 이선제 · 허후 등이 『고려사절요』 편찬에도 여전히 핵심적인 위치에 있었던 점으로 볼 때, 두 사서의 중심적인 수사관은 큰 변동이 없었다고 해야 할 것이다.

두 사서가 왕권과 신권의 정치적 권력분배라는 측면에서는 예민한 차이를 가지면서도 일반적인 문화의식의 측면에서는 별다른 차이를 발견할 수 없다.

첫째, 두 사서는 왕도주의와 패도주의의 어느 한 쪽에 치우치지 않고, 양자를 조화시키고 있다는 점에서 공통된 특징을 지니고 있다. 원래 부국강병이나 영토확장 정책은 왕도이념과 배치되는 공리주의的功利主義的 패도覇道이념에 가까운 것이다. 왕도주의는 공리보다 도덕과 의리를 숭상하고, 한당시대보다도 삼대에서 정치적 이상을 찾는다.

그런데 두 사서는 다같이 고려문화를 이해함에 있어서 순전히 삼대만을 이상사회로 설정하고 있다든가, 의리·도덕만을 평가기준으로 내세우고 있지는 않다. 왕건의 고려건국이 칭송되고 있는 것은 안으로 삼한을 통일하고, 밖으로 고구려구강舊疆을 수복하려는 원대한 척토개강拓土開疆 정책을 추진한 까닭이다. 이것은 국가의 부강을 존중하는 실리적 평가라고 말할 수 있다. 윤관尹瓘의 구성역九城役이 높이 평가되는 것도 마찬가지 이유에서이다.

『고려사』지리지의 서문에서는 우리나라의 영토가 거의 만리지국萬里之國이라고 주장하고, 고려가 삼한을 통일함으로써 서북지방은 고구려영토에 미치지 못하였으나, 동북지방은 선춘령先春嶺을 경계로하여 고구려 영토를 넘어섰다고 쓰고 있다.[56] 고려의 건국을 영토의 확장이라는 측면에서 평가하고, 또 영토의 확장과 관련하여 고려가 고구려의 후계자로 인식되고 있는 것은 양서의 공통된 특색으로서, 이는 결코 왕도주의적 문화의식의 반영일 수는 없는 것이다.

광종光宗을 비롯한 고려의 여러 군주들은 당태종의 『정관정요貞觀政要』를 많이 읽었고 그를 치정의 귀감으로 삼았다. 성종대의 명유名儒 최승로崔承老도 왕에게 올린 시무상소에서 『정관정요』를 칭송한 일이 있었다. 이렇듯 고려일대에 『정관정요』가 중시된 사실에 대하여 두 사서는 다같이 이를 비판하는 사론을 싣지 않았다. 왕도주의입장에서는 당태종은 공리주의자요 패도주의자로 인식되었기 때문에 『정관정요』는 결코 치정의 귀감으로 받아들이지 않는다. 공양왕이 경연에서 『정관정요』를 읽고자 하였을 때 강독관 윤소

56　『高麗史』卷56, 地理志 "…… 顯宗初 …… 自是以後 …… 其四履 西北自唐以來 以鴨綠爲限而東北則以先春嶺爲界 盖西北所至 不及高句麗而東北過之"

종尹紹宗은 "二帝三王을 본받을 것이지, 唐太宗을 取해서는 안된다"[57]고 간한 일이 있었다. 당태종은 삼대의 제왕에 비길 수 없다고 보는 것이 왕도주의자의 입장이었다.

원래 한당유학은 왕도주의적 주자학자들에 의해서 배격되는 바였기 때문에 주자학에 세련된 학자들일수록 당태종이나 한당유학에 대한 거부반응이 강하였다.

『고려사』와 『고려사절요』가 고려전기를 다 같이 긍정하는 이면에는 여러 가지 입장의 차이가 있지만 고려전기 문화가 가진 한당문화적 요소, 공리적 요소를 그대로 수긍하는 자세와도 깊은 관련을 맺고 있었다.

왕도와 공리를 병행하는 입장에 설 때에는 불교 · 도교 · 민간신앙 등에 대해서도 비교적 관용적 태도를 갖게 되고, 무학이나 기타 기술학에 대해서도 극단적인 천시賤視관념은 생기지 않는다. 왜냐하면 이러한 사상 · 문화분야가 부국강병의 실리증진을 위해서는 불가결의 요인이 되기 때문이다. 불교 · 도교 · 민간신앙 등은 그 비합리적 종교의식이나 세계관이 갖가지 사회적 폐단을 가져오는 측면도 있지만, 다른 한편으로는 호국정신과 상무정신, 그리고 민족적 자아의식을 고취시키는데 기여하는 측면도 적지 않다. 따라서 이러한 측면은 부국강병을 촉신시키는 중요한 정신기반이 될 수 있는 것이다.

또 이러한 종교 · 신앙들은 대중적 기반을 넓게 가지고 있기 때문에, 그것을 포용하는 것은 사회통합을 촉진시키는 의미도 갖는다. 정치권력층이 보다 넓은 대중적 지지기반을 가지려 할 때, 유교 이외의 이단사상에 대하여 관용정책을 베푸는 것도 이 까닭이다.

무학이나 기타 기술학이 부국강병에 절대 긴요한 문화요소라 함은 긴 설명이 필요 없을 것이다. 무학의 발전없이 강병이 있을 수 없으며, 기술학의 발전없이 부국이 달성될 수 없다. 따라서 부국강병의 실리를 존중하는 입장에서 본다면, 왕도주의 일변도의 주자학만을 따른다거나, 삼대제왕의 도덕정치만을 숭상할 수는 없는 것이다. 왕도주의적 주자학자들이 무를 천시하고, 기술학을 배격하는 것은, 바로 그러한 문화요소들이 부강정책의 바탕이 되는 까닭이다.

『고려사』와 『고려사절요』는 사론을 통해서 불교나 도교 또는 풍수도참사상 등에 대해서 매우 신랄한 비판을 가하고 있어서 그 문화의식이 주자학에 깊이 침윤되어 있는 듯한 인상을 주지만, 사실은 그렇지 않다. 이단사상에 대한 비판은 결코 철두철미한 것이 아니

---

57 『高麗史節要』 卷34, 恭讓王2年 春正月條.

다. 그 비판은 어디까지나 관용을 전제로 한 비판이다. 말하자면 이단사상이 도度를 넘치게 성행하는데서 오는 사회·경제적 폐단을 시정하기 위한 일종의 완화정책이다. 이단사상을 넓게 포용한 태조의 이른바 훈요십조訓要十條에 대하여 두 사서는 다같이 일언의 비판도 가하지 않고 있다. 또 고려의 건국과 관련된 음양풍수 사상에 대해서도 마찬가지로 침묵을 지키고 있다.

두 사서는 이단사상을 비판함에 있어서 일정한 한계를 설정하고 있다. 즉 국가건설과 부강정책에 기여하는 이단사상은 비판하지 않는다는 원칙이 서 있는 것 같다. 이단적인 종교행사가 왕실이나 개인의 안녕과 기복을 위해서 실시되거나, 또는 국가를 위한 행사라 할지라도 지나친 재정낭비를 가져오거나 완급의 순서를 잃었을 때에만 비판이 가해지고 있다.

두 사서가 이렇듯 이단사상에 대하여 선별적인 비판자세를 가진 것은, 대외적으로 중화국가와 이적국가를 엄밀하게 차별하지 않고, 비교적 대등하게 취급하는 대외관으로도 반영되고 있다. 송宋이나 명明나라 등과 같은 중화국가의 연호와 요遼·금金·원元과 같은 소위 이적국가의 연호를 우리가 쓰던 안쓰던 간에 병기한 것이라든가, 원에 대해서도『호원胡元』이라는 멸칭을 쓰지 않고 그대로 원이라고 쓰고 있는 것이 그것을 말해준다.

중화와 이적을 엄밀하게 차별하지 않는 태도는 곧 화이의식華夷意識이 그만큼 미약함을 의미하며, 이것은 바꾸어 말하자면 존화尊華 사대사상이 철저하지 않음을 뜻하는 것이다. 이 점은 왕도를 숭상하는 주자학자들일수록 존화의식, 화이차별의식이 철저한 것과 대조를 이룬다. 대체로 왕도주의는 중화문화로 간주되고, 불교·도교·민간신앙 등 이단문화는 이적문화로 간주되는 까닭에 존화의식과 존왕도의식은 함께 가며, 반대로 이단의 포용은 이적의 포용으로 연결되게 마련이다. 그리고 이것은 우리나라 자체를 단군에서 시작되는 이적(東夷)과 기자에서 비롯되는 소중화小中華의 혼융체로 인식하여, 말하자면 화이의 일체에서 국사의 전통을 인식하는 것과 관련되어 있다고도 생각된다.

『고려사』와『고려사절요』는 도선이라든가 곽여郭輿·이자현李資玄·한유한韓惟漢·김위제金謂磾 등과 같은 풍수도참 사상가 또는 석로인釋老人에 대해서 비판을 가하지 않고 그들의 행적을 큰 비중을 두어 서술하고 있다.[58] 이것도 두 사서가 이단사상에 대해 보여준

---

58 『高麗史』에서는 郭輿·李資玄·韓惟漢을 諸臣傳에, 金謂磾를 方技傳에 각각 싣고 있으며,『高麗史節要』에서도 이들의 행적을 비교적 자세히 서술하고 있다. 위의 人物들은 뒤에『東國通鑑』에서는 많은 批判의 대상이 되고 있어 대조를 보인다.

관용성과 포용성의 일면이라고 할 수 있다.

두 사서는 또한 그 체재에 있어서 주자학적 역사서술체재를 대표한다고도 볼 수 있는 강목체綱目體를 따르지 않았다는 점에서도 공통점을 갖는다. 이미 강목체에 대한 이해는 고려말에 성숙되어 민지의『편년강목』이 편찬되고, 정몽주도 주자의『통감강목』을 본떠서『고려사』를 편찬하자고 건의한 일도 있었다.[59] 세종대에는 이에 대한 이해가 더 깊어져서『통감강목』이 인출되기조차 하였던 것이다. 그럼에도 불구하고, 고려사 정리가 끝내 강목체로 서술되지 않고 기전체와 편년체(節要)로 마무리되었다는 것은 많은 암시를 던져준다고 하겠다. 이것은 주자학적 역사인식이 서술내용에 있어서 뿐만 아니라, 서술체재에서까지 일관되게 거부되고 있음을 의미한다.

두 사서가 지닌 이와 같은 공통점은 그 뒤 사림과 주자학자들의 참여하에 편찬된『동국통감』(新編)과 비교할 때, 더욱 선명하게 부각되는 것을 느끼게 된다. 왕도주의입장과 주자학적 명분론을 강하게 표방하면서 편찬된『동국통감』은 그 문화의식의 차이로 인하여 사실기록과 사론의 양면에서『고려사』나『고려사절요』와는 상당한 차이를 보여주고 있다.

결국『고려사』와『고려사절요』는, 전자는 왕의 간섭에 의하여 수사관의 자의가 많이 굴절된 사서요, 다른 하나는 그렇지 않은 사서라는 차이점은 있으나, 그러한 정치성의 차이를 제외하고 본다면 15세기의 실용주의적 문화풍토 위에서 탄생된 쌍생아라고 봄이 타당할 것이다.

4. 요약

고려역사를 정리하려는 노력은 이미 고려말에서부터 시도되어 이제현의『사략史略』, 이색의『김경록金鏡錄』과 같은 사서가 편찬되었으나 그것은 어디까지나 왕조의 중흥을 도모하려는 자기성찰적 한계를 벗어난 것이 아니었다. 물론 여말의 사신들은 왕조의 중흥을 위해서 일정한 개혁의 필요성을 인정하였고 그러한 입장에서 성리학적 사유체계를 수용하였으나, 그들이 지향하는 개혁은 역성혁명의 차원에까지 이끌고 갈 수 있는 자기

---

59 『高麗史』卷117, 列傳30 鄭夢周傳.

부정적 적극성을 갖지는 못하였다.

　신왕조가 개창된 뒤에 새로운 집권층으로 등장한 이왕실과 사대부들의 고려사 정리는 여말의 그것과는 성격을 같이할 수가 없었다. 이제는 고려왕조를 중흥시키려는 입장이 아니라, 고려왕조 멸망의 필연성과 이조건국의 정당성을 밝히는 것이 고려사 정리의 대전제가 될 수밖에 없었다.

　그러나 신왕조에 들어와서 고려사를 정리하는 문제는 그렇게 간단한 것이 아니었다. 그것은 이왕실과 혁명파 사대부, 그리고 혁명에 가담하지 않은 사대부의 세 정치세력간의 정치적 주도권을 둘러싼 갈등에서 비롯된 것이었다.

　태조대에는 혁명파 사대부가 실권을 장악하고 자신들의 정치적 지위와 이념을 정당화하고 강화하는 입장에서 고려사를 정리하였다. 이것이 곧 정도전·정총 등이 편찬한『고려국사』이다. 이 책은 여말의 정치사, 즉 이조건국사를 혁명파 사대부중심으로 서술하였기 때문에 이왕실이나 비혁명파 사대부의 입장에서 볼 때에는 불만스러운 사서가 될 수밖에 없었다.

　태종대의 집권층은 이왕실과 비혁명파 사대부의 연합에 의해서 형성되었다. 그들은 자신의 정치적 입장을 정당화하기 위하여 여말의 정치사를 이왕실과 비혁명파 사대부에게 유리한 방향으로 서술하기 위하여『고려사』를 개찬하였으나 완성을 보지 못하고 말았다.

　이왕실의 입장에서 고려사를 서술하려는 방침은 가장 안정된 왕권을 수립한 세종에 의해서 추진되었으나, 혁명파 또는 비혁명파 사대부의 제2세가 참여한 수사관들은 세종의 의도에 흡족하게 부합되는 사서를 만들어내지 못하였다.

　『수교고려사讎校高麗史』와『고려사전문高麗史全文』(大全)이 반포되지 못한 이유가 여기에 있었다. 이왕가의 성덕을 찬양하기 위하여『용비어천가龍飛御天歌』를 짓게 하고, 또 왕가의 성덕을 백성에게 교화하기 위하여 훈민정음을 창제했던 세종으로서는, 고려사서술도 그러한 방향에서 편찬되기를 바랐던 것이다. 그러나 신하들의 입장에서 본다면, 고려사편찬 문제는『용비어천가』나 훈민정음과는 또 다른 의미를 갖는 것이었다. 역사서술은 자신에 대한 정치적 평가와 직결되는 문제이기 때문이었다. 따라서 세종 자신이 직접 길러내고, 또『용비어천가』나 훈민정음 창작에 참여했던 유신들조차도 사서편찬에 있어 서만은 군주의 입장과 상합될 수 없는 부분이 적지 않았다.

　더욱이 세종이 길러낸 친왕적 집현전 학자들조차도 세종말년에는 세종과 정치적으로 충돌하는 일이 많았다. 특히 세종말년의 숭불정책은 군신간의 불화를 조성한 최대의 쟁점이 되었다. 세종은 말년에 이를수록 이단사상에 대한 숭신이 깊어지고 유신과의 충돌이 더 잦았다. 그것은 유교정치이념을 내세우면서 신권을 강화하려는 유신과, 이왕실의 권위를 안정시키려는 군주와의 이해갈등을 반영하는 것이기도 하였다. 이러한 세종말년의 정치적 상황은 『고려사』의 난산을 가져온 직접적인 요인이 되었다.

문종대에 완성된 『고려사』와 『고려사절요』는 외형상으로는 서로 보완관계를 가지는 듯하면서도, 내면적으로는 군신간의 상충된 이해관계가 반영된 사서가 되었다. 『고려사』는 세종대에 짜여진 골격을 토대로 하여, 『원사』의 체재를 따라 편찬된 까닭에 근본적으로 친왕적인 사서가 되었다. 이것은 군주중심의 편년체 사서를 가지려던 세종의 입장에서 약간의 양보를 의미하는 것이지만, 신료중심의 편년체사서를 쓰려던 사신의 입장에서도 큰 양보를 보인 것을 의미한다. 바꾸어 말하자면 편년체를 기전체로 바꾼 것은 군주의 양보이지만, 그 기전체를 군주의 취향에 영합될 수 있는 『원사』를 따른 것은 사신들의 양보라고 말할 수 있다.

그러나 사신들은 그들이 본래 원하던 신료중심의 편년체사서를 또 만들어 냄으로써 친왕적 사서를 극복하려 하였다. 두 사서는 이렇듯 정치적 입장의 상충을 수반한 까닭에 반포과정에서도 적지 않은 갈등을 겪게 되고 그러한 갈등은 문종·단종대의 군신간의 권력관계의 변동과 관련하여 커다란 정치적 변란까지 초래하였던 것이다.

두 사서는 수사관이 거의 중복되는 까닭에 역사의식·문화의식에 있어서 공통점도 매우 많다. 왕도와 패도, 의리와 공리, 사대와 자주를 조화시키고, 성리학 이외의 이단에 대해서도 비교적 관용적 태도를 가진 것이 그것이다. 그리고 이와 같은 두 사서의 공통점은 성종대에 사림의 참여하에 편찬된 『신편동국통감』의 역사서술 태도와 비교할 때 더욱 선명하게 드러난다.

『동국통감』의 편찬경위와 역사서술

　　성종 16년 7월에 완성된『동국통감東國通鑑』(신편동국통감)은 우리나라 최초의 관찬통사官撰通史일 뿐 아니라, 근대이전의 국사체계의 기준이 되었던 사서로서 우리나라 사학사에서 차지하는 비중은 실로 중대하다고 하지 않을 수 없다. 지금까지 사학사 관계 논문에서『동국통감』이 운위云謂되지 않은 것이 거의 없을 정도로 많은 관심을 모은 것도 여기에 이유가 있을 것이다.

　　일제시대에 민족주의 사가들이 유교 및 유교사서를 사대주의로서 평가하기 시작한 이래로『동국통감』은 유교사서 중에서도 최악에 속하는 사서로 평가하는 것이 일반적인 경향이었다. 최근에 이르러 유교를 중세적 정치철학으로 재평가하는 기운이 일어나면서『동국통감』도 중세적 역사인식의 일환으로서 냉정하게 재평가하려는 경향이 나타나고 있으나[1] 아직은 이 책의 사학사적 의의가 확실하게 논정되었다고 말하기는 어려울 것 같다.

　　어떠한 사서이든 마찬가지이지만,『동국통감』도 그 자체만을 가지고 평면적으로 분석한다고 해서 사학사적 의의가 구명되는 것은 아닐 것이다. 사학사는 크게 보아 사상사의

---

[1]　『東國通鑑』에 관하여 論及하고 있는 主要 論文은 다음과 같다.
　　金哲埈, 「益齋 李齊賢의 史學」(『東方學志』8, 1967); 高柄翊, 「三國史記의 歷史叙述」(『金載元博士回甲紀念論叢』, 1969); 李基白, 「東國通鑑解題」(『東國通鑑』, 景仁文化社, 1973); 金哲埈, 「高麗中期의 文化意識과 史學의 性格」(『韓國史研究』9, 1973); 李元淳, 「鮮初史書의 歷史認識」(『한국민족사상대계』3, 中世篇, 1974); 李元淳, 「朝鮮前期 史書의 歷史認識」(『韓國史論』6, 1979); 鄭求福, 「東國史略에 대한 史學史的 考察」(『歷史學報』68, 1975); 鄭求福, 「三國史節要에 대한 史學史的 考察」(『歷史教育』18, 1975); 鄭求福, 「東國通鑑에 대한 史學史的 考察」(『韓國史研究』21·22합집호, 1978); 韓永愚, 「朝鮮初期의 歷史叙述과 歷史認識」(『韓國學報』7, 1977); 邊太燮, 「高麗史와 高麗史節要의 史論」(『史叢』21·22합집, 1977).

일환이며, 사상사는 정치 · 경제 · 사회 · 문화 등 각 분야와의 유기적인 맥락관계에서 구명되어야 구조적인 이해가 가능한 것이다.

『동국통감』을 사상사의 문맥에서 고찰할 때 부딪치는 가장 큰 어려움은 군주와 신하, 그리고 훈신勳臣과 사림士林의 사상적 갈등을 어떻게 해석할 것이냐의 문제이다. 『동국통감』은 본래 세조가 군주의 입장에서 편찬하려 했으나 수사를 맡은 훈신과 의견이 맞지 않아 미완으로 그쳤던 것이며, 세조의 사후에 훈신이 완성시켜 놓았으나, 성종과 사림이 이를 다시 개찬하여 현존하는 『동국통감』을 만들었던 것이다. 비단 『동국통감』 편찬만이 그러한 곡절을 겪은 것이 아니라, 『경국대전』 · 『동국여지승람』 등도 비슷한 경로를 밟아서 개찬되었다.

따라서 『동국통감』의 성격을 보다 동태적으로 파악하기 위해서는 세조 · 훈신 · 사림 · 성종의 정치방향의 차이가 사상사적인 차원에서 해명되어야 한다. 세조의 정치를 도덕적인 측면에서만 평가하고, 훈신의 입장을 권부權富의 소유자라는 측면에서만 이해하며, 사림은 세조와 훈신을 비판하는 입장에 있었기 때문에 전진적이라는 식의 평가는 유교적 도덕사관의 입장에서는 타당할는지 모르나, 사상사와 사학사를 객관적으로 체계화하는 데는 별로 도움을 주지 못한다.

최근에 정구복씨는 조선시대 사서에 대한 일련의 논고를 발표하면서[2] '勳臣=保守派, 士林(性理學者)=實學의 基盤'이라는 입장에서 사학사의 체계를 세우려고 시도하고 있다. 그러나 훈신이 쓴 『삼국사절요三國史節要』나 『고려사』는 객관적이고 주체적인 사서로서 높이 평가하고, 성리학을 기반으로 하여 현재적인 입장에 쓰여진 권근의 『동국사략』은 주체성이 전혀 없는 악서惡書로 평가하여 정구복씨가 체계화하려고 시도하고 있는 사학사의 체계와는 반대의 결론을 내리고 있다. 뿐만 아니라, 사림의 참여하에 쓰여진 『동국통감』에 대하여는 찬자들의 현실비판적인 자세를 높이 평가하면서, 정작 그들이 쓴 사론에 대하여는 "識見의 不足"(150쪽), "歷史意識의 소박함과 단순함"(151쪽), "主體意識의 貧困"(151쪽), "考證學的인 敍述의 未熟"(152쪽), "中國中心의 世界觀"(164쪽), "原典的인 가치가 거의 없다"(187쪽), "史論이 敎訓에 치우쳐 너무 답답하고 …… 原則에 그대로 公式的으로 적용한

2   鄭求福, 上揭論文. 그밖에 다음과 같은 論文이 있다.
     「16~17世紀의 私撰史書에 대하여」(『全北史學』 1, 1977); 「韓百謙의 『東國地理誌』에 대한 一考」(『全北史學』 2, 1978).

듯한 印象을 강하게 느끼게 한다"(190쪽)는 등 부정적인 평가를 도처에서 내리고 있어서,[3] 왜 사림이 훈신보다 전진적인 비판세력으로 높이 평가해야 하는 것인지 일관된 논리를 찾기가 어렵다.

15세기 문화를 건설한 훈신을 보수세력으로 규정하려면 그들이 만든 문물제도가 보수성을 가졌다는 것을 논증하여야 하며, 사림문화를 실학문화의 기반으로 규정하려면, 사림문화가 가진 사대적 성향과 성리학적 명분론이 어떻게 실학과 상통할 수 있는가가 증명되어야 하지 않을까. 훈신과 사림이 가진 권부權富의 양量의 차이만 가지고 보수와 진보를 구별하는 것은 소박하다. 혹시 민본의식이 훈신보다 사림이 더 투철하다는 논리가 내세워질는지 모르나, 삼강오륜의 신분의식과 사민차별의식은 사림 쪽이 더 철저하다는 사실은 어떻게 해석해야 할 것인가.

사학사는 사상사의 일환으로 연구되어야만 객관적인 체계화가 가능한 것이 아닌가 한다. 그리고 조선시대 사상사는 연구자 자신이 주자학에 대한 편향에서 벗어날 때 객관적인 이해가 가능해질 것이다. 본장은 이러한 문제의식을 가지면서『동국통감』의 사학사적 의의를 사상사의 문맥에서 검토하려고 한다.

1. 세조의『동국통감』편찬

1)『동국통감』편찬 배경

세조는 즉위 4년 9월부터『동국통감』편찬 사업을 벌여서, 14년에 홍거薨去할 때까지 10여 년간에 걸쳐서 이 사업을 추진하였으나 끝내 완성을 보지 못하고 말았다. 그러나 세조가 어떤 목적으로 국사를 편찬하려고 하였으며, 어떤 성격의 국사를 편찬하려고 하였는가, 그리고 세조의 집요한 노력에도 불구하고 왜 이 사업이 완성을 보지 못했는가를 이해하는 것은 중요한 의미를 갖는다. 세조가 의도했던 국사 편찬이 무엇을 목적으로, 어떤 성격의 사서를 만들려는 것인가를 알려주는 직접적인 기사는 매우 희귀하다. 그러나 세

---

3   鄭求福,「東國通鑑에 대한 史學史的 考察」,『韓國史研究』21 · 22 합집호, 1978.

조의 전반적인 정치방향과, 그의 수사에 임하는 태도를 종합적으로 검토한다면,『동국통감』의 성격을 파악하는데 큰 도움을 받을 수 있을 것이다.

먼저,『동국통감』 편찬은 시종일관 세조 자신이 앞장서서 일을 추진했다는 사실을 유의할 필요가 있다. 대개 관찬사서는 신하가 먼저 건의하고 군주가 다시 신하에게 하명하여 작업이 추진되는 것이 상례이나,『통감』은 그러한 관례를 깨고 세조 자신이 직접 발의하여 문신에게 하명한 형식을 취하고 있다. 세조 4년 9월의 실록기사 가운데

> 命文臣 撰東國通鑑 上以本國書記 脫落未悉 欲合三國·高麗史 作編年書 令旁採諸書 纂入逐
> 年之下[4]

라고한 데서 세조 자신이 직접 수사의 방향을 제시한 것이 확인된다. 이보다 앞서서 누구도 통감을 편찬하자고 주장한 기사는 보이지 않는다.

물론『동국통감』 편찬을 직접 건의하지는 않았지만, 세조로 하여금 국사 편찬을 결심하도록 간접적으로 사극을 준 이는 있었다. 집현전 직제학直提學 양성지梁誠之가 그였다. 그는 일찍이『고려사』 지리지를 편찬한 경험이 있는 학자로서 국사와 지리에 해박한 지식을 가지고 있었는데, 이러한 경험을 바탕으로 세종 말년에서부터 국방강화를 역설하는 상소를 여러 차례 주의하였다.[5] 특히 세조가 즉위한 뒤로는 왕의 지우知遇를 입어 더욱 적극적인 국방강화정책과 자주적인 문교정책의 추진을 강조하여 세조로부터 '나의 제갈량'이라는 애칭을 얻기까지 하였다. 그가 세조에게 올린 일련의 상소문가운데, 특히 세조원년 7월에 올린 「論君道十二事」와 세조 2년 3월에 올린 「便宜二十四事」, 그리고 세조 3년 12월에 올린 「便宜十二事」는 세조의 국방정책과 문교정책에 큰 영향을 주었다.

먼저 「論君道十二事」에서는 ① 만세자손萬世子孫을 위한 법전을 편찬할 것 ② 당우삼대唐虞三代뿐만 아니라 한漢·당唐·송宋·금金의 정치를 아울러 본받을 것 ③ 중국의 역사만을 알 것이 아니라 동국의 역사도 알아서 위치의 도道를 우리 자신에서 찾을 것 ④ 문무를 평등하게 대우할 것 ⑤ 수성守成의 군주는 안정安靜을 숭상할 것 ⑥ 서하西夏·금金·원元 등

---

4   『世祖實錄』卷14, 世祖 4年 9月 丙申條.
5   韓永愚, 「訥齋 梁誠之의 社會·政治思想」,『歷史敎育』17, 1975.

이적국가의 국속 유지 정책을 본받아 의관·언어·풍속 등은 중국 것을 따르지 말 것 ⑦ 우리나라는 요수이동遼水以東의 만리국가로서 단군 이래로 자치를 유지해 왔으며 중국의 기내제후畿內諸侯와 다른 독립국가이므로 중국에 대하여 지나친 사대조공事大朝貢을 행하지 말 것 등이 주장되었다.

다음에 「便宜二十四事」에서는 ① 요금遼金의 풍속을 따라 대사례를 행할 것 ② 오경제五京制를 둘 것 ③ 악진해독嶽鎭海瀆에 대한 사전祀典을 개혁하여 묘향산·구월산·태백산 등 단군과 관련되는 산악을 새로이 첨가할 것 ④ 번부악蕃部樂을 설치하여 일본악日本樂·여진악女眞樂 등을 가지고 일본과 여진 그리고 중국의 사신을 접대함으로써 국위를 선양할 것 ⑤ 우리나라 역대 시조와 명장·명상, 그리고 통일의 영주들을 제사하고, 쌍익雙翼·최충崔冲·이제현李齊賢·정몽주鄭夢周·권근權近 등 우리나라의 저명한 학자들을 문묘에 제사하여, 우리나라에도 공孔·맹孟·정程·주朱에 못지않은 훌륭한 학자가 있었음을 후인들에게 알릴 것 ⑥ 김유신金庾信·을지문덕乙支文德·강감찬姜邯贊·유금필庾黔弼·양규楊規·윤관尹瓘·조충趙冲·김취려金就礪·김경손金慶孫·박서朴犀·김방경金方慶·안우安祐·김득배金得培·이방실李芳實·최영崔瑩·정지鄭地·하경복河敬復·최윤덕崔潤德 등 무인들의 묘사를 세워 국가에서 제사하여, 문무의 일치를 도모할 것 ⑦ 문과 시험에 사학을 부과하여 중국사(左傳·史記·通鑑·宋元節要)와 본국사(三國史記·高麗史)를 병시並試케 할 것 ⑧ 경도에 사보四輔를 설치하여 수도首都 방위를 강화하고, 제도諸道에 진鎭을 설치하여 국방체제를 강화할 것 등이 주요 내용을 이룬다.

세 번째로 올린 「便宜十二事」에서는 ① 태조묘에 환조를 배향할 것 ② 태묘에 존시尊諡를 가상하여 효리孝理를 넓히고, 군주의 생일을 탄일誕日에서 절목節目으로 격상하여 만리국가의 위용을 갖출 것 ③ 경연을 설치하고 경사를 강론할 것 ④ 우리나라에서 편찬된 국서를 모두 구구購求하여 사고史庫에 보관할 것 ⑤ 호적戶籍을 강화할 것 등이 건의되었다.

위와 같은 양성지의 상소문 가운데, 『동국통감』을 편찬하자는 건의建議는 없지만, 국사의 중요성을 거듭 강조한 것이 나타나고, 또 그가 처음에 『동국통감』 편찬의 주책임을 맡았던 것을 고려할 때, 세조가 국사 편찬을 결심하게 된 배경에 양성지의 영향이 있었음은 부인하기 어렵다.

세조의 국사 편찬 방향을 이해하는데 또 하나 중요한 암시를 주는 것은 세조 3년 5월에 팔도관찰사로 하여금 사처私處 혹은 사원에 소장된 각종 고기류를 모아들이도록 하유한 사실이다.[6] 이때 진상령이 내려진 서책의 이름은 다음과 같다.

① 古朝鮮秘詞 ② 大辯說 ③ 朝代記 ④ 周南逸士記 ⑤ 誌公記 ⑥ 表訓三聖密記 ⑦ 安舍老 · 元董
仲 三聖記 ⑧ 道證記 ⑨ 智異聖母 ⑩ 河沙良訓 ⑪ 文泰山 · 王居仁 · 薛業等三人記錄 ⑫ 修撰企
所一百餘卷 ⑬ 動天錄 ⑭ 磨虱錄 ⑮ 通天錄 ⑯ 壺中錄 ⑰ 地華錄 ⑱ 道詵 漢都讖記 등

위 서책들은 당시까지의 사서 편찬에 거의 이용되지 않았던 것들이다. 세조가 이들 서책을 무엇 때문에 모아들였는지는 확실치 않으나, 이 하유下諭가 있기 2개월 전에 앞서 소개한 양성지의 국서강구에 관한 상소가 있었던 점으로 보아 이들 희귀한 서책을 모아 사고史庫에 보관해 두려고 했던 것이 틀림없다. 또 이 하유가 있은 지 1년 4개월 만에『동국통감』수찬령이 내려진 것으로 볼 때, 세조가 이들 서책을 모아들임으로써 국사 편찬에 자신을 얻게 되고, 그 책들을『동국통감』수찬에 참고하려 했던 것이 아닌가 짐작된다.

위 고기류들은 그 내용이 확실치 않으나, 고조선 · 지공誌公 · 삼성三聖 등의 명칭이 보이는 것으로 보아 상고사나 민간신앙과 관련되는 자료들이라는 것을 쉽게 짐작할 수 있다. 특히『조대기朝代記』는 뒤에『진역유기震域遺記』·『규원사화揆園史話』 등에 영향을 준 사서로서 고려 초기에 발해유민 사이에 전승된 일종의 선가계통의 사서라고 알려져 있으며, 그 내용은 주로 단군조선에 관한 것으로 보인다.[7]

세조가 만약 이런 자료들을 가지고 국사 편찬에 이용하려 했다면,『삼국사기』·『삼국유사』또는 권근의『동국사략』과 상고사 서술이 크게 달라질 가능성이 있다. 이들 기성既成의 고대사서들은 위의 고기류를 참고한 흔적이 없기 때문이다. 위 고기류들은 단군조선의 역대왕명이나 삼한제국의 왕명 그리고 그들의 치적을 적었을 가능성이 많다.

세조가 고기류들을 국사 편찬에 참고하고자 했으리라는 심증을 더욱 뒷받침해 주는 것으로서 다음과 같은 사실들을 음미할 필요가 있다.

첫째, 세조가『동국통감』편찬을 최초로 명령할 때, '本國書記의 脫落未悉'을 개탄하고, 『삼국사기』와『고려사』를 합치는 외에 '諸書의 記事를 널리 채집하여 纂入할 것'을 명령한

---

6   『世祖實錄』卷7, 世祖 3年 5月 戊子條.
7   韓永愚, 「17世紀의 反尊華的 道家史學의 成長 - 北崖子의『揆園史話』에 대하여」, 『韓國學報』 1, 1975.

사실을 상기할 필요가 있다.[8] 『삼국사기』와 『고려사』 이외의 제서諸書가 무엇을 가리키는지 확실하지 않으나, 두 사서에서 이용되지 않은 자료를 지칭한 것만은 틀림없다. 그렇다면 그 제서는 위에 소개한 고기류일 가능성이 크다.[9]

둘째, 세조의 국사에 대한 불만은 『고려사』보다도 삼국 이전의 고대사에 주로 집중되어 있었다는 사실을 주목할 필요가 있다. 성종 7년에 완성된 『삼국사절요』의 서거정 서문에는 이 책이 세조의 유의를 받들어 편찬된 것임을 밝히면서 세조의 뜻을 이렇게 전하고 있다.

世祖惠莊大王 … 慨念三國之史 未盡得體 開史局 集文士 撰之編摩

즉 세조가 『동국통감』을 만들려 했던 이유는 삼국시대의 고대사에 대한 불만에 있었다는 것이다. 그래서 『동국통감』 편찬작업도 고대사 개찬에 역점이 두어진 것 같고, 『삼국사절요』가 『동국통감』에 앞서서 완성된 것도 여기에 이유가 있는 듯하다. 세조가 국사의 탈락미실脫落未悉을 개탄한 것은 주로 고대사를 가리킨 것이 이로써 확실시된다.

셋째로, 세조는 『고려사』에 대해서는 큰 불만을 가질 이유가 없었다. 『고려사』는 불과 6,7년 전에 완성되었고, 또 비교적 자료를 충실히 모아서 편찬되었을 뿐 아니라, 수사의 기본 방향도 군주와 왕실의 입장에 서 있었기 때문에,[10] 그것이 편년체사서가 아니라는 점만을 제외한다면, 세조가 크게 불만을 가질 만한 사서가 아니다. 세조는 신하의 입장에서 쓰여진 『고려사절요』에 대해서는 큰 불만을 품었고, 따라서 그 주찬자인 김종서를 제거했을 뿐만 아니라, 이 책을 일체 참고하지 못하게 하였다. 따라서 세조가 구상한 『동국통감』은 고려시대사를 『고려사』를 토대로 재구성하고, 고대사는 『삼국사기』를 토대로 하되, 여기에 탈락된 부분을 고기류로서 보충하려 했던 것으로 추측된다.

---

8   註 4) 참조.
9   世祖가 말한 諸書는 古記類가 中心을 이루지만, 그 밖에 古記類에 많이 依存해서 쓰여진 史書들, 예컨대 李奎報의 『東明王篇』, 作者未詳의 『殊異傳』, 一然의 『三國遺事』 등도 포함될 가능성이 크다. 실제로 이들 諸書는 『三國史節要』에서 많이 引用되고 있다.
10   本書 第二章 참조.

2) 『동국통감』 편찬목적

세조가 고기류를 이용하여 고대사를 자세하게 재구성하려 한 것은 기왕의 사서가 고대사를 지나치게 소략하게 다룬 데 대한 학자적 불만에서 기인하는 것만은 아니다. 역사를 자세하게 쓰려고 하는 것은 누구나의 소망이지 세조 한 사람만의 소망일 수는 없기 때문이다. 그럼에도 불구하고 세조가 유독 고대사에 불만을 가진 이유는 무엇일까? 이 문제는 세조의 정치방향과 깊은 관계를 가진 것을 고려해야만 해명될 수 있을 것이다.

첫째로 고기류를 사료로서 이용한다는 것 자체가 중요한 의미를 가진다. 이런 자료들은 대개 고대국가의 시조나 군주들의 출자를 신성화하고 그 군주의 세계를 변작하고, 그 치적을 과장되게 미화한 것이 대부분이다. 단군신화 · 주몽신화 · 해모수신화 등이 모두 고기류에 실려 있다는 것은 다 아는 사실이다. 이런 신화들은 대부분 고대군주나 지배층의 선민의식에서 만들어진 것이고, 또 그들 자신의 지배체제를 정당화하는 이데올로기의 기능도 갖는 것이다. 그러나 이러한 신화 · 전설들이 지식수준이 낮은 대중들에게는 큰 설득력을 갖게 되고, 특히 외민족과의 갈등이 격화되는 시기에 있어서는 국가적 또는 민족적 동류의식을 자각 앙양시키는 가능도 갖는다.

따라서 고기류를 가지고 역사를 서술한다는 것은 역사를 신비화시키는 단점을 갖는 동시에, 군주의 권위를 높이고, 민족의 일체감을 조성하는 데는 매우 유리한 이데올로기로서 작용하게 마련이다.

특히 한국사의 경우, 상고사를 미화시키는 것은 잃어버린 만주 땅에 대한 회고의 정을 북돋아 주는 기능도 갖는다. 그것은 민족사의 현주소가 반도로 위축되어 대륙의 본적지를 상실한 데서 오는 특수성과 관련이 있다. 따라서 상고사에 대한 상세한 지식은 곧 민족의 본적지에 대한 인식으로 연결되고, 그것은 다시 실지회복의 염念을 불러일으키는 심리적 자극제가 된다.

김부식의 『삼국사기』나 권근의 『동국사략』은 기본적으로 본적지 중심으로 고대사를 인식한 것이 아니라, 현주소 중심으로 고대사를 이해하고 체계화하려고 하였다. 삼국 이전의 역사를 소홀하게 다루고 삼국 중 신라를 중심체로 서술한 것은 그러한 현주소 중심의 반도사관과 관련된 것이었다. 또 이와 같은 반도사관이 가진 이데올로기적 특성은, 민족의 성장이나 일체감의 조성보다는 중국에 대한 사대와 영토의 현상 유지를 목적으로 한 것이고, 안으로는 군주의 전제권 강화에 대한 비판기능의 의미를 지닌 것이다. 원래 유교사관이란 전제왕권보다는 군신의 조화에서 통치의 이상을 찾는 것이고, 부국강병을 토대로 한 민족의 성장보다는 도덕적 윤리질서 속에서의 국제적 안정을 희구한다.

따라서 『삼국사기』와 『동국사략』이 고기류를 크게 배척한 것은, 직접적으로는 신화·전설이 지닌 불합리성을 배격하는 데서 온 것이지만, 그 이면에는 유교적 통치질서를 지향하고자 하는 현실적인 정치이념이 작용하고 있는 것이다.

고기류를 사료로서 이용하느냐 안 하느냐가 이와 같이 중대한 정치이념의 차이를 내포한다는 사실을 고려할 때, 세조가 상고사를 재구성하려 한 것이 결코 순수한 학문적 동기에서 출발한 것이 아니라는 것은 충분히 수긍이 간다. 세조의 정치성향은 한 마디로 전제왕권의 강화였고, 대외적으로는 부국강병을 통한 실지회복주의자였다. 그러하기에 그는 유교일변도儒教一邊倒의 문교정책을 추진하지는 않았다. 그는 유학자가 천시하는 기술학을 크게 장려하고, 유학자가 배격하는 불교와 노장사상, 그리고 민간신앙과 고유한 풍속을 포용 장려하였으며, 사대事大의 명분에 맞지 않는 제천행사를 실시하고 단군을 국조로서 높이 숭앙하였다.[11] 세조가 양성지를 특별히 총애한 것도 자신의 정치성향과 부합되는 주장을 많이 한 까닭이었다. 세조의 변칙적인 집권과정 자체가 군주세습제를 옹호하는 유교의 명분론에는 저촉되는 것이었다. 그러나 유교적 명분론을 떠나서 생각할 때, 세조의 집권은 이왕조의 운조運祚를 위기에서 구출하고, 세종이 이룩한 수성守成의 치적을 완성 단계로 끌어올리는 견인차 역할을 한 것은 부인할 수 없다.

세종말년에서 문종·단종에 이르는 기간은 이왕실의 위기인 동시에 민족의 위기였다. 안으로는 집현전출신 관료의 지나친 비대로 말미암아 군주의 지위가 크게 하락되고 특히 유주幼主 단종이 즉위함에 미쳐서는 군주의 지위가 완전히 신하의 괴뢰로 전락하고 말았다.[12] 이것은 왕권의 위기인 동시에 이왕실의 위기이기도 하였다. 한편, 대외적으로는 명나라 영종황제가 북쪽의 몽고유민인 달달족에게 대패하여 포로로 잡히는 변고가 발생하였다. 이와 같은 대륙정세의 변동은 조선측에 큰 충격을 주고, 국방에 대한 불안감과 동시에 실지회복의 희망을 안겨 주기도 하였다. 세조의 등장은 바로 이러한 대내·대외정세

---

11 韓永愚, 「朝鮮前期 性理學派의 社會·經濟思想」, 『韓國思想史大系』 II, 社會·經濟 思想篇 참조.
12 韓永愚, 「王權의 確立과 制度의 完成」, 『한국사』 9, 1973. 12.

의 변동을 배경으로 한 것이었다.

세조의 전제적 권력기반은 종친과 무사·기술관 그리고 무인적 성향을 지닌 集賢殿學者들이었으며, 그 밑에 승려·농민·노비의 일부가 연결되고 있었다.[13] 이러한 세조의 권력기반은 지주적 기반을 가진 향촌호족이나 또는 호족 기반을 가진 유학자들과는 자연히 갈등을 빚어내게 되었다. 세조의 강력한 중앙집권정책은 중앙의 권신과 향촌지주 세력을 누르고 하층민을 포섭함으로써 전제왕권의 기반을 다지려는데 목적을 두고 있었다.

세조는 이러한 정치성향을 가지고『동국통감』을 편찬하려 하였으므로 수사관도 이런 정치성향에 따라 선발될 수밖에 없었고, 수사의 방향도 자연히 군주의 권위를 높이고, 유교적 명분에 구애되지 않는 탈규범적인 역사서술을 지향하지 않을 수 없었다.

세조가 만들려는『동국통감』의 체재는 장편이었다.[14] 원래 장편이란 사마광이『자치통감』을 편찬하기 위해 자료집으로서 만든 것으로, 분량이 매우 방대하고 사론이 들어가 있지 않은 것이었다.[15]『동국통감』이라는 명칭으로 보아서는『자치통감』을 모방하려 한 듯한 인상을 주지만,『자치통감』은 타인의 간섭을 받지 않고 신하의 입장에 서서 신하의 자의에 의해서 가치평가를 내린 사서이기 때문에[16] 세조가 이를 전적으로 모방했을 것 같지는 않다. 따라서『동국통감』은 이름은 통감이지만, 성격은 장편에 가까운 특이한 사서를 만들려 했던 것 같다. 즉 사마광의 장편은 통감을 만들기 위한 준비작업으로서 만들어진 것이지만, 세조가 만들려는 장편은 통감을 쓰기 위한 자료집으로서가 아니라, 장편 그 자체로서 완성된 사서를 만들려는 것이 아니었던가 추측된다. 결국 세조는 기성의 사체가 어느 것도 군주의 입장에 합당한 것이 없기 때문에 이름은 통감이라고 지어 놓고 내용은 장편에 가까운 특이한 성격의 사서를 쓰려고 했던 것으로 보인다.

---

13 世祖執權에 有功한 靖難·佐翼 및 原從功臣의 成分을 통해서 世祖의 政治基盤을 이해할 수 있다.

14 三國史節要箋文 및 東國通鑑箋文 참조.

15 長編은 司馬光이『資治通鑑』을 쓰기 위한 준비작으로서 모든 資料를 取捨選擇하지 않고 年代順으로 모아놓은 叢目을 整理한 것인데, 唐紀만 600권이나 되었다. 뒤에『資治通鑑』에서는 唐紀를 80권으로 압축해서 실었는데 자치통감의 전체 분량은 294권이나 된다. 이로써 미루어보면, 長編의 전체 분량은 通鑑보다도 7~8배나 더 많았던 것으로 보인다. (內藤虎次郎,『支那史學史』, 259쪽 및 李宗侗,『史學概要』, 131쪽 참조)

16 『資治通鑑』은 帝王을 위한 備忘錄으로 지은 것이 아니라, 司馬光 자신의 史眼을 투영시킨 史書이며, 편찬 과정에 있어서도 완전히 자유스러운 입장에서 君主의 監修나 同輩의 推諉를 받지 않았다고 한다. (金靜庵,『中國史學史』, 218쪽 참조)

3) 『동국통감』 편찬과정

『동국통감』 수찬령修撰令이 최초로 내려진 것은 세조 4년 9월의 일이다. 그러나 이때는 문신으로 하여금 '방채제서旁採諸書' 즉 제서諸書를 널리 채집하는 데서 그쳤다. 즉『삼국사기』와『고려사』이외의 제서를 널리 채집하는 단계에 들어간 것이다. 다시 말하자면,『삼국사기』와『고려사』이외의 자료를 더 보충할 만한 서책을 조사수집하는 작업이 시작된 것을 뜻한다. 이때 이 작업을 맡은 이가 누구인지는 확실하지 않다. 또 제서를 방채旁採한다는 것이 어떤 책들을 지칭하는 것인지도 알 수 없다. 다만 이 제서 가운데, 각종 고기류가 포함되어 있었을 가능성이 많다는 것은 앞서 검토한 바와 같다.

『동국통감』 편찬이 본격적으로 착수된 것은 세조 9년에 들어서서부터였다. 세조 9년 9월 신유辛酉에 세조는 왕세자와 왕자·종친 그리고 대신들과 함께 습진을 열관하는 자리에서 최항(우참찬)·양성지(동지중추원사)·송처관(행상호군)·이파, 그리고 김수녕(동부승지) 등에게『동국통감』 편찬의 뜻을 밝히면서 대신들이 힘써줄 것을 당부하고 있다. 이때 세조는 수사 취지를 다음과 같이 밝히고 있다.

> 本國史 錯亂無統 予欲以東國史略·三國史·高麗史等書 參酌損益 勒成一書 名之曰東國通鑑 昭示方采 以便考閱

세조 4년에 왕은 기성국사旣成國史의 탈락미실脫落未悉을 보완하기 위해서『동국통감』을 편찬한다고 말했으나, 여기에서는 국사의 착란무통錯亂無統이『동국통감』 편찬의 주요 이유로 제시되고 있다. 이것은 기성국사에 대한 불만이 양적인 데서 질적인 것으로 바뀐 것 같은 느낌을 준다. 그러한 느낌은 새로운 자료의 보충에 대한 언급이 없이,『삼국사기』·『동국사략』·『고려사』등 기성사서들을 '참작손익參酌損益'해서 일서를 만들겠다는 데서도 엿보인다.

이것은 세조가 그동안 새로운 자료들을 모아 본 결과 사실의 탈락뿐만 아니라 체계의 착란까지도 고쳐야겠다는 생각으로 발전된 것이 아닌가 여겨진다.

『동국통감』 수찬령이 내려지기 4개월 전인 세조 9년 5월에 왕은 양성지로 하여금 국가 소장의 만여 권의 서적들은 분야별로 분류하여 정속장거整束藏弆케 하는 작업을 완료케 하였는데,[17] 이때 양성지는 작업완료를 보고하면서 도서 관장 기관으로서 홍문관의 설치를 건의하였다. 이 건의는 세조에게 채납되어 그해 11월에 홍문관이 설치되고, 박원형·양성지·노사신이 각각 대제학·제학·직제학을 겸임하게 되었다.[18]

『동국통감』편찬이 이렇듯 양성지의 도서정리 작업이 끝난 직후에 거론된 것은 결코 우연한 일로 생각되지 않는다.

어쨌든 세조는『동국통감』편찬 의사를 밝힌 지 열흘이 지난 동왕 9년 9월 계미癸未에 다시금 수사관의 인선방법을 지시하고 있다. 이때 세조는 양성지로 하여금 최명손崔命孫 (세자정자世子正字)·신숙정申叔禎(예문봉교藝文奉敎) 등 궐내유생을 데리고 편찬케 하고, 신숙주와 권람으로 하여금 감수케 하였으며, 이파李坡(우승지右承旨)로 하여금 출납을 맡게 하였다.[19]

그런데 이때 수사관 인선 방침에서 주목되는 것은 첫째, 문신을 많이 모으지 말고 소수의 궐내유생만을 데리고 하라는 것. 둘째, 우승지 이파를 친자식과 같다고 말하고 그로 하여금 수사관 이름을 써 내게 하고, 또 출납을 맡게 시킨 점. 셋째로 양성지에게 수사의 주책임을 맡긴 점 등이다.[20] 말하자면 양성지와 이파를 중핵인물로 하여 궐내유생에게 작업을 맡기자는 생각이다. 의정부대신들과 직접 상의하지 않고, 또 그들에게 주책임을 맡기지 않은 것이 주목된다.

세조 9년 11월 기사己巳에 왕은 다시 양성지와『동국통감』수찬을 협의하고, 양성지는 당상과 낭청의 이름을 적어 냈다.[21] 아마 이때 양성지는『동국통감』을 편찬하는 기관으로서 동국통감청의 설치를 건의하고 그 인원 구성을 위촉받은 것으로 보인다.

그러나 동국통감청의 설치를 계기로 하여 세조와 수사관 사이에서는 벌써부터 편차 문제를 둘러싸고 갈등을 보이기 시작했다. 세조 10년 1월 을해乙亥에 왕은 우의정 구치관具

---

17 『訥齋集』卷6, 遺事.

18 同上.

19 『世祖實錄』卷31, 世祖 9年 9月 癸未條 "… 召右副承旨李坡及河城尉鄭顯祖等曰東國通鑑修撰 不須多聚文臣 汝等議于申叔舟·擥·崔恒 擥曰 人小則遲 人多則速也 上曰不可 只令闕內儒生撰之 令監書可人采 坡書世子正字崔命孫·藝文奉敎申叔禎·待敎元叔康名以進 上曰梁誠之率諸儒撰之 叔舟·擥監之 坡掌出納 謂孝寧大君曰 予於坡 待之若子 無異己出 又謂坡曰 予與汝父 非尋常之比 每見汝常思之"

20 同上.

21 『訥齋集』卷6, 南原君政案(金守溫撰) "癸未 (9年 - 필자) 九月 … 一日上御丕顯 閣命公就前 議東國通鑑修撰事 公遂書堂上·郎廳之名"

致寬에게 『동국통감』 수찬에 착오가 많음을 지적하고 내종승지[22] 등으로 하여금 좌우로 나누어 잘못된 것을 적기하였으니 그것을 보라고 말하였다.[23] 그리고 다음달 2월 병술丙戌에는 "方今 일이 시작되었으므로 깊이 責하지 않겠으니, 마땅히 盡心으로 다시 시작하라"[24]는 전지傳旨를 내렸다. 이어서 같은 해(10년) 8월 경자庚子에는 동국통감청의 당상과 낭관 등을 불러서 점편절차粘編節次에 관하여 묻고 친히 범례를 만들어 내려 주었다.[25]

다음해(11년) 1월 정묘丁卯에 세조는 좌승지 윤필상尹弼商으로 하여금 『동국통감』의 편차를 적은 서책을 봉하여 바치게 하였다. 이미 내장의 서책을 내주어 문신으로 하여금 기사를 초록抄錄하게 하였음에도 일의 성효가 없고 작업이 늦어지자 이런 조치가 내려진 것이었다.[26]

세조 12년 윤 3월에는 수사관을 다음과 같이 재구성하였다. 먼저 당상관으로는 최항崔恒(좌찬성)·김국광金國光(예조판서)·한계희韓繼禧(이조판서)·노사신盧思愼(호조판서)·양성지梁誠之(대사헌)·임원준任元濬(동지중추부사)·서거정徐居正(동지중추부사)·이파李坡(한성부우윤)·이영은李永垠(좌부승지) 등 9인이 임명되고, 낭관으로는 이봉李封(이파의 아우)·성윤문成允文·윤자영尹子瀅·이수남李壽男·정난종鄭蘭宗·정효상鄭孝常·김계창金季昌·권계희權季禧·배맹후裵孟厚·이경동李瓊仝 등이 임명되었다.[27] 이 밖에 이맹현李孟賢·조익정趙益貞·김극검金克檢·최숙정崔淑精 등도 추가로 낭관郎官에 임명된 것으로 보인다.[28] 여기에서 주목되는 것은 신숙주申叔舟·구치관具致寬·황수신黃守身·박원형朴元亨·한명회韓明澮·권람權擥과 같은 원로대신들이나 의정부정승들이 모두 빠져 있는 것이다. 그리고 노사신盧思愼·김국광金國光·서거정徐居正 등 새로운 인물의 참여가 보인다. 양성

---

22 內宗承旨는 兒宗承旨라고도 하였는데, 永順君(溥)·龜城君(浚)·銀山副正(徹)·河城尉(鄭顯祖)등 王의 宗親으로서 하루에 2人씩 교대로 承政院에 入直케 하였으므로 內宗承旨라고 불렀다.

23 『世祖實錄』卷32, 世祖 10年 1月 乙亥條 "御康寧殿 謂右議政具致寬曰 東國通鑑修撰 必多錯誤 今令內宗承旨等 分左右摘誤 卿可觀之"

24 同上書 卷32, 世祖 10年 2月 丙戌條 "先是 上以東國通鑑編次 必多錯誤 令兒宗承旨等 分左右摘誤 至是傳曰 今方 始事 玆不深責 宜更盡心為之"

25 同上書 卷34, 世祖 10年 8月 庚子條 "御養心堂 召東國通鑑廳堂上·郎官等 問其粘編節次 親授凡例"

26 同上書 卷35, 世祖 11年 正月 丁卯條 "命左承旨尹弼商封東國通鑑編次書冊以啓時東國通鑑 始事已久 未有成效 又出內藏書冊 分付文臣抄之 事皆稽緩 故有是命"

27 同上書 卷38, 世祖 12年 閏3月 庚子條.

28 李孟賢·趙益貞은 世祖 12年 4月 壬戌日 記事에 修史官으로 나오고, 金克檢과 崔淑精은 同年 7月 朔日에 修史官으로 나온다.

지와 이파는 계속 참여하고 있고, 특히 이파의 동생인 이봉이 낭관으로 임명된 것이 주목된다. 이번 수사관 임명은 그동안 여러 차례의 편차 제정을 둘러싼 토론 과정에서 세조가 수사관의 자질을 시험한 끝에 발탁한 것으로 보인다.

세조는 새 진용이 구성된 지 며칠 뒤인 세조 12년 4월 신유辛酉에 당상과 낭관을 불러들여 편차사목을 강론케 하였는데 사회 김종연金宗蓮이 인의에 관한 이야기를 하자 왕은 발언의 뜻이 어디에 있느냐고 물었으나 제신들이 침묵을 지키자, 그들의 무례와 군부의사에 대한 거역을 이유로 의금부에 하옥했다가 풀어 주었다. 아마 새로 임명된 수사관들도 편차사목을 둘러싸고 세조와 심각한 견해 차이가 있었던 것 같다. 그리고 특히 세조가 수사관의 침묵을 군부의사에 대한 거역으로 해석하고, "내가 어찌 너희들을 누르지 못하겠느냐"고 하면서 의금부에 하옥시킨 것을 보면, 그 견해차이가 매우 근원적인 데 있었던 것으로 보인다.[29]

세조는 이러한 사건이 있은 지, 그 다음 달 다시금 당상·낭관을 불러들여 편차사목을 강론케 하였다. 그리하여 수사관 중에서 이봉李封·이맹현李孟賢·이수남李壽男·정난종鄭蘭宗·이경동李瓊仝·권계희權季禧·배맹후裵孟厚·조익정趙益貞 등 7인의 낭관만을 선발하여 교대로 직숙直宿하도록 명하였다.[30] 이들은 대개 30세 전후의 소장관료로서, 편차사목에 가장 정통한 인물로 지목되었으나, 사실은 세조의 명에 가장 순종하는 인물들이었던 것 같다. 세조는 당상관들을 제외시키고 가장 신임할 만한 소수의 낭관만을 최종적으로 선발하여 『동국통감』 편찬을 강행할 결심을 굳힌 것으로 보인다.[31]

다음날(癸亥) 세조는 예문관에 명하여 『동국통감』을 시찬始撰케 하고, 제작과 거취를 모두 왕에게 보고하여 재가를 받게 하였다.[32] 이로써 세조는 자신이 일일이 편찬 작업을 지

---

29 同上書 卷38, 世祖 12年 4月 辛酉條 "御華韡堂 召東國通鑑修撰堂上·郎官 講論編次事目 … 上問司誨金宗蓮曰 凡人被刺痛傷 心厥氣厥 宗蓮 … 又率爾言曰 昔告子有仁內義外之說 孟子非之 上曰 此何等言耶 發言之意何由固問之 宗蓮不能對語多謬誤 擧止疎慢 命諸臣論詰 皆寂然無辨之者 上曰 無君之心 兆於無禮 汝等皆有不是君父意思 故予之所言 皆無對之者 予豈不能制汝等 命皆下義禁府 尋赦之"

30 同上書 卷38, 世祖 12年 4月 壬戌條.

31 東國通鑑廳의 堂上인 大臣들은 대개 集賢殿 출신이고, 郎官은 대부분 世祖가 執權 後에 親試로서 등용한 少壯官僚들이라는 점에서, 堂上보다는 郎官들이 世祖에게 더 忠誠스러웠던 것으로 보인다. 梁誠之·權擥·盧思愼·徐居正·崔恒 등 世祖가 信任하던 堂上들이 제외된 것은 매우 注目되는 현상으로서, 王과 堂上들 사이에 상당한 見解 차이가 있었던 것으로 보인다.

32 『世祖實錄』 卷38, 世祖 12年 4月 癸亥條 "命於藝文館 始撰東國通鑑 制作去就 皆稟上裁"

휘 · 감독 · 결재하는 위치에 서게 되었다.

그 다음날(甲子) 세조는 다시 당상 · 낭관을 불러 편서의 절차를 묻고, 한두 군데 옳지 않은 곳을 바꾸게 하고, 이어 술자리를 마련하였다.[33] 이제 수사관들은 자의건 타의건 세조의 명에 복종하는 자세를 갖게 된 것 같다.

사흘 뒤에 세조는 상참常參을 받는 자리에서 친히 『동국통감』 편차를 보았다는 기록이 있고,[34] 열흘 뒤인 12년 5월 정축丁丑에는 통감청낭관을 불러 편차와 절목을 토론하는데 첩첩망권疊疊忘倦이었다는 기록이 나온다.[35] 이어서 정난종 · 이수남 등 일부 통감청낭관을 좌우부승지로 승진시켰고,[36] 동년 7월 경오에는 동국통감수찬낭관 이봉 · 이경동 · 이맹현 · 김극검 · 최숙정 · 조익정 등에게 강경을 시켰다는 기록[37]을 끝으로 이후에는 『동국통감』 수찬에 대한 기록이 보이지 않는다.

세조 9년 9월부터 시작된 『통감』 편찬 작업이 3년여에 걸친 노력에도 불구하고 끝내 완성을 보지 못하고 중지된 것은 다음과 같은 몇 가지 이유로 생각될 수 있다.

첫째, 세조 12년 6월 정미丁未에 평안도절제사 양정楊汀이 세조가 베푼 위로연 자리에서 세조의 양위讓位를 건의하였다가 왕의 노여움을 사서 참수된 사건이 일어났다. 양정은 일찍이 세조를 도와 김종서 · 황보인 등을 제거하는데 앞장서서 정난공신과 좌익공신에 피봉되었던 훈구대신의 한 사람이었기 때문에 그의 선양 건의는 왕에게 큰 충격을 주었던 것 같다. 양정이 왕의 양위를 건의한 것은, 왕으로 하여금 여생을 편히 보내기 위함이라고 하였으나, 내심은 세조의 전제에 불만을 품고 퇴위시키려 한 것 같다. 세조는 처음에 그의 말을 듣고 "나는 이미 德이 적고, 人心이 떠나갔다"고 말하면서 승지로 하여금 대보를 가져오게 하여 즉석에서 세자에게 위를 물려줄 듯이 소동을 일으켰으나 신하들의 만류로 번의하였다. 그리고 나서 며칠 뒤에 양정을 처단해야 한다는 신하들의 건의를 받아들여 참수하였는데 세조는 그의 죄목을 서시하는 가운데 "楊汀은 … 나의 剛明을 싫어하고 빨리 位를 물러나게 하고자 하여 言說로 드러낸 것"[38]이라고 하여 양정이 자기의 강명剛明 즉 전

---

33   同上書 卷38, 世祖 12年 4月 甲子條.
34   同上書 卷38, 世祖 12年 4月 丁卯條.
35   同上書 卷39, 世祖 12年 5月 丁丑條.
36   同上.
37   同上書 卷39, 世祖 12年 7月 庚午條.
38   同上書 卷39, 世祖 12年 6月 辛亥條.

제專制를 싫어하는 뜻을 가졌다고 단정하고 있다.

이 사건은 결국 세조의 전제적 성향을 더욱 노골적으로 드러낸 결과를 가져왔지만 한 편으로는 왕 자신도 훈구대신의 반발에 내심으로 큰 충격을 받았던 것 같다. 이 사건이 있은 지 4개월 뒤인 세조 12년 10월부터 왕은 세자에게 서사庶事를 청결聽決하게 하고, 신숙주 · 한명회 · 구치관 등 원로대신으로 하여금 세자와 더불어 서무를 의정하게 하였다. 말하자면 세자와 대신들에게 권력을 상당히 이양하는 조처가 내려졌다.

이것은 물론 이 무렵부터 세조의 질병이 갑자기 악화된 데도 한 가지 원인이 있는 듯하나, 훈구대신의 반발을 완화하려는 뜻이 없지 않은 것 같다.

둘째, 『동국통감』 편찬이 세조의 일방적인 고집으로 강행되기 시작하면서 강경에 참여하는 유신들의 침묵항의가 더욱 노골화되었다는 사실이 주목된다. 세조는 전부터 유생들로 하여금 천자제례天子制禮 문제, 이기심정理氣心情 문제, 태극太極 · 무극無極 문제, 사단四端 · 사덕四德 문제, 공자 · 맹자 · 주자에 대한 평가 문제 등을 놓고 진지한 토론을 전개하여 왔는데, 이러한 강경이나 또는 자신이 직접 지은 중시重試 · 발영시拔英試 등의 책제策題에 대한 해답을 통해서 인재를 발탁해서 썼던 것이다.

그런데 『동국통감』을 편찬하기 시작하면서 유생들이 강경 과정에 王의 질문에 대하여 거짓 대답을 하거나 침묵으로 불답하여 왕의 노여움을 사서 하옥 또는 참수되는 사례가 종종 나타났다. 세조는 신하들의 불성실한 답변과 무언의 항변에 위협과 처벌로서 강압하였지만, 자신을 진심으로 따라주는 신하를 많이 얻지 못하였다. 세조는 강경과정에서 공맹이나 주자를 비난하는 사례가 많았는데, 이것은 세조가 유학의 고답적인 명분이나 이론에 대하여 호의를 갖지 않았음을 말해 주는 것 같다. 한가지 예로서 세조 10년 1월 을해에 중용을 강할 때에 "천자天子가 아니면 예禮를 만들 수 없다"는 대목에 이르러 왕은 유생에게 "天子가 아니면서 禮를 만들 수 있는 사람이 있는가"고 물었다. "聖德이 있는 者는 가능하다"는 유생의 대답에 대하여, 왕은 "天子가 아니면서 禮를 만든 사람이 누구인가"고 묻고, "周公이 周禮를 만든 것이 그 例이다"라는 답변에 대하여 "그렇다면 周禮는 과연 周公이 지은 책인가"고 되물었다. 이에 대하여 신하들은 아무도 대답을 못하다가 왕의 채근에 못이겨 제각기 다른 대답을 하여 결론을 내리지 못하였다고 한다.[39]

39　同上書 卷32, 世祖 10年 正月 乙亥條 "… 上問曰 前坐者誰耶 左右對曰 李孟賢也 上曰 此能講者耶 令講中庸 左右

세조 12년 8월 무진戊辰과 9월 경오에 있었던 강경에서는 유신 김종연金宗蓮이 "太極이 理냐 氣냐 心이냐"고 묻는 왕의 질문에 대하여 "先儒는 太極이 氣에 속한다고 했는데, 朱子는 理에 속한다고 하였다. 臣의 생각으로는 朱子의 說이 그르다고 믿으나, 儒者의 公論이 두려워서 감히 그르다고 말할 수 없다"고 대답했다. 이에 대하여 세조는 "朱子는 너의 君父가 아닌데 어째서 감히 그르다고 말하지 않는가? 先儒로서 朱子를 貶한 사람이 많다. 朱子라고 해서 어찌 잘못된 곳이 없겠는가?"라고 힐난하면서 그를 '부하망상附下罔上'의 죄로 처형하였다.[40]

이와 같은 강경사례로 미루어 보건대, 세조가 강경을 시행하는 목적은 유학을 장려하는데 있는 것이 아니라, 유학자들이 공맹, 주자의 이론에는 맹종하면서 군부의 말은 경시하는 풍조를 시정하려는 데 있었던 것으로 보인다.

『동국통감』 편차에 대한 토론과 유자들의 강경은 서로 밀접한 관련을 가지는 것으로, 실제로 이 두 행사는 동시에 이루어지는 경우가 많았다. 유교에 대해서 어떠한 자세를 갖느냐의 문제는 『동국통감』을 어떤 방향으로 편찬하느냐의 문제와 직결되어 있는 까닭이었다. 따라서 강경에서의 군신 간의 갈등은 『동국통감』 편찬 방향에 대한 군신 간의 위화를 그대로 반영하는 것이다.

세조가 『통감』 편찬 작업을 중지한 이유의 하나는, 유자들의 유교에 대한 맹신적 태도의 시정이 근본적으로 선행되어야 할 필요성을 절감한 데서 온 것 같기도 하다.

다음으로 세조 13년 5월에 발생한 소위 이시애란과, 이 무렵에 추진되고 있던 요동토벌 계획의 영향을 생각해 볼 수 있다. 이시애란은 세조의 국방강화 정책과 전제권 강화에 시달림을 받던 지방의 호족과 중앙의 원로훈구대신의 불만이 합류된 데서 빚어진 것이었다. 특히 신숙주 · 한명회 · 권람 등과 같은 원로대신이 이시애와 내통했다는 소문이 퍼져 그들이 일시적이나마 하옥되는 사태까지 벌어졌다.[41] 이들이 이시애란에 직접 관여되었는지는 확실하지 않지만, 이들이 세조사후에 친왕파 인물들을 제거하고 세조의 국방 정책을 비판하고 나선 것을 보면, 세조와 훈구대신과의 불화가 세조집권 말기에 가서 깊어졌던 것을 짐작케 한다. 신숙주와 권람이 처음에는 『동국통감』 수찬의 감수자로 위촉되

儒生交相問難 至非天子不制禮 上問曰 非天子而能制禮者有乎 對曰 有聖德者則可爲也 又問曰 然則非天子而制禮者誰耶 對曰 如周公作周禮是也 又問曰 然則周禮果周公之書乎 左右無能對者 上曰 何故嘿然 … 論議未定"

40 同上書 卷39, 世祖 12年 8月 戊辰條; 同年 9月 庚午條; 同上書 卷40 世祖 12年 12月 壬戌 · 癸亥條 참조.

41 同上書 卷42, 世祖 13年 5月 癸未條.

었다가 뒤에 가서 세조의 친재체제로 바뀌면서 더욱 소외감을 갖게 되었는지도 모른다.

양성지는 처음부터 끝까지 세조의 신임을 많이 받고 처음에는『동국통감』수찬의 주책임을 맡은 인물이지만, 전적으로 세조의 입장만을 따른 것 같지는 않다. 그는 시종일관 국사의 중요성을 강조하고 국가의 자주성을 강화하는 정책을 건의하였으나,『통감』편찬에 적극 협조한 흔적은 보이지 않는다. 그는 세조 12년 11월 신미辛未에 왕에게『자치통감강목』·『속편강목』·『동국사략』·『고려사』등 중국사 및 국사서의 진강을 건의하고 있는데, 이것은 그가 세조 2년에 올린「便宜二十四事」에서『좌전』·『사기』·『통감』·『송원절요』와『삼국사기』·『고려사』를 문과시험에 부과하자는 주장과 비교할 때, 다른 점이 보인다. 즉 그는 만년에 이를수록 주자의 강목법 역사서에 기울어지는 경향을 보이고 있다. 아마 이러한 변화가 주자의 강목법 사서를 가장 싫어하는 세조와 견해 차이를 갖게 된 것이 아닌가 추측된다.

결국 자신의 왕위 찬탈을 정당화하고 전제왕권을 강화하는 입장에서 국사를 군주중심의 탈규범적 민족사체계로 재구성하려 했던 세조의『동국통감』편찬 작업은 원로훈구대신과 유교적 명분에 투철한 유신들의 반발, 그리고 그의 문교·국방정책의 일급 두뇌 역할을 했던 양성지의 후퇴 등으로 완성을 보지 못한 가운데 중단되고 말았던 것이다.

2. 신숙주 · 노사신 등의『삼국사절요』

세조가 완성하지 못한『동국통감』을 매듭지으려는 논의가 예종대에 다시 일어났다. 이것을 처음 발의한 것은 최숙정이었다.[42] 그는 세조 12년 7월 삭일朔日에 동국통감 수찬 낭관으로 참여한 기록이 보이는 것으로 보아 가장 뒤늦게 참여한 인물이다. 그의 건의는 승정원 승지들의 동의를 얻어 왕도 이를 따르기로 하였다. 이때 승정원의 6승지는 권감權瑊 · 이극증李克增 · 윤계겸尹繼謙 · 한계순韓繼純 · 정효상鄭孝常 · 이숭원李崇元 등 세조가 사랑하던 소장유신들로서, 정효상은 한때『동국통감』수찬 낭관을 지낸 경력이 있는 인물

42　『睿宗實錄』卷8, 睿宗元年 10月 甲寅條 "… 刑曹佐郎崔淑精啓 我國史籍本少 學者昧於本國歷代之事 請東國通鑑 速令畢撰 … 都承旨權瑊 · 左副承旨韓繼純 · 右副承旨鄭孝常 · 同副承旨李崇元等議 … 東國通鑑則 先王時 修撰幾訖 依所啓督成 從之"

이기도 하였다.

이들은 "東國通鑑이 先王 때에 거의 修撰을 마쳤으니 (崔淑精의) 啓한 바대로 督成시키자"고 왕에게 건의하여 윤허를 받았다.[43] 그러나 다음 달에 왕이 홍거薨去함으로써 계획은 실행되지 못하였다.

『동국통감』 편찬 작업이 다시금 본격적으로 착수된 것은 성종 5년의 일로서, 이때 편찬의 주도권을 잡은 이는 영의정 신숙주이었다. 신숙주는 부총관 이파와 더불어 자기 집에서 편찬 작업을 진행시키고 있었다. 강희맹이 지은 문충공행상에는 "王이 公(신숙주 - 필자)에게 명하여 文士를 뽑아 公의 摠裁를 받게 하고, 국가에서 餼廩을 대주어 집에서 撰修를 마치게 하였다"[44]고 하였으나, 왕이 먼저 신숙주에게 요청하여 집에서 국사를 편찬하게 하지는 않았을 것이다. 관찬사서를 사가에서 찬수하는 일을 왕이 자청했을 리는 만무하다. 이는 필시 신숙주가 당시 실권을 장악하고 있던 권신으로서 자기의 편리를 따라 사가 작업을 진행시켰던 것 같다. 성종은 아직 유주로서 대왕대비의 섭정하에 있었고, 정치적 실권은 신숙주를 비롯한 훈구대신들이 장악하고 있었기 때문에, 신숙주의 뜻을 마음대로 꺾을 처지가 못 되었다.

신숙주가 사가에서 이파를 데리고 『동국통감』 편찬을 추진한 이유는 무엇일까? 신숙주와 세조의 관계로 보아서, 그가 세조의 유의를 따라 일을 벌였다고는 생각되지 않는다. 또 이파의 경우도, 처음에는 세조의 총애를 받아 『동국통감』 수찬의 출납을 맡고, 이어서 낭관과 당상에 임명되었지만, 세조 12년 4월 이후로는 수사관 명단에서 빠져 있는 것으로 보아, 세조와 견해 차이가 있었던 것이 아닌가 의심된다. 또 신숙주가 전일의 수찬관 중에서 하필 이파를 선택하였는가도 문제이다. 신숙주는 본래 나주출생으로서 윤회의 손녀와 결혼하고, 또 어려서 윤회(전라도무송인, 윤소종의 아들)에게서 학문을 배웠으며, 문종대에는 『고려사절요』의 편찬에 깊이 관여한 바 있다. 또 세조 11년에는 정도전의 『삼봉집三峰集』 서문을 쓰기도 하였으며, 황희黃喜(남원인)의 묘표墓表와 묘지墓誌, 그리고 그의 시권의 서를 쓰기도 하였다. 이와 같은 그의 출자와 경력으로 보아 그는 개국공신계열인사의 영향을 많이 받았고, 지역적으로는 기호인사들과 교분이 두터운 인물임을 알 수 있다. 이

---

43 同上 참조.

44 『保閒齋集』補遺 附錄 文忠公行狀(姜希孟撰) "先是 世祖嘆我國前代史不明 上命 公撰東國通鑑 中遭國家多事 未克成書 至是 上命公揀文士 承公摠裁 官饋餼廩 在家畢撰 公據陽村東國史略 博採群書 添補闕漏 遂爲完書 未脫藁而卒"

파는 이색李穡(한산인) 후예로서 신숙주의 문인을 자처하는 점으로 보아[45] 신숙주가 그를 수사관으로 선발한 것도 이러한 인연이 작용한 것이 아닌가 한다.[46]

신숙주가 이파만을 데리고 사가에서 국사를 편찬하려 한 것은 그만큼 타인의 간섭을 받지 않고 자기 취향에 맞는 사서를 은밀히 만들려는 의도에서였을 것이다. 그러나 신숙주의 사가 찬수는 조신들의 항의를 받게 되었고,[47] 특히 신숙주가 찬수를 시작한 지 반년 만에 사거함으로써 그의 주도하의 『동국통감』 수찬은 완성을 보지 못하고 말았다.[48]

신숙주는 『고려사절요』의 찬자의 한 사람인만큼, 이 책을 무시하고 『고려사』를 대본으로 하여 『동국통감』을 저술하려고 하지는 않았을 것이다. 더욱이 신숙주가 왕의 간섭을 받지 않고 자기 취향대로 국사를 쓰는 마당에서, 군주의 입장에서 편찬된 『고려사』를 따르려고 했다고는 믿어지지 않는다. 역사 서술이 편찬자의 정치적 입장과 밀접한 관련을 가진다는 사실을 고려할 때, 그래서 왕권이 강할 때에는 예외없이 군주중심의 사서가 편찬되고, 신권이 강할 때에는 반대로 신하중심의 역사 서술이 시도된다는 경험에 비추어 볼 때, 신숙주가 막강한 실권자로 등장한 마당에서 세조가 시도하던 방향으로 『동국통감』을 편찬할 개연성은 극히 희박하다고 보아진다.

따라서 신숙주의 『동국통감』 수찬 작업은 필시 고대사에 치중되었을 가능성이 크다.[49] 그리고 그 서술의 기조는 『고려사절요』의 그것과 유사한 것이었을 것이다. 그리하여 새로 개찬된 고대사를 『고려사절요』와 연결시켜서 통사체계를 구성하려 했을 것으로 보여진다.

성종 7년 12월 병술丙戌에 노사신(영돈녕부사)·서거정(우찬성)·이파(이조참판) 등은 『삼국사절요』(15권)를 찬진하였다.[50] 이 책의 전문은 노사신·서거정·이파의 명의로 쓰여지고, 서문은 서거정에 의해서 작문되었다. 서문에 의하면 본서의 수사에는 3인 이외

---

45 鄭求福, 「三國史節要에 대한 史學史的 考察」, 『歷史敎育』 18, 1975, 100쪽 참조.

46 『成宗實錄』 卷50, 成宗 5年 12月 丁未條에는 "上曰 李坡掌撰東國通鑑久而詳其首尾 故領議政請與同修也"라고 하여 李坡가 동국통감편찬에 오래 참여한 경험이 있어서 申叔舟가 同修하기를 요청했다고 하였으나, 이 記事는 그대로 믿을 수가 없다.

47 司諫 朴崇質, 大司諫 鄭佸 등은 李坡가 軍職을 맡은 副摠管으로서 大臣의 집에 出入하는 것은 不當하다는 이유로 李坡의 교체를 건의하였다. (成宗 5年 12月 丁未條)

48 註 44)에 의하면 申叔舟의 『동국통감』 편찬은 "完書가 되었으나 脫藁하기 전에 죽었다"고 하여 거의 완성단계에 있었음을 말해주고 있다.

49 註 44)에 의하면, 申叔舟는 "陽村(權近)의 東國史略(三國史略)에 의거하여 群書를 博採하여 闕漏를 添補하였다"고 한 것을 보면, 이 책이 古代史(三國時代)를 의미함을 알 수 있다.

50 『成宗實錄』 卷74, 成宗 7年 12月 丙戌條 "領敎寧府事盧思愼·右贊成徐居正·吏曹參判李坡 撰三國史節要 隨箋以進"

에 김계창(성균관사성)·최숙정(예문관부응교) 등이 참여한 것으로 되어 있다. 이들은 모두가 세조대에『동국통감』수찬에 참여한 경험이 있는 인사들이고, 특히 이파는 앞서 신숙주와 더불어 성종 5년에『동국통감』편찬에 참여해 왔던 인물이므로,『삼국사절요』는 비록 이름은 다르지만,『동국통감』편찬 작업의 일환으로 성취된 것을 짐작할 수 있다. 아마 신숙주가 죽은 뒤에 새로운 실력자로 등장한 노사신이 주축이 되어 이 책을 완성시킨 것으로 보인다.[51]

『삼국사절요』가 비록 세조의『동국통감』편찬 작업을 계승하여 편찬된 것을 자처하고 있으나, 세조가 바라던 책이 바로 이것이었다고는 생각되지 않는다. 무엇보다도 이 책은 군주의 주도하에서 이루어진 것이 아니고 수사관의 자의에 의해서 편찬되었다는 점에서, 세조대의 그것과는 편찬 분위기가 사뭇 다르다는 점을 고려해야 한다.

둘째로 이 책은 고대사만을 다루고, 그 이름도『삼국사절요』라고 붙인 것을 유의해야 한다. 세조가 만들려던 것은 장편통감이지『절요』가 아니다.『절요』는 그만큼 내용이 간추려진 것을 뜻한다.[52] 또 고대사를『삼국사』라고 표현한 것도 삼국이전의 역사를 외기로서 간략히 서술한 데서 기인한 것이다. 세조가 기성의 고대사서에 불만을 품었던 것은 특히 삼국 이전의 역사가 탈락미실한데 있었다. 고기류를 널리 참고하려 했던 것도 바로 여기에 이유가 있었다.

『삼국사절요』는 고기류를 별로 참고하지 않았기 때문에 삼국 이전의 역사를 크게 보충한 것이 없으며 그래서 고대사를 여전히 삼국사라고 이름 지었던 것이다.

『삼국사절요』는 기본적으로『삼국사기』를 모체로 하여『삼국유사』의 기사를 합치고, 여기에 권근의『동국사략』의 사론을 합하여 이루어진 것이다. 그 밖에『수이전殊異傳』과 『이규보집李奎報集』, 그리고『세종실록』「지리지」와『고려사』「지리지」등이 이용되었으나, 이런 자료들은 모두가 삼국시대의 서술을 보충한 것뿐이지 그 이전의 상고사를 서술하는 데 참고된 것은 아니다.

---

51 申叔舟가 李坡와 더불어 편찬한『東國通鑑』이 거의 完成단계에 있었고 또 그 책이 古代史였던 점으로 보아 『三國史節要』는 그것을 약간 손질한데서 그친 것이 아닌가 추측된다.

52 『三國史節要』의 序文에서는 節要라는 名稱을 붙인 이유에 대하여, 이 책이 通史가 아니라 三國時代만을 다루었기 때문이라고 말하고 있으나, 단순히 그것만이 이유의 전부인 것 같지는 않다.『高麗史節要』가『高麗史』보다 내용이 간추려진데서『節要』라는 호칭이 붙은 것을 참고할 필요가 있다.

그런데『삼국사절요』가『삼국사기』에다가 새로운 기사를 보충했다고 해서 구舊 자료에서 뺀 것이 없다는 뜻은 아니다. 특히『삼국유사』의 기사를 많이 채록하면서도 불교관계기사는 많이 탈락시켰고, 또 단군신화를 완전히 삭제하여 버렸다. 또 세종 · 세조대만 하더라도 크게 주목되었던『제왕운기』를 참고한 흔적이 없다.[53] 만약『제왕운기』를 참고하였다면 삼국 이전의 상고사 서술이 매우 달라졌을 것이다.

『삼국사절요』의 전문과 서문에서는 삼국 이전의 역사가 재적이 없어 상고할 수 없음을 개탄하고 있고, 또 삼한에 대해서는 "君臣上下의 區分도 없었으니 어찌 載籍을 傳하는 것이 있겠는가"[54]라고 하여 그 문화 자체를 매우 낮게 평가하고 있다. 세종 · 세조대만 하더라도 삼국 이전의 상고사를 고기류를 이용하여 이해하려는 경향이 많았다. 그리하여『고려사』·『세종실록지리지』·『용비어천가』·『동국세년가』·『응제시주』 등을 편찬함에 있어서『삼한회토기』·『신지비사神誌秘詞』·『구변도국九變圖局』기타 고기류가 자주 인용되었던 것이다.[55] 그리고 이 밖에 이용되지 않았던 더 많은 고기류를 참고하려 하였던 것이 바로 세조의『동국통감』편찬 의도였던 것이다.

우리나라의 고문헌에 밝았던 양성지만 하더라도 우리나라는 문헌의 나라로서 단군 이래의 문헌이 매우 많다고 말하고 있다. "東國의 文籍은 檀君으로부터 本朝에 이르기까지 歷歷하게 살필 수 있어서 다른 蕃國, 예컨대 遼 · 金 · 西夏에 比할 것이 못 된다"[56]라든가, "우리 東方은 文獻의 나라로서 檀君으로부터 今日에 이르기까지 東人의 諸史와 子集이 잃지 않고 전해져서 西夏 · 遼 · 金과는 비교가 되지 않는다"[57] 라고 자랑하고 있는 것이 그것이다. 그래서 그는 이러한 문헌을 통해서 우리나라의 문화가 이미 단군 시대부터 높은 수준에 있었다고 믿었다. "大東의 風俗은 檀君 · 箕子 이래로 前朝에 이르기까지 극히 淳朴하고 아름다웠다"[58]든가 "本朝의 王業은 檀君 · 箕子 · 三國 · 前朝와 더불어 나란히 아름답다."[59] 혹은 "우리 東方은 … 檀君 이래로 官과 州郡을 설치하여 스스로 聲敎를 행하였다"[60]든가 하는 표현은 모

---

53   韓永愚,「朝鮮初期의 歷史敍述과 歷史認識」,『韓國學報』7, 1977, 20~41쪽.

54   『三國史節要』序(徐居正撰).

55   韓永愚,「朝鮮初期의 歷史敍述과 歷史認識」,『韓國學報』7, 1977.

56   『訥齋集』卷3, 書籍十事(世祖 12年 11月 17日 上疏).

57   『訥齋集』卷4, 便宜三十二事(成宗 2年 12月 4日 上疏).

58   同上書 卷2, 便宜四事(成宗 3年 2月 20日 上疏).

59   同上書 卷1, 論君道十二事(世祖即位年 7月 5日 上疏).

60   同上.

두가 단군 이래의 상고문화를 문헌을 통해서 확인할 수 있다는 의미로 해석된다.

이렇듯 삼국 이전의 역사와 문화를 이해할 수 있는 국내의 문헌이 있다고 믿는 주장과는 달리, 『삼국사절요』의 찬자들은 믿을 만한 문헌이 없다는 이유로 해서, 상고사를 외기로 처리하여 버리고 삼국시대 이후만을 중점적으로 서술하였던 것이다. 따라서 이 책이 세조의 유의遺意를 받들어 편찬되었다는 찬자들의 주장은 그대로 믿을 수 없다.

다음으로 『삼국사절요』는 권근·김부식 등의 사론을 다수 채록하고 있다. 이들 사론들은 대부분 강상綱常 또는 성리학적 명분론에 입각하여 고대문화를 비판한 내용들이다. 예컨대 ① 설화의 괴이성을 비판한 것 ② 남녀동등을 비난한 것 ③ 제천행사를 비난한 것 ④ 즉위년 칭원稱元을 비난한 것 ④ 동성혼 또는 근친결혼을 비난한 것 ⑤ 숭불정책을 비난한 것 ⑥ 군주의 전제정치를 비난한 것 ⑦ 당태종의 호대好大·희공喜功을 비난한 것 ⑧ 신라가 중국의 연호를 사용하지 않고 독자적인 연호를 사용한 것에 대한 비난 ⑨ 왕을 시해하고 왕위를 찬탈한 난신적자亂臣賊子에 대해 비난한 것 등이 그것이다. 이러한 사론들을 세조가 과연 그대로 채록하였으리라고는 도저히 생각되지 않는다. 이러한 사론들은 거의 대부분 세조 자신에 대한 비판으로 받아들여질 수 있기 때문이다.

우리는 세종과 같은 군주도 유신들의 사론을 군주의 입장에서 엄선하여 군주를 칭송한 극소수의 사론들만을 『고려사』에 채록한 사실을 기억할 필요가 있다.[61] 『고려사절요』가 군주의 입장에서 환영을 받지 못하는 중요한 이유의 하나는 사론을 많이 첨가한 데에 있었다. 따라서 『삼국사절요』가 많은 사론을 첨가한 것은 세조의 수사방향과 크게 어긋나는 것이라고 보아야 한다.

이상에서 우리는 『삼국사절요』가 세조가 구상하던 고대사 개찬과는 크게 달라졌으리라는 추측을 가하여 보았다.[62] 하지만 이 책은 『삼국사기』나 『동국사략』과는 근본적으로 다른 점이 있음을 간과해서는 안된다.

첫째로 『삼국사절요』는 신라중심의 삼국사관을 극복했다는 점에서 위 두 사서와 구별된다. 『삼국사기』는 열전과 사론에서 신라중심의 편향을 드러냈고[63] 『동국사략』은 신라

---

61 이점에 대해서는 本書 第二章 참조.
62 鄭求福氏는 『三國史節要』가 世祖가 구상한 『東國通鑑』 편찬의 遺業을 완성한 것이라고 말하고 있으나, 이는 世祖의 역사인식의 성격이 修史官과 다른 點을 看過한 데서 온 誤解라고 생각된다.
63 『三國史記』는 ① 新羅가 三國 中 가장 먼저 建國한 것으로 서술하고, ② 列傳의 人物을 신라 40, 고구려 9, 백제

가 먼저 건국되고 나중에 멸망했다는 이유를 들어 신라왕의 연기 밑에 삼국의 역사를 서술함으로써 마치 신라가 삼국의 정통인 것처럼 올려놓았다.

『삼국사절요』는 '삼국三國의 세력勢力이 균적均適' 입장에서 어느 한 나라를 정통으로 간주하는 것은 부당하다고 보았다.[64] 김부식은 문화의 우열(유교적인 관점에서이지만)을 가지고 신라를 중심으로 인식하였고, 권근은 향국의 장단을 비교하여 신라를 정통으로 내세웠으나, 『삼국사절요』는 이러한 기준을 모두 부당하다고 보고, '세력'을 비교하여 삼국이 대등하다고 보았던 것이다. 그러면서도 『삼국사절요』는 그 서문에서 신라를 "仁厚로서 政治를 행한 나라"로 고구려를 "國富兵强의 强大한 나라"로 백제를 "詐力을 숭상하고 兵禍를 좋아하는 나라"로 각각 특징지어 이해함으로써 삼국문화의 개성을 각각 다르게 평가할 뿐 아니라, 은연중 신라의 인후仁厚와 고구려의 부강을 높이 평가하는 태도를 보이고 있다. 하지만, 삼국 중 어느 한 나라를 특별히 정통으로 내세우지 않고 세력의 균등을 인정한다는 것은 퍽 중요한 의미를 갖는다. 이것은 지방주의적 파벌적 역사의식의 극복을 의미하는 것이기 때문이다. 이러한 삼국사관의 변화는 조선초기의 정치지배층이 옛날 고구려·백제·신라지방에서 골고루 배출되어 비교적 지역적 균형을 이룬 것과도 무관하지 않은 것 같다.

그 다음, 『삼국사절요』가 세조대의 문화 분위기를 어느 정도 반영하고 있는 점은, 주자학적·도학적 명분론에 얽매이는 정도가 약하고, 주자학을 바탕으로 하고 있으면서도 중국과 우리나라의 역대문화를 비교적 넓게 포용하는 탄력성을 지니고 있다는 사실이다. 『삼국사절요』는 그 서문에서 전서全書(全史, 즉 紀傳體)·장편長編(資治通鑑)·강목綱目(資治通鑑綱目)의 세 가지 사서가 모두 병행해야 한다고 하여, 택일적인 입장을 취하지 않고, 모든 사체를 다 받아들이는 입장을 취하고 있는 것도 그 한 가지이다. 이것은 우리나라의 사서의 경우에 있어서도 『삼국사기』(전사)·『동국사략』(강목) 그리고 『삼국사절요』(장편)가 모두 필요함을 인정한 것이라 하겠다. 이러한 포용적 자세는 주자학적 역사서술을 고집하는 입장에서 본다면 불만스럽게 여겨질 수밖에 없을 것이다.

『삼국사절요』는 이렇듯 개방적인 문화의식의 기반 위에서 저술되었기 때문에 기사를

3으로 배정하여 新羅人에 편중되어 있으며 ③ 三國 中 新羅의 文化를 가장 칭송하고 있다는 점에서 新羅中心의 三國史觀으로 특징지을 수 있다.

64 『三國史節要』序(徐居正撰).

취사하는데 있어서도 주자학의 입장에서 수긍하기 어려운 설화·신화·전설·민담 그 밖에 괴이한 사건들을 비교적 많이 수록하였고, 천재지변·종교행사·대신들의 봉배封拜·풍습風習·전렵田獵·교빙交聘·방언方言·이어俚語·축성築城·전란戰亂 등 국가의 체융替隆과 생민生民의 휴척休戚과 관계되는 사건은 크고 작은 것을 가리지 않고 상세히 수록하였다. 이 점은 권근의 『동국사략』이 주자학적 명분론에 입각해서 이단적인 기사들을 많이 삭제한 것과는 대조를 이룬다.

또 기성의 사론들을 채록하여 어느 정도 현재적인 입장에서 비판의 태도를 보여 주고 있기는 하지만, 찬사자 자신들의 사론을 첨입添入하지 않음으로써, 기성사론 그 자체도 일종의 자료와 같은 성격으로 수록하고 있다. 따라서 찬사자 자신들의 고대문화에 대한 비판은 간접적인 방법으로 완곡하게 투영되었다고 볼 수 있다. 이것은 김부식이나 권근보다도 고대문화를 비판하는 열도가 그만큼 약화된 것을 의미할 수도 있다. 또 고대문화비판 열도의 약화는 세종·세조대의 문화정책이 고대문화의 비판적 계승을 통해서 민족의 자기신원을 확인하려던 분위기의 잔영이라고도 생각될 수 있다.

요컨대 『삼국사절요』는 세조가 만들려던 『동국통감』의 고대사보다는 훨씬 더 유교적인 체취를 풍기는 사서가 되었지만, 권근의 『동국사략』에 비해서는 주자학적 명분론이 약화된 사서가 되었다. 권근의 시대는 이왕조의 창업기로서 불교라든가 기타 고대·고려문화의 귀족적 잔재를 청산하는 것이 시급한 과제였던 까닭에 고대·고려문화를 대치하는 이 이념체계로서 성리학적 명분론을 강하게 내세울 수밖에 없었고, 이방원의 집권을 정당화하기 위해서도 강상명분이 절대 필요하였다. 그러나 고대·고려문화의 귀족적 잔재를 어느 정도 정리하고 난 세종·세조대의 수성기에 있어서는 보다 더 여유를 가지고 고대·고려문화를 이해할 수 있게 되었고, 왕권을 신성화하기 위해서는 고대문화를 비판적으로 포용하는 것이 유교명분을 고집하는 것보다 유리하였다.

다만, 수성기의 정치적 안정을 군주의 전제권 확립을 통해서 이룩하느냐, 아니면 신권, 특히 재상권의 확립을 통해서 달성할 것이냐의 문제에서 군주와 관료의 견해가 갈라지고 있었다. 세종이 『고려사』를 편찬할 때, 그리고 세조가 『동국통감』을 편찬할 때, 수사관과 마찰을 일으킨 기본 동기는 여기에 있었다. 전제권 확립을 희망하는 군주의 입장에서는 유교적 명분론에서 해방되어 역사를 사실대로 서술하는 것이 절대적으로 유리하였다. 왜냐하면 고대로 올라갈수록 군권은 신성화되어 있기 때문이다. 그러나 신권의 자율성을 회구하는 수사관의 입장에서는 군권을 신성화시키는 역사 서술을 회피하는 것이 유리하였고, 그러기 위해서는 유교적 명분론을 고수할 필요가 있었다. 그리고 그러한 입장에 설 때, 고대·고려역사가 지닌 신성왕권적 권력체제는 일정한 비판적 기준 위에서 재구성될 필요가 있었던 것이다. 따라서 군주나 수사관이나 모두가 역사를 '현재적 입장'에서 서술하고자 하는 것은 다름이 없었지만, 바로 그 '현재적 입장'이 군주와 수사관은 반드시 일치하는 것이 아니었다. [65]

세종이 군주의 입장에서 만들려던 고려시대사는 수사관과의 일정한 타협 위에서『고려사』로 귀결되고, 그것이 수사관의 입장에서 재구성되었을 때『고려사절요』로 나타났다. 마찬가지로 세조가 군주의 입장에서 구성하려던『동국통감』은 그가 죽은 뒤에 수사관의 자율적 입장에서 재구성되어『삼국사절요』로 귀결되고 말았다. 따라서『삼국사절요』와『고려사절요』는 비록 서술대상 시기는 서로 다르지만, 다같이 수사관의 자율적 입장에서 구성된 역사서술이라는 점에서는 일치되는 것이고, 여기에서 이 두 사서가 상하로 연결됨으로써 신료 주도하의 통사체계가 구성될 가능성을 갖게 된 것이었다. 여기에서 우리는『삼국사절요』가『고려사절요』와의 결합을 염두에 두고 편찬된 사서라는 유력한 시사를 얻게 되는 것이다.

3.『구편동국통감』과『신편동국통감』

1) 서거정의『구편동국통감』

성종 7년 12월에 노사신·서거정 등이『삼국사절요』를 찬진했을 때, 이미 그것을 기간의『고려사절요』와 합쳐서『동국통감』을 편찬할 의도가 있었던 것으로 추측했거니와, 정작 서거정에 의해서『동국통감』수찬이 정식으로 건의된 것은 성종 14년 10월에 이르러서였다. 이때 서거정은 여러 문신들과『연주시격聯珠詩格』에 대한 주석을 붙이는 작업을

---

65 鄭求福氏는『高麗史』와『三國史節要』는 客觀的 입장에서 쓰여지고,『東國史略』과『東國通鑑』은 現在的인 입장에서 쓰여졌다고 하여, 두 입장을 對立的으로 파악하고 있으나, 객관적 입장에 선다고 해서 現在的 입장을 갖지 않은 것은 아니다. 현재적 입장의 차이가 무엇인가를 이해하는 것이 더 중요한 일이다.

진행 중이었는데, 경연 자리에서 『동국통감』을 겸찬兼撰하는 것이 좋겠다고 건의하여 왕의 허락을 받았다. 그 이유는 아국의 인사들이 본국의 사적에 대하여 망연부지茫然不知함이 많은 것을 시정하기 위함이라고 하였다.[66]

서거정은 이미 세조대부터 『동국통감』 수찬에 참여해 온 인물이요, 『삼국사절요』의 수찬에도 참여한 경험이 있으니만큼 그가 『동국통감』 수찬을 성종에게 건의한 것은 하등 이상스러울 것이 없다.

그런데 그가 하필 『연주시격』을 주석하면서 『통감』의 겸찬을 건의한 것은 무슨 이유일까? 그것은 『연주시격』의 주석에 참여한 동료들과 『통감』을 만들겠다는 의사로 해석될 수밖에 없다. 『연주시격』 주석은 그보다 3개월 전인 성종 14년 7월에 편찬령이 내려졌다.[67] 이때 편찬작업령을 받은 사람은 서거정·노사신·허종許琮·어세겸魚世謙·유순柳洵·유윤겸柳允謙 등 6인이었다. 이들은 모두가 세조대의 훈신들일 뿐 아니라, 서거정과는 학문적으로도 아주 가까운 인사들이다.[68] 특히 노사신은 서거정과 더불어 『동문선』(성종 9)·『동국여지승람』(성종 12)·『경국대전』(예종원년) 편찬에 참여한 경험이 있고, 또 『삼국사절요』까지 함께 편찬한 사이이다. 따라서 서거정은 오랫동안 함께 일하면서 호흡을 맞춰 온 훈신들과 『동국통감』을 만들려 했던 것이 확실하고, 그 편찬 방향도 『삼국사절요』와 일치시키려 했던 것이 분명하다.

어쨌든 『동국통감』은 서거정의 발의가 있은 지 1년 밖에 안된 성종 15년 11월에 찬진되었다.[69] 이렇듯 작업이 빨리 진행된 것은 편찬자 상호간의 호흡이 잘 맞았다는 것과, 또

---

66 『成宗實錄』 卷159, 成宗 14年 10月 丁卯條 "御經筵 講訖 知事徐居正啓曰 臣方與文臣數人 註聯珠詩格 請兼撰東國通鑑 我國人 雖號爲儒士 於本國事蹟 茫然不知 若撰成東國通鑑 則人皆知之矣 上曰然"

67 同上書 卷156, 成宗 14年 7月 己未條 "命徐居正·盧思愼·許琮·魚世謙·柳洵·柳允謙 以諺文翻譯聯珠詩格 及黃山谷詩集"

68 徐居正과 盧思愼이 勳臣임은 말할 것도 없고, 魚世謙은 魚孝瞻(고려사 편찬자)의 아들로서 世祖代 右副承旨를 지내고 예종대에 翊戴功臣으로 冊封되었으며, 成宗 21년에 柳子光·成俔 등과 함께 雙花店·履霜曲 등을 刪改하였다. 그는 徐居正의 墓碑銘을 쓴 것으로 보아 徐居正과는 각별한 관계에 있었던 것 같다. 魚世恭(敵愾功臣 : 이시애난 토벌)은 그의 아우이다. 許琮은 李施愛亂을 토벌한 敵愾一等功臣으로 徐居正·노사신과 함께 『鄕藥集成方』을 國譯한 일도 있다. 柳允謙은 徐居正의 스승인 柳方善(瑞山人)의 아들로 世祖代에 別試文科와 拔英試에 급제하여 監察·校理를 歷任했다. 柳洵(文化人)은 世祖代에 式年文科와 文科重試에 급제하여 主簿·應敎 등을 거쳐 中宗反正때 2등공신이 되었으며, 詩賦·地理·醫藥 등에 밝고, 士林과는 사이가 좋지 않아 中宗 4年에 免職된 일이 있었다.

69 『成宗實錄』 卷172, 成宗 15年 11月 丙申條 "達城君徐居正等撰東國通鑑以進 上覽之 傳曰 此書固垂諸萬世者也 權近之論 或有以一己所見而論之處乎 且著論者 唯金富軾·權近而止乎 居正等啓曰 司馬遷之論 班固非之 司馬光之

기왕의 어떤 사서를 대본으로 하여 쉬운 방법으로 편찬이 시도되었던 것을 의미한다. 이미 자신들이 만든 『삼국사절요』가 있으므로, 여기에 고려사에 관한 기성사서를 연결시켰을 가능성이 많고, 아마 『고려사절요』가 그 대본이 되었던 것 같다. 『고려사』는 체재도 맞지 않을 뿐 아니라, 수사방향도 군주의 입장이 크게 반영되어 있기 때문에 훈신이 좋아하는 사서가 아니다. 또 권제 등이 찬한 『고려사대전』은 세조대에 양성지·권람이 수정한 이후로 한번도 인반印頒된 일이 없고, 성종 13년에 양성지가 그 인반을 주장하였으나 윤허를 얻지 못한 것 같다. 따라서 춘추관에 깊이 처박아 놓아둔 일건의 『고려사대전』을 대본으로 하였을 가능성은 극히 희박하다.[70]

성종 15년 11월에 완성된 『동국통감』의 찬자가 서거정 이외에 누구누구인지는 확실하지 않다. 그러나 『연주시격』 주석 사업에 참여했던 인사들이 주축이 되었을 가능성이 많으므로, 『동국통감』은 결국 훈신들의 작품으로 인정할 수 있다.

그런데 성종은 이 책을 보고 불만스러운 점이 있었던 것 같다. 실록에 의하면 성종은 사론에 대하여 불만을 표시한 것으로 나타나 있다. 즉 서거정은 찬자 자신들의 사론을 넣지 않고 권근·김부식·이제현·이첨 그리고 무명사신이 쓴 기성의 사론들만을 첨입하였으나 왕은 "權近의 史論이 혹시 한 사람 個人의 所見을 論한 것이 있지 않은가. 또 史論을 쓴 사람이 오직 金富軾과 權近밖에 없는가"[71]라고 완곡하게 의심을 나타내고 있다. 이에 대하여 서거정은

> 司馬遷의 史論은 班固가 비난하고, 司馬光의 史論은 後人이 또한 비난하는 이가 있다. 三國時代의 金富軾의 史論은 權近이 또한 비난하였다.[72]

고 하여, 후인의 비난이 두려워 사론을 짓지 아니한 뜻을 변명하고 있다. 그러나 왕은 끝

論 後人亦有非之者 三國之時 金富軾之論 權近亦非之 臣等今觀 權近之論 或有誤處 金富軾·權近數人外 餘無作論者 但李詹只著贊二篇而已 且著論而泛稱史臣曰者非一 然未知爲誰也 至於高麗時則作論者 唯李齊賢而已"

70　『高麗史大全』은 『高麗史節要』보다 부피도 훨씬 尨大하였을 것으로 추측되는바 後者보다도 부피가 더 작은 『東國通鑑』의 고려사 서술 부분이 『高麗史大全』을 臺本으로 하였을 가능성은 더욱 희박하다. 鄭求福氏는 『동국통감』이 『고려사대전』을 참고한 것 같다고 推定하였으나 이를 뒷받침할 充分한 근거를 찾기 힘들다.

71　『成宗實錄』 卷172, 成宗 15年 11月 丙申條, 註 69) 참조.

72　同上.

내 사론을 새로이 첨입할 것을 명령한 것으로 보인다. 성종 16년 7월에 새로 찬진된『동국통감』은 이름도『신편동국통감』이라고 바뀌고,[73] 여기에 204칙의 새로운 사론이 첨입되고 있기 때문이다.

현존하는『동국통감』은 신편이요, 성종 15년에 완성된 구편은 지금 남아있지 않기 때문에 두 사서를 비교하기는 곤란하다. 그러나 이름을『신편』이라고까지 바꾼 것을 본다면, 다만 사론만이 새로 첨가된 것이 아니라, 본문도 상당한 수정이 있었던 것이 아닌가 의심되며, 수사관도 많은 변동이 있었던 것이 아닌가 생각된다.

신편의 수사관은 서거정 · 이극돈李克墩 · 정효항鄭孝恒 · 손비장孫比長 · 이숙감李淑瑊 · 김화金華 · 이승녕李承寧 · 표연말表沿沫 · 최부崔溥 · 유인홍柳仁洪 등 10인인데, 이들이 모두 처음부터 수사에 참여했던 것으로는 보이지 않는다.

위 수사관 중에서『구편통감』의 편찬에 참여한 것이 확실한 서거정뿐이고, 나머지 인사들은 새로운 얼굴들이다.『신편통감』은 단순히 내용만이 바뀐 것이 아니고, 편찬 진용까지 크게 바뀐 것을 알 수 있다. 이러한 편찬진의 개편은 서거정이 원해서 된 것이 아니고, 왕명에 의해서 이루어진 것이며, 당상과 낭청이 구별되어 있고, 인원도 전보다 크게 늘어난 것으로 보인다.『구편통감』이 서거정의 개인적 영향력을 크게 받았던 것과는 달리,『신편통감』에서의 서거정의 영향력은 그만큼 약화되었을 것으로 생각된다. 더욱이『신편통감』에 참여한 신참자들 중에는 서거정과 정치적 · 학문적 입장을 달리하는 사림계 인사들이 많다는 사실이 주목된다.

『신편통감』찬자 10인 가운데서 훈신계열에 들어가는 인사는 서거정(달성군達城君) · 이극돈(동지의금부사同知義禁府事) · 정효항(행호군行護軍) · 이숙감(행호군行護軍) · 김화(전도사前都事) · 이승녕(교리校理) 등 6인이고, 표연말(司儀) · 최부(典籍) · 유인홍(博士)은 사림계열에 속하는 인사이며, 손비장(工曹參議)은 어느 계열에 넣기 어려우나 사림 쪽에 가까운 인물이다.

서거정이 훈신에 속한다는 것은 구구한 설명이 필요 없을 것이다. 그는 목사의 아들로 태어나 권근을 외조로, 최항을 매형으로 가졌으며, 세종대에 집현전관으로 출세하기 시작하여 여러 훈신들과 더불어 관찬사업의 중핵적인 인물로 참여해 왔기 때문이다. 그의

73 『成宗實錄』卷181, 成宗 16年 7月 甲戌條 "新編東國通鑑進"

인맥과 학문은 어느 모로 보나 세종·세조대의 관학의 학풍을 지니고 있다고 보여지며, 사림과 완전히 동류가 되기는 어려운 인물이다. 그는 어렸을 때 조수趙須(司藝)·유방선柳方善(主簿) 등에게 학문을 배웠는데[74], 천문·지리·의약·복서·성명지술에 이르기까지 통하지 않은 데가 없었고[75], 불교·도교 등에도 관대하고 포용적인 입장을 지니고 있었다. 그의 학문은 박학과 실용을 존중하는 입장에 있었고, 성리학지상주의나 고답적인 왕도주의에 빠져 있지는 않았다.[76] 더욱이 찬탈군주인 세조의 총애를 받은 그로서는 사림들이 내세우는 엄격한 절의론이나 춘추대의를 지지할 형편이 못되었다. 그가 『동국통감』을 편찬하면서 사론을 쓰지 않으려고 한 근본 이유도 여기에 있다고 보겠다. 그가 김종직金宗直과도 교유하고, 또 그의 문인인 표연말과 사제관계를 맺었다고 전해지고 있으나, 이 것은 그가 인간관계의 폭이 넓고, 장시자掌試者로서 사우 관계를 맺었음을 말하는 것이지, 학풍상으로 사림과 연결을 가진 것을 의미하지는 않는다. 표연말은 함양출신으로 김종직의 영향을 더 많이 받은 영남사림의 중핵인사 중의 일인이다.[77]

『신편통감』의 서문을 쓴 이극돈(慶州人) 역시 세조의 좌익공신이던 이극배·극감의 아우로서 세조에 의해서 발탁·등용된 훈신의 일인이다. 영남사림과는 항상 반목이 심하다가 연산군대에 이른바 무오사화를 일으켜 사림을 대거 숙청한 장본인이기도 하다.

이숙감(延安李氏)은 세조의 좌익원종공신으로서 역시 세조대 훈신의 일인이며, 성종 12년에는 승문원판교지제교로서 서거정과 더불어 『동국여지승람』 편찬에 참여한 바 있었다.

정효항(慶州人)은 세조대 『동국통감』 낭관으로 일한 일이 있던 정효상의 아우로서 세조 2년에 좌익원종공신 2등에 봉해지고, 성종 12년에 성균관대사성을 지낸 뒤에 『동국통감』 편찬에 참여하게 되었다. 그는 성종 12년에 아우 정효종과 아울러 『동국여지승람』 편찬에도 참여한 경험이 있는 것으로 보아 서거정과는 호흡이 맞는 인물이었을 것으로 생각된다.

김화金華(永同人)는 집현전 출신 학자로서, 세조대에 서거정·강희맹姜希孟 등과 문명을 날리던 김수온金守溫의 아들이다. 김수온은 유학자이면서도 형 신미信眉(高僧)의 영향을 받

---

74 徐居正, 筆苑雜記.
75 國朝人物考, 徐居正碑銘(魚世謙撰).
76 徐居正은 學風·人脈·出世經歷 등 모든 면에서 볼 때 世宗·世祖代의 전형적인 勳臣에 屬하는 인물이다. 太平閑話·筆苑雜記·東人詩話·滑稽傳 등과 같은 著述도 士林的인 분위기를 보여주는 것은 아니다.
77 表沿沫이 金宗直門人이라는 것은 典故大方·儒賢淵源 등 여러 文獻에서 증명된다.

아 불교에도 조예가 깊고 세종·세조를 도와 불경의 국역과 간행에 많은 공을 세웠다. 김화는 이러한 부친의 영향을 많이 받았을 것으로 보이며, 세조 12년에 발영시拔英試에 합격하고, 성종 12년에는 행오위도총부도사로서 역시 서거정과 함께『동국여지승람』편찬에 참여한 일이 있었다. 그가『동국통감』편찬에 참여하게 된 것은 서거정과의 이러한 인연이 작용한 것이 아닌가 짐작된다.

이승녕(牛峰人)은 세조 11년에 문과에 합격한 후 관직이 대사성에 이르렀는데, 성종 20년에는 임사홍任士洪을 질정관質正官으로 천거했다가 사림들로부터 탄핵을 받아 추국된 일이 있었다. 따라서 그도 사림과는 계보를 달리하는 인사임을 알 수 있다.

다음에 낭청으로 참여한 표연말은 함양출생으로 김종직의 문인이며, 성종 3년에 문과 별시에 합격하였다. 성종 9년에는 예문관 봉교로 있으면서 임사홍(都承旨)을 탄핵하다가 유배된 일도 있었다. 그는 서거정의 문인으로도 알려지고 있으나, 학문계보상으로는 김종직과 더 가까우며 정여창(咸陽)·최부崔溥·김굉필金宏弼 등 사림과 더불어 세조와 훈신을 비판하다가 연산군대에 무오사화에 연좌되어 죽음을 당하였다.

최부(羅州人) 역시 김종직의 문인으로 성종 13년에 알성문과에 합격하여 성균관 전적으로 있으면서『동국통감』편찬에 참여하였다. 다음해 성종 17년에는 김종직·김맹성·유호인 등 사림과 더불어『동국여지승람』의 수정작업에 참여한 일이 있고, 연산군대에는 훈신을 비판하다가 무오·갑자사화에 연좌되어 죽음을 당하였다.

유인홍(文化人)은 김종직의 제자로서 성종 12년에 친시문과에 합격하여 성균관 박사로 있으면서『통감』수찬에 참여하였고, 성종 25년에는 사헌부 지평으로 있으면서 당시 이조판서로 있던 이극돈이 종손을 사정으로 승진시켰다하여 탄핵하는 등 훈신과 정치적으로 대립하는 입장을 취하였다.

마지막으로 손비장孫比長(扶安人)은 세조 10년에 별시에 합격하여 관로에 올랐으나, 성종 7년에 사헌부 장령으로 있으면서 한명회韓明澮를 비롯한 훈척을 탄핵하여 사림과 가까운 입장을 취하였다.

지금까지『신편통감』찬자의 정치적 성분과 학문적 계보를 대충 살펴보았거니와, 대체로 당상에 속했던 인사들은 훈신계열에, 낭청에 임명된 수사관들은 사림계 인사들로 구성된 것을 알게 되었다. 이러한 인원구성은 훈신일색으로 되었던『구편통감』의 그것과 아주 다른 것이며,『신편통감』의 성격 자체가 복합성을 띄게 될 소지를 만들어 놓은 것이다.

그러나 외형상으로 훈신과 사림이 합작하여 하나의 사서를 만들어 내었다는 것은 국초 이래 관찬사서로서는 유례가 없는 것이며, 이 점이 바로 『동국통감』이 훈신이나 사림 쪽에서 다같이 달갑게 받아들여지지 않으면서도 또 양쪽에서 다같이 참여하여 조선왕조 500년간 관찬사서를 대표하는 위치에 서게 하였다고 말할 수 있을 것이다.

2) 『신편동국통감』 편찬배경

성종이 서거정 등 훈신이 찬한 『구편동국통감』을 거부하고, 신진사림 참여하에 이를 수정케 한 근본 이유는 무엇일까? 성종은 무엇보다도 『구편통감』이 사론을 붙이지 않았다는 점과, 또 거기에 실려 있는 기왕의 사론들이 마음에 들지 않는 부분이 있다는 점에서 이를 개찬케 하였던 것은 앞 절에서 살펴본 바와 같다. 그러면 성종은 왜 이토록 사론에 신경을 썼던 것일까? 이 문제는 성종 16년경의 성종의 정치방향의 전환과 관련시켜서 이해할 필요가 있다.

성종은 처음에 13세의 유주로 즉위하였기 때문에 재위 7년간은 대비(世祖의 妃)의 섭정하에 있었고, 정치실권은 훈구대신들이 장악하였다. 훈구대신들은 이른바 원상院相이라는 변칙적인 권력기구를 통해서 정치를 주도해갔다. 그러나 성종 7년에 이르러 왕이 성년이 되면서 대비의 섭정과 원상제院相制가 폐지되고 친정親政이 시작되었다.

성종은 위축된 왕권의 안정을 위해서는 훈신들을 견제할 새로운 친왕적 하료집단下僚集團을 시급히 양성할 필요를 느꼈고, 이러한 필요에 부응하여 김종직과 그 문하의 신진사림들을 기용하기 시작하였다. 표연말·최부·김일손·정여창 등 영남 지방의 사림계 인사들이 이러한 배경하에서 중앙정계에 등장하게 되었다. 성종 재위 25년간에 29회의 문과시험이 실시된 것은 왕이 새로운 인재 등용에 얼마나 부심했는가를 단적으로 말해 준다.

이들 신진기예新進氣銳의 사림인사들은 홍문관·예문관·성균관·사헌부·사간원 같은 청요직淸要職에 임명되고 사가독서賜暇讀書와 같은 푸짐한 후대가 베풀어졌다. 성종의 각별한 후의로 급성장한 사림은 성종 16년경에 이르러는 훈신들과 대결할 수 있으리만큼 결집된 정치세력을 형성하게 되었다. 사림의 훈신에 대한 공격과 비판은 왕권강화를 바라는 성종의 입장에서도 바람직한 것이었지만, 사림으로서는 오랫동안 누적된 훈신에 대한 불만을 신원하는 의미도 가졌다.

충절을 높이 내세우는 정몽주·길재의 학통을 이은 사림들은 조선왕조의 개창 과정에서 첫 번째의 고초를 맛보았고, 세조의 왕위찬탈 과정에서 두 번째의 좌절을 경험해야 했다. 사림들의 고집스러운 충절론은 실리보다 명분을 존중하는 도학적 학풍과 관련된 것이지만, 그 이면에는 재향지주在鄕地主로서 오랫동안 향촌기반을 다져온 기득권을 지키려는 보수적 성향과도 무관한 것 같지 않다.[78]

재향지주의 입장에서 볼 때, 강력한 중앙집권정책이나 부국강병정책은 달갑지 않은 일이었다. 그것은 언제나 재향지주의 토호적 기반을 침해 붕괴시키는 기능을 갖는 까닭이었다. 여말선초의 중앙집권화과정에서 사림이 입은 타격도 바로 그러한 것이었다. 그들은 전제개혁으로 경제기반에 타격을 받았고, 군역강화정책으로 군역을 부담하게 되었으며, 부곡의 폐지와 노비변정 사업 등으로 사민의 점유를 제약받게 되었다. 더욱이 수령권의 강화와 이통제里統制의 정비는 사림의 향촌지배력을 크게 약화시켰다. 유향소의 폐지는 사림의 족장을 철폐시킨 것을 의미한다.

따라서 사림이 충절을 내세워 훈신을 공격하는 것은, 현실적으로 그들의 재지기반을 안정시키려는 자기방어인 동시에, 중앙의 권부수렴에 대한 지방의 반발이라고 볼 수 있다. 사림이 훈신을 비판하고 나서는 이면에는 이와 같은 근원적인 이해 갈등이 있다는 사실을 고려할 필요가 있다. 사림이 유향소留鄕所·향약鄕約·사창제社倉制의 실시를 추구하고, 사민의 세습적 분업을 주장하며, 삼강·오륜의 윤리를 강력하게 내세우고, 기술직과 무술·무인을 천대하고 기피하는 경향을 보이는 것은 모두가 사림 자신의 향촌지배와 지주적 기반을 안정시키려는 목적과 관련된 것이 아닐까.[79]

따라서 훈신과 사림의 갈등은 외형상으로 보면 훈신이 비판대상이고 사림이 개혁적인 것으로 보이지만, 역사의 긴 문맥에서 보면, 사회변화를 주동하고 민족문화를 건설한 주

---

78 士林의 家系는 대개 高麗時代 戶長層과 연결된다. 그런데 高麗時代 戶長層은 대개 新羅時代의 支配層의 후예로서 고려가 건국되면서 新王朝에의 歸服을 거부하여 戶長으로 罰定된 部類들이다. 戶長層은 고려 말에 士族으로 상승하여 이른바 新興士大夫의 主軸을 이루었으나, 朝鮮王朝가 개국되면서 또다시 新王朝에의 歸服을 거부하여 在地閑良으로 밀려났다. 高麗王朝와 朝鮮王朝는 다같이 武人的 性向을 지닌 邊方勢力이 中心이 되어 건국되었기 때문에 內地의 土着基盤을 가진 士族으로서는 선뜻 새 왕조에 屈服하기 어려울 수밖에 없는 것이고, 土着的인 旣得權을 침해 받지 않으려는 自己防禦的인 입장에서 保守的인 忠節論과 道學主義를 내세우게 된 것이 아닌가 한다.

79 韓永愚, 「朝鮮前期 性理學派의 社會·經濟思想」, 『韓國思想大系』 II, 大東文化研究所, 1976.

역은 사림이 아니라 훈신이었음을 인정하지 않을 수 없다. 훈신이 일시적으로 부와 권력을 가졌다 해서, 그들의 문화적 업적까지 부인하게 되면, 15세기의 사회개혁과 문화변동의 진상을 설명하는데 난점이 있다. 성종이 사림 세력을 이끌어들인 것은 사림의 충절론을 왕권강화에 이용하기 위한 것이었다. 사림으로서도 자신의 정치적 성장을 위해서는 왕권의 힘을 빌지 않으면 안 되었다. 훈신은 성종과 사림의 공동의 라이벌이었다. 성종은 사육신을 좋아하였다. 자신의 위치를 세조의 자리에 놓고 생각할 때는 사육신은 공포의 대상이지만, 단종의 위치에 놓고 생각할 때에는 그보다 더 바람직한 충신이 있을 수 없었다. 그런데 성종은 찬탈군주가 아니었으므로 자신이 세조와 같은 처지에 몰릴 염려는 전혀 없었던 것이다. 이것이 바로 성종이 사육신과 사림의 충절론을 좋아하게 된 이유였다.[80]

성종은 사림 중에서도 김종직 · 최부 · 표연말 등을 특히 총애하였다. 그리하여 그들에게 지금까지 훈신들이 만들어 놓은 편찬물을 전반적으로 개찬하게 하였다.

첫째, 성종 12년에 노사신 · 서거정 · 양성지 등 훈신이 찬한 『동국여지승람』(50권)을 성종 16년에 김종직 · 김맹성 · 유호인 · 최부 · 신종호申從濩 · 이의무李宜茂 · 성현成俔 · 채수蔡壽 등 신진유신으로 하여금 수정하게 하여 성종 17년 12월에 완성을 보았다.[81] 이 수정작업은 사림의 총수인 김종직이 책임을 맡았으며, 김맹성 · 유호인 · 최부는 바로 그의 문인이었다. 그러나 그 수정작업은 전적으로 사림의 자의로 이루어진 것이 아니라 자신의 결재를 받아서 진행되었다고 한다.[82]

구편동국여지승람과 신편의 중요한 차이점은, 전자가 축목祝穆(南宋人)의 『방여승람方輿勝覽』과 명의 『일통지一統誌』를 참고한 데 반하여, 후자는 거의 전적으로 『일통지』를 모범으로 삼았다는 점이었다.[83] 원래 『방여승람』(71권)은 축목이 개인적으로 사찬한 것으로 시부서기詩賦序記 등 제영題詠을 많이 실어 문자 그대로 승람의 편의를 도모하고자 한 것이 특색이었다.[84] 한편 『대명일통지大明一統誌』(90권)는 명 황제 영종의 칙명을 받아 이

80　成宗代에 金宗直은 王에게 成三問이 忠臣이라고 啓하였던 일이 있었다. 成宗은 놀라서 얼굴색이 바뀌었으나 金宗直은 "만일에 變故가 생기면 臣은 마땅히 成三問이 되겠습니다."라고 말하자 成宗은 낯빛이 가라앉았다고 한다(『栗谷全書』卷28, 經筵日記). 이 에피소드는 成宗이 왜 忠節을 좋아하게 되고, 忠節을 강조하는 士林을 信任하게 되었는지의 事情을 잘 보여주고 있다.

81　『東國輿地勝覽』金宗直跋文.

82　同上 참조.

83　同上.

현 등이 찬한 관찬지리서로서 황제가 서문을 친제하고, 내용도 연혁沿革·공서公署·궁실宮室·능묘陵墓 등과 같은 왕실 관계 기사나 공공기관에 관한 내용을 많이 첨가한 대신 문인들의 제영을 뺀 것이 『방여승람』과 크게 다른 점이다.[85] 말하자면 『방여승람』이 신하의 시각에서 편찬된 것이라면, 『대명일통지』는 군주의 입장에서 만들어진 것이라고도 말할 수 있을 것 같다.

『구편동람舊編東覽』이 위 양자를 절충했다는 것은, 구체적으로 『동문선東文選』의 시문을 제영으로 첨입하였다는 점에서 『방여승람』의 영향을 받은 것이고, 연혁·공서·궁실·능침陵寢·정문旌門(烈女) 등을 넣었다는 점에서 『대명일통지』의 영향을 받았다고 하는 것 같다.[86] 그러나 『구편동람』은 결코 위 양서의 영향만을 받은 것은 아니다. 고성高城·대채大砦·창고倉庫·관방關防·참역站驛 등과 같은 국방·경제 관계 내용을 많이 수록한 것은 중국지리지의 영향과는 관계가 없고, 도리어 세종대 이후의 각종 지리지 편찬에서 국방·경제 관계 기사가 존중되어 오던 전통이 계승된 것이라고 볼 수 있다. 특히 고려사지리지·팔도지리지 등 지리지 편찬에 핵심적 인물로 참여해 온 양성지가 『동람東覽』 편찬에도 깊이 참여한 것은, 『구편동람』의 성격을 단적으로 암시해 주고 있다.

『구편동람』에 실려 있는 노사신의 전문과 서거정의 서문에는 공통적으로 우리나라의 영토의 크기와 역사의 유구함, 그리고 문화의 융성에 대한 자부심으로 가득 차 있음을 본다. 우리나라는 단군으로부터 조국하고, 강역이 만리나 되는 대국이라 한다. 특히 고구려는 서

---

84 桂五十郞, 『漢籍解題』, 592쪽.
85 同上書, 592~593쪽.
86 『方輿勝覽』·『一統志』 및 『東國輿地勝覽』의 내용항목은 다음과 같다.

方輿勝覽 (71권)	郡名	風俗	形勝	館驛	土産	山川	學館	堂院	亭臺	樓閣	寺觀
大明一統志 (90권)	郡名	風俗	形勝	沿革	土産	山川	學校	公署	宮室	樓亭	寺觀
舊編東覽 (50권)	祠壇 旌門(烈女) 院宇	風俗	形勝	沿革	土産	名山 大川	學校	公署	宮室	樓臺	寺刹
方輿勝覽 (71권)	古蹟	祠墓	名宦	人物	名賢	題詠	軒榭		橋梁	四六	
大明一統志 (90권)	古蹟	祠廟	名宦	人物	書院	陵墓	流寓		烈女	仙釋	關梁
舊編東覽 (50권)	古跡	廟社	名宦	人物	祠墓	陵寢	題詠	高城 大砦	橋梁 倉庫	關防	站驛

북으로 요하를 넘어섰다고 보고, 고려는 동북으로 선춘령을 경계로 삼아 고구려의 영역을 넘어섰다고 쓰고 있다.[87] 이러한 만리대국 관념은 『구편통감』 편찬의 정신적 기초를 이루고 있다고 해도 과언이 아니다. 그리고 이러한 정신은 서거정이 『동문선』의 서문에서

> 我東方之文 非宋元之文 亦非漢唐之文 而乃我國之文也 宜與歷代之文 并行於天地間 胡可泯焉而無傳也哉

라고 하여 우리나라 한문학의 독자성을 내세운 것과 다름이 없다 하겠다. 『동문선』이 중국과 다른 우리의 한문학을 과시하려는 것이라면, 『동국여지승람』은 중국과 다른 우리의 국토(萬里大國)를 자랑하고자 한 것이며, 『동국통감』은 중국과 다른 우리의 역사를 자부하기 위해서 쓰여진 것이라고 해도 좋을 듯하다.[88]

그런데 훈신이 만든 『동국여지승람』을 성종이 사림으로 하여금 수정케 한 것은 무슨 의도에서일까? 그것은 한 마디로 군주의 입장에서 쓰여진 것이 아닌 까닭일 것이다. 『신편동람』은 사림이 편찬하였으나 성종 자신의 의견도 많이 반영되었다. 성종이 무엇을 첨가하고 삭제하려고 하였는지, 그리고 사림 자신은 무엇을 바꾸려고 하였는지 정확한 내용을 알기는 어렵다. 김종직이 쓴 『신편동람』의 발문에는

> 山川 및 古實에 脫略된 것이 있고, 諸人이 지은 것에 荒穴殽雜한 것이 자못 많으니, 너희들이 다시 讎校하고 檃括하여 精하게 하도록 하라

는 왕의 전지가 있었다 하고, 이어서 ① 총도總圖 및 8도각도를 바꾸고 ② 성씨姓氏 · 봉수烽燧 등을 새로 첨입하고 ③ 그 산천 · 성곽 · 누대 · 묘찰에서 인물 · 고적 · 풍속 · 제영 등에 이르기까지 폭넓은 첨삭이 있었음을 알리고 있으나, 구체적으로 무엇이 첨가되고 삭제되

---

87 『東國輿地勝覽』 徐居正序文 "… 我東方 自檀君肇國 … 高句麗 東至海 南至漢 西北踰遼河 … 高麗 … 地理之盛於斯極矣 但西北以鴨綠爲限 東北以先春嶺爲界 盖西北不及高句麗而東北過之 …" 盧思愼箋文 "… 萬里疆域之分可披圖而瞭心 上千百年興廢之跡 一開卷而在目中 …"

88 徐居正은 그의 『筆苑雜記』의 첫머리에서 우리나라와 中國의 歷史가 똑같이 3,785年의 歷年을 가지고 있으며, 檀君과 堯가 거의 同時에 建國한 사실을 자랑하고 있다.

었는지는 알 수가 없다.

하지만, 성종과 사림의 일반적인 성향으로 보아서 왕실이나 사림의 취향에 맞는 기사가 크게 보충되고, 훈신과 관련되는 기사가 많이 삭제되었을 것이라는 추측을 내려볼 수가 있다. 특히 지도가 바뀐 것과 성씨가 첨가된 것이 주목된다. 『구편동람』에 들어 있는 지도는 현물이 없으므로 정확한 내용은 알 수 없으나, 양성지나 정척 등이 기왕에 만든 지도가 등재되었을 가능성이 많다. 그런데 태종·세종·세조대에 만들어진 지도는 『신편동람』에 실려 있는 지도와는 성격이 아주 다르다. 종전의 지도는 한반도와 만주를 함께 그려 넣고 있을 뿐 아니라, 산천을 사실적으로 묘사하고 있는 것이 특색이다. 이는 국토를 만리로 간주하고, 국토에 대한 지식을 부국강병이라는 실용적 입장에서 가지려고 하는 의식과 깊은 관련이 있다.

그런데 『신편동람』의 지도에서는 만주가 완전히 빠져 있을 뿐 아니라, 지도의 내용도 사전에 실려 있는 악독嶽瀆·명산대천名山大川만을 크게 과장해서 그려 넣거나(總圖의 경우), 주현州縣의 이름과 진산鎭山, 그리고 사지사도四至四到의 방향만을 간략하게 그려 넣어(8道 各圖의 경우) 사실성을 크게 상실하고 있다. 말하자면 『신편동람』의 지도는 만리대국 의식을 상실하고 국토를 3천리 반도에 국한시키고 있으며, 국토에 대한 지식을 행정적인 것에 한정시키고 있는 것이 특색이다.

또한, 성씨를 새로 첨입한 것은 각 성씨의 신분을 파악하려는 목적과 관련이 있어 보인다. 원래 경상도 지리지나 세종실록 지리지에서 성씨를 기록한 것은 신분의식에서 출발한 것이라기보다는 각 성씨집단의 직역과 이동상황을 파악하고자 하는 데 목적이 있었던 것 같다. 『구편동람』에서는 성씨를 기록하지 않았다. 이것은 국역제도가 이미 확립되어 성씨집단에 대한 파악의 필요성이 줄어든 까닭일 것이다. 그런데 『신편동람』에 와서 다시 성씨가 기록된 것은 국역 부과의 필요성에서가 아니라 신분 파악에 목적이 있었던 것 같다. 『신편동람』에는 인리성人吏姓·백성성百姓姓 등과 같은 세밀한 직역을 표현하는 용어는 안 보이지만, 그 대신 토성土姓이라는 용어도 안 보인다. 이는 토성이라는 불명예스러운 칭호를 없애버린 것을 뜻한다. 또 종전에는 부곡성部曲姓을 뚜렷이 구별하지 않았으나,[89] 『신편동람』에서는 고적조古跡條에 부곡部曲을 명기해 놓았기 때문에, 자연히 군현성

---

89 예컨대 『世宗實錄』 「地理志」 에서는 一般 郡縣과 部曲을 구별하지 않고, 단지 姓氏의 移動을 기준으로 하여

郡縣姓과 부곡성部曲姓이 확연히 구별되어지고 있다. 뿐 아니라 일반군현의 성씨에 대해서도 촌성村姓·내성來姓·속성續姓·촉성屬姓 등을 일반성씨와 구별하고 있고, 일반성씨도 본적이 다른 경우에는 그 본적지를 적고 있다.[90] 내성·속성·촉성은 타주에서 이사를 왔으나 그 본적지를 알 수 없는 성씨를 가리킨다.[91] 이렇듯 일반군현의 성씨의 본적지를 확인하려는 것과 촌성을 구별하려는 것은, 자기 본적지에 오래 정착해 온 토착성씨집단 즉 옛날의 토성집단의 신분적 우위성을 재확인하려는 노력이라고 해석된다. 그리고 토성집단의 재확인이야말로 사림들의 신분적 우위성을 확인하는 방법이 아닌가 한다.

결국 『동국여지승람』의 개찬이 의미하는 바는 민족적 자각과 부국강병의 실리적 목적 위에서 쓰여진 훈신의 지리서를, 군주와 사림의 권위를 높여 주는 방향으로 바꾸었음을 뜻하는 것이며, 그것은 또 진취와 팽창에서 보수와 안정으로 전환한 것을 의미하는 것이기도 하다.

다음에 성종이 사림으로 하여금 훈신의 편찬물을 개찬한 것으로 중요한 의미를 갖는 것은 『연주시격聯珠詩格』의 개찬이다. 원래 『연주시격』은 서거정·노사신·허종·어세겸·유순·유윤겸 등 훈신계 인사들이 성종 14년 7월부터 주석 작업을 시작했다는 것은 앞 장에서 설명한 바와 같다. 그런데 현존하는 『연주시격』은 서거정이 주석하고 안침安琛·성현成俔·채수蔡壽·권건權健·신종호申從濩 등이 교칙을 받들어 보삭을 한 것으로 되어 있다.[92] 언제부터 새로운 인토들이 참여하였는지는 알 수 없으나 어쨌든 서거정 1인을 제외하고는 모두 새 얼굴들이며, 또 그들이 왕의 교칙을 받들어 보삭을 하였다는 사실은 매우 주목된다.

특히 위 새 인사들 가운데서 성현·채수·신종호 등 3인은 김종직과 더불어 『동국여지승람』을 개찬한 인물이고 나머지 안침·권건도 사림계 인사들이라는 점에서 흥미를 끈다. 이것은 결코 우연한 일로 보기 어렵다. 『동람東覽』과 『연주시격』이 서로 긴밀한 연관 위에서 사림에 의해서 개찬되고도 또 그것을 성종이 주도했다는 사실이 충분히 감지된

亡姓·續姓·來姓등을 區別해서 기록하고 있다.

90 『東國興地勝覽』 卷4, 漢城府 姓氏條 참조.

91 同上書 卷4, 開城府(上) 姓氏條

92 桂五十郎, 『漢籍解題』(482~483쪽) 聯珠詩格注解 "精選唐宋千家聯珠詩格二十卷(朝鮮徐居正注 安琛及成俔·蔡壽·權健·申從濩等 奉敕補削)"

다. 구체적으로 무엇을 보삭했는지는 알 수 없으나, 책이름도『정선당송천가련주시격精選唐宋千家聯珠詩格』(20권)으로 바뀐 것 같다.[93] 이 책은 본래 원元의 우제于濟가 찬撰하고 채정손蔡正孫이 보충한 것인데 당·송인의 칠언절구를 사구전대격四句全對格으로부터 용후신자격用後身字格에 이르기까지 320여 격으로 나누어 수록한 것이라 한다. 이 책이 특히 가치를 지니는 것은 시학상에서만이 아니라, 송사宋史에 누락된 송말宋末의 의사義士·유민遺民의 성명과 자호를 수십백인이나 기록하고, 또 송대에 시명이 있던 자라 하더라도 원조에 벼슬한 자는 모두 제외한 것이라 한다.[94] 말하자면 절의를 숭상하는 입장에서 편찬된 것을 말하여 준다. 아마 절의의 입장에서 의사·유민을 추록하고 변절자를 뺀 것이 사림에 의해서 보삭된 주요 내용인 듯하다. 서거정 같은 훈신의 입장에서는 이 같은 작업을 하기가 곤란하다.

『연주시격』을 절의를 숭상하는 입장에서 개찬한 것은『동국통감』을 절의의 입장에서 수정한 것과 같은 의미를 지닌다는 점에서 아주 중요한 뜻을 갖는다.

다음에 성종 16년 1월에『경국대전』교감 작업을 마무리하여 이른바『을사대전乙巳大典』을 완성한 것도『동국통감』수정과 깊은 관련을 가진 것으로 보인다. 원래『경국대전』은 예종원년에 최항·노사신·서거정 등이 완성했던 것이나, 그 후 불완전한 점이 많이 발견되어 몇 차례 수정을 거듭해 왔는데, 성종은 대전교감 과정에서 대신들의 의견을 묵살한 채 거의 일방적으로로 작업을 마무리하였다.[95] 성종과 대신들이 교감 작업을 둘러싸고 구체적으로 어떤 문제에서 견해 차이를 드러냈는지는 자세히 알 수 없으나, 아마도 왕권과 신권의 권력 조정 문제, 특히 의정부 대신들의 권한에 관한 규정 등에서 어떤 마찰이 있었을 것으로 추측된다. 세조대에 호전과 형전이 먼저 반행되고 이전이 가장 난산을 경험한 것도 권력관계 때문이었을 것이다.

『을사대전』이전의『경국대전』이 남아 있지 않기 때문에, 이것과 그 이전의 대전을 비교할 수 없는 것이 유감이지만『을사대전』에서는 의정부의 서결권署決權이 명문화되어 있지 않은 것이 주목된다. 즉 의정부는 "總百官·平庶政·理陰陽·經邦國"의 권한을 가진다고 규정하고 있어서, 형식상으로는 매우 강대한 권한을 가진 것처럼 보이나, 실제로는

---

93   同上 참조.
94   近藤杢 編,『中國學藝大辭典』, 1409쪽.
95   朴秉濠,「經國大典의 編纂과 頒行」,『한국사』9, 255~258쪽.

육조에 행정실무가 모두 분산되어 있다. 이것은 군주가 정무에 관여할 여백을 제한하지 않고 있음을 뜻한다.

말하자면『을사대전』의 권력 규정은 철저한 전제왕권을 명문화한 것도 아니고 그렇다고 군주의 권한을 명백하게 제한한 것도 아니다. 하지만 이러한 어중간한 성격이 군권과 신권의 조화를 보장해 주는 데 효과적일 수도 있다. 바로 이 점이『을사대전』을 군·신의 양측에서 무난히 받아들일 수 있게 한 것인지도 모른다. 하지만 훈신의 전횡하에서 위축되었던 왕권으로서는 이러한 군신의 조화가 도리어 왕권의 신장을 의미하는 것도 사실이다.

지금까지 살펴본 바와 같이 성종 16년을 전후하여 훈신이 만든『동국통감』·『연주시격』·『동국여지승람』·『경국대전』을 거의 동시에 사림의 참여하에, 그리고 성종의 주도하에 개찬한 것은 결코 우연한 일이라고 볼 수 없다. 그것은 바로 훈신과 신진사림의 권력균형, 그리고 왕권과 신권의 권력 균형 위에서 이루어진 것이고, 그러하기에 그것은 비로소 '완성'의 의미를 지니게 된 것을 말하여 주는 것이다.

따라서『신편동국통감』은 엄밀한 의미에서 서거정의 작作도 아니고, 사림의 작품도 아니며, 성종 자신의 것도 아니다. 그것은 위 삼자의 공동의 저작인 것이다.

4.『신편동국통감』의 역사서술

1) 서술체재

『신편동국통감』은 역사적 사실을 적은 본문과 사실에 대한 평가를 내린 사론으로 나누어 분석할 필요가 있다. 이 절에서는 먼저 본문의 체재와 내용의 특색을 검토하기로 한다.

『동국통감』은『자치통감資治通鑑』의 범례를 따라 편찬하였다. 이 점에서 보면, 정도전의『고려국사』이래로『자치통감』을 모범으로 하여 역사를 서술하려던 유신들의 전통이 관철된 셈이다. 그러나 찬자 자신들의 사론을 대거 수록하였다는 것은『자치통감』의 역사서술 태도와는 많이 다른 것이며, 이런 이유에서『동국통감』은『자치통감』의 단순한 모방품이라고 말하기 곤란하다.

『동국통감』의 본문 편차는 크게 네 시기로 나뉘어 있다. 외기外紀(檀君朝鮮에서 三韓까지)

· 삼국기三國紀 · 신라기新羅紀(文武王 9年에서 太祖 18年까지) · 고려기高麗紀가 그것이다. 삼한이전을 외기로 처리한 것은 권근의 『동국사략』과 노사신의 『삼국사절요』에서도 나타났던 것이므로 새로운 것이 아니다. 그러나 신라기를 독립시킨 것은 지금까지 시도된 일이 없는 새로운 편차이다.[96] 신라기를 독립시킨 것은 신라통일의 의의를 크게 드러내려는 의도일 뿐 아니라, 고려건국의 의의를 낮게 평가하는 의미를 갖는 것이기도 하다. 이 점은 최부가 쓴 사론에서 왕건을 신라의 반적으로 평가한 것과 관련시켜 생각할 때, 더욱 그 의미가 뚜렷해진다. 신라를 칭송하고, 왕건을 비난하는 사론은 거의 모두가 최부를 비롯한 사림계 수사관의 의사가 반영된 것이 아닌가 생각된다. 이 점에 대해서는 뒤에 재론하겠다.

삼국이 정치하던 시대를 삼국기로 서술한 것은 삼국의 세력이 균적均敵하여 하나를 정통으로 간주할 수 없다는 데에 근거를 두고 있다. 이러한 논리는 객관적으로 타당한 것인데, 뒤에 가서 신라를 정통으로 내세운 것은 뚜렷한 근거가 제시되어 있지 않다. 논리적 일관성을 지니려면, 『삼국사절요』처럼 삼국이나 통일신라의 권수에 다같이 '기紀'라는 명칭을 붙이지 않았어야 하는 것이다.[97] 서거정은 『삼국사절요』의 서문에서 분명하게 '기'를 쓰지 않은 이유를 설명하고 있을 뿐만 아니라, 권근이 『동국사략』에서 신라를 정통으로 내세운 것을 근거없는 일이라고 비난하고 있다. 따라서 『동국통감』에서 삼국기 · 신라기를 권수에 붙인 것은 서거정의 주장이라고는 생각되지 않으며, 아마도 신라를 높이려는 사림계 수사관의 소위가 아닌가 생각된다.

삼한 중에서 마한을 별항으로 앞에 내세운 것도 특이한 편차이다. 『삼국사절요』에서는 삼한을 혼성해서 서술하고 있을 뿐, 마한을 특별히 별항으로 독립시켜 내세우지는 않았다. 마한을 독립시킨 것도 역시 서거정의 의사는 아닌 것 같다. 그것은 최부가 쓴 사론에서 마한을 기자조선의 후신으로 간주하면서 그 문화를 높이 평가하고 있는 것이 보이기 때문이다.

『동국통감』은 『주자강목朱子綱目』에서의 정통론을 철저하게 따르지는 않았으나 위에서 살펴본 대로 기자箕子에서 마한 · 신라로 이어지는 흐름을 은연중 정통으로 부각시키

---

96   鄭求福氏는 新羅紀를 獨立시킨 것이 『三國史節要』와 일치하는 것(138쪽)이라고 말하고 있으나, 『三國史節要』
에서는 三國紀니 新羅紀니하는 編目을 붙인 사실이 없고, 統一新羅를 別卷으로 獨立시키지도 않았다.

97   『三國史節要』에서는 三國의 勢力이 均敵하여 하나를 主로 할 수 없으므로 三國과 (統一)新羅에 다같이 紀를
붙이지 않는다고 밝히고 있다(徐居正序文).

려는 의도가 엿보이며, 단군조선 — 고구려(百濟) — 발해 — 고려로 이어지는 북방계국가의 위치가 상대적으로 뒤로 밀려지고 있는 느낌을 받는다. 그리고 이러한 분위기가 사론에 들어가서는 더욱 노골화되고 있음을 본다.

세종 · 세조대의 사서나 『삼국사절요』에서까지만 하더라도 정통론은 크게 거론된 일이 없지만, 그러면서도 은연중 북방계국가에 대한 평가가 적극적인 분위기를 풍기고 있었다. 비단 사서만이 아니라 『동국여지승람』이나 지도에서도 그러한 분위기는 똑같이 읽을 수가 있었다. 조선이라는 국호의 제정이나, 단군에 대한 제사, 동명왕에 대한 제사, 고려건국의 찬송, 그리고 만리영토의식 등은 모두가 만주지방의 북방국가를 크게 의식하는 데서 나온 것임은 두말할 나위도 없다. 또 조선초기에 집요하게 추진된 북방사민정책이나 사군四郡 · 육진六鎭개척 · 요동수복遼東收復 운동도 같은 문맥에서 이해되며, 한양천도의 사상기반도 신지神誌 · 도선道詵 · 김위제金謂磾 등으로 이어지는 북방 지향의 풍수도참사상과 관련되고 있다.

일반적으로 훈신들의 문화의식과 역사의식은 공통적으로 북방 지향적인 성향을 지니고 있으며, 서거정 자신도 예외가 아니다. 따라서 『동국통감』에서 기자조선 · 마한 · 신라가 크게 부각되고 있는 것은 지금까지의 훈신의 분위기와는 매우 다른 것이라고 보지 않을 수 없다. 그리고 이러한 분위기의 일대전환은 바로 사림의 등장과 참여에 짝하여 나타났다는 사실을 주목하여야 한다. 표연말 · 최부 등 사림계 수사관은 비단 사론 작성에만 참여한 것이 아니라, 본문체재 구성에도 어느 정도 관여한 것으로 보인다.

『동국통감』은 대체적으로 보아 훈신이 쓴 『삼국사절요』와 『고려사절요』를 대본으로 하여 이를 합친 것이라고 말할 수 있다. 그러나 엄밀하게 따지면 위 두 사서를 기계적으로 합쳐 놓은 것은 결코 아니다. 위 사서에서 많은 기사를 삭제하고, 새로운 기사를 첨입하였으며, 또 서술편차를 새롭게 구성하였다. 그러면 『동국통감』이 기왕의 사서와 어떤 점이 같고, 어떤 점이 달라졌는가를 좀 더 구체적으로 알아보기로 한다. 먼저 기성사서와의 공통점을 찾아보면 다음과 같다.

① 삼국이전의 상고사를 「외기」로 서술하였다. 외기는 본래 유서가 지은 『자치통감외기』에서 비롯된 것으로, 사마광의 『자치통감』에서 누락된 주周 위열왕威烈王 22년 이전의 역사를 보충하여 10권으로 편찬한 것을 외기라 이름하였다. 『동국통감』에서 삼국이전을 외기라고 한 것은, 오랫동안 정사에서 누락되어 왔던 상고사를 보충한다는 의미로 해석

된다. 외기를 권외에 넣은 것은 삼국이후의 역사처럼 체계적인 왕대별 서술이 불가능하고, 다만 단편적인 사실만을 소개하는 데 그쳤기 때문으로 보인다.[98]

따라서 삼국이전의 역사를 외기에 넣었다고 해서 국사의 시발을 삼국이후로 설정하고 있다고 말할 수는 없다. 『동국통감』의 전문과 서문에서는 우리나라 역사를 "上下千四百年"이라고 하여 삼국이후부터를 국사연대로 간주하는 듯한 발언이 보이고 있으나, 이것은 국사의 절대연대가 그렇다는 뜻이 아니라, 본격적인 역사서술이 가능한 시대가 1400년이라는 의미로 해석된다. 『동국통감』의 전문을 쓴 서거정은 그의 『필원잡기筆苑雜記』의 모두에서 우리나라의 역년이 3785년으로서 중국의 역년과 똑같다고 말하고 있다.[99] 뿐만 아니라, 당요唐堯와 단군, 주무왕과 기자箕子, 한漢과 위만衛滿, 송태조와 고려태조, 이태조와 명태조가 거의 같은 시대에 출현했음을 지적하여 중국사와 우리나라의 역사발전이 동등한 수준에 있었음을 은근히 자랑하고 있다.[100]

이런 점으로 볼 때, 『동국통감』에서 외기를 설정한 것은 상고사를 저평가하려는데 근본 의도가 있는 것으로는 생각되지 않는다. 뒤에 안정복安鼎福이가 『동사강목東史綱目』에서 『동국통감』의 외기를 불의하다고 비판하고 있는 것은 존화사상을 가지고 기자정통론을 확립하기 위한 것이므로 그 발상 자체가 『동국통감』과는 다른 것을 유의할 필요가 있다.[101]

다만, 외기라는 것이 본권보다는 격이 떨어지는 것은 사실이므로, 가령 세조처럼 고기류를 가지고 상고사를 적극적으로 정리하려는 입장에서도 외기가 용납되었을는지는 의문이다. 『동국통감』은 고기류를 무시하고 단편적인 중국측 기록만 가지고 상고사를 정리하였기 때문에, 부득이 외기로 처리될 수밖에 없었다. 그러나 외기를 설정한 의도가 존화사상이나 기자숭배와 관련된 것은 아니며, 어디까지나 자료와 관련된 것을 알겠다.

② 삼국시대사 서술에 있어서 "勢力이 均敵"함을 이유로 들어 어느 한 나라를 정통으로

98　『東國通鑑』凡例에서는 "三國以前史書 漫滅無傳 雜探諸書 作外紀"라 하여 資料不足을 큰 이유로 내세우고 있다.

99　『筆苑雜記』卷1, "嘗考自唐堯元年甲辰 至洪武元年戊申 總三千七百八十五年 自檀君元年戊辰 至我太祖元年壬申 亦三千七百八十五年 吾東方歷年之數 大概與中國相同 帝堯作而檀君興 周武立而箕子封 漢定天下而衛滿來平壤 宋太祖將興 而高麗太祖已起 我太祖開國 亦與太祖高皇帝同時"

100　同上.

101　일반적으로 箕子朝鮮에서 文化的 正統의 시발을 찾으려는 士林系人士들은 箕子朝鮮이 外紀로 처리되는 것에 不滿을 가지고 있었다. 그래서 『東國通鑑』이후의 史書에서는 거의 外紀라는 編名을 쓰지 않고 있는데, 이것은 箕子朝鮮 때문에 그런 것이지, 上古史 전체를 적극적으로 평가하려는 의도에서 나온 것으로는 생각되지 않는다.

내세우지 않고 무정통의 시대로 처리하였으며,[102] 나아가 삼국을 분립적으로 서술하지 않고 하나의 편년으로 묶어 서술한 것은 기본적으로『삼국사절요』와 일치되며, 이는 앞서 고찰한 외기의 설정과 아울러 훈신적 역사인식의 계승으로 보인다.

삼국을 신라중심으로 서술하던 관습은 김부식의『삼국사기』에서 비롯되어 권근의『동국사략』에서도 답습되고 있었던 것이나, 세종·세조대에 와서 그것이 극복되어 삼국 균적론이 일어나게 되었던 것이다. 삼국을 대등하게 취급하는 것은 고대적·지방적 의식의 극복을 의미하는 것인 동시에 남북의 영토와 유민, 그리고 그 문화를 균형있게 포용하려는 개방적 역사의식의 반영이 아닌가 한다.

③ 신라초기의 군장에 대한 칭호로 쓰였던 거서간居西干·이사금尼師今·마립간麻立干 등을 왕으로 바꾸어 표기하였다.[103] 이것도 역시『삼국사절요』와 일치되는 것으로 훈신의 역사서술방식을 계승한 것이다.

④ 군주의 명호名號나 시호諡號, 왕비·왕자 등의 칭호, 혹은 관작官爵의 이름으로써 중국과 같은 것이 있더라도 사대명분에 구애되지 않고 사실대로 기록하였다.[104] 이것은 몽고 간섭시대 이후로 태조·태종대에 이르기까지 각종명호를 개서하여온 서술방식과 크게 다른 것으로서, 세종대 이후로 각종 사서에서 확고한 수사원칙으로 계승되어온 전통이다. 이러한 전통은 세종대 이후로 조선왕조의 국력과 문화가 크게 신장되면서 중국에 대하여 의연하고 탄력성있는 사대정책을 취해온 외교정책과도 일치되는 것이다.

⑤ 연기 표시는 맨먼저 간지를 최상단에 적고, 그 다음에 중국 연호를 적고, 마지막에 우리나라 왕년을 적었다. 그러나 통일신라나 고려시대처럼 단일왕조가 세워졌을 때에는 간지 밑에 왕년을 적고, 그 다음에 중국 연호를 기록하였다. 우리나라에서도 신라 법흥왕대나 고려태조·광종대에는 일시적으로 연호를 사용하였지만, 이것은 중국에 대한 사대명분에 어긋난다고 하여 삭제하였다.[105] 이러한 연기표시법은 기왕의 사서에서도 통용되어 온 것으로 중국과의 사대관계에서 조선측이 준수해야 할 한계의 명분이었다. 그러나 중국의 연호만 적고 우리나라 연호를 삭제한 것은 실제적으로 연대 이해에 아무런 지장

---

102 『東國通鑑』凡例, "一. 三國 勢力均敵 不可主一 故依綱目無正統例 以立國先後分註其年"
103 『東國通鑑』凡例, "新羅之初 其君有稱居西干者·尼師今者·麻立干者 皆王號也 崔致遠 … 悉皆稱王 今從之"
104 同上 "凡君或名或號或諡 妃或稱后 世子或稱太子 或稱正胤 教或稱詔 或稱制 官爵之侔擬上國 皆從實直書"
105 同上 "一. 每年 必先書中國年號 尊之也 新羅嘗行年號 僭擬中國 故削之"

을 주는 것이 없으며, 또 사실을 인멸시킨 것도 아니다. 신라나 고려가 연호를 사용했다는 사실 자체는 본문에서 기술하고 있기 때문이다. 요컨대 연호표기문제는 『동국통감』에서만 특이하게 나타난 것은 아니고 또 그것이 『동국통감』의 결정적인 흠이 되는 것도 아니라는 것을 유의할 필요가 있다.

⑥ 왕의 연대 표기에 있어서 즉위년 칭원법稱元法을 써서 사실과 맞게 하였다.[106] 권근은 『동국사략』에서 즉위년 칭원법을 쓰게 되면 1년에 두 사람의 군주가 있게 되므로 '天無二日 人無二王'의 명분에 어그러진다는 이유로 이를 유년 칭원법으로 개서하였으나, 세종대 이후로는 즉위년 칭원법의 원칙이 이어져 내려왔다. 이것은 명분보다도 역사적 진실을 존중하던 세종조 이후의 역사서술작풍이 계승된 것을 의미한다. 『삼국사절요』에서도 역시 즉위년 칭원법을 따랐다.

대략 지금까지 살펴본 것이 『동국통감』이 『삼국사절요』나 『고려사』 또는 『고려사절요』 등 기왕의 사서와 공통되는 요소들이다. 이러한 공통점은 『동국통감』이 훈신들의 역사서술방식을 그대로 답습하고 있는 측면을 보여 주는 것이다.

다음에는 『동국통감』과 기왕사서既往史書의 차이점을 알아보기 한다.

① 『동국통감』이 삼국을 세력균적勢力均敵한 국가로 간주하여 무정통의 시대로 간주하고 있다는 것은 앞에서 설명한 바와 같다. 그러나 통일신라를 신라기로 독립시키고,[107] 삼한 중 마한을 독립시켜 맨 먼저 서술하고, 기자조선을 마한의 전신으로 부각시킴으로써 기자조선 → 마한 → 신라로 이어지는 흐름을 은연중 정통국가로 내세우고 있다는 것도 앞에서 검토한 바 있다. 이로써 『동국통감』은 삼국을 대등하게 서술하는 듯하면서도, 결과적으로는 신라가 삼국통일의 주인공이라는 것을 크게 내세우고 있다.

신라가 삼국을 통일했다는 인식은 지금까지의 사서에서는 보이지 않았다. 『고려사』·『고려사절요』에서는 고려가 삼한을 통일했다고 보고 있으며 『삼국사절요』에서도 신라가 삼국을 통일했다고 보고 있지는 않다. 『삼국사절요』에서는 이른바 통일신라까지도 삼국시대에 포함시켜서 서술하고 있는 까닭에 이를 별권으로 서술하지 않았던 것이다. 신라를 주로 하여 서술한 권근조차도 신라가 삼국 중 선기후멸先起後滅한 최장수국이라는

---

106 同上 "一. 三國皆薨年改元 權近史略 踰年稱元者 惡其非禮也 然記事頗有牴牾 今據實書之"
107 同上 "一. … 新羅統一之後 始大書其年 稱某國紀"

점을 강조하긴 했어도 신라의 삼국통일을 인정한 것 같지는 않다.

말하자면, 신라의 삼국통일을 공식적으로 인정한 것은『동국통감』이 최초라고 말할 수 있다. 이것은 국사체계에 있어서의 일대전환이라고 볼 수 있다. 지금까지의 국사체계는 고조선 → 삼한 → 사군(二府) → 삼국 → 고려로 이해되어 왔으나,『동국통감』에 이르러 고조선(箕子) → 삼한(馬韓) → 사군 → 삼국 → 신라 → 고려의 새로운 국사체계가 성립되었기 때문이다.

신라의 삼국통일을 부각시키는 것은, 뒤의 고려의 삼한통일의 의의를 약화시키는 것일 뿐 아니라, 고구려 · 발해의 영토와 유민을 민족통일의 범주에서 적극적으로 고려하지 않음을 뜻하는 것이기도 하다. 신라의 삼국통일은 국가통합의 의미는 가지나, 민족통일의 의미로서는 매우 제한성을 갖는다. 반면에 고려의 삼한통일은 국가통합보다는 민족통일의 의미가 더 강하다. 삼국유민뿐 아니라 발해유민을 동족으로 포섭하였기 때문이다.

②『동국통감』은 국사를 서술함에 있어서 혈연공동체로서의 민족의 실체나 영토의 크기, 호구戶口의 다과多寡 등과 같은 물질적인 국력에 대하여 별로 신경을 쓰지 않고 있다. 이 점 또한 세종 · 세조대의 훈신들의 역사인식과 근본적으로 다르다.『삼국사절요』는 단군조선을 구이九夷와 연결시킴으로써 한족의 혈통적 기원이 이夷에서 비롯됨을 인정하고 있으나,『동국통감』에서는 구이에 관한 서술을 삭제하여 단군조선이 혈통상 무엇과 연결되는지를 밝히지 않고 있다. 그 반면, 기자가 중국인 5,000인을 데리고 왔다든가, 위만衛滿이 1,000여인을 데리고 왔다는 것, 마한이 기자조선의 후신이라는 것, 진한이 진의 유망인이라는 것 등이 인정됨으로써 한족의 조상이 혈통상 대부분 중국인과 연결되는 것처럼 서술되어 있다.『삼국사절요』에서는 기자가 중국인 5,000명을 데리고 왔다는 기사가 안 보이며, 기자도 은인殷人이라고 못박아 말하지는 않고 있다.

③ 삼한 · 사군에 대한 서술에 있어서『삼국사절요』는 호수와 인구를 적을 뿐, 그 문화에 대한 서술이 없다. 이에 반하여『동국통감』에서는 사군의 호구수를 삭제하고, 그 대신 사군과 삼한의 문화를 진수의『삼국지』등에서 채록하여 서술하고 있다. 이러한 차이는 전자가 국력을 파악하는 데 초점을 두고, 후자가 문화를 파악하는데 역점을 두고 있음을 뜻한다.

④ 삼국시대를 인식함에 있어서도『삼국사절요』는 고구려의 국부병강國富兵强과 강대함을 칭송하고 있으나,[108]『동국통감』에서는 그러한 칭송이 보이지 않는다. 고려의 북진정책이『동국통감』사론에서 비판되고 있는 것도 같은 문맥에서 이해된다.『동국통감』에서 기

자조선·마한·신라를 국사의 주류로 부각시킨 것은 결코 이들 국가가 국력이 강성하였다는데 근거를 두고 있는 것은 아니다. 그것은 어디까지나 문화, 즉 유교문화의 관점에 근거를 둔 것이며, 문화의 핵심을 윤리·도덕적인 것에서 구한 데서 연유하는 것이다.

⑤ 끝으로, 『동국통감』의 범례는 『자치통감』을 따르고, 필삭의 정신은 『자치통감강목』을 따라서, 두 사서의 체재를 절충시켰다는 것이 또 하나의 특징을 이룬다.[109] 이는 『삼국사절요』와 『고려사절요』가 강목체綱目體보다도 통감체通鑑體에 더 가까웠던 것과 다른 점이다.

지금까지의 이야기를 총괄해 보면 『동국통감』의 서술체재는 훈신적인 것과 사림적인 것이 혼합되어 있다는 의미가 되겠다.

2) 서술내용

『동국통감』은 서술체재에 있어서 기성사서와 다른 점이 있는 것과 마찬가지로 역사서술내용에 있어서도 많은 기사의 첨삭이 나타나고 있다. 그러나 기왕의 사서 가운데 『동국통감』과 가장 유사성이 많은 사서는 그래도 『삼국사절요』와 『고려사절요』이다. 따라서 『동국통감』의 내용을 위 두 사서를 토대로 하여 비교하기로 한다.

먼저 『동국통감』은 위 두 사서의 기사에서 새로운 것을 첨가한 것보다는 뺀 것이 더 많다. 또 성격이 비슷한 사건들을 함께 묶어 대강을 먼저 적고 뒤에 그 전말을 서술하는 강목법을 따르고 있어서 서술이 퍽 간결해졌으나,[110] 사건의 전개를 일자순으로 이해하는 데는 도리어 지장을 주고 있다. 이 점은 『동국통감』의 사료적 가치를 크게 저하시키고 있다.

『동국통감』은 또한 같은 내용을 서술하는 경우라도 『삼국사절요』나 『고려사절요』와는 다른 표현을 쓰고 있는 경우가 종종 있다. 이 점 또한 『동국통감』을 사료로서 이용하고자 할 때 주의해야 할 사항이다. 이제 각 시대별로 기성 사서와의 차이점을 구체적으로 검토하기로 한다.

(1) 단군조선 : 『절요』에서는 후한서의 구이九夷기사를 채록하여 단군을 구이의 군장으로 서술하고 있으나, 『통감』에서는 구이설을 삭제하고, 단군을 그저 동방의 군장으로 쓰

---

108 『三國史節要』의 徐居正序文.
109 『東國通鑑』 凡例 및 李克墩의 序 "… 凡例一依資治而寓以綱目筆削之旨"
110 同上 凡例, "一. … 凡有關於名教 國家大體者 則略倣綱目之例 先提其綱 後叙其實 從之"

고 있다. 이는 단군과 구이와의 연관을 의식적으로 회피하고, 우리나라를 동이東夷 아닌 중화로 내세우려는 의도로 보인다.

(2) 기자조선箕子朝鮮: 기자조선에 대한 서술은『절요』와『통감』이 많이 다르다. 전자는 기자가 조선에 와서 이룩한 치적만을 간단히 서술하고 있으나, 후자는 사기史記·위략魏略·한서漢書·후한서後漢書 등에서 자료를 뽑아 기자조선의 정치와 문화를 상세히 기록하고 있다. 즉 기자가 동래東來하기 이전에 주왕에 저항한 행적과 주무왕에게 홍범구주를 가르친 것을 자세하게 적고, 또 기자의 후손이 연燕을 치려고 한 사실에 대해서도『절요』에서는 그를 그냥 "其後子孫"이라고 쓰고 있으나『통감』에서는 "其後孫 朝鮮侯"라고 적어 기자조선이 주周의 제후임을 명백히 하고 있다.[111] 말하자면,『통감』은 기자의 행적을 더 높이 평가하면서, 기자조선과 주와의 사대관계를 분명하게 부각시키는 서술 태도를 보여주고 있다.

한편, 기자가 중국인 5,000인을 이끌고 조선에 들어왔다는 함허자涵虛子의 기록이 사론에 실려 있는 것도 주목된다. 이 사론은 최부가 쓴 것인데 서거정은 그의『필원잡기』에서 이 기사의 출처가 불분명하다 하여 그 신빙성을 의심하고 있다.[112] 아마 이 기사의 채록을 둘러싸고 서거정과 최부 사이에 의견 차이가 있었던 것 같다.

(3) 위만조선衛滿朝鮮: 위만조선에 대한 서술은 양서가 대동소이하나『동국통감』이 약간 상세한 차이가 있을 뿐이다.

(4) 사군四郡:『절요』에서는 사군의 이름과 호구수만을 간략하게 서술하고 있으나,『통감』에서는 사군의 치소와 그 변천과정, 그리고 한인상가의 절도행위로 인하여 범금犯禁이 60여조餘條로 증가될 정도로 인현仁賢의 풍속이 나빠졌다고 기술하고 있다. 사군의 치소를 어디에 비정하느냐의 문제는 고조선의 강역과 관련되는 것으로『동국세년가』(權踶)에서는 진번眞番과 임둔臨屯이 남북에, 악랑樂浪과 현토가 동서에 있는 것으로 막연히 비정하였고,『응제시주』(權擥)에서는 악랑을 유주幽州(遼西·遼東)에, 현토를 심양에, 진번을 요동에 비정하는 신설이 제기되기도 하였다. 그런데『통감』에서의 사군 서술은 전적으로 한서를 따라 악랑을 평양에, 임둔을 동이東暆에, 현토를 옥저沃沮에, 진번을 삽현霅縣에 비정하고 있다.『절요』의 찬자들도 한서를 안 보았을 리 없지만, 이를 의도적으로 받아들이

111 朝鮮侯라는 표현은『魏略』에 보이는 바,『三國史節要』에서는 이 표현을 빼버렸으나,『동국통감』에서는 그대로 받아들인 데서 이러한 차이가 나타난 것 같다.
112 『筆苑雜記』卷1, "涵虛子曰 … 又云箕子率中國五千人 入朝鮮 … 其曰半萬殷人 渡遼水者 又不知出於何書也"

지 않은 것 같다.

어쨌든 『통감』의 사군치소四郡治所에 대한 서술은 지금까지 훈신들의 사군에 대한 인식과는 상당한 차이가 있는 것이 사실이고, 결과적으로는 사군의 위치를 반도에 비정하는 단서를 열어 놓았다는 것에 유의할 필요가 있다.

(5) 삼한 : 『절요』에서는 삼한을 혼성하여 서술하고, 삼한의 통할 국가 수만을 간략하게 기록하고 있으나, 『통감』에서는 마한을 진한·변한과 독립시켜 서술하고 있을 뿐 아니라, 진수陳壽의 『삼국지』에서 기사를 채록하여 삼한의 부족국가 이름을 모두 나열하고 그 문화를 상세하게 서술하고 있다. 따라서 삼한에 대한 서술은 종전보다 훨씬 내용이 풍부해졌다.

그러나 『제왕운기』와 『동국세년가』에서 삼한을 부여·비류 등 단군족국가로 간주하던 것[113]과는 달리 『통감』에서는 이를 중국계와 연결시키고 있다는 점에서 발상이 전혀 다름을 보여주고 있다. 이는 『삼국유사』와 『동국사략』의 삼한 인식을 계승하고 있음을 뜻하며, 국사를 중국사와 유착시켜서 이해하려는 입장과 관련되어 있는 것으로 해석된다.

(6) 삼국·신라·고려시대 : 『통감』 외기의 기사가 중국측 기록을 채록하여 크게 보완되고 있는 것과는 대조적으로, 삼국이후의 역사는 종전의 사서에서 대폭 기사를 삭제한 것이 주목된다. 『삼국사절요』 및 『고려사절요』의 기사 중에서 삭제된 내용을 살펴보면 대략 다음과 같다.

① 일식·지진·기상·기근·질역·충황 등과 같은 천재지변에 관한 기사

② 상서의 출현에 관한 기사

③ 제천을 비롯한 각종 제사 기록과, 불교와 관련되는 종교행사, 그리고 군주의 전렵에 관한 기사

④ 외국과의 교빙, 외국인의 내투來投 등 국제교류와 관련되는 기사

⑤ 설화·전설·민담·가곡 등에 관한 기사. 다만 이러한 기사들 가운데서도 삼강·오륜과 관련되는 미담들은 그대로 수록하고 있다.

⑥ 삼국간의 침공기사侵攻記事, 또는 축성築城에 관한 기사로서 소소한 것은 모두 삭제

⑦ 관직명호·지방제도(郡縣의 數와 名稱)·복색제도服色制度·진휼賑恤·수세收稅·토지

---

113 本書 第一章 第4節 참조.

제도 등 각종 제도와 관련되는 세세한 설명을 삭제하였다. 심지어 공양왕 3년에 시행된 과전법科田法 기사조차 삭제하였다.

⑧ 관리의 선거(科擧及弟)에 관한 기사를 삭제하고, 오직 최충 등과 같은 저명한 유학자가 급제했을 경우에 한하여 선별적으로 기록하고 있다. 동시에 관리의 봉배封拜에 관한 기록도 극히 제한해서 현상이나 명장이라고도 일컬어지는 인물에 한하여 선별적으로 기록하고 있다.

⑨ 당태종의 『정관정요貞觀政要』를 칭송한 공양왕 3년 11월 이첨의 상소문을 생략하였다.

⑩ 발해가 문자를 가지고 있으며, 고구려인이 세운 나라이며, 지방이 5000리나 되는 대국이었다는 발해 칭송 기사를 삭제하고, 발해인의 내투기사도 간략히 다루었다.

다음에 『동국통감』에서 새로이 첨입된 기사 중 중요한 것을 들면 다음과 같다.

① 고구려 소수림왕 2년에 대학을 세운 기사가 『삼국사절요』에는 빠졌으나 『통감』에서 새로 첨입하였다. 이 기사는 『삼국사기』에서 뽑은 것이다.

② 고려 태조시에 6회에 걸쳐 후당에 사신을 파견한 사실이 새로이 첨가되었다. 이 기사도 『삼국사기』에서 발췌한 것이다.

③ 후백제 관계 기사를 『삼국사기』에서 뽑아 보충하였으나, 그 내용은 대부분 견훤부자의 싸움과 관계되는 불미스러운 사건들이다.

④ 경순왕이 고려에 귀순할 때, 태자太子 마의麻衣가 이를 반대하다가 뜻을 이루지 못하자 마의초식으로 일생을 마쳤다는 기사를 『삼국사기』에서 뽑아 실었다.

⑤ 성종 2년 5월에 임노성任老成이 송宋에서 대묘당도大廟堂圖를 가져왔다는 기사를 『고려사』 세가에서 뽑아 수록하였다. 이와 아울러 성종의 치적으로서 『고려사절요』에 빠진 것을 『고려사』 세가와 열전에서 뽑아 8건의 사실을 새로 첨가하였다. 그 내용은 12목에 경학박사 등을 파견한 것, 과거 시험과목을 바꾼 것, 서경에 수서원을 설치한 것, 이양李陽의 권농상소勸農上疏, 지방에 학교를 설치한 것, 대묘大廟와 소목昭穆에 관한 것들이다. 말하자면 성종의 숭유정책崇儒政策에 관련되는 기사들이 보충된 셈이다.

⑥ 현종 때에 최치원崔致遠을 문창후文昌侯로 추증한 기사가 보충되었다.

⑦ 공양왕 2년 4월에 정도전이 명나라를 비난한 사실에 대하여 "時議가 그를 비난하였다"고 덧붙여, 정도전을 은근히 공격한 것.

⑧ 공양왕 2년 1월에 정몽주가 경연에서 요순의 도를 따를 것을 왕에게 진언한 사실을

『고려사』열전에서 뽑아 실었다.

⑨ 공양왕 원년 12월에 윤회종尹會宗(尹紹宗의 아우)이 올린 신우辛禑·신창부자辛昌父子의 주살誅殺을 요청하는 상소문을 『고려사』열전에서 뽑아 실었다.

이밖에 자세한 사례를 들자면 한限이 없으나, 위에 든 사례를 통해서 『동국통감』이 무엇을 기준으로 기사를 빼고 보탰는가는 대략 이해되리라 믿는다. 한 마디로 말한다면, 『동국통감』은 성리학적 윤리덕목에 관계되는 기사들을 보충하고, 그와 반대되는 기사들을 삭제했다고 할 수 있다.

다음에는 기사의 첨삭과 직접 관련되는 것은 아니나, 서술표현방식이 달라진 것을 들면 다음과 같다.

① 『통감』은 중화민족의 국가와 북방이적국가를 차별해서 서술하고 있다. 예컨대 연호를 기록하는데 있어서 중화민족국가의 연호는 당시 우리나라에서 사용했든 안했든 관계없이 모두 적고 있으나, 거란의 연호는 우리나라에서 시행한 해부터 적고 있다. 이점은 거란의 연호를 우리가 사용하기 이전부터 기록하고 있는 『고려사절요』의 경우와 다르다.[114] 그러나 같은 북방국가라도 금金의 연호는 차별없이 기록하고 있다. 아마 금은 그 조상이 우리나라 평주인平州人(경순왕의 후예)이라고 전해진 데서 동족의식을 느끼고 거란과는 달리 취급했는지도 모르겠다. 원元의 연호는, 국호를 원이라고 칭하기 전까지는 몽고연호를 기록하고, 그 이후에는 원연호를 기록하여 『고려사절요』와 다름이 없다. 원대는 중화와 이적이 혼일된 시대로 보기 때문에 특별히 이적시하지 않은 것 같다. 그러나 『동국통감』의 사론에서는 원을 호원이라고 멸칭하고 있어서 뚜렷한 차별관이 나타나 보인다. 이 점에 대해서는 뒤에 재론하겠다.

② 후삼국시대의 삼국의 왕년을 표기함에 있어서 후백제의 견훤을 그냥 "甄萱 몇 년"이라고만 적어서, 그 국호를 삭제하고 있다. 이것은 물론 후백제를 국가로 인정하지 않으려는 태도를 의미한다. 이 점은 『삼국사절요』가 "後百濟 甄萱 몇 년"이라고 국호를 붙여준 것과 다르며, 『고려사절요』에서 태조원년부터 고려사 서술을 시작하고 있는 것과 비교할 때 중요한 차이를 나타낸다. 말하자면, 『삼국사절요』와 『고려사절요』는 고려와 후백제

---

114 『高麗史節要』에서는 太祖元年부터 契丹年號를 적고 있으나, 『東國通鑑』에서는 高麗가 契丹年號를 사용하기 시작한 成宗 13年부터 記錄하고 있다.

를 신라사에 완전히 예속시키지 않으려는 입장임에 반하여,『동국통감』은 그 두 나라를 신라에 대한 반적세력으로 평가하고 있는 차이이다.

③『고려사절요』에서는 고려왕들의 시호諡號와 묘호廟號를 쓰고 그 다음 "大王"이라는 존칭을 붙여 주고 있으나,『동국통감』에서는 "大王"을 "王"이라고 써서 그 격을 낮추고 있다.[115] 또『고려사절요』에서는 왕의 이력을 적을 때에 이름·자字·부모 이름·생년·출생지 또는 출생 과정·성품·공적·재위년수·수명 등을 자세히 적고 있으나,『동국통감』에서는 생년과 출생 과정 등을 많이 삭제하고 있다.

④『고려사절요』에서는 "後百濟"를 "百濟"라고 적어서 후백제가 백제의 후신임을 적극적으로 인정하는 태도를 보이고 있으며, 태조의 행적을 서술할 적에 "太祖云云"이라고 적어 그 이름을 피하고 있다. 이에 반하여『동국통감』에서는 후백제를 후백제로 기록하고, 태조의 행적을 적을 적에, 통일이전에 있어서는 '建' 또는 '高麗王'이라고 적고, 통일후에는 '王'이라고만 적어 '太祖'라는 표현을 거의 쓰지 않고 있다.

말하자면『고려사절요』에서는 고려태조에 대하여 존칭을 쓰고 있으나,『통감』에서는 존칭을 되도록 피하고 있어서 대조를 보이고 있다. 다음에『동국통감』에서는 중요한 의미를 가진 한 가지 사건이 연속되어 나타날 때에는 이를 한 묶음으로 묶어서 먼저 그 사건의 대강을 서술하고 뒤에 세세한 사실을 기록하는 강목법을 따르고 있다. 이것은『고려사절요』가 사건을 발생일자 순으로 기술한 것과 대조를 이룬다.

끝으로『동국통감』은 선덕·진덕·진성 등 여왕을 '女主'로 개서하여 남존여비사상을 강하게 표출시키고 있다.『삼국사절요』에서는 사실대로 '王'으로 기록하고 있다.

지금까지의 설명을 종합해 보면,『통감』은 훈신들이 만든 기성사서를 저본으로 하여 편찬되었으면서도 세부적인 면에서는 많은 차이가 있다는 것을 알게 되었다. 결국 그 차이는, 주자학역사서술의 강화이며 그러한 입장에서 기자·마한·신라·신라통일, 그리고 유신들의 행적이 종전보다 부각되고, 단군조선·고구려·백제, 그리고 고려의 건국이 종래보다 비중이 낮게 서술되었다는 것으로 집약될 수 있다. 그리고 이러한 차이는 바로 사림적 역사인식의 투영이라는 점에 중요한 의의가 발견된다.

---

115 예컨대『高麗史節要』에서는 "太祖神聖大王"이라고 하였으나,『東國通鑑』에서는 "太祖神聖王"이라고 쓰고 있다.

5. 『신편동국통감』의 사론

1) 사론의 종류

『동국통감』에는 모두 382칙의 사론이 실려 있다. 그 중에서 178칙은 『삼국사절요』와 『고려사절요』등 기성사서旣成史書에 실려 있던 사론이고, 나머지 204칙은 '臣等按'이라 하여 『동국통감』찬자 자신들이 써 넣은 것이다.

178칙의 구사론舊史論은 대부분 두 『절요』에 실려 있던 것이지만, 『절요』에 있는 것을 뺀 것도 있고, 『절요』에 없던 것을 새로 집어넣은 것도 있다. 그 실례를 적기해 보면 다음과 같다.

(1) 『三國史節要』・『高麗史節要』에 있던 것을 뺀 것
① 脫解王 나이에 대해서 의문을 표시한 權近의 史論(脫解王 24年)
② 인간의 復活을 인정하고, 火葬과 三日葬 제도를 비난한 權近의 史論(奈解王 27年)
③ 崔致遠이 居西干 등 신라의 고유한 호칭을 王으로 개칭한 것의 부당함을 주장한 金富軾의 史論(炤智王 22年)
④ 善德女王의 즉위를 비난한 權近의 史論(眞平王 54年)
⑤ 張保皐를 賢明한 사람이라고 칭송한 金富軾의 史論(神武王元年)
⑥ 衛士의 妻를 奸한 延德大君(瀋陽王 暠의 아우)을 兄의 부탁으로 풀어준 사실을 비난한 兪思廉의 史論(忠肅王 11년)

(2) 『三國史節要』・『高麗史節要』에 없던 것을 새로 添入한 史論
① 踰年稱元法이 春秋의 뜻에 맞는다고 주장한 金富軾의 史論을 지지한 權近의 史論(南解王元年)
② 武寧王이 苩加(東城王을 죽인 자) 죽인 것을 討賊之義라고 칭송한 權近의 史論(智證王 3年, 武寧王 2年)
③ 女主의 즉위를 人道와 天道에 어긋난 일로 비난한 金富軾의 史論(眞平王 54年, 善德王即位年)
④ 文籍 출신자가 아닌 子玉을 外職에 補任하는 것을 反對한 史毛肖를 칭송한 金富軾의 史論

(元聖王 5年)

⑤ 善이 寶라는 입장에서 新羅의 三寶를 비난한 金富軾의 史論(景明王 5年)

기성旣成의 사론에서 6칙을 뺀 것은 자질구레한 사실을 고증했거나(①의 경우), 인간의 부활을 부당하게 인정한 것(②의 경우), 『동국통감』의 범례와 서술원칙에 맞지 않는 것(③의 경우), 다른 사람의 사론과 내용이 이 중복되는 것(④의 경우, 김부식의 사론과 중복됨), 사론의 내용이 다른 사서와 맞지 않는 것(⑤의 경우), 그리고 본문기사까지도 삭제되었기 때문에 사론을 실을 수 없는 것(⑥의 경우) 등이다.

다음에 5칙의 사론을 새로이 첨가한 것은 춘추대의春秋大義와 강상윤리綱常倫理, 그리고 숭문주의崇文主義의 규범을 강조한 것들로서 『동국통감』 찬자 자신들이 쓴 사론과도 취지가 완전히 부합되는 사론들이다. 이러한 사론들이 『절요』에서 빠진 것은, 그와 유사한 사론들이 있어서 중복되거나(②와 ③의 경우), 사론의 취지를 받아들일 수 없는 입장(①, ④, ⑤)이었기 때문인 것 같다.

다음에 찬사자들이 직접 쓴 사론의 성격은 어떠한가? 우선 기성사론을 모두 합친 것보다도 더 많은 204칙의 방대한 사론을 찬사자들 자신이 써넣었다는 것이 지금까지의 사서 편찬의 관례를 깼다는 사실을 주목할 필요가 있다. 이것은 역사를 적극적으로 평가 · 비판하겠다는 자세의 반영이다. 그리고 그것은 지금까지의 기성사론들을 전재하는 것만으로는 비판의 기준을 세울 수 없다는, 기성사론에 대한 불만의 반영일 수도 있다.

찬사자들 자신이 쓴 204칙의 사론 중 그 절반이 조금 넘는 118칙의 사론은 최부가 쓴 것이 확인되고 있다.[116] 나머지 86칙은 누가 썼는지 확실하지 않으나, 원래 서거정은 사론을 쓰는 것에 호의를 갖지 않았던 인물이므로 그가 그 많은 사론을 썼을 가능성은 희박하다. 또 사론의 성격을 보더라도 훈구파 인사에 속하는 서거정으로서는 받아들이기 어려운 사론이 허다하다.[117] 중종 37년 7월에 올려진 어득강魚得江의 상소문 가운데 『동국통감』의 사론이 서거정의 손에서 다 나온 것이 아니고, 대부분 요좌신진僚佐新進의 손에서 나왔

---

116 崔溥의 『錦南集』에 118則의 史論이 실려 있다.
117 徐居正은 王位를 찬탈한 世祖를 보필한 勳臣의 한 사람이므로, 死六臣이나 生六臣처럼 節義를 지킨 臣下들을 褒讚하는 史論을 받아들이기에는 어려운 처지에 있다. 그런데 『동국통감』 撰者의 史論들 가운데에는 節義를 칭송하는 史論이 매우 많다.

다는 대목이 보이는 것을 보면,[118] 『동국통감』의 사론들의 대부분은 적어도 세조대의 훈신이 아니었던 사림계 수사관이 썼을 가능성이 아주 많다. 서거정이나 이극돈 같은 훈신들이 사론을 썼다 하더라도, 그것은 자신들의 정치적 입장에 손상을 주지 않는 내용의 평범한 사론에 국한되었을 가능성이 많다.

새로운 사론의 시대별 분포를 보면, 외기에 3칙, 삼국기에 35칙, 신라기에 24칙, 그리고 고려기에 142칙으로서, 고려시대에 약 70%가 할당되고 있다. 『동국통감』의 56권 중에서 고려시대가 약 80%인 44권을 차지하고 있는 것을 본다면, 사론의 할당은 비교적 각 시대에 평준화되어 있는 셈이다. 그러나 새 사론과 구사론의 시대별 분포를 비교하면 아래 표와 같이 차이가 드러난다.

아래 표에서 가장 두드러지게 나타나는 특징은 구사론이 삼국시대에 큰 비중을 두고 있는 것과 달리 신사론은 삼국시대보다도 통일신라에 역점을 두고 있다는 사실이다. 이것은 이 시대의 비중을 그만큼 높이 설정하고 있다는 증거가 된다.

동국통감의 신구사론 비교(왕조별)

	舊史論	新史論	증감
外紀	1	3	+2
三國紀	55	35	−20
新羅紀	17	24	+7
高麗紀	105	142	+37
합계	178	204	+26

다음에 고려기에 실린 사론을 각 시기별로 나누어 구사론과 비교해 보면 다음 표와 같다.

---

118 『中宗實錄』 卷98, 中宗37年 7月 乙亥條 "行副司果魚得江上疏 … 居正史論 不及 金權(金富軾 · 權近 - 필자주) 遠矣 此非盡居正之手 多出於僚佐新進之手"

동국통감의 신구사론 비교(고려시대)

시기	왕대	구사론		신사론		증감	
고려전기	太祖	3	32	3	42	0	+10
	惠宗	2		1		−1	
	定宗	1		0		−1	
	光宗	1		2		+1	
	景宗	1		0		−1	
	成宗	1		3		+2	
	穆宗	1		1		0	
	顯宗	3		7		+4	
	德宗	1		0		−1	
	靖宗	1		0		−1	
	文宗	2		2		0	
	宣宗	3		1		−2	
	獻宗	1		0		−1	
	肅宗	2		2		0	
	睿宗	3		7		+4	
	仁宗	5		12		+7	
무신집권기	毅宗	8	34	8	34	0	0
	明宗	14		11		−3	
	神宗	2		1		−1	
	熙宗	3		0		−3	
	康宗	1		0		−1	
	高宗	6		14		+8	
몽골간섭기	元宗	2	20	4	29	+2	+9
	忠烈	4		14		+10	
	忠宣	1		2		+1	
	忠肅	8		5		−3	
	忠惠	3		4		+1	
	忠穆	1		0		−1	
	忠定	1		0		−1	
공민왕 이후	恭愍	14	19	23	37	+9	+18
	辛禑	2		11		+9	
	恭讓	3		3		0	
합계			105		142		+37

이 표에서 신사론이 시기별로 구사론보다 가장 많이 첨입된 것은 공민왕 이후의 고려 말기와 몽골간섭기, 그리고 고려전기인 것을 알 수 있고, 무신집권시대가 사론의 첨입이 가장 적다. 각 왕대 별로 본다면, 현종·예종·인종·고종·충렬왕·공민왕·우왕대에 사론이 많이 첨입되어 시대가 내려갈수록 비판의 열도가 더해짐을 알 수 있다. 고려전기 (武臣亂 이전)와 후기를 비교해 보면, 42:100으로 후기에 사론이 집중되어 있다. 단일 왕으로서는 공민왕대가 23칙의 사론이 첨입되어 으뜸을 이루고 있다.

이와 같은 사론의 분포상황은 『동국통감』이 전대사서보다도 고려후기를 더 어둡게 보며, 특히 몽골간섭기 이후의 고려말기를 집중적으로 비판하고 있다는 인상을 받는다. 그러나 사론의 양적인 면을 떠나서 질적인 측면에서 고찰할 때 고려문화를 비판하는 기준이 전대사서의 그것과 다른 점이 적지 않다는 것을 간과해서는 안 된다. 따라서 사론의 질적인 변화를 무시하고서는 사론의 양적인 증감이 보여주는 의미를 정확하게 이해하기는 곤란하다.

2) 사론에 반영된 역사의식 · 문화의식

사론이란 역사적 사실에 대하여 포폄襃貶을 가하거나 불명확한 사실을 고증하는데 이용된다. 『통감』의 사론도 사실을 포폄한 것과 사실을 고증한 것으로 나누어 볼 수 있으나, 후자에 해당하는 것은 불과 20여칙에 지나지 않는다. 이것은 『통감』의 사론이 거의 포폄을 위해서 쓰여졌다는 것을 말해준다. 특히 최부가 쓴 사론은 거의 대부분 포폄과 관련된 것들이다.[119]

『통감』의 사론에 반영된 역사의식의 핵심은 한 마디로 춘추대의론이라고 말할 수 있다. 즉 ① 명교名敎를 존중하고 ② 절의를 숭상하고 ③ 난적亂賊을 성토하고 ④ 간유奸諛를 필주筆誅하고자 하는 것이 사론의 주지를 이루고 있다.[120] 전대의 사서에서도 이러한 정신이 사론에 전혀 반영이 안 되었던 것은 아니었지만, 그 정도가 미약하고 융통성이 있었다. 그런데

---

119 事實考證에 관한 史論은 거의 대부분 崔溥가 쓴 것이 아니고, 崔溥가 쓴 史論은 대부분 襃貶에 관련된 것이라는 점에서 좋은 대조를 이룬다. 아마 事實考證에 관한 史論은 襃貶을 싫어하는 徐居正이나 그 밖의 修史官이 마지못해 쓴 것으로 보인다.

120 『東國通鑑』 李克墩序에서도 그러한 취지가 반영되어 있다.

『동국통감』에 와서는 그러한 융통성이 사라지고 한층 경직된 포폄이 가해지고 있었다.

특히 『동국통감』의 신사론新史論 중에서도 최부가 쓴 사론이 그러한 경향이 현저하다. 신사론 중에서 사실을 고증한 것이나, 또는 춘추대의론적인 입장이 강렬하지 않는 것은 대개 최부가 아닌 작자불명의 수사관이 쓴 것이다. 그러나 사론 중에서 가장 중요한 의미를 갖는다고 볼 수 있는 왕조총평, 즉 역년도歷年圖에 해당하는 사론은 모두가 최부가 쓴 것이며, 또 그의 사론이 전체 사론의 반수가 넘는다는 점에서 최부의 위치는 절대적이라 하겠다. 이제 신사론의 내용을 구체적으로 검토해 보기로 하겠다.

(1) 사대事大·교린交隣을 존중하는 사론史論

『동국통감』에서 존중되고 있는 명교名敎는 크게 사대명분事大名分과 강상윤리綱常倫理, 그리고 그러한 명교를 가르치는 유학교육을 의미한다.

먼저 중국에 대한 사대명분을 중요시하는 입장은 단군조선에 대한 사론에서부터 나타나고 있다. 최부는 단군조선에 대한 사론에서 단군이 요堯보다 25년 뒤에 즉위했으므로 단군과 요가 같은 해에 병립並立했다고 한 고기古記의 기록은 잘못된 것이라고 비판하고 있다. 이러한 사소한 사실을 고증하려는 태도는 단군조선의 의의를 깎아내리고 중국사의 우위성을 인정하려는 사대의식의 표출로 밖에는 해석되지 않는다. 기자조선에 대해서는 이미 본문기사에서 기자의 후손을 '箕子侯'라고 표현함으로써, 기자조선이 주周의 제후국가임을 명시하고 있는 대목이 보인다. 그런데 최부가 쓴 사론에서는 범엽范曄과 함허자涵虛子의 말을 인용하여 기자가 중국인 5,000인을 이끌고 왔다는 사실을 덧붙이고, 기자조선의 문화를 한층 자세하게 부연한 다음에 결국 이때부터 우리나라의 "衣冠·制度가 中國과 같아졌다"고 말하고, "詩書禮樂의 나라, 仁義의 나라라는 말이 箕子로부터 시작된 것을 어찌 믿지 않겠는가"라고 쓰고 있다. 즉 우리나라 역사에서 기자조선이 갖는 의미는 중국문화(유교문화)의 이입移入=중국인의 이주移住(5,000人의 移住)=사대관계의 형성이라는 다각적 의미를 가지면서 크게 부각되어지고 있는 것이다. 지금까지 혈통과 문화의 기원을 단군(九夷)에서 찾으면서 기자조선과 단군조선을 조화시켜 이해하던 역사인식이 여기에 이르러 기자 쪽으로 크게 기울어지고 있는 것을 볼 수 있다. 이것은 종전까지 국사를 다분히 민족사의 관점에서 보아 오던 경향이 '小中華'의 역사로 전향해 가는 과정을 반영하는 것이기도 하다.

기자조선을 숭상하는 입장은 마한을 포찬襃讚하는 사론으로 이어진다. 역시 최부에 의해서 쓰여진 사론은 마한이 백제에게 망한 것을 애석해하면서 기자조선과 마한이 전후 1,000여년의 국맥國脈을 유지한 것은 우연의 소치가 아니라, 군자의 나라, 인의의 나라로서 심인후택深仁厚澤과 단결인심團結人心의 덕분이라고 칭송하고 있다.[121]

백제는 마한을 멸망시켰기 때문에 더욱 나쁜 평을 받고 있으며 반대로 신라는 마한을 존중하고, 기자·마한과 같은 사대·인의의 문화를 가장 많이 지닌 나라로 인식되고 있다. 일찍이 박혁거세朴赫居世는 마한왕이 죽은 틈을 이용하여 마한을 정벌하자는 주장을 거절하고 도리어 마한에 사신을 보내 적위를 표시하는 관인의 태도를 보였을 뿐 아니라,[122] 신라의 효소왕은 당제가 멀리 촉에 가 있음에도 불구하고 지성으로 조공하여 당제의 칭찬을 받았으며, 중국인이 동방을 가리켜 '詩書禮義의 나라'라고 부르게 된 것도 이러한 지성스런 사대조공에 기인하는 것이라고 자부하고 있다.[123]

최부는 신라의 역대군주에 대한 총평에서 태종무열왕과 문무왕을 당唐에 대한 지성사대로 하여 크게 포찬하고 있다. 다음에 두 왕에 대한 평을 옮겨본다.

(太宗) … 至誠事大 衣冠文物 並從唐制 … 仗天朝之威 雪百濟世讎 雄視高句麗如囊中之物 將取而有之 亨年不永 功業不久 惜哉

(文武) 以英明之資 承先人之烈 請唐兵滅高麗 始一三韓 克成前志 何功烈之盛也 奈何納高麗叛衆 據百濟故地 得罪於唐 幾不自保乎

즉 태종은 당唐에 지성으로 사대하여 그 의관문물을 받아들이고 당(天朝)의 힘을 빌어서 백제의 원수를 갚고 고구려를 차지하려 하였으나 형년이 짧아 뜻을 이루지 못한 것이 애석하다는 것이며, 문무왕은 당병을 이끌어 들여 삼한을 통일함으로써 큰 공업을 이루었으나 고구려·백제의 반당세력을 받아들임으로써 당에 죄를 지었다는 것이다.

지성사대를 표준으로 포폄을 가加하는 최부의 사론은 고구려에 대해서도 겨냥되고 있다. 동천왕東川王 20년에 환도성丸都城이 관구검毌丘儉에 의해서 공함攻陷된 사실에 대한 사

---

121 『東國通鑑』卷1, 百濟始祖27年條.
122 同上書 卷1, 新羅 始祖39年條에 있는 崔溥의 史論.
123 同上書 卷10, 新羅 孝昭王15年條에 있는 崔溥의 史論.

론에서, 고구려가 사대를 하지 않고 중국을 침벌하다가 화를 자초한 사실을 꾸짖고 있으며,[124] 보장왕 4년에 당군을 격퇴한 안시성주安市城主에 대한 사론에서는 성주의 애국심만이 아니라, 당제가 돌아갈 때 성에 올라가 배사하여 당태종으로부터 칭찬을 받은 사실을 더욱 높이 평가하고 있다.[125]

신라의 법흥왕이 독자적인 연호를 세운 것이나, 그 후 태봉과 고려태조 및 광종이 연호를 세운 것은 천자에 대한 참월로서 크게 비난되고 있다.[126] 물론 이러한 취지의 사론은 이미 김부식에 의해서도 쓰여진 바 있으나, 『통감』의 비난은 한층 어조가 높고 철저하다.

고려시대는 요·금·원 등 북방민족국가가 새로운 강국으로 등장함에 따라 사대와 교린의 두 가지 명분이 강조되고 있다. 사대는 같은 중화국가인 중국(宋과 明)과 우리나라 사이의 국가관계로서 존중되고, 교린은 문화가 낮으나 국력이 강한 북방국가와의 평화공존의 논리로서 중요시되고 있다.

고려시대에는 중국과의 무력충돌은 거의 없었고, 또 사대의 명분을 크게 깨뜨리는 행위가 없었기 때문에 사대에 관한 사론은 별로 보이지 않는다. 명호와 관작·제천 등에 있어서 사대명분에 어그러지는 일이 있었지만, 그것은 이미 범례에서 밝혔기 때문에 사론에서는 크게 문제 삼고 있지 않다. 그러나 명에 대한 무력도전은 엄중한 규탄의 대상이 되고 있다. 최영崔瑩의 공요攻遼에 대한 비난이 그것이다.[127] 최영의 공요는 위화도회군을 단행한 이성계일파에 의해서 항상 비판의 대상이 되어 왔던 터이기는 하지만, 사론에서까지 이 문제를 다룬 일은 없었다. 그것은 이성계일파가 뒤에 공요운동을 스스로 전개한 사실이 있는 까닭이었다. 최영의 공요를 비난하는 사론은 『동국통감』에서 처음으로 나타난 것이다.

이성계가 최영의 공요를 반대한 것은 표면적으로 친명사대를 들고 나왔지만, 내면적으로는 사대 그 자체에 있는 것이 아니라, 공요의 시기가 적절하지 않다는 실리적 타산에 참뜻이 있었다. 그러나 『동국통감』의 공요비난은 그러한 실리에 바탕을 둔 것이 아니라, 원과 명을 호적과 중화로 구분하는 화이의식華夷意識에 토대를 둔 것이라는 점에 차이가 있

---

124 同上書 卷3, 高句麗 東川王20年條의 史論.
125 同上書 卷6, 高句麗 寶藏王4年條의 史論.
126 同上書 卷5, 新羅 法興王23年條에 붙인 崔溥의 史論.
127 同上書 卷53, 辛禑14年 4月 乙丑條의 史論.

었다. 말하자면 공요攻遼 → 반명反明 → 반중화反中華 → 친호적親胡狄(親元)의 논리가 공요 비난의 바탕이 되고 있다. 이것은 이성계일파의 논리, 즉 공요 → 반명 → 반실리反實利의 그것과는 근본적으로 다르다. 여기에 국초의 사대와 『동국통감』 사론의 사대의 질적인 차이가 있다.

요·금·원 등 북방민족에 대해서 『동국통감』의 사론은 사대가 아닌 교린정책을 지지한다. 교린은 문화는 낮으나, 국력이 강한 적국에 대하여 무력으로 대항하지 않고 평화외교로써 대응하는 정책을 의미한다. 이러한 관점에서 『동국통감』은 태조가 거란과 절화하고, 그들이 보낸 사신과 낙타를 학대·아사케 한 것을 교린에 어긋나는 실책으로 단정하고 있다.[128] 그 후 역대제왕이 거란·여진(金)·몽골에 대하여 취한 무력대응정책이 모두 실책으로 평가되고 있다.[129]

물론 북방민족이나 외적의 침략에 항거하여 싸운 강감찬姜邯贊·윤관尹瓘·조충趙冲·김취려金就勵·박서朴犀·김경손金慶孫·김방경金方慶·안우安祐·이방실李芳實 등과 같은 애국적인 인사들은 높이 칭송되고 있다. 그러나 싸우지 않고 외교담판으로 적을 물리치고 평화를 찾게 한 서희徐熙가 누구보다도 칭송의 대상이 되고 있다.[130] 『동국통감』 사론의 일관된 입장은 방어전쟁을 극찬하는 것이고, 영토수복 정책을 극구 반대하는 것이다. 사대와 교린은 말하자면 현상고수의 장책으로 내세워지는 것이지, 결코 현상탈피의 적극적 팽창정책의 논리로 내세워지는 것은 아니다. 따라서 고려시대에 집요하게 추구된 만주진출 즉 고구려구강 수복정책은 『동국통감』 사론에서 일관되게 비판받고 있다. 태조의 대거란강경정책과 발해포섭정책, 윤관의 구성역, 그리고 최영의 공요 등이 모두 영토확장 정책과 관련된 것으로, 조선국초의 사론들은 모두 이를 칭송하는 입장에 서 있었다. 그러나 『통감』에 와서는 반대로 비난하는 입장으로 바뀌고 있는 것이다. 윤관의 구성역이 척토개강拓土開疆으로 비판되고 있는 것이나,[131] 태조의 발해포섭정책이 비판되고, 발해 역사와 문화에 대하여 냉담한 반응을 보이는 것[132]이 모두 그러한 입장과 관련되어 있다.

---

128 同上書 卷13, 太祖25年 10月條의 史論.
129 同上.
130 同上書 卷14, 成宗12年 冬10月條의 崔溥의 史論.
131 同上書 卷19, 睿宗4年 秋7月條의 崔溥의 史論.
132 高麗太祖는 契丹이 渤海를 滅亡시킨 無道한 나라로 규정하고 契丹과의 通交를 反對하여 使臣을 流配시키고 낙타를 餓死케 한 것인데, 『東國通鑑』의 史論은 이에 대하여 "契丹이 渤海에 대하여 信義를 잃은 것이 우리와

『동국통감』의 이와 같은 사대·교린론은 현실적으로 조선초기에 훈구勳舊세력에 의해서 추진되어 온 북진정책과 공요운동을 저지하고 현재의 강토를 평화적으로 고수하면서 명나라와의 평화선린平和善隣관계를 유지하려는 사림들의 소극적 대외정책을 반영하는 것이라고 볼 수 있고, 또 그만큼 명의 국제적 지위가 안정된 추세를 반영한 것이라고도 이해된다.

(2) 강상윤리綱常倫理를 존중하는 사론

삼강·오륜의 강상윤리는 유학자라면 누구나 긍정하는 것이고, 훈신계勳臣系 유학자라고 해서 예외가 되는 것도 아니다. 사론에서 강상윤리를 강조하는 것은 새삼스러운 일이 아니다. 그러나 『동국통감』에서 강조하는 강상윤리는 종전과 다른 점이 보인다. 종전의 강상론은 일반적인 도덕규범으로서 강조한 것이지 강상윤리가 절대 파괴될 수 없는 철칙과 같은 가치로까지 받아들인 것은 아니었다. 이것은 왕조창업 과정이나 사회개혁 과정에 현실적으로 강상의 준수가 어려운 정치현실과 관련되어 있다. 특히 변칙적으로 왕위에 오른 세조와 그를 보좌한 대신들의 입장에서 교조적인 강상론을 내세우는 것은 용납되기 어려운 것이었다. 한편, 태조대에는 정도전을 비롯한 상당수의 개국공신이 천첩서얼賤妾庶孼 출신이었으므로 강상명분을 강하게 내세울 처지가 못 되었다.

그러나 처음부터 강상윤리에 저촉될 만한 정치적 부담을 갖지 않은 성종이나 사림들로서는 보다 떳떳한 입장에서 강상론을 들고 나올 수 있었고, 또 그러한 각분을 표방하는 것이 훈구대신을 공격하는 유리한 이론적 무기가 될 수 있었다.

『동국통감』에서는 우선 기자로부터 강상윤리의 모범적 인간상을 정립시키려 하고 있다. 기자가 주紂의 무도無道에 반항하여 '罔爲臣僕'을 표방하고 조선으로 피신하였다는 데서 이미 『동국통감』의 도덕사관은 발판을 내리고 있다. 이로부터 고려말기에 이르기까지, 군신·부자·부부(男女)의 강상윤리를 포펌하는 사론은 그 예를 다 들기 어려울 정도로 많다. 특히 강상윤리와 관련하여 종전의 사론과 인물평가가 달라진 몇 가지 사례를 들

무슨 관계가 있길래 渤海를 위하여 報復하는가. 使臣을 거절하는 것도 심한데, 海島에 流配시키고, 낙타를 물리친 것도 심한데 굶어 죽게까지 하였으니, 이것은 契丹과 관계를 끊은 것만이 아니라 원수처럼 끊어진 것이니 저들이 우리를 원수처럼 보복하는 것도 이상스러운 일이 아니다"(太祖25年 10月條 史論)라고 쓰고 있다. 말하자면 『東國通鑑』의 撰者는 渤海를 전혀 同族으로 보지 않으면서 太祖의 對契丹政策을 비판하고 있다.

면 다음과 같다.

첫째, 고구려의 을파소乙巴素에 대하여 종전에는 그를 현상으로 포찬만 하였으나 『통감』에서는 그가 강상을 무너뜨린 연우延優(山上王)의 녹祿을 먹은 것을 비난하고 있다.[133]

둘째, 고구려의 연개소문에 대하여 종전에는 왕안석王安石이 그를 '非常人' 혹은 '才士'라고 평한 것을 그대로 받아들였으나, 『통감』에서는 왕안석의 평을 가리켜 "王安石은 心術이 不正하고 學術이 또한 不正하며 … 春秋誅討之義"를 모르는 말이라고 반박하고, 연개소문은 군주를 시해한 난신적자亂臣賊子로 혹평하고 있다.[134] 말하자면, 연개소문이 대외항쟁에서 보인 공적보다도 대내적인 군신윤리에서 지은 죄를 더 중요시하고 있다.

셋째, 종전에는 김유신이 죽은 뒤에 그에게 홍무대왕興武大王의 작위를 추봉한 것에 대하여 아무런 비판을 가하지 않았으나, 『통감』에서는 이를 군신의 명분을 문란케 한 행위로 비판하고 있다.[135]

넷째, 고려왕실의 동성 및 자매간의 혼인풍습에 대하여 종전에는 비교적 온건한 비난을 가하였으나 『통감』에서는 삼강이 바르지 못하고, 금수禽獸와 같은 행위이며, 이적의 풍습을 따른 것이라고 맹렬한 어조로 비난을 가하고 있다.[136]

다섯째, 예종대睿宗代의 은사 곽여郭輿에 대하여 종전에는 비난하는 사론을 쓰지 않았으나, 『통감』에서는 그가 '不娶無後'하다는 이유로 불효자로 규정하고 있다.[137]

여섯째, 명종 3년에 의종의 복립을 위하여 거병한 김보당에 대하여 종전에는 아무런 포찬도 내리지 않았으나, 『통감』에서는 그의 토적討賊의 의거를 칭찬하고, 『고려사』 열전에 오르지 않은 것을 부당하다고 말하고 있다.[138] 명종 6년에 일어난 조위총란趙位寵亂에 대해

---

133 『東國通鑑』卷3, 高句麗 山上王7年 8月條에 붙인 崔溥의 史論. 山上王은 형수(于氏)와 통하고 王位를 찬탈한 君主이므로 綱常을 어긴 者인데, 그 王 밑에서 乙巴素가 祿을 먹은 것은 부당하다는 주장이다. 이러한 史論은 勳舊大臣의 입장에서는 받아들일 수 없는 주장이다.

134 同上書 卷8, 新羅 文武王6年(高句麗 寶藏王25年)條에 붙인 崔溥의 史論.

135 同上書 卷11, 新羅 興德王10年 春2月條의 史論.

136 高麗王室의 婚姻풍습에 대한 史論은 모두 崔溥가 쓴 것으로, 특히 宣宗3年條(卷18)에 붙인 史論이 가장 격렬하다. 여기에서 그는 高麗의 혼인 풍습이 新羅堂從之親을 娶함보다도 더 문란하여 堂從之親만이 아니라 姉妹까지도 娶하는 지경에 이르렀다고 개탄하고 있다. 예컨대 堂從을 娶한 王으로서는 景宗·成宗·顯宗·睿宗이 있고, 姉妹를 취한 王으로는 光宗·德宗·文宗을 들고 있다. 崔溥는 이러한 풍습이 三綱을 문란케 하는 것일 뿐 아니라, "이것을 群下에게 보여주고 上國(中國)에 알려 주고, 宗廟·社稷의 제사를 받을 수 있겠는가"라고까지 심각하게 비난하고 있다.

137 『東國通鑑』卷20, 睿宗8年 2月條의 史論.

서도, 그가 시기를 잘못 택하여 반적이 되었지만 시기만 빨랐으면, 의거가 되었을 것이라고 애석해하고 있다.[139]

일곱째, 충렬·충선·공민왕대의 정치를 종전에는 황음荒淫·사치·권간權姦발호라는 입장에서 주로 비난하였으나,『통감』에서는 부자상극에 초점을 맞추어 강상윤리의 측면에서 주로 비판을 가하고 있다.[140] 따라서 고려말기를 어둡게 보는 입장은 종전과 마찬가지이지만, 종전에는 주로 제도의 붕괴라는 측면에서 부정적 평가를 내린 반면에『통감』에서는 강상의 타락이라는 윤리적 측면에 더 큰 의의를 부여하고 있어서 대조를 이룬다. 고려는 이미 공민왕대에 망했다고 보는 것도[141] 이러한 윤리의 타락상을 두고 하는 말이다.

따라서『동국통감』이 고려말기를 어둡게 평가하는 것은 이조건국을 정당화하는 입장에서 내리던 종전의 평가와는 약간 취지를 달리하고 있음을 유의할 필요가 있다.

여덟째, 권신의 발호로 인한 군약신강에 대하여『통감』에서는 보다 예민한 반응을 보이고 있다. 태조가 왕규王規를 등용한 것에서부터 군약신강의 단서가 열렸다고 보고,[142] 이자겸李資謙(仁宗代)·석린石隣(明宗代)·최충헌崔忠獻(明宗代)·임연林衍(元宗代)·홍자번洪子藩(忠烈王代)·최영崔瑩(禑王代) 등이 모두 군주를 능멸했거나 협박한 권신들로 규탄되고 있다. 충혜왕때, 원사가 왕을 모욕하는 것을 보고서도 이에 저항하는 충신의사가 나오지 않은 것을 개탄하면서 고려 사직은 이미 이때 망한 것과 다름없다고 말하고 있다.[143]

이상 몇 가지 강상윤리에 관한 사론의 예를 들었거니와 이는 요컨대 강상윤리의 확립을 통해서 군신·부자·남녀의 위계질서를 정립하고, 현실적으로 성종과 사림자신의 정치적 입장을 강화하려는 의도가 내포되어 있다. 군신의 명분을 강조하고 난신적자亂臣賊子를 규탄하는 것은 세조와 그를 보좌한 훈신에 대한 간접공격을 의미하며, 동시에 세조

---

138 同上書 卷26, 明宗3年 8月에 붙인 崔溥의 史論.
139 同上書 卷26, 明宗6年 6月條의 史論.
140 父子의 失道를 비난한 史論은 忠烈王代에 6則, 忠宣王代에 1則, 恭愍王代에 1則씩 싣고 있다. 특히 忠烈王과 忠宣王의 父子갈등과 恭愍王의 悖倫이 극렬하게 비난되고 있다. 恭愍王의 悖倫에 대해서는 既往의 史論에서는 크게 注意하지 않았으나『東國通鑑』에서는 ① 恭愍王이 前王을 弑害한 弑逆의 君主라는 것과 ② 辛吨의 子를 자기의 子라고 속인 것 ③ 子弟衛를 설치하여 禽獸와 같은 행동을 한 것 등이 지적되고 있으며, 결론적으로 恭愍王을 가리켜 "天地 祖宗의 罪人인 동시에 天下萬世의 罪人"이라고 극렬하게 비난하고 있다.
141 『東國通鑑』卷56, 高麗滅亡事 말미에 붙인 崔溥의 史論.
142 同上書 卷13, 惠宗2年의 史論.
143 同上書 卷44, 忠惠王4年의 史論.

의 집권에 항거하여 절의를 지킨 사림 자신을 변호하는 의미도 갖는다. 성종의 입장에서 보면 세조를 공격하는 것이 마음에 걸리기도 하지만, 난신적자를 규탄하고 군신의 명분을 확립한다는 자체는 자신의 왕권안정을 위해서는 절대적으로 유익한 것이다. 세조는 찬탈군주纂奪君主이기 때문에, 왕권의 강화를 희구하면서도 군신의 명분을 강조할 수 없는 딜레마에 빠져 있었으나, 성종은 합법적인 군주인 까닭에 그러한 딜레마에 빠질 염려가 없었다.

성종과 사림은 이렇듯 군신의 명분을 강조하는 입장에서 서로 보조가 맞았으나, 사림은 그와 동시에 신민의 간쟁諫諍활동을 매우 존중하는 사론을 다수 첨입하고 있다.

군신의 권력관계에 있어서 신하의 직분은 여러 가지로 나누어진다. 재상·언관·감찰관·사관·학술관·무관·지방관 등의 제신이 각각 어떠한 직분을 가져야 하느냐는 유신들이라고 해서 반드시 일치된 견해를 갖는 것은 아니다. 종전의 훈신들이 쓴 사론에서는 재상권을 가장 존중하면서 제신들의 권력균형을 중요시하는 경향이 지배적이었다. 그러나『동국통감』의 사론에서는 제신들의 권력균형이라는 측면보다는 군주나 권간權姦의 실정에 대한 제신들의 간쟁의 역할을 가장 중요시하는 경향이 보인다. 이러한 입장에서 감언직소敢言直訴한 신하들이 크게 포찬褒讚되고 반대로 군주나 권간에게 아유 봉영한 신하들이 신랄하게 폄박되고 있다. 예컨대 전자의 예로서는 예종대에 국학생으로서 시를 지어 군주를 풍자한 고효충高孝沖, 고종대에 금의琴儀의 문생으로서 시를 지어 금의의 휴관을 풍자한 황보관皇甫瓘, 충렬왕대에 감찰규정으로서 충선의 부례不禮를 항소한 우탁, 충혜왕대에 왕의 황음荒淫을 직간直諫한 이조년李兆年, 공민왕대에 신돈辛旽의 주살誅殺을 요청하는 상소를 올린 이존오李存吾, 김경흥金慶興·김사행金師幸 등 간신의 제거를 주장한 등이 윤소종尹紹宗 등이 직신直臣으로서 포찬되고 있다. 반대로 후자의 예로서는 최항崔沆(顯宗代 재상)·윤안이尹顔頤(毅宗代)·금의(高宗代)·김주정金周鼎(高宗代 侍御使)·임재林宰(고종대高宗代 대간臺諫)·임박林樸(공민왕대恭愍王代) 등이 지적되고 있다.『통감』의 사론이 이렇듯 신하의 간쟁에 큰 의의를 두는 것은, 사림 자신들이 학술관 또는 대간직에 있으면서 의정부의 훈신들을 공격하던 정치 분위기의 반영인 동시에 사림들 자신의 정치적 자율성을 강화하려는 의도로 해석된다.

(3) 공리를 배격하고 절의를 숭상하는 사론

절의節義는 강상윤리와도 관련되는 문제이지만, 넓은 의미로는 지조를 꺾지 않고, 신의를 저버리지 않으며, 이해에 따라 움직이지 않는 행위를 말한다. 『동국통감』의 사론에서는 절의의 인간상을 부각시키는 내용들이 많다. 고대에 있어서는 왜왕倭王의 혹형酷刑에도 불굴不屈하고 사절한 신라의 박제상朴堤上,[144] 연개소문에 불굴한 고구려의 안시성주安市城主,[145] 백제와 싸우다가 장렬하게 전사한 신라의 김흠운金歆運,[146] 처자를 먼저 죽이고 전장에 나아간 백제의 계백階伯,[147] 고려에의 귀순을 반대하고 개골산에 들어가 초식마의草食麻衣로 일생을 마친 경순왕敬順王의 왕자,[148] 그리고 고려에 들어와서는 최충헌崔忠獻의 천정擅政에 분개하여 지리산智異山에 들어가 은거한 신종대의 한유한韓惟漢 등의 지절이 높이 평가되고 있다.[149]

반면에 절의에 배치되는 대표적 인간상으로는 경순왕, 고려의 최충헌 정권에 협력한 이규보李奎報·금의琴儀 등이 거론되고 있다. 경순왕은 고려와 끝까지 싸우다가 사직과 함께 죽었어야 함에도 불구하고 1천년의 사직을 가볍게 적에게 내준 처사는 대절을 잃은 것이라고 비난한다.[150] 마의태자麻衣太子가 칭송되는 그만큼 경순왕에 대한 폄박은 커질 수밖에 없다. 이규보와 금의는 이른바 명유라고 일컬어지는 위인임에도 불구하고 시를 지어 닌신적자인 최충헌에 아부한 것은 폄절의 주誅를 면할 수 없다고 한다.[151] 이규보·금의에 대한 폄박은 황보관·한유한 등 은사에 대한 포찬과 표리관계를 갖는다.

이와 같은 『동국통감』 사론의 절의론에는 성패이둔成敗利鈍이나 공리에 대한 강한 반발이 내포되어 있음을 유의할 필요가 있다. 즉 역사상의 인물을 논함에 있어서 그가 이룩한 실제적 업적의 성패나 이둔을 가지고 평가해서는 안되고 오직 그 용심과 지절의 시비를

---

144 『東國通鑑』 卷4, 新羅 訥祇王2年條의 崔溥史論.

145 同上書 卷6, 高句麗 寶藏王4年條의 史論.

146 同上書 卷7, 新羅 太宗2年條의 崔溥史論.

147 同上書 卷7, 百濟 義慈王20年條의 崔溥史論.

148 同上書 卷12, 新羅 敬順王9年條의 崔溥史論.

149 同上書 卷29, 神宗7年 12月條의 崔溥史論.

150 註 148)과 같음.

151 同上書 卷30, 高宗2年 4月條의 崔溥史論(李奎報 비난) 및 無名氏의 史論(琴儀 비난). 李奎報와 琴儀는 『高麗史』 列傳의 佞臣傳에 들어 있고, 특히 李奎報의 『東明王篇』은 『三國史節要』를 비롯해서 勳臣들의 史書에서는 매우 중요한 자료로 취급되어 왔으나 『동국통감』은 최초로 그를 비난하는 史論을 쓰고 있어 注目된다.

가지고 보아야 한다는 것이다.[152] 따라서 어떤 인물이 성공을 이룩하고 실리를 가져왔다고 해서 반드시 포찬되어서도 안되고, 실패와 불이익을 가져왔다 해서 폄박될 수 없다는 것이다. 이것이 바로 사림들의 도학적 역사관이다. 종래에는 김흠운 · 계백 · 을파소 · 경순왕 · 이규보 등과 같은 인물을 평가함에 있어서 그들의 지절과 업적은 구별해서 평가하였다. 가령 김흠운의 사절에 대하여 권근은 '烈於志而短於謀', 즉 지절은 열렬하지만 모책은 졸렬했다고 평하였다.[153] 권근에 의하면, 지절만 가지고 인물을 논할 수는 없는 것이고, 그 지절이 현실적으로 가져온 실리적 측면을 고려해야 한다는 것이다. 그런 점에서 볼 때 김흠운은 목숨을 가볍게 적에게 넘겨주었을 뿐 실리를 가져온 것은 없다고 보는 것이다. 이에 대하여『통감』의 사론은 단연 이의를 제기한다. 신라가 병사 · 토지 · 형세 등 물질적 측면에서는 고구려 · 백제보다 뒤지지만, 가장 늦게 망한 이유는 김흠운과 같은 충신 · 절의를 숭상하는 기풍이 강하여 '臨戰則以進死爲榮 退生爲辱'하는 정신력의 우위에 있다고 주장한다.[154]

계백에 대한 평가에 있어서도 권근의 사론과『통감』의 사론은 대조적이다. 권근은 계백이 전장에 나가기에 앞서 처자를 먼저 죽인 것을 가리켜 '狂悖殘忍'하다고 평하고, 그러나 관창을 살려준 것과, 항복하지 않고 끝까지 싸우다 죽은 것은 명장의 유풍이라고 칭송하였다.[155] 이에 대하여『통감』의 사론에서는 계백이 백제의 유일한 충신의사라는 점을 칭송하고, "작은 실수를 가지고 큰 志節을 가벼이 해서는 안 된다"고 말한다.

경순왕의 고려귀순에 대해서도 기왕의 사론에서는 칭송하는 입장에 서 있었다. 그가 고려에 귀순함으로써 신라왕실의 종족과 신라의 생민을 해치지 않은 것은 "朝廷에 대한 功과 生民에 대한 德이 심히 큰 것"[156]이라고 칭송한다. 이것은 신라사직과 운명을 같이해서 싸우다가 죽어야 한다고 주장하는『통감』의 사론과는 완전히 배치된다. 고구려의 연

---

152 同上書 卷7, 百濟 義慈王20年條의 階伯의 죽음에 대한 崔溥의 史論 "論人者 當論其志節而已 成敗利鈍 非所計也" 同上書 卷26, 明宗3年 4月條의 金甫當義擧에 대한 崔溥의 史論 "善觀人者 不觀其功之成敗而觀其行事之是非 · 用心之邪正, 心苟正矣 事苟是矣 則雖不能成功 亦可取也"

153 同上書 卷7, 新羅 太宗2年 金歆運의 戰死에 대한 權近의 史論. 여기에서 權近은 죽음으로써 敵을 이길 수 있거나 살아서 나라에 욕되게 하는 경우가 아니면 가볍게 목숨을 버려서는 안 된다고 말한다. 이러한 權近의 死生觀은 功利와 義理를 동시에 존중하는 입장이라고 하겠다.

154 金歆運의 죽음에 대한 崔溥의 史論.

155 同上書 卷7, 百濟 義慈王20年 階伯의 죽음에 대한 權近의 史論.

156 同上書 卷12, 敬順王9年 10月條의 金富軾 史論 및 李齊賢의 史論.

개소문에 대한 평가가 다른 것도 앞서 살핀 바와 같다. 『동국통감』이 공리를 배격하고 절의를 숭상하는 입장은, 당태종의 『정관정요貞觀政要』나, 또는 그것을 귀감으로 삼고자하는 군신들의 행위에 대한 비판으로도 전개된다. 그 대표적인 예가 광종과 최승로에 대한 비난이다. 광종이 즉위하자마자 『정관정요』를 상독常讀한 사실에 대하여 사론에서는

王의 마음은 唐太宗의 정치가 舜·湯보다도 뛰어나고, 政要의 말이 典冊보다도 낫다고 생각하여 이를 추모하고자 하였으니 王의 迷惑이 많이 보인다. 唐太宗은 好名의 君主로서 政要에 실린 글은 한 두 가지는 칭찬할 것이 있지만, 仁義를 빌어서 功利를 이루려고 하였으니 慙德이 많다. 漢高祖나 光武帝에 비해서도 미치지 못하거늘, 어찌 감히 舜·湯에 비길 것인가[157]

라고 하면서 당태종의 정치가 공리를 존중한 것을 비난한다. 최승로가 성종에게 시무28조를 상소하면서 당태종의 『정관정요』를 귀감으로 삼을 것을 건의한 사실에 대해서도 마찬가지로 비난을 던지고 있다.

孟子가 말하기를, 堯舜의 道가 아니면 임금 앞에 陳言하지 말라고 하였는데, 崔承老는 홀로 唐太宗의 貞觀政要를 上疏文의 第一義로 삼고 三代의 明主를 들지 않았으니 어쩐 일인가. 崔承老는 비록 抗直·忠謹의 志節을 가졌으나 大臣告君의 체통을 잃어 成宗으로 하여금 成宗의 정치에 머물게 한 것은 어찌 애석한 일이 아닌가.[158]

말하자면 중국의 제왕을 본받으려면 삼대의 그것을 배워야 하며, 당태종의 공리주의를 배워서는 안 된다는 것이 사론의 주지를 이룬다. 당태종은 영토를 넓히고 부강을 좋아한 군주인 까닭이다.

지금까지 훈신들의 사론에서는 당태종이나 최승로를 비난한 일이 없고 도리어 그들을 칭송하는 사론만이 있었다. 세종·세조와 같은 군주 자신도 당태종을 무척 흠모하였고, 『정관정요』를 간행한 바도 있었다. 따라서 『동국통감』에서 당태종과 최승로 등을 비난하

---

157 同上書 卷13, 光宗元年 正月條에 붙인 崔溥의 史論.
158 同上書 卷14, 成宗元年 6月條에 붙인 崔溥의 史論.

는 것은 바로 세종·세조대의 문화를 비판하는 의미를 갖는다고 볼 수 있다. 부국강병이나 영토확장은 국가의 물질력을 늘리는 일이므로 그것은 곧 공리주의에 해당한다. 공리주의는 전쟁을 수반하고 혁명을 가져오고 살육을 초래하는 까닭에 인의와는 거리가 멀다.

『동국통감』이 공리를 배격하는 것은 곧 전쟁과 살육과 혁명을 기피하고 평화와 안정과 현상고수를 강력히 희구하는 사림의 정치이상을 반영하는 것이며, 그것은 국가나 민족의 대외적 경쟁력을 높이고 물질적 성장을 중요시하던 훈신의 정치이상과는 구별된다.

(4) 문무를 차별하고, 이단을 배격하는 사론

『동국통감』이 무신란武臣亂을 부정적으로 평가하는 것은 전대의 사서와 다를 것이 없다. 그러나 무신란의 원인을 이해하는 입장에는 약간의 차이가 나타난다. 지금까지는 무신을 너무 천시하여 문무가 균형을 잃은 데서 무신란의 원인을 찾고 문무를 좌우의 손처럼 균형을 이루게 해야 한다는데 사론의 초점이 모아졌다. 그러나 『동국통감』에 와서는 무신란의 원인을 무신에 대한 지나친 우대에서 찾고 있다. 『동국통감』은 무신란의 단서가 이미 현종대에 무신으로 하여금 문관을 겸직케 한 데서부터 발달되었다고 보고 있다.[159] 그리고 무신들의 권력증대를 막지 못한 것은 문신들의 무능 때문이라고 보고 있다. 사론에서는 무신을 자주 '武夫'라고 폄하해서 호칭하고, 무신을 과감하게 죽이지 않은 왕을 원망하고 있다. 명종 23년에 문하평장사門下平章事 두경승杜景升에게 국사의 감수를 맡긴 사실에 대하여 『동국통감』은 사론을 통하여 "不學無知한 武夫의 손에 國史監修를 맡기는 것은 不當하다"는 반론을 제기하고 있다.[160]

무신에 대한 천시는 부국강병을 싫어하고 인의의 도덕정치를 희구하는 사림의 문치지상주의를 반영하는 것이며, 이러한 천무의식의 뒤에는 자연히 숭유·숭문 사상이 담겨지게 마련이다. 따라서 유학진흥에 공헌이 큰 최충 같은 유학자가 칭송되고,[161] 학자를 양성하는 교육기관으로서 고구려의 대학 설립이 칭송되고 있다.[162]

그러나 반면에 불교·도교·풍수사상, 그리고 그러한 신앙과 관련된 종교행사와 풍습

---

159 同上書 卷15, 顯宗5年 11月條의 崔溥史論.
160 同上書 卷28, 明宗23年 9月條의 史論.
161 同上書 卷17, 文宗22年 9月條의 崔溥史論.
162 同上書 卷4, 高句麗 小獸林王2年條의 史論.

이 극도로 배격되고 있다. 기왕의 사론에서도 이단을 배척하는 사론이 적지 않지만, 비교적 선별적인 입장을 지녀 부분적으로 관용하는 융통성을 보여 왔다. 예컨대, 고려태조의 숭불정책에 대하여『고려사』에서는 단 1칙의 비난사론이 없으며,『고려사절요』에서는 10사寺의 창건을 비난하는 1칙의 사론을 실었을 뿐이다. 그러나『동국통감』에서는 4칙의 사론을 더 첨가하여 태조의 숭불정책을 공격하고 있다. 첫째는 팔관회실시를 비난한 것이고, 둘째는 태조가 신라의 삼보를 물은 것을 비난한 것이며, 셋째는 불탑 건립을 주장한 최응의 상소를 비난한 것이며, 넷째는 훈요십조를 비난한 것이다.[163]

그 밖에 광종光宗의 왕사王師·국사제國師制,[164] 현종顯宗의 사사寺社에의 둔전헌납屯田獻納[165]과 최항崔沆·이양李瓖의 숭불헌의崇佛獻議,[166] 문종의 두 아들의 출가,[167] 예종대의 은사인 곽여와 이자현의 도불숭신道佛崇信,[168] 그리고 이단의 억압을 주장하면서 불을 대성인이요 지성지공하다고 칭찬한 이색까지도 비판대 위에 오르고 있다.[169] 그와 반대로 척불상소를 올린 공양왕대의 박초朴礎·김초金貂 등은 칭찬되고 있다.[170]

전체적으로 보아 군주의 숭불정책에 대한 비판은 태조에 집중되는 감이 있고, 나머지는 대체로 신하들의 숭불사상을 비판한 것이 많다. 이것은 종전에 군주의 숭불정책을 주로 비판하면서도 태조의 숭불에는 관대한 입장을 취하고, 신하의 숭불에 대해서는 크게 문제 삼지 않던 경향과 다르다. 말하자면 종전의 숭불에 대한 공격목표는 태조를 제외한 제왕들이었다면『동국통감』의 공격목표는 태조 자신과 역대제신들이라고 말할 수 있다. 이것은 조선국초의 숭불문제가 군신간의 정치적 갈등과 깊은 관련 위에서 논의되었던 데 반하여, 성종대의 그것은 훈신·사림간의 대립적 상황에서 전개되었던 것과 어떤 관련이 있다고 보여진다.

---

163 이 4則의 史論은 모두 崔溥가 쓴 것이다. 이중에서 訓要十條를 비난한 것은『東國通鑑』이 최초이다.
164 同上書 卷13, 光宗19年條의 崔溥史論.
165 同上書 卷16, 顯宗11年 8月條의 史論.
166 同上書 卷16, 顯宗15年 6月條의 史論.
167 同上書 卷17, 文宗24年 5月條의 崔溥史論.
168 同上書 卷20, 睿宗12年 9月條의 史論.
169 同上書 卷46, 恭愍王元年 4月條의 崔溥史論.
170 同上書 卷56, 恭讓王3年 5月條의 崔溥史論.

(5) 사론에 반영된 국사체계

『동국통감』은 그 범례에서 삼국을 무정통의 시대로 간주한다고 밝히고 있다. 그 이유로서 삼국의 세력균적勢力均敵을 들고 있다. 세력의 크기를 가지고 정통을 따진다는 것은 그야말로 공리적인 역사의식을 의미한다. 세력이란 영토의 크기·군사력·인구, 그 밖에 물질적인 부력을 뜻하기 때문이다.

그러나 이러한 범례의 표방은『동국통감』의 체재를 이해하는 데에는 도움을 줄지 모르나, 사론의 역사의식을 이해하는 데에는 약간의 주의가 필요하다. 사론에서는 삼국문화를 결코 동등하게 이해하고 있지는 않기 때문이다. 순전히 사론의 내용만 가지고 따진다면,『동국통감』은 분명히 친신라적인 사서라고 불러도 좋을 듯하다. 그 이유는 다음과 같은 몇 가지 측면에서 지적될 수 있다.

첫째, 삼국의 문화를 칭송하는 사론 중에서 고구려를 칭송한 것은 을지문덕과 진대법賑貸法 그리고 안시성주安市城主 셋 뿐이고, 백제는 계백 하나뿐이며, 신라는 박혁거세의 관인寬仁, 파사왕婆娑王의 인정仁政, 단증왕短證王의 순장殉葬금지, 박제상朴堤上의 충의忠義, 김흠운金歆運의 충절忠節, 김유신金庾信의 공업功業, 효소왕孝昭王의 지성사대至誠事大, 김생金生의 글씨, 녹진祿眞의 직언直言, 신무왕神武王과 장보고張保皐의 반정反正, 그 밖에 수많은 충신열사忠臣烈士가 칭송되고 있다.

사론의 찬자는 신라가 삼국 중 가장 늦게 망하고, 삼국을 통일한 것은 충절자가 가장 많고, 시서예악詩書禮樂이 발달하고, 중국에 대해 지성사대를 하고, 현군양상賢君良相이 많기 때문으로 보고 있다. 특히 신라문화를 칭송하는 사론 대부분 최부에 의해서 쓰여졌다는 것도 흥미롭다. 최부가 쓴 사론으로서 고구려를 칭찬한 것은 진대법 실시 하나뿐이고, 백제를 칭찬한 것 역시 계백의 지절 하나뿐이다. 여기에서 사림들의 삼국관이 신라에 치우쳐 있다는 인상을 받게 된다.

통일신라를 신라기로 따로 독립시켜 서술한 것도 삼국 중 신라의 위치를 크게 돋보이게 한 것이라고 말할 수 있다. 동시에 그것은 발해사를 국사체계에서 완전히 제외한 것을 의미하기도 한다. 발해사의 소외는 곧 고구려의 위치를 상대적으로 약화시키는 결과를 가져왔고, 반도중심의 국사체계를 성립시키는 계기가 되었다.

따라서 신라중심으로 역사를 이해할 때, 고려의 건국이 갖는 의미도 크게 저하될 수밖에 없었다. 태조 18년까지의 고려사를 신라기에서 서술한 것도 신라의 입장에서 고려건국을 이해한 것을 의미한다. 더욱이 고려태조의 치적을 비난하는 사론이 9칙이나 새로이 들어가고 태조의 치적을 칭송하는 사론을 단 1칙도 새로 넣지 않은 것은 고려 건국에 대하여 강한 부정적 반응을 취하고 있음을 뜻한다.[171] 왕건은 태봉의 신하이며 태봉은 신라의 반적인 까닭에[172] 왕건은 신라왕이 재위하는 동안은 신라의 반적으로 간주되고 있다. 따라서 신라가 반적에게 투항한 것을 사론의 찬자인 최부는 몹시 못마땅하게 생각하고 있는 것이다. 경순왕의 투강을 비난하고 마의태자麻衣太子의 지절을 찬송하고 있는 것도 따지고 보면, 지절 그 자체를 숭상한 것이라기보다는 신라의 멸망과 고려의 건국에 대한 불만의 표현이라고 이해된다.

왕건을 반적친叛賊親하는 것은 단순히 군신간의 명분론에서 연역된 것이라고 보기는 어려울 것 같다. 그것은 고려가 고구려의 후계자일 뿐 아니라, 왕건의 정책이 신라보다도 더 철저한 이단숭신, 즉 숭불 · 숭신으로 기울어진데 대한 불만까지 포함하는 것으로 보인다.[173]

비단 태조에 대해서 뿐만 아니라, 고려 역대군주에 대해서도 왕업을 칭송하는 사론은 거의 찾아볼 수 없다. 다만 역년도에 해당하는 사론에서만 태조 · 성종 · 문종 등 몇 왕의 공업이 부분적으로 찬양되고 있지만, 개별적인 사론에서는 그러한 언급이 보이지 않는다. 신라왕에 대해서 보인 호의적 사론과는 좋은 대조를 보이고 있다.

고려역사를 통해서 칭송이 되고있는 것은 몇몇 애국장상과 유신들의 행적뿐이다. 고려제왕과 제신들에 대한 평가는 『고려사』나 『고려사절요』보다 『동국통감』이 한층 더 비판적이다. 전반적으로 고려문화는 신라보다도 더 후퇴된 것으로 인식되고 있다.

신라문화에 선행하는 문화로서는 기자조선과 마한이 가장 우월한 것으로 인식되고 있다는 것은 앞에서 언급한 바와 같다. 따라서 『동국통감』의 국사체계는, 정치적 차원에서는 정통론을 아직 도입하지 않고 있지만, 문화적 측면에서는 기자조선 · 마한 · 신라로 이

---

171 高麗太祖를 칭송하는 唯一한 史論은 高麗멸망 기사 뒤에 붙인 歷年圖인데, 여기에서도 매우 소극적인 표현으로 太祖의 三韓統一과 邊疆開拓이 칭송되고 있을 뿐이다. 조선초기의 여러 官撰史書 가운데 가장 太祖의 업적을 깎아내린 史書가 『동국통감』이다.

172 『東國通鑑』卷12, 敬順王9年 10月條의 敬順王投降에 대한 崔溥의 史論 "… 蓋 泰封者 新羅之叛賊 麗祖 泰封之臣也 雖泰封旣斃 麗運日昌 然新羅之於高麗未嘗屈膝稱藩 一朝棄宗社獻土地 北面而朝可乎"

173 同上書 卷12, 新羅 景明王5年 1月條의 崔溥史論 "… 麗朝之所寶者如是 故立九層之塔 設八關之會 侔擬新羅 孫子效尤塔廟 · 佛寺之建 史不絕書 求佛求神 又有甚於新羅 未必非太祖啓之也"

어지는 문화의 흐름을 주류로 정립하려는 노력이 엿보인다. 그리고 고려왕조는 정치적으로나 문화적으로 상당한 이질감을 느끼고, 다만 고려문화의 일각에서 문화의 정류를 찾으면서 그것을 사림문화와 연결지으려는 의도가 보인다.

이와 같은 『동국통감』의 문화정통의식은 초기 훈신들의 그것과는 상당한 거리를 갖는다. 적어도 『고려사』·『고려사절요』·『삼국사절요』의 단계만 하더라도, 기자·마한·신라로 이어지는 문화정통의식은 찾아볼 수 없다. 단군·고구려·발해·백제로 이어지는 북방계문화와 기자·삼한·신라로 이어지는 남방계문화가 비교적 동등한 입장에서 이해되고 있고 고려문화는 그러한 남북문화의 통합과정으로 인식하는 경향이 보인다. 그래서 고려의 건국이나 고려문화에 대한 평가도 비교적 긍정적인 셈이다. 그리고 훈신들의 이같은 역사의식과 문화의식은 바로 훈신문화의 성격이 전민족문화를 골고루 포용하는 성격을 가진 것과 일치된다. 이것이 바로 훈신과 사림의 역사의식·문화의식의 기본적인 차이로 보인다.

6. 『동국통감』의 사학사적 의의

『동국통감』은 훈구대신과 신진사림이 정치적 균형을 이루는 가운데서 왕권의 안정을 추구하던 성종치세 중엽에 완성된 관찬 통사이다. 따라서 좁은 의미에서 보면, 『동국통감』은 성종대의 정치지배층의 역사의식을 반영하는 사서라고 말할 수 있다. 그러나 거시적인 관점에서 보면, 고려말기 이래로 사대부를 중심으로 하여 정력적으로 추진되어 온 일련의 국사정리 작업이 집성된 것이라는 점에서 『동국통감』의 사학사적 의의는 매우 크다.

여말선초는 사대부 계층이 새로운 사회질서를 수립하면서 그에 대응하는 새로운 문화체계를 정립해가던 역사의 일대전환기였다. 새로운 사회와 문화의 건설은 구舊 질서·구舊문화에 대한 총체적인 정리 위에서만 가능하기 때문에 역사서술은 단순히 지난날을 재구성하는 것에서만 그칠 수는 없는 것이었다. 역사서술이 과거사실의 재현과 더불어 서술 주체자의 현재성 즉 이데올로기적 주관성을 띠게 되는 까닭이 여기에 있다.

여말선초의 사대부층은 기본적으로 유교사회·유교문화를 건설한다는 점에서는 이념적 합의를 가지고 있었지만, 권력구조를 편성하는 문제와 사회구조를 형성하는 문제,

그리고 대외정책을 팽창과 안정의 어느 쪽에 우선을 두느냐의 문제에 있어서는 상당한 견해 차이를 가지고 있었다. 국가 주도의 국사 정리작업이 난산을 가져오는 이유가 여기에 있었다.

국초의 고려사 정리가 오랜 난항 끝에『고려사』와『고려사절요』의 편찬으로 귀결된 것은 군주와 신하가 아직 통일된 고려사관의 형성에 합의를 보지 못했음을 의미하는 것이었다. 고려사관의 이원적 분화는 고대사관에서도 양분화 될 가능성을 암시하는 것이고, 나아가 통사체계의 구성에 있어서도 암운이 드리워질 조짐을 예견케 하는 것이다.

세조가 편찬하려던『동국통감』은 세종의 고려사관(高麗史)을 토대로 하고, 그 토대 위에 고대사를 재구성하여 전제군주적 시각에서 통사체계를 형성하려는 것이었다. 그러나『고려사절요』를 통해서 자기나름의 고려사관을 세워 놓은 사대부 신료들은, 그 토대 위에서 고대사를 재정리하여『고려사절요』와 연결지음으로써 신료적 시각에서 통사체계를 세우려 하였다. 집현전 출신인 노사신 · 서거정 · 이파 등이 성종 5년에 찬진한『삼국사절요』는『고려사절요』와의 연결을 전제로 한 고대사 정리라고 생각된다. 고대사의 새로운 정리는 이미 태종 초에 시도되어 권근의『동국사략』(三國史略)이 편찬된 바 있지만, 그것은 신라위주의 지방성을 탈피하지 못한 가운데 성리학적 사회질서를 정착시키려는 의도하에서 편찬된 것이었다.『삼국사절요』는『동국사략』이 지닌 지방성을 극복하고 성리학적 역사인식에 탄력성을 부여하면서 고대사를 재정리하였다는데 의의가 있다. 그것은 세종 · 세조대에 이르러 문화의 폭이 넓어지고 지배층의 범위가 지역적으로 크게 확산되어 사회통합의 밀도가 한층 심화된 데서 온 결과이었다.

세조가 만들려던『동국통감』이나 집현전 출신의 훈신들이 편찬하려던『동국통감』이 다같이 확대된 문화기반과 심화된 사회통합의 토대 위에서 국사체계를 세우려 한 점에는 다름이 없었다. 그러나 세조는 중국측 기록보다도 국내 고기류를 이용하여 보다 웅장하고 탈규범적이고 민족적인 국사체계를 세우려 한 반면, 훈신들은 유교적인 명분론 위에서 규범적이고 교훈적인 국사체계를 세우려 한 점에서 갈등이 일어났던 것으로 보인다. 그것은 공리의 측면에서 왕위찬탈과 전제왕권을 정당화하려는 세조와, 유교적 정치규범 아래서 신료 특히 재상의 자율성을 확보하려는 훈신들과의 정치적 입장의 차이와 긴밀한 관련을 갖고 있었다.

성종 14년에 서거정의 발의로 편찬된『동국통감』은 지금 전하지 않고 있으나, 그것은 필시『동문선』이나『동국여지승람』(初版)과 같은 훈신들의 문화의식과 역사의식을 반영하는 사서였을 가능성이 크다. 그러나 성종은 서거정이 편찬한『동국통감』을 신진사림의 참여하에 개찬하게 하여 동왕 16년에 이른바『신편동국통감』이 완성되었다. 성종은『동국여지승람』과『경국대전』도 사림의 참여하에 수정케 하였다.

훈신과 사림은 기성세력과 신진세력이라는 차이 이외에도, 문화의식과 역사의식에 있어서도 상당한 차이가 있었다. 사림은 도학지상·신라중심의 문화의식과 역사의식을 가지고 훈신이 쓴『동국통감』을 개편하였다. 그것은 사림 자신의 정치적 입장을 강화시켜 주는 의미도 가졌다. 성종은 왕권의 안정을 위해서 훈구대신을 견제할 필요를 느꼈고, 그 견제세력으로서 사림을 중용하였다. 사림의 성리학적 명분주의는 성종의 왕권 안정에 유리하게 작용하였다. 강상綱常의 명분을 강조할수록 세조는 난적亂賊으로 몰리게 되지만, 성종은 그러한 부담을 가질 필요가 없었다.

결국『신편동국통감』은 훈신 서거정이 골격을 짜 놓았지만, 왕과 사림의 입장이 크게 투영되어 복합적인 성격을 가진 사서가 되고 말았다.『동국통감』은 엄밀한 의미에서 훈신의 국사체계를 반영하는 것도 아니고, 그렇다고 사림의 국사인식이 철저하게 투영된 사서도 아닌 양자의 어중간한 타협 위에서 합작된 사서이다.『동국통감』의 이같은 이중성과 타협성은 훈신의 시대에서 사림의 시대로 넘어가는 과도기적 역사서술이라는 의미도 갖는다. 하지만, 그것은 선초의 집권사대부(勳臣)와 재야사대부(士林)의 역사서술과 역사인식이 처음으로 합류되었다는 점에서 조선왕조 500년간 관찬사서를 대표하는 위치를 가질 수 있게 된 것이었다.

16세기 사림의 도학적 역사서술

16세기의 사회와 문화는 15세기와는 다른 양상을 띠었다. 15세기에는 독립자영농을 기반으로 하는 강력한 중앙집권적 관료제국가가 건설되었고, 대외적으로는 부국강병을 토대로 하는 실리적인 사대교린의 외교정책이 추구되었다. 이러한 국가체제는 지주地主 - 전호제佃戶制를 바탕으로 하여 '사士 - 민民'의 지배종속관계를 확립하고자 하는 주자학적 정치이념으로서는 유지될 수 없었다. 따라서 15세기의 지배이념은 주자학 이외에 공리와 패도적인 요소를 지닌 한당漢唐의 사상조류가 합류되고, 여기에 도교 · 불교 · 민간신앙까지 수용되어 특이한 개성을 지니게 되었다. 15세기에 이루어진 관찬사서는 바로 이러한 절충적인 지배이념을 바탕으로 하여 편찬된 것이었다.[1]

16세기에는 독립자영농이 점차 몰락하고 지주 - 전호제가 정착해가는 추세를 배경으로 하여 성장한 사림士林이 새로운 정치세력으로 등장하는 시대로서 특징지어진다. 사림의 정치이념은 주자학에 두어졌고, 그 밖의 사상조류는 이단으로 배격되었다. 사림의 사상적 배타성은 사림 위주의 새로운 사회질서 · 국가질서의 수립을 지향하기 위한 것이었다.

사림은 부국강병을 배격하였고, 그것을 뒷받침하는 사조를 거부하였으며, 그러한 이념을 악용하여 권부權富를 축적한 훈척과 대립하였다. 사림은 중앙집권보다는 향촌자치를, 관학교육보다는 사학교육을, 이통제보다는 향약을, 양인개병良人皆兵보다는 모병대역제募兵代役制를, 의창義倉보다는 사창제社倉制를, 고시考試보다는 천거제薦擧制를, 문무일

---

1 韓永愚, 「朝鮮初期의 歷史敍述과 歷史認識」, 『韓國學報』 7, 1977; 「『高麗史』와 『高麗史節要』의 比較研究」, 『震檀學報』 4, 1979; 「『東國通鑑』의 歷史敍述과 歷史認識」(上), 『韓國學報』 15, 1979; 「『東國通鑑』의 歷史敍述과 歷史認識」(下), 『韓國學報』 16, 1979.

치보다는 문무차별을, 기술학의 장려보다는 인문적 교양(특히 經學)의 중요성을 강조하였다. 이는 훈척정치의 모순을 시정하고 사림의 자율성의 제고와 주도권 확립을 목표로 한 것이었다. 중앙의 정치도 사림의 자율성 위에서 운영되어야 하고, 향민에 대한 지배도 사림을 매개로 하여 이루어질 것을 기대하였다. 사림은 민民을 지배하는 동시에 민생을 안정시키고, 군주에 복종하는 동시에 군주를 견제하는 도덕규범을 공도公道로서 존중하였다. 그러나 사림의 애민과 위민정신은 민民의 직업적 세습성을 부인하는 것은 아니었다. 사士 · 농農 · 공工 · 상商, 그리고 기술직의 세습성은 긍정되었고, 강상규범은 철저하게 준봉되었다. 그러한 의미에서 사림의 사회사상은 근본적으로 한계성을 지니고 있었다.

대외관계에 있어서는 실리적인 사대교린事大交隣이 아니라, 도덕적인 사대교린이 존중되었다. 영토의 확장이나 국력의 신장은 공리주의로서 타기되었다. 중국은 도덕문화의 중심지로서 높이 숭상되고, 중국의 주변국가들은 도덕문화를 갖지 못한 이적으로 멸시되었다. 우리나라는 혈통상으로나 문화적으로 중국과 가장 긴밀하다고 생각하여 소중화小中華라고 자부하였다. 따라서 중국과 조선은 일가라고 믿었고, 조선은 중국의 유교발상국인 제齊나라나 노魯나라와 같은 문화국이라고 생각하였다.[2]

16세기의 사서는 바로 이와 같은 사림들의 사회사상과 문화의식을 바탕으로 하여 서술되었다. 이미 사회사상과 문화의식이 15세기의 그것과 다른 이상, 15세기의 관찬사서가 사림들에게 그대로 받아들여질 수 없는 것은 당연한 이치였다. 『고려사절요』와 『동국통감』 같은 관찬사서는 경연에서 가끔 강론되었지만 일반 사림들은 거의 관찬사서를 외면하고 군주의 국사강론을 반대하였다.

군주는 대체로 "우리나라 사람으로서 우리나라 歷史를 모르는 것은 옳지 않다."[3]는 생각에서 국사를 강론하고자 하였으나, 사림들은 역사보다도 경전을 읽는 것이 더 중요하다는 점과, 또 기왕의 관찬사서가 내용이 용잡冗雜 · 황망荒芒 · 음설淫褻하고 사론이 좋지 않다는 점을 들어 국사의 진강을 반대하였다.[4] "『東國通鑑』을 누가 읽느냐"고 한 명종대의

---

2   우리나라를 '東方의 齊 · 魯'라고 부르고, 中國과 우리나라를 一家라고 한 이는 士林의 대표적 학자인 李珥이다.
3   예컨대 中宗과 宣祖王은 經筵에서 『東國通鑑』이나 『高麗史節要』와 같은 國史書를 읽기를 원하였고, 이러한 君主의 희망에 따라 가끔 위 史書가 경연에서 講論되었다. 특히 宣祖는 史書보다도 經書의 講論을 권장하는 臣下들의 주장에 여러 번 반대하여 "我國之人而不知我國之史可乎"라고 하면서 國史강론을 요구하는 사례가 많았다. (『宣祖實錄』 卷59, 宣祖28年 1月 庚子條 및 同 卷61 同王28年 3月 丙子條 참조)
4   宣祖28年 1月 庚子에 王이 國史書의 강론을 요구하였을 때, 당시 檢討官이던 鄭經世(柳成龍의 門人)는 "前日에

훈신勳臣 이기李芑(1476~1552)의 유명한 말은 바로 당시의 식자識者들이 관찬국사서를 얼마나 불신·외면하고 있었나를 잘 말해준다.

16세기 사림들이 역사에 대하여 가장 관심을 크게 가진 것은 중국사이었다. 중국사서로 가장 널리 읽힌 것은 강용江鎔(少微)이 지은 『통감절요通鑑節要』(通鑑으로 약칭됨)와 여진余進(竹窩)이 지은 『십구사략통고十九史略通考』(史略으로 약칭됨)이었다. 16세기 초의 저명한 사림학자인 김정국金正國(1485~1541)은 자기의 역사교육방법을 이렇게 밝히고 있다.

> 나는 歷史를 읽고자 하는 사람이 찾아오면 初學稚蒙에게는 史略을 가르치고, 文理가 조금 트인 뒤에는 節要를 가르친다.[5]

『사략』과 『절요』(通鑑節要)를 중국사 교재로 사용한 것은 김정국 개인에 국한된 것은 아닌 것 같다. 16세기 후반기의 대학자 이이李珥도 그의 『성학집요聖學輯要』에서 『사략』을 주로 인용하여 중국 상고시대의 성현도통을 서술하고 있는 것이 보인다.[6] 이로써 보면, 『사략』이 16세기의 사림학자 간에 비교적 널리 읽혔던 것이 아닌가 추측된다. 조선 후기에는 『통감』과 『사략』이 서당교육의 기본교재가 되었다.[7]

16세기 이후로 중국사에 대한 관심이 고조된 것과 관련하여 사림학자가 중국사의 대강을 더욱 간략하게 압축하여 초학자용으로 편찬한 것도 나타나게 되었다. 그 대표적인 것이 명종대의 사림학자 박세무朴世茂(1487~1554)가 편찬한 『동몽선습童蒙先習』이다. 물론 이 책은 전반부는 경經(五倫)을 서술하고, 후반부에 중국사를 서술하였으며, 마지막 부분에 본국사를 간략하게 첨기하여 경사를 요약한 것이므로 순수한 사서는 아니다.

東國通鑑을 잠깐 보았더니, 古史의 體가 전혀 없을 뿐 아니라, 淫褻한 일이 많습니다. 進講하는 일은 심히 좋지 않사오니 大臣과 다시 의논하여 定奪하는 것이 어떻겠습니까?"라고 하면서 『東國通鑑』의 講論을 반대하였다. 한편, 宣祖 27年 10月 乙丑에도 『東國通鑑』의 강론을 요구하는 王의 聖敎에 대하여 弘文館은 "우리나라의 史記는 古史에 비하여 紀載가 冗雜함을 면치 못하고, 論議가 折衷을 보지 못하고 있습니다. …… 徐居正 등이 撰한 通鑑은 檀君이하 더욱 荒茫합니다"라고 하면서 國史書 특히 『東國通鑑』을 비판하고 있다.
中宗代의 대표적 士林學者인 趙光祖는 夜對에서 『高麗史要』를 進講하는 것을 반대하고, 史書 대신 中庸·大學·性理大全·近思錄 등과 같은 經書를 觀覽하는 것이 聖學을 高明하게 하는 방법이라고 주장하였다. (『中宗實錄』 卷25, 中宗11年 6月 壬子條)

5   金正國, 『思齋集』 卷3, 歷代承統圖跋.
6   李珥, 『聖學輯要』.
7   渡部學, 『近世朝鮮教育史研究』, 雄山閣, 1969.

『동몽선습』과 거의 비슷한 시기에 아동교육용으로 편찬된 것으로 김정국의『역대승통도歷代承統圖』(1532, 중종 27)가 있다. 이것은 주자의 정통론에 따라 중국의 왕조승통을 도표로 작성하고, 여기에 본국사를 간략하게 부기한 것인데, 존군토적尊君討賊·숭통억참崇統抑僭·귀화천이貴華賤夷의 뜻을 표현하여 주자의 강목의 유의를 따랐다고 한다.

사림들의 중국사에 대한 관심은 중국사에 대한 사실적인 지식을 가지려는데 있는 것이 아니라, 주자학적 역사인식에 기초하여 중국사의 정통승계를 이해하고, 유교의 도통전승을 알고자 하는데 있었다. 말하자면 어디까지나 정주학적·도학적道學的 사관에 입각하여 중국사를 이해하고자 하는 것이었다.

사림들의 도학적 사관은 16세기 후반의 대유大儒 이이에 이르러 훨씬 이론적으로 심화되었다. 그의『성학집요』는 정치 철학서인 동시에 도학사이며 사학이론서이기도 하였다. 특히「讀史之法」에서 정자의 독사법讀史法을 소개하면서, 역사의 성패와 행幸·불행不幸, 그리고 시비에 관하여 논하고 있는 것은, 뒤에 이익李瀷에게서도 보이는 바로서, 이미 이이에게서부터 정주자학적 독사법이 이해되고 있음을 말하여주는 것이다.

16세기 사림의 도학숭상은, 그 도학의 발상지인 중국사에 대한 관심으로 연결되었고, 국사는 중국문화의 한 지방적 전개로서 인식되었다. 사림에게 있어서 국사는 고유한 혈통과 고유한 문화를 가진 문화공동체로서의 민족의 역사라기보다도, 중국에서 발원한 도학의 동방적 전개의 역사인 것이었다. 그리하여 중국의 도학이 언제 누구에 의하여 우리나라에 전파되어 어떠한 경로를 거쳐서 현재에 이르게 되었는가를 이해하고자 하는 것이 사림의 국사인식의 출발이요 목적이었다. 따라서 국사와 중국사는 별개민족의 역사로서 보다는 똑같은 유교문화권 속에서의 대중화와 소중화의 지리적 차이와 군신적 사대조공 관계의 차이로서 인식되었다.

물론 중국과 우리나라의 군신·사대관계는 어디까지나 도학적 도덕규범을 매개로 한 것이므로, 양국의 국가적 자율성을 필수전제로 하고 있다. 따라서 중국이라 하더라도 무력으로 우리 국토를 유린하거나 정치적 자율성을 침해하는 것에 대해서는 부당한 것으로 용납하지 않는다.

사림의 국사인식은 이렇듯 존화사대의식과 도학을 기저로 하고 있지만, 그 도학의 승통이 현실적으로 누구에게 계승되느냐의 문제에 있어서는 반드시 견해가 일치되고 있지는 않았다. 이것은 사림 자체의 붕당적朋黨的 분립과 깊은 관련을 가진 것 같다. 16세기의 사림은 아직 뚜렷한 당파를 형성하지는 않았지만, 16세기 말(1575)에 동서붕당이 성립되기 이전에도 이미 붕당적 성격을 농후하게 지니고 있었다. 중종대 이후의 사화는 기본적으로 사림 간의 갈등에서 빚어진 것이었다. 기묘사화己卯士禍(1519)와 을사사화乙巳士禍(1545)는 가해자도 피화자被禍者도 모두가 사림이었다.

다만, 16세기의 사림은 크게 두 부류가 있었다. 하나는 조선초기 훈신과 연결되는 가계를 가진 사림이고, 다른 하나는 그렇지 못한 사림이다. 양파兩派는 다 같이 도학을 숭상하면서도 문화의식과 역사의식에 있어서 약간의 차이가 있었다. 대체로 전자는 도학을 따르면서도 이단을 포용하는 융통성을 지니고 있음에 반하여, 후자는 보다 경직된 입장을 견지하였다. 이러한 입장의 차이가 사화의 한 요인으로 작용하였다.

사림들의 국사서술은 사화와 직접·간접으로 관련되어, 사림 간의 갈등에서 자파自派의 입장을 옹호해주는 기능을 갖기도 하였다. 더욱이 사림의 국사서술은 사찬의 형식을 띠었고, 또 자파의 사인·자제들에게 읽히기 위해서 쓴 것이기 때문에 자연히 붕당적 입장이 반영되기 마련이었다. 이는 사림의 교육기관인 서원書院·사우祠宇에서 봉사되는 선현이 붕당에 따라 반드시 일치하지 않은 것과도 관련되어 있다.

16세기에 편찬된 사찬 통사서가 모두 몇 종이나 되는지 확실히 알 수 없으나 대략 다음과 같은 4종의『동국사략』이 알려져 있다.[8]

1. 李堣(1469~1517)∶東國史略(?권)
2. 朴祥(1474~1530)∶東國史略(6권)
3. 柳希齡(1480~1552)∶標題音註東國史略(12권)
4. 閔齊仁(1493~1549)∶東國史略(3권)

이우李堣는 이황李滉의 숙부로서 중종반정공신의 일인이나 기본적으로는 사림에 속하는 인물이고, 박상朴祥은 광주출생으로서 조광조趙光祖와 더불어 기묘명현己卯名賢의 일인으로 꼽히는 사림명사이다. 유희령柳希齡은 그의 숙부 유인숙柳仁淑이 을사사화에 피화된데 연좌되어 소윤파에 의해서 유배된 경력을 가지고 있으나, 그의 증조부가 세조대에 정난

---

8   金烋,『海東文獻總錄』.

· 좌익공신에 피봉된 훈구가문의 후예이다. 그 다음 민제인閔齊仁은 김종직 · 김굉필의 문인인 민구손閔龜孫의 아들로서 을사사화 때 화를 입은 윤임尹任(大尹)파 사림의 일인이다.

위에 든 4종의 『동국사략』 중에서 현재 전해지고 있는 것은 ②와 ③이다. 그다음, 독립된 사서는 아니지만, 중국사에 부수해서 국사를 약기한 것으로는

1. 金正國(1485~1541) : 歷代承統圖(1532)
2. 朴世茂(1487~1554) : 童蒙先習

이 있다. 김정국金正國은 김굉필의 문인으로서 기묘사림의 일인이고, 박세무朴世茂 역시 김정金淨 · 김식金湜 등과 교유한 기묘사림 계열의 인사이다.

그다음, 16세기에는 존화사상과 관련하여 기자숭배가 강화되고, 특히 선조대에는 명나라와의 외교상 기자에 관한 저술이 나왔는데, 그 대표적인 것이

1. 尹斗壽(1533~1601) : 箕子志(1580) (2권)
2. 李珥(1536~1584) : 箕子實紀(1580) (1권)

이다. 윤두수와 이이는 서인계열의 사림이다.

한편, 선조대에 동 · 서 분당이 이루어진 뒤에는 동인 · 북인계열의 일부인사와 동서당에 가담하지 않은 재야 인사 중에서 도학적인 역사인식을 정면으로 비판하고 나오는 경향이 나타났다. 임제林悌(1549~1587) · 정여립鄭汝立(?~1589) · 허균許筠(1569~1618) · 한백겸韓百謙(1552~1615) · 이지함李之菡(1517~1578) 등이 그 대표자이다. 이들은 대개 서경덕徐敬德과 조식曹植, 또는 성운의 문인으로서 역성혁명까지 내다보는 급진성을 지니고 있었다. 그러나 이 계열의 역사서술이 체계적으로 나타나기 시작하는 것은 왜란 후의 일이며, 왜란 전에는 아직 단편적인 언설에 그치고 있었을 뿐이었다.

1. 박상의 『동국사략』

1) 박상의 가계와 행적

박상朴祥(號는 訥齋)은 충주를 관향貫鄕으로 하여 광주에서 태어났다. 충주박씨보에 의하면, 시조 박영朴瑛은 박혁거세의 39세손인 견의 손자로서 고려시대에 부정을 지냈다 한다. 신라가 충주에 소경을 두어 귀족으로 하여금 다스리게 하였으므로, 박씨도 그러한 내력을 가진 충주의 토성의 하나가 된 것 같다.

시조 박영으로부터 박상에 이르기까지의 세계는 다음과 같다.

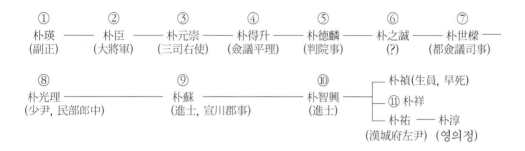

박영에서부터 박광리朴光理에 이르기까지는 고려시대에 사환했는데, 『고려사』에 등재된 인물은 하나도 없다. 또 박영 이전에는 세계가 불분명한 것으로 보아, 혹시 향리직을 세습한 것이 아닌지 모르겠다. 신라의 귀성들이 고려 초에 향리로 강등된 사례가 많으므로, 충주박씨도 이러한 사례의 하나일 가능성이 있다. 시조 박영의 생존연대도 불확실하나, 고려중기 이후일 것으로 추측된다. 따라서 충주박씨가 고려시대에 미관이나마 사환길에 오르게 된 것은 고려후기에 이르러서이다.

조선왕조가 건국된 이후로 최초로 관로에 오른 이가 박소朴蘇인데, 그는 겨우 수령직에 그쳤다. 그의 아들 박지흥朴智興은 세종대에 진사가 되었으나, 미구未久에 세조의 왕위찬탈에 충격을 받아 벼슬길을 포기하고 광주에 내려가 봉황산 밑에 복거卜居하기 시작하였다 한다.[9] 박상은 그의 3남 중의 둘째로 태어났다. 박상은 광주에서 태어났지만, 광주의 토착세력은 아닌 셈이다.

박상의 형 박정朴禎은 일찍이 생원이 되고 학문이 뛰어나 사림 간에 명성이 높았으나 요절하였다. 박상의 아우 박우朴祐(號는 六峰)는 문과에 급제하여 관이 한성부좌윤에까지 올랐고, 우祐의 아들 박순朴淳은 선조대에 영의정을 지내고 서인의 영수가 되었다. 박상과 박순은 숙질관계이다. 박상 자신은 아직 당색을 가진 당인黨人이 아니었다. 그는 뒤에 서인당인 사이에 널리 추앙되었다.

박상은 연산군 때에 진사시와 문과에 합격하여 전라도도사·사간원헌납·홍문관부응교·담양부사 등 내외요직을 지냈다. 박상의 행적 가운데서 가장 주목되는 것은 중종 10년에 김정金淨(淳昌郡守)과 더불어 중종의 폐비 신씨의 복위를 요청한 사건이다.

원래 중종의 비는 신수근愼守勤의 딸이었으나, 신수근이 중종반정에 반대하다가 박원종朴元宗·성희안成希顏·유순정柳順汀 등 반정공신에게 제거당하자, 신비마저 폐위되었다. 반정공신은 신비의 보복을 두려워한 까닭이었다. 신비가 폐위된 뒤에 장경왕후章敬王后가 뒤를 이었으나, 중종 10년에 별세하여 다시금 호위가 비어있을 때, 마침 자연의 이변으로 구언의 교지가 내려지자 박상·김정 등이 신씨의 복위를 요청하고 나선 것이다.

박상 등이 신씨복위를 요청하고 나선 것은, 복위 그 자체가 목적이 아니라 신씨를 폐위시킨 반정공신들을 국모폐출의 죄를 씌워 내몰기 위한 것이었다. 이 사건은 조정에 큰 물의를 일으키고, 훈신과 사림의 갈등을 격화시키는 중요한 계기를 만들었다.

중종 14년에 이른바 기묘사화가 발생하여 조광조를 비롯한 신진사림이 대거 화를 입을 때에 박상은 마침 복상 중이었고 또 조광조와 가까운 사이가 아니었기 때문에 화를 면하였다. 그러나 박상 자신은 기묘명현과 뜻을 같이하면서 상주·충주·나주 등지의 목사를 지내다가 57세를 일기로 1530년(中宗 25年) 광주 본가에서 졸卒하였다.

박상이 졸卒한 뒤 이황은 그를 '己卯完人'이라고 추숭하였고, 17세기 중엽에는 송시열·송준길 등 서인들의 추숭을 받아 광주의 월봉서원에 박순·기대승 등과 함께 봉사되었다.

그의 저술로는 『동국사략』 외에 많은 시문이 있는데, 성현·신광한·황정욱 등과 더불어 4대문장가로 꼽힌다. 그의 학문이나 사상을 체계적으로 이해할만한 자료가 없기 때문에 그의 가계와 교우관계, 그리고 그의 행적을 통해서 그의 사상경향을 이해할 수밖에 없다.

박상의 가계는 신라시대의 귀성으로 출발하였으나 고려건국을 계기로 충주의 지방세

9　『訥齋集』朴祥行狀.

력으로 전락하였다가 고려후기에 서서히 재기하던 신흥가문의 하나이다. 그러나 조선왕조의 건국을 계기로 훈신들이 집권하는 과정에서 박씨가문의 재기는 새로운 좌절을 겪지 않으면 안되었다. 특히 부친이 세조의 집권에 반대하여 관향을 버리고 광주에 복거한 사실은[10] 박상으로 하여금 세조와 그의 훈신을 증오하고 도학을 숭상케하는 중요한 계기가 되었던 것 같다. 중종반정공신은 조선초기의 훈신의 후예인 자가 많았다. 박원종朴元宗·침정沈貞은 그 대표자이다.[11] 부친이 세조 훈신에 저항한 것과 박상 자신이 중종의 훈신에 저항하는 것은 서로 유사한 점이 있다고 볼 수 있다. 훈신과 입장을 달리하고, 신라 귀성의 자존심을 가지고 도학을 숭상한다는 입장에서는 박상은 김종직을 영수領袖로 하는 영남사림과 비슷한 점이 있었다.

그러나 박상은 충주를 관향으로 하고, 광주를 고향으로 하여 생장한 기호계사림이라는 점에서 영남사림과는 약간의 입장의 차이가 있었다. 먼저 박상의 교우관계를 보면, 거의 모두가 기호인들이다. 그는 형 박정으로부터 학문을 배웠고, 보은에 살던 김정(慶州金氏)과 가까운 사이로 그와 더불어 신씨복위운동을 일으켰던 것은 앞서 밝힌 바와 같다. 그는 기묘사화(1519) 이후 한동안 충주목사로 있으면서, 이곳에서 김세필金世弼·이자李耔·이연경李延慶·김안국金安國 등 사림인사와 교유하였다 한다.[12] 앞의 세 사람은 모두 기묘사화 후 충주에 복거하고 있었기 때문에 자주 왕래하였고, 김안국은 충주에서 가까운 여주에 퇴거하고 있었는데 매년 그를 찾아가서 만났다고 한다. 이자李耔는 목은牧隱 이색李穡의 후예이며, 이연경과 김안국은 김굉필의 문인으로 알려지고 있다. 이들은 같은 사림이면서도 김종직과 직결되는 인사들은 아니다. 오히려 김굉필·조광조와 연결되는 기호사림의 일부라 할 수 있다.

박상은 이자와 더불어 김시습의 시문을 간행했던 점으로 보아[13] 이자와는 각별한 사이였던 것 같다.

10　『訥齋集』行狀 "考諱智興 少與權寧同遊學 及擎相光陵 嘗偉公器 欲薦公 累以書起公 公不就 仍築室光州鳳凰山下 葆醇沖澹"

11　反正(靖國)一等功臣인 朴元宗은 世祖代 李施愛亂을 진압하여 敵愾功臣 一等에 被封된 바 있는 朴仲善의 아들이며, 曾祖 朴錫命과 祖 朴去疎도 각각 知議政府事와 知敦寧府使를 지낸 바 있다.
　　靖國功臣 三等에 봉해진 沈貞은 太宗代 佐命功臣이던 沈龜齡의 曾孫으로서 역시 鮮初 勳臣의 후예이다.

12　『燃藜室記述』卷8, 中宗朝 己卯黨籍 朴祥條.

13　『栗谷全書』卷14, 金時習傳 "所著詩文散失 十不能存一 李耔·朴祥·尹春年 先後裒集 印刊于世云"

박상의 이상과 같은 생장·교우 관계로 볼 때, 그가 뒷날 생질인 박순과 함께 기호 지방의 서인에게 숭앙되는 인물이 된 것이 결코 우연한 일이라고 보기 어렵다. 또 그가 『동국사략』에서 이색의 행적을 극구 변명하고 있는 이유도 이와 관련이 있는 듯하다.

2) 『동국사략』의 내용

(1) 편찬배경

『동국사략』에는 편찬연대가 밝혀져 있지 않으며, 편찬자의 이름이나 범례도 들어 있지 않다. 『동국사략』이 박상의 작作이라는 것은 임보신任輔臣(?~1558)의 『병진정사록丙辰丁巳錄』이나, 김휴金烋(1597~1639)의 『해동문헌총록海東文獻總錄』, 오운吳澐의 『동사찬요東史纂要』, 그리고 박상 자신의 문집인 『눌재집訥齋集』 등을 통해서 확인된다.[14]

그런데도 『동국사략』 자체에는 작자를 밝히고 있지 않은 것이 이상하다. 아마 작자를 밝힘으로써 작자에게 어떤 해가 올 것을 우려했거나, 아니면 작자가 박상이라 하더라도 겸손을 보이기 위하여 작자를 밝히지 않았는지도 모른다. 박상은 여러 차례의 사화를 겪는 과정에서 이 책을 편찬하였고, 사림을 억압한 반정공신(勳臣)에 대한 불만을 가지고 썼기 때문에 신변의 안위에 대하여 무관심하지는 않았을 것이다. 또한 그는 중종 9년(1514)에 담양부사로 있을 때에 관아에서 목은 이색이 시 1편을 던져주어 그 시의 반을 삼키는 꿈을 꾸고, 동료 사우인 김정과 더불어 이색의 심사心事를 토론하여 사실을 알게 되었다고 한다.[15] 시의 내용은 사가의 병필秉筆이 공정해야 한다는 것이고, 구체적으로는 전왕의 아들을 역립易立한 사실, 즉 고려말에 왕씨 대신에 신씨(昌)를 옹립한 사실에 대한 평가를 의미하는 것이다.[16]

이색의 견몽見夢이 계기가 되어 박상은 뒤에 『동국사략』을 편찬할 때, 이색이 신창을 옹립하고 신우를 영입한 것이 그의 본의가 아니라, 당시 권력을 장악하고 있던 조민수曹敏

---

14 鄭求福, 「16~17世紀의 私撰史書에 대하여」, 『全北史學』 1, 1977, 50~52쪽 참조.

15 任輔臣, 丙辰丁巳錄 "訥齋集中 甲戌(中宗9, 1514 - 필자) 九月二十八日夜 在秋城(潭陽府 - 필자)衙齋 牧隱先生 見夢投詩一篇 吞其半 前數日與元冲(金淨 - 필자) 論此老心事 得期實云"

16 同上 "(承前) 詩云 先生韓山 世已遼 人間不朽 挺嶤嶤 史家秉筆 公何在 昭代凌煙 影獨遙 孤竹蕨薇 輕聖武 江都冠 盖 盡神堯 … 所謂 史家公何在者 盖指易立前王之子事也 …"

修와 창昌의 외조인 이임李琳일파의 압박에 못이겨 부득이 동조한 것에 불과하다는 내용의 이색 자신의 변명을 싣게 되었다.

신창의 옹립과 관련된 이색의 입장을 변명하는 내용의 기사는 이미『고려사』·『고려사절요』·『동국통감』등 기왕의 사서에도 실려있는 것으로 박상이 처음으로 제시한 것은 아니다.

그럼에도 불구하고, 박상이 특히 이색의 행적을 새삼스럽게 변명하고 나선 것은, 그의 동료사우인 이자李耔가 이색의 후예일 뿐 아니라, 유학과 시문에 뛰어난 이색을 재평가하려던 분위기와 관련이 있지 않을까 한다.

『동국사략』이 이렇듯 여말의 유신 이색의 행적을 크게 의식하고 편찬되었다 하더라도, 그것이 편찬동기의 전부라고 말하기는 어려울 것이다.『동국사략』은 통사를 재구성한 것이기 때문에, 어떤 특정한 사건이나 인물에 관한 재평가만을 위해서 쓰여질 수는 없다. 그렇다면,『동국사략』이 궁극적으로 의도하는 바는 기왕의 통사인『동국통감』을 전반적으로 재정리하려는데 있었다고 생각된다.『동국통감』은 관찬사서일 뿐 아니라, 훈신과 사림의 합작으로 되었기 때문에, 훈신과 사림의 어느 입장에서도 만족할만한 사서가 되지 못하였다. 따라서『동국통감』은 어차피 사림의 입장에서 개찬될 운명에 있었다. 이제 그 개찬이 한 세대를 지나 기묘사림의 손에서 성취된 것이다.

『동국통감』편찬에 참여한 사림은 김종직 문인이 중심이 되어있고, 기묘사림은 김굉필 문인이 중심을 이루어서 같은 사림이지만 계통이 조금 달랐다. 따라서 기묘사림의 입장이 크게 반영된『동국사략』은 반드시 선대 사림의 입장을 그대로 승습하는 것이 될 수는 없었다. 더욱이 선대 사림이 적대했던 훈신과 기묘사림이 적대했던 훈신은 성격이 같은 것이 아니었다. 중종대의 훈신은 대개 학문 계통상으로는 사림과 같은 경우가 많았다. 예컨대 중종반정의 삼대원훈의 하나인 유순정柳順汀과, 기묘사화를 일으킨 주동자의 일인인 남곤南袞은 다 같이 김종직의 문인이었다. 따라서 같은 사림 출신인 훈신과 소위 기묘당인 간에는 성종대의 사림이 크게 문제삼았던 절의의 문제는 큰 의미를 갖지 못하였다. 오히려 그보다는 삼강오륜의 일반적인 유교도덕 규범과 청렴결백한 이도吏道를 숭상하여 사림의 기강을 확립하고자 하는데 가장 큰 관심이 두어지고 있었다. 그리고 이러한 사림의 기강확립이야말로 기성사림인 훈신의 권부향유權富享有에 대하여 신진사림이 내세울 수 있는 가장 큰 무기가 될 수밖에 없었다. 이 점은 성종대 사림이 절의를 내세워 훈신의 공리주의를 공격하던 것과 다른 상황이다.

(2) 『동국사략』의 서술체재

『동국사략』은 6권으로 되어 있으며, 각권의 내용은 다음과 같다.

(卷一) 檀君朝鮮 · 箕子朝鮮 · 衛滿朝鮮 · 四郡二府 · 三韓 · 三國

(卷二) 新羅紀(文武王9年~敬順王)

(卷三) 高麗紀(太祖19~仁宗)

(卷四) 高麗紀(毅宗~元宗)

(卷五) 高麗紀(忠烈王~忠定王)

(卷六) 高麗紀(恭愍王~恭讓王)

『동국사략』은 57권의 『동국통감』에 비하면 약 1/10의 분량에 지나지 않지만, 후자에 없는 기사가 적지 아니 삽입되고, 서술체재상으로도 다른 점이 있다. 따라서 『동국사략』은 『동국통감』을 기계적으로 요약한 책은 아니다. 이제 그 주요한 특색을 들면 다음과 같다.

① 이 책은 사건을 강목綱目으로 나누어 강綱은 대자大字로, 목目은 세자細字로 구별해서 쓰고 있다. 『동국통감』도 강목법을 따르고 있으나, 세자를 쓰지는 않았다. 이는 『동국사략』이 주자의 강목법에 한 걸음 더 가까워졌음을 뜻한다. 특히 세자는 사건의 세목을 서술하는 데만 이용되고 있는 것이 아니라, 사론이나 지명 혹은 어의풀이 등에 널리 활용되고 있다.

② 『동국사략』은 삼국 이전의 역사를 외기로 처리하지 않고 삼국과 함께 일괄해서 권일에 수록하였다. 그리고 통일신라 이후의 역사부터 비로소 '紀'를 붙이고 있다. 『동국통감』에서는 삼국 이전을 외기, 삼국 이후부터 본기로 서술하였었다.

『동국통감』이 외기와 본기를 구별한 것은 유서劉恕의 『자치통감외기資治通鑑外紀』의 서술 방식에서 영향을 받은 까닭이나, 『동국사략』은 주자의 『자치통감강목資治通鑑綱目』과 여진 余進의 『십구사략十九史略』의 영향을 받아서 외기와 본기의 구별을 하지 않은 것으로 보인다.

원래 외기와 본기의 구별은 역사를 연대중심 · 사실중심으로 서술할 때에 문제되는 것이며,[17] 그렇지 않고 역사를 가치중심 · 평가중심으로 서술할 때에는 문제가 되지 않는다. 『동국사략』은 후자의 성격을 지닌 사서라 할 수 있다. 그래서 이 책은 전반적으로 연대관

넘이 극히 희박하게 반영되어 있다.

『동국통감』은 삼국시대부터 간지의 순서에 따라 왕력의 연월을 밝히면서 사건을 연대순으로 서술하고 있으나,『동국사략』은 삼국시대까지 국가단위로 역사를 서술하다가 통일신라 이후부터 왕을 단위로 서술하고, 고려 이후부터 비로소 왕과 왕년을 단위로 하여 서술하고 있다. 그러나 고려조에 있어서도 월·일은 전혀 무시하고 있다. 통일신라 이후부터 비로소 '紀'를 칭한 것도 왕을 단위로 서술한 것과 관련이 있어 보인다. 삼국시대를 국가 단위로 서술한 것은 삼조선·삼한과 마찬가지로 가볍게 취급하고 통일신라를 중요한 역사의 전환기로 간주함을 의미한다. 그것은 바꾸어 말하면, 신라통일의 역사적 의의를 높이 평가하는 의미이기도 하다.[18] 그리고 신라통일의 의의를 높이 평가하는 것은, 뒤에 살피게 될 반도중심의 영토의식과 관련이 있는 것으로 보인다.

③『동국사략』은 거의 대부분의 고지명 아래에 세자로 현대지명을 표시하고 있다. 몇 가지 사례를 들면 다음과 같다.

太白山=妙香山	弁韓=平壤
阿斯達山=九月山	優渤水=寧邊
浿水=大同江	卒本=成川
王儉城=平壤	荇人國=三陟
樂浪=平壤	河南慰禮城=稷山
臨屯=江陵(東暆)	駕洛國=金海
玄菟=咸鏡地	穢=江陵府
眞番=雷縣	貊=春川府
馬韓=益山	伊西故國=淸道郡
辰韓=慶州	

---

17 『東國通鑑』에서 三國 이전을 外紀에 넣은 것은, 三朝鮮·三韓의 歷史가 王朝의 존재만을 확인할 수 있을 뿐, 각 왕조의 世代와 王名을 확인할 수 없는 처지에서 그리된 것 같다. 三國부터는 世代와 王名이 확실하기 때문에 外紀로 하지 않고 本紀로 명명한 것 같다.

18 『東國史略』이 外紀를 설정하지 않았다해서,『東國通鑑』보다 더 主體的인 입장을 가졌다고 말하기는 어렵다. 『東國通鑑』은 三國 이후부터 本紀로 서술하고 있으나,『東國史略』은 統一新羅 이후부터 紀를 설정하고 있어서, 도리어 前者보다도 三國시대의 역사적 비중을 낮게 평가하는 인상을 주고 있다.

위 사례를 통해서 고대의 지명이 모두 한반도 안에 비정되고 있음이 발견된다. 위 고대지명은 실제로 반도 안에 비정되어야 할 확실한 근거를 모두 가진 것은 아니다. 그중의 상당수는 만주에 비정할 수 있는 근거를 가진 것도 있다. 조선초기 관찬사서에서는 고대지명을 현대지명으로 뚜렷이 밝혀 놓지 않은 것이 많았다. 한사군의 위치는 더욱 신중하게 다루었다. 『동국통감』에서도 고대지명을 현대지명으로 비정한 사례는 거의 보이지 않는다.

그럼에도 불구하고 『동국사략』은 구체적 근거를 제시하지 않은 채 고대지명을 현대지명에 비정하였을 뿐 아니라, 그것도 모두 반도에 비정하고 있다. 이것은 학술적인 근거에서 나온 것이라기보다는 우리나라 고대사를 한반도 중심으로 인식하려는 사림 일반의 역사지리적 지식에 기인하는 것이라고 생각된다. 또한 이와 같은 반도중심의 고대사인식은 우리 민족의 본적지인 대륙에 대한 영토의식을 강조하기보다는, 현재의 강역을 고수하려는 현주소 중심의 영토의식과 관련된 것으로 보인다.

저자 박상의 현재적인 영토의식은 고려 예종이나 최영의 북진정책을 비난한 사론에서 더욱 분명하게 드러난다. 그리고 이와 같은 반도 중심의 영토의식은 최부 등 사림이 쓴 『동국통감』 사론의 입장을 그대로 계승한 것을 의미하기도 한다.

④『동국사략』은 『동국통감』의 기사 중에서 인물의 행적에 관한 기사를 중점적으로 발췌하여 수록하고 있다. 그리고 인물의 행적은 주로 유교적인 가치 기준에서 포찬될만한 것들이 발췌되고 있다. 따라서 비유교적인 성격이 강한 고대문화가 다채롭게 서술될 수 없는 것은 당연하다. 이미 『동국통감』에서도 유교문화 중심으로 역사를 서술하는 경향이 현저하게 보이고 있었는데, 『동국사략』은 거기에서 다시 비유교문화를 삭제하여 더욱 단조로운 역사가 되어버렸다.

유교문화를 중심으로 역사를 이해할 때 가장 주목되는 시대는 유학이 크게 흥륭한 고려말기가 될 수밖에 없다. 특히 고려말기는 조선왕조 건국을 둘러싸고 유학자가 양분되었던 시기이기 때문에, 이 시대를 어떻게 서술하느냐의 문제는 조선 전기 유학자의 자기 위치를 설정하는 문제와도 직결된다.

『동국사략』은 왕조개창에 반대했거나 비협력적이었던 이른바 비혁명파 유신들의 입장을 적극 비호하는 서술 태도를 보여주고 있다. 정도전을 비롯한 개국공신들에 대해서는 그 학문이나 인품에 대하여 칭송하는 기록이 보이지 않는다. 조선건국의 제일 공로자인 정도전에 대해서까지도 그가 천인 출신이라는 것을 세자로 주기하고 있다.[19] 이성계의 막료幕僚의 하나로서 정몽주일파와 대립되었던 윤소종에 대해서도, 그가 이숭인의 재주가 큼을 질투하고, 이색이 이숭인을 칭찬하고 자기를 칭찬하지 않는 것을 시기했다는 기사를 역시 세자細字로 기록하고 있다.[20] 이렇듯 혁명파 유신에 대해서는 나쁜 점만을 기록함으로써 그들의 인품과 행적, 또는 출신을 비하하는 태도를 보여주고 있다.

이색·정몽주·이숭인·김진양 등 개국에 불참했거나 개국공신과 대립되었던 유학자에 대해서는 그들의 인품과 학문, 그리고 절의있는 행적에 대하여 칭송하는 기사를 세자로 상세하게 기록함으로써 혁명파 유신에 대하여 보였던 것과는 큰 대조를 이루고 있다.

고려말 비혁명파 유신에 대하여 칭송을 보내는 것은 소위 사림파 유학자의 일반적인 태도로서 『동국사략』의 특이한 입장은 아니다. 그러나 『동국통감』에서는 사론을 통하여 이색·이숭인 등의 행적이 부분적으로 비난되고 있었다. 이색은 두 가지 점에서 비난되고 있었다.

첫째, 공민왕원년에 이단억압을 주장하면서 부처(佛)는 대성인으로 지공지성하다고 말하여 불교를 옹호한 점.[21] 둘째, 신돈의 후예인 창왕昌王을 조민수曹敏修와 더불어 옹립하고, 폐위된 우왕禑王을 영환迎還하려 한 점이 그것이다.[22] 그리하여 이색에 대하여

志節이 不固하여 無大建白하고, 學問이 不純하고, 佛法을 崇信하여 세상에서 비난을 받았다.

고 폄론하였다. 그런데 『동국사략』에서는 위의 폄론을 깎아버리고, 이색이 신씨를 옹립한 것이 '乘勢就事'의 부득이한 처사였음을 극구 변명하고 있을 뿐 아니라,[23] 그의 학문이

---

19   鄭道傳의 出自에 대하여 『東國史略』에서는 다음과 같이 註記하고 있다. "初禹玄寶族人金戩 嘗爲僧 私其奴樹伊妻 生一女 密加愛護 以家士人禹延 生女 適鄭云敬 生道傳"(恭讓王 4年條)이 記事는 『高麗史』에는 실려 있으나, 『東國通鑑』에서는 빠졌는데, 『東國史略』에 다시 수록하고 있다.

20   공양왕元年에 李崇仁·權近·李穡 등이 李成桂派 諫官의 탄핵을 받아 流配된 사실을 서술하면서 『東國史略』에서는 "尹紹宗嫉崇仁才高 又憾穡譽崇仁而不譽己 讒毁多方"이라고 註記하여 尹紹宗이 개인적인 질투심으로 이숭인·이색·권근 등을 讒毁하여 곤경에 몰아넣은 것처럼 쓰고 있다. 尹紹宗의 행적을 이처럼 惡評하는 記事는 『東國通鑑』에는 보이지 않는다.

    도리어 『東國通鑑』에서는 尹紹宗이 공민왕 22年에 金慶興·金師幸 등과 같은 姦臣의 제거를 주장한 것에 대하여 칭송하는 史論을 싣고 있을 뿐 아니라, 李崇仁에 대해서는 그가 李仁任의 族黨으로서 仁任의 은혜를 잊지 못하여 私怨를 가지고 公議를 비난하였으니 그 罪가 크다고 비난하고 있다.

21   『東國通鑑』 卷46, 恭愍王元年 夏四月條의 史論(崔溥撰).

22   同上書 卷53, 辛禑14年 夏4月條의 史論.

높고 유학을 진흥시킨 공적이 크며, 정몽주와 더불어 동심同心으로 시종하여 신절臣節을 바꾸지 않았다고 격찬하고 있다. [24]

또한 이숭인에 대해서도 『동국통감』에서는 그가 이인임李仁任의 족당族黨이라는 점을 들어서 비난하고 있으나,[25] 『동국사략』에서는 그러한 폄론을 깎아버리고, 그가 이색의 탄상을 받은 뛰어난 문장가라는 점을 격찬하는 기사만을 세주로 기록하고 있다.[26] 이숭인에 대한 칭찬은, 그의 재주를 시기한 윤소종에 대한 비난과 궤를 같이한다. 『동국통감』에서는 윤소종이 공민왕 22년에 김경흥金慶興 · 김사행金師幸 등을 제거할 것을 주장한 처사를 칭찬하는 사론을 싣고 있으나,[27] 『동국사략』에서는 이를 삭제하고 있다.

이렇듯 『동국사략』은 『동국통감』과는 달리 이색과 이숭인을 비호하는데 적극성을 보이고 있다. 특히 이색은 박상이 담양부사潭陽府使(中宗 7年)로 있을 때 꿈에 나타나서 시 1편을 주고 갔다고 하는데, 바로 그 시를 『동국사략』에서 인용하여 그가 창왕을 옹립한 처사를 변명하고 있음은 앞에서 이미 설명한 바와 같다.

⑤ 『동국사략』은 모두 88칙의 사론을 싣고 있다. 이 사론들은 『동국통감』의 사론에서 뽑은 것으로 박상 자신이 창작한 것은 없다. 88칙의 사론 중에서 최부의 사론이 32칙으로서 전체의 약 36%를 차지한다. 『동국통감』에는 최부의 사론이 117칙이나 들어있어 전체의 약 30%를 차지하고 있었다. 따라서 『동국사략』에서는 최부의 사론이 『동국통감』에서와 거의 비슷한 비중을 차지하고 있다고 볼 수 있다. 특히 삼국의 역대왕의 치적을 총평한 역년도는 최부의 사론을 한 자도 수정하거나 빠뜨리지 않고 그대로 전재한 것으로, 작자 박상이 최부의 사론을 얼마나 깊이 신뢰하고 있는가를 잘 보여준다.

이렇듯 『동국사략』의 사론은 기본적으로 『동국통감』의 그것을 전재하거나 발췌한 것에 지나지 않는 것이지만, 385칙의 사론 중에서 88칙의 사론만을 추린 것이기 때문에 결과적으로는 포폄을 달리하고 있는 것도 적지 않다. 몇 가지 중요한 사례를 들면 다음과 같다.

첫째, 강상과 절의에 관련된 포폄이 『동국통감』에서처럼 엄격하지는 않다. 예컨대 『동

23 『東國史略』 卷6, 恭讓王 2年條.
24 同上書 卷6, 恭讓王 4年條.
25 註 20) 참조.
26 『東國史略』 卷6, 恭讓王 4年條.
27 註 20) 참조.

국통감』에서는 고구려의 명상 을파소가 강상을 문란케 한 연우(山上王) 밑에서 벼슬한 것, 경순왕이 고려에 저항하지 않고 귀순한 것, 궁예와 견훤이 신라를 배신한 것, 고려의 이규보가 시로서 참직을 구한 것 등이 비난되고 있으나,『동국사략』에서는 그러한 폄론을 모두 빼버리고 있다.

둘째, 숭불에 대한 비난도『동국통감』보다는 훨씬 완화되어 있다. 예컨대 고려태조가 신라의 삼보에 대하여 물은 것에 대한 비난, 고려의 왕사王師 · 국사제도에 관한 비난, 예종대의 은사인 곽여와 이자현을 석로의 죄인이라고 한 비난, 이색이 불佛을 대성인이라고 말한 것에 대한 비난, 김자수金子粹 · 이첨李詹 등이 호불을 주장한 것에 대한 비난 등이『동국사략』에는 빠져 있다.

셋째, 사대에 관련된 포폄도『동국통감』보다는 다소 완화되어 있다.『동국통감』에서는 고구려가 사대를 소홀히하여 중국을 침벌한 사실을 비난하고, 신라 법흥왕의 연호 건립을 비난하며, 신라 효소왕이 촉에 가 있는 당제에게 조공한 사실을 칭송하는 등 중국에 대한 사대에 지나치리만큼 엄격한 포폄을 가하고 있다. 그러나『동국사략』에서는 위와 같은 사론들이 보이지 않는다.

넷째,『동국사략』에서는 기자조선과 마한, 그리고 신라문화를 특별히 강조하여 칭송하는 사론이 거의 보이지 않는다.『동국통감』에서는 특히 최부의 사론을 통하여 기자 · 마한 · 신라문화가 칭송되고, 단군조선 · 진한과 변한 · 고구려 · 백제문화가 상대적으로 낮게 평가되고 있음을 본다. 그래서 역사의 주류가 기자조선 → 마한 → 신라로 이어지는 것으로 서술되고 있다.『동국사략』에서는 단군조선에 관한 서술을『동국통감』보다도 더 상세하게 하고 있을 뿐 아니라, 단군조선과 기자조선의 서술 분량을 거의 비슷하게 배당하고 있다. 단군조선에 관하여는 종족상 구이와 관련된다는 것, 조선이라는 국호가 '東表日出之地'에서 나왔다는 것, 그리고 단군의 이름이 왕검이라는 것을 새로이 첨가하고 있다. 반면에 기자조선에 관하여는 기자의 행적과 치적을 극히 간략하게 서술하고, 기자조선이 중국의 제후라는 기사를 삭제하고 있을 뿐 아니라 기자조선부터 문화가 중국화되었다는 사론도 빼버리고 있다.

삼한에 대한 서술에서도 마한을 삼한의 첫머리에 서술하고는 있으나,『동국통감』에서처럼 따로 표제로 내세우지는 않고 있다. 삼국의 서술도 신라 · 고구려 · 백제의 순으로 왕년을 적지 않고, 거의 무질서하리만큼 사건을 뒤섞어 적었기 때문에 신라가 삼국의 주류라는 인상은 주지 않는다.

통일신라시대를 '新羅紀'로 독립시킨 것은 『동국통감』과 마찬가지이지만, 이는 신라의 정통을 강조하려는 의도로는 생각되지 않는다. 그다음 고려 건국에 대해서도 『동국통감』에서처럼 강한 거부반응을 보이지는 않는다. 이 점은 궁예나 견훤에 대하여 그다지 혹평하는 입장에 있지 않은 것과도 관련이 있을 듯하다. 또 이것은 『동국통감』이 이색에 대하여 비판적인 입장에 선데 대하여 『동국사략』이 그를 적극 비호하고 나선 것과도 관련지어 생각할 수 있다.

요컨대 『동국통감』과 『동국사략』은 기본적으로 왕도적·도학적 입장이 반영된 사서라는 점에서 상당한 공통점을 가지면서도, 전자보다는 후자가 절의 숭상이나 이단 배척에 있어서 다소 유연성을 가지고 있으며, 특히 시문가를 폄하하고 신라를 중심으로 국사를 이해하려는 태도가 완화되어있다는 점에서 중요한 차이점이 발견된다. 이는 영남사림과 기호사림이 공통적으로 도학의 기반 위에 서 있으면서도, 각기 그들이 처한 시대적·지방적·문화적 배경의 차이에 연유하는 것 같다.

2. 유희령의 『표제음주동국사략』

1) 유희령의 가계와 행적

유희령柳希齡(1480~1552; 成宗 11~明宗 7)은 호를 몽암夢庵(또는 夢窩·夢老·夢草·菁川)이라 하며, 본관은 진주이다. 진주유씨보에 의하면, 진주유씨의 시조는 고려 무신집권기에 좌우위상장군左右衛上將軍을 지낸 유정柳挺이라 한다. 그 후 8대에 걸쳐 고려조에 벼슬하였으나 현직에 오르지는 못하였다. 조선조에 들어와서도 유의柳依(高祖)·유종식柳宗植(曾祖)·유문통柳文通(祖)·유인귀柳仁貴(父)의 4대가 내리 벼슬하였지만, 문과에 급제한 것은 유문통·유인귀 뿐이다. 유의는 동북면도순문사東北面都巡問使를 지내고 뒤에 이조참판(從2品)에 추증되었으나, 실록에 전혀 이름이 보이지 않는다. 유종식은 세종~세조대에 걸쳐 강음현감江陰縣監·개성부도사開城府都事·창원부사昌原府使·침장고별좌沈藏庫別坐 등을 역임하고, 세조원년 12월에 정난원종공신靖難原從功臣 3등에 책봉되었으나, 이 역시 3품 이하의 미관에 지나지 않는다. 그도 사후에 이조판서(正2品)에 추증되었다. 유문통(세종 20~연산 4)은 세조 6년에 별시 문과에 합격하여 승문원·예문관·사간원·수령직을 역임하고 관官이 사간司諫(從3品)에 이르렀다. 유인귀(세조 9~중종 26)는 연산원년에 문과에 급제하여 수찬·정언·교리·사간·대사성(正3品)등 청요직淸要職을 역임하였다.

유희령은 중종 11년(1516)에 37세의 나이로 문과에 급제한 이래로, 예문관·춘추관·성균관·사헌부·사간원 등 문한직과 대간직을 역임하고, 여러 고을의 수령을 지냈으며, 중종 36년 이후로는 공조와 호조의 참의(正3品)를 지내고, 중종 37년에는 성절사로 중국에 다녀오기도 하였다.[28]

명종 즉위년(1545)에 을사사화가 발생하여 숙부 유인숙柳仁淑이 이른바 대윤파로서 소윤파에 의하여 살해되고, 그의 아들 넷이 모두 교살되는 비운을 맞이하였다. 이때 유희령은 소윤세력과 직접적인 갈등은 없었으나 숙부의 피화에 연좌되어 금산錦山에 유배되고, 그곳에서 7년간 유배생활을 보내다가 73세를 일기로 졸卒하였다. (1552, 明宗 7年)

유희령은 시부에 뛰어나고『대동시림大東詩林』·『대동련주시격大東聯珠詩格』·『시림악부詩林樂府』·『동국사략』을 찬했다.[29]『동국사략』의 편찬연대는 확실하지 않으나,『동국여지승람』을 참고한 것으로 보아, 중종 25년(1530) 이후에 편찬된 것은 확실하다.[30] 아마 명종 초 유배 중에 저술한 것 같다.

2)『표제음주동국사략』의 내용

(1) 판본

현존하는『표제음주동국사략標題音註東國史略』은 여러 본이 있다. 김휴金烋(17C 초)의『해동문헌총록海東文獻總錄』에 의하면,『표제음주동국사략』은 11권으로 되어 있고, 권수에

---

28 柳希齡의 官歷은 實錄 및 柳希齡政案에 의거하였음.
29 權文海撰『大東韻府群玉』纂輯書籍目錄에 의하면,『大東詩林』·『大東聯珠詩格』·『詩林樂府』가 柳希齡撰으로 소개되어 있다.
30 『東國史略』凡例에 "郡縣의 沿革과 改名, 그리고 山川管轄은 輿地勝覽에 의거해서 參考했다"고 한 것으로 보아 이 책이 中宗 25年 이후에 편찬된 것은 확실하다. 그런데 柳希齡은 乙巳士禍 이전까지는 계속 官職에 있었기 때문에 著述에 전념하기는 어려웠을 것이다. 따라서 그가 流配생활을 보낸 明宗元年~7年 사이에『東國史略』이 편찬되었을 가능성이 크다.

삼황오제도 · 중국역대전수총도 · 역대국도지도 · 역대분리지도 · 고구려세계전수도 · 백제세계전수도 · 신라세계전수도 · 고려세계전수지도 · 열국병참란세계도 · 범례 · 총목 등이 있다고 한다.

그런데 지금 남아있는 활자본 가운데에는 성암문고 소장본만이 권1 · 2를 가지고 있는데, 이 책에는 범례 · 총목, 그리고 권제가 찬한 『동국세년가東國世年歌』를 싣고 있을 뿐 『해동문헌총록』에 소개된 내용이 보이지 않는다. 따라서 현재로서는 『표제음주동국사략』의 완본을 접할 수가 없다. 활자본에는 여러 종류가 있으나,[31] 어느 것도 완질로 남아있는 것이 없어서 서지학적인 비교검토가 곤란하다. 아마도 『동국사략』의 권수 부분은 후세인들에 의하여 많이 가감이 된 것으로 보인다. 다만 『동국사략』의 범례 가운데, 이 책을 편찬하는데 있어서 증선지曾先之(元人)의 『사략』(十八史略)을 참고했다고 한 것을 보면, 권수 부분의 중국사에 관한 도표는 『십팔사략』을 토대로 작성된 것이 아닌가 추측되고, 동국사에 관한 도표는 『동국사략』의 본문에 준해서 만들어진 것 같다.

(2) 체재

성암문고본에 의거한 『동국사략』의 목차는 다음과 같다.[32]

卷首 : 凡例(15條) · 總目 · 東國世年歌
卷1 : 前朝鮮(檀君朝鮮) · 後朝鮮(箕子朝鮮) · 後朝鮮(衛滿朝鮮)-古朝鮮 高句麗(始祖~寶藏王)
卷2 : 百濟(始祖~義慈王)
卷3 : 新羅(始祖~孝成王)
卷4 : 新羅(景德王~敬順王) (附 駕洛 · 渤海 · 弓裔 · 甄萱)
卷5 : 高麗(太祖元年~靖宗)

---

31 현재 남아있는 活字本 『東國史略』은 延世大도서관本, 高麗大도서관(石洲文庫 · 新菴文庫)本, 그리고 誠菴文庫(조병순씨 소장)本 등이 있다. 이 중에서 卷首 部分이 남아있는 것은 誠菴文庫本 뿐이다.
    國立圖書館에는 日本政府도서本이 마이크로필름化되어 있는데, 이 책은 필사본으로서 凡例를 포함한 卷首 부분이 빠져 있을 뿐 아니라, 史論이 전혀 없고, 卷數도 12卷으로 되어 있으며, 標題도 실려있지 않다. 따라서 이 책은 活字本에 비하여 내용이 많이 다르고 가치도 크게 떨어진다. 아마도 活字本을 筆寫하는 과정에 많은 記事의 脫削이 있었던 것 같다.
32 誠菴文庫本과 日本政府本의 目次를 비교해보면 다음 表와 같다.

卷6：高麗(文宗~仁宗)

卷7：高麗(毅宗~康宗)

卷8：高麗(高宗~元宗)

卷9：高麗(忠烈~忠宣)

卷10：高麗(忠肅~忠定)

卷11：高麗(恭愍~恭讓, 附 辛禑·昌)

먼저 이 책에서 가장 주목되는 것은 범례이다. 범례는 모두 15항으로 되어 있는데, 범례의 일부는 『동국통감』의 그것을 따르고 있으나, 다른 점도 많다. 먼저 양자가 같은 점은 ① 군주·왕비·왕자 등에 대한 칭호를 직서한다는 것, ② 즉위년칭원법을 쓴다는 것, ③ 신라의 여왕을 여주女主로 개칭한다는 것, ④ 신화를 삭제한다는 것, ⑤ 신라·고려의 연호를 삭제한다는 것 등이다.

다음에 『동국통감』의 범례와 다른 점은 ① 삼국에 대한 서술을 삼국기 속에 통합시키

	誠菴文庫本	日本圖書本
卷首	凡例·總目·東國世年歌	
卷1	前朝鮮(檀君) 後朝鮮(箕子) 後朝鮮(衛滿) 高句麗(始祖~寶藏王)	前朝鮮(檀君)·箕子朝鮮·衛滿朝鮮·四郡·二府·九夷 三韓 高句麗(시조~보장왕)
卷2	百濟(始祖~義慈王)	百濟(시조~의자왕)
卷3	新羅(始祖~孝成王)	新羅(시조~효성왕)
卷4	新羅(景德王~敬順王) (附：駕洛·渤海·弓裔·甄萱)	新羅(경덕왕~경순왕) (부：가락국·발해국·궁예·견훤)
卷5	高麗(太祖元年~靖宗)	高麗(太祖元年~靖宗)
卷6	高麗(文宗~仁宗)	高麗(文宗~睿宗)
卷7	高麗(毅宗~康宗)	高麗(仁宗)
卷8	高麗(高宗~元宗)	高麗(懿宗~康宗)
卷9	高麗(忠烈~忠宣)	高麗(高宗~元宗)
卷10	高麗(忠肅~忠定)	高麗(忠烈王)
卷11	高麗(恭愍~恭讓)(附：辛禑·昌)	高麗(忠宣~忠定)
卷12		高麗(恭愍~恭讓)(附：辛禑·昌)

지 않고, 증선지의『십팔사략』에서 춘추열국을 따로따로 서술한 예에 따라, 삼국을 국가별로 독립시켜 서술한 것, ②『동국통감』에서는 삼국의 군주에게 모두 '王'자를 붙여주었으나,『표제음주동국사략』에서는 이와 같은 원칙을 반대하여 왕호를 가진 군주에 한하여 '王'자를 붙여주고 있다. ③ 지금까지의 사서에서는 삼국 중에서 신라를 첫머리로 하여 입국의 순서에 따라 차례로 서술하였으나, 이 책에서는 편년을 전기로 바꾸었을 뿐 아니라, 신라를 삼국의 마지막에 서술하였다. 범례에서는 그 이유로서, 신라의 전수가 고려에 가깝게 이어진 때문이라고 밝히고 있다. 다시 말하자면, 삼국의 서술순서는 입국의 선후를 따르지 않고, 멸망한 시기를 기준으로 하여 가장 늦게 망한 나라를 맨 나중에 서술한다는 것이다.

그리하여 결론적으로『표제음주동국사략』의 삼국 서술은 고구려 · 백제 · 신라의 순으로 되었다.

④ 끝으로,『동국사략』은 음의音義를 모두『운회군옥韻會群玉』에 의거하여 설명하고, 군현의 연혁이나 개명, 그리고 산천 · 관할에 관한 것은『여지승람輿地勝覽』에 의거해서 참고한다고 하였다.

이제 이상과 같은 범례상의 원칙을 중심으로 하여『동국사략』의 특색을 좀 더 구체적으로 검토하기로 한다.

첫째, 이 책은 책명 앞에 "標題音註"라고 관한 바와 같이 서술체재에 있어서 표제와 음주를 달았다는 점이 특이하다. 표제란 문자 그대로 사건의 요지를 본문 위에 표제로 내건 것을 의미한다. 예컨대 단군조선 시대를 서술하면서 "檀君自立"이라는 표제를 붙이고, 기자조선 시대를 서술하면서 箕子來封 · 八條之敎 · 有仁賢之化 · 劃井田 · 麥秀之歌 · 箕子復秦 · 箕準南奔 등을 표제로 내세운 것이 그것이다.[33] 이러한 방식의 표제는 전시대에 걸쳐 붙여지고 있다. 음주音註는 고유명사의 음에 주를 달은 것으로서, 예컨대 고구려의 '麗'자가 '离'로 읽힌다든가, 진번의 '番'이 '把沿'의 절음이라는 것을 주註로 밝힌 것이다. 범례에 의하면, 음의音義는『운회군옥』에 의거했다고 한다. 원래 역사 서술에 있어서 표제와 음주를 단 것은 명의 유섬劉剡(號는 立齋)이 찬한『立齋先生標題解註音釋十八史略』을 대표로 꼽을 수 있

---

[33] 鄭求福 교수는 전게 논문에서 표제의 뜻을 年紀 표기의 의미로 해석하고 있으나(66쪽), 이는 표제가 붙지 않은 日本圖書本을 참고한 데서 생긴 오해이다.

다. 이 책은 증선지의 『십팔사략』에다 유섬이 표제와 해주, 그리고 음석音釋을 붙인 것이다.[34] 따라서 『표제음주동국사략』은 바로 이 책의 영향을 받은 것이 아닌가 생각된다.

『십팔사략』과 『십구사략』은 체재와 내용에 있어서 상당한 차이가 있다. 전자는 주자의 강목법을 엄격하게 따르지 않고 있을 뿐 아니라, 삼국의 위魏를 정통으로 하고, 또 상고사를 서술함에 있어서 신화 · 우언을 많이 싣고, 『장자莊子』 · 『회남자淮南子』 등에서 자료를 채용한 것이 많다.[35] 이에 반하여 『십구사략』은 『십팔사략』에다 원사를 첨가했다는 점에서만 다른 것이 아니라, 삼국 및 송대사에 대한 내용이 많이 다르다고 한다. 이것은 『십구사략』이 주자의 강목법의 영향을 크게 받은 데서 연유한다.

우리나라의 16세기 사림들은 대부분 『십구사략』의 영향을 많이 받았고, 박상의 『동국사략』도 그런 부류의 하나이다. 그럼에도 불구하고 유희령만은 『십구사략』보다도 『십팔사략』의 영향을 받았다는 것은 이색적이라 할 것이다. 이것은 유희령의 학문이 주자학에 기초하고 있으면서도 상당한 융통성을 지니고 있음을 뜻하는 것 같다.

(3) 국사체계

다음에 『표제음주동국사략』은 신라중심의 국사체계를 부인하고 고구려중심의 국사체계를 세우고 있다는 점에서 중요한 특색이 발견된다. 지금까지의 역사서술은 모두가 신라를 삼국의 첫머리에서 서술하였으나, 이 책은 이러한 관례를 깨고 고구려 · 백제 · 신라의 순으로 서술하고 있다. 또 지금까지의 관례는 삼국의 역사를 통합하여 서술하는 것이 상례였으나, 이 책에서는 삼국을 각각 독립시켜서 분기하고 있다. 그 이유를 범례에서는 이렇게 밝히고 있다. 즉 삼국을 따로따로 독립시켜서 분기한 것은, 삼국이 대등한 세력을 가지고 정치하였기 때문에 증선지의 『사략』에 의거하여 춘추열국의 예에 따라 국가별로 그 전말을 기록한다고 하였다. 또한 범례의 다른 항에서는 신라를 맨 나중에 서술한 이유를 다음과 같이 밝히고 있다.

前史에서의 三國은 모두 新羅로서 머리를 삼고 있으며, 立國의 先後 차례에 따라 서술하

---

34   近藤杢 編, 『中國學藝大辭典』, 517쪽.
35   近藤杢 編, 前揭書, 517쪽.

였다. 이 책은 編年을 바꾸어 全紀를 만들었는데, 新羅를 뒤에 둔 것은 傳授가 高麗에 가장 가깝게 이어진 까닭이다.[36]

말하자면, 삼국을 분기한 것은, 삼국의 국가적 독립성을 인정해주기 위함이고, 신라를 마지막에 서술한 것은 가장 늦게 망하여 고려와 시간적으로 접속된 국가라는 점에서이다. 그러나 유희령이 단순히 신라가 가장 늦게 멸망하여 뒤에 서술하고, 고구려를 앞에 서술했다고 이해하기에는 석연치 않은 문제점이 있다. 그것은 무엇보다도 신라통일기를 왜 독립된 시대로 서술하지 않았는가 하는 점이다. 『동국통감』에서는 문무왕 9년 이후부터를 신라기로 독립시켜 서술하였고, 박상의 『동국사략』도 마찬가지로 신라기를 독립시키고 있다. 뿐만 아니라 두 사서에서는 고려사서술을 경순왕이 귀부한 태조 19년부터 시작하고 있다. 이것은 그만큼 통일신라의 역사적 의의를 높이 평가하고, 삼국시대와 통일신라시대를 역사적으로 구획하려는 의도와 관련이 있는 것이다. 그런데 『표제음주동국사략』에서는 이와는 전혀 달리, 통일 이후의 신라를 통일 이전의 신라와 연속시켜서 어디까지나 신라사의 테두리 안에서 이해하고 있다. 따라서 이러한 역사체계는 신라가 삼국을 통일했다는 인식과는 배치된다.

더욱이 신라사 다음에 가락국·발해국·궁예·견훤을 부기한 것은, 이른바 통일신라의 '統一'의 의미를 부인하는 근거로 생각될 수 있다. 『동국통감』과 『동국사략』에서는 신라통일의 의미를 강조하게 되니까 자연히 발해사나 후고구려(弓裔)·후백제(甄萱)의 역사가 신라사에 흡수·매몰될 수밖에 없었던 것이다.

『표제음주동국사략』이 고구려를 앞에 서술한 것은 신라가 마지막에 서술된 결과로 자연히 입국순위가 두 번째인 고구려가 앞에 나올 수밖에 없었던 것이기도 하지만, 고구려 역사 자체를 중요시한 뜻이 더 큰 것 같다. 고구려사의 서술 분량은 백제사의 그것보다 약 3배 가량 많다. 고구려사 중에서 큰 비중으로 다루어지고 있는 것은 수당과의 전쟁이다. 이는 고구려의 강성함에 저자가 특히 유의하고 있는 증거이다.

고구려와 관련하여 또 한 가지 주목되는 것은, 삼한의 위치에 대한 종전의 권근설을 부인하고, 최치원 및 『동국여지승람』의 설을 좇고 있다는 사실이다. 권근설은 마한을 백제

---

36 凡例, "… 一, 前史 皆以新羅爲首 敍以其立國先後 次第之 今易編年爲全紀 以羅置末者 傳授近繼於高麗也"

지방(益山)에, 진한을 신라지방에, 변한을 고구려에 각각 비정하고, 마한을 기자조선의 후예로 간주하였다. 그런데 『동국여지승람』에서는 이와 같은 권근설을 뒤엎고, 최치원의 구설을 좇아 마한을 고구려(황해·충청·경기도)에, 변한을 백제(전라도)에, 진한을 신라(경상도)에 비정하고, 변한의 묘예苗裔가 낙랑樂浪에서 출자한 것으로 보았다.[37] 유희령은, 이 같은 『동국여지승람』의 설을 좇고 있을 뿐 아니라, 마한은 시조가 불명하고, 위치가 평안도이며, 변한은 기준이 세운 것이라는 새로운 견해까지 첨가하고 있다.[38]

최치원설과 권근설의 어느 것이 사실에 합치되느냐의 문제는 일단 차치하고, 두 설의 결과만을 가지고 생각할 때에는 마한을 고구려에 비정하느냐, 백제(전라도)에 비정하느냐에 따라서 삼국의 정치적 성장 과정을 이해하는 눈이 달라질 수 있는 것이다. 왜냐하면, 마한은 삼한 중 최대의 강국으로서 삼국 이전의 정치세력으로서는 가장 강대한 것이기 때문이다.

마한을 고구려 지방에 비정하고, 고구려가 마한을 통합한 것으로 이해하게 되면, 고구려의 정치적 선진성이 자연히 인정될 수밖에 없다. 유희령이 고구려를 삼국의 수위에 서술한 것은 고구려의 이 같은 정치적 선진성과 국가적 강성을 고려한 데 연유하는 것은 아닐까. 더욱이 이 책에서는 삼국의 군주를 표기함에 있어서, 고구려의 군주에 대해서는 시조에서 말왕末王에 이르기까지 모두 '王'이라는 칭호를 붙이고 있으나, 백제의 군주는 24대 동성왕(479~501) 이후부터, 그리고 신라의 경우는 22대 지증왕(500~514) 이후의 군주에게만 '王'자를 붙이고 있다. '王'자를 붙이고 안 붙이는 기준은 군주의 왕호가 있는 경우와 없는 경우로 갈라지고 있다.[39] 고구려는 처음부터 왕호와 왕명을 동시에 가지고 있었으나, 백제는 24대 동성왕 이전까지는 왕명만이 있고 왕호가 없었으며,[40] 신라는 지증왕 이전까지는 왕명은 있었으나 왕호는 없었다. 그래서 왕호를 정식으로 사용한 지증왕대부터 '王'자를 붙이고 있다.

---

37 『新增東國輿地勝覽』卷6, 京畿條.
38 馬韓의 始祖가 不明하고, 卞韓이 箕子조선의 후신이라는 說은 지금까지 馬韓을 箕子조선의 후신으로 믿어온 通說을 뒤집은 것으로, 箕子조선의 후신인 卞韓이 馬韓보다 弱小國이었다는 의미를 갖는다. 따라서 이러한 인식하에서는 三國 이전의 上古史에서 箕子조선의 위치가 상대적으로 弱化되지 않을 수 없다.
39 鄭求福 교수는 전게 논문에서 王字를 붙이는 기준이 王名(諱)의 有無에 있다고 하여(68쪽) 필자와 다른 해석을 내리고 있으나, 그렇게 되면 溫祚나 朴赫居世등이 王號로 해석되어 불합리하다.
40 24代 東城王 이전에 왕호를 붙이고 있는 왕은 21代 蓋鹵王(455~475) 한 사람 뿐이다. 따라서 개로왕에 한해서 "王"字를 붙여주고 있으며, 그 다음 22代 文周王, 23代 三斤王에 대해서는 "王"字를 붙이지 않고 있다.

이와 같이 삼국이 각각 왕호를 칭한 시기가 다른 것은, 삼국의 정치 성장의 차이를 보여주는 것으로 유희령은 생각했던 것 같다. 그래서 그는 『동국통감』이나 박상의 『동국사략』에서처럼 삼국의 모든 군주에게 왕이라는 칭호를 붙여주던 관례를 깨어버렸던 것이다. 삼국의 서술 순서를 고구려·백제·신라의 순으로 정한 것은, 삼국의 왕호 사용 순서가 고구려·백제·신라의 순으로 된 것과도 관련이 없지 않은 듯하다.

(4) 문화의식과 상고사서술

다음에, 『표제음주동국사략』의 특색으로서 또 하나 주목되어야 할 것은, 서술내용이 주로 정치·제도사에 치중되어 있다는 사실이다. 이것은 도덕적인 유교문화에 치중하여 역사를 서술하려고 한 박상의 『동국사략』과 비교하여 아주 대조적이다. 삼국사 서술에서 고구려의 비중을 크게 둔 것도 정치사에 역점을 두고 삼국을 이해한 것과 관련이 있음은 물론이다. 도덕적인 관점에서 역사를 볼 때에는 충신·의사가 다수 배출되고 사대규범에 충실했던 신라가 주목을 받게 마련이다. 궁예·견훤·왕건 등도 도덕적인 관점에서 보면 신라의 반역자로 보이게 되지만, 이를 하나의 정치세력으로 간주할 때에는 모두가 새로운 국가의 창업주인 것이다. 따라서 이들을 모두 독립해서 서술한 것은 그들의 정치사적 의의를 중시한 것이라고 볼 수 있다.

여말의 절의파節義派 유신들, 예컨대 정몽주·이색·김진양 등에 대해서도 이를 특별히 두둔하는 기사를 싣고 있지 않다. 정도전 등 조선개국공신을 특별히 폄하하는 기사가 없음도 물론이다. 우왕禑王과 창왕昌王에 대한 서술은 공양왕 다음에 부기하여 이성계의 역성혁명을 적극 정당화하는 입장을 보여주고 있다.

삼국 이전의 상고사에 관한 서술도 특이하다. 첫째, 단군조선에 관한 서술이 『동국통감』이나 『동국사략』(朴祥 撰)과 다르고 내용이 훨씬 자세하다. 단군의 성을 환씨桓氏로 보고, 우禹임금이 도산塗山에서 제후를 만날 때 단군의 아들 부루扶婁를 보내어 조현하게 하였다는 것, 단군이 해도海島(江華島) 중에 참성단塹星壇을 쌓아 제천을 행하고, 세 아들로 하여금 성을 쌓게 하였다는 것, 단군의 무덤이 송양松讓(江東縣)에 있다는 것, 단군의 후사가 기자래봉을 피하여 장당경藏唐京(文化縣)으로 도읍을 옮겼다는 것, 단군조선의 전세가 무릇 1500년이라는 것 등은 전혀 새로운 내용이다. 이러한 내용은 민간구전자료나 선가들의 고기류에서 뽑은 것이 틀림없다. 또 환웅이 삼천의 무리를 거느리고 태백산 신단수 밑에 내려와 이를 신시神市라 부르고 재세이화在世理化하였다는 내용은『삼국유사』에서 뽑은 것이다. 16세기 사림들이 일반적으로 기피해오던 선가仙家와 승려僧侶의 기록들을 채집하여 단군조선사를 보완한 것은 국사를 민족사의 입장에서 이해하려는 작자의 역사의식과 관련되어 있는 것으로 보인다. "檀君自立"이라는 표제를 국사서술의 첫머리에 내건 것은 더욱 그러한 분위기를 풍겨준다.

다음에 기자조선에 대한 서술도『동국통감』보다 상세해졌다. ① 기자箕子의 본성이 자子씨요 이름은 수유須臾라고 한 것, ② 기자가 정전井田을 구획한 것, ③ 기자가 주周에 내조할 때 은허殷墟를 지나면서 화서禾黍가 자란 것을 보고 상심하여 맥수가麥秀歌를 지었다는 것, ④ 기자의 묘가 토산兎山(平壤府 城北 소재)에 있다는 것, ⑤ 기자의 40대손 기부箕否 때부터 기箕씨를 성으로 삼았다는 것, ⑥ 기준箕準이 익산에 내려와서 변한이 되었다는 것, ⑦ 기자조선의 전세가 928년이라는 것 등은 지금까지의 역사서술에 보이지 않던 새로운 내용들이다. 그리고 위의 새로운 내용 중에서 ③을 제외하고는 모두가 국내자료에서 수집한 것이다.

『동국통감』에서는 기자가 주紂에 신복하지 않는 절의의 인물이라는 것, 기자조선이 주周의 제후였다는 것, 기자의 내봉을 계기로 우리나라의 문화가 중국화되었다는 것, 그리고 기자조선이 마한으로 연결된다는 것 등이 주로 서술되고 있으며, 모두 중국측 기록에서 자료를 채집하였었다. 그런데,『표제음주동국사략』에서의 기자조선은 사대와 절의, 그리고 중국화의 심볼로서 묘사되고 있는 것이 아니라, 은주殷周교체기에 일어난 중국인과 중국문화의 동래東來, 그리고 한반도에서의 정착과정이라는 측면에서 담담하게 서술되고 있다. 더욱이 기자조선이 변한으로 연결된다고 본 것은 기자조선의 정치적 비중을 대수롭지 않게 평가한 결과가 되었다. 그리고 그것은 상대적으로 국사의 민족사적 성격을 부각시킨 결과를 가져왔다고도 생각된다.

위만조선과 한사군, 그리고 삼한의 역사는 극히 간략하게 취급되어 중국계의 역사활동을 최소한으로 압축한 듯한 느낌을 준다. 마한을 시조미상의 정치세력으로, 진한을 진의 유망민으로, 변한을 기자계로 이해한 것은 아직도 유가적 역사인식의 영향을 벗어나지 못한 것이지만, 삼한의 맹주격인 마한을 중국계와 연결시키지 않고, 또 그 위치를 평안도로 비정한 것은 중요한 변화라 할 수 있다. 즉 그것은『동국통감』에서 제시된 "箕子朝鮮 — 馬韓(箕子系) — 新羅" 중심의 고대사 체계를 근본적으로 부인한 것이기 때문이다.

『표제음주동국사략』은 유교적 문화의식에 기반을 둔 국사의 정통체계를 수정하고, 단군조선과 고구려의 위치를 부각시킴으로써 새로운 민족사적 국사체계의 정립을 시도했다고 볼 수 있다. 유희령이 인식하고자 하는 국사는 유교의 홍폐보다는 민족의 성쇠에, 사대 관계보다는 대외항쟁사에, 절의를 고집하고 명분에 집착하는 소극적 인물보다는 왕조를 개창하고 국가를 건설하며, 제도와 법령을 만들어간 인물에 역점을 두고 국사를 서술한 것도 이와 같은 공리적·민족적 역사의식과 관련이 있을 것이다.

이 책은 고대지명을 『여지승람』에 준하여 현대지명으로 표시하고 있다. 그리하여 고조선·고구려·삼한·사군의 위치가 모두 반도 안에 비정되고 있다. 따라서 역사지리적인 측면에 관한 한, 반도중심의 국사인식을 벗어나지 못하고 있다. 그리고 이 점은 박상의 『동국사략』과 견주어 하등 다를 것이 없다. 만주수복에 대한 이상을 중요시하지 않던 16세기의 시대분위기에서 유희령은 당시의 일반적인 역사지리적 관념을 그대로 받아들인 것 같다.

(5) 사론史論

끝으로, 사론에 대하여 검토할 차례가 되었다. 범례에서는 "人君之賢否國家之治亂興亡歷年之長短 節取先正史論 附之"라고 밝히고 있다. 그리하여 『동국통감』에 실린 사론의 일부를 수록하고 있으며, '愚按'이라고 밝힌 자신의 사론을 약간 첨가하고 있다.

『동국통감』에서 인용한 사론은 최부崔溥가 쓴 역년도歷年圖를 비롯하여 이첨·이제현·김부식·권근 기타 무명사신이 쓴 사론들이다. 그러나 사론의 수는 전체적으로 보아 매우 적은 편이다. 박상의 『동국사략』이 6권의 작은 분량임에도 불구하고 근 90칙의 사론을 싣고 있는 것에 견주어볼 때, 『표제음주동국사략』은 그보다 두 배나 되는 분량을 가지면서도 사론은 그보다 훨씬 적다. 이것은 유교적 명분에 입각한 옹색한 역사비평을 저자가 되도록 회피하려는 의도로 간주된다. 특히 이단을 극력 배척하거나, 사대와 절의를 높이 숭상하는 사론이 거의 없다. 대개 국가의 법령·제도나 강상과 관련된 내용들이 중심을 이루고, 특히 시대적으로는 몽골간섭시대에 사론이 집중되어 있다. 이와 반대로 고려태조와 무신집권시대에 대한 사론은 극히 적다.

'愚按'이라고 이름한 유희령 자신의 사론은 고려시대에 주로 언급되고 있는데, 그 내용은 ① 삼한의 위치를 권근이 잘못 비정했으므로 최치원의 구설을 따르겠다는 것, ② 군사제도의 붕괴를 개탄한 것(肅宗代 別武班 설치에 관한 史論) ③ 역법의 중요성을 강조한 것(忠烈王代 授時曆을 頒行한데 대한 史論)[41], ④ 충렬왕 7년 5월에 여원 연합군이 일본에 원정했다가 대패하고 돌아온 사실에 대하여 원인元人의 탐욕을 비난한 것, ⑤ 공민왕 13년 정월에 최영이 최유군崔濡軍을 격퇴시킨 사실에 대하여, 원이 삼강을 무시하고 이적과 같은 문화를 가졌기 때문에 멸망하게 되었다는 것 등이다. 이러한 사론들은 요컨대 침략자를 증오하거나, 부국강병과 관련되는 실제적인 문제들을 다룬 것이라 하겠다.

(6) 배경

『표제음주동국사략』은 신라 중심의 국사체계를 거부하고, 도덕 위주의 역사서술을 지양했다는 점에서 16세기 사림들의 일반적인 역사서술과 크게 대비된다.

을사사화에서 피해를 받은 사림의 하나인 유희령이 어찌하여 이러한 이색적인 역사서술을 하게 되었는지, 그 이유를 명백하게 설명하기는 곤란하다. 그러나 작자 유희령이 일반 사림과 특이한 가문배경을 가지고 있다는 것이 그의 역사서술에 어떤 영향을 주었는지도 모르겠다. 이미 그의 생애에서 설명한 바와 같이, 그의 선계는 조선초기에 비교적 현달한 훈신계열에 속한다. 특히 증조 유종식柳宗植이 세조의 정난원종공신靖難原從功臣이었고, 조부 유문통柳文通 역시 세조대에 한원翰苑에서 명성을 날리던 중신의 하나였다. 세조 10년에 재주있는 유신들을 천문·풍수·율려·의학·음양·사학·시학 등 7문으로 나누어 학문을 진흥시킬 때, 유문통은 의학문에 속하였다. 아마 그는 의학에 조예가 깊었던 인물이었던 것 같다. 따라서 유희령의 가문은 절의와 관련이 없으며, 또 선계의 학풍도 도학보다는 기술학과 관련이 깊다는 것을 알 수 있다.

더욱이 유희령은 기이하게도 을사사화의 가해자인 정순붕鄭順朋·이기李芑와 인척 관계를 맺고 있다. 이기는 유문통의 처남의 아들이고, 정순붕은 유희령의 작은 아버지인 유인걸의 사돈이다.[42] 따라서 유씨의 선계의 행적이나, 을사훈신乙巳勳臣과의 혈연 관계를 고려할 때, 유희령이 비록 피해자의 입장에 있다하더라도, 을사훈신에 대하여 절의를 내세워 공격할 처지는 못되는 것이다.

또 유희령의 선계가 세조대에 크게 활약하였으므로, 세조대의 역사서술의 분위기에 그 자신이 간접적인 영향을 받았을는지도 모른다. 사실, 『표제음주동국사략』의 역사서술

---

41   授時曆의 頒行에 관한 記事는 『東國通鑑』에 실려있지 않다. 따라서 이 記事는 『高麗史』나 『高麗史節要』에서 뽑은 것으로 보인다.

42   柳希齡의 姻戚관계를 表로 작성해 보면 다음과 같다.

은 세조대의 그것과 아주 유사하다. 도덕과 더불어 세력과 공리를, 유학자나 중국의 문적과 더불어 이단 또는 고기류를 존중하던 분위기가 바로 그것이다.

유희령 자신이 춘추관 기사관이라는 사관의 직책을 가진 경험이 있었던 것도 그의 역사서술에 적지 않은 영향을 주었을 것이다. 그가 『동국통감』뿐 아니라, 『삼국유사』· 『동국여지승람』·『고려사절요』·『동국세년가』, 그리고 고기류 등 역대사적을 비교적 넓게 참고할 수 있었던 것은 그의 사관으로서의 경험과도 무관하지 않은 것 같다.

3. 박세무의 『동몽선습』

1) 박세무의 생애

박세무朴世茂(1487~1564 : 성종 18~명종 19)는 자字를 경번景蕃, 호號를 소요당逍遙堂이라 하며, 본관은 함양咸陽이다. 함양박씨는 박혁거세의 후예를 자칭하는 신라 귀성의 하나이나, 고려시대에 들어와서는 현달한 인물이 별로 없다. 중시조로 알려진 박선朴善이 고려 중기 사람이고, 그 이전은 세계가 불명하다.

박세무의 가계는 박습朴習(高祖) — 박의朴義(曾祖) — 박신장朴信章(祖) — 박중검朴仲儉(父) — 박세무로 이어지는데,[43] 박습 이전의 선계는 알려지지 않고 있다. 고조 박습은 태종대 관찰사를 지내고, 세종이 즉위하자 병조판서를 지냈으나, 병사를 상왕(太宗)에게 품의하지 않고 처리한 죄로 참수당하였다. 증조 박의는 문과에 급제하고 사헌부 감찰을 지냈으나 부의 죄에 연좌되어 파직되었다. 조 박신장은 종사랑從仕郎(正9品)의 낮은 벼슬에 머물

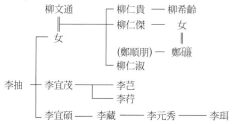

43　『國朝人物考』(中), 서울大學校圖書館, 1418쪽, 盧守愼撰 朴世茂墓碣銘.

렀고, 부 박중검은 성균생원으로서 벼슬을 갖지 못하였다. 말하자면, 박세무는 신라 귀성의 후예이면서도 고려·조선으로 내려오면서 별로 현달하지 못한 비교적 한미寒微한 가문에서 태어난 셈이다.

박세무는 충청도 괴산에 살면서 어려서 백씨伯氏에게 학문을 배우고, 김정金淨·김식金湜 등 뒤의 기묘명현들과 교유하였다. 중종 11년(1516)에 사마시司馬試를 거쳐, 중종 26년(1531: 44세)에 문과에 급제한 후 승문원에 기용되고 여러 벼슬을 거쳐 중종 33년에 헌납(5품)이 되었다. 그 후 중추부경력中樞府經歷(34년)·마전군수麻田郡守·승문원 참교承文院 參校(39년)·사복사 부정司僕寺 副正·안변부사安邊府使·내자사정內資寺正(명종 3) 등을 거쳐 군자감정軍資監正(정3품)에 이르렀다. 명종 19년(1564)에 병으로 죽으니, 나이 78세였다.

그는 김안로金安老·이기李芑 등 권신權臣들과 뜻이 맞지 않아 외읍外邑에 보補해지고, 또 그 자신 일부러 수령직을 구하였으며, 평생을 자수하면서 살았기 때문에 호를 소요당이라고 하였다 한다. 그는, 괴산의 풍속이 음사를 좋아하여 성황신경城隍神擎을 칭하면서 마을을 돌아다니며 피해를 주는 것을 막기 위하여, 그 기우의 주취珠翠를 빼앗아 불살라버렸는데, 그 후부터 음사가 근절되었다 한다. 명종 6년에 양종선과兩宗禪科를 부흥시키려 할 때, 그는 내자사정으로서, 이를 적극적으로 반대하지 않는 대신들을 비난하였다.[44] 그는 이단을 배척하는데 매우 적극적이었던 인물임을 알 수 있다. 그의 문인으로 노수신(1515~1590 東人)이 가장 저명하다.

2)『동몽선습』의 내용

『동몽선습童蒙先習』(1권)은 박세무의 유일한 저술로 자제들에게 경학과 사학의 개요를 가르치기 위한 교재로서 만든 것이다. 그래서 이 책은 흔히 '經史之略'이라고 불리고 있다. 『동몽선습』의 저작연대는 확실하지 않다. 아마 그가 관계를 떠난 70세 이후의 저작일 가능성이 많고, 그렇다면, 1560년(明宗 15年) 전후의 시기가 될 것이다.

『동몽선습』은 이미 17세기 초에 초학자初學者의 필수서로서 향촌서당에서 널리 읽혀지고 있었다.[45] 특히 이 책은 17세기 후반 숙종대에 이르러 서인(老論)의 영수이던 송시열의

---

44 『明宗實錄』卷11, 明宗6年 1月 己酉條.

추장推獎을 받아 왕명으로 관각官刻되었으며, 숙종 자신의 서문과 송시열의 발문이 실렸다. 『동몽선습』은 조선조 말기에는 더욱 광범위하게 보급되어, 서당 교육과정에서 『천자문』다음 과정에는 으레 『동몽선습』을 읽는 것이 관례가 되었다.[46] 따라서 이 책은 비록 분량은 적지만 국민교육에 미친 영향은 어느 경·사서보다도 컸다고 말할 수 있다.

『동몽선습』은 전반부에서 오륜을 서술하고 후반부에서 역사를 서술하였다. 경經과 사史를 한 책에 묶은 것은 경사의 체용 관계를 존중한 까닭이다. 즉 경을 토대로 사를 이해하고, 사를 통해서 경의 이치를 체득하기 위함이다.

경에서 다루어진 오륜은 기본적으로 주자가 지은 『소학』의 내용을 간추린 것이다.[47] 그러나, 『소학』과 다른 것은, 오륜의 말미에 총론을 붙여 효를 오륜의 대본으로 강조하고, 효의 구체적 행동방식을 설명한 점이다. 또 『소학』은 오륜에 관계되는 선현先賢의 언구言句를 불규칙적으로 모아놓은 데 반하여, 『동몽선습』은 처음에 오륜의 철학적 배경, 다음에 오상의 행동규범, 그리고 오륜·오상의 모범적인 역사적 사례를 하나씩 소개하고, 마지막으로 성현의 대표적인 언구를 하나씩 첨가하고 있다. 따라서 매우 서술이 간략하면서도 요령을 얻고 있는 점이 주목된다. 예컨대, 오륜의 철학적 배경으로서 부자는 천성지친天性之親, 군신은 천지지분天地之分, 부부는 양성지합兩姓之合, 장유는 천륜지서天倫之序, 붕우는 동류지인同類之人으로 각각 규정되고 있다. 그리고 오상의 모범적 사례로서는 효에 있어서 순舜, 충忠에 있어서 비간比干, 부부유별에 있어서 극결郤缺, 장유유서에 있어서 사마광, 붕우유신에 있어서 안자晏子가 각각 예거되고 있다.

『동몽선습』은 『소학』의 명륜장明倫章을 요령있게 재구성하였다는 점에서는 창의성이 인정되나, 오륜의 윤리도덕자체를 창의적으로 재해석한 것은 아니다. 중국적 오륜과의 차이가 있다면, 그것은 효의 비중을 크게 둔 강조점의 차이라 할 것이며, 이는 16세기 사림에게서 일반적으로 나타나는 특색이기도 하다.

다음에, 『동몽선습』의 사史의 내용을 검토하기로 한다.

---

45 宋時烈(1608~1689)의 童蒙先習跋(『尤菴先生文集』卷95)에 "余幼時 見人家子弟初學者 無不以是書爲先"이라고 한 것으로 보아 17세기 초에 적어도 忠淸道 일대에서는 童蒙先習이 향촌에서 널리 읽혀지고 있었음을 알 수 있다.

46 渡部學, 『近世朝鮮教育史研究』第5章 참조.

47 經의 內容은 序·父子有親·君臣有義·夫婦有別·長幼有序·朋友有信·總論의 순으로 구성되었고, 모두 합쳐 111行이다. 위의 내용은 『小學』의 明倫章의 目次와 일치한다.

사史는 중국사中國史와 동국사東國史로 구성되어 있다. 전자는 71행, 후자는 45행인데, 단군에서부터 고려말까지가 35행이고, 나머지 10행은 이조사로 되어있다.

중국사는 먼저 태극의 조판에서 음양陰陽 · 오행五行이 분화 · 생성하여 이기理氣가 먼저 생겨났다는데서부터 서술이 시작되고 있다.

盖自太極肇判 陰陽始分 五行相生 先有理氣

라 한 구절이 그것이다. 이 구절은 역사 이전의 우주의 본체에 관한 서술로서 이기철학의 입장에서 볼 때에는, 태극을 이理라고 본 주자의 설과 배치되는 것이 주목된다. 『동몽선습』이 편찬되었던 시대에는 성리학자들 간에 소위 이기理氣에 관한 철학 논쟁이 야기되기 시작하던 무렵이다. 『동몽선습』의 이기설은 구태여 따진다면 퇴계파의 주리설主理設에 가깝다기보다는 율곡파의 이기이원론理氣二元論에 가깝다고 할 것이다. 이 점은 『동몽선습』이 특히 기호지방의 서인파에 의하여 추장된 사실과 깊이 관련지어진다.

중국사 서술은 요 · 순 · 삼대를 가장 훌륭한 시대로 보고, 그다음 춘추전국시대에는 공자 · 맹자 등 유가의 활동을 중점적으로 서술하고 있다. 진한 시대에는 분서갱유焚書坑儒와 불교전래佛敎傳來를 비난하고, 삼국은 촉한을 정통으로 내세우고 있으며, 남북조와 수 · 당을 간단히 언급한 다음에 송대에 이르러 주돈이周敦頤 · 정호程顥 · 정이程頤 · 사마광司馬光 · 장재張載 · 소옹邵雍 · 주희朱熹 등이 나타나 사도가 크게 천명된 것을 상세히 서술하고 있다. 그다음 요 · 금 · 원의 중국지배를 어둡게 묘사하고, 특히 원의 중국지배를 가리켜 "夷狄之盛 未有若此者也"라고 개탄하고 있다.

중국의 역사는 대명의 등장으로 다시금 성신이 계승되는 것으로 찬양되고 있다. 전체적으로 『동몽선습』에 서술된 중국사는 한 마디로 삼강오상의 도덕사이다. 그리하여

世의 治亂 · 安危와 國의 興廢 · 存亡은 모두 人倫의 明과 不明이 어떠한가에 달려 있을 뿐이다.

라고 결론을 맺고 있다. 경經에서는 오륜의 원리를 설명하고, 사史에서는 오륜의 변천 과정을 서술하여, 문자 그대로 경과 사가 체용 관계를 맺고 있음을 본다. 이러한 중국사 인

식은 바로 도학지상주의사관 바로 그것을 의미하는 것이다. 그리고 여기에는 철저한 화이華夷차별의식, 즉 존화尊華의식이 기저에 흐르고 있음은 두말할 나위도 없다.

동국사東國史의 서술은 단군조선에서부터 시작되는데, 그 내용은

東方 初無君長 有神人 降于太白山檀木下 國人立以爲君 與堯並立 國號朝鮮 是爲檀君

이라는 짤막한 서술이다. 이는 단군을 구이와 연결시키지 않고 그저 천강족天降族으로 이해하며, 삼신과 관련된 신화적 요소를 부인하는 사림의 일반적 역사 인식을 반영하는 것이다.

그다음, 기자조선은

周武王 封箕子于朝鮮 敎民禮義 設八條之敎 有仁賢之化

라 하여, 주무왕을 주어로 하여 서술되고 있으며, 기자의 윤리적 치적만이 언급되고 있다. 기자조선의 정치적 측면이나, 정전井田 · 전잠田蠶 · 직작織作 · 백공기예百工技藝와 같은 경제적 치적은 언급되고 있지 않다. 이 역시 기자로부터 윤리 · 도덕이 시작되었다고 믿는 사림일반의 도덕주의사관을 반영하는 것이다.

위만衛滿은 기준箕準을 유축逐하고 왕검성을 차지하고 있다가 한무제에 의해서 토멸되어 그 땅이 사군 · 이부로 편제된 것이 서술되고 있다.

그다음 삼한에 대한 서술은 권근의 견해를 답습하여 마한을 기자조선의 후신으로 간주하고 그 위치를 금마군에 비정하고 있다. 이러한 견해 역시 사림 일반의 견해를 반영하는 것이며, 『동국여지승람』이나 유희령의 『표제음주동국사략』에서 보이던 삼한의 재해석과 다르다. 16세기에 이르러, 삼한에 대한 해석은 권근설을 따르는 부류와 최치원설을 따르는 부류로 양분되었는데, 『동몽선습』의 삼한인식은 전자에 속한다.

삼국에 대한 서술은 신라 · 고구려 · 백제의 순으로 건국과정만을 간단히 설명하고, 이어서 당고종이 백제와 고구려를 멸한 다음에 그곳에 도독부都督府를 두고 유인원劉仁願 · 설인귀薛仁貴로 하여금 진무케 한 사실을 자세히 적고 있다.

고구려 · 백제의 멸망을 신라에 의한 통일이라는 관점에서 서술하지 않고, 당에 의한 멸망이라는 측면에서 서술한 것은 다소 특이하다. 삼한통합은 고려 태조의 업적으로 돌

려지고 있다. 조선왕조의 건국과 문화는 그 어느 시대보다도 상찬되고 있다. 조선왕조에 대한 서술은 다음과 같다.

天命歸于眞主 大明太祖高皇帝 賜改國號曰朝鮮 定鼎于漢陽 聖子神孫 繼繼繩繩 重熙累洽 式
至于今 實萬世無疆之休

여기에서 태조 이성계는 위로 천명을 받은 진주요, 밖으로 명태조 고황제로부터 국호를 하사받아 성자신손聖子神孫의 무궁한 터전을 닦아 놓은 창업주로서의 공적이 높이 평가되고 있다.

마지막으로 동국사를 총 마무리하는 결론이 내려진다.

於戱 我國 雖僻在海隅 壤地褊小 禮樂法度 衣冠文物 悉尊華制 人倫明於上 教化 行於下 風俗
之美 侔擬中華 華人稱之曰 小中華 玆豈非箕子之遺化耶 嗟爾小子 宜其觀感而興起哉

이것은 한 마디로 우리나라가 기자의 교화를 계승한 소중화小中華라는 데 대한 자부심의 선언이다. 즉 국사는 혈통과 문화의 독자성을 가진 민족사가 아니라, 고금을 통해서 중국으로부터 정치적 영향을 받고, 중국과 같은 문화를 가진 소중화의 국가사인 것이다. 따라서 『동몽선습』의 기저에 흐르는 역사의식은 한 마디로 철저한 존화의식이요, 엄격한 숭유관념이요, 삼강오륜의 귀천의식이라 하겠다. 다만, 이 책은 국사체계를 구성함에 있어서 편협한 정통론을 고집하고 있지 않다는 점이 특이하며, 아마 이러한 성격이 동몽교재로서 널리 받아들여지게 된 요인이 아닌가 한다.

4. 이이의 도학적 사론

1) 독사론讀史論

이이李珥는 독립된 사서를 쓰지는 않았으나, 사史에 관하여 발표한 언설은 적지 않다.

이이의 사史에 대한 관심은 기성사서를 어떻게 읽어야 할 것인가, 다시 말하자면 역사에서 무엇을 어떻게 이해해야 할 것인가의 문제에 집중되어 있었고, 우리나라 역사에서는 특히 기자조선에 관하여 비상한 관심을 가지고 있었다. 『기자실기』는 그러한 관심에서 저술된 것이다. 여기서는 먼저 그의 독사讀史에 관한 견해를 살펴보기로 한다.

이이는 독서讀書의 대상으로서 일차적으로 오서五書와 오경五經(또는 六經)을 들었다. 오서는 소학·대학·논어·맹자·중용을 말하고, 오경은 시·서·예·역·춘추를 가리킨다.[48] 때로는 오경에 악경을 더하여 육경을 들기도 한다. 다만 악경은 망실되었기 때문에 적극적인 독서의 대상으로서 오경을 드는 것이다. 오서·오경 다음에 읽어야 할 것은 근사록近思錄·가례家禮·심경心經·이정전서二程全書·주자대전朱子大全·주자어류朱子語類 기타 성리학 관계 서적을 들고 있다.

오서·오경과 성리학서 다음에 읽어야 할 것으로 이이는 사서를 들고 있다.

위와 같은 독서의 순서는 단순한 순서에서 그치는 것이 아니라, 독서의 경중까지도 의미하고 있었다. 즉 오서와 오경은 "循環熟讀해서 理會를 그치지 않게 함으로써 義理를 태양처럼 밝게 해야 한다"[49]는 것이다. 다음에 근사록을 비롯한 송유의 서적과 성리의 설들은 "틈틈이 精讀하여 義理가 항상 吾心을 浸灌케 함으로써 한 時도 끊기지 않게 해야 한다"[50]고 한다. 그리고 나서 "餘力이 있을 때에 史書를 읽어서 古今에 通하고 事變에 達함으로써 識見을 길러야 한다"[51]는 것이다. 여기에서 오서·오경은 필독의 서書로서, 송유의 성리서는 틈틈이 읽어야 할 책으로서, 그리고 사서는 여력이 있을 때 읽어야 할 책으로서 각각 다른 비중이 두어지고 있음을 알 수 있다.

이와 같은 이이의 독서론은 『심경』·『근사록』등 송유의 서에 큰 비중을 두고 있는 이황李滉의 독서론과는 상당한 차이가 있다. 이황은 수기와 위기에 학문의 중점을 두고 있음에 반하여, 이이는 수기修己와 치인治人을 겸비하는데서 실학을 찾았던데 그 근본 이유가 있다.

이이가 사서를 비록 경서보다는 하위에 두었다 하더라도, 사서를 독서의 범주에 넣은 것

---

48   『擊蒙要訣』·『聖學輯要』窮理章 등에서 그러한 견해가 피력되고 있다.
49   『擊蒙要訣』讀書章.
50   同上.
51   同上.

은 그의 수기치인의 학문관과 관련이 있다. 그렇다면, 사서를 읽는 방법은 무엇인가? 그는 『성학집요聖學輯要』에서 "讀史之法"이라는 별항을 설정하여 송유들이 피력한 독사의 요령을 제시하고 있다. 여기에서 인용되고 있는 독사법은 다음과 같다. (번호는 필자가 붙임)

① 讀史 須見治亂之機·賢人君子出處進退 便是格物(程氏遺書 ○伊川先生語)

② 程子曰 凡讀史 不徒要記事迹 須要識其治亂安危 興廢存亡之理 且如讀高帝紀便須識得漢家 四百年 終始治亂當如何 是亦學也

③ 又曰某每讀史 到一半 便掩卷思量 料其成敗 然後 却看有不合處 又更精思 其間多有幸而成 不 幸而敗 今人只見 成者便以爲是 敗者便以爲非 不知成者殺有不是 敗者殺有是底

④ 東萊呂氏(呂祖謙 — 필자주)曰 大抵 看史 見治則以爲治 見亂則以爲亂 見一事則止知一事 何 取觀史 須如身在其中 見事之利害 時之禍亂 必掩卷自思 使我遇此等事 當如何處之 如此觀史 學問亦可以進 智識亦可以高 方爲有益

⑤ 許氏曰 看史書 當先看其人之大節 然後看其細行 善則效之 惡則爲戒焉 所以爲吾躬行之益 徒 記其事 誦其書 非所爲學也

①은 독사讀史의 기능이 격물格物, 즉 사물을 바로잡는데 있음을 주장한 것이다. ②는 독사의 기능이 사적을 암기하는데 있는 것이 아니라 치란안위와 흥폐존망의 이치를 아는데 있다는 것으로, ①에서 독사의 기능을 격물에서 찾으려 한 것과 같은 의미를 갖는다. 역사에서 이치를 아는 것은 사물을 바로잡는 일의 전제가 되기 때문이다.

독사의 기능이 격물과 식리識理에 있다 함은, 결국 독사가 도덕적 실천과 직결되어 있다는 의미와 같다. 따라서 역사가 도덕과 연결될 때, 역사사건에 대한 분야의 판단이 문제되지 않을 수 없다. ③의 기사는 독사에 있어서 시비를 판정하는 입장을 설명한 것이다. 여기에서 이이는 시비가 성패와는 일단 무관하다는 입장을 지지한다. 즉 성공한 자에게도 옳지 않음이 있을 수 있고, 패배한 자에게도 옳음이 있을 수 있다는 것이다. 성패成敗는 반드시 시비와 일치되는 것이 아니고, 오히려 유행·불행과 관련된다. 따라서 역사를 읽는 과정에서 먼저 해야 할 것은 성패를 생각하는 것이고, 다음에는 그 성패가 유행·불행과 어떻게 관련되어 있는가를 검토하는 것이며, 그리고 나서 다시 그 성패의 시비를 결정하는 순서가 필요하다고 보는 것이다.

다음에 ④의 기사는 독사의 태도를 가짐에 있어서 현재적 입장에서의 과거의 이해의 필요를 강조한 것이다. 다시 말하자면, 지나간 일을 현재에 놓고, 그 속에 독사자가 몰입하여 자기의 일로 추체험追體驗하는 자세가 필요하다는 뜻이다. 그래야만 독사가 학문과 지식을 발전시키고 고양시키는 데 효과적일 수 있다고 본다.

끝으로 ⑤에서는 역사적 인물평가에 있어서 그 인물의 세행細行보다도 대절大節을 일차적으로 평가하여, 이를 효선效善·계악戒惡하는 교훈으로 삼아야 한다는 것이다. 이는 바꾸어 말하면, 인물평가의 일차적 기준을 세세한 행동에 두지 않고, 그 행동의 밑바탕에 깔린 정신에 두어야 한다는 것이니, ③에서 성패와 시비를 구별해야 한다는 입장과도 서로 관련된다. 성패는 이를테면 행동의 결과이며, 시비는 정신의 선악을 뜻하는 것이 된다.

지금까지 설명한 이이의 독사론을 종합한다면 결국 다음과 같이 정리될 수 있다.

첫째, 독사의 목적은 역사사건의 시비와 선악을 판정하여 이를 현재의 교훈으로 활용하는데 있어야 한다는 것.

둘째, 독사의 관심은 일차적으로 결과보다도 동기에, 행위의 성패보다는 정신의 선악에 두어야 한다는 것.

그리고 위 두 가지를 한 마디로 집약한다면 현재 위주·실천 위주의 도덕사관이라고 말할 수 있을 것 같다. 이는 역사를 사실 위주로 객관화하여 인식하겠다는 것이라기보다는, 주관적으로 의식화하여 이해하겠다는 뜻으로도 풀이된다. 그리고 이 같은 역사 인식은 역사를 그 자체 독립된 영역으로 간주하는 것이 아니라 도덕에 종속된 영역으로 간주하는 것이기도 하다. 즉 경經을 위주로 하여 경과 사史를 합일시키는 입장이다. 이이가 독경을 독사보다 우위에 둔 것도 여기에 이유가 있다 할 것이다.

2) 시세론時勢論

역사에 있어서 성패가 반드시 시비와 일치하지 않는다고 할 때, 그 원인은 어디에 있는 것일까. 말하자면 악한 자가 성공할 수도 있고, 선한 자가 실패할 수도 있는 까닭은 무엇인가. 이 문제는 이이의 도덕주의사관에서 어떻게 설명되고 있는가.

결론부터 말한다면, 성패와 시비의 상호 관련을 결정짓는 요인은 시時와 세勢라고 한다. 시는 역사 행위가 발생한 시간을 말하고, 세는 역사 행위를 추진시키는 역力을 가리킨다.

어떠한 역사 행위가 성공을 거두기 위해서는 그 행위가 도덕적으로 선善하고 시是하다는 것만으로 충분한 것은 아니고, 반드시 시時를 얻어야 하고 세勢를 타야 한다는 것이다. 이이는 시세時勢의 중요성을 이렇게 설명한다.

孟子曰 雖有智慧 不如乘勢 雖有鎡基 不如待時 失其時勢者 似順而必敗 得其時勢者 似逆而有成[52]

즉 맹자가 말한대로, 지혜가 있어도 세勢를 타는 것만 같지 못하고, 괭이가 있어도 시時를 기다리는 것만 같지 못하다. 시와 세를 잃는 자는 순順한 것 같아도 반드시 패망하고, 시와 세를 얻는 자는 역逆한 것 같아도 성공한다는 것이다.

이이는 「天道人事策」에서 중국의 역사를 통해서 시세를 얻어 성공한 자와 시세를 잃어 실패한 자의 사례를 자세히 설명하고 있다. 그에 의하면, 성인이 출현했던 상고에는 덕德이 큰 자가 군주가 되고 덕이 작은 자가 신하가 되어 성패와 시비가 일치된 시대였다고 한다.

그러나 성인이 죽고 난 후세에는 약육강식의 힘이 지배하는 시대가 되어 성패와 시비가 반드시 일치하지 않는 시대가 되었다. 다시 말하자면, 도덕적 선악보다도 시세를 얻느냐 못 얻느냐가 성패의 관건이 되는 시대가 되었다. 그리하여 이이는 도덕적으로 옳으면서도 시세를 잃어서 실패한 사례로서 주周의 환왕桓王, 한漢의 소열제昭烈帝, 조송趙宋 등을 들고 있으며, 반대로 도덕적으로 나쁘면서도 시세를 얻어 성공한 사례로서 진시황秦始皇, 수隋의 양견楊堅, 그리고 호원胡元을 들고 있다.

이렇듯 도덕보다는 시세가 성패를 크게 좌우하지만, 궁극적으로 성공하는 것은 시세만을 숭상하는 자가 아니라, 덕을 숭상하면서 시세를 잃지 않는 자라고 이이는 본다. 왜냐하면, 세력으로서 인간을 복종시키는 것보다는 도덕으로서 인간을 복종시키는 것이 훨씬 큰 생명력을 갖는 까닭이다.

역사는 천운天運과 이수理數에 의해서 변화하는 것이지만, 천운과 이수는 인간과의 상호 감응 관계를 가져, 만약 인人이 중衆하면 천天을 이길 수 있다고 한다. 따라서 역사를 이끌어가는 주체는 결국 인간이며, 인간을 진정으로 복종시킬 수 있는 도덕적 능력이 역사 발전의 궁극적인 원동력이 된다고 보는 것이다.

---

52 『栗谷全書』拾遺 卷6, 雜著 天道人事策.

3) 왕패론王覇論

역사에서 성공하는 자가 역사를 이끌어가는 주체이고, 성공이 일시적이 아니라 장구성을 띨 때에 진정한 성공이 되는 것이며, 장구적 성공은 곧 인간을 장구적으로 복종시킬 능력을 가진 것을 의미하는 것으로 귀착된다고 할 때, 무엇이 과연 인간을 장구적으로 복종시키는 능력이 되는 것인가.

이 점에 관하여 이이는 덕德과 역力이라는 두 가지 문제를 놓고 비교·검토하고 있다. 위에서 이미 도덕과 시세에 관한 이이의 입장을 알아보았거니와, 그것은 주로 성패와 관련된 측면을 검토한 것이다. 따라서 여기서는 덕과 역의 본질에 관한 이이의 입장을 좀 더 자세히 살피기로 한다.

이이는 덕과 역의 문제를 왕도와 패도라는 범주 속에서 상세하게 설명하고 있는바, 소위 왕패론은 그의 도학정치 사상의 핵심적 골간을 이루고 있기도 하다. 특히 이이의 대표적 저술인『동호문답東湖問答』과『성학집요聖學輯要』는 도과 왕도의 개념이 집중적으로 제시되고 있다.

이이에 의하면, 패도는 맹자가 지적한대로 '以力假仁者' 즉 힘(力)으로써 인仁을 빌리는 행위이다.[53] 힘이란, 주자의 해석에 따르면, 토지와 갑병甲兵의 힘을 말한다.[54] 이를테면 경제력과 군사력을 합친 물질적 힘을 말한다. 인仁을 빌린다 함은, 본래 인의 마음이 없으면서 일을 빌려서 공을 삼는 행위를 뜻한다. 다시 말하자면, 패도는 부국·강병과 같은 실리를 존중하고, 또 실리를 가져오는 행위만을 공으로 생각한다. 그래서 패도는 공功과 리利를 중요시한다. 또한 패도는 힘을 가지고 인간을 복종시키며, 권모의 정치를 인간지배의 수단으로 삼는다. 그리하여 이이는 패도를 총괄적으로 정의하여

仁義의 이름을 假借하여 權謀의 政을 베풀고, 功利의 私를 도모하는 것이 覇道[55]

라고 규정하고 있다.

53　同上書 卷20,『聖學輯要』右辨王覇之略.
54　同上.
55　同上書 卷15, 雜著『東湖問答』.

그런데, 이이에 의하면 패도는 인간을 힘으로써 복종시키는 까닭에, 마음속에서 우러나오는 진실한 복종이 되지 못한다는 것이다. 그래서 패도는 생명이 길지 못하여 쉽게 무너지고 만다.

패도와 반대되는 인간지배방식이 왕도이다. 왕도란 "仁義의 道를 躬行하여 不忍人之政을 실시하고 天理의 正을 다하는 것"[56]이라고 이이는 정의한다. 이를 더 부연하자면, 왕도는 무엇보다도 힘을 바탕으로 한 인간지배방식이 아니요, 덕을 바탕으로 하여 인간을 심복시키는 정치행위이다. 정치의 목적도 공功이나 리利를 하기 위한 것이 아니라, 의義를 바르게 하고, 도道를 밝히며, 인仁을 행하기 위함이다. 한 마디로 집약하자면 도덕을 실현하고자 하는 것이 왕도의 목적이다.

물론 이이가 생각하는 도덕은 삼강·오륜을 기간으로 하는 신분주의적·계층주의적 도덕이라는 점에서 한계가 있고, 그러한 측면에서 본다면 왕도는 보수적인 정치사상이라고도 볼 수 있다. 이이의 왕·패론은 기본적으로 그 자신의 독창적인 사상체계가 아니라, 정주학의 그것을 채용한 것에 불과하다. 따라서 정주학적 도덕관념이 기본적으로 계층적 인간관계의 정립을 지향하는 한계를 가진 것과 마찬가지로, 이이의 도덕 사관도 그러한 한계를 벗어난 것이 아니다.

4) 도통론道統論

이이는 왕도와 패도를 시문와 비非, 그리고 선과 악으로 평가하고, 그러한 기준 위에서 지나간 역사를 치세治世와 난세亂世로 구분하여 이해하려 하였다. 그래서 그는

義가 利를 이기면 治世가 되고, 利가 義를 이기면 亂世가 된다[57]

고 하여 의義가 지배하는 시대를 치세, 리利가 지배하는 시대를 난세라고 규정한다.

그러면 역사적으로 치세는 언제이고 난세는 언제인가? 이이에 의하면 치세는 오직 삼

---

56 同上.
57 『聖學輯要』爲政 安民.

황三皇과 당우삼대唐虞三代, 즉 오제삼왕五帝三王(伏羲 · 神農 · 黃帝 · 堯 · 舜 · 禹 · 湯 · 周文王 · 武王)의 시대에 불과하고, 그 뒤의 역사는 난세가 아니면 난세보다 조금 나은 소강小康에 지나지 않는다고 한다. 소강은 한당漢唐을 가리키는데, 이 시대는 비록 패도를 행하였지만, 군주의 재지才智가 뛰어나거나 현신賢臣을 임용하여 그런대로 치세를 이루었기 때문이다. 따라서 패도는 기본적으로 왕도보다 뒤떨어지는 것이지만, 뛰어난 재지와 현신을 가지고 시행할 때에는 소강의 치세를 이룰 수 있다고 하여 약간 긍정하는 입장을 보이고 있다.

시대가 올라갈수록 치세가 많고, 시대가 내려갈수록 난세가 많다고 보는 것이 이이의 역사관이라고 할 때, 역사의 진보에 대한 신념은 어떻게 설명되고 있는가? 결론부터 말한다면, 이이는 역사의 진보를 불신하는 허무주의자는 아니다. 그는 역사의 진보를 믿고 있다. 그러나 그 진보는 직선적인 것이 아니라 순환적인 것이며, 계속적인 것이 아니라 단속적인 것일 뿐이다.

이이의 진보에 대한 관념이 표현된 것이 이른바 도통론道統論 혹은 정통론正統論이다. 도통은 곧 왕도 내지는 도학의 계승 관계를 의미한다. 이이에 의하면 도통의 시발은 복희伏羲로부터 시작되어 요 · 순 · 삼왕(禹 · 湯 · 周의 文王과 武王)으로 이어지고, 다시 춘추시대의 공자 · 맹자를 끝으로 한동안 중절되었다가, 송대에 이르러 주염계周濂溪 · 장재張載 · 정호程顥 · 정이程頤 · 주자朱子가 나오면서 도통이 크게 부흥되었다고 한다. 특히 주자는 도학의 집대성자로 가장 높이 평가되고 있다.[58]

이와 같은 도통의 전승 관계는, 다른 측면에서 본다면, 도통의 소재가 처음에는 군왕에게 있다가, 다음에는 재하의 성현으로 옮아가고, 그다음에는 여항閭巷의 필부로 돌아가는 과정으로 설명되기도 한다.[59]

이이에 의하면, 도통이 군상에게 있으면 도道가 일시에 행해져서 천하가 치평하지만, 도통이 필부에게 있을 때에는 도道가 일세에 행해지지 못하고 오직 후학에게만 전해질 뿐이라고 한다. 따라서 도통이 군상에게 있지 아니한 것은 천하의 불행이기도 하다.

도통이 군상으로부터 필부로 옮아가는 과정은 천하가 점점 불행해지는 과정이기 때문에, 이런 측면에서 본다면 역사의 발전은 인정되지 않는다. 그러나 도통이 완전히 끊이지

---

58 『栗谷全書』卷26, 『聖學輯要』聖賢道統.
59 同上.

않고 전승되어 송대에 와서 크게 흥륭했다는 점에서 본다면 그것은 큰 발전인 셈이다. 말하자면, 도학 그 자체는 고대보다 근세에 와서 더 발전한 것이지만, 도학의 실현과정으로서의 정치사는 도리어 시대가 내려올수록 후퇴했다고 보는 것이다. 여기에서 이이의 역사인식은 정치사와 사상사가 분리되어 있다고 말할 수 있다.

이이의 도통론은 기본적으로 정주학의 그것을 받아들인 것이고, 여기에 『십구사략』의 역사인식이 많이 참고되고 있는 것이 특색이다.[60]

한편, 이이는 도학을 유일한 정학이자 실학으로 인정하는 입장에서, 그 이외의 학문을 모두 이단으로 규정하였다. 예컨대 양자楊子·묵자墨子, 노장자老莊子, 신선설神仙說, 불교佛教, 육상산陸象山, 법가法家, 음양설陰陽說, 귀신숭배鬼神崇拜, 도교道教 등이 모두 이단으로 배격되었다. 특히 불교는 이적의 법으로 간주되고, 불교 중에서도 선학을 특히 해로운 것으로 지목하였다.[61] 물론 이이는 표면적으로는 이단을 배척하면서 이면에서는 불교와 도교를 부분적으로 수용하여, 일찌기 선승이 된 일도 있었고, 노장에 관한 『순언醇言』을 짓기도 하였다. 따라서 그의 사상체계는 그 자신이 표방하고 있는 것처럼 단순한 것은 아니지만, 기본적으로 강상을 옹호한다는 점에서는 어디까지나 도학자요 정주학자였다. 이단이 이단인 가장 중요한 이유는 삼강·오륜의 인륜을 무시한 사상이라는 점에 있었다.

정학과 이단은 중국 자체 안에 공존한 것이지만, 정학은 중국에서 발생하여 중국에서 발전하였기 때문에 대국적으로 말하자면 중국이 문화적으로 가장 선진적인 것으로 인식되었다. 중국 이외의 다른 민족은 도학을 갖지 못한 후진문화로 간주되고, 그래서 그들을 이적이라고 불렀다. 따라서 중화와 이적은 민족을 구별하는 용어일 뿐 아니라, 문화의 정사와 선후를 가르는 문화의식의 표현이기도 하였다.

중화와 이적은 이렇듯 문화의 정사와 선후를 달리하는 것이기 때문에, 만약 중화가 정치적으로 이적에게 굴복하여 칭신稱臣하게 되는 경우에는 그를 정통으로 간주할 수 없다는 입장을 취하였다. 이러한 입장은 정주학의 정통론과 근본적으로 같은 것이지만, 이이의 그것은 더 철저한 점이 있었다.

예컨대, 송宋 고종高宗이 중국의 천자天子로서 이적에게 칭신한 사실에도 불구하고, 주자

---

60   李珥는 『聖學輯要』 聖賢道統에서 『史略』을 많이 引用하여 中國古代의 道統 전승을 서술하고 있다.
61   『聖學輯要』 窮理章 右辨異端之害.

는 고종을 불천의 위位로 인정하였으나, 이이는 "朱子의 말이 一時의 公論"이라고 비난하고, 고종을 정통으로 간주할 수 없다는 자신의 입장을 "萬世의 公論"이라고 주장하였다.[62] 말하자면, 중화와 이적을 준별峻別하려는 입장은 이이가 주자보다도 철저한 편이었다.

5) 국사관國史觀

이이의 국사에 대한 인식은 기본적으로 도학 내지는 왕도의 흥망성쇠를 기준으로 하여 성립되었다. 그리고 이와 같은 인식은 도학적 중국인식은 중국사에 대한 인식 태도와도 일치되는 것이었다.

먼저 그는 중국사 왕도를 실현한 군주로서 조선조 이전에는 오직 기자를 주목하였다. 『동호문답』에서 그는 "東方에도 王道로써 세상을 다스린 사람이 있는가"라는 객의 질문에 주인이 대답하는 형식을 빌어 다음과 같이 말하고 있다.

> 文獻이 부족하여 살필 수 없다. 다만, 箕子가 우리 東方을 다스릴 때에 井田制와 八條教를 시행한 것은 반드시 순수하게 王道에서 나온 것으로 생각한다. 이 뒤로 三國이 鼎峙하고 高麗가 統一하였으나, 그 事業을 보면 오로지 智力으로써 서로 다툰 것뿐이다. 어찌 道學을 崇尙했다고 할 수 있겠는가. 다만 나라의 임금만이 그러한 것이 아니라, 아래 사람으로서 眞知實踐하여 先正의 傳함을 밝혔다는 것을 듣지 못하였다. 竺學(佛教)에 빠지고 禍福에 얽매어 천년 동안 뛰어난 것이 없다. 고려 말의 鄭夢周가 약간 儒者의 氣象을 가지고 있으나, 成就한 것이 없고, 그 學迹과 行事가 忠臣에 지나지 않는다… 箕子가 夷를 변화시킨 뒤로는 가히 본받을 만한 善治가 없다.[63]

여기에서 기자조선은 국사상 유일하게 왕도가 시행된 시대로 인식되고, 삼국과 고려는 지력이 우세한 시대로 대비되고 있다.

삼국과 고려가 왕도가 무너진 시대라는 것은 중국과의 사대관계에서도 설명되어지고

---

62   『栗谷全書』語錄 卷31.
63   『東湖問答』右論東方道學不行.

있었다. 이이에 의하면, 삼국과 고려의 사대는 의義와 성誠에 입각한 것이라기보다는 이利와 세勢에 바탕을 둔 것으로 인식되고 있었다.

三國과 高麗가 事大를 게을리하지 않은 것은, 과연 義를 가지고 誠을 다한 것인지 알 수 없다. 大國의 도움을 빌어서 敵國을 막으려는 것은 아니었을까. 威勢에 겁을 먹고 心服을 아니한 것은 아닐까. 禮를 비록 잘해도 義에 맞지 않고, 儀를 비록 화려하게 해도 誠이 없다면, 어찌 우리국가(조선왕조 - 필자)가 義와 誠으로써 事大한 것과 같은 수준에서 비교할 수 있겠는가. [64]

말하자면, 사대는 힘과 이해를 떠나서 의義와 성誠으로써 하는 것이 왕도에 가까운 것인데, 삼국과 고려의 사대는 중국의 힘에 눌리고, 강국의 힘을 빌어서 적국을 막으려는 실리에 토대를 둔 것이기 때문에 의義와 성誠을 바탕으로 한 조선시대의 사대와는 질적으로 다르다고 보는 것이다.

이이는 고려가 이적의 풍습을 면치 못하고 있어서 조선왕조의 풍습에 미치지 못하고 있다고 보고, 그 구체적인 사례로서 조선왕조에 들어와 시행된 주자가례라든가 여사의 종일제 같은 것을 들기도 하였다. [65]

이이의 도학적 국사인식은 요컨대 기자조선을 이상시대로 생각하고, 삼국과 고려를 왕도가 쇠퇴하여 지력과 이적의 풍습이 성행한 시대로 보며 다시 조선왕조에 들어와 왕도가 부활하는 발전기로 이해하는 것으로 요약된다. 물론 이이는 조선왕조 200년을 모두 발전기로 보는 것은 아니다. 태조에서 성종에 이르는 국초 100년은 군주가 현명한 만큼 신하가 현명하지 못하여 겨우 국부민급國富民給, 즉 국가가 부강하고 민생이 안정되었으나, 삼대와 같은 이상시대를 현출시키지는 못하였다고 한다. 그래도 국초 100년은 창업과 수성의 치세로서 이이는 높이 평가하였다.

한편, 연산군 이후의 100년은 이른바 중쇠中衰의 난세로 이해하였다. 중쇠의 기본요인은 기묘 · 을사사화를 일으켜 사림을 탄압한 훈척勳戚＝흉간兇奸의 오도된 정치에서 찾았

---

64   『栗谷全書』拾遺 卷4, 雜著 貢路策.
65   『東湖問答』右論當今之時勢.

다. 중쇠기에 있어서도 연산군을 제외한 군주들은 모두 현명하였고, 더욱이 조광조 등과 같은 사림=도학의 선비가 빈빈하게 나타나서 도학이 크게 흥륭하는 시대를 맞이하였으나, 그 도학이 흉간에 의해서 저지됨으로써 정치 일반에 실현되지 못하였다고 보는 것이다. 여기에서 중쇠기의 역사는 정치사와 도학사가 분리된 것으로 인식된다.

6) 『기자실기箕子實記』

이이가 국사에서 가장 주목하는 시대가 기자조선이고, 그 이유가 왕도의 실현에 있다는 것은 앞에서 설명한 바와 같다. 그러면, 그가 인식하는 기자조선은 구체적으로 어떤 성격을 가진 것이며, 그것은 종전의 기자조선에 대한 인식에서 얼마나 심화된 것인가.

이이는 기자의 업적을 칭송하는 많은 시문을 지었다. 기자묘箕子廟 또는 기자묘箕子墓를 소재로 한 부시賦詩도 여러 편이 된다. 그러나 기자조선에 대한 가장 포괄적인 서술은 그가 45세가 되던 선조 13년(1580)에 지은 『기자실기』라 할 것이다. 『기자실기』는 이이의 많은 저술 가운데서 비교적 만년에 지은 것으로, 그는 2년 뒤에 이 책을 명의 조사에게 주었다고 한다.

원래 기자에 대한 숭앙崇仰은 16세기 사림의 공통된 현상이었으나, 기자의 출신과 생애, 치적, 그리고 기자조선의 전 역사에 대한 인식의 심도는 시기마다 다르고, 학자에 따라 일정한 것이 아니었다.

이이가 『기자실기』를 저술하게 된 것도 기본적으로는 도학과 관련된 기자숭배에서 발원한 것이지만, 더 직접적인 계기가 된 것은 윤두수尹斗壽의 『기자지箕子志』(2권)를 보완할 필요성 때문이었다.

윤두수(1533~1601)가 『기자지』를 편찬하게 된 것도 직접적으로는 정치적인 문제와 관련된 것이었다. 즉 그는 선조 10년(1577)에 사은사謝恩使로서 명나라에 다녀왔는데, 중국인으로부터 기자에 대한 많은 질문을 받고도 충분히 대답을 하지 못하고 돌아왔다.[66] 이것이 계기가 되어 그는 조선에 돌아온 후 경사자집經史子集과 시인의 영척詠摭 등에서 자료를 뽑아 선조 13년(1580)에 『기자지』를 편찬하였다.[67] 그리고 그는 선조 23년(1590)에 평

---

66 梧陰先生遺稿及年譜 및 李珥의 『箕子實記』後尾에 붙인 按說 참조.

양지를 편찬하면서 이를 보완하였다고 한다.

이이는 보완된『기자지』가 편찬되기 전에, 즉 윤두수의『기자지』가 처음 편찬된 바로 그 해 5월에『기자실기』를 편찬하였다. 그 동기를 이이는 이렇게 적고 있다.

(尹斗壽의 箕子志는) 經傳을 잡다하게 編하여 統紀를 살피기가 어렵다. (李)珥는 이에 僭濫함을 헤아리지 않고,『箕子志』가운데 기록된 것을 竊採하여 간략하게 一篇을 만들어, 立國의 始終과 世系·歷年의 數를 간략하게 서술하여『箕子實記』라 이름하였으니, 觀覽에 편할 것이다.

말하자면,『기자실기』는『기자지』를 읽기 쉽게 간추린 것이다.『기자지』는 이이가 지적했듯이 중국과 우리나라의 경사자집에서 널리 자료를 발췌하여 엮은 것이다. 그 내용을 보면, 크게 전傳·녹錄·논論·기記·찬贊·부賦·사辭·가歌·시詩 등으로 나뉘어져 있고, 논論은 다시 성현론聖賢論과 제자론諸子論으로 구분되고 있다. 아마 그때까지 기자에 관하여 언급한 국내외 자료들은 거의 대부분 수집되었다 해도 과언이 아니다. 특히 중국측 기록이 자세히 수록되어 있다.[68] 그러나 자료가 많이 발췌된 그만큼 자료집으로서의 가치는 크지만, 체계를 세우는 데는 도리어 불편한 점이 많았다. 이이는 바로 그러한 점을 고려하여『기자지』중의 일부 기사를 뽑고, 누락된 것을 보충하여 보다 정리되고 체계화된『기자실기』를 엮었던 것이다.

『기자실기』는 처음에 기자가 동래하기 이전의 행적을 적고, 다음에는 조선에 들어온 이후의 치적을 서술하고 있으며, 이어서 41대 928년 만에 위만에게 나라를 빼앗기는 과정과 남쪽으로 내려와 마한을 세워 200년간 지속된 과정을 설명하고 있다. 따라서 기자조선의 전역사는 전후를 합하여 1120여년을 향유한 것으로 이해되고 있다.

이어서 '贊'을 붙여 기자의 업적을 찬양하고, 다시 '謹按'을 첨가하여 기자교화의 문화사적 의의와『기자실기』편찬의 동기를 설명하고 있다.

전반적으로 보아,『기자실기』에 구축된 기자상은 단순한 교화의 군주가 아니라, 공맹

67　李珥,『箕子實記』"… 謹按 … 尹公斗壽 曾奉使朝天 中朝士人 多問箕子之爲 尹公病不能專對 既還 乃廣考經史子書 裒集事實及聖賢之論 下至騷人之詠摭而成書 名曰 箕子志 …"

68　『箕子志』에는 記事마다 일일이 典據를 기록하여 資料集으로서의 價値를 높여주고 있다.

· 정주와 비견하는 동방의 성현이라는 차원으로 높이 성화되어 있음을 본다. 기자의 업적 중에서 가장 중요한 의미를 갖는 것은 홍범구주洪範九疇를 가지고 무왕에 진언하여 중국에 성도를 전하였을 뿐 아니라, 그 도를 조선에까지 전파하여 우리나라를 동방의 제齊 · 노魯의 나라로 만들었다는 사실에서 이이는 찾는다. 그래서 기자는 주紂의 음학에 신복하지 않고 항거하다가 투옥되었다거나, 은殷이 망한 뒤에 주周에 조견할 때에 은허를 지나면서 맥수가麥秀歌를 지어 은민殷民을 위로했다거나 하는 행절도 중요시되지만, 그와 동시에 홍범洪範을 가지고 이륜彝倫을 밝혔다는 점이 똑같이 주목되고 있다. 그리하여 이이는 『기자지』에서 생략해 버린 홍범의 내용을 『기자실기』에서 자세히 소개하고 있다. 즉 홍범의 대목이 ① 五行 ② 敬用五事 ③ 農用八政 ④ 協用五紀 ⑤ 建用皇極 ⑥ 乂用三德 ⑦ 明用稽用五紀 ⑧ 念用庶徵 ⑨ 嚮用五福 · 威用六極으로 되어 있다는 것과 황극皇極의 내용이 왕도탕평王道蕩平을 내세우고 있다는 것을 강조하고 있다.

이는 지금까지 기자의 치적을 중국문화를 이 땅에 이식한 교화지주이자 사대관계의 상징으로서 인식하고 있던 것에서 벗어나, 보다 학술 · 사상적인 차원으로 인식이 심화된 것을 의미한다. 이는 동시에 이이가 다른 저술들에서 기자를 동방에 있어서 왕도의 유일한 구현자로 높이 추앙한 사실과도 상통하는 것이다. 여기에서 기자는 16세기 사림의 왕도이념의 지주로서 새롭게 해석되고 있는 것을 엿볼 수 있다.

7) 사학사적 의의

이이는 16세기 사림의 왕도주의적 정치사상을 집대성한 인물로 평가되고 있거니와, 그의 역사인식 또한 사림 공통의 도학적 역사인식을 이론화하고 체계화하였다는 점에서 사학사적 의의가 평가될 수 있을 것 같다.

이이는 체계적이고 통사적인 사서를 편찬한 일은 없으나, 그 대신 역사이론면에서는 통사를 쓴 선배 사림보다도 더 깊은 이해를 가지고 이를 논리화하는데 크게 공헌하였다.

그는 역사의 발전을 평가하는 기준을 도덕의 성쇠 · 흥망에 두었고, 세력에 입각한 정치사적 흥망성쇠는 역사의 발전 그 자체와 무관한 것으로 이해하였다.

이러한 관점에서 중국사를 이해할 때, 당우삼대唐虞三代를 제외한 전중국사는 무수한 왕조의 흥망교체에도 불구하고 발전적 역사로 인식되지 않았다. 삼대 이후에 발전이 있다면, 그것은 재야에서 간헐적으로 이어져 내려온 도학의 전승일뿐이다. 그리고 도학사의 관점에서 볼 때, 가장 빛나는 인물은 공孔·맹孟과 정程·주朱뿐이다. 특히 주자는 도학의 완성자로서 가장 높이 숭앙되고 있다.

한편, 이이가 이해하는 국사는 중국과 혈통이 다르고 문화가 다른 고유한 민족으로서의 역사가 아니라, 중국에서 발원한 왕도가 동방에 전파되어 또 하나의 중국을 성립시킨 역사로 인식되었다. 그래서 이이는 우리나라를 '東方의 齊·魯'[69]라고 즐겨 불렀고, '中國과 東方은 合爲一家'[70]라고 생각하였다. 이러한 일가의식의 근저에는 도학의 공유의식이 깔려있는 것이고, 중中·조朝 양국의 문화적 동질성에 대한 자부심이 전제되어 있는 것이다.

그리고 그는 중·조일가적 국사인식의 상징으로서 기자를 높이 숭앙하였고, 동방도학의 근원을 기자에게서 찾으려 하였다. 기자는 이夷로서 출발한 우리 문화를 화로 바꿔놓은 최초의 성현으로서 이해되었고, 그의 문화적 업적은 공孔·맹孟·정程·주朱와 비견하는 것으로 인식되었다.

그의 국사관은 강렬한 문화적 자부심으로 채워져 있다는 점에서 중국에 대하여 대등한 자세를 갖추고 있기도 하다. 그러나 그 자부심은 어디까지나 중국의 한 제후국인 제나라와 노나라의 문화수준에서 국사의 위치를 가늠하려는 한계를 가진 것이었다. 그리하여 우리 문화가 자기개성을 가진 시대나, 중국에 대하여 실리적 사대를 한 시대는 도리어 이적적夷狄的 유풍의 잔재로 비판되었다.

따라서 이이의 도학적 역사인식은 역사발전에 있어서 세력이나 공리와 같은 물질적 측면을 지나치게 부정적으로 평가하고 있을 뿐 아니라, 국사의 고유한 측면을 과도하게 배척했다고 지적할 수 있다.

또한 이이가 추구하고 있는 왕도정치라는 것도 기본적으로 삼강·오륜의 수직적 인간관계를 정립하여, 현실적으로 사대부지주의 정치적·사회적 지위를 안정시키려는 보수성을 가진 것을 유의할 필요가 있다.

바로 이러한 점이 뒤에 이이로 하여금 사림당인의 정신적 지주가 되게 한 동시에, 민족자주를 지향하고 삼강·오륜의 신분적 질곡에서 해방하려는 급진적 사인으로부터 많은

---

69 『栗谷全書』拾遺 雜4 雜著 貢路策.
70 同上.

비판을 받게 된 소이所以라 할 것이다.

그러나 이러한 한계성에도 불구하고 이이의 왕도적 정치사상이 당시의 역사적 조건하에서는 훈척정치의 비리와 모순을 시정하려는 개혁적 의미를 가진 것과 마찬가지로, 왕도주의에 바탕을 둔 그의 역사이론과 국사인식도 당시의 시대 조건 하에서는 일정한 긍정적 의미를 가지고 있었다고 생각된다.

5. 요약

지금까지 박상·유희령·박세무·이이를 중심으로 하여 16세기 사림학자의 역사인식과 역사서술의 성격을 검토하여 보았다. 이제 결론을 대신하여 본장의 요지를 정리하면 다음과 같다.

① 16세기의 역사서술을 주도한 상기 인물들은 모두가 기호 지방에 생활 근거를 둔 인사들로서, 기묘사화 또는 을사사화 때 화를 입었거나 또는 피화자를 동정하는 입장에 있던 사림명현들이었다. 따라서 그들은 권부의 정상에 있으면서 갖가지 비리를 자행하고 있던 훈척세력을 비판하면서 왕도정치의 구현에 힘쓰던 개량주의자들이기도 하였다.

② 그들의 역사인식은 왕도사상에 바탕을 두고 주자의 화이사상과 정통론을 받아들였으며, 역사서술체재로서는 '史略'체를 모범으로 생각하였다. 사략체의 역사서술은 동몽교육을 위한 교재로서 가장 적합한 것으로 판단되었으며, 사략형 사서의 출간은 역사교육을 향촌사회에까지 확산시키는데 크게 기여하였다.

③ 사림은 공리와 패도를 거부하고 도학과 의리를 숭상하는 입장에서 중국사에 있어서는 당우삼대와 송대를 가장 높이 평가하고, 국사에 있어서는 기자조선·마한·신라, 그리고 주자학이 전래된 여말 이후의 역사를 가장 중요시하였다. 기자는 단순히 후조선의 시조라든가 교화지주라는 측면에서가 아니라, 이 땅에 도학을 심어놓은 성현으로까지 숭상되었고, 그러한 숭상은 특히 이이에 이르러 더욱 심화되었다. 마한은 기자조선의 후신으로서, 신라는 특히 통일의 주역이자 사대와 의리가 강한 나라로서 중요시되었다. 그러나 통일이전의 신라를 삼국의 정통으로 간주하려는 의식은 약하였다. 주자학 전래 이후의 도학전승문제에 있어서는, 정몽주 이외에 이색·이숭인·조광조 등과 같은 기호계 유

자의 행적을 적극적으로 평가하여 자신들의 학통과 연결시키려는 듯한 의도가 엿보이고 있다.

한편, 절의나 이단문제에 있어서는 지나치게 경직된 평가를 피하고, 어느 정도 관용하는 입장을 취하고 있으며, 조선개국은 찬양하나 개국공신의 행적은 대체로 부정적으로 평가하고 있다.

④ 이상과 같은 16세기 사림의 국사인식태도는 15세기 훈신의 관찬사서에 반영된 역사인식과 다르고, 『동국통감』에 반영된 영남사림(金宗直一派)의 역사인식과도 부분적으로 차이가 드러난다.

15세기 훈신의 역사인식은 왕도와 패도, 의리와 실리(功利), 사대와 민족자주를 동시에 존중하는 입장에서 중국사와 국사를 이해한 까닭에 중국의 한당시대나 요·금·원시대, 그리고 우리나라의 고구려·고려시대가 그렇게까지 폄하되지는 않았으며, 조선개국공신의 역할도 대체로 긍정적으로 평가되었다.

한편, 영남사림의 역사인식은 사대와 절의문제에 가장 민감한 반응을 보이면서, 기자조선과 신라의 문화를 적극적으로 평가하고, 궁예·견훤·왕건과 같은 창업주나, 사대를 어기면서 영토확장을 도모한 자, 절의를 저버리고 공리와 패도에 영합한 자들을 극도로 매도하였다. 그 반면 마의태자麻衣太子나 정몽주와 같은 순절자는 높이 평가되었다.

이러한 영남사림의 역사인식도 궁극적으로는 자신들의 정치적 입장이나 학문적 전통에 유리하게 작용한 것이므로, 16세기에 새로운 정치세력으로 등장한 기호사림에게 있어서는 그대로 받아들여지기 어려운 것일 수밖에 없었다.

⑤ 16세기 사림의 역사인식으로서 이색적인 성격을 가진 이는 유희령이었다. 그의 역사인식은 도학에 바탕을 두고 있으면서도 제도·기술·무력 등과 같은 도덕외적 측면도 중요시하여, 국사를 새롭게 재구성하였다. 그리하여 단군조선의 정치와 문화를 새롭게 이해하고, 고구려를 삼국의 첫머리에 서술하였으며, 기자조선일마한 계승설을 부인하였다. 그리고 절의·사대의 표본이 되는 인물보다는 국가건설에 적극 참여하고 부국강병에 헌신한 인물들을 주목하였으며, 주자학의 영향을 많이 받은 『십구사략』보다는 그 이전에 쓰여진 증선지의 『십팔사략』을 중요시하였다.

이와 같은 유희령의 역사인식은 그의 선계가 선초 훈신과 연결되었던 특수한 가문 배경과 관련이 있어 보이며, 현실적으로는 사림 도학자의 지나친 존화적·왕도적 역사인식에 대한 반발을 의미하는 것이기도 하다.

⑥ 16세기에는 유희령 이외에도 도학적 역사인식에 반발을 보이던 인사들이 적지않게 있었다. 임제 · 정여립 · 허균 · 이지함 등이 그들로서, 이들은 체계적인 사서를 쓰지는 않았지만, 단편적인 언어를 통해서 사대사상과 강상윤리를 비판하면서 급진적인 사회개혁을 주장하였으며, 사상적으로도 도교 · 민간신앙 등과 같은 이단적 조류에 많이 침윤되어 있었다. 특히 이러한 반도학적 역사인식은 사림정권이 확립되면서 사림 자체가 보수화되어 가던 16세기 후반기에 대두하기 시작하였으며, 17 · 18세기에 이르러 더욱 무시할 수 없는 수준으로 심화 · 발전되어갔다.

따라서 16세기 100년을 전체적으로 관찰할 때에는, 사림의 도학적 역사인식이 심화되어 가는 추세와 더불어 이에 반발하는 흐름이 양립 · 분화되어가는 시대로서 특징지을 수 있을 것이다.

결론

(1)

사학사의 연구 대상은 ① 편사자의 편사정신, 즉 역사인식방법의 문제와 ② 편사의 형식과 체재, 그리고 사서에 반영된 국사체계의 문제로 나누어 볼 수 있다. 이 중에서 전자는 특히 사상사와 직결된다는 점에서 사상사의 흐름에 대한 이해가 선행되지 않으면 안된다.

사상사는 지배층의 세련된 사유체계만을 연구대상으로 할 것이 아니라, 무명대중의 비논리적인 의식이나 신앙까지도 연구대상에 넣어야 하며, 양자 사이의 유기적인 상호관련 속에서 사상의 변화과정을 이해하는 것이 바람직하지 않은가 한다. 이와 관련하여 사상과 사회와의 관계가 조명되어야 할 것은 물론이다.

조선 전기의 사상계를 지배한 가장 세련된 지식체계는 주자학이었다. 주자학은 불교와 도교 및 민간신앙의 사회적 폐단을 시정하고, 불교의 초세속주의와 도교의 공리적 세속주의를 극복하는 과정에서 성립된 새로운 중세적 교학체계인 까닭에, 주자학을 지도이념으로 하는 조선왕조의 출범은 사상사의 문맥에서 볼 때 새로운 시대의 장을 연 것을 의미한다. 그리고 그것은 주자학을 수용할 만한 사회세력으로서 중소지주적中小地主的 경제기반을 가진 문인 사대부층이 재지에서 성장해가고 있었던 사회조건에서 유래한 것이었음은 물론이다.

그러나 여말·선초에는 주자학만으로는 자신의 문제를 해결할 수 없는 다른 사회세력이 성장해가고 있었음을 유의할 필요가 있다. 그것은 여말의 거듭된 전란에서 성장한 무인세력, 개혁적 성향을 지닌 승려세력, 양천신분제의 붕괴과정에서 성장 또는 발생한 부곡민·노비 및 서얼, 그리고 사전·농장의 발달을 통해서 의식수준이 높아진 농민층이 그것이었다.

이들의 의식은 주자학보다는 불교·도교·민간신앙과 밀접된 것으로, 중앙의 권문세가가 비호하는 불교·도교와는 그 성격이 반드시 일치하는 것이 아니었다. 말하자면, 여말의 불교·도교·민간신앙의 사상조류들은 귀족과 연결된 흐름이 있고, 그것에 반발하는 흐름도 있었다는 말이다.

조선왕조의 건국은 문인사대부만이 주동이 된 것이 아니고, 여기에 무인·승려·서얼층 등이 광범위하게 연결되었을 뿐만아니라, 무인 이성계가 왕좌를 차지함으로써 무인의 위치는 상대적으로 강화된 셈이었다. 따라서 조선왕조가 주자학을 최고의 지도이념으로 내세웠다고 해서 그것이 실제적으로 지도이념의 기능을 다할 수는 없었다. 오히려 현실적으로는 주자학 이외에 한당유학·북송유학·불교·도교·민간신앙 등이 잡다하게 주자학과 혼용되는 것이 일반적인 추세였다.

극단적으로 단순화시켜서 말한다면 주자학은 전호제적 경제기반을 가진 중소지주적 문인의 정치철학이라면, 한당유학은 법가적 패도와 공리주의적 요소를 지닌 전제왕권적 정치철학이라고 할 수 있을 것이다. 도교는 상무적인 민중종교이면서 민간신앙과 쉽게 융합되어 민족지향적 색채를 강하게 띠고 있다. 선종불교 역시 상무적이면서 민간신앙과 융화를 잘 이룬다. 민간신앙으로서의 샤마니즘은 주술과 신비주의를 바탕으로 하는 하등종교이지만, 그 속에는 민족적 자아의식과 기층민의 평등지향적 공동체의식이 잠재되어 있다. 풍수신앙도 미신적 폐단을 가진 이면에 소박한 음양오행의 자연철학을 함유하면서 사회변동을 유발시키는 기능을 가질 때가 있다.

이와 같은 여러 사조가 주자학을 최고 이념으로 하여 그 밑에 종속된 사유체계를 형성하였던 조선초기의 사상구조는 다음과 같이 다시 정리될 수 있을 것 같다.

첫째, 공간적·시대적으로 보면, 중국과 우리나라 역대사조의 종합이며,

둘째, 계층적으로 보면, 사대부 지주층을 중심으로 하여 각계각층의 사유방식이 합류된 것이며,

셋째, 철학적으로는 관념론과 합리정신을 바탕으로 하여, 경험론과 물질적 공리관념이 조화를 이룬 것이며,

넷째, 정치사상적으로는 왕도주의를 상위로 하여 패도주의가 절충된 것이며,

다섯째, 사상종파상으로는 유교를 중핵으로 하여 소위 이단사상이 흡수된 것을 의미한다.

조선초기의 대외정책이 사대를 표방하면서 이면에서는 민족적 자아각성과 실리추구에 민감한 반응을 보이고, 평화적 선린관계를 내세우면서 내면적으로는 부국강병정책을 강화하며, 문인우위를 주장하면서도 문무가 비교적 조화를 이루고, 인문교육이 존중되는 이면에 기술학과 실용적인 문화가 발달한 것도 이와 같은 사상구조 위에서 이해될 수 있다.

16세기는 주자학이 15세기보다도 훨씬 심화되고 발전된 시대인 동시에 사상 및 문화가 분화되는 시기이기도 하였다. 다시 말하면, 한편에 주자학을 깊이 숭상하는 흐름이 있고, 다른 한편에 이단사상을 포용하는 흐름이 있어서 양자의 관계가 점차 대위적인 형세를 이루어갔다. 이른바 사림이라고 불리던 학자들은 대부분 주자학을 신봉하는 이들이었으므로 사상계의 주류는 역시 주자학이었다.

16세기에 이르러 주자학이 성행한 것은 재지 지주출신의 사인들이 새로운 정치세력을 형성하여 중앙의 훈척세력과 대결할만큼 크게 성장한 것과 관련이 있으며, 또 이러한 재지 사인의 성장은 지주 - 전호제가 점차 안정되고 확산되어가던 경제구조의 변화에 힘입은 것이었다.

사림 주자학자들은 국가의 부강이나 영토의 확장과 같은 공리적 정책을 배격하고, 그러한 정책을 뒷받침하는 공리사상·패도·기술직·무인 등을 천시하였다. 그들이 추구하는 것은 강상도덕에 바탕을 사대교린의 질서와 가족질서, 그리고 향촌질서의 수립이었다. 15세기 문화가 다분히 향외적이라고 한다면, 16세기의 문화는 향내적이라고 해도 좋을 것이다. 향외적인 문화가 진취적이고 실용적인 것과 대조적으로 향내적인 문화는 보수적이고 도덕적인 것이었다. 왕도·충절·의리가 높이 강조되고, 이기·심성의 고상한 사변철학이 발달한 것도 안정과 보수를 지향하는 향내적 문화의 한 속성으로 볼 수 있을 것이다.

물론 사림 주자학자들은 전제왕권을 비판하고, 훈척의 비리를 규탄한 점에서는 진보적인 입장을 취하였다. 그러나 그 진보성은 왕조를 교체한다거나 근본적인 사회변화를 추구하는 것과 같은 혁명적 변화를 지지한다는 의미는 결코 아니다. 따라서 훈척에 대한 비판세력으로서 여러 차례 화를 입었던 사림은 16세기 후반에 이르러 사림정권을 수립하자마자 그 보수적 속성을 드러내면서, 안으로 하층민과 긴장 관계를 조성하고, 밖으로 소위 이적국가의 침략을 맞이하는 결과를 낳았던 것이다.

(2)

15세기의 역사서술은 그 형식과 인식면에서 다같이 다양성과 절충성을 띠고 있다는 점에서 최대의 특색이 찾아진다. 사서의 관찬은 개인적 역사인식을 집단적 역사인식으로 수렴한 것이며, 『자치통감』·『사기』·『한서』·『원사』·『자치통감강목』·『역대세년가』·『송원절요』 등 중국역대의 사서와 『삼국사기』·『제왕운기』 등 고려시대 사서의 체재를 널리 참고하여 다양한 사체의 사서를 낸 것은 개방적이면서도 자기개성을 잃지 않았음을 의미한다.

역사인식에 있어서 유교사관에 바탕을 두고 있으면서도 명분론에 크게 구애되지 않고 직서주의의 객관적 서술을 시도한 것은, 결과적으로 국사의 민족사적 개성과 중화문화적 보편성을 동시에 발견하는 성과를 가져왔다. 단군조선과 기자조선이 각각 자주와 사대의 상징으로서 조화를 이루면서 새롭게 인식되고, 고구려의 부강과 신라의 도덕이 마찰없이 존중되었으며, 고려의 건국이 삼한의 통일로서 인식된 것은 역사인식에 있어서 커다란 전진으로 기록될 만하다.

고려시대만 하더라도 고구려계승의식과 신라계승의식이 서로 대립되어, 이를 더 높은 민족사의 테두리 속에서 융합시키는데 미급하였다. 여말·조선초에 들어와서는 삼국을 대등한 세력으로 간주하여 구태여 어느 하나에서 정통을 찾으려는 태도가 크게 완화되었으며, 삼국 위에 삼조선·삼한의 상고사가 새로이 구성됨으로써 국사의 편년이 1600년에서 약 4천년으로 확장되었다.

다만, 이왕실과 신하의 정치적 주도권을 둘러싼 갈등이 『고려사』와 『고려사절요』의 이질적 사서를 낳았고, 태조·태종대의 정치적 불안성과, 이단사상의 사회적 폐단을 시정하는 과정에서 과도하게 성리학적 명분을 투영시킨 『고려국사』와 『동국사략』(三國史略)이 간행되었으나, 이 시기의 역사인식에 있어서도 이면에서는 민족적 각성과 국가적 실리에 대한 면밀한 배려가 있었던 것을 유의할 필요가 있다. 따라서 정도전이나 권근의 역사인식을 사대주의로 규정하는 데에는 충분한 성찰이 따라야 할 것이다.

15세기 관찬사서의 마지막을 장식하는 『동국통감』은 원래 두 종류가 있었다. 성종 15년에 완성된 이른바 구편은 『연주시격』을 주석하던 훈신들이 편찬한 것이고, 현존하는 신편은 성종 16년에 왕명에 의해서 사림이 동참하여 개찬된 것이다. 신편은 구편에 비하여 성리학적 명분이 크게 투영된 것으로, 이는 훈신세력을 억제하고 사림의 지위와 왕권을 신장하는 효과를 노린 것이었다. 그러나 군주와 훈신, 그리고 사림이 동참하여 이룩한 유일한 사서라는 점에서 조선초기 1세기 간의 편사작업이 비로소 완성되었다고 볼 수 있는 것이다.

16세기 사림의 편사는 동몽교육 내지는 향촌인사의 역사교육을 목적으로 한 것이며, 여진(明)이 지은『십구사략』의 체재를 따라 이른바 사략형 사서가 다수 출현하였다. 『십구사략』은 증선지의『십팔사략』에다 원사를 첨가하고 주자의 정통설을 받아들인 것으로 중국사를 간략하게 압축한 것이다.

사림은 중국사를 주자의 정통론에 입각하여 이해하고, 우리나라 역사도 존화사상을 바탕으로 하여 소중화의 역사로 인식하였다. 그 결과 기자조선·마한·신라 등 중국문화(儒敎)의 영향을 크게 받았거나 중국과 사대관계가 깊은 국가들을 국사의 주류로 이해하고, 중국문화의 영향을 적게 받은 단군조선·고구려·발해나 고려의 북진정책 등이 폄하되거나 비판되었다. 따라서 국사의 개성적 측면보다는 중화(儒敎)문화권으로서의 보편성이 강조되고, 유교문화와 대립되는 고유문화가 극도로 이적시되고 이단시되었다. 박상의『동국사략』, 김정국의『역대승통도』, 박세무의『동몽선습』, 윤두수의『기자지』, 이이의『기자실기』등이 그러한 분위기에서 편찬되었다.

한편, 16세기는 정주학적 도학주의 역사리론이 심화되기 시작하는 시기로서도 주목된다. 이이는 찬사의 요령, 시세와 성패, 왕도와 패도에 관한 사론을 정리하여 도학주의 사관의 기초를 다졌다. 사림의 도학주의사학은 조선 후기에 강목체사서 편찬과 삼한정통론 등으로 계승·발전되고, 특히 이이의 사론은 이익에게 큰 영향을 준 것 같다.

다른 한편으로, 16세기에는 도학적 역사서술에 탄력성을 지니면서, 15세기 훈신의 역사인식방향을 계승하는 사서도 출간되었다. 유희령의『표제음주동국사략』이 그것이다. 이 계열의 역사서술은 뒤에 한백겸·허목·조정·이종휘 등에게 이어지는 것으로 생각된다.

사학사관계 주요연구논저(고려·조선시대)

姜萬吉,「李朝時代의 檀君崇拜」,『李弘稙博士回甲紀念韓國史學論叢』, 1969.

高柄翊,「三國史記의 歷史敍述」,『金載元博士回甲紀念論叢』, 1969.

金庠基,「高麗史節要解題」,『東國文化史刊 高麗史節要』, 1960.

金相鉉,「三國遺事에 나타난 一然의 佛敎史觀」,『韓國史研究』20, 1978.

金烈圭,「高麗史世家에 나타난 神聖王權의 意識」,『震檀學報』40, 1975.

金毅圭,「高麗前期의 歷史認識」,『國編刊 韓國史論』6, 1979.

金哲埈,「益齋 李齊賢의 史學에 대하여」,『東方學志』8, 1967.

_____,「高麗中期의 文化意識과 史學의 性格」,『韓國史研究』9, 1973.

_____,「修山 李種徽의 史學」,『東方學志』15, 1974.

_____,「蒙古壓制下의 高麗史學의 動向」,『考古美術』129·130, 1976.

_____,「高麗史」,『韓國의 古典百選』, 1969.1.

_____,「高麗時代 歷史意識의 變遷」,『韓國哲學研究』上, 1976.

金泰永,「三國遺事에 보이는 一然의 歷史認識」,『慶熙史學』5, 1974.

_____,「朝鮮初期 祀典의 成立에 대하여」,『歷史學報』58, 1973.

閔賢九,「高麗史에 反映된 名分論의 性格」,『震檀學報』40, 1975.

朴菖熙,「李奎報의 東明王篇詩」,『歷史敎育』11·12, 1969.

邊太燮,「高麗史編纂에 있어서의 客觀性의 問題」,『震檀學報』40, 1975.

_____,「高麗史와 高麗史節要의 史論」,『史叢』21·22, 1977.

_____,「高麗國史의 編纂內容과 史論」,『學術論叢』3, 1979.

孫晋泰, 「三國遺事의 社會史的 考察」, 『學風』 2-1, 1949.

宋贊植, 「星湖의 새로운 史論」, 『白山學報』 8, 1970.

申奭鎬, 「高麗史編纂始末」, 『韓國史料解說集』, 1964.

申采浩, 「朝鮮上古史」, 總論, 1931.

李基白, 「高麗史解題」, 『景仁文化社刊 高麗史』, 1972.

_____, 「三國遺事의 史學史的 意義」, 『震檀學報』 36, 1973.

李萬烈, 「17·18세기의 史書와 古代史認識」, 『韓國史研究』 10, 1974.

李佑成, 「高麗中期의 民族敍事詩 ─ 東明王篇과 帝王韻紀의 研究」, 『成大論文集』 7, 1966.

_____, 「李朝後期 近畿學派에 있어서의 正統論의 展開」, 『歷史學報』 31, 1966.

_____, 「東史綱目解題」, 『景仁文化社刊 東史綱目』, 1970.

李元淳, 「鮮初史書의 歷史認識」, 『韓國民族思想大系 中世篇』, 1974.

_____, 「朝鮮前期 史書의 歷史認識」, 『國編刊 韓國史論』 6, 1979.

李存熙, 「完山 李肯翊의 歷史意識」, 『서울産業大學論文集』 11, 1977.

鄭求福, 「東國史略에 대한 史學史的 考察」, 『歷史學報』 68, 1975.

_____, 「三國史節要에 대한 史學史的 考察」, 『歷史教育』 18, 1975.

_____, 「東國通鑑에 대한 史學史的 考察」, 『韓國史研究』 21·22, 1978.

_____, 「16~17世紀의 私撰史書에 대하여」, 『全北史學』 1, 1977.

_____, 「韓百謙의 東國地理志에 대한 一考」, 『全北史學』 2, 1978.

_____, 「高麗後期의 歷史認識과 敍述」, 『國編 韓國史論』 6, 1979.

河炫綱, 「三國史記와 三國遺事의 史觀」, 『讀書生活』, 1976.6.

_____, 「高麗時代의 歷史繼承意識」, 『梨花史學研究』 8, 1975.

崔南善, 「三國遺事解題」, 『民衆書館刊 三國遺事』, 1927.

韓永愚, 『鄭道傳思想의 研究』, 韓國文化研究所刊, 1973.

_____, 『朝鮮前期의 社會思想』, 韓國日報社刊 春秋文庫, 1976.

_____, 「朝鮮王朝의 政治經濟基盤」, 『한국사』 9, 1973.

_____, 「王權의 確立과 制度의 完成」, 『한국사』 9, 1973.

_____, 「訥齋 梁誠之의 社會·政治思想」, 『歷史教育』 17, 1975.

_____, 「17世紀의 反尊華的 道家史學의 成長」, 『韓國學報』 1, 1975.

_____, 「朝鮮前期 性理學派의 社會・經濟思想」, 『韓國思想大系』Ⅱ, 1976.

_____, 「朝鮮初期의 歷史敍述과 歷史認識」, 『韓國學報』 7, 1977.

_____, 「朝鮮前期의 社會階層과 社會移動에 관한 試論」, 『東洋學』 8, 1978.

_____, 「15世紀史書의 歷史認識에 관한 硏究」, 『省谷論叢』 9, 1978.

_____, 「高麗史와 高麗史節要의 歷史認識」, 『國編刊 韓國史論』 6, 1979.

_____, 「東國通鑑의 歷史敍述과 歷史認識(上)」, 『韓國學報』 15, 1979.

_____, 「東國通鑑의 歷史敍述과 歷史認識(下)」, 『韓國學報』 16, 1979.

_____, 「高麗史와 高麗史節要의 比較硏究」, 『震檀學報』 48, 1979.

_____, 「16世紀 史林의 歷史敍述과 歷史認識」, 『東洋學』 10, 1980.

_____, 「鄭道傳의 人間과 社會思想」, 『震檀學報』 50, 1980.

_____, 「實學者들의 史觀」, 『讀書生活』, 1976. 6.

韓㳓劤, 「麗末鮮初의 佛敎政策」, 『서울大論文集』 7, 1957.

_____, 「世宗朝에 있어서의 對佛敎政策」, 『震檀學報』 25・26・27, 1964.

_____, 「星湖李瀷硏究의 一端 — 그의 史論과 朋黨論」, 『社會科學』 1, 1957.

_____, 「近世儒敎政治의 性格」, 『文理大敎養講座』 3, 1973.

_____, 「朝鮮王朝初期에 있어서의 儒敎理念의 實踐과 信仰宗敎」, 『韓國史論』 3, 1976.

_____, 「星湖의 史論」, 『李朝後期의 社會와 思想』, 1961.

黃元九, 「實學派의 史學理論」, 『延世論叢』 7, 1970.

_____, 「國學의 發達」, 『한국사』 14, 1975.

_____, 「實學派의 歷史認識」, 『國編刊 韓國史論』 6, 1979.

_____, 「海東繹史 解題」, 『景仁文化社刊 海東繹史』, 1974.

_____, 「韓致奫의 史學思想」, 『東亞細亞史硏究』, 1976.

사학사관계 주요자료

1. 고려시대

(*표는 官撰, △표는 私撰, 기타 未詳)

書名	著述年代	卷數	敍述內容	編纂者	體裁
*舊三國史	高麗初		三國		
*編年通載	高麗初				編年體
*海東祕錄	睿宗元年 (1106)	1책	陰陽地理	金仁存・崔璿・李載・李德羽・朴昇中	
*編年通載續篇	睿宗11 (1116)	8권	三韓~高麗初	洪灌(?~1126)	編年體
*三國史記	仁宗23 (1145)	50권	三國	金富軾・金忠孝・鄭襲明・金永溫・崔祐甫・李黃中・朴東桂・徐安貞・許洪才・李溫文・崔山甫	紀傳體
*編年通錄	毅宗代		王建 始祖	金寬毅	編年體
△東明王篇	明宗23 (1193)		高句麗 建國	李奎報(1168~1241)	五言詩
*海東高僧傳	高宗2 (1215)		僧侶傳記	覺訓	
△三國遺事	忠烈7? (1281?)	5권	三國	一然(金見明, 1206~1289)	
*古今錄	忠烈10 (1284)			元傅・許珙・韓康	
△帝王韻紀	忠烈13 (1287)	2권	三皇~金 檀君~高麗	李承休(1224~1300)	七言詩
*千秋金鏡錄	忠烈王代		高麗	鄭可臣(?~1298)	
*世代編年節要	忠烈~ 忠肅	7권	高麗 (虎景~元宗)	閔漬・權溥	編年體

書名	著述年代	卷數	敍述內容	編纂者	體裁
*本國編年綱目	忠宣~忠惠 (1319)	42권	高麗 (文德~高宗)	閔漬(1248~1326)	綱目體
*本國編年綱目 (增修)	忠穆2 (1346)		高麗	李齊賢 · 安軸 · 李穀 · 安震 · 李仁復	綱目體
*古今錄	恭愍6 (1357)			李仁復(1308~1374)	
*史略	恭愍6 (1357)		高麗 (太祖~肅宗)	李齊賢(1287~1367)	
*高麗國史	恭愍6 (1357)	未完	高麗	李齊賢 · 白文寶 · 李達衷	紀傳體
*金鏡錄(增修)	恭愍20 (1371)		高麗	李仁復 · 李穡(1328~1396)	
忠惠王世家			高麗 (太祖~忠宣)	李齊賢	

(附記)

上記 諸書 이외에도 高麗時代에 편찬된 史書類로서 다음과 같은 것이 있다.

① 徐熙, 餘史(出處 : 車文節公遺事)

② 鄭知常, 西京雜錄(出處 : 車文節公遺事)

③ 金方慶, 草堂日記(出處 : 車文節公遺事)

④ 作者未詳, 朝代記(世祖實錄 및 揆園史話)

⑤ 作者未詳, 璿源錄

⑥ 作者未詳, 宗族記

⑦ 作者未詳, 聖源錄

⑧ 作者未詳, 海東三國通歷(錄)

⑨ 作者未詳, 金龜集

⑩ 作者未詳, 式日編修錄

⑪ 朴寅亮(?), 殊異傳

⑫ 朴寅亮(?), 古今錄(10권)

2. 조선시대(15~19세기 초)

書名	著述年代	卷數	敍述時代	編纂者	體裁
*高麗國史	太祖4 (1395)	37권	高麗	鄭道傳·鄭摠	編年體
△經濟文鑑別集	太祖6 (1397)		高麗	鄭道傳	
*東國史略(三國史略)	太宗3 (1403)	6권	檀君~三國	權近·河崙·李詹	綱目體
*讎校高麗史	世宗6 (1424)		高麗	尹淮·柳觀	編年體
*東國世年歌	世宗18 (1436)	1권	檀君~高麗末	權踶(權蹈)	七言詩
*高麗史全文(大全)	世宗24 (1442)		高麗	權踶·安止·南秀文	編年體
*龍飛御天歌	世宗28 (1446)	10권	朝鮮建國史	權踶·安止·鄭麟趾·崔恒	詩
*高麗史(全史)	文宗元年 (1451)	139권	高麗	鄭麟趾·金銚·李先齊·鄭昌孫·申碩祖·崔恒·盧叔仝·李石亨·申叔舟·崔德之·魚孝瞻·金禮蒙·金淳·梁誠之·李芮·金之慶·金閏福·李克堪·尹起畎·朴允貞·金命中·趙瑾·洪禹治·芮承錫·尹子雲·李孝長·李仁全·柳子文·全孝宇·金勇·韓瑞鳳·吳伯昌·金宗瑞·許詡·朴彭年·柳誠源	紀傳體
*高麗史節要	文宗2 (1452)	35권	高麗	金宗瑞·鄭麟趾·李先齊·申碩祖·申叔舟·金禮蒙·梁誠之·李芮·金之慶·金閏福·李克堪·尹起畎·朴允貞·洪禹治·李孝長·全孝宇·金勇·韓瑞鳳·許詡·朴彭年·柳誠源·李季甸·金孟獻·金磧·李翊·李尹仁·尹子榮·金漢啓	編年體 (長篇)
△應製詩註	世祖3 (1457)	1권	檀君~朝鮮初	權擥	
*東國兵鑑	文宗~世祖	2권	漢四郡~ 高麗末		
*三國史節要	成宗7 (1476)	14권	檀君~三國末	盧思愼·徐居正·李坡·金季昌·崔淑精	編年體 (長篇)
*東國通鑑(舊)	成宗15 (1484)		檀君~高麗末	徐居正 외 勳臣	編年體

書名	著述年代	卷數	敍述時代	編纂者	體裁
*東國通鑑(新)	成宗16 (1485)	56권	〃	徐居正·李克墩·鄭孝恒·李淑珹 ·金澣·李承寧·表沿沫·崔溥· 柳仁洪·孫比長	編年體
△東國史略	16세기 초?	?	檀君~高麗末	李墍(1469~1517)	編年體 (史略型)
△東國史略	16세기 초 (1519~1530)	6권	〃	朴祥(1474~1530)	〃
△標題音註東國史略	16세기 중엽 (1530~1552)	12권	〃	柳希齡(1480~1552)	〃
△東國史略	16세기 중엽	3권	〃	閔齊仁(1493~1549)	〃
△歷代承統圖	中宗27 (1532)		〃	金正國(1485~1541)	圖表
△童蒙先習	明宗代 (1560 전후)	1권	〃	朴世茂(1487~1554)	
*新增東國輿地勝覽	中宗25 (1530)	55권		李荇 등	地誌
△箕子志	宣祖13 (1580)	2권	箕子朝鮮	尹斗壽(1533~1601)	
△箕子實紀	宣祖13 (1580)	1권	〃	李珥(1536~1584)	
△東史纂要	宣祖39~光海6 (1606~1614)	8권	檀君~高麗末	吳澐(1540~1617)	紀傳體
△東國地理志	光海君6~7 (1614~1615)	1권	上古~高麗末	韓百謙(1552~1615)	
△海東樂府	光海君9 (1617)	1권	古代~朝鮮	沈光世(1577~1624)	樂府體
△東史補遺	仁祖8경 (1630전후)	4권	檀君~高麗末	趙挺(1551~?)	編年體
△麗史提綱	顯宗8 (1667)	23권	高麗	兪棨(1607~1664)	綱目體
△東國歷史可攷	1660~?			柳馨遠(1622~1673)	
△東國史綱目條例	〃			〃	綱目體
△東國輿地誌	〃	10권		〃	地誌
△東史辨證	1690년대			南九萬(1629~1711)	
△彙纂麗史	(1672 이전)	48권	高麗	洪汝河(1620~1674)	紀傳體
△東國通鑑提綱	顯宗13 (1672)	13권	檀君~高麗末	〃	綱目體
△東事(記言)	1670년대		檀君~三國	許穆(1595~1682)	紀傳體

書名	著述年代	卷數	敍述時代	編纂者	體裁
△揆園史話	肅宗2 (1676)		檀君朝鮮	北崖老人	
△東國三韓四郡 　古今疆域說	1690년대			李世龜(1646~1700)	
△北關州縣沿革始末記	〃			〃	
△東國歷代總目	肅宗31 (1705)	1권	檀君~高麗末	洪萬宗(仁祖~肅宗)	總目體
△東史會綱	1710년대?	27권	檀君~高麗末	林象德(1683~1719)	綱目體
疆界考	英祖32 (1756)	4권		申景濬(1712~1781)	
△星湖僿說	1750년대			李瀷(1682~1764)	
*東國文獻備考 　(輿地考)	英祖46 (1776)	17권		申景濬(1712~1781)	
△箕子外記	英祖52 (1776)	3권	箕子朝鮮	徐命膺(1716~1787)	
△東史綱目	正祖2 (1778)	20권	檀君~高麗末	安鼎福(1712~1791)	綱目體
△紀年兒覽	正祖2 (1778)	8권	〃	李萬運(1736~?)	編年體
*增補東國文獻備考 　(輿地考)	正祖6 (1782)	22권	檀君~高麗	李萬運	
△東史(修山集)	1780년대?			李種徽(1731~1786)	紀傳體
△渤海考·四郡志 등	正祖8 (1784)			柳得恭(1749~?)	
△熱河日記	正祖4 (1780)		古代	朴趾源(1737~1805)	
△燃藜室記述	正祖代	59권	朝鮮	李肯翊(1736~1806)	紀事本末體
△我邦疆域考	純祖11 (1811)			丁若鏞(1762~1836)	
△海東繹史	純祖20 (1820)	85권	檀君~高麗末	韓致奫(1765~1814)·韓鎭書	紀傳體
△海東惇史				李勉伯(1767~1803)	
△東史世家(淵泉集)		4권	渤海	洪奭周(1774~1842)	
△代嘯雜記	肅宗代?			尹鑴	
△廣史	正祖~純祖	468권		金鑢	野史集
△東史撮要	哲宗	2책			

〈초출일람〉

필자가 이 책의 집필을 위해 그동안 개별적으로 발표한 논문의 제목을 각장별로 소개하면 다음과 같다. 이 책은 기본적으로 기발표논문을 모은 것이지만, 이를 묶는 과정에서 부분적으로 개고한 부분이 없지 않다. 따라서 기발표논문에 대한 문책은 이 책으로 대신하게 됨을 밝혀둔다.

제1장: 「17세기 초의 역사서술 - 吳澐의 『東史纂要』와 趙挺의 『東史補遺』」, 『韓國史學』 6, 1985.

제2장: 「한백겸(1552-1615)의 실학과 『동국지리지』」, 미발표 원고.

제3장: 「17세기 중엽 西人의 역사서술 兪棨의 『麗史提綱』」, 『東國大學開校 80周年紀念論叢 佛敎와 諸科學』, 1987.

제4장: 「許穆의 古學과 歷史認識」, 『韓國學報』 40, 1985.

제5장: 「17세기 중엽 嶺南南人의 역사서술 洪汝河의 『彙纂麗史』와 『東國通鑑提綱』」, 『邊太燮博士華甲紀念史學論叢』, 1985.

제6장: 「17세기 후반~18세기 초 洪萬宗의 3교회통사상과 역사서술」, 『韓國文化』 12, 1991.

제7장: 「18세기 초 小論學者의 역사서술 林象德의 『東史會綱』」, 『金元龍敎授停年退任紀念論叢』, 1987.

제8장: 「李瀷의 史論과 韓國史理解」, 『韓國學報』 46, 1987.

제9장: 「18세기 중엽 少論學人 李種徽의 歷史意識」, 『東洋學』 17, 1987.

제10장: 「安鼎福의 思想과 『東史綱目』」, 『韓國學報』 53, 1988.

제11장: 「茶山 丁若鏞의 史論과 對外觀」, 『金哲埈博士華甲紀念史學論叢』, 1983.

제12장: 「海東繹史의 研究」, 『韓國學報』 38, 1985.

제2부

조선 후기
사학사

—

조선시대의 지배적인 지식체계였던 유교를 긍정적인 시각으로 재조명해 보려는 의도에서 사상사 연구에 손을 댄 지 어언 20년쯤 되었다. 조선시대 500년의 장구한 사상사를 한꺼번에 정리한다는 것은 무리라는 생각에서 먼저 조선초기부터 더듬어 내려가기로 마음먹었다. 그 일단계의 결실이 『정도전사상의 연구』(1973, 1983개정)와 『조선 전기 사회사상연구』(1983)로 일단 정리된 것이다.

역사하는 사람으로서는 당연한 것이지만, 필자의 관심 분야는 사회사상으로서의 사상사였다. 앞에 내놓은 두 저서도 물론 그러한 관점에서 쓰여진 것이다.

그런데, 사회사상사로서의 사상사는 불가피하게 사학사와 연결된다는 것을 차츰 깨닫게 되었다. 그것은 유교의 지식체계가 경經과 사史를 표리일체로 포용하고 있어서, 대부분의 유학자는 경학자인 동시에 사학자인 까닭이었다. 사학사 정리가 없이는 사상사의 심화에 한계가 있을 수밖에는 없는 이유도 여기에 있다.

1970년대 중엽부터 필자는 사상사 연구 방향을 사학사로 집중시키고, 그 일단계 성과를 『조선 전기 사학사 연구』(1981)로 정리하였다. 그리고 그 후속 작업으로 조선 후기와 개항 이후의 근대사학사에 관한 논고를 발표해 왔다.

조선 전기에 비해 조선 후기와 근대의 사학은 연구자료도 방대할 뿐 아니라, 사학사에서 차지하는 비중이 막중하다는 것은 두말할 나위도 없다. 그러나 이 시기 사학사의 연구는 문제의 중요성에 비추어 아직은 초보적 단계에 있다고 할 수 있다. 특히 근대보다도 조선 후기 사학사는 한층 황막하다는 느낌이다.

필자는 이러한 사정을 고려하여 임란壬亂에서 개항開港에 이르는 기간의 주요 사학자와 사서들을 일차적인 연구대상으로 선정하고, 이들을 개별적으로 검토하는 방법을 택하였다. 17세기 초의 오운吳澐으로부터 19세기 초의 한치윤韓致奫에 이르기까지의 10편의 논고가 그렇게 해서 작성된 것이다. 이들 논고들은 개별적으로 학회지에 발표되었으나, 단행본으로 묶여질 것을 예상하여 가능한 한 중복된 서술을 피하였다.

이 책에 수록된 10편의 논고는 결과적으로 유학자의 역사서술만을 다룬 것이 되었다. 조선 후기 사학의 주류는 유교사학인 것이 사실인 이상, 유교를 중심에 놓고 역사의식을 검토하는 것은 당연한 일이다. 그러나 유학자라 하더라도 시국관時局觀과 학문관學問觀은 시대에 따라 혹은 학파에 따라 다양한 개성을 가지고 있어서 조선 후기 사학사는 보다 역동적인 접근이 가능한 것이다.

이 책에서 각 시기의 사학을 붕당적朋黨的 배경과 관련시켜서 보려고 한 것은, 조선 후기 역사의 역동성을 가장 포괄적으로 반영하는 것이 붕당정치朋黨政治라고 믿는 까닭이다. 다시 말하면, 붕당정치를 한갓 권력투쟁으로만 보지 않고 학문과 시국관의 차이, 나아가 역사의식의 차이를 전제로 하는 경합적競合的 정치운영형태로 해석하고자 하는 것이다.

　그러나 사학은 단순한 이데올로기 반영으로 그치는 것은 아니다. 정도의 차이는 있을지라도, 사학은 언제나 그 자체 이데올로기와 관계 없는 과학성을 지니고 있다. 조선 후기는 뚜렷한 과학적 사고의 진보를 경험한 시대이고 그것은 사학에 있어서 고증적 방법의 발달로 나타나고 있다. 따라서 조선 후기 사학사 연구는 한편으로 이데올로기적 기반이 무엇인가를 따지는 역사의식의 문제와 아울러, 역사를 어느 정도 과학적으로 해석하려고 했느냐의 문제, 즉 역사인식의 두 측면을 균형있게 검토하는 것이 가장 바람직한 방법이 될 것이다.

　돌이켜 보면, 지난 15년간은 오로지 사학사만을 공부하면서 지내온 것 같다. 그 결실의 일부를 이번에 조선 후기 사학사로 묶게 된 것이지만, 막상 책을 엮고 보니 아쉬운 것이 한두 가지가 아니다. 우선, 한백겸韓百謙 · 신경준申景濬 · 유득공柳得恭 · 이긍익李肯翊 · 홍경모洪敬謨와 같은 주요인물이 빠진 것이 첫째 유감이다. 이들은 조선 후기 사학사에서 반드시 언급되어야 할 업적들을 낸 이들이지만, 필자의 역량이 이들을 탐구하는 데까지는 미치지 못했다.

　둘째로, 필자의 기발표논문 중에서 「17세기의 반존화적 도가사학의 성장」(『한국학보』 1집 수록, 1976)을 빼버린 것도 아쉬운 일 중의 하나다. 이 논문은 사학사 연구의 기폭제가 되었다 해도 좋을 만큼 필자에게는 큰 의미를 가진 것이고, 실제로 학계에 준 충격도 적지 않았던 것으로 알고 있다. 그러나 이 논문의 주제인 『규원사화』는 17세기에 저술된 후 한말 · 일제초기에 윤색 · 가필된 것이 아닌가 하는 의문이 생겨 일단 조선 후기 사학사에서는 빼기로 하였다. 그러나 양난 후의 17세기에는 고기류가 성행한 것은 사실이고 그것들이 특히 고대사인식을 바꾸는 중요한 변수로 작용한 것도 부인할 수 없다. 그런 의미에서 고기류에 대한 연구가 앞으로도 중요한 과제가 되어야 한다고 믿는다.

　조선 후기 사학은 중세사학에서 근대사학으로 넘어가는 과도기로서 중요한 역사적 의미를 지니고 있는 만큼, 앞으로 이 방면의 연구가 활발하게 전개되기를 기대하면서, 이 책자가 그것을 위한 조그만 디딤돌이 될 수 있다면 다행으로 생각한다.

1989년 2월

著者

17세기 초 동인의 역사서술

- 오운의『동사찬요』와 조정의『동사보유』

1. 문제의 제기

17세기 초기의 한국사회는 정치적으로 붕당정치朋黨政治가 본 궤도에 오른 시기로 특징 지어진다. 1570년대에 동東·서西 양당이 처음으로 형성되면서 시작된 붕당정치는 1580 년대에 동인東人이 다시 남南·북北으로 갈리고, 1600년대에 북인北人이 대大·소小로 갈라 지면서 점차 다당체제多黨體制로 발전되어 갔다.

선조치세宣祖治世(1567~1608)를 붕당사朋黨史의 문맥에서 볼 때에는 처음 서인西人이 우 세했던 전반기와 그다음 동인이 우세했던 후반기로 양분할 수 있다. 그리고 광해치세光海 治世(1608~1623)와 인조치세仁祖治世(1623~1649)는 각각 북인北人과 서인당西人黨 집권기로 이해된다.

붕당의 성립은 정치이념의 차이를 바탕으로 하고 있는 만큼 붕당사 이해는 곧 사상사 와 표리관계를 갖는 것이며, 붕당의 분화는 사상적 분화를 반영하는 것이기도 하다. 따라 서 붕당정치가 본격화된 16세기 말에서 17세기 초에 걸치는 시대의 사상사 연구는 당쟁 과 밀접한 관련 위에서 수행되지 않으면 안 되는 이유가 여기에 있다.

이 글은 이 시대의 사상사를 사학사의 측면에서 접근하려고 한다. 선조말년에서 광해~ 인조대에 이르는 시기에 저술된 대표적 사서로서 오운吳澐(1540~1617)의『동사찬요東史纂 要』와 조정趙挺(1551~?)의『동사보유東史補遺』, 그리고 한백겸韓百謙(1552~1615)의『동국지 리지東國地理志』를 들 수 있다. 오운은 유성룡柳成龍, 김성일金誠一 등 남인과 가까웠던 고급 관인으로서 왜란의 충격과 북인이 득세했던 선조말년과 광해조 때의 정치상황을 의식하면서 『동사찬요』를 쓴 것으로 보인다. 조정은 이산해李山海·이이첨李爾瞻·정인홍鄭仁弘·정창연鄭昌衍·유희분柳希奮 등 북인 특히 대북파大北派의 영수들과 지친한 관계를 가진 요인으로서 인조반정仁祖反正 후 서인에 의해서 몰려난 야인생활 중에 『동사보유』를 집필하였다. 따라서 두 사람은 붕당 배경이 서로 다를 뿐 아니라, 사서 편찬의 입장이 피차 같을 수가 없었다.

한편, 『동국지리지』의 저자 한백겸은 당쟁에 직접 관여한 인물은 아니지만, 선조대 동인모반자東人謀反者인 정여립鄭汝立과의 절친한 교우관계라든지, 동생 준겸浚謙이 남인당南人黨에 가까웠던 점 등을 고려하면 친남인계親南人系라고 할 수 있지만, 영남남인嶺南南人과 일정한 교유관계를 가지면서도 독자적인 역사의식을 보여 주고 있다.

이 글에서는 편의상 한백겸의 『동국지리지』에 대한 검토는 후일로 미루고 오운과 조정의 두 사서를 비교·검토함으로써 그 사학사적·사상사적 의미를 이해하는 데서 그치려 한다. 이 두 사서에 대해서는 기왕에 정구복鄭求福 교수가 「16~17세기의 사찬사서私撰史書에 대하여」(『전북사학』 1집, 1977)에서 다룬 바 있어 많은 참고가 된다. 그러나 필자는 정鄭 교수와 다른 입장에서 위 두 사서를 비교·검토하는데 주력하였으므로, 해석상 많은 차이점이 있다는 것을 밝혀두고자 한다.

2. 오운의 『동사찬요』

1) 오운의 가계와 생평生平

오운(중종 35~광해 9; 1540~1617)은 고창高敞을 관향貫鄕으로 하여 경상도 함안咸安에서 태어났다. 고창 오씨의 시조는 고려 문종대에 한림학사翰林學士를 지낸 오학린吳學麟으로서 오운은 그의 13대손에 해당된다. 그의 선대는 누대累代로 벼슬을 하였으나 명종대에 동각학사東閣學士를 지낸 오세문吳世文(오세재吳世才의 형)이나 고려 충숙왕대에 안사공신安社功臣으로서 모양군牟陽君에 피봉된 오계유吳季孺를 제외한다면 중앙의 고관을 지낸 이는 극히 드물고, 대개는 지방수령직에 머물고 있다.[1] 특히 조선조에 들어와서는 문과에 급제한 이가 한 사람도 없을 뿐 아니라, 대부분 진사進士 출신으로서 수령직에 그치고 있을 뿐이다. 오운의 7대조인 오륙화吳六和가 조선 초에 예의판서禮儀判書가 되었다고 하나, 이는 실직實職이 아닌 산직散職인 것 같다.[2] 실직이 확실한 것은 6대조인 오엄吳淹 때부터로서, 그는 태종대에 관이 숙천부사肅川府使에 이르렀다. 고조 오형吳滎은 나주판관羅州判官(종5품)을 지내고, 증조 오석복吳碩福은 의령현감宜寧縣監(종6품)을 지내다가 서울 인왕동仁王洞에서 함안으로 퇴거하여 이때부터 오운에 이르기까지 4대가 내리 함안에 살게 되었다. 증조 오석복은 이황李滉·주세붕周世鵬 등과 절친했다고 하며,[3] 조부 오언의吳彦毅 역시 이황과 의분義分이 두터웠다고 하는 것으로 보아,[4] 중종·명종대에 이르러 오운의 선대는 이미 영남사림파嶺南士林派에 속했다고 할 수 있다.

조부 오언의는 이황과 친교가 두터울 뿐 아니라, 이황의 숙부인 이우李堣(송재松齋)의 딸을 아내로 맞이함으로써 이황과는 사돈 관계까지 맺게 되었다.[5]

오운의 부친 오수정吳守貞은 전혀 벼슬을 갖지 못하였으며, 오운에 이르러 비로소 문과에 합격하고, 중앙고위직을 갖게 되었던 것이다. 오운은 아들 셋을 두었는데, 장남과 차남이 모두 문과를 거쳐 홍문관 전한典翰과 교리校理를 각각 지냈으며, 3남 역시 벼슬이 통덕랑通德郞(정5품)에 이르러 명실상부한 명문사족名門士族으로 부상하게 되었다. 더욱이 차남 여벌汝橃은 학봉鶴峯 김성일金誠一의 손자인 김준金㽍의 딸을 아내로 맞이하고, 3남은 김종직金宗直의 4세손인 김성률金聲律(만호萬戶)의 딸을 아내로 맞이하여 영남사림의 영수급 가문과 깊은 인척관계를 맺게 되었다.

오운의 모친은 여말의 성리학자인 안축安軸(순흥順興 안씨)의 후예 안관安灌의 딸로서, 이 또한 오운 가문의 영예를 더해 주었다.

---

1   吳澐의 文集인『竹牖集』에는 世系圖·年譜·行狀·家狀·墓碣銘 등 그의 가계와 생애에 관한 자료가 많이 실려 있다. 우선 始祖로부터 吳澐에 이르기까지의 世系는 다음과 같다.
      ① 吳學麟(翰林學士) — ② 質(直翰林) — ③ 世文(東閣學士) — ④ 謙(秘書丞) — ⑤ 臣世(民部典書) — ⑥ 季孺(安社功臣) — ⑦ 六和(朝鮮 : 禮儀判書) — ⑧ 淹(進士, 都護府使) — ⑨ 滎(進士, 判官) — ⑩ 碩福(進士, 縣監) — ⑪ 彦毅(進士, 縣監) — ⑫ 守貞 — ⑬ 澐 — 汝檉 — 汝橃 — 汝楳

2   禮儀判書는 朝鮮시대 官職이 아니며, 麗末에 남발되었던 添設職의 하나이다. 吳六和는 과거에 합격한 사실이 없고, 개국에 공을 세운 인물도 아니므로 判書職을 가질 가능성이 희박하다.

3   「竹牖先生世系圖」, "碩福 …… 晩歲 以宜寧倅 退居于咸安 與退溪·愼齋諸先生從遊最切";「竹牖先生年譜」, "先生于咸安茅谷里第 …… 先生之先 高敞縣人 中世居京城仁王洞 曾祖考通禮公 以宜寧倅解識 始卜居于此"

4   「竹牖先生世系圖」, "彦毅 …… 官止全義縣監 與退溪先生友善 義分如膠漆 …… 夫人眞城李氏 戶曹參判松齋先生堣女".

5   同上 참조.

오운은 이와 같은 자신의 종계宗系와 누세외가累世外家의 가문에 대하여 크나큰 자부심을 가지고 있었으며, 만년(광해 5, 74세)에 본종本宗의 세계世系·행적行蹟과 외가선계外家先系의 사실을 모아서『가세지家世志』를 편찬하였다.[6] 이『가세지』를 편찬함에 있어서 그는 전보前譜에 누락된 인물이 많음을 개탄하면서 이를 첨록하였는데,[7] 그가 만든『가세지』와 다른 종인이 지닌 타보他譜 사이에 차이가 있어서 어느 것이 사실에 맞는 것인지는 확단하기 어렵다. 어쨌든 오운이『가세지』서序에서 선계先系에 벼슬한 이가 많음에도 불구하고 누락이 많음을 개탄하고, 후손들로 하여금 선세先世의 행적과 자손의 원파源派를 알게 함으로써, 선조를 소홀히 여기고 근본을 잊게 하지 말아야 한다고 강조한 것을 보면,[8] 그가 자신의 종척宗戚에 대하여 크나큰 자부심을 지니고 있었던 것만은 확실하다고 하겠다.

이제 오운 자신의 생애와 행적에 대하여 구체적으로 알아보기로 한다.

오운은 오수정吳守貞의 세 아들 가운데 차남으로 태어났고, 6세부터 조부 오언의吳彦毅로부터 글을 배우기 시작하였으며, 19세 때에는 함안의 도학자로 이름이 높던 조식曺植(南冥, 1501~1572)을 찾아가 학문을 배웠다.[9] 25세 때에는 이황을 찾아가 학문을 배웠는데, 이는 증조 및 조부의 이황과의 교유가 인연이 되었다고 한다.[10] 또 이황의 숙부이자 오운의 외증조부인 이우李堣도 명망이 있는 학자로서, 그는 이황에게도 학문적 영향을 주었지만, 오운도 그를 존경하여 그의 시집을 간행해 주기도 하였다.

오운은 이렇듯 조식·이황·이우의 학문적 영향을 크게 받았지만, 그밖에 김종직·김성일 가문과도 인척관계를 맺고, 또 유성룡·정구 등 당대의 저명한 이황문인李滉門人들과도 넓은 교우관계를 맺고 있었기 때문에, 그의 학문은 영남사림의 정맥正脈을 이어받았다고 말할 수 있다.

그는 이이李珥 계통의 기호지방畿湖地方의 서인학자西人學者들과는 별로 교유가 없었으며, 그 자신이 뚜렷한 당색黨色을 갖지는 않았지만, 그의 교유관계로 볼 때에는 동인계東人系에 속한다고 볼 수 있으며, 특히 동인 중에서도 뒷날 북인으로 갈라진 부류보다는 남인

6 「竹牖先生年譜」, "四十一年 (光海 5年) …… 三月 家世志成 纂次本宗世系·行蹟及外家先系事實 名以家世志"
7 『竹牖集』卷3,「家世志序」.
8 同上.
9 「竹牖先生年譜」.
10 同上.

系南人系에 가깝다고 볼 수 있다.

오운은 22세(명종 16, 1561)에 생원시에 합격하고, 27세(명종 21, 1566)에 별시문과別試文科에 급제하여 권지성균관학유權知成均館學諭에 임명되었다. 이로부터 성균관전적成均館典籍으로 승진할 때까지 10여 년간 계속 성균관에 봉직하였으며, 38세(선조 10, 1577)에 호조좌랑戶曹佐郎 겸 춘추관기사관春秋館記事官으로 이배移拜되었다가, 곧 명천현감明川縣監으로 출보出補되었다. 다음해(선조 11, 1578) 봄에 그는 호조좌랑 때의 일로 파직되어 처향妻鄕인 의령宜寧의 별서別墅에 우거하게 되었다.[11]

그는 2년 뒤에 다시 성균관전적으로 재배再拜되어, 그 후 정선군수旌善郡守(선조 14)·풍저창수豊儲倉守·충주목사忠州牧使 겸 춘추관편수관春秋館編修官(이상 선조 16) 등을 역임하다가 선조 17년(45세)에 다시 파직되어 4년간 의령·함안으로 퇴거하였다. 그가 파직된 이유에 대하여, 문집에서는 어려운 송사를 결단하여 감사의 미움을 받았다고 하기도 하고, 시호時好에 영합하지 않았기 때문이라고 하고 있으나,[12] 선조실록에서는 그가 북도조방장北道助防將으로 내려갈 때 연로沿路에서 작폐를 일삼았고, 도방到防 후에는 병을 빙자하여 활을 한 번도 잡지 않아 국은國恩을 배부背負하였기 때문에 선조 16년 6월에 남방으로 유배된 것으로 다르게 기록되어 있다.[13] 이 두 기록의 어느 것이 진실에 가까운 것인가는 별문제로 하고, 한 가지 분명한 사실은 그가 미움을 사고 있는 어떤 정치세력이 있다는 것이다. 이때는 동서붕당東西朋黨 간에 당쟁이 일어나던 시기이므로 그의 파직도 이와 관련이 있는 것인지 알 수 없다.

선조 19년부터 고향 함안에 퇴거하는 동안, 오운은 그곳 현감인 정구鄭逑(寒岡)와 더불어 함안군지咸安郡志인 『함주지咸州志』를 편찬하였다(선조 20, 1587). 이 책은 왜란을 겪은 후 선조 33년에 등사謄寫되어 전란으로 피폐된 함안군을 복구하는 데 크게 기여하였다고 한다.

선조 21년(1588, 49세)에 오운은 성균사성成均司成이 되고, 사재감정司宰監正을 거쳐, 다

---

11 「年譜」에는 그가 戶曹時의 일로 見遞되었다고 간략하게 적혀 있으나, 宣祖實錄에는, 오운이 前水使로서 剝民善事 즉 백성의 수탈을 많이 하여 파직되었다고 하여(卷12, 宣祖11年 4月 癸未條) 年譜記事와는 다르다. 年譜에서는 不美스런 일을 감추기 위하여 사실을 뺀 것 같다.

12 「年譜」十二年(宣祖 17年)條, "多罷歸宜寧別墅 先生決累官難斷之訟事 涉監司一家見忤而罷 公論稱惜"; 同上 十三年(宣祖 18年)條, "是歲在宜寧別墅 先生以正自守 不肯迎合時好坐是多蹇滯捷遲 州郡不恤也".

13 『宣祖實錄』卷17, 宣祖 16年 6月 辛未條.

음해 광주목사光州牧使 겸 춘추관편수관春秋館編修官이 되었으나, 동왕同王 23년에 다시 파직되어 의령으로 돌아갔다. 선조 25년에 그는 이곳에서 왜란을 만나게 되었는데, 가족은 선대가 살던 영천榮川으로 피난을 가고, 그 자신은 곽재우郭再祐의 의병운동을 도와서 의병의 군량과 전마 그리고 자기의 가노家奴 7, 8명을 공급하고, 동리 사우士友를 권유하여 토적討賊에 참가하게 되었다. 그때 마침 초유사招諭使 김성일金誠一(학봉鶴峰)을 만나 그의 소모관召募官이 되었으며, 그 공으로 이해 7월에 승문원 판교判校(정3품)에 특배特拜되었다.

선조 27년에 그는 내섬시정內贍寺正·합천군수陜川郡守를 역임하고, 다음해 겸 춘추관편수관春秋館編修官(3~4품)을 거쳐 선조 30년 왜란이 재발하자 도원수都元帥 권율權慄의 추천으로 통정대부通政大夫(당상관堂上官)에 특승特陞되었다. 왜란 때의 전공으로 그의 벼슬길은 순탄하게 전개되어 의흥위義興衛 사과司果·첨지중추부사僉知中樞府事(정3품), 장예원掌隸院 판결사判決事(정3품), 충좌위忠佐衛 부사과겸오위장副司果兼五衛將(종2품) 등 주로 무관직武官職을 역임하다가 선조 34년(62세)에 벼슬을 스스로 사양하고, 영주榮州에 돌아와 78세로 졸卒할 때까지 16년간 이곳에서 독서와 저술활동에 전념하게 되었다.

영주에서의 은거생활 중에 오운은 『주역』과 『주자대전朱子大全』을 탐독했다고 하며, 특히 주자를 존경하여 「주자감흥시朱子感興詩」를 수서手書하기도 하고, 주자서 중에서 애군우국愛君憂國의 뜻이 담긴 소차疏箚를 뽑아 『주자문록朱子文錄』 3책을 찬성撰成하였다.

그의 주자에 대한 존경은 갈수록 깊어져서, 말년(76세)에는 호를 죽유竹牖라 지었다 하며,[14] 다음해에는 왕(광해군)에게 『주자대전』의 진강進講을 청하는 소疏를 올리기도 하였다.

한편, 오운은 은거생활 중에 『퇴계선생문집退溪先生文集』을 김경金勁·배응경裵應褧 등과 더불어 간행하고(선조 33, 61세), 증조부와 퇴계가 공사共寫한 『한구소시권韓歐蘇詩卷』을 개장改粧하였으며(선조 38, 66세), 고창오씨족보인 『가세지家世志』를 찬성하고(광해 5, 74세), 그의 대표작으로 꼽히는 『동사찬요東史纂要』도 영주榮州 은거생활 중에 편찬되었던 것이다(선조 39, 67세).

이밖에도 오운은 서원 및 서당 건립에도 참여하여, 충주목사忠州牧使 시절에 감사 김우굉金宇宏이 짓기 시작한 팔봉서원八峰書院[15] 건립을 완공시킨 일이 있었으며, 은거생활 중

---

14   竹牖는 朱子의 "竹隨向陽開明"이라는 말에서 유래한 것으로, 어둠이 가고 밝음이 오는 것을 기뻐한다는 뜻이 담겼다 한다(「年譜」四十三年(光海 7年) 條).

15   八峰書院은 中宗代 士林學者인 李耔와 李延慶을 祭享하였으며, 吳澐이 忠州牧使로 있던 宣祖 16年(44세)에 완

에는 영주榮州의 이산서원伊山書院을 이건하는 데 앞장섰으며(광해 6, 75세), 영주 성재산聖齋山에 산천서당山泉書堂을 건립하여 후생교육의 터전을 마련하였다(광해 7, 76세). 그 자신은 뒤에 영주의 산천서원山泉書院과 남계南溪의 세덕사世德祠에 배향되어 영남사림으로부터 높은 추앙을 받았다.

지금까지 보아 온 오운의 가문과 생애를 다시 한번 정리해 본다면, 대략 다음과 같은 몇 가지 특징을 발견할 수 있다.

첫째, 그는 조선초기에 개국에 참여했거나 정치적으로 크게 활약한 공신 또는 훈신의 후예가 아니라, 대대로 목민관牧民官 이상의 고위직을 가져보지 못한 중간층 관료의 후예일 뿐 아니라, 그 자신도 재상이나 판서와 같은 현직에는 오르지 못한 채 주로 지방수령과 춘추관원의 관직 경험에서 끝났다. 이와 같은 오운 및 그의 선대의 제한된 관직 경험은 그로 하여금 국가경영의 포괄적 시야를 가지는 데 어려움을 준 것 같다.

둘째, 오운 집안은 이미 증조대부터 함안에 복거하여 4대에 걸쳐 지반을 닦았을 뿐 아니라, 오운 자신도 경제적으로 비교적 부유했던 것 같다. 그는 함안과 의령 그리고 영주의 세 곳에 생활근거지를 갖고 있었을 뿐 아니라, 그 어느 곳에서도 빈곤으로 고통을 당했다는 기록을 찾아볼 수가 없다.[16] 그가 왜란 중에 곽재우 의병을 위하여 7, 8명의 힘센 가노와 전마, 그리고 군량을 조달할 수 있었던 것은[17] 그의 생계가 그만큼 여유가 있었다는 증거가 아닌가 한다. 그는 재관在官시절에도 뚜렷한 치적을 남긴 것이 없으며, 재야시절에 있어서도 이렇다 할 개혁상소改革上疏나 예리한 사회의식을 반영하는 언설과 행적을 남기지 않았다. 그가 주로 관심을 가지고 실천한 일은 서원 건립이라든가 족보편찬, 군지편찬, 선현의 시문 간행, 그리고 주자학 보급이었다. 말하자면 그의 주된 관심사는 종문과 외가의 영예를 높이는 문제, 자기가 태어나고 조상의 선영이 있는 고향 함안을 사랑하는 일, 그리고 향촌자제鄕村子弟의 교육과 향당鄕黨의 친목을 도모하는 일, 그리고 애군愛君·우국憂國의 념念을 길러 주고 그것을 실천하는 일로 요약될 수 있을 것이다.

성하였다.

16 宜寧은 吳澐의 妻鄕으로서, 그는 39세 때 이곳 佳禮里別墅에 白岩臺를 짓고 川石을 완상하였으며, 45~46세 때도 이곳에서 독서생활을 보냈다. 咸安은 吳澐의 出生地이자 曾祖 以下 3대의 先塋이 있는 곳으로서 그가 「咸州志」 편찬에 참여한 것도 그러한 인연이 작용한 것이다.

17 「年譜」 二十年(我宣祖 25년) 夏四月條 및 行狀.

끝으로, 오운의 학풍은 선대로부터 자신에 이르기까지 연연히 맺어 온 영남거유嶺南巨儒들과의 교유관계라든지, 혈연관계의 영향을 크게 받았을 것으로 짐작되며, 기호인사들이나 타지방 인사와의 교유가 별로 없었다는 점에서 동서분당東西分黨의 와중에서 자연히 기호인사가 주축이 된 서인이나 북인계 인사와 친화되기는 어려웠을 것으로 짐작된다. 그가 오랜 관직경력을 가지면서도 크게 현달하지 못하고, 중도에 몇 차례의 파직을 경험하였을 뿐 아니라, 16년간의 은거생활을 보내게 된 것도 이러한 붕당적 갈등과 관련이 있는 것으로 추측된다. 특히 왜란 이후로 북인이 집권하는 과정에서 회퇴晦退(이언적과 이황) 배척운동이 일어나고, 주자학에 대한 비판적 기운이 고조되어 갔으므로, 이러한 분위기에 오운이 영합되기는 어려웠을 것이다.

대북파가 집권한 광해군대에 그가 더욱 주자학에 몰두하게 되고, 광해군 8년에 그에게 공조참의를 제수하였을 때, 조정의 기강이 문란하고 시정時政이 그릇되었다는 것을 이유로 하여 출사를 거부한 것도 주자학적 질서와 역방향으로 나아가는 정치형세에 대한 반발을 의미하는 것이었다. 그가 공조참의工曹參議의 직책을 거부하면서 올린 상소문에서 『주자대전』의 진강을 왕에게 요청한 것은, 대북파의 집권에 대한 간접적인 항의라고도 볼 수 있는 것이다. 이때 그가 올린 상소의 요지는 ① 기강紀綱을 진작시킬 것, ② 군정軍政을 엄숙하게 할 것, ③ 민력民力을 풀어줄 것, ④ 궁금宮禁을 엄하게 할 것, ⑤ 편사偏私를 버릴 것, ⑥ 간쟁諫諍을 받아들일 것 등이었다.[18] 특히 그가 『주자대전』 중에서도 가장 마음에 들어 한 것은 소차疏箚와 지구문답知舊問答인데, 그것은 그 속에 금金에 대한 복수심과 비분강개가 극렬하게 나타나기 때문이었다. 오운은 왜란을 겪은 지 10년이 지나도록 복수의 뜻을 세우는 이가 없는 것을 매우 안타깝게 생각하고, 주자와 같은 복수심을 가져야 할 것을 강조하고 있는 것이다. 그러나 이러한 오운의 주장은 명과 금의 두 나라를 자극하지 않으면서 중립정책을 모색하던 광해군대의 집권층에게는 받아들여지기 어려운 것이었다. 오운의 상소는 바로 그러한 집권층의 중립정책을 간접적으로 비판하는 의미를 갖는다고 하겠다.

---

18 『竹牖集』(地) 辭工曹參議疏, "…… 朱子在南渡後六十年餘 今見疏箚及知舊問答書辭中 語及復讐 其慷慨極論 如昨日事 我國經變 纔過十年 絕未聞談及復讐之義者 臣竊痛惋 伏願殿下 振紀綱 · 肅軍政 · 紓民力 · 嚴宮禁 · 祛偏私 · 納諫諍 都在殿下之心 ……".

2) 『동사찬요』의 편찬과 개찬

『동사찬요』가 최초로 간행된 것은 선조 39년(1606, 67세)이었다. 오운이 영주에 퇴거한 지 5년 만에 이루어진 것이다. 이 책은 처음에 7권으로 엮어진 것으로서, 유성룡이 보고 크게 찬탄하여 일부를 선조왕에게 봉진하였으며, 왕은 이를 표준이 되는 유림의 가르침이라고 칭송하였다.[19]

오운이 벼슬을 사양하고 향촌에 은거하면서 『동사찬요』를 편찬하고, 또 그것이 간행되자마자 유성룡이 그것을 왕에게까지 상진上進한 것은 무슨 이유일까. 유성룡은 이황의 문인으로서, 오운과 마찬가지로 동인계열에 속하는 인사일 뿐 아니라, 뒤에 대북大北의 영수가 되었던 이산해李山海나 정인홍鄭仁弘과 의견 차이가 많았던 영남사림의 거물의 한 사람이다. 그가 『동사찬요』를 왕에게 진봉進封하던 때는 정인홍 등 대북계 인사의 탄핵을 받아 영의정을 그만두고 고향에 은거하던 무렵이었다. 말하자면, 광해군과 가깝던 대북계가 점차 득세하면서 영남의 퇴계학인退溪學人들이 실세하던 정치상황에서 『동사찬요』가 찬성되었고, 또 그것이 영남학인들의 광범한 호응을 받은 가운데서 유성룡의 손을 거쳐 왕에게까지 전달되었던 것이다.

국왕의 특별한 요구가 없음에도 불구하고 개인의 사찬사서를 국왕에게 상진하는 일은 그리 흔한 일은 아니다. 이미 『동국통감』이나 『동국사략』·『삼국사절요』·『고려사』등과 같은 관찬사서가 있고, 또 16세기에 편찬된 여러 종의 간략한 사찬사서가 있음에도 불구하고, 구태여 『동사찬요』를 상진한 것은 왕으로 하여금 새로운 국사인식을 가지게 하려는 목적이 있었다고 보아야 할 것이다. 16세기에는 박상朴祥의 『동국사략東國史略』, 유희령柳希齡의 『표제음주동국사략標題音註東國史略』 등과 같은 몇 종의 사략형史略型 사서가 편찬되어 기호사림畿湖士林들 간에 널리 읽혔지만,[20] 영남의 퇴계문인의 손으로 쓰여진 사서는 『동사찬요』가 최초인 것이다. 아마 유성룡은 기호사림과 다른 입장에서 편찬된 사서에 호감을 갖고 이를 널리 세상에 알리는 동시에 군주에게까지도 영향을 주려고 하였던 것 같다.

---

19 「年譜」三十四年(我宣祖 39年) 條.
20 韓永愚, 『朝鮮前期史學史硏究』, 서울대출판부, 1981, 제4장 참조.

오운 자신은 어떤 목적을 가지고 이 책을 편찬하였을까. 자신이 쓴 발문에는 그 동기를 이렇게 피력하고 있다.

나는 龍蛇난리(倭亂 - 필자)를 겪은 이래 窮巷에 물러나 있으면서 東史를 읽어보고 攬古 證今하려고 생각하였다. 이웃에 있는 친구집에『三國史節要』와『東國通鑑』이 보관되어 있어서 이를 열람할 수 있었다. 우리 東方에 나라가 생긴 뒤로 君德의 昏明, 賢邪의 消長, 興亡의 殊跡, 交隣의 得失 등 鑑戒할 것이 다른 역사에 비하면 한층 切近하다. 그러나 늙어서 정신이 혼미하고 병들어서 눈을 떼면 금방 잊어버리니 안타깝다. 謄寫해서 가지고 이용하려 하였으나 …… 그중에서 중요한 것을 뽑았으며, 삼국 이후에는 名臣의 언행을 손가는 대로 뽑아 배열하였다. 다시 생각하니, 善과 惡이 다 있어야 勸懲이 갖추어지는 것이다. 그래서 叛賊과 權兇으로서 두드러진 자를 아래에 別錄하였으니, 親賢을 귀하게 생각하고, 霜氷을 경계하기를 기대하였다 ……[21]

여기에서 가장 주목되는 것은 두 가지 점이 아닌가 한다. 하나는 역사를 통해서 남고증금攬古證今, 즉 옛것을 이끌어서 현재를 증해證解하려는 현재적 시각이며, 다른 하나는 명신名臣과 반흉叛兇을 선악으로 대비시켜서 권선징악하려는 도덕적 입장이 그것이다. 정치제도의 연혁이라든가 국력의 강약과 같은 공리적 측면에 대해서는 별다른 관심을 보이지 않고 있다. 결과적으로『동사찬요』가 군왕기를 1권으로 압축하고, 열전을 7권으로 하여 인물중심의 국사를 서술하게 된 것도 그의 현재중심·인물중심의 도덕사관道德史觀과 관련된 것이라고 볼 것이다.

그렇다면, 오운은 어떠한 도덕적 기준 위에서 인물의 선악을 판별하고, 이로써 권선징악의 교훈을 얻으려 한 것일까. 이는 그의 서문에 나타난 문의文意만으로는 판단하기 어려운 것이고, 구체적으로 사서의 내용을 분석해야만 가능하다. 그러나『동사찬요』가 편찬

21　『東史纂要』序, "余經龍蛇亂離 來屛跡窮巷 思見東史 攬古證今 隣有友 借其家藏三國史節要及東國通鑑 因得覽閱 自吾東方有國之後 君德之昏明 賢邪之消長 興亡之殊跡 交隣之失得 可鑑可戒者 視他史 尤爲切近而老惛且病過眼輒忘 竊自慨然 思欲謄寫展玩 則三韓以上 文獻無徵 麗紀以下 記載汗漫 輒不自揆 就其中而撮其要 至於三國以後 名臣言行 隨手抄列 旋念善惡俱存 勸懲斯備 乃拈出叛賊·權兇之尤者 別錄于下 庶幾親賢爲寶 霜氷知戒……".

될 당시의 오운의 신변상황이라든가 독서경향 등을 관련시켜서 생각해 보면 그의 역사의
식의 방향이 어떻게 전개될 것인가를 어느 정도 예견할 수 없는 것도 아니다.

그가 영주 은거隱居 시에 가장 탐독했던 것은 『주자대전』이었고, 특히 주자의 소차에
담긴 애군우국愛君憂國의 뜻에 깊이 감동되었다는 것은 앞에서 이미 설명한 바와 같다. 그
가 특히 주자의 소차에 감동된 이유의 하나는 금에 대한 복수의 념念이 강렬하다는 점에
있었다. 송나라가 금에 의해서 치욕을 당한 것과 우리나라가 왜적에 의해서 유린당한 것
을 오운은 똑같은 비분悲憤의 사실로 받아들이고 있었다. 그래서 그는 주자가 남송인으로
서 금에 대하여 복수의 념을 가진 것과 마찬가지로, 우리도 왜倭에 대하여 복수의 념을 가
져야 할 것으로 생각하였다. 그가 주자의 소차 중에서 애군우국의 뜻에 감동되었다고 하
는 것은 바로 주자의 금에 대한 적개심을 두고 하는 말이다. 광해군 8년(1616)에 공조참의
를 사辭하면서 올린 소疏 가운데 그러한 뜻이 잘 나타나 있다.

> ······ 朱子는 南渡한 후 60여 年이 지났는데, 지금 疏箚와 知舊問答書를 보면 말이 복수에
> 미치고, 그 慷慨를 極論한 것이 마치 어제 일과 같습니다. 우리나라가 變亂을 지난 것은 불
> 과 10年밖에 되지 않는데도 復讐의 뜻을 말하는 사람을 듣지 못하였으니, 臣은 분통합니다.
> 엎드려 바라옵건대, 전하께서는 紀綱을 떨치시고, 軍政을 엄숙하게 하시며, 民力을 紓하고,
> 宮禁을 엄하게 하시며, 偏私를 물리치고 諫諍을 받아들이옵소서 ······[22]

이 상소문은 『동사찬요』가 간행된 지 10년 후에 올려진 것이지만, 이때까지도 왜란의
울분을 진정하지 못하고 있었다면 『동사찬요』 편찬 당시의 울분은 더 말할 나위도 없었
을 것이다. 그가 주자 애군우국의 념을 숭앙한다고 한 것은 다름 아닌 일본과 금에 대한
적개심을 뜻한다는 사실이 명백해진다.

다만, 오운이 생각하는 애군우국의 방법은 다분히 감정적이요, 문화적이요, 도덕적인
것이지 개혁적이요, 실리적인 것은 아니다. 이점 오운의 애국심의 특색과 한계를 말하여
주는 것이다.

다음에 오운이 역사를 지음에 있어서 또 한 가지 작용했으리라고 믿어지는 것은 그의

---

22 『竹牖集』 卷3, 辭工曹參議疏.

붕당인적 입장이다. 이미 그의 생애를 통해서 살펴보았듯이, 그는 영남에 뿌리 깊은 생활 기반을 가졌을 뿐 아니라, 혈연적으로나 학문적으로 이황 및 그의 문인들과 깊은 유대를 가졌고, 자신의 부계씨족에 대해서 높은 긍지를 지니고 있었던 친동인계親東人系 인사였다. 이와 같은 그의 붕당적 입장과 환경은 자연히 역사인식에 있어서도 서인계 인사의 그것과는 색다른 감각을 갖게 하였을 것으로 믿어진다.

실제로 그는 당대에 널리 읽혀지고 있던 서인계 인사의 사서에 대해서 상당한 불만을 표시하고 있었다. 이는 『동사찬요』의 삼국기의 모두에서 기간 『동국사략』의 삼국시대 서술을 다음과 같이 비판하고 있는 데서 엿보인다.

…… 요사이 刊本 東國史略을 구했는데, 新羅始祖에서부터 시작하여 아래로는 高句麗 寶藏王에 이르고 있었다. 그 사이 700여 년의 事蹟과 군왕의 薨立이 標題 없이 뒤섞여 있고, 通書長編을 이루어 史家의 法例를 잃고 있다. 나는 이를 병으로 생각하여 삼가 權近이 지은 史略(東國史略 - 필자)에 의거하여 新羅가 先起後滅하였으므로 提頭로 삼고, 麗·濟를 그사이에 附하였다 ……[23]

여기에서 그가 병으로 생각한 『동국사략』이 권근이 쓴 『동국사략』이 아닌 것은 분명하다. 그는 권근의 『동국사략』에서 신라를 제두로 하여 삼국의 역사를 서술한 것을 모범으로 생각하고 있으며, 작자를 밝히지 않은 다른 『동국사략』이 신라를 표제로 하여 삼국의 역사를 서술하지 않은 것을 가지고 '사가史家의 범례法例를 잃었다'고 비난하고 있다.

그가 비판하고 있는 『동국사략』이 구체적으로는 누가 쓴 것인지는 확언할 수 없으나, 아마 중종대에 박상이 쓴 『동국사략』(6권)을 가리키는 것으로 보인다. 16세기 초·중엽에는 이밖에도 이우·유희령·민제인閔齊仁이 각각 찬한 3종의 『동국사략』이 있었지만 이우는 오운이 존경하는 인물이니만큼 그의 역사서술을 비난할 리는 만무하며, 유희령이 지은 것은 삼국을 국가별로 독립시켜 서술했으므로[24] 표제 없이 삼국을 혼술渾述했다는 오운의 비난과는 내용이 맞지 않는다. 민제인의 『동국사략』은 그 내용을 알 수 없으나,

---

23 『東史纂要』卷1, 上 三國紀, "…… 近得刊本東國史略 起自新羅始祖 下至高句麗寶藏王 其間七百餘年事蹟 君王薨立 渾無標題 通書長編 殊無史家法例 愚病之 謹依權近所撰史略 以新羅先起後滅爲提頭 附麗濟於其間 ……".
24 韓永愚, 前揭書, 238~250쪽.

지금 그 판본이 전하는 것이 없고, 당대나 후세에 거의 영향을 준 것 같지 않다. 오운이 지적한 『동국사략』이 그것일 가능성은 극히 희박하다고 생각된다. 그렇다면, 남은 것은 박상의 『동국사략』뿐이다.

박상의 『동국사략』은 삼국의 역사를 표제를 달지 않고 혼술渾述하였다.[25] 그러니 오운이 비난한 내용과도 일치됨을 볼 수 있다. 더욱이 오운은 『동사찬요』에서 박상의 눌재집訥齋集을 인용하고 있을 뿐만 아니라, 박상이 『동국사략』을 쓴 사실을 언급하고 있는 것으로 보아[26] 이 책을 열람하였을 가능성이 아주 많다. 박상은 중종대 기묘사림己卯士林의 1인으로서 뒤에 기호지방畿湖地方의 서인당인西人黨人 사이에 높이 추앙되었던 인물이므로 오운과는 지연이나 학맥이 연결되지 않는다. 『동국사략』에서 신라를 중심으로 하여 삼국의 역사를 서술하지 않고 동등하게 취급하여 혼술한 것은, 그 자체로서는 비난받을 만한 일은 아니다. 그럼에도 불구하고, 학파와 지연을 달리하는 오운의 입장에서는 신라를 주류로 서술하지 않은 것이 사가의 법례를 잃은 것으로 보였던 것이다. 그리하여 그는, 신라가 '선기후멸先起後滅'하였다는 이유로 삼국의 정통으로 서술하였던 권근의 『동국사략』으로 되돌아가고 있는 것이다.

여기에서 우리는 오운이 『동사찬요』를 쓴 목적의 하나는, 적어도 삼국시대 서술에 관한 한, 박상의 『동국사략』에 대한 불만이 작용하고 있었던 것을 알 수 있다.

오운이 신라를 높이려는 정신은 열전에도 반영되고 있는 바, 삼국명신전三國名臣傳에서 신라인을 가장 많이 수록하고, 신라가 삼국 중 사절지사死節之士가 가장 많다는 이유로 효열전孝列傳을 따로 붙인 데서도 그러한 정신을 엿볼 수 있다. 또 『동사찬요』를 열전 중심으로 편찬한 것도 결과적으로는 신라에 인물(위인偉人)이 가장 많고, 이러한 인물의 힘을 빌어 가장 작은 나라로서 삼국을 통일할 수 있었다는 것을 과시한 것이라 하겠다. 『동사찬요』 지리지 서에서,

　　…… 고구려의 땅은 넓이가 가장 크고, 百濟가 그 다음이며, 신라가 가장 작다. 首露가 점
　　령하고 있던 嶺南의 半을 除하면 千里도 되지 않는데도 마침내 東土를 아울러서 國祚를 길

---

25 同上書, 225~237쪽.
26 『訥齋集』別集 卷1, 夢牧隱先生稿, "吳澐所撰東史纂要曰 訥齋集中 … 及公修東國史略 …".

게 한 것은 신라이다. 二聖의 創業을 좇아서 忠厚의 風을 양성하고, 金春秋 · 金庾信과 같은 英雄 · 豪傑이 때를 맞추어 生을 바쳤으니, 王道는 큰 것을 기대하지 않는다는 말이 이에 이르러 더욱 徵驗할 수 있다 ……

고 하여 신라가 삼국 중 가장 작은 나라이지만 삼국을 통일한 것이 도덕과 인재의 힘이라는 것을 주장하고 있는 것은 같은 문맥에서 이해될 수 있다. 결국 그가 지리지를 쓴 것도 신라가 고구려와 백제를 통합했다는 사실을 강조하려는 의도와 전혀 무관하다고 보기는 어려운 것이다.

이렇듯 『동사찬요』는 신라를 크게 의식하면서 편찬된 것이고, 신라를 내세우는 것이 영남인사 자신들의 이해와도 무관한 것이 아닌 까닭에, 영남사류 사이에서는 적극적인 환영을 받은 것과는 대조적으로 고구려나 백제와 연결되는 기호인사들에게는 적극적으로 호응을 얻지 못한 것으로 보인다. 『동사찬요』가 간행된 직후부터 기호사림으로부터 비판이 나오기 시작한 것은 결코 우연한 일이 아닌 것 같다. 물론 『동사찬요』에 대한 기호인의 비판은 단순히 지역의식만이 작용한 것은 아니며 또 오운이 신라를 높인 것도 지방의식만을 고려한 것이라고는 볼 수 없다. 양파兩派 사이에는 문화의식의 차이가 잠재되어 있는 것이 사실이다. 그러나 그 문화의식의 차이라는 것도 뒤지어서 생각하면 지방적 차이, 즉 그 지방의 문화전통의 차이에서 연유하는 것이고, 그 차이를 우열로서 가리려고 하는 것은 현실적으로 지역적 이해를 반영하는 것이라고 생각된다. 그러므로 지방의식과 문화의식은 결코 분리되는 문제는 아닌 것이다.

『동국사략』에 대하여 최초로 비판을 가하고 나선 사람은 한백겸이었다. 그가 이 책을 처음 본 것은 광해군 5년(1613)으로서, 서울 근교의 서호西湖에 퇴거하고 있을 때 우연히 이 책을 보게 되었다고 한다. 오운은 한백겸의 부父 효란孝亂과 가까운 사이였기 때문에 이것이 인연이 되어 한백겸과도 교유가 있었으나[27] 절친한 사이는 아닌 것 같다. 한백겸은 가계상으로도 선초의 혁혁한 훈신가문勳臣家門에 연결될 뿐 아니라, 그의 숙부 한효순韓孝純은 광해군 때에 우의정을 지낸 대북파의 거물이다. 한백겸은 학문적으로 서경덕徐敬德의 문인 민순閔純의 영향을 크게 받았고, 역학易學에 특히 조예가 깊었다고 한다. 그는 정치

---

27 韓百謙, 『東史纂要』後序.

적으로 동인에 가까웠지만, 동인 중에서도 북인계열에 속했던 것으로 보인다. 그는 정여립과 절친하여 선조 때에 소위 기축옥사己丑獄事(정여립란鄭汝立亂)에 연루되어 유배된 일이 있었으며, 그의 생활근거지가 근기近畿였던만큼 주로 기호인사들과의 교유가 깊었다.

한백겸의 인적 상황으로 보아서, 그가 오운과 비록 지우知友관계가 있다 하더라도 많은 이질적 요소를 가진 것은 사실이요, 아마 그러한 데서 역사인식 상의 의견차이가 생길 소지가 있다고 보아야 할 것이다.

한백겸은 『동사찬요』가 고람考覽에 심히 편한 책이라는 점에서 칭송稱誦을 표했으나, 내용 자체에 대해서는 다음과 같은 아쉬움을 나타냈다.

> 列傳은 자세하면서 本紀가 간략하고, 또 表와 志가 없다. 나라의 法制의 沿革과 임금의 政治의 得失은 모두 그 始終을 알 수가 없으니, 이것이 欠이 될 만하다. 또한 三韓·四郡의 說은 諸家의 잘못을 그대로 따르고 있어서 折衷하는 論을 볼 수가 없으니, 이는 우리 東方의 一大欠事로서 吳公의 이 책에서만 애석한 일은 아니다.[28]

이를 다시 요약하면 『동사찬요』의 결점은 ① 본기가 간략하고 표表·지志가 없어서 정치사와 법제사에 대한 인식이 부족하다는 것과, ② 삼한·사군에 대한 인식이 잘못되어 있다는 것으로 정리된다. 삼한三韓·사군四郡에 대해서는 자신의 독특한 견해를 대안으로 상세하게 제시하고 있는데, 그 요점은 ① 한강을 경계로 하여 그 이북은 삼조선三朝鮮 및 한사군漢四郡의 땅이라고 보고 그 이남은 삼한의 땅이라고 하는 것과, ② 삼한은 옛 진국辰國으로서 중국문화의 영향을 받지 않고 독자적인 정치세력을 이루었으며, 그중에 호서·호남에 자리 잡았던 마한馬韓이 최강국이라는 것, ③ 그리고 기준이 세운 마한은 원래의 마한과는 별개의 정권이라는 것으로 요약된다.

이러한 한백겸의 신설은 마한이 고구려 땅에 있었다고 하는 최치원설崔致遠說과도 다르고 마한이 기준이 금마군金馬郡으로 남하하여 비로소 세운 것처럼 주장한 권근설과도 다른 것이다. 최치원설은 마한을 고구려 땅에 연결시킴으로써 마한이 사군에 편입된 것으

28 　同上, "…… 但詳於列傳而略於本記 又無表志 其國之法制沿革 其君之政治得失 皆無以考其始終 此爲可欠 抑三韓四郡之說 亦沿襲諸家之陋 未見有折衷之論 此則實我東方一大欠事 不特爲吳公此書 惜也 ……"

로 되었으며 권근설은 기자조선箕子朝鮮을 마한으로 연결시킴으로써 마한이 중국인 국가인 것처럼 인식된 것이라면, 한백겸설은 마한을 북의 조선과 대등한 독자적인 정치세력으로 간주하고, 본래의 마한과 기준箕準의 마한이 백제에 흡수된 것으로 보아, 결과적으로 마한·백제의 땅인 호서·호남의 정치적 선진성과 독자성이 강조된 셈이다.

오운의 삼한 서술은 권근설을 따른 것으로서, 상고사에 있어서는 기자조선과 그 후신인 마한이 주류로 부각되고, 그 다음에는 신라를 삼국의 주류로서 연결시킴으로써 기자조선 → 마한 → 신라의 국사체계를 따른 것인데, 한백겸은 바로 이와 같은 국사체계를 반대하고 남북이원적 국사체계를 새로이 설정한 것이라고 할 수 있다.

한백겸은 1613년에 쓴『동사찬요』후서後序에서 오운의 삼한·사군설을 비판하였을 뿐만 아니라, 나아가서는 자기설을 더욱 보강하고, 역사지리 연구를 확대하여 저 유명한『동국지리지東國地理志』를 1614년에 완성하게 되었던 것이다.『동국지리지』는 말하자면『동사찬요』에 자극되어 편찬된 것이다.[29] 오운은 거꾸로 한백겸의 비판에 자극을 받아 그가 쓴 후서를『동사찬요』에 실어주고, 또 지리지 1권을 수찬하여 1614년에『동사찬요』개찬본을 내놓았다.[30]

개찬된『동사찬요』에는 이밖에도 한백겸의 충고에 따라 원천석전元天錫傳을 고려명신전高麗名臣傳 말미에 추보하였으며, 개찬본이 나온 뒤에도 두 사람은『동사찬요』의 거취에 대하여 서면으로 논변하였다고 한다.[31] 이때 한백겸은『동사찬요』가 권근의『동국사략』에 실린 여말의 규달閨闥·은암隱暗·추악醜惡한 일들을 삭제한 것을 칭송하였다.[32]

---

29 『東國地理志』에 실린 한백겸의 아들 韓興一의 跋文에 "先君子 …… 戊辰年間 得見吳斯文澐東史纂要 其中地理志 與所聞見 頗有異同 喟然嘆曰 …… 可勝惜哉 乃出諸書 參以聞見"이라 하여 한백겸이『동사찬요』의 地理志를 보고 개탄하여『동국지리지』를 썼다고 밝히고 있다. 이 跋文에서 한백겸이『동사찬요』를 본 것이 戊辰年間(1568, 혹은 1628)이라고 한 것은 癸丑年(1613)의 잘못이다. 또 한백겸이『동사찬요』의 地理志를 보았다고 한 것도 잘못된 표현이다. 癸丑年에 본『동사찬요』에는 地理志가 아직 없었기 때문이다. 그러나 地理志가 없었다 하더라도 地理에 관한 서술은 있었기 때문에 한백겸이 그것을 보고 異論을 제기한 것이다. 그러므로 한백겸이『동사찬요』의 지리 서술에 불만을 품고『동국지리지』를 편찬한 것은 사실로 인정할 수 있다.

30 1614년『동사찬요』改撰本은 실제로는 3次 改刊에 해당한다. 1609년의 2次 改刊에서는 新羅에서 高麗末까지의 君王紀를 追刻하였으며(東史纂要序) 1614년의 3次 改撰에서는 韓百謙의 비판을 받아 地理志를 추가하였다.

31 『竹陰集』「竹陰先生年譜」, "四十二年(光海 6年) …… 五月改撰東史纂要 …… 與韓久菴百謙 論東史去取(按韓公答書曰 嘗見史略 麗季閨闥隱暗醜惡之事 狼藉載錄 陽村乃麗之世臣 …… 其何忍至此尋常 爲陽村恨之 今纂要此等醜穢之說 皆刪去不錄 眞得作史之體云)".
『竹陰集』附錄下에 있는 韓百謙의 奉謝吳令公書에도 비슷한 내용이 실려 있다.

32 同上.

『동사찬요』는 이렇듯 한백겸과의 서면토론을 통해서 적지 않은 수정·보완을 보았지만, 궁극적으로 두 사람의 의견이 합일되었던 것은 아니었다. 오운은 한백겸의 삼한설을 부록하면서 "후세의 군자를 기다린다"고 여운을 두었으며, 그것을 자기설로서 완전히 받아들이지는 않았다.

오운과 한백겸의 역사인식상의 근본적인 차이점은 양인兩人의 사상체계와 역사서술체계를 총체적으로 비교한 연후에 밝혀질 문제이므로 여기서는 일단 문제제기 정도로 그친다. 다만, 오운이 역사를 어디까지나 인물 중심·도덕 중심·신라 중심으로 이해하고 있는 것과는 대조적으로 한백겸은 정치제도사 중심, 삼한·고구려 중심으로 이해하며, 또 전자가 마한을 중국계 기자조선의 후신으로 이해하고 있는 데 대하여, 후자는 기자조선과 별개의 독자적인 정치세력으로 인식하고 있다는 점에서 양인의 역사인식상의 중요한 차이점이 드러나고 있다는 것만은 확실하다고 하겠다.

3) 『동사찬요』의 역사서술

(1) 체재

1614년에 개찬된 『동사찬요』는 모두 8권으로 구성되어 있는 바, 목차는 다음과 같다.

目錄
凡例(16項)
纂輯諸書(21種)
卷一 上 檀君朝鮮, 箕子朝鮮, 衛滿朝鮮, 四郡二府, 三韓三國紀
    中 新羅紀(文武王 9年 이후~敬順王 末年)
      高麗紀(太祖 19年 이후~睿宗)
    下 高麗紀(仁宗~忠宣王)
卷二 上 高麗紀(忠肅王~恭讓王)
    中 地理志(地理一 新羅)
      (地理二 高句麗)
      (地理三 百濟)

　권1과 권2를 각각 상·중·하로 나눈 것은 2차 개찬改撰 시에 군왕기(신라에서 고려까지)를 증수하고, 3차 개찬 시에 지리지를 추가하여 중간에 넣은 까닭이다. 그러니까 형식은 8권이지만, 실제로는 12권이나 다름없다. 12권 중에서 군왕기가 4권, 지리지가 1권, 그리고 열전이 7권이 되는 셈이다. 열전의 비중이 역시 가장 크다.

　군왕기(本紀)·지志·열전列傳을 갖추었기 때문에 형식은 기전체紀傳體라고 할 수 있으나 문화 전반을 다루어야 할 지志가 지리만을 취급하여 완전한 기전체라고 할 수 없다. 그러나 기전체는 본래 열전이 중심이라는 점에서 보면 기전체의 정신은 어느 정도 관철된 셈이다. 조선시대에 들어와서 통사를 기전체로 엮은 것은 이것이 처음이다. 조선초기에 기전체로 엮어진 『고려사』는 인물 평가와 동시에 고려시대 문화 전반을 정리하는 의미를 가졌으나, 『동사찬요』는 인물과 지리에 중점을 두었다는 점에서 『고려사』와 다르다. 이는 『고려사』가 인물을 정치 혹은 문화 전반과 관련시켜 평가하려는 입장이라면, 『동사찬요』는 인물을 지리와 관련시키려는 입장의 차이라고도 볼 수 있다. 이점에 대해서는 지리지와 열전에 대한 검토에서 재론하기로 한다.

　사서 첫머리에 범례를 두는 것은 선초의 관찬사서에서는 관례였으나, 16세기의 사략형 사찬사서에는 대체로 범례가 없었다.[33] 범례가 없는 사서는 기왕의 사서를 요약하는 경우가 많으며, 어떤 새로운 원칙을 가지고 역사체계를 재구성하는 경우에는 범례가 제시되는 것이 일반적이다. 『동사찬요』에서 범례가 제시된 것은 편자가 새로운 구상과 원칙을 가지고 국사를 재구성하겠다는 의욕의 표출로 볼 수 있지 않을까 한다.

　범례는 모두 16항으로 되어 있다. 그중에서 앞의 4항은 본기 서술의 원칙을 적은 것이며,

33　16세기 史略型 史書에서 凡例를 둔 것으로서 柳希齡의 『標題音註東國史略』이 있다. 이 밖에 凡例를 둔 史書는 아직 발견되지 않고 있다.

10항은 열전 서술의 원칙을, 그리고 나머지 2항은 사론에 관해서 언급한 것이다. 지리지에 대한 항목이 없는 것은 이 범례가 지리지 편찬 이전에 쓰여진 까닭이다. 범례에서도 열전에 대한 작자의 비상한 관심이 반영되어 있다. 범례에 대한 개별적인 검토는 뒤에 본기와 열전에 대한 설명에서 재론하기로 한다. 다만, 범례가 3찬 시에 쓰여진 것이 아닌 관계로 3찬 시에 수정·보완된 열전의 일부가 범례에 누락된 것이 있음을 지적해 두고자 한다.[34]

그 다음 범례 다음에는 찬집제서纂輯諸書라 하여 21종의 참고문헌을 밝히고 있다. 먼저 사서로서는 『동국통감』·『동국사략』·『고려사』·『삼국사절요』가 제시되고 있다. 이 중에서 정체가 불분명한 것은 『동국사략』이다. 이 책은 권의 작作인지, 박상의 작作인지, 아니면 그 밖의 것인지 확실하지 않다. 그러나 『동사찬요』의 삼국기에서 권근의 『동국사략』을 칭송하고 있는 것으로 보아, 찬집제서의 『동국사략』은 권근의 작을 가리키는 것이 아닌가 생각된다. 그렇다면, 『동사찬요』에서 인용하고 있는 사서는 모두가 15세기의 관찬사서인 것이며, 16세기의 사찬사서는 단 한 권도 인용되고 있지 않은 것을 알 수 있다.

이 밖에 본서에서 참고한 자료는 『여지승람輿地勝覽』, 『천운소통天運紹統』(함허자), 『동문선東文選』, 『목은문집牧隱文集』, 『청구풍아靑丘風雅』(김종직), 『추강냉화秋江冷話』(남효온), 『어제시御制詩』, 『익재난고益齋亂稿』, 『역옹패설櫟翁稗說』, 『퇴계문집退溪文集』, 『남명유고南冥遺稿』(조식), 『죽계지竹溪志』(주세붕), 『병진정사록丙辰丁巳錄』(임보신), 『용재총화慵齋叢話』(성현), 『소문쇄록謏聞瑣錄』(조신), 『오산지吳山志』(차천로), 『동국명신행적東國名臣行跡』, 그리고 『대동운옥大東韻玉』(권문해) 등이다. 이들 자료의 작자들은 오운과 개인적으로 관련이 큰 사람들이 많다. 오운과 김종직·이황·조식·주세붕과의 관련에 대해서는 제1장에서 설명한 바 있거니와, 요는 오운 자신의 학문 형성에 영향을 크게 준 사림인사들의 문집 혹은 저술들이 주로 참고되고 있다는 사실이 주목된다.

16세기 사림의 사서는 참고하지 않고,[35] 16세기 말의 대유大儒인 이이의 문집이나 『기자실기箕子實記』 같은 중요한 저술도 참고하지 않았다. 당시대 사림의 특수부류의 저술만을 참고한 것은 어떤 의도가 담겨진 것인지 확언하기 어렵다. 어쨌든 16세기의 사서는 대체로 기호사림의 저술이 많은데, 오운이 참고한 자료들은 대부분 영남사림의 저술들이라

---

34   예컨대 元天錫을 高麗名臣傳 말미에 넣었으나, 凡例에는 冶隱 以下 四君子(吉再·徐甄·李養中·金澍)만을 追補하였다고 한 것이 그것이다.

35   朴祥의 『東國史略』을 참고한 것은 사실이나, 이는 批判을 위해서 언급했을 뿐이며, 參考諸書 속에는 빠졌다.

는 것은 자료 이용이 보편성을 띠고 있다고 말하기 어려운 점이라 하겠다. 여기에서도 『동사찬요』 편찬 배경에 잠재된 지방성, 붕당성의 일면이 발견되지 않을까 한다.[36]

(2) 「군왕기」에 반영된 국사체계

『동사찬요』는 단군조선에서부터 고려 말에 이르는 3700여 년의 역사를 서술하고 있으나, '기紀'라는 명칭은 삼국 이후에만 붙여서 이를 '군왕기'라고 호칭하고 있다. 그리하여 단군조선에서 삼한까지는 '기'를 붙이지 않았으며, 삼국시대를 삼국기, 문무왕 9년 이후에서 경순왕 말년까지를 신라기, 그리고 고려태조 19년에서 공양왕 말년까지를 고려기로 부르고 있다. 그러니까 군왕기를 붙인 시대는 1449년에 지나지 않는다.

삼국시대부터 '기'를 붙인 것은 『동국통감』에서부터 시작된 것인데, 그보다 앞서 편찬된 『삼국사절요』에서는 삼국이 세력균적勢力均敵하여 하나를 주로 할 수 없으므로 삼국과 통일신라에 다 같이 '기'를 붙이지 않는다고 하였다.[37] 한편, 박상의 『동국사략』에서는 신라통일 이후부터 비로소 '기'를 붙이고 있어[38] 사서에 따라 '기'를 붙이는 원칙이 다른 것을 알수 있다. 『동사찬요』는 결과적으로 『동국통감』의 원칙을 따른 것이라 할 수 있다.

삼국에서부터 '기'를 붙인 것은 신라시조부터 군왕기가 시작된다는 것을 의미하는 것으로, 그다음 문무왕 9년부터 신라기로 칭하고, 태조 19년부터 고려기를 칭한 것과 아울러, 국사체계에 있어서 신라의 위치를 부각시킨 것을 뜻한다. 신라를 삼국의 정통으로 간주하는 것은 삼국의 역사를 신라왕의 표제 아래 서술하고 있는데서 더욱 확연히 드러나는데, 이에 대해서는 뒤에 재론하기로 한다.

그러면, 삼국 이전의 상고사는 어떻게 서술되고 있는가.

먼저, 국사의 시발을 단군조선에서부터 설정하고 있다는 점에서는 이전의 사서와 다를 바 없다. 그리고 단군의 입국立國과 역년歷年·도읍都邑 등에 관한 서술도 대체로 이전의 사서 특히 박상의 『동국사략』과 동일하다. 다만 특이한 것은, 단군의 두 번째 도읍인 백악白岳과 단군이 입산위신入山爲神한 것으로 전해지는 아사달을 다 같이 문화文化 구월산九月

---

36 吳澐이 참고한 서적들은 대부분 당시 東人系人士들이 추앙하던 人士들의 편찬물이며, 李珥·朴祥 등과 같이 西人系人士들이 숭앙하던 人士의 편찬물이 배제되고 있다.
37 「三國史節要序」(徐居正撰), "…… 三國勢均力敵 不可主一而名之 …… 是以法朱子綱目之例 而不稱紀也".
38 韓永愚, 前揭書, 228~237쪽.

山으로 비정하고 있는 점이다. 유희령의 『표제음주동국사략』에 보이던 삼성三聖(환인·환웅·단군)에 관한 서술이나 태자 부루夫婁의 치적治績 등에 관한 언급은 보이지 않는다. 이는 단군조선과 연결된 신앙적 요소를 부인하는 태도의 결과라고 해석된다.

그 다음 기자조선에 대해서는 상당히 많은 지면을 할애하여 박상의 『동국사략』보다 훨씬 자세하게 서술하고 있다. 뿐만 아니라 범례의 제1항에서,

箕子東來事蹟 本史外紀及見於他書者 參考而備載之 欲使看此書者 開卷第一知東國風敎之
所自

라 하여 기자동래에 관한 사적을 본사本史(『동국통감』)와 타서他書에서 참고·비재備載함으로써 이 책을 보는 사람으로 하여금 개권開卷 첫머리에서 우리나라의 풍교風敎가 기자箕子에서 비롯되었다는 것을 알게 하도록 한다고 밝히고 있다. 여기에서 작자의 기자에 관한 숭봉崇奉의 입장이 강렬하게 표명되고 있음을 본다.

기자조선에 대한 서술내용은 대체로 『동국통감』의 그것에서 벗어나지 못하고 있으나, 기준이 연燕과 경계로 삼았다는 패수浿水의 위치에 대하여 새로운 고증을 내린 것이 특이하다. 즉 패수는 한 곳이 아니라, 압록강·대동강·저탄猪灘(平山府)의 세 곳이 있다는 삼패수설三浿水說이 그것이다, 이는 패수를 대동강 한 곳으로만 비정한 『동국사략』(박상)의 서술과 다르며, 역사지리에 관한 지식이 한 단계 깊어진 것을 뜻한다.

16세기에 들어와서 기자에 대한 숭배와 인식은 15세기에 비해서 훨씬 깊어졌다. 15세기 초기에는 중국과의 사대 혹은 자주自主 관계의 상징으로서, 팔조교八條敎를 시행한 교화의 군주로서, 후조선의 시조라는 조상 숭배관념에서 기자상이 정립되었으나, 『동국통감』에 와서는 여기에 절의와 인의의 상징으로서, 동방에 중국의 풍교를 양성한 인물로서의 의미가 첨가되었고, 16세기 사림에 이르러는 홍범洪範을 구현하고 정전井田을 시행한 왕도적 성현으로서의 기자상이 재구성되었다. 윤두수尹斗壽의 『기자지』(1580)와 이이의 『기자실기』(1580)는 16세기 사림의 기자숭배와 기자 인식을 집성한 것이다.[39]

---

39 고려·조선 전기에 이르는 시기의 箕子인식에 대해서는 다음 두 論文이 참고된다.
    朴光用, 「箕子朝鮮에 대한 認識의 변천」, 『韓國史論』 6, 1980; 韓永愚, 「高麗~朝鮮前期의 箕子認識」, 『韓國文化』 3, 1982.

그런데『동사찬요』에서는 기자의 문화적 의의를 그토록 강조하면서도 위 저술은 참고하지 않았기 때문에『동국통감』의 수준에서 벗어나지 못하고 있는 것이다. 윤두수나 이이가 모두 서인 계통의 기호인사들이기 때문에 위 저술을 접할 기회가 없었던 까닭인지, 아니면 의도적으로『동국통감』의 기자서술을 따른 것인지는 알 수 없다. 어쨌든 김종직 문인의 영남사림의 참여하에 수찬되었던『동국통감』의 기자상이『동사찬요』에 와서 다시 주목된 것은 흥미 있는 사실이다.

위만조선과 사군이부에 대한 서술은 별다른 특색이 보이지 않는다. 다만 사군의 위치에 대해서는 16세기 사서에 공통적으로 나타나는 낙랑樂浪=평양平壤, 임둔臨屯=강릉江陵, 현도玄菟=함경지咸鏡地, 진번眞蕃=삽현霅縣설을 부분적으로 재검토하고 있다. 즉 현도군치玄菟郡治는 옥저성沃沮城으로서, 심양瀋陽 부근의 귀덕주貴德州에도 고현도군古玄菟郡이 있다고 보고 있다.[40]

삼한의 위치 비정에 대해서는 권근설과 최치원설(『동국여지승람』설)을 모두 소개하고 끝에 가서는 권근설을 지지하고 승람설을 비판하고 있다. 권근의 삼한설은『동국통감』에서 지지되고 있는 까닭에, 결과적으로 오운은『승람』의 삼한설을 반대하고『동국통감』의 삼한설로 되돌아가고 있는 것이다. 또한 삼한 중 마한은 기자조선의 계승자로서 기자조선의 역년이 전후 1000여 년이 된다는『동국통감』의 안설按說을 그대로 따름으로서 '기자조선 → 마한' 계승설을 되살리고 있다.

다음에 삼국시대의 서술은 삼국기라는 명칭 아래 신라왕을 상단에 표제로 내세우고 그 아래에 삼국의 역사를 서술하는 형식을 취하고 있다. 이는 바로 권근이 신라가 선기후멸先起後滅하였다는 이유로『동국사략』에서 신라를 표제로 서술한 것을 오운이 따른 것이다. 또 삼국의 연기年紀 표기는 신라시조 원년 갑자년을 기점으로 매갑자년每甲子年만을 상단에 적고 그 아래에 "신라왕 몇 년"이라고 기록하고 있다. 고구려 · 백제왕은 즉위년에 한하여 중국의 연호와 간지를 기록하고 있을 뿐이다.

이와 같은 연기 표기법은 권근의『동국사략』이후로는 거의 쓰지 않았다. 이는 삼국을 동등하게 취급하는 연기 표기법이 될 수 없는 까닭이었다. 오운은 삼국이 '위균체적位均體敵'하다는 것을 말로는 인정하면서도 궁극에 가서는 신라의 '선기후멸'을 내세워 신라를

---

40 『東史纂要』卷一, 四郡條.

삼국의 대표로 인정하고 있다.

오운의 친신라적인 입장은 삼국기 서술의 곳곳에서 발견되고 있는바, 그 한 예로서 백제 멸망에 관한 서술을 들 수 있다. 박상의『동국사략』에는 나당羅唐연합군에 대한 계백 등의 항전과 백제 멸망 후에 일어난 복신福信ㆍ흑치상지黑齒常之 등의 부흥운동을 서술하고 있을 뿐, 신라의 승리를 특별히 칭송하는 내용은 보이지 않는다. 그런데,『동사찬요』에서는 계백의 항전에 대한 언급이 없고,[41] 소정방蘇定方이 신라를 벌하지 않은 이유로서, "新羅는 그 임금이 어질어서 백성을 사랑하고, 그 신하가 충忠으로써 나라를 섬겨, 아랫사람이 위를 섬기는 것이 부형父兄과 같아서 나라가 비록 작지만 도모할 수가 없다"고 말한 사실을 기록하고 있다. 또 신라는 당나라가 백제를 멸한 뒤에 신라를 벌할 것을 미리 알고, 거짓으로 백제인 복장을 하고 당군과 싸울 것을 계획하는 등 당에 대하여 자주적인 입장을 가지고 있었다는 사실을 위 기사 아래에 세주로 기록하고 있다. 이러한 기사들은『동국통감』에 있는 것을 전재한 것에 불과하기는 하지만, 박상이 이 기사를 묵살한 것과 달리, 오운은 이를 충실히 전달하고 있다는 점에 양인의 입장의 차이가 나타난다.

삼국기에 실린 내용은 전체적으로 보아 삼국 간의 항쟁이나, 삼국과 중국과의 사대교린事大交隣 혹은 조빙왕래朝聘往來에 관한 기사가 중심을 이루고 있다. 이와 같이 대외관계에 중점을 두는 것은 신라기와 고려기에 있어서도 마찬가지이다. 이는 범례에서,

事大交磷ㆍ朝聘往來 必書之 至於麗季 並事宋遼金蒙古 或絶或和 隨事書之

라고 밝힌 것과 합치된다. 사대교린이나 조빙왕래를 중시하는 것은 국사를 국제적 시각에서 조명한다는 의미도 되겠으나, 그 국제의식이 중국중심의 세계관과 유교중심의 문화의식에 바탕을 두고 있다는 점에서 중세적 한계성이 있다.

사대적 국제질서를 긍정하는 것은 유학자 공통의 성향으로서『동사찬요』의 고유한 특색은 아니다. 그러나 왜란을 경험하고 난 직후의 시대적 문맥에서 본다면, 사대교린의 국제질서 곧 친명ㆍ반일의 특수한 논리를 그 속에 내포하고 있다고 보아야 하는 것이다. 그리고 그것은 주관적으로는 애국의 한 표현이지만, 객관적으로는 왜倭와 청淸이 남북에서

---

41   階伯의 抗戰에 관한 서술은 列傳에만 보인다.

신흥新興하는 새로운 국제질서의 형성에 대한 전진적인 적응능력으로 보기는 어렵다.

(3) 「지리지」에 나타난 역사지리 인식

문화 전반을 서술하는데 활용되어야 할 지志가 유독 지리 한 부분만을 서술하는 데 이용된 것은 작자 오운의 지리에 대한 비상한 관심을 반영하는 것이다. 그렇다면 그가 이해하는 지리 인식의 방향은 무엇인가. 「지리지」의 서에 표시된 인식방향을 먼저 검토해 보기로 한다.

서에서는 우리나라 역대왕조의 강역을 개관하고 있는데, 단군조선의 강역은 문헌이 없어서 알 수 없고, 그 다음 기자조선은 문화가 발달한 것으로 보아 지리치적에 관한 장기掌記가 있었을 것이라고 추측하면서 그 강역은 요하遼河 이동에서 한강 이북에 걸쳤을 것으로 보고 있다.[42] 말하자면 기자조선은 문화 수준만이 높은 것이 아니고, 강역도 넓었을 것으로 보는 것이다. 특히 기자조선의 남방경계를 한강까지 내려 보는 것이 특이하며, 이는 평양 중심으로 기자조선의 위치를 이해해 오던 방식에서 크게 달라진 것이다. 그것은 기자교화의 범위를 반도 남쪽으로 확장시켜 이해하는 것을 뜻하며, 「군왕기」의 서술에서 기자조선의 역사적 위치를 크게 강조한 것과도 관련하여, 기자숭배의 지리적 반영이라고도 볼 수 있다.

그 다음 삼국의 강역은 고구려가 가장 넓고 백제가 그 다음이며, 신라가 가장 작다고 이해하고 있다. 그럼에도 불구하고 동토東土를 통일한 것은 신라이며, 그 원인은,

> 二聖이 創業하여 忠厚의 風을 養成하고, 金春秋 · 金庾信 같은 英豪가 때맞춰 태어났다.

는 데서 찾고 있다. 말하자면 국력은 강역의 크기로 결정되는 것이 아니라 문화 능력에 있다고 보는 것이다. 그리하여 오운은 신라의 예를 보아,

> 王(道)는 큰 것을 기대하지 않는다는 말이 이에 이르러 더욱 확실하다.

---

42 『東史纂要』卷二, 地理志, "惟我東方檀君肇基 箕子受封 歷數千祀 平壤遺墟 至今宛然 惟其檀君之世 文獻無徵 箕子東來 半萬殷人 渡遼水 敎以詩書 · 君親五常之道 · 醫卜百工之藝 靡不畢修 則地理治績 想亦有掌記 …… 遼河以東漢江以北 疑皆箕氏地也".

고 하여 그의 지리에 대한 관념이 강역의 대소大小에 대한 관심에 기초하고 있는 것이 아니라 문화 능력의 우열에 기초하고 있다는 독특한 왕도주의적 지리관이 피력되고 있다.

이상과 같은 지리관에 입각해서 지리 1은 신라, 지리 2는 고구려, 지리 3은 백제, 지리 4는 고려의 지리를 차례로 서술하고 있는데, 가장 역점을 두고 있는 것은 역시 삼국시대이다. 이것은 서에서 밝혔듯이, 신라가 가장 작은 나라로서 동토東土를 통일한 문화 능력을 과시하려는 의도가 잠재된 것으로 이해된다. 그리하여 상고에 있어서는 기자조선의 문화 능력을, 그리고 삼국시대에 있어서는 신라의 문화 능력을 지리를 통해서 재인식하려는 데 지리지 편찬의 근본 의도가 있는 것이 아닌가 짐작된다. 지리지 말미에 한백겸의 삼한설을 별록別祿한 것은 독자의 참고자료를 제공하기 위한 것이지, 오운 자신이 그것을 자기의 설說로서 승복한 것은 아니다.

삼국의 지리는 기본적으로 『삼국사절요』에 부주附註로 실린 『삼국사기』 지리지에 의거하여 작성되었으나, 『고려사』 지리지를 참고하여 『삼국사기』에 누락된 부분을 크게 보완하였다. 『삼국사기』는 삼국의 모든 지명을 통일신라의 경덕왕 때에 정해진 주군현州郡縣의 명칭을 가지고 표제로 내세웠으며, 고구려와 백제의 수도를 앞머리에 싣지 아니 하였다. 그리고 오직 신라의 경주 만을 왕도라는 이름으로 신라지의 첫머리에 실었다. 이는 삼국의 모든 영토를 신라의 영토라는 관점에서 서술한 것을 의미한다.

오운은 『삼국사기』의 지리지의 이와 같은 체제에 대하여 신라지에 안설按說을 붙여 다음과 같이 비판하고 있다.

> …… 가만히 보니, 三國은 體가 균등한데, 김부식이 纂한 地理志는 신라만이 자세하고 麗·濟는 간략하여, 마치 邾莒의 附庸과 같다. 또한 郡縣의 배열은 마땅히 邦畿를 먼저하고 諸邑을 뒤로 하여, 줄기를 거쳐 가지에 이르게 해야 하는데, 新羅에 있어서는 尙州를 첫머리에 넣고 國都를 뒤에 넣었다. 麗·濟의 志도 역시 그러하다. 이는 國風에서 二南을 첫머리에 넣은 뜻과 다르다. 그러므로 나는 이들 凡例에서 모두 管見을 써서, 景德王이 바꾼 二國의 郡縣號를 邑下에 모두 分註하고, 나아가 羅志의 領縣 分州의 制를 따르려고 한다.[43]

43 同上書 卷二, 地理一 新羅, "按 …… 竊觀三國體均而金富軾纂地理志 獨詳於新羅 略於麗濟有若邾莒之附庸 且排列郡縣 宜先邦畿後諸邑 由幹達支而於新羅 則首尙州後國都志 麗濟亦然 殊非國風首二南之意 故愚於此等凡例 皆用管見 景德王所改二國郡縣號 並分註於邑下 仍用羅志領縣分州之制".

다시 말하면, 『삼국사기』 지리지가 신라 위주로 편찬된 것을 탈피하여, 삼국을 각각 독립된 국가로 인정하고 당시의 군현의 명칭을 따라서 지리지를 편찬하겠다는 뜻이다. 그리하여 『동사찬요』의 지리지에서는 경덕왕 이전에 가졌던 삼국의 고유한 군현명을 표제로 내세우고, 그 밑에 경덕왕 때에 개칭된 명호를 분주分註로서 기록하였다.

또한 『동사찬요』 지리지의 고구려항에서는 『삼국사기』 지리지에서 누락된 지명을 『고려사』 지리지 등에서 찾아내 보충하였다. 『삼국사기』에서는 신라가 통일한 영역 내에 들어 있는 고구려 군현 만을 주로 수록하였기 때문에 자연히 고구려의 영역이 좁게 이해되고 많은 군현명이 누락될 수밖에 없었던 것이다.

오운은 지리지 2 고구려항에서 안설按說을 붙여 김부식의 과오를 다음과 같이 지적하고 있다.

高麗史 地理志를 보니, 北界는 본래 朝鮮의 故地로서 三國시대에 高句麗의 所有가 되었다 하니, 곧 오늘날의 平安道이다. 『勝覽』을 보니, 平壤 약간의 邑 이외로는 나머지 郡縣이 모두 高句麗 때의 칭호가 없다. 가만히 생각해 보건대, 關西一道는 朝鮮舊地에 연결되어서 高句麗 長壽王에 이르러 國內로부터 도읍을 옮긴 뒤 230餘 年이 지났다. 王畿에서 가장 가까운 땅의 탈락이 이에 이른 것은 무슨 까닭인가. 隋唐이 두 번 兵을 일으키고, 靺鞨이 교대로 침략하여 薩水 이북은 다시 高句麗 땅이 되지 못하였다. 新羅가 얻은 것도 또한 남쪽 境界에 그쳤을 뿐이다. 金富軾이 『三國史』를 수찬할 때에 新羅 地志에만 의거하여, 古跡을 널리 연구하여 나머지 땅을 收拾하지 아니한 채 高句麗 地理志를 만들었던 까닭에 마치 高句麗國의 郡縣이 원래 이런 숫자에 그친 것처럼 되어, 後世에 傳하지 못하게 된 것은 개탄스럽다.[44]

그리하여 오운은 『삼국사기』 지리지에 누락된 지명(군현)을 『고려사』 지리지에서 보충하였으니, 예컨대 정주貞州와 함경도 지방의 제진諸鎭을 수록한 것이 그것이다. 그리고 동명왕이 도읍을 정했다고 정해지는 졸본卒本의 위치를 성천成川이라고 보는 통설을 비판

---

44 同上書 卷二, 地理二, "按高麗史地理志 北界本朝鮮故地 在三國時高句麗所有云 即今平安道也 考之勝覽則唯平壤 若干邑外 其餘郡縣 擧無麗時稱號者 竊念關西一道 係朝鮮舊地 到高句麗長壽王 自國內移都後 歷二百三十餘年 王畿最近之地 脫落至此何哉 抑隋唐再擧兵 夷鞨交侵 薩水以北 無復爲麗地 新羅所得 亦止南境 金富軾修撰三國史也 只據新羅志 不復博究古跡收拾餘壤 目之爲高句麗地理志 有若麗國郡縣 元止此數 以致後世無傳 可歎".

하고 아마 현도군현에 있을 것으로 새롭게 추정하였다. 고구려지에 대하여 오운이 특히 관심을 가진 것은, 고구려가 삼국 중 가장 광대한 나라였다는 사실을 인식한 데 토대를 둔 것은 말할 나위도 없다.

다음에 백제의 지리에서는 『삼국사기』에서 백제의 북경인 한강 일대의 기록이 빠진 것을 개탄하고, 백제 초기의 도읍지인 위례성·남한산성·북한산성을 추록하고 있다.

끝으로 고려의 지리는 『고려사』 지리지를 그대로 전재하여 내용상 새로운 것이 없으나, 조선초기의 고려 지리에 대한 인식을 새롭게 일깨워 주었다는 점에 의의가 있다고 하겠다.

전체적으로 보아 『동사찬요』 지리지는 삼국의 지리를 새롭게 재구성한 데 특색이 있으며, 특히 『삼국사기』 지리지에서 마치 신라의 부용附庸처럼 다루어진 고구려와 백제의 지리를 신라와 대등한 위치에서 재인식하려고 노력했다는 점에서 중요한 의의가 찾아진다. 그리하여 오운은 신라가 삼국 중 가장 작은 나라였다는 사실을 정확하게 인식했지만, 신라가 삼국을 통일한 사실을 주목하고 그 원동력이 나라의 크기에 있는 것이 아니라 문화 능력에 있다는 점을 강조함으로써 궁극적으로 그의 지리 인식은 신라의 우월성을 부각시키는 것으로 귀결되고 있는 것을 본다.

⑷ 열전에 나타난 문화의식

열전은 본서의 권2 하(下)로부터 권8에 이르고 있어 사실 이 책은 열전을 위하여 쓰여진 것이라 해도 과언이 아니다. 권2는 삼국명신三國名臣을 싣고 권3에서 권7까지는 고려명신을 다루고, 권8은 삼국 및 고려의 반적叛賊과 권흉權兇을 별록別祿으로 첨가하였다. 따라서 열전의 대부분은 고려명신으로 채워지고 있다.

열전의 인물 선정에 있어서 가장 주력한 것은 국가의 흥망성쇠에 직접 관련된 행적을 가진 인물들이다. 이는 크게 두 부류로 나뉘고 있다. 하나는 애국명장愛國名將이고 다른 하나는 절의로써 나라를 지키려던 문신들이다. 『동사찬요』의 범례에서는,

　　事業行蹟 關國家興衰者 旁搜採輯 雖多不厭

이라 하여 국가의 흥망성쇠에 관련되는 인물은 아무리 많아도 거리낌 없이 채집·수록했다고 밝히고 있다. 그 대표적 인물로서는 김유신金庾信·서희徐熙·윤관尹瓘·조충趙冲·

김취려金就礪·김방경金方慶·목은牧隱·포은圃隱 등을 들고 있다. 특히 삼국시대의 인물은 거의 애국적인 인사들로 채워져 있다. 예컨대 고구려의 명신으로 을두지乙豆智·송옥구松屋句·고복장高福章·을파소乙巴素·을지문덕乙支文德을, 또 고구려의 의열인義烈人으로서 안시성주安市城主·온달溫達·유유紐由·밀우密友 등을 소개하고 있는바, 고복장과 을파소를 제외하고는 모두 대외항쟁에서 공을 세운 인물이며, 고복장은 절신節臣으로서, 을파소는 선치善治재상으로서 명신전名臣傳에 올린 것이다.

신라인으로서는 물계자勿稽子·박제상朴堤上·김후직金后稷·실혜實兮·김유신金庾信·김인문金仁問·강수强首·설총薛聰·김양金陽·최치원崔致遠을 명신전에 넣고, 그 뒤에 신라충의전新羅忠義傳을 별록하여 귀산貴山·추항箒項·찬덕讚德·해론奚論·눌최訥催·죽죽竹竹·비녕자丕寧子·김흠운金歆運·취도驟徒·반굴盤屈·관창官昌·필부匹夫·소나素那·유동儒冬·탈기脫起·선백仙伯·실모悉毛·핍실逼實·부과夫果·김영윤金令胤·마의태자麻衣太子 등 20여 명을 소개하고 있다. 이들은 비록 지위가 높은 명신은 아니더라도 화랑도花郎徒로서, 혹은 지방수령으로서 나라를 지키기 위하여 목숨을 바친 충의인忠義人으로 추앙되고 있다. 충의전 뒤에는 효열전孝烈傳을 첨부하여 마의태자(경순왕敬順王의 자子)·석우로昔于老(내해왕奈解王의 자子)의 처, 설씨녀薛氏女·손순孫順·지은知恩 등 효자와 열녀를 소개하였다.

다음에 백제인물로서는 성충成忠·흥수興首·계백階伯·도미都彌 등 4인만을 의열인으로 소개하고, 명인名人은 단 한 사람도 싣지 아니하였다.

이상 삼국의 인물은 『삼국사기』 열전과 비교하여 서로 출입出入이 있다. 고구려의 을두지·송옥구·고복장과 신라충의인新羅忠義人의 일부는 열전에 없던 것이 새로이 뽑힌 것이고, 나머지 인물은 열전에서 추린 것이다. 말하자면 『동사찬요』의 삼국열전은 충忠·의義·효孝·열烈을 가치 기준으로 하여 재구성된 것이고, 그 밖의 인물은 비록 정치적으로나 문화적으로 행적이 뚜렷한 인물이라도 과감히 빼 버렸다. 거칠부居柒夫·이사부異斯夫·흑치상지黑齒常之·장보고張保皐·개소문蓋蘇文 등이 빠진 것이 그 저례著例이다.

저자는 삼국의 인물을 이해함에 있어서 신라가 어느 나라보다도 사절지사死節之士가 가장 많다고 믿었다. 그래서 그는 범례에서 "三國時 死節之士 新羅最多 彙次爲別傳"이라고 밝히고 있는데, 실제로 열전에 등재된 인물은 신라가 압도적으로 많다. 이는 그가 신라 중심으로 열전을 만든 『삼국사기』를 기본 자료로 이용한 것과 관련이 있어 보인다.

그 다음 고려명신高麗名臣도 기본적으로는 삼국 인물과 마찬가지로 충 · 의를 기준으로 하여, 고려사 열전에서 인물을 초록抄錄하고, 고려사 열전에 빠진 인물을 새로이 추가하고 있다. 먼저 새로이 추가된 대표적 인물은 길재吉再 · 서견徐甄 · 이양중李養中 · 김주金澍 · 원천석元天錫 등이다. 이들 5인은 초간본初刊本에는 없었으나 개각改刻할 때 추보追補한 것이다. 범례에서는 이 사실을 다음과 같이 밝히고 있다.

> 冶隱以下 四君子는 原史(高麗史를 가리킴 - 필자)에 보이지 않아 처음에는 적지 않았으나, 여러 책을 追得하여 補錄하게 되었다. 籠岩에 있으면서도 風節이 奇特하여, 그들의 後裔로부터 行蹟을 窮搜하여 썼다.

즉 이들은 풍절風節이 기특한 인물이기 때문에 후예들로부터 행적을 조사하여 기록하게 되었다는 것이다. 초간본의 범례에서도, 이들의 풍성風聲과 절의節義가 우주에 드리워져 있음에도 야사가 없어서 은행隱行이 자못 매몰된 것을 안타까워하고 있다. 이들은 충신불사이군忠臣不事二君의 지조를 지키며 역성혁명易姓革命을 거부하고 향촌에 은거한 인물들인데, 그들의 행적을 절의라는 입장에서 높이 추앙하고 있는 것이다.

절의인사들을 높이 추앙하는 것과는 정반대로 조선왕조 개국공신이나 조선조에 들어와 벼슬한 인사들은 단 한 명도 수록하지 않았다. 『고려사』 열전에 크게 취급되었던 정도전鄭道傳 · 조준趙浚 · 남은南誾 · 심덕부沈德符 · 이두란李豆蘭 · 윤소종尹紹宗 · 오사충吳思忠 · 이첨李詹 등이 빠진 것이 그 좋은 예이다. 특히 정도전 · 조준 등 개국의 주역에 대해서는 곳곳에서 반대파의 악평을 소개하여 악인의 상징처럼 취급하고 있다.[45]

고려명신으로서 저자가 뽑은 인물의 대부분은 출신이 미천하지 않고 유교와 깊은 관련이 있는 정치가이거나 청담파적淸談派的인 은일생활을 보낸 인사들이다. 최언휘崔彦撝 · 최승로崔承老 · 최충崔冲 · 김인존金仁存 · 김부식金富軾 형제 · 한유한韓惟漢 · 이자현李資玄 · 이인로李仁老 · 오세재吳世才 · 임춘林椿 · 안향安珦 · 우탁禹倬 · 권부權溥 · 이제현李齊賢 · 이곡李穀 · 박상충朴尚衷 · 이색李穡 · 정몽주鄭夢周 · 이숭인李崇仁 등이 명신전에 들어있는 것은

45　鄭道傳 등 開國功臣이 올린 改革上疏는 거의 싣지 않고, 그 대신 그들의 반대파인 鄭夢周 · 金震陽 · 李擴 · 李來 등이 올린 공격상소는 상세히 소개하고 있는데, 그 上疏文의 요지는 賤地에서 起身하여 높은 자리를 차지하고 賤根을 감추기 위하여 本主를 모함하며 國政을 어지럽힌다는 것이다.

이들이 저명한 유학자인 것과 관련이 깊은 까닭일 것이다. 이런 인물에 대해서는 고려사 열전 이외의 자료 즉 선현先賢의 언론言論이나 유고遺稿에서 새 자료를 뽑아 보충해서 설명하고 있는데, 범례에서는 그러한 취지를 다음과 같이 밝히고 있다.

遯世高踏하여 吾道의 기치를 세웠으나, 本史의 기록이 간략한 사람은 先賢의 言論과 여러 遺稿에서 一, 二條를 竊取하여 보충하였다. 韓惟漢 · 李資玄 · 安文成(安珦) · 禹祭酒(禹倬) 등이 그러하다.

그리하여 한유한에 대해서는 남명南冥 조식의 평을, 이자현에 대해서는 퇴계 이황의 평을, 안향安珦에 대해서는 신재愼齋 주세붕의 평을, 그리고 우탁에 대해서는 역시 이황의 평을 각각 수록하고 있다. 이들 평자는 모두가 영남사림의 숭앙을 받던 16세기의 저명한 사림 성리학자인 것이 주목된다.

한편, 『고려사』 열전에 등재된 인물 중에서 후비后妃 · 종실宗室 · 양리良吏 · 열녀烈女 · 효우孝友 · 방기方妓 · 환자宦者 · 혹리酷吏 · 폐행嬖幸 · 간신姦臣은 모두 빼버렸다. 그 대신 『동사찬요』 열전의 말미에는 반적叛賊과 권흉權兇을 별록하여 명신과 대조를 이루게 하였다. 여기에 등재된 인물은 삼국시대의 해구解仇 · 작가芍加 · 천개소문泉蓋蘇文 · 김헌창金憲昌 등 4인과, 왕규王規에서 신돈辛旽에 이르는 28명의 고려 인물이다. 이 중에서 28명의 고려 인은 대부분 『고려사』 열전의 반역에서 뽑은 것인데, 특히 묘청난妙淸亂과 무신난武臣亂에 연루된 인물들은 『고려사』 열전에 오르지 않은 인물까지 첨부하여 등재하는 성의를 보이고 있다.[46] 이는 작자가 반역 중에서도 특히 묘청난과 무신난에 대하여 심각한 반응을 보이고 있음을 뜻하는 것으로 볼 수 있다.

또한 열전의 인물을 명신과 반적(및 권흉)으로 크게 단순화시켜 분류한 것은, 인물을 평가하는 시각이 충의냐 반역이냐를 따지는 충역 관념에 치우쳐 있다는 것을 뜻하는 것이기도 하다. 그러한 관점에 서 있는 까닭에 비록 명신전에 들어 있는 인물이라 하더라도 충의의 행적이 뚜렷하지 않고 문한文翰에만 치중한 사람은 매우 간략하게 서술하였다. 예

---

46 예컨대 妙淸亂에 관여한 인물로서 柳昆 · 趙匡 · 趙昌言 · 安仲榮을, 武臣亂에 관여한 인물로서 李高를 추록하였다.

를 들면 이규보 같은 인물이 그러하다.[47] 이규보는 무신집권기의 대표적 문인이지만,「동명왕편」을 써 고구려 건국을 찬양하고 무신집권층과 결탁한 행적이 아마도 오운의 입장에서는 마땅치 않았던 것 같다.

전체적으로 볼 때, 오운이 인물을 평가하는 기준은 부국강병이나 기술 혹은 제도의 발전에 기여했거나, 왕조를 새로이 창업한 혁명가적인 행위에 가치를 두는 것이 아니라, 뜻을 고상하게 가지고 그 뜻을 몸바쳐 지키려고 노력한 도덕적 행위를 더 높이 보려는 것이다. 말하자면 공리功利를 배격하고 도덕주의를 강조하는 입장이『동사찬요』열전 인물 선정의 기조를 이루고 있다고 할 수 있다.

(5) 사론의 분석

『동사찬요』에는 150여 칙則의 사론이 실려 있다. 이중에서 작자 오운 자신의 의견을 제시한 사론은 25칙이고, 나머지는 타인의 사론이다. 자신이 쓴 사론에는 '안按'으로 서두序頭하여 타인의 그것과 구별하고, 타인의 사론은 '사신史臣'과 '사씨史氏'로 구별하고 있는데, 전자는 '당시의 사관'을 가리키고, 후자는 '찬사撰史할 때의 제신諸臣'을 가리킨다고 범례에서 밝히고 있다.[48] 구체적으로 말하면, '사신'은 고려시대의 사관을 뜻하며, '사씨'는 조선 초기의 찬사자를 의미한다.

실제로 단군조선에서 통일신라에 이르는 시기에 관한 사론에는 사신이 오직 김부식 한 사람 뿐이며, 나머지는 모두 권근과 사씨의 사론뿐이다. 그 이유는『동사찬요』의 고대사 부문은 권근의『동국사략』과『동국통감』을 바탕으로 하여 구성한 까닭이다. 한편, 고려기에는 사신과 사씨가 모두 나타난다. 그것은 이 부분의 서술이『동국통감』을 토대로 한 까닭이다.『동국통감』에서는 찬사자 자신들의 의견을 '臣等按'이라 하여 사신의 사론과 구별하고 있는데, 이 '臣等'이『동사찬요』에서는 '史氏'로 표기되고 있는 것이다. 이 '史氏'의 사론은 약 52칙이지만, 나머지 사신의 사론도 모두『동국통감』에 실린 것이기 때문에, 결국『동사찬요』의 사론은 작자 자신의 사론을 빼고는 대부분『동국통감』에서 뽑은 것이라는 결론이 나온다.『동국통감』은 모두 382칙 사론을 싣고 있는데 비추어,『동사찬요』

---

47 『東史纂要』凡例, "一, …… 若言行不大顯 致力於文翰而已者 則省節而書其大槪 如李奎報之類".

48 同上 凡例, "一, 本紀所載先儒及史家評論 間取而節要 當時史官 則稱史臣 撰史時諸臣 則稱史氏 …… 一, 竊附愚見處 圈下只書按字".

는 150여 칙則의 사론을 싣고 있을 뿐이지만, 두 책의 전체 분량을 비교해 보면 결코 적은 수가 아니다. 그만큼 이 책은 사론에 큰 비중을 두고 있으며, 특히『동국통감』찬자의 사론에 크게 의존하고 있음이 주목된다.『동국통감』의 사론은 절의를 숭상하던 최부 등 영남사림에 의해서 쓰여졌다는 것은 이미 알려진 사실이거니와,[49] 그 사론에 크게 의존하고 있는『동사찬요』도 절의를 크게 강조하는 편자의 정신이 나타난다는 점에서 두 사서는 서로 맥을 같이한다고 할 수 있다.

오운 자신이 쓴 사론은 열전 부분에 집중되어 있고, 다음에 지리지와 본기에 약간씩 붙여지고 있다.

먼저 본기에 붙인 사론은 모두 넷에 지나지 않는다. 그 첫째는 기자조선조箕子朝鮮條에 붙인 것으로, 우리나라에 삼패수三浿水가 있어 압록강·대동강·저탄강猪灘江(平山府)이 그 것이라는 것이다. 이 설은 그의 창견創見으로서 후세에 큰 영향을 주었다.[50]

둘째로, 삼한의 위치에 관한 권근설과『동국여지승람』에 수록된 최치원설을 소개하면서 서로 비교한 것인데, 이 사론은 뒤에 한백겸의 비판을 받아 그의 삼한설을 지리지 끝에 수록함으로써 끝내버렸다. 따라서 이 사론은 큰 의미를 갖지 못한다.

셋째로, 삼국기의 첫머리에 붙인 사론으로서, 권근의『동국사략』의 체재를 좇아 신라를 제두로 삼고 고구려와 백제를 신라에 부속시킨다는 취지의 글이다. 다시 말하자면, 신라가 삼국 중 가장 먼저 일어나고 가장 늦게 망하였기 때문에 신라왕을 표제로 내세우고, 고구려와 백제를 그에 부속시켜 서술한다는 것이다. 이러한 원칙은 이미『삼국사절요』와『동국통감』에서 삼국의 세력이 균적均敵하여 어느 한 나라를 위주로 하는 것이 불가하다는 판단 아래 이미 극복된 것임에도 불구하고, 오운은『동사찬요』가 편년체編年體가 아니라는 궁색한 이유를 들어 그 이전 단계로 되돌아가는 고집을 보이고 있다. 이점에 대해서는 앞에서 이미 설명하였다.[51]

넷째로, 고려기에 붙인 사론으로서, 명종대 조위총趙位寵의 거병을 재평가한 것이다.『동국통감』의 사론에서는 조위총난이 실패로 돌아간 것은 명분이 잘못된 것이 아니라 김보당金甫當과 함께 시기를 맞추지 못한 데 있다고 하였으나, 오운은 조위총의 잘못이 시기時

---

49 韓永愚, 前揭書, 194~197쪽.
50 三浿水說을 따르고 있는 史書로는 林象德의『東史會綱』, 李種徽의『東史』를 들 수 있다.
51 本章 1節 3項 참고.

機를 잘못 선택한 데 있는 것이 아니라, 김보당처럼 전왕前王(毅宗)을 위하여 거병한다는 뚜렷한 명분을 내걸지 않고, 관군의 공격을 받고 앉아서 죽을 수만은 없다는 개인적 이해 때문에 거병한 것이 잘못이라고 비난했다.[52] 말하자면 오운은 일의 성패 그 자체보다도 일의 명분이 더 중요함을 역설하고 있다. 무신난에 대하여 비판적 입장을 취하는 것은『동국통감』과 다를 것이 없으나, 전왕을 받들고 일어난 김보당난은 의거가 될 수 있지만, 그러한 명분이 없는 조위총난은 의거가 될 수 없다는 것이 오운의 색다른 주장이다. 충의와 반적을 엄격히 가르려는 오운의 경직된 명분론은 이 사론에서도 잘 나타나 있다.

다음에 지리지에 붙여진 오운의 사론에 대해서는 이미 앞에서 검토된 바 있으므로 여기서는 생략한다.

끝으로 열전에 붙인 사론의 성격을 검토하기로 한다.

① 먼저 삼국명신 중에서는 경순왕의 아들(마의태자)와 성충成忠·흥수興首에 대해서 사론이 가해지고 있다. 경순왕자의 의열義烈은 옛날 한왕漢王 유선劉禪이 위魏에 항복하는 것을 반대하다가 자살한 북지왕北池王 심심諶과 비견된다고 하면서 그의 이름이 전해지지 않는 것을 안타까워하고 있다.[53] 경순왕자의 의열에 대해서는 이미『동국통감』에서도 사론을 붙여 칭송하고 있거니와, 오운은 이를 더 한층 강조하는 의미에서 자신의 의견을 첨가한 것으로 보인다.

② 성충·흥수전에는『동국통감』에 이미 권근의 사론이 있어, 성충과 흥수의 간諫을 듣지 않다가 멸망한 백제 의자왕의 잘못을 비난한 바 있다. 그런데 오운은 이 사실을 더욱 강조하여 "自古로 나라의 흥망은 군사의 많고 적음이나 국가의 强弱에 있는 것이 아니라, 사람의 計策이 있느냐 없느냐에 달려 있다"는 원칙을 내걸면서, 작은 나라로서 계책을 잘 써서 나라를 지킨 역사적 사례를 들고 있다.[54] 이 사론도 충의를 강조한다는 점에서 앞의

---

52 『東史纂要』卷一下, 明宗 六年條, "安史氏之論位寵 以擧義不早遼巡後時 非之 以愚觀之 有不然者 …… 甫當爲人 亦膽氣有餘其分部諸道幷士 徑奉前王 擧措疎脫 義旗未竪 機漏取敗 然名正言順 成敗非所論也 今位寵之始起 橄召兩界也 乃曰上京重房議討北界諸城 大兵已發 其可安坐就戮云而無一語爲君父討敗復讐之義 不過爲私讐激動之而已 巴嶺以北應之者 亦名爲身謀 僥倖成事而已 …… 況皇册已加 王位已定 擧國臣奉而乃興怨兵馳報怨之橄 驅迫脅之衆 敢抗王師 經年盜據 自取叛賊之誅 非不宜也 宜也烏可以擧義而時非論乎".
53 同上書 卷二下, 敬順王子傳, "按王子義烈 可與北池王諶 爭光日月 名不傳 不獨安市城之失其名 東方文獻埋沒 可惜".
54 나라가 작지만 계책을 잘 써서 큰 나라를 물리친 例로서 越의 句踐이 吳를 격파한 사실, 晋의 謝玄이 前秦의 符堅을 격파한 사실, 乙支文德이 隋軍 百萬을 격파한 사실, 安市城主가 唐軍을 격퇴시킨 사실 등을 들고 있다. 『東史纂要』卷二下, 成忠·興首 列傳.

사론과 취지를 같이 한다고 할 수 있다.

③ 고려명신 중에서도 먼저 현종 때의 명신 최항에 대한 『동국통감』의 비판적 사론을 반박하는 견해를 피력하고 있다. 즉 최항이 재신宰臣 사부師傅의 높은 지위에 있으면서 불교를 독신하여 팔관회를 복구시키고, 황룡사탑皇龍寺塔을 수리하고, 불경과 불상을 만들고, 자기 집을 희사하여 절을 만들게 한 처사에 대하여 『동국통감』에서는 이를 "斯文에 대한 罪"인 동시에 "大臣의 체통을 잃은 것"으로 혹평하였다. 그러나 오운은 그가 김치양난金致陽亂을 막아 왕업을 중흥케 한 공로가 크다는 점을 들어 그의 사후 '節義'라는 시호를 받은 것이 적절할 뿐 아니라, 불교에 아첨한 것은 크게 책責할 것이 못 된다고 하였다.[55] 말하자면, 여기에도 오운은 절의라는 가치를 다른 어느 가치보다도 위에 놓고 있는 것이 발견된다.

④ 예종 때 은사로서 왕의 부름을 받고도 출사하지 아니한 이자현의 행적에 대하여 『동국통감』에서는 사론을 통하여 그가 "蓄財殖貨하고 貪鄙吝嗇하며 矯名飾行하여 이로써 自高하였다"고 비난하였다. 그러나 오운은 이자현의 지조를 높이 평가하면서 『동국통감』의 사론이 지나치다고 말한 퇴계의 언설을 앞에 소개한 다음에, 자신의 의견을 첨가하여 예종의 정성스런 대사待士 태도를 칭찬하고 있다.[56] 이 사론에서도 다른 어느 가치보다도 지조志操를 존중하는 그의 입장이 잘 나타나 있다.

⑤ 인종 때 정지상鄭知常 등을 죽이고 묘청난을 토벌한 김부식의 행적에 대하여 『동국통감』에서는, 김부식이 정鄭을 죽인 것은 그의 문장을 시기해서가 아니라 묘청과 내통한 반란을 춘추토적주의春秋討賊主義에 입각하여 죽인 것이라고 변명하는 사론을 실었다. 이에 대하여 오운은, 임금 옆에 있는 신하를 임금에게 아뢰지도 않고 자의로 궁문宮門에서 처단한 것은 잘못이라고 비난하고, 뒷날 충렬왕 때 홍자번洪子藩이 오기吳祈를 체포하고, 의종毅宗 때 난신亂臣 이고李高가 한뢰韓賴를 겁주는 등 임금을 협박하는 풍조가 생긴 것은 비록

---

55 『東史纂要』卷三, 崔沆傳, "按崔沆‧蔡忠順 當凶邪燕啄 變在呼吸 克體顧命 一心協贊 使神器不搖 王業中興 雖古之丙霍 何以加此 …… 宜諡節義 佞佛何足深責".

56 李資玄 李資玄에 대한 評은 다음과 같다. "…… 資玄生長閥閱 風流文雅 冠絶當時 亦嘗筮仕而登顯要矣 其於求富貴致靑紫 不啻如拾地 芥然乃能蟬蛻於濁穢之中 鴻冥於萬物之表 往此山蓋至於三十七年之久 雖卑辭厚禮 不足以屈其節 千駟萬鍾 不足以動其心 非有所樂於胷中者 安能如是哉 餘讀東國 嘗惟史臣 論資玄之辭 深加貶剝 至指爲貪鄙吝嗇 何其甚耶" 그 요지는, 李資玄이 벌열 가문에서 태어났으면서도 富貴를 탐하지 않고 山林에 은거하여 마음의 所樂을 추구한 지조를 높이 평가해야 하는데도, 동국통감의 史論에서는 그가 貪慾스럽고 야비하며 인색하다고 惡評한 것은 지나치다는 것이다. 李滉이 李資玄을 비호하는 것은 山林에 은거하면서 自足한 비슷한 처지를 同情한 것으로 보인다.

선악은 다르더라도 김부식으로부터 비롯되었다고 혹평하였다.[57] 말하자면 김부식이 정지상 등을 죽인 것은 토적討賊으로서 정당한 행위임에는 틀림없지만, 그 방법이 잘못되었음을 지적하고 아무리 충의의 행위라도 군주를 겁주거나 능멸하는 방법을 써서는 안 된다는 것을 강조하고 있다.

⑥ 의종·명종 때의 명신 문극겸전文克謙傳에 붙인 사론으로서, 그의 언관言官으로서의 행적을 높이 평가하면서, 나중에 전주銓注를 잘못하고 전원田園을 광식廣殖하여 세상 사람의 비난을 받은 것을 애석해하고 있다.[58]

⑦ 명종 때 폐왕 의종의 복립復立을 꾀하여 반란을 일으킨 김보당이『고려사』열전에 빠진 것에 대하여『동국통감』에서는 의문을 제기하는 사론을 실었다. 오운은 이에 따라 김보당을 명신전에 올려주고,『동국통감』의 사론을 실어준 다음에 자신의 안설按說을 덧붙여 그의 '거의사생擧義捨生'을 칭송하고 있다.[59] 김보당에 대해서는 본기本紀(君王紀)에서도 칭송하는 사론을 쓴 일이 있음은 앞에서 설명한 바와 같거니와 열전에서 또다시 그의 행적을 재론하고 있는 것이다.『고려사』열전에 실렸던 조위총趙位寵을『동사찬요』열전에서 뺀 대신에 김보당을 올린 것은, 조위총난을 의거로 볼 수 없다는 판단에 기초한 것이다. 말하자면 오운은 김보당과 조위총에 관한 지금까지의 평가를 완전히 바꿔놓은 것이다.

⑧ 여말의 대유大儒 안향安珦에 대해서는 중종대 학자인 주세붕이『죽계지』서序에서 안향의 공적을 기려 '東方道學의 祖'라고 칭송한 글을 실어주고, 이어서 오운 자신의 안설按說을 첨가하고 있다. 즉 안향이 지은 감로사시甘露寺詩가 우민상세憂民傷世의 뜻이 담긴 명시名詩로서,『동국여지승람』에도 수록되어 있는데, 이 시가『죽계지』에 빠진 것을 애석해하는 내용의 글이다.[60] 주세붕은 안향을 모시는 백운동서원白雲洞書院을 창건한 바 있고, 또 오운의 증조와 절친한 교우 관계를 기고 있는 터이므로, 오운이 안향에 대해서 각별한 관심을 가진 것은 결코 우연한 일이 아닐 것이다.

⑨ 공민왕 때의 애국명장으로서 홍건적난에 큰 공을 세웠으나 김용金鏞에 의해서 살해

57　『東史纂要』卷三, 金富軾傳, "按妙淸之奸謀 從輿之成之者 知常等數人而已 則知常爲妙淸黨與明矣 命專討叛義 先誅黨 但咫尺宮門 非聞外在軍之日 而不先聞奏 擅誅君側之臣 難免時人之議矣 其後子藩之執吳祁 李高之劫韓賴 善惡雖殊 大槪麗朝脅君之習 未必非富軾啓之也".

58　同上書 卷四, 文克謙傳.

59　同上書 卷四, 金甫當傳.

60　同上書 卷五, 安珦傳.

당한 안우安祐·김득배金得培·이방실李芳實 등 세 원수元帥에 대해서는『동사찬요』의 범례에서 이미 국가흥쇠에 관련되는 요인으로서, 자료를 널리 채집하여 아무리 많더라도 꺼려하지 않겠다고 밝힌 바 있다.[61] 그런데 오운은 그들 열전 말미에『동국통감』찬자의 사론을 실어 그들의 업적을 찬양하는 동시에, 그들을 죽게 한 왕(공민왕)의 불찰을 비난하고 있으며, 다시 자신의 안설按說을 첨가하여 위 3인의 공적을 재삼 강조하는 열의를 보이고 있다.[62] 특히 안설에서는 공민왕의 불찰을 비난하는 것보다는 소인배들이 3원수의 공을 시기하고, 이암李嵒·유탁柳濯·홍언박洪彦博과 같은 호종扈從의 신하들이 좌우에서 환시環視만 하고 군주를 깨우쳐 주지 않은 것을 더 개탄하고 있다. 그리하여 오운은 "역사를 읽다가 이에 이르면 누가 책을 덮어놓고 팔뚝을 걷어붙이며 눈물이 옷깃을 적시지 않을 수 있으랴. 아아, 슬프다"고 끝맺고 있다.

이암·유탁·홍언박 등은 지금까지 명신으로 알려져 왔고,『고려사』열전에도 등재되어 있던 인물이었으나, 오운은 그들을『동사찬요』의 열전에 싣지 아니하고 도리어 그들을 비난하는 사론을 3원수 열전에 부기한 것이다. 이 사론은 왜란 중의 명장이나 의병장들이 불우하게 된 현실의 경험을 의식한 듯한 느낌을 주고 있다. 그러나 홍언박 같은 이는 홍건적 토벌에 공이 크고, 또 김용 일당에 의해서 살해된 비운의 인물인데도 그를 열전에서 빼고, 그의 행적을 비난하는 것은 좀 과도한 느낌을 준다. 그가 적극 옹호하고 나선 3원수 중 김득배는 정몽주의 스승으로 알려지고 있으며, 이방실은 함안사람으로 뒤에 함안이씨의 시조가 되었다. 아마 이러한 연고가 작용하여 3원수를 더욱 존경하게 된 것이 아닌가 하는 추측도 가능하다.

⑩ 공민왕대 명신으로 신돈에 의해서 살해당한 유숙전柳淑傳 말미에 붙인 사론이 있다. 즉 유숙柳淑의 충청대절이 대명하에 밝혀지지 못하고 신돈의 무고로 죽은 것을 슬퍼하는 글을 추강 남효온南孝溫이 지었는데, 남효온마저 혹화酷禍를 면치 못한 것을 오운이 안타까워하는 내용의 사론이다.[63] 이 사론은 유숙보다도 생육신의 한 사람인 남효온을 추모하는

---

61 同上書 卷一, 凡例, "一. 事業行蹟 關國家興衰者 旁搜採輯 雖多不厭 如金庾信·徐熙·尹瓘·趙沖·金就勵·金方慶·三元帥及牧隱·圃隱之類 ……".

62 同上書 卷六, 鄭世雲·安祐·金得培·李芳實傳, "…… 按竊嘗觀之 臨危撥亂 注意乎將而功蓋一世 旋見疑忌 小人乘時 輒售鬼黻 不日擁兵謀叛 則必曰軍心盡歸 必使乎毀長城 兎死狗烹而國隨以亡 前車既覆今古一轍 惟彼昏庸不足深責 當時扈從之臣 如李嵒·柳濯·洪彦博諸人 豈皆賊鏻之黨而環視左右 無一人出一言以悟主 曾不若爭饋報功之市街人 讀史至此 孰不掩卷枢腕而淚滿襟者乎 鳴乎痛哉".

뜻이 더 크다고 하겠다.

⑪ 여말麗末의 대유大儒 이색李穡의 행적에 대해서는 그가, 우왕禑王·창왕昌王 편에 섰다는 것이 조선초기 식자識者 간에 비난되었다. 그런데 그의 이러한 행적을 적극 변호하고 나선 것이 중종대 학자 눌재訥齋 박상으로서, 박상의 『동국사략』에도 그러한 내용의 사론이 실린 바 있다.[64] 오운은 이러한 입장을 계승하여 이색전에 눌재의 변호하는 글을 싣고, 그 말미에 다시 자신의 안설을 붙여 이색이 기사년간己巳年間(昌王末年)에 장단별업長湍別業으로 은퇴하고자 하는 뜻을 담은 시詩와 대국유감시對菊有感詩를 소개함으로써 이색의 본심이 창왕 옹립에 적극적이 아니었음을 시사하고 있다.[65] 이색을 추앙한다는 점에서 오운은 16세기 중엽의 박상과 입장을 같이하고 있는 것이다.

⑫ 원천석元天錫에 대해서는 『동사찬요』의 범례에서, 원사原史에 없는 것을 새로 수록하겠다고 밝힌 바 있다. 그런데 전傳 말미에 오운은 다시 안설을 붙여서 그의 지조志操를 찬양하고 원천석전元天錫傳을 수록하게 된 배경에 한백겸의 간곡한 부탁이 있었음을 첨기添記하고 있다.[66]

⑬ 끝으로 「반적전叛賊傳」에 붙인 사론에서는, 여기에 실린 32인의 간흉奸兇이 군주를 죽이거나 현자를 해친 사실을 규탄하고, 그들이 종말에는 자신과 가족을 멸망시키고, 비록 화를 면했더라도 천도와 양사良史에 의해서 징계받게 된다는 것을 강조하고 있다.[67] 말하자면 충의인사를 포찬襃贊하는 것과는 대조적으로 반적자叛賊者에 대해서는 엄격한 필주筆誅를 가하여, 인물의 선악에 대한 가치평가를 준엄하게 내리고 있는 것이다.

다음에 열전에서 또 한 가지 주목되는 것은, 오운 자신의 의견을 직접 적은 것은 아니지

63 　同上書 卷六, 柳淑傳, "按公碧瀾渡時 久負江湖 約紅塵二十年 白鷗如欲笑 故近樓前 南秋江曰 思菴竟未免紅塵之厄 其忠淸大節 終不見白於大名之下 爲賊吨所誣 …… 就戮哀哉 …… 秋江亦未免酷禍 復使後人哀之 賊賢之徒 何代無之 痛哉".

64 　韓永愚, 前揭書, 228~237쪽.

65 　『東史纂要』 卷七, 李穡傳, "按牧隱集中 有胡不歸行一篇曰 胡不歸胡不歸 汝旣老矣 胡不歸 …… 語意則似在己巳年間 乞退歸長湍別業時作也 詩辭悽惋 憂傷激烈 觀此亦足以知公之心事矣".

66 　同上 元天錫傳, "按耘谷先生 …… 頃者韓公百謙 千里胎書 道以參入東史 往復再三 愚窃慨念 以如是風節 尙未列史傳 玆敢就韓錄刪潤之 追更博詢士友 添刻補遺 諸公之次第 以原稿散亡殆盡 使麗末詩史實跡 不得盡傳於百代之後 可勝嘆哉".

67 　同上書 卷八, 別錄 叛賊·權兇傳, "按賊臣見錄者 止三十二人而老死牖下者 纔若干而已 彼奸兇之徒 弒君賊賢 無所不至 自以爲得計而皆誅 及其身家無僬類 雖幸而免 天道照然殃慶必以類應而又有良史之鈇鉞 然則人之爲惡者 果何益哉 亦可以知戒".

만, 16세기 이후의 저명한 학자들이 내린 인물평을 열전 말미에 부기한 것이다. 예를 들면, ① 최치원에 대한 조위(매계梅溪)의 평評, ② 이자현·우탁·이조년에 대한 이황(퇴계退溪)의 평, ③ 한유한에 대한 조식(남명南溟)의 평, ④ 안향에 대한 주세붕(신재愼齋)의 평, ⑤ 길재에 대한 김종직(점필재佔畢齋)·이황·유희춘(미암眉岩)·유성룡(서애西厓)·어잠부魚潛夫의 평 ⑥ 유숙에 대한 남효온의 평, ⑦ 정몽주·이색·김진양·이종학·길재·서견·김주 등에 대한 농암선생전籠岩先生傳의 찬贊이 그것이다.

최치원·이자현·한유한·우탁·이조년·안향·길재·유숙·정몽주·이색·김진양·이종학·서견·김주 등은 바로 오운 자신이 가장 숭앙하는 인물들이고, 또 이들의 행적에 대해 포찬褒贊을 내린 남효온·김종직·조위·이황·주세붕·유희춘·유성룡·조식 등도 또한 오운이 숭앙하는 사림학자들인 것이다. 특히 이중에서 김종직·이황·주세붕·유성룡 등 영남사림과는 학문적으로 혹은 지연적·혈연적으로 극히 밀접한 관련을 가지고 있었음은 이미 본고의 서장에서 설명한 바와 같다.

오운의 인물관은 그 자신의 평評이든, 혹은 선배 사림학자의 논찬을 빈 것이든 간에, '충절'이라는 관점에서만 가치 기준을 두고 있음이 특징이거니와, 특히 그러한 가치 기준 위에서 가장 현양顯揚되고 있는 인물은 길재이다. 유독 길재에 대해서는 범례에서도 누누이 강조하고 있을 뿐 아니라, 전기 말미에 김종직·이황·유희춘·유성룡·어잠부 등 5인의 찬양하는 글을 싣고 있음에서 그 비상한 관심과 숭앙하는 열도를 읽을 수 있다. 그리고 길재와 관련하여 그의 퇴거지退居地인 선산善山이 주목되고 선산에서는 길재만이 아니라 김주와 같은 인물이 또 있어서 이제夷齊를 추종하는 인물이 많았음이 크게 강조되고 있다.[68]

요컨대 오운이 『동사찬요』를 쓴 목적은 좁게 보면 인물평을 위한 열전에 있다고 볼 수 있으며, 열전 편찬 기준은 충의 혹은 충절의 인사와 반적의 인사를 극단적으로 양극화하여 춘추필법春秋筆法에 입각한 준엄한 포폄을 가함으로써 도덕적 가치관을 확립하는데 궁

---

68 同上書 卷七, 金澍傳, "贊曰 麗朝之亡 如鄭公夢周·李公稺·金公震陽·李公鍾學·吉公再·徐公甄之數君子 或死或不死而其義形於色目靖於心 則同歸云爾 …… 總之麗末之臣 乃心王室者 固自有數 夫以善之一府 僅百里邑而乃有吉公再 人不知又有如金澍者 一時並起 方駕齊驅 追蹤夷齊 屹然爲千萬世 人臣二其心者 防遺忠獨萃於一邑 斯固地靈之所鍾非耶 金烏之山 巍然若增重者 鳴呼盛矣哉 …… 籠岩所立如是之烈而竟泯其跡 不爲身後名計 欲使後世不復知有籠岩者 鳴呼先生之高於人 殆未易量哉(籠岩先生傳)" 위 記事 가운데서 籠岩先生이라 한 것은 金澍를 가리킨다. 鄭求福 교수는 「16~17세기의 私撰史書에 대하여」, 『全北史學』 1집에서 위 贊이 聾岩 李賢輔(1467~1555)에 의해서 지어졌다고 하였는데(88쪽), 이는 籠岩과 聾岩을 혼동한 데서 온 착오이다.

극의 목표를 둔 것이라 하겠다. 그리고 그러한 가치 기준 위에서 가장 표본적인 인물을 많이 배출한 영남지방의 문화전통을 현양시키고, 나아가서는 그러한 문화전통을 계승하고자 하는 오운 자신의 강한 열의가 반영되어 있다고 하겠다.

3. 조정의『동사보유』

1) 조정의 생평

조정趙挺(1551, 명종 6~?)의 자는 여호汝豪요, 호는 한수漢叟이며, 본관은 양주楊州이다. 그의 가계는 확실치 않으나, 태종·세종대의 중신 조말생趙末生의 6대손으로, 부친은 충수忠秀요, 조부는 방보邦備(署令)요, 증조부는 수견壽堅이다.[69] 증조부와 부친은 벼슬한 사실이 없는 것 같고, 조부는 서령署令이라는 낮은 벼슬을 하였다고 한다.[70] 원래 양주조씨楊州趙氏 선대는 양주호장楊州戶長이었다고 하며, 벼슬길에 올라 양주조씨의 시조로 된 이는 조말생의 증조부인 잠岑부터였다. 그러니까 이 집안은 고려 말기부터 사족으로 상승한 셈인데, 조선초기에는 조말생을 위시해서 많은 고관을 배출했으나, 계유정난(단종복위 운동)에 연루되어 그의 족친族親이 다수 화禍를 입어 멸족의 지경에까지 이르렀다. 그러한 관계로 세조 집권 이후로 크게 벼슬한 사람이 없었고, 조정의 선계先系도 매우 한미한 가문을 형성할 수밖에 없었다.

조정은 1582년(선조 15)에 진사가 되고, 다음 해 정시문과(乙科)에 합격하였으며, 1586년(선조 19)에 중시重試(丙科)에 합격하였다.[71] 1589년(선조 22)에 그는 한준겸韓浚謙·유영경柳永慶·정경세鄭經世 등과 더불어 홍문록弘文錄에 간택되고,[72] 사간원 정언正言을 거쳐,[73]

---

69 趙挺은 實錄에 卒記가 없고, 그의 文集도 전하는 것이 없다. 따라서 그의 家系를 엿볼 수 있는 자료는『國朝文科榜目』宣祖 16年 庭試條와『燃藜室記述』卷21, 光海朝 相臣條 그리고 楊州趙氏譜 등을 이용하였다.

70 『國朝文科榜目』宣祖 16年 庭試二科, "趙挺 …… 父忠秀 祖邦備 曾壽堅 外梁允亨 妻父具潤德 ……";『燃藜室記述』卷21, 光海朝相臣, "趙挺字汝豪 楊州人 署令邦備之孫 辛亥生 壬午進士 癸未文科 丙戌重試 ……".

71 同上.

72 『宣祖實錄』卷23, 宣祖 22年 4月 庚辰條.

73 同上 卷23, 宣祖 22年 8月 癸未條.

1592년(선조 25)에 세자시강원世子侍講院 보덕輔德, 다음 해 광주목사廣州牧使가 되었다.[74]

보덕으로 있을 때, 마침 왜란이 일어나서 세자 광해군을 호종했는데, 왕의 어찰御札을 늦게 전달한 죄로 한때 나국拿鞫되었으나 용서받았다.[75] 그 후 그의 관력官歷은 매우 순탄하여 선조말년까지 전적典籍 · 대사간大司諫(32년), 동부승지同副承旨(32년), 이조참판吏曹參判(32년), 대사성大司成(32년), 동지춘추관사同知春秋館事(35년), 동지의금부사同知義禁府事(36년), 안변부사安邊府使(37년) 등 내외요직內外要職을 역임하였다.[76]

광해군이 즉위한 뒤로는 더욱 중용되어 대사헌大司憲 · 한성부판윤漢城府判尹(원년), 형조판서刑曹判書(원년 · 9년), 이조판서吏曹判書(10년) 등을 역임하고, 1619년(광해군 11)에는 우의정右議政에까지 올랐다.

1623년(광해군 15)에 이른바 인조반정이 일어나 광해군이 폐위되자 대북파의 핵심 인물의 하나로 지목되어 여러 차례 탄핵을 받다가, 1628년(인조 6)에 일어난 광해군복위 음모 사건, 즉 이른바 유효립모반柳孝立謀叛사건에 연루되어 위리안치圍籬安置의 처벌을 받아 관직생활을 떠나게 되었다.[77] 이때 그의 나이 77세였다. 그 후 다시 풀려나와 1642년(인조 20)에 기로소耆老所에 들어갔다고 하며,[78] 졸년卒年은 미상이다.[79]

선조 · 광해군 · 인조실록에는 그의 인간과 행적을 헐뜯는 기사가 많이 보인다. 그런데 그 내용은 거의가 당쟁黨爭과 관련된 것으로서, 개인적인 행실과 관련하여 비난받은 것은 별로 없다. 예를 들어 실록에 보이는 그에 대한 평가는 다음과 같다.

> ① 趙挺은 李山海家에서 卵育되어 情이 父子와 같으며, 크고 작은 兇謀를 모두 山海에게 稟裁
> 하지 않음이 없었다. 李山海 · 조정 · 李爾瞻이 모두 한패이다.[80]

74 　同上 卷27, 宣祖 25年 6月 己酉條.
75 　同上 卷39, 宣祖 26年 6月 庚寅條.
76 　同上 卷48, 宣祖 27年 2月 甲子條, 同上 卷101, 宣祖 32年 4月 壬申條.
77 　『仁祖實錄』卷18, 仁祖 6年 3月 乙丑條, "幼學任之後上告變 書于政院 …… 趙挺 · 張世哲 圍籬安置 趙有道還發
　　配所 ……"
78 　『國朝文科榜目』에 '壬午進耆'라고 되어있다. 壬午年은 仁祖 20年(1642)에 해당한다. 이때 그의 나이 90세이다.
79 　『燃藜室記述』에는 '甲子卒'로 되어 있으나 甲子年은 仁祖 2年(1624)에 해당되므로 사실과 맞지 않는다. 趙挺
　　의 아들 趙有道가 『東史補遺』를 刊行한 것이 仁祖 24年(1646)인데, 이때는 이미 趙挺이 死去한 후이다. 따라
　　서 趙挺의 沒年은 耆老所에 들어간 1642년에서 『동사보유』가 간행된 1646년 사이로 볼 수 있다.
80 　『宣祖實錄』卷125, 宣祖 33年 5月 戊午條, "趙挺 …… 卵育於山海之家 情同父子 凡大小兇謀 無不稟裁於山海 ……".

② 趙挺은 李山海의 服心이다.[81]

③ 昏朝(光海朝)에 李爾瞻에 附會하여 臺鼎의 지위를 얻었으니, 그 사람됨을 알만하다.[82]

④ 趙挺은 鄭仁弘의 黨이요 李爾瞻의 腹心으로 貪鄙邪佞하고 亂에 임해서 君主를 버렸는바, 사람들에게 버림받은 지 오래되었으나, 鄭昌衍이 이끌어 吏曹參判이 되었다.[83]

⑤ 趙挺은 壬辰亂 때 先王의 手書를 世子에 전하는 일을 맡았는데, 中路에 도망해 돌아와서 마침내 전달하지 못하였다. 性이 貪鄙邪佞하며 세상의 賤棄를 받았으나, 王이 鄭昌衍의 黨을 총애하매 그를 이끌어들여 憲長(大司憲)을 삼았다.[84]

⑥ 性品이 奸回하고, 行事가 貪鄙하며 …… 權戚에 媚事하고 宮姬에 諂附하였다 …… 그래서 王의 恩眷이 융성하기가 조정에서 가장 으뜸이었다.[85]

⑦ 趙挺은 不忠의 罪를 지은 것을 알고, 自保의 계책을 깊이 생각한 끝에 椒戚과 連姻하여 宮掖과 潛結하였다. 그래서 恩眷이 도리어 忠으로 임금을 섬긴 것처럼 되었다.[86]

⑧ 이에 이르러 柳希奮의 姻家로서 鄭昌衍의 黨友가 되어 華要의 직책을 두루 역임하고 參贊에 이르렀다.[87]

이를 다시 정리한다면, 선조대에는 북인파의 영수이던 이산해李山海와 가까운 당여黨與로서 그의 후원을 받았다는 것이고, 광해군 즉위 직후에는 대북의 영수領袖인 이이첨·정인홍·정창연 등과 연결되어 요직을 갖게 되었다는 것이다.

그런데 광해군 즉위 후에 그가 구설을 받게 된 것은 권척權戚·궁액宮掖과 연결되어 왕

---

81 同上書 卷136, 宣祖 34年 4月 丙戌條, "聖節使趙挺(亂初大駕在西路 …… 爲人麤除無恥 李山海服心也)".

82 『宣祖修正實錄』卷33, 宣祖 32年 9月 丁丑朔, "按實錄云 挺佳士也 玉佩瓊琚 誠可寶也 斯言謬矣 挺少無表著之稱 在昏朝 附會爾瞻 得至臺鼎 其爲人可知矣 修史者爲其黨於己而虛譽至此 可謂無忌憚矣".

83 『光海君日記』卷5, 光海君卽位年 6月 戊午條, "趙挺仁弘之黨而爾瞻之腹心也 貪鄙邪佞 臨亂遺君 見棄於人久矣 至是昌衍首引 以入銓 ……".

84 同上書 卷14, 光海君 元年 3月 癸未條, "大司憲趙挺上疏辭職 答曰 …… 卿宜勿辭 盡心職事 以振頹綱(挺在壬辰亂 自行在奉先王手書 使傳於世子撫軍所而中路逃還 竟不傳敗 性且貪鄙邪佞 爲一時所賤棄而以其有主寵昌衍之黨 引之爲憲長)".

85 同上書 卷35, 光海君 2年 11月 庚申條, "趙挺爲大司憲(性品奸回 行事貪鄙 …… 媚事權戚 諂附宮姬 使延甸之聲 不絶於宮中 故隆恩盛眷 最朝右)".

86 同上書 卷36, 光海君 2年 12月, "史臣曰 …… 蓋挺旣知身負不忠之罪 深思自保之計 連姻椒戚 潛結宮掖 故恩眷反隆於以忠事君者 除拜之命 累出於內降也".

87 同上書 卷43, 光海君 3年 7月 乙卯條, "史臣曰 壬辰倭變之初 …… 至是以柳希奮之姻家·鄭昌衍之黨友 踐歷華要 數年 爲參贊".

의 총애를 받게 되었다는 것이다. 이는 조정의 아들 유도有道가 유희분柳希奮의 딸을 아내로 맞이했는바, 희분은 바로 광해군의 처남이었다. 또 광해군의 비妃는 정창연의 조카딸이기도 했으므로 조정과 정창연은 먼 인척이 되는 셈이다.

조정의 이와 같은 인척 관계가 그의 출세에 얼마나 도움을 주었는지 알 수 없으나, 그의 반대당에 의해서 편찬된 실록에서는 그가 대사헌·대사성·이조참판·우의정 등의 요직을 가질 때마다 당수黨首나 인척의 후원으로 부당하게 승진한 것처럼 쓰고 있다.

그러나 이와 같은 실록의 기사를 통해서 그가 북인 및 대북파의 당여黨與였다는 사실을 확인할 수 있으나, 폄론貶論을 그대로 받아들이기에는 몇 가지 석연치 않은 점이 있다. 첫째로 그가 선조대에 처음 출사할 때에는 뚜렷한 당색黨色을 배경으로 한 것이 아니라 어디까지나 고시考試를 통해서였으며, 우수한 학자만이 들어갈 수 있는 홍문록弘文錄에 간택되고, 그러한 학덕이 인정되어 세자시강원 보덕이라는 중요한 직책을 갖게 되었다는 것이 그것이다. 따라서 그가 뒤에 대사성·대사헌·대사간·이조참판·우의정 등 요직을 갖게 된 것이 북인이나 대북 영수의 후원을 받은 것과 관련이 있다 하더라도, 그것이 전적으로 아첨에 의한 것이라고 평가하는 것은 지나치다고 하겠다.

둘째로, 그의 관료로서의 행적상 뚜렷한 잘못을 저질렀다고 인정할 만한 것은 임란 중 왕의 어찰御札을 세자에게 늦게 전달했다는 사실 하나밖에는 없다. 그러나 이 사건도 국운을 좌우할 만한 중대사는 아닌 것이다. 그래서 이 사건은 그 당시에 이미 쉽게 해결을 보았지만, 조정은 자신의 허물을 자책하면서 여러 차례에 걸쳐 사직을 요청하곤 하였다. 그러나 왕(광해군)은 그럴 때마다 그를 위로하면서 직책에 충실할 것을 당부하였다. 그가 관직에만 연연하는 위인이었다면, 그토록 겸양謙讓한 태도를 견지하였을는지는 의문이다. 따라서 그가 자신의 죄를 숨기고 자기 보호의 계책을 위해서 초척椒戚과 인친姻親을 맺고 궁액宮掖과 결합했다는 평은 아무래도 과도한 것 같다.

인조반정으로 대북파의 핵심인물이 모두 숙청당할 때, 그 역시 광해조의 우의정으로서 삭탈관작削奪官爵하라는 양사兩司의 거듭된 탄핵을 받았지만, 인조왕은 그가 대과大過가 없었다는 이유로 간관諫官의 탄핵을 모두 물리치고 원임原任 대신으로 예우하여 판중추부사判中樞府事로 임명했던 것이다.[88] 따라서 그가 인조 6년 1월에 일어난 유효립柳孝立의 모반

88　『仁祖實錄』卷1, 仁祖 元年 4月 甲子條; 同上書 卷7, 仁祖 2年 10月 丙申條; 同上 卷16, 仁祖 5年 5月 丙子條.

사건에 연루되지만 않았다면, 위리안치의 처벌을 받지는 않았을 것이다. 이른바 유효립 사건은 광해군을 상왕으로 복위시키고 인성군仁城君을 왕으로 추대한다는 음모 사건을 말하는데, 조정이 이 사건에 개입되었다는 뚜렷한 증거가 없어서 위리안치라는 가벼운 처벌을 받는 데 그쳤다. 그리고 임오년(1642, 인조 20)에 기로소에 들어갔다고 하는 것을 보면, 조정은 얼마 안 있어 위리안치에서 풀려난 것으로 보인다.

지금까지 조정의 생애와 그의 행적에 대한 반대파의 평을 종합해 볼 때, 그가 선조 말년과 광해군대에 걸쳐서 북인 혹은 대북파의 당여로서 광해군의 총애를 받던 요인이었다는 것은 확실하다. 그러나 그가 40년에 걸친 그의 관직 생활을 통해서 세인世人의 비판을 받을 만한 뚜렷한 과오가 있었던 인물은 아니었고, 비교적 학식과 덕망을 갖춘 인사였던 것으로 보는 것이 온당할 것 같다.

2) 『동사보유』의 역사서술

(1) 『동사보유』의 편찬과 간행

지금 전하는 『동사보유』는 1646년(인조 24)에 조정의 아들 길주목사吉州牧使 조유도趙有道가 발문을 붙여 간행한 것이다.

발문에 의하면, 『동사보유』는 조정의 나이가 거의 80에 이르러 한가로운 시간을 보내고 있을 때, 가보로 전하기 위하여 지은 것이라 한다.[89] 조정이 유효립 사건에 연루되어 관직을 빼앗기고 위리안치된 해가 인조 6년(1628)으로서 그의 나이 77세였다. 따라서 발문에서 80세에 가까웠을 때 지었다고 한 것은 바로 위리안치된 이후의 시기를 가리키는 것으로 보아 틀림없다. 만약 『동사보유』의 편찬연대를 1628년경으로 본다면, 편찬된 지 18년 뒤에 간행된 셈이다. 이때 조정은 생존하지 않고 있었으니, 그것은 조유도가 발문에서 조정을 가리켜 '선군先君'이라고 호칭한 데서 알 수 있다.

『동사보유』는 어떤 목적에서 지은 것일까. 유감스럽게도 조정은 이를 헤아릴 만한 이렇다 할 언설을 남긴 것이 없다. 그의 저술은 『동사보유』가 유일한 것인데, 이 책 속에는

---

89 『東史補遺』趙有道跋, "吾先君年迫八十 無事遺閑 抄略檀君以下歷代事實 間附闕漏 手寫一部 名之曰東史補遺 藏之篋笥 以爲家寶矣".

범례나 서언 같은 것이 없다. 그러나 비록 간접적인 것이긴 하지만, 조유도의 발문에는
작자의 편사 취지를 엿볼만한 다음과 같은 구절이 있다.

我東國文獻之稱 其來遠矣 粵自父師設教養育 文人碩士 代不乏人 諸子百家 太史所載 始離虨

虨 靡不講習而獨於東史 或有忽而不省 玆豈非不見廬山眞面目者耶 吾先君 年迫八十 無事遺閑

抄略檀君以下 歷代事實 間附闕漏 手寫一部 名之曰東史補遺 藏之篋笥 以爲家寶矣

즉 우리나라는 문헌의 나라로 예부터 칭송되어 문인석사들이 대대로 이어지면서 중국
의 제자백가諸子百家나 사기 등을 씹을 듯이 배우지 않는 것이 없으나, 홀로 우리나라에 역
사에 대해서만은 소홀하게 취급하여 돌아보지 않는 경향이 있으니, 이에 어찌 여산廬山의
참모습을 볼 수 있겠느냐는 것이다. 말하자면, 우리나라 문사들이 중국 경사經史에는 밝
으나 우리 역사에는 어둡고 무관심한 것을 꼬집은 것이다. 이는 물론 발문을 쓴 조유도의
의견이지만, 사실은 부친의 뜻을 전달한 것이라고 보아도 무방할 것이다. 또 위 발문 가운
데 『동사보유』의 편찬 방향을 설명하여 "단군이하 歷代史實을 抄略하고 간간이 빠진 것을
보충하였다"고 한 것이라든지, 책명 자체가 '보유補遺'라고 한 것을 미루어 볼 때, 이 책은
기성旣成 통사를 압축하는 데서 그친 것이 아니라 새로운 것을 보충하겠다는 뜻이 담겨진
책이라 하겠다.

발문의 취지를 전체적으로 다시 종합해 본다면, 이 책은 중국에 편중된 지식 경향을 시
정하여 국사에 대한 관심과 지식을 높이겠다는 의지에서 편찬된 것이며, 국사에 대한 이
해방향은 기성통사의 내용을 보충하겠다는 것으로 요약될 수 있다.

(2) 『동사보유』의 체재와 내용

『동사보유』는 모두 4권으로 되어 있는바, 각권의 목차는 다음과 같다.

卷一　檀君朝鮮	卷二　文武王9年 ~ 敬順王
箕子朝鮮	(附) 遺事
衛滿朝鮮	(附) 本傳 三國名臣
四郡	卷三　高麗太祖 ~ 恭讓王

二府 　　　　　　　卷四　附 高麗名臣

三韓(馬韓 · 辰韓 · 弁韓)

北扶餘

東扶餘

三國(新羅 · 高句麗 · 百濟)

　우선 서술 분량으로 볼 때, 이 책은 고려 시대에 비해서 고대사에 큰 비중을 두고 있음이 주목된다. 『동국통감』을 비롯해서 16세기 사략형 사서들은 공통적으로 고대사보다는 고려시대사에 더 많은 분량을 할당하고 있는데 비추어, 『동사보유』는 고대사와 고려시대사를 같은 분량으로 다루고 있는데, 이것은 다른 사서에 비하여 고대사의 비중을 크게 두었음을 의미한다.

　고대사 서술 분량이 상대적으로 많아진 것은 설화 · 전설이 대폭 수록된 데서 기인한다. 고려 시대는 고대만큼 설화나 전설이 많지 않은 까닭에 새로 수록된 내용이 별로 많지 않다. 결국 이 책은 고대사 내용을 보다 풍부하게 하였다는 점이 첫째의 특색으로 지적될 수 있다.

　『동사보유』의 두 번째 특색은 특별히 어떤 사체史體에 표준을 두고 편찬하지 않았다는 점이다. 범례를 따로 두지 않은 것도 아마 여기에 이유가 있을 것이다. 책 이름에다 '통감通鑑'이니 '사략史略'이니 하는 제명을 붙이지 않은 것도 마찬가지 이유로 보인다. 분명히 이 책은 기성사서旣成史書를 의식하고 그 부족한 점을 보충하는 데 주안점을 둔 것이지, 새로운 사체를 만들겠다는 것이 목적인 것 같지는 않다. 그런 점에서 이 책은 통감체通鑑體를 모방한 『동국통감』이나 『십팔사략十八史略』을 모델로 한 16세기 사략형 사서와는 성격이 다르다.

　『동사보유』와 가장 가깝게 비교되는 사서는 오운의 『동사찬요』이다. 후자는 시기적으로 약 20년 정도 앞서 편찬되었으므로 『동사보유』에 직접 영향을 주었을 것으로 생각된다. 두 사서가 다 같이 '동사東史'라는 책명을 붙인 것도 어떤 상관성을 암시한다고 하겠다. 『동사보유』가 『동사찬요』를 가장 가깝게 의식하고 편찬된 것이라는 가정하에서 생각해 보면, 전자는 후자의 약점을 보완한다는 의미에서 '보유補遺'라는 명칭을 쓴 것이 아닐까도 추정된다. 이는 마치 『삼국유사』가 『삼국사기』를 의식하고 그 누락된 부분을 보완한다는 의미에서 편찬된 것과도 비교될 수 있다.

실제로 『동사찬요』와 『동사보유』의 내용을 비교해 보면 서로 대조될 만한 점이 많다. 우선 전자는 기전체紀傳體 형식을 따르면서 열전에 큰 비중을 두고 있는데 비추어, 후자는 본기本紀를 위주로 하고 열전을 부록하는 정도로 가볍게 다루고 있다. 말하자면 『찬요』가 인물 중심의 통사라면 『보유』는 사건 중심, 정치적 중심의 통사라 할 수 있다.

둘째로 『찬요』에는 많은 사론을 수록하여 평가 중심의 서술을 꾀하고 있는데 비추어, 『보유』는 사론을 극소수로 제한하고 더욱이 찬자 자신의 사론을 거의 붙이지 않고 있다. 이는 바꾸어 말하면 『보유』쪽이 절의 존중의 유학적 명분론에 대한 집착이 상대적으로 약하다는 것을 의미한다. 이 점은 뒤에 재론하기로 한다.

셋째로, 『찬요』는 삼국·신라·고려에 각각 '기紀'라는 명칭을 쓰고 있으나, 『보유』에서는 일체 '기紀'를 쓰지 않고 있다. 『찬요』가 삼국 이후에만 기紀를 쓴 것은 삼국 이전의 역사를 격하시키는 의미를 갖는다. 그런데 『보유』는 일체 기紀를 쓰지 않음으로써 삼국 이전과 삼국 이후를 동등한 비중으로 취급한 것이 된다.

이 밖에도 두 사서는 참고 자료 자체가 서로 다르다. 『찬요』에서 참고되지 않았던 『삼국유사』와 『삼국사기』를 이용했다는 것이 가장 큰 차이점으로 지적될 수 있다. 반면에 『찬요』에서 많이 참고되었던 김종직·주세붕·이황·조식 등 선배 사림의 문집은 거의 이용하지 않고 있다. 이는 조정이 오운과는 달리 이들에 대하여 특별한 인연이나 관심을 갖지 않았던 증좌라 할 수 있다. 오운은 퇴계의 학통을 이은 남인계이지만, 조정은 남인과 대립되었던 북인계라는 사실도 두 사람의 차이를 이해하는 데 도움을 줄 것이다.

위의 여러 사실을 고려할 때, 『동사보유』가 『동사찬요』를 의식하고, 그 내용을 보완한다는 목적을 가진 것임은 확실하다. 그렇다면, 그 '보완'이 가지는 역사의식상의 차이는 무엇일까. '보완'이라는 것이 단순히 자료상의 미비점을 보충한다는 것인지, 아니면 역사의식의 차이를 반영하는 것인지를 따져볼 필요가 있다. 이 점은 『동사보유』의 역사 체계를 세밀히 분석함으로써 구체적인 해답을 얻을 수 있을 것이다.

(3) 『동사보유』의 역사체계

『동사보유』는 단군조선에서부터 고려말까지의 전 역사를 포괄하고 있다. 국가 혹은 왕조별로 서술상의 특색을 알아보기로 한다.

①단군조선조에서는 단군이 태백산에 내려와 조선을 개국하고 아사달에 들어가 산신이 된 사실을 서술한 다음에 『삼국유사』 소재의 단군신화를 압축하여 전재하고 있다. 조선왕조에 들어와 통사서에 단군신화를 기록한 것은 아마 이것이 처음일 것이다. 더욱이 단군에 대하여 스스로 주를 붙여 "今配桓雄于九月山 春秋致祭"라 하여 환웅과 단군이 구월산에 동시에 배향되고 있다는 사실을 밝힌 것은, 찬자가 소위 삼신三神(三聖)신앙에 대해서도 깊은 관심을 가지고 있음을 반영하는 것이다.

②기자조선에 대한 서술은 『동사찬요』에 비하여 매우 간략하게 취급하고 있으며, 위만조선·사군·이부에 대한 서술도 마찬가지다. 『동사찬요』가 우리나라 교화의 시발을 기자에 설정하고 기자조선의 위치를 크게 부각시킨 것과는 매우 대조적이다.

③삼한에 대한 서술은 별로 특이한 것이 없으나, 삼한의 위치에 대한 『동국여지승람』의 기사를 부기한 것이 눈을 끈다. 『동사찬요』는 삼한의 위치에 대한 권근, 한백겸 등 제설을 소개하고 있으나, 『동사보유』는 지리고증地理考證에 대하여 거의 무관심한 태도를 보이고 있다.

④삼한과 삼국 사이에 북부여와 동부여조東扶餘條를 별항으로 설정한 것은 매우 이색적이다. 조선왕조에 들어와 부여를 국사체계에 정식으로 넣은 것은 이것이 역시 처음이다. 이 부분은 『삼국유사』의 기록을 그대로 전재한 것이지만, 오랫동안 소홀시되었던 부여사를 다시 부각시켰다는 의미는 매우 큰 것이다.

⑤삼국시대는 신라·고구려·백제의 순順으로 건국순위를 정하고, 신라왕을 표제로 내세우고 있다. 이 점은 『동사찬요』와 다를 것이 없으나, 고구려와 백제의 시조만은 상단에 표제로 내세워 그 위치를 격상시키고 있는 점이 다르다. 또 한 가지 중요한 차이점은 『삼국유사』에 등재된 각종 설화·전설을 거의 빠짐없이 수록하고 있다는 사실이다. 예를 들면, 고주몽高朱蒙·박혁거세朴赫居世·온조溫祚 등 삼국시조三國始祖의 설화는 물론이요, 석탈해昔脫解·김알지金閼智·김수로왕金首露王·연오랑延烏郎과·세오녀細烏女·이차돈異次㻐·우륵于勒·김유신金庾信·견훤甄萱·궁예弓裔·도선道詵·솔거率居·대왕암大王岩·최치원崔致遠·처용處容 등의 설화가 수록되고 있다. 다만 불교신앙과 관련된 설화는 대부분 수록하지 않았다.

삼국의 본기 끝에는 '유사遺事'를 부기하고 있다. 그 내용은 박제상朴堤上·도화녀桃花女·천사옥대天賜玉帶·장춘랑長春郎·문무왕文武王·거득공車得公·수로부인水路夫人·원성왕元聖王·무왕武王(薯童)·가락기駕洛記 등으로, 역시 『삼국유사』에서 뽑은 것이다.

'유사' 뒤에는 또 하나의 부록으로서 18명의 삼국명신三國名臣을 소개하고 있다. 그중 고구려인은 6명(乙豆智·高福章·乙巴素·乙支文德·密友·紐由·溫達), 신라인은 10명(勿稽子·金后稷·金仁問·强首·薛聰·官昌·于老·㼜寧子·薛氏·知恩), 그리고 백제인은 2명(都彌·階伯)이다.

여기에 실린 인물들은 『동사찬요』에 모두 나오는 것으로 보아, 『동사찬요』에서 발췌한 인상이 짙다. 그러나 『동사찬요』는 명신 이외에 신라충의전新羅忠義傳과 여제의열전麗濟義烈傳을 부록하여 열전에 큰 비중을 두고 있을 뿐 아니라, 신라의 충의인사를 가장 많이 수록하여 신라에 편중된 느낌을 주고 있다. 이에 비하여 『동사보유』는 비교적 삼국의 명신을 균형있게 수록하고 있는 점이 다르다고 하겠다.

다음에, 삼국기의 말미에 영토와 전성시의 호구戶口를 부기하고 있는 것도 특이하다. 이는 삼국의 국세를 파악하고자 한 것으로, 도덕적인 차원에서만 역사를 보지 않고, 물질적인 국력을 아울러 보고자 하는 역사관이 작용한 것이라 해석된다.

⑥ 고려시대사는 정치사 중심으로 간결하게 사건의 전말을 적고 있다. 송이나 요·금 등과의 사대관계기사는 모두 빼버리고, 왕년 밑에 중국연호도 쓰지 않고 있다. 또 대신들의 상소문이나 졸기卒記 등도 거의 삭제하고 있다. 예컨대 성종대 정치개혁에 큰 몫을 한 최승로崔承老의 상소문에 대해서는 일언반구도 없다. 그 반면 군주 자신의 행적이 서술의 대부분을 차지하고 있다. 따라서 숭불행사崇佛行事 같은 것이 많이 기록되어 있다. 말하자면 초점을 군주에게 맞추고 정치사를 엮은 느낌을 준다. 그런 중에서도 특히 눈길을 끄는 것은 태조 왕건에 대한 여러 설화를 모아 권두에 수록하고 있는 점이다. 이 설화들은 『고려사』의 고려세계와 태조세계에서 자료를 뽑은 것이다. 왕건의 출자와 위업을 풍수신앙·용신신앙 등과 연결시켜 신성화시킨 이 설화는 원래 『고려사』 편찬당시 창업주의 위업을 성화시키려는 세종의 의도가 반영된 것이었다.[90] 그런데 이 설화가 다시 『동사보유』에 수록되고 있다는 것은 작자 조정의 고려사관이 다분히 세종대의 그것과 유사점을 지니고 있다는 것을 의미한다. 설화·전설을 사서에 많이 수록하는 경향도 마찬가지로 해석될 수 있다.

태조의 훈요십조를 상세히 소개하고, 숙종대 김위제金謂磾의 남경천도상소南京遷都上疏

---

90 韓永愚, 前揭書, 102~104쪽.

를 기록하면서 『도선기道詵記』의 삼경순주설三京巡駐說을 소개하고 있는 것도 이채롭다. 이는 찬자가 풍수신앙에 대하여 비교적 관용적이거나 호의적 입장을 지닌 것과 무관하지 않은 것 같다. 풍수사상의 원조인 도선에 얽힌 설화라든지 왕건출자王建出自와 관련된 설화도 풍수사상과 깊이 연관되어 있다는 점도 아울러 고려될 필요가 있다.

고려기 말미에 붙인 고려명신은 모두 28명이다. 그 구성원을 보면 개국에 공로가 많은 인물 5명(洪儒·裵玄慶·申崇謙·卜智謙·庾黔弼), 거란 및 여진과의 항쟁에 무공을 세운 인물 4명(徐熙·姜邯贊·智蔡文·尹瓘), 고려 중기의 저명한 유학자 3명(崔沖·金仁存·金富軾), 대몽항쟁기의 무장武將 3명(趙沖·金就礪·金方慶), 여말의 성리학자 9명(安珦·禹倬·李兆年·李齊賢·韓宗愈·李穀·李存吾·李穡·鄭夢周), 그리고 역성혁명易姓革命에 반대한 절의인사節義人士 4명(吉再·徐甄·李養中·金澍)으로 되어 있다.

이 28명의 명신은 『동사찬요』에 실린 열전 중에서 뽑은 것 같다. 특히 길재 이하 4인의 절의인사를 열전에 넣은 것은 『동사찬요』가 처음인데, 『동사보유』에서도 위 4인이 그대로 실려 있고, 그 서술내용도 거의 비슷하다.

그러나 『동사보유』는 인물 선정에 있어 『동사찬요』와 매우 유사점을 보이면서도 각 인물의 행적을 객관적으로 서술하는 데 그치고 그 인물에 대한 사신의 평이나 조선시대 학자의 논찬論贊, 혹은 찬자 자신의 의견을 일체 싣지 않고 있는 점이 매우 다르다. 또 『동사찬요』에서는 명신전名臣傳 외에 반적叛賊과 권흉전權兇傳을 부록하여 권선징악의 뜻을 분명히 제시하고 있는 데 반하여, 『동사보유』에서는 반적이나 권흉과 같은 악인은 싣지 않고 있다. 따라서 『동사보유』는 열전의 비중 자체를 별로 중시하지 않을 뿐 아니라, 인물에 대한 시비선악是非善惡을 지나치게 양극화시키려는 의식이 약하다.

열전을 덜 중요시했다는 것은, 바꾸어 말하면 신하의 정치적 역할을 덜 중시했다는 것이다. 또 그것은 상대적으로 본기의 비중을 높이는 결과를 가져오는 것이다. 그런데 『동사보유』의 본기는 앞에서 설명한 것처럼 군주의 행적을 중점적으로 서술하였기 때문에, 이 책의 전체적인 분위기는 다분히 군주중심으로 쓰여진 것이라 할 수 있다.

(4) 『동사보유』의 사론

『동사보유』에는 모두 15칙의 사론이 들어있다. 그중에서 찬자 자신의 사론은 단 4개뿐이다. 이 사서가 사론에 비중을 크게 두지 않고 있음이 이로써 증명된다. 『동사찬요』가

150여 칙의 사론을 담고, 그중에서 찬자 자신의 사론을 25칙이나 내고 있는 것과 견주어 볼 때, 두 사서의 뚜렷한 차이가 발견된다.

사론을 중요시하지 않는다는 것은 그만큼 과거의 역사에 대하여 비판을 가하지 않는다는 뜻이다. 이는 바꾸어 말하면, 찬자 자신이 성리학적 명분론에 지나치게 집착하지 않았다는 의미이기도 하다. 성리학적 명분론에 집착할수록 고대나 고려의 역사는 긍정할 점보다는 비판받을 점이 많다는 것은 자명하기 때문이다.

그러면, 찬자 자신이 붙인 4칙의 사론과 기성의 사론에서 뽑아 실은 11칙의 사론의 내용은 어떤 것인가.

먼저 조정 자신이 쓴 4칙의 사론은 모두 고려태조 왕건의 출자에 관련된 것으로 실은 한 가지 문제를 다룬 것이라 해도 좋다. 4칙 중 첫째는 가정嘉靖 정유년, 즉 중종 32년(1537) 명에서 온 조사詔使 공용경龔用卿이 우리나라 반송사伴送使 정사룡鄭士龍에게 알려준 왕건의 출자에 관한 이야기를 소개하면서 그 근거를 알 수 없다는 내용이다. 중국 복건인福建人의 언전諺傳에 의하면, 왕건은 복주福州 장락현인長樂縣人으로서 3~5백 년간 자손상전子孫相傳했다는 것이 조사가 일러준 말인데, 조정은 그런 말이 무슨 근거로 한 것인지 모르겠다고 의심을 표시하고 있다.[91]

둘째는, 왕건의 출자에 관한 김관의金寬毅의 설說을 이제현이 비판한 것에 대하여 재론한 것이다. 즉 김관의는 『편년통재編年通載』에서 왕건의 세계가 호경虎景(聖骨將軍) → 강충康忠 → 보육寶育으로 이어지는 것을 보고, 보육의 딸이 당唐의 귀성에 시집가서 의조懿祖를 낳고, 의조가 세조를, 세조가 왕건을 낳은 것으로 기록하였는데, 이제현은 김관의의 설이 틀렸다고 보았다. 그런데, 조정은 왕건의 선계가 혹시 당성과 관련되어 있기 때문에, 명사 공용경이 그런 말을 한 것이 아닐까하고 추측하고 있다.[92]

셋째로, 김관의의 『편년통재』 소재의 왕건설화에 나오는 마가갑摩訶岬(강충이 거주)의 위치가 『여지승람』에 의하면, 장단長湍의 영통사동靈通寺洞이라는 것을 소개한 것이다.

91　『東史補遺』卷3, 卷頭, "按嘉靖丁酉詔使龔用卿日錄 詔使語伴送使鄭士龍曰 吾鄕福人諺傳 高麗始祖王建 乃福州 長樂縣人 子孫相傳 爲三五百年云 此說不知何所據也".

92　同上書 卷3, 卷頭, "又按 櫟翁稗說金寬毅說 聖骨將軍虎景生康忠 康忠生寶育 是爲國祖元德大王 寶育生女配唐貴 姓而生懿祖(唐貴姓 肅宗云) 懿祖生世祖 世祖生太祖云 …… 益齋以寬毅之言爲誤 然麗祖之先系 或涉於唐姓 故 龔用卿之言如是耶 聖源云 昕康大王懿之妻龍女者 平州人豆恩站角干之女子也 則與寬毅所記者異矣".

네 번째는 『여지승람』의 개성부 강충 구거주舊居注의 기사를 소개한 것이다.

이상 조정이 왕건의 출신에 관해 붙인 사론은 사론이기보다는 왕건 설화에 관한 자료를 소개한다는 데 더 큰 의미가 있다고 하겠다. 설화 그 자체가 지닌 불합리한 점을 비판하려고 하지는 않는다. 그런 점에서 본다면,『고려사』찬자가 왕건 설화를 세계편에 넣으면서 끝에다 논論을 붙여 설화 자체를 비판하고 있는 것과 비교하여 차이를 드러낸다.

다음은 기성旣成의 사론에서 뽑아 실은 11칙의 사론의 내용을 알아보기로 한다. 11칙 중 4칙은 백제·고구려·신라·고려의 멸망 기사 끝에 붙인『동국통감』의 사론을 전재한 것으로 관례적인 성격을 가진 것에 불과하다.

나머지 7칙 중 하나는 삼국의 위치에 관한 『여지승람』의 기사를 그대로 전재한 것으로, 이 역시 찬자가 이 문제에 관하여 특별한 관심을 가지고 붙인 것 같지는 않다. 만약 그가 이 문제를 중요시했다면, 한백겸의 삼국설에 대해서도 논급했을 것이다.

나머지 6칙은 ① 신라내물왕조에 붙인 권근의 사론으로서 동성을 아내로 맞이한 것을 비난한 것, ② 고려태조조에 붙인 김부식의 사론으로서 궁예와 견훤이 신라를 배신한 것을 비난한 것, ③ 역시 고려태조조에『동국통감』의 찬자가 붙인 훈요십조를 비난하는 사론, ④ 역시 고려태조조에 붙인 이제현의 사론으로서 태조의 위업을 송태조에 비유하여 칭송한 것, ⑤ 고려성종조에 붙인『동국통감』찬자의 사론으로서 동성취혼을 비난한 것, ⑥ 고려인종에 대한 김부식의 평으로서 인종의 총명한 정치를 칭찬한 것이 그것이다.

이들 사론도 극히 형식적인 것들로서, 예민한 정치의식을 가지고 전대문화를 비판, 극복하려는 뜻이 담긴 것으로 보이지 않는다. 대체로『동국통감』이후로 사림들이 쓴 사서에서는 거의 공통적으로 전대의 이단신앙을 비판하고, 삼강오륜이나 사대와 절의를 존중하는 입장에서, 혹은 군주의 전제나 권신의 발호를 비판하는 입장에서 예리한 사론을 펴온 것이 전통이었으며, 특히 사론에서의 비판대상은 주로 군주의 실정에 집중되다시피 하였다. 그리고 고려태조에 대한 평가가 15세기 관찬사서의 그것과 달리 칭송보다는 비난 쪽으로 기울어져 왔던 것이다.

그런데『동사보유』에서는 고려태조에 대해 칭송하는 사론과 비판하는 사론을 각각 하나씩 실어 균형을 맞추고 있으며, 지금까지 숭유군주崇儒君主로 평가되어 온 성종에 대해서는 비판하는 사론만을 싣고 있는 것이다.

조정이 사론에 대하여 지나치리만큼 관심을 적게 가진 것은 아마도 그의 정치적 입장과도 무관하지 않은 것 같다. 광해조의 집권파의 요인으로서 인조반정에 의하여 명분을 존중하는 사림에 의하여 실각失脚한 그의 입장에서 명분중시의 사론을 받아들인다는 것은 곤란한 일일 수밖에 없다. 특히 인조반정의 최대 명분이 대명사대對明事大와 강상윤리綱常倫理에 기초하고 있다는 점을 생각할 때, 또 그 자신이 개인적으로 불충의 죄를 지은 경험이 있다는 점을 고려할 때, 작자 조정이 엄격한 명분론을 가지고 사론을 받아들일 처지는 못 되는 것이다.

또 이를 뒤집어서 생각하면, 조정 자신의 정치철학이 처음부터 성리학적 명분론에 국한되어 있었던 것이 아니라는 해석도 가능하다. 그리고 그러한 성향은 조정 한 사람만의 문제가 아니라 광해군을 추종하는 북인, 특히 대북파의 전반적인 정치철학과도 관련되는 것이다.

4. 맺음말

선조 말년에서 광해군·인조대에 이르는 16세기 말·17세기 초는 정치사적으로 붕당 정치가 궤도에 오르는 시기로서 특징지어진다. 선조 8년경에 기성사림과 신진사림의 대립양상으로 나타났던 서인과 동인의 분당은 선조 말년에 이르러 동인파가 점차 득세하면서 자체분열을 일으켜 남인과 북인으로 갈렸으며, 북인은 다시 대북과 소북 등으로 분화되었다.

당파의 형성, 분화가 갖는 사회·경제적 의미와 그 사상적 배경이 무엇이냐는 이 시대의 주요 연구 과제라 하겠으나, 이 글에서는 이 문제를 깊이 다룰 계제는 아니다. 다만 당파 형성과 역사의식 관계를 검토함에 있어서 오운의 『동사찬요』와 조정의 『동사보유』가 주는 시사는 매우 큰 것으로 생각된다.

『동사찬요』에 반영된 역사의식은 절의와 강상명분을 강조한 데 가장 큰 특색이 찾아진다. 이 책이 편찬된 선조 말년에서 광해군대의 정치 상황과 관련시켜 생각할 때, 작자 오운의 역사의식은 북인과 경쟁 관계에 있던 남인파의 역사의식을 반영한다고 보인다. 절의와 강상 명분 문제는 선조 22년(1589)의 소위 정여립모반사건(己丑獄事)을 전후하여 사림 간에 중요한 정치적 쟁점이 되었다. 정여립鄭汝立·정개청鄭介淸 등 이른바 모역謀逆 사건에 직접·간접으로 관련되었던 인사들은 절의와 강상명분을 철저히 부정하고 나섰으며, 이는 현실적으로 이왕실李王室을 부정하려는 혁신성을 내포한 것이었다.

정여립과 그 일당은 결국 모역의 죄를 쓰고 화를 입었지만, 명분론에 신축성을 가지려는 경향은 북인, 특히 대북파에 의해서 계승되었다. 선조의 서자인 광해군을 추종하는 대북파 인사들은 명분보다는 공리와 실리를 추구하면서 내정과 외교의 일대혁신을 추진하려던 인사들이었다. 광해군의 친형(임해군), 선조의 적자嫡子(영창대군) 및 그의 생모(인목대비)를 탄압한 것은 공리와 명분이 부딪치는 데서 빚어진 참사라 할 수 있다.

왜란을 전후한 시기의 역사적 상황은 사실 명분만으로는 해결할 수 없는 난제를 안고 있었다. 선조 왕의 무능이 우선 명분론의 근거를 약하게 하였고, 왜란 후의 대륙정세 변동(淸의 흥기)이 또한 명분론의 타당성을 앗아갔다. 내·외로 혁신이 요망되는 시기에 있어서 명분론이 갖는 의미는 제한적일 수밖에 없다.

이러한 관점에서 볼 때 오운의 역사의식은 대북인의 공리주의·비명분주의에 대한 대응논리라 할 수 있겠으며, 그러한 까닭에 그의『동사찬요』는 명분을 존중하는 사람들 사이에서 큰 영향과 지지를 얻었다.

한편 조정의『동사보유』는 인조반정에 의해서 밀려난 대북요인의 자기 변호인 동시에 반정논리의 핵심이 되는 강상명분론에 대한 간접 비판이라고도 하겠다. 그는 역사에서 명분을 찾고자 한 것이 아니라, 낭만적인 꿈을 찾고자 한 것이다. 그 꿈은 바로 고대의 신비주의적인 신화·전설의 세계인 것이다. 신화·전설의 세계에서 가장 특징적으로 부각되는 것은 단군을 비롯한 역대의 국조이며, 역대국조의 신성한 출자出自는 곧 국가와 민족의 독자적 권위의 상징이 된다. 오운이 기자로부터 문화적 긍지의 근원을 찾으려 했던 것과는 매우 대조적이다.

조정의 낭만적 역사의식은 현실적으로 광해군의 왕권 강화와 부국강병 정책 그리고 신축성 있는 대명외교를 뒷받침하는 정치 이데올리기의 기능을 갖는 것이다. 강상론을 강조할수록 광해군이나 그의 추종 세력은 설 자리를 잃게 된다. 이는 마치 찬탈군주 세조가 왕권 강화의 수단으로서 고대의 신화세계에서 신성왕권을 빌어오려고 했던 것과도 유사하다.

한백겸의 실학과 『동국지리지』

1. 한백겸의 가계와 학맥

구암 한백겸(1552~1615)은 서경덕 문인 박민헌朴民獻(1516~1586)의 제자인 한효윤韓孝胤(1536~1580)의 장남이다. 한효윤은 서경덕 문인 남언경南彦經(1528~1594)과 매우 가까웠으며, 남언경의 매부인 한윤명韓胤明과도 절친했다. 한윤명은 서울에서 수많은 학자를 길러낸 명유名儒이다.[1]

한백겸은 또 서경덕 문인 김근공金謹恭(1526~1568)의 제자인 한효순韓孝純(1543~1621)의 조카이기도 했다. 할아버지 한여필韓汝弼은 문음으로 벼슬길에 나아가 문천군수를 지내다가 원주原州로 낙향하여 일생을 마쳤다. 한백겸 역시 서경덕 문인 민순閔純(1519~1591)의 제자이다. 한준겸은 바로 한백겸의 아우로서 서경덕 문인 이지함李之菡(1517~1578)의 제자였다.

한백겸 집안은 또 서경덕 제자 허엽許曄(1517~1580) 집안과도 깊은 혼인 관계를 맺고 있었다. 허엽의 첫째 부인 한씨는 덕종비 인수대비仁粹大妃의 아버지인 한확韓確의 증손녀이고, 허엽의 할아버지 허담許聃의 고모의 사위는 한백겸의 고조부인 한사무韓士武이다. 이런 인연으로 허엽의 아들 허성許筬(1548~1612)과 한백겸, 한준겸 형제는 매우 가까운 사이가 되었다. 더욱이 허성은 한준겸과 함께 영창대군의 보호를 부탁받은 '유교칠신遺敎七臣'

---

[1] 한효순의 생애와 업적에 대해서는 한영우, 『나라에 사람이 있구나: 월탄 한효순 이야기』, 지식산업사, 2016 참고.

에 속해 있었다. 두 집안이 모두 서경덕 학파에 속하면서 맺어진 인연으로 보인다. 허균許筠(1569~1618)은 바로 허성의 이복아우이다.

한백겸과 서경덕 문인과의 인맥은 여기서 그치지 않았다. 한백겸의 매형인 홍적洪迪(1549~1591)은 바로 서경덕 문인 홍인우洪仁祐(1515~1564)의 아들이다. 아버지 한효윤이 홍인우와 가까워 자신의 딸을 홍인우 아들에게 시집보낸 것이다. 그러니 한백겸 일가야 말로 화담학파의 영향을 가장 크게 받은 집안으로서 서경덕 학파의 적통이라 해도 과언이 아니다. 선조가 경연에서 『주역』을 공부하면서 역학 전문가를 찾을 때 신하들이 이구동성으로 한백겸 집안을 추천한 이유가 여기에 있었다.

한백겸은 아버지의 권유를 받아 젊었을 때 서경덕 문인 민순에게서 학문을 배워 서경덕 학파에 발을 들여놓았다. 민순은 선조 8년(1575) 무렵부터 벼슬을 사양하고 고양高陽에 내려가서 후학을 가르치고 있었는데, 이때 한백겸은 민순을 찾아가서 학문을 배웠으니, 대략 23세 무렵으로 보인다.

한백겸이 민순의 문하생이 된 것은 학자의 길을 가는 데는 큰 도움이 되었겠지만, 과거를 거쳐 벼슬아치가 되는 데는 오히려 방해가 되었을 것이다. 과거시험 공부에 전념할 시간을 빼앗겼기 때문이다. 그는 28세 되던 선조 12년(1579)에 생원시에 급제했다. 재미있는 것은 이해 아우 한중겸韓重謙[2]과 막내아우 한준겸도 함께 급제했는데, 5세 아래인 한준겸이 가장 성적이 좋아 생원 시험에 장원으로 급제하고, 진사 시험도 급제하여 2관왕이 되었다. 그보다 1년 전에는 초시에서도 장원으로 뽑혔었다. 그 결과 형을 제치고 장원급제하기에 이른 것이다.

막내아우의 장원급제는 한백겸에게는 분명 기쁜 일이었을 것이다. 그러나 심리적 갈등도 없지 않았을 것이다. 앞으로 다가올 문과 시험에도 아우가 먼저 급제할 것이 예상되는 상황에서 아우의 뒤를 따라가야 하는 처지가 되었기 때문이다. 그런데 그 예상이 맞았다.

3형제가 사마시에 급제한 바로 다음 해 아버지가 세상을 떠나자 형제들이 원주로 가서 3년간 시묘살이를 했다. 거상이 끝나자, 한준겸은 30세 되던 선조 19년(1586)에 문과에 급제하여 벼슬길에 나아갔다. 이때 정여립의 생질(누님의 아들)이던 이진길李震吉도 함께

---

2   한백겸의 아우 한중겸은 일찍이 요절하여 벼슬길에 나아가지 못했는데, 두 아들을 두었다.

급제하여 서로 친한 사이가 되었다.

이렇게 막내아우가 형보다 앞서 승승장구하는 가운데 한백겸은 생원으로 그치고 문과는 포기했다. 장유유서가 분명한 당시의 관습으로 볼 때 형이 아우보다 늦게 문과에 급제하는 것이 모양새가 좋지 않은 것도 이유의 하나였을 것이다.

문과를 포기한 한백겸은 더욱 학문의 길에 매진하고, 한준겸은 이런 형의 처지가 미안하여 높은 벼슬을 하면서 항상 형의 경제적 뒷바라지와 학문적 후원에 정성을 쏟았다. 뒷날 한백겸이 서호西湖(지금의 수색)에 은거하면서 학문에 침잠할 수 있었던 것은 한준겸이 자신의 농장을 떼어주었기 때문이었다.

한백겸이 생원이 된 그해에 바로 경서經書를 훈해訓解하는 교정청 낭청(종6품)으로 특채되어 벼슬길에 나갔지만, 임시직이었으므로 그 일이 끝나자 해고되었다.

35세 되던 선조 19년(1686)에 한백겸은 한성부 중부 참봉(종9품)으로 임명되고, 이어 여러 기관의 참봉직을 맡다가 질병을 이유로 그만두었다. 참봉직은 가장 낮은 벼슬이었으므로 여기에 만족하기 어려웠을 것이다. 그래서 병을 핑계로 그만둔 것으로 보인다. 더구나 이해 한준겸은 문과에 급제하여 예문관 벼슬을 받았으니 아우의 체면도 고려했을 것이다.

2. 정여립 사건으로 고초를 겪다

38세 되던 선조 22년(1589) 10월에 뜻밖에 큰 재앙이 한백겸 집안에 불어닥쳤다. 정여립鄭汝立 모반사건이 터져 정여립이 자살하고, 그의 동료였던 동인의 영수 이발李潑(1544~1589)[3]과 정여립의 생질인 이진길李震吉(1561~1589)[4]이 모두 처형되고, 연루자 1천

---

3 이발은 본관이 光山이고, 세종 때 집현전을 거쳐 예문제학을 지낸 李先齊의 5대손, 집현전 부제학 李亨元의 4대손, 증조는 사헌부 집의 李達善, 조부는 홍문관 박사 李公仁, 아버지는 예문제학을 지낸 李仲虎로서 학자 명문 집안 후손이다. 젊었을 때 서경덕 문인 김근공과 역시 서경덕 문인 민순에게서 학문을 배운 화담학파에 속한다. 선조 6년(1573)에 문과에 장원급제한 뒤에 선조 때 홍문관 부제학을 거쳐 대사간으로 있으면서 동인의 영수가 되었다. 조광조의 지치주의를 신봉한 동인 급진주의자의 한 사람이다. 정여립과 함께 모반을 했는지는 확실치 않지만 서인의 온건한 更張論과 그것마저 거부한 선조의 무능에 반발한 것만은 사실이다. 崔永慶, 조식 문인 金宇顒, 그리고 민순 문인 洪可臣 등과 절친했다.

여 명이 죽거나 귀양가는 참화가 일어났다.

그런데 한백겸, 한준겸, 그리고 숙부 한효순이 모두 정여립 당여와 친교 관계를 맺고 있어서 화를 입었다. 한효순은 이발과 함께 김근공의 문인이어서 이발과 친교가 있었으며, 이발이 또 한때 민순의 문인이었으므로 동문인 한백겸과도 친교가 있었다. 이발이 같은 고향 사람인 정여립과 가까운 것이 인연이 되어 한백겸도 정여립과 가까운 사이가 되었다. 또 이진길은 한준겸과 같은 해 문과에 급제한 동문 친구로서 한준겸이 승정원 주서注書로 있을 때 이진길을 조정에 추천한 일이 있었다.

이렇게 한씨 집안 세 사람이 모두 정여립 및 그 당여와 친교가 두터웠으니, 비록 모역 사건에 관여하지 않았더라도 무사할 리 없었다. 더욱이 한백겸은 친구의 의리를 지켜 자살한 정여립의 시신을 거두어 장례를 치러주기까지 했다. 한백겸은 그 죄로 감옥에 들어가서 곤장형을 받고 나와서 함경도로 귀양갔다가 왜란이 터지자 풀려났다.

아우 한준겸도 이진길을 조정에 천거한 것이 문제가 되어 관직을 삭탈당했다. 숙부 한효순도 이발과의 관계, 또 두 조카의 일로 인하여 명나라에 사신으로 갔다가 귀국한 직후에 관직을 삭탈당했다.

이 사건의 처리를 맡은 위관委官은 서인 정철鄭澈이었는데, 지나치게 죄를 다스려 무고한 사람들까지 화를 입게 하여 그 원망이 동인들 사이에 거세게 일어났다. 특히 학문이 높았던 최영경崔永慶을 억울하게 옥사시킨 일로 더욱 큰 원망을 샀다. 화담학파에 속하는 호남 학자 정개청鄭介淸도 이때 귀양갔다가 죽었다.

그러면 정여립(1546~1589)[5]은 어떤 인물인가? 그는 문과에 우수한 성적으로 급제하고, 경사經史에 대한 지식이 높아 이이李珥와 성혼成渾 문하에서 재사才士로 이름을 떨치던 인물로서 이이가 그의 재주를 아껴 조정에 천거하기도 했다. 이렇게 서인에 가담하여 촉망을

---

4   이진길은 본관이 德山으로 정여립의 누이의 아들(생질)이다. 선조 19년(1586)에 한준겸과 함께 문과에 급제하여 예문관 검열을 지냈는데, 선조 22년에 정여립 사건이 일어났을 때 그 당여로 지목되어 곤장을 맞고 죽었다.

5   정여립은 본관이 東萊로서 全州의 한미한 집안에서 태어났는데, 머리가 영특하여 25세에 문과에 급제하고, 이이와 성혼 문하에 들어가서 서울 선비들과 넓은 친교를 맺었다. 이이는 그의 재주를 아껴 좋은 벼슬자리를 주기도 했는데, 정여립도 이이에 대하여 말하기를, "공자는 익은 감이고, 이이는 반쯤 익은 감인데, 장차 익으면 성인이 될 것"이라고 칭송했다. 그러던 그가 선조 17년(1584)에 이이가 세상을 떠나자 갑자기 태도를 바꿔 동인 영수이던 李潑과 손잡고 이이와 성혼을 공격하기 시작했다. 선조는 정여립이 서인에 속하여 이이 편을 들다가 갑자기 태도를 바꾼 것에 실망하여 질책하니, 정여립이 벼슬을 버리고 고향으로 내려갔다.

받고 있던 정여립은 선조 17년에 이이가 세상을 떠나자 갑자기 태도를 바꾸어 동향인 전주 출신으로 동인의 영수가 된 이발李潑과 손잡고 이이를 비난하기 시작했다.

선조는 갑자기 서인을 배신하고 동인과 손잡은 정여립을 못마땅하게 여겨 그를 불러 힐난하자 정여립은 자리를 박차고 고향으로 내려가 대동계大同契라는 단체를 조직하고 사람을 모아들여 군사훈련을 시켰다. 그리고 "천하는 공물公物로서 누구의 사유물이 아니며, 임금도 마음대로 바꿀 수 있다"는 말을 퍼뜨리기도 했다. 그러던 중 황해도에서 모역사건을 고발하자 일이 크게 벌어지게 된 것이다. 정여립이 과연 모역을 했는지는 확실치 않으나 그가 급진적 개혁사상가임은 틀림없었고, 그런 점에서 이발과 호흡이 맞았던 것은 사실이다.

3. 왜란 후 벼슬: 『고경주역』 교정에 참여하다

41세 되던 선조 25년에 임진왜란이 일어나자 한백겸은 귀양지 함경도에서 풀려나 서울로 돌아왔는데, 왜군에게 내응한 주모자를 목 베고 왔다. 그 공로로 내자시 직장直長(종7품)을 거쳐 한성부 참군參軍(정7품)에 임명되어 서울 도민에게 죽을 먹이는 일을 맡았다.

선조 27년(1594) 11월부터 선조는 갑자기 『주역』공부에 빠져 경연에서 읽기 시작했는데, 경연관 중에 전문가가 없자 임금이 "선비 중에 역학易學을 아는 자가 있는가?"라고 물었다. 그러자 홍문관 수찬 정경세鄭經世가 "소신은 역학을 전혀 모르는데, --신이 들으니 서울 조관朝官 중에 한백겸이란 사람이 있는데, 꽤 역학을 안다고 합니다"고 대답했다. 정경세는 유성룡 문인으로 영남 남인에 속했으나 한백겸과 친교가 있었고, 뒤에 광해군 1년(1609)에 한백겸을 찾아가 『주역』을 가지고 토론하기도 했다.

임금이 다시 "한백겸은 한준겸의 형인가?"하고 물으니, 모두들 "그렇다"고 대답했다. 한준겸은 당시 수원주목사守原州牧使를 하고 있었으나 그 딸이 뒤에 선조의 손자며느리가 되었으므로 그 집안 사정을 어느 정도 알고 있었다.

이때 호조판서 김수金晬가 "한백겸과 한준겸은 바로 한효윤韓孝胤의 아들입니다. 그 집안은 본래 학문에 힘쓰기로 이름이 났습니다"고 거들었다. 김수는 이황 문인으로 역시 영남 남인이었지만 한백겸 집안을 잘 알고 있었다. 김수에 이어 우의정 김응남이 또 "한백겸과 그의 숙부인 한효순韓孝純도 다 역학易學을 안다고 말들 합니다"고 말했다. 김응남은 동인이 었으므로 한효순 집안을 잘 알고 있었다. 한효순은 당시 병조참판의 중책을 맡고 있었다.

이렇게 한씨 집안 역학자들이 임금에게 알려지자, 한효순은 선조 28년 1월 8일에 잠시 경연특진관으로 참여하여 역학을 강론했으나, 군정에 바쁜 몸이어서 더 이상 참여하지 않았다.

그러나 한백겸은 선조 34년(1601)에 『고경주역古經周易』을 교정하는 일에 오랫동안 참여한 공로로 선조 36년(1603)에 임금으로부터 아마兒馬를 하사받았다. 이때 참여한 신하들은 이수광, 신흠, 유몽인, 심희수, 김수 등 무려 60명에 이르렀다.[6]

4. 수령으로 명성을 떨치다

44세 되던 선조 28년(1595) 6월에 한백겸은 호조좌랑(정6품)에 올랐다가 다시 황해도 안악현감으로 나가 2년간 다스렸다. 다음 해 8월에는 안악현에 숨어 살던 정여립 잔당의 괴수인 변희복邊熙福과 변종금邊鍾金을 잡아 가두는 공을 세웠다. 그가 정여립난에 직접 관여하지 않은 사실이 증명된 셈이다.

50세 되던 선조 34년(1601) 2월에는 다시 서울로 올라와 형조정랑(정5품)을 거쳐 영월군수(종4품)로 나갔다. 다음 해 8월에는 사도시정(정3품 당하관)에 올랐다.

53세 되던 선조 37년(1604) 4월에는 청주목사(정3품)로 나갔는데, 정사를 공정하게 처리하고 아전들을 잘 다스려 백성들이 기뻐했다. 그가 부임했던 곳에서는 모두 그가 체직된 뒤에도 사모했다고 한다.

다음 해 4월 충청도 안문어사 성진선成晋善이 충청도 수령 가운데 한백겸의 공적을 가장 먼저 임금에게 글로 써서 올렸는데 다음과 같은 내용이 담겨 있었다.

청주목사 한백겸은 자상하여 백성을 사랑하고, 剛明하게 다스려 속된 아전의 들뜨고 꾸미는 작태를 물리쳐 버리고, 힘써 돈독하고 실질적인 정사를 행하고 있습니다. 이처럼 문

---

6   『고경주역』 교정에 참여한 60명의 명단은 許筬의 문집 『岳麓集』에 보인다.

교가 무너진 때를 맞이하여 홀로 학교를 흥기시키는 것으로 자기의 책임을 삼아 공무에서 물러난 뒤 여가에도 언제나 학생들과 경서의 뜻을 강론하고, 公用으로 남은 재물을 덜어내 經籍을 널리 구입하여 선비들을 분발시키고 있습니다.

선조 39년(1606)에도 충청도 암행어사 이극신李克信이 또 보고서를 올렸는데, 청주목사 한백겸의 치적이 남다르다고 칭송했다. 한백겸이 학문도 높지만 백성을 위한 실질적인 행정을 잘했다는 사실이 증명된 셈이다. 말하자면 그는 실학적인 행정가였다.

5. 호조참의로 공물 개혁을 요구하다

56세 되던 선조 40년(1607) 4월에 한백겸은 목사 시절의 공적이 높은 평가를 받아 서울로 돌아와 드디어 정3품 당상관인 장례원掌隷院 판결사에 올랐다가 이해 8월에 호조참의로 옮겼다. 국가 재정을 담당하는 요직이다. 이때 아우 한준겸이 평안도 관찰사를 지내고 있었는데, 모친을 모시고 함께 평양으로 갔는데 모친이 병이 생겼다는 소식이 들어왔다. 한백겸은 잠시 휴가를 얻어 평양으로 갔다. 떠나기 앞서 호조참의 사직을 요청하는 소를 올리고, 바로 뒤이어 공물貢物 폐단의 개혁을 요청하는 장문의 소를 올렸다. 그것이 「공물변통소貢物變通疏」이다. 공물 제도를 바로잡지 않으면 나라가 토붕와해土崩瓦解되어 망할지도 모른다는 위기의식에서 올린 것이다. 당시 백성들에게 가장 고통을 준 것은 바로 공납제도였기 때문이다.

공물 제도의 문제점을 지적하는 여론은 이미 선조 2년에 율곡 이이가 공물 대신 쌀로 받자는 수미법收米法을 건의한 일이 있었으나 실행되지 않았다. 그 뒤 전란 중인 선조 28년에 유성룡이 공물 대신 쌀을 바치는 것으로 바꾸어 1결마다 2두의 쌀을 받아 그 쌀을 가지고 필요한 물품을 구입하여 쓰기로 바꾸었는데, 쌀을 운반하는 비용이 커서 농민의 원망이 크고, 또 관청에서 쌀을 가지고 물품을 살 때 값을 깎아서 사기 때문에 시전 상인들의 원망이 컸다. 그래서 마침내 그 법을 폐지했다.

그러나 한백겸은 유성룡이 만든 수미법의 취지가 잘못된 것이 아니라 실행방법이 잘못되었다고 보고, 그 방법을 개선하여 다시 실행할 것을 건의했다. 즉 일률적으로 1결 2두를 고집하지 말고, 거리의 멀고 가까움을 따져서 거리가 먼 산군山郡에서는 쌀 대신 포布를 받고, 또 그 쌀로 물품을 사들일 때 시가의 몇 배를 더 주고 사면 시전 상인의 불만이 없어질 것이라고 제안했다. 또 공납으로 받는 미포米布를 군자 비용으로 돌리는 것은 전쟁 중에 하던 일이므로 없애자고 했다. 동시에 왕실의 비용을 대폭 줄여서 공납 액수 자체를 줄이는 것이 필요하다고 덧붙였다.

한백겸의 개혁안은 광해군 때 정승 이원익李元翼에 의해 받아들여져 시행되었다. 이것이 대동법이다. 한백겸이 공물 제도의 개혁을 처절하게 요구한 것도 그의 애민 정신과 실학적인 정신에서 나온 것이다.

6. 평양의 기자정전箕子井田을 조사·연구하다

56세 되던 선조 40년(1607)에 한백겸은 호조참의를 잠시 휴직하고, 아우 한준겸이 관찰사로 있던 평양으로 갔다. 병든 모친을 뵙기 위해 갔지만, 이왕 간 김에 기자箕子가 실시했다고 전해지고 있는 평양성 서문 밖의 기전유지箕田遺址를 직접 답사하고 측량한 뒤에 「기전도箕田圖」를 그렸으며, 「기전유제설箕田遺制說」, 「기전고箕田攷」라는 논문을 발표했다. 그의 실학자다운 면모가 또 드러난 것이다.

원래 『맹자』에는 은殷나라가 70무畝를 단위로 하여 정전제井田制를 실시하고, 주周나라는 100무를 단위로 하여 정자형井字形의 정전제를 실시했는데, 8가家가 공전公田을 공동으로 경작하여 10분의 1세를 바쳤다고 했다. 그러나 은나라의 정전제는 아무도 그 실제 모습을 찾아내지 못했다.

한백겸은 평양의 기전유지를 측량한 결과 땅이 4개로 구획되어 전자형田字形을 이루고 있으며, 한 구역의 크기가 70무임을 찾아내어 은나라의 정전제를 기자가 실시한 것이 확실하다고 주장했다.

또 16전田 64구區가 합하여 하나의 사각형인 전甸을 이루고 있다고 했다. 이렇게 4구가 모여 1전田을 이루고, 그것이 2개 모여 8구가 되고, 8구가 가로와 세로로 다시 모여 16전田 64구區가 되는 것은 상수역학의 4상象, 8괘卦, 64괘卦의 형상을 따른 것이며, 그 형태가 모두 사각형으로 된 것은 선천방도先天方圖의 모습과 비슷하다고 해석했다. 상수역학象數易

學의 지식을 기자 정전제 해석에 응용한 것이다.

그러면 은나라 정전제에서 세금은 어떻게 했을까? 한백겸은 은나라의 전제田制도 사전私田과 공전公田이 따로 있을 것으로 보았는데, 다만 전자형의 땅은 모두 사전이고, 공전은 다른 지역에 따로 있을 것으로 추리했다. 그래서 10분의 1의 세법은 그대로일 것으로 해석했다.

한백겸은 자신이 그린 기전도箕田圖를 학우인 유근(1549~1627)[7]과 서경덕 문인 허엽許曄의 아들 허성許筬(1548~1612)에게 보여주고 의견을 구했다. 허엽은 첫째 부인이 청주한씨로서 덕종비 인수대비의 아버지인 한확韓確의 후손이었으므로 한백겸과는 먼 인척 관계이기도 했다. 또 허성의 증조 허담許聃의 고모의 사위는 바로 한백겸의 고조인 한사무韓士武였음은 앞에서 이미 설명한 바와 같다.

이렇게 기전제에 대한 해석이 조금씩 다르지만, 70무를 단위로 하는 은나라의 전제를 기자가 도입했다는 한백겸의 의견에는 모두 동의했다.

7. 광해군 때 서호西湖에 은거하다

한백겸이 57세가 되던 선조 41년(1608) 2월에 선조가 승하하고 광해군이 즉위했다. 이때 선조에 대한 상제喪制를 어떻게 할 것인가를 놓고 의논했는데 홍문관 교리 최기남이 상소하여 상례를 잘 아는 정구鄭逑, 한백겸, 김장생金長生의 자문을 받을 것을 권하여 그대로 시행되었다. 그만큼 그의 학문이 높이 평가되었다.

그러나 한백겸은 벼슬에 뜻을 잃었다. 아우 때문이었다. 아우 한준겸은 선조가 죽을 때 3살 된 영창대군의 보호를 부탁받은 일곱 신하 곧 '유교칠신遺敎七臣'[8] 가운데 한 사람이었기 때문이다. 유교칠신 가운데 영창대군을 적극 옹호하던 소북파 유영경柳永慶은 이미 광해군이 즉위하자 바로 대북파에 의해 귀양가서 죽었는데, 나머지 사람들은 적극적으로 영창대군을 임금으로 세우려는 뜻을 가진 것은 아니고 피동적으로 부탁을 받았지만, 그

---

7   유근은 본관이 晉州이고, 황정욱 문인으로 정철 일파에 속하는 서인인데 선조 때 좌찬성에 오르고, 광해군 때 관직이 삭탈되었다가 복직되었다. 인조반정 후 은퇴했다.

8   유교칠신은 柳永慶, 韓應寅, 朴東亮, 徐渻, 申欽, 許筬, 한준겸이다.

렇다고 영창대군을 해치는 일을 하기는 어려운 처지였다. 그러니 대북파가 가만히 둘 리가 없었고, 광해군 5년의 계축옥사 무렵에 모두 귀양가는 신세가 되었다.

이렇게 아우가 불안한 처지에 있는데 선뜻 벼슬을 하기는 어려웠다. 그래서 광해군 2년(1610)에 강원도안무사(종2품)에 임명되었으나 스스로 사직하고, 양주楊州 물이촌勿移村(일명 水移村)⁹으로 가서 학문에 전념했다. 이곳은 일명 서호西湖라고도 불렸는데, 아우 한준겸이 자신의 농장 일부를 형에게 떼어준 땅이었다. 한백겸은 이곳에 작은 초가집을 짓고, 당호를 구암久菴이라고 써서 걸어 놓았다. 집 앞에서 남쪽을 바라보면 관악산, 청계산 등이 보이고, 바로 집문을 나가면 선유봉仙遊峰¹⁰이 정면으로 보인다고 했다. 지금 마포구 상암동 월드컵 경기장 부근으로 보인다.

한백겸은 수이촌(물이촌)에서 살다가 7년 뒤인 광해군 7년(1615)에 향년 64세로 세상을 떠났다. 그러나 이 기간에 그의 학문이 마지막 꽃을 피웠는데, 그것이『동국지리지東國地理志』의 편찬이다. 그는 이곳에 살면서 아우와 함께 침류대枕流臺 학사들과 어울리기도 하여 침류대 학사 명단에 그 이름이 올랐다.

수이촌 시절에 만났던 학자 가운데 한 사람이 광해군 1년 여름에 수이촌으로 직접 찾아온 정경세鄭經世이다. 11세 연하인 정경세와 직접 만나 학문을 토론한 것은 처음이라 한다. 그 토론 주제는 주자가 지은『주역』해설서인『계몽啓蒙』에 들어 있는 설시揲蓍에 관한 해석인데, 충분히 논의하지 못한 아쉬움이 남아있어 뒤에 글을 써서 부연 설명했다. 그 글이 「계몽설시변啓蒙揲蓍辨」이다. 그 글의 요지는 주자의 해석에 대하여 7가지 의문을 가지고 있다는 것이다. 자세한 것은 뒤에 다시 설명할 것이다.

---

9 한백겸은 水移村에서 살게 된 배경과 水移村의 경치를 "勿移村久菴記"로 기록해 놓았다. 水移村의 뜻은 물이 흐르는 마을이라는 것인데, 두 개의 개울이 북쪽에서 흘러내려 한강에서 합쳐진다. 한백겸은 이곳의 경치가 너무 좋아 이사를 가지 않겠다고 마음먹고 水移村을 勿移村이라고 스스로 불렀다. 水移村과 勿移村은 水와 勿이 발음이 같다. 또 久菴이라는 호도 이사가지 않고 오래 살겠다는 뜻이라고 했다.

10 선유봉은 陽川縣 八景 중의 하나로 꼽히는데, 겸재 鄭敾이 그린 그림이 남아있다.

8. 한백겸의 상수역학: 사단칠정설

한백겸은 성리性理와 관계되는 여러 편의 글을 남겼다. 그 글들은 모두가 주자의 이론이나 율곡 이이, 퇴계 이황 등 대가들의 주장과 전혀 다른 독창성을 지니고 있는 것이 특징이다.

먼저, 사단칠정四端七情에 관한 새로운 해석이다. 이 문제에 대해서는 이미 율곡과 퇴계가 서로 다른 설을 제기한 바 있었다. 퇴계는 사단 곧 인의예지는 이理가 발하는 것이기 때문에 지극히 착한 것이고, 이것이 도심道心이라고 말했다. 한편 칠정, 곧 희노애락애오욕喜怒哀樂愛惡欲은 기氣가 발동해서 생기는 것으로 좋은 것도 있고 나쁜 것도 있다고 보았으며, 이것이 인심이라고 해석했다.

그러나 율곡은 이理와 기氣가 서로 떨어져 있는 것이 아니고, 하나이면서 둘이고 둘이면서 하나이기 때문에 이理 속에 기氣가 있고, 기 속에 이가 있다는 새로운 주장을 폈다. 이런 주장은 이와 기를 일체라고 주장한 서경덕의 영향을 받은 것이지만, 서경덕은 사단칠정에 관해서는 논하지 않았으나, 율곡이 처음으로 사단과 칠정을 논한 것이 다르다. 이렇게 이기일체설을 가지고 사단과 칠정을 해석했기 때문에 사단 속에 칠정이 들어있고, 칠정속에도 사단이 들어있다고 해석한 것이다.[11]

그러면 한백겸은 사단과 칠정을 어떻게 해석했는가? 그는 선배 학자들이 이와 기를 가지고 사단과 칠정을 논한 것에서 벗어나 사단과 칠정을 음양오행과 연결시켜 해석했다. 이것이 근본적으로 선배 학자들과 다르다.

한백겸의 주장을 따르면, 우주만물을 구성하고 있는 오행은 기본적으로 기氣인데, 오행 안에 인의예지신仁義禮智信이 들어있다. 예를 들면 나무木는 인仁, 불火은 예禮, 쇠金는 의義, 물水은 지智, 흙土은 신信이다. 그래서 오행은 그 속에 인의예지의 사단이 내포되어 있다. 다만 오행 가운데 신信이 사단 가운데 빠져 있는데, 신은 인의예지를 모두 포괄하고 있으므로 신을 토대로 인의예지를 받아들이면 도심道心이 된다. 따라서 사단도 오행의 기氣에서 발생하는 인간의 감정이다.

그런데 사단에도 음양이 있다. 인仁과 예禮는 밖으로 드러나므로 양陽이고, 의義와 지智는 안으로 향하므로 음陰이다.

---

11 한영우, 『율곡 이이평전』, 민음사, 2013.

또 오행은 신체의 오장과도 연결되어 있다. 물水은 신장腎臟이고, 불火은 심장心臟, 나무木는 간장肝臟, 금金은 폐장肺臟, 흙土은 비장脾臟이다. 그러므로 사단과 칠정은 오장과도 관련되어 있다. 사단 가운데 인은 간장, 의는 폐장, 예는 심장, 지는 신장과 연결되어 있다. 나머지 비장은 중간적인 입장에 있다.

그런데, 한백겸은 사단을 다시 크게 분류해 보면, 인仁과 의義로 모아진다고 했다. 예를 들어 예禮는 인仁으로 합쳐질 수 있고, 지智는 의義로 합쳐질 수 있다는 것이다. 그리고 인은 양이고, 의는 음이다.

그러면 칠정은 어디서 나오는가? 칠정은 희노애락애오욕[12]으로 역시 기氣에서 발생한다. 그런데 칠정 가운데 희喜(기쁨)와 애愛(사랑)는 측은한 마음으로 인仁과 통하고, 인은 바로 나무이며, 나무는 간장肝臟에 연결되어 있다. 희喜의 반대는 노怒(노여움)인데, 희와 노는 음양 관계이다. 애愛의 반대는 오惡(미움)인데, 이 둘도 음양 관계이다.

다음에 칠정 가운데 락樂(즐거움)은 사양하는 마음으로 예禮와 통하고, 예는 곧 불火이며, 불은 심장心臟과 통한다.

칠정 가운데 노怒(노여움)와 오惡(미움)는 부끄러워하는 수오지심으로 의義와 통하고, 의는 곧 금金이며, 금은 폐장肺臟과 연결되어 있다.

칠정 가운데 애哀(슬픔)와 욕欲(욕망)은 시비지심과 통하고, 시비지심은 곧 지智이며, 지는 물水이고, 물은 신장腎臟과 연결되어 있다.

여기서 오장 가운데 오행의 흙과 5덕의 신信으로 연결되어 있는 비장脾臟이 칠정에 빠져 있는데, 비장은 중립적인 위치에서 생각思하는 기능을 가지고 있다.

이렇게 본다면 칠정도 오행과 연결된 인간의 감정이다. 다만, 칠정의 감정 속에는 서로 대립되는 감정이 들어있는데, 이는 음양으로 설명될 수 있다는 것이다. 밖으로 향해지는 감정은 양이고, 안으로 파고드는 감정은 음이다. 예를 들면, 희, 락, 애는 밖으로 향해지므로 양이고, 노, 애, 오, 욕은 안으로 향해지므로 음이다.

그러면 인심이란 무엇인가? 인심은 바로 칠정을 말한다. 사람의 마음은 칠정을 벗어나는 것이 없기 때문이다. 그러면 인심은 도심과 무엇이 다른가? 도심은 인의예지를 신信을 바탕

---

12 주자를 비롯하여 성리학자들은 칠정을 喜怒愛懼哀惡欲으로 보고 있는데, 한백겸은 懼 대신에 樂을 넣은 것이 다르다. 만약 한백겸이 樂 대신 懼를 칠정에 넣었다면 설명이 어떻게 달라졌을지 궁금하다.

으로 통합할 때 나타나는 감정이다. 반면, 인심은 중간에서 칠정을 생각思하는 감정이다.

한백겸은 이상과 같은 자신의 새로운 사단칠정설을 알기 쉽게 설명하기 위해 3개의 그림으로 그렸다. 그것이 「사단칠정도四端七情圖」로서 첫 번째는 「사단도」이고, 두 번째는 「칠정도」이고, 세 번째는 「사단칠정도」이다. 세 그림이 모두 음양과 오행을 위에다 동그라미로 그리고, 그 아래에 첫 번째 그림은 사단을, 두 번째 그림은 칠정을, 세 번째 그림은 칠정과 사단을 합쳐서 그렸는데, 동쪽에 양陽을 배치하고 서쪽에 음陰을 배치했다.

한백겸은 자신의 사단칠정설을 총괄하여 이렇게 말했다.

> 사람의 한 몸이 酬酌하고 萬變하는 것은 오직 七情 뿐이다. 칠정 밖에 따로 四端이 있는 것이 아니다. 다만 칠정 가운데 나아가서 形氣와 섞이지 않고 나오는 것이 사단이다. 예를 들면, [사단의] 惻隱은 본래 [칠정의] 愛과 떨어진 행동이 아니다. … 사단과 칠정은 각기 따라 나오는 바가 있는데 이를 나누어서 사단과 칠정을 말하고 있다. 그러나 칠정 하나 하나에 모두 사단이 있다.

한백겸은 칠정 중에 사단이 있다는 것을 설명하기 위해 한 가지 예를 들었다.

가령, 사람이 오랫동안 굶다가 먹을 것을 얻었다고 하자. 음식을 즐겁게 먹었다면 그것은 [칠정의] 희喜다. 그러나 장딴지를 베어서 먹었다면 그것은 측은하고, 측은한 마음은 [사단의] 인仁이다. 소리지르고 발로 차서 남에게 주었다면 수오지심이 있는 것이고 그런 마음은 곧 [사단의] 의義다. 먹을 것을 지나치게 얻었다면 사양지심을 갖게 될 것이고, 그것은 [사단의] 예禮다. 마땅히 받을 음식을 사양했다면 시비지심이고, 그것이 곧 [사단의] 지智다.

하지만 사단과 칠정은 이렇게 서로 겹쳐 있지만, 도심과 인심의 차이가 없는 것이 아니기 때문에 이를 구별한 것이다. 그 차이는 오행의 흙土=비장脾臟=신信이 작용하면 칠정이 도심道心=사단이 되고, 칠정을 생각하기만 하는 것은 인심이라고 보았다.

한백겸은 그 둘의 관계를 배와 키柁에 비유하기도 하고, 말과 말 탄 사람에 비유하기도 했다. 사단이 강력하고 확고하면 칠정도 잘 다스려지지만, 사단이 약하고 흔들리면 칠정도 흐트러진다고 보았다.

요컨대 한백겸의 사단칠정설은 이理라는 개념을 빼버리고 오행의 기氣만 가지고 해석했다는 점에서 주기설主氣說이지만, 사단과 칠정의 차이를 구분했다는 점에서는 퇴계와 비슷하고, 칠정 속에도 사단이 있다고 주장한 것은 율곡의 설과 유사하다. 그러나 이理라는 개념을 빼버렸기 때문에 출발점은 서로 다르다.

후대 학자들은 한백겸의 설을 받아들이는 사람도 있고 비판하는 사람도 있었다. 그러나 물질적인 기氣와 음양오행을 가지고 사단칠정의 인간심리를 설명한 것은 추상적이고 관념적이고 당위적이고 종교적인 이理를 가지고 접근한 종전의 방법에 비해 객관성과 과학성이 크다고 하겠다.

9. 한백겸의 성리설: 밀물과 썰물 해석

한백겸은 썰물과 밀물에 대해서도 「조석변潮汐辨」이라는 글을 썼다. 여기서는 조석이 일어나는 이유에 대한 기왕의 여러 설을 먼저 소개했다. 하나는 땅이 오르고 내리면서 물이 이에 따라 밀물과 썰물로 움직인다는 것이고, 다른 하나는 달의 위치가 바뀌는데 따라 물이 썰물과 밀물로 움직인다는 설이다.

이런 주장들은 모두 중국인들이 만든 것인데 일리는 있으나 미흡하다고 보았다. 한백겸은 소강절邵康節이 주장한 바 땅이 호흡을 한다는 설을 그럴듯하게 여겼다. 사람도 호흡에 따라 배가 볼록해졌다가 꺼지는 것을 반복하는데, 지구도 마찬가지라고 보았다. 호흡하면 기氣가 상하로 움직이는데, 조수도 마찬가지로 상하로 움직인다고 보았다. 이런 이론은 음양의 이치에 기초한 것이다. 다만 땅이 호흡하는 이유는 달과 관계가 있다고 보았다. 말하자면 달의 인력도 인정한 것이다.

당시에는 지구가 자전하면서 물이 움직이고, 여기에 태양과 달이 서로 인력으로 지구를 끌어당기면서 조수가 생긴다는 것을 아무도 몰랐다. 서양에서는 폴란드의 코페르니쿠스Copernicus(1478~1543)가 처음으로 16세기 중엽에 천동설天動說을 부정하고 지동설地動說을 주장하여 파란을 일으켰지만 이를 사실로 받아들이는 데는 상당한 세월이 흐른 뒤였다. 지동설은 아직 동양에 알려지지 않았다.

한백겸의 조석변은 만물이 서로 잡아다니는 힘이 있다고 하여 이를 인력이나 중력으로 해석한 것과는 다소 거리가 있는 주장이지만, 음양설을 바탕으로 음양이 서로 끌어들이거나 밀어내면서 지구가 호흡을 한다고 보는 발상은 태양과 달의 인력을 어느 정도 이해하고 있었다는 것을 말해준다.

10. 한백겸의 상수역학: 주자의 설시설揲蓍說과 심의설深衣說 비판

한백겸은 광해군 1년(1609) 여름에 유성룡 문인으로 11세 연하인 정경세(1563~1633)의 내방을 받고 『주역』의 설시揲蓍, 즉 셈법에 대하여 토론했다. 정경세는 선조 27년에 임금이 역학 전문가가 누구냐고 묻자, 자신은 역학 전문가가 아니라고 말하면서 역학 전문가로서 한백겸을 추천한 일이 있었음은 앞에서 이미 설명했는데, 당시에는 두 사람이 서로 만난 일이 없었다. 정경세는 그저 소문만 듣고 한백겸을 추천한 것뿐이었다.

이렇게 면식이 없었던 정경세가 광해군 원년에 서호西湖에 살고 있던 한백겸을 직접 찾아가서 『주역』에 대하여 물은 것이다. 그러나 시간이 부족하여 충분히 토론하지 못한 것을 아쉬워하여 한백겸이 뒤에 그 토론을 보완하는 글을 남겼다. 그것이 「계몽설시변啓蒙揲蓍辨」이다. 『계몽』은 『역학계몽易學啓蒙』을 말하는데, 주자가 『주역』의 뜻을 자기나름으로 해설한 책으로 조선시대 정주학자들이 『주역』을 공부하는 필수교과서처럼 여겼던 책이다.

그런데 『역학계몽』의 해석을 둘러싸고 한백겸은 일곱 가지 의문을 제기하면서 주자의 해석을 비판하고, 아울러 정경세가 참고하기를 바란다고 했다. 정경세는 주자학자였으므로 주자의 설을 따르려고 했는데 한백겸이 반박한 것이다.

한백겸의 주자 비판은 정자程子(정호, 정이), 주기철학자인 장재張載(橫渠), 그리고 상수역학자인 소옹邵雍(康節)의 이론을 빌려 비판한 것이다. 한백겸이 장재의 주기설과 소옹의 상수역학을 적극 지지하는 입장에서 『주역』의 댓조각에 대한 주자의 셈법을 비판한 것이다. 한백겸의 상수역학은 그가 화담학파라는 사실을 다시 한번 분명히 드러낸 것이다.

한백겸은 선비들의 의식복인 심의深衣에 대한 주자의 해석도 비판했다. 고려말에 성리학이 들어오면서 선비들이 일상적으로 또는 의식용으로 입는 두루마기처럼 생긴 겉옷을 심의라고 불렀다. 심의에는 음양철학을 담아 소매는 하늘을 상징하여 둥글게 만들고, 소매 아래 부분은 땅을 상징하여 네모지게 만들었으며, 이를 12폭으로 만들어 1년을 상징하도록 했다. 심의를 입을 때는 머리에 검은 복건을 쓰고, 허리에 큰 띠를 매고, 검은색 신발을 신어야 정장을 이루게 된다.

고려말 조선시대 유명한 유학자들의 초상화를 보면 심의를 입고 있는 모습이 많다. 심의는 흰 비단으로 만드는데 목둘레와 소매 끝, 앞섶, 그리고 맨 아랫단에다 검은 띠를 붙인 것이 특징이다. 이렇게 흑백을 조화시킨 것은 양과 음의 조화를 상징하는 것으로 보인다.

그런데 심의의 모습과 크기에 대하여 옛날 『예기禮記』의 기록을 보면 분명하고도 간단한데, 후대 주자朱子의 제자들이 붙인 주註와 소疏를 보면 서로 다른 해석을 내려 오히려 혼란을 가져왔다. 한백겸은 이러한 옛 기록과 후대 주소가註疏家들의 글을 꼼꼼히 읽고 나서 후대 주소가들의 주석이 너무 분분하여 믿을 수 없다고 비판하고, 옛날 『예기』의 기록으로 돌아가야 한다고 주장했다.

주석가들이 내놓은 심의는 필요 이상으로 신분의 귀천에 따라 허리띠의 크기를 차별하고, 그 밖에도 심의의 구조를 복잡하게 설명해 놓았는데, 사람마다 의견이 달랐다. 한백겸이 옛날 기록을 따르자는 이유는 심의가 입는데 편리하다는데 있었다. 옷은 기본적으로 이용하는데 편리해야 하고 체격에 따라 크기가 달라져야 하는 것이지 귀천을 굳이 구별할 필요는 없다고 보았기 때문이다.

한백겸은 「심의설」에서 다시 항목을 나누어 옷섶, 옷깃, 소매, 뒷등의 줄 등에 대하여 그 구조와 크기를 설명했는데 『예기』에 의거하여 주소註疏의 잘못을 하나하나 비판했다. 그리고 그 끝에다 「심의도深衣圖」를 그려 넣었다.

주자나 그 추종자들의 학설보다도 옛 고경古經을 존중하고자 하는 한백겸의 학문관이 여기서도 엿보인다.

11. 기타 경서에 대한 연구

한백겸은 『시경詩經』이나 『서경書經』 등 유교 경서의 해석에 있어서도 주자와 다른 해석을 시도했다. 그 하나는 『시경』에 나오는 「빈풍금등설豳風金縢說」에 대한 해석이다. 주공周公이 지은 몇 편의 시가 「공유편公劉篇」에 실려야 함에도 「빈풍」에 실린 것에 대하여 주자 문인들이 그 이유를 제대로 해석하지 못한 것을 비난하고, 『서경』의 「금등편金縢篇」을 보면 주공이 빈국에 있을 때 지은 시들이기 때문에「빈풍」에 실리게 되었다고 해석했다.

한백겸은『서경』과『주서周書』의 다방편多方篇에 대해서도 후대 학자들이 잘못 해석한 부분을 시정했다. 주周 무왕이 은나라를 정복한 뒤 5년 뒤에 무경武庚이 반란을 일으키자 이를 정복하고 나서 왕위에 올랐는데, 그 사실을 주 성왕成王 3년조에 실으면서, "이제 너희들이 분주하게 우리 신하가 된 지 5년이 되었다"고 기록했다. 여기서 3년과 5년의 연대차이가 나는 것에 대하여 주석가들이 그 의문을 풀지 못했다. 한백겸은 "5년이 되었다"는 기록은 무왕이 임금이 된 지 2년 만에 죽고, 성왕이 즉위한 지 3년이 되었기 때문에 이를 합쳐 5년으로 기록한 것이라고 해석했다.

한백겸은『음부경陰符經』의 작자와 그 책의 가치에 대해서도 자신의 의견을 제시했는데「제음부경후題陰符經後」가 그것이다. 이 글은 한백겸이 죽던 해인 광해군 7년(1615)에 썼다.

『음부경』의 작자는 중국의 전설적인 시조인 황제黃帝로 알려져 있어 흔히『황제음부경』으로 불렸고, 또 주周 나라 초기의 대신 강태공姜太公의 저서로도 알려져 있었다. 이 책의 판본은 두 종류가 있는데, 하나는 당나라 저수량褚遂良(7세기)이 남긴 400여 자의 책이고, 또 하나는 당나라 병략가 이전李筌(8세기)이 전한 300여 자의 책이다. 매우 간단한 책이지만, 이를 3편으로 나누어 기술했으며,[13] 뜻이 깊어서 후대 학자들이 무수히 많은 주석서를 내면서 해석이 구구하게 갈리게 되었다.

이 책의 기본주제는 천지의 음양조화에 의한 기밀機密이 인간 세상의 기밀과 은밀하게 서로 합하고 있다는 것이다. '음부陰符'라는 말뜻이 그렇다. 다시 말해 천지의 이치는 음양

---

13 『음부경』의 원문은 다음과 같다.
   (상편) 觀天之道 執天之行盡矣 故天有五賊 見之者昌 五賊在心 施行於天 宇宙在乎手 萬化生乎身 天性人也 人心機也 立天之道 以定人也 天發殺機 移星易宿 地發殺機 龍蛇起陸 人發殺機 天地反覆 天人合 發 萬變定基 性有巧拙 可以伏藏 九竅之邪 在乎三要 可以動靜 火生于木 禍發必剋 奸生于國 時至必潰 知之修鍊 謂之聖人
   (중편) 天生天殺 道之理也 律呂相生圖 水火木金土 … 天地萬物之盜 萬物人之盜 人萬物之盜 三盜其宜 三 才其安 故曰 食其時 百骸理動其時 萬化安 知其神之神 不知其神之所以神 日月有數 大小有定 聖功生焉 神明出焉 其盜機也 天下莫能見 莫能知 君子得之固窮 小人得之輕命
   (하편) 瞽者善聽 聾者善視 節利一源 用師十倍 三反晝夜 用師萬倍 心生于物 死于物 機在於目 天地無恩 而大恩生 迅雷熱風 莫不蠢然 至樂性餘 至靜性廉 天之至私 用之至公 禽之制在氣 生者死之根 死者生之根 恩生于害 害生于恩 愚人以天地文理聖 我以時物文理哲 人以愚虞聖 我以不愚虞成 人 以奇期聖 我以不奇期聖 故曰 浸水入火 自取滅亡 自然之道靜 故天地萬物生 自然之道浸 故陰陽勝 陰陽相推 而變化順矣 是故 聖人知自然之道 不可違因而制之 至靜之道 律歷所不能契 爰有奇器 是 生萬象 八卦甲子 神機鬼藏 陰陽相勝之術 昭昭乎進呼象矣

이 교합하면서 생성수장生成收藏(元亨利貞), 곧 생명이 탄생하고, 성장하고, 거두고, 저장하는 과정을 반복하는데, 사람의 일도 마찬가지로 우주의 이치에 맞추어 살아야 오래 장수할 수 있고, 나라도 부유해지고 백성도 편안해질 수 있으며, 병법兵法도 이에 근거하여 싸워야 이길 수 있다고 했다. 그래서 이 책은 장수하는 수련비방修鍊秘方으로도 쓰이고, 부국안민책富國安民策으로도 쓰이고, 병법에도 응용되었다.

그런데 한백겸이 이 책을 본 것은 죽기 1년 전인 광해군 6년(1614) 늦가을이었다. 원주에 있는 선묘先墓 재실에 가 있을 때 김형길이라는 자가 찾아와서 『음부경』에 관하여 대화를 나누었는데, 이 책은 사람을 멀리서 떠도는 듯한 감흥을 일으키고 자기 몸을 모르고 만 길이나 되는 진요塵凹(티끌구덩이) 속에 있는 것처럼 느끼게 하는 책이라고 말했다. 그래서 한백겸은 그 책을 빌려서 며칠 동안 읽고 나서 그 내용이 너무 허황하고 세상과 도를 어지럽히는 책이라고 느껴 '음부경발어陰符經跋語'를 써주고 김형길에게 책을 돌려주었다.

그런데 그 뒤 약 1년 동안 한백겸은 그 글의 옛스러움과 간결함을 사랑하여 끊임없이 염송念誦했는데, 그 글이 어둡고 뜻이 애매하여 주자가 당나라 이전李筌의 위작僞作이라고 본 것을 일단 옳다고 여겼다. 그러나 위작이라고만 말하고 끝낸다면 억울함이 있다고 생각했다. 왜냐하면, 이 책의 주제는 어디까지나 천기天機다. 천기는 천지의 조화유행造化流行의 기틀이기 때문에 이를 알게 되면 천지를 끌어안고 천지가 뒤집히고, 일을 해도 어려움이 없을 것으로 보았다. 그러니까 이 책은 기본적으로 철학서라는 것이다. 그래서 양생養生이나 치국治國은 부차적인 것에 지나지 않고, 적을 이기는 병법兵法은 더욱 부차적인 것 중의 부차적이라고 보았다.

이렇게 『음부경』은 본질적으로 천지의 원리를 설명한 책인데, 이를 편제한 사람이 상중하 3편으로 나누어 상편을 수련편修鍊篇, 중편을 부국안민편富國安民篇, 하편을 병법편兵法篇으로 만든 것은 당시 세속 군주들에게 영합하기 위해 두찬杜撰 곧 견강부회하여 본의本義를 왜곡시켰다고 평했다.

구체적으로 두찬했다는 증거를 찾아보면 다음과 같다. 먼저 상편에서 "이것을 알아 수련修鍊한다"는 말은 본래 만물의 이치가 생극生克(生死)하는 기틀이 왕기旺氣가 상승하는 데서 생기는 것으로, 마음을 가라앉히고 조제調劑하기를 한순간도 쉬지 않아야 한다는 뜻이라고 했다. 그런데 『음부경』 편자가 이것을 선가仙家의 수련법에 비유했다는 것이다. 그래서 본래 상편에서는 단약丹藥을 만드는 것이 없었을 것이라고 했다.

하편에서 "군사를 10배, 만배로 부린다"는 말도 마음의 근원이 싸움의 기틀로서, 항상 아홉 가지 구멍(九竅)[14] 가운데 세 가지 중요한 구멍(三要)[15]과 관련되어 있어서 동정動靜할 때 더러운 먼지의 뿌리를 완전히 제거하고, 가진 것을 모두 비우는 것이다. 그런데 『음부경』은 이를 신병神兵의 많고 적음을 빌어서 비유한 것이라고 했다. 그래서 하편에는 무기를 들고 싸우는 이야기는 본래 없었을 것이다.

그럼에도 『음부경』을 주석한 학자들이 이런 뜻을 모르고 세속 군주들에게 아첨하기 위해 수련을 상편에 넣고, 병법을 하편에 넣어 전쟁에서 이기는 법으로 만들었으며, 중간의 글은 부국안민법으로 만들어 중편에 넣었다는 것이다.

따라서 만약 이전李筌이 『음부경』을 만들었다면, 자신이 스스로 천기天機의 본의를 알고 만들고서 스스로 그 본의를 몰랐을 이치가 있겠느냐고 했다. 그러니 현존하는 『음부경』은 이전이 지은 것이 아닌 것이 분명하다. 또 황제를 가탁했다면, 이 책을 석실石室에 감추어둔 것은 마땅히 선진인先秦人(周나라 사람)이었을 것인데, 남북조시대 북위 사람 구겸지寇謙之(5세기)를 끌어들였을 이치가 없다. 구겸지는 노자를 따르는 도가로서 일생동안 기괴한 일을 한 사람이니, 구겸지패들이 위작했을 것이다. 그러니 이전도 구겸지패들에게 속은 것이다.

한백겸은 결국 주자의 설을 받아들이지 않은 것인데, 그 글의 마지막에서 다음과 같이 완곡하게 주자를 비판하면서 옹호했다.

다만 이 한 가지는 분명하게 판별해야 하지만, 그 책이 진실로 받아들일만한 책이고, 주자가 말한 것이 옳지 않다고 말하는 것은 아니다.

한백겸은 주자를 비롯하여 우리나라의 유학자인 이언적이나 이황 등 학자들의 학설을 비판할 때에는 언제나 칭찬을 먼저 하여 존경하는 태도를 보이고 그리고나서 완곡하게 비판하는 신중한 자세를 견지했다. 한백겸의 이런 모습은 얼핏 보면 그들의 주장을 따르는 것처럼 오해할 수도 있으나, 실은 그렇지 않다. 어디까지나 의견이 다른 학자라도 먼저

---

14   九竅은 邪惡한 것을 받아들이는 인체의 아홉 개 구멍을 말하는데, 상체의 일곱 구멍, 하체의 두 구멍을 말한다.
15   三要는 인체의 아홉 개 구멍 가운데 세 가지 중요한 구멍으로 耳, 目, 口을 가리킨다.

존경심을 보이고자 하는 겸손함 때문이다.

한백겸의 겸손한 태도가 가장 잘 드러나는 글이 있다. 「회재논태극도설후발晦齋論太極圖說後跋」이다. 이 글은 언제 지었는지 확실치 않으나, 이언적의 손자 이준(1540~1623)의 부탁을 받고 쓴 글인데, 이언적이 중종 때 망기당忘機堂 조한보曹漢輔와 더불어 '태극도'를 가지고 논쟁한 글을 이준이 필사하여 병풍을 만들면서 여러 학자들에게 그 발문을 요청하여 한백겸도 이에 응하여 쓴 글이다. 한백겸은 이언적이나 이황 등 영남학자 문인과는 직접 교유가 없었고, 이준과도 가까운 사이는 아니었으나 청탁을 피할 수 없어서 썼다.

'태극도'를 둘러싼 두 사람의 논쟁은 기본적으로 도가나 불교의 입장에서 태극을 이해하려는 조한보와 주자학의 입장에서 태극을 이해하는 이언적과의 논쟁이었는데, 한백겸은 이언적이 주자학을 계승한 대학자라고 일단 높이 평가하면서 조한보를 이단으로 비판했다. 그러면서도 정자程子(정호, 정이)와 장자張子(張載)의 말을 인용하여 다음과 같은 유보적인 태도를 보였다.

> 程子가 말하기를, '形而上이 道이고, 形而下가 器다'라고 했다. 이 말에 근거하여 말하면 '器도 道이고, 道도 器'다. 張子가 말하기를, '『大易』은 有無를 말하지 않았다'고 했다. 有無를 말했다고 하는 것은 여러 학자들의 비루함이다. …… 어찌 器를 떠나서 道를 구하며, 어찌 無에서 有가 생기겠는가? 이것이 우리집[유교] 높은 문의 첫 번째 뜻이다. ……

그러니까 정자程子가 말한 도기일체론道器一體論과 장자張子가 말한 "무無에서 유有가 나오지 않는다"는 설, 이를테면 주기설主氣說이 유학의 본질이라는 것이다. 이 말은 이理와 기氣를 둘로 나누어 보고, 하나로 합쳐서 보지 않는 주자학에 대한 간접적인 비판이기도 하다.

또 한백겸은 위 글에서 이런 말도 했다.

> 선생[이언적]의 덕과 공을 선양함에 있어서 어찌 하찮은 [나같은 사람의] 한 마디를 기다릴 필요가 있겠는가? 오히려 이렇게 말하고서 그칠 줄을 모르는 것은, 마치 큰 목수가 들보를 내던지고 소리를 지르는 것과 같다. 사람들이 소리를 합치고 집을 짓기 위해 각기 힘을 쏟아야 하니 어찌 이를 그만둘 수가 있겠는가? 그래서 나는 여러 사람들의 뒤를 따라서 감

히 사양하지 못한다.

이 말은 이언적의 덕과 공이 커서 한백겸 자신이 작은 목소리를 보탠다고 도움이 되지 않기 때문에 말을 그친다는 것이다. 비유하자면 큰 목수가 집을 짓는데 들보를 내던지고 사람을 불러 집을 짓자고 말한다면, 모두가 힘을 합쳐 도와주어야 하기 때문에 한백겸도 사양하지 못하고 한마디 거들었다는 것이다. 그런데 여기서 큰 목수가 대들보를 내던지고 소리쳐 사람을 부른다는 말이 의미심장하다. 한백겸은 주자를 높이 평가하면서도 주자의 이기설을 따르지 않았기에 정자程子와 장자張子를 성리의 큰 대들보라는 사실을 은근하게 천명한 것이다.

12. 『동국지리지』 편찬

1) 집필 배경

『동국지리지』는 한백겸이 세상을 떠난 광해군 7년(1615)에 최종적으로 편찬이 완료되었다. 그러나 이보다 2년 전인 광해군 5년(1613) 가을에 쓴 「동사찬요후서東史纂要後序」를 보면 영남 학자 죽유竹牖 오운吳澐(140~1617)이 쓴 『동사찬요』[16]에서 삼한과 한사군漢四郡의 위치에 대한 서술이 잘못된 것을 보고 개탄하면서 한백겸 자신의 의견을 개진하고 있는데, 고조선과 삼한은 한강을 경계로 하여 북과 남에 서로 독립되어 있었다는 것과 한사군의 위치를 자세히 설명하고 있다. 따라서 이때 이미 『동국지리지』의 핵심적인 내용이 완성되어 있었음을 알 수 있다.

한백겸의 『동사찬요』에 대한 불만은 단순히 역사지리의 왜곡만이 아니었다. 그 서문을 소개하면 다음과 같다.

… 列傳은 자세하면서 本紀가 간략하고, 또 志가 없다. 나라의 법제의 연혁과 임금의 정

16　오운은 본관이 고창이고, 퇴계 문인이다. 오운의 『동사찬요』에 대해서는 韓永愚, 『朝鮮後期史學史硏究』, 一志社, 1989, 제1장 참고.

치득실은 모두 그 始終을 알 수가 없으니, 이것이 흠이 될 만하다. 또한 三韓, 四郡의 설은 여러 학자의 잘못을 그대로 따르고 있어서 절충하는 論을 볼 수가 없으니, 이는 우리 동방의 하나의 큰 欠事로서 뭇公의 이 책에서만 애석한 일은 아니다. …

그러니까 『동사찬요』는 지나치게 개인 열전에 치우쳐 있고, 본기가 매우 간략하여 임금이 정치를 잘하고 못한 것을 알 길이 없고, 또 지志가 없기 때문에 국가의 각종 법 제도가 소홀하고, 나아가 3한과 4군의 위치 비정이 선배 학자들의 잘못된 이론을 그대로 따르고 있다는 것이다.

실제로 이 책은 삼국 가운데 신라만이 애국적인 충신열사들이 많아서 3국 통일의 위업을 달성했다는 것을 자랑하기 위해 쓴 역사책이었다. 당시 영남 남인 영수였던 유성룡은 이 책을 임금(광해군)에게 바쳤다. 아마도 신라 전통을 이은 영남 남인의 자존심을 보이고 싶어서였을 것이다.

비단 『동사찬요』뿐 아니라 사림파 학자들이 쓴 사서들은 대부분 도덕사관에 치우쳐 있고, 신라의 삼국통일을 찬양하고 있기 때문에 국가의 흥망을 좌우하는 물질적 토대, 예를 들면 영토의 크기, 국방시설, 지리적 조건, 그리고 정치제도 등에 대한 관심은 매우 빈약했는데, 한백겸은 임진왜란과 뒤이어 일어난 여진족과의 갈등을 체험하면서 물질적 국력 배양의 필요성과 역사 의식의 변화의 필요성을 절감했던 것이다.

한백겸이 『동국지리지』를 편찬하게 된 배경을 알려주는 중요한 글이 있다. 이 책 가운데 신라 문무왕이 삼국을 통일한 사실을 기록하면서 삼국통일 이후 영토가 축소되어 국력이 쇠약해진 사실을 다음과 같이 통렬하게 한탄했다.

나라를 세우고 도읍을 정할 때 규모가 크지 않음이 없었고, 형세를 살피지 않은 것이 아니었다. [그런데] 신라가 [삼국을] 통합한 초기에 당나라 군사가 되돌아갈 때를 당하여 바로 국토의 중앙으로 수도를 옮기고, 사방의 족속들을 끌어들여 다스렸다면, 고구려의 옛땅을 수습하여 요동과 瀋陽과 부여 땅이 모두 우리 강토로 되었을 것이다. 저 거란이나 여진들이 어찌 제멋대로 국경 밖에서 큰 강토를 차지할 수 있었겠는가! 신라의 임금과 신하들은 남의 힘을 빌려 통합을 이루고나서 편안하게 만족하여 한 모퉁이를 차지하고서 고식적으로 세월을 보내다가 서북의 땅 절반을 들어서 적들에게 넘겨주고 말았다. 마치 낡은 신발을 신고 秦나라에서 한번 도망갔다가 또 진나라에서 한번 살다가 하면서 드디어 신라가 끝나고 고려에 이르기까지 700여 년간 우리 강토 안에 있는 가시덤불을 제거하지 못하여 하루도 편안한 날이 없었으니, 아, 얼마나 개탄스러운 일인가!

이 글을 읽어보면, 신라가 통일한 뒤에 당연히 수도를 한반도의 중앙으로 옮기고 고구려 옛땅을 되찾는 노력을 기울였어야 하는데 신라의 임금과 신하들이 무사안일에 빠져 정평定平(함흥 부근) 도련포都連浦 이북을 모두 여진족에 넘겨주고 난 뒤로 저들 때문에 현재까지도 한시도 편안하게 산 날이 없었다는 것이다.

한백겸이 역사지리에 그토록 관심을 갖게 된 배경이 위 글 속에 함축되어 있다. 특히 『동국지리지』가 고대사의 강역에 가장 심혈을 기울여 고증한 것도 따지고 보면 지금 오랑캐에게 빼앗긴 만주 땅이 본래 우리 땅이었다는 것을 각인시키기 위함이라고 말해도 과언이 아니다.

그런데 16세기 이후 사림들이 편찬한 사서史書들은 대부분 고조선과 고구려가 일어난 지역을 한반도 안으로 이해하고 있었다. 말하자면 만주 지역의 고토故土에 대한 관심이 희미해지고 반도사관이 뿌리를 내린 것이다. 이런 경향은 조선초기에 국토를 만리지국萬里之國으로 부르고, 양성지와 정척鄭陟이 만든 『동국지도』에도 만주를 함께 그린 것과 대비된다.

16세기 중엽에 편찬된 관찬 지리서인 『동국여지승람』(1530)도 예외가 아니었다. 주몽이 고구려를 세운 졸본卒本을 평안도 성천成川으로 본 것이 그 대표적인 예다. 이에 따라 16세기에 제작된 우리나라 고지도에는 만주가 그려져 있지 않다. 한백겸은 바로 이러한 반도사관을 극복하기 위해 역사지리 연구에 착수한 것이다.

그러면 『동국지리지』는 언제 간행되었는가? 지금 전해지는 이 책에는 한백겸의 아들 한흥일韓興一이 인조 9년(1631)에 쓴 서문과 인조 18년(1640) 봄에 경상도관찰사 이명웅李命雄[17]이 쓴 서문이 실려 있어, 이 책의 간행연도가 인조 18년임을 알 수 있다. 한백겸이 세상을 떠난 지 35년 뒤이다.

먼저, 한흥일이 쓴 서문의 요지는 다음과 같다.

---

17 이명웅은 본관이 전주로, 완흥군 李幼澄의 아들이다. 벼슬이 인조 때 예조참의에 올랐다.

先君子께서는 문자상의 옳고 그름을 가리지 않음이 없었는데, 눈으로 보고 귀로 듣는 것에 더욱 힘을 쏟으셨다. 무진년간[18]에 斯文 吳澐의 『동사찬요』를 보시고, 그 가운데 「지리지」가 듣고 본 것과 자못 다른 것도 있고 같은 것이 있자 탄식하여 말씀하기를, "선비가 수천 년 뒤에 태어나 글자 하나, 구절 하나를 얻더라도 옛사람의 마음을 토론할 수 있다. 하물며 우리나라는 東西가 6백여 리에 미치지 못하고, 남북이 겨우 수천 리에 지나지 않아 8로를 돌아다닌 사람이 한두 명이 아니다. 그런데도 땅의 경계가 확실하지 않고, 名號를 분변하지 못함이 하나같이 이에 이르렀으니 참으로 애석하다"고 하셨다.

한흥일이 쓴 서문에는 몇 가지 착오가 보인다. 하나는 한백겸이 무진년간에 오운의 『동사찬요』「지리지」를 보고 개탄했다고 했는데, 무진년은 인조 6년(1628)이므로 연대가 틀리고, 또 『동사찬요』에는 본래 「지리지」가 없었다. 「지리지」는 한백겸이 후서를 써준 뒤에 오운이 이를 받아들여 개정판을 낼 때 들어간 것이다.

또 하나는 한흥일이 한백겸의 명으로 광해군 5년부터 집필하여 광해군 7년 6월 중순에 완료했는데, 6월 19일에 한백겸이 병이 생겨 7월 3일에 세상을 떠났다고 썼다. 여기서 한흥일이 집필했다고 한 것은 아마도 마지막 정리를 했다는 뜻일 것이다. 자칫 한흥일이 전체를 집필한 것처럼 오해할 여지가 있다.

한흥일이 인조 9년에 서문을 썼는데, 9년 뒤인 이명웅이 인조 18년에 간행한 것은 무슨 이유인가? 그것은 처음에 한흥일이 원고를 넘겨준 사람은 이명웅이 아니라 당시 경상도 관찰사였던 오숙吳䎘[19]이었는데, 오숙이 이 책을 보고 말하기를 "동국에서 태어나 동국의 일을 모르는 것은 마치 눈먼 사람이 돌아다니고 말하는 것과 같다. 다행히 지금 이 책을 얻었으니 세상에 널리 퍼뜨리지 않을 수 없다"고 하면서 가져갔다. 그래서 이해 서문을 써서 그에게 주었던 것이다

그러나 오숙은 미처 책을 간행하지 못하고 자리를 옮겼다가 인조 12년에 세상을 떠났기 때문에 그 후임자인 이명웅이 간행하게 된 것이다. 한흥일은 인조 18년 당시 전주부윤全州府尹을 지냈고, 현종 초년에는 우의정에까지 올랐다.

---

18 무진년은 인조 6년(1628)에 해당하는데, 이는 계축년(1613)을 잘못 기록한 것이다.
19 오숙은 본관이 해주로, 광해군 때 임금의 처남인 柳希奮의 문인이었으나, 재주가 뛰어나서 인조반정 후 청요직을 맡았다.

한백겸이『동국지리지』를 편찬할 무렵에, 한백겸과 비슷하게 역사지리에 관심을 가진 학자가 또 있었다. 비록 11세 연하이지만 절친한 학우였던 이수광李睟光(1563~1628)이다. 이수광의『지봉유설芝峰類說』(1614)에도 우리나라 역사지리에 관한 새로운 견해들이 많이 보이는데, 그 가운데 상당 부분이『동국지리지』와 비슷하다.[20] 아마도 두 사람이 평소에 역사지리에 대하여 많은 의견을 나눈 것으로 보인다.『지봉유설』이 편찬된 것이 광해군 6년(1614)이고,『동국지리지』가 편찬된 것이 1년 뒤이므로 거의 연대 차이가 없다. 누가 누구의 영향을 받았는지 단정하기 어렵다.

2)『동국지리지』의 역사편년

『동국지리지』는 한국사의 편년 순서로 지리를 고증했다. 그 순서는 조선(단군조선, 기자조선, 위만조선)부터 시작하여 조선의 종속국가인 고구려, 동옥저, 예, 맥, 부여, 읍루를 먼저 다루고, 그 뒤에 삼한을 다루어 조선과 동시기의 국가로 인정했다. 삼한을 조선과 동시기의 국가로 인정한 것은 이것이 처음이다. 한강을 경계로 하여 북과 남에 조선과 삼한이 같은 시기에 병립되었다는 새로운 연구 결과에 따른 것이다. 삼한 뒤에 한漢이 조선 옛땅에 세운 4군, 2부府, 2군郡을 다루었다.

조선과 삼한에 뒤이어 일어난 국가가 삼국이다. 삼국시대는 고구려를 먼저 내세워 조선에 속한 고구려현에 이어 주몽朱蒙이 두 번째로 세운 고구려 또 있음을 드러냈다. 그 다음에 발해를 부록으로 기록하고, 그 뒤에 백제와 탐라, 신라의 순으로 서술했다. 이런 편년은 종전에 신라 - 고구려 - 백제 순으로 편년해 온 관례를 깬 것이다. 탐라를 넣은 것도 국토에 대한 관심 때문일 것이다.

고구려를 가장 앞세운 것은 이미 조선에 종속된 고구려현이 있기 때문이고, 백제를 신라 앞에 놓은 것은 고구려 주몽의 왕자가 내려와서 세웠기 때문인 듯하다. 신라를 맨 마지막에 둔 것은 박혁거세가 서라벌을 세웠지만 뿌리가 다른 석탈해와 김알지가 번갈아 임금이 되고, 더욱이 그들의 출자가 모두 믿기 어려운 기괴한 신화로 되어 있으며, '신라'라는 국호를 정한 것은 지증왕 때이기 때문인 듯하다. 실제로 나라다운 나라를 세운 순서로

---

20   이수광의 역사지리에 관해서는 한영우,『실학의 선구자 이수광』, 경세원, 2007 참고.

본다면 한백겸이 설정한 편년이 맞는다.

그밖에 신라가 삼국을 통일하여 국토가 크게 위축된 것에 대한 부정적인 인식도 신라를 맨 마지막에 둔 이유의 하나인 듯하다. 그래서인지 신라 통일 이후의 역사는 강역만을 다루고, 그 끝에 국토가 위축된 것에 대한 강한 유감을 표했을 뿐이다. 그 대신 대마도와 우산도于山島를 신라의 속도屬島로 기록했다. 대마도를 우리 영토로 기록한 것은 이것이 처음이다.

대마도를 신라의 영토로 본 것은 세종 때부터 시작된 것이지만,[21] 역사책에다 공식적으로 기록하지는 않았다. 그 뒤로 16세기 이후에는 그런 인식마저도 희미해졌던 것을 한백겸이 다시 깨우쳐 준 것이다. 삼국시대 다음에 가야, 태봉泰封, 후백제를 부록으로 다루었다.

이 책의 맨 마지막에 소개한 것은 고려이다. 조선은 강역에 대한 기록이 확실하기 때문에 빠져 있다. 고려의 강역에서 가장 주목한 것은 윤관尹瓘이 설치한 이른바 9성九城의 위치였다. 뒤에 다시 설명하겠다.

3) 『동국지리지』의 이용자료

한백겸이 『동국지리지』에서 가장 역점을 두고 지리를 고증한 것은 고려 이전의 고대사였다. 이 시대의 강역이 가장 불확실하기 때문이다. 그러나 이 시대는 지리를 고증할 수 있는 국내 자료가 없기 때문에 부득이 중국 측 자료를 토대로 검증할 수밖에 없었다.

『동국지리지』에서 이용한 중국 측 사서는 고조선에만 반고班固(32~92)의 『전한서前漢書』의 「조선전」을 인용했고, 그 나머지 나라들은 모두 범엽范曄(398~445)의 『후한서後漢書』에 실린 동이전東夷傳의 기록들이었다. 그리고 간간이 두우杜佑(735~812)의 『통전通典』을 이용했다.[22]

한백겸은 먼저 중국 측 기록을 소개하고, 이어서 각 나라의 봉강封疆, 국도國都, 형세形勢, 관방關防 등을 중점적으로 고증했다. 말하자면 국토의 위치와 크기, 국도의 위치와 시설, 그리고 형세와 관방을 함께 묶어서 국방요새지인 진鎭, 성성城, 주州 등을 기록했다. 이런 것

---

21 한영우, 『세종평전: 대왕의 진실과 비밀』, 경세원, 2019.
22 그밖에 사마천(기원전 145~86)의 『史記』나 陳壽(233~297)의 『三國志』, 『魏略』(3세기), 『翰苑』(7~8세기) 등이 더 있지만 이용하지 않았다.

들은 국가의 가장 기본적인 물질적 토대이다.

특히 한백겸 자신의 의견을 서술할 때에는 '우안愚按'이라고 쓰는 형식을 취했다. 중국 기록에는 어느 나라가 어느 나라의 어떤 방향에 있는가, 바다와 강에 접해 있는가, 풍속과 산물이 어떠한가를 주로 기록했을 뿐 각 나라의 정확한 위치를 기록하지는 않았다.

한백겸은 이런 추상적인 기록들을 치밀하게 파고 들어가서 여러 문헌을 참고하여 분석하고, 자신의 견문을 토대로 거리, 산천, 물산 등을 총체적으로 검토하여 현재의 지명으로 비정하려고 노력했다. 말하자면 과학적으로 고증한 것이다. 다만 지리고증이 그렇게 쉬운 일이 아니어서 모든 지명을 모두 정확하게 해명한 것은 아니지만, 역사해석에 있어서 최초로 지리고증의 길을 열어놓았다는 점에서 그 공로가 매우 크다.

4)『동국지리지』의 지리고증(1): 조선과 삼한의 위치

『동국지리지』에서 역사지리를 고증한 것 가운데 훗날까지 가장 크게 영향을 미친 것이 여러 가지 있었다. 그 가운데 가장 큰 영향을 미친 것은 (고)조선과 삼한의 위치다. 고조선은 단군조선, 기자조선, 위만조선 등 3조선을 가리키는데, 조선에 소속된 국가들인 옥저, 예맥, 부여, 읍루, 숙신 등도 함께 그 위치를 고증했다.

종전까지 삼한의 위치를 비정한 사람은 신라말 최치원이 최초이고, 조선초기 권근 뿐이었다. 최치원은 마한의 위치를 고구려땅, 변한을 백제땅, 그리고 진한을 신라땅으로 비정했다. 그 결과 고구려 강역과 마한이 겹치는 문제가 발생했다. 다시 말해 마한은 고구려보다 앞서 그 땅에 있었거나 고구려가 망한 뒤에 세워졌다는 것이니, 만약 전자라면 고조선과 겹치고, 만약 후자라면 시간적 선후가 맞지 않는다.

최치원설을 비판하고 새로운 주장을 낸 것이 권근으로, 그는『동국사략』(일명『삼국사략』)에서 마한을 백제땅, 변한을 고구려땅, 진한을 신라땅에 비정했다. 여기서도 변한을 고구려 땅으로 비정한 것이 또한 문제가 제기될 수 있었다. 다시 말해 최치원과 권근의 학설은 고조선과 삼한이 서로 뒤섞여 있어서 마치 삼한도 한사군에 들어있는 것처럼 오해될 소지가 있었다.

한백겸은 위 두 학설을 모두 비판하고, 한강을 경계로 하여 그 이북에는 고조선이 있었고, 그 남쪽에는 삼한이 있었다고 주장했다. 그러니까 고조선과 삼한은 서로 영토가 겹치지 않고 따로따로 북과 남에 독립적으로 병립했다는 뜻이다. 이를 그는 '북자북 남자남北自北 南自南'이라고 불렀다.

이 해석을 따르면 한강 이북에는 고조선과 4군2부, 그리고 고구려가 땅을 차지했고, 한강 이남은 한漢의 침략을 받지 않은 가운데 처음부터 삼한이 독립하고 있었다는 것이다. 구체적으로 말하면, 마한은 한강 남쪽의 백제땅, 변한(또는 변진)은 가야땅, 진한은 신라땅에 해당한다고 보았다. 이 학설은 오늘날까지도 정설로 내려오고 있으니, 한백겸의 공헌이 얼마나 큰가를 알 수 있다.

고조선을 한강 이북에 설정한 결과 한漢이 고조선을 멸망시키고 그 땅에 설치한 한사군과 그 뒤에 설치한 2부二府, 또 그 뒤에 설치한 2군二郡도 자연히 한강 이북의 땅으로 비정되었다.

그러면 한사군은 구체적으로 어디에 있었는가? 먼저 낙랑군의 읍치邑治는 고조선의 수도였던 평양으로 비정하고, 그밖에 평안도 서해안, 황해도, 그리고 한강 이북의 경기도 땅이 낙랑군에 속한다고 보았다.

그러면 임둔군臨屯郡은 옛날 예국濊國의 수도였던 강릉을 읍치로 보고, 강릉 이북의 강원도 영동 일대가 임둔군에 속한다고 했다.

현도군玄菟郡은 옛날 동옥저東沃沮 지역이던 함경도 지역과 압록강 이북의 옛 고구려현이 소속되었다고 보았다. 읍치는 함흥이라고 하기도 하는데 확실치 않다고 했다. 다만 현도군은 뒤에 요동으로 읍치를 이전했다고 해석했다.

진번군眞番郡은 읍치가 삽현군霅縣郡이라고 하나 그 위치를 알 수 없다고 했다. 다만, 진번군은 조선 및 임둔과 한강 남쪽의 진국辰國 사이에 있었으므로 춘천 이북의 맥국貊國의 옛땅이 포함되는 것으로 보았다. 그러나 조선 후기 학자들은 진번의 위치를 압록강 내외 또는 요동, 요서 지역으로 새로이 비정하여 한백겸과 다른 견해를 제시했다.

다음에 2부는 동부도독부東部都督府와 평주도독부平州都督府를 말하는데, 한漢이 4군을 경영하는 것이 힘들어서 이를 크게 두 개의 구역으로 합쳐 놓은 것이 2부이다.

한백겸에 따르면, 2부 가운데 동부도독부는 낙랑군과 임둔군을 합친 지역으로서, 말하자면 평안도와 강원도 영동지역을 합친 지역으로 해석했다. 그리고 평주도독부는 현도군과 평주平州 곧 평나平那를 합친 지역으로 보았는데, 평주=평나는 진번의 별칭으로 보았다. 그러니까 평주는 지금의 춘천 이북 지역으로, 평주도독부는 함경도와 황해도 동부지역, 강원도 영서, 경기좌도를 관할하는 것으로 해석했다.

그러나 한백겸의 평주＝평나에 대한 해석은 문제가 없지 않았다. 왜냐하면, 평주는 지금 요동 지방의 옛이름인데, 한백겸은 중국 고대 지명에 익숙하지 못해 해석을 잘못한 것이다. 평주를 요동으로 본다면, 평주도독부는 압록강 이북의 요서·요동지방을 합친 지역을 가리킨다.

그 다음 2군은 현도군과 낙랑군을 말한다. 한漢이 2부를 다시 2군으로 개편한 것이다. 그 가운데 현도군은 본래의 현도군의 읍치였던 함흥부를 떠나 고구려 서북쪽으로 읍치를 옮겼다고 보았다. 그러므로 자연히 함경도 지역에 대한 지배권이 약화된 것이다.

한편, 낙랑군은 본래의 낙랑군 지역에다가 현도군에서 떨어져 나간 함경도의 옥저지역과 예국의 땅이었던 강릉 이북의 영동지방, 그리고 맥국의 땅으로서 진번군에 속했던 춘천 이북의 영서지방이 추가로 합해졌다고 한다. 그러니까, 현도군은 주로 압록강 이북 지역을 통할하고, 낙랑군은 압록강 이남에서 한강 이북에 이르는 한반도 북부지역을 관할했다는 것이다. 이런 해석은 큰 무리가 없지만, 다만 수성遂城이 낙랑군에 소속되었다는 주장에 무리가 있다.

한백겸은 낙랑군 속에 수성이 포함되어 있는데, 『통전』는 수성을 만리장성이 시작된 요서의 갈석산碣石山으로 보았으나, 한백겸은 그 설을 부정하고 황해도의 자비령慈悲嶺(單大嶺)과 수안遂安에 해당한다고 해석했다. 그러나 수성에 대한 한백겸의 해석은 문제가 있다고 여겨진다. 갈석산이 요서지방에 있다는 것을 모르고 있었기 때문이다.

낙랑군의 경역은 위와 같이 해석하면서 한백겸은 나아가 낙랑군에 소속된 여러 지역들의 지명의 위치를 고증했다. 예를 들면 패수浿水는 대동강이라고 보는 통설을 부정하고 청천강淸川江으로 보고, 마자수馬訾水는 압록강으로, 대방帶方은 평안도 용강龍岡으로, 대수帶水는 대동강으로, 소명昭明은 춘천으로, 열수列水는 한강으로, 열구列口는 한강 입구로 해석했다.

그러나 조선 후기 학자들은 패수가 요서, 요동, 그리고 평안도 등 세 곳에 있었다는 3패수설을 제기했으며, 청천강을 살수薩水로 해석했다. 그러나 나머지 지명은 대체로 후세인들의 지지를 받았다.

한사군과 2부 그리고 2군의 위치는 바로 고조선의 영역이던 곳이다. 한사군 가운데 한반도 바깥 지역까지 걸쳐 있다고 본 군은 현도군 뿐이다. 그러나 조선 후기 역사가들은 낙랑군, 현도군, 임둔군에 대해서는 별다른 이견이 없었으나 진번군을 요서와 요동으로

비정하는 새로운 견해들을 제시하여 한백겸설을 수정했다. [23]

그러면 한강 남쪽에 있었던 삼한은 각기 어떤 종족이 세운 나라들인가? 한백겸은 삼한이 모두 합쳐 78국인데, 그 가운데 마한이 54국으로 가장 강국이었다고 했다. 마한馬韓은 기자조선이 위만에게 망한 뒤에 기준箕準이 배를 타고 전라도 금마군金馬郡으로 내려와서 한왕韓王이 되었는데, 이것이 마한이라고 했다.

당시 청주한씨淸州韓氏, 행주기씨幸州奇氏, 태원선우씨太原鮮于氏는 모두 기자箕子의 후손을 자처하면서 「족보」에다 기자를 시조로 기록하고, 기자조선의 41대 왕명을 기록하고, 이어서 기자 후손 기준이 금마군(익산)으로 내려와서 마한의 임금이 되어 무강왕武康王으로 불렸으며, 9대에 걸쳐 임금이 되었다고 보고, 그 임금의 이름까지 족보에 기록해 놓았다. 그리고 기준이 쌓은 성을 기준성箕準城으로 부르고, 익산에 있는 쌍릉雙陵이 무강왕과 그 왕비의 무덤이라고 주장했다.

그런데 이미 『고려사절요』에서 익산의 왕릉을 무강왕릉武康王陵으로 기록하고 기준이 쌓은 성을 기준성으로 기록한 이래 『세종실록』 「지리지」, 『고려사 지리지』, 『동국여지승람』에 계속적으로 그 기록이 이어져 내려와서, 16세기에는 기자의 후손이 한씨, 기씨, 선우씨로 되었다는 것이 식자들 사이에 정설로 굳어졌다. 그러나 한백겸은 마한왕이 한씨, 기씨, 선우씨가 되었다고 단정하여 기록하지는 않았다.

그러면 진한을 세운 족속은 누구인가? 한백겸은 통설을 따라 진秦 나라 유민遺民이 전쟁을 피하여 왔기 때문에 진한으로도 불렸다고 했다. 『삼국사기』에서는 고조선 유민이 내려와서 진한이 되었다고도 하고, 진나라 유민이라고도 했는데, 한백겸은 고조선 유민으로 못박지 않았다. 변한은 그 뿌리를 알 수 없는데, 진한에 소속되어 있어서 변진弁辰으로도 불렸다고 하면서, 진한과 변한은 각각 12국으로 구성되어 그 세력이 약했다고 보았다.

그 뒤 마한은 백제에 망하고, 변한 땅에서는 수로왕이 가락국駕洛國을 세웠다가 신라에 병합되었다.

---

23 韓永愚, 『朝鮮後期史學史研究』, 一志社, 1989.

5) 『동국지리지』의 지리 고증(2): 고구려, 옥저, 읍루, 예맥, 부여 등

고조선의 영역을 고증하는 논의에서도 조선에 소속된 주변 국가들의 지리에 대한 언급이 있었지만, 이를 다시 정리하기로 한다.

먼저, 고구려의 발생지역이다. 한백겸은 주몽朱蒙이 세운 고구려 이전에 조선에 소속된 구려현句驪縣이 있었다고 하여 두 개의 고구려를 주장했다. 그러면 주몽이 세운 고구려는 어느 지역인가? 주몽이 부여에서 도망하여 고구려를 세운 졸본부여卒本夫餘의 비류수沸流水는 압록강 북쪽의 적강狄江으로 보았다. 그 지역은 소수맥小水貊으로도 불렸는데, 의주義州와 압록강 서안西岸으로 요동의 외곽에 해당한다고 했다. 한백겸은 고구려가 건국한 땅을 이렇게 새롭게 비정하면서, 그동안 졸본을 평안도 성천成川으로 비정해 온 통설이 잘못되었다고 비판했다. 이는 탁견이다.

또 주몽을 동명왕東明王으로 보는 것은 잘못이라고 했다. 동명왕은 부여의 시조이기 때문이다.[24]

그러면 고구려가 뒤에 다시 수도로 정했던 국내성國內城은 어디인가? 『삼국사기』에는 국내성을 압록강 이북으로 보았고, 『고려사』에서는 압록강 연안의 인주獜州로 해석했다. 한백겸도 인주로 보았으나 인주는 의주목義州牧 경내에 속한다고 비정했다. 그러나 국내성이 의주목에 있다고 본 것은 잘못이다. 현재는 국내성이 만포진 대안對岸인 집안시集安市로 확인되었지만, 당시에는 만주 지역의 지리정보가 미흡하여 어렴풋이 압록강 연안으로 본 데 그쳤다.

한백겸은 고구려 환도성丸都城이 한반도 안에 있다고 보는 통설을 비판하고, 국내성과 가까운 곳에 있어 환도성을 국내성으로도 부른다고 했다. 실제로 지금 집안시에 있는 국내성과 환도성은 매우 거리가 가까워 한백겸의 해석이 맞는다.

그러면 고구려 을지문덕이 대승을 거두었다는 살수薩水의 위치는 어디인가? 후세 학자들은 살수를 청천강淸川江으로 보고 있지만, 한백겸은 평양 이남에 있는 강으로 보았다. 왜냐하면 신라와 백제가 연합하여 살수에서 싸웠는데 평양을 거치지 않고 살수에서 싸울

---

24 東明王은 "해가 뜨는 동방의 임금"이라는 보통명사이지 고유명사가 아니다. 부여족이나 그 후손인 고구려족들은 모두 시조를 '동명왕'으로 불렀으므로 고주몽도 '동명왕'으로도 불렸다. 한백겸은 동명왕을 고유명사로 보았기 때문에 고주몽은 동명왕이 아니라고 본 것인데, 이는 착오이다.

수는 없기 때문이라고 했다. 만약 한백겸의 주장이 맞는다면 살수는 황해도의 재령강載寧江이나 예성강禮成江이 될 듯한데 한백겸은 명백하게 어떤 강이라 지적하지는 않았다.

한백겸은 고구려 전성시대의 강역에 대해서도 언급했다. 고구려는 처음에는 한사군 사이에서 작게 일어났지만, 뒤에는 옥저와 예맥을 통합하고, 뒤이어 낙랑군과 현도군까지 병합하여 수당隋唐 시기에는 동서가 6천 리에 달하는 대국이 되었다고 했다. 그런데 신라가 통일하면서 고구려 영토를 대부분 잃은 것을 애통하게 여겼던 것이다.

한백겸은 옥저沃沮가 지금의 함경도에 있었는데, 남북으로 나뉘어져 함경북도의 옥저를 북옥저(또는 동옥저), 함경남도의 옥저를 남옥저라고 불렀다고 했다. 한사군이 설치된 뒤에는 현도군에 소속되었다가 뒤에 현도군이 서쪽으로 옮기자 낙랑군에 소속되었다.

다음에 예맥濊貊은 어디인가? 중국측 기록에는 예와 맥을 함께 묶어서 예맥으로 보고 있지만, 한백겸은 예와 맥을 별개의 국가로 보았다.

예국濊國은 『후한서』 「예전濊傳」을 인용하여 예(동예)의 위치를 고구려와 옥저의 남쪽, 진한의 북쪽, 낙랑의 동쪽이며, 동쪽에 큰 바다가 있다고 보아, 구체적으로 지금의 강릉부가 예국의 도읍이라고 해석했다. 그러나 부여에도 예지濊地가 있었기 때문에 강릉의 예국을 동예東濊로 불렀다고 했다. 그러니까 부여지역에 살던 예족이 동해안으로 내려와서 예국을 세웠다고도 볼 수 있다. 예국은 한사군 시절에는 임둔군에 속했다가 뒤에는 낙랑군에 이속되었다고 했다.

다음에 맥국貊國은 춘천春川 이북 지역으로 황해도와 평안도의 산군山郡 지역을 아우르고 있었다고 보았다. 맥국의 도읍이 춘천이었다는 설은 그 뒤에도 변함없이 수용되었다. 지금도 춘천 일대에는 고인돌을 비롯하여 많은 선사유적지가 발굴되어 맥국의 도읍지였음이 고고학상으로 증명되고 있다.

맥국은 처음에 진번군에 속했다가 뒤에 예국과 함께 낙랑군에 속했다고 했다. 다만, 맥국이 처음에 진번군에 속했다는 주장은 문제가 있어 보인다.

부여는 현도군의 북쪽 천리 밖에 있었고, 고구려의 북쪽에 해당하며, 본래는 예지濊地였다고 한다. 그래서 강릉의 예국을 따로 구분하여 동예東濊로 부르기도 한다.

부여의 족속은 말갈靺鞨이라고 통칭하는데, 뒤에는 고구려와 발해에 복속했으며, 송대에는 숙여진熟女眞으로 불렀다고 한다. 숙여진은 친숙한 여진이라는 뜻이다. 이렇게 본다면 부여는 말갈족=여진족이 세운 나라로 보는 것이 되고, 부여의 후계자인 고구려와 발해도 마찬가지로 말갈족=여진족 국가가 되는 셈이다. 그러니까 말갈족=여진족을 우리 민족의 일부로 간주한 셈이다.

한백겸은 고조선의 여러 나라들이 모두 단군의 후예로서 하나의 혈통을 가졌다고 보는 이론을 따르지 않았다. 천손인 단군과 중국에서 들어온 기자와 위만, 예국, 맥국, 부여, 읍루(숙신), 옥저, 그리고 말갈=여진 등이 모두 고조선을 구성하고 있던 종족으로 보기 때문이다.

한백겸은 고조선에 소속된 국가 가운데 읍루挹婁도 넣었다. 읍루의 위치는 부여의 동쪽천여 리에 있으며, 그 동쪽에 큰 바다가 있고, 읍루의 옛 나라를 숙신국肅愼國으로 부르기도 했다고 한다. 다만 읍루인의 생김새는 부여와 비슷하나 언어가 달랐으며, 기후가 매우추워 굴 속에서 주로 살았고, 배를 타고 어업에 종사했다. 읍루는 뒤에 부여에 복속되었다. 읍루는 호칭이 여러 가지로서 말갈靺鞨로 불리다가, 송나라 이후에는 생여진生女眞으로 불렸다고 한다. 생여진은 거리가 멀고 생소한 여진이라는 뜻이다.

한백겸은 읍루의 위치를 현재 지명으로 정확하게 고증하지는 못했다. 그러나 중국 측기록을 그대로 믿는다면 지금의 만주 동부지역인 송화강 중류 지역과 연해주 지역에 해당하는 듯하다.

6) 『동국지리지』의 지리고증(3): 백제와 신라

백제사와 관련된 지리고증에서 가장 문제가 되는 것은 주몽의 아들 온조溫祚가 내려와서 첫 도읍지로 정한 하남위례성河南慰禮城의 위치다. 당시『동국여지승람』에서는 위례성을 충청도 직산稷山으로 비정해 놓았는데, 한백겸도 위례성의 위치에 대해서는 이론을 제기하지 않았다. 위례성을 지금의 서울시 지역으로 해석한 것은 정약용丁若鏞이 처음이다.

그러나『동국여지승람』에서 중국의 후한 때 설치한 남대방南帶方을 전라도 남원南原으로 본 것은 틀렸다고 보고, 한강 하류 지역으로 비정했다. 또 왜한倭韓이 대방에 속했다는 말도, 왜한이 대방의 속국이라는 뜻이지, 대방이 왜한에 있었다는 말은 아니라고 보았다. 여기서 왜한이 무엇을 말하는지 정확히 알 수 없으나, 남원지방을 왜한으로도 불렀던 듯하다.

다음에 신라의 지명에 대한 지리고증도 했으나 특이한 것이 없다. 다만 신라에 소속된대마도와 우산도于山島(울릉도)에 대한 언급이 보인다. 한백겸에 의하면, 대마도는 본래신라의 계림부鷄林府(경주)에 소속되었던 섬인데 언제부터인지 모르나 왜에 의해 침거당했다고 했다. 대마도를 본래 신라땅으로 본 것은 한백겸이 처음이 아니고, 세종도 대마도가 신라땅이었다고 누누이 천명한 바 있었다. 그러나 역사책에서 대마도를 신라의 강토로 언급한 것은 한백겸이 처음이다.

우산도는 그 이름이 여러 개라고 하면서 그 크기와 생산물을 자세히 소개하고 나서, 태종 - 세종 때 세금을 피해 들어간 주민을 데려와서 공도空島가 되었다고 아쉬워했다. 그러나 태조 - 세종 때 울릉도를 공도로 만들지는 않았는데, 후세에 와전된 것이다.

신라는 문무왕 때 고구려와 백제를 하나로 통합했으나, 그 강역은 서쪽으로 패강浿江(淸川江) 이북은 발해땅이 되고, 동쪽으로 옥저의 도련포都連浦를 경계로 하여 그 이북은 오랑캐 땅이 되었다고 했다. 그러면서 한백겸은 신라가 통일한 뒤로 임금과 신하들이 안일하고 고식책에 빠져 요동, 심양, 부여까지 차지했던 우리의 강토를 거란족과 여진족에게 빼앗긴 채 수백 년을 내려오면서 오랑캐와 싸우게 된 현실을 통탄했음은 앞에서 이미 설명한 바와 같다.

신라통일에 대한 부정적인 시각은 그동안 여러 사서史書에서 긍정적으로 해석한 것과 대비된다. 과거에는 도덕적 기준으로 역사를 해석한 결과 화랑도 정신을 가진 신라를 가장 높이 보았으나, 한백겸은 국토를 기준으로 신라통일을 해석했기 때문에 신라통일을 가장 애석한 일로 해석한 것이다.

7) 『동국지리지』의 지리고증(4): 고려의 선춘령

고려 시대의 지리고증에 있어서 가장 눈여겨볼 것은 윤관尹瓘이 세웠다고 알려진 선춘령비先春嶺碑의 위치에 대한 고증이다. 『고려사』와 『고려사절요』를 보면 고려 예종 2~3년(1107~1108)에 윤관과 오연총이 17만 대군을 이끌고 함경도 지역의 여진족을 격파하고 9성을 쌓았는데, 그 가운데 공험진公嶮鎭의 선춘령先春嶺에 국경비國境碑를 세웠다고 되어 있다.

그러면 선춘령의 위치는 어디인가? 윤관이 9성의 하나인 영주英州를 설치하고, 그 공을 기리기 위해 예부낭중 임언林彦을 시켜 글을 지어 영주 관청 벽 위에 걸어 놓았는데, 이를 「영주벽상기英州壁上記」로 부른다. 영주의 위치는 확실치 않으나 뒤에 길주吉州에 병합되었으므로, 길주에서 그리 멀지 않은 곳이다. 위 「벽상기」에는 "영주가 남쪽으로 우리나라 장주長州와 정주定州에 이르고, 동쪽으로는 큰 바다에 이르며, 서북으로는 개마산盖馬山에 이른다. 지방이 300리다"라고 되어 있었다. 그러니까 영주는 개마고원 동남방에 있으므로 지금 함경북도와 함경남도의 경계선 부근으로 추정된다.

이렇게 윤관이 쌓았다고 알려진 9성들이 대부분 함경도 지역에 설치되었는데, 국경비를 세운 공험진이나 선춘령도 함경도 안에 있을 가능성이 크다. 두만강 이북 700리까지 쳐들어갔다는 기록은 없었다.

그런데 일찍이 세종이 함경도 두만강변에 6진을 건설하면서 선춘령비를 찾으라고 명하여 드디어 이를 찾아냈는데, 그 비석에 고려의 국경이 두만강 이북 700리라고 적혀 있었다고 한다. 이 사실이 『고려사』나 『고려사절요』에는 보이지 않으나, 『용비어천가龍飛御天歌』에만 보인다.[25] 세종은 이 사실을 근거로 하여 공험진과 선춘령 이남 지역이 고려의 영토라고 주장하면서 기회 있을 때마다 명나라에 사신을 보내 알려주면서 여진족을 두만강 밖으로 구축하고 6진을 개척하는 명분으로 삼았다.

다만, 『용비어천가』에는 선춘령비를 어디에서 누가 찾았는지는 기록이 없다. 두만강 이북 700리까지 조선군대가 간 일은 없기 때문에 6진 부근에서 선춘령 국경비를 찾은 듯하다. 그것이 아니라면 명나라에 대하여 6진 개척의 정당성을 보여주기 위해 누군가 꾸며낸 사건인지도 알 수 없다. 이런 이유로 선춘령비의 진실은 오해를 받을 여지가 없지 않았다.

『용비어천가』의 기록을 근거로 하여 그 뒤에는 선춘령비의 위치를 두만강 이북 700리로 비정한 것이 정설로 되어 『동국여지승람』에도 그렇게 기록되었고, 국가에서 제작한 각종 지도에도 그렇게 표시되었다. 그러나 아무도 이에 대하여 이의를 제기하지 않고 있었는데 한백겸이 드디어 이를 문제삼고 나선 것이다.

한백겸은 윤관이 쌓았다고 전해지는 9성도 실제로는 9성이 아닌 6성일 것으로 추측했다. 그리고 6성의 위치가 대부분 함경북도 길주 이남에 있었다는 사실을 주목하고, 고려 초기 국경선이었던 함흥 부근의 도련포와 길주에서 두만강 이북 700리까지의 거리를 계산했다. 그 결과 길주에서 두만강까지 500리이고, 두만강에서 공험진까지 700리이므로, 길주에서 공험진까지는 1,200여 리에 이른다. 더구나 고려 초의 국경선인 도련포에서 공험진까지는 약 2천 리가 된다. 따라서 이렇듯 거리가 엄청나게 먼 적국敵國의 한 가운데에 공험진을 쌓고 지킨다는 것은 전략상 불가능한 일로 판단했다. 한백겸의 해석은 매우 치

---

25   한영우, 『세종평전: 대왕의 진실과 비밀』, 경세원, 2019.

밀하여 후세인들의 지지를 받았다.

또 한백겸은, 고려 시대 대신들이 헌의獻議하기를, 두만강 유역의 무산茂山 이북에 병목 지형이 있어서 적들이 이곳으로 쳐들어오는데, 이곳을 막으면 적을 막을 수 있다고 주장한 일이 있는데, 실제로 이곳에는 병목 지형이 없고 땅이 평평하다고 하면서 병목 지형설은 사실과 맞지 않는다고 말했다.

이렇게 지세를 과학적으로 따져보고 의심을 품은 한백겸은 공험진과 선춘령의 실제 위치는 멀어도 마천령磨天嶺과 마운령磨雲嶺 사이를 넘지 못하고, 길주와 그리 멀지 않은 지역으로 추정했다. 이 지역은 함경남도와 함경북도의 경계선 부근에 해당한다. 그래서 두만강 이북 700리 설은 아마도 윤관尹瓘이 미래의 희망적인 국경선을 그렇게 적었을 것으로 보았다.

한백겸의 선춘령 연구는 그 뒤 조선 후기 거의 모든 학자들에게 정설로 받아들여졌지만, 국가에서 제작한 대부분의 고지도에는 한결같이 두만강 이북 700리에 선춘령비가 있다고 그려 넣었다.

13. 『구암집』 간행, 이식과 정경세의 평가

한백겸의 저서는 두 가지다. 그의 시문을 모은 문집인 『구암유고久菴遺稿』와 『동국지리지』가 그것이다. 『동국지리지』는 인조 18년(1640) 봄에 경상도 감영에서 간행되었음은 앞에서 설명했다. 그런데 문집 『구암유고』도 같은 해 3월 상순에 쓴 택당澤堂 이식李植 (1584~1647)의 서문이 있는 것으로 보아 이 무렵에 간행된 것으로 보인다. 한백겸의 아들 한흥일韓興一은 옛날에 한백겸의 「기전설箕田說」에 대한 평을 써준 이식을 찾아가서 서문을 부탁하자 이식이 그 청을 들어주어 서문을 써준 것이다.

「구암유고」가 편찬될 당시에 한백겸의 학문을 제대로 이해하여 써줄 만한 학자가 없었다. 화담학파의 대부분이 세상을 떠났을 뿐 아니라 인조반정 이후로 시대 분위기가 화담 학풍과는 다른 정주학으로 크게 기울어져 있었기 때문이다. 그래서 예전에 한백겸과 잠시라도 교유관계를 맺었던 인사들을 찾아 서문을 부탁한 것이다.

한백겸보다 32세 연하인 이식은 「구암유고서久菴遺稿序」에서 이렇게 평가했다.

理氣와 性情에 관한 설들이 宗旨를 천명했으면서도 衆言을 절충했으니 학자들이 이를 보면 당연히 깨닫는 바가 클 것이다. 특히 象數의 변화와 제도의 마땅함을 깊이 연구하여 기왕의 학설에 매여 있지 않았다. 비록 程朱學의 적통을 계승했지만 서로 같은 것도 있고 다른 것도 있다.

다시 말하면 한백겸의 철학사상은 기본적으로 정주학程朱學에 바탕을 두고 있지만 다른 점이 있고, 특히 상수학象數學과 제도연구에 독창성이 크다는 것이다. 한백겸의 학문이 소옹과 서경덕을 계승했다고 말하지는 않았지만 은연중 이를 암시한 말이다. 한백겸이 제도연구에 독창성이 있다는 말은 『동국지리지東國地理志』(1615)와 「기전고箕田攷」(1607)라는 글 등을 염두에 두고 한 말로 보인다.

이식은 인조조 이전과 인조조 이후의 사상이 많이 변화된 사상가였다. 인조조 이전에는 체제비판적인 허균이나 이수광, 한백겸, 한준겸, 유희경劉希慶 등 화담학파와 어울리면서 소북小北 및 근경남인에 속하는 활동을 하고 있었다. 그러다가 허균이 반역죄로 죽고 인조반정 이후 서인이 득세하자 태도를 바꾸어 주자학으로 전향했다. 특히 호란을 경험한 뒤에는 더욱 적극적으로 주자학에 기울어졌는데, 한백겸의 인물평을 쓴 것은 이렇게 주자학으로 전향한 뒤였다. 한백겸을 정주학의 적통으로 보면서 같은 점도 있고 다른 점도 있다고 다소 애매한 평가를 내린 이유가 여기에 있는 듯하다.

한편, 주자학자이면서 또 한백겸의 인품과 학문을 칭송한 학자가 있었다. 유성룡 문인 정경세鄭經世(1563~1633)이다. 일찍이 한백겸을 찾아가서 『주역』을 가지고 토론한 일이 있던 인물이다. 그는 한백겸의 아우 한준겸의 부탁을 받아 한백겸의 「묘갈명墓碣銘」을 썼는데, 여기서 그의 학문보다는 조용하고 화평하고 맑은 그의 인품에 초점을 맞추어 칭송했다.

한백겸이 세상을 떠났다는 소문이 들리자 어진 공경대부들은 물론이요, 경학을 공부하는 선비들과 무지한 아전들, 그리고 그가 수령을 지냈던 군읍의 부노父老와 선비들이 몰려와서 "착한 분이 돌아가셨다"고 하면서 침통한 조의를 표했다고 했다. 그리고 그의 학문은 상수역학에 바탕을 두고 있으며, 선현의 설에 구애받지 않고 독창적인 학설을 많이 내었다고 소개했다.

또 한백겸의 학풍에 대해서는, 17~18세 무렵에 민순閔純의 제자가 되어 『소학』과 『근사록』을 공부하게 되었다가 뒤에는 역학易學에 침잠하고, 또 유교 경전에 대한 주자의 주석註釋에 의문을 품고 독창적으로 재해석한 것이 많다고 지적하고, 그의 해석이 얼마나 정밀한 것인지, 아니면 조잡한 것인지, 얼마나 깊은 것인지 아니면 얕은지는 쉽게 말하기 어렵다고 하면서 유보적인 태도를 보여주었다. 정주학자인 그로서는 당연한 말이고, 서인이 집권한 인조대의 학계 분위기로서도 어쩔 수 없는 일이었을 것이다. 한백겸과 한홍일은 남인이었기 때문이다.

훗날 근대 역사가들이 한백겸을 조선 후기 실학의 선구자로 본 까닭은, 그가 주자의 경전해석을 비판하고, 나아가 정주학의 명분론과 도덕론에서 벗어나 우리나라 역사를 물질적 국력과 제도에 초점을 맞추고, 객관적, 실증적으로 새롭게 연구했기 때문이었다. 그러나 그의 실학의 바탕에 서경덕으로부터 시작된 기철학氣哲學의 상수역학이 있었다는 점을 명백히 밝히지는 못했다.

한백겸의 학문이 크게 주목을 받은 것은 조선 후기에 안정복, 정약용, 한치윤 등 남인 실학자들이 등장하여 역사지리학이 풍미한 이후부터였다.

17세기 중엽 서인 유계의 역사서술

-『여사제강』

1. 문제의 제기

인조조에서 현종조에 이르는 17세기 초·중엽은 명·청 교체와 호란胡亂(1627·1636)의 충격에 대응하면서 붕당정치朋黨政治가 궤도에 오르던 시기로 특징지어진다.

붕당정치는 각 붕당 간의 이해와 의견의 차이를 전제로 하여 운영되는 만큼, 정치사상이나 학문 경향도 붕당에 따라 차이를 드러낸다. 특히 일본과 청의 급속한 성장으로 중국 중심의 동아東亞 질서가 무너지고, 안으로 상공업의 발전에 따라 농본적農本的 사회질서가 흔들리던 상황에서 정치집단 간의 이해와 의견의 차이는 더 한층 복잡해질 수밖에 없었다. 17세기에 있어서 붕당의 다기多岐한 분화와 경쟁, 그리고 학풍상의 갈등은 이러한 내외정세內外情勢의 변동과 깊이 관련되어 있다고 보아야 한다.

붕당정치가 활성화하던 17세기에는 역사서술도 다양하게 나타났다. 각 붕당마다 자기 붕당의 역사의식을 대변하는 개성 있는 사서가 경쟁적으로 출간되어 이를 정치에 응용하려는 풍조가 일었다. 광해조 때의 오운의『동사찬요東史纂要』와 한백겸의『동국지리지東國地理志』, 인조조 때 조정의『동사보유東史補遺』, 현종조 때 허목의『동사東事』와 홍여하의『휘찬여사彙纂麗史』·『동국통감제강東國通鑑提綱』 등이 모두 그러한 사서들이다. 이 중에서 조정을 제외한 나머지는 근경남인近京南人 혹은 영남남인嶺南南人들로서, 17세기 이후로 남인계南人系 학인學人들의 역사서술 활동이 활발했음을 보여준다.

그런데, 17세기 중엽 정국政局을 주도했던 서인西人 측에서도 새로운 역사서술이 시도되었다. 그것이 유계兪棨의『여사제강麗史提綱』이다. 송시열宋時烈·송준길宋浚吉 등과 더불어 효종·현종조의 서인 핵심요인으로 활약했던 정치적 비중에 더하여, 그의 역사서술은 송시열의 추천을 받아 더욱 큰 영향력을 조야에 미칠 수 있었다. 따라서 『여사제강』은 조선 후기 사학사에서 결코 가벼이 취급될 수 없는 사서다.

필자는 최근에 오운吳澐·조정趙挺·홍여하洪汝河·허목許穆의 역사서술을 개별적으로 고찰한 바 있고,[1] 17세기 도가사서道家史書를 소개한 일도 있었다.[2] 이제 기왕의 연구에 『여사제강』에 대한 이해가 더해진다면 17세기 사학史學의 동향을 총체적으로 파악하는 데 도움이 될 것으로 믿는다.

2. 유계의 생평과 학문

유계兪棨(1607~1664)는 선조 40년 수원 서촌에서 참봉 양증養曾의 아들로 태어났다. 본관은 기계杞溪, 자字는 무중武仲, 호號를 시남市南이라 했다.

윤선거尹宣擧가 지은 그의 「행장行狀」[3]에 의하면, 기계유씨杞溪兪氏의 시조는 본래 고려시대 호장戶長이었으며, 조선 중종~명종조에 호조판서를 지낸 강絳(호는 숙민肅敏)은 유계의 고조로서 가장 현달한 조상으로 내세워진다. 증조 함涵은 진사, 조부 대경大儆은 군수, 부 양증養曾은 참봉에 머물렀고 유계에 이르러 이조참판이 되자 조상 3대가 추증되는 영광을 입었다. 그러니 그의 가계는 사족士族으로서는 비교적 한미한 집안이라 할 수 있다.

그는 19세 때 서인西人 예학禮學의 대가인 김장생金長生(사계沙溪) 문하에 들어가 성리학을 공부하다가 20세 때 정묘호란을 맞이했다. 23세에 진사에 합격하고 26세(인조 11)에 문과(을과乙科)에 합격하여 29세에 시강원 설서說書(정7품)로서 세자 교육의 중책을 맡았다.

그런데, 그가 시강원에 들어간 그 해에 바로 병자호란(1636)이 일어났다. 20대의 젊은 혈기에 경험한 두 차례의 호란은 그로 하여금 열렬한 주전론자主戰論者로 기울게 만들었

---

1 韓永愚, 「17세기 초의 歷史敍述 - 吳澐의 『東史纂要』와 趙挺의 『東史補遺』」, 『韓國史學』 6, 1985(本書 1장 所收); 韓永愚, 「許穆의 古學과 歷史認識 - 『東事』를 중심으로」, 『韓國學報』 40, 1985(本書 4장 所收); 韓永愚, 「17세기 중엽 嶺南南人의 歷史敍述 - 洪汝河의 『彙纂麗史』와 『東國通鑑提綱』」, 『邊太燮博士華甲紀念史學論叢』, 1985(本書 5장 所收).
2 韓永愚, 「17世紀의 反尊華的 道家史學의 成長 - 北崖子의 『揆園史話』에 대하여」, 『韓國學報』 1, 1975.
3 『市南先生文集』(全5737), 附錄 卷1.

다. 왕을 호가扈駕하여 남한산성으로 피난했을 때, 그는 김류金瑬·최명길崔鳴吉 등 주화파主和派 대신을 처단하고 결사적으로 청병淸兵과 싸울 것을 왕에게 요청했다. 김상헌金尙憲(예조판서)·정온鄭蘊(이조참판)·윤집尹集(교리校理)·오달제吳達濟(수찬修撰) 등 10여 인이 척화주전론斥和主戰論의 선봉에 서고, 유계는 그중에서는 가장 연소年少한 축에 속했다. 결과적으로 청淸과의 화의和議가 성립되자 주화대신主和大臣들은 척화파斥和派 인사들을 '부박浮薄하게 나라를 그르친 죄인罪人'[4]으로 규정하고 경중을 나누어 처벌했다. 이때 유계는 비교적 가벼운 처벌을 받아, 다음 해(인조 15) 봄에 충청도 임천林川으로 유배되었다. 이때 그의 나이 30세였다.

그의 임천林川 유배는 3년 만에 끝나고, 34세 되던 인조 19년(1641) 가족을 모두 이끌고 호남의 금산錦山으로 이사했다. 이곳 마하산麻霞山 밑에 산천재山泉齋라는 집을 짓고 3년간 살았는데, 윤선거尹宣擧 집과는 대문을 마주하고 있었다 한다.[5]

임천과 금산에 살던 6년간의 세월은 유계로 하여금 학자로 성숙케 하는 중요한 전기轉機가 되었다. 주자의 사학史學과 가례家禮를 공부하고, 여러 학인들과 교유하는 기회를 제공했기 때문이다. 그의 평생 저술 가운데 대표로 꼽히는 『여사제강』은 임천에서 이루어진 것이며, 『가례원류家禮源流』는 금산에서 편찬된 것이다. 특히 후자는 윤선거와 너무 가까이 지내면서 편찬된 까닭에 뒷날 이 책의 저작권을 둘러싸고 두 집안 간에 분쟁이 벌어져[6] 노소老少 논쟁의 도구가 되기도 했다.

37세 되던 인조 22년(1644)부터 유계의 관직 생활은 다시 이어지고, 57세를 일기로 세상을 떠날 때에는 벼슬이 이조참판에 이르렀다. 그러나 유계는 송시열·송준길 등과 가까운 '호당지인護黨之人'으로 지목되어 청요직淸要職에 나가지 못하고 좌랑·정랑·현감 등을 지내다가 인조 27년에 이르러서야 홍문관弘文館 부수찬副修撰(종6품)에 오르고, 효종이 즉위한 뒤부터는 사간원司諫院 정언正言·헌납獻納, 홍문弘文 교리校理 등 요직을 맡게 되었다. 이때, 그는 영의정 김자점金自點이 훈귀勳貴로서 사치와 탐학에 빠진 것을 규탄하여 그를 몰아내는데 일조했으며,[7] 전왕前王의 시호諡號를 '인조'로 하자는 논의에 반대하는 언론

---

4   『市南先生文集』, 附錄 卷1, 「行狀」(尹宣擧撰) 및 「仁祖實錄」, 卷34, 仁祖 15年 2月 己丑條.
5   『肅宗實錄』 卷57, 肅宗 42年 正月 丙辰條.
6   肅宗 41年 11月에서 다음 해 7月에 이르기까지 조정에서도 큰 논란이 일어났다.
7   『孝宗實錄』 卷1, 孝宗卽位 6月 庚戌條.

을 폈다. 인조의 시호를 반대한 것은 이미 인종의 묘호가 옛날에 있었다는 것과, '조祖'자字를 붙일 만큼 공功이 크지 않다는 것인데,[8] 이러한 논의는 결과적으로 선왕의 권위와 치적을 폄하하는 뜻이 담긴 것이었다. 아마도 이는 인조가 호란에 굴복하여 주화신서主和臣誓한 사실을 염두에 두고 그의 치적을 평가한 까닭이 아닌가 싶다.

아무튼 시호 제정에 관한 그의 발언은 효종의 노여움을 사, '군신대의君臣大義와 강상綱常을 무너뜨리고' '선왕先王을 기방譏謗'했다는 죄로 효종 원년 4월에 파직되어 함경도 온성穩城으로 유배되었다.[9] 영의정 이경흥李敬興, 부제학副提學 조석윤趙錫胤, 그리고 좌의정 조익趙翼 등이 그의 무죄를 주장하고 나섰으나 효과가 없었다.

온성 유배지에서 유계는 주자서와 주례를 공부하고, 동인洞人들에게 사장詞章을 버리고 위기爲己의 학學을 할 것을 가르쳤다 한다.[10] 다음 해 효종 2년 그는 다시 강원도 영월군으로 이배되었다가 효종 3년에 전리田里로 풀려나[11] 동왕同王 9년까지 야인野人으로 지냈다. 당시 영상이던 정태화鄭太和와 좌상이던 김육이 그의 방석放釋을 주장했다.[12] 그 사이 그는 김장생·송시열·송준길·윤길보尹吉甫·이유태李維泰 등 서인 산림인사山林人士들과 서한書翰을 빈번히 교환하면서 우의를 다졌다.[13]

그가 전리생활田里生活을 하는 동안 조정에서는 그를 등용하자는 논의가 계속 일어났다. 홍명하洪命夏(대사헌)·심광수沈光洙(장령掌令)·박안제朴安悌(동부승지)·홍우원洪宇遠(검토관)·김수항金壽恒(이조정랑), 그리고 허목許穆(지평持平) 등이 그들이다. 이들은 모두가 유계의 학문과 재주를 칭송하면서 그를 다시 등용하는 것이 옳다고 주장했다. 남인에 속하는 허목도 그의 등용을 찬성한 것을 보면 이때까지만 해도 서인과 남인의 갈등은 그렇게 심각하지 않았음을 보여준다.

결국 유계는 효종 9년 9월에 시강원(필선弼善)에 다시 들어가고, 다음 해 병조참지兵曹參知(정3품)로 올랐다. 시강원 찬선贊善으로 있었던 송시열과 송준길의 적극적인 천거에 의한 것이다.

---

8   前揭 行狀(尹宣擧撰).
9   『孝宗實錄』卷3, 孝宗元年 4月 丙戌條.
10   前揭 行狀.
11   同上.
12   『孝宗實錄』卷9, 孝宗 3年 12月 庚子條.
13   『市南先生文集』 중 詩·書에 兪棨의 交遊關係를 알려주는 자료가 많다.

병조참지로 있을 때, 그가 가장 용심用心한 것은 군정軍政 개혁, 특히 군포제軍布制의 개혁, 즉 균역법均役法의 실시였다. 군역불균軍役不均과 족징族徵·인징隣徵 등의 폐단을 없애기 위해 사족士族에게서도 군포軍布를 받고, 보병步兵이 내는 2필의 군포를 1필로 줄이자는 것이 그의 주장이었다.[14] 유계는 당시 이조판서이던 송시열과도 이 문제를 사전에 논의했다 한다. 결국 그의 균역론均役論은 조정과 비국備局에서 논의한 결과, 취지는 좋으나 졸행猝行하기 어렵다는 쪽으로 여론이 기울어져 실행되지 못하고 말았다.[15]

효종이 재위 10년 만에 승하하고 현종이 즉위하면서 정국政局에 큰 파란이 일어났다. 서인에 대한 남인의 공격이 시작된 것이다. 현종 즉위년 남인 홍여하(경성판관鏡城判官)가 장문의 응지상소應旨上疏를 통해 송시열(이판)과 이후원李厚源의 인사정책을 비판하여 조정에 큰 파문을 일으킨 것이 그 하나요,[16] 조대비의 복상服喪(효종에 대한)을 기년(1년)으로 정한 데 대한 윤선도尹善道·허목·윤휴尹鑴 등 남인의 공격은 서인과의 관계를 극도로 악화시키는 계기가 되었다. 서인의 기년설朞年說은 효종을 인조의 서자로 간주하는 뜻이 담긴 것인데, 남인은 효종이 왕위를 계승했으므로 장자나 다름없다고 하여 3년설을 주장했던 것이다. 기년설과 3년설은 이치상으로는 모두 일리가 있는 주장이지만, 그것이 큰 정쟁政爭의 쟁점이 된 이유는 남인이 서인의 설을 가리켜 '대통불명大統不明'의 처사, 혹은 '군주를 업신여기는 처사'로 공격했기 때문에 서인으로서도 물러서기 어려운 곤경에 처했던 것이다.

당시 기년설을 제의한 서인의 이론가는 송시열이었지만, 부제학副提學으로 있던 유계는 송시열의 입장을 적극 변호하면서 남인 측의 주장을 반박했다. 그는 허목의 주장이 모순이 많다고 주장하고,[17] 특히 윤선도를 '흉험무상지인兇險無狀之人'으로 규정하여 그의 극형을 요구하고 나섰다.[18] 결과적으로 현종 즉위 초에 있었던 서인·남인 간의 정치적 격돌은 '존군尊君'의 명분을 내건 남인 측이 군주의 마음을 끌기에 유리한 입장이었음에도 불구

---

14 『孝宗實錄』卷21, 孝宗 10年 2月 壬申條.
15 左議政 元斗杓는 軍民의 怨聲을 줄이기 위해 유계의 의견에 찬성했고, 領議政 沈之源은 士大夫로부터 收布하는 것이 不可하다는 이유로 반대했으며, 知中樞府事 李浣은 號牌法 先行을 주장하고, 刑曹判書 蔡裕後는 실행이 용이치 않다는 이유로 반대했다. 戶曹參判 洪重普는 沈之源의 의견에 찬성하고, 刑曹參判 柳赫然은 號牌先行을 주장했다. 이 밖에도 執義 李慶徽, 獻納 閔維重 등이 반대 의견을 표명해 大勢가 반대쪽으로 기울어지고, 王도 이를 좇았다.
16 註 1)의 세 번째 논문 참고.
17 『顯宗實錄』卷2, 顯宗 元年 4月 丁未條.
18 同上書 卷2, 顯宗 元年 5月 辛未條.

하고 서인의 거센 반발로 역습을 받아 정치적 좌절을 겪지 않을 수 없게 되었다.

서인의 승리는 유계의 관로상官路上 장애물을 넘어선 것으로, 그 후 그는 부제학·부승지·이조참의·대사헌 등 요직을 거치다가 현종 4년 이조참판(종2)의 지위에까지 오른 후 다음 해 세상을 떠났다.

현종 초기에 유계가 가장 주력한 것은 내수內修·안민安民 정책의 추구였다. 효종 때는 호벌胡伐운동이 국정의 지표가 되다시피하여 무리한 군비軍備 확장정책이 추구되었는데, 이로 인해 백성의 부담이 가중되고 국가재정이 큰 압박을 받았다. 따라서 당시의 지각있는 서인 식자識者 중에는 무리한 군비 확장을 반대하고 '내수외양內修外攘'과 '안민치병安民治兵'을 주장하는 논의가 일어났다.[19] 특히 그러한 논의는 호벌운동의 선창자先唱者인 효종이 돌아가고 현종이 즉위하면서 활발해졌다. 유계는 바로 그러한 '내수·안민' 논자論者의 한 사람이었다. 그가 효종 말년에 균역제를 주장한 것도 내수·안민의 중요성을 인식한 까닭이었다. 마찬가지 취지에서 유계는 현종 2년 정월에도 부제학으로 있으면서 군비를 축소를 위한 변통책을 건의했다. 그 요지는 훈국訓局의 신호가초新戶加抄(軍丁補闕)를 중지할 것과, 제諸 궁가와 아문衙門에서 차지하고 있던 염분鹽盆과 어전漁箭에 대한 면세 조처를 폐지하여 호조에서 수세함으로써 군국의 비용으로 돌리자는 것, 아약자兒弱者에 대한 수포收布를 면제시키자는 것, 어영군御營軍의 농절기 번상番上을 없애자는 것, 호위청 군관을 폐지하자는 것 등이다.[20] 심지어 그는 "병자兵者 국지대두國之大蠹"라고 말하면서 1만 명의 군병을 반으로 줄이자고 촉구했다.[21] 군비 축소론은 당시 정국 주도권을 갖지 못했던 남인계 관인 사이에서도 비등했던 여론이지만, 서인 등에서도 그러한 생각을 가진 이가 적지 않았다. 그러나 유계의 군비축소론은 정태화鄭太和·원두표元斗杓 등 정승들의 반대로 뜻을 이루지는 못했다.

유계의 말년의 행적 중에서 또 한 가지 주목되는 것은 이이와 성혼의 문묘종사文廟從祀를 강력하게 건의한 것이다.[22] 이李·성成 양인의 문묘배향은 서인의 학문적 정통성 확립과 관

---

19 孝宗 9年 9月 孝宗이 都監의 軍兵을 4천에서 5천 명으로 늘리자고 제의했을 때, 宋時烈·宋浚吉 등은 外攘보다는 內修가 더 시급함을 들어 軍備 확장을 반대했다.

20 『顯宗實錄』卷4, 顯宗 2年 正月 癸丑條.

21 『顯宗改修實錄』卷5, 顯宗 2年 正月 甲寅·乙卯條.

22 俞棨는 顯宗 卽位年 12月 庚寅에 副提學으로 있으면서 李珥·成渾의 文廟從祀를 요청했고, 顯宗 4年 4月 庚申과 同年 6月 己亥에도 吏曹參判으로서 같은 주장을 되풀이했으나, 進士 南重維 등 26人이 상소하여 이를 반대

련되는 문제로서 서인 측의 일관된 주장이었지만, 이황을 추종하는 남인 측의 반대로 이역시 실현되지는 못했다. 결국 그는 관로에서도 재상급에는 오르지 못했고, 그의 언론과 주장도 복상 문제를 제외하고는 제대로 뜻을 이루지 못한 가운데 57세의 생애를 마쳤다.

유계는 치부致富에서도 성공하지 못한 인물이었다. 현종 5년 2월 사거死去 직전에 그는 집이 너무 가난해서 약을 구하지 못해 왕이 우황牛黃 1부部를 하사했다고 한다. 그가 죽은 뒤 처자들은 자생資生이 곤란하여 국가에서 식물食物을 지급했다 하며,[23] 현종 10년에는 유계의 아들 명윤命胤이 모상母喪을 당하고, 그의 두 형제가 전염병으로 죽었는데, 상제장구喪祭葬具를 마련할 길이 없어서 호조에서 상장 비용을 지급한 일이 있었다.[24]

그의 반대당인 남인과 실록편수관에 의해서 쓰여진 그의 졸기卒記에는 다음과 같이 그의 생애를 기록하였다.

(兪)棨는 博覽强記하고 文名이 있었다. 丙子亂 때 王을 호위하여 南漢에 들어가 和議를 반대하는 상소를 올려 이 때문에 배척을 받았다. 孝宗 초에는 仁祖 廟號를 다투다가 鏡城에 유배되었다. 宋時烈이 적극 추천하여 드디어 遷擢을 입고 重任을 맡았으나 별다른 施爲가 없었다. 宋時烈과 黨援을 맺어 庚子年(현종 1 - 필자)에는 尹善道를 적극 배척했으며, 앞장서서 [윤선도의] 상소문을 불태울 것을 건의하여 公議에 큰 죄를 지었다.[25]

이 졸기卒記를 보면, 유계의 행적 중 윤선도의 배척만이 나쁘게 평가될 뿐 나머지는 비교적 긍정적으로 서술되고 있다. 한편, 서인에 의해서 편찬된 『개수실록改修實錄』의 졸기에는 그의 죽음을 세상이 애석해했다면서 그의 평생 행적을 다음과 같이 쓰고 있다.

(兪)棨는 일찍이 治務의 要를 논했고, 조정에 있을 때는 良役을 변통하여 公卿 이하 士庶에 이르기까지 모두 1匹의 布를 받아 五衛制를 대신하고, 簽丁의 폐를 구제하라고 요청했다. 王이 그 일을 조목조목 갖추어 바치게 했는데, 議者들은 찬성하는 이도 있고 반대하는

하여 뜻을 이루지 못했다.
23 『顯宗實錄』卷11, 顯宗 6年 12月 戊申條.
24 同上書 卷16, 顯宗 10年 2月 己巳條.
25 同上書 卷8, 顯宗 5年 2月 己未條.

이도 있었다. 그러나 大臣들이 대부분 불편하다고 하여 끝내 시행되지는 못했다.… (그는) 論說을 잘 했으나 施用에는 능력이 모자랐다.……[26]

이 졸기에서는 유계의 행적 중 균역제均役制 주장을 높이 평가하고 있으며, 행정가로서보다는 이론가로서의 능력을 더 평가하고 있다. 위 두 졸기를 종합해 보면, 유계는 우당友黨인 서인 측에서 진보적인 변통주의자變通主義者로 인정받고 있으며, 반대당인 남인으로부터도 비교적 호의적인 평가를 받았던 인물이었음을 알 수 있다.

유계의 저술로는 임천 유배 시절에 쓴 『여사제강』,[27] 금산에 살 때 쓴 『가례원류家禮源流』가 있다. 이 밖에 효종 초에 『율곡문집栗谷文集』 중에서 경세제민經世濟民에 관한 언설을 뽑아 편성한 『강거문답江居問答』이 있다. 『여사제강』은 주자 『강목綱目』의 범례에 의거하여 고려의 역사를 편정編定한 것이며,[28] 『가례원류』는 주자 『가례』를 강목으로 편성하고 고례古禮의 경전 및 선현의 예설禮說, 그리고 우리나라 유선儒先들의 예禮에 관한 논저를 축조적逐條的으로 덧붙인 것이다.[29] 이와 같은 논저의 경향을 볼 때, 유계의 사상과 학문은 주자학에 깊이 기울어져 있음을 알 수 있고 특히 그의 변통론變通論은 이이의 경세론經世論의 영향을 크게 받았음이 인지된다.

한편, 유계의 학문적 관심은 매우 넓어서, 어려서부터 율곡과 성혼, 퇴계와 고봉高峰(기대승奇大升) 사이에 벌어진 이기논쟁에 관해 깊은 이해를 가졌으며, 천문 · 지리 · 의약 · 복서卜筮 · 음양 · 이수理數 · 역학易學에 대해서도 깊은 조예를 지녔다 한다.[30] 그러나, 유계의 저술이 후대에 큰 영향을 미친 것은 어디까지나 『여사제강』과 『가례원류』이며, 그런 측면에서 그의 사상과 학문을 점검하는 것이 중요한 의미를 가진다.

---

26 『顯宗改修實錄』卷10, 顯宗 5年 2月 戊午條.
27 前揭 行狀, "丁丑(仁祖 15 - 필자) 春 …… 公到配以後 絶意世事 唯以經籍自娛 以東國諸史雜厖難看 乃斷自王氏以下 一依文公凡例編定 名之曰 麗史提綱 ……".
28 同上 참고.
29 同上 行狀, "辛巳(仁祖 19 - 필자) …… 以禮書多門 有難領會 乃就文公家禮 立綱分目而取古禮 經傳及先賢禮說 併東方諸儒先論著文字 類附於逐條之下 名之曰 家禮源流".
30 同上 行狀.

3. 『여사제강』(1637~1640)

1) 편찬과 보급

『여사제강』은 유계가 대청주화론對淸主和論을 배척하다가 왕과 대신의 미움을 사 임천에 유배생활을 보냈던 시절에 편찬되었음은 앞에서 언급한 바와 같다. 그러니까 인조 15년(1637)에서 동왕同王 18년(1640) 사이이며, 그의 나이로는 30~33세 시기에 해당된다.

『여사제강』은 이렇듯 유계가 젊었을 때의 첫 저술이었지만, 그것이 간행된 것은 그가 사거死去한 지 3년 뒤인 현종 8년(1667)의 일이었다. 이는 현존하는 『여사제강』 앞머리의 송시열 서문이 "崇禎丁未五月二十六日"로 되어있는 데서 확인된다.

송시열은 이 책의 서문을 썼을 뿐 아니라, 숙종 7년(1681) 2월 정미丁未에 왕에게 취람取覽하여 감계鑑戒로 삼을 것을 권하였다. 왕은 그의 말을 쫓아 승정원으로 하여금 책을 구해 놓도록 명하였다. 이때 송시열이 왕에게 진언한 가운데,

> 故 參判兪棨는 『麗史提綱』을 짓고 임금께 바치려고 하였으나 불행히도 죽고 말았습니다. [그의] 麗史는 古史와 다릅니다.[31]

라고 한 대목이 보인다. 이 말을 그대로 믿는다면, 유계는 『여사제강』을 지어 왕에게 보이려고 한 것이며, 또 이 책은 고사古史 즉 『고려사』와는 다른 성격의 역사라는 것이다. 송시열은 유계와 동년同年의 절친한 학우 당우黨友였던 만큼, 그의 말은 어느 정도 믿어도 좋을 듯하다. 또 가령, 그 말이 유계의 진의가 아니라 하더라도 송시열 자신이 이 책을 깊이 신임하고 왕에게 읽혀지기를 바랐던 것만은 사실이다.

송시열의 진언이 있은 다음 달(숙종 7년 3월 갑자)에 김수항이 왕에게 진언하여 영남지방에서 간출刊出하여 널리 퍼뜨리는 것이 좋겠다고 요청하여 왕의 윤허를 얻었다.[32] 지금 전

---

31   『肅宗實錄』卷11, 肅宗 7年 2月 乙未條, "…… 時烈又言 故參判兪棨 撰麗史提綱 欲封進而不幸身死 麗史異於古史 倘賜取覽 則必有鑑戒處 上曰 …… 自政院覓入".

32   『肅宗實錄』卷11, 肅宗 7年 3月 甲子條, "(金)壽恒又言 頃因宋時烈所達 故參判兪棨所撰麗史提綱 有覓入之命 此書一遵綱目 規模最精 詳略適中 其在監戒之方 尤爲切實 宜令嶺南 刊出廣布 上許之"

하는 간본刊本 중에 안동부간인安東府刊印이 찍혀 있는 것이 있는 것으로 보아 영남지방에서의 인출印出이 있었음이 확인된다. 김수항이 이 책의 광포廣布를 요청한 것은 '이 책이 강목綱目을 충실하게 따르고, 규모가 가장 정精하며, 자세함과 간략함이 중도中道를 얻어 감계鑑戒하는 방법으로서 절실한 까닭'[33]이라는 이유가 내세워지고 있다. 김수항도 송시열과 마찬가지로 서인西人 요인要人의 한사람이니, 『여사제강』에 대한 광포 운동은 서인 사이에 어느 정도 합의된 것처럼 보인다.

왜 김수항은 이 책을 유독 영남에서 인출·광포하기를 희망했을까. 추측컨대 영남지방에서는 이미 남인계 학자인 오운이 광해조 때 『동사찬요東史纂要』(1606~1614)를 지어 펴뜨린 바 있고,[34] 인조 때 역시 남인학자 홍여하가 『휘찬여사彙纂麗史』를 지어 아직 간행은 하지 않았지만 영남 학인들 사이에 수사手寫로 전파되고 있던 상황을 크게 의식한 것 같다. 특히 홍여하는 현종 초에 송시열 등 서인 요인을 공격하다가 파직된 일이 있고, 숙종 초에 영남 사인士人들 간에 높은 추앙을 받던 인물이었다.[35] 따라서 숙종 6년 경신환국庚申換局으로 실권을 장악한 서인의 입장에서는 남인과의 학문적 경쟁을 의식하지 않을 수 없었을 것이다.

어쨌든, 서인이 집권하던 숙종(6년~15년, 20년 이후) 대와 영조 대에 『여사제강』은 마치 관찬사서官撰史書를 방불한 만한 권위를 가지고 중외中外에 널리 읽혀 그 영향력이 적지 않았다. 이 책은 어느 시기인지는 확실치 않으나, 늦어도 영조 25년 이전에 태백산사고太白山史庫에 보관되는 영광을 입기도 하였다.

그러나 『여사제강』은 영향력이 큰 만큼 공격도 많이 받았다. 영조 25년에 왕은 '살정몽주殺鄭夢周'라고 한 표현과 '위화회군威化回軍'에 관한 기사가 후왕의 마음에 편하지 않다는 이유로, 태백산사고에 보관 중인 『여사제강』을 수취하여 공양왕 이하 기사를 삭제하고, 송시열의 서문 가운데 고려문화를 '이적금수夷狄禽獸'라고 표현한 부분을 '윤강부정倫綱不正'으로 바꾸어 개인改印하도록 명하였다.[36] 아울러 개인이 소장하고 책도 갱인更印하여 광전廣傳하도록 명하였다. 그리하여 이 때 갱인 된 판본에는 공양왕 이하의 역사가 탈락되고 송시열의 서문도 부분적으로 개작改作된 것이다.[37]

---

33 同上.
34 註 1)의 첫 번째 논문 참고.
35 註 1)의 세 번째 논문 참고.
36 『英祖實錄』卷69, 英祖 25年 6月 丙寅條.

『여사제강』은 이렇듯 영조로부터도 이왕실李王室의 입장을 어렵게 만든다는 이유로 부분적으로 비판을 받았지만, 영남 남인들로부터는 더 신랄한 비난을 받았다. 영조는 그래도 이 책을 기본적으로 법도法度에 맞는 책이라고 인정했지만, 영남 남인은 춘추대의春秋大義에 어긋나는 책이라고 근본적인 차원에서 공격했다. 특히 남인 측의『여사제강』에 대한 비판은 학술적이기보다는 예민한 정치적 사건과 관련시켜 제기되었다. 즉 정조 즉위년 8월 영남 유생 이응원李應元은 사도세자의 죽음을 애도하면서 노론 대신에 대한 치죄治罪를 요청하는 상소를 올렸다가 '극악망측極惡罔測'한 죄로 몰려 국문鞫問당하는 사건이 일어났다. 그런데 이 상소문 중에는 이미 죽은 송시열의 행적을 비난하는 내용이 들어 있어 주목된다. 즉『여사제강』말단에 송시열이 주자의 말을 이용하면서 별록別錄한 4조의 글을 문제삼은 것이다. 이응원의 주장에 따르면, 송시열은 주자의 말을 이용하여 "고려는 50여 주主를 거치다가 권신權臣에게 찬탈당해 성姓이 바뀌었다"고 하였다. 이런 표현은 이태조李太祖의 개국을 모독하는 발언으로서 춘추대의를 아는 신자臣子의 도리가 아닐 뿐 아니라, 그를 성조聖祖(영조)의 묘정廟庭에 배향한 것은 부당하다는 것이다.[38]

위 상소 사건을 통해서 두 가지 사실이 확인된다. 하나는 송시열이 유계의『여사제강』서술 중에 자신의 의견을 첨가하여 이태조의 건국을 권신에 의한 권력찬탈로 묘사했다는 것이요, 다른 하나는 이응원이 이 사실을 트집 잡아 이왕실을 비호하면서 노론파에 대한 공격무기로 이용하고 있다는 사실이다.

송시열이 별록한 4조의 글은 물론 유계와 직접 관련되는 일은 아니다. 그러나 송시열과 유계의 친교 관계로 볼 때, 송시열의 이조건국사관李朝建國史觀이 곧 유계의 그것을 반영한다고 해도 큰 무리는 없을 것이다.

『여사제강』은 이렇듯 붕당정치와 관련하여 논란이 되기도 했지만, 사학사적으로는 후

---

37   지금 서울大學校 奎章閣에 소장 중인『麗史提綱』活字本은 모두가 恭讓王紀가 빠져 있고 宋時烈의 序文도 改作되어 있다. 따라서 現存하는 活字本은 모두가 英祖 25年 이후 改板된 것이다. 다만, 서울대 古圖書(古 4240-2) 중에 3책으로 된 筆寫本『麗史提綱』이 1秩 전하는데, 여기에는 凡例와 序文이 빠진 대신 恭讓王記가 들어 있다.

38   『正祖實錄』卷2, 正祖 即位年 8月 乙巳條, "親鞫李應元 嶺南儒生李應元上疏曰 …… 至於太祖大王受誣之事 載於 俞棨所撰麗史提綱末端而故相臣宋時烈所書名之爲別錄者也 其錄借朱子語而曰 高麗歷五十餘主 爲權臣所簒而 易姓 擧而繫之於恭讓遜位之下 噫代恭讓易姓而興者 是我太祖大王則彼其特書此語於恭讓之後者 抑何心哉 將以 聖祖開創之事 歸之於權臣之簒國而自欲傳信於萬世者耶 ……".

세에 무시할 수 없는 영향을 끼쳤다. 임상덕林象德(소론)의『동사회강東史會綱』과 안정복安
鼎福(남인)의『동사강목東史綱目』은『여사제강』에 대한 자극과 반성에서 쓰여진 것이다.

2) 체재와 대본

『여사제강』은 송시열의 서문에 의하면 본래 12권이었다 한다. 그러나 지금 전하는 판본
은 23권으로 되어 있다. 뒤에 개간하는 과정에서 23권으로 분권한 것 같다. 그리고 개판하
는 과정에 마지막 공양왕기가 삭제되었다는 것은 앞에서 설명한 바와 같다. 이제 초판본이
전하지 않으므로 부득이 현존하는 개판본을 가지고 이 책의 내용을 검토할 수밖에 없다.

『여사제강』의 첫 머리에는 송시열의 서가 실려 있고, 다음에 유계 자신이 쓴 22항의 범
례가 있으며, 그 다음에 15종의 찬집제서纂輯諸書가 소개되고 있다.

송시열의 서는 먼저『고려사』가 기전체紀傳體로 되어 있어 요령을 얻기 힘들어 유계가
주자범례朱子凡例에 따라 강목체綱目體로 편찬하게 된 경위를 설명하고, 이어서 고려 470년
역사의 의미를 논했다. 송시열의 관점으로는 고려 시대는 한마디로 '치일治日이 극히 적
고, 난일亂日이 심히 많은' 시대로 특징지어진다. 바꿔 말하면 정치가 잘된 때보다는 잘못
된 때가 더 많다는 것이다. 그래서 "고려의 역사가 긴 것은 차라리 역사가 짧은 것이 더
나을 뻔했다"고까지 말했다.

이와 같이 고려역사를 부정적으로 보는 이유는 크게 두 가지다. 하나는 고려 후기 왕실
이 황태음일荒怠淫佚하여 수신修身·제가齊家의 도道를 상실하고 '이적금수夷狄禽獸'[39]와 같
은 상황에 빠졌다는 것이다. 또 하나는 충선忠宣·충혜왕忠惠王 이후로 '호원胡元'과 혼인을
맺어 이에 만족하고, '자치自治'를 힘쓰지 않아 부父와 자子, 군君과 신臣, 비妃와 필匹이 서로
헐뜯고 싸우는 형세에 이르렀다는 것이다. 결국 고려 시대의 약점은 시기적으로는 고려
후기에 집중적으로 나타나며, 그 약점의 핵심은 군주의 부도덕성과 몽골에의 예속에서
찾아지고 있다.

송시열의 고려사관高麗史觀이 이렇듯 비판적 안목에 서 있다고 해서 고려문화 전체를 부

---

39   고려 문화를 夷狄禽獸와 같다고 한 표현은 유계의 사론에서도 간간이 보인다. 宋時烈이 쓴 夷狄禽獸라는 표현
      도 俞棨의 표현을 따른 것으로 볼 수 있는데, 그 표현이 序文에 나타났기 때문에 더 강조된 셈이다.

정적으로 보는 것은 아니었다. 그는 고려문화를 두 가지 점에서 칭송한다. 하나는 고려전기에 이로夷虜가 충색充塞할 때 송宋에 신복하여 문화교류에 힘썼다는 것이요, 또 하나는 고려 말기에 이제현·정몽주 같은 충의의 신하가 있었다는 사실이다. 이런 까닭으로 주자를 비롯한 남송인들이 고려의 예의의 풍속을 아름답다고 칭송했다는 것이다.

이상과 같은 송시열의 고려사관은 한 마디로 철저한 주자학적 가치 기준에서 설정된 것이며, 엄격한 존화양이尊華壤夷의 세계관을 기저로 하고 있다고 할 수 있다. 그리고 그러한 가치관은 현실적으로 숭명반청崇明反淸과 내수외양內修外壤을 국정 지표로 추구하던 자기 시대의 논리를 고려역사 해석에 응용한 것이라 할 수 있다. 또한 송시열의 역사해석은 유계의 역사서술을 집약했다는 점에서, 송시열의 서문은 바로 유계 자신의 서문으로 해석해도 무방한 것이다.

다음에 『여사제강』 집필에 참고한 이른바 찬집제서纂輯諸書에 대하여 알아보기로 한다. 먼저 사서로는 『고려사高麗史』·『동국통감東國通鑑』·『동국사략東國史略』·『동국병감東國兵鑑』·『동사찬요東史纂要』가 제시되고 있다. 이 중에서 『동국사략』이라고 한 것은 박상朴祥의 저술을 의미하는 듯하다.[40] 『고려사』와 『동국통감』, 그리고 『동사찬요』에 대해서는 범례에서 따로 자세하게 소개·비판하고 있어서, 이 세 책은 비판적으로 참고되었음을 알 수 있다. 『동국병감』을 참고한 것은 거란·여진·몽골과의 항쟁 기사를 보완하기 위함으로 보인다. 실제로 『여사제강』은 대외항쟁사對外抗爭史가 상세한 편이다.

사서 이외에 『여사제강』에서 참고한 서적으로는 『익재난고益齋亂稿』(이제현)·『역옹패설櫟翁稗說』(이제현)·『목은집牧隱集』(이색)·『파한집破閑集』(이인로)·『보한집補閑集』(최자)·『금남집錦南集』(최부)·『용재총화慵齋叢話』(성현)·『청파극담靑坡劇談』(이달)·『필원잡기筆苑雜記』(서거정)·『여지승람輿地勝覽』 등이다. 이것들은 오운이 『동사찬요』를 쓸 때 참고한 서적들과도 부분적으로 일치하지만, 오운이 참고한 서적 중 『청구풍아靑丘風雅』(김종직)·『추강냉화秋江冷話』(남효온)·『퇴계문집退溪文集』·『남명집南冥集』(조식)·『죽계지竹溪志』(주세붕) 등 인물의 문집이 빠져 있다. 그러나 『여사제강』 본문 중에는 이황·조식·주세붕 등이 언설이 사론으로 수록되고 있어서, 실제로는 오운이 참고한 서적을

---

40 『麗史提綱』, 恭讓王紀에 朴祥의 『東國史略』을 인용한 대목이 보인다. 朴祥은 西人이 追仰하는 인물이었다는 것도 고려될 필요가 있다.

많이 흡수하고 있음을 알 수 있다.

『여사제강』은 기왕의 여러 사서와 문집류를 참고하여 강목체綱目體 형식으로 재구성한 것이므로 전적으로 어느 한 사서를 대본으로 삼았다고는 할 수는 없다. 그러나 주자료主資料로 이용한 것은 역시『동국통감』의 고려기 부분이고, 편사범례編史凡例는『고려사절요』의 그것을 많이 따르고 있다. 원래『동국통감』의 고려기는『고려사절요』를 대부분으로 한 것으로,[41] 이점을 고려하면『여사제강』은 결국『고려사』보다는『고려사절요』에 더 상근相近한 성격을 가졌다고 할 수 있다. 이에 대해서는 다음 장에서 다시 상론詳論하기로 한다.

3) 편사정신

유계가 어떤 목적으로『여사제강』을 편찬하였는지, 그 편사編史 취지를 잘 보여주고 있는 것은 무엇보다도 범례다.

범례는 모두 22조로 되어 있다. 송시열은 서문에서『여사제강』의 범례가 주자범례를 따랐다고 소개하고, 윤선거尹宣擧도 유계행장兪棨行狀에서 비슷한 말을 하였다. 위 두 사람의 말을 단순하게 받아들이면『여사제강』의 범례는 주자가『자치통감강목資治通鑑綱目』에서 쓴 범례를 그대로 따른 것처럼 이해할지 모르나 사실은 그런 것이 아니다. 주자범례를 따랐다는 말은 강목의 형식과 정통론을 도입했다는 뜻이지, 주자가 세운 강목의 여러 원칙을 고스란히 따랐다는 뜻이 아니다. 바로 이점이 뒤에 임상덕의『동사회강』과 안정복의『동사강목』에서 비판받는 요인이 된다.[42] 이제 이점을 유의하면서 범례의 성격을 검토하기로 한다.

(1) 기성旣成 사서에 대한 비판

범례의 제1조와 제2조에서는 기성 사서의 결함이 지적되고 있다. 첫째,『삼국사기』에 대한 비판이다. 이 책은 황탄荒誕하여 믿을 수 없는 기사가 많고 국정 연혁과 인물출처에

---

41 韓永愚,『朝鮮前期史學史研究』, 서울대학교출판부, 1981, 제2장 참고.

42 林象德은『東史會綱』凡例에서『麗史提綱』을 소개하면서 "提綱之書 其立綱之法 則頗不合於綱目 故多不敢從"이라 하여 立綱의 법도가 綱目과 맞지 않는 것이 많다고 지적하였다. 한편, 安鼎福은『東史綱目』凡例에서『麗史提綱』을 소개하면서 林象德의 비판을 인용하고 "그 말이 믿을 만하다"고 하여 同意를 표하고 있다.

관한 사실을 확실히 알기 어렵다는 것이다.[43] 그래서 유계는 고대사를 빼고 고려부터 역사를 쓰게 된 동기를 설명한다.『삼국사기』에 대한 불신은 고려말 조선 초부터 간간히 표시되었지만, 이토록 철저히 불신하기는 유계가 처음이다.『삼국사기』에 대한 불신은 대체로 신화·전설 부분에 주로 집중되어 온 것이 지금까지 관례였다면, 유계는 한걸음 더 나아가 삼국의 정치사에 대해서까지도 불신하는 태도를 보인다. 이는『삼국사기』가 '국정 연혁과 인물 출처'를 자세히 기록하지 않았을 뿐 아니라 신라 중심으로 서술된 데 대한 불만도 아울러 작용한 듯하다. "삼국이 분쟁할 때 각각 文과 史가 있었으나, 지금 대부분 전하지 않는다"[44]고 한 유계의 지적에서 특히 그러한 분위기를 느낄 수 있다.

범례에서 두 번째로 비판되고 있는 것은『고려사』이다.[45] 이 책은 세가世家·열전列傳·지志가 분리되어 있어서 '일서一書이면서도 삼서三書'라는 것이다. 그래서 읽기도 불편하고 분량도 너무 많을 뿐 아니라, 특히 불만스러운 것은 세가의 내용이 빈약하다는 점이다. 즉 '세가世家는 다만 연월年月의 강령綱領만을 적었을 뿐이어서, 국정 연혁이나 인물 출처에 있어서 감계鑑戒할만한 내용은 모두 지志와 열전列傳에 흩어져 있어 선후先後의 차서次序를 알기가 어렵다'는 것이다. 이를 다시 말하면, 세가의 내용이 군주의 행적만을 주로 적고 제도의 연혁이나 인물의 출처 즉 신하의 정치 활동에 대한 기록이 소략하여 정치사에 대한 입체적 이해가 어렵다는 뜻으로 풀이된다. 사실『고려사』는 군주의 시각에서 고려역사를 정리한 까닭에 고려역사를 이끌어 간 주역이 군주인 것처럼 인식되어 있다. 바로 이 점이 신하의 입장, 특히 정치의 주역을 대신大臣에 놓고 보려는 입장에서는 부적당하게 받아들여질 수밖에 없다. 그래서『고려사』에 대한 반발에서 고려역사를 신료 중심으로 재정리한 것이『고려사절요』인 것이다.[46] 유계가『고려사』의 약점으로서 세가에 감계할만한 서술이 없다고 지적한 것은 바로『고려사절요』의 편찬 동기와 방불한 것이다.

그렇다면 유계는 왜『고려사절요』에 대해서는 전혀 언급하지 않았을까. 여기에는 그럴 만한 이유가 있다.『고려사절요』는 왕가王家에서 그 반포를 적극 억제하여 조선 후기

---

43 『麗史提綱』凡例, "我東方 …… 三國分爭 各有文史 然亦多不傳 金富軾撰三國史紀所載 類皆荒誕 不足憑信 …… 國政沿革 人物出處 無可考信 故今斷自高麗太祖即位之後 編年作書 名以麗史提綱".

44 同上.

45 同上 凡例, "麗史蓋倣歷代全史之體 故其世家 則只載年月綱領而已 其餘國政沿革 人物出處 可鑑可戒者 皆散在雜志列傳之中 學者乍見 漫不省先後次序 雖曰一書而其實三書也 且卷秩甚多 披覽未半 輒至厭倦".

46 韓永愚, 前揭書, 第二章 참고.

학인들이 입수入手하기 어려울 정도로 희귀했을 뿐 아니라,[47] 혹시 이를 참고했다 하더라도 드러내놓고 공언하기 어려울 정도로 금서禁書처럼 기피되고 있었기 때문이다. 그것은 그 책 내용이 군주의 입장에서 환영할 만한 것이 못 될 뿐 아니라. 주찬자인 김종서가 역신으로 처단된 데에도 이유가 있다. 따라서 유계는 『고려사절요』를 실제로 참고했다 하더라도 이를 찬집제서纂輯諸書나 범례에서 공언할 처지는 못 되었던 것이다. 어쨌든 유계가 『고려사절요』를 참고한 것은 사실이고, 이것은 뒤에 재론하게 될 것이다.

유계가 세 번째로 비판하고 있는 사서는 오운의 『동사찬요』다. 이 책은 부피가 압축되었다는 점에서 관람은 편하지만, "기년紀年이 너무 간략하고, 가고可考할 만한 사실은 모두 열전에 들어있어, 한 책이면서도 두 책이 되고 있으며, 참고하기 어려운 것은 『고려사』와 마찬가지"라는 것이다.[48] 다시 말하자면, 『동사찬요』는 『고려사』와 마찬가지로 기전체紀傳體로 되어있어 기년紀年과 열전列傳이 하나로 통합되어 있지 못하다는 것이다. 기년과 열전을 통합해야 한다는 것은 열전에 나타난 신하의 정치 활동을 군왕기 속에 집어넣어 정치사를 신하 중심으로 쓰겠다는 뜻을 갖는다. 유계가 『동사찬요』를 평하면서 "가고할 만한 사실은 모두 열전에 들어있다"고 한 것은 바로 신료의 정치 활동이 군왕기 속에 반드시 들어가야 한다는 점을 암시한 것이다. 유계는 『삼국사기와 『고려사』에 대해서도 국정 연혁과 인물 출처를 감계하기 어려운 것을 단점으로 지적하였거니와, 결국 그가 지향하는 역사서술은 인물(신하)의 출처를 중심으로 한 정치사·제도사요, 군주중심의 역사 서술이 아닌 것을 알 수 있다.

유계는 네 번째로 『동국통감』에 대해서도 약간의 불만을 토로한다. 즉 『동국통감』은 편년체사서編年體史書로서 '주합성서湊合成書'한 것은 좋으나, 강綱과 목目의 구별이 뚜하지 않아서 강요綱要를 파악하기가 곤란하다는 것이다.[49] 실제로 『동국통감』은 강목을 어느 정도 구별해서 서술하기는 하였으나,[50] 강綱과 목目을 대소大小 활자로 구별하지 않았다.

47 『高麗史節要』는 文宗代에 처음 刊行되고, 中宗代에 再刊된 일이 있을 뿐, 조선 후기에는 印出된 일이 없었다. 이에 반해 『高麗史』는 光海君 때 다시 印出되어 널리 반포된 까닭에 學者들이 入手하기 쉬웠다. 安鼎福이 『東史綱目』에서 『高麗史節要』는 지금 전하지 않는다고 쓴 것을 보면, 조선 후기 學人이 쉽게 접하기 어려운 史書였음이 사실인 것 같다.

48 『麗史提綱』 凡例, "麗史 …… 卷秩甚多 披覽未半 輒至厭倦 吳氏澐 爲是之病 作纂要 以便觀覽 而但紀年 則所戴太略 事實之可攷者 盡在列傳 是亦未免一冊而二書 參考之難 猶夫前也".

49 同上 凡例, "通鑑雖湊合成書而既無綱目之別 編年之次 觀者亦無以挈其綱要".

『동국통감』과『여사제강』은 형식과 내용에 있어 약간의 차이점은 보이더라도 편년체 사서라는 점에서 상근성相近性이 크고, 『동국통감』의 고려사 부분이 『고려사절요』를 대본으로 하였다는 점에서 『여사제강』은 자연히 『고려사절요』와도 상근성을 갖게 되었다.

(2) 기년과 정통

『여사제강』의 세 번째 범례에서는 기년紀年 방법을 다음과 같이 제시한다.

> 本國은 비록 中國의 正朔을 매년 받들었지만, 이 책은 本國의 私紀이므로 本國 紀年을 먼저 쓰고, 中國 年號를 그 밑에 分註한다.[51]

우리나라 기년을 중국 연호보다 앞에 써 준 것은 『동국통감』에서 "每年必先書中國年號 尊地也"라 하여 중국을 높이기 위해 중국 연호를 앞에 써 준 원칙과 다르다. 본국 기년을 중국 연호보다 앞에 넣어 두는 것은 그만큼 국사의 권위를 높이는 의미를 갖는 것은 물론이다.

또한 『여사제강』에서는 태조 왕건의 연호인 '천수天授'를 17년까지 적어 주고 있다. 대체로 우리나라 고유연호를 기년에 적은 사서는 일찍이 없었다. 그런 점에서 고려 독자의 연호를 기년에 넣은 것은 파격적으로 고려국가의 권위를 높인 것이다. 『동국통감』에서는 우리나라 고유연호 사용을 중국에 참의僭擬한 것이라 하여 삭제하였음을 비추어 볼 때, 『여사제강』에서의 본국 연호 표기는 중국에 대한 사대명분을 거의 의식하지 않은 조처라 할 것이다.

다음에 『여사제강』에서는 정통 문제를 어떻게 취급하였을까. 네 번째 범례는 바로 이 문제를 다루었다.

> 이 책은 高麗 시조가 즉위한 때부터 시작하지만, 당시에는 新羅와 百濟가 상존했으므로 고려 통합 이전은 綱目 無統의 例로써 취급한다. …… 다만, 고려와 (후)백제는 모두 新羅에 근본을 두었으므로 대략 君臣의 例로써 쓴다.[52]

50　『東國通鑑』凡例, "綱目法春秋筆削之旨 …… 凡有關於名教 國家大禮者 則略倣綱目之例 先提其綱 後叙其實 今從之".

51　『麗史提綱』凡例, "本國雖歲奉中國正朔而此書乃本國私紀 故以本國紀年而分注中國年號於其下".

즉 고려통일 이전의 후삼국시대를 기본적으로 무정통無正統으로 취급하되, 고려·백제를 신라에 대한 신하로 대략 간주한다는 것이다. 다시 말하면, 고려와 백제는 신라의 신하로 간주할 뿐 참적僭賊으로 취급하지는 않겠다는 뜻이다. 어쨌든 후삼국을 기본적으로 무통無統의 시대로 간주한 것은 결과적으로 볼 때 지금까지 신라를 정통으로 내세워 온 관례를 깬 것이다. 즉 오운의 『동사찬요』에서는 비록 정통이라는 표현은 쓰지 않았지만 신라왕을 표제로 하여 후삼국의 역사를 서술했고, 홍여하의 『동국통감제강』에서는 신라를 정통으로 내세우고 고구려·백제를 부록으로 취급했다. 따라서 『여사제강』에서 신라정통을 내세우지 않은 것은, 후백제와 고려의 위치를 상대적으로 격상시킨 결과를 가져온 것이다.

후삼국 시대의 연기年紀를 표기할 때, 후삼국의 왕년을 모두 적어 준 것은 바로 후삼국을 무통의 시대로 간주한 구체적 표현이다. 뿐만 아니라. 궁예와 견훤에 대해서도 '태봉왕泰封王', '후백제왕後百濟王'이라는 공식 칭호를 붙여 주고 있는 것도, 이들을 참적으로 간주하지 않음을 뜻한다. 정통론에 관한 한 『여사제강』은 영남남인의 사서보다 융통성이 있고 포용적인 태도를 보인다.

(3) 필삭 원칙

범례 ⑨에서 ⑱까지는 기사記事 선택의 기준, 즉 필삭筆削의 원칙을 제시했다.

먼저 범례 ⑤와 ⑥은 『춘추春秋』의 서법書法과 다른 점을 밝힌다. 즉 『춘추』에서는 반드시 춘추를 계절로 나누고, 또 날짜별로 기사를 적지만, 『여사제강』은 융통성을 두어, 봄에 사건이 없을 때는 여름부터 적고, 일자별이 아닌 월별로 사건을 기술한다는 것이다. 범례 ⑦·⑧은 강綱과 목目의 기준을 밝힌 것으로 큰 의미가 없다.

범례 ⑨에서 ⑱까지는 정치·외교·제도 및 종교에 관한 필삭원칙筆削原則이 제시된다. 이를 다시 조목별로 알아보면 다음과 같다.

첫째, 군주 및 왕실에 대하여 붙인 종宗·폐하陛下·태후太后·태자太子·절일節日·조제詔制와 같은 칭호는 비록 참위僭僞하다고 생각되지만, 삭제하지 않고 그대로 쓴다는 것이다. [53] 이 같은 서술원칙은 국초 이래로 거의 모든 사서에서 유행되어 온 것으로 새로울

52　同上書 凡例, "此書雖起自麗祖之卽位而當時新羅·百濟尙存 故麗祖統合以前 則用綱目無統例 列書三國於甲子下 但麗濟 皆本於羅 故略用君臣之例".

53　同上書 凡例, "凡稱宗·陛下·太后·太子·節日·詔制之類 雖涉僭僞 今不可盡行刪削 故只仍當時所稱".

것이 없다.

둘째, 사대事大·교린交隣에 관한 기사는 필서하고, 일식日食·지진地震·혜성彗星에 관한 기사도 필서한다.[54] 유계는 왜 이러한 사건들을 필서해야 하는지 그 이유는 밝히지 않고 있으나, 추측컨대 사대교린事大交隣은 동아시아계의 문화교류, 특히 송宋과의 문화교류와, 북방족北方族에 대한 자강自强·자치自治의 중요성을 중시하는 입장이 작용한 듯하다. 특히 거란契丹·여진女眞·몽골과의 항쟁抗爭 기사는 『동국병감東國兵鑑』에서 자료를 보완하여 비교적 상세하게 서술하고 있으며, 유계 자신의 사론을 통해 이적夷狄에 대한 군사적 응징의 중요성을 강조하고, 자강·자치를 전제로 하지 않은 사대교린 정책의 위험성을 경고한다. 이러한 입장은 호란胡亂을 경험한 유계 자신의 주전론적主戰論的 태도를 그대로 반영한다고 보인다. 천재지변에 관한 사건은 정치에 중대한 영향을 미쳤다는 점을 고려한 것 같다.

셋째, 연등燃燈·팔관八關·초사醮祀 등 불교 및 도교와 관련된 종교행사에 관한 기사는 처음 시작한 곳에다 시말始末을 함께 적는다고 한다.[55] 유계가 불교·도교의 종교행사를 적는 것은 고려문화가 지닌 후진성을 비판하기 위한 것으로서, 이는 본문의 곳곳에 사론을 실어 숭불崇佛 행사를 이적금수夷狄禽獸와 같은 행위로 비난하는 데서 잘 나타난다.

넷째, 국상國相의 제배除拜에 관한 기사는 아무리 번거롭더라도 반드시 적고, 비록 재상직에 있는 사람이 아닐지라도 군자와 소인의 구별이 뚜렷한 인물은 그 행적을 기록한다고 한다.[56] 국상의 임명을 반드시 적은 것은, 바로 고려정치사의 주역을 대신에서 찾으려는 것이며, 군자·소인의 표본적 인물을 적은 것은 신도臣道의 표본을 정립하려는 의도로 풀이된다. 바로 이점은 『고려사절요』의 범례에서 "大臣封拜罷免 賢士出處始終 悉書之"라 한 원칙과 완전히 일치되는 것으로, 『여사제강』의 편사編史 정신에서 가장 유념해야 될 부분의 하나다. 유계가 어떤 유형의 인물을 신도의 표상으로 생각했느냐는 그의 사론을 통해서 검토하게 될 것이다.

다섯째, 참위불경讖緯不經하고 황탄비속荒誕鄙俗한 설설說은 모두 삭제하고 그중 사실에 가까운 것만을 싣겠다고 밝힌다.[57] 이는 구체적으로 지리도참설地理圖讖說과 태조 왕건의 출

54 　同上書 凡例, "凡事大交隣 朝聘往來 雖煩必書 天災時變 雖不可盡書而如日食·地震·彗孛·飛流之類 雖煩必書".
55 　同上書 凡例, "如燃燈·八關·醮祀等事及其餘歷代例行而不可縷記者 則只於始見處並著其首末".
56 　同上書 凡例, "凡除拜國相 雖煩必書 如君子小人 表表用舍之處 則雖非相職亦書".
57 　同上書 凡例, "凡讖緯不經·荒誕鄙俗之說 今皆刪去 祇存其近實者".

자에 얽힌 여러 설화를 의식하고 쓴 것으로 느껴진다. 즉『고려사』세가 첫머리에 실린 태조세계는 김관의金寬毅의『편년통록編年通錄』에서 뽑은 것으로, 왕건의 출자를 신성하게 분식한 산신설화山神說話와 용신설화龍神說話를 담고 있는바,『여사제강』은 이를 삭제하여 싣지 않았다. 이는 신비주의에 대한 불신을 의미하기도 하지만, 동시에 왕실의 혈통적 권위에 대한 부정을 뜻한다고 볼 수 있다.

유계는 태조에 대해서 뿐 아니라 고려 역대 군주에 대해서도 존칭을 쓰지 않았다. 예컨대 왕기를 적을 때 '태조기太祖紀'니 '혜종기惠宗紀'니 하여 간단히 묘호廟號만을 적고 '신성대왕神聖大王'이니 '의공대왕義恭大王'이니 하는 시호는 적지 않았다. 또 왕의 이름도 '휘諱'라 하지 않고 '명名'이라 하여 존칭을 쓰지 않았다.『고려사』·『고려사절요』·『동국통감』에서는 왕의 자字, 모母의 이름, 생년과 재위년, 그리고 수壽를 적고 있다. 오운의『동사찬요』도 왕의 묘호와 시호를 다 적고 이름을 '휘'라 하며, 왕건의 출생설화를 소개하고 있다.『여사제강』은 결국 왕의 권위를 그만큼 낮추는 의도를 가졌다 할 것이다. 아울러 유계가 국상의 위치를 높이고 군주의 권위를 낮춘 것은 서로 깊은 상관관계를 갖는 것이며, 이점『여사제강』의 편사정신의 중요한 특색으로 주목될 필요가 있다.

(4) 사론

범례 ⑲에서 ㉒까지는 사론에 관한 원칙을 밝혔다.『여사제강』에 실린 사론은 크게 두 종류가 있다. 하나는 타인의 사론을 전재轉載한 것이고, 다른 하나는 유계 자신이 쓴 것이다. 타인의 사론 중 당시의 사신이 쓴 것은 '사신史臣'이라고 밝히고, 후일의 찬사자가 쓴 것은 '사씨史氏'라고 썼다. 그리고 자신의 사론은 '안按'이라 하여 구별하고 있다.

먼저, 타인이 쓴 사론은『동국통감』의 고려기에 실렸던 247칙의 사론 중에서 약 절반 정도를 뽑아 실은 것이고, 오운이『동사찬요』에 실은 주세붕·이황의 사론, 그리고 오운 자신이 쓴 사론도 전재하고 있다. 이들 기성사론既成史論들은 대부분 사대교린을 정당화하고, 강상과 절의를 존중하는 내용들로서, 이를 그대로 압축해서 전재한 것은 유계 자신의 사관이 기본적으로는 16세기 이후의 사림의 입장을 계승하고 있음을 말해준다.

그러나 유계의 입장은 대외관계에 관한 한 약간 다른 점이 보인다. 윤관의 구성역九城役이나 최영의 요동공벌遼東攻伐을 비난하는 기왕의 사론을 빼버린 것이 그것이다. 또 태조와 광종이 독자적인 연호를 쓴 것에 대해 비난하는 사론이 없는 것도 주목된다. 이는 유계가 평화적인 사대교린의 대외관계를 지지하면서도 독자의 연호를 세워 국가 위신을 높이고 북방족에 대한 강력한 응징이나 북방에 대한 척토개강拓土開疆을 반대하는 입장이 아님을 보여준다.

유계의 이 같은 입장은 그 자신이 쓴 사론에서 더욱 명료하게 보인다. 예를 들어 숙종 5년 9월 요사遼使가 금종金鐘을 구색求索했다가 처벌당한 기사의 말미에 실은 안설按說은 유계의 이 같은 입장을 잘 보여 준다.

> 高麗가 契丹을 섬길 때 徐熙·姜邯贊 같은 사람들은 出奇制勝하여 먼저 그 군대를 깨뜨린 다음에 交聘을 허용했다. 따라서 敵이 감히 함부로 하지 못했다. …… 몽골을 섬길 때는 우리 쪽에 自强의 勢가 없이 오직 머리를 조아리며 姑息的으로 圖免하였으므로 몽골이 우리를 대하는 것도 僕妾이나 奴隷를 대하듯 하였다. …… 그러니 후세에 强敵을 불행히 만나게 된다면 어찌 自治而自强하지 않을 것인가.[58]

여기에서 유계는 북방족과 사대교린 관계를 맺기 전에 반드시 '자치자강自治自强'을 도모하여 먼저 군사적으로 강력한 응징을 보여 준 다음에 화친 관계를 맺어야만 진정한 사대교린 관계가 맺어질 수 있다는 신념을 피력하고 있다. 유계의 이 발언은 단순히 과거 역사에 대한 해석으로 그치는 것이 아님은 물론이다. 그것은 바로 호란을 맞이했던 자기 시대 문제에 대한 대응 태도로 봄이 마땅하다. 강경한 대청주전론자對淸主戰論者의 한 사람이었던 유계로서는 당연한 역사해석이다. 그리고 그것은 대청주전론자에 대한 간접적 비판의 의미도 갖는다고 할 것이다.

유계 자신이 쓴 사론은 대략 80칙 정도가 된다. 그것들은 ① 대외적 국난을 당하여 유약한 태도를 보인 군상을 비난한 것,[59] ② 강상의 문란을 개탄한 것,[60] ③ 군주의 숭불행사를 비난한 것,[61] ④ 동성혼 혹은 상제를 비난한 것, ⑤ 송사와 고려사의 기록상의 차이점을 고

58　『麗史提綱』卷6, 肅宗 5年 9月條.

59　睿宗 4年 5月 女眞과 항쟁 하는 중에 王이 衆心을 안정시키기 위해 祈禱·肆赦의 조치를 취한 데 대해, 유계는 사론을 통해 君相이 전쟁 중 취해야 할 조치를 미룬 채 유약한 태도를 보였다고 비난한다.

60　예컨대 仁宗代 李資謙이 반역을 피하다가 발각되어 貶所에서 죽은 사실에 붙인 사론에서, 亂臣賊子를 重罪하지 않고 流配로 그치게 한 것을 비난한다. 武臣亂 이후 禍亂이 接踵한 것도 亂臣賊子를 엄히 다스리지 않은 前例가 원인이 된다고 兪棨는 해석한다.

증한 것 등으로 분류될 수 있다. 이 밖에 '별록別錄'으로서 고려와 거란 및 여진과의 관계에 대한 주자의 언설言說이 문종기·숙종기·예종기에 각각 부록되어 있다. 유계의 사론 중에는 명유名儒로 평가되어 온 인물들이 재평가된 사례도 있다. 이를테면 현종대에 문창후로 추봉된 최치원에 대하여 '선석지간仙釋之間'의 인물로 폄하한 것이라든지,[62] 김부식이 윤언이와 더불어 묘청란妙淸亂을 토벌했다가 뒤에 그를 폄하한 것은 앞뒤가 맞지 않는 행위라고 비난한 것,[63] 안향이 충렬왕을 호종하여 원元에 갈 때 사관을 데리고 가도록 요청하지 않은 것은 잘못이라는 것[64] 등이다. 이 같은 인물평은 종전의 평가를 근본적으로 뒤엎는 것은 아니다. 하지만 최치원을 '선석仙釋'의 사상가로 깎아내린 것은, 유계 당시의 북인 혹은 남인 중에 도교에 기울어진 인사가 적지 않다는 사실을 고려할 때, 주자학 정통을 재확인하려는 서인 이론가의 입장이 반영된 것으로 풀이된다.

4. 『여사제강』의 사학사적 지위

유계는 인조에서 현종조에 이르는 서인 주도기에 관직 경험을 가졌던 서인 당인의 한 사람이었다. 김장생金長生 문하에서 율곡의 학풍을 배우고, 송시열·송준길 등 산림인사들과도 깊은 교유를 가졌던 그는 내수·외양의 기본이념 아래 안으로 자강自强·자치自治를 강화하는 여러 변통안變通案을 제시한 경륜가經綸家이기도 했다.

그러나 그의 내수·외양론은 정책적으로 실현을 보지는 못했다. 인조대에는 주화론主和論에 밀려 관직을 떠나는 불운을 만났고, 효종·현종대에는 도리어 군비 확장론을 반대하는 입장에 섰다. 청淸에 대한 반감은 매우 강했지만, 그렇다고 호벌론胡伐論을 찬성하는 입장은 아니었다.

『여사제강』은 주화파主和派에 밀려 유배생활을 보내던 시절에 쓰여진 사서로서 자강·자치에 대한 신념과 대신 주도의 정치이념이 투영되어 고려역사를 강목체로 재구성한 것

61　崇佛行事에 대한 비난은 太祖로부터 역대 군주에 걸쳐 도처에서 나타나고 있다.
62　『麗史提綱』卷4, 顯宗 11年 秋 8月條에 붙인 史論.
63　同上書 卷8, 仁宗 14年 5月條에 붙인 史論.
64　同上書 卷16, 忠烈王 15年 윤10月條에 붙인 史論.

이다. 주자의 강목법 사학은 17세기에 들어와 새로운 유행으로 도입되기 시작했는데, 유계도 그 유행을 벗어나지 못했다. 그러나 강목법 사학을 수용하는 태도는 붕당에 따라 독특한 개성을 지녔다.

영남남인 측에서는 17세기 초 오운이 『동사찬요』를 썼으나 아직 강목법을 도입하지 않고 기전체紀傳體 통사를 최초로 구성했다. 신라문화의 의리적 전통을 중요시하면서 인물 중심으로 국사를 이해하려 한 것이 이 책의 특색이다.

한편 17세기 중엽의 영남남인 홍여하는 최초로 정통론을 도입하여 기자箕子 → 마한馬韓 → 신라로 이어지는 고대사의 정통체계를 내세워 『동국통감제강東國通鑑提綱』을 쓰고, 고려사를 동아시아 세계사의 정통체계 속에 재구성하여 『휘찬여사彙纂麗史』를 썼다.

같은 남인이지만 근경남인近京南人에 속했던 허목은 17세기 중엽 영남남인과는 색다른 고대사 체계를 수립했다. 그의 『동사東事』는 강목사학綱目史學의 유행을 배격하고 단군 이래의 고유 혈통과 고유문화를 존중하는 입장에서 고대사를 재평가한 것이다.

유계의 『여사제강』은 남인과의 정치적·학문적 경쟁 관계 속에서 편찬된 것이기 때문에 그 나름의 독특한 개성을 드러낸다. 우선 강목법과 정통론을 도입했다는 측면에서는 영남남인의 사학과 매우 상근한 점이 있고, 허목의 사학과는 첨예하게 대비된다. 그러나 후삼국을 무정통의 시대로 간주한 것은 신라정통을 부인한 것이며, 대신의 역할과 국정연혁을 중요시하는 태도는 군주의 권위를 높이고 도덕적 명분을 중요시하는 영남남인의 입장과는 차이를 드러낸다. 사대교린에 대한 입장에 있어서도 영남남인은 존화양이尊華攘夷의 명분에 보다 충실한 반면에, 유계는 존화양이의 입장을 가지면서도 자치·자강의 측면을 더 중요시하는 태도를 보인다. 북방족에 대해 강력한 응징을 강조하고 고려 독자의 연호 사용을 문제시하지 않는다든가, 우리나라 연기年紀를 중국 연기보다 먼저 쓰는 것 등이 그것을 말해 준다.

이와 같은 서인과 영남남인의 역사의식의 차이는 각각 율곡과 퇴계의 학통을 따르는 학문 자세의 차이와도 관련이 있을 것이고, 현실적으로는 17세기의 정국을 주도하는 세력과 그렇지 못한 세력 간의 정치적 입장의 차이와도 관련이 없지 않을 것이다.

어쨌든, 붕당정치가 활발하던 17세기에는 역사서술상으로 각 붕당을 대표하는 다양성이 드러나고 있다는 사실은 매우 흥미로우면서도 중요한 의미를 가진다고 하겠다.

17세기 중엽 남인 허목의 고학과 역사인식

1. 문제의 제기

조선시대 사상사에서 16세기 후반과 17세기에는 주자학이 심각한 도전에 직면했던 시기다. 17세기 중엽 남인 윤휴尹鑴(1617~1680)가 서인 주자학자로부터 '사문난적斯文亂賊'으로 몰리고, 그로부터 40여 년 뒤에 박세당朴世堂(1629~1703)도 같은 죄목으로 목숨을 잃었던 것은 유명한 사건이다. 사문斯文, 즉 정통 주자학에 대한 반역이라는 뜻의 '사문난적'이 그토록 위협적인 의미를 가질 수 있었던 것은, 17세기의 사상계가 경직되었다는 의미도 되지만, 다른 한편으로는 주자학의 정통성에 대한 도전이 그만큼 심각했다는 것을 뜻한다. 도전이 크기 때문에, 도전에 대한 대응도 강했다고 볼 수 있다.

정통과 이단의 대결이 그 어느 때보다도 심각했던 17세기 사상계의 풍향을 가름했던 우뚝한 학인들이 많다. 이단 쪽을 보더라도 윤휴와 박세당만이 외롭게 서 있었던 것은 아니다. 한백겸韓百謙(1552~1615)·이수광李晬光(1563~1628)·유형원柳馨遠(1622~1673) 등이 정도의 차이는 있어도 정통주자학에서는 빗나간 학인들이다. 그러하기에 이들은 조선 후기 실학의 선구로 꼽혀 왔다.

조선 후기 실학사에서 위에 든 학인들에 못지않게 영향을 미쳤고, 어느 면에서는 더 이단적이라 할 수 있는 학인이 오랫동안 잊혀져 왔다. 미수眉叟 허목許穆(1595~1682)이 그이다. 실제로 17세기 사상계나 정국에 미친 영향으로 본다면 유형원보다는 허목의 위치가 더 크다. 나이도 허목이 27년 앞선다. 유형원은 몰후歿後 100년 뒤에야 『반계수록磻溪隨錄』이 간행되었으니, 그의 사상은 뒤늦게 18세기 후반에 가서야 햇빛을 보았다.

유형원보다 시기적으로 앞선 허목에 대한 학계의 관심은 예론禮論에 치우쳐 왔다. 최근 그의 예론뿐 아니라 경세관經世觀과 문학관이 조명을 받기 시작한 것은 다행스런 일이다.[1] 사학사·철학사 그리고 예술사에서도 허목은 크게 주목되어야 할 인물이다. 그의 학문체계는 '고학古學'으로 일관된다. 고학은 고례古禮·고경古經·고문古文·고전古篆을 모두 포괄한다. 허목의 역사의식도 고학의 일환으로 이해되어야 함은 물론이다.

이 글은 허목의 대표적 저술의 하나인 『동사東事』를 중심으로 하여 그의 역사의식을 밝히는 데 주목적을 둔다. 청남淸南으로서의 정치적 행적이나 학문체계에 관한 언급은 그의 역사의식을 이해하는 전제조건이 되는 것이지만 이 글에서는 최소한의 범위에서 그치려 한다.

2. 고학古學과 도가적 취향

허목은 자신의 학문을 '고학'이라고 스스로 천명했다. 그의 고학은 공벽孔壁에서 나왔다고 하는 이른바 고문경전古文經典을 중시하고,[2] 시詩·서書·역易·춘추春秋·예禮·악樂 등 6경經을 기본 경전으로 존중했다. 그래서 허목은 '육경고문六經古文'의 중요성을 자주 강조했다.

공벽고문孔壁古文을 따르는 고문학파古文學派와 복생伏生이 구수口授한 금문을 따르는 금문학파今文學派의 대립은 한대 이후로 계속되어 왔거니와 주자학은 후자에 속한다. 명대에 이르러 주자학에 대항하는 고문사파古文辭派가 홍치弘治~가정嘉靖년간(15~16C)에 문단의 주류를 이루었으나,[3] 우리나라에서 고문이 강조된 것은 허목에 이르러서다.

허목이 내세운 6경 중심의 고학은 사서四書와 삼경三經의 칠서七書를 존중하는 주자학과 소의경전所依經典이 다르며, 정주程朱의 주소註疏를 따르지 않고 직접 경전經典의 뜻을 이해하려 하거나 고문학파 한유漢儒의 주소를 존중한다는 점에서 정주학자程朱學者와 대조를 보

---

1 鄭玉子 교수는 「眉叟 許穆 硏究」, 『韓國史論』 5(1979. 10)에서 허목의 生平·禮論·經世論·文學觀을 기초적으로 해명하여 허목의 사상체계를 이해하는 데 큰 도움을 주고 있다.

2 『記言』 下(世音社, 1976) 眉叟許先生年譜 丙午(先生 72歲)條(895쪽). 허목은 윤휴와의 堯典中庸洪範考定에 관한 논쟁에서 孔壁古文을 옹호하는 입장을 천명하고 있다. 이 밖에도 「經說」 洪範說에서도 孔壁古文에 관해 언급하고 있다(『記言』 上, 162쪽).

3 『新編 東洋史辭典』, 京大東洋史辭典編纂會編, 1980, 319쪽.

인다. 바꿔 말하면, 송유宋儒의 해석을 매개로 하여 원시유학原始儒學의 세계를 이해하려는 것이 아니라, 직접 고경古經의 세계로 뛰어들어 원시유학의 본래 모습을 찾으려는 것이다.

허목은 당시 학인들이 정주程朱의 주석에 매달리는 풍조를 다음과 같이 비판한다.

> 종래 文學을 論하는 사람은 程朱氏를 배워 행하지 않으면 儒者의 理勝한 文이 아니라고 말하고, 六經古文은 한날 우활한 말로 생각한다.[4]

한편, 육경고문六經古文을 어렵게 생각하고 주석만을 따르려는 풍조에 대하여,

> 어찌 古文은 미치기가 힘들고, 註釋家의 해석은 쉽게 이해할 수 있다고 하는가.[5]

라고 공박한다. 허목이 보는 바로는 정주 등 주석가들이 쓴 글은 고문古文과 다르다는 것이다. 물론 송유들이 고문을 주석하여 고문의 뜻을 후세에 전한 공적은 높이 평가한다. 얼핏 보면, 허목은 문장에만 국한해서 정주를 비판하고 고문을 따른 듯 여겨진다. 그러나 허목이 숭상하는'고문'은 단순히 문장에만 국한된 것은 아니다. 경전의 뜻 자체를 재해석하겠다는 더 큰 뜻이 담겨져 있음을 부인할 수 없다. 이는 그가 고문뿐 아니라 고체古體·고자古字(전자篆字)·고경古經 등 모든 분야에서 정주학程朱學과 다른 세계를 추구하는 데서 확인된다.

허목은 스스로 '고古'학자이기를 자처하고, 삼대의 시대를 이상으로 내세운다. 공자를 최고의 성인으로 숭앙함에는 다른 유자儒者와 다름이 없다. 그는 기본적으로 유자다. 그러나 '고학'으로 표현되는 그의 유학은 실로 이단적 요소, 특히 도가적道家的 경향을 남달리 강하게 풍긴다는 데 주의할 점이 있다. 도가에 대한 그의 평가는 다분히 이중적이다. 한편에서는 춘추전국 시대에 도가道家·양묵楊墨·명가名家·법가法家 등 백가百家가 나와 성인의 도가 위협받고, 진한秦漢 이래로 육경六經의 치治가 무너졌다고 개탄한다.[6] 그러면서도 허목은 노자를 숭상하고, 도가적 세계관이 짙게 깔린 사상가를 칭송하기도 한다. 노

---

4   『記言』上, 49~50쪽, 答朴德一論文學事書(1640年作).
5   同上, 50쪽.
6   同上, 28쪽, 釋亂.

장적老莊的 세계관이 짙은 굴원屈原 · 사마천司馬遷 · 한유韓愈 · 유종원柳宗元 · 양웅揚雄 등
위진魏晋 · 한漢 · 당唐시대 문인과 학인의 글이 '고기古氣'가 남아 있다고 평한다. 특히 서한
西漢의 양웅揚雄이 지은 『태현太玄』과 『법언法言』을 끝으로 고문이 끊어졌다고까지 말한
다.[7] 양웅은 서한 고문경학西漢古文經學의 대표적 학인으로서, 그의 대표적 저술인 『태현』
은 노자의 자연주의적 우주관 및 인생관을 기초로 하여 지은 것으로 알려지고 있다.[8]

허목은 「고인제자古人諸子」[9]와 「고인삼자古人三子」[10]라는 두 글에서 노자에 관한 행적을
적고 있다. 여기에서 허목은 공자도 노자를 '나의 스승'이라고 부르고, 노자로부터 예禮를
배운 바가 많았음을 강조한다.

허목의 노장적 취향은 삼황三皇과 황제黃帝 · 소호少昊 · 전욱顓頊 · 제곡帝嚳 등 중국 상고
시대의 전설적 인물에 관한 고서를 정리한 「상고고사上古古事」(일명 칠제세기七帝世記)에서
도 보인다. 원래 삼황 · 오제에 관한 전기는 사마천의 『사기史記』에 기재된 바 있으나, 허
목은 그중에서 요堯 · 순舜을 빼고 소호少昊를 넣어 「7제세기」를 지었다. 7제帝에 대한 기
록이 『사기』에 너무 소략한 데 대한 불만이 작용한 것이다.

그러면 허목은 왜 7제의 행적을 보완하고자 했을까. 그는 사마천의 말을 빌어,

> 黃帝의 文은 雅馴치 못하고, 家語五帝德 · 帝繫姓은 그 말이 또한 不經함이 많다고 하여
> 儒者들이 간혹 전하지 않는다. 그러나 대체로 보건대 古人과 멀지 않고 간혹 雅言도 있다.
> 하물며 尤雅한 것이랴.[11]

라고 하고, 공자가 정鄭에 가서 소호씨少昊氏에 관해 배우고 돌아와 "천자天子가 관官을 잃
으면 학學이 사이四夷에 있다"고 사람들에게 말했다는 사실을 인용한다. 말하자면, 요堯 ·

7   同上, 387쪽, 文章自評.
8   馮友蘭은 『中國哲學史』(中文出版社刊)에서 "太玄은 易을 토대로 지은 것으로, 易傳 중에서 老子學說을 채집
     하였다 …… 揚雄의 學說 중에는 실로 老易의 학설이 많다 …… 양웅은 노역의 자연주의적 우주관 및 인생관
     을 가지고 있었으니 실로 혁명적 의의를 갖는다. 노역의 사상을 기초로 하여 양웅은 太玄을 지었다"(577쪽)고
     하였다. 『太玄』이 道敎 사상과 관련되어 있다는 지적은 자크 달의 논문에서도 보인다(酒井忠夫編, 『道敎의 總
     合的研究』, 1978, 14쪽).
9   『記言』上, 389쪽.
10   同上, 410쪽.
11   同上, 412쪽.

순舜보다도 더 거슬러 올라가는 태고太古의 세계에서 예악禮樂과 제작制作(제도)의 기원을 찾아 이를 순수한 유교정신으로 이해하고자 하는 것이며 그 순수성이 다른 한편으로는 사이四夷의 문화와도 연결되는 것으로 보고자 하는 것이다.

그러면 7제시대에 보이는 '아언雅言' 즉 순수한 것은 무엇을 말함인가. 「7제세기」 중에,

上古에는 淡泊하여 無爲而化했다.[12]

는 구절이 보여주듯, 태고太古의 세계를 '무위이화無爲而化'하는 자연주의적 질서로 본다. 그것은 곧 노장적 우주관과 인생관의 반영이라 해도 좋다.

춘추대의를 좇아 『사기史記』를 지었다는 사마천도, 뒷날 경학經學의 뜻을 위배하여 도가道家의 주의를 드러냈다고 반표班彪로부터 비난받았다는 것이다.[13] 그런데 허목은 사마천보다도 한걸음 더 깊이 도가에 기울어진 것이다.

허목의 도가적 취향은 그가 73세에 지었다고 하는 「청사열전淸士列傳」(1667, 현종 8)에 더욱 선명하게 나타난다. 이것은 김시습金時習 · 정희량鄭希良 · 정렴鄭磏 · 정작鄭碏 · 정두鄭斗 · 강서姜緖 · 조충남趙忠男 등 7인의 행적을 적은 것이다. 이중에서 강서와 조충남을 제외한 나머지 5인은 『해동전도록海東傳道錄』[14]에서 조선시대 도가로 기록되어 있는 인물들이다. 이 책에 의하면 조선시대 도가는 김시습을 시발로 하여 다음과 같은 계보로 도맥道脈이 이어지고 있다.

12 同上, 413쪽.
13 內藤虎次郎, 『支那史學史』, 145쪽.
14 李圭景의 『五洲衍文長箋散稿』 43, 元曉義湘辨證說에 『海東傳道錄』이 소개되어 있다. 우리나라 道家의 계보를 적은 이 책은 조선 인조 때 關東에서 체포된 한 승려의 몸을 수색해서 얻게 된 것으로, 그곳 군수이던 李植(1584~1647)에게 입수되어 세상에 전해졌다 한다(車柱環, 『韓國道教思想研究』, 1978, 61~63쪽 참고).

이밖에 사승미상자師承未詳者로 13명의 이름이 보이는데, 그중에 곽재우郭再祐·이지함 李之菡·정두鄭斗의 이름이 보인다. 『해동전도록』에 도가로 기록된 인사들은 엄밀한 의미 에서 도교나 노장학老莊學만을 한 사람들은 아니다. 실제로는 유교를 종宗으로 삼고 불佛 ·선仙에도 회통한 이른바 삼교회통三敎會通의 사상가다. 어쨌든 이들은 주자학정통론자 의 입장에서 본다면 이단으로 취급되어야 함에도 불구하고 허목이 이들을 묶어 열전까지 지었다는 것은 범상하게 볼 것이 아니다. 허목이 이들의 행적을 주목하는 것은, 그 행적이 세속과 인연을 끊고 결백하게 살았다는 데 이유가 있다. 그러나 그 행적을 뒷받침한 인생 관과 우주관은 노장적 사상인 것이다. 정렴(북창北窓)과 정작(고옥古玉) 형제의 전기에 특 히 그러한 면이 발견된다. 이제「북창선생전北窓先生傳」의 일부를 옮겨 본다.

　　…… 先生은 술을 좋아하여 몇 되를 마셔도 취하지 않았다. 일찍이 말하기를, 聖人(공자 －필자)은 人倫을 존중하고, 釋迦와 老子는 修心·見性하여 人事를 잊는 學을 말하였다. 석 가와 노자는 대체로 大同小異하다. …… 그의 대인관계는 孔子의 法術에서 나오지 않은 것 이 없으나 그의 깨우침(悟)은 禪과 비슷하고 그의 행적(跡)은 老子와 비슷하며, 사람을 가 르칠 때는 한결같이 聖人을 宗으로 삼았다.[15]

　요컨대 허목이 이해하는 정렴의 사상과 행적은 유儒를 종宗으로 하면서도 불교(선禪)와 도가(노자)를 겸한 것으로 요약된다.
　정렴의 아우 정작(1533~1603)은 광해군 때 허준과 더불어『동의보감』편찬에 참여했던 인 사로서 이 책은 도교적 색채가 짙은 의학서로서 유명하다.[16] 정렴도『단가요결丹家要訣』· 『용호비결龍虎秘訣』(일명 북창비결北窓秘訣) 등 도교적 양생법養生法에 관한 저술을 낸 바 있다.
　허목의 도가적 취향은 그의 가풍과도 깊은 관련이 있어 보인다. 허목의 부친 교喬(1567~ 1632)는 박지화朴枝華의 문인이다. 허목 자신이 지은 허교許喬의 묘비명에 교喬와 박지화와 의 관계가 다음과 같이 피력되어 있다.

15　『記言』上, 70~71쪽.
16　車柱環, 前揭書, 72~74쪽.

公(喬 - 필자)은 어려서 守庵 朴枝華 선생으로부터 學業을 받았다. 선생은 花潭 徐敬德 선생의 제자이시다. …… 公이 [道敎의] 修鍊之術을 請問했을 때, 선생은 "세상을 버린 獨行의 선비가 그런 것을 하는 것이지 학자가 먼저 할 일은 아니다"라고 하면서 말하지 아니하였다 ……17

박지화는 서경덕의 제자요 허교許喬는 박지화의 문인으로서, 허교는 도교의 수련술修鍊術을 스승에게 물었으나 가르쳐 주지 않았다는 것이다. 이 말 그대로라면 허교는 도교와 무관한 것처럼 들릴지 모른다. 그러나 박지화는 앞에서 소개한 것처럼 승僧 대주大珠로부터 김시습의 도맥道脈을 이어받은 조선시대 도가의 일인이다. 허교가 그에게 수련술을 물은 것은 바로 그가 저명한 도가이기 때문임은 두말할 나위도 없다. 또 박지화가 비록 수련술을 가르쳐 주지 않았다고 하지만, 그것을 배우려고 하였다는 그 자체가 중요한 의미를 갖는다. 박지화의 문인 가운데는, 허목이 「청사열전淸士列傳」에 넣은 정렴 바로 그 사람도 들어있다. 따라서 허목이 정렴을 주목한 것은, 그가 아버지와 동문·동학이라는 점을 아울러 고려한 것 같기도 하다.

허목의 어머니는 저 유명한 선조 때 문인 임제林悌(백호白湖, 1549~1587)의 딸이다. 동서 분당에 실망하여 벼슬을 버리고 명산을 순유하다가 요절한 천재시인 임제는 반주자학적 反朱子學的이며 민중적인 문학작품을 많이 남긴 이로서 조선문학사에 특이한 위치를 차지한다.18 그는 특히 사대 질서를 옹호하는 주자학적 명분론에 크게 반발을 보인 인사로서, 임종할 때 "사이팔만四夷八蠻이 모두 중원中原의 천자天子노릇을 했는데, 돌림천자 한번 못한 나라에 태어난 것이 부끄럽다"고 하면서 자녀들의 눈물을 거두게 했다는 유명한 일화를 남기기도 했다.19 임제의 아들 임계林洎도 도가의 일인으로 꼽힌다.20 허목이 그의 외가

---

17 『記言』, 上, 297쪽.
18 林悌는 「元生夢遊錄」·「愁城誌」·「花史」 등의 소설을 쓰고, 그밖에 많은 詩를 남겼다. 그의 문학에 대해 林熒澤은 "가장 자유분방하고 비분강개한 정신의 삶을 영위하였고, 사대부정치와 그 사회의 모순을 강렬히 인식하고 그에 대결함으로써 특이한 문학세계를 이루었다"(국사편찬위원회, 『한국사』 11, 295쪽)고 하고, "임제는 일찍이 誠心事大의 고압적인 時流에 휩쓸리지 않고 自我를 각성한 인물이었다. 각성된 자아는 朱子學的 권위주의에 저항의 자세를 취하기 마련"(같은 책, 296쪽)이었다고 한다.
19 이 일화는 『연려실기술』에 전해진다.
20 金迵東, 『道德淵源』, 1923, 500쪽.

로부터 어느 정도 사상적 영향을 받았는지는 알 수 없다. 그러나 그 영향을 전적으로 배제하기도 어렵다.

허목의 조부 허강許橿(1520~1592) 역시 강호처사姜湖處士라고 자호하였듯이 평생을 처사로 지냈으며, 『역대사감歷代史鑑』(30권)이라는 사서를 지었으며,[21] 부친 허자許磁의 피화被禍에 충격을 받고 벼슬길을 단념했다 한다. 강橿의 부인 강씨는 김안국金安國의 외손녀요 강희맹姜希孟의 현손녀玄孫女라고 한다. 김안국의 집안과의 인연은 허목의 증조부 허자(1496~1551)가 김안국의 문인이었던 것과 관계가 있는 듯하다. 허자는 벼슬이 좌찬성에 이르고 명종 초 을사사화 때 소윤파小尹派에 가담했었으나 뒤에 권신 이기李芑의 미움을 받아 귀양 가서 죽었다.

허목의 집안은 왕족과도 깊은 인척 관계를 맺고 있었다. 허목의 증조모는 양녕대군의 증손녀이다. 허목의 부인 이씨는 태종의 증손인 이원익李元翼의 손녀이기도 하다. 대동법의 창시자인 이원익에 대해 허목은 높은 존경을 보였고 나아가 이왕가李王家에 대해서도 깊은 애착을 가진 듯 보인다. 그의 왕실에 대한 존경은 뒤에 재론하기로 한다.

허목은 흔히 정구鄭逑(1543~1620)와 장현광張顯光(1554~1637)의 문인으로 알려지기도 했다. 그는 23세에 종형從兄 허후許厚(관설觀雪)와 함께 성주星州에 있던 정구(한강寒岡)를 찾아 사사한 일이 있다.[22] 그러나 3년 뒤 정구가 타계하여 그와의 인연은 그리 깊지 않다. 장현광과의 관계는 그의 학덕에 관한 정구의 칭송을 토대로 그의 사후에 신도비명을 써 준 것뿐, 특별한 사사관계는 없다. 허목의 종형 허후(원주에 거주)로부터 학문하는 방법을 배웠다고 스스로 밝히고 있는 점으로 보아[23] 소년기에는 그의 영향이 컸던 것으로 보인다.

허목의 선계先系는 본래 경기도 연천에 본거를 두었고, 허목 자신도 출생지는 서울이었지만 연천에 생활 근거를 두었다. 56세의 노년기에 처음으로 벼슬길에 오른 허목은, 너무나 오랜 처사 생활이 몸에 배어, 30년간의 관직 생활도 거의 처사적인 몸가짐으로 일관하였다. 입사 전에는 아버지의 임소任所를 따라 양성陽城ㆍ고령高靈ㆍ거창居昌ㆍ산음山陰ㆍ임실任實ㆍ광주廣州ㆍ우천牛川ㆍ금천衿川ㆍ포천抱川 등지를 전전하면서 살았고, 39세에 아버지를 여읜 뒤로는 평강平康ㆍ강릉江陵ㆍ원주原州ㆍ의령宜寧ㆍ창원昌原ㆍ칠원漆原 등지에서

---

21 허목이 지은 許橿의 墓碑文(『記言』上, 296쪽).
22 『記言』下 年譜, 887쪽.
23 同上 記言自序, 460쪽.

우거寓하면서 명산대천名山大川을 유람하고 제가백가어諸子百家語를 주로 읽었다. 46세 때 제자백가어를 수초手抄하여 50권의 방대한『문총文叢』을 지었다는 것을 보면[24] 그가 제자백가에 얼마나 심취해 있었는지를 짐작할 수 있다. 이는 그가 일찍이 과문科文을 포기하고 평생 처사處士로 지낼 것을 결심하였기 때문에 가능한 일이었다. 아마 그가 특히 심취한 사상은 유학과 노장학이 아니었을까 짐작된다. 그는 어렸을 때부터 고문전을 배워 30세 때 이미 체격을 완성하였다 하니 고전古篆에 대한 관심은 아주 일렀다. 아마 종형 허후가 고전을 잘했다 하므로 그로부터 배운 것인지도 모른다.

허목은 유형원柳馨遠과도 친교가 있었다. 73세 되던 현종 8년에 유형원은 자신의 고모부 김세렴金世濂의 유문遺文에 대해 서문을 써 줄 것을 허목에 요청한 일이 있고,[25] 허목이 유형원에게 고문에 관한 편지를 보낸 일이 있다.[26] 유형원이 허목으로부터 어느 정도 학문적 영향을 받았는지는 후고後考를 요하는 바이다. 허목은 성호星湖 이익李瀷 집안과도 친교가 있었다. 이익의 부친 이하진李夏鎭은 허목과 같은 청남淸南에 속했고, 하진夏鎭의 종형인 원진元鎭이 편찬한『황려세고黃驪世藁』의 서序를 허목이 써주었다.[27] 허목은 정치적으로는 숙종 초 청남의 영수로 알려져 있거니와, 이 청남파淸南派의 핵심인물은 서울과 경기내에 생활 근거를 둔 재경남인在京南人들이었다.[28] 따라서 허목은 정치적으로나 학문적으로 근기파近畿派에 속하는 인물이며, 근기지방의 학문전통 속에서 성장하여 마침내는 기호남인畿湖南人 고학古學의 종장宗匠의 위치를 점하게 된 것이다.[29]

---

24 同上 年譜, 888쪽.

25 同上, 601쪽.

26 同上, 565쪽.

27 同上, 608쪽.

28 韓㳓劤 교수는 숙종 초 집권한 南人은 在京南人이며, 嶺南南人은 여기에 포함되지 않았다고 한다(『星湖李瀷研究』, 1980, 6쪽 참고).

29 鄭玉子 교수는 허목의 思想史的 위치를 상정하여 "許穆은 …… 비록 退溪에서 寒岡을 거친 嶺南性理學의 학통을 이었다고는 하지만, 오랜 세월의 修練과 自得을 통하여「六經之學」을 바탕으로 하는 새로운 학풍을 開進함으로써 다음 世代에 近畿지방을 중심으로 門戶가 성립되는 소위 經世致用학파라는 南人實學派'를 위한 초석을 마련하였다"고 하였다(鄭玉子, 前揭論文, 231~232쪽).

3. 정치사상과 시국관時局觀

허목의 정치사상과 시국관은 그가 벼슬길에 처음 나간 효종 때부터 보이기 시작한다. 특히 효종 8년(1657) 사헌지평司憲持平이 된 후 서인파西人派와 정책경쟁을 하는 가운데 자신의 정치적 입장이 선명하게 제시된다. 효종~현종 초에 그가 크게 문제삼은 것은 벌호정책伐胡政策과, 현종 때에 일어난 복상服喪 문제였다. 복상 문제에서 서인에게 패한 것이 원인이 되어 현종대에는 잠시 삼척부사三陟府使를 지냈을 뿐 정계를 떠나 있었다. 숙종 초 제2차 예송禮訟이 일어났을 때는 서인의 주장을 누르고 승리하여 관직이 좌의정까지 올랐다. 그러나 그는 숙종 초 남인 집권기에도 허적을 대표로 하는 이른바 탁남濁南과 대립하고, 또 같은 청남淸南에 속하는 윤휴와도 정치적·학문적 입장을 달리하였다. 허적 및 윤휴와의 견해 차이는 벌호정책 및 고문 문제를 둘러싸고 벌어졌다. 말하자면 벌호정책에 대한 일관된 반대 입장은 허목의 정치사상과 시국관을 현실적으로 대변해 주는 것이며, 고학의 추구나 예송은 이같은 시국관을 이론적으로 뒷받침하는 학문체계라 할 수 있다.

사실 벌호론伐胡論은 병자·정묘의 양난을 경험하고 나서 효종·현종·숙종대에 이르기까지 약 반세기 간 거의 국론처럼 사림층의 감정을 사로잡았던 여론이었다. 그러나 벌호를 대의명분으로 내세워 이를 옮기는 과정에서 무리한 군비 확장이 추진되면서 갖가지 부작용이 나타났다. 첫째, 무인이 재상이나 승지로 발탁되어 전통적인 우문정치右文政治가 무너지는 현상. 둘째, 군병 수가 늘어남에 따라 군사 유지비가 커지고, 이를 보충하기 위해 호포제戶布制 강화론이 일어나고, 각 영문營門 둔전屯田을 확대하기 위해 민전民田을 겸병하는 폐단. 셋째, 군사들이 상업활동까지 겸하여 난전亂廛 행위를 하는 폐단. 넷째, 각 영문의 군사가 집권당인들의 권력 기반을 강화해 주는 사병적私兵的 존재로 변질되는 현상. 다섯째, 각 아문의 수입이 호조와 무관하게 독자적 회계를 가짐으로써 공용적 성격을 상실해 가는 현상.[30] 그리고 마지막으로 과도한 군비지출로 국민부담이 가중되어 민심이 이탈하는 현상 등이 그것이었다.

허목은 바로 이 같은 폐단을 망국적亡國的 현상으로 받아들이고, 이를 반대·시정하는

---

30 효종~숙종 초의 군비 확장의 추이와 그 부작용에 대해서는 陸軍本府 편, 『韓國軍制史 - 朝鮮後期篇』, 1977, 88~146쪽 참고.

일을 자신의 중핵적 정치 과제로 생각했다. 그러나 효종 때만 해도 벌호론伐胡論에 대한 그의 반대는 비교적 온건한 편이었다. 그가 효종 9년 왕에게 벌호 운동을 반대하는 뜻으로 올린 「옥궤명玉几銘」에는 다음과 같은 완곡한 표현이 보인다.

財貨를 매개하는 것은 버릴 수 없습니다. 그러나 재화가 한 곳에 모이면 백성은 흩어집니다. 兵은 잊어서는 안 됩니다. 그러나 兵이 勝하면 나라가 어지러워집니다. 그 禍가 장차 자라고 커질 것입니다. 일을 당하여 두려움을 생각하지 않으면 亂을 가져옵니다. 恣을 당하여 어려움을 생각하지 않으면 禍를 불러옵니다. 天命은 언제 바뀔지 모릅니다. 항상 德을 가지고 善政을 행하면 백성이 복종하지만, 정치가 어지러우면 백성이 흩어집니다.[31]

청淸에 볼모로 잡혀갔던 효종의 쓰라린 분노의 심정을 잘 아는 허목으로서는 왕의 분노를 위로하면서 그 분노를 진정시키고자 노력한 흔적이 보인다. 그러면서도 허목은 각 군문軍門에서 군대도 없는 내지에 둔전을 널리 설치하여 백성들이 면조免租·면역免役의 수단으로 모여들고, 민전이 침탈되는 현상 때문에 국가수입이 줄어드는 것을 크게 걱정하고 있다. 또한 난전 행위로 인한 시사市肆의 문란과 물가의 등귀를 규제하여 국초의 구제舊制로 돌아갈 것을 요청하고 있다. 난전 행위에 대한 금압禁壓 요청은 군문의 시판市販 행위를 염두에 두고 한 것 같다.

현종 때에는 그가 중앙관계를 오래 떠나 있어서 시정을 비판할 기회가 없었다. 다만 현종 초에 서인과 복상 문제를 놓고 논란을 벌였을 때, 그가 서인의 기년설(1년)에 대항해서 내놓은 삼년설이 결과적으로는 왕의 권위를 높이는 의미를 가졌다는 것은 음미할 만하다. 그다음 현종 15년 제2차 예송에서도 그는 서인의 대공설大功說(8개월)에 맞서 기년설을 내놓았는데, 이번에도 서인보다 군주의 권위를 더 높이는 이론이 된 셈이다. 예송 논쟁은 순수 학리적으로만 볼 때에는 시비가 가려지기 어려운 문제다. 따라서 학리적 논쟁 뒤에 숨어 있는 정치적 의도를 살피는 것이 예송 논쟁의 본질을 이해하는 데 도움이 되지 않을까 한다.

숙종 초 서인이 몰락하고 남인이 재등용되는 추세를 따라 1년 만에 이조참판·우참찬

31　『記言』下 年譜(889쪽) 및 自序(一)(460쪽).

·이조판서를 거쳐 우의정의 자리에까지 오른 허목은 전보다도 더 강한 어조로 자신의 정치 경륜을 개진하였다. 이때 그의 비판 표적은 벌호 운동을 다시 추진하기 위해 부국강병 정책을 강력하게 실행하던 윤휴와 허적에 겨냥되었다. 윤휴는 이른바 청남淸南, 허적은 탁남濁南으로 불리었으나 서인과의 경쟁에서는 허목과 공동보조를 취해 온 터였다. 그럼에도 불구하고 위 양인兩人은 집권 후 군비 확장 정책을 그대로 강행하였으며, 허목은 이를 철저히 반대하는 입장을 고수하였다.

허목이 집중적으로 비판하고 나선 것은 군문둔전軍門屯田·호포제戶布制·축성築城·병거兵車제도·만인설과萬人設科·호패법號牌法·도체찰사都體察使 제도 등이었다. 이것들은 모두가 벌호를 위한 군비 확장과 관련해서 취해진 조처들로서, 허목은 이를 묶어 '병사兵事'라고 부른다. 허목이 병사에 관한 입장은 북벌의 반대와 국방 강화 주장으로 일관된다.

허목이 북벌北伐을 반대하는 이유는 크게 두 가지다. 첫째는 우리나라의 국력이 약할 뿐 아니라 자연조건이 예부터 방어에는 유리하지만 공격에는 불리하다는 것. 둘째로 현재의 북벌 운동이 국가기강을 무너뜨리고 백성을 괴롭히며 집권층의 치부致富 수단으로 이용되고 있다는 사실이다. 먼저, 우리나라가 역사적으로 보아 북벌에 불리하다는 그의 주장을 들어 보자. 숙종 원년에 올린 차언箚言 가운데 이런 구절이 보인다.

동방은 風氣가 미약하고 聲音과 嗜欲이 중국과 다른 方外의 別國입니다. 나라는 작고, 兵은 적으며, 풍속이 偏薄하여 지키는 것은 잘하지만 공격은 잘하지 못하는데, 이는 예부터 그러합니다. 하물며 奴(청 - 필자)와 우리는 地利와 長技가 서로 다릅니다. 옛날 周나라 때 燕伯이 왕을 칭하고 동방을 침략하고자 하니, 朝鮮侯가 燕을 쳐서 周室을 높이려 했으나 大夫 禮가 이를 諫하여 만류했습니다. 왕망 때는 고구려 군사를 보내어 胡를 치려했는데, 고구려가 이에 응하지 않았습니다. 이는 모두가 옛날의 명백한 증거이니 귀감으로 삼아야 합니다.[32]

국력이 약하고, 민족성이 다르며, 역사전통이 다른 조선이 청淸을 공격하는 것은 무모하다고 본 허목은 당시의 급무는 인심 수습과 안민, 그리고 방어력 강화에 있다고 판단했다. 다시 그의 말을 들어 본다.

32　同上, 521쪽.

王者의 전쟁은, 우리 백성을 안전하게 하고 英材와 俊傑을 가르치고 길러서 충분히 敵을 이기고, 강한 것을 누를 수 있게 된 뒤에 해야 합니다. 오늘의 사태를 돌아보면, 우리는 兵力은 약하고, 人心은 흩어져 있으며, 國勢가 염려되고 위태로우며, 天災가 잇달아 일어나고 있습니다. 지금 해야 할 일은 안팎이 힘을 합하여 人心을 수습하고, 장수를 뽑고, 要害處를 지키고, 器械를 수리하여 뜻하지 않은 變故에 대비하는 것입니다.

허목은 국방 강화가 결코 병兵을 키우는 데만 있다고 믿지 않았다. 그보다 앞서 민심을 수습하는 일이 급하다고 생각했다. 국민이 병 때문에 피곤하고 염증을 느낀다면 그 병은 도리어 나라를 망하게 하는 요인이 된다고 믿었다. 그래서 그는 숙종 3년에 올린 「논정폐차論政弊箚」에서,

兵事라는 것은 일도 가장 크고 害도 가장 깊은 것입니다. 古人이 말하기를, 나라를 강하게 하는 것도 兵에 있고, 나라를 망하게 하는 것도 兵에 있다고 하였습니다.[33]

고 하여 병이 나라를 강하게 할 수도 있고, 망하게 할 수도 있음을 경계하였다. 그러면 당시에 병 때문에 민심이 떠났다고 보는 이유는 무엇인가. 허목이 가장 우려하고 있는 것은 병정兵政이 공가公家와 공익公益을 위해서 실시되고 있는 것이 아니라, 사문私門과 사리私利를 위해서 이용되고 있다는 사실이다. 군문둔전軍門屯田과 영문營門의 군사가 특히 그러한 측면에서 비판 대상이 된다. 숙종 2년 우의정으로서 올린 정폐소政弊疏는 그가 올린 어느 상소보다도 병정의 핵심적 문제를 거론하였다. 여기서 그는 아문衙門의 강성强盛과 무사武士의 교만 횡포를 가장 큰 폐정弊政의 하나로 지적한 다음,

비옥한 땅을 나누어 屯田을 삼으니, 地部(호조 - 필자)가 크게 구부러져 租의 수입이 날로 줍니다. 아문에 바치는 稅는 10분의 2 혹은 3이 되지만, 實用이 되지 못하며, 나머지는 모두 屯有司의 私財가 되고 있으니, 이것이 財政이 크게 무너지는 까닭입니다. [營門의 牙兵은 衙門에서 통솔하고 兵曹가 관리하지 못하니, 大萬의 兵卒들이 私家의 徒役이 되었습니

---

33 同上 自序(二), 473쪽.

다. 이는 고려 말기 家兵과 비슷합니다. 屯田과 牙兵은 公室의 큰 좀이요 私門의 큰 利가 되고 있습니다.[34]

즉 군영에 소속된 군사가 고려 말기의 사병처럼 이용되고, 영문營門에 소속된 둔전屯田이 모두 사문私門의 이득으로 돌아감으로써 공실公室의 좀이 되고 있다는 지적이다. 이러한 폐단을 시정하기 위해서는 훈련도감訓鍊都監·수어청守禦廳·어영청御營廳·총융청摠戎廳 등 여러 아문衙門을 혁파하고, 이에 소속된 둔전과 아병牙兵도 모두 혁파하여, 전부는 호조에 귀속시키고 군정은 병부에 귀속시켜 국가재정을 풍족하게 만들어야 한다는 것이다.

아문의 폐단에 대해서는 이미 효종 때에도 비판을 가한 일이 있음은 앞에서 잠깐 언급한 바 있다. 그때에도 허목이 우려를 보인 것은 숙종 초에 올린 내용과 큰 차이가 없었다. 효종 10년 2월에 올린 상소의 일부를 옮겨 본다.

각 衙門屯田은 度支의 통제를 받지 않으면서 8도에 가득 찼습니다. 屯田은 반드시 山澤이나 버려진 閒田이 아닙니다. 民田으로서 賦稅를 도피하기 위해 冒入한 것이 반이 넘습니다. 宗室·貴戚의 私田으로서 稅를 내지 않는 農所라고 불리는 것이 나라 안의 기름진 땅에 가득합니다. 山林·鹹海에서 생산되는 財物과 魚鹽도 또한 貴大家에서 占有하였습니다. 公私가 모두 곤궁하고, 田賦가 크게 줄어드니, 度支의 경비가 무엇에 의지하여 부족하지 않을 것이며, 生民의 생업이 무엇에 의지해서 곤궁하지 않겠습니까. …… 지금이 어느 때요, 지금이 어떤 형세입니까. 나라가 나라 노릇을 못하는 처지에 衙門과 貴戚만이 홀로 부자가 됩니까.[35]

여기서는 둔전과 농소農所의 폐단이 아울러 지적되고 있는데, 결론은 간단하다. 나라와 백성은 가난하고, 아문과 귀척貴戚만이 홀로 부유하다는 것과, 아문衙門이 난립하여 병정兵政의 기강이 서지 않는다는 것이다.

허목은 위 상소문에 이어서 농소와 둔전이 많은 지역의 예例로서 부안扶安의 경우를 들고 있다. 이곳은 동서 70리, 남북 50리로서 산림불식지지山林不食之地가 태반인데도 농소

---

34 同上書 上, 363쪽.
35 同上書 下, 448쪽.

가 12개소, 둔전이 4처, 합하여 16처나 된다는 것이다.

허목은 변경의 공지空地에 둔전을 두어 병사들이 차전차경且戰且耕하는 고대의 둔전까지 나쁘다고 본 것은 아니다. 지금의 둔전은 그러한 본연의 둔전이 아니라, 내지의 비옥한 땅에 두고, 기병騎兵·보병步兵·수군水軍·보인保人·공장工匠·관속官屬·공사公私노비 및 도망자들이나 범죄자들이 면역免役·면조免租의 수단으로 둔민이 되고 있다는 것이다. 그래서 허목은 둔전의 폐단을 총제적으로 요약하여,

나라가 날로 쇠약해지는 것도 屯田에 있고, 度支가 날로 곤궁해지는 것도 둔전에 있으며,
세금을 포탈한 자들이 모여드는 소굴도 둔전에 있고, 衙門의 專制도 둔전에 있다.[36]

고 하면서 국가와 아문의 경중輕重·대소大小·선후先後의 뒤바뀐 현실을 개탄한다.

폐단이 많은 둔전과 아문을 함께 혁파한다고 할 때, 그 대안으로서 유지되어야 할 군제軍制는 무엇인가. 오영문五營門을 대신할 군문軍門으로써 허목은 국초國初의 오위제五衛制를 내세운다. 숙종 2년에, 거의 실권을 상실한 오위총관五衛總管을 혁파하려는 논의가 일어났을 때, 허목은 이를 반대하고 나섰다. 그에 의하면 국초의 오위제는 본래 아래로는 지방의 진관군사鎭管軍士를 통솔하고, 위로는 군주君主의 결재決裁를 받아 병정兵政이 시행되었기 때문에 국가의 체통이 서고 인심이 안정될 수 있었다는 것이다. 지금의 아문제衙門制는 왜란 당시 훈련도감 설치를 효시로 하고 있는바, 특히 인조 이후 반정공신反正功臣들이 병권兵權을 풀지 않고 각각 아문衙門을 설치하여 어영御營·수어守禦·호위扈衛·총융청摠戎廳 등이 생겨나게 되었으며, 이 때문에 오위총관五衛總管이 가벼워지고 체통體統이 무너지게 되었다는 것이다.[37] 이는 인조반정仁祖反正 후 집권당인들이 자신들의 권력 기반으로서 아문을 설치한 사실을 지적한 것인데, 실제 아문을 장악한 것은 서인만이 아니다. 남인도 마찬가지였다.[38] 허목은 남인에 속하면서도, 남인이라고 해서 아문을 장악하는 것을 찬성

---

36 同上書, 362쪽.
37 同上, 357쪽.
38 南人의 군사 기반이 된 부대는 현종 10년 許積(좌의정)이 추진하여 창설된 訓練別隊를 모체로 하여, 숙종 초 都體府를 부설하고 허적이 이를 총괄함으로써 군권을 일괄적으로 장악하기에 이르렀다(『韓國軍制史 - 朝鮮後期篇』, 138~139쪽).

하는 것은 아니었다. 바로 이것이 허적이나 윤휴와 다른 점이다.

당인이 병권兵權을 갖는 것은 어느 당파든 용납될 수 없는 일로 믿었다. 그러기에 그는 숙종 초 남인의 영수 허적許積(영의정)이 도체찰사都體察使가 되어 병권을 모으고, 이른바 '만인설과萬人設科'를 실시하여 모집된 군사를 도체부都體府에 소속시키는 일에도 반대했다. 도체부는 현종 때 폐지되었던 것을 숙종 초에 북벌을 구실로 설립한 것인데, 허목은 병권이 군주에게 귀속되어야 한다는 원칙에서 이를 반대했다. 더욱이 도체부의 중심 진鎭을 개성에 설치하고 산성을 축조하여(대흥산성大興山城), 농·공·상인을 비롯하여 용예傭隸·주졸走卒 등 무재武才도 없고 식자識字도 없는 무리들을 뽑아 산성에 주둔케 하였는데, 허목은 이들을 '흉한무뢰凶悍無賴하고 무치자자無恥自恣한' 무리들로 규정하였다.[39]

허목은 병권兵權의 문란과 관련하여 호포제戶布制 실시에 대해서도 누차 반대 상소를 했다. 그중에서도 숙종 4년(1678)에 올린 상소가 가장 절실하다.[40] 허목은 호포제戶布制가 옛날에는 유계兪棨(서인) 등에 의해서 주창되고, 지금은 윤휴가 주장한다고 말하고, 다음과 같은 몇 가지 이유를 들어 그 시행을 반대했다.

첫째, 군오물고자軍伍物故者 즉 이미 죽은 군인과 어린아이 등도 군적軍籍에 넣어 호포戶布를 받고, 또 인징隣徵·족징族徵의 폐단까지 생겨나서 백성들의 원망이 크다는 것이다.

둘째는 호포제가 등위等威를 문란시키고 예禮를 무너뜨린다는 사실이 지적된다. 즉 호포는 위로 공경公卿·대부大夫로부터 아래로는 편호제민編戶齊民에 이르기까지 전 국민으로부터 '계호출포計戶出布'하여 병조에 바치게 하자는 것인데, 이는 세 가지 큰 불편함이 있다고 한다. 하나는 관료들에게까지 포布를 받는 것은 '충신중록忠信重祿'하는 선왕先王의 정신을 어그러뜨린다는 것이요, 둘은 만인설과萬人設科로 관료가 된 사람들이 본래는 서천庶賤이 반이나 되지만, 일단 그들이 관료가 된 이상 편호제민과 동등하게 대우하여 출포出布하면 원망이 일어날 수 있다는 것, 그리고 세 번째로 관학제생館學製生에게 출포함은 사士를 우대한다는 정신에 어긋난다는 것이다. 결론적으로는 허목은 『맹자孟子』에 "勞心者 食於人 勞力者 食人"한다는 정신에 따라, 사士 이상 신분에게는 군포를 지우지 말 것과 한정무역자閑丁無役者를 조사하여 그들에게 부담을 지우는 것이 좋다는 의견을 내놓았다.[41]

---

39 『記言』上, 358쪽.
40 同上書 下, 記言自序(二), 473~476쪽.
41 同上, 475쪽.

허목은 호포제戶布制를 '신법新法'이라고 부르고, 신법은 '부국강병'을 추구하는 '공리功利'주의라고 공박한다.[42]

허목은 군정에 관한 비판 이외에도 강원도의 세역전歲易田에서 상세常稅를 거두지 말 것,[43] 군주는 친경親耕 · 친잠親蠶의 예禮를 부활하여 농본정책을 확고히 할 것,[44] 서얼 허통許通을 방지하여 적서嫡庶의 명분을 무너뜨리지 말 것,[45] 군주에게 권강權綱이 총람總覽되고,[46] '존군엄례尊君嚴禮'[47]하여 왕권이 강화되어야 한다는 것을 주장했다.

허목의 정치사상에서 특히 주목되는 것은 왕권강화론과 계급 질서 옹호론이다. 국가 기강의 해이를 개탄하는 것은 민생의 피폐만을 의식한 것이 아니고, 위계질서가 무너지진 것에 대한 염려가 크게 작용하고 있다. 허목이 6경 중『춘추春秋』를 중요시하는 이유는 '존군비신尊君卑臣'과 '엄군인친嚴君仁親'의 이치가 그 속에 있는 까닭이라 한다.[48] 허목이 강조하는 고례古禮도 바로 군주를 정점으로 하는 위계질서의 확립을 가리킨다. 재상宰相이 군권을 장악하는 일은 특히 존군신비의 명분을 어그러뜨리는 일이다. 서얼이 적자嫡子와 대등하게 취급되는 것도 예禮를 무너뜨리는 것이며, 사대부가 군포軍布를 내는 일도 예에 어긋난다. 복상 논쟁에서 3년설과 기년설을 고집한 것도 바로 군주의 권위와 관계된다고 본 까닭이다. 상고시대의 제왕들이 '무인도이화생無人道而化生'했다고 보는 것도, 물론 본체론적인 측면에서 기화설氣化說로 설명되고 있지만, 그 이면에는 군주의 출자를 범인과 다른 신성한 존재로 보려는 시각이 깔려 있다. 허목은 숙종 5년 윤휴가 단종복위端宗復位 문제를 거론했을 때,

臣은 君의 잘못을 감추며, 아들은 아비의 잘못을 감추는 것이다. 임금을 높이고 어버이를 친하는 것은 萬古의 通義다. 그래서『春秋』에서 孔子는 魯先君의 잘못을 감추었다. 지금 先王(세조 - 필자)의 일을 바로잡으려고 하는 것은 孔子의 가르침이 아니다. 諫하다가 듣지

---

42 同上, 476쪽.
43 同上, 473쪽.
44 同上, 478쪽.
45 同上, 902쪽.
46 同上.
47 同上, 910쪽.
48 同上, 472~473쪽.

않으면 君主를 버리고 떠나는 일도 箕子는 임금의 잘못을 드러내는 것이라고 말하지 않았
던가. 신하로서 임금의 잘못을 감추지 않고, 자식으로서 부모의 잘못을 감추지 않으며, 尊
者가 높아지지 않고, 부모가 親해지지 않으면 사람의 도리가 어지럽다.[49]

고 하여 이를 반대했다. 그는 지나간 임금(세조)의 허물을 들추어 바로잡는 일은 신하의
도리가 아니고, 그것이 바로『춘추』의 가르침이라고 주장했다. 허목은 이왕실에 대해 절
대적인 충성심을 잃지 않았고, 그의 '고학'은 바로 그것을 뒷받침하고 있었다.

붕당정치에 대해서도 허목은 찬성하는 입장이 아니었다. 그래서 그는,

신하가 되어 不忠・不嚴하고, 朋黨이 무리를 지어 悖道蔑法하여 私를 도모하는 것은『春秋』
가 금하는 것이다. 임금을 죽이고 나라를 망치는 것이 모두 여기에서 비롯되는 것이다.[50]

라고 하여, 붕당정치가 사私를 유도하고, 시군망국弑君亡國의 원인이 되는 것으로 보았다.
따라서 그가 희구하는 정치제도는 국초에 성립되었던 것과 같은, 군주를 정점으로 하여
재상宰相과 6조曹가 제각기 소임을 분장하는 관료정치인 것이다. 허목 자신이 남인에 속
하는 당인의 한 사람이었지만, 그는 붕당朋黨을 싫어하는 당인黨人이었다.

지금까지 살펴온 허목의 정치사상과 시국관을 정리한다면 다음과 같이 요약될 수 있을
것이다.

① 효종~숙종 초의 정치는 벌호伐胡(북벌)라는 대의명분 아래 무리한 군비軍備 확장정책
이 추구되어, 이로 인해 백성의 부담이 커지고 신분제가 흩어지며, 관료정치가 무너지는
결과를 가져왔다. 군비 확장정책으로 이득을 본 것은 영문營門을 장악한 집권당인뿐이다.

② 군비 확장의 명분으로 내세운 벌호는 국력의 차이로 실현 불가능하며, 또 역사 전통
으로 보더라도 우리나라는 방어에 능하고 공격에 능하지 못하다. 현실적으로 중요한 것
은 북벌이 아니라 국방이다.

③ 군문軍門을 매개로 하여 이루어지는 군사통수권과 군비수취권 등은 모두 6조로 환원

---

49 同上, 480쪽.
50 同上, 472쪽.

되어야 하며, 6조 중심의 공권적 통치 체제로 권력구조를 바꾸는 매개체로서 군주의 권위와 실권이 강화되어야 한다.

④ 산업구조는 전통적 농본정책을 토대로 하여 상업의 무질서한 확장을 막고, 농민 부담을 완화시키는 동시에, 노심자勞心者로서의 사士의 지위를 안정시켜 노력자勞力者 즉 농민에 의지해서 살 수 있도록 보장해야 한다.

허목의 시국관을 이와 같이 정리한다고 할 때, 그의 학풍을 대변하는 고학古學·고례古禮라는 것은 결국 이 같은 정치사상과 시국관時局觀을 뒷받침하는 학문체계라 할 수 있을 것이다.

4. 한국사 인식 -『동사東事』를 중심으로

1)『동사』 편찬 동기

허목의 한국사 인식을 반영하는 저술로서『동사』가 편찬된 것은 그의 나이 73세 되던 현종 8년(1667)이다. 이해『경설經說』과『청사열전淸士列傳』이 편찬되었고, 자신의 글을 모아 스스로 분류·편집하여『기언記言』이라 하였다.

허목이 하필 이 시기에 자신의 학문과 사상을 정리할 수 있었던 것은, 현종 3년에 삼척부사三陟府使를 그만두고 5년간의 휴식 기간을 가질 수 있었기 때문이었다.『기언』 범례에 의하면,『기언』의 체재는 유서類書와 비슷하다고 한다.[51] 허목 자신이 유서의 체재를 따랐다고 언명한 일은 없었으나 분류입목分類立目의 방식은 다분히 유서와 방불한 것은 사실이다.『동사』도『기언』의 일부 편목篇目으로 써진 것인 만큼『기언』의 다른 글들과 떼어서 이해할 수 없음은 물론이다.

그러나『기언』의 여러 글 중에서도『경설』과『동사』는 허목 자신이 스스로 대표작이

---

[51] 『記言』은 허목이 死去한 뒤 7년 만인 숙종 15년에 王命으로 처음 간행되었다. 이때 허목 스스로 편집한 73세 이전의 글을 原集이라 하고, 그 이후의 글을 續集이라 했다. 『記言』 범례는 후세인이 붙인 것으로 이에 의하면, "其序列標題 別用事例 若類書然者 皆先生所自纂定者 故一依先生成規入梓"라 하여, 허목이 類書 형식으로 편집한 것을 그대로 따른다고 하였다.

라고 믿었던 듯하다. 10년 뒤인 숙종 3년(1677)에 허목 자신이 『경설』과 『동사』를 함께 왕에게 바친 것을 보면, 두 책을 제왕학적帝王學的 교훈으로서 참고하기를 기대했던 것 같다. 우의정으로서 군주를 직접 보필하면서 군비 확장정책을 완강히 반대하던 시기에 자신의 저서를 군주에게 보인 것은, 자신의 시정時政 발언을 더욱 설득력 있게 하기 위해 경학經學과 사학史學의 학문적 체계를 원용했다고 볼 수 있다.

이제 위와 같은 사정을 고려하면서 『경설』과 『동사』를 왕에게 바치는 차문箚文의 내용을 검토하기로 한다.

차문에서는 먼저 『경설』을 바치는 이유로서, '공리功利'를 진언하는 사람들(구체적으로는 허적과 윤휴를 가리킴)을 경계하고, 삼대三代·고성인古聖人의 학學을 따라 정치할 것을 권고한다. 이어 『동사』의 내용을 설명하여,

> 東方의 九域은 옛부터 后를 세우고 나라를 세운 것이 크고 작은 것을 합하여 22가 되는 方外의 別國입니다. …… 山川이 구별되고, 風氣가 같지 않으며, 聲音·謠俗·嗜欲도 각각 다릅니다.

고 하여 우리나라는 중국과 기후·말·풍속·취미가 다른 방외方外의 별국別國이라는 것이 먼저 강조된다. 이 같은 한국사의 개별성에 대한 인식은 단순히 정치 단위로서 독립성만 인정하는 태도와는 다르고, 우리나라의 민족적 특징을 크게 의식한 발언으로 매우 주목된다. 위 발언에 이어 허목은 우리나라 역대 정치의 특색을 다음과 같이 소개한다.

> 그 정치를 말한다면, 檀君은 淳厖한 정치를 했고, 箕子는 八政을 가르쳐 각각 천 년을 누렸습니다. 衛滿은 兵威와 財物로써 수천 리의 땅을 개척했으나, 갑자기 얻고 갑자기 망했습니다. 肅愼氏는 楛矢와 石砮를 史氏에 전합니다. 고구려는 强大한 정치로써 7백 년을 누렸습니다. 백제는 强暴하고 싸움을 좋아하여 전사한 임금이 넷이나 되며, 임금과 나라가 또한 멸망했습니다. 신라는 忠厚한 정치로써 仁義의 나라로 불렸으며, 傳國이 58代에 이르렀습니다. 대체로 列國의 정치는 善惡·治亂·興亡이 있어 후세 사람이 勸하고 戒할 바가 하나가 아닙니다.[52]

여기에서 단군으로부터 삼국시대까지의 정치가 개관되고 있는바, 칭송되어야 할 시대는 단군·기자·신라이며, 경계해야 할 나라는 위만·백제이다. 허목이 판단하는 권계勸戒의 기준은 주로 전쟁을 좋아하느냐 안 하느냐에 두어지고 있다. 전쟁을 통해 부강을 추구한 나라는 국조國祚가 오래가지 못했고, 그러한 나라가 경계의 대상이 된다. 이러한 평가 기준은 앞서 『경설』에서 공리의 설을 경계해야 한다고 한 것과 표리관계를 갖는다고할 수 있다. 그리고 그것은 허목 당시의 군비 확장정책과 벌호 운동 바로 그것을 의식하고한 말임은 두말할 나위도 없다.

그러면 허목이 『동사』를 쓴 것은 우리나라의 민족적 특성과 정치의 선악을 알기 위해서만이었던가. 그렇지는 않다. 다시 차문箚文의 마지막 부분을 들어보자.

> 백제의 葆澤과 漑田, 貊(영동지방 - 필자)의 耕山과 歲易은 百代토록 바뀌지 않습니다. 歲易하는 땅의 田賦는 常稅가 없었습니다. 地利와 物貨, 禮義와 善俗을 總論하면, 東方의 옛 풍속은 人性이 儉嗇하고 禮讓을 좋아했습니다. 대체로 그러합니다. 옛사람이 말하기를, 풍속을 따라 다스리는 자는 백성이 잘 좇으며, 경박하지 않다고 합니다. 黑齒와 말갈은 정치와 풍속, 道를 전하고 물건을 보내는 것이 모두 우리 쪽에 있었습니다. 전하께서는 깊이 생각하시고 살피시옵소서.[53]

여기서 허목은 우리나라 풍속의 특색이 검색하고 예양을 좋아한다는 것, 풍속을 따라정치해야 백성이 따른다는 것, 그리고 농업 조건이 백제 땅과 예맥 땅이 달라 지방적 특색을 따라 수세收稅해야 한다는 것 등을 강조하고 있다. 백제 농업이 관개灌漑에 치중하고, 예맥(영동지방) 농업이 경산耕山과 세역歲易에 의존하고 있다는 지적은 그가 여러 지방의지지地誌와 풍토지風土誌를 편찬하면서 얻어진 지식이 토대를 이루고 있는바, 이에 대해서는 뒤에 다시 논하겠다.

요컨대, 허목이 『동사』를 쓴 목적은 우리나라의 풍토적 조건, 그 풍토에 맞춰 형성된농업 조건, 인심, 풍속, 그리고 역사를 헤아려 그에 순응하는 정치를 행하는 것이, 보국保國

52　『記言』上, 355쪽.
53　同上.

· 안민安民의 요체라는 것을 강조하기 위함이다. 풍토의 특색을 존중한다는 의미에서 허목은 사관史觀은 일종의 풍토사관風土史觀이라 해도 좋을 것이다.

2) 『동사』의 체재와 국사체계

『동사』는 서序와 세가世家 · 열전 · 지승地乘(일명 지림誌林) 및 외기外記(혹치열전黑齒列傳)로 구성되어 있다. 이러한 체재는 얼핏 보아 기전체紀傳體와 유사한 점이 있다. 그러나 기전체의 지志에 해당하는 것이 「지승」하나뿐이며, 열전이라는 것도 개인의 전기가 아니라 소국의 역사를 적은 것이라는 점이 특이하다. 원래는 기전체는 열전에 큰 비중을 두고, 문화 각 분야를 다양하게 정리하는 데 장점이 있는 것인데, 그러나 취지에서 보면 『동사』는 적극적으로 기전체 사서라고 부르기도 곤란하다. 책 이름을 『동사』라 하지 않고 『동사』라 하여, 사史를 사事로 바꿔 놓은 것도 유념할 필요가 있다. 이는 허목이 어떤 기성사체旣成史體의 정형에 틀을 맞추지 않고 좀 더 자유분방한 입장에서 역사를 쓰려는 태도를 가졌음을 암시한다. 사실 허목 시대의 사체의 정형은 주자의 강목법 사서이며, 이미 그러한 정형에 맞추어 국사를 정리한 사서가 나왔다.[54]

허목은 주자학을 거부한 까닭에 주자의 역사 서술 방식인 강목법도 따를 수 없는 처지였다. 고학을 존중하는 허목의 입장에서 그래도 고학적 사체에 가까운 사마천의 『사기史記』이며, 사기는 바로 기전체 형식의 사체다. 그러나 허목은 전적으로 『사기』만을 숭상하는 입장도 아니다. 아마 이러한 사정이 『동사』로 하여금 기전체를 따르면서도 독자적 개성을 지니도록 한 것으로 보인다.

이제 『동사』의 특이한 체재를 유념하면서 허목이 시도한 국사체계의 특색을 살피기로 한다. 먼저 『동사』의 편목을 순서대로 적어 보면 다음과 같다.

東事(一)　　　檀君世家 (附 : 扶餘列傳 · 肅愼氏列傳)
　　　　　　　箕子世家

54　17세기 중엽 西人 兪棨는 강목법 체재를 참고하여 『麗史提綱』(1667)을 썼고, 영남 남인 洪汝河는 『彙纂麗史』와 『東國通鑑提綱』(1672)을 썼다. 또 전해지고 있지는 않지만, 柳馨遠의 『東國史綱目條例』도 그 명칭으로 보아 강목법 사서로 생각된다.

위에서 보듯, 세가世家로 이름 붙인 것은 단군 · 기자 · 위만 · 신라 · 고구려 · 백제 등 여섯 나라다. 이 책은 삼국시대까지의 상고사를 취급했으므로 고려와 조선은 빠졌다. 열전으로 서술된 나라는 부여扶餘 · 숙신씨肅愼氏 · 삼한三韓(마馬 · 진辰 · 변弁) · 가락駕洛 · 대가야大伽倻 · 예맥濊貊 · 말갈靺鞨(발해) · 모라毛羅(탐라耽羅) 등 10국이며, 흑치열전黑齒列傳 (일본)은 외기로 독립시켰다.

그러면, 세가와 열전은 무엇을 기준으로 구분하였을까. 『동사』 서에,

檀君으로부터 新羅末世에 이르기까지 大國은 여섯이요, 附庸小國이 열쯤 된다.[55]

고 한 바와 같이 세가와 열전은 나라의 크기를 기준으로 구분한 것을 알 수 있다. 즉 작은 나라는 큰 나라에 정치적으로 부용附庸되었다고 보는 입장에서 세가와 열전을 구분하였다. 한국 고대국가들은 세가와 열전으로 구별하여 서술한 예는 일찍이 없었다. 『사기』이래 중국정사에서는 주변 여러 소국들을 제후국으로 취급하여 외이열전으로 서술하는 것이 관례로 되어 왔지만, 한국의 사서에서 그러한 예例를 따른 일은 일찍이 없었다. 따라서 『동사』에서 세가와 열전을 설정한 것은 한국사에 있어서도 천자와 제후 사이에 맺어지는 것과 같은 주종관계의 설정이 가능하다는 생각이 작용한 듯하다. 일본을 외기열전으로

---

55 『記言』上, 176쪽.

넣은 것은 더욱 그러한 의도를 엿보게 한다.

한국사를 세가와 열전으로 편성한 것은, 이를테면, 우리나라를 중국과 다른 또 하나의 독립된 천하 질서로 상정한 것이라고 볼 수 있다. 이는 허목이 우리나라를 '방외별국方外別國'이라고 강조한 의미와도 밀접한 관계가 있다. 다만, 천자적天子的 지위에 비견되는 대국을 '본기本紀'라 하지 않고 '세가世家'라고 한 것은, 중국천자와의 지위 격차를 일단 긍정한 것이긴 하다. 어쨌든 우리 여섯 대국이 10여 국의 작은 나라를 부용국으로 거느렸다는 인식은 똑같이 부용국을 거느린 중국의 천자에 버금가는 천하 질서를 의식한 것만은 사실이다.

그렇다면, 대국과 소국의 주종체계는 구체적으로 어떻게 이루어졌다고 보는 것인가.

먼저, 단군조선에 부용된 나라로서 부여와 숙신肅愼을 든다. 특히 부여는 단군과 비서갑非西岬의 여女 사이에서 태어난 부루(혹은 해부루解夫婁)가 세운 것으로 서술되어 단군조선의 혈통을 직접 계승한 나라로 인식된다. 그리고 단군의 혈통을 직접 계승한 나라로서 부여 이외에 고구려와 백제를 든다. 따라서 한국사를 이끌어온 주역은 혈통상으로 단군의 후예라는 인식이 성립된다. 「단군세가檀君世家」에서 허목은 이와 같은 사실을 다음과 같이 확인하고 있다.

> 檀君氏의 뒤에 解夫婁가 있으며, 解夫婁 뒤에 金蛙가 있다. 金蛙뒤에 朱蒙과 溫祚가 있어 고구려와 백제의 시조가 되었으니, 모두 檀君氏로부터 근본이 시작된 것이다.[56]

부여·고구려·백제를 단군조선의 후예로 보는 시각은 고려말 이승휴李承休의 『제왕운기帝王韻記』에서 보이고, 조선조에 들어와서는 세조 때 권람權擥이 지은 『응제시주應制詩註』에 보일 뿐,[57] 조선조의 대부분 사서는 이를 긍정하지 않았다. 따라서 『동사』에서 단군 혈통을 강조한 것은 이색적이라 할 것이며, 이는 『고기古記』 계통의 자료를 다시 참고한 데서 얻어진 결과다.

다음에, 삼한은 변한이 진한에 예속되고, 진한은 마한에 예속되며, 마한은 다시 기준箕準의 국가라는 점이 인정되어, 결국 기자조선에서 마한으로 이어지는 흐름이 단군 → 부

---

56 同上, 177쪽.
57 韓永愚, 『朝鮮前期史學史硏究』, 1981, 57쪽.

여 → 고구려 · 백제로 이어지는 흐름과 아울러 한국 고대사의 주류의 하나를 이루게 된다. 그러나 조선시대 사서들이 대부분 기자 → 마한의 흐름만을 주류로 설정한 국사체계와는 매우 다른 것이다.

가락駕洛은 신라의 부용국으로 취급되고, 예맥은 조선의 부용국으로, 말갈(발해)은 고구려의 별종으로, 모라毛羅(탐라)는 신라의 부용국으로 각각 인식된다. 마지막으로 흑치黑齒(일본)은 동해 가운데 있는 '만이강국蠻夷强國'으로서 그 문화 수준이 본래 낮으나, 지금에 이르러 유학 서적을 구하고 조두俎豆와 예속禮俗을 배우는 것으로 고려하여 외기열전으로 넣고 있다. 특히 인조대 일본에 통신사로 다녀왔던 김세렴金世濂이 지은 『해사록海槎錄』을 보고, 일본이 조선통신사를 극진히 예우한다는 사실에 자극을 받아 일본을 국사체계의 제후적 지위로 넣게 된 것 같다. 이점은 뒤에 재론하겠다. 어쨌든 한국사 체계에 일본을 넣은 것은 획기적인 일로서 그 의미하는 바가 크다.

3)「세가」와「열전」에 보이는 문화의식

『동사』를 쓴 목적이 우리의 고유한 풍속에 따라 정치하기를 바라는 마음에서였고, 그 풍속이 시대에 따라 어떻게 변천하여 국가의 흥망성쇠와 관련되었느냐에 대한 개괄적 설명은 이미 앞에서 설명한 바와 같다. 이제 각 시대별로 문화의 특색을 어떻게 이해했는가를 좀 더 구체적으로 알아보기로 한다.

(1) 단군조선

단군조선 문화에 관한 서술은『동사』의 가장 중요한 특색을 이룬다. 먼저 단군의 출자에 관한 서술부터 이색적이다.「단군세가檀君世家」첫머리에,

上古 九夷之初 有桓因氏 桓因生神市 始教生民之治 民歸之 神市生檀君 居檀樹下 號曰檀君[58]

여기서 환인의 아들을 신시神市로 부르고 있는데, 신시는『삼국유사』에서 환웅으로 되

---

[58] 『記言』上, 177쪽.

어 있다. 환웅은 신시로 표기한 사서는 일찍이 없었다. 『동사』와 거의 같은 시기에 편찬한 것으로 보이는 도가류道家流의 『규원사화揆園史話』에만 환웅을 신시씨神市氏로 호칭했다.[59] 또 신시 때에 이미 생민지치生民之治를 가르쳐서 백성들이 귀복歸服했다고 한 것도 특이하다. 이로서 역사의 시발은 단군을 더 거슬러 올라가 신시씨로부터 시작된다. 허목은 『동사』 서序에서 "신시 · 단군의 시대는 중국의 제곡帝嚳 · 당우唐虞(요 · 순) 시대와 같다"고 하여 종전에 단군과 요堯를 대비시켜 국사의 시발을 설정하던 관례를 깼다. 다시 말하자면, 건국의 시조는 단군이지만, 최초의 교화주는 단군이 아니라 신시로 본다. 『동사』 서序에서,

九域 初無君長 自神市 始敎生民之治 至檀君 始建國立號

라 한 것이 그것이다. 신시 · 단군 시대의 문화에 관해서는 "君臣肇有 人民希少 朴蒙睢盱 無文字可述"(東事 序)이라 하고, 「진동사차進東事劄」에서는 '순방지치淳厖之治'라고 이해한다. 다시 말하자면, 군신君臣 관계는 생겨났지만, 인구도 적고 정치와 풍속도 순박했던 시대로 본다. 그래서 허목은 단군치세檀君治世가 천여 년간이나 지속된 것은 이같은 순박한 정치의 소치로 보아 이를 정치政治의 귀감으로 삼아야 할 한 본보기로 제시한다. 이같은 허목의 단군조선 문화에 대한 긍정적 평가는, 지금까지 단군조선 문화를 '이풍夷風'으로 천시해 온 일반 유가儒家의 인식 태도와는 판이한 것이다.

다음에 단군의 치治를 1048년간 계속된 것으로 보고, 단군과 비서갑非西岬의 여女 사이에 태어난 부루夫婁(혹은 해부루解夫婁)가 도산塗山에서 우禹를 조현朝見했다고 한 것도 특이하다. 단군의 치세를 1048년으로 본 것은 권람의 『응제시주應製詩註』와 일치하는데, 그 출전은 알 수 없다. 조선시대 사서는 대부분 단군의 수壽가 천여 년이나 된다는 것은 믿을 수 없고, 그것은 단군조선의 역년歷年일 것으로 해석해 왔으나, 허목은 다시금 고기류의 기사를 그대로 믿는 쪽으로 돌아갔다. 단군의 아들이 부루라는 것은 『삼국유사』에 보이나, 그가 비서갑녀를 어머니로 했다는 것과, 도산에서 우를 조현했다는 이야기는 『삼국유사』에 보이지 않는다. 비서갑에 관한 기사는 오직 이승휴의 『제왕운기』와 권람의 『응제

---

[59]　韓永愚, 「17世紀의 反尊華的 道家史學의 成長」, 『韓國學報』 1, 1975.

시주』에만 보일 뿐이다. 그 출전은 알 수 없다. 아마도 허목은 위 두 서적을 참고했거나, 아니면 위 두 책이 의거했을 것으로 보이는 모종의 고기류를 참고한 것이 아닌가 싶다. 부루가 도산에서 우를 조현했다는 기사는 『응제시주』에서 처음 보이고,[60] 명종대 유희령이 지은 『표제음주 동국사략』에 두 번째 보일 뿐,[61] 그 밖의 유가사서에는 무시되어 왔다.

「단군세가」에서는 이밖에도 강동현江東縣 송양松壤에 단군총檀君塚이 있다는 것과 태백泰伯과 아사달阿斯達에 단군사檀君祠가 있다는 것이 소개되고 있다.

요컨대, 「단군세가」의 기사는 『삼국유사』와는 다른 도가류의 고기를 참고하였다는 것과, 구이에서 출발한 단군조선의 문화를 긍정적으로 평가함으로써 종래 중화와 이적을 엄격하게 구별했던 존화적 문화의식을 완전히 탈피하였다는 점에 크나큰 의미가 있다. 그리고 단군조선 문화에 대한 긍정적 평가와 그 이용자료 면에서 숙종 초의 도가사서 『규원사화揆園史話』와 매우 상근한 면모를 찾을 수 있다.

(2) 부여

「부여열전」에서는 『삼국지』 위지 동이전 부여조와 『진서晋書』의 기사를 간추려 부여의 강역·풍속·산물, 그리고 중국과의 관계를 간략하게 서술하고 있다. 특히 허목은 부여가 단군의 후예라는 사실과, 북부여(부루)·동부여(금와) 등 두 개의 부여가 있다는 사실을 국내 측 고기류를 통해서 확인함으로써 국내 측 기록과 중국 측 기록을 동등하게 존중하는 태도를 보이고 있다.

부여의 물산物産에 대한 관심 또한 비상하다. 『동사』 서에,

扶餘本解夫婁之地 出善馬·貂豹·美珠 入貢於晋 作扶餘列傳

이라 한 것을 보면, 부여가 풍속도 아름답거니와 물산도 풍부하여 나라가 은부殷富하였음을 자랑스럽게 생각한다.

허목보다 앞서 부여를 독립적으로 다룬 것은 한백겸의 『동국지리지』가 있다. 그러나

---

60 韓永愚, 前揭書, 56쪽.
61 同上, 247쪽.

한백겸은 『후한서』를 토대로 부여를 이해하고 부여와 말갈을 동일 종족으로 보았으며, 부여와 단군과의 관계를 인정치 않은 점이 다르다.

(3) 숙신(읍루挹婁)

『동사』서에 숙신씨열전肅愼氏列傳을 쓴 동기를 설명하여,

肅愼氏 周公旦輔成王 貢楛矢・石砮 作肅愼氏列傳

이라 하였다. 즉 숙신이 일찍이 주초周初에 중국에 고시楛矢・석노石砮 같은 무기를 수출하였기 때문에 숙신씨 열전을 지었다는 것이다. 실제 숙신에 관한 기사는 『진서』에서만 뽑았을 뿐 다른 자료는 참고하지 않았다. 아마도 허목은 『진서』를 가장 신빙할 만한 자료로 생각했던 것 같다. 한백겸도 읍루를 독립적으로 다루었으나 『후한서』를 참고했을 뿐이다.

(4) 기자조선

기자조선箕子朝鮮의 문화는 허목이 가장 자랑하는 표본으로 칭송된다. 특히 기자가 주紂의 폭정에 항거한 사실이 상세하게 서술되어 있어 주목된다. 이는 전쟁을 좋아하고 가렴苛斂과 사치를 일삼던 주의 폭정과, 이에 항거한 기자箕子・비간比干・미자微子 등 이른바 삼인三仁의 행적을 대조적으로 부각시켜 숙종 초기 북벌北伐 운동의 폐단을 간접적으로 비판하려는 의도가 깃들인 듯하다. 허목은 『동사』이외에도 '은삼인殷三仁' 전기를 따로 쓴 바 있어,[62] 공孔・맹孟 이전의 옛 성인들의 행적을 더 한층 주목하는 자세를 보인다.

한편, 기자의 행적 가운데 허목이 또 하나 주목하는 것은 은삼인 중에서 미자는 주를 버리고 도망했으나, 기자는 군주를 버리는 것은 신하로서 군주의 악을 드러내는 일이라 하여 반대했다는 사실이다. 기자가 군주의 악을 드러내는 일이라 하여 반대했다는 사실이다. 기자가 군주의 악을 드러내지 않았다는 것은, 허목이 만들어 낸 새로운 기자상으로 군주의 권위를 신성시하려는 허목이 정치사상이 깃들어 있는 것이다.[63] 허목은 『경설經說』

---

62 『記言』上, 393~394쪽.
63 조선 전기 箕子像의 변천 과정에 대해서는 韓永愚, 「高麗朝鮮前期의 箕子認識」, 『韓國文化』3, 1982(韓永愚, 『朝鮮前期 社會思想研究』에 재수록 됨)에서 詳說한 바 있다.

에서도 기자의 이 같은 새 인간상을 강조한 바 있다.

또한 기자와 주무왕周武王과의 관계에 대해서는, 주무왕이 기자를 감옥에서 풀어 주자 기자는 홍범구주洪範九疇를 진언한 후 조선으로 '거지去之'했고, 주무왕이 뒤에 기자를 조선 왕으로 봉封했으나 '불신不臣'했다고 한다. 따라서 기자는 자발적으로 조선으로 도망해 왔으며, 주무왕에게 신복臣服하지 않은 독립적 군주로 묘사되고 있다. 이러한 인식은 물론 『사기』의 기록에 의거해서 성립된 것이지만, 국사를 자주적 시각에서 보려는 허목 자신의 태도와도 관련이 있다.

기자가 조선에 와서 이룩한 치적으로는 예의禮義 · 농잠農蠶 · 직작織作 · 경계經界 획정과 조법助法 실시, 그리고 팔조교八條敎를 들고 있다.

이상과 같은 기자의 치적에 대한 서술은 기왕의 사서와 크게 다를 바 없다. 그러나 기왕의 사서에서 흔하게 보이던 기자의 치적, 즉 기자가 조선에 와서 '이夷를 화華로 바꾸었다' (변이위화變夷爲華)는 서술은 보이지 않는다. 이는 허목이 기자 이전의 단군조선의 문화를 이풍夷風으로 천시하지 않은 까닭에 그러한 인식이 가능하다. 또 이를 뒤집어 말하면, 종전의 유자들이 이른바 중화와 이적을 문화적으로나 종족상으로 엄격하게 구별하던 화이적 세계관을 거부한다는 의미도 된다.

물론, 기자가 조선에 와서 조선의 문화가 한 단계 높아졌다는 것을 부인하는 것은 아니다. 『동사』의 서에,

> 至箕子治朝鮮 始有俎豆禮俗之治 …… 箕子治朝鮮 立八政之敎 作箕子世家

라 하였듯이, 기자조선 때부터 조두俎豆를 쓰고, 예속禮俗의 정치가 시작되었다는 것을 인정한다. 특히 「기자세가」의 끝에,

> 東國被箕子之化 門不夜扃 婦人貞信不淫 治敎長久 國祚不絶 千有餘年 此三代之所未有也

라 하여, 기자의 교화 때문에 도둑이 없고, 부인들이 정숙했으며, 천여 년간 나라가 이어진 것은 중국 삼대三代에도 없던 일이라고 자랑한다. 따라서 허목의 생각으로는 중국 삼대만이 이상시대理想時代가 아니라, 기자조선이야말로 삼대보다 더 나은 이상시대로 비쳐진

다. 어쨌든 기자시대를 삼대와 비교한 것은 허목이 처음이다.

　기자조선의 역년에 관해서는, 기준箕準이 실국失國할 때까지 41대 928년이 계속되었다는 것과, 기준이 금마金馬에 내려가 마한왕이 되어 전후 1120년의 역사를 가졌다고 본다. 그리고 마한이 백제에 망한 후 기자 후손은 기씨奇氏 · 한씨韓氏 · 선우씨鮮于氏로 되었다 한다.[64] 기자 후손이 삼성으로 되었다는 설說은 18세기 학자들 사이에 보편적으로 받아들여지고 있는데, 이는 『동사』로부터 비롯된다.

(5) 위만조선

　위만조선衛滿朝鮮은 건국에서 멸망까지의 역사가 간략하게 소개되어 있고, 사론적인 성격을 띤 허목 자신의 논평이 큰 비중을 차지한다. 즉 위만은 '적인행덕積仁行德'하지 않고, 거짓으로 왕을 속여 나라를 빼앗았을 뿐 아니라, 병위와 재물로써 작은 이웃 나라들을 약속略屬시켜 수천 리의 땅을 차지했다. 그러나 위만조선이 2대 만에 망한 것은 "폭득자暴得者는 폭망暴亡한다"는 천도에 기인한다고 말하고, "전세傳世의 구장久長을 어찌 단군이나 기자와 나란히 할 수 있었겠느냐"고 끝을 맺는다. 말하자면, 단군과 기자가 선정의 표상이라면, 위만은 악정惡政의 상징으로 매도된다.

　위만조선을 깎아서 보는 것은 기왕의 사서에 공통적이었으나, 그것은 위만이 찬탈자라는 측면이 의식된 까닭이었다. 허목의 경우는 찬탈자라는 측면만이 아니라 병위과 재물로써 영토 확장 정책을 썼다는 것이 더욱 비판의 대상이 된다. 이는 북벌 운동과 관련시켜 위만의 공리적 정치가 더욱 절실하게 의식된 것이 아닌가 싶다.

(6) 사군 · 이부

　사군四郡 · 이부二府는 그 설치 연대와 위치만을 간단히 언급했다. 사군의 위치는 『한서』와 『당서』를 인용하여 다음과 같이 비정한다.

　　1. 樂浪 = 朝鮮縣 = 平壤

64　기자 후손이 奇氏 · 韓氏 · 鮮于氏로 되었다는 기사는 국내 측 족보 자료를 이용한 것이다. 허목은 여러 韓氏에게 써 준 丘墓文에서 韓氏가 箕子 후예임을 인정하고 있다.

2. 玄菟 = 沃沮 땅 = 古肅愼國 = 樂浪 동쪽 = 浿水西北 700里

3. 臨屯 = 東暆縣 = 古濊貊國

4. 眞番 = 霅縣

이상과 같은 사군의 위치 비정은 통설을 따르는 것으로 특별한 발견은 없다.

(7) 삼한

삼한의 풍속과 정치는 『삼국지』에 의거하여 간추린 것에 불과할 뿐 특별한 내용이 없다. 진한은 진망인秦亡人이 세우고 변한은 낙랑樂浪의 묘예苗裔로 보면서, 이한二韓이 마한에 종속된 것으로 보아 마한의 정치적 주도권이 인정된다. 그렇다고, 기왕의 사서에서 흔히 나타나던 마한정통론馬韓正統論은 보이지 않는다.

삼한의 위치에 대해서는 「삼한열전三韓列傳」과 「지승」에서 논하고 있는바, 그 위치는 다음과 같이 비정한다.

1. 馬韓 = 金馬 = 백제 땅

2. 辰韓 = 弁韓과 雜居 = 신라 땅

3. 弁韓 = 樂浪 땅 = 箕子所封地 = 平壤

이상과 같은 삼한의 위치 비정은 권근설權近說에 유사하다. 한백겸의 독창적인 삼한설三韓說이 이미 『동사』보다 앞서 제시되었으나, 허목은 이를 참고하지 못한 것 같다. 전체적으로 허목은 지리고증地理考證 문제는 크게 신경을 쓰지 않고 있다. 「삼한열전」을 쓴 주된 목적은 『동사』 서에,

王準逐於衛滿 立國馬韓 幷國五十 傳二百年 辰韓 · 弁韓 各有君長 三韓屬國七十八 作三韓列傳

이라 한 바와 같이 삼한의 정치사에 관한 관심에서 출발한 것이다.

(8) 신라

「신라세가」는 『삼국사기』를 축약한 것으로 특이한 내용은 없다. 그러나 기왕의 사서에서 관례처럼 되어온 불교문화에 대한 비판이 전혀 없고, 신라 통일의 의미를 부각시키기 위해 문무왕을 기준으로 시대 구분하던 관례도 따르지 않는다. 특히 시조 박혁거세의 출자에 관해서는,

赫居世 化生 爲生民之祖 其生也 六部長以爲神 立爲君[65]

이라 하여 범인과 달리 '화생化生'하여 '신神'이 된 인물로 신격화시켜 묘사한다. 역대 시조의 탄생 설화를 황탄불경荒誕不經한 것으로 불신해 오던 일반 유자儒者의 관념과는 달리, 허목은 설화의 세계를 사실로 긍정하고, 그럼으로써 역대 시조의 출자를 신성한 것으로 묘사한다. 그러한 해석은 비단 혁거세만이 아니라, 단군설화·주몽설화·김수로설화 등 모든 시조 설화에 대하여 공통으로 적용된다. 그리고 그것은 결과적으로 역대 시조의 권위를 높여 주고, 나아가 민족적 위신을 선양하는 효과를 기대하는 것이다.

「신라세가」의 말미에는 신라문화를 총괄적으로 긍정하는 사론이 첨가되어 있다.

> 신라는 方外의 別國으로서 [중국의] 聲敎가 미치지 않아 冠帶의 列에 끼지 못하였다. 그러나 혁거세·탈해·알지 등 上哲이 서로 잇고, 三姓이 서로 사양하면서 교대하여 왕이 되었다. 이것은 三代에도 없었던 일이다. 德이 있는 정치로 천년 간 나라를 유지하여 仁義의 나라로 불렸다. 나라가 망할 때에도 遺風와 餘敎를 볼 수 있으니, 가히 善始善終한 나라라 할 것이다. [66]

신라를 인의仁義의 나라로 칭송한 것은 『삼국사기』 이래로 관례처럼 되어 왔다. 그 점에서 허목의 신라평은 선배 유학자와 근본적으로 다름이 없다. 그러나 허목은 신라를 삼국의 정통으로 간주하는 것도 아니고, 16~17세기의 사서에 흔히 보이는바, 『동국통감』

---

65 『記言』上, 182쪽.
66 同上, 291쪽.

에 실린 최부崔溥의 사론을 그대로 전재轉載하는 데 그친 것도 아니다. 신라를 중국의 삼대보다 더 높은 수준으로 보는 독자적 사론을 쓴 것이다. 앞서 기자조선을 삼대보다 더 낫다고 평가한 것과 아울러, 허목은 우리나라 고대사에서도 삼대의 이상사회를 찾을 수 있다고 믿은 것이다.

(9) 가락

「가락열전」에서는 6가야의 역사를 개관하고, 뒤에「찬贊」을 붙여 고대국가의 시조에 얽힌 출생설화에 대한 자신의 의견을 제시하여 눈길을 끈다. 즉, 상고의 생민의 조상은 모두 '무인도이화생無人道而化生'하여 남녀 관계없이 출생하는 것이 사실이라고 긍정한다. 중국의 헌원軒轅 · 간적簡狄 · 후직后稷과 같은 인물이 그러하고, 우리나라의 단군 · 혁거세 · 금와 · 주몽 · 알지, 탐라의 양을나良乙那 · 고을나高乙那 · 부을나夫乙那, 그리고 6가야의 시조들도 모두 인도人道(부부관계) 없이 '화생化生'했다 한다. 허목이 이와 같이 '화생'을 긍정하는 것은 천지天地의 기氣가 인간을 만든다는 본체론에 근거를 두고 있다. 원래 '화생'이라는 말은 두 가지 의미로 쓰인다. 『역易』에서는 남녀가 정을 맺어 '형화출생形化出生'하는 것을 '화생'이라 하고, 도가에서는 '무이화유無而化有'하는 것을 '화생'이라 하여 태생胎生 · 난생卵生 · 습생濕生과 더불어 사생류四生類라 한다.[67] 허목이 말하는 '화생'은 남녀의 정을 부인하는 것으로, 도가의 '화생'에 가까운 것이다.

유가, 특히 주자학자들은 설화의 세계에 대해 매우 부정적이다.[68] 주자학자들이 상고사를 회의적으로 취급하는 이유도 여기에 있다. 그러나 본체론적으로 설화의 세계를 긍정하는 허목의 입장에서는 설화로 뒤덮인 상고사가 실재적 시대로 인식될 수밖에 없다. 이 점에 있어서 허목의 역사 인식은 특이한 성격을 갖는다 할 것이다.

---

67 李叔還 편, 『道敎大辭典』(臺北), 1979, 135쪽.
68 예컨대 『東事』와 거의 같은 시기에 편찬된 洪汝河의 『東國通鑑提綱』(1672)에서는 혁거세 · 주몽 · 알지 등의 출생 설화를 不信하는 사론을 실었다. 한편, 18세기 초 林象德의 『東史會綱』에서는 해모수 · 금와 · 주몽 · 송양 등이 모두 天帝의 후손이라 하고, 알영 · 탈해 · 수로 · 알지 등은 어머니가 없이 출생했다는 설화를 소개하면서 '이 조그만 나라에 시끄럽게도 天神의 자손이 많기도 하다.'고 희롱조로 비난하는 史論을 실었다. 이 같은 부정적 반응은 朱子學者들에게서 공통적으로 발견된다.

(10) 고구려

주몽이 인도 없이 태어나 사람들에게 신神으로 인식된 후 고구려 시조가 되었다는 데서 시작하여 고구려 멸망 때까지의 정치사가 아무런 논평 없이 『삼국사기』를 토대로 서술되고 있다. 그러나 「세가世家」의 마지막 부분에서는 고구려 멸망에 관한 도참설圖讖說을 소개하고, 허목 자신이 쓴 「찬贊」을 실었다. 먼저, 도참圖讖으로 인용한 문구는 "고구려가 900년에 미치지 못하면 80세 대장代將이 멸망시킨다"는 것으로, 실제 고구려는 705년에 그쳤고, 고구려를 멸망시킨 당장唐將 이세적李世勣은 80세였으므로, 그 도참의 예언이 맞았다는 것이다.[69]

다음에 「찬」에서는, 고구려가 이웃 여러 부락과 나라들을 병합하여 1,000여 리의 땅을 넓히고, 30군君, 700년의 역사를 누린 것이 융성스럽다고 칭송하고, 이어,

> 활을 잡아 굳세게 싸워, 攻伐로 흥하고 攻伐로 망했다. 그러나 그 영토는 禹貢 冀州 중국
> 의 땅과 접하여 箕子의 나라와 같아졌다. 그 백성들은 質實하여 大國의 遺風이 있다.[70]

고 하여, 고구려가 전쟁을 좋아한 것도 비판하면서도, 다른 한편으로는 기자조선의 전통을 이어 풍속이 질실質實하고 대국의 유풍遺風이 있음을 찬양한다. 이점은 『동사』서에서 "句麗壤接中國 強大之治 七百餘年 作句麗世家"라 한 것과도 문맥을 같이한다.

이상과 같은 허목의 고구려평은 『삼국사기』와 『동국통감』의 고구려 인식보다는 훨씬 긍정적 성격을 갖는다.

(11) 백제

백제세가百濟世家를 쓴 이유에 대해서는 『동사』서에서 "百濟幷吞馬韓國 以富強傳六七百年 作百濟世家"라 한 바와 같이, 백제는 부강한 나라로서 6·7백 년의 긴 역사를 가진 까닭에 백제세가를 쓴다고 밝힌다. 이와 같은 취지의 백제평百濟評은 「세가」의 말미에 붙인 「찬」에서도 보인다.

---

69 『記言』上, 198쪽.
70 同上.

百濟는 온조 때부터 强戰으로 나라를 세우고, 오로지 富國强兵에만 힘썼다. 비록 나라를 오래 유지하여, 6·7백 년을 누렸으나 유달리 强暴한 나라로서 대대로 내려오는 아름다운 풍속이 없다. 國君으로서 强戰으로 죽은 이가 넷이나 된다. 나라를 이끌어가는 이는 경계를 삼아야 한다.[71]

다시 말하면, 백제는 삼국 중 가장 부국강병한 나라로서, 지나치게 부국강병을 추구한 나머지 싸우다 죽은 왕이 많다는 것이다. 허목이 백제의 부국강병을 비판하고 이를 경계해야 한다고 다짐하는 것은 두말할 나위도 없이 자기 시대의 부국강병 정책 즉 벌호伐胡 정책을 의식한 발언임을 유의할 필요가 있다.

(12) 예맥·말갈(발해)·모라(탐라)

먼저 예맥獩貊은 그 위치를 강릉(예獩)과 춘천(맥貊)에 비정하고, 주周나라 때도 맥貊이 있었으나 언제 입국했다가 언제 망했는지 알 수 없다는 것, 그리고 예맥의 풍속이 고구려와 비슷하여 염치를 아는 풍속이 있다는 것으로 호평한다. 『동사』서에서는 "예맥은 해우 산택海隅山澤에서 나라를 세웠는데, 입국이 가장 오래다"고 하여 예맥의 유구한 역사를 주목한다. 말하자면, 예맥의 오랜 역사와 고구려와 비슷한 아름다운 풍속에 허목은 호의적인 반응을 보인다. 동시에 그러한 예맥의 전통이 현실적으로 영동지방의 풍속으로 내려온다고 그는 믿는다. 그가 삼척부사三陟府使로 있을 때『척주지陟州誌』를 편찬한 것도 그와 같은 인식에 토대를 둔 것이었다.

말갈은 고구려 별종別種이라는 전제하에 그것이 뒤에 발해로 이어진 것을 주목한다. 발해에 관한 기사는 거의 전적으로 『신당서新唐書』발해전을 참고한 것으로 보이며, 5경京·15부府·62현縣의 지리 고증도 이에 의거한다.

그러나 발해군왕 대조영의 출자에 관한 기사는 국내 측 고기를 참고한 듯하다. 대조영의 아버지인 걸걸중상乞乞仲象이 야발野勃의 3세손이라고 한 것이 그것이다. 이 기사는 중국 측 기록에서는 찾아볼 수 없다. 또 발해가 망한 후 세자 광현光顯이 귀신貴臣들과 함께 고려에 귀화하여 왕계王繼라는 성명을 받고 종적宗籍에 올라 제사를 중단하지 않았다 하

---

71   同上, 202쪽.

여, 발해 왕통이 고려와 접속된 사실을 강조한다. 이는 발해가 영토상으로도 우리땅에 있었을 뿐 아니라 혈통상으로도 우리나라에 흡수되었다는 점에 주목하고 있음을 뜻한다.

실로 발해사에 대한 관심은 기왕의 어느 사서보다도 강렬하게 표출되어 있어 조선 후기 발해사渤海史 연구의 효시를 이룬다 해도 과언이 아니다.[72] 『동국통감』에서 발해를 아족我族과 무관하게 취급한 태도[73]와는 상당한 거리가 있다.

모라毛羅(탐라)를 독립된 열전으로 취급한 것도 획기적인 의미를 갖는다. 이는 그가 일찍이 『탐라지耽羅誌』를 편찬한 경험이 바탕이 되어 이를 국사체계로 흡수하게 된 것으로 보인다. 탐라에 관한 기사는 국내 측 자료에 의존한 것으로 탐라 개국에 관한 설화에서부터 시작하여 삼국시대에 백제와 신라에 차례로 복속하고, 고려조에 군현으로 편속되는 과정이 서술되어 있다. 마지막에 탐라의 풍속이 검색하다는 것과, 산물産物로 선마善馬·빈주璸珠·대모玳瑁·나패螺貝·귤유橘柚 등이 있다는 것이 소개된다.

탐라에 관한 관심은 한백겸의 『동국지리지東國地理志』에서도 표명된 바 있으나, 자료수집 면에서는 비교가 되지 않을 만큼 간략하다.[74]

4) 「지승」에 보이는 국토 인식

「지승地乘」은 처음에 「지림誌林」이라 했다가 명칭을 바꾸었다고 서문에서 밝힌다. 지승을 쓴 이유에 대하여 허목은 "지원地員과 화식貨殖을 적고, 예의와 민속을 중히 한다"[75]고 밝힌다. 말하자면 강역의 범위와 물산物産, 그리고 풍속이 지승에서 다루어진 내용이다.

이러한 취지 하에 먼저 총론격으로 우리나라 전체의 지원地員·화식貨殖·풍기風氣의 특색을 적고, 다음에는 각론 격으로 왕성王城·개성開城으로부터 시작하여 패서浿西(평안도)·서해西海(황해도)·중원中原(충청도)·하남河南(한강 남쪽 금강 이북)·강남江南(전라북도)·해양海陽(전라남도)·영남嶺南(경상도)·교주交州(강원도)·삭방朔方(함경남도)·읍루挹婁

---

72 한백겸의 『東國地理志』에서도 渤海가 취급되고 있으나 매우 간략하고, 국내 측 史書의 발해 기사를 재인용한 다음 『續文獻通考』의 발해 멸망 기사를 덧붙인 것에 불과하다. 발해의 5京·15府·62州에 대한 위치 비정도 없다.

73 韓永愚, 前揭書, 203쪽 참조.

74 『東國地理志』의 耽羅國에 관한 기사는 "今濟州三邑 別爲一區 爲百濟附庸 高麗時 始爲州縣"이라 한 것이 전부다.

75 『記言』上, 205쪽.

(함경북도)의 순으로 각 지방의 특색을 서술한다.

우선, 지승은 그 체제에서부터 일반 지리지와는 성격을 달리한다. 보통 지리지는 행정구역을 단위로 하여 전국지나 도지 혹은 읍지의 형태를 띠는 것인데, 지승은 행정구역을 단위로 하지 않고 문화권 내지는 풍토권을 단위로 하고 있다. 이는 허목이 처음부터 행정편의만을 목적으로 하지 않은 것을 의미한다. 따라서 지승에서는 대체로 도道의 규모에 해당하는 지역을 단위로 하되, 그 구역 내의 군읍 하나하나의 특색을 논하는 것이 아니라, 군읍 중에서 특색을 지닌 몇 개 큰 군회를 대표로 뽑아서 서술하는 형식을 취한다.

둘째로, 지승의 내용은 허목 자신이 서문에서 밝혔듯이, 지원地員·물산物産·풍속만을 다루고, 성씨·인물·호구·전결田結 등 세부적인 지식은 생략했다. 이는 각 지방의 농업·수공업·상업 등 산업의 특색을 이해시키고 민성民性과 풍속을 파악하여 그에 순응하는 정치의 필요성을 강조하기 위함이다. 특히 풍속과 관련하여 국가 사전祀典에 등록된 명산대천名山大川과 역대 시조묘始祖廟의 소재를 파악하고 있는 것이 주목된다. 허목이 사전에 관심을 갖는 것은 그것이 예禮와 관련되어 있기 때문이라는 것이며, 그 예禮가 잘못되어 있는 것도 관심을 기울인다. 즉 서전書傳에, 오악은 삼공三公에 비유되고, 사독四瀆은 제후諸侯에 비유되는 것으로 명산대천에 대한 제사는 매우 중요함에도 불구하고, 우리나라에서 사독이 중사로, 해악이 소사로 되어 있는 것은 예禮를 잃은 것이라 하여 그 지위가 격상되어야한다고 주장한다.[76] 또한, 역대 시조묘始祖廟와 관련하여 평양의 단군사檀君祠·동명사東明祠·기자사箕子祠, 아사달阿斯達의 삼성사三聖祠, 남한南漢의 온조사溫祚祠, 앙암仰嵓의 여왕사麗王祠 등이 소개된다. 사전은 국가의 위신과 관련되는 예禮의 일부로서 중요시된다.

셋째, 우리나라 지원地員(강역)에 관해서는 동서 1천 리, 남북 3천 리라는 기본 인식하에 탐라·울릉도·절영도絶影島·대마도對馬島·백령白翎·대청大靑·소청도小靑島 등 중요 도서까지도 망라하여, 도서지방의 물산과 풍속을 소개한다. 이는 허목 자신이 국토를 실증적으로 답사한 경험과도 관련이 있지만, 당시 도서지방이 경제적으로도 중요한 의미를 가지고 있었던 사정을 반영한다고 보겠다.

끝으로, 허목이 이해하는 우리나라 전체의 지리적 특색이 무엇인가를 알아보기로 한다. 지승의 총론에 다음과 같은 언급이 보인다.

---

76   同上, 206~207쪽.

朝鮮 九城의 땅은 燕·齊의 바깥 東南에 있다. …… 남북이 3천 리요, 동서가 1천 리다. 風氣가 다르고 聲音과 服食·嗜欲이 중국과 다른 풍속을 가졌으니, 方外의 別國이다. …… 山川이 경계를 나누고, 邑과 里가 구분되어 百里마다 풍속이 다르고, 千里마다 [民]謠가 다르다. 남방에는 새가 많고, 북방에는 짐승이 많으니 風氣가 그렇게 만든 것이다. 산골의 풍속은 우둔하고, 利를 노리는 백성은 눈치 빠르니 習性이 그렇게 만든 것이다. 東方은 氣가 치우치고 얇아서 조급하고 떠들썩하며 常心을 갖지 못한다. 大體가 모두 그러하다.[77]

여기에서 허목은 우리나라의 기후·언어·의복·음식·취미 등이 중국과 다르다는 것을 강조하고, 그러한 까닭에 방외方外의 별국別國이라는 인식을 갖는다. 말하자면, 우리나라는 자연환경뿐만 아니라 문화 성격에 있어서도 민족적 특색을 가지고 있다는 것이 강조된다. 나아가서, 인간의 문화는 자연환경의 영향을 깊이 받는다는 풍토결정론적風土決定論의 인식도 엿보인다. 한편, 한국이 중국과 대비해서 갖는 전체적 특색과 아울러 한국 내의 각 지방적 특색도 허목에게는 주목의 대상이 됨을 위 인용문에서 엿볼 수 있다. "백리마다 풍속이 다르고 천 리 마다 민요가 다르다"는 지적은 단순히 문헌만으로 얻어진 지식이 아니라, 허목 자신의 여행 경험을 토대로 하였다는 점에서 더욱 가치가 있다. 우리나라를 중국과 다른 독립된 하나의 천하로 보려는 『동사』의 역사의식은 우리나라 자연환경과 문화의 지방적 다양성을 인식하는 데서 더 절실하게 의식되었는지도 모른다.

허목은 지승을 쓰기 전후에 여러 편의 지방지를 편찬한 바 있다. 관서지關西誌·척주지陟州誌·탐라지耽羅誌·남북도풍토지南北道風土誌·변새邊塞 등이 그것이다. 이 밖에도 전국 방방곡곡의 명산名山·대천大川을 유람하면서 지은 여행기들이 수없이 많다. 지승은 말하자면 이 같은 단편적인 기록들을 종합한 것이다.

17·18세기 학인學人들 사이에는 국토의 곳곳을 보다 실증적으로 이해하려는 풍조가 유행처럼 번져 있었다. 18세기 후반에 나온 이중환李重煥의 『택리지擇里志』(팔성지八城志)도 그러한 풍조의 한 소산으로, 선배 학인들의 업적을 집대성한 의미도 갖는다. 17세기 후반~18세기 전반기의 진경산수화眞景山水畵 출현도 이 같은 풍조의 회화적繪畵的 반영이라 볼 수 있을 것이다.

77　同上, 205쪽.

5) 일본에 대한 인식

『동사』외기外記에 실린「흑치열전黑齒列傳」은 허목이 일찍이 효종 8년(1657)에 쓴「동명해사록서東溟海槎錄序」의 내용을 토대로 재구성된 것이다. 『해사록海槎錄』은 김세렴金世濂이 인조 14년에 통신부사通信副使로 일본에 다녀온 후 사행使行 경험을 적은 기행문紀行文이다. 허목은 효종 8년에 그 서문을 써 주었고, 이어 현종 8년(1667)에는 반계磻溪 유형원柳馨遠의 부탁을 받아 김세렴의 시문집에 대해서도 서문을 써 주었다.[78] 따라서, 허목이『동사』에 흑치열전을 넣을 수 있게 된 것은『해사록』을 통해서 이미 일본에 관한 비교적 소상한 지식을 가질 수 있었던 데 한 이유가 있다.

「흑치열전」을 쓴 동기에 대하여『동사』서에서는,

黑齒 東海中蠻夷强國 七道六十一州 六百十一縣 作黑齒列傳

이라 하여, 일본이 비록 문화가 낮은 만이국蠻夷國이지만, 우리와 이웃한 강국이라는 것을 인정하여 흑치열전을 짓는다고 밝힌다. 다시 말하면 일본을 '흑치黑齒'라고 부르고, 또「세가」아닌「열전」이라는 편제 속에 서술한 것은, 일본을 제후적諸侯的 존재 내지는 후진국으로 보는 우월감이 작용한 것이다. 그러나 다른 한편으로, 일본을 한국사 체계 속에 편입시켰다는 것은 왜란 이후 경직화된 고정적 대일對日 적대감에서 일단 해방되어 다시금 인방隣邦으로 재인식하는 전진적 자세의 반영으로도 볼 수 있다.

「흑치열전」에서는 일본의 역사와 정치제도, 풍습, 물산物産, 그리고 3대 도시들(산성山城 · 대판大阪 · 강호江戶)이 비교적 상세히 소개되고 있다. 즉 일본은 진시황 때 불사약을 얻으러 간 서시徐市와 5천 인의 수행자가 일본별종日本別種이 되었다고 보고, 환무천황 이후 역대 통치자를 나열한 다음 지방행정제도의 특색을 소개한다. 이어 일본의 종교 · 의복 · 예절 · 인성의 특색을 소개하면서 전체적인 국민성으로서,

죽음을 가벼이 여기고, 사람을 죽이는 것을 좋아하며, 薩摩의 풍속이 가장 강포하고 殺人

---

78 『記言』下, 601쪽.

을 좋아한다.[79]

고 하여 일본 국민성이 사나운 점이 있음을 지적한다. 끝으로, 허목은 다음과 같은 언급으로써 일본에 대한 평가를 매듭짓는다.

> 九州와 四方은 風氣가 각각 다르고, 聲音·謠俗·嗜欲이 같지 않다. 하물며 海外 絶國으로서 [중국의] 聲敎가 미치지 못하는 야만의 땅이랴! 그렇지만, 喜怒哀樂과, 착한 것을 좋아하고 악한 것을 싫어하는 人性은 모두가 같은 것이다. 지금 일본의 倭는 儒書를 구하고, 俎豆와 禮俗을 묻고 있으니 蠻夷의 盛事라 할 것이다.[80]

여기서는 일본이 문화적 후진국으로서 갖는 특색을 논하면서, 동시에 인간은 누구나 선한 것을 좋아하고 악한 것을 싫어한다는 인성의 보편성을 내세워, 일본이 후진성을 탈피할 수 있는 가능성이 있음을 낙관적으로 전망하고 있다. 특히 당시 일본이 유학과 예절을 배우려는 노력이 보이는 것에 대해 허목은 '만이성사蠻夷盛事'라는 말로 반기고 있다. 일본의 유학에 대한 신지식은 조선통신사가 일본에 갔을 때, 시서를 묻는 이가 많다는 소식이 전해지는 데서 얻어진 것 같다. 허목이 일본을 긍정적인 시각으로 다시 보게 되는 중요한 계기는 바로 일본에서 유학이 일고 있는 사실에 대한 신뢰에 있다고 할 것이다.[81]

5. 허목의 사학사적 지위

허목은 호란胡亂을 경험하고 나서 이른바 벌호론伐胡論이 국정의 제일 지표로 내세워지고, 이를 명분으로 삼아 주자학이 교조주의적인 방향으로 흘러가던 17세기 후반기에 정

---

79 『記言』上, 210쪽.
80 同上.
81 허목이 주자학에 대한 반발에서 '古學'을 제창하던 무렵, 日本에서도 조금 늦게 주자학에 대한 반항으로 '古學'이 일어났다. 日本古學의 창시자인 山鹿素行과 伊藤仁齋는 허목보다 각각 27세, 32세 年下다. 두 나라 古學의 비교 연구는 흥미를 끄는 문제다.

치적으로는 벌호 운동을 반대하고, 사상적으로는 주자학과 맞서는 이단이 한 봉우리를 차지한 인물이다. 특히 학자·관료로서 그의 활약은 효종~숙종 초 연간에 큰 정치적 파동을 일으킬 만큼 영향이 컸다.

그의 학문은 스스로 '고학古學'으로 호칭한다. 고학은 주자의 주석을 통해서 이해하는 유학이 아니라, 6경고문六經古文을 직접 파고 들어가는 원시유학原始儒學이다. 고학의 눈으로 중국 역사를 볼 때에는, 당우삼대唐虞三代만이 아니라 그보다 더 소급되는 태고太古의 칠제七帝시대도 순박하고 이상적인 사회로 비쳐진다. 인간이기보다는 신에 가까운 태고의 제왕들은 단순히 전설로 묻어버릴 존재가 아니라 비범한 초인적超人的 실재자實在者로 재해석되고 숭앙되어야 한다고 믿는다. 그리고 그러한 낭만적 분위기의 고학적 세계관은 무위자연無爲自然과 신비주의를 숭상하는 도가적 세계관과도 서로 용납될 수 있는 길을 튼다. 허목의 고학이 도가에의 경도를 보이는 이유가 여기에 있다.

한편, 고학적 세계관으로 정치를 볼 때에는, 군주는 신성하고 비범한 제왕의 후예로서 막강한 권위를 가지며, 모든 권위 질서는 군주를 정점으로 하여 차등 있게 안배되어야 한다. 이것이 곧 『춘추春秋』정신이자 고례古禮다. 군주와 신하 사이의 권위 질서가 무너진다면 이는 고례를 어그러뜨리는 일이다. 그렇다고, 군주의 통치 목표를 부국강병이나 공리에 두어서는 안 된다. 치정治政의 목표는 안민安民이며, 안민은 풍속에 순응하는 정치이기도 하다. 구체적으로 말해서 농업을 본업으로 진흥시키고, 수취收取를 가볍게 하며, 사농공상士農工商과 적서嫡庶의 위계질서를 무너지지 않게 하는 일이다. 권력구조는 군주를 정점으로 하여 재상과 6조 관료에게 기능적으로 분배되는 체제라야 한다. 이러한 기준에서 생각할 때, 17세기 후반의 조선사회는 공리와 부국강병이 국정의 지표가 되고, 그로 인해 집권당인의 사리사욕이 추구되고, 백성들이 수취에 시달리며, 군주의 권위가 실추되고, 사농공상과 적서의 질서가 무너진 시대로 비쳐진다.

한편, 고학의 눈으로 한국 역사를 볼 때, 신화의 세계는 황당무계한 환상의 세계가 아니라 신성한 권위를 지는 제왕들이 가장 순박한 정치를 폈던 삼대 이상의 이상사회인 것이다. 단군의 존재가 강렬하게 되살아나는 이유가 여기에 있다. 또한 고학의 세계에서는 중화와 이적의 구별이나 존화양이尊華攘夷는 무의미하다. 그것은 주자학자朱子學者들이 만들어 낸 중국 중심 세계관의 소산일 뿐이다. 태고의 영웅과 제왕은 모두가 화인인 것만은 아니요, 이적인夷狄人이 많다. 공자도 이적으로부터 예禮를 배웠다. 그런 문맥에서 생각할 때, 동방문화의 시발을 이풍夷風으로 천시할 필요가 없다. 고유문화를 이풍으로 천시하지 않을 때, 고유문화를 존중하고, 이에 순응하는 삶의 자세가 요청되는 것은 당연하다. 여기에서 허목은 토풍土風을 존중하는 역사의식을 갖게 되고, 이를 현실정치에 응용하려는 입장을 지니게 된다. 그리고 그러한 역사의식이야말로 바로 민족적 자각으로 연결되는 것이다.

허목의 역사의식은 그와 가장 대립적 입장에 있던 서인의 역사의식과 대비된다. 17세기 후반 서인의 대표적 사서라 할 수 있는 유계(1607~1664)의 『여사제강』(1667)은 『동사』와 거의 같은 시기에 편찬되었으면서도 가장 첨예하게 대비되는 사서다. 『여사제강』은 상고문화上古文化를 황당무계한 이단으로 간주하여 아예 국사 서술에서 삭제했다. 그래서 『여사제강』은 고려 시대만을 취급한 것이다. 상고문화를 부인함은 신성한 상고의 제왕을 부인하는 것이며, 이는 현실적으로 재상중심체제를 옹호하고, 집권당인의 권력 집중을 정당화하는 의미를 내포한다. 서인은 재상권 강화를 추구하는 반면, 허목은 왕권 강화를 중요시한다.

허목과 같은 시대의 영남남인의 역사의식도 허목과 다르다. 영남남인의 대표적 사서인 홍여하의 『동국통감제강』(1672)은 주자의 강목법에 따라 써진 것으로, 신화전설로 뒤덮인 상고사가 경시되고, 단군조선이 삭제된다.

허목의 역사의식은 종적으로는 『제왕운기』에서 『응제시주』로 이어지고, 광해조의 대북인 조정의 『동사보유』와도 맥을 잇는 반주자학적 역사서술의 흐름 속에 위치한다. 그의 먼 조상 허홍(1233~1291)의 『고금록古今錄』(1284)이나 조부 허교의 『역대사감歷代史鑑』(30권)이 혹시 그러한 성격의 사서로서 그 영향을 받았는지도 알 수 없다. 허목의 시대에 『동사』와 가장 상근성相近性을 보인 사서는 북애노인北崖老人이 지었다고 하는 『규원사화』이다.[82]

허목의 학문은 경학經學과 사학史學의 두 측면에서 후세에 끼친 영향을 검토할 필요가 있다. 고학古學으로 상징되는 그의 경학이 후세 기호남인畿湖南人의 학풍에 미친 영향은 크다. 그러나 이 문제는 더 이상 본고에서 언급하지 않겠다. 허목의 사학史學은 18세기 후반

---

82 『규원사화』는 편찬 연대가 확실치 않으나 찬자의 序文에 '兩難後'라는 표현과 '上之二年'이라는 年記가 보여 肅宗 2년(1676)으로 추정된다. 이 책은 문장이 현대적인 감각을 보인다는 점에서 한말이나 일제시대의 僞書로 보고자 하는 견해도 있다. 그러나 후대에 轉寫되는 과정에서 다소의 윤색이 있었을 가능성은 인정한다 하더라도 이를 전적으로 僞書로 보는 데는 동의할 수 없다. 선조~숙종대는 분명히 道家들이 古記類를 참고하여 上古史를 쓰는 것이 유행했던 시대이며, 허목의 『東事』도 그러한 풍조에 영향을 받아 쓰여 졌다고 믿어진다.

의 이익의 사학에 영향을 주고, 개항 전후기의 박주종朴周鍾과 안종화安鍾和를 거쳐[83] 한말
· 일제 초기 대종교 계통의 민족주의사학 성립에 큰 자극을 주었다.[84] 물론 이종휘李種徽
를 대표로 하는 소론학자의 사학도 민족주의사학에 큰 영향을 준다. 한국 민족주의사학
의 확립자인 신채호申采浩는 그의『조선상고사朝鮮上古史』총론에서 우리나라 사학사를 개
관하면서 허목의『동사』를 주목하여,

> 선조 · 인조 이후에는 儒教界에 哲學 · 文學의 巨子가 배출하며, 史界도 차차 진보되어 許
>
> 穆의 단군 · 신라 등 각 世記가 너무 간략하나 왕왕 獨得의 見이 있다.

고 하여 허목의 사학이 매우 독창성이 있다고 평가하였다. 이렇듯 허목의 사학이 근대 민
족주의사학에 영향을 준 것은 주자학의 존화양이尊華攘夷를 배격하고, 민족 자각적인 의
식을 강조한 데 이유가 있다. 한편, 1923년 김유동金逎東이 찬撰하고 윤영구尹甯求가 서序한
『도덕연원道德淵源』에서는 중국과 우리나라의 역대 유불도儒佛道 삼교三敎의 인물을 수록
하면서 허목을 도교인물에 넣고 있어 눈길을 끈다. 근대 민족주의 학인들은 선교 혹은 도
교를 한국 민족주의의 원류로 간주하는데, 허목은 바로 그 계열에 속하는 인물로 받아들
여지고 있다.

---

83 안종화(1860~1924)는 개항 직후인 1878년에『東史節要』를 썼다. 이 책은『東事』를 많이 참고하고 이를 더욱
   부연하여 桓因 · 神市 · 檀君 · 夫婁 · 日本에 관해 서술하고 있다. (韓永愚, 「開化期 安鍾和의 歷史敍述」, 『韓
   國文化』 8, 1987 참고)
84 大宗教 제2세 교주 金教獻의『神檀實記』에 허목의『東事記言』이 자주 인용되고 있다. (韓永愚, 「1910년대의
   民族主義的 歷史敍述」, 『韓國文化』 1, 1980 참고)

17세기 중엽 남인 홍여하의 역사서술

-『휘찬여사』와『동국통감제강』

1. 문제의 제기

붕당정치朋黨政治가 궤도에 올라선 17세기 이후로 각 당파는 정책이념의 차이를 드러내는 동시에 이를 뒷받침 하는 학문 경향도 제각기 특색을 보이기 시작한다. 경학經學과 표리관계를 이루는 사학史學의 경우도 예외가 아니었다.

17세기 전반기(광해군~인조대)에는 영남남인계의 오운吳澐(1540~1617)이 『동사찬요』(1606~1614)를 낸 데 이어, 기호남인계畿湖南人系의 한백겸韓百謙(1552~1615)이『동국지리지』(1614~1615)를 편찬했고, 대북인大北人 조정趙挺(1551~?)은『동사보유東史補遺』(1630년 전후)를 지어 각각 특색있는 역사인식 태도를 보여주었다.[1]

17세기 중엽(효종~현종대)에 이르러 붕당정치가 가열화되면서 역사서술도 한층 활발해지고 뚜렷한 개성을 갖기에 이른다. 서인파西人派의 중신 유계兪棨(1607~1664)는 주자 강목법을 따라『여사제강』(1672)을 써서 서인 영수 송시열의 서문을 받아 출간했고, 영남남인 홍여하洪汝河(1621~1678)는『휘찬여사彙纂麗史』(1640년대)와『동국통감제강東國通鑑提綱』(1672)을 지어 강목법사학綱目法史學의 또 다른 유형을 만들고, 영남 학인들의 호응을 받았

---

1 『東史纂要』와『東史補遺』에 대해서는 鄭求福, 「16~17세기의 私撰史書에 대하여」,『全北史學』1(1997)에서 간략하게 다루어진 바 있다. 한편, 필자는 입장을 달리하여 두 史書의 성격을 대조적으로 비교하면서 검토한 바 있다(韓永愚, 「17세기 초의 歷史敍述 - 吳澐의『東史纂要』와 趙挺의『東史補遺』」,『韓國史學』6, 1985 참고, 本書 1장 所收).
　韓百謙의 史學에 대해서는 鄭求福, 「韓百謙의『東國地理志』에 대한 一考」,『全北史學』2(1978)가 참고된다.

다. 한편 청남淸南의 영수로 불리던 허목許穆(1595~1682)은 근경近京 지방의 비주자학적非朱子學的 학풍을 계승·발전시켜 '고학古學'이라는 새로운 경학經學 체계를 제시하고, 이를 바탕으로『동사東事』(1672~1677)를 간행하여 역사인식상 뚜렷한 개성을 수립했다. [2]

이 밖에도 17세기 후반에는 반주자학적反朱子學的·반사대적反事大的 역사서술이 도가를 표방하는 몰락 학인 사이에 성행하여 무명인無名人의『규원사화揆園史話』(1676?)가 나오고[3] 또 지금 다 전하지 않으나 기호남인 유형원柳馨遠(1622~1673)의 일련의 역사 서술[4]도 관심의 대상이 되지 않을 수 없다.

이 글은 17세기 중엽 이후 영남남인 간에 숭앙받은 홍여하의 역사서술을 검토하려는 것이다. 그의 사학에 대해서는 17~18세기의 강목법사학의 일환으로서 학계의 관심을 끌었으나,[5] 그 이상의 본격적 연구는 아직 없다. 따라서 이 글에서는 홍여하의 생평生平 및 학문 경향과 관련시키면서, 그의 역사 서술의 형식적 측면보다는 역사의식에 초점을 맞추어 보려 한다. 아울러 그의 역사의식이 다른 당파의 그것과 상호 어떤 관계를 갖는지를 비교 검토하여, 17세기 중엽 붕당정치의 사상적 배경을 이해하는 데 보탬을 주려고 한다.

2. 홍여하의 생평과 경륜

홍여하洪汝河(1621~1678)는 55세의 비교적 짧은 생애를 마쳤지만, 17세기 후반기 이후로 영남 학인學人들 사이에 큰 숭앙을 받던 인물의 하나이다.

그의 출생지는 안동부安東府(성동리城東里)요, 사후에는 예천醴泉에 묻혔다. 목재木齋라는 호號는 나무처럼 말없이 살겠다는 뜻으로 서인西人에게 몰려난 후 은거 생활 중에 붙인 것이다.

경상도 부계缶溪(의흥義興)를 관향으로 하는 그의 집안은 크게 내세울 만한 조상이 많지 않았다.[6] 연산조燕山朝 때 좌참찬(정2품)을 하다가 왕의 미움을 받아 교살絞殺된 명신 홍귀

---

2   韓永愚,「許穆의 古學과 歷史認識」,『韓國學報』40, 1985, 本書 4장 所收.
3   韓永愚,「17世紀의 反尊華的 道家史學의 成長」,『韓國學報』1, 1975.
4   유형원이 지은 史書는『東國歷史可攷』·『東國史綱目條例』·『東國輿地志』등이다.
5   李萬烈,「17·8세기의 史書와 古代史認識」,『韓國史研究』10, 1974.

달洪貴達(1438~1504)이 5대조로서 홍여하 집안의 간판처럼 내세워지고 있을 뿐이다. 홍귀달이 비운으로 죽은 뒤, 그의 후손은 3대가 내려가도록 벼슬을 못했다. 홍여하의 고조(귀달貴達의 자子) 언국彦國은 성균진사成均進士로 끝났고, 증조 경참曾祖 景參과 조부 덕록祖父 德祿은 음보蔭補로 낮은 서반군직西班軍職을 가졌을 뿐 동반 벼슬을 못했다.

벼슬다운 벼슬을 다시 갖게 된 것은 아버지 호鎬(1586~1646) 때부터다. 정경세鄭經世(1563~1633) 문인으로 문과에 합격한 그는 광해군 때 권신 이이첨李爾瞻의 아들이 승문원에 등용되는 것을 반대하여 미움을 사다가 인조반정 후 중용되어 사간원 정언(정6품), 승정원 우부승지(정3품), 그리고 인조 23년에는 사간원 대사간에까지 올랐다. 호鎬의 스승인 정경세 또한 광해군 때 대북파 중진 정인홍鄭仁弘과 반목했던 영남사림의 영수領袖였으며, 이황李滉의 문인 유성룡柳成龍의 제자이기도 하다.

아버지와 정경세와의 사제師弟관계가 인연이 되어 홍여하 자신도 어려서 정경세를 만나 재주를 칭찬받은 일이 있으며, 이로부터 사서집주四書集註에 힘을 쏟으면서 주자학을 공부하게 되었다.[7] 퇴계와 주자는 그가 가장 존경하는 학자였다.[8] 또한 임진란壬辰亂 때 의병장이던 고경명高敬命의 손녀를 어머니로 하고 김성일金誠一의 현손玄孫의 딸을 아내(후취後娶)로 맞이한 것도 그로 하여금 퇴계학풍退溪學風에 깊이 연루될 수 있게 하였을 것이다.

그는 약관 18세(1639, 인조 17)에 이미 국사에 대한 자각을 가져 『휘찬여사』편찬에 착수했으며, 몇 년 뒤에 완성하였다 한다.[9] 25세에 아버지가 돌아가자 『주자가례朱子家禮』에 따라 상제喪祭를 치렀으며, 33세 되던 효종 5년(1654)에 진사와 문과에 잇따라 합격하여 다음 해부터 관로官路에 오르게 되었다.

그가 관로에 발을 디딘 효종 때는 서인이 집권하고 벌호 운동이 비등하던 시기였다. 이미 영남남인파로서 학문사상적으로 훈친된 홍여하의 입장에서 볼 때 서인의 정책은 '공도公道'가 아닌 것으로 보였다. 따라서 서인과의 충돌은 시간문제일 수밖에 없었다. 예문藝文 검열檢閱(정9품)과 대교待敎(정8품)·봉교奉敎(정7품)·시강원설서侍講院說書·성균관 전적典

---

6 홍여하의 生平과 家系에 관한 정보는 그의 손자 大龜가 쓴 行狀(『木齋先生文集』所收)에 의거하였다.
7 『木齋先生文集』권12, 洪汝河行狀(孫大龜 撰), "曾王考 學於愚伏 得閒爲學之方 府君(홍여하 - 필자)濡染家庭 凤聞緒言 … 路袖在於四書朱子 工程在於集註 自是尤用力於四書集註".
8 위의 책, 權愈序, "公 … 專志力於六經 … 平生所尊述 晦庵陶山所於其書 貫究之 解會之 尤盡心焉".
9 위의 책, 권12, 洪汝河行狀, "己卯(인조 17 - 필자) 麗史屬草 刪煩提要 綱目俱擧 … 閱累歲而書成".

籍(정6품)·사헌부 감찰監察(정6품)·사간원 정언正言(정6품)까지는 순탄하게 올라갔지만, 출사 2년 만에 그는 고산도高山道(함경도) 찰방察訪(종6품)으로 좌천되었고, 효종 9년(1658) 에는 멀리 경성판관鏡城判官(종5품)으로 나갔다. 봉교로 있을 때, 후임으로 이상진李象鎭·이 원정李元禎을 추천한 것이 당시 이조판서이던 송시열에 의해 거부되어 이에 저항하다가 파 직된 일도 있었다. 이 사건은 2년 뒤 홍여하가 송시열을 공격하는 무기로 이용된다.

효종 10년(1659), 그러니까 홍여하가 경성판관으로 재직할 때 일이다. 왕은 잇단 재이災 異의 발생을 계기로 구언求言 교지를 내렸고, 홍여하는 장문의 응지상소應旨上疏를 올렸다. 바로 이 상소가 서인대신들에게 큰 충격을 주고, 홍여하는 마침내 '대신大臣과 총재冢宰를 공척攻斥'한 '음특시험陰慝猜險'한 '간인奸人'으로 몰려,[10] 현종 원년(1660)에 충청도 황간黃澗 으로 유배되었다.[11] 이때 나이 39세로, 홍여하의 벼슬길은 이로써 영영 끝나버렸다. 유배 생활은 1년으로 끝났지만, 복상 논쟁에서 승리한 서인이 집권한 현종 통치 기간, 조정은 그를 다시 부르지 않았다.

숙종이 즉위하고, 예송禮訟논쟁에서 남인이 승리하자, 조정은 14년 만에 그를 다시 불 러 병조좌랑(정6품), 곧이어 사간원 사간(정3품)을 제수했다. 그러나 이미 몸이 병들어 나 가지 못한 채 55세의 생애를 마쳤다.

그러면, 홍여하의 벼슬길을 단명으로 끝나게 한 상소의 내용은 무엇이던가. 이른바 만 언상소萬言上疏로 불리는 기나긴 그의 상소는 홍여하의 정치경론政治經論을 가장 대표적으 로 반영하고 있다고 해도 과언이 아니다. 이 상소문 이외에 그의 문집에서 보이는 연대불 명의 「역대군신론歷代君臣論」도 홍여하의 정치사상을 살피는 데 도움을 준다.

상소문은 함경도지방의 '안변고어책安邊固圉策'으로부터 시작하여 벌호정책의 문제점, 붕당정치의 폐단, 인재 등용을 둘러싼 총재·대신의 순사비리循私非理, 그리고 마지막 수취 제도의 완화를 주장하는 등 국정 전반에 걸친 비판을 담고 있다. 그리고 직접 이름을 거론 하지는 않았으나, 당시 인사권을 쥐고 있던 이조판서 송시열과, 송시열 및 송준길 등 척화

---

10 『顯宗實錄』권1, 顯宗 즉위년 6월 辛卯條, "鏡城判官洪汝河 在任所 上應旨疏 … 承旨兪棨稟于上曰 汝河疏稱應 旨 … 至有論議偏險 … 後因時議力攻 汝河意在侵史時烈 上以爲 汝河陰慝猜險之疏, 同上卽位年 6月 庚子條 … [宋]浚吉曰 汝河之疏 斷而言之 是奸人邪說 必須痛加明辨 以正是非也 … 右議政鄭維城 上箚略曰 洪汝河之疏 假 托應旨 大臣冢宰 恣意攻斥".

11 『顯宗實錄』권2, 顯宗 원년 정월 甲申條, "定配前判官洪汝河于黃澗新豐縣".

벌호론자들을 등용한 완남부원군完南府院君 이후원李厚源에게 화살이 겨냥되고 있었다.

먼저, 벌호정책이 불가한 이유로서 그는 우리나라 풍속의 특색과 재정문제를 들었다. 즉, "동국東國의 풍속은 바탕이 유柔하고 나懦하여, 기氣가 가볍고 들뜨며, 문사文辭를 좋아하고 무예武藝를 싫어한다"[12]는 것이며, 말하자면 우리나라 풍속은 바탕이 부드럽고 겁이 많으며, 문文을 좋아하고 무武를 싫어하는데, 이러한 풍속을 그대로 따르는 것이 정치의 순리라는 것이다. 그는 "민民을 따라 다스리는 것은 보통 군주도 할 수 있는 일이지만, 풍속을 바꿔 백성을 교화하는 것은 뛰어난 임금도 하기 어려운 일"[13]이라고 하면서 풍속에 거역하는 정치의 위험성을 경고했다. 그럼에도 불구하고 호胡가 쳐들어오자 갑자기 군비를 확장하고 군사훈련을 강화하였지만 결과는 '泛而寡要 勞而無功'한 것뿐이라는 것이다. 게다가 "해마다 흉년이 들어 재력이 부족함에도 병兵과 민民이 동원되니 수원愁怨이 나라에 가득하다"는 것이다. 따라서 홍여하는 벌호운동이 시의에 맞지 않는다고 결론짓고 민속을 살피고 시세를 참작하여 완급을 조정할 것을 제의했다.

다음에, 붕당정치의 폐단에 대한 논의는 권력 구조의 핵심적 문제까지도 거론하였다. 그에 의하면 "붕당의 화禍는 지금 나라를 병들게 하는 뿌리"[14]가 되고 있으며, "붕당의 폐가 첫 화를 가져온 이래 80~90년이 되었으니, 이는 물物이 극極해서 변화가 와야 할 때"[15]라고 하면서 붕당정치의 지양을 촉구했다.

그러면 붕당은 왜 생겨난 것인가. 홍여하는 그 원인을 군권 약화와 신권 강화에서 찾았다. 원래 고려 시대에는 중신에게 권력이 모여있어 말기에는 권신 발호 때문에 나라가 망했다는 것이다. 충렬왕 이후 권신을 제거하여 권력이 인주人主에게 돌아가 왕권이 조금 안정되었고, 조선초기에는 권력이 대신에게 있었으나 중고 이래로 권력이 대각으로 넘어가고, 지금에 이르러는 하료下僚·서리胥吏의 손으로 권력이 넘어왔다고 개탄한다.[16] 그리고

---

12 『木齋先生文集』應求言教疏, "順民而治 中主可勉 易俗而教 上智所難 今夫東國之俗 質柔而懦 氣輕以浮 所喜者文辭所諱者武藝 二百年之培養 不在於韜鈐 擧一國而專攻 唯在於詞藻 …… 其俗然也".

13 위 引用文의 앞부분.

14 위 上疏 중, "良以朋黨之禍 爲今日病國之根 膠固而不可解故也 … 今此朋黨之弊 自始禍以來 垂八九十禩 此亦物極而將變之時也"

15 同上.

16 위 上疏 중, "噫 國初權在於大臣 中古以來 權在於臺閣 直到今日 權移於胥吏之手 豈不痛哉 高麗太祖 政尙寬仁 委任大臣 禮遇踰制 枉宥過失 是以權聚於重臣而其終也 有權臣之患本朝懲之 嚴立科條 損約重臣 尊其體面 奪其權柄 是以權移於下僚而其弊也 有朋黨之禍"

"권력이 하료에게 이양되면서 그 폐단이 마침내 붕당의 화禍를 가져왔다"[17]고 진단한다.

홍여하가 붕당의 폐단을 지양하기 위해 제시하는 정치체제는 권력이 군주에 돌아가고, 대신들이 예우되는 체제이다. 그래서 그는 "전하께서 권강權綱을 총람해야" 국가 기강이 잡힌다고 주장한다. 대신이 예우된다는 뜻은 '존위중록尊位重祿'하여 체면을 높여 준다는 말이다. 즉 대신에게 권력을 몰아주는 것이 아니라, 지위를 높이고 녹봉을 무겁게 하여 권세가에게 아부하거나 순사·퇴폐하는 풍습을 없애자는 것이다. 이는 현실적으로 의정부 정승이나 6조의 판서들이 완남부원군이며 원상이던 권신 이후원과 유착되었던 효종 때의 현실을 놓고 한 말이다.

홍여하는 붕당정치의 지양을 주장하면서도 그것이 용이한 일이 아니라는 것을 잘 알고 있었다. 권신을 제거하는 일은 쉽지만 붕당을 없애는 것은 매우 어려운 일로 보았다. 그의 말을 직접 들어보자.

> 朋黨의 禍는 權臣보다도 무서우며, 제거하기도 매우 어렵. 權臣은 富貴에 빠져 있지만, 朋黨은 意見에 빠져 있다. 富貴에 빠져 있는 자는 일조에 제거할 수 있으나 意見에 빠진 자는 한 사람씩 깨우쳐 주어야 한다. … 기치를 내세우는 것은 意見에 걸려 있지만 마음을 쓰는 것은 名利에 관계되어 있다. 속으로는 異·同을 조종하고, 겉으로는 밀치고 잡아 당긴다.[18]

다시 말하면 붕당정치는 한편으로는 '의견意見'을 토대로 하고 있으면서도, 다른 한편에서는 '명리名利'에 얽혀 있어, 겉과 속이 다르기 때문에 이를 치유하기가 부귀에만 빠진 권신을 제거하는 것보다 훨씬 어렵다는 것이다. 따라서 홍여하는 단순히 물리적 수단으로만 붕당의 폐단이 시정될 것으로는 믿지 않으며, 권력 구조의 개편과 아울러 군신의 도道를 새로이 사상적으로 정립할 필요를 느낀다.

위 상소문에서는 군신의 도에 관한 철학적 언급은 보이지 않지만「역대군신론」[19]에서 이점이 밝혀진다. 이 글에서 홍여하가 강조하는 것은 군신관계를 부자관계와 일치시키

---

17 위 上疏文의 마지막 부분.
18 위 上疏 중, "朋黨之禍 烈於權臣 除去之難 殆有甚焉 蓋權臣溺於富貴 朋黨溺於意見 溺於富貴者 可以一朝而捽去 而溺於意見者 難以人人遽曉也 … 立幟雖緣於意見 處心實關於名利 陰操異同 顯加擠援"
19 『木齋先生文集』권6.

고, 군신 간의 덕목인 '의義'를 '은恩'으로 바꾸자는 것이다. 흔히 세인世人들이 군신지의君臣之義를 명분과 등위로만 이해하는 것은 잘못이며 부자 간에 요청되는 것과 같은 '은애恩愛' 관계가 군신 간에도 성립되어야 한다는 것이다. 그런데 군신 간의 은애관계는 아무 때나 성립되는 것이 아니라 기상의 원류가 서로 비슷해야만 은애관계의 성립이 가능하다고 한다. 비유하자면, 나무의 뿌리와 기둥이 유통해야만 가지와 잎이 무성하고, 물의 원천이 유래해야만 유파가 청탁해지는 것과 같다. 원래 군주란 천지의 지전至全 · 지대至大 · 순수정純粹精한 기氣를 타고나는 까닭에 천지와 백신百神의 주主가 되는 것이며, 중재는 그 나머지의 편소偏小한 기氣를 타고나는 까닭에 군주에 복역服役 · 신속臣屬한다는 것이다. 그러므로 신하로서 웅재雄材 · 석기碩器라 할 만한 사람도 인주人主의 범위와 도량度量의 안을 벗어날 수 없다.

위와 같은 군신론은 결국 군주의 선천적 우월을 긍정하면서, 왕권강화를 정당화하려는 이론이라고 볼 수 있다. 이는 군신의 '의義'를 신권강화 이론으로 해석하려는 서인학자의 군신관과는 대조를 이룬다. 또 그것은 왕권강화론이라는 입장에서는 일치하면서도 설화적 · 신인적 군주상을 정립하려는 허목의 고학적 군주상과도 일정한 차이가 있다.

끝으로 홍여하의 응지상소應旨上疏에서 다루어진 것은 부세賦稅의 경감을 건의한 것이다. 그에 의하면 효종 당시의 부세는 광해군 때보다도 더 무겁다는 것이다. 그의 부세에 대한 관심은 『목재집木齋集』 잡저에서도 보인다. 여기서 그는 전결田結 · 부세賦稅 · 조용조租庸調 · 호구지부戶口之賦 · 수전授田 · 전세田稅 · 축성築城 등에 관하여 중국 및 우리나라 실정을 학문적으로 탐구하는 노력이 보인다.

이상 홍여하 상소의 대강을 살폈다. 그의 상소가 특히 조정에서 문제를 일으킨 것은 붕당의 폐단에 관한 대목이었다. 이는 권신과 대신의 비행을 직접 공격한 것이기 때문에 서인대신들의 신경을 자극시킨 것은 당연하다. 이 상소를 계기로 공격대상자인 완남부원군 이후원과 이조판서 송시열은 사직상소를 올렸다. 그러나 서인당여 인사들은 대신을 옹호하면서 홍여하를 역공하는 상소를 올렸다. 승지 유계, 우의정 정유성鄭維城, 병조판서 송준길 등은 홍여하 상소를 '호인사설好人邪說'로 규정, 마침내 왕도 그를 '음특시험陰慝猜險'하다고 판정하고 유배의 처벌을 내리게 된 것이다.[20]

20　註 10) 참조.

1년간의 황간黃澗 유배에서 풀려나 홍여하는 경기도 파주군坡州郡 율리栗里와 경상도 예천禮泉을 오가며 학문과 저술에 몰두했다. 『동사제강』(일명 『동국통감제강』)·『해동성원海東姓苑』이 율리 생활에서 이루어졌다. 또한 재야은거 생활 중에도 홍여하는 서인에 대한 비판과 '공도公道' 실현을 위한 학문연구를 그치지 않았다. 현종 7년(1666)에 그는 경상도 유생을 대신하여 의례소儀禮疏를 지어 송시열·송준길 등 서인이 제1차 예송 때 내세운 기년설을 비판했다. 기년설은 장유만을 알고 군신대의를 모르는 무부無父·무군無君의 논리라고 몰아세웠다.[21] 말하자면, 서인의 예설은 군주의 권위를 무시하는 논리로 보는 것이다. 기년설의 문제점을 단순히 학리적으로만 따지지 않고, 이를 군권과 직접 결부시켜 공격한 것이 그의 예론의 특색이다.

서인과 직접 맞싸운 기개가 가상해서인지 청남의 영수 허목은 그의 죽음을 애도하는 조문을 썼다.[22] 그러나 서인과의 경쟁에서 보조를 같이했다고는 하지만, 홍여하가 주자학에 보다 침잠한 것과는 달리 허목은 스스로 고학의 신경지를 개척했다는 점에서 두 사람의 학문은 성격이 달랐다. 물론 역사 인식도 같지 않다.

그는 사후에 영남남인으로부터 높은 숭앙을 받았다. 숙종 5년 12월 대사간 권유權愈는 홍여하의 증직을 요구했으나, 영의정 허적 등이 반대하여 실현되지 못했고,[23] 숙종 15년에 기사환국己巳換局으로 남인이 다시 집권하자, 대사헌 이현일李玄逸의 주장으로 드디어 부제학으로 추증되었다.[24] 이때 이현일은 "홍여하가 경학經學이 있고, 행기行己가 단방端方하여 남방南方 선비의 영수領袖였으며 … 그가 지은 『휘찬여사』가 사법史法을 얻어 조경趙絅의 칭송을 얻었다"[25]는 점 등을 들어 그의 증직을 요구한 것이었다. 이현일은 이황 → 김성일金誠一 → 장흥효張興孝로 이어지는 영남학통을 계승한 저명한 주자학자이다.

21 『木齋先生文集』 권4, 儀禮疏(丙午代本道儒生作), "宋時烈·宋浚吉等議政大王大妃之服 遂以聖考爲仁祖庶子 貶從期年之制 隆其所 不當隆 殺其所 不當殺 徒知有長幼而 不知君臣大義 如天地之截然不可犯也 … 伏願殿下 … 環東土數千里 庶不陷於無父·無君之城矣 宗廟幸甚 臣民幸甚"

22 『木齋先生文集』 권12, 洪汝河行狀(孫大龜撰), "… 府君 … 享年五十五 … 眉叟許相國 以書吊之曰 …"

23 『肅宗實錄』 권8, 肅宗 5년 12월 己丑條, "權愈以故司諫洪汝河 常時立幟禮論 請褒贈 [許]積及元禎言 汝河之詞章經學 不得顯用 雖甚可惜 至於禮論 只是士友間往復而已 曾無著見於章奏者 贈職爲無名 上然之"

24 『肅宗實錄』 권21, 肅宗 15년 10월 戊辰條, "大司憲李玄逸言 … 故司諫洪汝河 有經學 行己端方 爲南士領袖 斥宋時烈 坐廢十年 … 所著麗史彙纂 頗得史法 趙絅譽稱之 此不可泯沒 宜加褒贈 上從之 遂贈副提學"

25 註 24)와 같음.

3. 『동국통감제강』의 역사서술

1) 편찬과 간행

『동국통감제강東國通鑑提綱』이 편찬된 시기는 현종 13년(1672), 홍여하의 나이가 51세 때이다. 관직을 그만두고 율리와 예천에서 은거 생활을 하는 동안 쓴 것이다.

이 책은 13권[26]으로 고려 이전의 고대사를 다루었으며, 앞서 지은 『휘찬여사』와의 연결을 의식하고 지은 것 같다. 책 이름이 보여 주듯이 이 책은 『동국통감』을 토대로 주자강목법에 따라 개찬한 것이다. 그러나 이 책이 간행된 것은 편찬된 지 113년 뒤인 1786년(정조 10)에 이르러서다.[27] 안정복安鼎福의 서문에 의하면, 이 책은 홍여하의 후손이 100여 년간 가숙용家塾用으로 간직해 오다가, 정조 10년경 사우士友들로부터 교정校訂을 받고, 헌금獻金을 거두고, 사社를 조직해서 간행하기에 이르렀다. 홍여하의 현손 홍석윤洪錫胤이 그의 종제 석주錫疇를 시켜 안정복의 서문을 받았다. 이때는 이미 안정복이 거질의 『동사강목』(1778)을 쓴 지 8년 뒤로서, 안정복은 『동사강목』을 쓸 때 이 책을 참고하지 못했다.[28]

위와 같은 간행 경위로 볼 때, 지금 전하는 『동국통감제강』이 얼마만큼 원본에 충실한 것인지 의문이 가기도 한다. 사우의 교정을 받은 것이 어느 정도 원본을 수정했는지 알 수 없다. 홍여하의 손자 대구大龜가 쓴 행장에는 책명이 『동사제강東事提綱』으로 되어 있어, 아마 간행과정에서 책 이름도 바뀐 것이 아닐까 추측된다. 그러나 후인의 교정은 흔히 틀린 글자를 고치는 것에서 머무는 것이 관례이므로, 현존하는 『동국통감제강』을 가지고 홍여하의 역사인식을 검토한다 해서 큰 무리는 없을 것이다.

---

26 安鼎福의 序文에는 14권이라 하였으나 실제는 13권이다.
27 1786년에 쓴 安鼎福의 序文에는 홍여하가 歿한 지 113년이 되었다고 하였으나, 이는 『東國通鑑提綱』이 편찬된 지 113년을 잘못 쓴 것이다.
28 안정복이 『東史綱目』을 지을 때 『東國通鑑提綱』을 직접 보지 못한 것은 사실이다. 『東史綱目』 引用書目에 이 책 이름이 빠져 있음도 그 까닭일 것이다. 그러나 안정복은 南人학자로서, 홍여하의 史書 편찬에 관한 정보는 가지고 있었을 것이다. 그런 점에서 홍여하 史學이 안정복 史學에 전혀 영향이 없었다고 말하기는 어려울 것이다.

2) 『동국통감제강』의 내용

『동국통감제강』의 성격은 홍여하의 손자 대구가 쓴 행장에 요령있게 소개되어 있다. 이제 원본에 즉即해서 썼을 것으로 보여지는 대구大龜의 소개를 먼저 들어 보기로 한다.

> 壬子(현종 1, 1660 - 필자)에 禮泉서 栗里로 돌아오셨다. 『東國通鑑』을 가지고 煩亂한 것
> 은 빼고, 綱維를 정돈해서 『東事提綱』이라 하였다. 범례에는 『麗史』(『彙纂麗史』 - 필자)의
> 범례와 大同小異하다. 중국의 일을 적어 史體를 간직하고 箕子로부터 시작한 것은 사마천
> 의 『史記』가 黃帝로부터 시작한 예를 따른 것이다. … 箕準(마한 - 필자)을 높이고 신라를
> 主로 하여 正統을 엄하게 했다. … 또한 井田 및 三韓 · 四郡에 관한 논의는 韓久庵의 博雅함
> 을 따랐으나, 馬韓이 다시 平壤으로 돌아온 것을 알지 못한 것을 病으로 생각 했다. … 또한
> 일찍이 氏族之學에도 마음을 두어 一書를 지었으니, 『海東姓苑』이라 하였다. … 尊君의 義
> 와 敬祖의 誠이 또한 그 책 가운데 並行함이 있었으며, 이는 또한 族을 분류하고 物을 나누는
> 길이기도 하였다. …

이를 다시 정리한다면, 『동국통감제강』은 『동국통감』을 토대로 하였으면서도 다음과 같은 네 가지 특색을 갖춘 것으로 요약된다. 첫째, 중국사를 국사 속에 포용해서 서술했다는 것. 둘째, 국사의 시작을 기자로부터 설정했다는 것. 셋째, 기준箕準(마한)과 신라를 정통으로 내세웠다는 것. 넷째, 기자정전箕子井田과 삼한三韓 · 사군四郡의 위치에 대한 것은 한백겸설을 따르되, 마한이 뒤에 평양에 복립復立했다는 새로운 주장을 제시했다는 것이다. 또 홍여하가 『동국통감제강』과 나란히 지은 『해동성원海東姓苑』에는 각각 '존군尊君의 뜻'과 '경조敬祖의 성誠'이 담겨져 있다는 것이 위 인용문에 밝혀져 있다.

한편, 『동국통감제강』 서문을 쓴 안정복은 이 책을 어떻게 이해하고 있는가를 살펴보는 것도 우리의 이해에 도움을 줄 것이다.

> 先生은 일찍이 말씀하시기를, 道의 全體는 비록 經에 있지만, 道의 大用은 史에 實見된다
> 고 하였다. 史라는 것은 襃貶하고 勸懲하는 책이다. … 또 말씀하시기를, 金氏의 『삼국사기』
> 는 다만 古記에 의지하여 傳함이 斷爛하고, 疏略訛謬하여 전혀 史法이 없으며, 『동국통감』

은 조금 취할 점이 있지만 따져볼 것이 또한 많다고 하였다. 그래서 [동국통감을 토대로] 이를 더 보태고 요약도 해서 編年例로 만든 것이 바로 이 책이다.…지금 이 책을 읽어보니 次第와 節目이 모두 法度가 있으며, 箕子로부터 시작하여 正統의 첫머리로 삼고, 이에 馬韓을 잇게 하여, 衛滿의 僞을 내몰았다. 馬韓이 망하기 전에는 삼국의 君主를 臣下로 표시하여 왕이라 칭하지 않았다. 이는 실로 史家의 바른 例이다. 統이 바르게 되니 僭僞가 스스로 구분되고, 참위가 구분되니 名義가 정해진다. 『春秋』가 이루어진 후 亂臣과 賊子가 두려워하게 된 것은 名義가 정해진 까닭이 아니겠는가. …

즉, 홍여하의 사학은 경經과 사史를 체용관계로 파악하고 있다는 것과 『삼국사기』나 『동국통감』에 비하여 이 책은 법도가 있다는 것이 안정복이 가장 주목하는 바다. 그리고 그 법도란 다름 아닌 정통과 참위僭僞를 명백하게 구별해서 명의를 확실하게 하여 난신亂臣과 적자賊子를 두렵게 만드는 것이라 한다. 이는 쉽게 말한다면, 역사를 엄격한 명분주의에 맞추어 쓰는 것이 법도에 가장 맞는 사법이며, 그 점에서 이 책은 훌륭한 사서라는 평가가 내려지고 있다.

이제 홍대구洪大龜와 안정복安鼎福이 내린 소개와 평가를 참고하면서, 이 책의 성격을 좀 더 구체적으로 살펴보기로 한다.

먼저 책의 구성을 보면, 첫머리에 13개조의 범례가 제시되고, 본문의 목차는 크게 ① 조선기(1권), ② 삼국기(신라)(2~9권), ③ 신라기(10~13권)의 세 기紀로 나뉘어진다. 조선기는 다시 상上·하下로 구분되어 상上은 은태사殷太師(기자), 하下는 기준왕箕準王이 각각 표제로 되어 있다. 단군조선·위만조선·진한·변한 등은 정통국가가 아니라는 이유로 아예 표제에서 빠졌다. 단군·위만조선은 '은태사'에 부기되고, 진한·변한은 '기준왕'에 부기된다.

다음, 삼국기는 신라왕을 표제로 내세우고, 고구려·백제는 그 속에서 부기되고 있다. 신라기는 신라가 3국을 통일한 문무왕 9년부터 경순왕까지의 역사를 다룬다.

이상과 같은 목차설정은 기자 → 마한 → 신라로 이어지는 흐름만을 정통 왕조로 인정하고 나머지 국가는 이른바 참위僭僞로 격하시키는 것으로, 『동국통감』에서 삼조선과 삼한·삼국을 대등하게 취급한 서술방식과는 판이하다. 특히 『동국통감』에서 이른바 '삼국세력균적三國勢力均適'을 내세워 삼국시대를 '무정통'의 시대로 처리하고, 통일 이후만을 신라기로 독립시킨 것과 대조를 이룬다. 삼국 중 신라를 정통으로 내세운 이유에 대하여 범례에서는 다음과 같이 밝힌다.

> 三國의 크고 작음을 가지고 말한다면 신라는 초기에 고구려만큼 크지 못했다. 그러나 신라의 개국은 고구려·백제보다 앞서고, 끝에 가서는 신라에 의해 통일되었다. … 생각컨대, 고구려는 遼界에서 나라를 세우고 2백여 년 만에 平壤으로 천도했는데, 그 역사를 믿기가 어렵다(李文眞이 지은 자료). 溫祚는 馬韓을 멸망시켜 箕子의 제사를 끊어 놓았으니 不仁함이 심하다. 그러나 赫居世의 盛德은 箕子의 統을 이었다고 할 수 있다. 그는 馬韓을 존중한다고 말했으니 取할만하다. 史文은 崔致遠의 歷代記에서 나왔으니 믿을 만하다. 따라서 신라를 主로 삼고, 두 나라를 이에 附記한다.[29]

즉, 신라가 삼국의 정통이 되어야 하는 이유는, 가장 먼저 건국하여 뒤에 삼국을 통일했다는 것만이 아니라, 마한을 존중하여 기자의 統을 이었다는 것, 그리고 이문진이 쓴 고구려사는 믿기 어렵고 최치원이 쓴 신라사(역대기)는 믿을 수 있다는 점 등이다.

신라를 위주로 하여 삼국시대사를 쓰기 시작한 것은, 조선조에 들어와서는 태종 때 권근의 『동국사략』(三國史略)이 처음이고,[30] 그 후 '삼국균적론三國均適論'이 15·16세기를 통해 지배하다가, 17세기 초 오운의 『동사찬요』에 이르러 다시금 신라위주의 서술이 부활했다.[31] 그러나 권근과 오운은 신라를 위주로 하여 삼국시대를 서술하면서도 신라를 '정통'이라고 못 박지는 않았었다. 홍여하는 권근과 오운의 입장을 계승하면서도 처음으로 정통론을 도입하여 신라를 '정통'으로 규정함으로써 신라의 위치를 그 어느 사서보다도 극대화시켰다.

그러면, 『동국통감제강』에서 기자 → 마한 → 신라로 이어지는 정통 계승 관계를 새로

---

29 『木齋家塾東國通鑑提綱』 凡例, "… 一, 三國論其大小 則新羅之初 不如高句麗之大 然新羅開國 先於麗濟而其終也 又爲新羅統一 故東史諸家 皆以新羅冠於麗濟之上 今按高句麗立國遼界 過二百餘年 然後東徙平壤 其史不足爲據(出李文眞所撰) 溫祚滅馬韓 絶箕氏之祀 不仁甚矣 而赫居世之盛德 可以承箕子之統 其言知尊馬韓 有足取焉 史文則出於崔文昌致遠歷代記 差可考信 故以新羅主之而兩國附焉".

30 權近의 『東國史略』은 新羅가 先起後滅했다는 이유로 新羅王을 표제로 내세우고, 그 밑에 고구려·백제사를 서술했다(韓永愚, 『朝鮮前期史學史研究』, 1981, 30쪽 참고).

31 韓永愚, 前揭, 「17세기 초의 歷史敍述 - 吳澐의 『東史纂要』와 趙挺의 『東史補遺』」(本書 1장 所收) 참고.

정립하여 국사체계를 바꾼 이유는 무엇일까.

이는 형식적으로 본다면 '존왕양이尊王攘夷'를 기치로 내세운『춘추春秋』정신을 극단적으로 이데올로기화한 주자강목법사학朱子綱目法史學의 사법史法을 받아들인 결과다. 그래서 국사를 쓰면서 중국사를 비술備述한 것도『춘추』·『통감강목通鑑綱目』등에서 외국사를 함께 다룬 예例를 따른 것이며, 즉위년칭원법을 유년칭원법으로 바꿔 표기한 것, 일식을 기록한 것, 당 이후의 군주에게 황제라는 칭호를 붙인 것 등은 모두『춘추』의 정신을 따른 것이라고 범례에서 밝히고 있다.

홍여하는 과시 책제에서도 강목이 "만세사필萬世史筆의 규구規矩와 준승準繩"[32]이라고 단정하고, 강목법을 따르지 않은『삼국사기』·『고려사』·『동국통감』등 우리나라 역대 사서가 모두 사법에 어그러지는 책이라고 비난하기도 했다.

이와 같이『춘추』·『강목』의 정신과 사법을 따라 국사를 서술한다고 할 때 국사의 위치는 이夷가 아니라 화華로서 정립된다. 다시 말하면, '존화尊華'의 자리에 중국과 한국, 두 개의 화華가 자리잡게 된다. 그리고 존화의 주체로서의 한국사는 이 땅에 화문화華文化를 전수한 기자로부터 시작될 수밖에 없다. 단군은 화華 이전단계, 즉 이夷문화단계의 군주이므로, 그가 비록 최초의 개국 시조라 하더라도 정통의 자리를 차지할 수는 없다고 보는 것이다. 그래서 홍여하는 단군조선을 정통에서 제외시켰다. 또 '국절무사國絶無嗣'라 하여 단군의 혈통은 단군조선 뒤에 끊어져버린 것으로 서술하였다. 따라서 홍여하의 역사의식 속에서는 혈통적 독자성에 대한 의식은 찾아볼 수 없다. 또 중국문화와 대비되는 독자적 문화전통에 대한 의식도 뚜렷하지 않다.

그러나 우리나라를 중국과 동일한 화문화로서 인식하면서도 화문화의 선진성과 정치적 독립성에 대한 자각은 매우 투철하다. 바로 그러한 의식이 기자에 대한 서술에서 잘 나타난다. 기자는 주무왕과 군신관계를 가진 것이 아니라, 빈주관계를 가졌던 것으로 새롭게 인식된 것이 그것이다. 기자는『사기』에서 보이듯이, 주무왕의 신하가 되는 것을 거부하고 스스로 동방에 와서 왕이 된 인물이다. 그러나『사기』에서는 뒤에 기자가 '조주朝周'한 것처럼 썼는데 이것은 잘못이다. '조주'라는 말은 기자가 주周의 제후諸侯였다는 뜻이

---

32 『木齋先生文集』策題, "問 綱目繼獲麟而作也 綱倣春秋而參取群史之良 目倣左氏而稽合諸儒之粹 萬世史筆之規矩準繩也 … 我東諸史作者何人 三國史·麗史列傳之體 通鑑前後書編年 是倣何其猥釀不綱 荒誕並取 … 盛朝文治制作 軼於前古而良史不作 史法不明 …"

담긴 것이다. 기자는 일찍이 주周의 제후가 된 일이 없었으므로, 기자가 뒤에 주를 방문한 것은 사실이지만 이를 '조주'라고 표현하는 것은 잘못이라는 것이다.

한편, 홍여하는 『사기』에서 기자가 조선왕이 되기 전에 주무왕에게 홍범弘範을 진언한 것처럼 쓴 것도 잘못이라고 비판한다. 홍범을 진언한 것은 기자가 조선왕이 된 이후의 일로 보아야 한다는 것이다. 왜냐하면, 기자가 조선왕이 되기 전에 주무왕을 만났다면, 두 사람의 관계는 군신관계였거나 빈주관계 둘 중의 하나였을 것이다. 그러나 군신관계는 기자가 받아들였을 리 없고, 빈주관계는 아직 예禮로서 성립되지 않았기 때문에, 두 사람의 만남은 불가능했다는 것이다.

이와 같이 기자의 자주적인 인간상을 강렬하게 부각시키면서 홍여하는 기자의 업적으로서 중국에 홍범을 전수한 것, 우리나라에 와서 유술儒術을 퍼뜨리고, 중국과 같은 의관제도를 만들고, 팔조교八條敎와 정전제井田制를 시행한 것을 든다. 특히 홍범구주洪範九疇의 전문을 실어, 그 속에 보이는 탕평론蕩平論이나 대동大同 같은 것에 홍여하 자신의 관심이 있었음을 보여 준다.

이와 같이 기자의 위치를 극대화시킨 것은 오운의 『동사찬요』와 비슷하다.[33]

한편, 『동국통감제강』은 지리고증면地理考證面에서 새로운 주장이 보여 주목된다. 기준이 연燕과 경계를 삼았다는 패수浿水에 대하여, 지금까지 대동강으로만 보았던 것을 비판하고 요하와 대동강이 함께 패수로 불렸다는 것, 그리고 연나라 장수 진개秦開가 쳐들어와 2천여 리의 땅을 빼앗은 후 조선과 국경을 삼았다는 만번한滿潘汗의 위치를 요양성遼陽省으로 보는 것, 위만이 도읍을 정했다는 험독險瀆의 위치를 응소주應劭註 지리에 의거하여 요동에 비정하는 것 등이 그것이다.

신화에 대한 해석에 있어서 『동국통감제강』은 매우 부정적이다. 범례에서 홍여하는 삼국 시조의 탄생 설화가 "우속愚俗의 전와傳訛에서 나온 것으로 교무망탄矯誣妄誕하여 사법에 기록할 수 없다"고 하면서 이를 요약해서 싣거나 특히 황괴荒怪한 것은 삭제하겠다고 밝힌다. 단군신화가 보이지 않은 것은 물론이다.

신화 혹은 설화에 대한 불신은 조선 시대 사서의 공통적 특색이다. 그러나 설화를 존중

---

33   吳澐은 『東史纂要』 凡例에서, 箕子에 관한 事蹟을 備載하여 이 책을 보는 이로 하여금 책을 열자마자 東國風敎의 所自를 알도록 하겠다고 밝혔다(韓永愚, 前揭論文 참고).

하는 사서도 없지 않았다. 세조 때 권람의『응제시주』, 광해군 때 조정의『동사보유』, 그리고 17세기 후반 허목의『동사』가 바로 그것이다. 대체로 도가적 세계관을 받아들이는 입장에 있는 유가들은 설화를 긍정하는 태도를 보이고, 주자학의 교조적 입장을 가진 유가일수록 설화를 부인한다.

『동국통감제강』에는 많은 사론이 수록되어 있다. 이는『동국통감』의 사론을 대부분 그대로 전재한 것이다. 간간이 홍여하 자신의 안설按說이 첨가되고 있으나 사실고증적인 것일 뿐 특이한 것은 없다. 사론에 관한 한 홍여하는『동국통감』사론 찬자와 큰 이견이 없다.『동국통감』에 관한 홍여하의 불만은 본문 서술체재에 있는 것이지 사론에 있는 것이 아니다. 이는 바꿔 말하면,『동국통감』의 본문 구성은 주로 훈신勳臣들이 담당하고, 사론은 최부崔溥 등 사림들이 집필하여 이중적 성격을 지니고 있는바,[34] 홍여하의 불만은 사림 쪽이 아니라 훈신 쪽에 향해지고 있다는 것을 의미한다.

4.『휘찬여사』의 역사서술

1) 편찬과 간행

『휘찬여사』가 편찬되기 시작한 것은 홍여하 나이 18세 되던 인조 17년(1639)부터다. 그러나 몇 년에 완성되었는지는 알 수 없다. 이 책은 이처럼 홍여하가 약관 시절에 지은 것이지만 출간된 것은 18세기 후반기 정조 초년이었던 것 같다.

지금 전하는『휘찬여사』는 정종로鄭宗魯의 서문이 들어있을 뿐 간년이 밝혀져 있지 않다. 정종로는 영남대유嶺南大儒 정경세鄭經世의 6세손으로서 정조 20년 7월 사헌지평司憲持平으로 천거되었으나 나가지 않은 인물로서 철학사에서는 영남의 절충파折衷派 학인으로 알려지고 있을 뿐,[35] 그의 생몰년대를 알 수 없다. 그러나 정종로의 서문에,

---

34   韓永愚, 前揭書, 217~218쪽.
35   玄相允,『朝鮮儒學史』, 424쪽.

先生(홍여하 - 필자)은 이 책을 草創하고 沒하셨다. 門人弟子들이 數本을 傳寫하고 간직
하고 퍼뜨렸으나 미처 印刻하지 못한 지가 거의 100년이 넘었다. 최근에 영남 선비들의 의
논하여 비용을 모으고 경영하여, 宗魯 또한 이들과 더불어 校讐의 끝자리를 차지하게 되었
으며 …

라고 한 것을 보면, 이 책이 간행된 것은 홍여하가 죽은 지 거의 100년 뒤라는 것을 알 수 있
다. 그렇다면 정조 초년이 될 것이다. 그런데, 정조 2년(1778)에 편찬된 안정복의 『동사강목』
에 이 책이 인용되고 있는 것으로 보아, 늦어도 정조 2년 이전에 간행된 것으로 추측된다.

또 위 인용문에서 밝혔듯이, 『휘찬여사』는 간행되기 전에도 문인제자들이 여러 본本을
전사하여 나눠 갖고 있다가 영남유생들이 모금해서 비용을 마련해 간행하게 된 것이다.
『동국통감제강』이 간행된 과정과 아주 비슷하다.

『휘찬여사』도 정확한 이름은 『목재가숙휘찬여사木齋家塾彙纂麗史』로 되어 있다. 이것은
이 책이 가숙용家塾用으로 읽혀졌음을 말해 준다. 그러나 이 책은 가숙용으로만 묻혀 있었
던 것은 아니다. 홍여하가 타계한 지 10여 년 뒤인 숙종 15년에 당시 대사헌으로 있던 이
현일李玄逸이 홍여하의 추증을 건의하는 소疏 가운데, 홍여하가 남방사림의 영수領袖일 뿐
아니라, 그가 지은 『휘찬여사』가 사법을 얻었으며, 조경趙絅도 일찍이 이 책을 칭송한 바
있다고 주장하였다.[36] 홍여하의 증직贈職을 요청한 이현일은 퇴계학통을 계승한 영남 성
리학자의 한 사람이며, 『휘찬여사』를 칭송했다고 하는 조경(1586~1669)도 영남남인에 속
하는 저명한 학자다. 따라서 『휘찬여사』는 출판되기 전에도 이미 영남 학인들 사이에 널
리 읽히고 호응을 얻고 있었다는 것을 알 수 있다.

2) 『휘찬여사』의 체재

이 책은 『고려사』를 대본으로 하여, 이를 새로운 형식의 기전체로 축약 재구성한 것이
다. 우선 분량을 비교해 보면, 『고려사』가 139권인 데 비해, 이 책은 47권으로 약 3분의
1로 압축된 것이다. 그러나 『고려사』에 없는 기사가 증보된 것도 없지 않다. 특히 세가에

---

36 註 24) 참조.

서 중국사를 첨가한 것과, 열전에서 새로운 인물을 추가하고 외이전外夷傳을 넣은 것, 그리고 각지에다 홍여하 자신의 지론을 첨가한 부분이 늘어난 것이다. 홍여하는 범례에서 『고려사』에다 10분의 1정도를 보태고, 10분의 6정도를 생략했다고 밝힌다.

47권의 『휘찬여사』는 세가에 7권, 지志에 13권, 열전에 27권을 각각 배당하여 열전의 비중을 높이고 있으며, 마지막에 외이전을 부록하여 거란(여진 포함)과 일본을 서술했다.

책의 내용을 분석하기에 앞서, 우리는 왜 이 책이 간략한 고려사를 쓰면서 35권의 『고려사절요』를 대본으로 이용하지 않았는지 의문이 간다. 기전체를 따른 까닭에 기전체로 된 『고려사』를 대본으로 선택했다고도 생각할 수 있다. 또한, 『고려사절요』는 조선 후기 학인들이 이용하기 어려울 정도로 희귀했던 것도 사실이다. 안정복이 『동사강목』에서 『고려사절요』는 지금 전하지 않는다고 한 것도 그러한 사정을 말해 준다. 그러나 『고려사절요』가 전혀 부전不傳했던 것만은 아니다. 또 그와 가장 유사한 성격을 가진 『동국통감』의 고려기를 이용할 수도 있다. 『동국통감』의 고려기는 『고려사절요』를 대본으로 하여 재구성한 것이다.[37] 『휘찬여사』보다 조금 뒤에 편차된 서인 유계의 『여사제강』은 바로 『고려사절요』와 『동국통감』을 참고한 것이다.[38] 이렇게 추리해 보면, 홍여하는 의도적으로 『고려사』를 대본으로 선택했다는 결론이 나온다.

『고려사』와 『고려사절요』는 단순히 기전체와 편년체라는 체재상의 차이만을 가진 사서가 아니라, 고려 역사를 보는 시각에 근본적인 차이점이 있다는 것은 필자가 이미 밝힌 바 있다.[39] 즉, 전자는 왕권의 입장에서, 후자는 신권臣權, 특히 재상중심宰相中心체재의 시각에서 써진 것이다. 이러한 차이 때문에 두 사서는 편찬 당시는 물론이요, 후에도 정치권력체계의 변동과 관련하여 미묘한 대립을 보여 왔던 것이다. 따라서 서인 유계가 『고려사절요』를 대본으로 선택하고, 영남남인 홍여하가 『고려사』를 대본으로 선택했다는 것은 우연한 사실이 아니라, 그들 각파의 정치사상과 깊이 관련시켜 검토해 볼 문제라고 본다.

---

37 韓永愚, 前揭書, 165쪽 참조.
38 兪棨의 『麗史提綱』이 『高麗史節要』를 참고했다고 自述한 언급은 없다. 그러나 그 내용을 검토해 볼 때, 『高麗史節要』를 참고한 것이 확실하다. 韓永愚, 「17세기 중엽 西人의 歷史敍述 - 兪棨의 『麗史提綱』」, 『東國大 開校 80週年 紀念論叢』, 1987(本書 3章 所收).
39 韓永愚, 前提書, 第三章 참조.

3) 『휘찬여사』의 내용

『휘찬여사』는 『고려사』를 대본으로 하고, 체재 역시 기전체를 따랐다고는 하지만 세부적으로는 많은 차이가 있다. 이는 찬자 홍여하가 강목법과 정통론이라는 새로운 사법을 도입한 결과이다. 『휘찬여사』의 첫머리에 제시된 11조의 범례는 새로운 수사 원칙을 제시한다. 이제 세가·열전·지의 순으로 달라진 모습을 알아보기로 한다.

(1) 세가世家

세가에서는 첫째로 중국 송宋·금金·원元의 흥망과정과 전쟁·분열 등을 중간중간에 약술한 것이 이채롭다. 홍여하는 우리나라 역사책이 중국의 일을 기록하지 않은 것은 사가史家의 큰 강령綱領을 어그러뜨린 것이라고 비난한다. 중국의 역사책은 외국의 흥망·전쟁·영토변경의 일들을 모두 적어주고 있는데 우리가 그렇게 하지 않은 것은 '통체統體'를 바르게 하지 못한 것이라고 한다.[40]

이 같은 입장에서 중국사를 세가 중에 포용하여 서술한 것은 동아시아세계 속의 한국사로서 시야를 확대시킨 것이며, 이는 『동국통감제강』에서 중국사를 서술한 원칙과도 일치한다.

둘째로, 세가에서는 중국 황제 중 송태조宋太祖·신종神宗·휘종徽宗·원세조元世祖·명태조明太祖 등은 '본기本紀'로 취급하여 서술하고, 그 밖의 여러 황제들의 기사도 '제帝'를 주어로 하여 서술한다.[41] 송태조 등을 '본기'로 취급한 것은 요遼를 정통으로 인정하지 않는 입장을 보여 주는 것이며, 그 밖의 황제들에 관한 기사를 '제'를 주어로 하여 서술한 것도, 중국 황제의 일은 본기, 고려왕의 일은 세가로 구분해야 한다는 명분에 충실한 것이다. 이는 『고려사』에서 요를 특별히 차별하지 않고, 또 중국 황제의 일도 특별히 '제'라고 칭하지 않은 것과 대조를 보인다. 이러한 입장은 『고려사』에 비해 명분에 대한 집착성이 더 강하게 표출되었음을 말해준다.

---

40 『彙纂麗史』凡例, "一. 修史之法 當先正其統體 春秋魯史而記宗周·列國之事 且中朝歷代史法於外國興亡·戰伐·邊境分割 皆在必書 而東國史未嘗記中國之事 此史家大綱領 錯謬處 …"

41 同上, "一. 旣依歷代史法 作世家·列傳 則須有本紀 史家體制始備 如宋太祖·神宗·徽宗·元世祖及大明太祖高皇帝事 有與東國相涉者 當立本紀 其餘諸帝事 略載於世家中 以存本紀之體"

(2) 지志

『고려사』의 지는 『원사元史』를 표준으로 하여 '축조열록逐條列錄'하는 식으로 되었다. 바꿔 말하면 종합적 안목으로 고려문화를 평가 이해했다기보다는 분류적 시각으로 소개, 나열한 것이라 할 수 있다. 홍여하는 이같은 방법은 사법에 어긋난다고 비난하고, 각지의 강요綱要를 먼저 세우고, 지론志論을 써 넣어, 고려시대 각 문화 분야를 소개한다기보다는 명확한 평가를 내리는 데 주력하고 있다.

그리하여 『휘찬여사』는 『고려사』의 12지 중 천문지天文志와 역지曆志를 합쳐 천문지라 하여, 모두 11지로 개편하였다. 그리고 각지의 첫머리에 붙인 논論은 홍여하 자신의 경학적經學的 입장과 세계관을 토대로 한 것으로, 『고려사』 각지의 서문과는 그 취지가 상당히 다르다.[42] 예컨대, 예지론禮志論에서는 고려시대 예禮를 평하여, 고려시대는 "군약신강君弱臣强하여 군주의 도가 없었다"든가, "규문閨門이 부정하여 부부지륜夫婦之倫이 무너졌다"는 것. 그래서 예의 근본이 무너져 한당漢唐의 의주를 빌어 교화를 펴려고 했지만, 제대로 될 수 없었다고 비판한다.

한편, 지리지론地理志論에서는 『고려사』 지리지 서에서 고려의 강역이 동북으로는 고구려 영토를 넘어섰다고 쓴 것은 잘못이라고 지적한 다음, "천하국가를 다스리는 자는 치란과 존망이 덕에 있는 것이지 영토의 넓고 좁음에 있는 것이 아니다"라고 주장한다. 이러한 홍여하의 주장은 고려시대 북진정책을 간접적으로 비난한 것이며, 동시에 『고려사』 지리지 서에서 "우리나라 폭원幅員의 넓이가 거의 만리萬里나 된다"고 하면서 영토의 크기를 자랑한 것에 대한 비판도 담겨져 있다. 이와 같이 홍여하는 영토의 확대를 추구하는 『고려사』 찬자의 공리적 지리관을 배격하는 입장에서, 고려의 북계로서 윤관尹瓘이 세웠다고 하는 선춘령비先春嶺碑의 위치도 두만강 이북 700리가 아니라 함경도 지방으로 새롭게 비정한다.

요컨대 『고려사』 지가 고려시대 문화가 지닌 한당적 요소와 공리적 요소를 비교적 긍정하는 절충적 입장에서 편찬된 것이라면, 『휘찬여사』의 지는 성리학에 보다 충실한 가치관 위에서 고려시대 문화를 비판적 안목으로 정리한 것이라 할 수 있다.

---

[42] 『彙纂麗史』의 11志 중에는 새로운 志論이 실리지 않은 것도 있다. 五行志·選擧志·輿服志 등이 그것이다.

(3) 열전列傳

『휘찬여사』의 열전은 인물평가와 인물분류 방식에 있어서 다같이『고려사』열전과 다소의 출입이 보인다. 우선『고려사』열전에 오르지 않은 인물로서 새로 등재된 인물로는 여말 성리학자 혹은 절의파節義派 인사인 길재吉再 · 서견徐甄 · 이양중李養中 · 김주金澍 등을 들 수 있다. 이들은 16세기 이후로 사림들, 특히 영남지방 사림 간에 널리 추앙받던 인물들로서, 이미 오운의『동사찬요』에 처음으로 수록된 바 있다.[43] 따라서『휘찬여사』는 『동사찬요』의 선례를 따른 것이라 할 수 있다. 그래서『고려사』열전에 등재된 인물 중에서 약 10분의 6정도가 빠지고, 10분의 1정도가 추가되었다고 범례에서 밝힌다. 가장 많이 빠진 것은 종실과 명신이다.

다음에 인물분류 방식에 있어서는,『고려사』열전의 분류항목 가운데 공주公主 · 효우孝友 · 충의忠義 · 열녀전烈女傳을 빼고, 그 대신 의열義烈 · 유학儒學 · 탁행卓行 · 행인行人 · 문원전文苑傳 등을 새로 설치했다. 유학전儒學傳을 두어 우탁禹倬과 길재吉再를 넣은 것은, 이들이 뒤에 정주학程朱學 발전에 끼친 공로를 기린 것이며, 탁행전卓行傳은 효우전孝友傳에 들어있던 인물을 중심으로 고절高節한 생활을 보낸 인사들을 모았다.[44] 행인전行人傳은 봉사활동을 탁월하게 벌인 인사들, 말하자면 외교가들을 모은 것이다.[45] 문원전文苑傳은 학문에 뛰어난 인사들의 열전이다.[46]

『휘찬여사』열전은 이렇듯 인물분류 방식에서도 새로운 모습을 보일 뿐 아니라, 인물평가 자체도 달라진 것이 많다. 가장 극단적인 예는『고려사』열전에서 간신전姦臣傳에 들어있던 인물들을 명신전名臣傳에 넣은 것이다. 조민수曹敏修 · 변안열邊安烈 · 왕안덕王安德 등이 그것이다. 이들은 이성계와의 불편한 관계로 인식해서 간신전에 들었을 뿐이지, 실제로는 고려국가 수호에 공이 큰 애국무장들이었다. 따라서 홍여하가 이들을 명신전에 바꾸어 넣은 것은 이성계李成桂의 입장을 정당화하는 태도에서 벗어난 것을 말한다.

소위 조선왕조 개국공신 중 핵심적 인물이랄 수 있는 조준趙浚 · 정도전鄭道傳 등에 대한 평가도 반드시 긍정적 시각으로만 보지는 않는다. 특히 정도전에 대해서는 그의 출신이

---

43   註 31) 참고(91쪽).
44   卓行傳에 수록된 인물은 韓惟漢 · 洪立功 · 文忠 · 崔婁伯 · 徐稜 · 金遷 · 黃守 · 鄭愈 등 8人이다.
45   行人傳에 수록된 인물은 鄭文 · 庚應圭 · 李純孝 · 宋彦奇 · 金守剛 · 張鎰 · 金有成 · 金齊顔 · 朴宜中 등 9人이다.
46   文苑傳에 실린 인물은 朴寅亮 · 金富佾 · 金黃元 · 李奎報 · 金垠 · 李崇仁 · 權近 · 李詹 등 8人이다.

미천하다고 공격한 정적政敵들의 탄핵문을 그대로 싣고, 끝에 논찬을 붙여 당시 사류士類들이 그에게 편당偏黨하는 것을 부끄럽게 생각했다고 평하고 있다. 이러한 새로운 인물평가는 홍여하가 길재吉再·서견徐甄·이양중李養中·김주金澍 등 절의파 인사를 명신전 혹은 유학전儒學傳에 첨입시킨 사실과 관련하여, 기본적으로 절의파의 시각에서 조선왕조 개국을 바라보고자 했다고 할 수 있다.

(4) 거란전과 일본전

외이外夷로서 거란전과 일본전을 넣은 것은[47] 『춘추』가 노魯의 역사책이면서도 종주宗周와 열국列國의 일을 다 적었고, 그 후 중국의 역대 사서가 모두 외이를 부록으로 다룬 선례를 따른 것이라 한다.[48]

한국사 서술에서 외이를 다룬 것은 이 책이 효시를 이루고, 그 다음에 허목의 『동사』에서도 흑치열전(일본)이 다루어지고 있다. 거란과 일본을 '이夷'로 간주한 것은 우리 자신을 '화華'로 간주하고 있음을 시사한다. 그리고 세가에서 거란이 세운 요遼를 정통왕조로 취급하지 않은 것도 같은 문맥에서 이해된다.

거란전은 그 속에서 여진까지를 포함하여 거란의 흥망과정과 우리나라와의 관계가 서술되고 있다. 일본전에서는 일본의 개국으로부터 홍여하 생존 당시까지의 한일관계사가 개략적으로 다루어지고, 일본의 정치제도·지방제도·풍속·지형·산천·산물·군사제도·경제제도 등이 비교적 상세하게 소개되고 있다. 홍여하는 일본전의 서序에서 "일본이 우리와 가장 가까운 나라로서 우리나라의 이해와 크게 관련되어 있다"는 점을 지적하고, 일본전의 마지막 부분에서는 현재 일본이 통일된 국가를 이루고, 주화鑄火·병기兵器가 매우 정교하며, 군사훈련이 잘 되어 있고, 싸움을 좋아하고, 형벌이 엄하다고 하면서 경계하는 자세를 보인다.

홍여하의 일본에 관한 정보는 일본과의 국교가 재개된 지 얼마 안 된 시기에 얻어진 것으로, 『동사』의 흑치열전에 보이는 것과 같은, 일본의 유학 발달에 주목하는 발언은 보이지 않는다. 어쨌든 17세기 사서에 일본전이 부록되기 시작한 것은 조일국교朝日國交 재개

47　『彙纂麗史』의 목차에는 契丹傳·日本傳 외에 女眞傳이 독립되어 있는 것처럼 되어 있으나, 本文에는 女眞傳이 독립되어 있지 않다. 여진에 관한 서술은 契丹傳 속에 흡수되어있다.

48　註 40) 참조.

후 학인들 사이에 일본에 대한 관심이 높아진 새 풍조를 반영하는 것이다.

5. 맺음말

홍여하는 이황李滉·유성룡柳成龍·정경세鄭經世 등으로 이어진 영남 성리학을 계승한 학인으로서 정치적으로는 효종·현종 때의 집권세력인 서인과 대립을 보였다. 그는 서인파의 권력 강화와 벌호운동, 그리고 국민의 부세賦稅 부담의 과중을 '공도公道'를 잃은 정치로 규정하고, 예송禮訟논쟁에 있어서도 서인의 주장을 무부無父·무군無君의 논리로 비판했다. 그가 지향하는 '공도'는 위축된 왕권을 강화시키고 붕당朋黨정치를 지양하여 관료정치로 되돌아가며, 국민부담을 완화시켜 주자는 것이었다. 이러한 정치의식에 바탕을 두고 그는 주자朱子의 강목법綱目法과 정통론正統論을 받아들여 새로운 국사체계를 수립했다. 고대사는 『동국통감』을 토대로 재구성하되, 그 속에 포함된 훈신勳臣들의 한당유학적漢唐儒學的·공리적功利的 사상요소는 배제하고, 의리와 명분을 더 존중하며, 신라를 높이려던 사람들의 역사의식을 계승했다. 이것이 『동국통감제강』의 편사 정신이었다.

한편, 고려시대 역사를 다시 쓰기 위해 『고려사』를 대본으로 하여 『휘찬여사』를 편찬했다. 이 책은 군주권을 강화하려는 입장은 『고려사』의 정신을 계승했으나, 『고려사』에 반영된 공리적 요소, 한당유학적 요소를 배격하여 보다 의리와 명분에 충실한 사서로 만들었다. 특히 고려 말기의 인물 평가 기준을 절의파적 시각에서 바꾸어 놓았다.

이같은 홍여하의 새로운 역사의식은 가까이는 17세기 초 영남학인嶺南學人의 한 사람이던 오운의 『동사찬요』와 가장 가까운 근접성을 보인다. 절의를 숭상하고 기자와 신라를 높이는 입장에서 특히 그러하다.

홍여하의 사학은 오운의 사학과 더불어 17·18세기를 통하여 영남학인들 사이에 넓은 호응을 얻었다. 한편, 근경近京지방에서는 한백겸·허목·유형원·이익 등이 나와 또 다른 사학풍史學風을 형성해 갔고, 서인은 서인대로 유계의 『여사제강』을 효시로 하여 독자의 역사인식체계가 형성된다. 물론 그들 상호 간의 교류와 비판도 나타난다. 그러나 적어도 17세기 사학은 붕당정치가 본궤도에 오르는 정치적 추세에 대응하여 각 당파마다 독자의 역사인식체계를 구성해 가는 출발점을 놓았다는 점에 큰 의미가 있다.

17세기 후반 ~ 18세기 초
홍만종의 3교 회통사상과 역사서술

1. 홍만종의 생애

1) 홍만종의 가계와 그 영향

홍만종洪萬宗(1643~1725)은 인조 21년(1643)에 태어나 영조 원년(1725)에 83세를 일기로 세상을 떠났다. 서인과 남인, 노론과 소론이 나뉘어 당쟁이 치열했던 현종~숙종 시대에 홍만종은 혁혁한 서인계 경화거족의 후예였으나 거의 일평생을 벼슬을 멀리하고 시주詩酒와 저술로 일관하여 많은 명저를 내놓았다.

홍만종의 호는 처음에 장주長洲라 했다가 장년 이후에는 현묵자玄黙子와 몽헌夢軒이라 했다. 이는 대개 도가 사상과 관련된 이름이다.[1] 그의 관향은 풍산豊山이고, 서울 근교의 서호西湖(지금 행주 부근)에서 살았다.

풍산홍씨는 선조의 부마인 홍주원洪柱元(정명공주 남편)을 비롯하여 정조의 모후인 혜경궁惠慶宮을 배출하는 등 명문척신 집안이었지만, 홍만종의 직계조상은 그다지 현달하지 못했다.[2] 증조 홍난상洪鸞祥(1553~?)은 생원으로서 선조 때 현감과 좌랑에 이르렀을 뿐이

---

1 長洲는 강 어구의 긴 沙洲를 말하는 것으로 홍만종이 살던 西湖가 한강 어구에 있어서 붙인 이름인 것 같다. 그러나 중국 고사의 '長洲之苑'에서 차용한 것인지도 알 수 없다. 玄黙은 "老子玄黙 孔子所師"(前漢書)라고 한 데서 차용한 듯하다. 즉 노자의 말 없는 감화를 공자가 배웠다는 뜻이니 현묵이라는 호는 도가의 영향이 분명하다. 夢軒은 말년의 호로서 '꿈꾸는 집'의 뜻이며, 다분히 도가의 허무주의를 연상케 한다.
2 홍만종의 가계와 주요 친족 명사를 『豊山洪氏世譜』에 의거하여 표로 작성하면 다음과 같다.

나 시재詩才로 이름을 떨쳤다. 문과 급제자가 배출된 것은 조부 월봉月峰 홍보洪霻(1585~1643)가 처음이다. 그는 저항시인 권필權韠의 문인으로 인조 원년에 장원급제했는데, 원주목사를 하고 있던 인조 5년에 광해군의 복위를 꾀한 이인거李仁居를 체포하여 다스린 공으로 풍녕군豊寧君에 봉해졌다. 그 뒤 의정부 좌참찬에까지 올랐다가 병자호란 때 강화도 수릉관守陵官을 지내기도 했다.

홍만종의 부친은 홍주세洪柱世(1612~1661)로 효종 원년(1650)에 문과에 급제하여 벼슬이 군수에 이르렀는데, 시명詩名을 떨쳤으며, 이조참판 정광경鄭廣敬의 딸을 취하여 홍만종과 2녀를 낳았다. 현종 때 재상을 지낸 서인 정태화鄭太和·정치화鄭致和 형제는 홍만종의 외종숙이기도 하다.

홍주세는 인조반정 이후 득세한 공서계功西系의 김자점金自點(인조의 외척)과 신만申晩(선조의 외손자) 등과 가까웠는데,[3] 송시열·송준길 등 청서계淸西系의 탄핵으로 공서계가 몰락하고, 예송논쟁(1659)에서 청서계가 승리하는 과정에서 홍주세도 벼슬을 박탈당하고 곧 사망하게 되었다. 서울 낙파洛派와 충청도 호파湖派간의 학문·시국관의 차이가 갈등을 유발시키고 있었다.

홍만종은 시명을 떨쳤던 가풍의 영향을 많이 받았으나, 다른 한편으로 백증조부 모당慕堂 홍이상洪履祥(1549~1615)과 그 아들 홍방洪霶의 영향도 많이 받은 것으로 보인다. 홍이상은

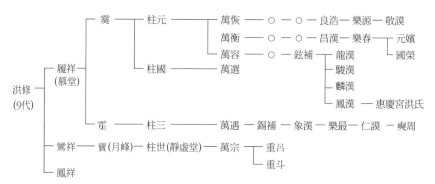

3　홍주세가 功西系의 申晩과 가까운 것은 신만의 부친 申翊聖이 선조의 사위이고, 홍주세의 6촌인 柱元 역시 선조의 사위로서 같은 척족이라는 이유도 있을 것이고, 또한 신익성이 홍주세의 시를 몹시 아꼈으며, 신만의 동생 申最와 홍주세는 시명을 나란히 겨루던 사이어서 학문상으로도 동지적 유대가 깊었던 데 연유한다. 그러나 홍주세가 신만과 가까웠다 해서 淸西系의 송시열과 사이가 나빴던 것만은 아니었다(현종대왕개수실록 1년6월 계사조). 다만 홍주세는 청서계가 신만을 과격하게 탄핵하는 것을 막기 위해 상소를 올리려 미연에 누설되어 1660년(현종 원년)에 벼슬이 삭거되고 그 다음해 죽었다.

서경덕 문인 민순閔純의 제자였다.[4] 선조 12년에 문과에 장원급제하여 큰 벼슬을 했는데, 선조 38년 은산현감을 하던 아들 홍방洪霶(1573~1638)에게 부탁하여 『화담집』을 간행하도록 했다.[5] 광해군 때에는 이이첨 일파의 미움을 받고 광해군 4년(1612)에 개성유수로 좌천되었다가 그곳에서 죽었다. 개성유수로 있을 때에는 서경덕의 사당도 배알한 일이 있었다.

또 홍이상의 『모당집慕堂集』을 보면, 그는 침류대枕流臺 주인 유희경劉希慶과도 시를 나누는 사이였는데, 그의 손자 홍주원洪柱元도 유년기에 유희경의 침류대를 왕래하여 처음에는 장모인 인목대비의 마음을 불안하게 만들기도 했으나 뒤에는 안심했다. 유희경은 바로 서경덕 문인 남언경南彦經의 문인이다.

홍방은 은산현감 때 『화담집』을 간행했는데 바로 그해 선조 38년에 문과에 급제하여 광해군 때 청요직을 지내고 한때 개성유수를 지내기도 했으며, 인조 때에도 대사간과 도승지 등을 역임했다. 아버지 영향을 받아 서경덕의 학문을 존경하고, 아버지와 똑같이 개성유수를 지냈던 것이다.

풍산홍씨 집안에서 가장 현달하고 명사들이 많이 배출된 집안이 바로 홍이상 직계 후손들이다. 홍주원, 홍양호洪良浩, 홍만선, 혜경궁惠慶宮, 홍봉한, 홍국영 등이 모두 그의 후손들이었으며, 그밖에 홍주국洪柱國·홍만용洪萬容·홍인한洪麟漢·홍경모洪敬謨·홍석주洪奭周 같은 18~19세기의 저명한 인물들이 모두 홍이상의 후손들이다.

그러면 홍만종은 학문이나 사상에서 누구의 영향을 크게 받았을까? 그가 유불선의 3교를 회통會通한 사상가라는 점을 고려하면 직계 조상의 영향과 함께 화담학파에 속하는 증백조부인 홍이상과 그 아들 홍방의 영향을 크게 받은 것으로 보인다.

2) 홍만종의 일생과 저술활동

홍만종은 처음부터 출세의 길이 순탄하지 않았다. 19세 되던 해인 현종 2년(1661)에 부친 홍주세가 세상을 떠난 뒤부터 현기증을 앓기 시작하여 책을 읽기 어려운 상태에 빠졌다고 한다. 그러나 83세로 장수한 것을 보면 반드시 건강상의 이유만은 아닌 것 같다. 공

---

4   『광해군일기』 광해군 7년 9월 19일자 졸기 및 「홍이상행장」, 『모당집』 참고.
5   한영우, 『서경덕과 화담학파』, 지식산업사, 2021.

서계에 속한 아버지가 청서계의 공격을 받아 몰락한 사실에 충격을 받은 홍만종은 청서계와의 관계를 부드럽게 하면서 낙파 고유의 실용적 문풍을 계승하는 야인적 문필생활을 통해 출세의 기회를 잡으려 했던 것 같다.

20대 초반부터 서호西湖에 은거하기 시작한 홍만종은 수십 년 연상인 정두경鄭斗卿(1597~1673) · 김득신金得臣(1604~1684) · 임유후任有後(1601~1673) · 홍석기洪錫箕(1606~1680) · 김석주金錫冑(1634~1684) 등 서울 문인들과 어울려 시주詩酒를 즐기면서 저술 활동을 벌이기 시작했다.

그 첫 결실이 24세 되던 현종 7년(1666)에 쓴 『해동이적海東異蹟』이고, 31세 되던 현종 14년(1673)에 쓴 『소화시평小華詩評』, 여항의 민담을 모은 『명엽지해蓂葉志諧』, 그리고 36세 되던 숙종 4년(1678)에 쓴 『순오지旬五志』이다.

20대 중반에서 30대 중반에 이르는 시기의 일련의 저술을 통해서 홍만종의 사상의 틀은 이미 짜여졌다고 할 수 있다. 그 뒤 49세에 이르러 『소화시평』의 보유편으로서 『시평보유詩評補遺』(1691)를 냈을 뿐 오랫동안 침묵을 지키다가 60~70대의 노년기에 이르러 『동국역대총목東國歷代總目』(1705) · 『증보 역대총목增補歷代總目』(1706) · 『시화총림詩話叢林』(1712) 등의 역작을 다시 내놓게 된다.

그러나 홍만종이 비록 시주와 저술을 통해 마음을 달래면서 청장년기를 보냈다고 해서 그가 벼슬길을 전적으로 포기한 것으로는 보이지 않는다. 그는 33세 되던 숙종 원년(1675)에 진사시에 합격했다.[6] 이는 그가 출사의 희망을 전적으로 포기한 것이 아니라는 것을 말해준다. 그가 『해동이적』을 펴낸 뒤에 아버지와 사이가 나빴던 송시열의 발문을 받은 것도 정치적 복권을 의식한 접근이라고 할 수 있다. 학문 · 사상 경향으로 볼 때, 『해동이적』에 담긴 수련도교 곧 단학丹學에 대한 호의는 결코 송시열의 성리학 정통사상과는 맞지 않는다.

진사에 합격한 지 5년 뒤인 숙종 6년(1680)에 홍만종은 낙파 서인 김석주金錫冑(1634~1684)의 천거로 왕실 족보를 수정하는 선원록이정청璿源錄釐正廳의 낭청 벼슬에 임명되었다.[7] 김석주는 처음에는 송시열과 사이가 나빴으나 제2차 예송(1674) 이후 남인이 득세하

---

6   『풍산홍씨문헌록』에 홍만종은 '을묘(1675 - 필자) 진사'라 하였고, 『시평보유』(『홍만종전집』 하, 태학사, 308~309쪽 - 이하 『전집』으로 약칭함)에도 "朴泰輔 … 與余同年司馬也"라 하여 박태보와 함께 사마시에 합격한 것을 확인할 수 있다.

게 되자 서로 친한 사이가 되어 노론의 핵심으로 등장하게 되었다.

그러나 홍만종의 출사는 아주 단기간에 끝나고 말았다. 그것은 숙종 6년에 남인의 영수인 허적許積의 서자 허견許堅의 역모사건이 일어나 그에 관련된 남인세력이 제거될 때, 홍만종은 허견의 종매從妹를 첩으로 삼은 것이 화근이 되어 벼슬자리에서 쫓겨나고 유배에 처해졌다.[8] 그런데, 얄궂게도 허견 사건을 치죄한 것은 홍만종을 천거한 김석주였다. 이로 보면, 홍만종이 유배당한 것은 당색이 김석주와 달라서가 아니라 개인적인 처신과 관련된 것을 알 수 있다.

홍만종은 유배된 지 3년만인 숙종 9년(1683)에 풀려났으나, 이 무렵 서인이 노론과 소론으로 분당하는 정치변동이 일어났다. 홍만종은 본래 기질적으로 명분론이 강한 노론의 학풍과는 거리가 멀고, 또 노론으로부터 버림을 받은 처지였으므로 그의 새로운 인간관계는 소론과의 유착으로 나타났다.

홍만종이 소론과 유착하던 1680년대에서 18세기 초에 이르는 시기는 청의 내란(1685)을 계기로 국방에 대한 논의가 매우 활발하였다. 이때의 주요논쟁점은 폐사군廢四郡의 복설과 강화도·북한산성 등의 축성문제였으며, 청과의 국경선분쟁도 야기되었다.

오랫동안 저술 활동을 중단해 온 홍만종이 다시금 숙종 31년(1705)과 그 다음 해에『동국역대총목東國歷代總目』과『증보역대총목增補歷代總目』을 잇따라 내놓은 것은 소론 재상 신완申琓(영의정)의 부탁을 따른 것이었다.

우리나라 역사와 중국의 역사를 총목형식으로 정리한 위 두 책은 홍만종의 저술 가운데서도 학술적 가치가 매우 높은 것이었지만, 책의 내용이 정치성을 드러내어 조정에 큰 논란을 불러일으켰다. 다행히 소론 재상 최석정崔錫鼎의 비호를 받아 죄를 입지는 않았지만,[9] 이 책을 비판하는 인사들은 홍만종의 위인됨까지도 비난하였다. 그것은 그가 청서의

---

7   김석주는 김육의 손자이자, 병조판서를 지낸 김좌명의 아들이며, 申翊聖의 외손자로서, 효종 때 우의정을 지
     낸 서인 李厚源의 딸을 아내로 맞이하였다. 그는 효종 때 진사에 장원급제하고, 현종 3년에 문과에 장원급제
     한 후, 여러 청요직을 거쳐 벼슬이 우의정에까지 이르렀다.『소화시평』(1673)에서 홍만종은 "金斯伯錫青 …
     嘗與余唱酬 稱余詩謂本色 盖斯伯 工於詞賦 晚業於詩 … 其詩 往往有古法"이라 하여 김석주가 홍만종과 가까운
     시우였음을 알려주고 있다. 김석주가 홍만종을 관직에 천거한 것은 서로 가까운 시우라는 것과, 또한 두 사람
     이 모두 왕실의 척족 후예라는 동질성 때문인 듯하다.
8   『숙종실록』권13, 숙종 6년 8월 을미조.
9   위의 책 권45, 숙종 33년 8월 신사조.

송시열, 노론의 김석주, 남인의 허적, 소론의 신완 등 그때그때 권력을 주도하던 당파의 핵심인물과 가까웠던 행적을 의식한 비난이었다. 그러나 『동국역대총목』은 영조 때에는 조정에서 가끔 읽힐 만큼 좋은 평가를 받았으며,[10] 그 후의 역사서술에 적지 않은 영향을 미치게 되었다.

홍만종의 마지막 저술은 70세 되던 숙종 38년(1712)에 지은 『시화총림詩話叢林』(4권)으로서 이는 앞서 저술한 『소화시평』과 『시평보유』가 자신의 시평서인 것과는 달리, 타인이 쓴 시화와 시평을 모은 자료정리의 성격을 띤 것이다.

홍만종의 저술로는 이밖에도 『동국지리략東國地理略』, 『고금소총古今笑叢』, 『속고금소총續古今笑叢』, 『해동경제야언海東經濟野言』, 『동국악보東國樂譜』, 『몽헌집夢軒集』 등이 있다고 하나, 대부분 그 원본이 전하지 않고 있을 뿐 아니라 그의 저술이라는 확실한 근거를 찾기 어려운 것도 있다.[11]

홍만종이 쓴 글로서는 이밖에도 「풍산홍씨족보서豊山洪氏族譜序」(1709, 숙종 35)와 「산림경제서山林經濟序」(1718, 숙종 44)가 있다. 특히 후자는 종제宗弟인 홍만선이 쓴 『산림경제』의 서문으로서, 그의 『해동경제야언海東經濟野言』과도 관련하여 경제에 대한 관심이 없지 않았음을 짐작케 한다.

홍만종은 70세 이후 노인직으로 통정대부(정3품) 첨지중추부사의 직함을 받은 것 같다.[12]

홍만종의 위인에 관해서는 36세에 쓴 『순오지』에서 홍만종 자신이 3벽三癖 · 4선四善 · 5폐五弊를 가지고 있다고 스스로 말했다. 3벽은 ① 간서看書를 좋아하기, ② 묵적墨蹟을 사랑하기, ③ 산수山水를 즐기기를 들었으며, 4선으로는 ① 남의 구은舊恩을 잊지 않는 것, ② 지조志操를 바꾸지 않는 것, ③ 남을 모함하지 않는 것, ④ 귀천을 가리지 않고 어른을 존경

10 　『영조실록』 권83, 영조 31년 정월 정유조. "上召校理南泰會 命讀東國總目"

11 　『東國地理略』과 『東國樂譜』가 홍만종의 저술이라는 주장은 姜銓爕, 「東國樂譜에 대하여」, 『국어국문학』54에서 제기되었으며, 『古今笑叢』과 『續古今笑叢』이 홍만종의 편저라는 주장은 大谷森繁, 「洪萬宗の著述とその生涯」, 『朝鮮學報』73에서 제기되었다. 『夢軒集』이 홍만종의 詩文集으로서 편찬된 것은 『豊山洪氏文獻錄』에 의해서 확인되지만, 지금 전하지 않는다.

12 　『豊山洪氏世系』에는 홍만종의 생졸연대와 아울러 그의 관직이 통정대부 첨지중추부사라고 되어있다. 이 자료는 강전섭 교수에 의하여 발굴되었다. 그러나 통정대부는 정3품 당상관의 높은 관직으로서 70세 이상의 노인에게 준 노인직이 분명하다. 실록에 의하여 확인되는 홍만종의 관직은 참봉(종9품)과 봉사(종8품)가 전부이며, 처음에 받은 부사정(종7품)은 실직이 아닌 산직인 듯하다.

하는 것이라 했다. 그리고 5폐는 ① 재주가 없고, ② 식견이 낮고, ③ 행동이 느리고, ④ 소례小禮에 구애되고, ⑤ 군자인 것처럼 소인을 책망하는 것이라 했다.

그러나 그가 38세에 파직당할 때와 65세에 『동국역대총목』이 조정에서 문제되었을 때, 그의 비판자들이 보는 홍만종의 위인은 그리 좋지 않다. 가령, 38세에 파직당할 때 사간원에서 올린 글에는

> 홍만종은 본래 佻巧(겉치레 잘하고 경박)한 품성을 가지고 있으며, 오직 奸細한 행동을
> 하면서 밤에 쏘다니고, 蹤跡이 陰秘하다.[13]

고 했다. 그 다음, 『동국역대총목』이 말썽이 되었던 숙종 33년(1707)에 사간원 지평 김시환金始煥이 올린 계에는

> [홍]만종은 본래 형편없는 도깨비 같은 인물로서 權門에 빌붙어 살아가고, 종적이 詭秘
> 스러워 사람 축에 끼지 못하고 세상에서 버림받았다.[14]

고까지 극론했다.

이러한 홍만종에 대한 위인평은 그가 엄격하고 단아한 선비나 산림처사가 아니라 자유분방한 단학도인丹學道人이라는 것과 권세가 집안과 밀착하여 살아가고 있다는 것을 나쁘게 표현한 것이다. 인륜과 명분을 존중하는 성리학자들의 눈에 이단과 시주詩酒에 심취하면서 적대적인 당파의 권문과 가까운 홍만종의 처세가 좋게 비쳐질 리 없는 것은 당연하다.

그러나 홍만종이 권세가와 가까이 지낸 것은 그의 생활권이 서울 근교에 있고, 친족구성상 훈척성향이 강한 데서 연유한 것이며, 그가 권력을 잡아보려 하거나, 권력을 이용하여 탐욕을 채우려고 한 것은 아니었음이 그의 생애를 통해 입증된다.

---

13 『숙종실록』 권13, 숙종 6년 6월 신축조.
14 위의 책 권45, 숙종 33년 7월 무진조.

2. 홍만종의 3교 회통사상

1) 『해동이적海東異蹟』에 나타난 도가사상

홍만종의 평생 저술을 사상적 관점에서 분류해 본다면 크게 세 부류로 나눌 수 있다. 첫째는 수련도교修鍊道敎(丹學)에 관한 것, 둘째는 시평詩評과 시화詩話에 관한 것, 그리고 마지막으로 역사에 관한 것이다.

이 가운데 그의 사상의 출발점이 된 것은 수련도교 사상이며, 이것이 바탕이 되어 문학과 역사로 관심이 확대되었다고 할 수 있다. 홍만종은 어려서부터 수련도교를 좋아하여 『참동계參同契』와 『황정경黃庭經』 등 도가서들을 손가락에 때가 묻도록 보았다고 술회하고 있다.[15]

홍만종이 수련도교를 바탕으로 24세 되던 현종 7년(1666)에 편찬한 책이 『해동이적海東異蹟』이다. 이 책은 단군에서 시작하여 곽재우郭再祐에 이르기까지 우리나라 수련도교의 인물 40명의 행적을 32항에 걸쳐 수록한 일종의 신선전神仙傳이다. 이 책에는 작자 홍만종의 제題와 정두경鄭斗卿의 서序, 그리고 송시열의 발跋(1670)이 들어있는데, 세 사람의 시각이 각기 다른 점이 특이하다.

먼저, 정두경은 유儒·도道·불佛 삼교 가운데 유교가 제일이지만 "도교道敎(老敎)도 천하를 다스릴 수 있다"고 전제한 다음, 우리나라는 육합六合 중 산수가 제일인 까닭에 단기檀箕 이래로 내단수련內丹修鍊하는 신선이 많았는데 홍만종이 『해동이적』을 지은 것은 유향劉向과 갈홍葛洪이 『열선전列仙傳』을 지은 것에 비유될 만하다고 칭송했다.

여기서 도교를 유교 다음으로 긍정하고 있는 정두경(1597~1673)은 저 유명한 16세기의 내단수련가인 정렴鄭礦(1506~1549) 집안의 후예로서,[16] '동방단가문자東方丹家文字의 개산조開山祖'로 알려진 청하자靑霞子 권극중權克中(1585~1659)과 교유하면서 그 자신도 단학에

---

15 『순오지』下(『전집』上, 76쪽) "噫 余少好道家 其於參同·黃庭等書 朵頤染指"
16 정두경은 정순붕의 세 아들인 鄭礦, 鄭礁, 鄭磃 3형제 가운데 정담 → 鄭之升 → 鄭晦 → 정두경으로 이어지는 가계에 속한다. 그는 이항복의 문인으로 1629(인조 7)년에 장원급제한 뒤 병자호란 때 '禦敵十難'을 상소했으나 뜻을 이루지 못하고 1650년에 홍문관 교리로 취임했으며, 현종 때 홍문관 제학을 거쳐 예조참판·공조참판 겸 승문원제조 등에 임명되었으나 취임하지 않았다. 그는 전북 임피에 살면서 고부의 권극중과 가까이 지냈다. 그가 홍만종과 교류한 것은 홍문관 재직 시절이다.

심취했던 인물이다.[17] 그는 권극중의 시문집인 『청하자집靑霞子集』의 서문에서 권극중의 사상을 평하여

　　학문이 삼교를 관통하고, 수련가로서 더욱 깊이가 있었다.

고 하였는데, 정두경이 내단수련가로서 삼교에 회통한 권극중을 좋아한 것은 바로 그 자신이 비슷한 성향을 지녔음을 말해주는 것이다. 사실, 홍만종이 단학에 기울어진 것은 46년 선배인 정두경의 영향이 컸던 것으로 보이며, 아마 『해동이적』을 편찬하게 된 것도 정두경의 권유에 의한 것이 아니었나 짐작된다.

　　그런데, 『해동이적』을 도교에 입각한 저술로 적극적으로 평가하는 정두경과는 달리, 홍만종 자신은 이 책을 쓰게 된 동기를 자신이 쓴 「제문題文」에서 매우 겸손하게 밝히고 있다.[18] 곧 자신의 건강이 나빠 독서를 할 수 없는 상황에서 심심풀이로 마음쓸 곳을 찾기 위해 이 책을 썼다는 것이다. 다만, 구태여 신선의 영이靈異한 행적을 쓰게 된 것은, 우리나라 산수山水가 천하에 으뜸으로 삼신산三神山이 있고, 그래서 선문禪門이나 산림山林이나 성시城市에 숨어살면서 영이靈異한 행적을 남긴 인걸이 많기 때문이라는 것이다. 다시 말해 우리나라는 자연과 인물이 다같이 뛰어난 이른바 '지령地靈 · 인걸人傑'의 나라라는 사실에 기초하여 『해동이적』이 편찬된 것이다.

　　물론 홍만종은 신선神仙에 관한 이야기가 황당무계하여 군자들이 믿을 것이 못된다는 것을 인정하고 있다.[19] 그러나, 신선술이 지닌 내단수련內丹修鍊의 효과는 정자程子와 주자朱子도 인정했다는 점을 들어 자신의 입장을 변호하고 있다.

　　홍만종의 자기변호에 대하여 송시열은 발문에서 홍만종의 생각이 잘못된 것을 꾸짖고 있다. 즉 정자와 주자는 결코 도교나 신선술을 찬성한 일이 없다고 하면서 이단서異端書라

17　권극중의 도가사상에 대해서는 김낙필의 『권극중의 내단사상』(1990년도 서울대학교 박사학위논문)에서 심층적으로 해명된 바 있다. 이에 의하면, 권극중은 고부인으로 김장생의 문인인 崔命龍에게 수학했으며, 이식 · 임전 · 정두경 · 남궁두 · 박남평 · 조찬한 · 권필 · 이재 · 유형원 등과 교유했다.

18　『해동이적』 제문, "人不可無用心 亦不能無所用心 … 夫神仙之說誕謾 固君子所不道然程明道 稱其竊造化之機 以延年益壽 朱紫陽註參同契 則道家所謂功行三千大羅爲仙 亦不可謂無是理也 我東方 山水甲於天下 世所稱三神山 皆在域中 故遺世遯跡之士 或托於禪門 或隱於山林 或混於城市 往往有靈異之蹟 傳於耳目地靈人傑 果不誣也"

19　위 제문 참고.

는 것은 "어찌 없는 것과 같으랴. 그러나 어찌 있는 것을 미워하랴"라고 한 고인의 말을 인용하여, "없는 것이 낫지만, 있어도 싫어할 것은 없다"는 완곡한 표현을 써서 『해동이적』을 평가하고 있다.[20]

주자학의 도전세력에 대하여 누구보다도 비타협적이었던 송시열이 이단서인 『해동이적』을 칭찬할 리는 만무한 것이고, 그것을 잘 알고 있을 홍만종이 송시열의 발문을 붙인 것은 그만큼 위험부담을 미연에 덜자는 계산도 깔려 있었을 것이다. 홍만종 스스로 제문에서 지나치리만큼 겸양을 보인 것도 이 책에 대한 주자학자들의 비판을 가능한 한 희석시키려는 의도로 풀이된다.

『해동이적』은 우리나라의 정사와 야사 등에 실린 신선에 관한 자료들을 뽑아 시대순으로 소개하고, 간간이 자신의 의견을 달아서 사실을 고증하기도 하고 평가를 내리기도 하였다. 우선 이 책에 수록된 41명의 인물을 소개하면 다음과 같다.

(1) 고조선 - 단군 (1명)

(2) 삼국 - 박혁거세 · 동명왕 · 4선(述郎 · 南郎 · 永郎 · 安詳) · 玉寶高 · 金謙孝 · 蘇蝦 · 大世 · 九柒 · 昺始 · 金可紀 · 최치원 (이상 14명)

(3) 고려 - 강감찬 (이상 1명)

(4) 조선 - 權眞人 · 김시습 · 홍유손 · 정붕 · 정수곤 · 鄭希良 · 南趎 · 智異仙人 · 서경덕 · 鄭磏 · 鄭碏 · 鄭礎 · 전우치 · 윤군평 · 漢拏仙人 · 남사고 · 박지화 · 이지함 · 寒溪老僧 · 유형진 · 한무외 · 張漢雄 · 南海仙人 · 蔣生 · 곽재우 (이상 25명)

한편, 『해동이적』에서 인용된 자료는 중국측 자료로써 유향劉向의 『열선전列仙傳』 · 소옹邵雍의 『황극경세서皇極經世書』, 『사림광기事林廣記』, 그리고 국내측 자료로는 『삼국사기』, 『삼국유사』 등 사서를 비롯해서, 최자崔滋의 『파한집破閑集』, 이인로李仁老의 『보한집補閑集』, 『동국여지승람』, 서거정의 『필원잡기筆苑雜記』, 성혼의 『우계집牛溪集』과 『묵암잡기

---

20 『해동이적』 말미에 붙인 송시열의 序의 요지는 다음과 같다. "愚爲 心無所用 固不可而用之於不當用 亦未爲可也 朱先生 嘗譏范醇夫 將聖賢言 抄節一番 自謂事了 夫抄節聖賢言 猶未爲是當 況此僻書志怪者流耶 程先生所謂竊造化之權者 是戒其反常逆理 非勉人以修行也 朱先生註參同契者 特以其文字之簡古而已 而其感興篇所斥者則亦嚴矣 … 抑嘗見古人論異書曰 曷如其無 烏惡乎有 此言於此書 殊甚著題"

默庵雜記』, 김정국의『사재차언思齋摭言』, 김육의『명신록名臣錄』, 『기묘록己卯錄』, 차천로車天輅의『오산설림五山說林』, 이수광의『지봉유설芝峰類說』, 유몽인의『어우야담於于野談』, 이제신李濟臣의『청강쇄어淸江瑣語』, 신흠의『상촌집象村集』, 김상헌의『남사록南槎錄』, 허목의『미수집眉叟集』, 정렴, 정작 형제의『북창고옥시집北窓古玉詩集』, 『동사보감東史寶鑑』, 이식의『택당집澤堂集』그리고 무명씨집無名氏集 등이다. 여기서 무명씨는 허균許筠을 가리킨다. 허균이 역적으로 죽었기 때문에 이름을 밝히지 않은 것이다.

위 자료 가운데 특히 눈에 띄는 것은 화담학파의 저서들이다. 이수광, 유몽인, 차천로, 신흠, 이식, 허균 등이 그렇다. 이수광의『지봉유설』(1614)에서는 선도조仙道條를 설정하여 신라의 사선四仙과 조선의 윤군평尹君平·전우치田禹治·박지화朴枝華·남궁두南宮斗·곽재우·남주南趎 등을 소개하고, 다시 방술조方術條에서 정렴鄭磏, 남사고南師古 등을 소개하였다.

『지봉유설』과 거의 비슷한 시기의 유몽인(1559~1623)의『어우야담』에서도 첫머리에 선도조仙道條를 두어 정희량鄭希良·정렴·남사고南師古·이지함·전우치·한무외韓無畏·곽치허郭致虛·남궁두·한계노승寒溪老僧 등의 기이한 행적을 소개하였으며, 유몽인과 동시대의 허균(1569~1618)이 또한『사부고四部稿』에서 권진인權眞人·남사고·유형진柳亨進·장한웅張漢雄·장생蔣生 등 기인의 행적을 추가하였다. 이밖에 홍만종의『해동이적』과 거의 같은 시기에 쓰여진 것으로 보이는 허목許穆의「청사열전淸士列傳」에는 김시습·정희량·정렴·정작·정두鄭斗·강서姜緒 그리고 조충남趙忠男 등 7인의 행적이 '청사'라는 이름으로 소개되어 있다.

이와 같이 17세기 화담학파에 속하는 근경남인들이나 서인들 사이에서는 조선시대 도인들의 행적을 단편적으로 정리하는 것이 널리 유행하고 있었는데, 이런 자료들을 토대로 하여 여기에 고조선, 삼국시대, 고려시대 인물을 추가하여 우리나라 도교의 도통체계를 다시 세워보려고 한 것이 홍만종의『해동이적』이다.

그러나 이보다 앞서 우리나라 도교사를 처음으로 체계적으로 정리한 것은 실은 광해군 2년(1610)에 한무외韓無畏(1517~1610)였다. 그는『해동전도록海東傳道錄』을 지어 우리나라 도맥道脈은 신라의 김가기金可紀, 최승우崔承祐, 승려 자혜慈惠 등이 노자老子에서 시작하여 위백양魏伯陽을 거쳐 내려온 중국의 도교를 당나라 종리권鍾離權으로부터 전수받아 전해졌으며, 그 뒤 최치원崔致遠, 고려의 이명李茗, 조선의 김시습으로 전해져 내려왔다고 보았다. 이 책은 인조 25년(1647)에 택당 이식李植이 어느 승려로부터 입수하여 세상에 퍼뜨리게 되었다.

『해동이적』이 『해동전도록』과 근본적으로 다른 점은 무엇보다도 한국 도교의 뿌리를 단군에서 찾아 단군 이래의 민족 도교라는 시각에서 도통을 체계화한 것이다. 그리고 수련방법도 중국 도교와 우리나라 도교는 다르다고 보았다. 중국은 연금술로 단약丹藥을 만들어 먹으면서 장수를 도모하지만, 우리나라는 산수가 좋아서 산수의 기를 호흡하는 내단內丹이 발달했다고 보았다.

민족 도교의 시조를 단군에서 찾은 것은 1500년 이상 살다가 아사달阿斯達에 들어가서 산신이 되었다는 「단군신화」의 내용을 그대로 받아들인 것을 의미하는 동시에 우리나라 문화의 출발점을 단군에서 찾으려는 주체적 역사인식과도 관련이 있다. 이 점은 뒤에 그의 역사의식에서 다시 검토할 것이다.

또 『해동이적』에 올라 있는 조선시대 인물들도 서경덕과 그 문인들. 그리고 서경덕이 만난 사람들이 다수 포함되어 있는 것도 주목할 필요가 있다. 예를 들면, 서경덕을 비롯하여 그 문인 이지함, 박지화, 서경덕이 지리산을 여행하다가 만난 지리선인, 그리고 서경덕과 동시대에 개성에 살고 있던 전우치, 윤군평 등이 그렇다. 그렇다면, 홍만종이 생각하는 조선시대 도인들은 화담학파 인사들이 주류를 이루고 있다고 할 수 있으며, 이는 홍만종 자신이 화담학파에 기울어져 있다는 뜻이기도 하다.

2) 『순오지旬五志』에 나타난 3교 회통사상

홍만종이 36세에 지은 『순오지』(1678)는 24세에 지은 『해동이적』과 더불어 그의 도가 사상의 또 다른 측면을 보여주는 자료가 된다. 이 책은 책 이름 자체에 도가 취향을 풍기고, 내용 중에도 단학丹學에 관한 서술이 보인다. 그러나 이 책에는 단학뿐 아니라 유학·불교까지 포함하여 이른바 3교의 내력을 모두 다루고 있으며, 이밖에 우리나라 역사에 관한 것, 문학에 관한 것, 방언·음악·속담·별호·문집에 관한 자료들을 수록하여 일종의 인물 중심의 문화사라 할 만하다.

이 책은 15일 만에 저술되었다 하여 『순오지』로 불렸다. 이렇게 빨리 편찬된 것은 앞서 펴낸 『해동이적』, 『소화시평』 그리고 『명엽지해蓂葉志諧』[21]의 내용을 압축하고 여기에 몇가지 새로운 내용을 추가한 까닭이었다. 곧 단학에 관한 것은 『해동이적』에서, 문학에 관한 것은 『소화시평』에서, 그리고 해학에 관한 것은 『명엽지해』에서 뽑은 것이고, 그 밖의 내용은 새롭게 자료를 모은 것이다. 『순오지』에 담긴 내용이 다양하기 때문에 홍만종의 사상을 포괄적으로 이해하는 데 도움이 된다. 여기서는 먼저 단학에 대한 인식을 살펴보기로 한다.

홍만종은 『순오지』하권에서 유·불·도의 주요 인물과 그 도통 혹은 전승 관계를 약술하고 있다. 먼저 유교는 기자箕子로부터 시작하여 설총·최치원을 거쳐 고려의 최충崔冲·안향安珦에 이르러 도학道學으로 발전하고, 정몽주-길재-조선의 김숙자-김종직-김굉필-조광조-성수침-성혼-김장생으로 도학의 도통이 이어졌다고 한다. 그리고 이황李滉과 이이李珥는 사숙私淑으로 일어난 학자이므로 도통에서 뺐다.

여기서 기자를 우리나라 유교의 원류로 설정한 것은 이미 16세기말에 성리학이 토착화되면서 이이 등이 기자를 성군聖君, 곧 군사君師로 추앙하고 우리나라 도학의 원류로 정립한 것을 홍만종이 그대로 수용한 것이며,[22] 조광조의 도통이 성수침·성혼·김장생으로 이어졌다고 본 것은 다소 특이한 해석으로서, 이는 성혼의 학풍이 소론으로 연결되고, 김장생의 학풍이 노론으로 연결된 것을 염두에 둔 것으로 보인다.

그 다음 도교(丹學)의 내력에 대한 설명은 『해동이적』에 실린 40여명의 도인 이름을 적고, 정두경이 삼교 회통을 강조하는 입장에서 쓴 서문을 소개하는 것으로 일단 대신했다.

도교 다음에는 순도대사順道大師로부터 조선조의 수초守初에 이르기까지 40명의 명승名僧들을 소개하고, 그 도통 전승 과정을 설명하였다. 『순오지』에서는 이상과 같이 삼교의 내력을 설명한 다음에 총괄적으로 삼교의 특징을 논하고 있는데 이 대목이 홍만종 사상의 핵심을 드러낸다고 할 수 있다.

천하에는 세 가지 가르침이 있으니, 儒·道·佛이 그것이다. 仁義를 주로하고 … 오륜을

21　『명엽지해』는 편찬 연대가 밝혀져 있지 않으며, 대부분의 연구자들은 『순오지』보다 뒤에 저술되었을 것이라고 추측하고 있다. 그러나 최근 홍인표 교수는 『순오지』의 내용 가운데 『명엽지해』의 내용과 깊이 관련된 것이 많다는 사실에 근거하여, 『순오지』보다 앞서 편찬된 것으로 단정하였다(홍인표, 『洪萬宗詩論研究』, 서울대학교출판부, 1986, 22쪽).

22　16세기에 기자가 우리나라 도학의 원류로 정립되어간 과정에 대해서는 한영우, 「고려~조선 전기의 기자인식」, 『한국문화』 3, 1982이 참고 된다.

밝게 하고, … 하늘이 준 성품을 순하게 하는 것은 성현의 道이다. 청정을 주로 하여 … 밤이
슬과 저녁놀을 마시고, 日華와 月精을 씹으며, 티끌세상을 하루살이같이 보고, 고금역대의
일을 아침 일이나 저녁 일처럼 여기며, 천백 년을 지나도 세속과 인연을 끊는 것이 바로 老氏
의 도이다. 寂滅을 주로 하여 普渡와 方便을 어미와 아비로 삼으며, 法會와 자비로 아내와 아
들을 삼아 번뇌를 털어버리며 … 劫이 다한다 해도 더욱 굳세게 되는 것이 釋氏의 도이다.[23]

홍만종은 삼교의 특징을 이와 같이 각론各論하고 나서, 이를 다시 총괄하여

> 仙과 佛은 오로지 見性을 근본으로 하고, 儒는 인륜을 중하게 여기는데, 布帛과 菽粟이
> 일용생활에서 하루라도 없으면 안되는 것과 같다.[24]

고 하여 인륜을 중시하는 유교와 견성, 즉 정신수양을 존중하는 도道(仙) · 불佛이 의식衣食
과 똑같이 상용될 수 있다는 삼교회통三教會通 · 삼교보합三教補合의 입장을 보인다.

홍만종은 한 걸음 더 나아가 계곡谿谷 장유張維의 말을 인용하여, 중국에는 정학正學(성
학) · 선학禪學 · 단학丹學 · 정주학程朱學 · 육왕학陸王學 등이 다기多岐하게 병존하고 있는
데, 우리나라는 유식자와 무식자를 막론하고 정주학만을 하고 있는 현실을 개탄하고 있
다.[25] '정학'과 '잡학'의 관계는 비유해서 말하자면 오곡五穀과 제패稊稗(피)와 같은 것으로
써, 곡식의 결실이 무성해야 오곡과 피를 구별할 수 있는 것이지, 황폐한 뻘건 땅에서는
오곡도 피도 자랄 수 없다는 것이다.

홍만종은 이와 같이 단학을 비롯한 잡학이 정학인 유학과 병립해야 한다는 입장에서
정자와 주자가 단학을 수련한 사실을 비롯하여 중국과 우리나라에 전해지는 신선에 관한
일화들을 소개하고, 자신도 어려서부터 『참동계參同契』와 『황정경黃庭經』 등을 읽은 사실
을 밝히고 있으며, 장생長生과 수심修心을 위한 여러 비법을 소개하고 있다.

---

23 『全集』上, 71~72쪽.
24 위의 책, 72쪽.
25 위의 책, 73쪽. "張谿谷漫筆曰 中國學術多岐 有正學 · 禪學 · 丹學, 有學程朱子 學陸氏者 門逕不一 而我國則無
論有識無識 皆稱誦程朱 未聞有他學 豈我國土習 果賢於中國耶 曰非也 蓋中國人材 志不碌碌 有志之士 實心向學
故隨其所好而各有實得 我國不然 齪齪拘束 都無志氣 但聞程朱之學 世所貴重 口道而貌尊之而已 不惟其無所謂
雜學者 亦何嘗有得於正學也"

홍만종이『참동계』나『황정경』등을 읽고, 또 장생과 수심의 차원에서 단학을 이해하고 있음은 그가 우리나라 단학의 전통인 내단內丹, 즉 수련도교의 전통을 받아들이고 있다고 할 수 있다.

그러나 홍만종의 단학에 대한 이해는 수련가의 차원에서 머물고 있을 뿐 이론적인 차원에서 본다면 그다지 깊은 것이 아니다. 가령, 한무외의『해동전도록』이나 권극중의『참동계주해參同契註解』등과 같은 선행 단학서들과 비교할 때, 이론면에서의 독창성은 찾아지지 않으며, 그런 면에서 그를 단학 이론가라고 부르기는 어렵다.[26] 그렇지만,『순오지』에서는 단학에서의 수심·양생과 관련하여 권세가의 탐욕을 비난하고 청정과욕淸淨寡慾을 강조한 것은 단학의 효과를 개인적 장생과 수심의 수단으로만 생각하지 않고, 이를 바탕으로 사회정화의 출발점으로 인식하고 있다는 것을 알 수 있다.

다만, 그의 현실비판의식은 적극적인 사회개혁사상으로까지 발전하지 못하였다는 데에 한계가 있다.

3. 홍만종의 문학사상

홍만종은 31세 되던 숙종 4년(1678)에『소화시평小華詩評』을 쓰고, 그 뒤에『시평보유詩評補遺』(1691)를 저술하여 우리나라의 시학사詩學史를 정리하고,『시화총림詩話叢林』(1712)을 통해서 타인의 시평詩評을 정리했다. 그리고『소화시평』을 압축한 내용이『순오지』(1678)에 실려 있다. 홍만종의 저술 가운데에는 이렇듯 시학에 관한 것이 가장 큰 비중을 차지하는 까닭에 일찍부터 문학사의 관심대상이 되어 왔다.[27] 그러면 홍만종은 왜 시학사

---

26 16~17세기 도가들의 丹學에 대한 이론서로는 鄭磏(1506~1546)의『丹家要訣』, 이지함(1517~1578)의『服氣問答』, 곽재우(1552~1617)의『服氣調息眞訣』, 한무외의『海東傳道錄』내의「丹書口訣」·「丹家別旨口訣」, 권극중(1585~1659)의『參同契註解』, 유형원(1622~1673)의『參同契抄』, 그리고 작자 미상의『直指鏡』과『衆妙門』등이 있다. 그중에서도 권극중의『參同契註解』(1639)는 17세기 단학서의 으뜸으로서, 유·도불 삼교를 회통시키려는 시각에서 본체론·인성론·修丹論을 체계적으로 재구성하였다고 평가되고 있다(金洛必, 앞의 논문 참고).

27 홍만종의 시론에 대해서는 국문학계에서 많은 연구가 나왔다. 정병욱·박노춘·조종업·강전섭·최신호·김영기·조동일·송희준·조기영 등 제씨의 연구는 그 대표적인 것들이다. 한편, 홍인표 교수는 최근 홍만종 연구를 한층 심화시켜『洪萬宗詩論研究』(서울대학교출판부, 1986)를 내놓았다. 홍교수는 이 저서에서

의 정리에 그토록 많은 노력을 들였으며, 그의 시학사상의 특징은 무엇인가.

홍만종은 『소화시평』의 자서에서 저술의 동기를 말하여 중국의 오도손敖陶孫(1154~1227)이 한위漢魏 이후의 제시諸詩를 평하고, 명나라 말기에 고문사古文辭 운동을 주도한 왕세정王世貞(1526~1590)이 명나라 백가의 시를 평한 『예원호언藝苑扈言』에 자극을 받아 우리나라 역대의 시에 대하여 시평을 쓰게 되었다고 한다.

그런데, 중국인의 시평서에 자극을 받아 『소화시평』을 쓴 것은 단순히 중국 소단騷壇의 모방이 아니라, 중국의 시학사와 대비되는 우리나라의 시학사 체계를 세우려는 자부심이 깔려 있음을 볼 수 있다. 이는 우리나라를 '소화小華'라고 호칭한 데서도 보이지만 이 책의 곳곳에서 우리나라의 시의 수준이 높음을 자랑하면서 중국에 뒤지지 않음을 강조한데서도 엿볼 수 있다. 홍만종은 우리나라 시학사를 이렇게 총평했다.

> 우리나라의 詩學은 삼국에서 시작하여 고려에서 성하였으며, 아조에 이르러 극에 달했
> 는데 … 작자가 헤아릴 수 없이 많아서 중화에 비교하더라도 크게 부족함이 없다."[28]

여기서 중국과 우리나라의 시학 수준이 대등함을 강조하였다. 이밖에도 신흠申欽의 평을 인용하여 "문종 · 성종 · 선조의 한묵翰墨은 한무제나 당태종에 뒤지지 않는다"[29]든가, "최치원 시의 격률이 엄정함과 박인량 시의 어운語韻이 청절淸絶한 것은 중국 제자諸子와 그릇이 비슷하다"[30]고 한 것, 그리고 수많은 개별적 시들에 대하여 당시唐詩에 뒤지지 않는다고 평한 것들이 모두 중국을 의식하고 이 책을 쓰게 된 것을 말해준다.

『소화시평』에 수록된 작자는 모두 230여 명에 이르며,[31] 시대적으로는 최치원을 '동방문학의 조祖'로 하여 조선조의 홍만종시대까지 걸치고 있다. 한편, 작자의 신분은 위로는

홍만종 시론의 특징을 ① 민족적인 자각의식, ② 전통적인 주체사상, ③ 서민적인 평등정신, ④ 낭만적인 문학추구로 이해하였다.

28 『全集』下, 97쪽.

29 위의 책, 23쪽.

30 위의 책, 29쪽.

31 『小華詩評』의 諸子目錄에는 이 책에 선발된 214명의 詩人의 명단이 제시되어 있는데, 이를 신분별로 나누어 보면 宗戚(7人), 士大夫(170人), 僧侶(8人), 賤人(匠人 · 禁漏 · 譯官 · 官奴)(5人) · 婦人(4人) · 妓女(5人) · 羽客(1人) · 鬼神(2人) · 夭死者(12人) 등이다. 그러나 여기에 고려 · 조선의 王 12人과 無名氏까지 합치면 230명이 넘는다.

제왕으로부터 시작하여 종척宗戚 · 사대부 · 승려 · 중인 · 평민 · 부인 · 우객羽客(丹學人) · 기녀妓女 · 장인匠人 · 노비 그리고 무명씨에 이르기까지 신분의 고하를 가리지 않고 작품 위주로 선택한 것이 주목된다.[32]

신분의 고하를 논하지 않고 한국 문학의 전통을 이해하려는 시도는 이미 『지봉유설』을 비롯하여 허균 등에 의한 선행적인 축적이 적지 아니 이루어졌다. 그러나 홍만종은 여기에서 한 걸음 더 나아가, 사회적으로 천대받던 이른바 천류賤流의 문학을 한층 적극적으로 평가하려고 하였다. 그는 "재주는 귀천의 제한이 없다"[33]고 하여 신분의 귀천이 성품이나 재주의 우열과는 무관하다고 보고 천인들의 시를 다음과 같이 평했다. 먼저 승려의 시에 대해서는,

> 시들의 정경이 모두 묘함을 갖추고, 閑趣를 얻었으니, 이른바 승려들이 재주가 많다는 것을 어찌 믿지 않으랴.[34]

라고 하였고, 중인 · 장인匠人 · 노비들의 시에 대해서는

> 아, 재주가 귀천을 구별하지 않음이 이와 같구나.[35]

라고 찬탄하였으며, 승려와 기녀의 시를 함께 묶어서 다음과 같이 평하였다.

> 아, 승려와 娼妓는 매우 천한 사람들로서 사람들이 어울리는 것을 부끄럽게 생각하고 있지만, 이제 그들이 지은 작품이 이와 같으니, 우리나라 사람들의 재주가 盛하다는 것을 알 수 있구나.[36]

---

32 『小華詩評』金震標序에서도 홍만종의 選詩 기준을 다음과 같이 소개하고 있다. "取我東古今宸翰詞人佳什 以至山僧 · 閨秀 警語妍辭 靡不該錄 … 今子之書 前人之所已記者 雖膾炙不錄 所未記者 雖羊棗不遺 殘編逸句 短章 瑣語 蒐獵無餘 有新必採而尤精於取捨"

33 『全集』下, 171쪽.

34 위의 책, 170쪽.

35 위의 책, 171쪽.

36 위의 책, 174쪽.

이상과 같이 홍만종의 시학사 정리는 우선 계층을 초월한 우리 민족의 문학적 재능을 과시하고자 하는 데 있음을 확인할 수 있다.

그렇다면 홍만종이 시를 평가하는 기준은 무엇인가. 그는 『소화시평』 자서에서 ① 입의 심천立意深淺 ② 조어공졸造語工拙 ③ 격률청탁格律淸濁의 세 기준을 제시했는데,[37] 이는 바꿔 말하면 시의 사상성·표현성·품격성이라 할 수 있다. 그런데 이 중에서 가장 중요한 것은 사상성으로서, 시가 토대로 해야 할 사상을 도문일치道文一致적 유교시론에서 찾고 있다.

> 문장과 理學은 곧역이 일체가 된다. 세상 사람들은 이것을 모르고 두 개의 물로 보는 것
> 은 잘못이다. 당나라 창려(韓愈 - 필자)도 문장으로 도를 깨우쳤고, 점필재(김종직)도 因文
> 悟道하였으며 … 퇴계 또한 因文悟道하였다.[38]

이 글에서 '인문오도因文悟道' 즉 문(시)이 도를 깨우치는 수단이라는 입장이 천명된다. 여기서 도라 함은 교화를 말하는 것으로, 다음 글에 더욱 구체화되어 있다.

> 시는 事情과 諷諭에 통달할 수 있다. 만약 말이 世敎와 관련이 없고, 義가 比興(재미)을
> 갖지 못하면, 도로에 그칠 따름이다.[39]

여기에서 시는 교화의 수단인 동시에 사람의 마음을 즐겁게 해줄 수 있어야 한다는 것이 명시되고 있다. 그런데 시가 교화의 수단이 되려면 시인의 성정性情이 먼저 바르게 되어있어야 하고, 또 그 시가 인간의 성정을 읊는 것이어야 한다.

> 시는 性情을 읊는 것이다. 성정이 바름을 얻으면 여기서 나오는 시는 [詩經의] 300편과 같
> 은 것이 된다. 그래서 군자는 반드시 성정의 바름을 먼저 다스리고 나서, 시를 말해야 한다.[40]

---

37   『小華詩評』序 "余白髻齔 有志于評 … 其於立意淺深 造語之工拙 格律之淸濁之昧昧焉 … 先覩立意之所在 次察
     造語之如何 終又協之以格律 而後作者之精粗 … 此小華詩評之所以作也"(『全集』下, 7~8쪽)
38   위의 책, 88쪽 "文章理學 造其閫域 則一體也 世人不知 便做看兩件物非也 以唐言之 昌黎因文悟道 恥齋集云 佔畢
     齋因文悟道 石澤遺史云 退溪亦因文悟道 …"
39   위의 책, 103쪽 "詩可以達事情 通諷諭也 若言不關於世敎 義不存於比興 亦徒勢而已"
40   위의 책, 269쪽 "詩詠性情 性情之得其正 則發爲詩者 亦三百編之流耳 是以君子 必先理性情之正 然後可以言詩"

이와 같이 홍만종의 시론은 적어도 시의 '입의立意'에 있어서는 유자의 시론에 따라 인문오도因文悟道, 도문일치道文一致, 세교풍유世教諷諭, 성정득정性情得正의 시각을 취하고 있으며, 이런 시각에서 선유先儒의 시들을 하나하나 평가하고 있다.

그러나 홍만종의 시론은 시의 '격률格律'을 따지는 면에 있어서는 도학적 송시宋詩보다는 낭만적 경향이 강한 당시唐詩, 특히 이백李白·두보杜甫·한유韓愈로 대표되는 성당시盛唐詩를 선호하였다. 그는 서한西漢의 문체文體와 성당盛唐의 시법詩法을 겸비했다고 알려진 정두경의 영향을 크게 받았고, 홍만종 자신도 정두경에 의해 "시의 격률이 청준淸峻하여 자못 당운唐韻을 가지고 있다"[41]는 평을 받을 만큼 성당시에 깊이 기울어져 있었다. 그래서 그는 우리나라 시학사의 흐름을 이해하는 데 있어서 고려시대와 조선시대 시학의 차이를 근송近宋이냐 근당近唐이냐의 기준에서 평가하기도 하였다. 예컨대

대체로 고려의 [시는] 규모는 크지만 송에 가깝고, 아조의 [시는] 격조가 맑지만 당에 가깝다.[42]

고 하여 당시에 가까운 조선시대의 시를 송시에 가까운 고려시대 시보다 우월하다고 보았다. 물론 조선시대 시가 모두 당시에 가깝다고 한 것은 아니지만, 당운에 가까운 시인들을 더 적극적으로 평가하고 있는 것은 사실이다.

홍만종은 『시평보유』의 자서에서 송나라 엄우嚴羽(滄浪)의 말을 인용하여 "시는 별취別趣(특별한 풍치, 특별한 멋 - 필자)가 있는 것으로서 이理와 관련이 없으며, 시는 별재別才(특별한 재주)가 있는 것으로서 서書와 관련이 없다."[43]고 하여, 시가 이理나 서書와는 관련이 없고 별취·별재가 있어야 한다고 했다. 이것은 바꿔 말해 시의 독자적 특성을 인정한 것으로서, 무슨 학문적 온축이나 성정의 수련을 통해서만 명시를 쓰는 것이 아니라는 것을 말한다. 그러니까 유명시인 중에는 학문과 도덕성이 높은 사대부도 있지만, 학문과 도덕성이 높다 할 수 없는 부녀자와 아동, 그리고 천류 중에서도 명인이 나올 수 있다는 것이다.

---

41   『小華詩評』의 金得臣序 "… 盖于海 自齠齡 學於東溟鄭君平 君平嘗謂余曰 于海格律淸峻 頗有唐韻"(『全集』下, 6쪽)

42   『全集』下, 52쪽.

43   위의 책, 215쪽.

홍만종의 시론이 원론적으로는 도문일치의 유교적 시학관을 가지면서도 시의 별취·별재론을 인정하여 도덕이나 교화와 관련없는 격률을 강조하고, 이런 입장에서 방외인方外人과 천류들의 시를 적극적으로 평가한 것은 그의 도가적 처세와 무관하지 않음을 유념할 필요가 있다.[44] 그리고 여기에서 홍만종의 도가사상과 시학사상은 무리 없이 접합되고 있음을 본다.

4. 홍만종의 역사의식

1) 『순오지』에 담긴 역사의식

홍만종이 24세에 지은 『순오지旬五志』에 대해서는 앞에서 그 3교회통의 측면을 살펴보았다. 그러나 이 책은 우리나라 문학사·유학사·도학사·불교사가 잡설 형식으로 압축되어있는 역사책이기도 하다. 말하자면 잡설적 성격의 문화사라 할 수 있다.

또 이 책은 단군·기자를 비롯한 역사적 인물과 대외관계, 역대 왕조의 국호, 역대 왕조의 수도, 고대국가의 강역, 대외전쟁, 우리나라 역사의 운수運數, 산천의 특색, 사람의 재품才品에 관한 이야기들이 책의 전반부에 실려 있다. 따라서 『순오지』는 사론집史論集의 성격도 아울러 갖추고 있다.

(1) 단군에 대한 인식

먼저, 단군에 관한 서술은 『삼국유사』의 단군신화를 중심으로 이해하면서 이를 합리적으로 재해석하려는 노력이 보인다. 우선 단군 이전에 우리나라에는 구이九夷가 살고 있

44　『小華詩評』보다 18년 뒤에 낸 『詩評補遺』에는 홍만종이 道家로 인식하는 인사들과 자신과 교유했던 인사들의 시가 대폭 수록되고 있다. 예컨대 김시습·서경덕·정렴·곽재우·정작·유몽인·정두경·권극중·임유후·이식·김득신·홍석기 등이 그들이다.
　　이 밖에 승려(7人)·婦人(5人)·기생(2人)·첩(1人)·賤倡(1人)·童子(1人) 등 비사대부의 시도 다수 수록하였다. 『小華詩評』이 보다 도문일치적 입의와 당시의 격률에 기준을 맞춰 우리나라 시학사를 정리한 것이라면, 『詩評補遺』는 단학인으로서의 자유분방한 입장에서 시의 멋과 시인의 재주에 역점을 두고 조선시대 시학사를 정리했다고 할 수 있다.

었는데, 그 생활은 "암혈에서 살면서 풀로 옷을 만들고 나무 열매를 먹고 사는棲身岩穴 草衣 木食" 미개상태였다고 한다.[45] 즉 이때는 아직 의·식·주를 직접 생산하지 못하는 원시사 회였음을 정확하게 이해하고 있다.

지금까지 사서에서 구이가 단군조선과 연결된다는 인식은 이미 있었지만, 구이의 생활 상태를 이처럼 구체적으로 언급한 일은 없었다. 이것은 어떤 자료에 의거한 것인지는 알 수 없지만, 조선 후기 역사인식 진전의 한 측면을 보여준다.

다음에 단군의 출생과 건국과정은 대체로 『삼국유사』를 따르고 있으나, 웅녀와 결혼 한 환웅을 '천신天神'이라고 부른 것과 단군의 수壽를 1800년이라 한 것이 특이하다.[46]

단군의 가족관계로는, 비서갑非西岬 하백의 딸을 아내로 맞이하여 부루를 낳았고, 하우 夏禹 때 도산塗山의 제후 모임에 부루를 보냈다고 하며, 단군의 무덤이 평안도 강동현江東縣 서쪽 3리에 있다고 했다.

또한 단군과 관련되는 지명의 현 위치를 비정하여 태백산은 묘향산, 평양은 서경, 단군 이 뒤에 도읍을 옮긴 백악白岳은 문화구월산文化九月山이나 배천白川 혹은 개성 동쪽일 것으 로 보고, 당장경唐藏京은 구월산, 아사달산阿斯達山도 구월산으로 해석했다. 이상과 같은 단군 해석은 정사正史보다는 민간의 전설을 따른 것이다.

다음에 단군의 출생과 향수享壽가 비범한 이유에 대해서는 중국의 포희包羲(복희)·우순 虞舜·하우夏禹·황제黃帝·한고조漢高祖 등이 출생할 때 모두 비범한 과정을 밟은 것과 마 찬가지로 "제왕帝王이 태어날 때에는 반드시 보통사람과 크게 다른 점이 있다"는 말로써 변호하고 있다.

참고로, 『해동이적』에서는 단군의 향년이 1508년이나 되고, 그의 종시終始가 영이靈異 한 것을 해석하여 "진실로 사람이라고 할 수도 없고, 사람이 아니라고도 할 수 없다. 그래 서 나는 단군을 복희씨伏羲氏와 비슷하다고 생각한다"고 썼다. 결국 『순오지』의 단군상은 『해동이적』의 그것과 마찬가지로 신선 사상에 입각하여 해석되고 있으며, 여기에 중국 의 제왕상을 연결하여 민족적 제왕상으로 그려지고 있다. 그리하여 단군은 우리나라에 있어서 생민의 비조鼻祖이자 최초의 군장君長이며, 최초의 신선神仙인 동시에 최초의 제왕

---

45 『全集』上, 3쪽.
46 『해동이적』에서는 단군의 나이를 1508년이라고 하여 『순오지』의 서술과 차이가 보인다.

帝王으로서 중국의 복희와 동류의 위상으로 인식된다.

(2) 기자箕子에 대한 인식

『순오지』에서의 기자상은 통설을 그대로 따라 특이한 발명은 보이지 않는다. 즉 기자가 중국인 5,000명을 이끌고 조선에 들어와 후조선의 임금이 되었으며, 그에 의해 시서예악과 군신부자君臣父子의 도, 백공百工 · 의무醫巫 · 복서卜筮 · 전잠田蠶 · 직작織作 · 팔조교八條敎 · 정전제井田制 등이 이루어지고, 주무왕의 봉함을 받은 후 "대대로 봉작封爵을 받고 끊임없이 조공朝貢을 바치게 되었으며(世受封爵 朝貢不絶), 이夷가 화華로 변했다"는 것이다. 그리고 고려 숙종 때 기자사箕子祠가 세워지고, 조선 세종 때 비碑가 세워졌음을 말하고, 변계량이 쓴 비문을 소개한 다음, 기자묘의 위치, 정전제의 유지遺址, 그리고 평양을 유경柳京이라 부르게 된 내력을 설명했다. 따라서 선유先儒들 사이에 논란이 되었던 기자의 주무왕에 대한 불신不臣 여부에 대해서는 관심을 갖지 않고 오직 기자의 문화적 업적을 높이 평가하여 민속이 우준愚蠢하고 이륜彝倫을 모르던 우리나라가 예의와 문헌의 나라로 발전했다고 자부했다.

(3) 도선道詵에 관한 해석

홍만종은 신라말 승려로서 풍수지리설의 창시자로 알려진 도선에 대해서도 관심을 보였다. 도선이 당에 들어가 일행에게 신술神術을 배우고 돌아와 왕건의 출생과 그에 의한 삼한통일을 예언한 후 국사가 되었다는 전설을 소개하면서, 도선이 일행에게 배웠다는 것이 의심스럽다는 것을 정확하게 지적했다. 왜냐하면 일행이 출생한 것이 당 중종(684~710) 때이고, 도선이 왕건의 아버지 왕륭王隆을 방문한 것은 당 희종僖宗(873~888) 때이므로, 그 사이에 200여년의 시간차가 있기 때문이다.

(4) 이태조李太祖의 행적에 관한 이야기

태조 이성계李成桂가 왕이 되기 전에 승려 무학無學을 만나 석왕사釋王寺를 짓게 된 경위와, 고려때 이씨가 한양에서 정도定都하게 되리라는 도선의 도참설圖讖說이 유행하여, 이를 예방하기 위해 오얏나무[李]를 심고 무성해지면 잘라버렸다는 전설을 소개하면서, 왕자王者와 이승異僧(無學)이 한 시대에 태어나서 구세안민을 서로 돕게 한 것은 하늘의 뜻이라고 지적했다. 이는 홍만종이 불교와 승려에 대해 호의적인 생각을 가지고 있음을 보여준다.

또한 이성계와 여진족 출신 이지란李之蘭의 신비스러운 활 솜씨에 관한 일화들, 무학대사가 왕자란王子亂을 예언한 이야기, 그리고 당나라 현종 때 일행대사一行大師가 나라의 장래를 예언한 것이 들어맞은 일이 있음을 소개하면서, 두 나라 승려의 예언이 맞은 것이 서로 비슷하다고 했다.

(5) 불교와 귀신숭배의 폐단

불교와 귀신숭배가 컸던 3국 시대와 고려 시대는 오륜의 기강이 서 있지 않아서 풍속이 바르지 못했다. 그러다가 고려말에 정몽주가 나와서 관혼상제 제도를 만들면서 풍속이 바르게 되기 시작했으나 조선조에 들어와서도 숭불·숭귀의 폐단이 여전히 남아있어서 이를 단계적으로 청산해 간 과정을 설명했다. 따라서 유교가 우리나라 풍속을 아름답게 바꿔놓는 데 기여한 사실을 홍만종은 높이 평가했다.

결국 홍만종은 불교에 대해 관대한 입장을 지니면서도 윤리에 관한 한 어디까지나 유교를 지지하는 입장에 있음을 확실히 알 수 있다.

(6) 이민족의 침략

홍만종은 우리나라가 역사적으로 이민족의 침략을 수없이 받은 데 대해 깊은 관심을 표명하고, 우리나라 사람들이 중국의 역사는 알지만 우리나라 대외전쟁이나 흥폐興廢의 일들을 너무 모르고 있는 것을 개탄하면서, "눈썹이 눈앞에 있건만 길어도 보이지 않네"라고 한 두목杜牧(唐)의 시를 떠올렸다.

우리가 이민족의 침략을 받은 사실에 대하여 홍만종은 먼저 왜倭의 침략과 그에 대한 응전의 중요사건들을 임진왜란에 이르기까지 설명하고, 이어 여진女眞의 침략을 호란과 호청胡淸의 건국에 이르기까지 소개했으며, 다음에는 거란족과의 항전을 개관하였다. 그리고 그 끝에 임제林悌(白湖)가 임종시에 자제들에게 "사이팔만四夷八蠻이 모두 황제를 칭하지 않은 자가 없고, 오대五代 시대에도 황제가 무수히 많았건만 우리나라만 황제를 칭하지 못했으니, 이런 나라에 살 바에는 차라리 죽는 것이 낫지 않겠느냐"고 한 말을 인용하고 나서 다음과 같이 소감을 적고 있다.

이 이야기는 一笑에 붙일 만하다. 하지만 오늘의 현실을 볼 때, [淸에]皮幣를 바치며 개나 말처럼 섬기는 일이 해마다 계속되고 있으니 어찌 가련한 노릇이 아니겠는가.[47]

이 글에는 피폐조공皮幣朝貢을 강요하는 청에 대한 멸시와 반감이 강렬하게 서려 있으며, 나라의 자주성에 대한 열망이 담겨져 있다. 사실, 반청자주의식은 홍만종의 역사인식의 밑바탕에 흐르는 저류라 해도 과언이 아니다.

(7) 역대왕조의 국호

홍만종은 우리나라 역대 왕조의 국호에 대하여 큰 자부심을 가지고 있었다. 먼저, '조선'이라는 칭호는 "땅이 양곡陽谷(햇빛이 비치는 땅)에 가까워서 '조朝'라 하고, 일출日出이 먼저 나타나 '선鮮'이라고 했다"고 해석하고, '고려'는 '산고수려山高水麗' 즉 "산이 높고 물이 아름답다"는 데서 나온 말이라고 보았다. 이는 모두가 우리나라 산수가 천하의 제일인 데서 유래한 것이니, 중국인이 "고려국에 태어나서 금강산을 한번 보고 싶다願生高麗國 一見金剛山"라고 한 말로써도 증명된다고 한다.

'신라'라는 국호는 "덕업일신 망라사방德業日新 網羅四方" 즉 "덕업을 일신하여 사방을 망라한다"는 뜻이며, '고구려'는 주몽이 구려산 밑에서 출생하여 성을 고高라 하였고, 고자高字를 산 이름 위에 붙여서 국호를 '고구려'라고 하였다고 한다.

'백제'는 처음에 십신十臣이 보좌하여 '십제十濟'라고 했다가 뒤에 백성들이 즐겁게 따라와서 백제라고 고쳤다.

홍만종은 역대 왕국의 수도의 변천과정을 개관하면서, 그 위치를 현대의 지명으로 비정하고 있는데, 그 위치 비정은 대체로 『동국여지승람』이래의 통설을 따르고 있어서 새로운 해석이 없다. 이는 홍만종이 문헌고증학적으로 역사를 연구했다기보다는 정신사적으로 국사를 이해하고자 한 데서 온 한계이기도 하다. 그러나 그는 한사군의 진번, 삼한·부여·옥저·구다句茶·개마蓋馬·발해 등의 위치를 고증하지 못하고 있는 것을 부끄러운 일이라고 개탄하여 지리고증의 필요성을 절감하고 있다.

---

47 『全集』上, 16쪽.

(8) 장수將帥의 중요성

홍만종은 국방의 중요성을 뼈저리게 느끼면서 특히 장수의 역할이 얼마나 중요한가를 강조한다. 그 예로서 을지문덕이 살수에서 수나라 군사를 무찌른 사례와 양만춘楊萬春이 안시성에서 당나라 군대를 격퇴시킨 사례를 들면서 그 이유를 다음과 같이 설명한다.

> 아아, 고구려는 우리 동방 삼국의 하나로서, 지방은 겨우 천리도 못되면서도 능히 수나라 군대를 쳐부수고, 또 당나라 군대를 막아냈으니 실로 혁혁한 공적은 천고에 빛날 것이다. 이것은 다름 아니다. 당시에는 병력도 정예하고 강했지만 또한 장수를 옳게 얻은 까닭이었다.[48]

그런데, 고구려 이후로 우리는 고려의 삼국통일을 계승하여 지방이 고구려의 3배나 되면서도 임진년에는 왕성王城을 버리고 피난하였으며, 병자년에는 남한산성에서 항서降書를 바치는 수모를 겪은 것은 참으로 부끄러운 일이다.

지금은 비록 승평昇平을 찾은 지 오래 되었지만 기강이 해이하고 습속이 흐리며, 내외의 군병들은 헛 문서만 쌓아놓았으며, 크고 작은 병기들은 형식만 꾸미고 있다. 그뿐 아니라 군사훈련도 제대로 하지 아니하고 방어대책도 허술하기 짝이 없으니, 만약 지금이라도 수만 명의 강적들이 쳐들어온다면 장차 바라만 보다가 흩어져 달아나게 될 것이다. 홍만종은 결론적으로 고구려와 자기 시대의 차이를 비교하면서 이렇게 탄식한다.

> 을지문덕이 수나라를 쳐부수고 양만춘이 당을 막아냈던 일과 비교하면 어떻게 말해야 할 것인가. 이것은 兵을 기르지 못한 것뿐 아니라, 장수를 옳게 얻지 못한 때문이다. … 오직 탄식할 노릇이다.[49]

(9) 실전失傳된 인물과 사건

홍만종은 역사적으로 매우 중요한 인물과 사건이 우리나라 문헌에 탈락되어 모르고 있

---

48 위의 책, 21쪽.
49 위와 같음.

는 현실을 안타까워하였다.

　그 첫째 예가 안시성주인 양만춘으로서, 그는 주먹만한 조그만 성에서 당 태종의 10만 대군을 격퇴시켜 당 태종의 경탄을 산 인물이다. 그의 행적에 관한 자료는 『자치통감강목資治通鑑綱目』이나 당 태종의 『동정기東征記』 등에 보이는데 우리나라 문헌에는 전하지 않으니 이는 매우 수치스런 일이라고 하였다.

　둘째 예로서는 당 태종이 고구려를 칠 때 화살을 맞아 실명失明한 사실이다. 이것은 중국이나 우리나라의 정사에는 모두 보이지 않는데, 다만 이색李穡의 「정관시貞觀詩」에 이를 풍자한 것이 보이고, 그 다음 김종직金宗直의 『청구풍아青邱風雅』에서 이에 대한 주를 붙여, 이색이 중국에 들어가 유학할 때 들은 바를 적은 것 같다고 하였다.

　또한 서거정徐居正도 『동인시화東人詩話』에서 이 사실을 언급하면서, "당시의 사관史官이 중국만을 위해서 번연히 있는 재료도 없애버리고 기록하지 않았다"고 하였다. 어쨌든 이 사건은 중국으로서는 수치이지만 우리나라의 입장에서는 마땅히 기적임에도 불구하고 정사나 야사에서 모두 기록하지 않았으니 문헌의 부족이 이렇듯 심한 것은 안타까운 일이다.[50]

　세 번째로 중국의 「장량열전張良列傳」에 나오는 창해용사滄海勇士는 우리나라 사람이라고 홍만종은 해석했다. 그것은 오대산五臺山에 창해군滄海郡의 구지舊址가 있으며, 또 세전世傳에 의하면, 예국濊國(江陵)에는 호랑이를 때려잡은 여용사黎勇士가 있었기 때문이다.

(10) 중국사와 동국사의 대등성

　홍만종의 역사의식의 밑바탕에는 우리나라 역사가 중국사와 대등하다는 생각이 강하게 깔려 있다. 그는

　　우리나라는 비록 작지만 역대의 창업과 산천의 형승과 인물의 아름다움이 중국과 방불하다.[51]

고 하여 우리나라 왕조의 변천과 지리, 그리고 인물이 중국과 대등하다고 보았다. 이러한

50　위의 책, 23쪽.
51　『순오지』上, "我東雖小 歷代之興 山川之勝 人物之美 與中國彷彿"(『全集』上, 24쪽)

484　제2부 조선 후기 사학사

전제하에서 그는 먼저 왕조의 흥망이 중국과 방불하다는 것을 증명하기 위해 요堯와 단군, 무왕과 기자箕子, 전한前漢과 위씨衛氏, 당도當塗(後漢)와 공손씨公孫氏, 오대五代의 종말과 삼국의 통합, 명태조의 즉위와 이태조의 즉위가 거의 비슷한 시기에 이루어졌음을 지적했다. 이와 같이 중국과 우리나라의 정치 흥망이 비슷하게 이루어진 것은 '기수氣數'가 서로 일치하는 까닭이라고 홍만종은 해석했다.

우리 역사를 기수 혹은 운수運數를 가지고 해석하기 시작한 것은 정구鄭逑의 『역대기년歷代紀年』을 효시로 하여 17세기 초의 한백겸과 이수광, 그리고 허목(1595~1682) 등으로 이어져 왔는데, 이는 북송대 학자 소옹邵雍의 『황극경세서皇極經世書』의 영향을 받은 것이다. 이는 역사를 도덕적으로 해석한 성리학적 역사해석과 다른 것으로, 우주자연의 운행질서를 중시한 것이다. 그래서 역사해석에 있어서 지리적 요소나 수도의 위치, 국방, 인구 등 물질적 요소를 중요하게 본다.

다음에 홍만종은 우리나라의 형승形勝이 중국과 같다는 사실을 다음의 사례로써 증명하고 있다. 중국의 연燕지방은 삭방朔方(몽골)과 가까운데, 두만강은 말갈과 이웃했으며, 중국의 복건福建과 절강浙江지방은 남만南蠻과 통하고 있는데 우리나라의 내주萊州(東萊)는 대마도와 접하고 있다. 이것은 바꿔 말해, 중국과 우리나라가 다 같이 남북으로 오랑캐와 이웃하고 있다는 것이다.

그 다음 두 나라의 물산도 서로 비슷하다. 우리나라가 동쪽으로 해염海鹽의 이익이 있는 것은 중국의 제齊나라와 비슷하고, 남쪽으로 생선과 곡식이 넉넉한 것은 중국의 오吳나라와 같다. 또한 산천의 요새지를 가지고 말하더라도 충주지방에 희락喜樂이 없고 근심이 있는 것은, 중국의 구당瞿塘이나 염여灧澦와 같으며, 단천湍川의 미운령과 마천령은 중국의 태행산太行山이나 맹문산孟門山과 같다.

세 번째로 우리나라와 중국은 인물의 배출이 비슷하다. 예컨대 고려의 김홍술金弘術이 스스로 칼날을 받아서 임금을 구한 것은 한漢나라 기신紀信의 일과 같고, 조선시대 정곤수鄭崑壽가 명나라 황제의 궁정에서 읍소하여 나라를 도와준 것은 초나라의 신포서申包胥의 행위와 같으며, 서화담의 수학數學은 우리나라의 소강절邵康節이라 할 수 있다. 김상헌의 굳센 절개는 소무蘇武(漢)라 부를 만하고, 차식, 차운로·차천로 3부자의 문장은 중국의 소순·소철·소식 3부자와 같다. 이와 같이 우리나라 사람들의 재품은 중국과 비슷하다.

홍만종은 이상과 같이 우리나라의 역사·지리·인물이 중국과 비슷하다는 점에서 우

리나라를 '소중화小中華'로 부르게 되었다고 결론짓는다.[52]

『순오지』에 나타난 홍만종의 역사인식은 결국 '소중화' 사상으로 총괄된다고 할 수 있다. 그런데 그의 '소중화' 사상은, 지금까지 유교 사상에 바탕을 두고 우리나라가 중국과 비슷한 수준의 유교 국가였다는 자부심의 표상이었던 문화주의적 소중화 사상에서 한 걸음 더 나아가, 역사 · 지리 · 문화의 여러 면에서 중국과 동등하다는 인식으로 심화된 것이라는 데 주목할 필요가 있다. 그리고 이것은 비록 소박한 형태이긴 하지만, 역사공동체, 지역공동체, 문화공동체로서의 '민족'을 자각하기 시작한 것이라고 할 수 있다.

2) 『동국역대총목』에 나타난 역사의식

(1) 편찬동기

홍만종의 역사인식이 가장 정리된 사서의 형태로 표현된 것은 63세 때 지은 『동국역대총목東國歷代總目』(1705, 숙종 31)이다. 홍만종이 쓴 후지後識를 보면, 이 책을 쓰게 된 동기는 우리나라 지식인들이 중국의 일은 자세히 알면서도 우리나라에 대해서는 모르고 있는 것을 개탄스럽게 여긴 데서 비롯되었다.[53] 그러나 당시 영의정이자 교서관 제조로 있던 소론파 대신 신완申琓(1646~1707)이 명말 학자가 쓴 『역대총목』을 보고 기뻐하면서 이를 모방하여 우리나라 역사를 쓰라고 권유한 데서 비롯된 것이다.[54]

그렇다면 신완은 왜 홍만종으로 하여금 사서를 편찬하도록 강권하였을까. 우선 신완은 박세채朴世采 문인이면서 어려서 정두경鄭斗卿에게서 수학한 소론계 인사로서, 역시 정두경의 영향을 크게 받고 연배가 비슷한 홍만종과는 지기가 투합했던 것이다. 또한 신완은 당시 영의정으로 있으면서 노론과의 정책대결 속에서 자신의 정치노선을 뒷받침해 줄 수 있는 역사정리의 필요성을 절감한 끝에, 일찍이 『순오지』를 통해 애국적 사안史眼을 보여준 홍만종을 찬사撰史의 적임자로 선택한 것 같다.

---

52 『全集』上, 25쪽.

53 『동국역대총목』後識 "夫世之譚故實者 率詳近而略遠 盖其勢然也 我東之人不然 於中國事 或能纖悉記誦 而言及 東國 則茫然不擧其梗槩 號弘博者 亦患之"(『全集』上, 375쪽)

54 위의 책 後識 "… 酒者 上相平川申公 職摠芸閣 心留墳典 偶得皇名人所撰 歷代總目 覽而悅之 欲取東事 倣成一書 以命不佞 不佞 … 敢辭 公強委之不已 …"

사실, 영의정이라는 최고의 신권을 가진 대신이 특정한 개인에게 사서의 편찬을 부탁하는 일은 흔한 사례가 아닐 뿐 아니라 제도상으로도 정도가 아닌 것은 사실이다.『동국역대총목』이 편찬된 후 조정의 논란을 불러일으킨 이유도 여기에 있다.

어쨌든 이 책은 순수한 의미에서 홍만종의 개인적 사관만이 투영된 것은 아니고, 넓은 의미에서 보면, 17세기 말~18세기 초 소론 집권층의 역사의식을 반영한다고 할 수 있다. 당시 노론측에서는 17세기 중엽 유계兪棨가 쓴 『여사제강麗史提綱』(1637~1647)을 표준적인 사서로 내걸었고, 1680년(숙종 7) 경신환국庚申換局으로 정권을 잡은 송시열 일파의 권장을 받아 왕과 중외인사들 사이에 가장 널리 읽혀지고 있었다.[55] 따라서 노론과 정치이념을 달리하는 소론의 입장에서는 자당의 입장을 대변할 수 있는 사서의 편찬이 절실한 문제로 대두되었다고 할 수 있다.

홍만종은 이 책을 찬술함에 있어서 "상근이약원詳近而略遠" 즉 "가까운 시대를 자세히 쓰고, 먼 시대를 간략하게 쓴다"는 원칙을 밝히고 있다. 이는 구체적으로 말하여 조선왕조 건국 이후의 역사를 서술하는 데 역점을 두겠다는 뜻이다. 그의 후지의 일절에 그러한 뜻이 담겨져 있다.

대저 옛날의 사실을 말할 때는 가까운 일을 자세하게, 먼 것을 간략하게 하는 것이 옳은 방법이다. 그런데 우리나라 사람들은 그렇지 못하여 중국의 일은 자세하게 기억하고 외우고 있으나, 우리나라의 일에 관하여 말할 때는 망막한 듯이 그 대강도 모르고 있으니, 학식이 크고 넓은 사람도 또한 근심하지 않을 수 없다. … 위로는 단군으로부터 아래로는 고려 말에 이르기까지의 3천여 년은 … 綱要만을 들어서 대략으로 적었고, 我朝에 이르러서는 더한층 조심하여 임금님의 신성한 謨訓과 굉대한 綱法을 한두 가지씩 드러내어 이로써 前代의 흥망과 열조의 燕翼과 조석의 贊襄을 만년토록 무궁하게 드리워 빛나게 하고자 하는 것이 公(申玩 - 필자)의 뜻이다. 그러니, 이 책이 世道에 보탬이 됨은 '가까운 일을 자세히 안다'는 것에만 그치지는 않을 것이다.

여기에서 홍만종은 『동국역대총목』의 편찬 취지가 직접적으로는 조선 시대 역대 군주

---

55   韓永愚, 『朝鮮後期史學史硏究』, 1989, 제3장(74~77쪽).

의 신성한 치적을 선양하여 세도에 보탬이 되게 하겠다는 신완의 뜻을 받든 것임을 밝히고 있다.

『동국역대총목』이 중국의 『역대총목』을 표본으로 삼게 된 이유는, 이 책이 명말 학자가 썼으면서도 명나라 희종熹宗(1621~1627) 때까지의 현대사를 다루어 '상근약원詳近略遠'의 원칙에 부합할 뿐 아니라, 군주의 세계世系 · 재위在位 · 치적治績을 중심으로 서술하되, 주로 대외전란기사를 많이 다루어 반청애국심을 고취하는 데 공헌하고자 하는 취지가 공감을 주었던 것 같다.

『동국역대총목』 편찬의 후원자인 신완은 노론과의 치열한 경쟁 속에서 북한산성 축조를 강력하게 추진하는 가운데 이 책의 편찬을 서두르게 되었는데, 노론과의 정책대결상 소론의 입지를 강화시켜줄 수 있는 사서의 편찬은 응당 필요했을 것이다.

(2) 서술원칙과 이용자료

『동국역대총목』은 중국의 『역대총목』의 형식을 참고하였으나, 서술원칙에 있어서는 서로 다른 점이 적지 않다. 우선, 『역대총목』은 범례가 없으나, 『동국역대총목』은 14항에 걸친 범례를 제시하여 훨씬 다듬어진 사서로서의 격식을 갖추었다.

14항의 범례 가운데 1~6항까지는 우리나라 역사의 통계 즉 정통 전승체계의 원칙에 관하여 언급하였다. 따라서 이 책은 17세기 중엽 이후로 크게 유행한 정통론을 도입한 사서의 전통을 계승한 셈이고, 이 점은 정통론을 크게 의식하지 않은 『역대총목』과 다르다.

우리나라 역사의 정통은 단군으로부터 시작한다. 그것은 단군이 최초의 신군神君이기 때문이다. 즉 단군은 가장 먼저 나라를 세운 신성한 임금이라는 것이다. 그런 점에서 『동국통감』이 단군과 기자를 외기外紀에 기록한 것은 잘못이다.[56]

단군의 정통은 입교立教의 성군聖君인 기자箕子로 이어진다.[57] 다시 말해 기자는 교화教化를 세운 성스러운 임금이다. 그리하여 홍만종은 단군의 정통이 기자로 이어진다는 이른바 '단기정통론檀箕正統論'을 우리나라 역사서술상 처음으로 제시했다. 소위 정통론이 역사서술에 도입된 것은 17세기 중엽 홍여하洪汝河의 『동국통감제강東國通鑑提綱』부터인데,

---

56 『동국역대총목』 범례 "一. 檀君 · 箕子 東國通鑑 以外紀載之 盖緣世代事蹟 不能詳也 然檀君乃首出之神君 箕子卽立教之聖后 歷年始終 猶可考信 故尊而書之於東國統系之首"(『全集』上, 203쪽)

57 위와 같음.

홍여하는 정통의 시발을 기자에 두고 있었는데 반해 홍만종이 정통의 시발을 단군으로 대치한 것은 획기적 변화가 아닐 수 없다.[58] 이는 홍만종이 『해동이적』과 『순오지』에서 이미 단군을 도가의 입장에서 중국의 복희와 대등한 신군으로 주목한 데서 얻어진 자연스런 결과이다.

단군과 기자 다음의 정통은 기자의 혈통을 이은 기준箕準이 세운 마한馬韓으로 이어진다고 본다.[59] 진한과 변한은 마한에 속부屬附한 나라일 뿐 아니라, 마한이 이미 정통이므로 진한과 변한이 정통이 될 수는 없다는 것이다.[60]

다음에 삼국시대는 정통이 없는 무통無統의 시대로 간주한다. 삼국은 '위균체적位均體敵' 즉 "위상이 서로 같고 몸체가 서로 비슷하므로" 그중 하나를 정통으로 볼 수 없다는 것이다. 그래서 삼국을 '무정통'의 시대로 처리하고, 문무왕이 삼국을 통일한 이후부터 정통으로 간주했다.[61] 그리하여 우리나라의 정통체계는 단군 → 기자 → 마한(기준) → 무정통(삼국) → 신라(문무왕 이후)로 이어지는 단선적 형태를 띠게 되며, 위만[62]·사군이부四郡二府[63]·진한·변한 등은 정통에서 제외되는 까닭에 한 단계 격을 낮추어 서술하였다.

이상과 같은 홍만종의 정통론은 단군을 정통의 시발로 설정한 점과, 삼국을 무정통으로 처리한 점에서 독특하며, 특히 「삼국무통론」은 뒷날 임상덕林象德의 『동사회강東史會綱』(1711)과 이익李瀷의 『성호사설星湖僿說』, 그리고 안정복安鼎福의 『동사강목東史綱目』(1759, 1778)에서 그대로 수용되어 조선 후기 정통론의 주류를 차지하게 되었다.[64]

다만, 홍만종의 정통론은 주자의 『자치통감강목』의 영향을 받으면서도 강목법綱目法 사서의 엄격한 기준을 따르지 않고 있음이 후대의 강목법 사서의 정통론과 다르다.[65] 이

---

58 조선 후기에 正統論을 최초로 역사서술에 도입한 사서는 홍여하의 『東國通鑑提綱』(1672)이며, 이 책은 箕子를 正統의 시발로 설정하였다. (韓永愚, 『朝鮮後期史學史研究』, 一志社, 1989, 145~147쪽)

59 『동국역대총목』 범례, "一. 箕準 雖爲衛滿所逐 失國徙都 尙繼箕子之祀 則猶漢召烈之國於蜀 而不失正統 今亦依朱子綱目例 以正統書之"(『全集』上, 203쪽)

60 위의 책 凡例, "一. 三韓雖一時並立 正統旣歸馬韓 況辰韓 本馬韓之所割與 而又常以馬韓人作主 弁韓則東史諸書 皆稱屬於辰韓 辰弁之於馬韓 盖是屬附 故並低一字 書之"(『全集』上, 203~204쪽)

61 위의 책 凡例, "一. …三國開創 差有先後而位均體敵 不能主一 故依綱目無正統例 皆低一字書之 至新羅文武王統 三爲一 故始以正統書之"(『全集』上, 204쪽)

62 위의 책 凡例, "一. 衛滿 雖據朝鮮舊地 正統歸於箕準 則不可與準比並 故低一字書之"(『全集』上, 203쪽)

63 위의 책 凡例, "一. 四郡二府 乃郡邑之制 無君長可記 故並低一字書之"(『全集』上, 204쪽). 즉 四郡二府는 君長이 있는 國家가 아니므로 正統으로 간주하지 않는다는 것이다.

64 韓永愚, 『朝鮮後期史學史研究』, 一志社, 1989, 제5장, 제6장, 제8장.

는 홍만종이 주자학적 역사서술의 핵심인 명분론을 다 받아들이지 않고, 명분보다는 실세 위주로 역사를 이해하고자 하는 입장이 반영된 것으로 풀이된다.

『동국역대총목』은 중국 여러 왕조와의 조빙朝聘과 책봉冊封에 관한 기록은 일일이 다 기록하지 않고 고려 시대까지는 『청사기요靑史紀要』의 예를 따라 첫 시작만을 적고, 조선 시대도 마찬가지로 시책始冊만을 기록한다고 했다.[66] 『청사기요』는 어느 시대 누구의 소작所作인지 알 수 없으나, 우리나라를 일명 청구靑丘라고 한 데서 붙여진 이름 같다.

어쨌든 단기에서 조선왕조 현종에 이르기까지의 사대외교 관계를 되도록 간략하게 기술하려는 태도는, 지금까지 이를 크게 취급해 온 관례를 깬 것으로서, 현실적으로 대청관계 뿐 아니라 이미 멸망한 명에 대해서도 특별한 숭명崇明 관념이 없음을 말해준다. 그리고 그것은 동시에 1704년(숙종 30)에 이여李畬 · 민진후閔鎭厚 · 김진규金鎭圭 등 송시열 직계의 노론 측에서 추진하였던 대보단大報壇 설치 등 강력한 숭명운동에 대한 간접적인 비판의 뜻이 담겨 있다고도 볼 수 있다.[67] 또한 외교관계를 간략하게 다룬 이와 같은 서술태도는 노론 측 사서인 유계의 『여사제강』에서 사대외교관계를 필서必書한 원칙과 대비된다.

그 다음 이 책의 내정에 관한 서술원칙을 홍만종은 다음과 같이 밝히고 있다.

> 이 책의 편찬은 본래 歷年을 알기 위한 것이지만, 역대의 事變은 각 년대의 아래에 撮記했으며, 비록 嘉言이나 美事라 하더라도 국가와 관계가 없는 것은 모두 삭제하였다. 국조의 사실로서 표저表著한 것은 『국조보감』 · 『고사촬요』 등 여러 책에서 자료를 뽑아 기록하였는데, 이 또한 중국 總目의 예를 따른 것이다.[68]

---

65 朱子의 『資治通鑑綱目』은 19項에 달하는 상세한 凡例를 설정하여 엄격한 綱常倫理를 기준으로 하여 역사를 서술하였다. 그러나 『동국역대총목』은 綱目法 중에서 주로 正統論만을 도입하고 있다는 점에서 큰 차이가 드러난다.

66 『東國歷代總目』 凡例, "一. 朝聘 · 冊封 與中國通 自檀箕始而 三國則並事南北朝 高麗則並事宋遼金元 諸史所錄 朝冊 未免繁絮 唯靑史紀要 只書始朝始冊 此法最簡 故今從之 國朝則列聖承統 皆有皇朝冊命 自成恒典 隨冊隨錄 恐涉太繁 故亦只書始冊 以見例焉"(『全集』 上, 205쪽)

67 『朝鮮後期 文化運動史』(鄭玉子, 1988)에 1704년의 大報壇 설치 과정이 상세히 소개되어 있다. 이 연구에 의하면, 大報壇 설치 논의는 明이 망한지 週甲이 되는 1704년 초부터 王과 老論側에서 주동하였으며, 처음에는 明나라 마지막 皇帝인 毅宗을 제사하기 위한 建廟가 주장되었으나, 申玩 등 少論의 소극적 태도와 비협조에 의하여 祭壇설치로 후퇴되었다 한다(같은 책, 37~59쪽). 申玩이 1704년 崇明운동에 소극적이었던 것은, 그 다음해 『동국역대총목』을 편찬하게 한 동기와 깊은 관계가 있음을 짐작케 한다.

68 『東國歷代總目』 凡例, "一. 此書之撰 本爲歷年之考而歷代事變 撮記於年條之下 雖嘉言 · 美事 若非關係於國家者

여기에서 주목되는 것은 두 가지 사실이다. 하나는 국가와 관련되는 사변事變만을 적는 다는 것이고, 다른 하나는 국조(조선왕조)의 사실에 대한 기록은 『국조보감國朝寶鑑』이나 『고사촬요』 등에서 자료를 취했다는 것이다.

먼저, '국가와 관련되는 사변'이라고 한 것은 구체적으로 말하면 왕의 휘諱(이름) · 세계 世系(족보) · 재위년한 · 향수享壽(나이), 선대의 추존追尊, 왕세자 책봉, 후비 책봉 등 왕실에 관련되는 기사를 말하는 것으로, 이러한 것 등은 반드시 기록하여 왕통의 승습 계보를 일 차적으로 중요시했다. 그 다음에는 국가의 주요 제도나 법령의 시행, 주요 관찬사업, 공신 의 책봉, 그리고 전란기사와 축성 등 국방에 관한 기사를 중요하게 취급했다.

한 가지 특이한 것은 신하의 행적을 기록함에 있어서 대신의 임면任免이나 졸년卒年에 대해서는 일체 무시하고, 그 대신 관직이 낮거나 없더라도 후대 사람들 사이에 높이 추앙 받은 인물에 대해서는 그들의 징소徵召와 은퇴, 졸년, 그리고 행적을 기록하고 있다는 점 이다. 예컨대 신라말의 최치원, 고려의 이자현李資玄 · 길재 · 원천석, 조선의 김시습 · 정 희량鄭希良 · 서경덕 · 조식 · 성운 등이 큰 비중으로 다루어지고 있다. 이들 중 상당수는 이미 『해동이적』과 『순오지』에서 다루어진 단학인들이라는 것도 주목할 필요가 있거니 와 서경덕과 조식 등은 노론측에서 대체로 좋아하지 않는 인사들이기도 하다.[69]

중국의 『역대총목』에서도 왕실기사나 제도 · 전란 · 대외관계기사가 큰 비중으로 다 루어지고 있는 것은 비슷하지만, 신하의 행적으로서는 처사處士들의 행적을 무시한 대신 대신大臣의 봉배封拜를 기록하고 있는 것이 『동국역대총목』과 좋은 대조를 이룬다. 이것 은 신완과 홍만종이 대신의 정치적 역할을 의도적으로 무시하고 방외인의 인사들을 부각 시킨 것으로서, 재상권 강화를 지향하던 노론측을 의식한 것이 아닌가 추측된다. 노론을 대표하는 사서인 『여사제강』에서 재상宰相의 임면을 반드시 기록하여 재상의 정치적 위 상을 돋보이게 한 것과는 매우 대조적이라고 할 수 있다.[70] 다시 말해, 『동국역대총목』의 인물선정기준만을 가지고 볼 때, 분명히 이 책은 노론과 대신을 견제하면서 왕권강화를 추구하려는 입장이 투영된 것이라고 볼 수 있다. 뒷날 이 책이 조정에서 논란을 일으키게

則皆闕之 國朝事實之表著者 則略採國朝寶鑑 · 攷事撮要等諸書 以錄之 亦遵中國總目之例焉"(『全集』上, 206쪽)

69 『여사제강』에서는 최치원을 '仙釋之間'의 인물로서 폄하하였으며, 서경덕과 조식은 동인의 사상적 원류이므 로 서인 · 노론측에서 결코 추앙하는 인물이 아니다.

70 韓永愚, 앞의 책, 86쪽.

된 주요 원인도 여기에 있다.

그 다음, 국조사실國朝事實의 기록과 관련하여 범례에서 특별히 인용 자료를 소개한 것도 주목을 요한다. 이는 뒷날 야기될지도 모를 논란에 대한 예방적 조치라고 할 수 있다. 그런데 범례에서 뿐 아니라 본조사실의 본문 서술에 들어가기 전에 다시 한 번 다음과 같이 서술원칙과 이용자료를 밝히고 있어서 찬자가 얼마나 조선시대사 서술에 신경을 쓰고 있는가를 여실히 보여준다.

> 중국의 『역대총목』은 명말사람이 편찬한 것인데, 皇明의 사실까지도 기록하여, 태조로
> 부터 熹宗에 이르기까지의 대단한 사변들이 반드시 기록되어 있다. 태조의 사실도 表著한
> 것은 『총목』의 예를 따라 기록하고자 한다. 그러나 그 기록은 秘史 중에서 뽑은 것이 아니
> 라 『국조보감』·『列聖誌狀』·『고사촬요』(어숙권 - 필자)·『해동명신록』(김육 - 필자) 등
> 의 여러 책을 참고하여 촬기한 것이다. 이것들은 모두 세상에 출간되어 성행하고 있는 책
> 들이지만, 그래도 博雅한 여러 군자들로부터 반복해서 證正했으며, 일언·일사를 감히 私
> 意로써 專斷하지 아니했다. 列聖의 아름다운 정치나 嘉謨는 마땅히 채록하여 사람들로 하
> 여금 깨우쳐 이해시킬 필요가 있어서 비교적 상세하게 서술했다.[71]

이 내용을 다시 음미해 보면, ① 본조사本朝史를 다루는 선례가 이미 중국에 있으므로 우리나라의 본조사를 다루는 것이 불가능한 일이 아니며, ② 이용된 자료는 이미 만천하에 공개된 서적들이므로 문제될 것이 없고, ③ 일언·일사도 주관적으로 편견을 가지고 쓴 것이 아니라 여러 학식 많은 인사들의 증정證正을 받아 객관적으로 썼으며, ④ 특히 군주의 빛나는 업적을 선양하기에 힘썼다는 것이다.

시비와 논란이 많은 본조사 서술을 가능한 한 공정성과 객관성에 토대하여 다루었다는 변명이고, 그 변명의 근거를 중국의 『역대총목』에서 찾고 있지만, 왕실을 높이고 대신의 거취를 무시한 것은 찬자 홍만종과 그 후원자인 신완의 주관이 크게 개입한 것은 물론이다.

『동국역대총목』에서는 「동국역대전통지도東國歷代傳統之圖」와 「역대건도지도歷代建都之圖」를 작성하여 권수卷首에 넣었다.[72] 전자는 우리나라 역대 왕국의 계승 관계를 정통론에

---

71 『全集』上, 319쪽.

입각하여 도표로 작성한 것이고, 후자는 고조선에서 조선조에 이르는 역대 국가의 중심지와 수도, 조선의 8도, 그리고 주요 산하를 한 장의 지도 속에 그려 넣었다. 이러한 도표나 지도는 중국의 『역대총목』에는 없는 것이다.

「동국역대전통지도」에서는 범례에서 밝힌 바대로 단군 - 기자 - 마한 - 통일신라 - 고려 - 조선을 정통국가로 연결시키고 나서, 끝에 홍만종 자신의 '안설按說'을 붙여, 동방은 오행의 목木에 속하고, 목은 인仁하다고 하면서 우리나라의 역사가 오랜 것은 '행인지효行仁之效'라고 해석했다. 즉 인仁을 실천한 효과라는 것이다. 우리나라가 오행의 목木에 해당하고, 따라서 우리나라 사람들은 성품이 착하고, 정치도 착한 정치를 해야 한다고 주장한 것은 남인학자 허목에게서도 이미 피력된 바 있었다.

또한 단군은 당요唐堯 25년에 군장이 되고, 이태조는 명태조 25년에 왕이 되어, 두 나라 역사가 똑같이 진행된 것은 "우리나라의 기수氣數가 중국과 상부相符한 까닭"이라고 풀이한다. 이러한 풀이가 이미 『순오지』에서 피력된 바 있음은 앞에서 설명한 바와 같다.

그 다음 홍만종은 「역대건도지도」의 끝에도 '안설'을 붙여 한백겸의 '조선=한강이북, 삼한=한강이남'설을 따랐음을 밝히고 있다. 그러나 그밖의 고대사의 지명은 『동국여지승람』이래의 통설을 그대로 따라 새로운 창견創見은 보이지 않는다.

범례의 맨 마지막에는 고대사 서술원칙이 제시되고 있다. 여기서는 『삼국유사』, 『고려사』, 『동국통감』 등 10여 종의 사서를 참고하였다고 밝히고, 기록이 서로 틀리거나 소루한 것들은 여러 다른 자료를 참고하여 분주分註와 주각註脚의 형태로 입록하여 참고하도록 했다고 밝히고 있다.[73]

실제로 고대사 서술에 참고한 자료로는 위에 언급한 저명한 사서 이외에도 『동사보감東史寶鑑』, 『본기통람本紀通覽』, 『경세보편經世補編』(신익성), 『진단통기震檀通紀』 등의 잘 알려지지 않은 자료들을 이용하고 있다.[74] 어쨌든 기왕의 사서들이 자료 부족을 이유로 고

72　『동국역대총목』의 범례에는 "歷代傳統之序 諸國建都之地 作兩圖而弁之首…"라 하여 책머리에 傳統圖와 建都圖를 밝히고 있으며, 실제로 서울대규장각 소장본(가람본)에는 그것이 들어 있다. 그러나 태학사 간행 『全集』에는 빠져 있어서 필사본에 따라 차이가 나타난다. 본고는 가람본을 사용하였음을 밝혀둔다.

73　위의 책 범례, "一. 東方史記 有三國遺事・高麗史・東國通鑑等十餘種 今皆湊集採錄而諸史及地誌所記 或有相左者 如檀君爲神 年歲不同之類是也 如箕子在位及壽 不載之類是也 博考載籍 或證正歸一 或分註入錄 至若名賢所記事實 亦入註脚 以資參考"

74　『동사보감』은 '조선'이라는 이름이 '潮仙'이라는 강 이름에서 유래했다는 자료로 이용하고 있으며, 『본기통

대사 특히 단군과 기자의 상고사를 매우 간략하게 취급하던 관례를 깨고 가능한 한 자세하게 복원하려는 노력을 보인 것은 이 책의 큰 특징의 하나로 지적될 수 있다.

끝으로, 범례에서는 언급이 없으나, 이 책의 말미에는 「지지地誌」를 부록하고 있다. 그리고 그 「지지」의 앞머리에는 우리나라 지리를 개관하여 역대 강역의 변천과 주요 산천을 소개한 다음, 자료는 『동국여지지東國輿地誌』(동국여지승람)를 이용하였음을 밝히고 있다. 그리하여 본문에서는 경도京都와 각 도별로 고대국가의 도읍과 주요 산천을 소개하고 있다.

그런데 「지지」에서의 고대지명의 비정은 『동국여지승람』을 따랐기 때문에 새로운 발명이 적으나,[75] 삼한 · 사군의 위치만은 한백겸설을 따르고 있다. 그러면서 「지지」에서는 우리나라 산수를 자랑하여

> 우리나라의 산수는 천하의 으뜸으로서, 금강 · 지리 · 한라산은 삼신산이라고 한다. 그
> 밖에 奇勝의 땅은 이루다 헤아릴 수 없이 많다.[76]

고 하여, 『해동이적』이나 『순오지』에서 보여준 것처럼 도가의 입장에서 우리나라 산수의 아름다움을 자랑하고, 나아가 마니산, 구월산, 묘향산 등 단군 전설이 얽힌 지명을 드러내 보이고 있으며,[77] 특히 서울인 경도京都에 대해서는 이를 주周의 낙양洛陽에 비유하면서 "동경東京(경주) · 서경西京(평양) · 남경南京(양주) 등 삼경三京과는 가히 비교할 수 없다"고 하면서 그 지리적 우월성을 강조하고 있다.[78]

말하자면, 홍만종의 우리나라 지지인식은 영토에 대한 관심이나 물산 등 경제 · 국방에 관한 것이 아니라, 행정적 연혁과 산수의 아름다움, 그리고 산수에 깃든 민족적 정서를 확

람」은 우수주(춘천)에 팽오비가 있다는 자료로, 『경세보편』은 무자년에 기자가 조선에 들어왔다는 자료로, 그리고 『진단통기』는 기자가 병술년에 태어나 무오년에 죽었으며, 주 무왕과 동시 · 同壽라는 것을 알려주는 자료로 각각 인용되고 있다.

75 예컨대 「地誌」에서는 慰禮城을 稷山으로, 卒本을 平安道 成川으로, 檀君이 初降한 太白山을 妙香山으로 각각 比定하고 있는데, 이는 『동국여지승람』의 지리 비정을 그대로 따른 것이다. 그러나 白頭山과 長白山을 구별한 것은 특이하다.

76 『東國歷代總目』地誌序, "… 我東山水 甲於天下 世以金剛 · 智異 · 漢拏爲三神山 其餘奇勝之區 指不勝屈而難可該載"(『全集』上, 360쪽)

77 예컨대 摩尼山에는 檀君이 所築한 祭天處가 있고, 九月山은 檀君이 末年에 入山했으며, 妙香山은 檀君의 初降地임을 밝힌 것 등이 그것이다.

78 『全集』上, 361쪽.

인하는 데 있으며, 여기에서 애국심을 유도하기 위함이라고 할 수 있다.

이상과 같은 우리나라 국토에 대한 자부심은 이수광의 『지봉유설』이나, 허목의 「지승地
乘」에서도 보이는 바이며, 홍만종 뒤에는 이중환李重煥의 『택리지擇里志』로 이어지고 있다.

(3) 내용분석

① 단군조선

『동국역대총목』은 서술의 첫 부분에서 단군조선을 취급하고 있는데, 그 내용을 정리
하면 다음과 같다.

> ・수도 : 처음에는 평양, 뒤에는 白岳(九月山)
> ・'조선'이라는 명칭 : 潮水와 汕水(史記評林註 索隱), 땅이 東表에 있어서 태양이 밝다는 뜻
> (東史寶鑑)
> ・단군의 이름 : 王儉, 혹은 王險(史記評林)
> ・단군 이전의 생활 : 9종의 이夷들이 풀옷을 입고 열매를 먹으며, 여름에는 나무 위에서
> 살고, 겨울에는 동굴에서 거주[草衣木食 夏巢冬穴]
> ・단군의 출생 : 『삼국유사』의 단군신화 소개. 단군은 壇君이 맞는 듯하나, 여러 역사책에
> 서 단檀이라 했으므로 이를 좇는다.
> ・태백산 : 지금의 묘향산
> ・단군의 치적 : 원년(唐堯 25년)에 백성에게 編髮(머리땋기)과 盖首(모자)를 가르치고, 군
> 신・남녀・음식・거처의 제도가 시작됨. 또한 원년에 彭吳에 명하여 국내산천을 다스
> 리고 民居를 정하게 함. 『本紀通覽』을 따르면 牛首州에 彭吳碑가 있다고 하는데, 우수주
> 는 지금의 春川이다.
> 갑술년(夏禹 18년)에는 아들 扶婁를 보내 夏禹를 朝見케 했다. 당시 禹는 제후를 塗山에
> 모이게 했는데 단군이 아들을 이곳에 보낸 것이다.
> 갑자년(商 武丁 8년)에 아사달산(구월산)에 들어가 神이 되었으며, 廟가 평양에 있다. 구
> 월산에는 또한 三聖祠가 있는데, 단군은 3성 중 하나이다. 『동국통감』에는 商[殷] 무정
> 8년을 을미년이라고 했으나 『황극경세서』(소옹)에 의하면 갑자년이다.
> ・단군의 재위기간과 역년 : 재위 기간은 1,017년이다. 上世의 신성한 사람은 후세인의 享

壽와 같지 않으므로 이상할 것이 없다. 단군조선은 周 무왕 기묘년에 기자가 오면서 망했으므로 그 역년은 1,212년이고, 이때 唐藏京으로 옮겨간 군주는 단군의 후손이다.

이상과 같은 단군조선의 서술은 『해동이적』과 『순오지』에서 피력된 바를 부연·확대한 것이라 볼 수 있다. 그러나 단군의 향수享壽에 대한 설명은 전과 다른 점이 있고, 단군의 치적에 대한 서술은 전에 없던 것이 보완되었다. 특히 단군이 백성들에게 편발編髮(머리땋기)과 개수盖首(모자)를 가르치고, 군신·남녀·음식·거처 제도가 이때부터 시작되었다. 팽오彭吳로 하여금 국내산천을 다스리게 했다는 기록은 『동국역대총목』에서 처음 보이는데 어떤 자료에 근거한 것인지 알 수 없으나, 민간에 전승되던 고기류를 참고한 듯하다.
『동국역대총목』은 후대 사학사에 미친 영향이 적지 않다. 특히 단군에 대한 서술은 많은 논란과 반응을 불러 일으켰다.[79]

② 기자조선
단군조선 다음에 기자조선箕子朝鮮을 서술했는데, 그 요지는 다음과 같다.

- 箕子의 뜻 : 『史記評林』 微子世家註를 보면, 箕는 國名이고, '子'는 작위다. 『大明一統志』를 보면, 기자가 처음에 西華(開封府 서쪽 90리)의 箕國에서 采邑을 받았기 때문에 '기자'라고 부르게 되었는데, 邑中에는 지금도 箕子臺가 있다.
- 기자의 성명과 중국에서의 행적 : 기자의 姓은 子氏이고, 이름은 胥餘라 한다. 周武王이 殷을 멸망시키자 기자는 조선으로 들어왔는데, 무왕이 뒤에 봉했으나 신하가 되기를 거부했다. 한편, 『柳州集』 箕子碑註에는 기자의 이름이 須臾라 했고, 『史記評林註』에는 기자가 紂의 庶兄이라 했다.
- 기자가 조선에 온 시기 : 기자는 주무왕 원년(기묘)에 조선으로 들어왔다. 申翊聖의 『經世補編』을 보면, 기자가 戊子(周 成王 3년)에 왔다고 했는데 이는 의심스럽다.
- 기자의 치적 : 백성에게 예악과 8조지약을 가르치고, 井田을 구획했으며, 임오년에는 周

---

79 단군의 치적에 대한 서술은 후대 사서들이 대부분 수용하고 있다. 그러나 팽오에게 명하여 국내산천을 다스리게 했다는 서술은, 팽오가 『漢書』에 나오는 중국인이라는 이유로 이익·안정복 등의 비판을 받았다.

나라를 방문했는데, 殷墟를 지나면서 麥秀歌를 지었다 한다. 그러나 臣僕을 거부한 기자가 주나라를 방문했다는 것은 신복을 받아들인 것을 의미하므로 주나라에 갔다는 사실은 의심스럽다.

‣ 기자의 나이 : 『震旦通紀』를 보면, 기자는 병술년에 낳아서 무오년에 죽었는데, 주 무왕과 생년과 향수가 같다. 기자의 묘는 평양 북쪽 토산에 있다. 그런데 중국측 기록에는 중국 蒙縣에 箕子塚이 있다고 하는데 이는 傳聞이 잘못된 것이다.

‣ 기자 후손 : 기자의 41대손 箕否는 秦에 복속했으며, 기부의 아들 箕準은 武康王이라 호칭했으나, 위만의 침략을 받아 漢惠帝 6년에 나라를 잃고 남쪽으로 내려와 益山에 새로 나라를 세우고 韓王(馬韓)을 칭했다. 기자조선 929년과 마한 203년을 합하여 기자조선의 역년은 모두 1131년이다.

이상과 같은 기자조선 서술은 대체로 기왕의 통설을 따른 것이지만, 기자가 주 무왕周武王의 신하가 되었다는 이른바 신복설臣僕說을 부인한 것은 새로운 해석으로 기자가 자주적 인물이었음을 부각시킨 것이다.[80] 다시 말해 기자조선을 자주적인 독립국가로 본 것이다.

또, 기자가 주무왕과 같은 해에 태어나 같은 해에 죽었다고 본 것도 새로운 견해라 하겠다. 또한 기자 이전의 단군의 위상을 격상시킨 까닭에, 상대적으로 기자의 위상이 낮아진 것이 또 하나의 특징이라 하겠다.

③ 삼한

삼한은 마한馬韓을 '정통'으로 인정하여 먼저 쓰고, 진한辰韓과 변한弁韓은 한 자字를 낮추어 서술했다.

‣ 馬韓 : 箕準이 益山에 내려와서 건국했으며, 203년의 역사를 가진 후 백제와 신라에 차례로 병합되었다. 또한 李廷龜의 「箕子崇仁殿碑」를 보면, 마한말에 기준의 후예가 韓氏·

---

80 기자가 주무왕에게 臣僕하지 않았다고 보는 것은 16세기 말 李珥의 『箕子實記』에서 정립된 이래로 西人 사이에서는 정설로 받아들여져 왔다. 그러나 17세기 중엽 홍여하(남인)는 주 무왕과 기자를 賓主 관계로 재해석했으며, 18세기 중엽 이익(남인)은 기자의 臣僕을 긍정하는 새로운 견해를 제시했으나, 안정복은 다시 不臣說로 되돌아갔다.

奇氏 · 鮮于氏가 되었다 한다.

- ▶ 辰韓 : 秦 나라 亡人이 韓에 들어와 辰韓(혹은 秦韓)이 되었는데, 언어가 秦人과 같고, 항상 마한을 주인으로 섬겼다.
- ▶ 弁韓 : 시조를 알 수 없고 진한에 속했으며, 그 위치는 한백겸이 말한대로 首露가 일어난 가야지방이다.

이상 삼한에 대한 서술은 대체로 한백겸설을 따른 것인데, 마한을 정통으로 간주한 것은 홍여하의『동국통감제강東國通鑑提綱』(1672)의 정통론과 일치한다. 그러나 마한왕 기준의 후손이 한씨, 기씨, 선우씨가 되었다는 이정구의 숭인전비문을 소개한 것이 새롭다.

④ 위만 · 사군 · 2부

위만조선 · 4군 · 2부는 삼한 다음에 한 자字를 내려서 서술함으로써 정통이 아님을 분명히 했다. 한4군의 위치는 낙랑=평양, 임둔=강릉, 현도=함흥, 진번=함경 이북으로 비정하여『동국여지승람』이래의 통설을 그대로 따르고 있다.[81]

⑤ 삼국

『동국역대총목』의 삼국사 서술은 신라 · 고구려 · 백제의 순으로 되어 있으며, 먼저 각 나라별로 도읍지와 국호의 뜻을 풀이한 다음, 시조로부터 말왕까지의 역사를 약술했다. 이제 본문 서술의 주요 특징을 소개하면 다음과 같다.

먼저, 삼국의 국호를 풀이하여 신라는 '덕업일신 망라사방德業日新 網羅四方'의 준말이고, 고구려는 고주몽이 요동의 '구려산' 밑에서 태어났기 때문에 붙여진 것이며, 백제는 '백성이 온조溫祚를 즐겁게 따른'데서 유래했다고 하며, 그 근거자료로서『동사보감東史寶鑑』을 인용하고 있다.

이와 같은 국호의 뜻풀이는『순오지』에 이미 피력된 바와 같으며, 모두가 삼국의 국호를 아름다운 뜻으로 풀이하여 국호에 대한 긍지를 찾으려 한 것이다.

---

81 한사군의 위치에 대해서는 17세기 초 吳澐이 현도=심양(貴德州)설을 제기한 바 있고, 17세기 중엽 홍여하는 험독(평양)=요동설을 제기하여 삼한의 위치를 새롭게 비정한 한백겸과 더불어 역사지리연구의 새 지평을 열어놓았다. 홍만종은 이 중에서 오직 한백겸설만을 받아들였다.

둘째, 삼국의 시조에 대해서는 특히 그 출생 설화를 소개하고, '안설按說'을 붙여서 시조의 출생과정이 신이神異하다고 해서 이를 삭제해서는 안 된다고 강조한다. 예컨대 박혁거세의 끝에 붙인 다음의 '안설'은 홍만종의 설화에 대한 시각을 잘 보여준다.

옛날의 제왕이 태어날 때에는 보통사람과 다른 점이 간혹 있다. 虹繞는 神母를 통해서 伏羲를 출생하고, 簡狄은 알을 삼키고 契를 출생했으며, 姜嫄은 腹迹으로 棄를 출생했으며, 龍交는 大澤에서 沛公을 출생했다. 신라의 혁거세와 탈해·알지, 고구려의 주몽, 가락국의 수로가 알에서 태어나기도 하고, 櫝 안에서 태어나기도 한 것도 또한 같은 부류이다. 이는 外紀나 雜錄에서 나온 것이 아니라 모두 正史에 실려 있는 까닭에 함부로 誕護하게 생각하여 삭제해서는 안 된다.[82]

중국과 우리나라의 고대 제왕의 출생에 얽힌 신비스런 설화들을 그대로 긍정하려는 입장은, 일반 성리학자들이 황탄한 것으로 배척하는 시각과는 매우 다른 것이다. 특히 노론 측 사서인 유계兪棨의 『여사제강』에서 신화를 맹렬히 비판한 것과 대조를 보인다.[83] 이것은 홍만종이 도가의 신비주의를 받아들이는 시각과 관련이 있으며, 그러한 해석은 결과적으로 우리나라 고대의 제왕들을 비범하고 신이한 존재로 미화시키는 것이 되며, 군주의 초인적 위대성을 부각시키는 동시에 민족적 자긍심을 부양하는 효과도 가져오는 것이다.

뒤에 다시 살피게 되겠지만, 홍만종은 고려태조 왕건과 조선 태조 이성계에 대해서도 똑같이 신이한 측면을 부각시키고 있다. 이것도 고대 제왕을 미화시킨 것과 마찬가지로 왕조의 존엄성을 높이는 데 목적을 둔 것이라 할 수 있다.

셋째로, 각 왕대의 서술은 범례에서 밝힌대로 국가에 관계되는 주요사건, 예컨대 중국과의 외교 관계, 전란 관계, 반역 관계, 축성문제, 그리고 주요 제도 시행 등을 위주로 하고 있다. 그러나 독자적인 연호를 쓴 것은 반드시 기록하고, 여왕은 글자를 작게 하여 정통이 아님을 보여주고 있다.[84]

---

82 『全集』上, 219쪽.

83 韓永愚, 앞의 책, 86쪽.

84 『東國歷代總目』凡例, "一. 朱子綱目 君非正系 或女主 則王號·君名 皆細書 故新羅之善德·眞德·眞聖 高麗之 辛禑·辛昌 一遵綱目變例而書之"(『全集』上, 205쪽).

한편, 말갈·일본·몽골·거란 등에 대해서는 우리나라를 처음 침략한 사건을 기록할 때에 세주를 붙여서 그들의 내력을 소개하고 있다.[85]

발해는 독립된 국가로 다루지는 않았지만, 그 개국사실을 소개하면서 시조 대조영大祚榮이 본래 속말말갈로서 고구려 별종이라고 했다.

⑥ 고려

『동국역대총목』의 고려사 서술은 태조 원년부터 시작하여 공양왕이 양위할 때까지 다루었다. 태조 왕건이 후삼국을 통일하기 이전에는 정통국가인 신라가 엄존했으므로 정통론과 강목법을 엄격히 따지는 사서에서는 후삼국통일 이전의 고려를 정통으로 간주하지 않는다. 그런데도 『동국역대총목』이 태조 원년부터 고려를 정통국가로 취급한 것은 주자의 강목법을 엄격히 따르지 않았음을 보여주는 것이다.

고려의 국호에 대해서는 『동사보감』을 인용하여 '산고수려山高水麗'에서 취했다고 한다. 즉 산이 높고 물이 아름답다는 뜻이다. 이는 홍만종이 '고려'와 '고구려'가 같은 뜻임을 모르고 한 말이지만, 어쨌든 산수의 아름다움과 연결시켜 국호를 이해하려는 태도가 엿보인다.

태조 왕건에 대해서는 도선道詵설화 및 당唐 왕실과의 혼인설화를 소개하여, 왕건의 세계世系가 성인聖人 혹은 당 왕실(선종)의 후광을 입었음을 세주로 소개하고 있다. 이와 같이 왕건 세계의 신이한 설화들을 거부하지 않고 받아들이는 것은 고대 제왕의 출생 설화를 수긍하는 태도와 마찬가지로 창업주를 신성시하려는 시각을 보여주며, 17세기 성리학자들의 일반적인 설화 거부 태도와는 매우 다르다.

각 왕대의 서술은 삼국시대 서술과 마찬가지로 중국과의 조빙(외교), 전란, 반역정토叛逆征討, 축성, 그밖에 주요 제도 시행을 소개하고, 신하의 활동으로는 국사國師와 왕사王師의 임명, 현종대 최치원과 설총의 종사從祀, 강감찬·최충·안유·우탁의 졸년, 곽여郭輿·이자현李資玄·길재의 징소徵召와 은거 등만이 언급되고 재상이나 기타 신하들의 정치활동은 무시되고 있다. 여기서 곽여, 이자현 등 도가적 인물을 소개한 것이 특이하다.

---

85 위의 책 凡例, "我國東南隣倭 西北接靺鞨·契丹·蒙古 自三國時 屢被侵掠 今於四敵 始梗之下 註錄其本根來歷 以便考別"(『全集』上, 206쪽).

한편, 고려말의 역사는 이성계의 4대조와 이성계, 그리고 이방원의 활약을 크게 부각시키고, 그들의 호칭은 환조桓祖 · 태조대왕 · 태종대왕 등의 시호를 붙여서 높여주고 있다. 한 가지 특기할 것은, 최영의 요동 정벌에 대한 해석으로서 이성계의 공명功名이 높아지고, 이씨가 왕이 된다는 참설讖說의 유행에 시기심을 품은 최영측이 이성계를 제거하기 위한 계략이라고 보는 것이다. 이런 해석은 뒤에 안정복도 그대로 따랐다.

끝으로 고려사 서술의 마지막 부분에서는 고려가 32세(僞主 2人을 빼고) 475년의 역년을 가진 것을 밝힌 다음, "단군 원년 무진戊辰에서 고려 공양왕 말년까지 역년이 모두 3725년"이라고 하여, 단군기원 역년을 적은 것이 이채롭다. 이는 지금까지의 역사서술에서 보이지 않던 새로운 시도이다.

이상과 같은 고려사 서술은, 17세기 중엽 서인 유계에 의해서 편찬된 『여사제강』(1667)과 극명한 대조를 보인다. 『여사제강』은 국상國相의 임면任免을 반드시 적는다는 원칙에서 쓰여졌기 때문에 고려 역사를 주도한 것은 은연중 대신이라는 것을 드러내고 있다. 이 『여사제강』은 송시열을 비롯한 노론 측에서 선호한 사서가 되었는데, 재상의 활동을 무시한 『동국역대총목』이 노론의 입장에서 받아들이기 어려운 것은 여기에 큰 이유가 있었던 것이다.

⑦ 조선

『동국역대총목』의 조선 시대 서술은 태조로부터 시작하여 효종 말년에까지 걸치고 있다. 연수로 보면 280여 년이 되지만, 서술 분량은 고려시대 475년의 역사와 거의 같아서, 이른바 '상근이약원詳近而略遠'의 원칙 즉 '먼 시대를 간략하게 쓰고 가까운 시대를 자세히 쓴다는 원칙'을 따랐음을 알 수 있다.

조선시대사 서술도 왕실 위주로 되어있음은 마찬가지다. 특히 조선의 역대 왕들에 대해서는 '대왕大王'의 존호를 붙여주고 재위 연한과 아울러 향년까지도 기록하고 있다. 또한 연대표기에 있어서는 왕의 재위년을 먼저 기록하고, 원년 아래에 세주로 중국 황제의 연호와 재위년을 기록하고 있다. 이는 『동국역대총목』이 참고한 『고사촬요』의 연대기록 방식과 매우 다른 것이다.[86]

---

86 『고사촬요』에서는 중국황제의 연호와 재위년을 먼저 기록하고, 그 밑에 조선왕의 재위년을 細註로 기록하여

먼저, 태조에 대해서는 그의 선계璿系를 소개한 다음 지리산 암석 중에서 '목자갱정삼국木子更正三國(이씨가 삼국을 다시 바로잡는다)'이라고 쓰인 참서가 나왔고, 서운관 비기秘記 중에 『구변진단지도九變震檀之圖』가 있는데 거기에 '건목득자建木得子(木子를 세우고 얻는다. 즉 이씨를 얻는다)'라고 되어 있는 것 등이 모두 이성계의 즉위를 예언한 것이었다고 한다.

다음에 태조의 4대 조상을 왕으로 추존하고, 한씨와 강씨康氏의 왕비 책봉, 강비의 승하 등을 기록하면서 대신의 임면은 단 한 건도 기록하지 않은 것은 왕실 위주의 서술 태도를 보여준다. 그러나 국호제정, 개국공신 책봉, 한양건설과 천도, 성균관 건립, 유구가 신하를 칭하고 섬라국(태국)이 방물方物을 조공한 것 등 국가의 위신과 관련되는 주요사건을 기록하여 역사의 큰 흐름을 이해하는 데는 큰 지장이 없다.

대신을 무시하고 왕업 위주로 주요사건과 제도를 기록하는 서술기조는 현종 때까지 일관되고 있다. 다만 앞에서도 이미 언급한 바와 같이 신하의 동정에 관한 기록은 전란에 공을 세웠거나 반역을 토벌한 충신, 반역자 혹은 사류 사회에서 존경을 받았던 절의인사節義人士나 사화士禍의 피해자에 국한하고 있다는 것이 특기할 만하다. 다음에 그 구체적 사례를 열기하면 다음과 같다.

- 졸년이 기록된 신하 : 김종직 · 정여창 · 서경덕(처사) · 이언적 · 성수침(처사) · 이황 · 조식 · 성운 · 이이 · 성혼 · 이순신 · 정구 · 김장생
- 거취가 기록된 신하 : 길재(徵召歸鄕) · 원천석(徵召不至) · 김시습(徵召不至) · 정희량(도망) · 남효온(追罪) · 조광조(復爵) · 이원익(召) · 김상용(焚死) · 삼학사(인질) · 임경업(入明)
- 신하의 증직 혹은 追復 : 정몽주 · 金若恒 · 김굉필 · 조광조 · 윤임 · 柳灌 · 柳仁淑 · 鄭蘊 · 홍익한
- 유배된 신하 : 정온(광해군) · 이원익(광해군) · 이항복(광해군)

이상과 같은 『동국역대총목』에서의 조선시대사 서술과 『역대총목』에서의 명대사明代史 서술을 비교해 보면 몇 가지 차이점이 드러난다.

중국을 높이려는 뜻이 분명히 드러나고 있다.

첫째, 『역대총목』에서는 황제의 재위 기간만 적고 수壽를 쓰지 않았으나, 『동국역대총목』에서는 재위 기간과 더불어 수를 적은 것이 다르다.

둘째, 『역대총목』에서는 대신의 임명을 적었으나, 『동국역대총목』에서는 대신의 임명을 기록하지 않았다.

셋째, 『역대총목』에서는 황후의 책봉이나 사망에 관한 기록이 없으나, 『동국역대총목』에서는 왕비의 책봉과 사망에 관한 기록을 빠뜨리지 않았다.

이러한 두 사서의 차이점은 『동국역대총목』이 왕 및 왕실에 대한 비중을 더 크게 두고 있다는 것을 말해준다.

(4) 『동국역대총목』이 후대에 미친 영향

『동국역대총목』은 숙종 31년(1705)에 완성됨과 동시에 교서관에서 인출되었다.[87] 이는 이 책의 편찬을 후원한 신완申琓이 교서관제조인 까닭이었다. 그러나 신완은 이 책이 편찬된 다음해에 임부林溥 · 이잠李潛 등의 탄핵을 받아 파면되고, 또 그 다음해에 사망하게 되자, 당장 이 책의 내용과 편찬과정을 비난하면서 편찬자 홍만종에게 죄를 주고 간본刊本을 거두어들이자는 논의가 조정에서 일어났다.

아마, 홍만종과 『동국역대총목』을 비난하는 배후에는 노론의 입장이 깔려 있을 것으로 추측되지만, 직접 시비를 걸고 나선 것은 사헌지평 김시환金始煥이라는 하급관료였다. 그가 숙종 33년(1707) 7월에 올린 계에서 지적한 『동국역대총목』의 문제점은 다음과 같다.

첫째, 본조실록을 적은 『국조보감』이나 『열성지장列聖誌狀』 등은 왕의 휘호를 표열表列하여 연월을 편서編序하는 것을 피하고 있는데, 『동국역대총목』에서 열성의 휘호를 표열한 것은 참월한 행위이다.[88]

둘째, "모인졸 모인주某人卒某人誅"라고 기록하여 은연중에 신하에 대한 포폄을 내린 것은 무엄한 죄를 짓는 것이다.[89]

---

87 『숙종실록』 권45, 숙종 33년 8월 신사조 "都提調崔錫鼎曰 故相臣申琓 爲芸閣提調時 使洪萬宗 撰集東國歷代總目 令本館印出"

88 위의 책 권45, 숙종 33년 7월 무진조 "持平金始煥啓曰 本朝事實之所刊者 雖有國朝寶鑑 · 列聖誌狀等書而未嘗表列位號 編序年月 一依史家凡例者 誠有所諱避 僭越不敢故也 臣得見前參奉洪萬宗所撰歷代總目 則編次我朝於 勝國之末 起自國初 以至當宁 上表列聖徽號 不記享國歷年 作一史冊 而其餘事蹟 則有綱目 或書以某人卒 或書以某人誅 隱然有褒貶與奪之意 其僭越無嚴之罪 已不有可言"

셋째, 찬자 홍만종은 권세가에 붙어살면서 행적이 괴이한 인물로서 세상의 버림을 받고 있는데, 어찌 그런 사람과 협의하여 역사를 쓸 수 있는가.[90]

넷째, 명말 사람이 쓴 『역대총목』의 예를 빙자하여 사람의 이목을 가리려는 계책을 썼다.[91]

이상과 같은 김시환의 비난에서 핵심되는 문제는 결국 크게 두 가지로 요약된다. 하나는 왕의 휘호를 함부로 표열한 것이 참월하다는 것이다. 이는 명나라 황제의 연호를 표제로 하고, 그 밑에 왕의 기년을 표시하는 것이 사대의 명분이 맞는 것임에도 불구하고 이를 지키지 않는 것이 명분을 깼다는 뜻이다. 그리고 이러한 김시환의 주장은 대보단大報壇을 설치하면서 명에 대한 사대명분을 고수하려던 노론의 입장에서는 당연한 문제 제기라 할 수 있다.

두 번째로 졸卒·주誅 등을 무엄하게 기록했다는 이야기는 결국 인물의 선정과 평가 기준에 문제가 있다는 뜻이고, 그것은 재상의 거취와 졸년을 무시했다는 간접적인 항의로 들린다. 이러한 입장 또한 재상권을 강화하려던 노론의 시각을 반영하는 것이다.

김시환의 『동국역대총목』 비판에 대해 왕(숙종)은 당시 재상이던 최석정崔錫鼎의 의견을 물었으며, 최석정은 이에 대하여 다음과 같이 답변했다.

> 이미 작고한 相臣 申玩이 교서관 제조로 있을 때, 홍만종으로 하여금 『동국역대총목』을 찬집케 하여 교서관에서 인출하게 하였는데, 그 책에서 포폄을 가한 것이 있었습니다. 그러나 인출한 양이 많지 않아서 널리 퍼뜨려질 염려는 없습니다. 또한 홍만종은 비록 외망한 사람이기는 해도 유배를 보내는 것은 지나칩니다.[92]

최석정은 이 책의 포폄에 다소 문제는 있지만 책의 인출이 많지 않다는 것을 이유로 하여 홍만종의 유배를 반대하였다. 최석정은 신완과 마찬가지로 소론의 거두였으므로 홍

---

89   위 기사의 끝부분.
90   註 89)의 기사에 뒤이어 다음의 기사가 이어진다. "洪萬宗 本以么麽怪鬼之輩 附托權門 蹤跡詭秘 不齒人類 爲世所棄 則渠何敢與議於冊子之撰成乎 當初芸閣之許令纂輯 固是失着而又引明末人謬妄之舊例 欲爲掩遮耳目之計"
91   註 90)의 끝부분.
92   『숙종실록』 권45, 숙종 33년 8월 신사조.

만종을 비호했고, 왕도 결국 그의 의견을 받아들여 홍만종을 죄주지 않았다.

『동국역대총목』은 영조 21(1745) 2월에 이르러 왕명에 의하여 수정작업이 시도되었다.[93] 영조는 누가 이 수정작업의 적임자인가를 대신에게 물었는데 좌의정 송인명宋寅明이 부제학 원경하元景夏를 추천하여 원경하는 영조대의 사적, 예컨대 무신년(이인좌난, 1728)과 경술사(1730)를 첨보하는 것이 좋겠다는 뜻을 표하여 왕의 허락을 얻었다.

그러나 원경하는 다음달 "동국역대총목은 … 홍만종이 지은 것으로, 『사략史略』처럼 자못 사법史法을 썼는데, 만약 선조先朝의 일을 첨보添補하면서 사법을 쓰게 되면, 막혀서 장애가 될 곳이 있습니다"[94]라고 하면서 첨보 작업을 중단할 것을 요청하였다. 왕은 이에 대하여 "이미 그 책이 사법을 따랐다면 어찌 첨보할 수가 있겠는가"라고 하면서 첨보 작업을 중지할 것을 명하였다. 그리하여 『동국역대총목』은 첨보를 하지 않은 가운데 때때로 경연에서 강독교재로 이용되었다.[95] 이는 이 책이 그만큼 탕평책으로 왕권을 강화하고 있던 영조의 의취에 부합되는 점이 많았던 까닭이었을 것이다.

『동국역대총목』은 조정에서만 관심을 끌었던 것이 아니라 재야의 학자들에게도 영향을 주었다. 성호 이익(1681~1764)은 그 대표적 학자이다.

이익은 18세기 중엽에 쓴 『성호사설』에서 많은 사론史論을 피력했다. 그중에는 홍만종과 일치된 견해들이 적지 않다. 특히 한국사의 정통체계를 단기檀箕에서 시작하여 마한으로 이어졌다고 보는 시각은 『동국역대총목』의 그것을 그대로 따른 것이다. 이익은 『동국역대총목』에서 신라를 정통으로 내세운 것은 옳지 못하다고 하면서 삼국은 '무통無統'의 시대로 보아야 한다고 주장했다.[96] 그런데, 『동국역대총목』에서는 「범례」와 「동국역대전통지도東國歷代傳統之圖」에서 정통에 대한 설명이 약간 다르다. 즉 「범례」에서는 삼국을 '무정통'으로, 문무왕의 통일 이후를 '정통'으로 간주한다고 썼는데, 「동국역대전통지도」에서는 신라를 정통으로 하여 전통도를 그렸다. 따라서 전통도를 가지고 말한다면, 이익의 지적이 옳지만, 범례를 가지고 말한다면 이익이 잘못 본 것이다. 그러나 전통도보다는 범례가 더 확실한 것이므로, 홍만종과 이익의 정통론은 실제로 완전히 일치한다고 할 수 있다.

---

93 『영조실록』권61, 영조 21년 2월 기사조.
94 위의 책 권61, 영조 21년 3월 정축조.
95 위의 책 권83, 영조 31년 1월 정유조.
96 韓永愚, 앞의 책, 204~205쪽.

다음에, 중국과 우리나라는 기수氣數가 서로 부합하여 왕조의 흥망이 일치한다는 견해도 두 사람이 서로 같다.[97]

세 번째로, 단군의 치적으로서 백성들에게 편발編髮과 개수盖首를 가르쳤다는 주장도 서로 같다.[98]

이와 같이 이익은 홍만종의 영향을 많이 받아서 우리나라 고대사를 이해하고 있는데, 이는 두 사람이 당색은 서로 다르지만 근경인近京人으로서의 지역적 근접성 때문에 학문적 교류가 있었음을 의미하는 것이다. 그러나 이익은 홍만종의 역사인식과 다른 점도 많이 가지고 있다. 예컨대, 단군 때 국내산천을 다스렸다고 전해지는 팽오彭吳를 한인漢人으로 해석했고, 고조선의 국호를 '단檀'으로 보았으며, 고구려의 국호가 '산고수려'에서 나왔다고 하는 것은 사실이 아니라고 했다. 말하자면, 홍만종이 보다 낭만적이고 도가적인 입장에서 역사를 이해하려고 하였다면, 이익은 보다 합리적이고 고증적인 시각에서 역사를 해석했다고 할 수 있다.

그렇지만, 이익이 홍만종으로부터 받아들인 단기 · 마한정통론과 단군의 치적은 그후 안정복의 『동사강목』에서도 그대로 받아들여지고 있음을 볼 수 있다.[99] 『동국역대총목』은 18세기 이후 근경남인의 역사인식에 미친 영향을 결코 과소평가할 수 없는 것이다.

3)『증보역대총목增補歷代總目』에 나타난 역사인식

홍만종은『동국역대총목』을 편찬한 다음 해인 숙종 32년(1706)에 역시 신완의 부탁을 받아 중국사를 서술한『역대총목』을 증보하여『증보역대총목』을 편찬했다. 이 책은 말하자면,『동국역대총목』과 자매 관계를 가진 것으로서, 고대에서 명대에 이르기까지의 중국사를 우리식으로 이해하기 위한 것이다.

『증보역대총목』에는 7개항의 범례가 들어있고, 책 말미에는 홍만종이 쓴 후지後識가 실려 있어서 이를 통해 증보의 취지와 내용을 살필 수 있다. 후지에는 증보의 동기가 다음과 같이 밝혀지고 있다.

---

97 위와 같음.
98 위의 책, 209~210쪽.
99 위의 책, 316쪽.

相公(申玩 - 필자)이 나에게 말하기를, … 중국의『역대총목』은 빠진 것이 많은데, 그대가 만약 이 책을 수정하고 깨끗이 다듬어서 (동국역대총목과)함께 세상에 알리면 한이 없겠다고 하였다. 내가 상공의 부탁을 승낙하고 돌아와 책을 읽어보았더니, 왕왕 紀年에 착오가 있고, 사건기록에 빠진 것이 있으며, 취사가 엄격하지 못하고, 鑑戒가 명백하지 못하여 과연 상공의 말 그대로였다.[100]

다시 말해 구본은 ① 사실 기록의 부정확, ② 기사취사의 부적당, ③ 가치평가의 불명확성 등 몇 가지 결함이 있다는 점에 신완과 홍만종이 다 같이 동의했다는 것이다.

위와 같은 결함을 보완하기 위해 홍만종은 당요唐堯에서 명明에 이르기까지의 사적을 정사와 대조하면서 자료를 취사하고, 사건에 대한 평가는 강목의 기준을 따랐으며, 앞뒤가 모순되는 기록은 여러 책을 참고하여 고증하였다는 것이다.

범례에서는 이러한 편찬 취지가 더욱 구체적으로 밝혀지고 있다.

① 구본은 唐堯 원년으로부터 서술이 시작되었는데, 이 원칙을 그대로 따른다.[101]

② 구본은 명나라 熹宗(1621~1627)까지만 기록하여 毅宗(1628~1646)에서 永明王(1647~1662)에 이르는 기간이 빠졌으므로, 이 부분을 보완한다.[102]

③ 晋나라 때 여러 오랑캐들이 나라를 세운 것이 많았으나 구본은 쓰지 않은 것이 많다. 춘추의 열국이나 五代 때의 제국도 전혀 쓰지 않았으나, 이를 모두 병기하여 그 시말을 적는다.[103]

④ 구본에서는 漢代 역년 가운데 淮陽王 2년의 재위 기간을 기록하지 않았으나, 이를 부록해 둔다.[104]

⑤ 원년은 아무 사건이 없더라도 반드시 기록한다. 이는『春秋』의 예를 따른 것이다.[105]

⑥ 구본에는 역대의 수도와 명산대천이 소략하게 기록되어 있는데,『대명일통지』에 의거

---

100 『全集』上, 557~558쪽.
101 위의 책(上), 383쪽.
102 위와 같음.
103 위와 같음.
104 위와 같음.
105 위의 책(上), 384쪽.

하여 각 省별로 중요한 사항을 기록한다.[106]

⑦ 구본에는 「歷代傳統圖」와 「諸國建都圖」가 없으나, 通史와 類纂 등을 참고하여 너무 자세하지도 않고 너무 간략하지도 않게 이를 작성하여 卷首에 싣는다.[107]

이상과 같은 7개항의 범례 가운데서 특히 주목해야 할 것은 중국사의 정통계승이다. 「역대전통도」에 의하면, 중국의 전통은 대체로 주자의 『강목綱目』과 『십구사략十九史略』에 의거하여 작성했으며, 청나라 초기의 역사는 대명大明의 역사 속에 흡수함으로써 은연중 반청숭명의식을 보여주고 있다. 그러나 청을 특별히 '호청胡淸'이라고 경멸해 부르지는 않았다.

『역대총목』에 대한 신완과 홍만종의 불만은 물론 여기에 그치는 것은 아니다. 『역대총목』을 참고하였으면서도 그것과는 성격을 달리하는 증보판을 편찬했다는 자체가 『역대총목』에 대한 간접적인 불만을 반영하는 것이다. 두 책의 근본적인 차이점은 중국책이 가치평가 즉 포폄의 정신이 약한데 반하여 조선책은 포폄의 정신이 상대적으로 강하다는 것과, 전자가 대신 중심으로 쓴 데 반하여 후자는 왕실 중심으로 썼다는 것, 그리고 전자보다 후자가 사건기록의 정확성을 기했다는 것으로 요약된다. 그리고 이러한 차이는 15세기 말의 명말의 역사적 상황과 18세기 초의 조선의 역사적 상황의 차이를 반영하는 것이기도 하다.

5. 맺음말

이황과 이이를 정점으로 하여 형이상학과 형이하학을 포괄하는 조선의 주자성리학이 정립되던 16세기 중후반기에 이미 주자성리학이 본래의 순기능을 잃고 출세의 수단으로 변질된 데에 대한 자성自省이 일기 시작했다. 왜란을 겪고 난 17세기 초 성리학과 대중종교인 도교, 불교, 양명학 등 이단異端을 절충·회통하려는 이른바 회통주의會通主義 학풍이

---

106 위와 같음.
107 위와 같음.

서울과 그 인근 지역을 중심으로 하여 나타나게 되었다.

정통성리학자인 이이도 『순언醇言』을 써서 노장老莊에 대한 관심을 보이고, 선조 때에는 경제사經濟司를 설치하여 경장更張을 촉구하기도 했지만 효과가 없었다. 이보다 앞서 중종 때 서경덕徐敬德은 자연과학에 가까운 상수역학象數易學을 내걸고 주기설主氣說을 주장하여 물질의 중요성을 강조하면서 정통성리학과 달리 유불선儒佛仙 3교를 회통하는 길을 열어놓았다.

정통성리학에 대한 도전은 왜란 전후하여 문장에 있어서도 간결한 진한秦漢 고문古文을 숭상하고, 시詩에 있어서 낭만적이면서도 비판적인 당시唐詩를 따르는 삼당시인三唐詩人이 배출하는 등 새로운 기풍이 일어났다.

이런 분위기를 타고 나타난 것이 16세기말~17세기초 화담학파에 속하는 서울의 이지함, 이수광, 한백겸, 유몽인, 허균, 그리고 유희경劉希慶의 침류대학사枕流臺學士들을 중심으로 일어난 실학운동과 3교회통운동이다.

17세기 중엽 이후에는 그 학풍이 서울과 그 인근지역 유학자들 사이에 더욱 확산되어 신흠, 신익성 부자, 장유, 이식, 허목, 유형원, 정두경 등이 그런 학풍을 이어갔다.

17세기 후반과 18세기 초를 살다 간 홍만종은 바로 성리학과 이단을 절충하고 회통하려는 지식인으로서 거대한 족적을 남기고 간 인물의 하나이다. 그는 비록 당파상으로는 소론에 가깝고, 신분상으로는 척족에 가까운 인물이었지만 17세기초에 서울과 그 인근 지역에서 형성된 새로운 학풍을 계승하여 시학사詩學史를 새로이 정리했고, 학술사學術史와 종교사를 재구성하였으며, 우리 역사를 새롭게 썼다. 그리고 그의 회통적 전통문화 정리는 처음에는 당쟁에서 패배한 공서파功西派의 후예로서 출발했으나, 마지막에는 소론과의 유착을 통해 소론정치이데올로기의 일부를 대변하는 단계에까지 이르렀다. 특히 그의 역사서술이 그러하다.

홍만종의 시학·학문·역사에 대한 정리는 당쟁과 관련하여 일시적으로는 노론의 비판을 받기도 하였으나, 18세기 중엽 이후로는 노·소·남을 막론하고 그의 영향을 받지 않음이 없다. 시론詩論에서는 서울노론 김창흡金昌翕이 홍만종의 스승인 정두경의 시를 비판하다가 결국은 태도를 바꾸고 말았으며, 사론史論에서는 남인 이익李瀷이 홍만종의 단기 - 마한정통론을 수용하는 것을 본다.

결국 17세기 이후 서울과 그 인근 지역에서 성장한 새로운 학풍은 정통성리학과 구별되는 새로운 학풍으로서 우리는 이들을 실학實學으로 불러왔다. 실학을 민족지향·민중지향의 학풍으로 이해하게 된 것도 여기에 이유가 있다.

실학은 이러한 회통적, 절충적 사상조류에서 발생·발전한 것이며, 홍만종은 비록 제도개혁론자로서의 실학자의 범주에는 들지 않더라도, 문학과 종교·사학의 영역에서 실학을 발전시킨 인물로 평가해도 좋을 것이다.

18세기 초 소론 임상덕의 역사서술

-『동사회강』

1. 문제의 제기

17, 18세기에는 주자朱子의『자치통감강목資治通鑑綱目』의 수사원칙인 강목법綱目法과 정통론을 도입하여 한국사를 서술하는 것이 유행되었음은 널리 알려진 사실이다. 주자의『강목綱目』은 금金의 압박하에 놓여 있던 남송南宋의 위기적 상황을 배경으로 하여 존화양이尊華攘夷의 춘추대의春秋大義를 드러냄으로써 반금反金 애국심을 고취하려는 데 근본 목적이 있었으므로, 이러한『강목』의 수사 취지는 왜란과 호란을 경험한 조선의 학인에게도 크나큰 호소력을 지닐 수밖에 없었다.

그러나 17, 18세기의 역사서술들이『강목』의 형식과 그 수사 취지를 유행적으로 따랐다 해서 그 모두가 동일한 역사해석을 반영하는 것이 아니었다. 모든 수사자들이 드높은 애국심과 청淸에 대한 문화적 우월감을 바탕으로 하고 있다는 점에서 본다면 강목체사서綱目體史書의 공통점이 찾아지지 아니하는 것도 아니지만, 구체적으로 한국사를 재구성하는 단계에 들어가서는 각 사서마다 특이한 개성을 지니고 있어 불가불 그 차이점을 비교, 검토하는 문제가 주요 과제로 남는다. 이는 각 시기마다 왜倭·청淸에 대응하는 자세와 시각이 다르고, 또 역사서술의 하나의 '학學'으로서의 자기성숙이 단계적으로 발전하는 문제와 관련이 있다. 더욱이 각 수사자들이 처한 붕당朋黨의 소속이 다른 데서 오는 문화의식과 역사의식의 차이도 무시할 수 없다.

필자는 이미 이와 같은 문제의식을 가지고 17~19세기 사서들을 개별적으로 검토해 오고 있거니와,[1] 이번에는 17세기 말~18세기 초 소론파 요인인 임상덕林象德의『동사회강東

史會綱』을 다루어 보고자 한다. 이 책은 직접적으로는 17세기 중엽 서인파 요인 유계兪棨의 『여사제강』을 계승·발전시킨 것이요, 18세기 말 남인파 안정복安鼎福의 『동사강목東史綱目』에 큰 영향과 자극을 주었으며, 18세기 중엽 소론파 학인 이종휘李種徽의 『동사東事』에서는 임상덕의 지리고증이 거의 답습되고 있음을 본다. 따라서 조선 후기 사학사에서 『동사회강』의 위치는 결코 간과될 수 없을 만큼 중요한 비중을 갖는다.

『동사회강』의 개략적 성격에 대해서는 이미 이만열李萬烈 교수가 17, 18세기 사서를 총괄적으로 검토하는 과정에서 언급한바 있어 많은 도움을 준다.[2] 따라서 이 글은 기왕의 성과를 참고하면서 『동사회강』의 내용분석과 사학사적 위치를 재검토함은 물론 작자 임상덕의 생애와 사상까지 아울러 검토하고자 한다.

2. 임상덕의 인물

임상덕(1683~1719)은 37세라는 짧은 생애를 마쳤던 인물이지만, 붕당정치가 그 열도를 더해 가던 숙종조에서 여러 청요직淸要職을 거친 바 있어 정치적으로도 가벼운 위치에 있었던 이는 아니다. 즉 그는 서인이 노老·소少로 분당하던 1683년(숙종 9)에 태어나, 노소연정기老少聯政期와 기사환국己巳換局 후의 남인집권기南人執權期(1689~1694)에 유년기를 보내고, 이른바 갑술옥사甲戌獄事로 남인이 물러나고 노소가 다시 연정聯政하던 숙종 말년에 벼슬길에 나가 이조정랑의 지위에까지 올랐다가 1719년(숙종 45)에 세상을 떠났다.

나주羅州를 본관으로 하는 임상덕의 집안은 호남에 생활 근거를 둔 사족士族이었다.[3] 원

---

1 韓永愚, 17세기 초의 歷史敍述 - 吳澐의 『東史纂要』와 趙挺의 『東史補遺』」, 『韓國史學』 6, 1985(本書 1장 所收); 韓永愚, 「17世紀의 反尊華的 道家史學의 成長」, 『韓國學報』 1, 1975; 韓永愚, 「許穆의 古學과 歷史認識」, 『韓國學報』 40, 1985(本書 4장 所收); 韓永愚, 「17세기 중엽 嶺南南人의 歷史敍述 - 洪汝河의 『彙纂麗史』와 『東國通鑑提綱』」, 『邊太燮博士華甲紀念史學論叢』, 1985(本書 5장 所收); 韓永愚, 「17세기 중엽 西人의 歷史敍述 - 兪棨의 『麗史提綱』」, 『東國大 開校 80週年 紀念論叢』, 1987(本書 3장 所收); 韓永愚, 「李瀷의 史論과 韓國史理解」, 『韓國學報』 46, 1987(本書 8장 所收); 韓永愚, 「茶山丁若鏞의 史論과 對外觀」, 『金哲埈博士華甲紀念史學論叢』, 1983(本書 11장 所收); 韓永愚, 「海東繹史의 硏究」, 『韓國學報』 38, 1985(本書 12장 所收).
2 李萬烈, 「17·18세기 史書와 古代史認識」, 『韓國의 歷史認識』 下, 1976.
3 임상덕 이 쓴 先考의 墓誌에 의하면 그의 先代는 원래 全羅道羅州의 會津에 살았으나, 曾祖(㻛) 때 務安으로 이사했으며, 그 뒤로는 계속해서 무안의 梨湖에 살았다 한다(『老村集』, 여강출판사, 98쪽).

래 그의 선대는 16세기에는 벼슬아치가 적지 않았지만, 대개는 훈척정치勳戚政治에 적응하지 못해 현달한 사람은 별로 없었다. 예컨대 7대조 임붕林鵬은 중종 때 조광조趙光祖파에 가담했던 기묘당인己卯黨人의 한 사람이었고,[4] 그의 손자 임제林悌는 명종 때의 처사문인處士文人으로 너무나 유명한 기인奇人이었다.

임상덕의 선계先系는 광해군의 집권기부터 더욱 몰락하여 4대조 임련林埬이 승지로 있다가 용퇴한거勇退閑居하면서부터[5] 임상덕의 아버지 임세온林世溫에 이르기까지 거의 벼슬을 하지 못했다.[6] 임세온은 "일찍부터 출세를 싫어해서 강호江湖에 놀았다."[7]고 한 것으로 미루어 그 역시 처사적기질이 농후했던 인물이었던 것 같다.

임상덕은 자字를 이호彛好, 호號를 노촌老村이라 했다. 어려서부터 신동이라 불렸던 그는 10세 전에 이미 사략史略·통감通鑑·이백李白·맹자孟子 등을 생부로부터 배웠고, 10세부터는 아버지를 따라 면성綿城의 총지사摠持寺에 들어가 산방山房 생활을 하면서 사서·시전詩傳·한유문韓柳文·서전書傳·주역周易 등을 읽었다.[8] 15세에는 서울로 이사 와서 학당에 입학하고, 17세에 진사, 23세에 문과에 장원급제했다.

23세부터 37세의 졸년까지 14년간 그가 맡았던 벼슬은 전적典籍, 사간원정언司諫院正言, 사헌부지평司憲府持平, 시강원사서侍講院司書, 전라도도사全羅道都事, 홍문관부교리弘文館副校理, 수찬修撰, 교리校理, 이조좌랑吏曹佐郎, 남평현감南平縣監, 이조정랑吏曹正郎, 진산군수珍山郡守, 능주목사綾州牧使 등 청요직을 여러 번 맡았으며, 26세 때(숙종 34)는 홍문록弘文錄에 선발되고,[9] 29세 때는 독서당讀書堂에 피선되기도 했다.[10]

---

4 『연려실기술』에는 林鵬이 己卯黨籍의 1人으로 수록되어 있다.
5 『老村集』, 老村先生年譜, 213쪽.
6 임상덕의 生父는 林世恭(禁府都事)이나 큰아버지 世溫이 後嗣가 없어 그의 양자로 들어갔다. 그의 世系는 다음과 같다.

```
                        ┌─⑯ 益                        ┌─⑳ 世溫 ←┐
                        │                            │          │
① 林庇 ────── ⑮ 鵬 ─┤  ⑯ 復 ─ ⑰ 楢 ─ ⑱ 埬 ─ ⑲ 宗儒(系) ─┤  ⑳ 世良  │
           (경주부윤)  │ (正字)  (監司)   (右承旨)   (副率)   │          │
                        │                            │  ⑳ 世恭 ─ ㉑ 象德
                        └─⑯ 晋 ─ ⑰ 悌                │
                                                     └─⑳ 世僉
```

7 위의 年譜, 214쪽.
8 위의 年譜, 216쪽.
9 『肅宗實錄』권46, 肅宗 34년 11월 甲申·戊戌條.
10 위의 책 권50, 肅宗 37년 1월 乙未條.

청요직을 전전하면서 14년간의 관직 생활을 보내는 동안 그는 유배와 같은 정치적 좌절을 경험하지는 않았지만, 1710년(숙종 36)의 경인환국庚寅換局 이후 노론 집권이 시작되면서는 몇 차례 좌천을 경험하기도 했다. 관료로서의 주요 업적을 든다면 전라도사全羅都事(26, 숙종 34)로 있을 때 부민富民과 조리漕吏들이 대동미大同米를 포흠逋欠·급식給息하는 폐단을 제거하여 성적을 올렸고,[11] 다음 해에는 부교리로 있으면서 승니僧尼의 풍속 문란을 이유로 들어 니사尼舍의 철폐를 주장했으며,[12] 홍문관 교리로 있던 29세 때(숙종 37)는 북한산성 축성을 비롯한 민역民役의 폐단을 지적하고 변통 방법을 상소하기도 했다.[13]

그러나 그거 재직하던 시기는 노소 갈등이 점차 첨예화하던 기간으로서 소론파에 속했던 임상덕의 관로도 결코 평탄한 것만은 아니었다.

그가 처음으로 당론에 휘말리게 된 것은 25세(숙종 33) 되던 사헌부지평 시절이었다. 문제의 발단은 노론파의 언관 이유민李裕民이 세실世室에 존호를 가하자고 한 데서부터 시작되었다. 조선왕조는 태조대왕이 위화도에서 회군하여 '존주지의尊周之義'를 지켰고, 임진란 때 명明이 도와준 데 대한 보답으로 대보단大報壇을 설치하여 두 나라의 관계는 부자와 같으며, 효종 때 송시열도 춘추대의를 밝히는 것을 제일무第一務로 삼았기 때문에 존호를 가하는 것이 마땅하다는 주장이었다. 이 상소에 대해 소론파의 대사간 홍만조洪萬朝는 송시열의 공을 지나치게 부각시켰다는 점을 들어 반박상소를 올렸는데, 이에 대해 노론파 언관들이 이유민을 비호하면서 홍만조를 탄핵하여 노소 언관 사이에 치열한 공방전이 벌어지게 되었다.[14]

이때 임상덕은 소론파 홍만조의 입장을 지지하는 편에 서 있었던 관계로 노론파 언관들의 공격을 받았지만 왕이 소론 편을 들어 파직의 위험을 모면할 수 있었다.[15]

그 다음 임상덕이 노론파와 또 한 차례 충돌한 것은 28세 되던 1710년(숙종 36)에 소론 재상 최석정崔錫鼎이 이른바 약원藥院사건으로 파직된 데 분개하여, 당화黨禍 때문에 나라가 망할 지경에 이르렀다는 요지의 상소문을 올린 것이 발단이 되었다.[16] 노론 측에서는 임상

---

11 위의 年譜, 218쪽.
12 『肅宗實錄』卷47, 肅宗 35年 7月 壬午條.
13 위의 책 卷50, 肅宗 37年 4月 丁卯條.
14 위의 책 卷45, 肅宗 33年 1月 己巳條, 2月 己酉·庚戌·壬子條.
15 위의 책 卷45, 肅宗 33年 2月 壬子條.
16 위의 책 卷48, 肅宗 36年 5月 辛卯條.

덕의 상소문 가운데 '당화黨禍'라는 표현을 쓴 것은 패류悖謬·무엄無嚴한 죄라고 하면서 그의 징죄懲罪를 요구하고 나섰는데 왕은 임상덕의 직책을 바꾸고 죄를 묻지는 않았다.[17]

위와 같은 두 가지 사건으로 볼 때 임상덕의 당색이 소론파 청류淸流에 속하는 것은 확실하며, 실록의 졸기에서도 "평생平生토록 윤증尹拯을 사사師事했다"[18]고 하여 이점을 더욱 확실하게 해준다. 임상덕의 교유관계를 보더라도 조태구趙泰耉·조태억趙泰億·이광좌李光佐·이유李濡·이집李㙫·최창대崔昌大 등 소론파 청류들과 가까웠음이 그의 서간문書簡文을 통해 드러난다.

3. 임상덕의 사상

임상덕은 37세에 요절한 탓으로 『동사회강東史會綱』 이외의 저서를 남기지는 못했으나, 그의 문집 『노촌집老村集』에는 적지 않은 양의 시時·문文을 전하고 있어 그의 학문과 사상을 이해하는 데 도움을 준다.

먼저, 관료로서의 그의 시국관時局觀을 잘 보여 주는 것은 29세 되던 1711년(숙종 37)에 시골에서 올린 현도상소문縣道上疏文이다.[19] 그 전해에 소론 영수이던 최석정崔錫鼎이 노론의 탄핵을 받아 실각한 데 충격을 받고 그를 옹호하는 상소를 올렸다가 언관의 호된 반격을 당한 후로 임상덕은 벼슬을 단념할 뜻을 품었기 때문에 시골에 내려가 사직을 요청하면서 이 상소문을 올리게 된 것이다. 수만 자에 이르는 장문의 상소문 속에서 임상덕은 북한산성 축조 문제, 호포戶布와 구전 문제, 비변사備邊司 문제, 관리의 임기 문제, 향병鄕兵(속오束伍) 문제, 전세田稅·대동세大同稅 등 시정時政의 여러문제들을 광범위하게 거론하면서 그 폐단의 시정을 촉구하고 있다.

그가 가장 심각하게 염려하였던 것은 군정의 폐단이었다. 그의 판단으로는 백년승평百年昇平이 어려운 것인데, 임진왜란이 끝난 지 이미 100년이 지나고 호란이 그친 지도 60년이 지나 외환이 언제 다시 닥칠지 모르므로 국방을 늦출 때는 아니라고 보았다. 그러나

17 위의 책 卷48, 肅宗 36年 7月 戊辰條.
18 위의 책 卷64, 肅宗 45年 9月 乙未條.
19 註 13)과 같음(『老村集』, 31~42쪽). 권2, 疏 "還鄕後辭職兼論時事疏"

국방의 요체는 거창한 축성築城 사업을 사방에 벌여 국가재정을 낭비하고 백성을 피곤하게 하는 데 있는 것이 아니라, 축성은 한 곳을 견고하게 하면 되는 것이고, 그보다는 향병鄕兵을 정예화하고 무기를 개량하는 것이 국방에 실질적인 도움이 된다는 판단이었다. 이러한 시각에서 그는 경인환국庚寅換局 이후 노론 집권층에 의해서 추진되기 시작했던 북한산성 축조사업의 부당성을 9가지 조목을 들어 제시하고, 아울러 양반을 포함한 모든 국민에게 구전口錢(계구수전計口收錢)이나 호포戶布(以戶爲役)를 받아들이자는 논의에도 반대하면서 감포절용減布節用이 가장 좋은 방법이라고 주장했다. 특히 사람 수에 따라 부과시키는 구전은 호포보다도 더 나쁜 것으로 보고, 이는 양반과 노비에게 다 같이 불편을 주는 것이라고 했다.

원래 북한산성 축조는 1691년(숙종 17)부터 청淸과의 긴장 관계로 논의되기 시작했고, 1700년에도 소론 재상 신완申琓이 건의한 바 있으나 실행되지 못하다가 1710년 경인환국 이후 노론파에 의해 본격적으로 실천에 옮겨졌는데 이는 단순히 국방만을 목적으로 한 것이 아니라 유민·도적에 대비한 치안 목적도 있었다.[20] 이 목적을 위해 경리청이 설치되면서 지방재정이 중앙에 몰리게 되었는데, 임상덕은 이러한 치안목적의 국방보다는 향병鄕兵 중심의 지역방어론을 지지한 것이다.

그다음 임상덕이 큰 문제점으로 지적한 것은 국가기강이 잡히지 않은 것인데, 특히 "의정부가 약화되면서 대신의 책임이 가벼워지고, 비변사가 무거워지면서 군국의 일이 정체되었다."[21]는 것을 큰 문제점으로 지적했다. 재상은 임기가 길고 체통이 높아야 그 책임을 다할 수 있는데, 지금은 '홀홀忽忽하게 탁용擢用하여 초초草草하게 파면'[22]하여 재주가 있는 신하라도 제 경륜을 다 펴지 못하고, 스스로도 일반 서료庶僚와 다름이 없이 가볍게 처신하는 것을 개탄스런 일로 보았다. 그리하여 그는,

> 임금의 뜻이 세워지고, 大臣이 제 위치를 찾고, 重臣(장관)이 제 직책을 다하면, 紀綱은 저절로 진작되고 정치는 새로워질 수 있다.[23]

20　李泰鎭, 「三軍門都城守備體制의 확립과 그 변천」, 『韓國軍制史』, 近世朝鮮後期篇, 1977.
21　註 19)와 같음(『老村集』, 38쪽).
22　위와 같음(『老村集』, 37쪽).
23　위와 같음(『老村集』, 38쪽).

고 재상宰相을 중심으로 한 관료정치가 제 틀을 잡아야만 국가기강이 세워질 수 있음을 역설하고 있다.

임상덕은 정치가 이상적으로 이루어진 시기를 세종 때로 보았는데, "세종의 용인지법用人之法은 거의 요순堯舜과 방불하다"[24]고까지 극찬하였다. 그것은 집현전을 통해 인재를 길러내고, 관리들은 기절氣節과 의리義理가 있었으며, 또 황희黃喜나 허조許稠와 같은 재상이 오래 위임을 받고 예모禮貌를 입었기 때문이다.

결국 임상덕은 숙종의 지나친 왕권강화로 인해 신권이 약화되고 관료가 지나치게 자주 교체되는 인사방식을 기강의 해이로 보고 그 시정을 직언한 것이다.

임상덕은 국방과 관련하여 지방 군사의 정예화와 무기 수선을 또 한가지 급무로 생각했다. 당시의 지방군은 속오束伍가 중심인데, 공사천인公私賤人과 무의지인無依之人으로 구성된 속오만으로는 정예화가 될 수 없다고 보고, 따로 지방의 무학이나 업무자들을 권장하고 있어 초모招募하여 이들을 정예화하면 지방 향병을 감축해도 무방할 것으로 보았다.

마지막으로 임상덕은 소민의 곤궁을 덜기 위해 연분법年分法을 정확하게 시행할 것과 대동미를 감축하여 농민이 유망流亡하는 사태를 막아야 한다고 강조했다. 당시의 상황은 남중南中의 빈잔貧殘한 농민이 일호一戶에 수십석을 부담하는 관계로 유망 사태를 빚어내고 있다는 것이다. 그는 특히 자기 고향인 전라도 농민의 비참한 현실을 아주 실감있게 보고하면서 그 개선책을 다각도로 제시하고 있는데, 이 상소문 말고도 '면해민綿海民'이라는 시詩에서도 무안務安과 해남海南 지방 농민들의 참담한 생활상을 생생하게 그려 내고 있다.

임상덕은 경륜가經綸家로서도 비범하고 진보적인 견해를 보여 주었지만, 경학과 문학에 대해서도 일가를 이룬 인물이었다. 그는 문장에 대해서는 요순 이후 4천 년간 시대가 내려갈수록 "말은 과장되어 믿음이 없고, 문文은 화려하여 실實이 부족하다"[25]고 하고, 후세의 문장은 '간이명簡而明하고 약이비略而備'한 상고의 문장보다 나빠졌다고 평가한다. 다시 말해 서경의 문체는 전典·모謨·고誥·명命·훈訓·서誓의 6가지가 있고, 시詩의 문체는 풍風·아雅·송訟이 있어 '간명簡明·약비略備'하고 도道를 담고 있었는데, 후세에는 이것이 번화무실繁華無實한 문장으로 타락했을 뿐 아니라, 경經에다 전주의소傳註義疏를 붙여

---

24 위와 같음(『老村集』, 37쪽).
25 『老村集』(61쪽) 卷3, 論「文論」.

더욱 문장이 번잡해지면서 경적經籍이 깨지게 되었다는 것이다. 따라서 임상덕의 문장론은 고경古經을 존중하는 도문일치道文一致의 입장을 견지했다고 할 수 있다.

임상덕은 불교와 노자·장자에 대해서도 이를 비판하는 글을 남겼다.[26] 그 논지를 요약하면 불교와 도가는 본질적으로 유교와 같은 점도 많은 것으로서, 말하자면 불佛·도道는 유교의 여기餘氣·여광餘光·여도餘道를 얻은 것이라 한다. 특히 임상덕은 "유교는 태양이고, 불교는 달과 같은 것"[27]이라 하여 불교가 유교의 여도를 받아 치심治心·양성養性하는 것을 좋게 보았다. 또한 노자는 본래 무無만을 말한 것이 아닌데도 후세의 도가들이 무無만 가지고 말하는 것은 잘못이라고 비판했다.

이와 같이 임상덕은 불교와 도가가 본래는 해로운 것만은 아니었지만 후세의 불자와 도가들이 그 본뜻을 왜곡해서 폐단을 일으킨 점이 많다고 했다. 따라서 그의 불·도 비판은 어떤 의미에서는 전면적으로 배치하는 태도라기보다는 그 본뜻을 긍정적으로 해명하는 듯한 인상을 준다.

임상덕은 사단四端·칠정七情·원성原性 등 인간 심성의 문제에 대해서도 적지 않은 관심을 표명했다. 원성과 관련해서는 한유의 '성삼품설性三品說'의 모순을 비판했다.[28] 한유는 인仁·의義·예禮·지智·신信을 사람이 타고난 성性이라고 보면서, 다른 한편으로는 사람의 성性에는 상上·중中·하下의 3품이 있어서, 상품자는 선善하기만 하고, 하품자는 악惡하기만 하다고 했는데, 임상덕은 이같은 한유의 설說은 기氣와 이理를 혼동한 것이라고 비판하고, 사람의 원성原性에 상중하가 있는 것이 아니라 사람의 재才, 즉 기氣의 상중하가 있어 악惡한 자가 생기는 것이라고 주장했다.

다음에 사단·칠정에 대해서는 이를 이와 기의 상대로 해석할 것이 아니라 이와 기의 상보相補로 해석하는 것이 온당하다는 입장을 취하고, 나아가 퇴계의 '이발기수理發氣隨 기발이승氣發理乘' 설이나 율곡의 '기발이승' 설은 모두가 오해를 불러일으킬 소지가 있다고 비판했다.[29] 즉 이와 기는 본래 이물二物이면서 동시에 일물一物인 까닭에 비유하면 말(기氣) 위에 사람(이理)이 올라탄 모습과 같다. 그런데 '이발기수'라고 하면 마치 사람이 먼저

---

26   위의 책(62~66쪽) 卷3, 論「佛論」,「老子論」,「莊周論」.
27   위의 책(62쪽) 卷3, 論「佛論」.
28   위의 책(66~68쪽) 卷3, 辨「原性辨」및「原性辨說難」.
29   위의 책(79~82쪽) 卷4, 雜著「論四端七情」및「論氣化理乘」.

나오고 그다음에 말이 뒤따르는 것처럼 들리고, '기발이승'이라고 하면 말이 먼저 나오고 뒤에 사람이 뒤쫓아와 올라타는 것처럼 들려 모두가 적합한 표현이 아니라는 것이다. 임상덕은 특히 이이의 이기론에서 '기화이승氣化理乘' 혹은 '기발이승' 설에 대해 강한 의문을 표시했다. 이는 기 중에 혼재하여 기를 주재함에도 불구하고 이가 기를 탄다고 말하는 것은 기가 권權이 있고 이는 무력하며, 기는 명命을 받음이 없고 이는 주재하는 바가 없는 것처럼 된다는 것이다.[30] 다시 말해 임상덕은 철저한 주리론主理論의 입장에서 이이의 주기설主氣說을 비판하는 것이다.

주리설을 신봉하는 임상덕의 학문은 한마디로 정주학程朱學의 범위를 벗어난 것이 아니지만, 그가 『예기유편禮記類編』을 지어 주자를 배신했다고 지탄을 받던 최석정 및 이 책을 유포한 윤증尹拯의 문인이었다는 사실은 그가 적어도 예학禮學 면에서는 주자의 설[31]을 따르지 않았음을 암시한다. 그러나 실록에 실린 그의 졸기에 "(임상덕은) 평생 윤증을 사사師事했으나 그의 언론言論은 자득自得한 것이 많다"[32]고 한 바와 같이 사상적으로 임상덕이 윤증을 조술祖述했는지는 좀 더 후고를 요하는 문제라 하겠다.

4. 『동사회강』의 편찬

1) 편찬 연대와 배경

『동사회강東史會綱』의 편찬 연대는 현존간본에는 밝혀져 있지 않다. 그러나 임상덕의 문집 『노촌집老村集』에 실린 「동사회강서東史會綱序」는 신묘년에 쓴 것으로 되어 있어,[33] 1711년(숙종 37)에 해당함을 알 수 있다. 이 해는 임상덕의 나이 29세 때이다.

임상덕은 1711년에 『동사회강』 편찬을 완료했지만, 이를 즉시 간행하지 않고 당형堂兄

---

30 위의 책(82쪽) 卷4, 雜著 "論氣化理乘"
31 肅宗 36年 4月 戊申에 대사간 鄭澔는 최석정을 탄핵하는 상소 가운데 尹拯의 『類編』을 비판하여 大學章句와 中庸經文을 恣意로 點竄했다고 했으며, 같은 달 乙卯에는 충청도 幼學 洪胄亨 등 100여 명이 최석정과 윤증을 함께 비판하는 疏를 올렸는데, 여기서도 윤증은 『類編』을 士友間에 보급하여 朱子를 背異했다고 주장했다.
32 『肅宗實錄』卷64, 肅宗 45年 9月 乙未條.
33 『老村集』(55쪽) 卷3, 序 "東史會綱序(辛卯)".

인 상정象鼎과 교유交友인 최창대崔昌大(부학副學) 등에게 초고草稿를 필사해서 보여 주면서 자문을 구하기도 했다. 이러한 자문은 1715년까지 계속되고 있다.[34]

임상덕이 왜 하필 1711년을 전후하여 『동사회강』 편찬에 관심을 갖게 되었는지는 의문이지만, 직접적인 계기는 1710년(숙종 36)에 소론재상少論宰相 최석정이 노론의 탄핵을 받고 파직된 사건의 충격이었던 것 같다. 이때 임상덕은 '당화망국黨禍亡國'이라는 극한적인 용어를 써 가며 당론을 비난하는 상소를 올리고 사직을 요청하였는데,[35] 이때부터 그는 진정 세도에 뜻을 갖지 않게 되었다 한다.[36] 왕은 그에게 계속해서 청요직淸要職을 제수하기는 했으나, 이조정랑(정5품)에서 홍문관 부수찬(종6품) 혹은 이조좌랑(정6품)으로 강등되는 것이어서 그때마다 임상덕은 귀성을 요청하는 상소를 올리곤 하였다. 1711년에 올린 수만언數萬言의 현도상소縣道上疏는 노론 집권층의 군정과 수취체제收取體制의 모순을 정면으로 비판한 것으로서, 그는 이 상소를 올린 후 두류산頭流山과 덕유산德裕山에 은거할 뜻을 품었다.[37] 『동사회강』은 바로 임상덕이 세도에 뜻을 잃고 은거할 곳을 찾아다니던 시절에 써진 것이니, 세도에 대한 울분에서 자오自娛하려는 뜻만이 아니라 역사를 빌어 세도를 광정匡正하려는 뜻이 그 속에 담긴 것으로 보여진다.

임상덕 자신은 『동사회강』에서 작사作史의 배경에 어떤 정치적 동기가 담겨 있는지는 밝히지 않고 있다. 그러나 1715년에 최창대에게 보낸 답서에는 『동사회강』을 편찬하게 된 동기가 당론과 관련되어 있음을 암시하는 대목이 보인다.

조정에 出身한 이후로 朝廷의 윗사람은 見識이 커야 한다고 생각했는데, 見識을 기르는 방법으로서는 史學이 또한 긴요하다. 그래서 능력이 부족하여 古今을 총괄할 수는 없더라도 항상 『綱目』 한 질을 가지고 書法을 연구해 보았는데, 넣고 빼는 작은 뜻이 일의 변화를 裁衡하는 척도가 될 수 있다고 생각했다. 『東史』를 쓰게 된 것도 이러한 데서 척도를 세워 보고자 한 것인데, 지금 보면 세상의 변화가 날로 격심하고 是와 非가 날로 어지러워 파도

---

34 위의 책 卷7, 書 「答崔副學昌大(癸巳)」, 「答崔副學(乙未)」, 「與堂兄德重象鼎(壬辰)」, 「答堂兄德重(癸巳)」 등.
    위 서간에서 壬辰은 1712년, 癸巳는 1713년, 乙未는 1715년이다.
35 『肅宗實錄』 卷48, 肅宗 36年 5月 辛卯條, 同 7月 戊辰條.
36 『老村集』 附錄, 墓碣銘 "通訓大夫 … 老村林公墓碣銘"(趙顯命 撰).
37 위의 책 附錄, 年譜 辛卯先生二十九年十二月條.

를 따라 출몰하다가는 형편없는 사태에 빠지게 될 것이니 …[38]

위 인용문 중에서도 특히 눈길을 끄는 것은 "세상의 변화가 날로 격심하고, 시是와 비非가 날로 어지럽다世變日繁 是非日混"고 말한 대목이니, 이는 분명 당론을 의식한 발언이라 아니할 수 없다. 다시 말해 노소연정老少聯政에서 노론이 점차 득세해 가는 시세의 변동을 읽으면서 소론의 시각에서 새로운 사관史觀을 정립해 보고자 하는 의도가 『동사회강』 편찬의 배경이 아닌가 추측된다.

2) 『동사회강』의 구성과 체재

『동사회강』은 삼국의 건국으로부터 시작하여 고려 공민왕 23년까지의 역사를 12권(매권마다 상하上下로 되어 있음)으로 엮은 것이다.

3조선과 3한韓의 역사는 신라 건국을 서술하는 가운데 주註로 처리해 넣었고, 특히 단군·기자와 삼한의 강역 등에 관한 문제는 범례의 뒤에 부론附論으로 따로 취급해서 실었다. 3국 이전의 역사를 정사로서 독립시키지 않은 것은 '부징칙언부신不徵則言不信'[39]이라는 이유에서이다. 다시 말해 충분한 근거 사료가 없으면, 말을 해도 믿지 않는다는 실증적 자세에서 뺀 것이다. 서술의 하한下限을 공민왕 23년에서 끊은 것은 우왕禑王과 창왕昌王 그리고 공양왕대恭讓王代의 역사는 사실의 정확한 파악이 어려워 유보해 둔다는 뜻에서이며, 또 그것은 주자의 『강목』이 주기周紀를 다 적지 않은 뜻을 따르는 것도 된다.

이 책은 본문 이외에 권수에 「서례序例」와 100여 조의 「범례」, 「범례후어凡例後語」를 싣고, 범례 뒤에 7조의 「논변論辨」을 부기하고 있다. 그리고 그 다음에 박혁거세에서 공민왕 23년에 이르는 왕력王曆을 중국과 대비하여 「연표」로 작성했다. 이 책의 맨 끝에는 「근안謹案」[40]이라 하여 고려 역사를 개관하는 사론을 첨가함으로써 마무리된다.

『동사회강』의 편찬 원칙은 서례와 범례에서 자세히 밝혀지고 있는바, 한마디로 요약한다

---

38   위의 책 卷7, 書 「答崔副學(乙未)」.
39   『東史會綱』 序例.
40   『老村集』에는 「書東史會綱後」(76쪽)라는 제목으로 실려 있는데, 내용상 약간의 加減이 있으나 요지는 서로 비슷하다.

면 주자『강목』의 의례를 따라 쓰되, 기왕에 그러한 취지로 쓰여진 유계의 『여사제강』(1667)을 보완하겠다는 것이다. 실제 강목법에 따라 쓰여진 사서는 『여사제강』 이외에도 홍여하의 『동국통감제강』과 『휘찬여사』가 있었지만,[41] 이 책들은 아직 공간公刊되지 않았기 때문에 임상덕으로서는 참고하지 못한 것 같다. 임상덕이 이해하는 『여사제강』은 이렇다.

> 俞氏의 提綱이라는 책은 朱子綱目에서 法을 취하여, 사건과 言辭의 자세하고 간략함이 자못 지당하다. 그러나 提頭의 시작이 없고 體段이 완전치 못한 것이 한스럽다.[42]

다시 말해 기왕의 사서 중에서는 『여사제강』이 주자『강목』의 법을 따라서 쓴 가장 잘된 사서이지만, 이 책은 고려 시대만 다룬 까닭에 역사의 시작이 빠지고, 또 체재도 불완전하다는 것이다. 따라서 『동사회강』은 『동국통감』을 참고하여 고대사를 첨가하고,[43] 체재의 불완함을 보완하기 위해 100여 조에 달하는 의례를 주자『강목』에서 빌어오게 된 것이다.[44]『여사제강』에도 22목目의 범례가 있지만, 이는 『동사회강』에 비해 매우 간략하고, 또 주자『강목』의 의례와는 매우 다르다. 그래서 임상덕은,

> 提綱의 書는 그 立綱의 法이 綱目과 자못 맞지 않는다. 따라서 감히 따르지 않은 것이 많다.[45]

고 하여, 『여사제강』의 범례는 거의 따르지 않았음을 밝히고 있다.

이와 같이 『동사회강』은 『여사제강』보다는 주자『강목』의 범례를 보다 충실히 따른 것이 되었지만, 그렇다고 『강목』의 범례를 그대로 좇은 것이 아니라 상당 부분을 '통변通

---

41 洪汝河(1621~1678)는 임상덕보다 62년이나 앞선 인물이었으나, 그가 지은 史書는 家塾用으로 읽히다가 正祖代에 가서 공간되었다(韓永愚, 註 1)의 네 번째 논문 참고).
42 『東史會綱』序例.
43 위 序例에 의하면 『東國通鑑』에서 20~30%를 빼고, 또 그 정도를 보탰다고 밝힌다.
44 凡例(上)에서는 13條에 달하는 총괄적인 修史方向을 제시하고 있으며, 凡例(下)에서는 朱子『綱目』의 義例를 따라 크게 21類로 나누어 修史原則을 적고 있다. ① 凡統系之類 ② 凡歲年之類 ③ 凡卽位之類 ④ 凡建都之類 ⑤ 凡起兵之類 ⑥ 凡尊立之類 ⑦ 凡崩葬之類 ⑧ 凡簒弑之類 ⑨ 凡祭祀之類 ⑩ 凡冠昏之類 ⑪ 凡禮儀之類 ⑫ 凡行幸之類 ⑬ 凡恩澤之類 ⑭ 凡朝會之類 ⑮ 凡封拜之類 ⑯ 凡殊禮之類 ⑰ 凡征伐之類 ⑱ 凡廢黜罷免之類 ⑲ 凡致仕之類 ⑳ 凡卒死之類 ㉑ 凡災祥之類.
45 『東史會綱』凡例(上).

變’·‘증손增損’했다. 그 이유는 중국과 우리나라가 ‘대소大小의 체體가 다르고, 고금古今의 일이 같지 않은’ 까닭이다.[46] 그러나, 이러한 사소한 변용에도 불구하고 『동사회강』은 이 땅에 최초로 주자 『강목』의 범례를 따른 사서라는 점에서 중요한 의의를 가진다.

임상덕이 왜 주자 『강목』의 법을 따라 국사를 썼는지는 『범례후어凡例後語』에서 밝혀지고 있다. 우선 『강목』이라는 책은 한마디로 요약하여,

> 그 事는 史이고, 그 法은 經이며, 그 文은 資治通鑑에 因한 것이지만, 그 義는 春秋에서 取한 것.

이라고 한다. 다시 말해 『강목』은 『춘추』의 뜻을 살린 경학적經學的 사서이다. 그리고 『춘추』와 『강목』은 다 같이 특수한 역사적 상황에서 편찬된 것인바,

> 春秋는 [周가] 東遷한 뒤에 쓰여진 것이고, 綱目은 [宋]이 南渡한 시기에 서술된 것이니, 君子는 憂患이 있었다고 생각한 까닭이다.

즉 『춘추』와 『강목』은 각자 주周와 송宋이 이적夷狄의 침입을 받아 도읍을 옮기지 않을 수 없었던 민족적 위기상황에서 저술된 것으로, 바로 이 점에서 임상덕은 『강목』법法의 의의를 찾는 것이다.

그렇다면, 임상덕은 자기 시대에서 『춘추』와 『강목』이 서술될 때 맞았던 위기상황을 의식한 것이라 할 수 있으니, 이는 다름아닌 왜란과 호란의 충격일 수밖에 없다. 호란의 충격은 단순한 이민족 침략이라는 사건으로 처리될 수 있는 일이 아니라, 중국과 동등의 문화국가인 ‘소중화小中華’가 똑같은 이적夷狄의 도전을 받았다는 그 사실에 더 큰 의미가 있는 것이다. 그래서 임상덕은 우리가 입은 상처의 의미를 다음과 같이 정리한다.

> 우리 東方은 비록 僻國이라고는 하지만 箕聖 이래로 小中華로 일컬어져 왔고, 天下가 생겨난 지도 오래다. 一治一亂이 항상 天地大運과 서로 순환하여 왔는데 지금은 또 한없는 근심

---

46 위와 같음.

을 회복하지 못하고 있다. 이 책은 우리나라 역대의 흥망뿐만 아니라 절실하게 마음을 써야 할 바가 있으니, 세상의 동지 선비들은 또한 말없이 함께 한탄해 온 터이다. 이러한 말은 綱目의 序例에 없어 附論하는 바이니, 보는 이들은 推類하여 음미해 주기를 기대한다.[47]

여기에서 우리나라는 중국과 흥망성쇠를 함께 걸어온 소중화小中華로서, 오늘날 명明이 망하고 조선 또한 청淸에 신복臣服한 수모受侮에 대한 울분이 간접적으로 암시되고 있음을 본다. 이는 바꿔 말하면 숭명반청崇明反淸 의식이 역으로 소중화로서의 자기 위상을 재정립하는 동기가 되었다는 뜻이다. 결국 공자가 『춘추』를 쓴 대의는 주자가 『강목』을 쓴 사법史法으로 이어지는 것이고, 이제 그 대의는 다시 유일하게 남은 소중화 조선에게 넘겨졌다는 자각과 사명감에서 이 『동사회강』을 집필된 것이다.

사실 임상덕은 숭명반청 의식을 춘추대의로 받아들였다는 점에서 당시 노론 측의 벌호운동과 근본적으로 입장을 달리하는 것으로는 보이지 않는다. 그러나 앞에서 이미 언급한 바와 같이 그는 군사의 정예화와 무기 개선 등을 통한 국방강화를 주장한 것이지, 과도한 민력과 재력을 소모하는 축성築城 위주의 치안정책은 반대하는 입장이었다. 따라서 숭명반청 의식은 기본적으로 서인·노론측과 궤를 같이하는 것이지만 국방의 방법론에서는 현저한 차이가 있는 것이다. 여기에 그가 당론을 의식하면서 『동사회강』을 쓰게 된 까닭이 숨겨져 있다고 하겠다.

3) 한국사의 '정통'체계

강목사서綱目史書에서 가장 중요하게 취급하는 것은 '정통正統'체계이다. '정통'은 두말할 나위도 없이 도덕적 명분 위에서 판정되는 것으로서 의롭게 세워진 국가가 '정통'이 되고, 그렇지 못한 나라는 '참국僭國'이 된다. 또한 형식상 제3의 참국을 세웠더라도 전세傳世가 없으면 '도적盜賊'이요, 왕위를 직접 찬탈한 경우는 '찬적簒賊'으로 취급된다.

이러한 기준에서 한국사의 '정통'체계를 생각할 때 '정통'국가에 해당하는 것은 통일신라(문무왕 9년 이후)와 통일고려(태조 19년 이후)이다. 3국은 합법적으로 건국한 나라지만

---

47 『東史會綱』「凡例後語」.

'무통無統'의 시대로 처리된다. 통일신라를 정통으로 간주할 경우 경순왕이 재위한 동안 고려 태조왕건은 참주僭主로 취급될 수도 있지만, 경순왕이 실질적으로 '삼한三韓의 주主' 노릇을 못 했을 뿐 아니라, 왕건이 여러 장수의 추대를 받아 궁예의 악독함을 풀어 준 '구세救世의 공공功'이 있으므로 참국으로 간주할 수 없다는 것이다.[48] 궁예와 견훤은 토적土賊으로 일어나 전세傳世도 하지 못했으므로 '도적'으로 써야 한다.

유계의 『여사제강』은 왕건이 삼한을 통일하기 이전을 '무통'으로 처리했는데, 이는 강목법에 맞지 않는 것이라고 비판한다. 다시 말해 유계는 후삼국을 실세대로 인정하여 '무통'으로 처리한 데 반해서 임상덕은 실세보다 도덕성을 중요시해 궁예와 견훤을 '도적'으로 처리한 것이다.

그렇다면 삼국을 '무통'으로 처리한 것은 어떤 의미를 갖는가. '삼국무통三國無統'론은 일찍이 『동국통감』에서부터 시작된 것이지만 그 이유는 '세력균적勢力均敵'에 있었던 것으로 도덕적 기준이 적용되었던 것은 아니었다. 그런데 임상덕은 '삼국무통'론을 따르면서도 그 이유는 뚜렷이 밝히지 않는다.

다만 주자 『강목』에 정통과 무통이 있다는 예例만 준거할 뿐이다.

임상덕의 '삼국무통'론은 강목법사서綱目法史書로서는 최초의 주장인데, 이것은 홍만종의 『동국역대총목東國歷代總目』과 이익의 '삼한정통론三韓正統論', 그리고 안정복의 『동사강목東史綱目』에서도 공통으로 나타난다. 이들은 붕당 배경은 제각기 다르지만 기호畿湖출신 인사라는 점에서 공통점을 지니고 있어 주목되며, 오운이나 홍여하 같은 영남인사들이 신라를 '정통' 혹은 '위주爲主'로 서술한 것과는 뚜렷이 대비된다.[49]

다음에 정통론과 관련하여 또 한가지 주목되는 것은 삼국 이전의 상고사에서 정통을 따지지 않았다는 점이다. 임상덕은 문헌 부족 이유로 단檀·기箕·삼한三韓의 역사를 편년에서는 뺐지만, 이를 실재하지 않았던 시대로 본 것은 아니었다. 특히 기자는 '동방東方 만세萬世의 종주宗主'[50]로서 그 누구보다도 위대한 인격으로 간주하는 터였다. 그럼에도 불구하고 기자箕子를 정통국가로서 취급하지 않은 것은 기자조선 역사를 편년화할 만한 자료 부족 때문이었다.

---

48   위의 책 凡例(下), 凡統系之類.
49   註 1)의 첫 번째 및 네 번째 논문 참고.
50   『東史會綱』 凡例(上).

기자 후예가 남천南遷해서 세웠다고 전해지는 마한에 대해서도 임상덕은 정통성을 인정하지 않았다. 그것은 문헌 부족에 이유가 있다기보다는 '실국파천失國播遷'으로 옛날의 종주를 인정할 수 없다는 입장에서다. [51]

결국 기자는 문헌 부족을 이유로, 마한은 실국파천을 이유로 각각 정통에서 제외했는데, 정통론은 실세보다 도덕성을 기준으로 따진다는 강목법의 원래 취지에는 크게 어긋난 셈이다. 바로 그점 때문에 뒷날 안정복은 『동사강목』 범례에서 임상덕의 주장을 '대단유오大段謬誤'라고 지적하면서 마한과 기자를 정통국가로 간주했다. [52]

요컨대 임상덕의 정통체계는 때로는 도덕적인 국가를 정통으로 내세우고, 때로는 도덕적인 국가라도 힘이 약하면 정통에서 빼기도 하여, 일관된 원칙을 따르지 않았다고 할 수 있다. 그가 주자『강목』의 원칙을 따르면서도 우리나라는 중국사와 다른 점이 있어 '통변通變·증손增損'하겠다고 선언한 이유의 하나도 여기에 있는 듯하다.

어쨌든 임상덕의 정통론은 선배인 홍여하가 기자 → 마한 → 신라 → 고려를 정통국가로 체계화한 것과 다르며, 홍만종·이익·안정복이 단군 → 기자 → 마한 → (삼국무통) → 신라문무왕 → 고려로 정통체계를 구성한 것과도 다름을 보여 준다. 그러나 유계가 고려만을 서술대상으로 삼은 한계를 벗어나 삼국시대까지 정통론을 소급·적용한 것은 서인파西人派의 역사서술로서는 일단의 진보라 할 수 있다.

4) 중국사의 서술

『동사회강』에서는 중화국가와 이적국가를 엄밀히 차별하여 서술함으로써 존화양이尊華攘夷의 뜻을 분명히 밝히고 있다.

우리나라와 중화국가와의 관계는 명明과 조선왕조와의 '부자·군신' 관계를 가장 대의에 맞는 표준으로 설정한다. [53] 그래서 명태조에 대해서만은 '대명태조大明太祖 고황제高皇帝'라고 특례로서 호칭한다고 밝힌다. [54]

---

51   위의 책 凡例(上) 및 凡例(下).
52   『東史綱目』凡例의 凡統系條.
53   『東史會綱』凡例(上).
54   위의 책 凡例(下) 凡歲年之類.

조선과 명明과의 관계를 제외한다면 역대 중화국가와 우리나라와의 관계는 반드시 대의에 맞게 맺어져 왔다고는 보지 않았다. 예컨대 고구려는 수隋·당唐에 사대事大하면서도 조공朝貢이 태만한 때가 많았고, 한漢나라의 변방을 침략한 일이 그치지 않았다.[55] 신라도 당의 힘을 빌어 고구려와 백제를 평정했으면서도 신절臣節이 진순盡純하지 못하고, 고려에 이르러서야 송宋을 섬기는 것이 점차 성의를 보였으나 아직도 '빈국賓國'의 관계를 면치 못했다.

임상덕이 더욱 안타깝게 생각하는 것은 고려가 금金과 원元에 사대한 사실이었다.

> 强金이 夏를 괴롭혀 宋室이 南遷하자, [고려는] 弱國으로서 섬김을 바꾸어 수치와 아픔을 포함하게 되었다. 東方이 중국과 禍福·休戚을 상관하게 된 것은 이로부터 시작된 것이다. 胡元이 華의 주인이 되자 舅甥을 맺게 되어 變故가 말할 수 없이 많아지고 恥辱이 또한 컸다.[56]

임상덕은 금金과 원元에 사대한 것을 일대 치욕으로 표현하고 있다.

그러하기에 세년歲年을 적을 때도 소위 이적국가의 연호는 일체 적지 않았으며,[57] 오직 중화국가의 연호만을 우리나라 세년 위에다 적어 '중국을 높이는 뜻'을 분명히 했다.

한편, 타국이 우리나라를 침략한 경우라도 그것이 중화국가인 경우는 '정토征討'라고 쓰고, 이적국가인 경우에는 '침략侵掠' 혹은 '구寇'라고 썼다. 반대로 우리나라가 중국을 침범한 경우에는 '범犯'이라고 썼다.[58]

중화中華와 이적夷狄을 구별해서 서술하는 것은 강목법綱目法의 원칙으로서 이적에 대한 하시下視와 적개심을 고취하기 위함이거니와, 임상덕이 그 법을 따른 것은 두말할 나위도 없이 왜倭·호胡, 특히 호(청)에 대한 적개심을 반영하는 것이라 하겠다.

강목법은 이렇듯 이적에 대한 증오심을 일깨우고 이적에 대한 우리의 문화적 우위성을 확인시켜 주는 방법으로서는 매우 효과적인 사법이지만, 다른 한편으로는 중국정통국가와 우리와의 관계는 엄격한 군신관계 위에서 서술되어야 하기 때문에 만약 우리가 군신관계의 엄격한 명분을 일탈한 행위를 하였을 때에는 이를 '참월僭越'로서 규탄하지 않으면

---

55 凡例(上).
56 위와 같음.
57 遼·金의 年號는 年表에서만 細註로 적었고, 元은 중국을 통일했기 때문에 부득이 본문에 정식으로 기록했다.
58 『東史會綱』凡例(下) 凡征伐之類.

안 된다. 그래서 우리가 중국에 군사적으로 도전했을 때는 '범犯'이 되는 것이며, 또 독자의 연호를 세운 것은 이를 삭제해야 하는 것이다.[59] 다시 말해, 임상덕이 강목법을 차용하는 것은 어디까지나 중국의 제후諸侯라는 전제하에서 차용하는 것이므로 그 틀 속에서 한국사의 위상을 제고시키는 것은 저절로 한계를 갖는 것이다. 『동사회강』에서 대내정치에 관한 기술은 『강목』을 따르되, 대외관계 서술은 『춘추』서법書法을 따르는 이유가 여기에 있다. 『춘추』는 주周를 높이는 입장에서 제후의 역사를 기술한 까닭에 제후국으로서의 한국사 서술은 『춘추』필법의 차용이 온당하고 믿는 것이다.

5) 역사지리의 고증

『동사회강』에는 범례 뒷부분에 7조의 '논변論辯'이 부기되어 있다. 이 부분은 강목법의 원칙과는 관계없이 임상덕 자신의 한국 고대사에 관한 문헌고증학적 '연구' 결과를 발표한 것으로서, 뒷날 『동사강목』의 말미에 붙인 「고이편考異編」의 효시를 이루는 것이다.

「논변」의 제1조는 「기자봉조선지변箕子封朝鮮之辯」이다. 여기에서는 사마천司馬遷의 『사기』미자세가微子世家와 『홍범洪範』에서 "주무왕이 기자를 조선왕에 봉했다"고 한 기사가 잘못임을 따지고, 반고班固의 『한서漢書』 지리지에 "기자가 조선으로 갔다(거지去之)"는 기사가 사실에 맞는 것이라고 주장한다.

임상덕은 기자수봉설箕子受封說을 믿지 않는 근거로서 『서전書傳』미자편微子篇에 "기자는 나라와 더불어 존망을 함께 하고, 타인에게 신복하지 않은 것을 의義로 삼았다고"한 기록을 중시한다. 또한 이러한 문헌자료 이외에도 은말殷末·주초周初에는 중국과 조선이 만여리萬餘里나 떨어져 있어 아직 통교通交하기 이전이요, 통교가 있었다 하더라도 조선은 '만황蠻荒'의 미개한 상태인데, 이러한 곳에 주무왕이 존사尊師인 기자를 봉했을 이치는 없었을 것으로 추측한다.

임상덕은 「범례」에서도 기자수봉설을 부인하는 주장을 내세우고 있으며 본문의 마한 멸망 기사 뒤에 붙인 안설按說을 통해서도 기자가 중국인 5천 명을 이끌고 조선으로 동입

---

59 위의 책 凡例(下) 凡歲年之類. 여기서는 "年號를 僭建한 것은 모두 通鑑의 舊例를 따라 삭제한다."고 했으나, 실제 본문에서는 法興王·高麗太祖·光宗 등이 독자의 年號를 쓴 것을 그대로 삭제하지 않고 기록하여 凡例의 원칙이 지켜지지 않고 있다.

東入했다고 썼다.

대체로 조선시대 유학자로서 기자를 존숭하지 않는 경우는 찾아볼 수 없고, 그 점에서 임상덕은 예외가 아니다. 그러나 기자와 주무왕과의 관계에 대해서는 조선 후기 학인들 사이에 많은 논란이 일어났다. 크게 보면 기자수봉을 인정하는 입장과 부정하는 입장인데, 전자는 다시 ① 기자가 조선으로 오면서 봉해졌다는 설과 ② 기자가 먼저 도망와서 자립하여 왕이 된 뒤에 무왕의 봉함을 받았다는 설說로 나뉘어지고, 후자는 ③ 기자가 주무왕과 빈주賓主관계를 맺었다는 설과 ④ 전혀 빈주관계나 군신관계가 없었다는 설로 구분된다. 이러한 견해 차이는 중국 측 기록이 통일되어 있지 않은 데서 주로 연유하기도 하지만, 그 시기의 조선의 위치를 어디에 비정하고 그 문화 수준을 어떻게 인식하느냐에 따라서도 견해 차이가 생긴다. 대체로 조선 전기에는 ①②설이 병존했다가[60] 조선 후기에 오면 ③④설이 등장하는데, ③설의 주창자는 17세기 중엽의 홍여하,[61] ④설의 주창자가 임상덕이다. 그러나 18세기 후반의 이익은 기자국箕子國의 위치가 은殷과 매우 근접했다는 사실에 유의하여 수봉설을 다시 긍정하는 입장을 취하기도 했다.[62]

임상덕이 기자수봉설을 부인한 것은 그 타당성 여부를 떠나서, 주周와 조선과의 거리 등 종전에 고려되지 않았던 문제들을 착안했다는 점에서 기자 연구 진일보시킨 것은 사실이다.

「변론辯論」의 제2조에서는 황괴荒怪·참위讖緯한 사실들을 존삭存削한 원칙에 대해 설명하고 있다. 이 부분은 제6조의 「단군이하제국시조 소자출지변檀君以下諸國始祖 所自出之辯」과도 관련되고, 또 범례에서 황괴·참위설에 대해 밝힌 서술원칙을 재확인하는 의미도 갖는다.

임상덕은 황괴·참위한 이야기들은 원칙적으로 삭제한다는 입장을 갖는다. 그러나 그러한 이야기 중에서도 사실에 가까운 것은 적고, 혹은 '의심을 보이면서 적는다'는 예외를 둔다. 여기서 황괴한 이야기라는 것은 구체적으로 단군·해모수·금와·주몽·혁거세·송양松讓·알영閼英·탈해脫解·수로首露·알지閼智 등의 출생에 관계되는 설화를 말하는 것이다. 이 중에서 부여·고구려와 관계되는 인물들은 천제의 후손이라고 지칭하고, 신라·가야의 인물들은 부모가 없이 태어난 것으로 되어있는데, '편방偏方의 작은 나라에 시끄럽게 천신의 자손이 많은 것'[63]도 문제려니와, '동방의 민물民物이 생겨난 지 천여 년이

---

60 한영우, 「高麗~朝鮮前期의 箕子認識」, 『朝鮮前期社會思想研究』, 知識産業社, 1983.
61 註 1)의 4번째 논문 참고.
62 註 1)의 6번째 논문 참고.

지난시기에 (부모 없이) 알에서 태어나는 이치가 있을 수 없다'[64]는 것이다. 그래서 임상덕은 고대 영웅들의 출생설화들을 보다 과학적인 안목에서 비판할 뿐 아니라 이를 대부분 삭제하고 그중에 사실에 가까운 부분만 뽑아서 수록하고 있다.

다음에 「변론」 중에서 중요하고 비중으로 다루어지고 있는 것은 고대의 「역사지리」를 고증한 「삼한지방지변三韓地方之辯」과 「동방지명지변東方地名之辯」이다.

먼저 「삼한지방지변」에서는 최치원과 권근으로 대표되는 양설을 자세히 소개한 다음 양설을 절충하여 '삼한의 역域은 조선 이남의 땅'이라는 결론을 내린다. 좀 더 구체적으로 말하면 마한은 황해도·경기도·충청도이고, 진한은 경상도이며, 변한은 전라도이다. 이와 같이 조선과 삼한은 서로 구역을 달리했다고 보는 것은 한백겸의 삼한설과 공통점이 발견되나, 한백겸은 한강을 조선과 삼한의 경계로 설정한 데 반하여 임상덕은 한강 이북의 황해도까지 삼한의 구역으로 본 것이 서로 다르다.[65] 또한 한백겸은 변한을 경상남도의 가야 지방에 비정하였으나, 임상덕은 전라도에 비정한 것도 다른 점이다.

한편, 임상덕은 삼한의 위치와 고증과 관련하여 3국과 삼한의 관계도 새롭게 설명했다. 즉 고구려의 흥기興起 지역인 비류천沸流川을 평안도 성천成川에 비정한 『여지승람』 이래의 통설을 반대하고, 고구려는 처음에 조선의 현도 지역인 요심동북遼瀋東北 지역에서 일어나 뒤에 남쪽의 마한에 병합했으며, 백제는 마한 지역에서 일어나 뒤에 변한을 병합했으며, 신라는 진한 지역에서 일어나 뒤에 고구려·백제를 병합했다고 한다. 여기서 특히 주목되는 것은 고구려의 흥기 지역인 현도玄菟를 요심지역으로 비정한 것으로, 이는 권람의 『응제시주』(1457)와 오운의 『동사찬요』(1606, 1609, 1614)에서 이미 주장된 것이긴 하지만 『여지승람』 이후로는 '현도=함경도'설이 통설화되었던 것이다.

임상덕은 현도의 위치 비정뿐 아니라 「동방지명지변東方地名之辯」을 따로 써서 고대의 여러 지명에 관해 새로운 고증을 시도했다. 그가 특히 후세에 잘못 비정되었다고 생각하는 것은 고구려의 지명이었다. 앞에서도 이미 고구려의 흥기 지역인 비류沸流가 평안도 성

---

63 『東史會綱』 論辯 「君以下諸國始祖所自出之辯」.

64 위와 같음.

65 임상덕은 韓百謙에 대해서는 一言半句도 언급이 없다. 그는 吳澐의 『東史纂要』를 자주 인용하고 있는데, 이 책에는 韓百謙의 三韓說이 수록되어 있다. 따라서 임상덕은 『동사찬요』를 통해서 한백겸의 三韓說을 보았을 것인데, 이를 언급하지 않은 것은 이상하다.

천成川이 아니라는 주장을 내세웠거니와 이밖에 '황룡국黃龍國=용강龍岡'설, '우발수優渤水=영변향산寧邊香山'설, '행인국荇人國=영변寧邊'설 등이 모두 고구려가 평안도에서 일어났다는 전제하에서 견강부회牽强傅會된 것으로 보았다.

그뿐 아니라 금와金蛙가 유유遊했다는 태백산은 백두산 부근의 건주위建州衛로, 동명東明이 개국했다는 졸본卒本은 개주위蓋州衛로, 환도성은 평양이 아니라 개주위 동북 60리로서 이곳이 곧 안시성일 것으로 추측했다. 따라서 안시성을 용강이라고 보는 속설은 '부회억설傅會臆說'로 단정한다.

다음 옥저沃沮의 위치에 대해서는 동東·남南·북北의 3옥저가 있음을 주장하고 동옥저는 함경남도, 남옥저는 삼갑三甲·위강渭江 사이, 북옥저는 함경북도에 각각 비정했다.[66] 고구려에 멸망당한 개마국盖馬國과 개마산盖馬山은 지금의 백두산 근처로 비정하여 『대명일통지大明一統志』에서 평양 서쪽에 비정한 것은 잘못이라고 지적한다. 국내성의 위치도 『여지승람』에서 의주에 비정한 것을 비판하고 이를 압록강 이북에 새롭게 비정했다.

패수浿水는 압록강·대동강·황해도 평산의 저탄猪灘 등 3패수가 있으며,[67] 대방帶方도 만주에 있는 것, 한강 북쪽 지역, 그리고 남원南原의 세 곳이 있음을 주장하고, 『여지승람』에 남원만을 대방帶方이라고 한 것은 잘못이라고 한다.[68] 대수帶水는 한강 이북에 있는 강이나 무슨 강인지는 모르겠다하고, 신라 문무왕이 통일한 지역은 대동강 이남에 머물렀다고 추정한다. 따라서 대동강 이북 지역은 발해에 속했고, 신라가 통일한 지역은 옛날 삼한의 땅에 지나지 않는다고 한다. 『여지승람』에 평안도를 신라가 차지한 것처럼 쓴 것은 정확한 이야기가 아니다.

이상 임상덕이 고대 지명을 새롭게 고증한 것은 한백겸 이래의 역사지리 연구를 한 단계 발전시킨 것으로 뒷날 안정복의 『동사강목』이나 이종휘의 『동사』 등에 큰 영향을 주었다.

끝으로 「논변論辯」의 마지막에 「도선사적지의道詵事蹟之疑」가 실려 있다. 여기서는 고려

---

66 北東의 2沃沮說은 17세기 초 韓百謙 이후로 주장되어 오던 터이나, 17세기 중엽 許穆의 『東事』에서 南沃沮가 추가되어 3沃沮說로 발전되었고, 17세기 말 李世龜는 『東國三韓四郡古今疆域說』에서 3沃沮說을 재확인했다. 그러나 南沃沮의 위치에 대해서는 아무도 그 위치를 말하지 않았다. 따라서 임상덕의 3沃沮說은 남옥저의 위치를 비정한 데 독창성이 있다

67 3浿水說은 이미 『동국여지승람』에서 비롯된 定說이다.

68 '南原=帶方'설을 처음 수정한 것은 한백겸으로 그는 '龍岡=帶方'설을 주장했고, 그 후 李世龜는 '황해도=帶方'설을 제시했을 뿐이다.

최유청崔惟淸이 지은 「도선비명道詵碑銘」과 『여지승람』의 도선기사가 서로 다름을 비교하고, 도선이 당초의 일행에게 수업했다고 한 『여지승람』의 기사는 잘못일 것으로 판정한다.

6) 『동사회강』의 사론

『동사회강』에는 약 150칙의 사론이 실려 있으나 임상덕 자신이 쓴 사론은 거의 없다.[69] 이는 382칙의 사론을 담은 『동국통감』에 비해 약 40% 정도로 줄어든 것이지만, 그중에서 약 50칙은 유계의 『여사제강』에 실린 새로운 사론을 전제한 것이기 때문에 실제로 『동국통감』에서 뽑아온 사론은 약 100칙 정도에 지나지 않는다. 그만큼 『동사회강』의 사론은 유계의 영향을 크게 받고 있지만, 그렇다고 유계의 사론을 모두 전제한 것이 아니고 그 절반 정도를 발췌한 것이다.

그런데 『여사제강』에 실린 사론은 유계 자신이 쓴 것만이 아니라 오운의 『동사찬요』에 실린 것까지도 합친 것이므로, 결국 『동사회강』의 사론은 선배학자들의 여러 사론을 적당하게 취사해서 집성한 것이라 할 수 있다. 임상덕은 기성사론旣成史論을 취사 선택하는 과정에서 자신의 주관을 간접적으로 개입시켰을 뿐이며 자신이 직접 사론을 쓰지는 않았다. 이는 바꿔 말하면 기성사론을 정리하는 것으로서 자신의 입장을 충분히 반영할 수 있다고 믿었던 것으로 풀이된다.

범례에서는 사론의 찬자를 사신史臣·사씨史氏·모씨某氏 등으로 구분해서 쓰는 원칙을 밝히고 있다. 즉 당시의 사관史官은 사신, 후세의 찬사자纂史者는 사씨, 그리고 후세의 찬사자로서 성명을 알 수 있는 사람은 모씨 혹은 모호선생某號先生으로 쓰고 있다. 여기서 모호선생으로 호칭된 것은 퇴계로서, 이는 대현大賢이라는 사실을 고려한 것이다.

전체적으로 볼 때 『동사회강』에 실린 사론의 특색은 성리학적 명분론에 입각해서 사대와 강상綱常의 질서를 옹호하고 이단을 배격하는 것으로 요약될 수 있다. 특히 삼국시대와

---

69 임상덕 자신이 쓴 史論은 '謹按'으로 표시해서 타인이 쓴 사론과 구별하고 있는데, 모두 합쳐 3칙에 지나지 않는다. 첫째는 朴赫居世元年條에 붙인 것으로 단군·기자·위만·3한·4군의 변천 과정을 약술한 것이고, 둘째는 馬韓이 백제에게 멸망당한 기사 뒤에 붙인 것으로 箕子의 업적과 기자조선 및 마한의 멸망 과정을 쓴 것이며, 셋째는 공민왕 23년의 말미에 붙인 것으로 고려 문화를 개관하고, 禑王·昌王의 역사를 삭제한 이유를 밝힌 것이다. 이중 앞의 2칙의 사론은 엄밀한 의미에서 사론이기보다는 3국 이전의 역사를 3국 시대 역사 속에 끼워넣기 위한 편법으로 사론의 형식을 빈 것이다.

신라시대에는『동국통감』의 사론을 압축한 것이기 때문에 통감적 사론의 한계를 벗어날수 없다.

그러나 고려시대의 사론은 유계『여사제강』의 그것을 전재했기 때문에『동국통감』과는 다른 새로운 특색을 보인다. 즉 북방족에 대해 보인 고려의 강력한 응징 노력이 칭송되고, 윤관의 구성역九城役이나 최영의 공요攻遼운동과 같은 영토수복정책이 비난의 대상이되지 않는다. 이는『동국통감』에서 고려의 북진정책이나 발해유민 포섭정책 등이 비난을 받았던 것과 대조된다.

17세기 중엽의 열렬한 반청주전론자反淸主戰論者였던 유계가『여사제강』을 쓰면서 요遼·금金에 대한 강력한 응징을 칭송하고 북진척토北進拓土 정책을 반대하지 않으면서 '자치자강自治自强'을 강조한 것은 바로 자기 시대의 대청對淸관계를 의식한 발언임은 두말할 나위도 없거니와,[70] 임상덕이 유계의 그러한 사론을 그대로 전재한 것은 유계의 입장을 간접적으로 수긍한다는 의미로 해석될 수밖에 없다.

이밖에『동국통감』에서는 고려 초기의 여러 왕들이 당태종의 시정을 적은『정관정요貞觀政要』를 읽은 사실에 대해 비난하는 사론을 실었다. 이는 당태종이 '인의仁義를 빌어 공리功利를 성취'한 임금이기 때문에 치정治政의 표본이 될 수 없다는 이유에서다. 이러한 왕도주의적 사론은 부국강병을 배척하는 것으로 유계의『여사제강』에는 보이지 않는데,『동사회강東史會綱』에서도 마찬가지로 배제되고 있다. 따라서 이는 앞에서 '자치자강自治自强'과 '척토개강拓土開講'을 강조하는 유계의 사론을 게재한 사실과 연결하여 왕도주의 편중을 반대하고 공리주의적 국력 강화를 추구하는 입장이 반영된 것이라 볼 수 있다.

5. 맺음말

17세기 말에서, 18세기 초에 걸친 숙종 시대 후반기는 왜란과 호란의 직접적인 충격에서는 벗어났어도 청淸의 내란內亂에 따른 긴장 관계가 다시 조성되어 '자강지책自强之策'이여러 각도로 모색되던 시기였다. 더욱이 이 시기에는 안으로 유민·도적의 문제가 심각

---

70 註 1)의 5번째 논문 참고.

하고 붕당 간의 갈등이 무력변란武力變亂 음모를 수반하면서 전개되어 국내치안 문제도 집권층으로서는 한시도 소홀히 할 수 없는 과제로 등장했다.

이러한 시기에 자강과 치안을 도모하면서, 다른 한편으로는 민인民人의 부담을 완화시켜야 한다는 명제 앞에서 당인들이나 왕의 의견은 대체로 일치하고 있었지만, 그 구체적인 방법론에 이르러서는 붕당 간의 이해관계와 얽혀서 붕당싸움의 주요 논쟁점으로 부각되었다. 특히 부국강병책은 민인의 수탈을 전제로 하는 것이고, 그 축적된 재원과 군사력은 권력 유지의 안전판으로 작용하는 까닭에 민인의 입장을 동정하는 청류당인淸流黨人이나 실세당인失勢黨人의 입장에서는 매우 심각한 문제로 받아들일 수밖에 없었다.

대체로 17세기 말기에서 18세기 초의 당인들은 부국강병에 적극적이던 노론과 자강 논리를 긍정하면서도 향촌사족鄕村士族의 이해를 침해하지 않으려는 소론 및 남인의 온건파로 갈라졌는데, 1710년(숙종 36) 이후의 정국政局은 노론 일당으로 주도되면서 국방보다는 치안에 역점을 둔 축성築城사업이 본격화된다. 이때 향병鄕兵 중심의 지역방어론地域防禦論과 수취완화론의 입장을 지녔던 최석정崔錫鼎 일파의 소론은 실각되고, 그 와중에서 『동사회강東史會綱』의 작자인 임상덕도 관로官路의 뜻을 잃게 된다.

임상덕이 『동사회강』을 쓴 것은 바로 소론파가 실각하던 시기와 일치되며, 그 찬술의 동기 또한 소론파의 시국관에서 찾아진다.

임상덕은 기본적으로 '온건 자강책自强策'의 시각에서 이 책을 썼고, 그 점에서 17세기 중엽의 대청자강론자對淸自强論者인 유계의 『여사제강』의 입장을 계승할 수 있었다. 그러나 유계의 역사서술은 강목체 사서로서의 체제를 제대로 갖추지 못했을 뿐 아니라 삼국시대를 취급하지 않은 결점을 지니고 있었다. 임상덕의 『동사회강』은 바로 이 두 가지 약점을 보완한 것이다.

『동사회강』은 한백겸 이래의 역사지리고증학을 한 단계 심화시켰다는 점에서도 사학사적으로 중요한 의미를 지닌다. 특히 고구려의 발상지를 만주 지방에 비정한 것은 그의 독자적 공헌으로 평가되며, 3한의 위치 비정도 독창성이 있다.

임상덕의 사학은 18세기 후반에 이르러 안정복과 이종휘의 사학에 큰 영향을 주었다. 안정복의 『동사강목』은 『동사회강』의 체제를 발전시킨 것이며, 이익과의 토론 과정에서 얻어진 상고사체계를 보완함으로써 『동사회강』이 상고사를 취급하지 않은 한계를 극복했다. 한편, 이종휘는 『동사』에서 임상덕의 지리고증 부분을 거의 답습하고 있음을 본다.

18세기 전반 남인 이익의 사론과 한국사 이해

1. 문제의 제기

18세기 초 중엽의 남인 실학자 이익(1681~1764)은『성호사설星湖僿說』을 비롯하여『질서疾書』,『사칠신편四七新編』,『상위전후록喪威前後錄』,『곽우록藿憂錄』,『도동록道東錄』,『이자수어李子粹語』등을 저술하여 근기近畿지방 경세치용학파經世致用學派의 대종大宗이 되었음은 널리 알려진 사실이다.

이익의 사상사적 위치와 탁월한 학문적 공헌에 비추어 이미 적지 않은 학문적 연구성과가 얻어진 것은 다행스러운 일이다. 그러나 지금까지의 관심 분야는 대체로 그의 사회개혁안에 치중되었고,[1] 그의 학문체계의 핵심 분야의 일부라 할 수 있는 경학과 사학에 대한 연구는 크게 뒤져 있다고 할 수 있다.

이 글은 이익의 사학을 검토하는데 목적을 둔다. 이익은 체계적인 사서를 편찬하지는 못했으나, 본래 사서 편찬을 목표로 하여 수많은 사론을 썼다.『성호사설』의 경사문經史門은 경학과 사학에 관한 글을 모은 것이거니와 천지문天地門·인사문人事門 등에도 사학에 관련된 글들이 적지 않다.[2] 그의 역사에 관한 깊은 온축은 문인 안정복의『동사강목東史綱

---

1   이익의 사회개혁안에 관한 가장 포괄적인 연구업적으로는 韓㳓劤 교수의 다음 두 著書가 선구적 가치를 지닌다. 『李朝後期의 社會와 思想』(乙酉文化社, 1961) 중 제2편과 제3편의 「星湖李瀷의 思想研究」;『星湖 李瀷 연구 – 人間星湖와 그의 政治思想』(서울대출판부, 1980)
　　한편, 최근(1986)에 文喆永 교수는 「星湖 李瀷의 社會思想과 그 구조」(『韓國社會史研究會論文集』4)를 발표하여 이익의 학문과 사회개혁사상의 구조를 功利論과 敎化論, 王道와 覇道의 조화라는 시각에서 새롭게 정리하여 星湖 연구의 수준을 한 단계 높여 놓았다.

目』편찬에 큰 영향을 주었으니, 조선 후기 사학사에서 그를 간과함은 불가하다.[3]

이익의 사학에 관해서는 기왕에 수삼의 논고가 발표된 바 있으나,[4] 아직 그의 사학의 전모를 밝히는 단계에는 이르지 못했고, 부분적으로는 상당한 오해도 없지 않았다. 따라서 이 글에서는 오해된 부분을 새롭게 해석하고, 간과된 부분은 보완하여 이익의 사상체계에서 사학이 차지하는 위치와 아울러 조선 후기 사학사에서의 그의 위상을 검토하고자 한다.

2. 이익의 생애와 사상구조

이익은 숙종 6년의 '경신대출척庚申大黜陟'때 파직되어 평안도 운산雲山으로 유배갔던 남인파 이하진李夏鎭(대사간)의 다섯째 아들(후부인 소생)로 유배지에서 태어났으나, 조성의 선묘先墓가 있는 서울 근교의 안산安山 첨성리瞻星里에서 평생을 보내 지연상으로는 기호남인에 속한다.[5] 관향貫鄕은 여주驪州이고, 호號는 성호星湖다.

그의 조상이 자랑할 만한 벼슬길에 오른 것은 조선초기에 판서를 지낸 8대조 이계손李繼孫 때부터이며, 그 다음 광해조 때 좌찬성까지 오른 증조부 이상의李尙毅도 자랑스런 조상의 하나다.

증조부는 대북정권의 요인이었던 관계로 인조반정을 계기로 삭탈관직되었지만, 그 후손들이 매우 번창하고 과거 합격자들이 무더기로 쏟아져 나와 17세기의 당당한 사족 가문의 하나를 형성했다. 그러나 북인이 몰락하면서 남인파에 가담한 이익의 집안은 숙종초 아버지 이하진이 허목 · 윤휴 등과 더불어 청남에 속했다가 서인의 반격을 받아 '경신

---

2   이익이 79~82세 되던 시기에 安鼎福에게 보낸 편지에서『星湖僿說』은 "40년 전에 쓰기 시작했다"고 술회한 것으로 보아 대체로 이익의 40세(1720년) 전후의 시기부터 집필되기 시작한 것 같다. 그렇다면 이익은 84세로 卒할 때까지 거의 40여 년간에 걸쳐 역사연구에 관심을 쏟았다고 할 수 있다.

3   이익과 안정복 사이에『東史綱目』편찬을 둘러싼 편지문답은 1754~1762년에 걸쳐 이루어졌음이『星湖先生全集』에 보이고 있다. 실제로『동사강목』에는 이익의 견해가 받아들여진 것이 수없이 많은데, 안정복은 이를 명시하지 않았기 때문에『동사강목』만을 읽어서는 이익의 영향을 感知하기 어렵다.

4   李佑成,「李朝後期 近畿學派에 있어서의 正統論의 전개」,『歷史學報』31, 1966; 韓㳓劤,『李朝後期의 社會와 思想』중 第二篇 第四章「星湖의 史論」, 1961; 宋贊植,「星湖의 새로운 史論」,『白山學報』8, 1970. 이 논문은 뒤에 改稿되어『韓國人의 歷史認識』(하)(創作과批評社, 1976)에 재수록 되었다.

5   이익의 家系와 生平에 관해서는 韓㳓劤,『星湖 李瀷 硏究』에 상세하게 설명되어 있어 많은 참고가 된다.

대출척'으로 밀려나면서 급속도로 기울기 시작했다. 아버지가 유배 생활 1년 만에 돌아간 데 이어 중형仲兄이 역적으로 몰려 장살杖殺당하는 비운 속에서 이익은 벼슬길을 단념하고 84세의 긴 생애를 초야에 묻혀 지내는 가운데 마침내 남인실학자의 거두巨頭로 성장하게 된 것이다.

이익은 조상으로부터 물려받은 전장田莊과 노비의 유산으로 비교적 여유있는 전원생활을 보냈으나, 자신과 후손의 벼슬이 끊어진 가운데 많은 친속들을 부양하는 동안 점점 가세가 빈궁해져 말년의 생활은 빈곤과 병고에 시달리면서 보냈다 한다.

이익의 학문과 사상은 그가 처한 불우한 황경과 선배 남인학자들의 영향에서 성립된 것으로, 정치 · 경제 · 사회 · 풍속 · 자연 · 역사 · 문학 · 철학 등 여러 방면에 걸쳐 비판적이고 창의적인 의견을 제시하여 '성호학'이라 불릴 만한 독자의 사상체계를 형성했다.[6]

이익의 사상은 기본적으로 정치권에서 밀려난 향촌사족의 양심을 대변한 것으로, 18세기 중엽의 새로운 사회세력으로 성장하고 있던 상공시민商工市民의 입장을 대변하지 못했다는 점에서 근본적인 한계점이 있고, 바로 그 점에서 북학파의 문제의식과 대조를 보인다. 이익이 살았던 시대는 이미 농업 중심의 자급자족 체제가 무너지면서 상품유통경제가 발전하여 이익 추구 행위가 보편화되고, 그 과정에서 분배의 모순이 심각해지고 있어 '성장과 분배의 정의'가 동시적으로 해결되어야 할 과제를 안겨주었지만, 이익은 그중에서 분배의 정의와 농업 문제에 주로 착안했던 까닭에 자연히 상공 발전을 통한 성장이론에는 소홀할 수밖에 없었고, 전통적이고 복고적인 성향을 띠지 않을 수 없었다.

이익은 국가 경제나 개인경제의 목표를 기본적으로 농업 중심의 자급자족에 두어 이를 파괴하는 상품화폐경제의 발달이나 식리殖利 행위는 크나큰 죄악으로 간주했고, 그래서 화폐나 향시鄕市에 대해서 매우 부정적 인식을 가지고 있었다.[7] 그의 경제개혁안이 주로

---

6 이익은 특정인의 문하에서 성장한 학자가 아니라 家學의 토대 위에서 여러 선배학자들의 저술을 읽고 自習 · 절충하는 과정에서 자기의 학문 세계를 구축했기 때문의 그의 학문 계승 관계를 일원적으로 계보화하기는 어렵다.
이익 자신은 李滉이나 曹植 같은 영남 학자들과 그 門人 학자들을 높이 평가하지만, 이는 南人으로 自定하려는 黨人的 의도가 크게 작용한 듯하다. 실제로 그의 經學과 史學은 許穆의 영향이 절대적으로 크고, 經世의 측면에서는 李珥와 柳馨遠의 영향이 적지 않다. 다시 말해 이익의 학문과 사상은 畿湖와 嶺南의 양대 학풍을 폭넓게 수용하는 가운데서 성립되었으면서도 畿湖學風의 主流인 李珥 - 西人系列에서 소외된 정치적 현실 때문에 李滉과 曹植系에 경도되는 태도를 보인 것이 아닌가 한다.
7 韓㳓劤, 『李朝後期의 社會와 思想』, 1961, 218~223쪽; 元裕漢, 「實學派의 貨幣經濟論」, 『東方學誌』 26, 1981.

영업전永業田 확보를 통한 한전제限田制의 실시나[8] 간척사업[9] 혹은 수리시설의 개선[10] 등 농업 문제에 국한되는 이유가 여기에 있다.

이익은 비단 경제구조만이 아니라 자기 시대의 정치 운영도 모두가 탐리貪利를 위한 추악한 다툼으로만 보았다. 17세기 이후 정치 형태의 특색인 붕당정치는 전통적인 관료정치에서 근대적인 정당정치로 나가는 전단계로서의 새로운 의미를 갖는 것이지만, 상품화폐경제의 발달과 연결되어 18세기 이후로는 더욱 탐리적 양태를 띤 것도 사실이었다. 그런데 정치권에서 벗어난 이익의 입장에서는 붕당정치의 긍정적 측면보다는 오직 그 탐리적 측면만이 과도하게 부정적으로 인식되었다.

> 붕당은 쟁투에서 일어나고, 쟁투는 利害에서 생긴다. 이해관계가 절실하면 그 黨의 결합
> 이 깊어지고 이해관계가 오래 계속되면 그 당의 결합이 견고하게 되는 것은 필연의 勢다.[11]

이와 같이 붕당 성립 원인을 이해관계에서 찾은 이익은 붕당싸움을 열 사람의 굶주린 자가 밥그릇 하나를 놓고 서로 싸우는 모습에 비유하기도 하고,[12] 또 모이를 놓고 서로 다투는 닭들의 모습을 떠올리기도 했다.[13]

이와 같은 붕당싸움의 모순을 없애기 위해 이익은 문벌을 타파하여 탐욕한 무리들을 없애고, 무위도식하면서 벼슬과 녹봉을 찾아 과거에만 매달리는 사족들을 농토로 돌아가게 하여 농업에서 생리生利를 얻게 할 것이며, 붕당인들이 모여들어 '취당벌이聚黨伐異'를 일삼는 서원을 철폐할 것을 주장했다.

이익이 추구하는 핵심 목표는 사士와 농農이 합일되어 있는 안정된 농촌사회의 건설이다. 일정한 영업전永業田을 가지고 농사짓는 사람이 독서하고 독서하는 사람이 농사도 하여, 이 합일된 '사농士農'이 국가의 기간층을 이루어 이들이 국방을 담당하고, 또 관리도 이

---

8 韓㳓劤, 上揭書, 246~254쪽.
9 그는 壩閘을 이용한 沿海 개간을 濟民의 良策이라고 적극 강조한다. (『僿說』天地門 水利 및 人事門 濊水壅田)
10 이익은 西洋의 龍尾之制와 같은 水車의 이용이 농업생산력 제고에 절대적으로 필요함을 역설하고 있다(『僿說』天地門 水利).
11 『藿憂錄』朋黨論.
12 同上.
13 『星湖僿說』(이하 僿說로 略稱함) 萬物門 祝鷄知偏黨.

들에게서 뽑혀져야 한다. 과거제는 농사하는 사람이 참여하기 어려우므로, 과거제와 더불어 향민을 천거로써 등용하는 천거 제도가 병행될 필요가 있다. 이것이 '과천합일科薦合一'[14]이다.

중앙의 정치는 붕당정치를 없애고 관리의 개개인의 능력이 발휘될 수 있는 관료정치로 되돌아갈 필요가 있다. 그러기 위해 왕은 친병親兵을 거느린 존재로서 안정된 위치에 있어야 하고[15] 왕은 하늘을 두려워할 것이 아니라 백성을 두려워하는 정치를 해야 한다. 무릇 재이災異는 왕의 정치와는 아무 관련이 없는 것이므로[16] 재이에 의해서 왕권이 제약받아서는 안 된다.

그러나 정치의 실권은 왕이 갖는 것이 아니라 주관周官의 '삼공三公' 제도를 본받아 재상이 실권을 가져야 하며,[17] 그러기 위해 재상의 관청인 의정부議政府 기능이 강화되어야 한다. 정치운영의 부정을 막기 위해 언로言路는 더욱 개장開張되어야 하고, 고과제도考課制度를 엄밀하게 하여 개인의 능력이 정당하게 평가되어야 하며, 문무 차별을 없애 국방을 강화하고 서북인의 사기를 높여 주어야 한다.[18]

이익은 국내 정치만이 아니라 국제관계도 약육강식의 힘의 논리가 지배하는 시대로 인식하였으며, 따라서 힘이 지배하는 국제관계에서는 국방을 강화하는 것이 요체일 수밖에 없고, 힘이 약하면 불가피하게 사대외교로써 국가 보존을 추구할 수밖에 없다는 실세론적 국제관을 가지고 있었다.

이익은 이상과 같은 현실 인식에 기초하여 자기 시대의 학문풍토에 대해서도 자연히 비판적 입장에 섰다. 그는 당시 지배적인 사조였던 주자학을 일단 긍정하면서도 주자의

---

14 이익이 구상한 科擧制는 전통적인 제도를 그대로 답습하자는 것이 아니라 ① 3년제를 5년제로 바꾸고 ② 大小科의 구분을 없애 3단계 시험절차로 바꾸며, ③ 本國史와 中國史 등 시험과목을 추가하는 등 내용을 크게 바꾼 것이다.
한편, 이익이 구상한 薦擧制는 ① 신분의 귀천을 가리지 않고, ② 3년마다 卿大夫 이상의 高官과 지방 州郡에서 각 1人씩을 추천하여 得點 순위로 등용하며, ③ 薦主에 대한 連坐法을 강화한다는 내용이었다.

15 『僿說』人事門 養兵

16 이익은 『僿說』의 天地門 災異, 天變, 慕齋論災異, 經史門, 大業無災, 隋時天災 등에서 災異說의 不合理性을 누누이 지적하고 있는데, 이는 天道와 人道의 상관관계를 부인하는 논리로서 人君이 天命을 대신한다는 전통적 군주관의 붕괴를 의미한다.

17 『僿說』經史門 三公三孤. 이익은 『周禮』에서 天官冢宰(吏判)에게 실권을 준 것은 周公이 三公과 冢宰를 겸했기 때문에 생긴 특례로 보고, 『周官』에서 三公 밑에 冢宰를 둔 것을 더 타당한 제도로 받아들였다.

18 이익의 정치사상에 대해서는 韓㳓劤 前揭書(2)에 요령 있게 정리되어 있다.

주석에 얽매어 유교경전의 참뜻을 찾지 못하는 인습적 태도를 개탄하였다.[19] 이익은 무엇보다도 6경(시詩·서書·예禮·악樂·역易·춘추春秋)을 '정종正宗'으로 보고, 4서書(논어·맹자·중용·대학)를 '적전嫡傳'으로 보았으며, 송宋의 4유儒(주周·장張·정程·주朱)를 '진파眞派'로 간주했다.[20] 그리하여 학자는 진파에서 거슬러 올라가 적전과 정종에 이르러야 하는데도 불구하고, 정주학에만 전념하다가 그만두는 것을 큰 폐단으로 지적했다.[21] 말하자면 그는 6경을 최고의 경전으로 생각했고, 6경의 본의를 자득함으로써만 경세치용經世致用과 수기안인修己安人의 실용적 학문이 될 수 있다고 믿었다. 이는 허목 이래의 선배 남인 학자들의 6경고학經古學을 계승한 것이라 할 수 있다.

고학을 숭상하는 입장에서 이익은 주자의 『가례』나 『강목』도 불완전한 것으로 생각했고,[22] 오행사상五行思想이나 풍수도참風水圖讖도 신비주의적인 것으로 받아들이지 않았다. 유교 이외의 사상으로는 청정淸淨과 무욕無欲을 숭상하는 선도仙道를 치심治心에 유익한 것으로 긍정했고,[23] 형정刑政을 존중하는 법가法家를 유가儒家 다음으로 존중했다.[24]

이익이 6경고학을 치도治道의 근본으로 생각한 것은, 요堯·순舜·삼대三代(하夏·은殷·주周)의 이상정치를 가장 순수한 형태로 보여 준다고 믿었던 까닭이었다. 문화란 문文(형식)보다 질質(내용)이 더 중요한 것인데, 요·순·3대는 문보다 질이 승勝한 시대요, 후대는 문이 질을 압도하면서 '허위虛僞'가 커지고 '실공實功'이 없어지게 되었다고 한다.[25] 여기서 3대 이후의 정치를 허위라고 지적한 것은, 구체적으로 약육강식의 정치, 즉 힘이 지배하는 시대를 의미한다. 힘이 지배하는 시대에는 강자가 승리자가 되고, 승리자가 도덕적으로 찬미되는데, 이것이 모두 진실과 거리가 먼 허위다.

요·순·3대는 힘이 아니라 도덕이 지배하는 시대이기 때문에 이상시대理想時代로 받아들이지만, 그렇다고 요·순·3대의 제도를 고스란히 계승하는 것이 적절하고 가능하다고 믿는 것은 아니었다. 제도란 시대의 흐름에 따라 바뀔 수 있고, 또 3대 이후의 제도에서

---

19 이익은 『僿說』과 『全集』의 도처에서 朱子集註의 잘못을 지적하고 있어 그 예를 들 필요가 없을 정도이다.
20 『僿說』 人事門 眞派嫡傳.
21 同上.
22 『僿說』 經史門 家禮, "家禮不過居憂寒泉 一時所著 未及完成"; 『僿說』 經史門 武墨, "今綱目書法 多不可曉".
23 『僿說』 經史門 敎之有類.
24 同上書, 經史門 王覇幷用 및 孔明喜申韓.
25 同上書, 經史門 有敎無類.

도 부분적으로 채용할 점이 있다고 보았다. 다시 말해 3대의 이상은 제도의 정신에 있는 것이지 제도의 형식에 있는 것은 아니다.

이익은 3대 이후로는 서한西漢의 제도를 비교적 3대에 가까운 것으로 보았다. 특히 서한의 인재 등용 방법인 효제孝悌 · 역전力田은 향촌의 인재를 발탁하는 좋은 제도로 보았다.[26] 효제라는 덕목은 이익이 가장 존중하는 향촌 규범인데,[27] 이러한 모범적 덕목을 갖춘 이와 농사성적이 뛰어난 인재를 천거로써 등용하는 것은 그의 '과천합일科薦合一'의 이상에도 맞는 까닭이었다.

이익은 서한 문제文帝의 '약법삼장約法三章'도 기자팔조箕子八條의 유의遺意를 간직한 것으로 호평했다.[28] 법이나 형벌은 지나치게 엄해도 안 되고 지나치게 관대해도 좋지 않은 것으로 도덕과 형벌은 본말의 관계로서 병행될 필요가 있다고 보았는데, '약법삼장'은 그러한 이상에 비교적 가까운 것으로 믿었다. 또한 서한 문제가 휼형恤刑 · 보민保民 · 숭검崇儉 · 상공賞功 · 구현求賢 · 언무偃武의 정치를 시행한 것도 이익은 본받을 만한 일로 생각했다.[29] 이 밖에도 이익은 한漢의 선제宣帝가 본말 관계를 명백하게 하면서 왕도王道와 패도覇道를 병용하고, 위威와 혜惠를 병시並施하며, 덕德과 형刑을 호자互資한 것도 긍정하는 입장을 취한다.[30] 특히 덕과 형의 관계에 대해서는 덕은 도선導善의 수단으로, 형은 식악熄惡의 방법으로 인식하며, 덕교德敎와 정형政刑은 마치 사시四時에 한서寒暑가 교차하는 이치와 같은 것으로 파악한다.[31]

이익은 법가와 패도를 긍정하는 시각에서 부국강병도 원칙적으로 찬성한다. 다만, 이익이 추구하는 부국강병은 무농務農과 엄법嚴法을 기본으로 하는 것이며,[32] 부국강병을 빙자해 사치와 교만, 그리고 강압에 빠지는 것은 절대 반대한다. 상앙商鞅이나 왕망王莽 혹은 왕안석王安石에 대해 그 기본취지는 찬성하면서도 그 방법론에 대해 누누이 비판을 가하

---

26 同上書, 經史門 孝悌力田.
27 이익은 孝悌 중에서도 悌를 일차적 덕목으로 보았다. 悌는 順을 의미하는 것으로, 順이 전제되어야 孝할 수 있고, 孝할 수 있는 사람만이 忠할 수 있다고 본다(經史門 孝弟爲本). 여기서 이익이 悌를 일차적 덕목으로 내세운 것은 사농합일체로서의 향촌공동체의 안정에 주안점을 둔 까닭으로 풀이된다.
28 『僿說』經史門 思漢 · 漢文重刑 및 『星湖先生全集』(上) 권26 答安百順(丙子).
29 『僿說』經史門 文帝治政.
30 『僿說』經史門 王覇並用.
31 『僿說』人事 政刑, "導善莫如德禮 熄惡莫如政刑"; 同上書 人事刑法, "天分四時 一寒一暑 德敎 · 刑政 不可闕一"
32 『僿說』經史門 商鞅餘烈, "富國強兵 莫如務農而嚴法"; 同上 商鞅亡秦, "富國強兵 豈非善事"

는 이유가 여기에 있다.[33]

요컨대 이익인 요·순·3대와 한대의 정치에서 도덕과 형벌, 왕도와 패도가 조화된 이상적 통치 모델을 찾아내고, 경제적으로는 무농務農과 분배의 정의가 실현된 사농합일土農合一의 사회, 용인用人에 있어서는 고시考試와 천거薦擧가 조화된 과천합일科薦合一의 이상을 추구한다. 동시에 이러한 상고적尙古的 모델을 토대로 하여 강권强權과 사치와 교만과 허례虛禮가 지배하는 자기 시대를 개혁하는 '변법變法'의 준거를 세웠다고 할 수 있다.

3. 독사론과 작사론

이익이 역사를 어떻게 보았느냐는 이미 앞에서 설명한 그의 사회사상 혹은 학문 태도에서 대강 드러났지만, 이제 그의 역사관을 좀 더 심층적으로 이해할 필요가 있다.

이익은 요·순·3대에서 한대에 이르는 시기는 치세治世의 범주에 넣고 긍정적으로 평가하지만, 한대 이후의 역사는 부정적인 시대로서 이해한다. 때문에 역사 전체를 놓고 볼 때에는 치세보다는 난세亂世가 많다.[34] 그렇다면 난세의 특징은 무엇일까.

난세는 한마디로 선善이 적고 악惡이 많은 시대다. "천하天下에는 선善이 적고 악惡이 많다"[35]든가, "지금의 천하는 선자善者는 아주 적고 불선不善은 도도하여 강강强이 약약弱을 삼켜버리고 중衆이 과寡를 억누른다"[36]고 한 것은 모두가 악이 선을 압도하는 세태와 국제관계를 함께 말한 것이다. 결국 이익이 악이라고 규정을 한 것은 곧 약육강식의 무자비한 경쟁관계를 가리키는 것이며, 약자의 편에 서서 강자가 이기고 있는 현실을 악의 횡행으로 평가하고 있는 것이다.

---

33 이익은 富國强兵政策과 관련하여 秦나라 商鞅에 대해 많은 관심을 표명하고「商鞅亡秦」·「商鞅變法」·「商鞅餘烈」·「寬猛」등을 썼다. 여기에서 이익은 상앙의 부국강병정책의 의도에는 찬성하면서도 富가 지나쳐 사치에 빠지고 强이 지나쳐 교만에 빠진 것에 대해서는 비판하는 입장을 취한다.
　　이익은 新의 王莽과 宋의 王安石에 대해서도 비슷한 입장을 취하고 있는데, 이는 이익의 시대에 추진되고 있던 西人 및 일부 南人의 급진적 부국강병정책이 사치와 교만에 빠진 것을 의식한 발언이 아닌가 한다.
34 『僿說』經史門 秦隋作俑.
35 同上書, 經史門 漢文重刑.
36 同上書, 人事門 文治武備.

이익은 악이 선을 이기는 세태를 보면서 복선福善·화음禍淫의 인과론因果論도 거짓이라고 생각한다. 착한 사람이 복을 받고 악한 사람이 화를 입는다는 말은 거짓이며, "선한 사람은 일방적으로 화를 입고 악한 사람은 일방적으로 복을 받으며",[37] "화와 복이 선악과 관계되지 않은 지 오래되었다."[38]고 개탄한다. 이익은 인간의 화복禍福에 관계되는 모든 일들이 반드시 천명天命에 의해서 결정된다고 믿지 않는다. 기수氣數에 의해서 강해지는 '천명'이나 천체天體에 의해 결정되는 '성명星命'이 인간의 운명을 부분적으로는 좌우하지만, 그보다는 '시세時勢의 만남'과 '인력의 참여'로 이루어지는 '조명造命'이 임금이나 신하, 혹은 사士와 서민庶民의 운명을 결정한다는 것이다.[39]

여기에서 '조명'이 '시세의 만남'과 '인력의 참여'로 이루어진다는 말은 다시 한번 음미할 가치가 있다. 이익이 강조해 마지않는 '세勢'라는 것은 권력이나 재력과 같은 일종의 물리적 힘이며, '시세'란 그러한 세가 특정한 시기에 나타나는 기회 혹은 정세를 말한다. 따라서 기회를 잘 포착하여 여기에 능동적으로 참여할 때 인간의 운명이 결정된다는 뜻이다.

이익은 '세'의 중요성을 수없이 강조하고 있다. "천하의 일은 세를 타는 것(승세乘勢)보다 좋은 것이 없다",[40] "천하의 일은 모두 세일 뿐이다",[41] "천하의 일은 세를 얻는 것(득세得勢)이 먼저다",[42] "천하의 일은 만나는 세(소치지세所値之勢)가 최상이다",[43] "고금의 흥망은 시세時勢에 몰리지 않는 것이 없으며 반드시 사람의 재덕才德에 달려있는 것은 아니다"[44]고 한 것 등이 그것이다. 이익이 세를 강조하는 것은 일찍이 맹자가 "수유지혜雖有智慧 불여승세不如乘勢"[45]라고 했고, 『전국책戰國策』에서 "시세자時勢者 백사지장야百事之長也"라고 한 대목을 연상시킨다. 사람의 지혜나 덕성이 반드시 성공의 충분한 조건이 아니라는 생각은 일찍부터 있어 온 것으로서 이익이 세勢를 중요시하나는 것도 그의 독창적 견해일 수는 없다. 그러나 이익은 이러한 선유先儒들의 견해를 받아들여 역사적 사실들을 설명하는 데

37　同上書, 詩文門 倚伏.
38　同上.
39　『僿說』天地門 造命.
40　同上書, 人事門 兵貴同力.
41　同上書, 人事門 勳閥之家.
42　同上書, 經史門 宋祖乘勢.
43　同上書, 經史門 讀史料成敗.
44　同上書, 經史門 陳迹論成敗.
45　『孟子』公孫丑(上).

직접 응용하였다는 점에서 독자의 공헌이 있다고 할 수 있다.

이익은 시비나 선악이 성패를 좌우하는 경우도 없는 것은 아니요, 또 행운이 따르느냐 안 따르느냐도 성패를 결정하는 데 작용하는 것으로 본다. 이익은 행운을 만나는 것을 '행회幸會' 혹은 '요행徼幸'이라 했는데, 세상일은 '행회'나 '요행'으로 이루어지는 일이 태반이라고 하여 역사적 사건들이 필연성에 의해서 일어나기보다는 우연성에 의해 일어나는 것으로 보았다.

　　天下의 일은 대개 8이나 9가 幸會다. 史書에 보이는 古今의 成敗나 利純(이익과 손해 - 필
　　자)은 대부분 時의 偶然에서 일어난 것이다.[46]

이익은 이와 같이 일의 성패가 '요행'에 의해서 결정되는 경우가 많아 '우연성'이 높음을 강조하면서도, 다른 한편으로는 세勢를 만나는 것이 우연성을 기대하는 것보다는 성공률이 더 높다고 믿었다. 그래서 그는,

　　천하의 일은 勢가 上이 되고, 幸·不幸은 그 다음이며, 是와 非는 下가 된다고 말할 수 있
　　다.[47]

고 한다. 바꿔 말하면 시기를 잘 포착하여 이에 편승하는 것이 성공의 지름길이고, 요행을 만나느냐 못 만나느냐는 그 다음이며, 옳고 그른 것은 성공을 결정하는 데 가장 적게 작용한다는 것이다.

이익의 이 말을 뒤집어서 풀이한다면, 성공한 자는 대부분 옳은 일과 무관하고, 오히려 악한 자들이 성공한다는 뜻이다. 다시 말해 약육강식은 선악의 인과와는 무관하고, 강자는 대체로 악자이다. 이익은 악한 자들이 시세에 편승하여 성공한 사례들을 사서를 통해 예시하고 있다. 그 가장 대표적인 예例로서 송태조를 든다. 오대·십국의 혼란기에 여러 재덕 있는 임금들이 있었지만, 송태조는 한 사람의 권신으로서 어린 임금을 몰아내고 임

46　『僿說』經史門 讀史料成敗.
47　同上.

금 자리를 차지했을 뿐 아니라 천하를 탐욕스럽게 집어삼킨 인물이라 한다.[48] 그가 성공한 방법은 재덕才德도 아니고 지력智力도 아니며 오직 강력强力과 위겁威劫으로써 달성한 것인데, 역사책에서는 그가 마치 '적덕누인積德累仁'하고 '응천순인應天順人'하여 성공한 것처럼 칭송한 것은 천만부당하다는 것이다.[49]

이익은 진시황이나 당고조, 명태조도 송태조와 비슷한 예로 보고 있으며, 대체로 3대와 한漢 이후의 왕조 개창자들을 대개 그러한 부류로 보았다. 그러니 엄밀한 의미에서 3대 이후에는 정통이 있을 수 없다는 것이다.[50] 3대 이후의 역사는 이렇든 정통을 부여할 만한 승리자가 없기 때문에, 역사를 쓸 때나 과거의 역사책을 읽을 때에는 무엇이 진실인가를 신중하게 검토해야 한다고 이익은 생각했다. 그에 의하면, 역사책은 성패가 이미 결정된 뒤에 쓰여지기 때문에, 그 성공과 실패를 좇아서 마치 그 결과가 당연한 것처럼 장점粧點하여, 선이 많은 것은 과過를 숨기고, 악한 것은 반드시 장점이 있어도 버린다[51]는 것이다. 다시 말해, 대부분의 역사서술은 일의 동기보다도 일의 결과를 놓고 가치평가를 내리는 경우가 많아 자연히 성공한 사람의 편에 서서 그 성공이 당연한 것처럼 미화시키고 있다는 것이다.

이익은 일의 결과가 비록 실패로 끝났지만 일의 동기는 좋았던 사례로서 송宋의 왕안석[52]과 고려의 조위총趙位寵[53]을 든다. 특히 조위총은 비록 실패했지만 신하의 의義를 지키기 위해 거병한 것인데 『동국통감』에서 이를 반적叛賊으로 쓴 것은 잘못이라 한다.

이익에 의하면, 역사는 권선징악을 위해서 쓰는 것으로, 시비의 판단이 절대 필요한 것인데, 선한 것은 일방적으로 선하게만 보고, 악한 것은 지나치게 악한 일만 강조하는 것은 부당하며, 착한 일 중에도 악한 것이 있고 악한 것 중에도 착한 것이 있어 선악이 양자택일적으로 갈라지는 것은 아닐 것이라고 한다.[54] 그래서 역사를 쓸 때에는 착한 일을 드러내

---

48 同上書, 經史門 陳述論成敗 및 宋祖乘勢.
49 同上.
50 이익은 안정복과의 『綱目』에 관한 문답에서 "正統之說 終有說窮處 仁義也則三代後無聞公正也則漢猶近之 唐取於獨夫 然畢竟資其力而奪之 不免爲叛臣 至趙宋公 肆篡賊 心迹可惡"(『全集』卷25, 答安百順問目)이라 하여 3代 이후에는 仁義가 없고, 漢이 오직 公正에 가까웠을 뿐이라고 하고, 唐高祖와 宋太祖는 叛臣이나 簒賊으로 보아야 한다고 주장했다.
51 『僿說』經史門 讀史料成敗.
52 同上書, 經史門 荊公東坡.
53 同上書, 經史門 趙位寵.

더라도 악한 것을 감추어서는 안 되며, 권선만 하고 징악하지 않는다면 마치 새의 날개 하나를 떨어뜨리고, 수레바퀴의 하나를 빠뜨리는 것과 같다고 한다.[55]

역사를 서술함에 있어서는 이와 같이 시비를 엄밀하게 가려, 가치평가가 한쪽으로 치우치지 않도록 하는 것이 공정한 태도이지만, 실제로 역사적 사실의 시비와 진가를 정확하게 판단하는 것은 지극히 어려운 일이다. 그래서 이익은 "역사를 쓰는 것이 어렵다는 것은 화禍를 입을까 두려운 데 있는 것이 아니라, 진가를 가려내는 것이 어렵다"[56]고 작사作史의 어려움을 지적하고, 진가를 가능한 한 객관적으로 가려내기 위해서는 "전사前史를 두루 살피고, 제서諸書를 방증하여 참험하고 교감해야지, 한 가지 사서만 오로지 믿고 판단해서는 안 된다"[57]고 주장한다. 이 말은 곧 엄밀한 문헌고증의 필요성을 강조한 것이라 할 수 있다.

이익이 이와 같이 독사讀史와 작사作史에 있어서 취해야 될 객관적 고증적 자세를 강조한 것은 실은 그 자신의 창견創見이 아니라 일찍이 정자程子가 피력한 '독사론讀史論'을 부연한 것에 지나지 않는다. 그래서 이익은 「독사료성패讀史料成敗」라는 글에서 정자의 다음과 같은 언설을 인용하고 있다.[58]

역사책을 읽을 때는 절반쯤 읽은 다음에 책을 덮고 깊이 생각해 본다. 우선 그 일이 성공했나 실패했나를 살핀 다음에 부합한 곳이 있는가를 돌아본다. 그리고 또다시 그 일의 성공과 실패 사이를 자세히 살펴보면, 요행으로 성공한 것과 불행으로 실패한 것이 많다는 것을 알게 된다.

이 인용문은 일찍이 16세기 말의 학자 이이도 『성학집요聖學輯要』의 「독사지법讀史之法」에서 인용한 바 있어[59] 이익의 독사론도 기본적으로는 정자나 이이의 의견에서 벗어나 있

54   同上書, 經史門 古史善惡.

55   同上.

56   同上書, 經史門 作史之難.

57   同上書, 經史門 讀史料成敗.

58   同上, "昔程子讀史 到一半 便掩卷思量 料其成敗 然後却看有不合處 又更精思其間 多有幸而成 不幸而敗 蓋其不合處固多而 合處亦未可準信".

59   韓永愚, 『朝鮮前期史學史研究』, 1981, 257~261쪽. 李珥도 『孟子』와 『程子』의 時勢論과 讀史法을 받아들여,

는 것이 아님을 알 수 있다.

그러나 이익은 그 누구보다도 독사의 신중성을 강도 높게 강조했다는 점에서 독특한 면모를 보인다. 그 이유는 이익이 정자나 이이보다도 실패의 경험을 절실하게 체득한 데서 온 결과일 것이다. 다시 말해, 이익은 붕당정치의 와중에서 성공과 실패가 완연히 갈라지고, 그 자신이 패배자의 대열에 서 있음을 절감하면서, 과연 붕당싸움에서 승리한 자가 시是와 선善을 독점할 수 있겠는가를 뼈저리게 반성하게 된 것이다. 이는 그가 붕당의 갈라짐을 이권을 둘러싼 '세勢'로서 파악하고,[60] 결고 시비를 양단할 수 없는 복잡성이 개재되어 있다는 지적에서 확인된다.

黨論은 하나의 큰 獄訟이다. 대저 顯惡한 사람이 純善한 사람을 공격하고, 至仁한 사람이 窮凶한 사람을 배척하여, 사람들이 모두 손으로 가리키고 눈으로 보게 된다면, 어찌 偏黨이 생기겠는가. 是 가운데 非가 있고 非 가운데 是가 있으며, 是한 듯하면서도 非하고 非한 듯하면서도 是한데, 사람들의 자기의 옳음과 남의 잘못만을 보는 것은 모두가 成比 때문이다.[61]

이 글에서 이익은 각 붕당이 모두 시비의 양면을 가지고 있음에도 불구하고 자기 붕당의 옳음만을 보고 남의 붕당의 잘못만을 지적하기 때문에 결과적으로는 시비가 공정하게 판정되지 않는다. 그리하여 이런 형태의 당론이 가져오는 결과는, 한쪽이 승리하면 반대쪽은 모조리 쫓겨나서 악의 누명을 혼자 뒤집어쓰게 되고, 이 때문에 천지도 변하지 못하고 초목도 번성하지 못해 나라 안에 울분이 가득 차게 되었다고 한다.[62]

이익은 당론의 폐단이 국세를 약화시키고 풍속을 투박하게 만들었으며, 마침내는 왜란까지 불러들였다고 보고, 붕당정치가 오래 지속되면서는 오직 자기 당파의 세력 확장에만 전심하게 되어 치리治理는 도외시하고 백성의 보호와 나라의 안정은 관심 밖으로 밀려났다고 개탄한다.[63] 이와 같이 부정적 정치 현상으로 노정되고 있는 당습을 혁파하기 위

3대 이후의 역사는 成敗와 善惡이 반드시 일치하지 않는 弱肉强食의 시대가 되었다고 보았다. 이 점에서 李瀷과 李珥의 讀史論은 기본적으로 일치됨을 발견한다.

60 『僿說』人事門 科薦合一.
61 同上書, 人事門 黨論.
62 同上書, 人事門 決鬱.
63 同上書, 人事門 黨習召亂.

해서는 무엇보다 시비의 공정한 판정이 내려져야 하고, 여기에서 '전시全是·전비全非'의 흑백논리에서 벗어나 '시중유비是中有非 비중유시非中有是'[64]의 공정한 가치 기준의 필요성을 절감하게 된 것이다.

이익의 독사론과 작사론에 보이는 상보주의적 해석 기준은 바로 자기 시대의 현실 경험에서 더욱 절실한 확신을 얻었다고 볼 것이며, 그 경험이 역사 해석에 있어서도 '선선악악'의 극단적 평가에 더욱 회의를 품게 한 것으로 보인다.

4. 화이부정론과 정통론

이익은 독사讀史와 작사作史에 대해 객관적 태도를 가지려고 노력했을 뿐 아니라, 한국사에 대한 기존의 사서史書에 대해서도 적지 않은 불만을 가지고 새로운 국사체계를 세워보려고 시도했다. 『성호사설』 가운데에는 수많은 사론이 들어 있는데, 이는 비록 단편적인 것들에 지나지 않아 하나의 일관된 체계를 갖추고 있지는 못하지만 독창적인 견해들이 적지 않다.

이익은 특히 『동국통감』과 17세기 중엽 서인학자 유계가 쓴 『여사제강』에 대해 불만이 컸고,[65] 18세기 초 홍만종이 쓴 『동국역대총목』에 대해서도 부분적으로 불만을 토로했다.[66] 40세 전후부터 사론을 쓰기 시작한 것은 이러한 불만에서 비롯된 것인데, 결국 그는 체계적인 사론을 완성하지는 못했다. 그러나 40여 년에 걸친 그의 사학에 대해 온축은 문인 안정복의 『동사강목』 편찬에 결정적인 영향을 주었으니, 이는 73세에서 82세에 걸쳐 9년간 두 사람 사이에 주고받은 서간 문답에 잘 나타난다.[67]

이익의 한국사에 대한 관심은 크게는 동아시아 세계사 속에서 한국사의 위치를 어떻게 설정하여 정통체계를 세울 것인가의 문제로부터 시작하여, 신화·전설 속에 파묻혀 있는

---

64 同上書, 詩文門 異同.

65 『全集』 下, 附錄 卷1, 家狀(從子秉休), "…… 又嘗病 東國史書 如東國通鑑·麗史提綱之類 鹵莽紕繆"

66 홍만종의 『동국역대총목』에서 신라를 정통으로 삼은 것이 부당하다는 것(『全集』 上, 卷25, 答安百順問目)과, 彭吳는 武帝 때 사람인데 檀君의 신하로 쓴 것이 잘못이라는 것이다.(『全集』 上, 卷25, 答安百順[丙子])

67 이익이 안정복의 『동사강목』에 미친 영향에 대해서는 韓永愚, 「安鼎福의 思想과 『東史綱目』」, 『韓國學報』 53, 1988(本書 10장 所收) 참고.

3조선, 3한의 정치사와 그 강역을 어떻게 과학적으로 해명하느냐의 문제, 그리고 고려·조선시대의 역사적 사건에 대한 평가에 이르기까지 다양한 것이었다. 다시 말하자면, 이익의 한국사에 대한 관심은 역사해석과 사실고증의 양면에 걸쳐 있다 할 수 있는데, 전인미발의 독창적인 견해들이 많다. 특히 그는 국사의 시발점인 단기檀箕시대와 3한韓에 대한 여러 측면을 독창적으로 해석하여 상고사 연구에 적잖이 공헌했다.

1) 화이부정론華夷否定論

한국사의 성격을 규정함에 있어 중국인의 전통적인 세계관이자 유교적 역사해석의 한 기준이 되어 온 화이관華夷觀을 어떻게 해석할 것이냐는 중요한 변수로 작용한다. 중화를 높이고 주변 민족을 이적으로 천시·배척하는 이른바 존화양이尊華攘夷의 논리는 『춘추』 이래로 움직일 수 없는 대의명분이 되어 왔기 때문에, 이 논리를 그대로 수용하는 한, 한국사는 불가피하게 이적의 한 국가로서의 위치에 자족해야 하는 것이다.

그러나 우리나라 사론에서는 이같은 화이관을 수용하면서도 『삼국사기』 이래로 언제나 우리 자신을 소중화小中華로 자정自定해 왔으며, 특히 왜란과 호란을 경험한 이후로는 중국사에서만 적용되어 온 정통론을 한국사에도 도입하여 소중화로서의 자기위상을 더욱 당당한 모습으로 재구성하기 시작했다.[68] 이러한 정통론의 도입은 현실적으로 일본과 청淸에 대한 문화적 우월을 과시하려는 목적이 담겨져 있음은 물론이었다.

이익의 한국사관도 기본적으로는 소중화 사상에 바탕을 두고 있음에는 전통적 사유와 근본적으로 다름이 없다. 그러나 그의 소중화 사상은 그 내용 면에서는 많은 차이가 있음을 유의해야 한다.

첫째로, 이익은 중국과 이적의 문화적 우열을 근본적으로 부정한다. 예컨대 이적국가로 멸시되어 온 요遼·금金·원元의 문화에 대해서 "예악禮樂을 갖추지 않은 것이 아니었

---

68 조선 후기 史書에서의 正統論에 관해서는 다음 논문이 참고된다.
　　李佑成, 前揭論文; 李萬烈, 「17·18세기의 史書와 古代史認識」, 『韓國史研究』10, 1974; 韓永愚, 「17세기 중엽 嶺南人의 歷史敍述 - 洪汝河의 『彙纂麗史』와 『東國通鑑提綱』」, 『邊太燮博士華甲紀念史學論叢』, 1985 (本書 5장 所收); 韓永愚, 「17세기 중엽 西人의 歷史敍述 - 兪棨의 『麗史提綱』」, 『東國大 開校 80週年 紀念論叢』, 1987(本書 3장 所收).

다"[69]고 하고, 요금 시대에도 예악과 정형이 갖추어져 있었기 때문에 넓은 영토와 많은 인민을 다스릴 수 있었다고도 하며,[70] 특히 원위元魏의 효문제의 모화慕華정책과 예악을 높이 평가한다.[71]

이익은 중국인들의 사해四海의 열국列國을 가리켜 구이九夷니 팔만八蠻이니 부른 것은 그 땅의 넓이를 가지고 말한 것이 아니라 품질의 고하 즉 그 문화 수준의 높고 낮음을 구분한 것으로, 동방을 구이라고 부른 것은 그 문화 수준을 가장 높이 본 까닭이라고 해석했다.[72] 따라서 중국 주변 국가에서 우리나라가 속한 동이는 '사이四夷의 으뜸'이었다고 한다.[73]

중국과 주변 국가 특히 동방국가와의 문화적 우열은 이와 같이 처음부터 인정될 수 없는 것이고, 또 중국인들도 우리나라를 가리켜 '군자국君子國'이니 '예의지방禮義之邦'이니 하는 말을 일찍부터 쓰면서[74] 소중화임을 인정해 온 터인데도 불구하고 존화양이를 대의명분으로 내걸게 된 것은 춘추시대 이후로 중국의 세勢가 꺾이고 융적戎狄이 안을 엿보고[75] 있는 상황에서 비롯된 것이라 한다. 다시 말해 존화양이의 논리는 문화의 우열에서 비롯된 것이 아니라 중국과 주변 국가의 역관계에서 수세에 몰린 중국인들의 자기방어의 필요에서 퍼뜨린 것으로 해석된다.

이익은 이와 같이 화이의 구별을 무의미하게 보는 입장에서 "화하華夏를 귀하게 여기고 이적夷狄을 천하게 생각하는 것은 옳은 것이 아니다"[76]라고 단정하고, 역사서술에 있어서도 요遼·금金·원元을 명明과 특별히 구별해서 쓸 필요는 없다고 주장했다.

이익은 화이차별 부정론은 단순히 지난날의 역사를 재해석하는 데만 뜻이 있는 것이 아니라, 현실적으로는 숭명반청崇明反淸의 고정관념을 부정하려는 데 그 뜻이 있었고,[77]

69　『僿說』經史門 遼金禮樂 및 中國賴孝文.

70　同上.

71　『僿說』經史門 中國賴孝文, 魏孝文 및 魏孝文行喪.

72　同上書, 經史門 九夷八蠻 및 『全集』上, 卷25, 答安百順問目.

73　『全集』上, 卷25, 答安百順問目.

74　『僿說』經史門 小中華館.

75　同上書, 經史門 秦漢之力.

76　『全集』上, 卷25, 答安百順問目.

77　이익은 조선 후기 학자들이 崇明사상에서 '崇禎紀元後'라는 年號를 계속 쓰는 것을 반대했고, 明이 패망한 후로 華夷 구별이 더욱 심해져, 强弱의 勢를 고려하지 않고 排淸 정책을 쓴 것을 큰 오류라고 지적했으며(人事門 華夷之變), 明은 天下人에게 학독했다고 보았다. 그러나 大報壇제사를 찬성하는 등 明에 대한 報恩의 생각을 잃지 않고 있어 對明觀의 양면성이 엿보인다.

일본에 대해서도 화이론적 선입관에서 볼 것이 아니라 일본의 역사와 문화 그리고 국력을 객관적으로 평가하여 이에 현실적으로 대응할 필요성을 강조하고자 하는 데도 중요한 목적이 있었다.[78]

이익이 추구하고자 한 현실의 국제관계는 전통적인 화이질서나 의리 관념에 매달리는 것이 아니라 냉엄한 힘의 강약을 기초로 하여 강국과 약국의 평화적 공존을 추구하는 것이며, 약자와 강사 사이에 사대관계는 불가피한 공존 방식으로 받아들이고 있었다. 따라서 역사적으로 우리나라가 중국 역대왕조와 사대관계를 맺은 것은 그 상대가 중화냐 이적이냐를 불문하고 우리의 자존을 위해 정당한 것으로 받아들인다. 이를테면, 요遼 · 금金 · 원元은 이적이니까 화호和好를 거부해야 하고, 송宋 · 명明은 중화니까 사대해야 한다는 생각은 잘못이다.[79] 이익은 약육강식이 지배하는 국제사회에서 생존을 보장하는 방책으로서의 사대의 불가피성을 다음과 같이 긍정한다.

隣國의 길은 小弱이 大强에 敵이 되어서는 안 된다.[80]

隣國의 길은 두 가지가 있을 뿐이다. 和好해야 할 때는 和好해야 하고, 絶好해야 할 때는 絶好해야 한다. 나의 힘을 헤아려 막을 수 있으면 막고, 혹시 勢가 不敵해서 막을 수 없으면 비록 殘敗 · 멸망하더라도 후회하지 말아야 한다. … 약한 처지에서 强해지기를 기대하는 것밖에 다른 도리가 없다. 막을 수도 없고, 잔패 · 멸망도 싫어하면서 안으로는 겁을 먹고 있으면서도 겉으로는 업신여기다가 호되게 얻어맞은 뒤에야 和好와 항복을 애걸하는 것은 무모한 일이다. 孟子가 말하기를 小는 大를 적대해서는 안 되고, 寡는 衆을 적대해서는 안 되며, 弱은 强을 적대해서는 안 된다. 그 옳고 그름을 구태여 따질 필요가 없다.[81]

이익은 이와 같이 약자의 강자에 대한 사대를 긍정하지만, 그 이면에는 강자의 위치에서 사대를 하지 않게 되는 상태를 더 갈망하고 있으며, 강자의 입장에 설 때는 전쟁으로

---

78 『僿說』에는 經史門에 日本入朝 · 煬帝遣使日本 · 日本 · 倭患 · 平秀吉, 天地門에 日本樂地, 人事門에 日本忠義 · 日本地勢辨及擊朝鮮論 등 日本에 관한 論說이 많이 보인다. 이익의 對日觀에 대해서는 河宇鳳, 「茶山丁若鏞의 日本觀」, 『金哲埈博士華甲紀念史學論叢』, 1983에 간단한 소개가 있다.

79 『僿說』經史門 前覆不戒, 高麗事大, 會戎.

80 同上書, 人事門 華夷之辨.

81 同上書, 人事門 和戰.

막아 내야 한다는 강경책도 부인하지 않는다. 다시 말해 국제관계는 강약의 기초 위에서 화전和戰이 선택되어야 한다는 것이며, 우리가 강국으로 부상해야 한다는 절실한 염원이 담겨져 있다.

이익의 현실적인 세계관은 그 형성 요인으로 두 가지 측면을 생각할 수 있다. 하나는 전통적으로 이적으로 멸시되어 오던 여진(청)과 왜倭(일본)가 중화(명)를 꺾고 동아시아의 강자로 부상한 사실이고, 다른 하나는 서양의 근대적인 천문·지리에 대한 지식이다. 이익은 동양 이외에 서양이라는 또 다른 큰 세계가 있음을 알았고, '중국이라는 것도 대지 중의 한 조각 땅'[82]에 지나지 않는 것으로 본다. 따라서 인물도 중국에서만 나오는 것은 아니고, 보다 넓은 중국 밖의 세계에서 나올 수 있다고 믿었다.

> 나는 九州 안에서는 다시는 聖人이 나지 않을 것이며, 九州 밖에서 기대할 수 있다고 항상 말해 왔다. 지금 만리장성 밖은 그 크기가 중국만은 못 하지만 그 중에 夷狄을 바탕으로 하여 夷狄을 행한 자로서 聖人이라고 가리킬 만한 인물이 없겠는가.[83]

중국 밖에도 성인聖人이 있었고, 또 앞으로도 성인이 나올 수 있다는 생각은 중국을 문화적으로뿐 아니라 지리적으로도 세계의 중심이라고 보지 않는 그의 과학적 지식에 바탕을 두고 있음은 물론이다.

이익이 한국사를 소중화로 자부하고 정통론을 도입하여 새로운 국사체계를 수립하려고 시도한 것은, 중국 밖에서도 성인이 얼마든지 있다는 확신에 기초한 것이며, 바로 이점에서 전통적인 화이관을 깔고 정통론을 도입한 선배학자들과는 일선을 획하는 것이다.

2) 정통론正統論

이익은 「삼한정통론三韓正統論」을 비롯한 여러 글에서 중국과 우리나라의 정통 문제를 논하고 있다.

---

82 同上書, 天地門 分野.
83 『全集』上, 卷27, 答安百順.

그는 이미 중화와 이적의 문화적 우열을 부인하는 입장에 있기 때문에 '존화양이尊華攘夷'를 대의로 하는 종전의 정통론을 따를 수는 없었다. 그렇다고 국력의 강약을 기준으로 하는 정통론을 그가 찬성하는 것은 아니었다.

"강약은 세勢요 대의는 천天이다"[84]라는 말에서 보이듯이 이익은 정치권력의 정당성을 강약에서 찾지 않고 대의에서 찾았다. 여기서 대의라 함은 도덕성을 뜻한다. 다시 말해 정통성은 도덕성이 높은 국가에 부여되는 것이지 힘이 강한 나라에 부여되는 것이 아니다.

그렇다면, 중국과 우리나라에서 정통성을 가진 나라는 어느 것인가.

이익은 중국사의 경우, 요堯·순舜·3대에는 정통성을 부여하고, 한대는 이에 가까운 것으로 긍정하지만, 한漢 이후의 당唐·송宋·명明에 대해서는 거의 정통성을 인정하려 하지 않는다. 이는 당·송·명의 창업주들을 모두 힘에 의해서 권력을 잡은 반신叛臣·적자賊子로 보는 까닭이다. 그래서 이익은,

正統의 說은 끝내 말하기에 窮한 데가 있다. 仁義로 말하면 3代 후에는 듣지 못했고, 公正으로 말하면 漢이 조금 가깝다.[85]

고 하여 인의는 3대에서 끝나고 공정은 한漢에서 끝나므로 정통을 따지는 데 어려움이 있다고 한다.

중국사의 정통을 3대에 국한시키려는 이익의 생각은 주자를 비롯한 성리학자들의 통념과는 매우 다르다. 그래서 이익은 주자의 『강목』에 대해서도 크게 불만을 표시하고 "강목의 서법은 반드시 이치에 들어맞는 것이 아니다"[86]라고 비판하는 것도 여기에 이유가 있다.

다음에, 이익은 한국사의 정통은 단기로부터 시작하여 삼한(특히 마한)으로 이어지고, 3국은 무통無統의 시대, 그리고 문무왕의 삼국통일과 고려태조 19년 이후를 정통국가로 간주한다. 그러니까 한국사는 중국사보다도 정통성이 더욱 지속적인 역사라 할 수 있다. 그러나 이익의 주된 관심은 단기·삼한에 치중되어, 중국사에서 요순·3대와 한대를 이상시대로 간주하듯이 한국사에 있어서도 상고시대를 이상으로 생각한다.

---

84 『全集』下, 卷47, 三韓正統論.
85 『全集』上, 卷25, 答安百順問目.
86 同上書 권26, 答安百順.

이와 같은 이익의 상고적 정통사상은 중국과 우리나라가 '기수氣數의 공교함'에 의해 '동귀同歸' '상부相符'하는 역사를 경험했다는 인식에 기초하고 있다.[87] 여기서 동귀·상부한다 함은 문화의 성쇠, 즉 도덕성의 흥폐가 시기적으로 서로 일치함을 의미한다. 다시 말해 중국에서 성현이 나타날 때 동방에서도 나타나고, 중국에서 찬적簒賊이 나타날 때 동방에서도 그러한 현상이 보인다. 그래서 이익은 중국과 우리나라가,

> 크고 작음은 비록 구별되지만 氣數의 공교함은 이렇듯 서로 일치된다. 그 까닭은 무엇일까. 東土는 禮義와 仁賢의 나라로 알려진 지 오래다. 그래서 말하는 사람마다 小中華라고 일컫는다. 이는 列國이 견줄 수 없는 바이니, 吉凶과 汙隆이 비슷하게 맞아 함께 돌아간 것은 그 이치가 있다 할 것이다.[88]

라고 하여 중국과 우리나라가 동궤同軌의 역사 진행을 경험한 것은 '기수의 공교함'에서 찾고, 이러한 역사 운행의 일치는 다른 나라에서는 찾아볼 수 없는 특이한 현상으로 받아들이고 있다.

한국사와 중국사가 동귀·상부한다는 것은 구체적으로 어떻게 증명되는가. 이익은 중국에서 요堯가 나올 때 동방에서는 단군이 나왔음을 먼저 주목한다. 요가 성군이라는 것은 주지의 사실이거니와 단군의 치세도 이미 순舜의 교화를 입어 중화의 단계로 들어갔다고 본다.[89] 이는 지금까지 단군시대를 이夷의 단계로 보아 온 통념과 배치되는 것으로, 단군시대의 문화를 적극적으로 재평가한 결과이다. 이로써 단군은 당연히 정통의 시발이 되는 것이니, 홍만종의 『동국역대총목』(1705)에서 단군정통론[90]이 제창된 것과 아울러, 조선 후기 역사가로서는 두 번째의 단군정통론자가 되는 셈이다.

단군 다음의 기자는 중국의 주무왕과 동시대의 동방 성군으로서 이 또한 정통의 위치를 부여한다. 기자의 8조교條敎는 요순 때 하늘에서 얻은 '홍범구주洪範九疇'를 우리나라에

---

87 註 85)와 같음.
88 註 84)와 같음.
89 檀君의 문화에 대해서는 「三韓正統論」에서는 별다른 언급이 없으나 『僿說』에서는 누누이 그 문화가 堯舜에 從化되어 華로 변했다는 것이 강조되고 있으며, 安鼎福과의 편지 문답에서도 檀君이 正統의 시발이 되어야 함을 강조하고 있다.
90 洪萬宗은 『東國歷代總目』의 凡例에서 檀君을 '首出之神君'이라고 하면서 正統의 시발로 설정하였다.

와서 실천한 것으로서, 이는 곧 요순의 도가 직접 동방으로 전수된 것이며, 또 기자가 실시한 정전제井田制는 은제殷制를 이 땅에 이식한 조처로서 이 또한 3대의 문화가 동방에서 꽃피는 계기가 된 것이다. 8조교는 뒤에 한고조의 약법삼장約法三章에 영향을 준 것으로도 이해된다. 이는 지금까지 8조교를 홍범洪範의 유의遺意로만 해석해 온 것에서 한 걸음 더 나아가 중국 3대 문화가 중국에서는 오히려 연면히 계승되지 못하고, 우리나라에서 더욱 찬란하게 꽃피웠다는 적극적 해석을 의미한다.

기자 다음의 위만衛滿은 기사欺詐로써 준왕을 내쫓고 왕위를 탈취한 까닭에 그 도덕적 결함으로 정통이 될 수 없다. 위만은 마치 주周의 적인狄人이나 한漢의 조만曹瞞과 같은 반신叛臣으로 취급되어야 한다.

그러나 위만 때문에 국사의 정통이 끊어진 것은 아니다. 위만의 땅은 비록 한사군漢四郡 치하로 들어갔지만 위만에게 나라를 빼앗긴 준準이 남쪽으로 내려와 마한왕이 되었기 때문에 정통은 끊어진 것이 아니요 마한이 기자문화를 계승한 정통의 지위를 차지해야 된다.[91] 나라의 강약으로 따진다면 위만이 더 강하다 할 수 있지만, 정통은 강약을 기준으로 하는 것이 아니요 대의에 기준을 두어야 한다. 마한이 정통으로 취급되는 한, 마한왕이 된 기준은 무강왕武康王으로 존칭되어야 하고, 마한을 멸망시킨 백제는 반적叛賊으로 서술될 수밖에 없다. 백제는 한漢의 왕위를 찬탈한 왕효王孝(신新)과 같은 시기에 마한을 멸했는데, 이 또한 기수氣數의 일치를 보여 준다. 또한 마한이 망할 때 우곡성牛谷城을 근거로 마한 부흥운동을 일으킨 주근周勤은 반신으로 기록해서는 안 된다. 우리나라 사서에서 그를 반신으로 적은 것은 잘못이다.

한편, 3국은 '무정통無正統'의 시대로 기록되어야 한다. 이는 주자가 강목에서 남북조시대를 무정통의 시대로 취급한 예例를 따르는 것이 좋다. 3국은 동서에 할거했던 나라들로서 어느 나라도 정통이 될 수 없다.[92]

이익은 신라를 정통으로 내세우는 일부 논자의 입장에 의문을 표시했다. 특히 이익의 생존시에 저술된 홍만종의 『동국역대총목』에서 신라를 정통으로 내세운 것은 타당치 못한 견해라고 반박했다.[93]

---

91 마한정통설에 대해서는 「三韓正統論」 이외에 『僿說』의 經史門 前代君臣祠, 虎康王條에서도 거듭 강조되고 있다.

92 前揭 「三韓正統論」.

실제로 홍만종의 책에서는 삼국을 '무통'의 시대로 처리했고, 신라통일 이후를 정통으로 간주했는데,[94] 이익이 이를 오해한 것인지, 홍만종이 뒤에 수정한 것인지 알 수 없다. 3국시대의 신라를 정통으로 내세운 것은 17세기 중엽의 홍여하가 쓴『동국통감제강』이 효시인데,[95] 홍여하의 주장은 그 후 아무런 추종을 얻지 못했던 것이다.

원래 '삼국=무통'론은 이익 이전에 이미 17세기 중엽의 유계의『여사제강』에서 주장된 바 있고, 18세기 초 임상덕의『동사회강』에서도 재확인되었다. 이 두 사람은 모두가 서인계 학인들로서 이익과 붕당 계보는 달리하고 있으나, 3국시대=무통론에 관한 한 이익은 서인과 견해를 같이함을 볼 수 있다. 결과적으로 이익의 '3국=무통'론은 안정복의『동사강목』에도 그대로 이어짐을 본다.

이익이 3국을 무통의 시대로 간주한 이유가 구체적으로 무엇인지는 확실치 않다.

그러나 이익은 신라의 문화를 진문화秦文化의 여풍餘風으로 높이 평가하면서도, 다른 한편으로는 기자箕子로부터 비롯된 은殷의 여풍이 마한을 거쳐 백제의 기호畿湖지방으로 계승되었다는 생각을 가지고 있어서, 신라만을 정통으로 내세우는 이론에 찬동하기는 어려웠던 것이 아닌가 추측된다.

이상 살펴본 이익의 정통론의 특색을 다시 한번 정리한다면, 그의 정통론은 요순·3대를 이상으로 설정하고, 그 문화의 이상이 중국에서는 후대까지 계승되지 못하고, 우리나라만이 단기·삼한을 거쳐 조선조에 이르기까지 그 맥이 이어진 것으로 요약된다. 그리하여 조선조의 영남과 기호에는 3대의 여풍을 간직한 아름다운 고속古俗과 수준 높은 유학이 발전하여 3대의 이상이 불원간 재흥하리라는 자긍과 기대가 그 정통론 속에 담겨져 있었다. 그러나 그의 정통론은 기본적으로 유교적 도덕주의에서 잉태되고 극대화된 문화자존의식으로서의 한계를 가진 것이었다.

---

93 『全集』上, 卷25, 答安百順問目.

94 『東國歷代總目』凡例에는 "… 一. 三國開創 差有先後而位均體敵 不能主一 故依綱目無正統例 皆低一字書之 至新羅文武王統三爲一 故始以正統書之"라 하여 삼국은 位體가 均敵하기 때문에 無統의 시대로 처리한다고 밝히고 있다.

95 李萬烈, 前揭論文 및 韓永愚, 「17세기 중엽 嶺南南人의 歷史敍述」, 『邊太燮博士華甲紀念史學論叢』, 1985 참고.

5. 고대사 연구

1) 단군에 대한 해석

이익은 한국사의 정통 설정과 관련하여 단군을 정통의 시발로 설정하였음은 앞에서 이미 설명하였거니와, 이 밖에도 단군에 관련된 여러 부분을 새롭게 고증 혹은 해석하였다.

그는 지금까지 국호라고 인식되어 온 '조선朝鮮'[96]이 사실은 국호가 아니라 한사군漢四郡에 대한 통명通名이며, 단군조선의 진짜 국호는 '단檀'이라고 주장했다. 그 근거는 단군의 후예가 기자동봉箕子東封 후 당장경唐藏京으로 천도한 뒤에도 여전히 단군을 칭했다는 사실에서 찾아진다.

> 箕子가 동방에 봉해지자 檀君의 후예가 당장경으로 천도했다. 당장경은 文化縣에 있는데, 여전히 檀君으로 호칭했으니 檀은 곧 國號이다.[97]

이익은 기자조선의 국호도 '기箕'라고 새롭게 해석했고, 3한시대의 국호도 '한韓'이라고 보았다. 이와 같이 상고시대의 국호가 원래 1자字로 되어 있는 것은 우리나라가 중국과 마찬가지 중화국인 까닭이다. 중화국가는 국호가 모두 1자字로 되어 있으며, 국호를 두 글자로 만드는 것은 이예夷裔의 풍속이다.

어쨌든 '단檀'을 국호로 본다면 '단군'은 당연히 고유명사가 아닌 보통명사, 즉 '단국檀國의 임금'이라는 뜻으로 풀이된다.

이익은 한걸음 더 나아가 단군에 얽힌 여러 신화와 전설들이 지닌 불합리한 점들에 의문을 제기하고, 그러한 억설臆說을 그대로 믿어서는 안 된다고 주장했다.[98] 특히 단군과 하백河伯·해모수解慕漱·부루夫婁 등에 얽힌 혈연계보에 대해 강한 의문을 표시하고, 태백산太白山·아사달阿斯達 등의 위치를 새롭게 고증했다. 먼저 환웅이 하강했다는 태백산의

---

96 이익은 '朝鮮'이라는 이름은 '동쪽선비산'에서 유래한 것으로 그 語源을 풀이한다. 즉 '朝鮮'의 '朝'는 '동방'을 가리키는 것이고, '鮮'은 '鮮卑山'을 가리킨다(『僿說』 人事門 和寧).
97 『僿說』 人事門 和寧.
98 『僿說』 經史門 三聖祠 및 『全集』 上, 卷25, 答安百順(丙子) 別紙.

위치를 묘향산妙香山으로 비정하는 통설을 따르지 않고, 이를 최치원설에 의하여 요지遼地에 비정했으며,[99] 아사달을 구월산에 비정하여 구월산九月山을 백악白岳이라고 보는 통설에 반대했다.

이익은 태백산의 위치를 요지에 비정함에 따라 단국의 중심지를 요심지방으로 설정하여 지금까지 압록강 이남의 평양을 중심지로 보는 통설에 강력한 이의를 제기했다. 요심은 곧 요동과 심양으로서, 순舜이 태어난 제풍諸馮과는 아주 가까운 거리였을 뿐 아니라, 순이 설치했다는 12주州 가운데 유주幽州는 곧 요심이다.

> 舜은 諸馮에서 태어나 東夷 사람이라 칭했으니, 그 땅은 遼瀋과 接近했다. … 朝鮮의 땅은 처음에 遼瀋을 아울러 가졌으니 반드시 諸馮과 멀지 않았을 것이다. 舜은 1년에 聚落을 이루고, 2년에 邑을 이루었으며, 3년에 都邑을 형성했으니, 檀君이 그 敎化를 따랐음은 의심할 여지가 없다.[100]

다시 말하자면 단군과 순은 다 같은 동이인東夷人으로서 서로 근접해 있었던 까닭에 단군은 순의 교화를 일찍부터 입었을 것으로 보는 것이다. 단군이 순의 풍화風化를 받았다는 것은 「단기강역檀箕疆域」이라는 글에서도 주장되고 있는 바로서, 단군은 요堯임금과 같은 시기에 건국했지만, 그 후 100년 뒤에 순이 12주州를 설치하면서 요심 지방이 유주로 되어 순의 교화를 입게 되었을 것으로 추측한다. 바로 그 사실 때문에 "동방東方이 이夷에서 화華로 변한 것은 오래되었다"[101]고 하는 것이며, 단군을 동방의 정통으로 간주하는 것도 단군조선을 이미 중화의 단계로 인식한 데 이유가 있는 것이다.

이익은 단군과 순의 지리적 근접성과 문화적 상근성에 비추어, 단군이 아들 부루를 도산塗山에 보내 하우夏禹를 조견朝見케 한 것도 단군조선과 하夏와의 문화 교류로서 받아들이고 있다.[102] 뒷날 기자箕子가 동방의 왕으로 봉해진 것도 이미 단군 시대부터 중국과의

---

99 『全集』上, 卷25, 答安百順(丙子) 및 同上別紙.

100 『僿說』經史門 檀箕.

101 同上書, 經史門 檀箕疆域.

102 註100)과 같음. 한편, 『僿說』萬物門 髮髥條에서도 "東史云 檀君敎民編髮盖首 …… 檀君與堯並時 歷舜至禹 舜
    之十二州 至於幽 幷朝鮮之地 合有全遼 界最近 王化東漸 與內服同 故禹會塗山 遺子夫婁入朝 其同軌可知而而
    覆首之制 與之相符 其用夏禮明矣"라 하여 단군조선은 舜임금 때 地理的 근접으로 이미 內服과 같은 상황에서

문화 교류를 통해 황막한 호맥胡貊의 땅과는 다른 차원으로 변화되어 있었기 때문에 가능한 것이라고 이익은 보는 것이다. 따라서 종전에 기자가 동방에 와서 비로소 이夷의 단계를 벗어나게 되었다는 인식은 부정될 수밖에 없다.

이익은 단군조선의 문화가 이夷의 단계를 벗어났다는 구체적 증거로서 '교민편발개수教民編髮盖首'를 들고 있다. 백성들에게 개수盖首를 가르친 것은 바로 하夏나라의 복수제覆首制를 따른 것으로서 이는 하夏와의 문화 교류의 명백한 증거가 된다는 것이다.[103]

결론적으로 이익은 단군의 중심 무대를 중국과 근접한 요심지방으로 설정하고, 그 문화가 이미 중국 요堯 · 순舜 · 하문화夏文化의 영향을 받아 중화의 단계에 있었다고 보면서, 우리나라 식자識者들이 상고사의 무대를 압록강 동쪽에 비정하는 태도를 다음과 같이 비난하고 있다.

> 權陽村이 檀君千歲를 歷年으로 생각한 것은 定論이다. 그러나 千歲 뒤의 末孫이 山에 들어가 神이 되었다는 것은 타당성이 없는 듯하다. … 내가 생각하기에, 神이 太白山에 내려왔다고 하는데, 崔孤雲의 글에 의하면 遼地에 있는 듯하고, 뒤에 平壤으로 도읍을 옮겼다. 우리나라 사람들은 妙香山을 처음 내려온 곳으로 생각하기 때문에 九月山을 白岳으로 보는데, 九月山이 어찌 白岳으로 불렸겠는가. 高麗史에 金謂磾가 道詵神誌祕記를 인용하여 西京을 伯牙岡이라 했는데, 西京은 平壤이다. 白岡은 白岳이 아니겠는가. 어떤 사람은, 檀君이 白岳으로부터 山에 들어가 神이 되었고, 그 후손들이 서로 전하여 천년에 이르렀다고 하는데, 이미 檀으로써 國號를 삼았다면 그 자손들 또한 檀君일 터이니, 이 또한 臆說에 지나지 않는다. 대개 먼 옛날의 일은 태반이 遼地에 있었던 것인데, 요즘에는 매양 압록강 동쪽에다 견강부회하는 까닭에 망령된 의심이 생겨나고, 잘못을 바로잡다가 진실을 지나쳐 버리고 있다.[104]

이익은 이와 같이 태백산을 묘향산에, 백악을 황해도 구월산에 비정하여 단국의 중심지를 한반도에서 구하는 통념을 비판하고, 단군이 산신이 되었다는 설화도 모두 허황된

그 문화의 영향을 받았고, 禹임금 때는 夫婁를 보내 朝夏케 했으며, 단군이 編髮盖首를 백성들에게 가르친 것도 夏禮를 좇은 것이라고 한다.

103 同上.
104 『全集』上, 卷26, 答安百順.

이야기라고 일축하면서 그 중심지와 문화를 보다 합리적으로 재해석했는데, 특히 단군에 대한 인식은 허목과 홍만종의 영향이 크다. 허목은 단군 시대를 민풍이 순박한 시대로 긍정했고, 홍만종은 단군을 정통의 시발로 설정했다. 단군이 백성들에게 편발編髮과 개수盖 首를 가르쳤다는 것은 『동국역대총목』에서 처음 보인다. [105]

그러나 이익은 홍만종이 팽오彭吳를 단군 시대의 신하로서 국내산천을 다스리고 민거民 居를 정定하게 했다고 쓴 것은 믿지 않는다. 팽오는 국내기록에는 단군 때 사람으로 쓰여 있지만, [106] 『한서漢西』 식화지食貨志에 의하면 한무제 때 사람으로 되어 있기 때문에 그를 단군 시대 사람으로 볼 수는 없다는 것이다. [107] 다시 말해, 홍만종이 어디까지나 고기류를 그대로 받아들이면서 도가적 취향을 가지고 단군을 해석했다면, [108] 이익은 보다 고증적이 고 과학적인 시각에서 단군을 재해석했다고 할 수 있다.

2) 기자에 대한 해석

이익은 기자 및 그의 행적에 대해서도 새로운 해석을 가했다.

먼저, 기자라는 이름은 고유명사가 아니라 '기국箕國의 자작子爵'이라는 뜻으로 풀이한 다. 다시 말해 기자가 왕이 된 나라는 '기箕'다. 이때도 역시 '조선'이라는 국명은 아직 없었 다는 것이다.

'기箕'라는 지명은 기자 이전에도 있었던 것으로, 중국인들이 28숙宿의 별 가운데 동북 방에 있는 별을 기箕로 불렀는데, 우리나라가 바로 '기箕' 분야에 속한다는 것이다. [109] '기箕' 가 우리나라에 해당한다는 사실은 이익 이전에도 널리 인식되었던 것이고, 또 기자箕子가 '기국의 자작'이라고 본 것도 이미 조선초기부터 알려진 것이지만, [110] 성숙星宿의 '기箕'와

---

105 洪萬宗, 『東國歷代總目』 檀君條에는 "…… 元年 …… 敎民編髮盖首(君臣·男女·飮食·居處之制 亦自此始云)" 라 하여 단군 元年에 백성에게 編髮과 盖首를 가르쳤는데, 君臣·男女·飮食·居處의 제도도 이때부터 시작 되었다고 하였다.

106 同上書, 檀君條에는 『本紀通覽』이라는 책을 인용하여 牛首州(春川)에 彭吳碑가 있다고 細註로 소개하고 있으 며, 檀君元年에 澎吳에 명하여 國內山川을 다스리고 民居를 定하게 했다고 쓰고 있다.

107 『全集』上, 卷25 答安百順(丙子).

108 洪萬宗의 思想에 대해서는 별도의 연구가 요구되나, 『海東異跡』이나 『旬五志』 등의 저술을 종합해 볼 때, 그 가 道家思想에 경도되어 있고, 특히 檀君을 우리나라 道派의 源祖로 생각하고 있음은 확실하다.

109 『僿說』 天地門 箕指我東 및 同書 經史門 檀箕.

기자箕子의 '기箕'를 하나로 합쳐서 기箕를 국명으로 본 것은 이익이 처음이다.

다음에, 기자와 단군의 관계에 대해서는, 기자가 온 뒤에 단군이 피해서 당장경唐莊京과 아사달로 간 것이 아니라, 단군이 망한 뒤에 기자가 왕이 된 것으로 본다.[111] 그래서 이익은 "기자와 같은 성인이 주군을 내쫓고 스스로 왕이 될 이치가 있겠는가"라고 반문하면서 기자가 대신한 것은 단군이 아니라 부여의 해모수일 것으로 추측했다.[112]

기자의 행적으로는 평양에서 실시했다는 기전제箕田制와 팔조교八條敎를 중요시한다. 기전제는 한백겸의 기전설을 따라 은殷의 정전법井田法을 시행한 것으로 보고,[113] 8조교는 현재까지 알려진 3조에 5륜이 첨가된 것으로 추측한다.[114] 동시에 8조교 중의 3조는 뒷날 한漢의 약법삼장約法三章과 일치하는 것으로, 약법삼장은 8조교의 영향일지도 모른다고 하였다.[115]

이 밖에도 이익은 우리나라 사람들이 백색을 숭상하여 백의를 입는다든지, 혼례 때 백마를 쓰는 습속도 모두 기자 이후 은殷 문화가 유입된 결과로 이해하고 있다.[116]

기자가 주무왕의 신하가 되었느냐 안 되었느냐의 문제는 조선시대 식자 간에 늘 논란거리가 되었던 것인데, 이익은 신복설臣僕說을 따른다. 『서경』에 기자가 "아망위신복我罔爲臣僕"이라고 말한 것으로 되어있는 것은 "신복하지 않겠다"는 뜻이 아니라, 내가 어찌 신복하지 않으랴」라는 반어법으로 읽어야 옳다는 것이다.[117] 이익은 기자의 신복설을 믿는 근거로서 몇 가지 이유를 들고 있다. 첫째, 기자가 만약 동방으로 도망해 왔다면 백마白馬를 타고 은허殷墟에 가서 지었다는 「맥수가麥秀歌」는 누구의 작作으로 보아야 하느냐이다.[118] 둘째로, 주周가 나라를 세운 것은 천天과 인人이 함께 귀의한 '의거義擧'인데, 기자가 이를 나쁘게 생각해서 조주朝周를 거부할 까닭이 없다는 것이다.[119] 또한 기자가 받은 자작

---

110 箕子를 '箕國의 子爵'이라고 해석한 것은 세종 때 權踶가 쓴『東國世年歌』에서 처음 보인다. (韓永愚, 『朝鮮前期史學史研究』, 35~38쪽 참고)
111 『全集』下, 卷47, 三韓正統論 및『僿說』經史門 三聖祠.
112 『僿說』經史門 三聖祠.
113 同上書, 人事門 箕子田.
114 同上書, 經史門 思漢 및 漢宋虐政.
115 『全集』上, 卷26, 答安百順(丙子) 및『全集』下, 三韓正統論.
116 『僿說』經史門 白衣 및 婚禮.
117 『全集』上, 卷26, 答安百順(丙子) 別紙.
118 同上 및『僿說』經史門 箕子朝周.
119 『僿說』經史門 箕子朝周.

子爵의 벼슬은 5등급의 봉작封爵의 하나로서, 이는 주周나라의 작명을 받은 것이 틀림없는 것으로 본다.[120]

대체로, 기자의 '망위신복罔爲臣僕'설 즉 주무왕에 대한 불신설은 16세기 말 이이의『기자실기箕子實記』에서 정립되고,[121] 17·18세기 초의 학자들은 이이의 설을 거의 정설로 받아들여, 여기에서 기자의 중국에 대한 독립성을 강조하려는 경향이 강했다.[122] 이런 점에서 이익의 기자해석은 통념과는 다르며 기자를 주周와 더욱 상근한 지리적·문화적 관계에서 인식한 것이라 하겠다.

기국箕國의 높은 문화적 수준은 공자가 뗏목을 타고 구이에 가서 살고 싶다고 말한 데서도 찾아진다.[123] 공자가 가고 싶어했던 구이는 바로 조선이니, 조선은 이미 단군 때 요순의 교화를 입었고, 기자가 다시 교화를 돈독히 하여 '인의지방仁義之邦'이라고 불리게 되었다.[124] 특히 공자가 동방을 그리게 되었던 것은, 그 시대에 조선후朝鮮侯가 주周를 위하여 연燕을 치려고 한 '대의大義'와도 관련이 있을 것으로 이익은 추측한다. 제후가 주군을 위하여 성패를 따지지 않고 토적을 계획한 것은 천하의 모범이 되는 행위로서, 이러한 대의를 지킨 나라이기 때문에 공자가 조선을 그리워하게 되었을 것이다.[125]

그러나 한편, 조선후의 벌연伐燕계획을 만류한 대부 예禮도 또한 충忠이라 하지 않을 수 없다. 조선은 역시 소약국小弱國이었던만큼 강대국인 연을 치기에는 부족이었으므로 이를 만류한 대부 예의 모국謀國 방법도 높이 평가되어야 한다는 것이다.[126] 따라서 대의를 지키려던 조선후와 나라의 보전을 도모한 대부 예의 현명함은 모두가 칭송되어야 할 일들이니, 결국 이익이 기자국箕子國에서 찾고자 하는 문화가치는 '대의'와 '실리'라고 할 수 있다. 그리고 이러한 문화가치를 지닌 기자국을 정통으로 내세운 것은 현실적으로 17세기 중엽 이후 추구되어 온 반청북벌론反淸北伐論의 대의를 존중하면서도 보국保國을 위한

---

120 『全集』上, 卷26, 答安百順(丙子) 別紙.
121 韓永愚,『朝鮮前期社會思想研究』, 1983, 267쪽 참고.
122 洪汝河의『東國通鑑提綱』, 兪棨의『麗史提綱』, 洪萬宗의『東國歷代總目』, 林象德의『東史會綱』등이 모두 箕子不臣說을 내세우고 있는데, 특히 西人(少論)학자 林象德은 箕子不臣說을 독립된 項으로 설정하여 다루었다.
123 『僿說』經史門 東周.
124 同上.
125 同上.
126 『僿說』經史門 朝鮮侯.

자제와 실리외교를 간접적으로 희구하는 논리라고 해석된다.

한편, 기국箕國의 강역에 관한 문제는 단국의 중심지를 요심에 비정한 것과 마찬가지로 요심을 중심으로 하여 남쪽은 한강을 경계로 하고,[127] 서쪽은 만리장성 밖의 요하 동서지방에 미쳤다고 본다. 단국과 기국의 남방 경계선을 한강으로 보는 것은 한강을 경계로 하여 조선과 한국이 남북에 대치했었다는 한백겸설을 그대로 따른 것이고, 서계西界를 만리장성 일대로 보는 것은 기자가 봉국封國될 때 받은 땅은 순舜의 12주州 안에 있었을 것이라는 추정과, 연燕의 침략을 받아 서계의 2천 리 땅을 빼앗긴 다음에 만번한滿潘汗을 경계로 삼았다는 사실에서 찾고 있다. 즉 순의 12주 안에는 유주幽州가 포함되는바, 이 유주는 곧 요심 지방에 해당된다. 또한 연의 침략을 받아 2천 리 땅을 잃고 만번한으로 경계를 삼았다고 하는데, 이 만번한의 위치는 만주滿洲(홍경興京)과 심양瀋陽지방으로서,[128] 여기서부터 서쪽으로 2천 리를 거슬러 올라간다면, 결국 연과 접근한 지역이 본래의 경계선이 된다는 것이다. 의주義州에서 산해관山海關까지가 불과 1,400리밖에 되지 않으므로, 압록강을 기준으로 2,000리를 거슬러 올라간다 해도 산해관을 훨씬 넘어설 수밖에 없다. 그리하여 이익은 "(기자가) 처음 봉해진 땅의 경계는 실로 연과 가까이 접했으며, 지금 장성長城 밖의 요심遼瀋의 땅이 모두 그 구역 안에 있었다"[129]고도 하고, "조선은 요서遼西와 요동遼東[130]이라고도 하며, "조선에 제봉提封된 땅은 요하의 동과 서를 모두 포유包有했다"[131]고도 하여 결국 요동·요서가 모두 기자의 영토였음을 주장한다.

원래 기자의 소봉지所封地를 요서 지방으로 보는 견해는 일찍이 세조 때 권람이 지은 『응제시주』에서 처음 제시된 것인데,[132] 그것이 한동안 추종을 얻지 못하고 있었다. 그런 점에서 이익의 주장은 조선 후기에 들어와서는 최초의 발언이지만, 그 다음 안정복의 『동사강목』(1778)이나 홍봉한의 『문헌비고』(興地考, 1770), 이긍익의 『연려실기술』(1797), 이종휘의 『동사』 등에서는 이익의 주장이 그대로 수용되고 있음을 본다.

끝으로, 기자의 후예인 기준箕準이 익산으로 내려와 마한왕이 되었다는 기자 → 마한정

---

127 同上書, 天地門 朝鮮地方.
128 同上.
129 同上.
130 『僿說』經史門 渤海.
131 同上書, 經史門 箕子朝周.
132 韓永愚,『朝鮮前期史學史硏究』, 58쪽.

통설은 앞에서 이미 설명한 바이거니와, 마한이 망한 다음에 그 후손들이 한씨·기씨·선우씨가 되었다는 설에 대해서는 이를 긍정하지 않았다. 이 설은 원래 17세기 초의 학자 이정구李廷龜(1564~1635)가 쓴 기자 숭인전비崇仁殿碑에 처음 보인 것인데, 그 후 17세기 중엽 허목의 『동사』에서 수용되고,[133] 18세기 초 홍만종의 『동국역대총목』에서도 재수록된 바 있었다. 이익은 이 주장이 근거없는 이유로서, 기준이 마한왕이 되기 이전에 이미 마한이 있었으므로 기준 이후에 비로소 한성韓姓이 생겨날 수 없다는 점을 들고 있고,[134] 또한 위만 시대에도 한음韓陰이라는 인물이 상로인相路人과 더불어 우거右渠를 죽이고 한漢에 투항한 사실이 있어, 조선고지朝鮮故地에도 한성이 있었다는 것이다.[135] 기씨와 선우씨의 경우도 확단하기는 어렵지만, 기자의 후예라고 볼 근거가 있는지 의심하고 있다. 따라서 기자의 혈통 계승은 일단 마한이 망한 시점에 끝나는 것으로 보는 것이다. 이익의 이러한 해석은 『동사강목』에 그대로 수용됨을 본다.

3) 한사군에 대한 해석

한사군漢四郡의 위치를 어디에 비정하느냐의 문제는 조선 후기 사서에서 늘 논란거리의 하나였다.

이익은 단檀·기箕의 강역을 요동·요서 지방까지 포괄하는 것으로 보았기 때문에 한사군의 위치 비정도 이에 따라 달라질 수밖에 없었다.

먼저, 한사군의 중심세력인 낙랑은 『통고通考』의 기록에 의거하여 초기 단계에는 요동에 있었고, 4군이 2부府로 되었을 때에는 평안도와 강원도를 포괄하는 지역으로 바뀌었고, 삼국시대에는 고구려가 평안도를 점령하게 되자 낙랑주樂浪主가 강원도로 퇴거하게 되었다고 본다.[136]

원래 낙랑樂浪이 압록강 북쪽에 있었다는 주장은 권람의 『응제시주』에서 처음 제시된 바 있으나[137] 별다른 주목을 받지 못하고 평양=낙랑설이 통설로 인식되어 왔는데, 이익에

---

133 韓永愚, 「許穆의 古學과 歷史認識」, 『韓國學報』 40, 1985, 73쪽(本書 4장 所收).
134 『僿說』 經史門 箕子之後.
135 同上.
136 『僿說』 天地門 朝鮮四郡.

이르러 신설이 제기된 것이다. 이익의 설은 결국 낙랑을 한 곳에 고정된 것으로 보지 않고, 그 이동과정을 주목했다는데 특색이 있다. 그러나 이익의 낙랑요동설은 안정복에 의해서는 받아들여지지 않았다.

다음에 현도玄菟의 위치에 대해서는 요동에도 있고, 함경도의 옥저沃沮 땅에도 있다는 2현도설玄菟說을 제시하고 있다.[138] 대체로 그때까지 학자들은 현도=옥저설을 많이 따랐고, 소수의 학자들이 현도=요동설을 내세우고 있었다. 즉 권람의 『응제시주』가 현도=요양설遼陽說[139]을, 17세기 초 오운의 『동사찬요』가 현도=요양·무순설撫順說을 내세운 것이 그것이다.[140]

이익은 현도가 한 곳이 아니라 두 곳에 있었다고 주장함으로써 앞선 시기의 학자들보다 진일보한 견해를 내놓았지만, 두 개의 현도가 서로 어떤 관계를 가진 것인지는 말하지 않았다. 바로 이점은 뒷날 안정복에 의해 옥저에서 요동으로 현도가 이동했다는 설로 발전된다.

한사군의 하나인 임둔臨屯은 예맥고지濊貊故地인 강원도로 본다. 그러나 임둔의 치소인 동이현東暆縣을 지금의 강릉부江陵府로 보는 통설에 대해서는 "확실히 알 수 없다"고 하여 유보하는 입장을 취한다.[141] 뒷날 『동사강목』에서는 임둔을 함경도와 강원도 영동지방에 비정하고, 이종휘는 요동에, 정약용은 임진에 각각 다르게 비정하여 임둔의 위치 비정 문제는 정설을 세우지 못하였다.

끝으로 진번군眞番郡에 대해서는 『문헌통고』에 의거하여 압록강 이북설을 내세우고, 특히 치소治所인 삽현霅縣은 "요하 서쪽의 중토中土에 가장 가까운 곳"[142]이라고 주장한다. 진번의 위치에 대해서는 일찍이 『응제시주』에서 요동설을 제시된 바 있지만, 그 후 대부분의 사서들은 진번의 위치를 미궁에 묻어 두었고, 다만 17세기 초의 한백겸이 양한서兩漢書에 의거하여 평양 서쪽의 압록강 내외설을 주장한 바 있었으며, 17세기 중엽의 홍여하가 요양

---

137 韓永愚, 前揭書, 58쪽 참고.
138 『僿說』天地門 渤海黃龍.
139 韓永愚, 前揭書, 58쪽.
140 韓永愚, 「17세기 초의 歷史敍述 - 吳澐의 『東史纂要』와 趙挺의 『東史補遺』」, 『韓國史學』 6, 1985(本書 1장 所收) 참고.
141 『僿說』天地門 朝鮮四郡.
142 同上.

설을 제시한 이후로 홍만종도 요동설을 따르게 되었다. 그러나『동사강목』과『문헌비고』
에서는 진번을 영고탑寧古塔 부근으로 해석하여 학자에 따라 견해 차이가 많다. 이익의 설
은 그 누구보다도 진번의 위치를 중국에 가깝게 비정했다는 점에 독특한 면이 있다.

이 밖에도 이익은 고대사의 강역과 관련하여 4군郡 이외에 여러 지명도 독자적으로 재
해석한 것이 많다. 예컨대 고죽국孤竹國을 황해도 해주海州로 보는 통설을 반대하여 요동
의 영평부永平府에 비정하고,[143] 대방帶方은 압록강 이북과 한강 유역 두 곳에 있었다고 주
장했으며,[144] 환도丸都는 봉황성鳳凰城, 국내성國內城은 의주 부근,[145] 졸본卒本은 평안도 성
천成川이 아닌 압록강 이북에 비정한 것 등이 그것이다.

4) 삼한에 대한 해석

이익은 삼한三韓의 성립과정과 그 위치 고증에 있어서도 독창적인 견해를 피력하였다.

먼저, 삼한의 위치에 대해서는 한백겸의 설을 따라 한강을 경계로 하여 조선과 삼한이
북과 남으로 분립되어 있었다고 보았다.[146]

그런데, 이익은 한백겸의 설에서 한 걸음 더 나아가, 삼한의 위치를 새롭게 비정했다.

그는 마한이 전라도의 금마(익산)를 중심으로 하여 경기·충청·전라도를 차지하고,
진한이 경주를 중심으로 하여 경상도 좌도(북도) 쪽을 차지했다는 것은 그대로 인정하지
만 변한을 막연히 가야 지방에 비정한 한백겸설은 따르지 않는다.[147] 즉 변한은 가야 지방
을 다 차지한 것이 아니라, 지금의 지리산 남쪽인 전라도 동남지방과 경상도 해안지방을
차지한 것으로 본다.[148] 다시 말해 지리산을 경계로 하여 그 북쪽은 6가야, 그 남쪽이 변한
이라는 것이다.

한편, 삼한의 성립 시기는 기준箕準이 남하하기 훨씬 이전의 전국시대로 본다.『통전通
典』에 의하면, 기준은 남쪽으로 내려와 마한왕을 내쫓고 자립하여 다시 마한왕이 되었다

143　同上書, 天地門 孤竹安市.
144　同上書, 經史門 帶方.
145　註 138)과 같음.
146　『僿說』天地門 卒本扶餘 및 經史門 渤海.
147　同上書, 天地門 三韓金馬, 三韓 및 人事門 生財.
148　同上書, 天地門 三韓金馬.

고 했으므로 기준 남하 이전에 남쪽에는 이미 마한이 있었다는 것이다.[149] 그리하여 이익은 "우리나라 사람들이 깊이 생각하지도 않고 삼한이라는 칭호가 기준으로부터 시작되었다고 말하는 것은 잘못"[150]이라고 비판한다.

사실, 기준이 남하하기 이전에 마한이 있었다는 설은 이미 17세기 말의 소론학자 이세구李世龜에 의해서도 주장된 바 있었다.[151] 따라서 이익의 양마한설兩馬韓說은 독창적 견해라고 할 수는 없지만, 이 설은 뒤에 안정복·정약용·한치윤 등에 의해 기준 멸망 이후의 마한까지 인정됨으로써 이른바 3마한설로 발전하게 된다.

그러면, 삼한을 구성한 종족은 어디서 온 사람들인가.

이익은 한韓의 유래를 진秦나라를 피해 도망 온 전국 7웅七雄 중 한의 유민일 것으로 추정한다. 전국 7웅 가운데 진과 가장 가까운 것이 한이었던 까닭에 진을 피하는 일은 한이 가장 먼저였을 것이다.[152] 이익에 의하면, 중국의 한인이 오기 전에는 한강 이남에 정치적 통솔관계가 성립되지 않았으며, 중국인들은 이곳을 '창해滄海'라고 불렀다는 것이다. 한초에 장량張良이 창해와 협력하여 진에 복수하려 한 것도 이미 한반도에 한인 세력이 존재했음을 입증하는 것이다.

중국의 한인들은 진을 피해 올 때 요심 지방을 거치지 않고 직접 바다를 건너 한반도 남쪽으로 이주해 왔기 때문에 한강 이남에 한이 생겨나게 된 것이다.[153] 이 밖에도 진시황이 보냈다는 서복徐福이나 한종韓終의 무리들도 한의 후예들일 것으로 본다.[154] 이와 같이 진의 통일을 전후하여 몇 차례의 파동을 거치면서 건너온 한의 유민들이 삼한을 형성하게 된 것인데, 특히 진 통일 후 후래한 세력이 진한辰韓(秦韓) 혹은 진국을 성립시킨 것이다.

이들 한인의 선주민들이 지금의 익산인 금마군에 세운 나라가 곧 마한이며, 마한이라는 이름은 금마라는 지명에서 유래한 것이다.[155]

기준箕準이 한혜제漢惠帝 초(B.C 194경)에 위만에 쫓겨 남하하여 마한왕의 자리를 빼앗

---

149 同上書, 經史門 箕子之後 및 三韓始終.
150 同上書, 經史門 徐市.
151 李世龜, 『養窩集』 東國三韓四郡古今疆域說.
152 『全集』 上, 卷26, 答安百順(丙子) 別紙 및 『僿說』 天地門 三韓.
153 註 152)와 같음.
154 註 150) 및 註 152) 答安百順 別紙.
155 『僿說』 天地門 三韓.

아 무강왕武康王이 되었는데, 기준에 쫓겨난 마한 선주민들이 지리산 남쪽으로 내려가 세운 나라가 변한일 것으로 추측한다.[156] 따라서 삼한의 건국 순서를 본다면, 마한이 가장 빠르고(진秦 통일 전), 그 다음 진 통일 후 건너온 유민들을 마한 동계에 거주케 한 것이 진한辰韓(혹은 秦韓)이며, 그 다음 한초漢初에 기준에게 쫓겨난 마한 유민이 지리산 남쪽에 내려가 세운 것이 변한이 되는 것이다.

삼한의 정치적 영속 관계를 본다면, 마한이 최강국으로서 진한과 변한을 신속臣屬시켰다.[157] 마한이 3한의 패주였다는 것은 전부터 알려져 온 터이지만, 변한은 그 출자를 알지 못한다고 생각해 온 것이 통념이었다. 따라서 변한이 마한의 후예로서 기준에 신속했다는 이익의 주장은 통념과는 다른 것이다. 결국 이익의 3한에 대한 해석은, 변한에 대한 설명에서 가장 독창성이 나타난다고 할 수 있다.

5) 부여 · 옥저 · 읍루 · 예맥 · 가야 · 발해에 대한 해석

이익은 고조선과 한사군, 그리고 3한의 강역을 새롭게 비정함과 아울러 부여 · 옥저 · 읍루 · 예맥 · 가야 · 발해 등의 위치와 그 시말에 대해서도 좀 더 자세한 이해를 가지려고 노력하였다.

먼저 부여와 관련하여 특이한 견해는, 주몽이 건국한 졸본卒本(동부여)의 위치를 평안도 성천成川으로 비정한『동국여지승람』이래의 통설을 비판하고『통고通考』와『성경지盛京志』등의 자료에 의거하여 압록강 이북에 비정한 것이다.[158] 원래, 단군의 아들 부루가 태백산(졸본)에 나라를 세워 북부여라 했는데, 뒤에 가엽迦葉(성천)으로 천도하여 동부여라 했다.[159] 그런데, 뒤에 천제天帝의 아들을 지칭하는 해모수解慕漱가 태백산의 구도舊都를 차지했고, 해모수의 아들 주몽[160]은 동부여에서 도망하여 아버지가 있던 졸본으로 돌아가 왕이 되었다는 것이다.

---

156 위와 같음.
157 『全集』下, 卷47, 三韓正統論.
158 『僿說』經史門 渤海, 天地門 卒本扶餘 및『全集』上, 卷26, 答安百順(丙子) 別紙.
159 同上書, 經史門 三聖祠.
160 同上. 그러나『全集』上, 卷26, 答安百順(丁丑) 別紙에서는 朱蒙을 金蛙의 아들로 보고, 그의 本名은 優台일 것으로 추정하여 다른 견해를 보이고 있다.

이와 같이 졸본의 위치를 압록강 이북의 요심 지방으로 볼 뿐 아니라, 주몽이 차지했다는 국내성도 압록강 서쪽으로 비정하고 구려句麗가 멸망시켰다는 황룡국黃龍國을 용강龍岡으로 보는 통설을 부정하고 요서의 황룡성黃龍城에 비정했다.[161]

한편, 옥저에는 북·동·남 셋이 있다는 이른바 3옥저설을 따랐다. 그중 북옥저는 숙신肅愼의 별부別部로서 백두산 북쪽의 두만강 내외로 보고, 동옥저는 함흥 이북, 그리고 남옥저는 철령鐵嶺 이남에 비정하였다.[162] 이는 한백겸이 북동의 양옥저설兩沃沮說을 주장하고, 허목이 3옥저설을 제시했으나 그 위치를 구체적으로 비정하지 못했던 것을 이익이 한걸음 발전시킨 것이라 할 수 있다.

읍루는 『일통지一統志』와 『원지元志』에 의거하여 백두산 동북의 두만강 내외의 땅과, 압록강 서쪽의 파저강婆楮江 유역으로 보았으며, 이들이 '숙신肅愼' 혹은 '말갈'로 불리었다고 한다. 개마국盖馬國과 구다국句茶國 등은 모두 이들의 종락種落으로서, 뒷날 고구려에 의해 멸망당한 개마국은 백두산(개마산)의 서북지방, 즉 조선 시대의 폐사군廢四郡과 압록강 이북 지역으로 간주하였다.[163]

다음에 예맥은 통설에 따라 지금의 강원도 지방으로 보았고, 가야는 가라加羅·가락駕洛·임나任那와 동일명칭이라는 것과, 6가야가 금관국金官國(김해金海)을 제외하고는 변한 북쪽의 경상도 지방에 있다고 보았다.[164] 이익은 가야의 위치를 고증했을 뿐 아니라, 가야의 건국이 신라와 대등한 사실을 주목하여 가야시조 김수로왕에 대한 국가의 제사를 주장하기도 했다.[165]

이익은 발해에 대해서도 각별한 관심을 표시했다.

조선 후기 남인 학자로서 발해에 관해 큰 관심을 보인 것은 허목으로서 그의 『동사』에는 발해가 독립된 열전으로 서술된 바 있었다. 이익은 허목의 발해사 정리에 자극을 받았으나, 그 내용이 "자못 상세하지 못하다"[166]고 아쉬움을 표시하고, 발해의 흥망과정과 그 위치를 보다 상세하게 재구성하려고 하였다.

---

161 『僿說』天地門 渤海黃龍.
162 同上書, 天地門 沃沮邑婁.
163 同上書, 天地門 沃沮邑婁 및 渤海黃龍.
164 『僿說』經史門 駕洛伽耶 및 『全集』上, 卷26, 答安百順(丙子) 別紙.
165 同上書, 經史門 歷代君臣祠.
166 同上書, 經史門 渤海.

이익의 발해사 인식은 기본적으로 『신당서新唐書』의 기록에 의존하고 있으나, 『신당서』에서 발해가 변한의 땅까지 차지했다고 한 것은 잘못이라고 비판한다. 이는 그가 변한의 위치를 지리산 남쪽으로 비정하고 있는 이상 당연한 지적이라 할 수 있다. 발해는 본래 고구려별종高句麗別種으로서 요서遼西에서 일어나 동쪽으로 요하를 건너서 부여·옥저·조선의 땅을 차지해 방方5천 리의 영토를 갖게 되었고, 전세傳世가 10여 왕, 역년이 204년이었다고 본다.[167] 따라서 발해를 동족으로 간주하는 것은 아니며, 발해를 구성한 기본종족은 속말粟末말갈로서, 말갈의 또 한 갈래인 흑수黑水말갈은 뒤에 생여진生女眞으로 불리어지고 금金을 세우게 되었다고 본다.[168]

발해의 5경京·12부府·62주州의 위치는 허목과 마찬가지로 『신당서』의 기록을 그대로 좇고 있을 뿐, 그 위치를 현재의 지명으로 하나하나 고증하지는 않았다. 그러나 발해가 차지했다는 부여·조선의 땅을 이익은 요서와 요동으로 비정하기 때문에, 발해의 중심부를 자연히 요서·요동으로 보게 되었고, 이점은 이익이 『신당서』의 기록을 그대로 전재轉載하는 데서 머물지 않고 자기류로 재해석한 것이라 할 수 있다.

이익이 이렇듯 발해에 대해 큰 관심을 보인 것은 단순한 학문적 호기심에서가 아니라 발해가 거란에 망한 후 그 땅이 우리 민족의 손에서 벗어난 것을 안타까워하는 심정에서였다. 그래서 이익은 발해가 망한 후 왕자 대광현大光顯을 비롯해 예부경禮部卿 대화구大和句, 사정司政 대원구大元句, 공부경工部卿 대복모大福暮, 좌우위장군左右衛將軍 대심리大審理 등이 수만의 무리를 이끌고 고려에 투항해 온 사실과 태조 왕건이 발해를 멸망시킨 거란과 단교한 사실을 주목하면서, 이러한 조처는 발해를 위해서가 아니라 발해의 땅을 되찾기 위한 것이며, 현종 때 서희徐熙가 소손녕과 담판하여 거란을 물리친 것도 발해 땅을 우리 영토로 인식한 데서 가능한 것이라고 본다. 그러나 끝끝내 고려가 발해땅을 회복하지 못한 것에 대해 다음과 같이 안타까운 심정을 피력하고 있다.

이 기회를 잃고 물러나 彈丸을 가지게 되었고 天下의 弱國이 되었으니, 조롱 속의 새나 우물 안의 개구리를 면치 못하였다. 사람의 기풍이 드디어 이로 말미암아 악착스러워졌으

---

167 同上.
168 『僿說』 經史門 遼金元 및 天地門 生熟女眞.

니, 아아, 이것도 또한 운명이던가.[169]

결국 발해 땅을 잃은 것은 고조선 이래 우리의 영토였던 넓은 요동ㆍ요서의 땅을 잃은 것이며, 그 결과 조롱 속의 새나 우물 안의 개구리처럼 활동무대가 좁아지고 인심마저 악착스런 민족으로 바뀌게 된 것을 이익은 절절한 심경으로 탄식하고 있는 것이다.

이익의 뒤를 이어『동사강목』과 유득공의『발해고渤海考』, 그리고 정약용의『강역고疆域考』등이 나오면서 발해사 연구는 더욱 활기를 띠게 되거니와,[170] 이익은 허목에게서 단서가 열린 발해사 연구를 한 단계 심화시킨 공적이 크다 할 것이다.

6) 삼국ㆍ고려사에 대한 인식

이익은 삼국시대와 고려 시대의 개별적인 역사적 사실들에 대해서도 독자의 해석을 가한 것들이 많다.

먼저, 고구려의 국호는 원래 구려句麗인데, 뒤에 주몽의 성이 고씨이므로 고구려라고 호칭하게 되었다고 한다. 따라서 고구려가 '산고수려山高水麗'에서 나왔다든가, 고주몽이 중국의 고신씨高辛氏의 후예였기 때문에 고구려라고 했다든가 하는 설들은 모두 잘못된 것이다.[171] 고구려 시조인 주몽은 부여인이므로 고신씨의 후예가 될 수 없다. 또 고구려의 안시성싸움에서 용맹을 떨친 안시성주安市城主는 양만춘梁萬春이며,[172] 안시성의 위치는 지금의 만주 봉황성鳳凰城이다.[173] 평안도 중화中和를 안시로 보는 통설은 잘못이다.[174]

이익의 고구려에 대한 관심은 문화 쪽보다는 영토에 쏠렸다. 고구려는 고조선에 이어 전요全遼를 차지했다는 사실이 주목되고 있으나,[175] 단기檀箕시대의 아름다운 문화 전통은

---

169 註 166)과 같음.
170 丁若鏞은 渤海의 中心地를 요동에 비정해 온 通說을 비판하고 이를 압록강 동북 지방에 새롭게 비정함으로써 발해사 연구에 획기적 진전을 가져왔다. (韓永愚,「茶山 丁若鏞의 史論과 對外觀」,『金哲埈博士華甲紀念史學論叢』, 1983(本書 11장 所收) 참고)
171 『僿說』天地門 渤海黃龍 및 人事門 和寧.
172 同上書, 經史門 安市城主.
173 同上書, 天地門 孤竹安市 및 經史門 箕子朝周.
174 同上.
175 同上書, 天地門 遼界始末.

위만 시대를 거치면서 일단 맥이 끊어지고, 그 문화 전통은 한강 이남의 삼남으로 이어진 다고 보는 것이다.[176] 따라서 조선조에 들어와서도 고구려의 영토였던 서북지방은 문풍文 風이 매매昧昧하고 오직 상무적尙武的인 풍습만이 잔존하여 무사들은 많이 배출되었지만 정작 쓸 만한 인재는 없었다고 한다.[177] 서북지방의 풍습이 얼마나 노망魯莽한가는 임진왜 란 때 의병이 없었던 사실에서도 찾아진다고 이익은 본다.[178]

이익이 살던 당시 서북인들은 정치적으로 차별대우를 받아 청로淸路가 허용되지 않았 는데, 이 사실에 대해 이익은 일단 부당하게 생각하면서도,[179] 다른 한편으로는 서북지방 의 노망한 습속 자체가 바뀌어야 할 필요성도 인정하는 입장이었다.

다음에, 백제에 관해서는 그 시조인 온조가 주몽과 마찬가지로 부여계라는 사실에 대 해 의심할 필요가 없다고 단정한다.[180] 동명東明을 시조로 받들고 있을 뿐 아니라 개루왕蓋 婁王이 위魏에 보낸 표문에도 백제가 부여에서 나왔다고 언명한 바 있으므로 이를 사실로 믿어도 좋다는 것이다.

한편, 이익은 백제의 정치에 대해서는 좋은 감정을 갖지 않았다. 그것은 마한을 정통으 로 간주하는 입장에서, 백제가 정통국가인 마한을 멸망시킨 것을 대의에 어긋나는 것으 로 보는 까닭이었다. 마한은 국토의 일부를 백제에 할양割讓했음에도 불구하고 백제는 그 은혜에 보답하기는커녕 마한을 무력으로 멸망시켰다. 따라서 그 행위는 위만이 기자조 선을 빼앗은 것과 흡사하고, 왕망이 한漢을 찬탈한 것과 다름이 없다.[181]

그러나, 백제의 정치가 이렇듯 부도덕하더라도, 백제지방에는 기자·마한의 유풍遺風 이 후대까지 내려가서 결국 삼남의 문풍文風이 이어졌으니 고구려의 영토이던 서북지방 과는 유를 달리하게 되었다. 다만, 백제 지방에서도 서울을 중심으로 한 기전畿甸의 풍습 만은 문제가 있는 것으로 보았다. 기전 풍속은 물론 백제 유풍과는 무관한 것이고 조선왕 조 이후 조성된 것이지만, 한마디로 도덕보다는 사치와 공리를 추구하는 경향이 있다. 그 래서 이익은 "장유長幼와 붕우朋友의 도道가 없고",[182] "벼슬길에는 쉽게 나가고 물러나는

---

176 同上書, 天地門 國中人材.
177 同上.
178 同上書, 人事門 西北武士.
179 同上書, 人事門 決鬱.
180 『全集』上, 卷26, 答安百順(丁丑) 別紙.
181 同上書 下, 卷47, 三韓正統論.

것은 어렵게 생각하며",[183] "이利를 좋아하고 염치가 없다"[184]고 한다. 근전近甸 사람들은 몇 세대 동안 벼슬을 못 하면 하천下賤으로 취급받고 있는데, 이러한 풍속도 이익은 공리적 사고의 소산으로 보는 것이었다. 그래서 결론적으로 기전, 특히 "도읍은 인재를 기르는 곳이 못 된다"[185]고 단정한다.

이익이 가장 높게 평가하는 풍속과 문화는 삼남 중에서도 영남이며, 영남의 뿌리인 신라를 좋게 보았다. 영남풍속이 좋은 이유는 첫째 백두정간白頭正幹인 태백과 소백이 구역을 독립시키고 있을 뿐 아니라 중수衆水가 낙동강으로 모여들어 인심이 흩어지지 않는 까닭이다.[186] 다시 말해 영남은 산천과 풍기가 풍속을 결정한다. 그다음, 일찍부터 이곳엔 진한이 성립되어 진나라 풍속이 유전된 것을 또 하나의 이유로 들었다.[187]

영남풍속의 특색은 5륜倫이 돈독하고,[188] 골품骨品의 구별이 뚜렷하여 서로 혼인하지 않으며,[189] 사람이 부지런하고 검소하는 것[190]으로 요약된다. 특히 이 중에서 골품의 유제遺制를 칭송한 것은 특이하다. 즉 신라 시대에는 상골上骨 · 중골中骨 · 하골下骨의 이른바 3골骨의 구별이 있었으나, 지금에는 골이 품품으로 바뀌어 상 · 중 · 하의 3품이 있는데, 이 "3품의 족속들은 서로 구별을 만들어 혼인을 통하지 않으며, 만약 그렇게 하지 않으면 중衆이 모두 비난한다"[191]고 한다. 그런데 이 3품의 구별은 벼슬을 했느냐 안 했느냐를 기준으로 따지는 것이 아니라, 얼마만큼 학문이 높으냐를 기준으로 한다. 그래서 상품에 속하는 부류는 곧 "선현자손先賢子孫이거나 선현의 문하에서 학문을 배운 사람들"[192]이다. 다시 말해 영남에서는 "문하門下에 출입하고, 현조자손顯祖子孫들이 대대로 유서遺緒를 간직하여 존현尊賢의 뜻을 바꾸지 않는다"[193]는 것이다.

---

182 『僿說』人事門 嶺南五倫.
183 同上書, 人事門 易進難退.
184 同上.
185 同上書, 人事門 京輦山林.
186 同上書, 天地門 國中人材, 白頭正幹, 東方人文, 人事門 嶺南五倫 및 經史門 蜀漢似東魯.
187 同上書, 天地門 風氣流傳.
188 同上書, 人事門 嶺南五倫.
189 同上書, 人事門 嶺南俗如眉州, 易進難退.
190 同上書, 人事門 慕效富貴.
191 註 189)의 앞부분
192 『僿說』天地門 羅風未泯.
193 同上書, 人事門 易進難退.

이러한 세습적인 영남 선비의 상품족上品族으로서 이익은 퇴계(이황)·남명(조식)·서 애西厓(유성룡)·한강(정구)·우복愚伏(정경세)·여헌旅軒(장현광張顯光)을 들고 있다.

그리하여 이익은 결론적으로 경사나 기전은 선비가 살 곳이 못 되고, 영남은 선비가 가장 살기 좋은 낙향이라고 한다.

기전畿甸 출신의 이익이 기전畿甸 풍속을 싫어하고 영남풍속에 매료된 것은 현실적으로 권부權富를 장악한 노론 집권양반들에 대한 혐오감과 그 자신이 남인으로 자정하려는 붕당적 입장과도 관련이 없지 않을 것이다. 그러나 어쨌든 단기 3한의 시대를 한국적 이상시대로 설정하고, 그 이상시대의 유풍을 자기 시대의 풍속에까지 연결시켜 '고속불민古俗不泯'의 전통을 확인하려 한 것은 이익이 역사를 극히 현실적 감각으로 받아들이고 있다는 한 증좌라 할 것이다.

끝으로, 우리는 이익이 고려사에 관해 어떤 점을 유념했는가를 알아보기로 한다.

우선, 고려 시대의 영토와 관련하여 고려가 고구려의 구토舊土를 회복하려던 노력은 높이 평가하고, 그것이 성공을 거두지 못한 것을 안타까워했음은 앞에서 설명한 바와 같다. 이익은 고려가 영토를 확장하려는 노력의 일환으로 윤관尹瓘이 구성九城을 설치한 사실을 주목하고, 선춘령先春嶺에 세웠다는 공험비公險碑는 두만강 이북 700리에 있었다 하여,[194] 이를 함경도에 비정하는 통설에 반대한다. 원래 선춘령비의 위치에 대해서는 『고려사』에서 두만강 이북설이 제시된 바 있었으나,[195] 『동국여지승람』 이후로는 두만강 이남설로 수정되어 온 것인데, 허목의 동사와 이세구의 「동국삼한사군고금강역설東國三韓四郡古今疆域說」에서 다시 두만강 이북설이 주장되고, 이익이 이를 재확인한 셈이다. 그 후 선춘령=두만강 이북설은 이종휘에게 그대로 수용됨을 본다.

이익은 고려태조 왕건의 세계에 관해서도 새로운 고증을 시도했다. 왕건세계에 관해서는 『고려사』와 『송도지』 그리고 『목은집』의 기록이 서로 다른데, 이익은 이 세 기록을 비교하면서 다음과 같은 결론을 도출했다.[196]

첫째, 왕건은 본래 왕씨성王氏姓을 가진 것이 아니요 두 자 이름을 가졌는데, 도선이 왕을 성으로 삼게 하였다는 것.

---

194 同上書, 天地門 尹瓘碑.
195 『高麗史』志, 卷12 地理3 東界條.
196 『僿說』經史門 王建世系 및 『全集』上, 卷26, 答安百順(丁丑) 別紙.

둘째, 제후는 4세世까지 제사할 수 있는데도 불구하고 왕건이 3세까지만 추존한 것은 그 이상의 조상을 모르는 까닭이다.

셋째, 왕건의 증조모 집안은 장군과 아간阿干 등을 칭한 것으로 보아 천인賤人은 아니며, 왕건의 증조부는 당唐의 선종 혹은 숙종이 아니라 이성李姓을 가진 종상宗商인 듯하다. 증조부를 '당귀성唐貴姓'이라고 부르고 '이성李姓'이라고 기록하지 않는 것은 그가 객상客商인 것을 현시顯示하지 않으려는 뜻으로 본다.

이밖에도 이익은 최영崔瑩의 공요攻遼가 이성계 제거에 목적이 있다는 것을 새롭게 주장하고,[197] 『고려사』에 은일전隱逸傳이 빠진 것을 개탄하며,[198] 조위총趙位寵 반란을 의거義擧로 보아야 한다는 등[199] 여러 사실들을 새롭게 해명하거나 해석을 내렸는데, 그가 고대사에 관해 참신한 견해들을 제시한 것에 비한다면 특기할 만한 것은 없다.

6. 맺음말

18세기 초·중엽 남인 근기학파近畿學派의 거두巨頭였던 이익은 중농적 경세치용의 실학자로서만 아니라 한국사를 새롭게 해석하고 연구한 역사가로서도 중요한 업적을 남겼다.

이익의 역사의식은 요순·삼대와 한대를 이상시대로 보는 상고사상에 토대를 두고 있으나, 청의 흥륭으로 화이질서華夷秩序가 무너져 버린 국제정세의 변동이 또한 그의 한국사 인식에 적지 않은 자극과 영향을 주었다. 즉 동양의 이상적 고대문화는 중화족과 소위 이적夷狄이 공성共成·공유共有한 것으로, 특히 이적의 수위首位에 있던 동방인의 고대문화는 요순·삼대 및 한의 문화와 동시·동질의 이상문화로서 재해석된다. 여기에서 한국 고대사는 요순·삼대 문화의 동방적 전개로서 당연히 소중화로서의 정통성을 갖게 되며, 그 정통의 시발은 요·순·우와 동시기에 근접해 있던 단군 시대에까지 소급된다. 단군시대를 유가의 입장에서 재해석하여 정통의 시발로 설정한 것은 기자정통시발설箕子正統始發說을 극복했다는 점에서 중요한 의미를 가진다.

197　『僿說』經史門 崔瑩攻遼.
198　『全集』上, 卷24, 答安百順(甲戌).
199　同上書, 卷25, 答安百順(乙亥).

이 밖에도 이익은 단군조선의 국호를 '단檀'으로, 기자조선의 국호를 '기箕'로, 단·기의 중심지를 요서·요동으로, 삼한의 원주민을 전국시대 한의 이주자로 해석하는 등 독특한 견해를 많이 내놓았다. 그의 새로운 견해들은 결론의 타당성 여부를 떠나서 18세기 초·중엽의 사학 수준에서 볼 때 가장 세련된 문헌실증적 방법론과 한중 양국의 문화교류 관계를 폭넓게 이해한 토대 위에서 도출되고 있다는 점에서 그 선진성이 인정된다.

이익의 역사 인식은 상고적尙古的 이상주의에 깊이 경도된 나머지 고대 이후의 중·근대사를 지나치게 부정적으로 보았고, 특히 자기 시대의 역사 현실을 통해 권력이나 부력이 도덕성을 압도하면서 성패를 좌우하는데 회의를 느껴 삼대 이후의 역사를 승세자가 성공한 비도덕적 시대로 규정했다. 이익은 권력이나 부력과 같은 물리적 힘을 '세勢'라고 표현하고, 삼대 이후의 역사를 세가 지배하는 시대로 간주하여 매우 현실적인 역사해석을 시도했지만, 역사서술의 목적은 어디까지나 도덕적 가치평가에 있음을 부정하지 않았다. 따라서 그의 사관은 기본적으로 도덕사관이요 그의 정통론도 도덕적 가치에 기준을 둔 것이다.

세勢의 중요성을 인식한 이익의 역사해석은 정통성리학자들의 그것에 비한다면 공리와 패도에 일보 더 접근한 것이지만, 18세기 후반기에 풍미한 북학파의 이용후생적利用厚生的 공리사상이나 19세기 초 정약용의 역사 인식에 비한다면 상대적으로 왕도주의 성향이 강하다고 할 수 있다. 바로 그 점에서 이익은 왕도주의에서 공리주의로 넘어가는 시기의 과도적 위치에 있다고 할 수 있다.

18세기 중엽 소론 이종휘의 역사의식

1. 문제의 제기

흔히 영정英正 시대로 불리는 18세기 중반~후반기에는 사학사적史學史的으로도 중후重厚한 업적들이 쏟아져 나와 이 시기 문운文運의 한 측면을 반영하고 있었다. 관찬사업으로는 『동국문헌비고東國文獻備考』(여지고輿地考)가 편찬(1770)·증보(1796)되고, 사찬사서私撰史書로서는 안정복安鼎福(1712~1791)의 『동사강목東史綱目』(1759·1778)을 비롯하여, 신경준申景濬(1712~1781)의 『강계고疆界考』(1756), 유득공柳得恭(1749~?)의 『발해고渤海考』(1784), 이긍익李肯翊(1736~1806)의 『연려실기술燃藜室記述』(1797), 이만운李萬運(1736~?)의 『기년아람紀年兒覽』(1778) 등이 편찬되었다. 이 중에서 특히 후대에 큰 영향을 준 사서는 『동사강목』과 『발해고』, 그리고 『연려실기술』이라 할 수 있다.

그런데 영정 시대의 역사서술과 관련하여 결코 간과될 수 없는 주요 인물이 또 하나 있다. 수산修山 이종휘李種徽(1731~1797)가 바로 그다. 이종휘는 다른 역사가들과는 달리 자기 시대에는 별다른 학문적 영향을 준 인물이 아니었다. 그러나 19세기 초에 그의 문집인 『수산집修山集』이 그의 아들에 의해 간행되어 세상에 퍼지면서 특히 문집 속에 수록된 사론과 한국 고대사에 관한 서술이 지식층의 주목을 받기 시작하였고, 1910~1920년대에 이르면 대종교도들 사이에서 가장 추앙받는 조선 시대 사가로 떠올랐다.

근대 역사학의 비조鼻祖로 꼽히는 신채호申采浩가 『조선상고사朝鮮上古史』 총론에서 한국사학사를 개관하면서 이종휘사학을 격찬함으로써 그의 사학사적 위치는 확고부동한 것으로 굳어지게 되었고, 이를 계기로 이종휘사학에 대한 본격적 연구의 필요성이 더욱 절실하게 제기되기에 이르렀다.

지금까지 이종휘사학에 대한 연구는 이만열李萬烈교수가 17ㆍ18세기 사서에 대한 개괄적 검토과정에서 이종휘의 고대사 인식의 특색을 간단히 언급한 것을 효시로 하여,[1] 그후 김철준金哲埈 교수가 이종휘의 가계 및 사상 전반과 아울러 역사인식의 성격을 총괄적으로 해명하는 논고를 발표함으로써 이종휘사학 심층부에 접근하는 길을 터놓은 것은[2] 매우 다행스러운 일이다.

필자도 1910년대의 민족주의사학과 관련하여 특히 김교헌金敎獻의 『신단실기神檀實記』(1914)에서 이종휘의 『수산집』이 인용되고 있는 것을 주목한 바 있으나,[3] 그 후 『수산집』을 정독하고, 특히 고종초에 편찬된 박주종朴周鍾(1813~1887)의 『동국통지東國通志』(1868)를 읽으면서 이종휘사학의 성격 및 그의 사학이 후대에 미친 영향에 대해 보완할 점이 적지 않다는 것을 느끼게 되었다.

따라서 이 글에서는 지금까지 거의 밝혀지지 않은 이종휘의 생애와 관력官歷을 보완설명하고, 사상과 역사 인식의 성격을 심층적으로 검토하며, 나아가 그의 사학이 후대에 미친 영향을 추적하려고 한다. 이러한 시도는 궁극적으로 민족주의사학의 전사를 밝히는데도 도움을 주게 될 것이다.

2. 가계와 생평

이종휘는 호號를 수산修山이라 하여 그의 문집도 『수산집』으로 불리고 있으나, 때로는 각재覺齋,[4] 인주도인麟洲道人,[5] 함해당涵海堂[6]이라는 호를 쓰기도 했다.

그는 전주를 관향貫鄕으로 하는 이왕가의 종친으로서 양녕대군파讓寧大君派에 속했으나, 양녕대군 이후로 그의 직계로는 크게 내세울 만한 인물은 없다. 이종휘 자신이 쓴 백부와

---

1 李萬烈, 「17ㆍ18세기의 史書와 古代史認識」, 『韓國史硏究』 10, 1974.
2 金哲埈, 「修山 李種徽의 史學」, 『東方學志』 15, 1974.
3 韓永愚, 「1910년대의 民族主義的 歷史敍述」, 『韓國文化』 1, 1980.
4 覺齋라는 號는 이종휘가 20세 되던 1751년(辛未)에 쓴 글에서 보인다(『修山集』, 景仁文化社, 322쪽).
5 麟洲道人이라는 號는 이종휘가 32세 되던 1763년(癸未)에 쓴 글에서 보인다(『修山集』, 52쪽).
6 涵海堂이라는 號는 이종휘가 서울 南村에 살 때 書室의 이름이었다 한다(위의 책, 49쪽).

중부 그리고 선고先考의 행장을 통해서 그의 가계를 살펴본다면, 그가 자랑스럽게 내세우는 조상으로서는 김굉필金宏弼 문인이었던 치재恥齋 이창수李昌壽가 있고, 가까이는 윤증尹拯의 문인이었던 백부 이정걸李廷傑(1666~1730)[7]을 큰 학자로 존경하고 있으며, 중부 이정필李廷弼이 섬천군수陝川郡守로 있다가 이인좌란李麟佐亂(1728) 때 도피한 혐의로 금고禁錮된 사실을 변명하는 데 강한 집착을 보이고 있다.

선고인 이정철李廷喆(1695~1779)은 영조 때 현감을 거쳐 시강원의 필선弼善·익선翊善·보덕輔德 등의 직책을 맡았으나, 사도세자가 1762년(영조 38)에 비명으로 사거한 뒤로는 요직으로 나가지 못하고 병조참판과 판돈녕부사로서 관직 생활을 끝맺었다.

이종휘는 정철의 3남 중 막내로 태어났는데, 백형은 요사夭死하고, 중형 만휘晩徽(1713~?)는 생원生員으로서 벼슬이 봉사奉事에 머물렀고, 이종휘 자신은 뒤에 백부인 이정일李廷一의 양자로 들어갔다.[8]

이종휘의 생부 정철은 결혼을 세 번하여 초취부인初娶婦人(대구 서씨)에게서 3남 3녀를 두고, 재취부인再娶婦人(파평 윤씨)에게서 3남 6녀를 두었으며, 삼취부인三娶婦人(창녕 성씨)에서 1남을 두었기 때문에 이종휘는 형제들이 많은 편이었다. 그가 백부의 양자로 들어간 것도 이러한 사정과 관련이 있을 것이다.

이종휘는 법적으로는 백부의 양자였으나 실제 생활은 생부의 정철과 함께 했다. 그의 선영은 충남 공산公山(공주)에 있었는데, 그의 증조부 이제두李齊杜가 공주목사를 지내면서 이곳에 연고를 갖게 된 것으로 보인다. 이종휘 집안이 이산尼山(지금의 논산)의 소론 영수인 윤증과 인연을 맺게 된 것도 이러한 지연적 근접성과 관련이 클 것으로 짐작된다.

이종휘가 실제 생장한 곳은 서울의 남촌南村이었고, 아버지가 직산稷山·창녕昌寧 등지의 현감으로 내려감에 따라 그곳에 우거하면서 지방 사정을 배우고 사당祠堂·학교·사찰·누정樓亭·고성古城 등을 유람하면서 많은 시문을 쓰기도 했다.

그는 14세에 결혼하여 18세에 장남 동직東稷을 낳았는데, 40세까지 과거에 합격하지 못

---

7 이종휘의 祖父 李相伯(繕工監役)은 和順 崔氏와 혼인하여 李廷傑·李廷弼 형제를 낳았고, 다시 高靈 申氏와 혼인하여 李廷一·李廷喆 형제를 낳았다. 李種徽는 李廷喆의 3男이다.

8 『國朝榜目』에 의하면, 李種徽의 장남 東稷은 英祖 51년(1775)에 別試에 합격한 것으로 되어 있는데, 그의 父는 種徽, 祖父는 廷一로 되어있다. 이는 種徽가 廷一에게 양자로 들어간 사실을 말해준다. 廷一은 高靈 申氏 소생으로 廷喆과는 同腹兄弟이다(註 7 참고).

해, 결과적으로 방랑하면서 독서하는 생활로 젊은 시절을 보낼 수밖에 없었다. 그는 47세 때, 죽은 아내를 위해 지은 「제망실문祭亡室文」에서 "40년간 독서했으나 한 번도 급제하지 못했다"[9]고 미안함을 표시하고 있는 것을 보면, 원래 과거를 포기했던 것은 아니었음을 알 수 있다.

실제 이종휘는 진사에 합격한 것이 과역科歷의 전부였다.[10] 그가 진사에 합격한 것은 "경인년(1770) …… 다음 해 봄에 나는 비로소 소성小成하고, 계사년(1773)에 두록斗祿을 얻게 되었다"[11]고 자술自述한 데서 경인년 다음의 신묘년, 즉 그가 40세 되던 1771년(영조 47)이었음을 알 수 있다. 그는 진사에 합격한 후 대과에 대한 도전도 했을 법하지만, 아들 동직이 1775년(영조 51)에 문과별시에 합격하는 영광을 얻음으로써 이종휘의 문과 도전은 자연히 포기될 수밖에 없었을 것이다.

순전히 관직의 문제만을 놓고 볼 때에는 이종휘는 옥과현감玉果縣監과 공주판관公州判官을 지낸 것만이 확실하게 확인될 뿐, 그 밖의 관력官歷은 확실하지 않다. 40세에 진사에 합격한 후 42세부터 음직蔭職으로 벼슬길에 나아가 66세에 타계할 때까지 그의 행적은 미상하다. 그의 직책을 확실하게 보여 주는 기록은 「종실창선대부추성부수행장宗室彰善大夫秋城副守行狀」[12] 말미에 "上之九年乙巳季秋"라고 연대를 밝히고 나서 "통훈대부행옥과현감남원진관병마절제도위종휘通訓大夫行玉果縣監南原鎭管兵馬節制都尉種徽"라고 자신의 직함을 밝힌 것이다. 여기서 '上之九年乙巳'는 그가 54세 되던 1785년(정조 9)을 가리키며, 이때 그는 통훈대부通訓大夫(정3품)의 높은 산계散階를 받았지만 실직實職은 5~6품의 옥과현감으로서 남원진관병마절제도위南原鎭管兵馬節制都尉를 겸하고 있었음을 알 수 있다.

이종휘가 공주판관을 지낸 것이 확인되는 것은 61~62세 되던 1792(정조 16)~1793(정조 17)년인데, 그 직책이 언제 끝났는지는 알 수 없으나, 이것이 그의 마지막 벼슬이었던 것 같다. 따라서 이종휘는 중앙의 요직은 한 번도 경험하지 못하고 종신한 까닭에 정치적으로는 당대에 거의 영향을 주지 못했던 인물이라고 할 수 있다.

---

9 『修山集』, 192쪽.
10 이종휘는 50세 되던 1781년(정조 5)에 지은 「先君判敦寧府事府君狀草」에서 "次種徽 進士·前縣監"이라고 자신을 소개하고 있다.
11 『修山集』, 192쪽.
12 위의 책, 173쪽.

그러나 이종휘의 정치적 위치가 미미한 것과는 대조적으로 그의 아들 이동직은 정조대의 중앙정계에서 중요한 역할을 하고 있었다. 그는 정조 5년(1781)에 실시한 소위 '초계문신抄啓文臣' 20명 중 한 사람으로 뽑혔고,[13] 정조 8년부터는 홍문관弘文館에 들어가 처음에는 노론파 요인인 김종수金鍾秀를 탄핵하는 언론을 펴고,[14] 정조 16년에는 정조의 이른바 '문체반정文體反正' 시책에 동조하여 당시 남인의 핵심인물이던 채제공蔡濟恭·이가환을 공격하는 언론을 펴기도 했다.

특히 이동직이 당시 대사성이던 이가환을 공격할 때에는 그의 학문 '이단사설異端邪說'에서 나오고, 그의 문장이 '패관소품稗官小品'을 숭상했다는 점을 들면서 정조의 문체반정 논리를 적극 옹호하는 입장을 취하고 있는 것이 주목된다.[15] 결과적으로 이동직의 남인 공격은 정조의 동의를 얻지 못하고 말았는데, 이는 정조의 문체반정 정책은 사색탕평四色蕩平에 뜻이 있고,[16] 이동직의 문체반정론文體反正論은 노론과 남인을 공격하여 소론파의 위치를 강화하려는 데 목적이 있어 서로의 시각이 엇갈리고 있음을 보여 주는 것이다.

어쨌든 이동직의 이와 같은 예리한 남인 공격은 이종휘가 공주판관으로 재직하던 시기에 일어났던 일인만큼, 이종휘 자신은 이 일에 직접 개입하지 않았다 하더라도 아들의 처신에 전혀 초연하기는 어려웠을 것이다.

결국 이종휘는 정조 21년(1797)에 66세를 일기로 세상을 떠나고, 그의 문집은 아들 동직에 의해 간행되었는데, 정조 22년(1798)에는 조중진趙重鎭의 후서를, 그 다음 해에는 홍양호洪良浩의 서문을, 그리고 순조 3년(1803)에는 신대우申大羽의 발문을 받은 것으로 보아, 1803년에 간행된 것으로 추측된다. 특히 서문을 써준 홍양호(1724~1802)는 당시 대제학大提學으로서 『해동명장전海東名將傳』·『북새기략北塞記略』 등과 같은 국방에 관한 저술을 남겼고, 이종휘의 사학에 관해서도 특별한 관심을 표시했으며, "백년百年 뒤에는 반드시 많은 사람들에게 감동을 주어 동방에 인물이 있었음을 기뻐하게 될 것"이라고까지 격찬했다.

후서를 써준 조중진은 신원이 미상하나 이종휘와는 가까운 사이였다 하고, 실제 『수산

---

13 『正祖實錄』 卷11, 正祖 5年 2月 庚申條.

14 위의 책 卷18, 正祖 8年 12月 戊申條.

15 위의 책 卷36, 正祖 16年 11月 辛丑條, "副校理李東稷上疏曰 …… 蔡濟恭背君負國 護逆黨惡之罪 可勝誅哉 …… 又若李家煥附麗濟恭 …… 況此輩所謂文華 其學則多出異端邪說 其文則專尙稗官小品 至於經傳菽粟 每視以弁髦 …… 今當闢異衛正之日 如此之類 ……".

16 正祖의 文體反正 정책에 대해서는 鄭玉子, 「正祖의 抄啓文臣敎育과 文體政策」, 『奎章閣』6(1982)이 참고된다.

집』의 편집은 그가 맡아 했음이 천명되고 있다. 마지막으로 발문을 써준 신대우(1735~1809)는 하곡霞谷 정제두鄭齊斗의 손서孫壻로서 양명학陽明學에 대한 이해가 두 사람의 지우知遇를 매개한 요인이 아닌가 추측된다.

3. 경학관經學觀과 문학관文學觀

이종휘의 사상과 학문은 윤증尹拯(1629~1714)으로부터 시작된 소론파 학풍의 영향을 받았다는 점을 먼저 고려할 필요가 있고, 더욱 직접적으로는 가학의 전통과 영정조의 학문정책의 영향을 생각할 수 있다.

이종휘의 선고先考 정철廷喆은 어려서부터 서적에 박통博通하였으며, 집에는 "경사자집經史子集으로부터 패관稗官·가언家言을 세자細字로 수사手寫한 것이 누백여권累百餘卷에 이르렀다"[17]고 한 데서 박학다식의 학풍을 지녔던 것을 알 수 있고, 특히 사륙四六·병려駢儷에도 능했던 것으로 알려지고 있다.

더욱이 정철은 그의 백형伯兄인 정걸廷傑로부터 '우리 집안의 책임은 너에게 있다'는 부탁과 함께 가장家藏의 모든 문헌을 전해 받았다[18]고 한 것을 보면 정철은 4형제의 막내이면서도 형들의 큰 기대 속에서 가중家中도서를 물려받는 영광을 입었던 것이다.

그런데, 아우 정철에게 가중도서를 전수한 정걸은 윤증의 문인으로서 저 유명한 『노회록魯懷錄』을 저술한 인물이기도 하다. 이 책은 ① 강도지사江都之事 ② 여윤지사驪尹之事 ③ 교제지의交際之義 ④ 묘문지사墓文之事 ⑤ 의서지사擬書之事 ⑥ 사제지의師弟之義 등 6편으로 구성되어 있는데,[19] 이는 윤선거尹宣擧·윤증 부자의 행적을 둘러싼 노론과의 논쟁점들을 정리하여 소론파의 입장을 옹호하는 내용들인 것이다.

이종휘는 백부와 선친이 닦아놓은 가학의 전통에 대해 큰 자부심을 가지고 있으며, 특히 선친이 수사手寫했다는 수백 권의 경사자집과 패관·가언 등은 이종휘 학문의 중요한 토대가 되었을 것으로 추측된다.

17　『修山集』卷7, 行狀 先君判敦寧府事府君狀草, 156쪽.
18　위와 같음(157쪽).
19　『修山集』卷7, 行狀 伯父工曹參判公狀草.

이종휘의 학문과 사상은 경학·문학·사학 그리고 경세관의 네 분야로 나누어 검토할 필요가 있다. 이 장에서는 먼저 경학과 문학에 대한 태도를 알아보기로 한다.

그의 경학에 대한 태도는 한마디로 정주성리학程朱性理學을 정학正學으로 적극 옹호하는 입장이고, 그런 점에는 그는 성리학자라고 할 수 있다. 그러나 그의 성리학은 철학적 사변에 치중하는 형이상적 성리학이 아니라 이의의 실천과 학문의 실용을 존중하는 것이었기 때문에, 그가 후세에 남긴 공적은 경학이론이 아니라, 실용성을 띤 역사·지리연구였던 것이다.

이종휘는 중국에 있어서는 심각한 갈등 관계에 있던 정주학程朱學과 양명학陽明學을 서로 보완관계에서 수용하고자 하는 태도를 보였다. 이는 학문의 총체성에서는 당연히 정주학이 우위에 있는 것이지만 의리의 실천성에 있어서는 양명학에서 배울 것이 많다고 느낀 까닭이었다. 다시 말해 양명학의 결점은 무엇보다도 '망자존대妄自尊大'한 독선성에 있기 때문에, 양명학만을 하게 된다면 다른 모든 학문을 배척하게 되지만, 정주학을 근본으로 하면서 양명학의 장점인 실천성을 수용한다면 양명학을 전적으로 거부하는 것보다는 나을 것으로 생각했다. 다음의 글은 이종휘가 양명학과 정주학의 관계를 어떻게 설명하였는가를 잘 보여 준다.

> (王)陽明은 豪傑之士로서 보는 것이 자유분방하여 어느 것에도 매이지 않았다. …… 그가 程朱의 理論을 비방하고 배척하지 않았다면 大賢의 학도가 되는 데 실패하지 않았을 터인데, 망령되이 스스로를 尊大하게 생각한 것은 애석한 일이다. (周)濂溪의 학문과 程朱의 工夫는 서로 같은 점과 다른 점이 있어도, (程子와 朱子) 두 사람은 濂溪를 비난하거나 헐뜯지 않았다. 陽明이 柴陽(주자)을 대하기를, 柴陽이 濂溪를 대한 것처럼 하였다면 聖門의 罪人은 되지 않았을 것이다.[20]

주자가 주염계周濂溪를 비난하지 않았듯이 왕양명王陽明이 주자를 비난하지 않았다면 왕양명이 더 큰 학자가 되었을 것이라는 아쉬움의 표현 속에는, 이종휘 생존 당시의 일부 소론과 학인 중에 양명학에 지나치게 몰입된 인사에 대한 아쉬움도 함께 포함되어 있는

---

20 위의 책 卷14, 漫筆, 320쪽.

듯하다. 그것은,

> 宋儒의 學은 비유컨대 冬至의 一畫의 陽과 같은 것으로 요즘 사람들이 붙들어 일으켜 그
> 氣를 키우기에 겨를이 없다. 그런데 저 邪詖한 說(陸王之徒 - 필자)이 우리 黨派의 선비들
> 사이에서 일어난 것은 어찌 애석한 일이 아닌가.[21]

라고 하여 소론파 안의 양명학자들을 애석한 대상으로 비난한 데서 더욱 분명해진다.
   그러나 다른 한편으로는, 이종휘는 왕양명 개인의 행적을 칭송하는 많은 언설을 남기
고 있어서 그의 본심의 실체를 인식하는 데 약간의 혼란을 주는 것도 사실이다. 가령 왕양
명의 양지설良知說을 소개하여,

> 覺이라는 것은 깨우치는 것이다. 古人의 글을 배워서 내가 古人과 같지 않다는 것을 깨우
> 쳐 고치는 것이다. 王陽明은 覺을 일컬어 良知라고 했다. 覺에는 公과 私의 구분이 있으니
> 학문에 뜻을 두게 되면 깨우치는 것은 公이 많고 私가 적어진다.[22]

고 하여 양지良知는 곧 깨우침이며, 깨우침으로서 공公을 키우고 사私를 줄일 수 있다는 양
지긍정론이 펼쳐진다.
   이종휘는 또한 왕양명의 초상화에 대한 찬문贊文을 지어 그의 인물됨을 논하기도 했는
데 이 글에서는,

> 세상 사람들이 陽明을 평가함에 있어서, 그의 學을 논하는 것은 그의 功을 논하는 것만
> 같지 못하고, 그의 功을 논하는 것은 그의 才를 논하는 것만 같지 못하며, 그의 才를 논하는
> 것은 그의 節을 논하는 것만 같지 못하다.[23]

고 하여 왕양명은 학學보다는 공功이, 공보다는 재才가, 재보다는 절節이 가장 뛰어나다는

---

21   위와 같음, 322쪽.
22   위와 같음, 319쪽.
23   위의 책 卷4, 贊銘 王文成公象贊, 89쪽.

점을 전제하고,

> 내가 생각하기로는, 公의 재주는 武侯(제갈량)와 같고, 그의 功은 子房(張良)과 같으나, 節에 이르러서는 諸葛亮과 張良이 미치지 못하고 오직 王陽明만이 혼자 가졌다고 할 수 있다. 비록 그를 헐뜯는 사람들이 많지만, 忠義의 빛남은 누가 감히 헐뜯을 수 있겠는가. 그를 헐뜯은 사람들은 또한 良知와 禪學을 가지고 말할 뿐 才와 功은 두려워 말하지도 않으니 그것은 너무 심한 일이다. 내가 생각건대, 다른 것은 그만두고라도, 선비로서 義理가 밝고 忠節이 꼿꼿하다면 豪傑之士라고 할 수 있지 않겠는가.

라고 하여 왕양명은 재와 공도 뛰어나지만 충의의 기절만은 아무도 따를 수 없는 그만의 것이라고 지적하고, 결론적으로는 그의 의리와 충절이 뚜렷한 호걸지사라고 칭송한다.

결국 이종휘가 왕양명에 대해 갖는 매력은 학자로서의 존경심이 아니라 무인으로서의 호걸에 있음이 명백해진다.

이종휘가 왕양명의 호걸다운 기개에 매료되었음을 보여 주는 글은 그가 40세 되던 1771년(영조 47)에 쓴 「기행시서紀行詩序」[24]에서도 보이고 있다. 이 해는 그가 진사시에 합격한 해로서, 성묘차省墓次 고향에 내려갔다가 28일간에 걸쳐 충청도 · 경기도 · 경상도 지방을 여행하면서 사적지史蹟址를 돌아보고 느낀 바를 시詩로 남겼다. 이 기행시의 서문에서 그는 "이번의 여행은 그 느낌이 특이한 바가 있고, 옛날에 보았던 것과는 비교할 수 없다"고 술회하는 것으로 보아, 보통 풍광風光을 즐기는 여행이 아니었음을 보여 주고 있다.

실제로 이글에서는 권율權慄이 왜란 때 싸웠던 전적지戰跡地를 비롯하여 온조溫祚가 도읍한 위례성慰禮城, 고려 태조 왕건이 견훤과 싸웠던 지역, 박서朴犀가 몽골과 싸웠던 지역, 흑치상지黑齒常之가 백제부흥운동을 일으켰던 임존성任存城, 왕건을 도와 고려건국에 공이 많았던 복지겸卜智謙의 고향인 면천沔川 등, 주로 전적지에 관한 이야기가 소개되고 있다. 그리고 이 글의 마지막 부분에 가서, 중국의 경우를 예로 들면서,

> 저 江湖나 禹穴의 사이에서 梁과 楚의 변두리에서 놀던 이들이 적지 않았으나, 子長(司馬

---

24 위의 책 卷1, 序, 25쪽.

遷 - 필자)만이 홀로 그 文章을 깨우쳐 閩奧(복건지방)의 바다를 지났으며 …… 陽明만이 홀로 氣槪를 읊었으니, 나는 비록 그 사람들과는 다르지만 …… 옛사람들에게 뒤지지 않으리라 스스로 다짐하면서, 그 일을 적어 紀行時의 序文을 삼고자 한다.[25]

고 하여 중국의 위인 가운데 유독 사마천司馬遷과 왕양명王陽明을 대표로 내세우면서, 사마천의 문장과 왕양명의 기개氣槪를 흠모하고 있다.

이종휘가 왕양명의 학문 자체보다도 그의 충의의 기절을 흠모했다는 것은 지금까지 소개한 여러 언설을 통해 충분히 입증된 바이거니와, 그 점에 있어서 이종휘의 태도는 시종일관한 것이고 시기적으로 그의 전기와 후기에 근본적인 태도의 변화는 없다고 보여진다. 다만, 그가 왕양명의 장점보다도 단점을 주로 언급한 것이 『수산집』 말미의 만설편에 집중적으로 나타나서 독자들의 판단을 다소 혼란에 빠뜨리는 것은 그 나름의 이유가 있는 것으로 생각된다. 다시 말해, 이종휘는 벼슬길에 들어서기 이전이나 이후나 왕양명을 흠모한 점에 변함이 없지만, 임환任宦 이전에는 보다 솔직하게 왕양명의 장점을 말했던 것이고, 임환 이후 특히 정조의 성리학 위주의 문체반정文體反正 정책이 실시되면서부터는 왕양명에 대한 비판적 태도를 의도적으로 보여 줌으로써 정조의 문교정책文敎政策에 대해 적어도 표면적으로는 동조하는 인상을 주려고 노력했던 것이 아닌가 추측된다. 그리고 이는 그가 야인으로 있을 때와 관인으로 있을 때의 외형상 처신의 차이를 보여 주는 것일 뿐 그의 사상과 학문의 근본적 변화를 의미하는 것은 아니라고 믿고 싶다.

다음에 이종휘의 문학(문장)에 관한 태도를 보기로 한다. 여기서도 그는 육경六經·사서四書를 가장 바른 글이라고 전제하면서도, 바로 육경·사서의 위대함을 알기 위해서는 그만 못한 제자백가諸子百家나 당송唐宋 팔가문八家文, 그리고 육상산陸象山과 왕양명, 심지어는 참위讖緯·복서卜筮·패사稗史 등을 넓게 공부해야 한다는 논리를 편다. 바꿔말해 '正'을 알기 위해서는 그와 반대되는 '기奇'나 '사邪'도 두루 알아야 한다는 주장이다. 그는 「명문선기서明文選奇敍」라는 글에서,

諸子百家가 없으면 四書의 큼(大)을 볼 수 없고, 圖緯讖數가 없으면 四經의 바름(正)을 볼

---

25 위와 같음, 25~26쪽.

수 없다. 象山·陽明·曹溪·白沙의 글이 없으면, 濂洛關閩(周敦頤·程顥·程頤·張載·朱子 - 필자)의 學을 볼 수 없다. 요컨대 모두가 없어서는 안 되는 것이다.[26]

라고 하여 육경六經·사서四書와 정주학程朱學의 바름을 알기 위해서 제자백가諸子百家·도참위수圖讖緯數·육왕陸王의 문文을 알아야 한다는 주장을 편다.

이종휘는 문장의 맛을 음식에 비유하여 설명하기도 했다. 이른바 8진미珍味라고 불리는 진기한 음식물은 그 맛이 비록 뛰어나다 하더라도 오곡五穀의 평화롭고 온순한 맛에는 비길 수 없다고 한다. 말하자면 육경·사서는 진기한 맛은 없어도 오곡처럼 평화·온순한 맛을 지니고 있다는 것이다.[27]

그러나 이종휘는 이와 같이 육경·사서를 오곡에 비유하여 칭송하면서도, 다른 한편으로는 오곡 중에서도 가장 천한 패稗도 배고픈 사람에게는 없어서는 안 되는 것과 마찬가지로 소위 패사稗史·소설小說도 반드시 읽어야 할 독서의 대상으로 꼽았다. 그는 패사·소설의 중요성에 대해 다음과 같이 말한다.

稗라는 관리는 …… 閭巷의 鄙俚한 일들과 이야기들을 왕에게 알려주는 小官이다. 小說을 쓰는 사람들은 이러한 뜻에 의거하여 스스로 稗海·稗史라고 부른다.

稗(피)는 또한 곡식 중에서 천한 것이다. 그래서 孟子는 五穀이 익지 않으면 稊稗가 익은 것과 같지 못하다고 말했다. …… 稗編이라는 책은 六經으로부터 諸子百家의 말과 陰陽卜筮, 五行星曆, 風水醫巫, 그리고 활쏘기와 바둑 및 여러 雜技에 이르기까지 하나도 남김없이 싣고 있다. …… 어떤 사람은 말하기를, 諸方雜技는 外道요 奇文異說과 奇怪한 일들은 儒者가 말해서는 안 된다고. 그러나 孔子도 일찍이 사냥을 했고, 賭博도 좋은 것이라고 말했다. …… 대저 孔子가 한 일을 배척해서 아니하는 것은 孔子를 배우는 일이 아니다. 이런 것을 안다면, 稗編을 읽어도 옳다.

어떤 사람은 말하기를, 六經諸史는 五穀이다. 그대는 어찌하여 五穀을 오로지 공부하지 않는가라고. 나는 답하기를, 배고픈 사람이 배를 채우고자 할 때에는 糟粕을 먹어도 좋은

---

26 『修山集』, 39쪽.
27 위와 같음.

것이다. 어찌 五穀이 익을 때를 기다리고만 있을 것이다.[28]

다소 지루한 인용이지만 그 요지는 이렇다. 곡식은 오곡이 제일 좋은 것이지만, 오곡이 익지 않았을 때에는 배고픈 사람은 우선 피나 지게미라도 먼저 먹어야 한다. 마찬가지로 육경제사六經諸史가 가장 훌륭한 문장이지만, 패해稗海·패사稗史로 불리는 제자백가諸子百家와 음양복서陰陽卜筮와 오행성력五行聖曆과 풍수의무風水醫巫와 사혁잡기射奕雜技도 배워야 한다는 것이다.

이종휘의 위 발언은 소위 이단사상에 대해 매우 관용적이고 표용적인 태도를 보여주는 것으로, 그가 왕양명에 대해 관용적이었던 것과 마찬가지로 그가 정통성리학자임을 매우 의심케 하는 대목이다.

그러나, 이종휘에게는 이단에 대한 관용과 더불어 이를 비난하는 글도 찾아진다. 가령,

八珍…… 의 맛은 아름답지 않음이 아니지만 五穀의 平和·溫順함만 같지 못하다. 글에 있어서도 莊周·老聃·釋氏의 圓妙, 仙經, 道籙의 眞, 稗說傳奇, 怪力亂神, 艶情綺花의 말들은 사람의 마음과 눈을 醉하게 만들지만, 六經四書의 簡雅하고 醇沈한 無味와 같지 못하다. 그러나 天下의 지극한 맛은 바로 그 無味에서 나오는 것이다.[29]

이 글은 도가와 불교, 그리고 패설전기와 괴력난신의 이야기들이 사람의 이목을 현혹시킬 뿐 진미眞味가 없는 글들임에 반하여 육경·사서는 무미無味의 지미至味가 있음을 강조하여 유학의 우위성을 확인하고자 한 것이다. 따라서 이 글을 그 앞에 인용한 패사용호론과 비교하면 매우 상반되는 듯한 입론立論인 듯싶지만, 그러나 이 글에서도 육경·사서 이외의 이단적 글들이 무의미하다고 배척한 것은 아니고, 어디까지나 정학과 이단의 상대적인 우열의 위상을 확정지으려는 뜻으로 풀이한다면 크게 문제될 것이 없다.

이종휘는 육경·사서 이외의 문장으로는 당송唐宋의 8가와 이백李白·두보杜甫, 한漢의 사마천司馬遷·반고班固·유향劉向·양웅楊雄, 그리고 명대의 송렴宋濂·왕양명王陽明·이

---

28   『修山集』卷2, 序 唐荊川稗編後序, 32쪽.
29   위의 책 卷4, 記 味菜軒記, 79쪽.

몽양李夢陽·왕세정王世貞 등의 문장을 삼대의 문文에는 미치지 못하지만 그래도 양기陽氣가 있는 글로 보았으며, 오호五胡시대, 원대元代, 그리고 청대淸代의 글은 음기陰氣가 성盛한 글로 악평惡評했다.[30] 그러니까 이종휘는 이적夷狄이 중원中原을 지배하던 시대의 글을 나쁘게, 중화족中華族이 지배하던 시대의 글을 좋게 평했다고 할 수 있는데, 특히 중화족 지배시대 중에서도 삼대 이후로는 진한의 문文이 이치理致와 재격才格과 신경神境의 3요소를 갖춘 것으로 호평好評하고, 그중에서도 사마천의 글을 정수精粹로 꼽는다.[31]

원래 문장의 이치는 학學에서 발생하고, 재격은 사람에게서 생겨나며, 신경은 산천풍토山川風土에서 발생하는 것인데, 산천풍토와 인물이 차지하는 비중은 50~60%에 이르고, 나머지는 학으로 결정되는 것이다. 그러므로 중국 땅은 진기한 산천풍토가 많지만 신경을 가진 문장가가 많지 않은 것이며, 우리나라의 경우에는 산천풍토의 진기함이 중국과 방불하지만 신경의 문장이 없는 것은 사마천과 같은 인물이 없는 까닭이다.[32] 그리하여 이종휘는 사마천과 같은 대문장가가 나오기를 기대하는 마음에서 『진한문수秦漢文粹』를 편집했는데, 이 책에는 사마천의 글이 70~80%를 차지하게 되었다.

주지하다시피 사마천은 『사기』의 저자다. 그러니 이종휘가 사마천을 흠모하는 것은 단순히 그의 문장만을 좋아한다는 뜻이 아니라 그의 술사述史 태도를 기린다는 의미가 있다. 여기서 우리는 이종휘가 왜 그의 학문의 중심을 사학에 두게 되었으며, 또 그의 사학정신의 뿌리가 어디서 기원하게 되었는지를 이해하게 된다.

4. 경세관經世觀

이종휘는 자기 시대의 정치·경제·풍속·국방 등에 관해 비상한 관심을 가지고 그 문제들에 대한 자신의 의견을 개진하였다. 『수산집』에 실린 글들의 대부분은 경세에 관계되는 것이고, 그런 점에서 그의 학문은 한마디로 '실용'을 존중한 것이 특색이다. 신대우申大羽가 쓴 『수산집』 발문에 이종휘의 학문을 평하여 '실용'에 특색이 있다고 지적하고, "그

---

30 위의 책 卷2, 序 杜工部文賦集後序, 32쪽.
31 위의 책 卷2, 序 秦漢文粹序, 37쪽.
32 위와 같음.

가 천발闡發한 것은 동방東方의 일이요, 그가 찬술撰述한 것은 당세當世의 일이다"라고 말한 것도 이종휘 학문의 특색을 적절하게 간파한 것이라 할 수 있다. 그는 자기시대 문제를 인식함에 있어 항상 역사전통과 산천풍토 등을 배경에 깔고 접근하였기 때문에 그의 경세론經世論이 사론적史論的 성격을 띠었고, 반대로 사론이라는 이름으로 쓴 글도 실은 경세론의 일환이었다.

이종휘의 경세관을 가장 집약적으로 담고 있는 글은 「책策」이라는 편명으로 실린 몇 편의 논설이다. 이 글들은 아마도 그가 과거시험을 준비하던 40세 이전의 시기에 쓴 것으로 추측되는데, ① 혁구속革舊俗 ② 교약세矯弱勢 ③ 공선거公選擧 ④ 고변어固邊圉 ⑤ 제일第一 ⑥ 제이第二 ⑦ 심기미審幾微 ⑧ 정조정正朝廷 ⑨ 양사기養士氣의 9조로 되어 있다.[33]

먼저 「혁구속」에서는 우리나라에 잔존하고 있는 몇 가지 이풍夷風을 혁파하여 명실상부한 소중화의 문화국가를 만들어 소위 동주東周와 선국善國이 되도록 하자는 것인데, 구체적으로 혁파되어야 할 풍속으로는 다음 일곱 가지를 든다. 첫째 혼인제도에 있어서 친영親迎을 하지 않는 것, 동성동본혼同姓同本婚, 남녀가 서로 좋아서 혼인하는 것을 없애야 하고, 둘째로 장제제도葬祭制度에 있어서 시신을 나무 위에 걸었다가 장례하는 덕구德久의 풍속과 대소상大小祥에서 승재僧齋를 지내는 것을 바꿔야 하며, 셋째 노비종모법奴婢從母法은 사람을 짐승과 같이 취급하는 것이므로 종부법從父法으로 바꿔야 하고, 넷째 주거생활에 있어 토실土室·궁호穹戶를 없애고, 다섯째 고기를 생식하는 습속을 없애고, 여섯째 궁중 생활 속에 침투된 여진女眞과 몽골 풍속을 없애고, 일곱째 남녀가 도로에서 뒤섞여 걷는 것을 없앨 것 등이다. 이러한 것들은 모두가 말갈·여진·몽골 등 만이족蠻夷族들의 풍습이 침투된 것이므로 하루속히 혁파하여 후진 상태에서 벗어나야 한다는 것이다.

우리나라는 원래 기자箕子 이후로 이夷에서 화華로 변하여 '예의지방禮義之邦'과 '인현지국仁賢之國'으로 불려 왔던 나라였으나 신라·고려로 내려오면서 풍속이 나빠져 다시 이夷로 떨어졌다가 조선왕조가 세워지면서 화華로 환원하여 한당漢唐에 뒤지지 않은 예약문물禮樂文物을 갖추게 되었고, 최근에는 문화가 낮은 만인滿人(여진족)이 중국을 지배하게 되면서는 더욱 우리가 소중화로서의 문명국을 자부할 수 있게 되었다는 것이다.

우리나라는 문화수준에서만 청淸보다 앞서 잇는 것이 아니라, 나라의 크기도 방方이 6

---

33 『修山集』卷6, 128~141쪽에 수록.

천 리요, 폭원幅員이 1만 리나 되는 나라이기 때문에, 500리밖에 안 되던 노魯나라나 50리 밖에 안 되던 등滕나라와는 비교가 되지 않는 것이고, 비록 중국에 비해서는 땅과 인구가 1/10정도 밖에 되지 않지만 그 안에 다양한 풍기風氣와 물산物産과 인물을 갖추고 있어서 '중정中正'의 모양을 갖기는 중국과 다름이 없다는 것이다. 다만 현재의 강토는 단군 · 기 자 시대의 영토에 비하다면 2/5로 축소된 것이 애석한 일이고, 그런 의미에서 실지회복失 地回復의 필요성을 절감한다. 어쨌든 우리나라는 예악문물의 문화전통이나 영토의 크기 에 비추어,

선비로서 今世에 태어나 東周와 善國을 만들고자 한다면 朝鮮이 아니고는 불가능하다.[34]

는 것이 이종휘의 결론이고, 그러한 자부심과 사명감 위에서 현재 부분적으로 잔존하고 있는 오랑캐 유풍을 청산하기만 한다면 가장 순수한 중화국가로 될 수 있다는 것이다.

다음에 「책策」의 두 번째 과제로 이종휘가 논하고 있는 「교약세矯弱勢」에서는 부국강병 의 필요성을 강력히 제기하고, 그 구체적 방법으로서 사대부(양반) 자제로 구성되는 군자 군君子軍의 설치와 승려로 구성되는 의군義軍의 설치, 그리고 효제역전제孝悌力田制의 시행 을 통한 인재 등용을 제안한다. 특히 효제역전제의 시행은 농사를 기피하는 사대부들을 농사로 돌아가게 하여 생재生財를 일으키는 데 도움이 될 것으로 생각한다.

이종휘에 의하면, 중국 은주殷周의 제도는 물론이요 옛날 고구려와 신라도 귀족자제들 이 모두 학문과 군사를 겸하였으니, 이를테면 고구려의 경당扃堂 교육이나 신라의 화랑이 그러한 것으로서, 고구려가 수당隋唐과의 싸움에서 승리할 수 있었던 요인도 여기에서 찾 는다. 그런데 이러한 사士 · 농農 · 병兵 일치의 전통이 고려 · 조선에 오면서 무너지고, 특 히 조선의 양반이 병 · 농을 기피하는 무위도식배無爲徒食輩로 되면서 나라가 가난하고 약 한 처지로 전락되었다고 본다. 그리하여 이종휘는,

當今의 근심은 無財와 無兵이다.[35]

---

34   위의 책 卷6, 策 革舊俗, 129쪽.
35   위의 책 卷6, 策 矯弱勢, 130쪽.

라고 단정하고, 부국강병을 위한 방안으로서 양반사대부兩班士大夫의 병·농으로의 복귀를 강력히 촉구하게 된 것이다.

「책策」의 세 번째 과제로 이종휘가 내세운 것은 「공선거公選擧」다. 여기서는 앞 책에서도 언급한 바 있는 관리官吏 등용 방법을 개선하자는 것으로, 한대에 시행된 바 있던 현량賢良·방정方正·효렴孝廉 등 향공제도鄕貢制度를 과거와 병행하여, 문사文詞보다도 덕행을 중요시하여 인재를 선발하자는 것이다.

네 번째 「책」으로서 「고변어固邊圉」에서는 변방의 국방을 강화하는 방법으로서 변방인에게 무예뿐만 아니라 문학, 즉 예의나 충의와 같은 도덕교육을 함께 시행해야만 국난을 당하여 충의열사가 나오게 되고, 그렇지 않고 무예만을 가르치면 최탄崔坦·조소생趙小生과 같은 반역자가 나올 위험이 크다는 것이다.

그 다음 「책일策一·이二」라 제題한 글에서는 국방의 중요성을 강조하는 단계에서 한걸음 더 나아가 보다 적극적인 국방 강화방안으로서 만주 요심지방遼瀋地方의 수복을 강조하고 있다. 이종휘의 관점에 따르면, 압록강과 두만강 이남 지역에서는 북방족의 남침을 막아낼 만한 결정적인 요새지要塞地가 없기 때문에 그 방어선을 만주 지방으로 넓혀서 요심 일대, 특히 그중에서도 옛날 안시성과 백암성이 있었던 청석령 일대에 방어선을 구축해야 하고, 동북방면으로는 두만강 이북 700리에 있는 옛날 고려의 구성의 일부였던 선춘령先春嶺을 장악해야 한다. 그 옛날 고구려가 수당隋唐과 싸워 이길 수 있었던 것은 안시安市·백암성白巖城을 고수固守한 데 있었음을 유념해야 한다는 것이다.

이종휘의 만주수복滿洲收復 이론은 물론 '중외경내重外輕內'에 입각한 국토방위의 필요성에서 제기된 것이지만 그곳이 본래 단기·고구려·발해·고려의 구강舊疆이었다는 역사적 사실에서 그 정당성이 부여되고 있을 뿐 아니라, '청호淸胡'가 군량미 보급(책향責餉)과 할지割地를 요구하여 남침할 가능성이 농후하다고 보는 데 있다. 이 글은 "청호淸胡가 … 방자스럽게 상제上帝의 제사를 주관한 지 이제 백유여년百有餘年이 되었다"[36]고 한 것으로 보아 18세기 중엽에 쓴 것으로 추측된다. 그렇다면 이종휘가 벼슬길에 나가기 이전의 30대 시절에 쓴 것이 확실한데, 이 글은 이종휘의 또 다른 글인 「선춘령기先春嶺記」[37]의 논지

---

36 위의 책 卷6, 策 策一, 135쪽.
37 위의 책 卷4, 記 先春嶺記, 73쪽.

와도 너무나도 흡사하다. 즉 「선춘령기」에서는 요동의 청석령靑石嶺과 두만강 이북의 선춘령이 고려의 강토였음을 주장하고, 숙종 때에 목극등穆克登에 의해 백두산정계비白頭山定界碑를 세워 이곳을 호지胡地로 넘겨준 사실을 개탄하면서 발해고토渤海故土를 수복해 지방만리地方萬里의 나라로 웅비할 필요성을 역설하고 있다.

이종휘는 이밖에 「위원루기威遠樓記」[38]라는 글에서도,

우리나라는 漢魏 이후로 故土를 점차 잃어 高麗 때에는 渤海가 契丹으로 들어가고, 箕·高의 옛 땅이 다만 10 가운데 5, 6밖에 남지 않았다.

고 개탄하고 있다. 따라서 이종휘가 만주에 대한 고토수복故土收復을 강조하는 글은 그의 문집의 도처에서 발견되는 바이고, 앞서 소개한 「책일策一·이二」의 글도 그의 평소의 지론持論의 일단을 보여 주는 것에 지나지 않는다.

다음에 「책策」의 여섯 번째로 거론한 「심기미審幾微」와 일곱 번째로 거론한 「정조정正祖廷」은 군주의 시정施政의 자세를 논한 것으로, 구체적으로는 ① 강기綱紀를 바르게 하고, ② 명분名分을 정定하고, ③ 상벌賞罰을 공정히 하고, ④ 호령號令을 신중하게 하고, ⑤ 언로言路를 넓히라는 것인데, 그중에서도 특히 언로를 넓혀 '하정상통下情上通'케 하는 것이 모든 선정善政의 시작이라는 점이 강조되고 있다.

「책」의 마지막에서는 「양사기養士氣」를 논하고 있다. 여기서는 사士의 정기를 키우기 위해서는 과거 이외에 효제孝悌·역전力田의 제도를 병행하여 산림에 묻힌 덕행있는 인물을 발탁하는 일이 중요하다는 점이 강조되고 있다. 이 글은 앞에 말한 「공선거公選擧」「교약세矯弱勢」에서 논한 내용과도 중복되는 것으로서, 결국 이종휘가 여러 책문에서 강조한 경세론의 요점은 ① 만주수복을 통한 강국으로의 비약 ② 과거와 공거제貢擧制의 병행을 통한 산림인사의 등용 ③ 문무교육의 병진並進 ④ 양반의 병농兵農참여 ⑤ 언로의 개방 ⑥ 그리고 오랑캐 유풍의 극복으로 요약될 수 있다.

이 밖에 이종휘의 경세론과 관련하여 또 한 가지 주목되는 발언은 「절의節義」[39]라는 글

---

38 위의 책 卷4, 記 威遠樓記, 76쪽.
39 위의 책 卷9, 雜著 節義, 200쪽.

에서 우리나라의 고유한 미풍양속으로서 네 가지 특색을 들고 있는 것이다. 그 네 가지란 기본적으로 '절의'와 '삼강오상三綱五常'의 전통으로서, 구체적으로 말하면, ① 사민지분士民之分 ② 승속지분僧俗之分 ③ 노주지분奴主之分 ④ 부녀수절婦女守節을 가리키는 것으로, 이러한 아름다운 명분이 무너지고 있는 현실에 대해 이종휘는 크게 개탄하고 있다.

이를 좀 더 부연해서 설명한다면, 첫째 '사민지분'이란,

> 신라 · 고려 이래로 三韓貴族이 國家에 벼슬하여 東西 兩班의 職을 맡아 兩班이라 불리게 되었고, 賤人은 감히 참여하지 못해 常漢이라 불리게 된 것이다. 그래서 양반의 子孫은 항상 양반이 되고, 상한의 자손은 비록 百世가 되어도 兩班의 職을 허용하지 않았다.[40]

는 것이다. 다시 말해, 양반과 상한常漢의 엄격한 신분적 차별이 우리의 미풍으로 내려온 것인데, "근세에 와서는 사대부들이 스스로 처신을 검속하지 않고, 상한들이 능월범분凌越犯分하는 사례가 많은 것이 식자識者들의 근심을 자아낸다"[41]는 것이다. 이는 이종휘가 반상班常 차별에 관해 극히 보수적인 태도를 견지하고 있음을 보여 주는 것이다.

두 번째로 든 '승속지분僧俗之分'은 조선중기 이후로 승려의 지위가 급속히 하락하여 사대부는 물론이요 범민凡民들도 승려를 멸시할 뿐 아니라 사찰에 대한 공역이 평민보다도 무거워 이 때문에 고한무고孤寒無告한 사람들이 승려가 되는데 이들을 모두 농토로 돌려보내면 승려가 없어지게 될 것이라는 주장이다. 말하자면, '승속지분'은 승려에 대한 차별대우를 정당화하는 동시에 궁극적으로 승려의 농민화를 촉구하는 발언이다.

세 번째의 고유풍속인 '노주지분奴主之分'은 노비세습제奴婢世襲制와 노비의 주인에 대한 충신진력忠信盡力의 전통을 말하는 것으로 이를 미풍의 하나로 간주하는 것이다. 이는 이종휘가 앞서 소개한 「혁구속革舊俗」이라는 글에서 노비종모법奴婢從母法을 이풍으로 비난하고 종부법從父法을 찬성한 사실과 관련시켜 볼 때, 다소간의 태도 변화는 인정되지만, 기본적으로는 노비세습제 찬성론자라는 것을 보여 주는 것이다. 특히 「노주지분」의 글 가운데 "금상신해今上辛亥(영조 7 - 필자) 시혁기제始革其制 종모위역이이從母爲役而已" 운운한

---

40 위의 글, 201쪽.
41 위와 같음.

구절이 보이는 것은 이 글이 영조 재위년간(1724~1776)에 쓰여졌다는 것을 보여 준다.

끝으로 부녀수절婦女守節을 미풍으로 간주한 것도 이종휘의 부녀관이 극히 보수적임을 말해 준다. 특히 이 대목에서 그는 부인의 수절이 화기를 감상하므로 이를 철폐하고 재가를 허용해야 한다는 일부 논자들의 의견을 반박하고 있는데, 이러한 생각은 앞서 소개한 「혁구속」의 글에서 남녀의 자유의사에 의한 혼인을 반대하고, 또 남녀가 길에서 뒤섞여 걷는 것을 이풍으로 비난한 것과 아울러 함께 음미해야 될 대목이다.

지금까지 검토한 바를 종합해서 다시 요약한다면, 이종휘의 사회풍속에 대한 관념은 '삼강오상三綱五常'의 고수固守를 강조하면서 동시에 그것이 우리가 이웃 나라보다 앞선 미풍양속으로 믿는 것이다. 그리고 이러한 보수적 윤리관의 이면에는 청나라 풍속에 대한 경계심이 깔려 있음이 다음의 구절에서 확인된다.

> 지금 大國의 政治를 浮慕하면서 스스로 그 풍속을 바꾸고 있으니, 名分이 한번 무너지고,
> 節義가 일단 떨어진다면 비록 智慧가 있는 사람이라도 어떻게 그 뒤를 수습할 수 있겠는가.
> 王道를 행하려면 반드시 三綱五常을 시행해야만 백성들이 節義를 일으키게 되는 것이다.[42]

5. 한국사 이해

1) 역사관계 저술

이종휘의 저술 중에서 가장 큰 비중을 갖는 것은 한국사에 관한 서술이고, 그가 뒷날 이름을 남기게 된 것도 전적으로 그의 사론에 연유한다. 그의 한국사에 관한 관심은 이미 앞 장에서 설명한 경세관에서도 단편적으로 피력되고 있지만, 『수산집』의 권11~권14에 이르는 부분은 전적으로 한국사에 관한 서술로 채워져 있다. 이제 각 권에 실린 내용목차를 소개하면 다음과 같다(부호는 필자가 붙임).

---

42 위와 같음.

(卷 11)『東史』

(一) 本紀 1. 檀君本紀 2. 箕子本紀 3. 三韓本紀 4. 後朝鮮本紀

(二) 世家 1. 箕子世家(補遺) 2. 扶餘世家 3. 渤海世家 4. 伽耶世家

(三) 列傳 1. 濊貊·沃沮·沸流·樂浪列傳

　　　　2. 高句麗家人列傳(東明柳花太后·東明禮后·松后·于太后·中川椽后·西天王于后)

　　　　3. 高句麗宗室列傳(解明·好童·鄒安·闕須·達賈·報德王)

　　　　4. 耽羅列傳

　　　　5. 陝·扶·乙·松列傳

　　　　6. 乙支文德列傳

　　　　7. 薛聰·崔致遠列傳

(卷 12)

(四) 年表 1. 三朝鮮年表 2. 三韓年表 3. 六國年表

(五) 表　　1. 四郡·二府沿革表 2. 三韓之際 諸國分屬表 3. 古史古今人表

(六) 志　　1. 禮樂志 2. 食貨志 3. 神事志 4. 高句麗 藝文志 5. 高句麗 律曆志(新羅附)

　　　　　6. 高句麗 天文志 7. 高句麗 地理志(附 新羅·百濟) 8. 高句麗 刑法志

　　　　　9. 高句麗 五行志

(卷 13)　　1. (高麗史) 天文志 2. (高麗史) 曆志 3. (高麗史) 五行志 4. (高麗史) 選擧志

　　　　　5. (高麗史) 輿服志 6. (高麗史) 百官志 7. (高麗史) 禮志

(卷 14)『東國輿地雜記』

(一) 三韓地方之辨 (二) 東方地名之辨 (三) 朝鮮地方說 (四) 擬與魚有沼將軍書

(五) 擬與金公宗瑞書 (六) 擬丁卯後與執政書 (七) 水經

　　위에 열기한 것을 다시 정리하면, 권11~권13은『동사』라는 제목으로 본기·세가·열전·연표·표·지의 순으로 한국사를 정리한 것인데, 서술 시기는 고대와 고려까지를 대상으로 했다. 다만 고려시대는 지에서만 취급하여, 전체적으로 볼 때는『동사』의 주된 서술대상은 고대사라고 할 수 있다.

　　그다음 권14에 수록된『동국여지잡기東國輿地雜記』는 우리나라 역사지리에 관한 임상덕 및 자신의 논설들을 편의적으로 한데 모은 것에 불과할 뿐,[43]『동사』처럼 일관된 체계

속에서 저술한 것은 아니다.

그런데, 위『동사』나『동국여지잡기』의 서술 취지를 보여 주는 서문은 위에 열거한 목차에는 들어있지 않고, 도리어『수산집』의 다른 곳에 수록되어 있다. 이를테면 위『동사』의 서문에 해당하는 글은 권2의「청구고사서靑丘古史敍」라고 할 수 있으며,『동국여지잡기』중 수경水經에 대한 서문이라고 생각되는 글은 권1의「수경서水經序」로 수록되어 있다. 이밖에『수산집』의 권6에는「사론」이라는 제목하에 14조의 사론이 수록되어 있는데 그 내용을 소개하면 다음과 같다.

1) 新羅論(一)	6) 前朝鮮論(下)	11) 麗睿王論
2) 新羅論(二)	7) 麗太祖論	12) 古史三國職方考論
3) 新羅論(三)	8) 麗惠王論	13) 新羅百官志論
4) 新羅論(四)	9) 麗光宗論	14) 古史高麗儒林傳論
5) 前朝鮮論(上)	10) 麗德王論	

위 사론들은 시대적으로 보면 조선·신라·고려에 해당하는데, 이 중에서 특히 신라에 관한 것을 5조에 걸쳐 다룬 것은 앞서『동사』에서 신라를 취급하지 않은 것을 보완하는 의미로 해석되고, 고려에 관한 것을 6조에 걸쳐 쓴 것도『동사』에서 고려의 정치사를 다루지 않은 것에 대한 보완적 성격을 갖는다. 그러나 그 나머지 사론들은『동사』의 내용과 중복되는 것들이 많다. 아마도 이 사론들은『동사』보다 시기적으로 뒤에 쓰여진 것 같다.

또한 앞에서도 언급한 바 있지만, 이종휘의 경학이나 문학에 관한 글들, 그 밖의 기행문 등에는 역사에 관한 언급이 적지 않으므로 이런 글들도 그의 역사의식을 이해하는 데 함께 참고해야 될 자료들이다.

이와 같이 이종휘의 역사에 관한 논설들은 하나의 일관된 체계하에 쓰여진 것이 아니기 때문에 사서로서의 격식이나 체재를 가지고 말한다면 매우 불완전하고 미숙한 것이

---

43 『東國輿地雜記』중「三韓地方之辨」과「東方地名之辨」은 林象德(1683~1719)의『東史會綱』에 실린 글을 거의 그대로 轉載하면서 자신의 의견을 약간 첨가한 것이다. 林象德도 少論系 官人으로서, 李種徽가 인용하고 있는 유일한 先輩史家라는 점이 주목된다. 林象德의 史學에 관해서는 韓永愚,「18세기 초 少論學者의 歷史敍述 - 林象德의『東史會綱』」,『三佛金元龍敎授停年退任紀念論叢』II, 1987(本書 7장 所收) 참고.

사실이다. 또한 자료를 엄밀하게 선별·인용하는 고증적 태도가 없이 결론만을 내세우고 있는 것도 또 한 가지 특색으로서, 그의 역사서술이 사서라기보다는 사론적 성격이 강한 것도 여기에 이유가 있다.

이종휘의 사론이나 『동사』는 그의 생애의 어느 시기에 작성된 것인지 단언하기는 매우 곤란하다. 그러나 대체로 그의 문필활동이 가장 왕성하던 시기는 벼슬길에 나가던 42세 이전 시기, 더 구체적으로 말하면 정조즉위(1776) 이전 시기이므로, 대부분의 사론이 쓰여진 것도 이 무렵일 것으로 추측된다. 이때는 남인 실학자의 거두인 이익(1681~1764)의 『성호사설』과 남인 사학자 안정복(1712~1791)의 『동사강목』(1759, 1778), 그리고 『동국문헌비고』(여지고)(1770) 등이 편찬되던 시기이지만, 이종휘는 이러한 당대의 사서史들을 전혀 언급하지 않으면서 자신의 사론을 전개하고 있다.

이제 그의 역사인식의 성격을 검토하기에 앞서 또 한 가지 고려해야 될 것은, 「청구고사서靑丘古史敍」와 『동사』의 내용상 불일치가 발견된다는 점이다. 즉 「청구고사서」에서는 단군에서 신라까지의 역사를 서술하되, 7본기·9세가·49열전·10지志·8표表로 이루어졌다고 되어있는데, 실제 『동사』는 4본기·4세가·7열전(인물수로 보면 24열전)·3연표·3표·9지(고려까지 합하면 16지志)로 되어 있다. 따라서 『동사』는 「청구고사서」에서 밝힌 내용보다 다소 축소된 것을 알 수 있는데, 특히 7본기가 4본기로 된 것은, 『동사』에서 삼국본기를 취급하지 않은 까닭으로 보인다. 다음에 9세가가 4세가로 바뀐 것은, 세가로 취급하려던 예맥濊貊·옥저沃沮·비류沸流·낙랑樂浪 등을 열전으로 바꾼 데 원인이 있는 듯하다.[44]

따라서 이러한 몇 가지 점에서 양자 사이에 차이가 보이긴 하지만, 한국사를 기전체紀傳體로 서술하려는 원칙에는 변함이 없고, 특히 본기·세가·열전의 형식을 따른 것은 특별한 주목을 요한다. 왜냐하면, 한국사에다 본기라는 용어를 쓴 것은 『삼국사기』가 최초였지만, 거기에는 세가가 빠져 있고, 조선 시대 사서에서는 『고려사』와 허목의 『동사』가 세가와 열전의 형식만을 따랐기 때문이다.[45] 그러므로 한국사 서술에서 본기·세가·열전

---

44 이종휘는 본래 『靑丘古史』라는 이름으로 檀君에서 삼국까지 포괄하는 古代史를 새로 구성하려는 계획을 세웠으나, 삼국시대 本紀를 미처 완성하지 못하고 他界했기 때문에, 그의 交友인 趙重鎭이 그의 문집을 편집할 때 『靑丘古史』라는 이름 대신에 『東史』라는 이름을 붙여 준 것 같다.

45 조선 시대에 紀傳體형식을 따른 최초의 史書는 『高麗史』로서, 여기에는 本紀 대신 世家를 썼다. 조선 후기 史

의 형식을 완전히 갖춘 것은 이종휘의 저술이 최초라 할 수 있다. 이는 그가 사마천의 『사기』 형식을 굴절시킴이 없이 한국사에 적용함으로써 한국사의 권위를 격상시키려는 의도를 보여 주는 것이고, 또 그가 항상 『사기』와 『한서』를 양사良史라고 칭송하는 이유를 반영하는 것이다.

2) 작사作史의 태도

이종휘는 역사와 경학을 경위 관계로 인식하여 '사여경史與經 상위경위相爲經緯'[46]라고 했다. 흔히 유학자들은 경經과 사史를 체용 관계로 인식하여 사보다는 경을 우위에 두는 것이 상식인데, 이종휘는 체용體用 관계가 아닌 경위經緯 관계로 본 데 뉘앙스의 차이가 있고, 실제 이종휘의 학문은 경학이 중심이 아니라 사학이 위주였음을 고려한다면, 그는 사학을 단순한 경학의 응용으로만 대한 것은 아님이 확실하다. 그가 극단적인 도덕 본위의 사서라 할 수 있는 주자의 강목법綱目法을 버리고 사마천·반고班固의 기전체를 좋아한 것도 여기에 이유가 있을 것이다.

이종휘는 물론 사서의 임무가 포폄에 있음은 부인하지 않았고, 그런 의미에서 '양사'는 이미 죽은 현자賢者를 다시 살아나게 할 수 있다고 믿었고, 백이伯夷와 같은 현자를 후세에 빛나게 만든 것은 공자의 힘이라기보다는 사마천이나 반고의 힘이 컸다고 한다.

이종휘의 역사서술의 대상으로서 입덕立德·입공立功·입언立言의 셋을 들고 있다. 여기서 그가 입덕과 더불어 입공을 거론한 것은 영토에 대한 관심을 암시하는 것으로 도덕과 공리의 균형감각이 엿보인다. 왕도주의 성리학자들은 공리를 배격하는 것이 상식으로 되어 있다면, 이종휘의 역사의식은 이미 왕도주의 편중에서 크게 탈피했음을 말해 준다.

이종휘는 삼국시대나 고려시대에도 비록 사서가 있었지만 양사가 없었고, 또 역사기록이 있더라도 상란부전喪亂不傳한 것이 많아, 후세인들이 마치 천년 이전에는 도깨비나 목석만이 있었던 것처럼 생각하는 것을 개탄한다. 그러나 그의 관심은 고대사에만 있었던 것은 아니고, 오히려 고대사를 빌어 현재의 시비를 가리고자 하는데 있었다. 사실 역사는

書 중에 紀傳體형식을 따른 것은 吳澐의 『東史纂要』와 許穆의 『東事』가 있는데, 전자는 君王紀와 列傳·志만 있고, 후자는 世家와 열전만 있다. 本紀를 설정한 것은 『東史』 이외는 없다.
46 『修山集』卷2, 敍「靑丘古史敍」, 39쪽.

당대사가 중요한 것이지만 '당대사는 나라가 금하여 할 수 없는 경우'[47]가 있고, 인화人禍와 천형天刑이 두려워 피하는 일이 많다는 것이다. 따라서 이종휘가 '고사古史'를 선택한 것은 이런 이유와도 관련이 있지만, 또 한편으로는 옛날과 지금이 공간적으로나 문화적으로 동일한 요소를 많이 지녀, 고대사가 곧 현대사의 의미도 가질 수 있다는 특이한 논리로서도 정당화된다.

> 古人은 비록 나를 보지 못하고, 나 또한 古人의 마음속에 있지 못하나, 나 스스로 古人을 봄으로써, 立德은 이러하고, 立功은 이러하고, 立言은 이러하다는 것을 알게 된다. … 古人의 言語·氣味·性情이 나와 같고, 그들이 본 山川이 나와 같으며, 그들이 입은 옷과 먹은 음식이 나와 같다. 그들이 立德·立功·立言하여 후세에 요행히 전하여 주려는 마음이 또한 나와 같을지니, 내가 어찌 古人이 아닐 것이며 古人이 어찌 내가 아닐 것이랴.[48]

여기서 이종휘가 고인古人과 자기를 시공時空을 초월하여 일치시키려는 태도는 바꿔 말하면 고인의 전통을 현재에 계승한다는 의미가 담긴 것이며, 동시에 현재까지 면면히 계승된 국토와 언어言語·기미氣味·성정性情 등 우리의 자연과 고유문화에 대한 정체성의 확인을 강조하려는 것이다.

다음에 이종휘가 상고사를 서술함에 있어서 이용한 자료는 구체적으로 서명을 명시하지는 않았지만, 야사나 소설 등의 자료를 광범하게 참고한 것이 특징이다. 그는 「청구고사서」에서도 중국의 사마천이나 소철蘇轍도 야승野乘·소설 등에서 자료를 뽑아 오상본기五常本紀와 삼황기三皇紀를 쓰게 되었음을 소개하고 있거니와, 「제골계전후題滑稽傳後」라는 글에서도,

> 太史公(사마천 – 필자)은 野史에 많이 의존했는데, 野史는 또한 俚說이나 野言에서 나온 것이 많다. …… 고구려 역사에 보이는 愚溫達傳도 野言에서 나온 것인데, 내가 어렸을 때 野人에게서 公主와 樵兒에 관해 들은 이야기는 溫達傳에 나오는 이야기와 符契처럼 맞았다.

---

47 위와 같음.
48 위와 같음.

대체로 故老들이 서로 전하여 正史에까지 오른 것은 반드시 그 이야기들이 진실하다고 할
수는 없다. 그러나 歷史란 疑로써 疑를 傳하는 것이므로 野言·俚說이라도 반드시 버릴 필
요는 없다.[49]

고 하여 야언野言·이설俚說도 역사서술에 참고할 점이 많음을 인정하고 있다. 특히 "역사
란 의疑로써 의疑를 전하는 것"(以疑傳疑)이라는 발언은 의심스러운 것은 모두 빼버리는 성
리학자들의 지나친 결벽증에 대한 비판적 자세를 보여 주는 것이다. 따라서 그가 3국 이
전의 상고사를 그 어느 사서보다도 상세하게 서술할 수 있었던 것은 국내 측 야승소설野乘
小說[50] 자료에 대한 관용적 태도와 관련이 있는 것이다.

3) '조선=중국' '중국=재인在人'론

이종휘는 청淸이 중원의 주인이 된 이후로 이미 중국은 중국의 자격을 잃었으며, 오직
우리나라만이 중국으로 불릴 수 있다고 믿었다. 그에 의하면, 중국이라는 개념은 땅에 있
는 것이 아니라 사람에 있다는 것이니,

中國이 中國이 되는 까닭은 사람에 있는 것이요, 땅에 있는 것이 아니다.[51]

라는 표현에서 그러한 생각이 명시明示되고 있다.

중국이라는 뜻이 사람을 기준으로 한다는 것은, 바꿔 말하면 중국을 지리개념으로 보
지 않고 문화개념으로 받아들임을 의미한다. 그런데 문화수준을 놓고 볼 때, 청은 '곤수좌
임髡首左衽'(머리를 체발剃髮하고 옷깃을 왼쪽으로 여밈)의 야만적 단계에 있어 이를 중국이라
부를 수 없다. 그래서 이종휘는 청을 가리켜 '만번滿藩',[52] '만인滿人'[53] 혹은 '청호淸胡'[54]라고

---

49 『修山集』 卷10, 題後 題滑稽傳後, 223쪽.
50 이종휘가 말한 野乘·小說이란 다른 말로 古記를 가리킨다. 그는 『東史』의 「檀君本紀」에서 "古記에서 文意가
    아름다운 것을 竊取하여 本紀의 書首를 삼는다"고 하여 古記를 이용하여 檀君本紀를 작성했음을 밝히고 있다.
51 『修山集』 卷10, 題後 題東國輿地勝覽後, "中國所以爲中國 蓋亦在人而不在地也".
52 위의 책, 223쪽.
53 위의 책, 128쪽.

호칭하는 반면에, 우리 자신을 '소중화小中華'의 문화국가로서 자부하고 있으며, "지금 중국을 구하려면 마땅히 이쪽(조선 - 필자)에 있는 것이지 그쪽에 있는 것이 아니다"[55]라고 하여, 우리가 유일한 소중화인 동시에 중국임을 단언하고 있다.

이종휘는 청淸뿐 아니라, 그 이전의 오호五胡 · 요遼 · 금金 · 원元 등도 모두 중국으로 간주하지 않았으며, 삼대에서 진秦 · 한漢 · 당唐 · 송宋 · 명明으로 이어지는 국가를 중국으로 간주했다. 그런 의미에서 중국대륙의 역사는 중국과 이적夷狄의 교질交迭의 역사로 특징지을 수 있는 것이다.

명明이 망한 것은 곧 중국의 전통이 대륙에서 끊어진 것을 의미하는데, 비단 대륙뿐 아니라 우리와 '서동문書同文'(같은 문자를 쓰는 나라)의 같은 문화권에 있는 달단韃靼 · 오이라트[瓦剌] · 토번吐蕃 · 대만臺灣 · 유구琉球 · 일본 등을 모두 통틀어 보더라도 우리 문화를 능가하는 나라는 없다는 것이다.[56] 그런 의미에서 이른바 '서동문'의 한자문화권에서는 조선이 유일한 중국일 수밖에 없다.

이종휘는 전세계가 아세아亞細亞를 비롯하여 구라파歐羅巴 · 남북아묵리가南北亞墨利加(아메리카) 등 9세계 · 33국으로 되어있다는 올바른 세계지리에 대한 지식을 가지고 있었으므로,[57] 중국이라는 개념도 아세아세계 속에서 중국을 말하는 것이지, 전세계에서의 중국을 논한 것은 아니었다. 그러나 아세아 이외의 세계에 대해서는 그 문화에 대한 깊은 지식이 없었기 때문에, 타세계와의 비교적 관점에서 우리 문화를 논하지는 않았다.

우리가 아세아세계에서의 유일 중국이라는 생각은 이종휘의 문화의식 속에 깊이 잠재되어 있고 그것이 그의 역사의식을 밑받침하고 있다고 할 수 있지만, 그렇다고 우리 역사가 시종일관 똑같은 수준의 중화문화를 유지해 왔다고 믿는 것은 아니었다. "동방의 운運은 항상 중국과 성쇠盛衰를 같이 해 온 것"[58]이 우리나라 역사의 특징이라고 보는 입장에서 이종휘는 고조선 · 삼한 · 고구려의 상고문화를 높이 평가하는 반면에, 신라와 고려의 문화는 이풍夷風에 깊이 젖은 시대로 보고, 조선조 이후에 다시금 중화로 부상한 것으로 이

---

54 위의 책, 135쪽.
55 위의 책, 223쪽.
56 위의 책 卷1, 序 送某令之燕序, 24쪽.
57 위의 책 卷4, 記 利瑪竇南北極圖記, 80쪽.
58 위의 책 卷6, 策 策一, 135쪽.

해한다. 다음의 인용문은 그의 그러한 생각을 잘 보여 준다.

> 우리 東方은 비록 작은 나라이지만 …… 箕氏 이래로 天下 사람들은 仁義之邦와 仁賢之國이라고 불렀다. 그러나 羅·麗 시대에 이르러 風俗이 鄙陋해져서 거의 夷에 가까워졌으나, 聖祖(조선왕조 - 필자)가 亂을 진정시켜 夷를 夏로 바꾸었으며 禮樂과 문물이 漢唐과 넘나들게 되었다. 滿人이 중국의 황제가 된 뒤에도 海東의 한 모퉁이는 冠裳과 揖讓의 예를 잃지 않고 있으니, 天下가 薙髮하는 시대에 참으로 자랑스러운 일이 아닐 수 없다.[59]

이와 비슷한 논조의 글은 『수산집』의 도처에서 보이는 바로서, 상고문화가 높아진 근본 이유는 은인殷人과 주인周人이 한북漢北과 한남漢南에서 각각 조선(기자조선)과 삼한을 세웠다는 데서 찾아지고 있지만, 그와 동시에 단군조선에서 유래된 문화수준도 상당한 것으로 본다. 또한 나羅·려麗의 문화가 이풍에 젖어있었다는 것은 그 시대의 중국에 오호五胡·요遼·금金·원元 이적이 득세한 사실과 관련된다. 그리고 조선조의 문화가 다시 높아진 것은 송문화와 명문화의 수용이 그 결정적 요인으로 지적된다.

지금까지 살펴온 바로서, 이종휘의 대중국관은 전통적인 화이관華夷觀에 서 있다는 것이 드러났고, 그 점에서 본다면 호란 후의 서인계 학자들의 화이관을 근본적으로 답습한 것이라 할 수 있다. 그러나 '중화재지론中華在地論'을 '중화재인론中華在人論'으로 바꾼 것이나, 단군문화에 대한 긍정적 평가는 종전의 화이관을 진일보시킨 것으로 볼 수 있다. 그러나 이익과 같은 선배 학자들이 '이적夷狄=중화中華'론을 들고나온 것[60]에 비한다면 이종휘의 화이관은 오히려 보수적인 면이 있다고 생각된다.

4) 단군족의 역사에 대한 이해

『동사』를 비롯한 이종휘의 사론 중에는 단군에 관한 언급이 많을 뿐 아니라, 단군이 차지하는 혈통과 문화상의 위치를 큰 비중으로 다루고 있다.

---

59 위의 책 卷6, 策 革舊俗, 128쪽.
60 李瀷의 中華사상에 대해서는 韓永愚, 「李瀷의 史論과 韓國史理解」, 『韓國學報』 46, 1987(本書 8장 所收) 참고.

우선, 『동사』에서는 그 첫머리에 「단군본기」를 설정하여 역사상 단군조선을 본기로 서술한 것은 이것이 첫 시도다. 여기서는 단군의 출생에 대한 서술에 이어, 단군의 성姓은 환씨桓氏요, 이름은 왕검王儉이며, 그의 치적治績으로,

檀君시대에는 東夏에 君長이 없어서 百姓들이 蚩蒙한 상태에서 짐승과 더불어 떼를 지어 살았는데, 檀君이 비로소 백성들에게 編髮과 盖首를 가르치고, 처음으로 君臣 · 男女의 구분과, 음식 · 거처의 법도를 갖게 되었다.[61]

고 쓰고 있다. 또한 단군은 팽오彭吳에 명命하여 고산高山과 대천大川을 정하게 하고, 우수牛首에 이르러 백성들이 살 곳을 정하게 했다고 한다. 이 밖에 단군의 아들 부루扶婁는 갑술년에 하우씨夏禹氏를 도산에서 만났는데, 그 후의 세계와 연보는 전하지 않는다고 하고, 단군은 평양에서 살았지만, 그의 후손들이 은주殷周가 교체되는 시기에 백악으로 이사했다고 한다.

이종휘는 「단군본기檀君本紀」 끝에 '외사씨왈外史氏曰'이라 하여 자신의 의견을 첨가하고 있는데, 여기서는 마니산의 제천단祭天壇과 구월산의 삼성사三聖祠를 언급한 다음,

내가 中國古史를 보니, 檀君王儉의 이름을 表見한 것이 현저하다. 檀君은 首出聖人으로, 중국의 伏羲나 神農과 같다. 古記 가운데 文意가 바른 것을 뽑아 本紀의 첫머리에 적었다.

고 쓰고 있다. 여기서 단군을 '수출성인首出聖人'으로 인정하고, 중국고사에도 단군에 대한 언급이 많다고 하면서, 고기를 참고하여 단군본기를 지었다고 한 것은 한마디로 단군의 의미를 적극적으로 해석하는 태도를 보여 준다.

지금까지 소개한 「단군본기」의 서술은 홍만종의 『동국역대총목』(1705)의 내용과 거의 일치되어 그 영향을 받은 듯 보인다. 그런데 이종휘는 한 걸음 더 나아가 단군조선 자체는 입국 1508년 만에 기자의 동래로 끝났지만, 그 후손들은 여러 곳에 흩어져 부여(고구려 · 백제 · 발해 포함), 예맥濊貊 · 비류沸流 · 옥저沃沮 등을 건국하여 조선에 신속한 제후국들

---

61   『修山集』 卷11, 東史 檀君本紀, 232쪽.

이 되었다고 본다.

　　내가 들건대, 古史에서는 扶餘·濊貊·沸流·沃沮가 모두 檀君에서 나왔다고 한다. 立國
　　傳世가 수천 년간 끊어지지 않았으니 이는 그 뿌리가 먼 것으로서, 檀君의 德이 중국의 姚姒
　　나 湯姬와 같은 것이 아니겠는가. 그렇지 않다면, 어찌하여 그토록 오래갈 수 있었겠는가.[62]

　단군의 후손들이 수천 년간 끊이지 않고 나라를 세운 것은 그 시조인 단군의 덕이 중국의
요사姚姒·탕희湯姬처럼 컸기 때문이라는 것인데, 이런 표현은 「부여세가扶餘世家」에서,

　　檀君의 후예들이 수천백 년 나라를 세우고 왕을 칭하면서 世世로 끊어지지 아니한 것은,
　　처음 封할 당시에 반드시 賢聖한 임금이 있어서 仁惠가 物에 미치고 流澤이 자손에 이른 까
　　닭이다.[63]

라고 한 표현과도 일치하는 것이다.

　단군의 후예가 세운 나라는 위에 언급한 여러 나라가 있지만, 그중에서도 부여는 대국
으로 간주하여 특별히 세가로 독립시켜 그 역사의 시말을 자세히 서술했고, 나머지 예맥
·옥저·비류는 열전으로 독립시켜 다루었다.

　그런데 부여의 후예가 고구려·백제를 세우고, 또 고구려의 후예가 발해를 세웠다고
보는 까닭에, 실상 한국사의 주역은 자연히 단군족일 수밖에 없고, 그들이 활동했던 만주
지방이나 한반도가 아강我疆으로 인정되는 것도 필연의 일이다.

　또 한 가지 이종휘가 강조하고자 하는 단군족역사의 의미는 소위 한사군漢四郡 시대를
역사의 단절로 보지 않으려는 태도다. 다음의 글은 그의 이러한 태도를 강도 높게 표현한
것이다.

　　學者들은 四郡·二府 시대에 朝鮮에는 君長이 없었다고 말하는데, 이는 잘못이다. 扶餘

62　위의 책 卷11, 東史 列傳, 濊貊·沃沮·沸流·樂浪列傳, 246쪽.
63　위의 책 卷11, 東史 世家, 扶餘世家, 241쪽.

와 濊貊·沃沮의 族屬들이 犬牙처럼 漢地에 錯在해 있었는데, 扶餘는 큰 나라였다. 그 후 樂浪도 漢과 관계를 끊고 郡을 가지고 國을 세웠으며, 沸流가 건국한 것은 그 시작을 알 수 없지만 스스로 浿水와 薩水 사이의 大國이 되었다. 대저 이들은 모두가 朝鮮의 遺民으로서, 자료가 부족하여 자세히 설명할 수는 없지만 扶餘는 檀君의 후예로서 …… 수백 년간 끊어지지 않았으니, 어찌 그 일이 작다고 하여 매몰시킬 수 있겠는가.[64]

즉 한군현漢郡縣 시대에도 부여·예맥·옥저·비류 등이 독립된 나라를 세웠고, 낙랑조차도 뒤에 독립된 국가를 세웠으니, 이 시대를 역사의 단절로 취급함은 부당하다는 이론이며, 그런 의미에서 이종휘는 소위 사군·이부를 고대사체계에서 삭제하고, 다만 『동사』의 표表에서만 「사군이부건치연혁표四郡二府建置沿革表」를 설정하여 그 시말을 간단히 적고 있을 뿐이다.

그렇다면, 이제 단군족이 세운 국가들의 강역은 구체적으로 어디로 보는 것일까.

우선 단군조선과 부여의 강역은 남쪽으로 임진강에 미치고, 동북·서북으로는 지금의 오라烏喇·선창船廠·요심遼瀋·삼위三衛 지방에 걸친 것으로 본다.[65] 단군이 도읍을 두었다는 태백·평양은 임상덕의 설을 따라 묘향산과 지금의 평양으로 각각 비정하고 있어,[66] 새로운 견해라 할 수 없으나, 부여의 존재가 적극 강조됨에 따라 요하이동의 만주대륙의 상당 부분이 단군족의 영역으로 간주된다.

한편, 비류국沸流國은 비류수沸流水 위에 세운 큰 나라로서[67] 비류수는 지금의 평안도 성천이 아니라 압록강 이북에 있었던 것으로 보고,[68] 예맥은 고조선의 동남지방으로 보며,[69] 옥저는 동·북·남의 3옥저가 있어 동옥저는 함경남도, 남옥저는 삼수三水·갑산甲山·위원渭源·강계江界 지방으로, 북옥저는 함경북도와 두만강 이북으로 본다.[70]

이상 논지를 다시 정리하면, 단군족의 강역을 고조선 시대에 국한해서 보더라도 임진강

---

64 위의 책 卷12, 東史 年表, 六國年表, 259쪽.
65 위의 책 卷5, 史論 古史三國職方考論, 125쪽.
66 위의 책 卷14, 東國輿地雜記 東方地名之辨, 304쪽.
67 위의 책 卷11, 東史 列傳, 濊貊·沃沮·沸流·樂浪列傳, 245쪽.
68 註 66)과 같음.
69 『修山集』 卷11, 東史 本紀, 三韓本紀, 234쪽.
70 註 66)과 같음.

이북에서 만주에 이르는 극히 넓은 땅을 장악했으며, 그들은 종주국인 조선과 이에 신속한 부여 · 예맥 · 옥저 · 비류 등으로 나뉘어 한국 고대사 주류를 형성했다는 결론에 이른다.

5) 기자조선에 대한 이해

이종휘는 『동사』와 본기와 세가에서 기자조선을 다루었을 뿐 아니라 『사론』에서도 「전조선론前朝鮮論」(상 · 하)이라는 제하題下로 기자조선의 역사와 문화를 서술하였다.

기자 및 기자조선은 한국 역사를 통해 가장 이상적인 인물과 시대로 인식되고 있으며, 이때부터 '예의지방禮義之邦', '인현지국仁賢之國', '군자국君子國'의 칭호를 얻게 되고, 중국의 삼대와 맞먹는 중화국가로 되었다는 것이 그의 기본적인 관점이다. 그리고 이와 같은 기자관箕子觀은 거의 모든 유학자에게서 공통적으로 나타나는 것으로서 그 점에 관한 한 특이한 것은 없다.

그러나 이종휘는 이미 기자 이전의 단군조선 1508년의 역사를 적극적으로 평가하고 단군을 최초의 성인으로 인정해 놓았기 때문에 기자가 조선에 와서 비로소 이夷단계를 벗어나게 되었다는 통념은 용납되지 않는다.

그런데, 기자의 행적과 관련된 세부적인 문제에 있어서는 학자 간에 늘 논란이 있어 왔다. 그중의 하나는 기자가 주무왕周武王에게 신복臣服했느냐의 문제다. 결론부터 말한다면 이종휘는 기자불신설箕子不臣說을 따르고 있는데, 이는 선배 소론계 학자인 임상덕의 『동사회강東史會綱』의 설을 좇은 것으로 이해된다.[71] 따라서 기자는 주무왕의 신하가 되지 않았다고 『동사』에서는 단정하고 있는데, 다만 『사론』의 「전조선론」에서는 기자가 뒤에 백마를 타고 주周나라를 방문한 사실을 인정하면서 이는 소국의 사대의 예禮라고 칭송하고, 나아가 기자의 후손이 주周를 위해 연왕燕王을 정벌하려고 한 계획도 사대事大의 예禮로서 긍정하고 있다.

『동사』에서는 기자의 불신이 강조되고, 『사론』에서는 기자의 사대가 칭송되어 서로 상반되는 분위기를 풍기는 듯하지만, 이는 자주와 사대가 결코 모순되지 않는 자강自強 ·

---

71 林象德의 『東史會綱』에 관해서는 韓永愚, 「18세기 초 少論派 學人의 歷史敍述 - 林象德의 『東史會綱』」, 『三佛 金元龍教授停年退任紀念論叢』Ⅱ, 1987(本書 7장 所收)에서 詳論하였음.

보국保國의 방책方策임을 인정하는 뜻이라고 보여진다.

　그 다음, 기자가 조선에 와서 실시했다는 이른바 약법팔조約法八條(팔조교八條教)는 상살相殺 · 상상相傷 · 상도相盜에 5륜倫이 합쳐진 것으로 해석하고[72] 소위 정전법井田法 실시에 대해서는 한백겸설韓百謙說을 따라 전자형田字形의 70무畝 제도로서 주周나라의 정전제井田制와는 다른 것으로 해석한다.

　기자조선의 강역에 대해서는, 기자가 처음부터 평양에 온 것이 아니라 처음에는 요하좌편遼河左便에 거주하다가 단씨檀氏가 평양에서 백악으로 이사한 뒤 평양으로 들어오게 되었다는 이색적인 주장을 펴고 있다.[73] 그리하여 기자성시箕子盛時의 강역은,

　　　西쪽으로 遼河를 넘어서고, 東北으로는 忽汗에 이르렀으며, 남쪽으로는 바다에 이르러 地方이 4~5천 리가 되었으며, 濊貊 · 扶餘 · 韓의 족속들이 얼굴을 바꾸어 歸義하게 되었다.[74]

고 한다.

　끝으로, 이종휘는 『기씨보奇氏譜』에 실린 기자조선의 42대 929년의 왕계를 받아들여 「기자세가箕子世家」를 작성하고 있는데, 『기씨보』를 사료로 취택한 것은 이종휘가 최초이다.[75] 『기씨보』를 사료로 이용할 수 있느냐의 문제는 안정복에 의해 의심되기도 했으나, 개화기에 이르면 여러 사서들이 이를 사실로 받아들이게 되는 것을 본다.

6) 위만조선과 한사군에 대한 이해

　이종휘는 기자조선 다음에 위만조선衛滿朝鮮과 한사군漢四郡을 서술하던 관계를 깨고,

72　箕子의 8條教 중 失傳된 5條를 5倫이라고 추정한 것은 李睟光의 『芝峰類說』(1614)이 최초인데, 이 주장은 조선 후기 學人들 사이에 널리 受容되어 通說처럼 되었다.

73　『修山集』 卷11, 東史 本紀, 箕子本紀, "…… 箕子 …… 乃避中國 走之朝鮮 …… 周王聞之 因封之爵爲侯而不臣焉 初居遼水之左 百姓咸歸之 於是有檀氏徙白岳 箕子至平壤 東民父老酋長咸來迎".

74　위 箕子本紀, "…… 西過于遼河 東北至于忽汗 南極于海 地方四五千里 濊貊 · 餘韓之屬 革面歸義 ……".

75　箕子 後孫이 韓氏 · 奇氏 · 鮮于氏로 三分되었다는 說은 17세기 초의 학자 李廷龜(1564~1635)가 지은 「箕子崇仁殿碑」에서 처음으로 제시되었고, 그 후 17세기 중엽 許穆이 『東事』에서 그 說을 수용했고, 18세기 들어와서는 洪萬宗의 『東國歷代總目』(1705)과 安鼎福의 『東史綱目』(1759 · 1778)에서도 받아들여졌다. 그러나 이들 史書들은 『奇氏譜』에 실린 箕子朝鮮 및 馬韓의 王系表는 사실로서 믿지 않았다.

위만조선은 「후조선본기後朝鮮本紀」라 하여 「삼한본기三韓本紀」 뒤에 실었고, 한사군은 아예 독립된 항목으로 취급하지도 않았다.

위만조선은 삼한 뒤에 넣은 것은 두 가지 이유에서이다. 하나는, 삼한이 이미 단군 · 기자 때에도 별부로 독립되어 있어 위만보다도 시기적으로 앞선다는 것이고, 다른 하나는 기자의 정통을 이은 것은 위만이 아니라 삼한(특히 마한)이라는 것을 확실하게 하기 위함이다.

위만을 정통으로 간주하지 않은 것은 사기詐欺로써 나라를 빼앗고, 사기로써 한漢에 도전하다가 망했기 때문인데,[76] 위만을 정통에서 삭제한 것은 17세기 이후로 강목법 사서의 한 관례로 되어오던 것이다. 따라서 이종휘는 기전체형식으로 사서를 편찬한 까닭에 위만조선을 일단 본기로 취급하기는 했으나, 선배 학자들의 정통론의 시각을 그대로 답습하여 이를 정통으로 간주하지 않았다는 뜻을 명백히 하고 있다.[77]

다음에 한사군 · 이부는 앞에서 언급한 것처럼 그것이 우리 강토의 일부에 설치된 부분적 현상으로는 보는 시각에서 이를 역사체계에서 삭제했으며, 다만 표에서만 그 건치연혁을 설명하고 있다.

먼저, 사군의 위치에 대해서는 "현도玄菟 · 진번眞番 · 임둔臨屯은 모두 요좌遼左(요동 - 필자)에 있었으나, 낙랑樂浪만은 압록강 이남과 패수浿水의 오른쪽에 있었다"[78]고 하여 낙랑을 제외한 삼군의 요동설치설을 주장하고 있다. 그리하여 한사군의 남쪽 경계선은 황해도의 절령岊嶺(자비령) 이남과 강춘江春(강릉, 춘천 - 필자) 밖으로는 나가지 않았다고 하면서,[79] 우리나라의 진신縉紳 · 제유諸儒들이 혹은 임둔을 강릉에 비정하고 현도玄菟를 함흥에 비정하며, 낙랑을 경주에 비정하여 삼한의 땅이 모두 한漢에 속한 것처럼 생각한다고 비난하고 있다. 그리하여 결론적으로 이종휘는,

대체로 岊嶺 이남의 수천 리는 본래 三韓의 땅으로서 漢에 들어간 것이 아닌데도, 저 陋儒들은 (황해도) 平山을 二府의 平州로 생각하고, 營 · 平 2州가 하나는 遼西요, 하나는 遼東이라는 것을 모른다. 그들은 압록강 이남에서 漢四郡을 찾으려 하는데, 이는 朝鮮과 三韓을

76 『修山集』卷11, 東史 本紀, 後朝鮮本紀, 236쪽.
77 위의 책 卷11, 東史 本紀, 三韓本紀, 235쪽, "外史氏曰 余以馬韓接朝鮮 退衛滿於後 以明正僞之統 ……".
78 위의 책 卷12, 東史 表 四郡二府建置沿革表, 259쪽.
79 위와 같음.

혼동하여 구별하지 못한 데 원인이 있는 것이다. 平州 開原 서북에 있으니, 지금의 三衛·福餘의 땅에 해당한다.[80]

고 하여 절령을 경계로 조선과 삼한이 북과 남으로 엄연히 구별되어 있다는 것과, 소위 이부로 지칭되는 영주와 평주는 각각 요서와 요동에 있는 것으로, 황해도 평산을 평주로 보는 통설을 맹공하고 있다.

이종휘가 절령을 경계로 하여 조선과 삼한이 구분되어 있다고 보는 것은 임상덕의 삼한설을 따른 것으로서, 이점에 대해서는 「삼한지방지변三韓地方之辨」이라는 독립된 글에서 보다 상세하게 설명하고 있다. 그러나 임상덕은 한사군의 위치를 분명하게 언급하지 않은 반면에, 이종휘는 이를 한층 명시적으로 주장한 것은 진일보한 것이다. 진번과 현도가 압록강 이북에 있었다는 주장은 한백겸(진번=압록강 내외), 오운(현도=심양·무순 지방), 홍여하(진번=요양), 이세구(진번=압록강 이북), 홍만종(진번=요동), 이익(진번=요서, 현도=요동) 등에 의해서 이미 제기된 바 있으므로, 이종휘의 독창적 견해는 아니다. 그러나 이부(영주·평주)가 요서·요동에 있었다는 주장은 안정복에 와서 나오는 것으로,[81] 이종휘설과의 선후 관계는 단정할 수 없으나, 어쨌든 신설新說임에 틀림없다.

7) 삼한에 대한 이해

이종휘는 단군·기자의 정통을 잇는 국가로서 삼한(마한)을 내세웠는데, 이는 17세기 중엽에 홍여하가 '기자 → 마한'정통설을 내세우고 18세기 중엽 이익이 이를 다시 부연하여 소위 삼한정통론을 주장한 것과 근본적으로 맥을 같이하는 것이다. 이러한 그의 생각을 보여주는 발언으로서 「청구고사서靑丘古史敍」에서는,

馬韓은 비록 한 모퉁이로 옮겨갔으나, (중국) 江南의 晉이나 巴蜀의 漢처럼 마땅히 箕氏의 統과 이어진다. 衛滿은 그 다음이다.[82]

---

80 위와 같음.
81 韓永愚, 「安鼎福의 思想과 『東史綱目』」, 『韓國學報』 53, 1988(本書 10장 所收).
82 『修山集』, 41쪽.

라고 하여 마한정통을 인정하고 있다.

한편, 『동사』에서는 위 취지에 맞추어 삼한본기를 기자본기 다음에 설정하여 서술하고 나서, 그 끝에 '외사씨왈外史氏曰'이라 하여 자신의 의견으로서 다음과 같이 쓰고 있다.

> 나는 馬韓을 朝鮮(기자조선 - 필자)에 接하게 하였으며, 衛滿을 뒤로 밀어냄으로써 正統
> 과 僭僞의 系統을 분명히 한다.[83]

이 발언은 앞의 인용문과 똑같은 취지를 반복한 것으로서 그의 마한정통론의 시각의 확고함을 보여 준다.

그러나 정통론과 별도로 삼한의 위치나 국가성립 시기, 그리고 주민 구성의 성격 등에 관한 문제는 조선 후기 학자들 간에 완전히 합의를 보지 못하고 있었다. 이점에 관한 이종휘의 견해는 다음과 같다.

첫째, 한韓의 국가성립 시기에 관해서는 명확하게 언제라고 확언하지는 않았으나, 단군·기자 시대에 병존하여 조선에 신속臣屬했던 나라의 하나로 보고 있다. 즉 단·기 시대에는 5개의 큰 별부가 있었는데, 동남에 있던 것이 예맥이요, 동북에 있던 것이 부여·말갈이며, 서남에 있던 것이 한이다. 이는 마치 중국이 만蠻·이夷·민閩·오奧를 거느리고 있던 형세와 같은 것인데, 이 5개 별부 중에서도 한은 78국을 거느리던 나라로서 가장 큰 세력으로 본다.[84]

한의 성립을 이렇게 단·기 시대까지 소급하는 이유에 대해서는 다음과 같은 추론에 의해 설명한다.

> 안타깝게도 이 (韓) 78國은 그 시작이 언제인지 알 수 없다. 그러나 이치상으로 추측하건
> 대, 대체로 生民의 초기에 해당할 것이다. 백성들이 어질고 지혜로운 사람에게 나아가 그
> 를 君長으로 삼고 각각 스스로 나라를 세워 檀箕시대 수천 년간 끊어지지 아니하였으니, 어
> 찌 그 德이 있는 까닭이 아니겠는가.[85]

---

83   註 77)과 같음.
84   『修山集』卷11, 東史 本紀, 三韓本紀, "蓋檀箕之際 有別部於東南曰濊貊 西南曰韓 東北曰餘·靺鞨 猶中國之有
     蠻夷閩奧也 於玆五種 韓為最大".

다시 말해 어떤 사료에 근거하기보다는 단순한 추리로서 생민의 초기에 토착민에 의해 한韓이 세워졌을 것으로 보는데, 지금까지 한을 중국의 유이민流移民집단이 세운 것으로 보아 온 통념과는 판이한 것이다. '한韓=토착민설土着民說'은 고려말기 이승휴李承休의 『제왕운기帝王韻記』에서 '삼한=단군 후예'설說이 나온 이래 최초의 신설新說이라 할 수 있다.

그러나 이종휘는 한의 뿌리는 토착민이라고 보더라도, 역사의 진행 과정에 중국 유이민이 한에 합류되었음을 부인하는 것이 아니었다. 이를테면, 진의 유망인流亡人이 진한에 흡수되고, 주周 시대의 유민流民들이 한에 합류되었을 가능성을 배제하지 않았다. 또한 마한은 기자의 42대손인 기준이 남쪽으로 내려와 세웠다는 것을 인정한다. 그는 금마金馬에 도읍한 뒤 54개의 소국小國을 격멸하여 군현을 삼았고, 뒤에는 진한과 변한의 24국도 기준에 내속하였으며, 국호를 조선에서 마한으로 바꾸었다고 한다.[86] 그러니 기준이 남천南遷하기 이전에도 한이 있고, 기준이 남천한 이후에 마한이 생겼다는 것이 된다.

그런데 여기서 한 가지 주의해야 할 것은, 한 78국이 삼한으로 된 것은, 기준이 남천하여 마한을 칭한 뒤에 이웃 한족을 겸병兼並함으로써 성립되었다는 것이다. 그러니까 삼한은 78국으로 분립되었던 한족이 기준에 의해서 통일되어 가는 과정에서 성립된 것으로 보는 것이다. 이러한 주장은 일찍이 없었던 이종휘만의 창설이다. 그러나 이종휘는 "진辰·변卞의 두 한은 사적을 가고可考할 수 없어서 세가世家를 세울 수 없다"[87]고 하면서 독립된 세가로는 취급하지 않았다.

다음에, 이종휘는 기자의 후예들이 뒷날 사방으로 흩어져서 세 성씨집단을 형성하여, 동방에서는 한씨와 기씨성이 되고, 중국에서는 선우씨가 되었는데, 선우씨의 계파가 가장 명백하여 그들 중 우리나라에 온 사람들이 숭인전崇仁殿(기자 사당)의 제사를 주관하게 되었다고 한다. 이는 17세기 초 이래 『기씨보奇氏譜』에 기록된 내용을 역사적 사실로 받아들이는 경향을 이종휘도 그대로 따랐음을 의미한다.[88]

다음으로, 삼한의 위치에 대한 이종휘의 견해를 알아보기로 한다.

삼한과 조선이 황해도 절령(자비령)을 경계로 하여 남과 북에 병립했다는 주장은 앞에

---

85   위의 책 卷12, 東史 表 三韓之際七十八國分屬表, 260쪽.
86   위의 책 卷11, 東史 本紀 三韓本紀, 234쪽.
87   위와 같음.
88   註 75) 참고.

서도 잠깐 소개한 바 있거니와, 구체적으로 삼한 각국의 위치와 그 분속국가수分屬國家數는 다음과 같다.[89]

> 馬韓 - 漢水 · 河南에서 남쪽으로 熊津을 건너고 서쪽으로는 바다에 이르며 동쪽으로는 大嶺까지의 54國
>
> 辰韓 - 悉直(삼척)에서 莨山(부산)과 八公(山)에 이르고, 右로는 洛東江을 끼고 도는 12國
>
> 卞韓 - 黃山(전라남도의 섬)을 건너 바다를 따라가며, 서쪽으로 智異山을 안고, 왼쪽으로 도는 12國

한편, 이종휘는 『동국여지잡기東國輿地雜記』에서 임상덕의 『동사회강東史會綱』에 실린 「삼한지방지변三韓地方之辨」을 아무 논평없이 그대로 수록하고 있다. 임상덕의 설은 마한=황해 · 경기 · 충청도 지방, 진한=경상도, 변한=전라도로 요약되는데, 앞에 소개한 이종휘의 삼한 위치 비정은 기본적으로 임상덕의 설을 토대로 한 것이면서도 이익의 삼한설도 약간 절충한 느낌을 준다.[90]

끝으로, 이종휘는 삼한 중 마한 216년의 연표를 『기씨보』에 의거하여 작성한다고 언명함으로써,[91] 기자조선의 연표와 마한의 연표를 모두 『기씨보』에 의거하고 있음을 밝히고 있다. 『기씨보』에 적힌 기자조선 및 마한의 왕계표를 사료로 이용한 것은 이종휘가 최초이며, 그 뒤 개화기 사서에서 널리 유행됨을 본다.

8) 고구려문화와 지리에 대한 이해

이종휘는 단檀 · 기箕 · 마한馬韓의 정통이 고구려로 이어진다는 인식을 갖고 있었다. 「청구고사서靑丘古史敍」의 다음 구절은 그것을 말해 준다.

---

89 註 84)와 같음.

90 李瀷은 卞韓을 지리산 남쪽의 전라도 동남지방과 경상도 해안지방으로 보는데, 李種徽가 변한을 지리산을 끼고 도는 지역으로 본 것은 이익의 설과 유사하다. 이익의 史學에 대해서는 韓永愚, 「李瀷의 史論과 韓國史理解」, 『韓國學報』46, 1987 참고.

91 『修山集』卷12, 東史 年表 三韓年表, 258~259쪽.

高句麗는 朝鮮古地에서 일어나 禮樂文物이 자못 華制를 썼다. 비유컨대, 魏가 中原에 있고, 吳가 江南에 있을 때, 魏를 앞에 내세우고 吳를 뒤에 두는 例와 같다. 그리하여 고구려는 馬韓에 接하고, 신라는 다음이며, 백제는 또 그 다음이다.[92]

여기에서 고구려가 마한의 정통을 잇는다는 생각은 고구려가 마한의 혈통과 문화를 직접 계승했다는 뜻이 아니라, 오히려 고조선에서 일어나 중국문화를 적극 계승했다는 의미에서다. 문화수준으로 볼 때, 삼국 중에서는 고구려가 가장 앞서고 신라와 백제가 그 다음이라고 보는 것이다.

이와 같은 시각에서 이종휘는 고구려를 중심에 놓고 삼국의 문화를 정리한 것이 『동사』에 실린 9개항의 지志이며, 『동사』의 열전 부분에서도 고구려인이 가장 큰 비중으로 취급되고 있다.

『동사』의 9지를 『삼국사기』의 지志와 비교하면, 후자가 8지志로 되어 있으면서도 주로 지리지와 직관지職官志에 치중한 반면,[93] 전자는 예악禮樂·식화食貨·신사神事·예문藝文·율력律曆·천문天文·지리·형법刑法·오행五行 등 보다 확대된 시야를 가지고 정리했다는 데 차이가 있고, 또 『삼국사기』가 신라 중심으로 서술한 데 반해, 『동사』는 고구려 중심으로 정리한 것이 대조적이다.

이종휘가 지와 열전에서 칭송해 마지않는 고구려문화의 특색은 한마디로 삼강·오륜의 기준 위에서 규정되고 있는데,[94] 그러면서도 고구려의 강역이 사방四方 4~5천 리의 대국이라는 것과, 중국이 갖추고 있던 풍토와 기후의 다양성을 우리나라도 갖추고 있어 문화뿐 아니라 자연환경도 소중화의 조건이 구비되었다는 데 대한 자부심이 잠재되어 있

92　위의 책, 41쪽.
93　『삼국사기』의 志는 ① 祭祀 ② 樂 ③ 色服 ④ 車騎 ⑤ 器用 ⑥ 屋舍 ⑦ 지리 ⑧ 職官으로 구성되어 있으나, ⑦·⑧을 제외하고는 매우 간략하게 서술되어 있다
94　李種徽는 고구려 禮樂志에서 高句麗文化의 특색을 총괄하여 ① 報本祀神의 禮 ② 夫婦의 禮 ③ 君臣·父子·兄弟의 禮 ④ 衣冠·文物의 정비 ⑤ 音樂의 정비 등을 들고 있다. 이 중에서 특히 앞의 ①·②·③은 바꿔 말하면 三綱·五倫의 윤리를 가리킨다고 할 수 있다.
　　『東史』의 列傳에 실린 인물들은 薛聰과 崔致遠을 제외하고는 모두가 高句麗 人物들이다. 먼저, 高句麗家人列傳에 실린 柳花·禮后·松后·于太后·中川橡后 등은 夫婦의 禮를 지킨 王后들을 소개한 것이고, 高句麗 宗室列傳에 실린 解明·好童·鄒安·闢須·達賈·報德王은 宗室로서 孝·忠을 지킨 인물을 뽑은 것이며, 陜父·扶芬奴·乙豆智·松屋句·乙支文德을 列傳에 넣은 것도 高句麗人의 忠誠을 기리기 위함이다.

다. 특히『동사』의 지志 중에서도 가장 인상적이고, 또 후대사학에 크게 영향을 준 것은 「신사지神事志」다. 이것은 우리나라 귀신숭배와 신선신앙의 유래를 적은 최초의 민족종교사라 할 수 있다.

이종휘는 우리나라 귀신 숭배의 기원을 단군의 아버지인 환웅(신시천왕神市天王)이 '이신설교以神設敎' 즉 신神으로써 교敎를 편 데서 찾고 있다. 즉 환인제석桓因帝釋의 서자 환웅이 천부삼인天符三印을 받고 삼천三千의 무리를 거느리고 태백산에 내려와 신시천왕이 되었는데, 신시천왕이 베푼 신교神敎에 의하면, 풍사風師 · 운사雲師 · 우사雨師의 신과 더불어 주명主命 · 주병主病 · 주형主刑 등 360여 일을 맡게 되었다. 환웅의 아들 단군도 신교神敎를 계승하여 마니산에 참성단을 쌓고 제천했는데, 그 단壇은 상방하원上方下圓으로 되어있고, 높이가 17척, 상방이 각각 6척 6촌, 하원이 15척으로 되어있다. 강화도에는 이밖에도 상제上帝와 성진星辰에 제사 지내는 사당도 있었다 하고, 그 남쪽에는 단군의 세 아들이 성城을 쌓은 삼랑성三郎城도 있다.

단군이 죽은 뒤에는 단군을 제사하는 사당이 세워졌는데 태백산과 아사달에 모두 단군사가 있어 역대로 제사를 지냈는데, 아사달의 사당은 특히 환인과 황웅까지 함께 제사하여 삼성사라고도 했다.

귀신숭배는 부여 · 고구려에도 계승되어 부여에는 곤연사鯤淵祀, 고구려에는 태후묘太后廟와 동맹東盟(십월제천十月祭天), 동명묘東明廟, 수신사隧神祀가 있었다. 이밖에도 고구려에는 두 개의 신사神祠가 있었는데 하나는 부여신夫餘神이요 다른 하나는 고등신高登神이다. 고구려에는 신선신앙도 있었는데, 단군도 1,048년간 죽지 않았고, 동명왕도 기린마騏麟馬를 타고 승천하였으며, 태조왕太祖王 · 장수왕長壽王 · 차대次大 · 신대왕新大王 등이 모두 백세를 넘어 살았거나 근백세를 살았다. 고구려 관직에 '선인仙人'이라는 칭호가 있는 것도 신선 숭배의 융성함을 보여 준다.

신선 신앙은 신라에도 있었으니 박혁거세도 승천하였으며, 경주 서악西岳은 선도산仙桃山이라 부르고, 그 위에는 성모사聖母祠가 있으며, 술랑述郎과 사선지도四仙之徒가 신라에 있었다. 중국인들은 동방에 삼신산이 있다고 믿었는데, 그것은 기달怾怛 · 지리智異 · 한라산漢挐山을 가리키는 것이다.

이종휘는 이상과 같이 우리나라 고유신앙의 성격을 비교적 상세하게 서술하고, 그 끝에 「찬贊」을 붙여,

내가 보건데 司馬遷 史記의 封禪書와 班固의 郊祀志에서 모두 神仙을 말한 것은 그 훖을 바로잡기 위한 것이다. 그래서 檀箕 이래의 鬼神의 일을 적고, 三代의 法度를 절충했으며, 나아가 神仙·荒怪한 이야기들을 표리로 언급했다. 뒷날 君子들이 참고할 바이다.

라고 하여 이와 같은 민족 고유의 귀신숭배가 요탄妖誕·황괴荒怪스럽다는 입장을 분명히 하고 있다. 이종휘는 어디까지나 합리적 사고를 따르는 유가인 까닭에 유가적 제사규범을 존중하는 것은 지극히 당연한 것이지만, 믿지 않는 것이라도 그 역사적 사실을 기록해 놓은 것은 보통 유자와 다른 점이 있다. 바로 그 점 때문에 뒷날 단군을 숭배하는 대종교도들 사이에서 이종휘는 가장 큰 추앙받는 학인의 한 사람이 되었던 것이다.

끝으로, 이종휘는 고구려를 중심으로 삼국의 지리지를 서술하고 있는데, 이 지리지는 단순히 행정구역이나 위치 비정에만 국한된 것이 아니라, 풍속과 물산 등을 반드시 적어 소위 직방고職方考의 차원으로 제고시킨 것이 특색이다. 그는 먼저, 고구려가 지방 4~5천 리의 대국으로, 망할 당시에도 5부部·9주州·34군郡·166성城·69만여 호戶나 되는 국세를 가졌음에도 불구하고, 김부식의『삼국사기』에는 패수浿水 이남의 3주·34군·127현만을 적고, 그 나머지 압록강 이북의 5주·27성은 이름만 알고 그 위치를 모른다 하였고, 부여주의 40성은 그 이름도 모른다고 한 것은 안타까워했다. 그래서 그는 중국의 제사와 우리나라의 고기 그리고 근세의 견문을 종합해서 고구려 지리지를 다시 쓰게 되었다.

우선, 이종휘는 고구려의 발상지인 비류沸流·졸본卒本·환도丸都·국내성國內城 등의 지역이 압록강 이북에 있었다고 주장하여 이를 평안도 지방에 비정해 온 통설을 부정했으며, 고구려 성시의 강역은 북北으로 요수遼水의 동서를 모두 아우르고, 남으로는 청송靑松·영덕盈德·괴산槐山·직산稷山에까지 미쳤다고 본다. 그리고 환도·졸본·회산回山·오라烏喇·동부책성東部柵城·북부여주北扶餘州·국내주國內州·옥저沃沮·한산주漢山州·우수주牛首州·패서浿西·차현車峴·금강이남錦江以南 등의 순으로 각 지역의 풍속과 기후·산물, 중국과 대비한 위도상의 위치, 역사적 내력을 적고 있는데, 특히 각 지역이 지닌 '도회都會'적 특색을 부각시키려고 노력했다. '도회' 중심으로 지리지를 편술하는 것은 행정개념보다는 풍토 내지 생활권 개념을 가지고 지리를 파악하는 방식으로서, 이미 허목의『동사』의 지승地乘 이래 이중환李重煥의『택리지擇里志』(1753)에 이르기까지 조선 후기 학인들 사이의 한 유행이 되었다 할 수 있다. 그러나『택리지』가 한반도의 8도만을 서술대상으로 취급한 것임에 대하여, 이종휘의 지리지는 만주와 한반도를 하나의 국토개념 속에 포괄적으로 서술한 것이 크게 다르다.

9) 발해 · 신라에 대한 이해

이종휘는 발해에 대해 특별한 관심을 가지고 「발해세가渤海世家」를 『동사』 세가의 하나로 설정함으로써 발해를 한국사의 일부로 공식적으로 수용했다.

이종휘의 발해에 대한 서술은 주로 『신당서新唐書』에 의존하여 그 건국에서 멸망까지의 214년의 과정을 적고, 이어서 5경京 · 15부府 · 62주州의 이름과, 발해의 관제官制 그리고 물산物産까지 기록한 다음에, 발해 멸망 후 그 귀족들이 고려에 귀화한 사실을 적고 있다. 그리고 「발해세가」 말미에 이종휘 자신의 「찬贊」을 실어 발해사의 의미를 나름대로 정리하고 있다.

먼저, 이종휘는 발해시조 대조영이 말갈인이라고 보는 중국측 기록을 믿지 않고, "대조영大祚榮은 고구려의 한 아예餓隸로서 … 5천 리의 땅을 차지하고 … 수백 년간 소중화小中華의 나라를 만들었으니, 태사太師(기자 - 필자) 이래 오직 한 사람뿐이었다. 참으로 위대하다."[95]고 하여 발해를 어디까지나 고구려 유민이 세운 나라로 간주했다.

한편, 발해의 강역과 5경 · 15부의 위치에 대해서는 정밀하게 고증하지는 않았으나, 『신당서』의 기록을 받아들여, 함흥 지방이 발해의 동경소내東京所內에 들어있고, 백산도 발해의 중경 구역 안에 있어, 단군과 동명의 발상지였다고 한다.[96] 이와 같은 위치비정은 유득공柳得恭의 『발해고渤海考』(1784)나 안정복의 『동사강목』(1759 · 1778)이 대체로 『청일통지淸一統志』의 설을 따른 것과는 다르다. 다시 말해, 『신당서』는 발해의 5경을 숙신肅愼 · 예맥濊貊 · 옥저沃沮 · 고구려의 고지故地에다 비정한 반면에 『청일통지』는 5경의 위치를 영고탑寧古塔 · 길림吉林 · 봉황성鳳凰城 · 해성현海城縣 · 압록강 근처로 각각 비정했는데, 이종휘는 『청일통지』 계통의 설을 따르지 않은 것이다. 19세기 초에 정약용과 한진서韓鎭書는 각각 『강역고疆域考』와 『해동역사海東繹史』 지리고地理考에서 『청일통지』의 잘못을 비

---

95 『修山集』 卷11, 東史 世家 渤海世家, 243쪽.
96 위와 같음.

판하고 『신당서』의 설을 따르고 있음을 보게 되는데[97] 그 점에서 보면 이종휘는 18세기 학자로서는 선구적 위치에 있다고 할 수 있다.

이종휘가 발해에 대해 갖는 관심은 일차적으로 발해가 망한 후 그 땅의 태반太半을 잃은 데 대한 아쉬움에 있었다.

> 지금 渤海의 東西南中의 4京의 땅 가운데 我朝에 들어온 것은 5분의 2에 불과하고, 그 나머지 1경(上京 - 필자)·11附·50여 州는 모두 生女眞과 熟女眞의 여러 部로 나뉘어져 있다가 누루하치에 의해서 통합되어 金國이 세워졌다. 지금의 盛京과 寧古 일대가 바로 그 땅이다.[98]

즉 발해 땅의 2/3를 잃고, 그 잃은 땅을 여진족女眞族이 차지하고 있으며, 그 여진족에 의해 다시 수모를 당한 것에 대한 분함이 간접적으로 암시되어 있다. 현재의 조선의 영토는 단기에서 발해에 이르기까지 3천 년간 우리가 보유했던 땅의 3/5을 잃고 2/5만을 차지하고 있는 데 대한 아쉬움은 비단 위 글에서만 아니라『수산집』의 도처에서 보이고 있거니와, 그 아쉬움에 대한 대안은 결국 강렬한 고토수복의지故土收復意志로 연결되고 있음은 이미 첫 장에서 설명한 바와 같다.

다음에 이종휘의 신라에 대한 관심에 관해 알아보기로 한다. 이종휘의 신라에 대한 관심은『사론』의 신라론에 집중적으로 반영되어 있다. 그는『동사』에서는 신라를 독립된 항목으로 다루지 않고, 고구려문화를 서술하는 가운데 신라와 백제문화를 부기하는 형식으로 간단히 처리했다. 이는 삼국 중 고구려를 정통으로 간주한 데 이유가 있다. 그러나 고구려 다음으로 주목한 나라는 신라였다. 4조의「신라론」을 따로 저술한 이유도 여기서 찾아진다.

이종휘가 보는 신라는 문화적인 측면에서 긍정과 부정의 양면이 있고, 긍정적인 면은 소위 삼대목에서 말한 상대上代·중대中代·하대下代의 시대 구분법에 있어서 상대와 중대에서 찾아진다. 우선 상대의 삼성교체三姓交替는 입현立賢의 정신을 드러낸 것으로 무위자연無爲自然의 황노적黃老的 정치를 방불케 하는 '신성지덕神聖之德'이자 당우지풍唐虞之風으

---

97 韓永愚,「茶山 丁若鏞의 史論과 對外觀」,『金哲俊博士華甲紀念史學論叢』, 1983(本書 11장 所收);「海東繹史의 研究」,『韓國學報』38, 1985(本書 12장 所收).

98 註 95)와 같음.

로 칭송되고, 신라인의 기절의 풍속이 또한 고풍에 가까운 것으로 찬미된다. 물론 정치란 왕도가 최상이고, 왕도는 무위자연보다는 예악형정禮樂刑政과 명물名物·기복器服의 제도를 구체적으로 갖추는 데서 이루어지는 것으로서, 신라가 왕도로 나가지 않고 황노로 경도된 것은 근본적인 한계점으로 지적된다. 그러나 신라가 그런대로 소강小康을 유지한 것은, 불교로 치국할 때 보다는 훨씬 나았다고 보는 것이다.

이종휘는 신라문화 가운데 또 하나 칭송될 것으로 유학의 시작을 들고, 그와 관련하여 설총薛聰과 최치원崔致遠을 『동사』의 열전 속에 수록했다. 특히 '설총은 동방東方 유자儒者의 시조'[99]로 추앙하고, 고려의 최충崔冲이 5백 년 뒤에 그의 학學을 계승했다고 본다.

한편, 신라문화의 부정적 측면으로는 지나친 불교 숭상과 동성혼인 등을 들고, 특히 하대의 난정亂政을 지적한다. 이는 바꿔 말하면 유교의 예악형정禮樂刑政이 미숙한 것을 의미하고, 그 점에서 고구려문화에 대한 상대적 후진성으로 간주되는 것이다. 어쨌든 이종휘의 신라론은 지금까지 신라를 삼국 중 가장 선진국으로 이해해 온 통념과는 크게 다른 것으로서 그 다음 19세기 초에 이르러 신라문화가 더욱 평가절하되는 단서를 열어 놓았다고 할 수 있다.

10) 고려문화·지리에 대한 이해

이종휘의 고려에 대한 관심은 『동사』의 지志 가운데 고려사高麗史 천문지天文志·역지曆志·오행지五行志·선거지選擧志·여복지輿服志·백관지百官志·예지禮志 등 7지를 설정한 것과 『사론』 중에 여태조론麗太祖論·여혜왕론麗惠王論·여광종론麗光宗論·여덕왕론麗德王論·여예왕론麗睿王論 등에 집중적으로 나타나 있다.

먼저, 『동사』의 지에 반영된 이종휘의 고려문화에 대한 이해는 대체로 『고려사』 지의 내용을 요약한 수준에서 크게 벗어나지 않고 있으나, 조선 후기 주자학자들이 엄격한 명분론을 가지고 고려문화의 후진성을 지적하는 데 급급하던 자세와 비교한다면 그 비판적 태도가 많이 완화된 느낌을 준다.

가령, 고려초기에 짐朕·폐하陛下라는 칭호를 쓰고, 원구제사圓丘祭祀를 한 것에 대해 이

99　『修山集』卷11, 東史 列傳 薛聰崔致遠傳, 256쪽.

를 사대명분에 어그러진 태도로 매도하기보다는 "의제儀制 다방천자多倣天子 무이안남無異安南 · 일본지자제기국日本之自帝其國"[100]이라 하여 고려의 의제가 천자를 모방하여 안남이나 일본이 천자 노릇을 한 것과 다름이 없다고 한 것이 그것을 말해 준다.

그러나 고려의 여러 왕들에 대한 『사론』 서술에서는 권신의 발호에 의한 정치문란을 집중적으로 비판하면서, 이 이유를 지나친 불교 숭상 즉 과도한 불교의 자비정신과 동성혼 풍습에서 찾고 있다.

불교의 자비심 때문에 권신이 발호했다는 이야기는, 군주가 권신과 역신을 주살하지 않고 용서해 주는 것이 상례가 됨에 따라 왕실의 권위가 추락하게 되었다는 뜻이다. 혜종의 왕규王規에 대한 태도, 인종의 이자겸李資謙에 대한 태도, 공민왕의 김용金鏞에 대한 태도 등이 그러한 예에 해당하는데, 그러한 풍습이 마침내는 무신집권을 가져오고 왕을 허기虛器로 만드는 결과를 가져온 것이며, 고려 멸망의 한 원인이 된 것이다.[101]

그러나 불교의 자비심이 반드시 부정적 의미만 가진 것은 아니다. 고려가 그래도 500년의 명맥을 유지한 것은 자인慈仁 · 관서寬恕의 기풍이 민심을 감동시킨 결과이니, 이는 진秦이나 수隋가 따를 바가 아니다.

그다음 왕실에 있어서 동성혼의 풍습은 신라의 악풍을 그대로 계승한 것으로, 이는 이적夷狄 · 금수禽獸와 하등 다를 것이 없는 야만적 풍속이며, 이 풍습이 조선조에 들어와서도 완전히 청산되지 못해 동성이관의 혼인이 유행하고 있다고 개탄한다.[102] 고구려의 경우에는 유명한 후비后妃가 많지만 한 사람도 동성인 경우가 없어, 동성혼이 유행한 신라의 황루荒陋한 풍속과는 다르다고 본다.

이종휘가 보는 고려사 시간의 또 하나는 지리에 관한 문제다. 그는 고려의 고구려 구강수복舊疆收復 운동이 실패로 돌아간 것을 매우 안타까워하는 입장에서 예왕론睿王論을 쓰고 있다.

원래 고려태조가 서경西京을 중요시한 것은 단기의 구강舊疆을 회복하고자 한 웅지雄志에서 나온 것이고, 그 후 예종 때 윤관尹瓘 · 오연총吳延寵 등이 수천 리 땅을 개척하여 구성九城을 쌓은 것도 단檀 · 기箕 · 고구려의 땅에 있었던 것에 불과하므로, 이를 비난할 일이

---

100 위의 책 卷13, 東史 志 高麗史 禮志, 298쪽.
101 위의 책 卷6, 史論 麗惠王論, 121쪽.
102 위의 책 卷6, 史論 麗德王論, 123쪽.

아니라고 주장한다. 고려 말기에도 만주를 수복할 기회가 몇 번 있었는데, 그 첫째는 충선왕忠宣王 때이고, 그 다음은 이성계李成桂가 나하추納哈出를 몰아내던 때이다. 이 시기에 고려의 군신들이 웅지雄志를 품고 있었다면 단기 강역을 회복하는 것이 가능했을 터인데, 그렇게 되지 못한 것을 안타까워하면서 결론적으로,

> 후세의 功을 좋아하는 君主들은 秦나라나 漢나라 임금의 굳은 뜻을 갖지 않고, 헛되이 변
> 방의 충돌만 유발하여 …… 天下의 웃음거리가 된 것은, 그 또한 睿宗의 罪人이다.[103]

라고 하여 진秦의 목공穆公이나 한漢의 무제武帝처럼 굳은 의지를 가지고 영토를 넓히지 못한 고려군신高麗君臣의 무능을 탓하고 있다.

결과를 놓고 볼 때, 고려는 단기 강역의 3/10~4/10 정도밖에는 수복하지 못한 채 패수浿水를 경계로 하는 데 그쳤지만,[104] 윤관尹瓘이 쌓은 구성九城의 최북단인 선춘령先春嶺을 경계로 한 일도 있다고 본다.[105] 선춘령의 위치에 대해서는 원래 『고려사』지리지에서는 이종휘와 마찬가지로 두만강 이북 700리로 되어있었으나 『동국여지승람』이후로는 함경도에 있는 것으로 보는 것이 통설通說로 되어 왔는데, 조선 후기에 이르러 허목許穆 · 이세구李世龜 · 이익李瀷 등이 다시 두만강 이북설을 주장하고 나섰으니, 이종휘도 역시 조선 후기 선배 학자들의 신설을 따르게 된 것으로 볼 수 있다.

끝으로 이종휘는 고려시대 유교문화에 대한 관심에서 「고사고려유림전론古史高麗儒林傳論」을 썼다. 여기에서는 고려시대를 만이蠻夷와 난세亂世로 보면서도 조선왕조에 들어와 다시금 기자문화箕子文化와 접맥되는 계기로서 고려시대의 유학자의 역할을 주목한다. 그리하여 최응崔凝에서 최충崔冲 · 안향安珦 · 우탁禹倬 등을 거쳐 이색李穡 · 김구용金九容 · 정몽주鄭夢周 등에 이르는 유학자가 공민왕恭愍王의 노력에 의해 향교와 성균관이 중흥된 것을 칭송한다.

결국 이종휘는 유교문화, 특히 삼강오륜과 예악형정의 제도에 기준을 두고 한국사의

---

103 위의 책 卷6, 史論 麗睿王論, 124쪽.
104 위의 책 卷6, 史論 古史 三國職方考論, 125쪽.
105 위의 책 卷6, 策 策二, "…… 勝國亦以靑石 · 先春二嶺爲界而今皆爲中國之地"; 위의 책 卷14, 東國輿地雜記 東方地名之辨, "靑石嶺在義州四日程 距古遼陽七十里 自古稱高麗舊界".

발전과정을 이해하는 동시에, 영토의 신축을 또 하나의 역사 발전의 기준으로 설정하고 있다는 점에서 왕도주의 편중의 유학자와의 차이점이 발견된다.

6. 사학사적 위치

이종휘는 노소 양당이 경쟁적으로 집권하던 영정시대英正時代에 안으로 부국강병을 추구하고 밖으로는 만주의 구강수복舊疆收復을 열렬히 희구하는 입장에서 풍속개량을 부르짖고 나아가 한국사의 새로운 체계화를 시도했다. 그가 바라는 사회는 재야의 산림을 정치권으로 끌어들이는 효제역전孝悌力田의 실시와, 양반 계층의 적극적인 국방 및 농공상에의 참여, 그리고 언론의 활성화를 통해 보다 강력한 양반국가를 건설하려는 것이었다. 그와 동시에 반상班常의 명분을 엄격히 지켜 평민과 노비가 양반으로 상승하는 것을 막고, 양반의 신분적 세습성이 보장되는 사회를 이상으로 생각했다. 따라서 그의 사회사상은 무위도식無爲徒食하는 양반의 국방 및 생업에의 적극 참가를 유도하고 있다는 점에서 일정한 진보성이 엿보이고 있으나, 강상윤리綱常倫理의 명분을 고수하여 양반지배체제를 항속화恒續化하려 했다는 점에서는 보수적 입장을 탈피하지 못했다.

그의 역사의식은 바로 이와 같은 개량된 양반국가를 삼대의 이상사회라고 보고, 그 이상사회의 역사적 전통을 한국사에서 정립해 보고자 하는 것이었다. 중국은 이미 청淸의 등장으로 이상사회로의 중국(중화中華)의 지위를 상실하였으므로 이제 중국이라는 이상적 국가의 정통은 우리나라에서만 찾을 수밖에 없게 되었다. 우리나라는 단군시대에서 성인이 출현했고, 기자箕子의 동래東來로 확고한 삼대문화의 이식移植을 달성했으며, 그 문화전통은 마한과 고구려로 이어져 내려오다가, 신라와 고려의 일시적 침체기를 거쳐 조선왕조의 성립을 계기로 다시금 기자전통箕子傳統과 접맥되기에 이른 것이다. 신라는 문물제도 면에서는 삼대에 미급했지만 풍속과 기절면氣節面에서는 삼대의 풍風이 간직되어 그 점에서는 자랑할 만한 시대로 간주되었다.

이와 같이 중국으로서의 당당한 모습을 지닌 한국사는 당연히 제후적 위상에서 탈피하여 천자적天子的 위상으로 제고되어야 하고, 그런 뜻에서 본기本紀와 세가世家·열전列傳의 형식을 갖춘 기전체紀傳體로의 형식이 주저없이 도입될 수 있었다. 그가 17·18세기에 널리 유행했던 주자의 강목법 체재를 따르지 않은 것은 왕도주의 편중의 역사의식을 탈피한 까닭이었다. 다시 말해 이종휘의 역사의식은 왕도와 동시에 부국강병의 공리를 절충하는 시각에서 영토 확장에 비상한 관심이 경주되었던 까닭에 왕도지상의 주자학적 역사서술 체재는 적합한 것이 못 되었다. 주자보다는 왕양명을, 강목법 보다는 사마천의『사기』를 선호한 이유가 여기에 있었다.

이종휘의 역사의식이 또 한 가지 중요한 특색은 고유혈통과 고유신앙, 그리고 국토에 대한 심화된 인식이었다. 그는 문화적으로는 기자箕子에 의해 이식된 삼대문화를 주류로 놓고 우리 문화의 선진성에 대한 자부심을 표현했지만, 혈통상으로는 단군의 피가 부여扶餘·고구려·백제·예맥濊貊·옥저沃沮·비류沸流·발해渤海 등으로 이어져 내려온 것으로 보아 단군족이 우리 민족의 주류임을 천명코자 했다.

한편, 환웅桓雄=신시씨神市氏 이래의 민족고유신앙으로서 신교神敎의 전통을 따로 정리한 것은, 그에 대한 믿음이 전제된 것은 아니라 하더라도, 그러한 시도 자체가 유학자의 역사서술로서는 파격적인 것이고, 민족문화의 개성적 측면에 대한 식자의 관심을 환기시켰다는 점에서 획기적 의의를 갖는 것이다. 동시에 우리 국토의 범위를 만주로 확산시키면서, 그것이 가진 풍토적 다양성에서 대국적 특색, 다시 말해 중국과 동등한 천하국가로서의 면모를 포착한 것은 국토에 대한 심화된 인식과 자부심의 반영인 것이다. 이종휘의 역사의식은 문화공동체, 지역공동체, 혈연공동체로서의 민족에 대한 자각의 심화라는 점에서 뒷날 민족주의역사학의 선구로서 적지 않은 영향을 후세에 미치게 되었다.

물론 그의 새로운 역사의식은 평지에서 돌출한 것이 아니요, 왜란과 호란을 거치면서 점진적으로 성숙되어 가던 선배 학자들의 성과를 계승·발전시킨 것이다. 단군혈통과 그 문화에 대한 재인식은 고기류의 영향이 컸다 할 수 있고, 더 직접적으로는 허목·홍만종·이익의 영향을 상정할 수 있다. 또 그의 국토의 다양성에 대한 인식은 허목과 이중환의 그것에 자극된 것이라 할 수 있고, 한국고대사에서 삼대의 모습을 찾으려 한 것도 허목과 이익에게서 이미 시도된 바 있다. 왕도와 공리를 절충하려는 입장도 유계兪棨와 임상덕林象德 등 선배 서인 학자에게서 이미 나타났던 바이고, 고토수복故土收復에 대한 관심도 이익과 유득공 등에서 강렬하게 표현된 바 있다. 다만, 단기檀箕의 문화전통이 고구려로 연결된다고 보는 것은 이종휘의 독특한 주장으로서, 이는 지금까지의 신라정통론이나 삼국무통론과 비교하여 중요한 시각의 전환을 가져온 것이다.

이종휘 사학을 가장 먼저 주목한 것은 고종초의 학인 박주종朴周鍾(1813~1887)의 『동국통지東國通志』(1868, 고종 5)이다. 이 책의 지리고地理考에서는 한백겸韓百謙 · 유형원柳馨遠 · 허목許穆 · 홍여하洪汝河 · 임상덕林象德 · 이익李瀷과 더불어 이종휘李種徽의 지리고증地理考證이 도처에서 인용되고 있음을 본다. 그 다음, 1910년대에 들어가 대종교 이세교주二世教主 김교헌金敎獻의 『신단실기神檀實記』(1914)에서 이종휘의 사론, 특히 신사지神事志가 크게 주목된 이래로 1920년대의 대종교도의 여러 사서에서는 이종휘는 필수적으로 인용되는 조선조 학인의 하나로 확고하게 자리잡게 되고 1930년대의 신채호申采浩에 이르러 마침내는 허목과 이종휘는 조선 후기 역사가 중에서 가장 주체적인 사가로 평가되기에 이른 것이다. 이제 신채호가 『조선상고사朝鮮上古史』 총론에서 평한 이종휘의 사학의 특색을 인용함으로써 이 글을 맺고자 한다.

李種徽의 修山集은 檀君以來 朝鮮固有한 獨立的 文化를 詠歌하여 金富軾 이후 史家의 奴婢 思想을 갈파하여 特有한 發明과 採輯은 없다 하여도 다만 이 한가지로도 또한 不朽에 置할 것이다.

18세기 후반 남인 안정복의 사상과 『동사강목』

1. 문제의 제기

18세기 중·후반기의 소위 영정시대英正時代는 정치적으로는 탕평蕩平의 안정기로 볼 수 있으나 사회경제적으로는 상공업의 발달에 따른 신분제의 변동이 격심해지고, 사상적으로는 남인실학南人實學과 북학사상北學思想이 성숙해 가던 시기로 특징지어진다.

이 시기에는 이와 같은 사회경제적 변동과 사상계思想界의 변화에 수반하여 역사서술상으로도 다양한 역사의식을 반영하는 사서들이 출간되었다. 먼저, 관변측官邊側 사업으로는 『동국문헌비고東國文獻備考』의 편찬(1770)과 그 수정작업이 있었고, 개인의 저술로는 신경준申景濬의 『강계고疆界考』(1756), 이익李瀷의 『성호사설星湖僿說』, 이만운李萬運의 『기년아람紀年兒覽』(1778), 이종휘李種徽의 『동사東史』, 유득공柳得恭의 『발해고渤海考』(1784), 이긍익李肯翊의 『연려실기술燃藜室記述』(1797) 등이 이 시기를 대표하는 역사서술이라 할 수 있다.

그런데 영정시대 사서를 논의할 때 사서로서의 격식을 가장 충실하게 갖춘 것은 사실은 안정복安鼎福의 『동사강목東史綱目』(1759, 1778)을 으뜸으로 꼽을 수 있다. 『동사강목』은 『동국통감』 이후로는 가장 방대하고 체계가 잡힌 통사서通史書로서 조선 시대 사서를 말할 때 조선 전기를 대표하는 것이 『동국통감』이라 한다면 조선 후기를 대표하는 것은 『동사강목』을 드는데 이론이 없을 것이다.

『동사강목』은 후대에 미친 영향도 매우 크다. 개화기開化期의 사서류史書類는 기본적으로 『동사강목』을 토대로 재구성되었으며, 한말·일제시대의 민족주의 사서들도 『동사강목』을 널리 참고하였다. 신채호申采浩는 그의 『조선상고사朝鮮上古史』 총론에서 한국사학사를 개관하면서 안정복을 최초의 역사전문가로 평가했다. 그의 평評을 그대로 다 받아들일 수는 없지만,『동사강목』이 타사서他史書에 비해 그만큼 전문성이 높은 것을 지적한 것은 옳은 것이었다.

『동사강목』은 이러한 사정으로 인해서 그동안 학계의 많은 관심을 끌어왔고[1] 최근에는『동사강목』뿐 아니라 안정복 자신의 사상체계에 대해서도 관심이 쏠리기 시작하고 있다.[2] 그러나,『동사강목』과 안정복의 사상체계를 하나로 묶어서 이를 심층적으로 파악하면서, 그의 사학사적 위치를 점검하는 연구는 나타나지 않았다.

이 글은 이와 같은 문제의식에서 출발하여 무엇보다도 안정복의 역사의식의 기저가 되는 사회사상을 이해하고, 이를 토대로『동사강목』의 한국사체계의 특징을 파악하는 데 초점을 맞추려고 한다.

2. 안정복의 생평

안정복(1712~1791)은 숙종 말기에 태어나서 신해통공辛亥通共이 이루어지던 정조 말기에 세상을 떠났다. 관향貫鄕은 광주廣州이고, 호號는 순암順菴이며, 자字는 백순百順이다.

그는 80세의 비교적 긴 생애를 통해서 많은 저술을 내어[3] 학인으로서는 성취가 높은 편이었지만, 관인으로서는 성공한 인물이 아니었다. 그는 말년에 가선대부嘉善大夫(종2품)로서 동지중추부사同知中樞府事에 올랐지만 이는 가자加資에 의한 산직散職에 불과한 것이고, 실직實職으로서는 5품 이상의 청요직淸要職에는 한 번도 나가보지 못했다. 그것은 그의 출사出仕가 과제科第를 통한 것이 아니라 조부의 문음門蔭에 의한 것일 뿐 아니라, 당색黨色이 남인이라는 사실과도 관련이 깊다.

---

1   黃元九,「實學派의 史學理論」,『延世論叢』7, 1970; 黃元九,「實學派의 歷史認識」,『韓國史論』6, 1979; 李佑成,「東史綱目 解題」, 景仁文化社, 1970; 卞媛琳,「安鼎福의 歷史意識」,『史叢』17·18, 1973.

2   沈喁俊,『順菴 安鼎福 硏究』, 一志社, 1985; 韓相權,「順菴 安鼎福의 社會思想」,『韓國史論』17, 1987; 河宇鳳,「順菴 安鼎福의 日本認識」,『全羅文化論叢』2, 1988.

3   安鼎福의 著述이 정확하게 얼마나 되는지는 확실하지 않다. 李佑成 교수는 48種說을 주장하고 沈喁俊 교수는 23種說을 주장하여 현격한 차이가 있다. 필자는 후자의 설을 일단 받아들여 安鼎福의 사상을 검토하려고 한다.『雜同散異』를 검토대상에서 제외한 것도 이 때문이다.

안정복의 집안은 멀리는 고려 시대의 명사名士인 안방걸安邦傑·안성安省으로 이어지는 대족大族이요, 조선 시대에 들어와서도 안윤덕安潤德(중종 때 삼포왜란三浦倭亂을 토벌한 부원수副元帥), 안황安滉(덕흥대원군德興大院君의 여서女婿이자 임란壬亂 때의 호성공신扈聖功臣) 같은 명인을 낸 바 있지만, 안정복에 가까이 올수록 현달한 인물이 나오지 못했다.[4] 안정복의 고조 시성時聖은 현감(종6품)에 그쳤고, 증조 신행信行은 그보다도 못한 빙고氷庫 별검別檢(종8품)이었으며, 조부 서우瑞羽가 비교적 현달하여 태안군수를 거쳐 울산부사蔚山府使(종3품)에까지 올랐다.

그러나 조부 서우가 청의淸議의 존중을 받으면서 울산부사로 있던 시절에 영조가 즉위하여 노론이 집권하는 세상이 되면서 당류黨流의 배척을 받아 탐오죄貪汚罪로 나국拿鞫·파직되는 비운을 만났다.[5] 그리하여 그는 파직 후 전라도 무주에 내려가 복거卜居생활을 시작하였는데, 그의 아들 극極과 손자 정복鼎福 등 온 가족이 무주로 이사하게 되었다.[6]

조부의 몰락은 안정복과 그의 부친에게 큰 충격을 준 것 같다. 안정복의 부친은 일평생 처사處士로 일관했으며, 안정복도 15세의 어린 나이로 할아버지의 비운을 목도한 후 38세에 이르기까지 과업은 물론 어떤 형식의 출사도 일체 포기하였다.

영조 2년(1726)부터 무주에 복거하던 안씨일가는 영조 11년(1735)에 조부가 사망하자 다음 해 고향인 광주廣州 경안면慶安面 덕곡리德谷里로 돌아왔다.[7] 이때 안정복의 나이 25세였다. 덕곡리에 돌아온 안정복은 순암이라는 소옥을 짓고 그곳에서 학문 생활에 전념했다.

원래 안정복은 10세에 서울의 사학四學에 입학한 일이 있고[8] 어려서부터 박학博學의 학문을 좋아해서 경사 이외에도 음양陰陽·성력星曆·의약醫藥·복서卜筮 등 기술학技術學과 손자孫子·오자吳子 등의 병법兵法, 불교·노자 등의 이단사상, 그리고 패승稗乘·소설小說에 이르기까지 읽지 않은 것이 없었으며, 15~16세에는 이미 통달의 경지에까지 이르렀다 한다.[9] 그는 이 때문에 세간世間에서는 '방술가方術家'로 알려지기도 했다.[10]

---

4 安鼎福의 家系는 그의 門人 黃德吉이 지은 「順菴先生行狀」, 『順菴叢書』上(大東文化研究院)에 의거해서 작성했음(632쪽).
5 『英祖實錄』卷10, 英祖 2年 12月 辛未條.
6 「順菴先生年譜」, 『順菴叢書』上, 598쪽.
7 위 年譜, 598쪽.
8 위 年譜, 598쪽.
9 위 年譜, 599쪽.

그러던 그가 덕곡리로 돌아온 25세부터는 『성리대전性理大全』과 『심경心經』을 읽기 시작하여 비로소 성리학에 눈을 뜨게 되었다.[11] 이는 그의 학문적 관심이 공리로부터 도덕으로, 방외인적方外人的 도피로부터 유리일치儒吏一致와 수기치인修己治人의 사회참여로 전환된 것을 의미한다. 그가 왜 무주茂朱에서 환향還鄕한 것을 계기로 이러한 학문적 전향을 하게 되었는지 그 동기는 확실치 않다.

어쨌든 환향후還鄕後의 안정복의 학문 생활은 매우 의욕적인 것이었다. 그는 26세에 '치통治統 · 도통이도道統二圖'를 짓고,[12] 27세에는 뒷날 『임관정요臨官政要』의 모체가 된 「치현보治縣譜」를 짓고[13] 동약洞約의 모체라 할 수 있는 「향사법鄕社法」을 만들었다.[14] 그 후 29세에는 학문지침서인 『하학지남下學指南』을 쓰고, 중국고대의 이상적 토지제도를 해설한 「정전설井田說」을 발표하기도 했다. 30세에는 주자의 글을 모방해 「내범內範」을 썼다.[15]

그 후 30대 초반에 들어간 안정복은 광주지방과 지연이 깊은 선배 실학자와의 학문교류를 시작했다. 33세에 그는 유형원柳馨遠의 증손으로부터 『반계수록磻溪隨錄』을 입수해서 읽었는데[16] 이것이 계기가 되어 뒷날 64세 때 「반계연보磻溪年譜」를 찬撰하게 되었던 것이다. 35세 되던 해에는 광주 안산성촌安山星村에 거주하던 이익(당시 66세)을 찾아가 그의 문하에서 경사에 관한 여러 문제들을 토의하기 시작했다.[17] 이익과의 학문교류는 이익이 타계할 때까지 20년 가까이 지속되었는데, 특히 『동사강목』은 6년간의 서간문답을 통한 의견교환을 거친 끝에 이루어진 것이다.

안정복과 이익 및 그의 문인들과의 학문교류는[18] 안정복의 사상형성에 어느 정도의 영향을 주었을 것이 틀림없다. 그러나 안정복은 이익을 만나기 전에 이미 자기류의 학문체계와 사상체계가 잡혀 있었던 것도 고려되어야 할 것이다. 이는 그의 나이가 이미 장년壯

---

10 위 年譜, 600쪽.
11 위 年譜, 599쪽.
12 위 年譜, 599쪽.
13 위 年譜, 606쪽.
14 『順菴叢書』上, 889쪽.
15 위 年譜, 599쪽.
16 「磻溪年譜跋」, 『順菴叢書』上, 408쪽.
17 위 年譜, 599쪽.
18 安鼎福이 交遊한 人士들은 尹東奎(邵南) · 李秉休(李瀷의 조카) · 權哲身 · 李基讓 · 李象靖 · 黃德一 · 蔡濟恭 등 南人系 學者들이다.

年에 이르렀을 뿐 아니라, 상당한 저술을 낸 후에 이익을 만났기 때문이다. 안정복이 이익의 문인이면서도 사상적으로 뚜렷한 개성을 가진 것은 이런 데서 그 이유가 찾아진다.

안정복은 38세 되던 영조 25년(1749)에 조부의 문음門蔭으로 첫 벼슬길에 올랐다. 만녕전참봉萬寧殿參奉(종9품)에서 출발하여 의영고義盈庫 봉사奉事(종8품, 40세), 정릉직장靖陵直長(41세), 귀후서歸厚署 별제別提(종6품, 42세)를 거쳐 43세에 사헌부司憲府 감찰監察(정6품)에 이르렀다. 그러나 그의 벼슬살이는 5년 만에 일단 끝나고 다시금 고향 광주에 내려가 61세까지 18년간의 긴 휴양기를 가졌다. 아버지의 죽음과 안정복 자신의 건강 악화(구혈증嘔血症)가 낙향의 이유였다. 이 시기에 그는 『임관정요臨官政要』(1757, 46세), 『동사강목』(1759, 48세), 『열조통기列朝通紀』(1767, 56세) 등 그의 생애를 대표하는 저술을 낳았고, 『이자수어李子粹語』(1753, 42세), 『성호사설유편星湖僿說類編』(1762, 51세) 등의 편집도 이 시기에 이루어졌다. 그 밖에 그가 향촌사회의 안정을 위해 야심적으로 구상한 「이리동약二里洞約」은 『임관정요』보다 1년 앞서 이루어졌다. 말하자면 43세에서 61세에 이르는 기간은 안정복의 사상과 학문이 가장 성숙한 시기라 할 수 있다.

안정복은 이와 같이 40~50대의 장년기를 학문과 저술 활동으로 보내고, 61세에서 73세에 이르는 노년기를 다시금 관직생활로 보냈다. 이때 그가 맡은 직책은 세손(뒤의 정조) 교육과 두 지방의 현감이었다. 즉 61세에서 64세까지는 세자익위사世子翊衛司 익찬翊贊(정6품) · 위솔衛率 등을 역임하면서 왕세손인 정조의 교육을 맡았는데 이는 그의 성리학자로서의 경학지식經學知識이 인정을 받은 까닭이었다. 이러한 그의 정조와의 인연이 계기가 되어 정조가 즉위한 직후에는 65세의 고령으로 충청도 목천현감에 나가서 처음으로 자신의 지방행정에 관한 오랜 학문적 온축을 실천에 옮길 수 있는 기회를 갖게 되었다. 3년간에 걸친 현감 시절에 그가 수행한 주요 치적은 동약洞約의 실시 방역소防役所의 설치, 향약鄕約 · 향사례鄕射禮의 권행, 사마소司馬所의 복설 등이었다.

그는 72세에 다시 중앙으로 돌아와 돈녕부敦寧府 주부主簿(정6품) · 의빈부儀賓府 도사都事(종5품) · 세자익위사世子翊衛司 익찬翊贊(정6품) 등을 역임했으나 모두가 단기로 끝나고 또 그가 자신의 경륜을 펼 만한 요직도 아니었다.

안정복은 73세에서 80세에 타계할 때까지 저술과 후진양성으로 말년을 보냈다. 이 시기에 그는 천주교에 대한 자신의 비판적 입장을 체계적으로 정리하여 『천학고天學考』(1785, 74세)와 『천학문답天學問答』(1785, 74)을 냈다. 그는 이미 46세에 천주교를 비판하는 편지를 이익에게 보낸 바 있고 그 후에도 권철신權哲身과의 빈번한 서간문교환을 통해서 천주교를 비판하고 성리학을 옹호해온바 그의 천주교 비판은 갑작스러운 일은 아니었다. 그러나『천학고』가 발표될 무렵에는 이승훈李承薰이 중국에서 영세를 받고 돌아오는 등(1784) 그 도전이 만만찮은 형세였고, 그에 대응하는 정부의 시책도 강경하여 천주교에 대한 금령禁令이 내려지고(1785) 일부 천주교도가 처형되는 사태(1783)까지 벌어지고 있었다. 안정복의 천주교 비판은 이와 같이 천주교세가 확장하는 데 비례해서 강도가 높아지고 있다.

안정복의 반천주사상反天主思想은 천주교의 내세관이 지닌 현실부정에 대한 비판이며, 이는 바꿔 말해 현실세계의 명분론적 위계질서를 강력하게 옹호하는 안정복의 수기치인修己治人의 성리학 즉 실학의 논리적 귀결인 것이다. 그리고 그와 같은 논리는 불교·도교·양명학 등 일체의 반질서적 이단을 용납하지 않는 그의 보수적 사회사상에서 도출된 것임을 유념해야 한다.

안정복은 죽기 직전인 79세에 가선대부嘉善大夫(종2품)에 가자加資되고 동지중추부사同知中樞府事로서 광성군廣成君에 피봉되었으며, 사후死後인 순조원년에는 천주교를 맹렬히 반대하던 노론벽파老論僻派가 득세하자 안정복의 천주교 비판의 공功이 높이 평가되어 자헌대부資憲大夫(정2품) 의정부좌참찬議政府左參贊 겸 지의금부사知義禁府事·오위도총부총관五衛都摠府摠管·광성군의 벼슬에 추증되었다. 그러나 불행하게도 안정복이 추증의 명예를 입던 그해에 같은 이익의 문하에 종유하던 이가환李家煥·권철신·정약용丁若鏞 등 남인학자들이 천주교 신앙 때문에 사형당하는 비운을 맞이했다. 그중 권철신은 바로 안정복의 사위인 권일신權日身의 형이요, 권일신조차도 천주교도였다는 것은 참으로 아이러니하다.

안정복은 이러한 연유로 해서 이익 문하의 남인악인 중에서는 가장 보수성이 강한 우파右派로 지목되고 있다.

안정복은 관료로서는 현달한 처지가 아니었기 때문에 관직생활이 그의 생계에 별로 도움을 준 것 같지는 않다. 그러나 그의 가계는 그렇게 궁색한 것은 아니었던 것 같다. 문인 황덕길黃德吉이 쓴 안정복행장安鼎福行狀에는

數項의 石田이 歲入은 자못 적었지만 제사를 받들고 손님을 접대하는데 窮乏한 지경에 이르지는 않았다. 그것은 收入을 헤아려 支出을 한 까닭이다.[19]

라고 안정복의 가계를 소개하고 있다. 비록 석전石田이라 하더라도 수경數頃의 토지를 가지고 있다면 당시로서는 부유한 편에 속한다고 할 수 있다. 그는 분거分居하고 있던 제弟와 매妹의 경리經理도 도와주었으며, 친척과 이웃 중에 궁핍한 이가 있으면 힘닿는 대로 그들을 주휼賙恤했다고 한다.[20] 이와 같은 일도 그의 가계가 어느 정도 여유가 있었음을 말해주는 것이다.

안정복이 고향 덕곡리에 지은 순암順菴이라는 당호堂號의 소옥小屋은 규모가 8칸[間]이 되는 '암菴'자형의 가옥이었다.[21] 또 그는 10세의 선영仙塋이 있는 덕곡동德谷洞 영장산靈長山 아래에 제전祭田을 두고 무덤 아래에는 여택재麗澤齋라 불리는 청사를 지어 여기서 춘추로 제사를 지냈으며[22] 평시平時에는 향리자제鄕里子弟를 가르치는 강학講學의 장소로 이용하였다. 개인이 청사廳事를 가질 정도라면 그것은 상당한 재력을 요하는 일이다.

이상과 같은 여러 사정들을 고려하면, 안정복은 광주지방에 상당한 재력을 가진 토착세력이 아니었던가 추측된다. 아마 안정복의 학문과 사상이 보수성을 강하게 지닌 것은 이와 같은 경제적 안정성과도 어떤 관련이 있는 것은 아닐는지 모르겠다.

3. 안정복의 경세관

1) 향촌교화론鄕村敎化論

안정복은 그가 지은 『동사강목』으로 인해 역사가로 가장 널리 알려져 있지만, 실상은 경학에도 조예가 깊고, 경세가로서도 일가를 이룬 인물이었다.

안정복의 경세론은 특히 군현 이하의 향촌사회 문제에 집중되어 있으며 이에 관한 저론著論이 매우 많다. 안정복에 있어서 향촌문제는 가장 절박한 현실문제였으며, 바로 이 문제를 해결하기 위해서 경학과 사학에 대한 관심으로 학문영역이 확대되었다고 해도 좋

---

19 『順菴叢書』上, 634쪽.
20 위와 같음.
21 앞 年譜, 606쪽.
22 앞 行狀, 634쪽.

을 것이다.

안정복의 경세관을 대표하는 저술은 그가 46세 때 지은『임관정요臨官政要』(1757)다. 이 책은 지방행정의 총책임을 맡는 수령의 책임을 통감하고 위정爲政의 지침을 마련하기 위해 지은 것이다. 그러나 그는 이미 20대 후반에『임관정요』의 모체가 되는「치현보治縣譜」(1738)를 쓰고, 뒷날「이리동약二里洞約」의 기초가 되는「향사법鄕社法」(1738)을 지음으로써 경세가로서의 면모를 일찍부터 드러내고 있었다.

안정복이 고향인 광주부廣州府 경안면慶安面 이리동二里洞을 위해서 만든「이리동약」은『임관정요』보다 1년 앞서 이루어진 것인데, 그의 향촌교화에 대한 구체적 방안을 극명하게 제시했다는 점에서 특별히 주목할 필요가 있다. 이 동약洞約은 54세(1765)에 중수重修되고, 뒷날 목천현감木川縣監 재직 시에 구체적으로 응용되었다.

안정복의 목천현감 재임은 그가 평생토록 온축해 온 경륜을 실천하는 절호의 기회였기 때문에, 그는 그곳에서 동약만을 권행勸行한 것이 아니라, 방역소 설치, 사마소 복설, 향약의 권행 등 여러 교화정책을 다각적으로 펴나갔다. 따라서 안정복의 교화론은 이러한 일련의 저술과 시정施政들을 분석함으로써 그 이해를 얻을 수 있을 것이다.

안정복은 자기 시대의 사회변동을 절박한 위기의식으로 받아들이고 있었는데, 특히 향촌사회에 있어서의 하극상의 풍조를 무엇보다도 가장 심각한 위기로 받아들이고 있었다. 안정복은 이러한 현상을 '풍교風敎의 불명不明'과 '명분의 부정'으로 표현하고, 수령 혹은 사대부의 지도하에 풍교를 돈독하게 하고, 명분을 바로잡는 일은 위정의 기본목표로 인식하였다. 그가 목천현감으로 있을 때 동약 실시를 권장하는 뜻으로 쓴 유문諭文의 일부를 옮겨본다.

> 생각컨대 風敎가 不明하고, 名分이 不正한 것은 모두 士大夫가 자신의 權利를 잃은 데 연유하는 것이다. 대저, 근래 抑强扶弱하자는 논의가 勝하여, 下가 上을 凌替하고, 無知한 常漢들이 士大夫와 抗衡하기도 하며, 심지어는 士大夫를 凌辱하고 詬罵하는 지경에까지 이르고 있다. 이는 모두 洞憲이 不明하고 風敎가 이루어지지 않은 데 원인이 있는 것이다.[23]

---

23 『順菴叢書』上, 到任初諭各面文, 363쪽.

이 글에서는 강자와 약자, 사대부와 상한의 관계를 향촌사회의 기본적 갈등관계로 이해하고, 이 양자의 관계에서 상한이 사대부를 능욕하고 후매하는 현상을 풍교불명과 명분부정으로 인식하고 있는 것이다. 그리고 안정복은 한 걸음 더 나아가서, 당시 약자와 상한의 입장에서 '억강부약抑强扶弱'의 논리를 펴는 일부 세론世論에 대해서도 강한 불만을 보이고 있다.

안정복이 반상班常 관계에서 기본적으로 양반사대부의 편에 설 것을 선언하고, 상한의 하극상 현상을 풍교불명과 명분부정으로 보는 입장은『임관정요』에서도 뚜렷이 보이고 있다.

> 近世에 名分이 산란하고 上下가 서로 피로하다 …… 一種의 사람들이 抑强扶弱의 이론을 창출하고 있는데, 잘못을 바로잡는 것이 度를 지나치고 있다. 貴한 사람이 賤한 사람을 학대하고 윗사람이 아랫사람을 侵虐하는 것은 항상 염려하면서 賤한 사람이 貴한 사람을 凌辱하고 아랫사람이 윗사람을 해치는 것은 걱정하지 않는다. 이러한 폐단은 반드시 [나라를] 土崩瓦解시켜 수습할 수 없는 지경에까지 이르게 할 것이다.[24]

이 글에서도 귀천貴賤, 상하上下, 강약强弱의 관계에서, 약자弱者 · 천자賤者 · 하자下者가 강자强者 · 귀자貴者 · 상자上者에 대해 능욕하는 현상을, 그 반대 현상보다도 더 심각하게 우려하고 있는 입장이 선명하게 드러난다.

한편,『임관정요』보다 1년 앞서 만든 「이리동약」에서도 양반에 대한 능욕 현상을 염려하는 대목이 똑같이 나타나고 있다.

> 上下의 名分은 截然함에도 불구하고 近來에는 風俗이 頹敗하여 兩班을 凌辱하는 者가 比比有之하고 심지어는 兩班을 구타하는 자도 있다. 모두 그 輕重을 따져서 罰해야 하며 심한 자는 官에 告하여 罪를 주고 쫓아내야 한다.[25]

---

24 위의 책(上), 臨官政要續編, 爲政章, 854쪽.
25 위의 책(上), 廣州府 慶安面 二里洞約, 338쪽.

결국 안정복이 지향하고자 하는 명분과 교화의 확립이란 한 마디로 당시 사회에 만연하던 하극상의 풍조를 없애고 반상질서班常秩序를 안정시키자는 것이다. 그리고 이러한 반상질서를 축軸으로 하여 주노관계主奴關係와 적서관계嫡庶關係를 확립하자는 것도 그의 교화론敎化論에서 주요한 자리를 차지하고 있다.

그러나 안정복이 이와 같이 하극상을 향촌사회의 주된 위기 상황으로 간주한 것이 사실이라 하더라도, 그렇다고 사대부와 강자의 입장을 일방적으로 옹호하고 나선 것은 아니었다. 상자의 하자에 대한, 강자의 약자에 대한 침학侵虐과 능멸도 명분 질서의 확립에 어긋나는 현상으로 보았다. 그래서 안정복은 하극상의 풍조를 가장 강력하게 다스려야 할 문제점으로 보는 한편에, '이상능하以上凌下'와 '시강능약恃强凌弱'도 향촌공동체규약에서 반드시 다스려야 할 악행으로 간주했다. 안정복이 위정爲政의 지표로서 풍교風敎와 명분의 확립을 강조하면서, 다른 한편으로는 애민愛民과 안민安民의 중요성을 간과하지 않는 것은 양반사대부와 토호土豪들의 무단武斷으로부터 하민下民들을 보호하려는 진보적 생각도 잃지 않고 있음을 말해 주는 것이다.[26] 다만, 그 애민과 안민의 정도는 양반사대부의 계급적 우위성을 침해하지 않는 범위 안에서 한정되고 있다는 것을 유념할 필요가 있다.

그러면 안정복이 반상질서의 안정을 위해 구상하고 실천한 동약洞約이나 향약의 구체적 성격은 어떠한 것인가. 이를 시대순에 따라 차례로 검토하기로 한다.

안정복이 최초로 구상한 향촌공동체규약은 그가 27세에 입안立案한 「향사법鄕社法」[27]이다. 이는 수령守令 통할 하의 면리통面里統제도를 군현郡縣(수령守令) → 향향鄕(면면) → 사社(10리) → 갑甲(2통統) → 통統(5가家)의 체제로 재조직하여 그 각각의 책임자를 향사鄕師·사정社正·갑장甲長·통수統首로 부르되, 향사는 사족士族 중에서 뽑고, 사정社正은 중서中庶에서, 갑장과 통수는 양천 중에서 뽑도록 하여 신분에 따른 책임과 권리의 한계를 분명히 했다. 다시 말하자면, 「향사법」은 당시의 모든 사회계급을 공동체 조직의 간부로 참여시키되, 그 안에 계급적 위계질서를 엄격하게 하여 결과적으로 양반사대부에 의한 향촌사회의 통제를 관철하자는 의도이다.

동시에 이 「향사법」에서는 정정政·교교敎·예례禮·양양養·비비備·금금禁의 여섯 가지 사업이 추

26 韓相權의 앞 論文 참고.
27 앞의 책(上), 臨官政要附錄 鄕社法, 886쪽.

진된다. 이를 정리하면 다음과 같다.

① 鄕社의 政 - 火燭 · 盜賊 · 憂患 · 喜慶 · 法令 · 租賦

② 鄕社의 敎 - 明太祖의 6諭인 孝順父母 · 尊敬長上 · 和睦鄕里 · 敎訓子孫 · 各安生理 · 毋作
  非爲의 申飭과 鄕學의 설치

③ 鄕社의 禮 - 朱子家禮에 의한 冠婚喪祭와 鄕飮酒禮, 鄕射禮, 朱子鄕約의 시행

④ 鄕社의 養 - 社倉 · 義塚(빈민의 공동묘지) · 養濟院(빈민 의료기관)

⑤ 鄕社의 備 - 健丁 · 藝士 · 韜略士 선발을 통한 치안 및 국방

⑥ 鄕社의 禁 - 停喪娶妻 · 同姓爲婚 · 聚衆賭博 · 挾娼會飮 · 土豪武斷 · 好勇鬪狠 · 倣債濫徵
  · 馮公營私 · 好訟起鬧 · 止接荒唐 · 容留賊贓 · 惰農遊食 · 崇尙巫覡 · 妖術愚人 · 婦女上
  寺 · 廣設齋醮 등의 금지

말하자면 「향사법」은 중국의 보갑제保甲制를 응용한 것으로 여기에 주자향약朱子鄕約 ·
주자사창朱子社倉 · 주자가례朱子家禮, 그리고 명태조의 6유론을 통일적으로 혼합시킨 것이
라 하겠다. 그리고 그 기능은 사대부의 지도권을 확립한 토대 위에서 국가의 정령을 원활
하게 수행하고, 나아가 향촌민의 교육 · 풍속 · 경리經理 · 의료 · 치안 · 국방 · 형벌 등의
문제를 포괄적으로 해결하는 데 목적을 둔 것이라 할 수 있다.
다음에, 안정복이 45세의 장년기에 자신의 고향인 광주의 경안면慶安面 이리二里에서 시
행하고자 한 동약洞約의 성격을 알아보기로 한다.
이 동약은 우선 신분의 차이에 따라 상계上契 · 중계中契 · 하계下契로 나누어 약원約員의
명단을 따로 작성하고, 각 약원의 권리와 의무에 차등을 둔 것이 특이하다. 여기서 상계는
양반=사대부, 중계는 중인中人,[28] 하계는 양천良賤을 가리킨다.[29]
동약의 간부는 집강執綱(존위尊位) · 부임副任(부존위副尊位) · 기로耆老(삼로三老) · 유사有

---

28 韓相權 교수는 中契에 속하는 中人을 鄕正 · 里長 · 勸農官 · 把摠 · 選武軍官들로 보았다(위의 논문, 314쪽).
29 下契에 良賤이 소속된다는 명백한 言은 없다. 그러나 下契에 良人이 들어가는 것은 쉽게 추측할 수 있고,
   會集坐次圖에는 良人이 앉은 庭에 公私賤이 함께 참석하는 것으로 되어 있어서 公私賤도 下契에 속한다고 볼
   수 있다. 安鼎福이 良賤을 下契에 同類로 묶은 것은, 당시의 계급구조를 兩班(士族)에 의한 良賤 지배관계로
   파악하고 있음을 말해 준다.

司(공원公員) · 장무掌務 · 고직庫直 · 색장色掌 · 사령使令의 8계급으로 구성되는데, 신분에 따라 자격의 제한이 있다. 이를 정리하면 다음과 같다.

① 執綱 - 上契 중에서 齒德者 선임(不替)[30]

② 副任 - 中契에서 선임(교체)

③ 耆老 - 中契 · 下契에서 최고령자(교체)

④ 有司 - 下契에서 선임

⑤ 掌務 - 下契에서 선임

⑥ 庫直 - 下契에서 선임

⑦ 色掌 - 下契에서 선임

⑧ 使令 - 公私賤 중에서 선임

위에서 보듯이 하계를 구성하고 있는 양천인은 집강이나 부임은 할 수 없게 되어있고, 또 부임 이하의 간부는 결코 상계인이 할 수 없도록 엄격한 신분 제한을 가하고 있다. 이러한 신분 차별은 앞서 소개한 향사법鄕社法의 원칙과 기본적으로 일치한다.

상중하 계원契員의 신분 차별은 계원의 회집좌차會集坐次에서도 적용되고 있다. 이를테면 상계원은 당堂에 오르고, 중계원은 계階에, 하계원은 정庭에 앉도록 한 것이 그것이다.[31] 이러한 좌차坐次의 엄격한 당 · 계 · 정의 구별은 결국 당에 앉은 상계원이 계정階庭의 중하계원을 지도하는 모양새의 갖춤이라고 할 수 있다.

상중하계원의 차별은, 세분하면 삼분三分이지만, 대별大別하면 상계와 중하계로 양분되고 있다. 그래서 기명적記名籍도 중하계는 함께 일책으로 묶여지게 되어있다. 그밖에 상계원과 중하계원은 다음의 여러 차별을 받는다.

① 선적善籍과 과적過籍을 작성할 때, 상계원은 상계원 전원의 동의를 얻어서 기록하지만, 중하계원은 유사가 기록한다. 이는 결과적으로 상계원이 과적에 올라 벌을 받을 가능

---

30 執綱을 上契에서 뽑는다고 明言하지는 않았다. 그러나 副任이 中契에서 선임되도록 신분 제한을 한 것으로 미루어 執綱이 上契에서 선임되는 것은 너무나 당연하다.

31 다만, 下契員이라도 善籍者는 階에 오를 수 있고 中契員이라도 惡籍者는 庭에 앉도록 하여 어느 정도 例外를 두고 있다.

성을 최소화하는 것이다. 그러나 양반은 상인의 표준으로서 벌을 받아야 한다는 사실은 부인하지 않는다.

② 회집會集 의식儀式 때 중하계원은 일어나더라도 상계원은 일어나지 않는다.

③ 독약讀約은 상중하 모든 계원이 공통적으로 지켜야 할 것으로 여씨향약呂氏鄕約과 명태조 6유諭가 있고 또 따로이 하계원만을 위한 약조가 있다. 이 하계원을 위한 약조는 그 조항이 매우 많을 뿐 아니라, 위반자에 대한 처벌도 매우 엄격하다.

안정복은 하계원이 지켜야 할 여러 약조의 내용을 크게 간추려서 ① 부형父兄에 대한 효제孝悌 ② 국가정령政令에 대한 복종, ③ 동약에 대한 준수로 요약하고 있는데[32] 특히 하계원이 상계원이나 양반 혹은 상전에 대한 무례한 일을 한 것에 대한 처벌이 매우 엄하다.[33]

결국 이상과 같은 동약의 성격을 종합해 볼 때, 이것은 기본적으로 하계원을 구성하고 있는 양천인을 교화의 이름으로 통제하기 위해서 만든 것을 알 수 있다. 안정복 자신도 동약의 말미에, 이 동약에는 사대부의 참여가 적다는 것과, 또 사대부에게는 여씨향약이 더 어울린다는 점을 첨언添言하여, 사대부와 하민이 지켜야 할 공통적 규범과 아울러 하민이 따로이 지켜야 할 규범이 있음을 명시하고 있다.

그런데 안정복의 하민관下民觀에서 마지막으로 유념해야 할 것은 양반=사대부에 대한 도전挑戰 세력으로서 안정복이 비교적 관용적으로 대하고 있는 것은 부민들이다. 조선 후기 부민들은 상업이나 상업적 농업에 의해 부富를 축적한 부류들로서, 그들은 그 부를 바탕으로 납속가자納粟加資되거나 선무군관選武軍官 · 파총把摠과 같은 무임武任, 혹은 약정約正 · 이정里正 · 권농勸農과 같은 말단 통치기구에 참여하기도 하는 등 자신의 신분상승을 꾀하고 있었다.[34] 서인으로서 이와 같이 사소한 벼슬길에 오른 이들을 흔히 '서인재관자庶人在官者'라 하는데, 이들은 중인의 한 부류를 형성하고 있었다.[35]

이들은 자신의 부력富力에 대한 자만심에서 양반사대부와 항례抗禮하거나 능욕하는 사

---

32 『順菴叢書』上, 題慶安二里下契名帖(丁丑), 412쪽.

33 예컨대, 下契員이 同里兩班을 辱罵할 경우에는 上罰(告官黜), 兩班이 보는 곳에서 踞坐하거나 騎過할 경우에는 次上罰, 上契員에게 不拜할 경우에는 中罰하도록 한 것이 그것이다.

34 韓相權, 앞의 論文, 310쪽.

35 中人에는 크게 두 부류가 있었다. 하나는 醫官 · 譯官 · 陰陽官 · 律官 · 算員 · 畫員과 같은 高級技術官이고, 다른 하나는 一般平民으로서 그 지위가 상승된 校生 · 約正 · 里正 · 勸農 · 選武軍官 · 把摠과 같은 부류들이다. 전자에 대해서는 韓永愚, 「朝鮮時代 中人의 身分階級的 性格」, 『韓國文化』 9, 1988 참고.

례가 비일비재하여 양반=사대부에게는 무시 못 할 도전 세력으로 성장해 갔는데, 안정복도 이점을 우려하기는 마찬가지였다. 그가 동약에서 토호무단土豪武斷을 경계하고 시강능약恃强凌弱을 염려하는 것은 그의 소민침해를 걱정하는 뜻도 있지만, 다른 한편으로는 무력한 양반에 대한 능멸을 경계하는 의미도 가진 것이었다. 다른 한편으로는 무력한 양반에 대한 능멸을 경계하는 의미도 가진 것이었다. 그래서 그는 「이리동약二里洞約」에서도 "혹 납속가자納粟加資된 자가 사부를 능욕하고, 혹 한량閑良 · 초관哨官이 사부와 항례抗禮하는 것"³⁶을 처벌하도록 규정하고 있다.

그러나 이와 같이 양반에 무례하고, 소민을 침학侵虐하는 부민들이 아니고, 근실하고 공렴한 부민들은 적극적으로 동약이나 말단통치기구에 흡수하려는 것이 안정복의 의도였다. 그래서 그는 「향사법」과 「이리동약」에서 다 같이 중인들을 양반 다음으로 우대하여 사정이나 부임의 직책을 맡기도록 배려하고 있으며, 약정約正과 이장里長을 부민 중에서 선택할 것과³⁷ 권농관勸農官을 부민근간자富民勤幹者로 할 것을 주장하고 있다.³⁸ 그러면서도 가장 주된 책임 자리에 중인을 포섭하지 않는 것은 그의 양반 주심의 사고방식이 집요한 것을 보여 준다.

2) 지방행정론과 국방론

안정복의 경세사상에서 향촌교화론과 더불어 양핵兩核을 이루고 있는 것은 지방행정의 개선이다. 전자는 향촌 양반=사대부의 시각에서 자치적으로 유교적 향촌질서의 안정책을 마련한 것이라면, 후자는 지방수령의 위치에서 모범적인 목민상牧民像을 정립하려는데 목적을 둔 것이라 할 수 있다. 양자가 모두 학學과 정政을 합일시키려는 실천적 학문관에서 도출된 것임에는 다름이 없지만, 그 시행 주체와 시행 범위에 있어서 차이가 있을 뿐이다.

안정복의 지방행정관이 체계적으로 제시되어 있는 저술은 두말할 나위도 없이 『임관정요臨官政要』다.

그가 이 책을 쓴 동기는 서문에서 밝히고 있듯이 수기修己와 치인治人, 학學과 사仕, 학學

36　『順菴叢書』上, 339쪽.
37　위의 책, 『臨官政要』續編 任人章, 860쪽.
38　위의 책, 『臨官政要』續編 農桑章, 865쪽.

과 정政을 합일시키려는 그의 실천적 학문관에서 도출된 것이다. 따라서 그는 자신이 수령이 되기 훨씬 이전의 포의시절布衣時節에 한 유학인의 입장에서 이 책을 쓴 것이고 또 이 책을 세인世人에게 보이기보다는 자손상전子孫相傳하기 위해 썼다고 자술하고 있다. 그러나 민생의 안위가 직접적으로 수령의 자질에 크게 좌우된다는 그 자신의 생활 경험과 또 그의 고조와 조부가 수령이었다는 가문의 전통이 안정복으로 하여금 목민관의 윤리에 대한 관심을 특별히 제고시킨 것이 아닌가 추측해 본다.

『임관정요』는 크게 세 부분으로 구성되어 있다. 중국 성현의 위정에 관한 언설을 모은 '정어政語'와, 중국 역대의 위정爲政의 실효實效를 적은 '정적政績', 그리고 우리나라 지방행정의 실태와 그 개선책을 제시한 '시조時措'가 그것이다. 따라서 안정복의 현실 감각이 가장 극명하게 드러난 것은 '시조'편篇이라 하겠다.

시조편은 모두 21장으로 구성되어 있는데 ① 위정爲政 ② 지신持身 ③ 처사處事 ④ 풍속風俗 ⑤ 임민臨民 ⑥ 임인任人 ⑦ 접물接物 ⑧ 어리禦吏 ⑨ 용재用財 ⑩ 농상農桑 ⑪ 호구戶口 ⑫ 교화敎化 ⑬ 군정軍政 ⑭ 부역賦役 ⑮ 전정田政 ⑯ 조적糶糴 ⑰ 진휼賑恤 ⑱ 형법刑法 ⑲ 사송詞訟 ⑳ 거간去奸 ㉑ 치도治盜가 그것이다.

원래 국초 이래로 수령이 수행해야 할 임무로서 이른바 '수령칠사守令七事'라는 것이 『경국대전』에 규정되어 있다. 수령칠사는 ① 농상번農桑繁 ② 호구증戶口增 ③ 학교흥學校興 ④ 군정수軍政修 ⑤ 부역균賦役均 ⑥ 사송간詞訟簡 ⑦ 간활식奸猾息을 말하는 것으로서, 말하자면, 국가수입증대國家收入增大와 교육진흥敎育振興, 국민부담 완화, 치안과 국방의 강화, 그리고 재판의 공정화라고 할 수 있다.

『임관정요』의 내용도 기본적으로는 수령칠사의 범위를 벗어난 것이 아니지만 이를 21장으로 확대시켰다는 것은 그만큼 수령의 책무의 범위가 커졌다는 것을 강조한 것이라 하겠다. 특히 종전에 없던 것이 여기서 새로이 강조되고 있는 것은 수령의 책무의 범위가 커졌다는 것을 강조한 것이라 하겠다. 특히 종전에 없던 것이 여기서 새로이 강조되고 있는 것은 수령의 위정의 기본자세와 관련되는 위정·지신·처사, 수령의 대민교화對民敎化와 관련되는 풍속·임민·교화, 수령의 인사행정과 관계되는 임인·어리, 그리고 민생의 질고와 관련되는 전정·조적·진휼이 추가된 사실이다. 이것은 18세기 당시에 있어서 가장 심각하게 제기되고 있던 문제점들을 반영하는 것이다.

먼저 수령의 위정 자세로서는 궤도軌道를 따르며 기이한 것을 숭상하지 않는 '순循'과 자량역직慈良易直하여 번거로운 것을 일삼지 않는 '양良'을 가장 큰 덕목으로 보고 이에 배치되는 수령을 속리俗吏로 배격한다. 속리는 다시 권세權勢를 의지하는 세리勢吏와 윗사람에게 아첨 잘하는 능리能吏, 그리고 사리私利만을 추구하는 탐리貪吏로 구분하여 이를 국리민복國利民福에 해를 주는 존재로 간주한다. 그리고 이러한 속리를 벗어나기 위해서는 충忠·공公·염廉·근勤·근謹의 5가지 덕목이 필요하다는 것을 강조한다.

다음에 수령의 대민교화와 관련되는 자세로서는, 인심과 풍속을 헤아려 위정하는 것이 중요하다는 것이 강조된다. 인심과 풍속은 산천의 구별이나 풍기의 차이에 따라 달라지게 마련인데[39] 우리나라는 동방에 위치하여 목기木氣가 많고 인仁이 승勝하여 유약儒弱과 고식姑息에 빠지기 쉽다는 것이다. 또 우리나라는 8도道마다 풍속이 다른 바가 있어, 이에 맞추어 각기 다른 방법의 교화정책이 필요하다는 것이 역설된다.[40] 이는 『임관정요』보다 몇 년 앞서 나온 이중환李重煥의 『택리지擇里志』(1750)에서도 8도道 풍속이 소개된 바 있어 흥미 있는 대조가 된다. 대체로 허목과 이익을 거쳐 이중환·안정복으로 이어지는 남인들의 풍속관은 농본주의적 유교사상에 바탕을 두고 있기 때문에 상업문화나 어렵漁獵문화 혹은 민란이 빈발하는 곳은 비판의 대상이 되고 있는 것이 특징이다.

한편 안정복의 대민교화 사상 가운데 향촌교화와 관련되는 부분은 앞 절에서 이미 상론했기 때문에 여기서는 생략한다.

---

39 위의 책, 『臨官政要』續編 風俗章, 857쪽. "爲政當先察人心習俗之如何而施其敎 山川區別風氣殊異 則留心世務者 不可不知 一國八方風俗 思所以治之"

40 앞 풍속장에 제시된 팔도 풍속의 특색과 그 교화 방법의 요지는 다음과 같다.
- 畿甸 - 嗇薄하고 趨利避害함이 賈人보다 심하므로 敦厚誠實로써 교화할 것.
- 湖西 - 浪矯하고 僞作禮貌하며 繩律에 不入하므로 持重忠謹으로써 교화할 것.
- 湖南 - 巧佻하고 面輸誠歎하며 楚越처럼 背信하므로 嚴格誠信으로써 교화할 것.
- 嶺南 - 撲野하고 禮義를 好行하며 풍속을 易變하므로 惇厚禮敎로써 교화할 것.
- 海西 - 剛武하고 恃力肆虐하며 凌物傲人하므로 剛毅果斷으로써 교화할 것.
- 關西 - 恭慧하고 禮篤承順하며 任事明達하므로 正直和易로써 교화할 것.
- 嶺北 - 頑暴하고 性이 胡羯과 같으며 射獵을 專業하므로 雄猛果決로써 교화할 것.
- 嶺東 - 野質하고 樸直愿謹하며 專務誠慇하므로 寬俗安靜으로써 교화할 것.

이상과 같은 팔도 풍속에 관한 評은 商業文化와 老論과 少論 執權層 文化를 비판하고 몰락한 南人中小地主士大夫의 시각에서 내려진 것으로서, 畿湖南人에게서는 거의 공통으로 나타난다. 예컨대 李瀷·李重煥·安鼎福은 다 같이 慶尙道의 風俗을 가장 좋게 평가하는데 이는 南人의 本據地일 뿐 아니라 商業文化가 상대적으로 덜 발달했다는 사실과 관련이 깊다. 한편 이들이 공통적으로 平安道 人心을 좋게 보는 것은 이곳이 朋黨人이 없고 民亂이 적을 뿐 아니라 商業文化의 미숙이 南人의 시각에서 좋게 비친 것으로 풀이된다.

안정복의 인사행정에 관한 의견은 향소鄕所와 면리面里의 임원任員을 임용하는 문제와 향리鄕吏의 통솔 방법에 관한 문제에 모아지고 있다. 먼저 향소(좌수座首·집강執綱)와 면리(풍헌風憲·약정約正·이장里長·권농勸農·영장領將)의 임원은 그 지방의 공론을 따라서 공렴근간公廉勤幹한 자를 뽑되, 특히 약정과 이장은 부민 중 근간한 자를 써야 한다는 것이다. 면面의 풍헌風憲은 그 면의 대소사와 송사를 자결하도록 하되 매월마다 수령에 보고하도록 하고 중요한 일은 수령과 수시로 협의하도록 한다. 풍헌 밑의 약정은 전정田政·수세收稅·조적糶糴·가색稼穡 등을, 영장은 군정軍政과 치안治安을, 권농은 전유傳諭와 독납督納을 맡도록 한다.

어리술禦吏術로서 안정복이 강조하는 것은 '기관병민欺官病民'의 큰 죄를 제외하고는 대체로 관서寬恕로 묵인하자는 것이다. 향리는 녹봉이 없어 뇌물을 받는 등 작폐가 많은데, 이들을 너무 관대하게 대해도 안 되지만 그렇다고 너무 각박하게 다스려도 자존이 어렵다는 것이다. 또한 향리에 대한 규찰은 향소로 하여금 맡게 하여, 향소가 수령보다도 더 친민의 소임을 다할 것을 기대한다.

끝으로 『임관정요』에 반영된 민생질고를 완화하는 방안에 대해 알아보기로 한다.

18세기에 있어서 농촌사회의 기본문제는 수취관계의 모순과 아울러 토지소유의 편차를 조정하는 일도 학인들의 큰 관심사였다. 그래서 유형원·이익·정약용 같은 실학자들은 전제개혁을 사회개혁안의 중심에 놓고 밀도 있게 접근한 바 있었다. 그런데 안정복의 경우는 중국의 정전제井田制에 관한 이론적인 이해는 있었지만,[41] 우리나라 현실의 문제로서 전제개혁田制改革을 제안하지는 않았다. 아마 이점이 여타 실학자와 안정복의 경세가로서의 기본적인 차이점일 것이다.

안정복의 주된 관심은 현실의 토지제도를 그대로 놓고 그 수취관계의 모순을 완화하는 동시에 국가의 재정수입원을 확대하자는 것이다. 그런 점에서 그가 먼저 강조하는 것은 호구의 정확한 파악이다.[42] 그에 의하면 당시에는 토호土豪·양반兩班, 그리고 집권향소執權鄕所의 호戶 밑에 있는 이른바 양호들이 호적에 누락되는 경우가 많고, 특히 지역적으로는 삼남이 가장 심하다고 한다. 이를 시정하기 위해서는 면面 - 리里(5통統) - 통統(5호戶) 제도를

---

41 안정복은 29세(1740) 때 井田說『順菴叢書』(425쪽)을 지은 바 있고, 『雜同散異』에서도 「井田溝洫諸法」이라는 글이 실려 있다. 그러나 후자는 안정복의 저술인가 여부가 의심되고 있다.

42 『臨官政要』續編 戶口章, 867쪽.

면 - 보保(10리里) - 갑甲(2통) - 통(5호) 제도로 바꾸고, 매 단위마다 호적을 작성하되, 인적상황 뿐 아니라 재 산규모와 세금 액수까지 모두 기록한다는 것이다. 그리고 이러한 사정작업은 풍헌風憲의 주도하에 이루어져야 하고 위법자에 대한 정벌이 따라야 함은 물론이다.

다음에 농촌의 생산력을 높이기 위한 방법으로서는 권농이 크게 강화되어야 한다. 권농은 권농관의 주도하에 이루어져야 하되, 우경牛耕 · 수차水車 · 제언堤堰 등을 효과적으로 식량생산력을 제고시킴과 아울러, 칠목漆木 · 과목果木 · 상목桑木 · 연蓮 · 괴목槐木 등의 재배를 권장하고, 나아가 축목畜牧과 종채種菜를 강화하여 재화財貨를 축적하고 기근飢饉를 구제하자는 것이다.[43] 말하자면 농산물의 자급자족과 상품화까지도 유도하자는 주장이다.

18세기 농민경리農民經理에 중대한 관계를 가진 것은 전정田政 · 군정軍政 · 환곡還穀 등 이른바 삼정三政의 문란이었다. 안정복은 이를 시정하는 방안을 나름대로 제시했다.

첫째, 전정에 있어서는 무엇보다도 조세의 공정성을 기하기 위해 전안의 정확한 작성과 풍흉의 조사를 엄격히 할 것을 강조하고 그에 대한 여러 방안을 제시했다.[44]

둘째, 군역의 균등을 위해서는 수천 명에 달하는 군역도피자軍役逃避者를 사출查出하는 일이 중요하다. 당시 군역도피자는 ① 토호土豪 · 유향배留鄕輩들이 은닉한 양호養戶, ② 교생校生과 서원생書院生으로서 액외자額外者, ③ 승僧이나 거사居士들, ④ 각사노비各司奴婢로의 투입자投入者, ⑤ 부인富人으로서 뇌물을 주고 모칭冒稱하여 면역免役한 자들인데, 이들을 한꺼번에 갑자기 수괄搜括하지 말고 하나씩 하나씩 조사하는 것이 상책이라는 것이다. 왜냐하면 '군정은 나라의 대사로서 인정人丁을 수괄하는 것은 천하天下의 대폐大弊'인 까닭이다. 더군다나 흉년을 만났을 때나 큰 전쟁을 치른 뒤에는 인정이 조상凋喪하는 까닭에 갑자기 떠들썩하게 군액軍額을 보충하는 것은 옳은 일이 아니라고 본다.[45]

다음에 환상還上 제도는 고구려 때부터 있어 온 것으로 본래는 백성을 위한 것이었지만, 조선조에 들어와서는 진대賑貸의 의미가 사라지고 도리어 백성을 괴롭히는 악법으로 바뀌게 되었다. 그 이유는 모곡耗穀의 징수가 고리대적高利貸的 성격을 띠고 관리의 중간착취가 심할 뿐 아니라, 빈민보다도 양반이나 부민이 혜택을 받는 경우가 많기 때문이다. 이런 폐단을 시정하는 방안으로서 안정복은 환곡 출납 과정상의 감독 기능을 강화하고 부정행

---

43 위의 책, 農桑章, 865쪽.
44 위의 책, 田政章, 875쪽.
45 위의 책, 軍政章, 871쪽.

위자에 대한 벌칙의 강화를 강조하고 있다.[46] 그리고 나아가 이에 대한 적극적 대안으로서 환상의 폐지와 상평창常平倉 제도 및 주자사창제朱子社倉制의 시행을 역설하고 있는데[47] 특히 후자에 관한 것은 동약에서 구체화되고 있다.

그러나 안정복은 환상 제도가 현실적으로 폐단이 많다 하더라도 그것이 국법인 이상 쉽게 혁파될 것으로는 보지 않았다. 그래서 그 시행상의 문제점을 보완하는 것과 사창제의 시행으로서 대안을 찾고자 하였다.

안정복이 구상한 사창제는 처음에 50%의 이자를 받고, 원곡元穀이 100석에 이르면 30%의 이자를 받도록 하는 것으로서 고리의 성격을 갖는다. 이는 이론상으로 본다면 10%의 식리息利를 받는 환상還上보다도 고리다. 그렇지만 사창은 행의行義가 뛰어난 사족士族이 주관한다는 전제가 이루어진다면 그 공정성이 높을 것으로 기대하였다.

안정복이 「이리동약」에서 구상한 사창은 이이가 성안했던 사창계약속社倉契約束과 유사한 점이 많다. 특히 상원과 하원이 공동으로 출자하되 신분이 높은 상원(양반)이 하원(양천인)보다 출곡량을 2배로 많게 한 것이 그러하다. 상원이 하원보다 출자가 많다는 것은 결과적으로 상원이 빈핍한 하원을 돕는다는 의미가 있다. 다만 안정복의 사창이 이이의 사창[48]과 다른 점은, 대곡의 상한선을 15두斗로 한정한 것과 이식율을 20%에서 30%로 높인 점, 그리고 상원의 규칙 위반도 징벌한다는 조항을 첨가한 점이다. 이는 수혜의 범위를 가능한 한 넓히겠다는 의미로 볼 수 있다. 그러나 약원의 길경흉화吉慶凶禍에 대한 부조扶助의 혜택은 하원보다 상원에 더 많이 돌아가게 되어있는 것은[49] 사창의 시행이 근본적으로 상원을 위해서 존재한다는 것을 뜻한다.

빈민에 대한 구호救護의 문제는 사창보다는 국가에서 시행하는 진휼賑恤의 차원에서 다루어진다. 진휼은 물론 일상적인 것이라기보다는 흉년이 들었을 경우의 빈민대책인데, 이에 대한 안정복의 구상 중에서 특이한 것은, 기민飢民으로 하여금 나무해 오기, 짚신 삼기, 채소채취 등과 같은 노동을 시켜 노임勞賃을 받게 하고 부민富民으로 하여금 기민 구제

---

46 위의 책, 糶糴章, 877쪽.

47 『臨官政要』附錄 鄕社法 및 朱子社倉事目, 886~892쪽.

48 韓永愚, 『朝鮮前期 社會思想硏究』, 1983, 104~105쪽.

49 「二里洞約」의 扶助記에 의하면, 扶助를 받을 수 있는 경우는 ① 文科, ② 生進, ③ 壽席, ④ 八十陞資, ⑤ 朝官陞資, ⑥ 冠子嫁女迎婦, ⑦ 鰥寡孤獨, ⑧ 年壯過時 不成婚嫁者, ⑨ 下契로서 親年高深하여 設宴하고 싶어도 못하는 자 등이다. 이 중에서 ⑨를 제외하고는 모두가 上員에 해당하는 것이다.

를 맡게 한 다음 그 공로의 많고 적음에 따라 상賞을 주는 제도를 제안한 것이다.[50] 이는 18세기의 새로운 사회현상으로 나타난 임노동賃勞動의 유행과 부민의 성장을 진휼 제도에 반영한 것이라 하겠다.

끝으로 우리는 안정복의 국방에 관한 견해를 알아보기로 한다.

안정복은 『임관정요』에서 주로 군정 확대를 위한 한정수괄閑丁搜括의 필요성을 역설한 바 있지만, 이러한 군역제도의 정비는 실은 국방에 관한 비상한 관심에서 도출된 것이었다.

그가 첫째로 국방에 관한 대책으로 제안한 것은 '해방海防'의 강화였다. 왜倭와 중국(청)을 가상적국으로 설정할 때, 삼면이 바다로 둘러싸인 우리의 지리조건에서 '해방'의 문제는 매우 절실한 것으로 인식되었다. 그의 국방에 대한 우려는 당장 청이나 왜와의 긴장관계에서 나온 것이 아니라 왜란이나 호란 혹은 몽골 침략과 같은 충격적 사건의 재발의 위험성을 의식한 것이었다.

그는 '해방'의 긴급성을 여러 글에서 피력하고 있는데, 그 요지는 첫째로 강화도를 해방의 중심처로 삼아 이곳에 대한 방어체제를 강화하자는 것이다. 그 이유는 종전의 방어중심지가 남한산성으로 되어 왔으나 이곳은 군사들이 자급자족할 땅이 없어 아사餓死의 위험이 크다는 것이다. 강화도는 땅이 넓고 인민도 많아서 장기적으로 방어할 수 있을 뿐아니라, 남북으로 수많은 도서島嶼들이 별처럼 나열되어 있어서 이들을 연결한 방어망 구축이 가능하다는 것이다.[51]

그리고 이러한 방어망 구축을 위해 유능한 도사공都沙工을 뽑아 인국隣國의 동정과 해로海路의 왕래자들을 정탐·규찰할 것이며[52] 유능한 무신들을 도서에 밀파密派하여 국적에 등록되지 않은 도서들을 탐험하여 문적文籍에 올리도록 하자고 주장했다.[53] 말하자면 이것은 지금까지의 수세적守勢的인 도서정책에서 적극적인 도서진출 정책으로의 전환을 촉구한 것이다. 안정복은 「동사문답東史問答」에서도 "해방의 소활疏闊과 도서島嶼의 무관無管은 매우 가석可惜하다"[54]고 개탄하고 있다.

50 『臨官政要』續編 賑恤章, 879쪽.
51 『順菴叢書』上, 卷9, 與鄭子尙別紙(癸卯), 205쪽.
52 『臨官政要』續編 軍政章, 871쪽.
53 『順菴叢書』上, 卷9, 問海浪島, 213~214쪽.
54 위의 책, 231쪽.

한편, 안정복은 바다 경비의 강화뿐 아니라, 육지로 연결된 북방의 경비에 대해서도 그 강화책을 제시했다. 그 방법의 하나로서 그는 42세(1753) 때 「변방종수설邊防種樹說」을 썼다. 이에 의하면, 북방의 방비를 강화하기 위해, 의주에서 경원에 이르는 1천여 리에 요새지마다 상실을 두껍게 심어 자연성을 이루게 하고 그 안에 토성을 쌓아 이중성을 이루게 하자는 것이다.[55]

그런데 안정복의 국방 관념은 일차적으로는 방어에서 출발한 것이지만, 장기적으로는 만주에 대한 실지수복의 염원도 깃들어 있었다. 그는 47세에 쓴 「동국지계설東國地界說」이라는 글에서 요동지방을 둘러싼 중국과 우리나라 사이의 쟁패전이 무상하였음을 회고하면서

> 遼地의 半壁과 烏喇 이남은 모두 我地였다. …… 애석하게도 신라 文武王 이후로는 멀리 思慮함이 없이 백제와 고구려를 併合한 것에만 만족하고 고구려 옛땅을 수복하지 않았다. …… 豆滿과 鴨綠이 하나의 큰 鐵限이 된 것은 有志之士가 길게 한숨짓고 탄식하는 이유이다.[56]

라고 쓰고 있다. 만주를 잃은 데 대한 탄식이 절실하게 피력되고 있다. 그는 나아가 조선 숙종 때 목극등穆克登과 더불어 정계비定界碑를 세울 때 분계강分界江을 경계로 한다고 하였는데, 그 강이 두만강 북쪽에 있는 것을 자세히 살펴지 않았기 때문에 수백 리의 땅을 잃게 된 것을 안타깝게 생각하였다.[57]

만주 지방에 대한 수복收復의 염원은 영토 확장이라는 공격적 의미만 갖는 것이 아니라 그곳을 차지하는 것이 방어상으로도 안전하다는 역사적 경험에 바탕을 두고 있었다.

4. 안정복의 경학관

안정복은 경학자로서도 여러 저술을 남긴 바 있다. 29세(1740)에 쓴 『하학지남下學指南』은 그의 경학사상을 가장 포괄적으로 정리한 것으로서 그는 이미 20대에 자기류自己流의

---

55 위의 책, 432쪽.
56 위의 책, 433쪽.
57 위의 책, 434쪽.

학문관을 정립했다고 할 수 있다.

그 후 안정복은 이익의 문하에 종유하면서 이익과 여러 차례 경사에 관한 문답을 교환했고, 그 밖에 윤동규尹東奎·이병휴李秉休·권철신權哲身·이기양李基讓·이경문李景文·이상준李尚駿·채제공蔡濟恭·황덕일黃德壹 등 남인학자들과는 서간을 주고받으면서 학문을 토론했다. 또한 그는 세자익위사世子翊衛司에서 서연書筵을 맡은 적에는 자신의 해박한 경학지식을 십분 활용하여 뒷날 정조를 우문右文의 군주로 성장시키는 데 일익을 담당했다. 그의 경학에 관한 저술로는 위에 든 『하학지남』이외에도 『가례집해家禮集解』(1781), 『홍범연의洪範衍義』가 있고, 이익의 부탁을 받아 이황의 언설의 정수를 뽑아 편찬한 『이자수어李子粹語』(1753)도 그의 중요한 업적으로 평가된다. 여기서는 안정복의 대표작이라 할 수 있는 『하학지남』을 중심으로 하여 그의 경학사상의 특징을 살피려고 한다.

그는 우선 공자·맹자 등 성현의 학문은 '일용이륜日用彝倫'을 따지는 형이하形而下의 학문으로서 이를 '하학下學'이라고 호칭했다. 그런데 후세 사람들은 '이학理學'이니 '심학心學'이니 하는 것을 학문으로 생각했는데, 이 "이학과 심학은 형영形影도 없고 모착摸捉도 없는 것으로서, 한갓 현공懸空한 설화에 지나지 않은 것"[58]으로 안정복은 비판했다. 따라서 후세 학자들이 하학을 비천한 것으로 생각하고, 천인성명天人性命이니 이기사칠理氣四七의 설에만 구구하게 얽매어 있는 것은 아무 쓸모없는 일로 생각했다.

이와 같이 안정복은 일용이륜(수기치인修己治人)의 일을 배우는 '하학'만을 진정한 성현의 학문이라고 보는 입장에서 자신의 학문관을 정리한 저술을 『하학지남』이라고 이름 붙였던 것이다. 그런 의미에서 안정복이 지향했던 성리학은 이기심성理氣心性의 문제를 위주로 하는 형이상의 성리학이 아니라 수기치인과 관련된 형이하의 성리학, 즉 실학으로서의 성리학을 의미하는 것이었다.

『하학지남』은 이렇든 형이하의 현실세계를 위한 성리학의 학문 방법을 제시한 것인데, 이 책에서는 ① 독서讀書 ② 위학爲學 ③ 심술心術 ④ 위의威儀 ⑤ 정가正家 ⑥ 처기處己 ⑦ 접인接人 ⑧ 출처出處의 8개 장章으로 나누어 중국 및 우리나라 성현들의 명언을 모았다.

여기서 가장 많이 인용되고 있는 인물은 주자로서, 안정복의 학문의 기초가 주자에 있음을 살필 수 있다. 그러나 주자 이외의 중국역대성현이나 우리나라 조선 시대 유학자들

---

58 『順菴叢書』上, 題下學指南書面, 663쪽.

의 언행도 광범하게 인용되고 있다. 이를테면 이황李滉·이이李珥·조광조趙光祖·김굉필金宏弼·서경덕徐敬德·조식曺植 등 16세기 사림학자士林學者들이 많이 인용되고 있는데, 특히 이황·조광조·김굉필·정여창鄭汝昌 등에 대해서는 반드시 '선생先生'이라는 존칭을 붙이고 있다. 이는 그 자신의 학통을 남인에 연계시키려는 확고한 의지의 표명이라 할 수 있다. 그가 뒷날 이황의 언설 중 정수를 모아『이자수어李子粹語』라고 이름붙이고, 또 서연석상書筵席上에서 사단칠정四端七情에 관한 논의가 나왔을 때 이이보다도 이황의 설을 지지하고 나선 것도 그의 남인적 당색과 무관하지 않은 것으로 보인다.

그러나 당시 서인당西人黨의 학문적 종장宗匠이랄 수 있는 이이의 학문을 전적으로 배제한 것은 아니었으니,『하학지남下學指南』에서 이익의 언설이 이황 다음으로 많이 인용되고, 서연에서도 이이의『성학집요聖學輯要』를 강강講했으며, 또「이리동약二里洞約」등에서 설정한 사창제社倉制는 이이의 영향이 컸다. 바로 그러한 절출적 태도는 영남남인과 다른 기호남인畿湖南人의 한 속성을 보여 주는 것이라 하겠다.

안정복은 성리학을 정학으로 옹호하는 입장에서 불교·도가·양명학·천주교·민간신앙 등을 모두 이단, 혹은 음사로 배격하는 태도를 견지했고 동약의 규정 중에도 이단과 음사의 금지에 대한 조항이 들어 있다.

이러한 입장에서 그가 제시한 독서讀書의 표본은 다음과 같이 제시된다.[59]

○ 先讀 - 以立基本

小學

大學(兼 或問)

論語(兼 或問)

孟子(兼 或問)

中庸(兼 或問)

近思錄

家禮

心經

---

59 위의 책,『下學指南』讀書之義章, 682쪽.

○ 次讀 - 以盡其用

詩傳

書傳

周易(兼 啓蒙)

春秋(兼 三傳)

禮記(兼 儀禮 및 通解主禮)

二程全書

朱子大全(兼 語類)

伊洛淵源錄(兼 理學通錄)

性理大全

○ 兼看 - 以通其變

先看 : 綱目 · 續綱目 · 明史綱目(以正其義)

兼看 : 資治通鑑 등 諸 編年史(以會其要)

次看 : 歷代正史

亦看 : 東國諸史

위에 나타난 독서讀書의 표준은 이이가 『성학집요聖學輯要』와 『격몽요결擊蒙要訣』에서 제시한 것과도 아주 유사함을 발견할 수 있다. 다만, 이이는 근사록近思錄 · 가례家禮 · 심경心經을 사서四書 · 오경五經 다음에 읽어야 할 대상으로 제시한 데 반해서, 안정복은 이를 오경보다 앞서 읽어야 할 대상으로 제시한 것이다. 이는 주자에 대한 편향이 오히려 이이보다도 커진 것을 의미하는 동시에, 수기修己의 비중을 상대적으로 높인 것을 뜻한다.

안정복의 경학은 이와 같이 본원本原을 주자에 두고, 가까이는 우리나라의 이황의 학문을 전승했지만, 세부적인 경서 해석의 측면에 있어서는 독창적인 견해를 수다하게 제시하였다. 특히 그는 사서 · 삼경에 대한 후세학자들의 소주小註에는 많은 문제점이 있음을 간파하였고 따라서 경전의 소주를 통해서 경서의 본원을 이해하는 것은 위험한 일로 간주하였다. 그리고 그러한 비판의 대상 중에는 주자도 예외가 아니었으며, 명나라 유학자들의 전집은 '유문儒門의 대자大疵'라고까지 혹평하였다. 특히 명유明儒에 대한 비판은 청대의 고증학자인 고염무顧炎武의『일지록日知錄』에 의거하고 있는데, 이는 안정복이 청대 고증학의 영향도 받았음을 말해주는 것이다.

안정복의 경학사상은 성호의 문하에 들어간 뒤로는 6경經 중심으로 방향이 전환된 듯 보인다. 그것은『동사강목東史綱目』에서 6경을 강조하는 사론이 자주 보이고, 악樂에 대한 관심이 비상한 것에서 추찰된다.

대체로 기호남인畿湖南人들의 경학사상은 4서書보다도 6경(시詩 · 서書 · 예禮 · 악樂 · 역易 · 춘추春秋)에 중심을 두고 있으며, 정주학程朱學을 존중하면서도 이를 한 단계 뛰어넘어 6 경의 본의를 직접 자득함으로써 고학의 참모습을 찾으려는 경향이 강했다. 이러한 경향 은 17세기의 남인학자인 허목이나 윤휴, 그리고 18세기의 이익 등에게서 현저하게 나타 나는 바이다. 그리고 고학에 기울수록 현실적인 경세관에 있어서도 이상주의적인 성향 이 강한 것도 필연의 이치다. 이러한 맥락에서 볼 때 안정복의 학문은 선배 남인학자의 영향을 받았으면서도 6경에 대한 경도는 상대적으로 약한 것으로 보인다.

5. 안정복의 역사인식

1)『동사강목』의 편찬

안정복의 사서 편찬은 주지하다시피 고대에서 고려말까지의 통사체계를 서술한『동 사강목』(20권)과 조선왕조사朝鮮王朝史를 정리한『열조통기列朝通紀』(25권)로 대표된다. 전 자는 5년간의 작업 끝에 48세에 완성되었고, 후자는 56세에 시초始草되었다.

그런데 안정복의 역사에 대한 관심은 젊어서부터 형성된 것으로 보인다. 그는 이미 26 세 때(1737)「치통도통이도治統道統二圖」를 지어 중국에 있어서 치통治統과 도통道統의 계보 를 도표로 만든 일이 있다. 여기서 치통은 상고에서 청에 이르기까지의 역사를 정통正統 · 변통變通 · 무통無統으로 구별하여 작도한 것이다.[60]

그는 29세에 쓴『하학지남下學指南』에서도 독서讀書의 순서를 설명하면서, 경서經書 다

---

60   위의 책, 順菴先生年譜, 599쪽.

음의 독서대상으로 사서를 들고 있다. 즉 그는 독서의 순서를 ① 선독先讀 ② 차독次讀 ③ 겸간兼看의 세 단계로 나누고 있는데, 선독은 근본을 세우는 것이고, 차독은 응용을 다하는 것이며, 겸간은 변화에 통달하기 위함이라고 한다.[61] 여기서 마지막으로 거론된 겸간의 대상이 바로 사서인데, 사서를 읽는 순서는 다음과 같다.

① 綱目·續綱目·明史綱目을 읽어서 大義를 바르게 할 것.
② 資治通鑑 등 여러 編年史를 읽어서 大要를 이해할 것.
③ 歷代의 正史를 읽을 것.
④ 東國의 諸史를 볼 것.

여기서 안정복이 인식하는 사서는 그 비중이 경서보다 낮다는 것과, 사서 중에서도 중국사는 동국사보다 먼저 읽어야 한다는 것, 그리고 중국사서 중에서는 강목을 가장 먼저 읽어야 한다는 것으로 요약할 수 있다.

안정복은 『하학지남』에서 '독사讀史'의 방법에 관한 선현들의 언설도 모으고 있다.[62] 여기에는 주자朱子·정자程子·여동래呂東萊의 독사설讀史說이 소개되고 있는데 그중에서 정자의 설은 일찍이 이이와 이익도 소개한 바 있다.[63] 이익은 정자가 말한, 역사에 있어서 성패成敗가 행幸·불행不幸과 관련된다는 말을 더욱 부연하여, 역사의 성패를 결정하는데 있어서 세勢의 중요성을 강조한 것이 특징이다.[64] 이에 비하여 안정복은, 경서를 읽기 전에 사서를 읽는 것이 해롭다는 취지의 주자의 말을 더욱 중요하게 받아들이고 있다. 다시 말하자면 안정복은 경사 관계에 있어서 경학의 우위성을 강조하는 입장이 한층 선명하다고 할 수 있다.

이상과 같은 『하학지남』에 피력된 안정복의 사학에 관한 견해를 놓고 볼 때 그는 이미 20대의 청년기에 사학에 관한 자신의 입장을 세워놓았다고 볼 수 있다. 그러므로 그가 42세부터 48세에 이르기까지 6년간이나 이익과 더불어 강목 및 동사에 관해 문답을 했고,

---

61 註 59)와 같음.
62 위의 책, 『下學指南』讀史章, 691쪽.
63 韓永愚, 『朝鮮前期史學史研究』, 서울대출판부, 1981, 257~260쪽.
64 韓永愚, 「李翼의 史論과 韓國史理解」, 『韓國學報』 46, 1987(本書 8장 所收).

그러한 과정에서『동사강목』을 편찬했다 하더라도 사학에 대한 기본태도가 이로 인해 크게 바뀌었다고는 보이지 않는다. 그러나 안정복은『동사강목』을 편찬하는 과정에 우리나라 상고사로부터 고려말에 이르기까지 주요 역사적 사실에 대한 평가와 관련하여 이익의 의견을 일일이 물은 것은 그만큼 이익의 사안에 대한 신뢰가 깊었던 것을 의미하며, 또한 실제로 이익의 의견이 반영된 것도 적지 않았다.[65]

어쨌든『동사강목』편찬은 안정복이 43세 되던 1754년(영조 30)부터 착수되어 48세 되던 1759(영조 35)에 일단 완성되었는데, 지리고地理考만은 그보다 앞서 45세 되던 1756년(영조 32)에 일찍이 탈고되었다.

『동사강목』은 이렇듯 48세 때 초고가 완성되었지만, 그것이 세상 사람들에게 알려지기까지에는 상당한 세월이 소요되었다. 원래 이 책의 서문도 이익이 직접 쓰기로 되어 있어서 이익은 1762년(영조 38)에 서문의 초고를 쓰다가 마치지 못하고 다음 해 타계했다. 그래서 이익의 서문은 1774년(영조 50)에 이르러서야 그의 조카인 이병휴李秉休의 손을 빌어서 완성되었다.[66]

그 후『동사강목』은 1776년(정조 즉위)에 이르러 당시 목천현감木川縣監을 지내던 안정복 자신에 의해 비로소 1본本이 선사繕寫되어 가숙家塾의 자제들에게 전수傳授되었다. 그러나 이때까지도 안정복 자신의 서문은 붙여지지 않았다가 2년 뒤인 1778년(정조 2) 봄에 이르러 서문이 작성되었다.[67] 그러니까 초고가 완성되고 나서 서문이 나오기까지 19년의 세월이 흐른 것이다.

『동사강목』은 1781년(정조 5)에 승선承宣 정지검鄭志儉에 의해 정조에게 상납되었고, 다시 2년 뒤인 1783년(정조 7)에는 완영完營에서의 전등傳謄 과정에 생긴 오자를 교정하여 내입內入하였다.[68] 이로써『동사강목』은 가숙용家塾用이라는 좁은 테두리를 벗어나 우문右文의 군주 정조를 비롯하여 세인世人의 관심을 끌게 되었고 마침내는 조선 후기를 대표하는 통사通史로서의 자리를 굳게 되었다.

---

65 『東史綱目』史論 중에는『星湖僿說』을 인용한 대목이 많고, 특히 附錄의 雜說은 주로 李瀷의 說을 소개하면서 자신의 의견을 개진한 것이다. 雜說 중에 '師曰'이라고 한 것은 李瀷을 가리킨다.

66 『東史綱目』題東史篇面(李秉休書).

67 위의 책, 東史綱目序(安鼎福書).

68 『順菴叢書』上, 順菴先生年譜, 624쪽.

안정복의 또 하나의 역저力著인『열조통기列朝通紀』는 태조에서 영조 52년에 이르기까지의 조선왕조사를 연대순으로 편찬한 것이다. 이 책은『국조보감國朝寶鑑』을 기본자료로 이용하고 조보朝報·『비국등록備局謄錄』·『동각잡기東閣雜記』를 비롯한 문집류를 참고하여 편찬된 것으로서, 안정복 자신의 가치평가는 거의 내보이지 않고 있다. 따라서 이 책은 서술시대敍述時代로 본다면『동사강목』의 속편과 같은 의미를 갖는 것이지만, 체재나 내용상으로 볼 때에는 사서라기보다는 자료집의 성격이 강하다. 그러므로 이 글에서는『열조통기』에 대한 분석은 논외로 해 둔다.

안정복은『동사강목』을 편찬한 지 4년 뒤인 52세 되던 1763년(영조 39)에 중국의 상고에서 주자의 강목에 이르기까지의 역사를 절산節刪하여『사감史鑑』(8권)을 편찬하였다. 이로써 그는 중국사와 동국사를 자신의 손으로 일단 재구성하는 업적을 세웠다.

2)『동사강목』의 편찬목적

안정복은 왜『동사강목』을 편찬했을까, 그는 독서의 순서로서 사서보다는 경서를 앞세웠고, 사서 중에서도 중국사를 동국사보다 먼저 읽어야 할 것으로 내세웠다. 이런 문맥에서 본다면,『동사강목』은 경학에 대한 공부와 중국사에 대한 이해를 전제로 해서 마지막에 읽어야 할 책인 셈이다.

안정복의 경학은 주자학이 기본이다. 또한 중국 사서 중에서도 주자가 쓴『자치통감강목資治通鑑綱目』을 최량最良의 사서로 인정한다. 그러므로 그가 쓴『동사강목』은 자연히 주자학적 가치관을 바탕으로 하여, 주자의 강목을 표준으로 하여 쓰여질 수밖에 없었다.

실제로 안정복은『동사강목』의 범례에서, 주자의『강목』은 '위사자爲史者 위지준칙爲之準則'이 되는 책이라고 격찬하고,『동사강목』의 범례도 주자의 정법을 준수했다고 밝히고 있다. 주자의『강목』이 이렇듯 위사자의 준칙이 되어야 하는 이유는, 권계勸戒의 뜻이 가장 명백하게 드러나는 의례를 가진 때문이다. 그러니까『동사강목』이『강목』의 의례를 따른 것은, 바로 권계의 뜻을 명시하기 위해『동사강목』을 지었다는 뜻이 된다.

그렇다면, 구체적으로 무엇을 권계하자 함인가.『동사강목』서문에는 사가의 대법으로 ① 통계를 밝힐 것, ② 찬역篡逆을 엄하게 할 것, ③ 시비를 바르게 할 것, ④ 충절을 포장할 것, ⑤ 전장을 자세하게 할 것 등 다섯 가지 사항을 들고 있다. 이 중에서 ⑤를 제외한

①~④가 바로 권계에 해당한다고 할 수 있다. ⑤항은 역사서술의 실증성을 강조한 것으로서 주자의 『강목』정신과는 일단 무관한 것이며, 이는 11세기 중국학술과 18세기의 조선학술의 시대적 차이를 반영하는 것이다.

안정복은 1758년에 학우인 이정산李貞山에게 보낸 서신書信에서도 『동사강목』의 대의는 "정통을 높이고, 절의를 숭상하고, 필례筆例를 삼가하는 것"[69]이라고 밝히고 있다. 이는 앞서 설명한 서문의 취지와 기본적으로 같다.

그렇다면, 『동사강목』이 편찬되기 이전에는 그러한 취지에 알맞은 국사서가 없었다는 것인가. 『동사강목』의 편찬 동기는 바로 「그렇다」는 대답으로부터 출발한다. 안정복은 서문과 범례, 그리고 부록 등 도처에서 기성사서旣成史書에 대한 불만을 토로한다. 이제 기성사서에 대한 평가의 요지를 정리해 보기로 한다.

① 三國史記(金富軾)

• 疏略하면서 事實과 틀린다(序文).

• 文籍을 博取하지 않았고, 獻書의 길을 열지 않았다(凡例).

• 고구려 · 백제의 기사가 더욱 소략하다(凡例 · 地理考).

• 古籍을 博考할 수 있었으나, 다만 신라의 단란한 文字만을 가지고 지리를 쓴 것은 잘못이다(地理考).

• 古迹을 博考하지 않고, 餘壤을 수습하여 高句麗地志는 다만 신라가 얻은 땅만을 자세히 다루었고, 나머지는 모두 서술하지 않았다(地理考).

② 三國遺事(一然)

• 佛敎의 源流를 밝히기 위해 지은 것으로 異端虛誕한 이야기들이 많다. 그러나 간혹 年代의 可考할만한 것이 있다. 동국통감에서 많이 참고했으며, 東國輿地勝覽의 地名도 이를 많이 좇았다(凡例).

③ 高麗史(鄭麟趾 등)

• 繁冗하면서 寡要하다(序文).

• 世家는 繁冗하고, 志는 脫落이 많고, 列傳은 疎漏하다(凡例).

69 위의 책, 235쪽.

- 隱逸傳·冶隱傳을 두지 않은 것은 잘못이다(東史問答)(凡例).

④ **東國通鑑(徐居正 등)**

- 義例가 어그러졌다(序文).
- 資治通鑑을 참고하여 자못 상세하다. 그러나 義例가 많이 어그러지고, 訛謬와 舛駁이 심하다(凡例).
- 檀·箕 각 천년의 神聖之治를 外記로 넣은 것은 잘못이다(凡例).
- 衛滿을 檀箕와 동등하게 三朝鮮으로 並稱한 것은 잘못이다(卷1).

⑤ **東史纂要(吳澐)**

- 節略하기는 해도 자못 簡要하다(凡例).
- 類抄에 불과하고 매우 疎略하다(東史問答).

⑥ **麗史提綱(兪棨)**

- 筆法이 간혹 어그러지고, 訛傳이 많다(序文).
- 節刪의 繁하고 簡함이 中을 얻고 있으나, 立綱의 法이 「綱目」과 맞지 않는다(凡例).
- 東國通鑑보다 다소 나으나, 麗史만을 다루었고, 立綱도 謹嚴을 많이 잃고 있다(예컨대 懶翁의 密城流配를 立綱한 것이 그것이다)(東史問答).

⑦ **東史會綱(林象德)**

- 가장 精密하지만 恭愍王에서 끝난 것은 아쉽다. 禑를 辛氏라고 보지 않는다(東史問答).
- 筆法이 간혹 어그러지고 訛傳이 많다(序文).
- 諸史 중 가장 簡當하지만, 한두 군데 錯謬가 있다(凡例).
- 朱子綱目을 稟하여, 恭愍에서 끝났다. 綱目에서 周紀를 끝내지 않은 것을 따랐다고 하는데, 이는 禑王이 辛氏인지 王氏인지 확실히 말하기 어려워서 그렇게 한 것이다(凡例).
- 箕準이 南遷하여 세운 馬韓을 衰微無徵하다 하여 正統으로 간주하지 않은 것은 큰 잘못이다(凡例).
- 高麗의 失位한 君主를 前王이라 하지 않고 廢王이라고 호칭한 것은 잘한 것이다(凡例).
- 本國이 중국을 先侵한 것을 '犯'이라고 적은 것은 잘한 것이다(凡例).
- 嬖幸·亂臣의 죽음을 '卒'이라고 쓴 것은 잘못이다. '死'로 적는 것이 옳다(凡例).

이상以上 기성사서既成史書에 대한 안정복의 평가는 한마디로 시대가 내려갈수록 사서의 질이 좋아지는 것으로 보고 있으며 특히 18세기 초에 편찬된 임상덕의 『동사회강東史會綱』을 상대적으로 가장 좋게 평가한다. 그것은 이 책이 주자의 『강목綱目』법法을 비교적 충실히 따랐다는 데 이유가 있다. 그러나 이 책도 부분적으로는 『강목』의 의례에 맞지 않는 것이 있고 또한 사실 고증이 잘못된 것이 있어서 만족할 만한 것이 못 되고, 그래서 보다 완벽한 사서를 스스로 짓겠다는 사명감을 갖게 된 것이다.

결국, 안정복이 『동사강목東史綱目』을 지은 동기는 첫째, 의례를 더욱 바르게 하겠다는 것과, 둘째는 와오訛誤를 교정하겠다는 것이다. 전자는 가치평가의 문제요, 후자는 사실고증의 문제이다. 주자 『강목』을 준수하겠다는 것은 전자의 의례와 관련되는 것이요, 후자의 사실고증은 주자 『강목』과는 일단 무관한, 안정복 자신의 독자적 창의와 연구의 소산인 것이다. 따라서 『동사강목』에 대한 사학사적 평가는 의례와 고증의 양면에서 이루어져야 할 것이다.

실제 『동사강목』이 뒷날 사학계에 큰 영향을 미친 것은 의례에 있다기보다는 사실고증의 업적에서 찾아진다. 안정복은 『동사강목』을 편찬함에 있어서 일차적으로는 『동국통감』을 저본으로 삼았는데, 시대에 따라 고대에 관한 서술은 『삼국사기』를, 고려 시대 관한 것은 『고려사』와 『여사제강』을 주로 참고했다.[70] 그러나 그밖에 우리나라 역사에 관한 사서류와 문집류들을 널리 참고하였고[71] 나아가 중국인이 쓴 사서와 문적들, 그리고 왜사倭史 (일본서기)에서도 새로운 자료를 많이 발굴하여 수록하였다.[72] 따라서 18세기 중엽 당시로서는 자료수집 면에서도 가장 충실한 사서가 될 수 있었음을 기억해 둘 필요가 있다.

---

70   『東史綱目』 凡例 중 雜例. 安鼎福은 고려 시대 서술에서 『高麗史節要』는 참고하지 못했다. 그는 이 책이 "不傳한다"고 밝히고 있다.
71   『東史綱目』에 인용된 史書와 文集의 명단은 다음과 같다.
      • 史書 - 三國史記 · 三國史略 · 三國遺事 · 高麗史 · 高麗史(高麗國史 - 필자) · 麗史提綱 · 東國通鑑 · 東史纂要 · 東史會綱
      • 文集, 기타 - 破閑集 · 李相國集 · 補閑集 · 牧隱集 · 櫟翁稗說 · 龍飛御天歌註 · 陽村集 · 海東諸國記 · 輿地勝覽 · 應製詩註 · 筆苑雜記 · 東文選 · 退溪集 · 慵齋叢話 · 箕子誌記 · 攷事撮要 · 東閣雜記 · 平壤志 · 稽古篇 · 芝峰類說 · 大東韻玉 · 海東樂府 · 眉叟記言 · 拙翁集 · 輿地考(東國地理志 - 필자) · 松都雜記 · 經世書補編 · 磻溪隨錄 · 東國摠目(東國歷代總目 - 필자) · 海東名臣錄 · 麗史彙纂 · 範學全書(이상 32종).
72   『東史綱目』에 인용된 中國書籍은 다음과 같다. 史記 · 漢書 · 後漢書 · 三國志 · 南史 · 北史 · 隋書 · 唐書 · 通鑑前編 · 資治通鑑 · 資治通鑑綱目 · 宋元綱目 · 通典 · 文獻通考 · 皇明通紀 · 吾學編 · 盛京通志 · 竹書紀年(이상 18종). 이밖에 宋史 · 金史 · 元史도 많이 참고되었으나 參考書目에는 누락되었다.

3) 『동사강목』의 목차

『동사강목東史綱目』은 수권首卷과 본문 17권, 그리고 부록 2권, 모두 합하여 20권으로 되어있다. 각 권의 주요 내용을 소개하면 다음과 같다.

首卷 : 題東史篇面 · 序 · 目錄 · 凡例 · 傳授圖 · 地圖 · 官職圖
卷 1 : [朝鮮] 箕子 · 箕否 · 箕準, [馬韓] 武康王 箕準(附 : 衛氏朝鮮 · 四郡二郡 · 辰韓 · 弁韓 · 扶餘 · 濊 · 貊 · 沃沮), 三國(附 : 二郡 · 扶餘 · 駕洛)
卷 2 ~ 卷 4 : 三國(附 : 二郡 · 帶方 · 扶餘 · 駕洛 · 渤海) · 新羅(附 : 渤海)
卷 5 : 新羅(附 : 後百濟 · 泰封 · 高麗 · 渤海)
卷 6 ~ 卷 17 : 高麗(太祖 19 ~ 恭讓王)
附錄 卷 1 : 考異 · 怪說辨 · 雜說
附錄 卷 2 : 地理考 · 疆域考正 · 分野考

먼저 수권의 「제동사편면題東史篇面」은 이익이 『동사강목』을 위해 쓴 미완성의 서문으로서, 종자從子인 이병휴李秉休가 소발小跋을 붙여 소개한 것이다. 그 내용은 기자箕子의 치적治績이 홍범洪範 8정政에 토대를 둔 것으로서, 이른바 8조교條敎나 평양의 정전제井田制 혹은 백의 숭상과 혼례 시의 백마白馬 사용 등의 풍속이 모두 기자의 홍범정치洪範政治로부터 유래되었다는 것이다. 그리하여 중국 요堯 · 순舜 · 삼대三代의 홍범전통이 중국에서는 한초漢初에 이르러 부활되지만, 그것은 우리나라의 8조교로부터 거꾸로 배워간 것이다. 그리하여 중국이 우리나라로부터 예禮를 배워가지 않으면 안 되는 상황이 되었다는 것이다.

이익이 『동사강목』의 서문으로 기자의 홍범정치를 서술한 것은, 중국의 삼대에 못지 않은 이상문화가 동방에 꽃피었음을 강조하려는 것으로 생각되는데[73] 그는 이 글을 완성하지 못한 채 세상을 떠나고 말았다. 그러나 『동사강목』의 역사체계가 단기 → 마한을 정통으로 부각시킨 것은 결과적으로 이익의 입장과 대체로 일치되는 것이라 하겠다.

다음에 수권에 제시된 범례는 모두 18절로서[74] 이는 주자『강목』의 의례[75]와 거의 일치

---

73 韓永愚, 「李翼의 史論과 韓國史理解」, 『韓國學報』 46, 1987, 79~89쪽.

된다. 그러나 그 의례를 한국사에 구체적으로 적용함에 있어서는 『강목』과의 일정한 차이가 불가피함이 선언된다.

이 凡例는 朱子의 定法을 따랐다. 그러나 『綱目』은 華夏를 主人으로 하여 萬國을 統攝한 것이므로, 그 이상 높은 것이 없다. 그런데 이 책은 東國의 일을 적은 것이다. 땅이 한 모퉁이에 치우쳐 있고, 禮와 事가 서로 다르므로 부득이 이러한 특수성을 고려하여 義例를 세울 수밖에 없다. 이는 大小의 勢가 다른 까닭이다.[76]

다시 말해, 주자 『강목』은 만국사萬國史의 성격을 띤 중국사를 서술한 것이고 우리나라 역사는 예禮와 사事가 다른 일국의 역사인 까닭에 『강목』의 의례를 그대로 따를 수는 없다는 것이다.

『동사강목』은 우리나라 역사의 이와 같은 특수성을 고려하여 작성했기 때문에 내용상 주자 『강목』의 범례와는 많은 차이점이 보이고 있다. 즉 주자 『강목』의 절은 모두 19이나 『동사강목』은 18절로 압축되었고, 각절에 포함된 133조의 조례가 61조로 축소되었다. 그리고 18절에 포함시킬 수 없는 11조의 조례를 따로 독립시켜 이를 '잡례'라 불렀다.

『동사강목』의 범례에 붙인 이 11조의 잡례는 주로 자료취급 방법과 사실고증에 관한 문제, 그리고 사론에 관한 것이다. 다시 말해 주자 『강목』은 사실고증이나 사론에 역점을 둔 사서가 아닌 데 반해서, 『동사강목』은 그 방면의 비중이 매우 높다. 그리고 사실고증과 사론의 발달은 조선 후기에 이룩된 사학연구의 독자적 성과와 특색을 반영하는 것이다. 바로 이점은 12세기의 중국사학과 18세기의 한국사학의 수준차이에서 자연스럽게 나타난 결과이기도 하다.

---

74 『東史綱目』의 18節의 凡例는 다음과 같다.
1. 凡統系(10條), 2. 凡歲年(3條), 3. 凡名號(6條), 4. 凡即位(2條), 5. 凡改元(1條), 6. 凡尊位(4條), 7. 凡崩葬(2條), 8. 凡篡弑(1條), 9. 凡廢徒幽囚, 10. 凡祭祀(4條), 11. 凡行幸(2條), 12. 凡恩澤(1條), 13. 凡朝會(7條), 14. 凡封拜(7條), 15. 凡征伐(1條), 16. 凡廢黜(1條), 17. 凡人事(8條), 18. 凡災祥(1條)・雜例(11條).

75 朱子, 『綱目』의 凡例는 다음과 같다.
1. 統系(6條), 2. 歲年(4條), 3. 名號(2條), 4. 即位(12條), 5. 改元(2條), 6. 尊立(2條), 7. 崩葬(9條), 8. 篡賊(5條), 9. 廢徒(1條), 10. 祭祀(9條), 11. 行幸(5條), 12. 恩澤(8條), 13. 朝會(8條), 14. 封拜(12條), 15. 征伐(16條), 16. 廢黜(4條), 17. 罷免(9條), 18. 人事(17條), 19. 災祥(2條).

76 『東史綱目』 凡例의 序文.

다음에, 수권의 전수도傳授圖는 ① 고조선에서 조선에 이르기까지의 정통왕조를 중심으로 계보화하고, ② 각 왕조의 왕계표를 소개한 다음, ③ 각 왕조에 대한 최부崔溥의 사평을 실었다. 말하자면, 이것은 『동사강목』의 목차를 시각적으로 도형화한 것이다.

전수도 다음의 지도는 ① 지도(조선시대전도朝鮮時代全圖) ② 조선사군삼한도朝鮮四郡三韓圖 ③ 삼국초기도三國初起圖 ④ 고구려전성도高句麗全盛圖 ⑤백제전성도百濟全盛圖 ⑥ 신라전성도新羅全盛圖 ⑦ 신라통일도新羅統一圖 ⑧ 고려통일도高麗統一圖로 구성되어 있다. 이 지도들은 안정복의 강역에 관한 비상한 관심의 반영인 동시에 『동사강목』의 지리고를 지도화한 것으로서, 고조선과 고구려의 서계西界를 요서遼西 대릉하大凌河·소릉하小凌河 지역으로 표시한 것이 인상적이다.

수권의 마지막에 넣은 관직도는 고조선·삼국·고려시대의 주요 문무관직의 변천 과정을 도표화한 것으로, 작자 안정복의 제도사에 관한 관심을 반영하는 것이다. 『동사강목』의 본문에 해당하는 권1~권17에 이르는 부분은 고조선에서 신라말까지가 5권, 고려사가 12권으로 구성되어 있다. 이를 『동국통감』과 비교해보면 고려 이전의 고대사 부분이 크게 늘어난 것을 알 수 있다.[77] 이는 특히 고조선·삼한의 역사가 크게 보완된 결과로서, 조선 후기 상고사 연구의 성과가 반영된 것을 의미한다. 『동사강목』의 사학사적 가치의 하나가 여기에 있음도 주의를 요한다.

끝으로, 『동사강목』의 부록으로 넣은 고이考異·괴설변怪說辨·잡설雜說·지리고地理考·강역고정疆域考正·분야고分野考는 역사적 사실을 고증한 것으로서, 안정복의 사학 전문가로서의 또 다른 모습을 보여 주는 부분이다. 이 부분은 주자의 『강목』과는 아무 관계가 없는, 조선 후기 역사가들 사이에 논란이 되어 온 사실고증의 문제들을 총정리하면서 안정복 자신의 독자적 견해를 제시한 것이다.

먼저, 「고이考異」편은 사마광의 『자치통감資治通鑑』에 들어있는 지리편地理篇을 모방하여 133개 항에 달하는 역사적 사건과 사실에 대한 고증을 시도한 것이다.

「괴설변증怪說辨證」은 고기古記에 전해져 내려오는 고대신화와 중세전설中世傳說들을 '이의전의以疑傳疑'의 뜻으로 후세에 남기기 위해서, 혹은 그 허무맹랑한 내용들을 합리적

---

77 『東史綱目』은 高麗史의 분량이 古代史의 2.4배가 되고 있으나, 『東國通鑑』은 古代史와 高麗史가 각각 12권과 44권으로 되어있어서 高麗史가 古代史보다 4배 가까이 많다.

시각에서 비판하기 위해서 쓴 글들이다. 여기에는 단군신화를 비롯해 혁거세赫居世 · 알영閼英 · 금와金蛙 · 석탈해昔脫解 · 해모수解慕漱 · 왕건王建의 출자에 관계되는 내용들이 다루어지고 있다. 안정복의 사관에 깔려있는 합리적 사고와 동시에 의심스러운 것은 의심스러운 그대로 후세에 전한다는 두 가지 목적이 잘 드러나고 있다.

「잡설雜說」에서는 11개 항에 대한 사실고증을 다루고 있다. 이 부분은 「고이」편과 성격이 비슷한데, 「잡설」의 내용은 이익의 『성호사설星湖僿說』에 실린 글들과 일치되는 논지가 매우 많다. 안정복이 『성호사설』을 읽고 공감되는 논설들을 뽑아 자신의 의견을 첨가해 재정리한 것으로 보인다. 어쨌든 「잡설」의 내용은 안정복의 창견이라기보다는 이익의 견해에 대한 안정복의 소개와 비판을 담은 것이다.

다음에 『동사강목』의 가치를 높여 주는 부분의 하나인 「지리고地理考」에 대해 알아본다. 「지리고」는 분량상으로도 가장 많고, 안정복이 『동사강목』을 지을 때 본문 집필에 앞서 가장 먼저 완성해 놓은 부분이다. 안정복은 『동사강목』 초고를 완성하기 3년 전인 1756년(영조 32, 45세)에 「지리고」를 완성했다고 「지리고」의 서문에서 밝히고 있다. 그는 1755년에 이익에게 보낸 서신에서 고대강역에 관해 질문하면서 「동국지리의변東國地理疑辯」을 쓰겠다고 밝힌 바 있다. 바로 그 약속이 「지리고」로 완성된 것을 알 수 있다.

그는 「지리고」를 가장 먼저 쓴 것에 대해 다음과 같이 그 이유를 밝히고 있다.

> 史를 읽는 사람은 반드시 먼저 疆域을 정해야 한다. 그런 뒤라야 占據한 형편을 알 수 있고, 戰伐의 得失을 살필 수 있으며, 分合의 연혁을 고찰할 수가 있다. 이것이 없으면 잠자는 것과 같다.[78]

말하자면, 역사란 강역이 먼저 확정되어야만, 그 강역 위에서 이루어진 사건들을 이해할 수 있다는 것이다. 그런데 우리나라 역사는 『삼국사기』나 『고려사』가 강역 문제를 확실히 해놓지도 못하고, 원근遠近을 뒤바꿔 놓고, 남북을 이환시켜 놓아 갈피를 잡을 수 없게 되었다는 것이다.[79]

---

78 『東史綱目』附卷 地理考 序文.
79 위와 같음.

이러한 문제의식에서 안정복은 조선朝鮮·삼한三韓·사군四郡·부여扶餘·고구려高句麗·백제百濟·신라新羅·가락駕洛·발해渤海, 그리고 조선 8도의 연혁에 이르기까지 50개 항의 지명을 고증하고 있다. 이는 조선 후기 사서 중에서는 가장 광범하게 지리 문제를 다룬 것이며, 한백겸 이래의 역사지리고증의 축적된 성과들을 총정리한 의미도 갖는다. 『동사강목』이 근대역사가들에게도 필독의 서로서 가치를 지니게 되는 이유는 지리고의 영향이 가장 크다.

마지막으로, 『동사강목』의 말미를 장식하는 「분야고分野考」는 우리나라의 위치를 서양의 만국전도萬國全圖에 의거하여 그 경도와 위도를 따지고, 나아가 중국의 문적에서 논한 성야星野로 볼 때, 종전에는 우리나라가 기미분箕尾分에만 속하는 것으로 알아 왔는데, 이는 잘못된 것임을 따지고 있다. 즉 기미분은 한강 이북 지역에만 해당하는 것이고, 경기·황해·강원·충청(북)·경상(북)도는 중국의 산동성과 맞먹는 허위분이고, 전라·경상(남)·충청(남)은 중국의 강남성과 맞먹는 두분斗分이며, 제주도는 중국의 복건성과 같은 위도의 우녀분牛女分에 속한다는 것을 주장한다.

이는 지금까지 한강 이북의 기미분만 가지고 국토의 위치를 따져온 왜곡된 지리 인식을 깨우쳐 준 것으로서 지리고와 더불어 안정복의 해박한 지리지식을 보여 주는 것이다.

지금까지 『동사강목』의 목차를 중심으로 하여 이 책에 담긴 내용을 간단히 소개해 보았다. 요컨대 『동사강목』은 강목법을 충실히 따라 한국사를 재구성했다는 점에서 극히 이데올로기적인 사서의 성격을 가지면서, 다른 한편으로는 이데올로기와는 거의 무관한 사실고증 그 자체의 뛰어난 성과를 담은 이중적 성격의 사서라는 사실이 이로써 다시 확인된다.

4) 『동사강목』의 의례

『동사강목』은 엄격한 의례義例를 바탕으로 하여 집필되었다. 안정복에 의하면 역사서술에 있어서 의례는 법률에 있어서의 단례斷例나, 예악에 있어서의 의절儀節과 같은 것이다. 의례가 없는 역사서술은 술작述作의 뜻과 권계勸戒의 뜻을 밝힐 수 없다. 이런 의미에서 『동사강목』은 18절 61조의 상세한 의례를 세워놓고 있는데, 이는 기본적으로 주자『강목』의 의례를 표준으로 한 것이지만, 중국과 우리나라의 '대소大小의 세勢가 다르기' 때문에 불가피하게 차이점을 드러내게 되었다고 변명하고 있다.

그렇다면 주자 『강목』의 의례와 『동사강목』의례의 기본적인 차이점은 무엇인가?

첫째, 세년歲年 표시가 다르다. 『강목』은 갑자를 맨 위에 적고 그 밑에 왕년을 적는 방식을 취했는데, 『동사강목』은 갑자 밑에 우리나라의 왕년을 적되, 갑자 위에는 중국연호를 세주로 별기하여 참고하도록 했다. 이러한 원칙은 임상덕의 『동사회강東史會綱』과도 일치되며, 그것은 우리나라가 중국의 정삭正朔(력曆)을 써 온 전통 때문에 불가피하다.

둘째, 임금의 명호표시가 다르다. 『강목』은 정통군주를 왕王 혹은 제帝라고 호칭했으나, 『동사강목』은 왕 혹은 국왕·국군 등으로 호칭했으며, 특히 중국의 명태조에 대해서는 '대명태조고황제大明太祖高皇帝'라고 썼다. 그것은 조선이 '명明의 내복內服과 다름없는' 관계라는 이유에서다.

셋째, 군주의 죽음 표시가 다르다. 『강목』은 정통군주의 죽음을 '붕崩'이라고 했으나, 『동사강목』은 신하의 칭호인 '훙薨'이라고 썼다.

넷째, 조회朝會의 서술이 다르다. 『강목』은 중국이 외국에 사신을 파견한 것을 '유사遺使'라고 썼으나, 『동사강목』은 이적국가(요·금·원)에 파견한 경우에만 '유사'라 하고, 중국 정통국가에 파견한 것은 '입조入朝' '입공入貢' 혹은 '입하入賀'라고 썼다.

다섯째, 외국과의 전쟁에 대한 서술이 다르다. 『강목』은 중국이 외국에 파병했을 때 '범犯'이라는 표현을 쓰지 않았으나, 『동사강목』에서는 우리나라가 중국을 선침先侵했을 때는 '범'이라고 썼다. 이는 중국과 우리나라가 '대소大小의 분分'과 '화이華夷의 별別'이 있기 때문이라고 한다.

여섯째, 인사에 있어서 『강목』은 재상의 졸기卒記를 실서悉書했으나, 『동사강목』은 사적이 뚜렷한 재상宰相만을 선별하여 졸기를 썼다.

이상, 주자 『강목』과 『동사강목』 의례상의 중요한 차이점을 검토해 보았다. 결론적으로 말한다면, 『강목』은 중국을 정통천자국正統天子國으로 간주하는 입장에서 쓴 것이라면, 『동사강목』은 우리나라를 중국의 제후국으로 전제하고 쓴 것이다. 그러나 중국사에만 유일하게 적용한 강목의 의례를 제후국인 우리나라의 역사에도 응용해 보았다는 그 자체는 제후의 몸에 중국정통천자中國正統天子의 옷을 입혀 본 것으로 비유된다. 그리고 그러한 시도는 중국에 이미 정통천자가 없다는 반청의식反淸意識의 투영이라는 점에서 의미가 있다. 다시 말해, 우리나라가 비록 중국의 제후국이지만, 정통천자의 옷을 입을 수 있는 제후라는 것을 청淸에 보여 줌으로써, 상대적으로 청에 대한 우월성을 과시하려는 것이 강목의 의례를 도용한 안정복의 한 목적인 것이다.

다음에는,『동사강목』의 의례와 임상덕의『동사회강』의례와의 공통점과 차이점을 비교해보기로 한다.

먼저, 주자『강목』의 의례를 변통하는 문제에 대하여 양서는 기본적으로 변통의 불가피성을 인정한다. 예컨대,『동사회강』에서는

이 책은 立綱附目을 朱子『綱目』에 一稟했다. …… 그러나 그 사이에 體가 다르고(大小의 體의 다름이 있다), 事가 달라서(古今의 일에 다름이 있다) 부득불 通變과 增損이 있었다.[80]

고 한 데 대하여,『동사강목』에서도

이 책의 범례는 朱子의 定法을 一稟했으나 …… 이 책은 東國의 일을 적은 것이다. 地가 一隅에 치우쳐 있고, 禮와 事가 다르므로 부득불 그 다름을 따라 義例를 세웠다. 이는 大小의 勢가 다른 까닭이다.[81]

라고 했다. 우리나라 역사의 특수성 때문에 강목법의 변통이 불가피하다는 입장이 서로 같은 것을 볼 수 있다.

그밖에 양서의 범례는 차이점보다 공통점이 더 많다. 따라서 차이점만을 언급하기로 한다.

양서의 근본적인 의례상 차이점은 통계統系에 관한 것이다. 다시 말하여 정통과 무통을 설정하는 문제다. 『동사회강』은 신라통일 시대와 고려통일 이후만을 정통으로 간주했다.[82] 삼국 이전은 아예 정통을 따지지 않았으며, 역사서술의 시작도 신라건국부터 시작했다. 그것은 단檀·기箕·삼한三韓시대를『동국통감』에서 외기外紀로 처리한 것을 그대로 존중한다는 생각과 아울러 기자箕子의 후신인 마한馬韓이 쇠미衰微하고 무징無徵한 나라

---

80 『東史會綱』凡例.
81 『東史綱目』凡例 序文.
82 韓永愚,「18세기 초 少論學者의 歷史敍述 - 林象德의『東史會綱』」,『三佛金元龍教授停年退任紀念論叢』, 1987.

인 까닭에 정통을 부여하기 어렵다는 판단에서였다. 그래서『동사회강』에서는 삼국 이전은 정통론에서 아예 제외시켰으며, 삼국 이후부터 정통을 따지기 시작했는데, 삼국은 무통의 시대로, 통일신라와 고려통일 이후만을 정통국가로 간주했던 것이다.

이에 대하여『동사강목』은 크게 반발하고 있다. 삼국시대를 무통, 신라와 고려 통일 이후를 정통시대로 보는 것은 이의가 없지만, 단·기·마한을 무정통의 시대로 간주하는 것은 부당한 것으로 보았다. 바로 이점이『동사회강』과『동사강목』의 기본적인 차이점이다.

그 이유는 이러하다. 단·기 시대는 각각 천여 년간 '신성지치神聖之治'를 이룬 시대이므로 이를 외기에 넣는 것도 부당할 뿐 아니라 정통국가로서 당당한 자격이 있다는 것이다. 또한 마한은 비록 나라는 쇠미하였지만, 정통국통인 기자의 후신이므로 나라의 강약을 초월해서 정통성을 부여해야 한다는 것이다.[83] 정통이란 국력을 가지고 따지는 것이 아니라 도덕성과 혈통성을 가지고 따져야 하는 까닭이다.

『동사회강』과『동사강목』은 물론 이 밖에도 세부적인 역사서술에 있어서 많은 차이가 있지만, 그것은 모두 지엽적인 것들이다.

요컨대,『동사강목』은 기본적으로는 주자『강목』의 의례를 변통하여 편찬되었지만, 그 선례는 이미『동사회강』이 보여 주었기 때문에, 직접적으로는『동사회강』의 범례를 존중하지 않을 수 없었다. 그리하여 두 사서의 범례는 거의 일치되고 있지만, 다만 통계를 따지는 데 있어서 단·기·마한을 정통으로 넣을 것이냐 아니냐의 문제에서만 기본적인 차이점을 드러내고 있었다.

5)『동사강목』의 국사체계

『동사강목』은 그 범례에서 단군·기자·마한·신라통일(문무왕 9년 이후) 고려통일(태조 19년 이후)을 정통으로 취급하고, 삼국시대를 무통의 시대로 간주한다고 밝히고 있다. 그 밖의 나라들은 참국僭國이거나, 도적盜賊이거나, 아니면 소국小國으로 취급되고, 이들 나라들은 정통국가 밑에 부기하는 형식을 취했다. 참국·도적·소국·기타에 각각 해당하는 나라들은 다음과 같다.

83　『東史綱目』凡例 凡統系.

僭國：衛滿朝鮮(簒賊)

　　　　　고려 태조 19년까지(叛賊)

　　　盜賊：弓裔·甄萱

　　　小國：辰韓·卞韓·濊貊·沃沮·駕洛加耶

　　　기타：扶餘(열국과 동등하지는 못하지만 麗·濟의 宗國)

　　　　　四郡·二府(중국의 所爲)

　　　　　渤海(我史는 아니지만 그 땅이 고구려 故地)

　　　　　東夷(我地인 요동에 살았고 檀氏는 동이의 일부)

　그러면 이른바 정통으로 간주된 나라들은 어떤 이유에서 그러한 평가가 내려지는 것인가?

　먼저, 단군조선의 경우를 생각해 보자. 단군조선은 천여 년간 '신성지치神聖之治'를 한 시대이기 때문에 정통으로 간주된다. 단군은 백성들에게 편발編髮과 개수蓋首를 가르치고, 군신君臣·남녀男女·음식飮食·거처居處의 제도를 만들었으며, 하夏의 우禹 임금이 즉위하자 아들 부루夫婁를 도산塗山에 보내 입조入朝케 하였다.[84] 이러한 신성한 정치가 가능했던 것은, 단씨檀氏가 속했던 동이東夷 족속들이 요심遼瀋 내외의 땅에 살면서 요堯·순舜의 교화를 일찍부터 받아 이미 '중하지풍中夏之風'을 갖게 된 데 그 이유가 있다.[85] 다시 말해 단군조선은 족속상으로는 동이東夷에 속하지만, 이미 그 문화는 중화문화권 속에 들어가 있었으므로 '신성지치'가 가능했던 것으로 본다.

　다음에, 기자조선이 정통이 되는 이유도 마찬가지로 '신성지치'에 있다. 기자箕子는 홍범洪範의 8정政을 가지고 8조교條敎를 시행하고, 정전제井田制를 실시함으로써 공자가 '군자국君子國'으로 호칭하고 조선으로 이민 오고 싶어 할 정도의 문화국가가 되었기 때문이다.[86]

　기자조선에는 기자가 죽은 뒤에도 존주尊周의 뜻을 지닌 조선후朝鮮侯라든가, 대부례大夫禮와 같은 충신들이 나와 높은 도덕정치를 계속 이끌어 갔기 때문에, 이 나라가 정통이 되는 것은 당연하다.

84　위의 책, 卷1 [己卯] 朝鮮箕子元年條.

85　위와 같음.

86　위의 책, 卷1 [戊申] 王準 28年條.

그 다음, 마한이 정통이 되는 이유는 기자의 후예인 기준이 마한을 공파攻破하고 새로운 마한을 세워 기자에 대한 제사를 계속했기 때문이다.[87] 이것은 주자『강목』에서 전한前漢의 후예인 촉한蜀漢을 정통으로 간주한 것과 같은 이유이다.

삼국을 무통으로 취급한 것은 그 이유가 설명되고 있지 않으나, 주자『강목』에서 '피차균적彼此均敵 무소억양無所抑揚'한 나라들이 병립했을 때 '무통으로' 처리한 예를 따른 것으로 볼 수 있다. 다시 말해 삼국은 서로 균적均敵(대등)한 나라로서 어느 한 나라를 억양抑揚하기 어려운 형편으로 이해하는 것이다.

통일 후의 신라가 정통이 되는 것은 발해를 '아사我史'로 간주하지 않는 입장[88]과 표리관계에 있다. 한편, 통일후의 고려가 정통이 되는 것은 대립되는 왕조가 없기 때문이다.

다음에 위만조선을 참국으로 취급하는 것은 신하로서 왕위를 찬탈한 찬적簒賊인 까닭이다. 그러므로 단군·기자와 '덕의德義가 동균同均'한 것으로 취급해서는 안 되고, 『동국통감』에서 삼조선으로 병칭한 것도 잘못이다.[89] 고려 태조가 재위 19년까지 참국이 되는 것은 당시 정통국가인 신라가 아직 망하지 않았기 때문이다.[90]

궁예와 견훤은 신라의 반적이므로『동국통감』처럼 참국으로 취급해서는 안 되고, 그보다 못한 도적으로 보아야 한다.[91]

진한辰韓·변한卞韓·예맥濊貊·옥저沃沮·가락가야駕洛加耶 등은 정통국가에 예속되었던 나라들이므로 소국으로 취급된다.

끝으로 우리나라 상고사에서는 정통이나 소국 또는 참국 등 어느 경우에도 넣기 어려운 나라들이 있다. 그중의 하나가 부여다. 부여는 너무 먼 북방에 있었고 자료도 없어서 열국과 동등하게 취급할 수는 없으나, 고구려와 백제의 종국이므로 이를 고구려·백제사에서 건국한 예로 써 준다는 것이다.[92]

그 다음, 사군四郡·이부二府(이군二郡)는 우리나라 역사는 아니지만 그 땅이 조선구지朝鮮舊地와 관계되는 까닭에 정통국가인 마한의 기년 밑에 써 준다.[93]

---

87   위의 책, 凡例 凡統系.
88   위의 책, 凡例 凡統系 "一. 渤海 不當錄于我史而本爲高句麗故地 …"
89   위의 책, 凡例 凡統系 및 [戊申] 王準 28年條의 史論.
90   위의 책, 凡例 凡統系.
91   위와 같음.
92   위와 같음.

발해는 원칙적으로 '아사我史'가 아니다. 그것은 발해를 구성하고 있던 말갈족이나 혹은 그 창업주인 대조영을 고구려인으로 보지 않는 까닭이다. 그렇지만 발해가 차지했던 땅이 고구려 고지故地로서, 우리나라(신라)와 국경을 접接하고 있었고 순치脣齒 관계를 맺고 있었던 까닭에 이를 실어 주기로 한다.[94]

끝으로, 동이東夷에 관한 서술이다. 요동遼東에는 본래 동이가 살았고, 그 요동 땅은 단기檀箕 이후로 늘 우리 땅이었으므로, 동이에 관한 역사를 적어 둔다는 것이다.[95] 더욱이 단군은 동이의 일파인 까닭에 단군문화를 이해하기 위해서도 동이문화에 대한 이해가 필요하다는 생각이다.[96]

이상 『동사강목』에서의 국사체계를 살펴보았거니와, 사학사의 문맥에서 볼 때에는 모두가 새로운 의미를 갖는 것은 아니다.

첫째, 단군에 대한 정통론은 물론 『동국통감』과 비교할 때는 획기적인 의미를 갖는 것이지만, 실은 18세기 초에 쓰여진 홍만종의 『동국역대총목』(1705)에서 이미 제기된 바 있다.

그뿐 아니라 단군의 치적治績으로 서술된 교민편발개수教民編髮盖首, 군신 · 남녀 · 음식 · 거처지제居處之制, 혹은 유자부루어도산遺子夫婁於塗山 등의 기사도 위 책에서 다 언급된 것이다.

홍만종의 '단군=정통'설과 단군의 치적治績에 대한 서술은, 그 후 이익에 의해서 먼저 수용되었고,[97] 다시 안정복에 전수된 것이다. 그런데 18세기 중엽에 이종휘도 그의 『동사』에서 '단군=수출성인首出聖人'설과 교민편발개수教民編髮盖首 등의 치적을 언급하고 있어서,[98] 홍만종의 영향은 18세기 사서들에서 널리 미치고 있다는 것을 알 수 있다. 다만, 『동국역대총목』의 기사 중에서, 단군이 팽오彭吳에 명하여 국내산천을 전했다는 서술은 안정복이 받아들이지 않는다. 그것은 팽오를 한무제漢武帝 때의 중국인으로 보는 까닭에서다.

'기자=정통'론은 '단군=정통'론보다도 유래가 오래다. 그 최초의 사서는 17세기 중엽에 쓴 홍여하의 『동국통감제강東國通鑑提綱』이다.[99] 그 후 『동국역대총목』과 이익에게서도

---

93   위와 같음.
94   위와 같음.
95   위와 같음.
96   위의 책, 卷1 [己卯] 朝鮮箕子元年條.
97   韓永愚, 「李瀷의 史論과 韓國史理解」, 『韓國學報』 46, 1987, 84~85쪽.
98   韓永愚, 「18세기 중엽 少論學人 李種徽의 歷史意識」, 『東洋學』 17, 1987.

그 같은 주장이 나타났으며, 마침내 『동사강목』에까지 전수된 것이다.

'마한=정통'론도 홍여하洪汝河로부터 비롯되어[100] 홍만종과 이익을 거쳐 안정복으로 이어진 것이다.

'삼국=무통'론은 『동국통감』에서 정립한 삼국균적론三國均敵論에 뿌리를 둔 것인데, 최초로 '삼국=무통'론을 주장한 것은 홍만종이며 그 후 임상덕의 『동사회강』에서 호응을 얻고[101] 이익의 지지를 받아서,[102] 다시 안정복에게 이어진 것이다. 그러나 홍여하는 권근과 오운으로 이어지는 '신라=위주爲主'론[103]을 이어받아 처음으로 '신라=정통'론을 주장하여 삼국균적론과 맞섰다. 그렇지만, '신라=정통'론은 홍여하 이후로 추종을 받지 못했으며, 조선 후기 사서들의 대부분은 '삼국=무통'론을 따랐다. 이는 삼국을 대등하게 포용하려는 역사의식이 지배적이었음을 말해 주는 것이며, 안정복도 그 예외가 아닌 것이다.

끝으로, 『동사강목』에서 신라통일 이후와 고려통일 이후를 정통으로 처리한 것은 조선 후기 강목체사서에서 공통적인 현상이며, 다른 이론이 없다.

『동사강목』에 정립된 국사체계를 다시 한번 사학사적으로 정리한다면, 삼국 이후의 정통체계는 『동사회강』을 그대로 따르고, 삼국 이전의 상고사는 이익의 단檀 · 기箕 · 마한정통론馬韓正統論을 도입한 것인데, 실상 이익의 정통론은 홍만종의 이론을 그대로 따른 것이다.

그런데, 홍만종의 단 · 기 · 마한정통론도 그 연원을 다시 캐 보면, 기자정통론은 홍여하에게서 이미 정립된 것이고, 단군정통론은 홍만종 자신이 처음으로 제창한 것이지만, 그것은 이미 허목의 『동사』에서 비록 정통론을 주장하지는 않았다 하더라도 단군 중심의 고대사체계가 제시된 것[104]과 무관하지 않다.

그리고 다시 허목의 단군 인식의 근원을 또 한번 추적해 본다면, 17세기 초 · 중엽에 유행했던 도가적 역사의식[105]의 영향을 고려할 수 있다. 이렇게 본다면 안정복의 국사체계

---

99 韓永愚, 「17세기 중엽 嶺南人의 歷史敍述 - 洪汝河의 『彙纂麗史』와 『東國通鑑提綱』」, 『邊太燮博士華甲紀念史學論叢』, 1985.

100 위와 같음.

101 註 82)와 같음.

102 註 97)과 같음.

103 韓永愚, 「17세기 초의 歷史敍述 - 吳澐의 『東史纂要』와 趙挺의 『東史補遺』」, 『韓國史學』 6, 1985.

104 韓永愚, 「許穆의 古學과 歷史認識」, 『韓國學報』 40, 1985.

105 韓永愚, 「17世紀의 反尊華的 道家史學의 成長」, 『韓國學報』 1, 1975.

는 조선 후기 150년간의 역사의식의 성장을 흡수하여 이를 정통론으로 정리한 것이라 할 수 있다.

6) 『동사강목』에서의 사실고증

『동사강목』은 상고에서 고려 말에 이르기까지 여러 가지 사실들을 새 자료에 의해 보완하고 나아가 이설들을 새롭게 고증했다. 『동사강목』의 본문에는 새로 보완된 기사들 밑에 일일이 인용전거를 밝힘으로써 가능한 한 고증적 술사 태도를 견지하려 애쓰고 있다.

사실보완에 인용된 자료들은 국내 측 문집류도 적은 것이 아니지만,[106] 그보다는 중국 측 자료가 훨씬 많고, 일본 측 자료(왜사倭史)도 있다.[107] 대체로 새로 보완된 기사들은 대외관계와 관련된 것들이 주류를 이루며, 따라서 한중관계사와 한일관계사가 기왕의 어느 사서보다도 자세하다.

또한 역사적 지명이 나올 때는 일일이 현재위치를 세주로 적어 주고 있으며, 역사적 사실에 대한 보충적 설명이 필요한 부분은 「안按」설로 주기註記하여 그 이해를 돕고 있다.

『동사강목』에서의 새로운 사실고증은 본문에서도 반영되고 있지만, 특히 이를 따로 묶어 2권의 부록으로 구성하였다. 부록에서 다루어진 주제는 「고이考異」133항, 「잡설雜說」 11항으로서 모두 합쳐 144항이나 된다. 물론 지리에 대한 고증과 괴설변증怪說辨證은 별도다. 여기서 「고이」와 「잡설」의 내용을 시대순으로 간추려 소개하면 다음과 같다.

(1) 단군조선에 관한 것[108]

① 단군원년(무진戊辰)은 신익성申翊聖의 『경세서보편經世書補編』에 따라 요堯 25년으로 보는 것이 옳다.

② 단군은 단군이란 이칭이 있으나 단목하檀木下에 강降했으므로 단군으로 쓰는 것이 좋다.

③ 단군의 이름은 왕검王儉과 왕험王險이 있으나 왕검을 따른다.

④ 단군이 '교민편발개수教民編髮盖首'했다는 기사는 홍만종의 『동국역대총목』에서 나오

---

106 註 71) 참고.
107 註 72) 참고.
108 『東史綱目』附錄(上), 考異, 483~486쪽.

는데 어느 책에 근거한 것인지 모르겠으나 이를 따른다.

⑤ 홍만종의 『총목總目』에는 단군이 팽오彭吳에 명하여 국내산천을 치治했다고 되어있는데, 팽오는 한무제 때 중국인이므로 홍만종설을 따르지 않는다.

⑥ 부루는 단군과 하백녀 사이에 낳은 부루와 해모수의 아들인 부루의 2인이 있다.

⑦ 동이에는 9종이 있어 이를 9이夷라 하는데, 9이夷의 명칭은『후한서後漢書』·『논어정의論語正義』·『삼국유사』(안홍기安弘記)가 각각 다르다. 『후한서』를 토대로『죽서기년竹書紀年』·『통전通典』·『통감전편通鑑前編』등을 참고하는 것이 좋다.

⑧ 단군의 수壽로 알려진 1048년은 전세역년傳世歷年으로 본 권근설權近說이 옳다.

⑨ 단군이 산신이 되었다는 설은 괴탄怪誕하기는 하지만, 사람이 죽으면 그를 신神으로 높이는 일은 흔하다.

⑩ 강동江東에 단군총檀君塚이 있다는 언설은 믿을 수 없다.

⑪『동국통감』은 서거정 손으로 한 것으로 알려지고 있으나, 사론은 모두 최부崔溥의 작作이다.

⑫ 단군이 기자를 피해 장당경藏唐京으로 갔다는 것은 믿을 수 없다. 단군(후손)이 죽은 뒤 196년에 기자가 동봉東封되었다.

⑬ 환인제석桓因帝釋은『법화경法華經』에 나오는 것으로 실존 인물이 아니다. [109]

⑭ 어떤 이(이익 - 필자)는 최초의 국호가 '단檀'이었다고 주장하나, 단군 때의 국호는 '조선'이다(위서魏書에 의거). [110]

⑮ '조선朝鮮'이라는 칭호는 i) 조선潮仙의 강江에서 유래했다는 설(사기史記 색은索隱) ii) 동표일출지지설東表日出之地說(여지승람) iii) 일선명설日鮮明說(김성일金誠一) iv) 선비산설鮮卑山說(이익) 등이 있으나 모두가 합당하지 않다. [111]

(2) 기자조선에 관한 것[112]

①『동국통감』에서 삼조선을 칭한 것은 잘못이다. 위만은 참국이므로 빼고, 단군과 기자

109 위의 책, 附錄(中), 怪說辨證, 528쪽.
110 위의 책, 附錄(下), 雜說, 542쪽.
111 위와 같음.
112 위의 책, 附錄(上), 考異, 487~493쪽.

를 각각 전조선 · 후조선으로 칭하는 것이 옳다.

② 기자의 이름은 서여胥餘(사기史記)와 수유須臾(유종원柳宗元의 기자비주箕子碑註)의 양설이 있으나 전자가 맞다.

③ 기자는 주紂의 음일淫佚을 간諫하다가 피수被囚되었으며, 조선에 봉해진 것은『경세서經世書』의 성왕무자년成王戊子年이 잘못이고,『통감』전편의 무왕기묘설武王己卯說이 맞다.

④『사기』에서 무왕이 기자를 조선에 봉했다는 설은 잘못이다.『서경』홍범대전洪範大傳에는 '주지조선走之朝鮮',『한서』에는 '거지조선去之朝鮮',『후한서』에는 '피지조선避地朝鮮'으로 되어있고, 임상덕林象德 · 장유張維도 이를 따르고 있다. 무왕이 뒤에 봉했으나 불신不臣했다.

⑤ 이익은 '아망위신복我罔爲臣僕'을 반어법으로 해석하여 기자가 무왕에게 신복臣僕했음을 인정했으나, 안정복은 이 설說을 따르지 않는다.

⑥『고려사』지리지에 기자가 평양에 축성했다는 기록이 있는데 이를 따른다.

⑦『천운소통天運紹統』의 작자 함허자涵虛子는 중국도사가 아니라 우리나라 승려로서 이름은 수이守伊 · 득도得道이며,『금강경오가해金剛經五家解』를 지었다.

⑧ 기자 8조교條敎는 홍범洪範 8정政과 같으며, 그중의 3조條는 한漢의 약법삼장約法三章과 같다. 이수광李睟光이 8조교를 5륜倫과 연결시킨 것은 잘못이다.

⑨ 기자가 평양에 실시한 정전제井田制는 정자형井字形이 아니라 은제殷制에 따른 전자형田子形이라고 보는 한백겸설이 옳다.[113]

⑩ 기자가 조주朝周하지 않았다는 설說이 있으나,『죽서기년竹書紀年』·『사기史記』·『강감강감綱鑑』등의 기록을 따라 조주朝周를 인정한다. 다만 주周는 기자를 객례客禮로 대접했다.

⑪ 홍만종洪萬宗의『총목』에는『진단통기震檀通紀』를 인용하여 기자의 수壽를 93년이라 했는데 이를 따르기로 한다.

⑫ 양국梁國 몽현蒙縣에 기자총箕子塚이 있다는 기록(사기史記 색은索隱)이 있으나,『일통지一統志』·『고려사高麗史』에 의거하여 평양 북쪽 토산兎山으로 보는 것이 옳다.

⑬ 연백燕伯이 칭왕稱王한 해는『경세서보편經世書補編』에 주周 현왕顯王 36년이라 했으나,『자치통감資治通鑑』에 의거하여 현왕 46년으로 보는 것이 옳다.

---

113 위의 책, 附錄(下), 雜說, 545~546쪽.

⑭ 조선후朝鮮侯가 칭왕稱王한 것은, 연백을 벌伐한 뒤의 일일 것이라고 보는『위략魏略』의 기사를 따른다.

⑮ 왕부王否가 죽고 준準이 왕이 된 해는『위략』의 설說이 잘못이고, 최부崔溥의 사론과『경세서보편』을 따라 진시황 36년으로 보는 것이 옳다.

⑯『위략』에는 진개秦開가 조선서방朝鮮西方 2,000여 리를 취했다고 되어있으나,『자치통감』·『기자실기箕子實記』를 따라 1,000여 리로 바꾼다.

⑰ 위만衛滿이 내항來降한 해는 혜제원년설惠帝元年說(보편補編)이 있으나『자치통감』의 한고제漢高帝 12년설을 따른다.

⑱ 위만이 반叛한 해는 정미년설丁未年說(보편)이 있으나『동국통감』의 한혜제漢惠帝 2년설을 따른다.

⑲『여지승람』에서는 백이伯夷 · 숙제叔齊가 해주海州 수양산首陽山에서 평양의 기자를 방문했다는 설을 부인하고 있으나, 오운吳澐『동사찬요東史纂要』의 설에 따라 백이 · 숙제의 기자 방문을 인정하는 것이 옳다.[114]

⑳ 공자가 효자로 칭찬한 대련大連 · 소련小連은 비록 중토中土에 살았지만 기씨지민箕氏之民으로 보는 것이 옳다.[115]

(3) 삼한三韓 · 예濊 · 이부二府 · 부여扶餘에 관한 것[116]

① 금마군金馬郡에 있는 무강왕릉武康王陵은 기준箕準의 무덤인데,『여지승람』에서 무왕으로 해석한 것은 잘못이다.

②『덕양기씨보德陽奇氏譜』에 기자조선箕子朝鮮 41세 왕명과 마한 8세 왕명이 보이고, 마한 원왕元王의 세 아들이 각각 선우씨鮮于氏(우평友平, 고구려), 기씨奇氏(우성友誠, 백제), 한씨韓氏(우량友諒, 신라)로 되었다고 하나 이는 믿을 수 없다.

이정구李廷龜의 기자숭인전비箕子崇仁殿碑에는 기자箕子 후예 3인이 뒤에 한씨(친親) · 기씨(평平) · 선우씨(량諒)가 되었다고 하고,『통고通考』에는 기준의 아들 우친友親이 한씨를 모성冒姓했다고 한다.

---

114 위의 책, 附錄(下), 雜說, 549~550쪽.
115 위의 책, 附錄(下), 雜說, 550쪽.
116 위의 책, 附錄(上), 考異, 492~495쪽.

③ 『후한서後漢書』에는 변한이라 되어있으나 『동사東史』에는 변한으로 되어있다. 동사를 따른다.

④ 최치원崔致遠에 의하면 진한辰韓은 연인燕人 피지자避之者인데, 연燕은 뒤에 진秦에 의해서 통일되었기 때문에 진한秦韓이라고도 한다.

⑤ 『동국통감東國通鑑』에서 마한이 140여 년 만에 망했다고 쓴 것은 202년의 잘못이다.

⑥ 예濊는 예穢·예獩·예薉 등 여러 칭호가 있으나 예濊를 따른다. 창해滄海는 창해倉海·창해蒼海 등이 있으나 창해滄海를 따른다.

⑦ 이계상尼谿相 삼參은 안사고顏師古의 설說을 따라 1인으로 해석하는 것이 옳다.

⑧ 『삼국유사三國遺事』와 『동국통감』에서 한漢이 2부府를 두었다고 했으나, 이를 입증할 만한 중국 측 자료가 없다.

⑨ 고구려라는 이름은 한무제漢武帝 이전에도 이미 있었다.

⑩ 『후한서』에서 동명東明을 부여왕이라고 한 것은 고구려 시조 주몽을 잘못 쓴 것이다. 『북사北史』에서 주몽을 고구려 시조, 동명을 백제 시조로 쓴 것도 잘못이다.

(4) 삼국시대에 관한 것[117](신라)

① 신라新羅의 국명은 본래 사로斯盧인데, 『삼국사기三國史記』에서 국호를 서나벌徐那伐로 적은 것은 왕도王都의 뜻이 전와傳訛된 것이다.

② 『삼국사기』에서 시조 5년에 알영閼英이 태어나 이해에 비妃가 된 것으로 쓴 것은 잘못이다. 『유사遺事』에서 비가 동세同歲에 태어나 시조 5년에 비가 되었다고 한 것이 옳다.

③ 갈문왕葛文王은 비후妃后의 부父를 칭하는 것으로 본종정통本宗正統을 마립간麻立干으로 칭한 것과 대비된다. 갈葛과 마麻는 이성과 동성을 구별하는 질대絰帶이다.

④ 이사금尼師今은 이를 의미하여, 연장자를 가리킨다.

⑤ 아달라왕阿達羅王 4년에 영오迎烏·세오사細烏事로 연일현延日縣을 설치했다는 『유사』의 기록은 잘못이다. 고려 초에 영일현迎日縣을 처음으로 설치했다.

⑥ 왜倭 여왕女王 비미호卑彌呼(신공神功)가 신라에 내빙來聘한 것은 『삼국사기』에 아달라왕 20년으로 되어있으나, 『해동제국기海東諸國記』에는 한漢 헌제獻帝 건안建安 6년(내해奈解 6년)

---

117 위의 책, 附錄(上), 考異, 496~518쪽.

에 여왕이 된 것으로 되어있다.『통전通典』의 기사를 참고할 때『삼국사기』기록이 맞다.

⑦ 신라의 장빙藏氷은『유사』에 유리왕으로 되어있으나『삼국사기』의 지증왕智證王 6년이 맞다.

⑧『유사』에 박제상朴堤上이 복호卜好와 더불어 고구려에 들어가다가 돌아오지 못했다는 기록은『삼국사기』와 맞지 않는다. 후자를 좇는다.

⑨『삼국사기』에 눌지왕 때 양梁이 견사遣使했다고 쓴 것은 잘못이다. 이때는 진晉·송宋 시대에 해당한다.

⑩ 법흥왕 15년에 불교가 처음 시행된 것은 사실이나, 소지왕 때도 분수승焚修僧이 있었고, 자비慈悲·소지炤智 등의 이름도 불어佛語이다.

⑪ 화랑花郎의 시작에 대한 기사記事는『삼국사기』에 진흥왕 37년으로,『유사』에 진흥왕 즉 위년으로 차이가 있는데,『통감通鑑』은『유사』에 의거해서 개괄적으로 서술했다.

⑫ 진흥왕순수비眞興王巡狩碑가 황초령黃草嶺과 단천端川에 있는 것으로 보아서 신라의 영토 가 이곳에까지 미친 것을 알 수 있다.

⑬『유사』에는 선덕여왕 때 당이 모란화도牡丹花圖를 보냈다고 되어있으나,『삼국사기』에 는 진평왕眞平王 때 일로 되어있다.『삼국사기』쪽을 좇는다.

⑭ 김유신金庾信의 천관기사天官妓事는『삼국사기』에 없으나『승람勝覽』과『파한집破閑集』 에 의거해서 첨입한다.

⑮『통고通考』에는 당태종唐太宗의 소릉昭陵에 진덕여왕이 배장陪葬되었다고 되어있으나, 정관貞觀 23년은 진덕眞德 3년에 해당하고, 또 왕녀王女가 중국에 간 사실이 없으므로 착 오로 보아야 한다.

⑯『동국통감』에 탐라가 신라 경덕왕 때 탐진耽津으로 개명되었다고 했으나,『북사北史』 에 의하면 탐라라는 이름은 백제에 있었고 또 백제에 예속되어 있었다.

⑰『삼국사기』에는 진지왕眞智王이 4년에 훙薨했다고 되어있으나,『유사』에는 4년에 국 인國人이 폐廢했다고 썼다.『삼국사기』를 좇는다.

⑱『삼국사기』에는 문무왕 3년에 손인사孫仁師가 40만 명의 해병을 이끌고 덕물도德勿島에 온 것으로 되어있으나,『자치통감資治通鑑』에는 7천 명으로 되어있다. 후자를 좇는다.

⑲ 신라통일의 시말始末은 문무왕이 설인귀薛仁貴에게 보낸 편지가 가장 상세하여 이 기사 를 취했다.

⑳ 『북사』에 신라왕이 백제인이고, 백제에 부용附庸하고, 가라국迦羅國에 부附했다고 한 것은 잘못이다.

㉑ 『최치원집崔致遠集』에 의하면 대조영은 처음에 신라에 귀부歸附하여 5품 대아찬大阿飡을 받았다고 한다.

㉒ 『삼국사기』에는 성덕왕과 그 아들 효성왕孝成王이 이찬伊飡 순원順元의 여女를 비妃로 맞이했다고 하는데, 『삼국유사』에는 효성왕의 비가 각간角干 진종眞宗의 여女라고 한다. 『유사』 쪽이 옳다.

㉓ 원성왕元聖王의 즉위 과정에 대해『삼국사기』에서는 중의추대衆議推戴로, 『승람勝覽』에서는 겁중자립劫衆自立으로 달리 서술하고 있는데, 후자가 사실에 맞는 것 같다.

㉔ 『고기古記』에 주원周元과 경신敬信이 동모형제同母兄弟로서 그 모친이 연화부인蓮花夫人이라고 했는데 이는 잘못이다. 경신은 연화부인의 아들이 아니다.

㉕ 『삼국사기』에는 김헌창金憲昌이 완산完山에서 반란을 일으켰을 때, 장사長史 최웅崔雄과 조아찬助阿飡의 아들 영충令忠 등이 고변告變하여 왕은 최웅에게 속함군태수速含郡太守를 주었다고 되어있다. 그런데『통감』에서는 영충의 벼슬이 속함군태수인 것처럼 쓴 것은 잘못이다.

㉖ 『삼국사기』의 신라본기에는 헌덕왕 14년에 김충공金忠恭의 여女(장화章和)를 태자비로 납納했다고 했고, 장화졸기章和卒記에는 장화가 소성왕昭聖王의 여女라 되어있어 앞뒤가 안 맞는다. 『통감』에는 장화를 소성왕의 여女라 하고 다시 장화를 충공의 여女라 하여 또한 앞뒤가 안 맞는다.

㉗ 『삼국사기』에는 문성왕 3년 7월에 당唐이 왕비 박씨를 책봉했다 하고, 다시 4년 3월에 이찬伊飡 위흔魏昕의 여女를 비妃로 납納했다고 썼다. 먼젓 비가 죽은 뒤에 경납更納한 것인지 불명不明하다.

㉘ 『삼국사기』 악지樂志에 윤흥允興을 귀금선생貴金先生에게 보내 금琴을 배우게 했다고 했는데, 어느 왕 때인지를 밝히지 않았다. 『승람勝覽』에서는 경덕왕 때라 했고, 『동사찬요東史纂要』에서는 진흥왕 때 우륵于勒 밑에 적었다. 그러나 윤흥允興은 경문왕 때 사람이다.

㉙ 『최치원집崔致遠集』에는 헌강왕憲康王 8년에 김직량金直諒의 입당入唐 사실과 헌덕왕憲德王 9년 왕자 장렴張廉의 조당朝唐 사실이 적혀 있는데『삼국사기』에는 빠졌다.

㉚ 『최치원집』에는 진성여왕眞聖女王 11년에 추증追贈을 요청한 표문表文이 있는데『삼국

사기』에는 누락되었다.

㉛ 『삼국사기』에는 신라말에 왕봉규王逢規가 후당後唐에 견사헌물遣使獻物했다고 되어 있는데, 왕봉규라는 인물의 시종始終을 알 수 없어 이를 생략한다.

㉜ 『삼국유사』에는 『이비가기李碑家記』와 『고기古記』 그리고 『삼국사기』 본전本傳을 인용하여 견훤전甄萱傳을 쓰고 있는데, 『삼국사기』 내용과 다른 것으로 보아 별본別本이 있는 것 같다. 또 이비가기에는 『삼국사기』에 없는 기사가 있다.

㉝ 『승람勝覽』에 실린 도선사道詵事와 최유청崔惟淸이 쓴 도선비道詵碑의 내용이 다르다. 양자를 모두 참고하는 것이 좋다.

㉞ 제사諸史에 모두 경명왕景明王 7년에 고려에 견사遣使했다고 한 것은 후당後唐을 잘못 쓴 것이다.

㉟ 『고려사』에 상주인尙州人 아자개阿慈盖가 견사내부遣使來附했다고 한 것은 견훤의 아버지 아자개와 다른 사람인 것 같다.

㊱ 발해渤海가 망한 해는 『고려사』에 태조 8년으로 되어있고 『자치통감강목資治通鑑綱目』에는 당唐 명종 천성원년天成元年으로 되어 있다. 『강목』의 기록을 좇는다.

(5) 삼국시대에 관한 것[118](고구려)

① 고구려가 부여扶餘에서 출出한 것은 사실이지만 해모수解慕漱와 금와金蛙에 관한 설화는 황당무계하다.

② 『북사北史』에 나오는 주몽朱蒙의 아들 시여해始閭諧는 『삼국사기』에 나오는 유리類利와 동일인물이다.

③ 동명왕東明王 때는 평양이 낙랑군치樂浪郡治이므로 그의 무덤이 평양에 있다는 설은 잘못이다. 『광여기廣輿記』에는 요동 복주復州 명왕산明王山에 동명왕 무덤이 있다고 하는데 그곳이 초장지初葬地이고, 뒤에 중화中和의 용산龍山에 이장移葬했다.

④ 『북사』에 동명東明이 부여국왕扶餘國王이 되었다고 한 것은 잘못이다.

⑤ 『한서漢書』에서 왕망王莽이 엄우嚴尤를 시켜 고구려 후추侯騶를 죽였다(유리왕 31)고 쓴 것은 잘못이다. 『삼국사기』에 비연丕延이라 쓴 것이 맞다.

---

118 위와 같음.

⑥『삼국사기』에서 무휼無恤이 11세에 태자太子가 되었다고 한 것은 믿을 수 없다. 부여군 軍을 격파할 때 10세라는 것은 사실일 수 없기 때문이다.

⑦『삼국사기』에 실린 호동好童과 낙랑樂浪 최리崔理의 딸에 얽힌 자명고自鳴鼓 이야기는 믿을 수 없다. 그러나 주설註說은 타당하다.

⑧『삼국사기』와『삼국유사』에서 한漢이 낙랑을 취取하여 살수薩水 이남을 한漢에 귀속시켰다고 쓴 것은 옳다.『통감通鑑』에서 남南을 북北으로 바꾼 것은 졸본卒本을 성천成川으로 해석한 데서 생긴 착오다.

⑨『삼국사기』와『통감』에서 대가大加라는 관명官名을 대가大家로 쓴 것은 잘못이다.『후한서後漢書』의 대가大加가 옳다.

⑩『자치통감』에는 고구려 태조 59년에 한 현도玄菟를 침侵했다고 썼는데,『후한서』와『삼국사기』에서는 궁宮이 견사구속현도遣使求屬玄菟라고 썼다. 전자를 따르기로 한다.

⑪『후한서』에는 태조왕 69년에 고구려왕 궁이 죽고 아들 수성遂成이 즉위했다고 했는데,『삼국사기』에서는 태조왕 94년으로 되어있다. 후자를 좇는다.

⑫『삼국사기』에는 고구려가 한 건녕建寧 원년(신대왕新大王 4)에 현도에 속屬하기를 걸乞하였다고 했으나,『후한서』와『자치통감』은 건녕 2년으로 되어있다. 후자가 맞는다.

⑬『삼국사기』에는 신대왕新大王 8년에 한이 대병大兵으로 우리나라에 들어왔다고 했다. 『동국통감』에서는 현도태수玄菟太守 경림耿臨이 들어왔다고 했는데, 이는 무엇에 근거한 자료인지 알 수 없다.

⑭『통전通典』의 발기拔奇에 관한 기사는 산상왕山上王의 형兄인 발기發岐를 혼동하여 잘못 쓴 것인데,『삼국사기』와『동국통감』이 이를 인용한 것은 잘못이다.

⑮『북사』에 의하면 산상왕山上王 연우延優가 일명 위궁位宮이라고 하는데,『삼국사기』가 이를 취했으나 사실이 의심스럽다.

⑯『위지魏志』에는 낙랑태수樂浪太守 유무劉茂와 대방태수帶方太守 궁준弓遵이 동천왕東川王 19년에 부내예不耐濊를 벌伐했다고 했는데,『삼국사기』와『동국통감』에서는 삭방태수朔方太守 왕준王遵이 벌했다고 되어있다. 전자가 옳은 것 같다.

⑰『삼국사기』에는 동천왕東川王 20년에 득래得來가 왕에게 간諫했다고 되어있으나『자치통감』은 그 일이 위궁位宮 때라고 되어있다. 전자가 옳다.

⑱『동국통감』에는 중천왕中川王이 관나貫那를 죽였다고 하여 마치 관나가 이름인 것처럼

쓰고 있으나, 관나는 부명部名이지 인명이 아니다.

⑲ 『당서唐書』에서 연개소문淵蓋蘇文을 천개소문泉蓋蘇文이라 한 것은 당고조唐高祖의 이름을 피한 것이다. 『당서』에서는 또한 성姓이 개蓋, 이름이 금金, 직職이 소문蘇文이라고도 했다.

⑳ 『삼국사기』에는 유공권柳公權 소설小說을 인용하여 당태종唐太宗이 고장왕高藏王 4년에 고구려를 침벌侵伐했을 때 고구려와 말갈의 연합군이 40리里에 뻗친 것을 보고 구색懼色을 보였다고 썼는데, 『당서』와 『자치통감』에 그런 언급이 없는 것은 기휘忌諱한 것으로 보인다.

㉑ 당태종唐太宗이 안시성安市城을 공격하다가 유시流矢에 눈을 맞은 사실은 세전世傳하고 있으나, 중국사中國史와 동사東史에 다 같이 기록이 없다. 그러나 『자치통감』에 "태종太宗이 병옹病癰으로 돌아왔다"고 한 것은 바로 유시流矢로 다친 것을 말하는 것이다.

㉒ 안시성주安市城主의 이름은 태종동정기太宗東征記와 김하담金荷潭의 『파적록破寂錄』, 그리고 『경세서보편經世書補編』에 양만춘梁萬春으로 보인다.

㉓ 『삼국사기』에는 명진名振 등이 내공불극來攻不克했다고 썼으나, 『자치통감』에는 명진이 고구려를 파破했다고 썼다. 후자를 좇는다.

㉔ 고구려 안승安勝은 '왕서자王庶子'설이 있고, '외손外孫'설이 있는데, 『동국통감』은 외손설外孫說을 따르고, 『여지승람』과 『동사찬요』는 종실설宗室說을 따랐다. 왕서자설王庶子說을 따르기로 한다.

(6) 삼국시대에 관한 것[119](백제)

① 『삼국사기』 백제본기百濟本紀에는 온조溫祚와 비류沸流 형제의 부父가 주몽朱蒙으로 되어 있고 또 비류의 부가 우태優台로도 되어있다. 이는 모두 『고기古記』에 의거해서 쓴 것인데, 우태설優台說이 맞는다. 또 『통전通典』・『책부원구冊府元龜』・『북사北史』・『수서隋書』 등에도 우태를 시조로 모셨다는 기록이 있다. 백제의 동명묘東明廟는 별묘別廟로 보아야 한다.

② 『북사』와 『통전』에서 백제가 시조구태묘始祖仇台廟를 세웠다고 한 것은 우태를 잘못 쓴 것이다. 구태仇台는 부여왕扶餘王이다.

---

119 위와 같음.

③ 『남사南史』에 백제가 요서遼西의 진평晉平 2군郡을 점거했다고 한 것과, 『자치통감』에 부여扶餘가 백제의 침략을 받았다고 쓴 것은 모두 잘못이다.

④ 『삼국사기』의 십제十濟・백제百濟 명칭의 유래에 대한 설명과 『북사』의 백제 명칭 유래에 대한 설명은 모두 믿을 수 없다. 『후한서』에 삼한三韓 78국 가운데 백제伯濟가 있었고, 『삼국지三國志』에 마한 54국 가운데 백제伯濟가 있었다고 한 것에서 백제百濟가 유래했다고 보는 것이 옳다.

⑤ 『동국통감』에는 사반沙伴이 어질지 못해 고이古爾를 왕으로 삼았다고 했는데, 『삼국사기』에는 장자長子 사반이 어렸기 때문에 초고왕肖古王의 동생 고이로 세웠다고 되었다. 후자를 따르기로 한다.

⑥ 『삼국사기』와 『동국통감』에는 책계왕責稽王 13년에 한漢과 맥인貊人이 백제를 침侵했다고 했는데, 이때는 한이 이미 망했던 시기로서 한을 진晉으로 바꾸는 것이 옳다.

⑦ 『삼국유사』에는 성왕聖王 32년에 백제가 신라의 진성珍城을 침하여 인마人馬를 약탈했다고 했는데, 『삼국사기』와는 내용이 달라 취하지 않는다.

⑧ 『삼국유사』에는 무왕武王의 비妃 선화부인善花夫人이 신라 진평왕眞平王의 딸이라 하고 왕명王名이 서동薯童이라 했는데, 『삼국사기』에 없을 뿐 아니라 말이 불경不經하여 취取하지 않는다.

⑨ 『동국통감』에는 탐라耽羅가 처음 신라에 예속되었던 것처럼 썼으나, 『북사』에는 탐라가 백제에 부용附庸했던 것으로 되어있다. 후자가 옳다.

⑩ 『삼국사기』에는 동성왕東城王 23년에 백제대성인百濟大姓人으로 '백가苩加'가 나오는데 『동국통감』에서는 '작가芍加'로 되어있다. 『북사北史』에도 백씨苩氏로 되어 있는 것으로 보아 전자가 옳다.

⑪ 『남사南史』에 경慶 → 모도牟都 → 모대牟大의 계승 관계를 적었는데, 『삼국사기』에는 경慶(개로왕) → 문주文周 → 삼근三斤 → 모대牟大(동성왕東城王)로 되어있다. 『남사』가 틀렸다. 한편, 『남제서南齊書』에는 모대는 모도의 손자로 되어있는데 이것도 잘못이다.

⑫ 『통전』・『당서唐書』・『삼국사기』・『동국통감』에서는 다 같이 백제가 망하고 그 땅이 신라・발해・말갈에 의해 분할되었다고 했는데, 발해와 말갈 이 백제 땅을 분할했다고 한 것은 지리상으로 보아 잘못이다.

⑬ 『해동기海東記』에 의하면, 온조의 후예가 일본에 들어가 다다양씨多多良氏가 되었고, 대대

代代로 대내전大內殿이라 불렀다. 『간양록看羊錄』에는 백제가 망한 후 임정태자臨政太子가 일본에 들어가 대내좌경대부大內左京大夫가 되고 그 후예가 다다양씨가 되었다고 한다.

(7) 고려시대에 관한 것[120]

①『고려사』 윤소종전尹紹宗傳과 김자수전金子粹傳에 의하면 태사太師 최응崔凝이 통일한 뒤에 태조에게 불법佛法 제거를 요청했다고 하였는데, 최응전崔凝傳을 보면 그는 태사가 된 일이 없고, 또 통삼統三 이전에 죽었다.

② 유계兪棨의 『여사제강麗史提綱』에는, 태조 17년에 참지정사參知政事 왕유王儒가 졸卒했다고 했는데 『고려사』 왕유전王儒傳에는 졸년卒年이 없고, 또 참지정사라는 관명官名도 당시에는 없었다.

③ 『여사제강』에는 덕종德宗 3년에 왕제王娣 김씨金氏를 비妃로 납納했다고 되어있는데, 『고려』 본전에는 덕종德宗의 왕후 김씨가 현종 원혜태후元惠太后의 여女로 되어있다. 『제강提綱』이 잘못된 것이다.

④ 『제강』에는 『송사宋史』를 인용하여 예종睿宗 12년에 포마蒲馬를 금金에 보내 보주保州를 요청했다고 했는데, 보주는 지금의 의주義州로서 본래 고려 땅이므로 『송사』의 기사가 잘못되었다.

⑤ 『고려사』와 『동국통감』에서는 다 같이 울가하亐哥下를 금원수金元帥로 적었는데, 『여사제강』과 『동사회강東史會綱』에서 울가하를 동진원수東眞元帥로 적은 것은 잘못이다.

⑥ 『원사元史』에는 고종 19년 8월에 몽골蒙古이 내침來侵한 사실이 기록되어 있으나 『고려사』에는 없다. 『여사제강』은 『원사』의 기록을 취取했는데, 이를 따르기로 한다.

⑦ 충숙왕忠肅王 3년 의비懿妃의 죽음에 대한 서술이 『고려사』 김이전金怡傳과 세가世家가 각각 다르다. 세가를 토대로 김이전을 약취略取하기로 한다.

⑧ 『고려사』에는 명순비明順妃가 충렬왕忠烈王 수비首妃 정화궁주貞和宮主의 딸로 되어있는데 『여사제강』에서 정화궁주로 쓴 것은 잘못이다.

⑨ 최성지崔誠之의 토번호행吐蕃扈行에 대해 『고려사』와 성지묘지誠之墓誌(이제현찬李齊賢撰)의 내용이 다른데 전자를 따르기로 한다.

---

120 위의 책, 附錄(上), 考異, 518~526쪽.

⑩ 충숙왕 3년에 졸卒한 순비허씨順妃許氏는 허공許珙의 여女임에도 불구하고『여사제강』에서 홍규洪奎의 여女라고 쓴 것은 잘못이다.

⑪ 공민왕恭愍王 8년 이암李嵓이 황주黃州로 퇴차退次한 사실에 관해『고려사』와『목은집牧隱集』의 내용이 다른데,『고려사』가 진실에 가깝다.

⑫ 환조桓祖의 훙년薨年에 관해『고려사』세가世家와『선원록璿源錄』의 기록이 서로 다른데,『고려사』기록이 틀렸다.

⑬ 공민왕 17년 11월에 원元이 망하고 원의 여러 오왕吳王들이 할거했는데, 이해 정월에 오왕의 하나인 명태조明太祖가 즉위했다. 그런데『여사제강』은 이를 모르고 명태조가 아직도 오왕의 위位에 있었다고 쓴 것은 잘못이다.

⑭『황명통기皇明通紀』와『오학편吾學編』에는 명明의 복진濮眞이 고려를 정벌征伐하다가 신우辛禑 3년에 피집被執되어 불굴사不屈死한 것으로 되어있으나,『고려사』에는 그런 기사가 없다. 우왕 때에는 명나라가 세세하게 고려의 잘못을 따지던 때인데도 그러한 조문詔文이 없는 것을 보면『황명통기』가 잘못된 것이다.

⑮『고려사』이색전李穡傳에는, 이색이 창왕 때 명明에 가기 전에 이성계의 일자一子가 종행從行하기를 요청했다고 썼는데,「건원릉비健元陵碑」와「제릉비濟陵碑」에는 이색이 이성계와 동행하기를 요청했으나 이성계가 그 의도를 의심하여 이를 거절했다고 썼다. 후자가 당시의 사정을 정확하게 알리는 것이다.

⑯ 창왕昌王 때 왜구倭寇가 철주鐵州에 쳐들어온 기사가『고려사』에는 없으나,『양촌집陽村集』에는 보인다. 따라서 이를 보입補入한다.

⑰ 창왕 때 윤승순尹承順이 명明에서 돌아온 사실에 대하여『고려사』에는 기록이 없으나『양촌집』에는 자세하다. 따라서 이를 채입採入한다.

⑱ 윤근수尹根壽의『동정집同汀集』과 오운吳澐의『동사찬요東史纂要』에는 공양왕 4년에 김주金澍가 예의판서禮儀判書로서 명明에 갔다가 돌아오는 길에 조선이 개국했다는 소식을 듣고 도강到江한 날을 기일로 삼으라고 부인에게 편지했다고 되어있다. 그런데 공양왕 4년 6월에 보낸 하절사賀節使 명단에는 김주의 이름이 없을 뿐 아니라 예의판서라는 관명官名도 공양왕 때 없었다. 이는 김주 후손이 꾸며낸 이야기로서 믿을 것이 못 된다.

⑲ 공민왕의 자제위子弟衛 설치나 궁위宮闈에 관한 기사는 태반이 사실과 다르다. 이는 홍륜洪倫배들이 공초供招로 한 말들로서 믿을 것이 아니다.

⑳『고려사』금의전琴儀傳에서 금의를 최충헌崔忠獻에 대한 아첨꾼으로 서술한 것은 그가 너무 강직해서 원망을 많이 샀기 때문이다.

7) 『동사강목』에서의 지리고증

『동사강목東史綱目』부록의 지리고地理考에서는 59항項에 걸치는 역사적 지명의 위치를 고증하고 있다. 원래 지리고는 『동사강목』편찬 과정상 가장 먼저 완성한 것인데, 이는 ① 독사자讀史者의 선결先決과제가 강역疆域의 확정이라는 것과, ②『삼국사기』와『고려사』에서의 지리고증地理考證이 잘못된 것이 많은 데 대한 불만이 작용한 것이었다. 이제 이를 시대별로 요지를 소개하면 다음과 같다.

(1) 고조선의 강역[121]

① 단군의 강역은 북北으로는 요지遼地가 반이고, 단군후예인 부여扶餘는 요동遼東 이북 천여 리에 있었으며 단군의 남쪽 강역은 한강漢江이 경계다.

② 태백산은『삼국유사』·『고려사』·『여지승람』에서 묘향산妙香山으로 보았다. 그러나 『삼국사기』최치원전崔致遠傳에 의하면 발해가 나라를 세웠던 태백산은 백두산(장백산長白山)이고 이곳이 단군이 하강한 곳이다.

③ 『유사遺事』에서는 아사달阿斯達=백악白岳이 백주白州(백천白川)에 있다 했고,『고려사』 김위제전金謂磾傳에는 백아강白牙岡이 평양이라 했고, 지리지地理志에서는 아사달이 문화구월산文化九月山이라 했다. '아사阿斯'는 방언으로 '아홉'이며, '달達'은 '달'에 가까우므로 아사달=구월산설九月山說이 옳다.

④ 『한서漢書』·『당서唐書』배구裵矩,『요사遼史』지리지,『요동지遼東志』·『성경지盛京志』·『일통지一統志』등의 자료에 모두 요동遼東이 기자봉지箕子封地 혹은 조선 땅으로 되어 있다. 특히『성경지』에 의하면 심양봉천부瀋陽奉天府와 요서遼西의 의주義州·광녕廣寧 사이가 모두 조선 땅이라 했고, 윤근수尹根壽의『월정집月汀集』에는 광녕성廣寧城 북쪽 3리에 기자정箕子井과 기자묘箕子廟가 있다 한다. 그러나 연말燕末에 기자조선箕子朝鮮은

---

121 위의 책, 附錄(下), 地理考, 558~560쪽.

서쪽 천千여 리를 잃고 만번한滿潘汗을 경계로 삼았다.

⑤ 위만조선衛滿朝鮮은 서북西北으로는 만번한, 동쪽으로는 진번眞番·임둔臨屯을 항복시키고, 서쪽으로는 대해大海를 건너 청제靑齊와 통했으며, 남쪽으로는 한강漢江과 접접接했다

(2) 삼한·사군의 강역[122]

① 마한馬韓은 한강漢江 이남의 경기·충청·전라도 땅.

② 진한辰韓은 경상도 낙동강 이동의 땅이며 마한에 복속했다.

③ 변한卞韓은 경상도 낙동강 이서의 땅으로, 서남西南으로는 지리산을 넘어 전라도 동남 땅에 이르렀으며, 마한에 복속했다가 뒤에 신라에 망했다. 또 5가야로 나뉘고, 지리산 서쪽 땅은 백제로 들어갔다.

④ 삼한三韓의 위치에 관한 자료로서는 『후한서後漢書』·『북사北史』·『신당서新唐書』, 『구당서舊唐書』가 있고, 우리나라에서는 최치원설崔致遠說·김경숙설金敬叔說·권근설權近說·한백겸설韓百謙說이 있는데, 한백겸설이 정론正論이다.

⑤ 낙랑군樂浪郡의 치소治所는 평양이며 속현屬縣은 25, 호戶는 62,822, 구口는 406,748이다. 후한 소제昭帝 때 영동嶺東 7현縣에 동부도위東部都尉를 두었다가 광무제光武帝 때 이를 포기했으며, 순제順帝 때의 속현은 18, 호는 61,492, 구는 257,050이다. 위진시魏晉時에는 낙랑樂浪의 속현이 6, 대방帶方(경기, 황해) 속현이 7이었으나 뺏었다 잃었다 하여 이는 판도版圖에 그쳤으며, 평양은 이미 고구려의 수도가 되었다.

『성경지盛京志』에 낙랑군치樂浪郡治가 봉천부奉天府 동남에 있다고 한 것은 모용외慕容廆가 요동에 낙랑군을 모칭冒稱한 것에 불과하다.

고구려 대무신왕大武神王 때(광무제에 해당) 낙랑왕樂浪王 최리崔理를 항복시켰다고 한 것은, 낙랑이 이미 한군현漢郡縣이 아니라 독립국처럼 되었기 때문에 왕이라 부른 것이다. 광무제는 다시 낙랑을 벌伐하여 살수薩水 이남을 군현郡縣으로 삼았다.

⑥ 임둔臨屯은 『고려사』와 『여지승람』에서 강릉(동이東暆)이며 이곳이 예濊이고 창해군滄海郡이었다가 사군四郡의 하나가 되었다. 임둔의 영역은 함경도와 강원도 영동지방이며, 인구는 28만이다. 후한 소제 때 낙랑에 포함되어 동부도위가 되었다가 광무제 때

---

122 위의 책, 附錄(下), 地理考, 560~581쪽.

포기했다.

⑦ 현도玄菟는 구이九夷 중 현이玄夷이며, 옛날의 동옥저東沃沮 땅이었다가 뒤에 고구려로 옮겼다.

⑧ 진번眞番의 치소인 삽현霅縣은 지금의 영고탑寧古塔 부근이며 속현은 15이다.

⑨ 『삼국유사』·『동국통감』에서는 평주도독平州都督이 있다 하였고, 『여지승람』에서는 평산부平山府를 평주平州로 해석했다. 그러나 평주는 지금의 영평부永平府요 요동遼東에 있었다.

⑩ 『삼국유사』와 『동국통감』에는 이부二府가 있는 듯이 썼으나 중국사에는 보이지 않는다.

⑪ 대방군帶方郡은 낙랑의 속현으로서 요동에 있는 것으로 오해하는 경우가 있으나 실은 평양 이남, 한강 이북의 경기·황해 연해沿海 땅이다. 당唐이 백제를 멸하고 나서 유인 궤劉仁軌를 대방주자사帶方州刺史로 임명한 것은 구호舊號를 빌린 것으로 한漢이 설치한 대방은 아니다.

⑫ 『삼국유사』·『고려사』·『여지승람』에서 이 남원南原에 남대방을 설치했다고 쓴 것은 잘못이며, 지금의 나주羅州 회진현會津縣이 맞다.

⑬ 요동은 본래 동이東夷의 땅이었는데, 순 임금 때 요하 서쪽을 유주幽州로, 요하遼河 동쪽을 영주營州로 만들었다. 하夏·상商 때는 구이九夷가 점점 번성하여 유영幽營의 땅이 다시 동이 땅이 되었고, 주초周初에는 기자箕子가 요서遼西의 의주義州와 광녕廣寧, 그리고 요동을 영토로 차지했다.

기자조선 말기에 연燕이 서쪽 천 리를 차지해 요동군遼東郡을 두었고, 한무제漢武帝 때 사군四郡을 두었다. 위진 시대에는 고구려가 차지하고, 뒤에는 발해와 요로 넘어갔다. 고려 때는 태조와 현종이 요동을 수복하려 했으나 실패했고, 조선 태조 또한 요심遼瀋 구강舊疆을 수복하려 했으나 뜻을 이루지 못했다. 요동을 수복하지 못하고 압록강을 일대 철한一大鐵限으로 삼아 마침내 천하의 약국弱國이 된 것은 서글픈 일이다.

⑭ 부내현不耐縣과 화려현華麗縣은 낙랑 동부東部에 있는 소위 영동嶺東 7현縣이다. 어떤 이는 화려현이 요계遼界에 있다고 보고 있으나 이것은 잘못이다.

(3) 고조선·삼국·발해의 강역[123]

① 고구려현高句驪縣은 현도군치玄菟郡治로서, 그 위치는 요동에 있고, 그 이름은 한무제 이

전부터 있었다. 이는 주몽이 세운 고구려와는 일단 구별된다.

② 안시성安市城은 『여지승람』에 용강현龍岡縣으로, 김시습金時習 『관서록關西錄』에 안주安州로 각각 비정했으나 모두 잘못이다. 『삼국사기』에서 안시安市를 환도丸都로 본 것이나, 봉황성鳳凰城을 안시로 보는 것도 잘못이다. 『한서』와 『일통지』에는 각각 요동의 해성海城으로 되어있다.

③ 패수浿水에 대해서는 ㉠ 평산平山의 저탄猪灘, ㉡ 평양의 대동강, ㉢ 의주義州의 압록강 등 소위 3패수설浿水說이 있어왔고, 『요사』·『성경지』에서는 요양의 어니하淤泥河를 패수로 보았다. 그중에서 대동강=패수설이 가장 명백하다.

④ 열수列水는 한강이며, 열구列口는 강화도이다. 대동강을 열수로 보는 것은 잘못이다.

⑤ 대수帶水는 임진강이며, 한강을 대수로 보는 것은 잘못이다.

⑥ 마자수馬訾水는 압록강이며, 압록강을 패수로 본 오운의 설說은 잘못이다.

⑦ 개마산盖馬山은 백두산이다. 백두산은 태백산·백산 혹은 장백산이라고도 한다.

⑧ 예濊는 동이고국東夷古國으로 지금의 강릉이다. 그러나 원래는 요지에 있었다.

⑨ 맥貊은 동이고국으로 지금의 춘천이다. 그러나 옛날에는 맥이 요지遼地에 살다가 뒤에 강원도로 옮겨왔다.

⑩ 옥저沃沮는 셋이 있는바, 동옥저는 지금의 함경남도이고, 북옥저는 함경북도와 야인野人의 땅이며, 남옥저는 삼수三水·갑산甲山·위원渭原·강계江界 사이의 땅이다.

⑪ 부여는 지금의 개원현開原縣에 있으며, 두막루국豆莫婁國으로도 불렸다.

⑫ 신라 초기의 강역에 들어갔던 여러 소국의 위치는 다음과 같다. 이서국伊西國(淸道)·압량국押梁國(慶山)·골화국骨火國(永川)·소문국召文國(義城)·창녕국昌寧國(安東)·장산국萇山國(東萊)·음즙벌국音汁伐國(慶州)·감문국甘文國(開寧)·사벌국沙伐國(尙州)·가락국駕洛國(金海)·대가야大伽倻국(高靈)·소小가야국(固城)·벽진碧珍가야국(星州)·아나阿那가야국(咸安)·고령古寧가야국(咸昌).

통일신라의 강역은 북으로 덕원德源의 정천군井泉郡을 경계로 하여 발해와 접했다.

⑬ 고구려는 지금의 심양瀋陽 봉천부奉天府 흥경興京에 해당하는 졸본卒本에서 일어나, 뒤에 국내성(이산理山 강북江北)과 환도성丸都城(국내성國內城과 상접相接)으로 옮겼다가 평양에

---

123 위의 책, 附錄(下), 地理考, 581~615쪽.

정도定都했다.

양한兩漢 · 동진東晉 시대에 고구려는 백두산 내외의 비류沸流 · 행인荇人 · 개마蓋馬 · 구다句茶 등 4국과 북옥저(6진 지역) · 동옥저(함경남도) · 부여 · 낙랑 · 대방 · 현도 · 요동 등지를 차례로 복속시켜, 마침내는 요서에까지 이르렀다.

고구려 전성기의 남쪽 강역은 충청도의 동북 일대(직산稷山 · 진천鎭川 · 청안淸安 · 괴산槐山 · 연풍延豊 · 음성陰城 · 충주忠州 · 청품淸風 · 단양丹陽 · 제천堤川 · 영춘永春)와 신라의 북방(청하淸河 · 영덕盈德 · 청송靑松 · 진보眞寶 · 영해寧海 · 내안禮安 · 봉화奉化 · 영천榮川 · 순흥順興 · 안동安東)까지 이르렀다.

고구려 제현諸縣의 위치는 다음과 같다. 정주定州(興京界內) · 정동현定東縣(興京界內) · 당산현當山縣(承德縣 서남) · 상암현霜岩縣(承德縣 동남, 險瀆) · 백애성白崖城(遼陽州 동쪽) · 필사성畢沙城(海城縣) · 개소둔蓋蘇屯(海城) · 안시성安市城(盖平縣 동북) · 개모성蓋牟城(盖平界) · 개갈모성蓋葛牟城(盖平地) · 건안현建安縣(盖平縣 서남) · 신성新城(寧海縣) · 남소성南蘇城(寧海縣) · 목저성木底城(寧海縣) · 창암성蒼岩城(寧海縣) · 막힐부鄚頡府(開原縣 서북), 동산현銅山縣(鐵嶺縣) · 영녕현永寧縣(鐵嶺縣 남쪽) · 경주慶州(鳳凰城) · 박작성泊汋城(安平縣) · 오골성烏骨城(鳳凰城 沿海界) · 대행성大行城(미상) · 요성遼城(遼陽?) · 식리識利(承德 등) · 불열拂涅(開原 등) · 월희越喜(寧古塔 등지) · 책성柵城(봉황성) · 부여성扶餘城(開原縣 서남) · 노양산魯陽山(평양성 동북) · 대요수大遼水(遼河) · 소요수小遼水(渾河) · 대양수大梁水(太子河) · 마자수馬訾水(압록강).

⑭ 백제의 온조溫祚가 첫 도읍한 위례성慰禮城은 직산稷山이며, 뒤에 한산漢山(경주廣州) 아래로 옮겼다. 전성기의 백제는 북으로 패하浿河(저탄猪灘)를 경계로 하여 고구려와 접했고, 남으로는 지리산을 경계로 신라와 접했다. 그러나 진주晉州는 한때 백제의 거열성居列城이었다.

⑮ 졸본卒本은 발해의 졸빈부卒賓府로서 봉황성계 내에 있다. 졸본을 평안도 성천으로 본 통설은 잘못이다.

⑯ 국내성은 이산군理山郡 북쪽의 압록강 이북에 있는 우라성兀剌城이다. 『삼국사기』에서 국내성을 불내성不耐城이라고 본 것은 잘못이다.

⑰ 환도丸都는 국내성과 상접된 지역으로서 강계江界 · 이산理山 등의 강북 땅이다. 『삼국사기』에서 안시安市를 환도로 본 것이나, 『지봉유설芝峰類說』에서 영변寧邊의 검산劍山

을 환도로 본 것은 모두 잘못이다.

⑱ 비류수沸流水는 지금의 파저강婆猪江(동가강佟家江·염난수鹽難水)이며, 『고려사』와 『여지승람』에서 평안도 성천으로 본 것은 잘못이다.

⑲ 개마산은 태백산 혹은 백두산으로서 묘향산을 태백산으로 보는 것은 잘못이다. 행인국荇人國과 구다국句茶國은 모두 개마산 부근에 있는 나라다.

⑳ 황룡국黃龍國은 졸본에 가까운 요동 동북에 있으며, 『고려사』와 『여지승람』에서 평안도 용강龍岡을 황룡국으로 비정한 것은 잘못이다.

㉑ 살수薩水는 지금 안주安州의 청천강이다. 그러나 『삼국유사』에서 대동강을 살수로 본 것은 혹 그럴지도 모른다.

㉒ 임나국任那國은 충주이며, 휴인국休忍國과 주호국州胡國은 그 위치가 미상하다.

㉓ 말갈은 숙신肅愼·읍루挹婁(위魏)·물길勿吉(남북조南北朝)·말갈(수隋·당唐)·여진(오대五代 이후)으로 불려 왔으며, 7종의 부部가 있었다. 말갈은 부여 동북지방에 있었으나, 그 일부는 옥저와 예맥 사이에 있어 신라와 백제를 자주 침략했다.

㉔ 발해의 강역은 『당서』를 위주로 하고, 『성경지』를 참고해서 고증한다. 5경京·15부府·62주州의 위치는 다음과 같이 비정된다.[124]

5京

上京 龍泉府 - 肅愼故地(混同江 서쪽) - 龍·湖·渤 3州

中京 顯德府 - (廣寧·義州界) - 盧·顯·鐵·湯·榮·興 6州

東京 龍原府 - 濊貊故地(鳳凰城) - 慶·鹽·穆·賀 4州

南京 南海府 - 沃沮故地(海城縣) - 沃·晴·椒 3州

西京 鴨綠府 - 高句麗故地(압록강 상류) - 神·桓·豊·正 4州

15府

長嶺府 - 永吉州界 - 瑕·河 2州

扶餘府 - 開原縣界 - 扶·仙 2州

---

124 위의 책, 附錄(下), 地理考, 608~611쪽.

鄚頡府 - 開原縣城 西北 - 鄚 · 高 2州

定理府 - 挹婁故地(興京界 內) - 定 · 瀋 2州

安邊府 - 安 · 瓊 2州

率賓府 - 率賓故地(卒本) - 華 · 益 · 建 3州

東平府 - 拂涅故地(開原東界) - 伊 · 蒙 · 沱 · 黑 · 比 5州

鐵利府 - 鐵利故地(承德縣界) - 廣 · 汾 · 蒲 · 海 · 義 · 歸 6州

懷遠府 - 越喜故地(鐵嶺縣地) - 達 · 越 · 懷 · 紀 · 富 · 美 · 福 · 邪 · 芝 9州

安遠府 - 寧 · 郿 · 慕 · 常 4州

기타

渤海城(遼陽州城 동북) · 東牟山(承德縣 동쪽 20리의 天柱山) · 忽汗城(永吉州)

㉕ 백제 멸망 당시의 백제의 1부府 · 7주州 · 51현縣의 위치는 다음과 같다.

○ 熊津都督府 - 公州

○ 東明州 - 熊津縣(公州) · 鹵辛縣(羅州屬) · 久遲縣(全義) · 富林縣(新豊 · 公州屬)

○ 支潯州 - 巳文縣(德山) · 支潯縣(미상) · 馬津縣(杉山) · 子來縣(唐津) · 解禮縣(미상) · 古魯縣(미상) · 平夷縣(瑞山地谷) · 珊瑚縣(미상) · 隆化縣(鎭安屬)

○ 魯山州 - 魯山縣(咸悅) · 唐山縣(金溝) · 淳知縣(錦山) · 支牟縣(미상) · 烏蠶縣(미상) · 阿錯縣(미상)

○ 古泗州 - 平倭縣(古阜) · 帶山縣(泰仁) · 辟城縣(金堤) · 佐賛縣(興德) · 淳牟縣(萬頃)

○ 沙泮州 - 牟知縣(長城) · 無割縣(高敞) · 佐魯縣(茂長) · 多支縣(同德)

○ 帶方州 - 至留縣(미상) · 軍那縣(咸平) · 徒山縣(珍島屬) · 半郡縣(潘南) · 竹郡縣(會津) · 布賢縣(미상)

○ 分嵯州 - 貴旦縣(珍原) · 首原縣(미상) · 皐西縣(潭陽) · 軍支縣(樂安)

㉖ 윤관尹瓘이 쌓은 구성九城은 길주吉州 서남지방에 있다. 『고려사』 지리지와 『여지승람』에서 구성이 두만강 내외에 있다고 한 것은 모두 잘못이다. 두만강 이북에 있는 공험진

公嶮鎭과 선춘령비先春嶺碑는 후대에 이설移設한 것이다.

㉗ 몽고蒙古가 고려시대에 설치한 하란부哈蘭府는 지금의 함흥계 내에 있다.

㉘ 우리나라의 위도緯度는 중국 측 문헌에 의하면 기미분箕尾分으로 인식되어 왔다. 그러나 「만국전도萬國全圖」의 경위선經緯線을 보면 우리나라 전체가 기미분에 속하는 것은 아니고, 다음과 같이 지명에 따라 분야가 다르다. [125]

○ 咸鏡 · 平安 · 黃海 · 江原北界 - 中國 順天府와 同緯 - 箕尾分

○ 京畿 · 黃海南 · 江原南 · 忠淸北 · 慶尙北 - 中國 山東省과 同緯 - 虛危分

○ 全羅 · 慶尙南 · 忠淸南 - 中國 江南省과 同緯 - 斗分

○ 濟州 - 中國 福建省과 同緯 - 牛女分

이상과 같은『동사강목』에서의 지리고증은 한백겸의『동국지리지』이래로 약 150년간에 걸친 역사지리 연구의 여러 축적된 성과들을 종합한 토대 위에 이를 한 단계 발전시킨 것이다. 그러므로 안정복이 논단한 여러 결론들은 이미 선배 학자들이 내린 결론들을 재확인한 것도 적지 않다.

그러나『동사강목』의 지리고증이 사학사적으로 중요한 의미를 갖는 것은 특히 발해 강역에 관한 고증이다. 발해 강역에 관한 관심은 17 · 18세기 사서에 공통적으로 나타나고 있지만, 그 5경京 · 15부府 · 62주州의 현재 지명을 추적한 연구는 안정복으로부터 시작되었다. 그 후, 유득공의『발해고』(1784), 정약용의『강역고』(1811, 1833), 홍석주洪奭周의『발해세가渤海世家』등이 나오면서 발해 연구는 더욱 촉진되는데, 안정복이 발해의 중심지를 요동지방으로 비정한 것은 정약용의 백두산 동쪽 설이 나옴으로써 비판적으로 극복되었다. [126]

8)『동사강목』의 사론

『동사강목』에는 모두 870여 칙則의 사론이 실려 있다. 이는『동국통감』의 382칙의 사

---

125 위의 책, 附錄(下), 分野考, 620~623쪽.

126 韓永愚, 「茶山 丁若鏞의 史論과 對外觀」, 『金哲俊博士華甲紀念史學論叢』, 1983.

론에 비하여 양적으로 2배 이상 늘어난 것이요, 조선 후기 사서로서 사론이 많이 실린 것으로 알려진 『동사회강東史會綱』의 150여 칙의 사론과 비교하더라도 거의 6배나 많아진 것이다.

『동사강목』에 실린 870여 칙의 사론 중 344칙의 사론은 김부식 이후 역대 사가나 현인들의 사론을 전재한 것이고, 나머지 526칙은 안정복 자신이 쓴 것이다.

344칙의 기성 사론은, 기성의 모든 사론을 다 전재한 것은 아니다. 『동국통감』에만도 382칙의 사론이 실려 있고, 그 후 조선 후기 학인들이 쓴 사론도 적지 않은 수에 달하는데, 『동사강목』에서는 『동국통감』의 382칙의 사론 중 247여 칙만을 뽑아 실었을 뿐이다. 나머지 97칙의 사론은 조식·이황·주세붕·이수광·한백겸·오운·허목·유계·송시열·심광세·홍성민·홍여하·임상덕·유형원·신흠 등 16~18세기 학인들의 사론을 전재하였다. 특히 그중에서도 유계가 『여사제강麗史提綱』에 쓴 사론이 55칙이나 전재되었고, 오운이 『동사찬요東史纂要』에 쓴 사론이 10칙, 이황이 쓴 사론이 6칙, 허목이 쓴 것이 4칙을 헤아린다.

적어도 사론에 관한 한, 안정복은 당색을 가리지 않고, 노老·소少·남인南人의 사론을 모두 수용하고 있음을 본다. 다만, 이황에 대해서만은 '이자李子'라고, 특별히 존칭어를 쓰고 있는 것이 특이하다. 이는 안정복이 자신의 학통을 이황 → 이익 → 안정복으로 계보화하는 입장과도 관련된다. 안정복은 이익의 설을 소개할 때는 '사師'라고 호칭함으로써 여타인餘他人을 '씨氏'로 호칭하는 것과 명백하게 구별하고 있다.

안정복이 344칙의 기성사론旣成史論을 전재한 것은 그 사론의 논지를 대체로 긍정한다는 뜻이 전제되어 있다. 그러나 안정복은 기성 사론을 모두 채용하지는 않았다. 그것은 기성 사론에 대해 부분적으로 불만을 가지고 있는 까닭이었다. 그 자신이 526칙이나 되는 방대한 사론을 따로 써넣은 것은 기성 사론의 미흡함을 보완하려는 의도인 것이다.

526칙의 사론은 물론 모두가 사평적史評的 성격을 띤 것은 아니다. 사실 이들 사론들의 절대다수는 단순히 역사적 사실들을 고증한 것이거나, 사실史實설명을 보충한 것들이다. 예를 들면, 지명에 대한 고증, 사건의 연대에 대한 고증, 인명의 착오에 대한 고증 등이 그러한 예다. 사실설명을 보충한 것들로는 외국과의 외교·문화상의 교류와 외국 칙 기록에 보이는 우리나라의 제도·풍습을 소개한 것들이 주류를 이룬다.

이러한 사실고증 혹은 사실보충과 관련되는 사론이 큰 비중을 차지하는 것은 『동사강목』의 서문에서 "전장典章을 자세하게 밝히는 것"을 편찬 목적의 하나로 밝히고 있는 것과 관련되는 것으로서, 『동사강목』이 기왕旣往의 어느 사서보다도 자료적 가치를 크게 갖는 이유가 여기에 있다.

한편, 안정복이 쓴 사론 가운데는 비평적 성격을 갖는 사론이 약 절반을 차지한다. 이는 역사편찬의 기본 목적이 '권계勸戒'를 찾는 데 있다고 보는 그의 술사 태도에서 비롯된 것이다. 따라서 『동사강목』에 반영된 안정복의 역사의식은 그 진수를 비평적 사론에서 찾을 수 있다.

안정복의 비평적 사론을 크게 분류하면 ① 강상도덕綱常道德에 관한 것, ② 사대교린事大交隣에 관한 것, ③ 국방國防에 관한 것, ④ 이단異端 배척에 관한 것, ⑤ 지방제도地方制度에 관한 것, ⑥ 진휼賑恤에 관한 것, ⑦ 과거제도科擧制度와 문벌門閥을 비판하는 것, ⑧ 상례喪禮와 음악音樂에 관한 것 등으로 나눌 수 있다.

이상의 내용들은 안정복의 사상체계에서 중심을 이루는 것들로서 『동사강목』 이외의 저술들에서도 핵심적으로 다루어진 주제들이다. 이제 안정복 사론의 전체적 윤곽을 이와 같이 정리하면서 각 주제에 따른 사론의 구체적 성격을 따로따로 검토하기로 한다.

(1) 강상도덕에 관한 사론

강상도덕綱常道德을 옹호하는 태도는 유학자라면 누구나 갖는 것이고, 그 점에서 안정복도 결코 예외는 아니다. 사실 강목체사서綱目體史書 자체가 강상도덕을 가장 극렬하게 강조하기 위한 목적을 갖는 것이므로, 강상도덕을 강조하는 사론을 쓰지 않더라도, 이미 체재 자체가 도덕적 기준을 제시하고 있다. 그런데 안정복이 특히 강조하는 강상의 덕목은 충절忠節이다.

안정복이 충절의 모범으로서 포찬하고 있는 인물은 많다. 우선 기자조선箕子朝鮮 때의 대부례大夫禮와 우거右渠의 대신 성기成己가 그러한 예다. 대부례는 무모한 벌연伐燕 계획을 중지시켰고,[127] 성기는 한漢의 침략에 끝까지 저항한 인물이다.[128]

삼국시대에는 협보陝父 · 주근周勤 · 광개토왕廣開土王 · 김후직金后稷 · 계백階伯 · 검모잠

---

127 『東史綱目』 卷1, [戊戌] 朝鮮紀年條, 7쪽.
128 위의 책, 卷1, [癸酉] 馬韓, 115쪽.

劍牟岑·마의태자麻衣太子 등이 충신 혹은 의군으로서 칭송된다. 협보는 고구려 대보大輔로서 사냥을 즐기는 유리왕에게 간諫한 충신으로서,[129] 주근은 성패이둔成敗利鈍을 따지지 않고 마한부흥운동을 일으킨 절의인節義人으로서,[130] 광개토왕은 할아버지의 복수를 위해 백제를 침공한 의군으로서,[131] 김후직은 진평왕의 사냥 중지를 간한 충직으로서,[132] 계백은 처자를 먼저 죽인 후 나당羅唐연합군과 싸운 충신으로서,[133] 검모잠은 고구려 부흥운동을 일으킨 인물로서,[134] 그리고 마의태자는 신라와 더불어 운명을 같이한 인물로서,[135] 모두가 이利를 저버리고 의義를 좇은 행적을 남겼다.

고려시대에 있어서도 충역忠逆에 관한 사론이 큰 비중을 차지한다. 부당하게 폐위된 군주를 위해 병兵을 일으킨 충신으로서는 먼저 의종毅宗을 위해 거병擧兵한 조위총趙位寵이 극찬된다. 그에 대해서는 최부崔溥·오운吳澐·유계兪棨·임상덕林象德 등이 "의거義擧의 시기가 적절하지 않았다"든가, "군부君父를 위해 토적討賊한다는 말이 없었다"든가 "의리義理에 맞지 않는다"는 등의 이유를 들어 비난하는 사론을 쓴 바 있으나, 안정복은 이를 모두 반박한다. 조위총은 적신賊臣에 의해 폐시廢弒된 의종毅宗의 복수를 위해 거병擧兵한 것이 확실하므로, 그 밖의 다른 것들은 문제될 것이 없다는 것이다.[136]

안정복은 신하의 도리로서 부사이군不事二君의 충절을 적극적으로 강조한다. 그런 의미에서 나말여초羅末麗初에 왕건 혹은 견훤에 귀부歸附한 신라의 최치원·최승우·최언휘 등이 충의와 명절名節을 위배한 인물로 비난되고,[137] 여말에 역성혁명易姓革命에 참여한 개국공신이나 우禑·창昌을 신씨辛氏로 몰아 폐위시키는 데 참여한 신하들도 불충스럽거나 사리에 얽매인 소인들로 비난한다. 정도전鄭道傳·조준趙浚·윤소종尹紹宗·조반趙胖 등에 대한 폄하가 그것이다.[138]

---

129 위의 책, 卷1, [癸亥] 馬韓 11月, 133쪽.
130 위의 책, 卷1, [丙子] 冬 10月, 142쪽.
131 위의 책, 卷2, [壬辰] 高句麗廣開土王元年 秋 7月, 239쪽.
132 위의 책, 卷3, [庚子] 新羅眞平王 2年, 308쪽.
133 위의 책, 卷4, [己未] 百濟義慈王 19年 秋 7月, 377쪽.
134 위의 책, 卷4, [庚午] 新羅文武王 10年 夏 6月, 410쪽.
135 위의 책, 卷5, [乙未] 新羅景哀王 9年 冬 10月, 550쪽.
136 위의 책, 卷9, [丙申] 明宗 6年 3月, II-358쪽.
137 위의 책, 卷5, [戊午] 孝恭王 2年 冬 11月, 508쪽.
138 鄭道傳에 대해서는 '賣國貪利', '高麗의 賊臣', '小人' 등의 표현을 써가며 비난하고, 趙浚은 '왕의 耳目을 가린 인물'로, 尹紹宗은 '昌王을 보필하지 않은 不忠人'으로, 趙胖은 '尹彝·李初의 獄을 일으킨 인물'로 각각 비난되

이성계에 당부黨附한 인사들이 비난받는 것과는 대조적으로 그들에 의해 해를 입은 이색李穡·이숭인李崇仁 등이나, 절의를 지킨 원천석元天錫·서견徐甄·김진양金震陽 등은 칭송된다. 이러한 가치평가는 조선왕조의 건국 자체를 부정하는 것은 아니다. 도리어 이성계의 신왕조 개창은 민심과 천명의 귀의라는 점에서 긍정하고 있으며, 이성계의 개혁정책을 반대한 인사들도 개혁 자체에 대한 반대가 아니라 이성계에 대한 인기를 두려워하는 마음에서 개혁을 반대했다고 변호한다.[139]

안정복은 합법적으로 왕위에 오른 군주에 대한 충성을 절대적으로 강조하고, 그러한 왕이 불법적으로 폐위되는 것을 방조하거나 방관한 신하들은 난역亂逆으로서 매도한다. 예컨대 선종 때 이자의난李資義亂을 진압하고 숙종의 찬탈을 도와준 소태보邵台輔 같은 인물이 난역으로 규정되고,[140] 고종 때 거란군을 격파하고 개선한 조충趙冲이 창의군倡義軍을 모집하여 최충헌崔忠獻을 치토致討하지 않은 것을 애석하다[141]고 하는 따위가 그것이다.

이상과 같은 안정복의 충절에 대한 관념은 조선 후기 성리학자들의 일반적인 분위기를 반영하는 것이지만, 그 강도는 기성의 어느 사론보다도 크다. 특히 군부君父를 위해서는 성패와 이둔利鈍을 초월하여 복수를 정당화하는 것이 그의 충절관념의 핵核이다. 이는 안정복의 군신의 명분에 대한 집착이 그만큼 강렬하다는 것을 말해 주는 것이며, 현실적으로 왕권의 절대성을 강조하는 의미를 갖는 것이기도 하다.

(2) 사대교린과 국방에 대한 사론

『동사강목』에 실린 안정복의 사론은 사대교린事大交隣과 국방에 대해서도 비상한 관심이 표명되고 있다.

안정복은 사대교린을 가장 이상적인 국제질서로 옹호한다. 먼저, 사대 관계는 대국과 소국, 강자와 약자, 중국과 이적 간에 맺어지는 '불역不易의 정리正理'[142]다. 우리나라는 소국이요 약국이므로, 대국이요 강국이요 중화인 중국에 대해 사대 관계를 맺는 것은 '자존

고 있다.

139 예컨대, 麗末 舊臣들이 田制改革을 반대한 것은, 전제개혁 자체에 대한 반대가 아니라 민심이 太祖로 돌아가는 것을 두려워했기 때문이라고 한다(위의 책, 卷17, 禑王 14年 8月, III-434쪽).
140 위의 책, 卷8, 肅宗 9年 5月, II-202쪽.
141 위의 책, 卷10, 高宗 6年 3月, II-441쪽.
142 위의 책, 卷1, [丙午] 王準 26年, 111쪽.

自存'의 방책인 것이다. 우리나라는 이미 단군 때부터 중국(당우삼대唐虞三代)에 사대事大했고,[143] 고려가 475년이나 존속한 것도 사대의 결과라는 것이다.[144]

그런데, 사대 관계는 조공朝貢을 통한 평화공존의 관계인 것이지, 군사적 침략을 한다든지 영토편입을 획책하는 일은 결코 용납되지 않는다. 그런 의미에서 한무제漢武帝가 조선을 멸滅한 뒤에 군현을 설치한 것은 중국의 수치다.[145] 또한 당태종이 고구려를 친정親征한 것은 제왕답지 못한 행위로 비난받을 만하다.[146] 우리나라는 중국과 산천山川·풍기風氣·기욕嗜欲·언어言語가 다른 나라이므로 중국의 영토가 되는 것은 부당하다는 입장이다.[147] 바꿔 말하면, 우리나라는 지리적으로 중국과 구별되어 있고, 언어·풍속(기욕嗜欲)이 다르기 때문에 국가의 독립성이 유지되어야 한다는 논리다. 안정복은 혈연의 독자성은 의식하지 않았기 때문에 민족의식이 투철한 것은 아니었으나, 지리·언어·풍속의 독자성에 대한 자각이 뚜렷하고, 이를 바탕으로 국가의 자주성을 강조하는 것이다.

사대관계는 이렇듯 우리의 국가적 자주성을 전제로 하는 평화공존의 논리이기 때문에, 이를 무력으로 깨는 중국의 행위도 비난의 대상이 되거니와 우리 쪽의 중국에 대한 도발적 행위나 무력행사도 마찬가지로 비난을 면치 못한다. 가령, 고조선이 중국의 반민叛民인 위만衛滿을 받아들인 것은 중국의 원망을 살 만한 일로서 한무제가 이를 문죄한 것은 당연한 일이다.[148] 또한 우거왕右渠王이 요동도위遼東都尉 섭하涉何를 살해한 것도 비난받을 일이고,[149] 고구려가 오사吳使를 참수해서 위魏에 보낸 처사도 모두가 평화를 깨는 일로 비판되고 있다.[150]

국제 관계에 있어서 무력도발에 의해 평화를 깨는 행위는 비단 우리나라와 중국과의 관계에서만 비난될 일이 아니다. 우호선린友好善隣의 교린관계는 모든 나라에 공통으로 적용되는 이상이다. 그런 의미에서 요遼·금金·원元의 고려침략이 부당함은 물론이요, 명明의 철령위鐵嶺衛 설치도 요동遼東의 우리 땅에 대한 침략으로 간주된다.[151] 왜구倭寇의

---

143 위의 책, 卷1, [癸丑] 馬韓, 114쪽.
144 위의 책, 卷11, 元宗 元年 2月, II-524쪽.
145 註 143)과 같음.
146 위의 책, 卷3, [癸卯] 高句麗王藏 2年 2月, 346쪽.
147 註 143)과 같음.
148 註 142)와 같음.
149 위의 책, 卷1, [壬申] 馬韓, 115쪽.
150 위의 책, 卷2, [丙辰] 高句麗 東川王 10年 春 2月, 199쪽.

침략은 더 말할 나위도 없이 나쁜 것이다.

신라는 유례왕儒禮王과 진평왕眞平王 때 일본의 서비西鄙를 정벌한 일이 있는데, 이것은 일본을 무어撫禦하는 방법이 아니다.[152] 뒷날 우리가 일본으로부터 곤란을 받게 된 것도 그 유래를 따지면 신라의 일본정벌에 있다고 보는 것이다.

안정복은 이와 같이 피아彼我의 어느 쪽이든 침략을 자행하는 것은 절대 배격한다. 군사적 제압이 용납되는 것은 부당한 침해에 대한 복수일 경우에만 한한다. 복수는 충의의 관점에서 정당화될 뿐 아니라, 오히려 꼭 필요한 복수의 전쟁을 회피하는 행위가 불충으로 매도된다.

안정복은 침략행위를 반대하는 입장에서 그 침략행위를 저지하는 수단으로서의 국방에 대해서는 비상한 관심을 쏟는다. 국방에 관한 한, 사대의 대상이 되는 중국(청淸)이나 교린交隣의 대상이 되는 일본이 다같이 가상적국假想敵國으로 상정된다. 그것은 중국과 일본이 다같이 우리를 침략한 과거가 있는 까닭이다. 더욱이 왜란倭亂과 호란胡亂에 대한 충격이 아직도 씻기지 않는 앙금으로 남아 있을 뿐만 아니라, 특히 일본에 대해서는 왜란 이후의 유학 발달에 대해 긍정적인 평가를 하면서도, 일본이 옛날부터 '해중대국海中大國'[153]으로서 근세에 와서도 계속해서 무예를 장려하고 새로운 무기와 기술을 도입하기 위해 화란和蘭과 활발히 교섭하는 사실에 대해 부러움과 동시에 불안한 감정을 떨치지 못하였다.[154] 따라서 그는 일본의 재침략 가능성이 상존한다는 전제 하에서 국방에 대한 관심을 늦추지 않았던 것이다.

안정복의 국방관의 특이한 점은 이미 앞에서도 언급한 바와 같이 '해방海防'의 중요성을 십분 강조한 데서 찾아진다. 다시 말해 국방의 중심지를 육지로부터 바다, 즉 도서島嶼로 바꾸어야 한다는 주장이다. 해방의 중요성은 『동사강목』 이외의 저술에서도 보이지만, 『동사강목』의 사론에서도 누누이 강조되고 있다.

해방은 우리나라가 3면이 바다로 둘러싸인 지리적 조건으로 보아 당연히 중요성을 띠

---

151 위의 책, 卷16, 禑王 14年 2月, III-422쪽.
152 위의 책, 卷3, [癸卯] 新羅 眞平王 5年 2月, 308쪽.
153 위의 책, 卷2, [戊午] 新羅 慈悲王 21年 冬 10月, 269쪽.
154 安鼎福의 對日觀에 대한 총체적 연구로서는 河宇鳳, 「順菴 安鼎福의 日本認識」, 『全羅文化論叢』 2, 1988가 참고된다.

는 것으로, 중국과 일본의 어느 경우에도 해당한다. 그래서 안정복은 고조선 때 한무제의 수군水軍파견을 예로 들면서 서해안에 있어서 해방의 중요성을 강조하고,[155] 고구려가 백제의 여송통로如宋通路를 차단한 예를 들면서 고구려의 해방경찰지도海防警察之道가 심절深切했음을 지적하기도 한다.[156] 신라의 경우에도 중국의 침략을 받기는 마찬가지여서, 해로를 통해 신라인을 노비로 약탈하는 사태를 막기 위해 장보고로 하여금 청해진에서 해상을 순경巡警하도록 했다는 것이다.[157]

다음, 일본의 침략과 관련한 해방의 중요성도 『동사강목』의 여러 사론을 통해 피력되고 있다. 안정복은 대일해방對日海防과 관련하여 대마도에 대한 제압의 필요성과 주사舟師 이용의 중요성[158]을 특히 강조한다. 대마도는 언제나 왜倭의 침략을 향도하는 역할을 했기 때문에 "왜를 제어하고자 할 때에는 반드시 대마도의 왜를 제압하는 방책을 강구해야 한다"[159]는 것이다. 그런 의미에서 고려말 우왕 때 정지鄭地가 대마도 섭복懾伏을 왕에게 건의한 사실을 칭송한다.[160] 조선 세종조에 대마도 정벌을 시도하여 효과를 본 것은 잘한 일이고, 중종 때에도 그러한 논의가 있었으나 실행에 옮기지 못한 것은 애석한 일이다.

안정복은 이와 같이 대마도의 전략적 중요성을 인식하였을 뿐만 아니라, 대마도가 본래 우리 땅이라는 생각에서 스승 이익과 더불어 그 귀속문제를 토론하기도 하였다.[161] 그러나 안정복은 당장 대마도의 응징이나 그 영토화를 당면 정책으로 주장하지는 않았다.

일본에 대해 대마도의 전략적 가치와 그 영토권을 의식한 것과 관련하여 안정복의 영토의식의 또 한 측면을 보여 주는 것은 요동遼東에 대한 비상한 관심이다. 그에 의하면, "요하이동遼河以東과 오라烏喇(오이랏) 이남은 본래 모두 아지我地"[162]로서 이 고려 말에 이곳에 철령위鐵嶺衛를 설치한 사실을 부당하게 본다. 뿐만 아니라 공민왕 때 고려가 원元의 동녕

---

155 『東史綱目』卷1, [壬申] 馬韓 夏 6月, 115쪽.

156 위의 책, 卷2, [丙辰] 高句麗 長壽王 64年 3月, 265쪽.

157 위의 책, 卷17, 昌王 元年 8月, III-432쪽.

158 위의 책, 卷7, 宣宗 8年 春 正月, II-183쪽.

159 위의 책, 卷11, 元宗 4年 夏 4月, II-532쪽.

160 위의 책, 卷16, 禑王 12年 2月, III-413쪽.

161 安鼎福은 1757년(丁丑)에 李瀷에 보낸 書信에서 "對馬島 則屬于附庸傳 蓋自羅麗 至于我國初 待之以屬國 而輿地勝覽曰 舊隸雞林 太宗已亥 討對馬島教書曰 對馬爲島 本我國之地云則亦有可據者矣"라 하여 우리가 對馬島를 조선초기까지도 屬國으로 취급해 왔음을 이유로 들어 附庸傳에 넣을 것을 주장하였다.

162 위의 책, 卷16, 禑王 14年 2月, III-422쪽.

부東寧府를 공격한 사실에 대한 사론에서는 "요심遼瀋을 득得하고 실失하는 것은 동국東國의 강약強弱을 좌우한다"[163] 고 하여 요심지방遼瀋地方의 수복收復에 대한 염원을 간접적으로 보여 주고 있다.

안정복이 이와 같이 요동의 전략적 중요성을 인식하는 이유는 그곳이 "형승形勝의 땅에 자리하고 있을 뿐 아니라, 어염魚鹽의 이利를 얻을 수가 있어서, 천하의 변고가 생길 때에는 능히 자위할 만한 형세를 이루고 있기 때문"[164]이다. 그리하여 안정복은 "국가의 계책計策을 세우는 사람은 반드시 요동의 중요성을 알아야 한다"[165]는 것을 힘주어 말하고 있다.

요컨대 안정복의 국방관은 기본적으로 중국과 일본을 가상적국으로 가정하고 해방 중심의 방어체제 구축을 역설한 데 특색을 찾을 수 있다. 그러나 중국에 대해서는 요동, 일본에 대해서는 대마도의 전략적 중요성을 인식하고 그에 대한 관심을 환기시킨 것은 안정복의 국방의식이 단순히 현상유지의 방어개념을 벗어나 구토회복舊土回復의 적극적 자세임을 보여 주는 것이다.

(3) 제도개혁에 관한 사론

안정복은 자기 시대의 역사적 과제로서 정치 · 경제 · 사회 등 여러 분야에 걸쳐 제도를 개선해야 한다는 입장을 지니고 있었음은 앞장에서 살핀 바와 같다. 그런데 그의 그러한 입장은 『동사강목』의 사론에서도 그대로 반영되고 있다.

먼저 정치제도의 개선과 관련하여 그가 가장 관심을 크게 보이고 있는 문제점은 과거제도와 형벌제도, 그리고 지방제도이다.

과거제도에 대한 비난은 시험제도 그 자체보다도 시험내용이 시부詩賦에 치우쳐 '실학實學'을 소홀히 했다는 데 대한 비판이다.[166] 안정복이 '실학'으로서 내세우는 학문은 기본적으로 '6경經' 중심의 유학을 말하는 것이다.[167] 고려시대 유학자 중에 최충崔冲만은 6경을 사상전수私相傳授한 인물로 보고 그의 행적을 칭송하고 있으나,[168] 과거시험에서의 시부詩

---

163 위의 책, 卷15, 恭愍王 19年 冬 11月, III-335쪽.
164 위의 책, 卷2, [庚午] 高句麗 故國川王 12年, 185쪽.
165 위와 같음.
166 위의 책, 卷6, 成宗 2年 冬 10月, II-43쪽; 위의 책, 卷7, 顯宗 22年 冬 10月, II-117쪽; 위의 책, 卷9, 毅宗 元年 8月, II-305쪽.
167 위의 책, 卷6, 太祖 19年, 秋 9月, II-4쪽.

賦, 세자교육世子敎育에서의 사장詞章,[169] 의종毅宗의 사화詞華숭상[170] 등은 비난을 받는다. 특히 과거에서 사장을 시험한 것을 안정복은 가장 큰 문제점으로 보고, 고려가 약해진 원인은 "과거科擧에서 오로지 문화文華를 중상한 데 있다"[171]고까지 말한다.

다음에 형법에 관한 안정복의 생각은 비교적 엄격하다. 그에 의하면 고려의 형법은 '관종'에 치우쳐 있다. 예컨대 고려의 귀향제歸鄕制도 관형寬刑에 속하는 것이고[172] 찬시자簒弑者나 찬방자讚謗者·살인자殺人者에 대해서도 지나치게 관대하게 대한다.[173] 형법은 너무 가혹해도 안 되지만, 반대로 지나친 관종寬縱에 빠지는 것도 국가기강 확립에 좋지 않은 것이다.

안정복은 가혹한 형법의 예로서 연좌율緣坐律을 들고 있다. 치죄治罪는 죄인 당사자만으로 그쳐야 하는 것이지 그의 족속이나 또는 주동자가 아닌 추종인까지 다스리는 것은 부당하다. 김유신이 백제의 옹산성甕山城을 점령한 후 백제의 장병을 참살한 것이나,[174] 신라 문무왕이 칭병한방稱病閑放하면서 국사를 돌보지 않았다 하여 총관摠管 진주眞珠와 진흠眞欽을 죽이고 그들의 족속族屬까지 죽인 것,[175] 그리고 고려 말 우왕 때 임견미林堅味, 염흥방廉興邦을 죽이면서 그에 연루하여 4천여 인을 함께 죽인 것 등[176]은 모두가 형벌을 과도하게 남용한 예例에 속하는 것이다.

안정복은 지방자치적 성격이 강한 주周의 비比·여閭·족族·당黨·주州·향鄕의 제制를 이상으로 여기면서 고려시대에 지방제도가 정비되어 가는 과정에 깊은 관심을 보이고 있다. 고려 성종 때 촌장정村長正을 두고,[177] 신라 경덕왕 때 미처 고치지 못한 주부군현州府郡縣의 칭호를 바꾼 것을 칭송한다.[178] 그러나 고려시대에 도신제道臣制를 확립하지 못하고 지방에 순찰을 파견한 것은 옳지 못한 일로 보고[179] 또한 군현에 교수敎授를 두어 경내의

---

168 위의 책, 卷6, 成宗 6年 8月, II-49쪽.
169 위의 책, 卷7, 文宗 8年 冬 12月, II-145쪽.
170 위의 책, 卷9, 毅宗 24年 春 正月, II-335쪽.
171 위의 책, 卷11, 元宗 3年 秋 9月, II-531쪽.
172 위의 책, 卷7, 顯宗 7年 5月, II-98쪽.
173 위의 책, 卷9, 明宗 20年 秋 8月, II-389쪽.
174 위의 책, 卷4, [辛酉] 新羅 太宗 8年 9月, 387쪽.
175 위의 책, 卷4, [壬戌] 新羅 文武王 2年 8月, 392쪽.
176 위의 책, 卷16, 禑王 14年 春 正月, III-420쪽.
177 위의 책, 卷6, 成王 6年 9月, II-49쪽.
178 위의 책, 卷6, 成宗 11年 冬 11月, II-57쪽.
179 위의 책, 卷12, 忠烈王 8年 12月, III-45쪽.

정치·풍속·이문異聞을 수집케 하여 사국史局에서 채용할 수 있도록 하지 못한 것을 아쉬워한다.[180]

다음에 안정복이 경제문제와 관련하여 쓴 사론의 성격을 검토하기로 한다.

경제문제와 관련한 안정복의 관심은 주로 곡식대여제穀食貸與制의 모순에 쏠리고 있다. 그는 우리나라 환상還上 제도의 기원이 고구려 때 시행한 진대법賑貸法에서 비롯한다고 보고 있다.[181] 빈민구제를 위한 진휼賑恤은 절대 필요한 정책이지만 이를 시행하는 과정에서 백성에게 피해를 줌으로써 입법의 취지를 살리지 못했다는 것이다. 고려 시대에 시행한 의창의 경우도 그 입법 취지는 좋았으나, 주군州郡에만 의창義倉을 두고 백호百戶의 사社에 두지 않은 것은 잘못이다.[182] 상평창常平倉의 경우도 양경兩京, 12목牧에만 두고 이를 주군에까지 확대 안 한 것은 잘못이다.[183] 문종 때에는 세곡稅穀의 모미耗米로서 1두斗당 7승升을 받아들여 이를 관용으로 썼는데, 모미는 문자 그대로 모손耗損을 보충하는 데 써야지 이를 관용으로 쓰는 것은 부당하다.[184]

안정복은 경제 문제 이외에도 신분제와 상제 그리고 악제에 관해서 많은 관심을 기울이고 있다.

먼저 신분제와 관련하여 용인에 있어서 문지門地를 따지는 것이 비난의 대상이 된다. 사람의 재주를 따지지 않고 문지에 의해 관리를 등용한 신라의 골품제가 무엇보다도 먼저 비판된다.[185] 고려시대에 들어오면 노비세습제가 비난된다.[186] 그렇다고 노비 자체의 폐지나, 노비에 대한 수직授職을 찬성하는 입장은 결코 아니다. 고려 헌종 때 공상工商·조예皂隸에게 현직을 제수한 것에 대해 비판적인 사론을 쓴 것이 그것을 말해 준다.[187] 요컨대, 안정복의 신분관은 문벌제도를 반대하고 입현무방立賢無方의 능력주의 관리 등용을 강조하면서도, 노비에 대한 수직만은 철저히 반대하는 입장에 있다고 할 수 있다.

안정복은 상례에 대해 깊은 관심을 가지고 고려시대 상례의 문란을 도처에서 비난하고

---

180 위의 책, 卷10, 高宗 33年 秋 7月, II-481쪽.
181 위의 책, 卷2, [甲戌] 高句麗 故國川王 16年 冬 10月, 187쪽.
182 위의 책, 卷6, 成宗 5年 秋 7月, II-47쪽.
183 위와 같음.
184 위의 책, 卷7, 文宗 7年 冬 10月, II-144쪽.
185 위의 책, 卷3, [壬寅] 新羅 善德王 11年 秋 9月, 345쪽.
186 위의 책, 卷6, 光宗 7年, II-21쪽.
187 위의 책, 卷7, 獻宗 元年 冬 10月, II-189쪽.

있다. 그 기본입장은 '주자가례'에 서 있기 때문에 이를 따르지 않았던 고려시대 상례가 비난의 대상이 되는 것은 당연하다. 예를 들면, 왕이 상중에 비妃를 맞았다든가,[188] 상중에 관官에 배拜했다든가,[189] 역월복상제易月服喪制를 시행하였다든가,[190] 3년상年喪을 불행했다든가[191] 하는 따위가 모두 상례를 문란시킨 사례들로 지적되고 있다.

악樂은 '화和의 근본'이라는 시각에서 악에 대한 관심도 비상하게 표명되고 있다. 가야伽倻의 우륵于勒에 대한 사론에서는 중국 측 문헌에 보이는 동이東夷의 악을 상세히 소개하여 고대음악사를 정리하고,[192] 고려시대의 음악에 대해서는 예종睿宗 때 시행한 송宋의 아악雅樂(대성악大晟樂)이 도사道士 위한진魏漢津에 의해 잘못 제작되었다고 비판한다.[193] 한편, 의종毅宗 때 정서鄭叙가 지은 정과정곡鄭瓜亭曲의 영향을 받아 이제현李齊賢·이숭인李崇仁의 시詩가 나오고, 조선시대 계면조界面調도 그 유향遺響임을 밝히고 있다.[194] 고려 말에 이르러는 창왕昌王 때 조준趙浚이 창기倡妓의 여악女樂을 중지할 것을 건의한 사실을 칭찬하면서 『성호사설星湖僿說』을 인용하여 고려 여악을 소개하고 있다.[195] 음악은 화和와 담淡이 중요한 것인데 여악은 욕欲을 유도하고 보는 것을 즐기는 것이므로 좋은 음악이 될 수 없다는 것이다.

6. 맺음말

안정복은 『동사강목』의 저자로서 널리 알려져 있으나, 그는 역사가이기 이전에 성리학자요 사회사상가였다. 『동사강목』은 성리학자 및 사회사상가로서의 안정복의 역사의식이 투영된 사서인 동시에, 또 한편으로는 사학전문가로서의 안정복의 고증적 술사 태도가 유감없이 발휘된 수준 높은 통사이기도 하다. 따라서 『동사강목』은 역사의식과 역사고증의 양면에서 그 사학사적 의의를 해명하는 것이 필요하다.

---

188 위의 책, 卷7, 顯宗 22年 冬 10月, II-117쪽.
189 위의 책, 卷8, 睿宗 7年 9月, II-225쪽.
190 위의 책, 卷10, 康宗 2年 秋 8月, II-419쪽.
191 위의 책, 卷11, 忠烈王 元年 9月, II-582쪽; 위의 책, 卷14, 恭愍王 9年 8月, III-265쪽.
192 위의 책, 卷3, [辛未] 新羅 眞興王 12年 春 正月, 294쪽.
193 위의 책, 卷8, 睿宗 9年 6月, II-227쪽; 위의 책, 卷8, 睿宗 10年 6月, II-232쪽.
194 위의 책, 卷9, 毅宗 5年 5月, II-313쪽.
195 위의 책, 卷17, 昌王 元年 3月, III-442쪽.

안정복의 성리학은 이기理氣 중심의 형이상학形而上學이 아니라 일용이륜日用彝倫 중심의 형이하학形而下學이요, 그것은 곧 수기추인修己治人의 실학으로도 자부된다. 사화詞華(시문) 중심의 유학이나 사후세계를 논하는 불교나 천주학이 이러한 시각에서 거부됨은 물론이다.

그는 자신의 학통을 멀리는 정주程朱에 대고, 가까이는 이황·이익으로 이어지는 남인학통에 자정自定했다. 그러나 일반적으로 근기남인학자들이 6경고학經古學으로 회귀回歸하면서 정주학으로부터 탈피하려던 경향과는 달리, 그는 4서書·5경經 중심의 경학체계經學體系를 고수했다. 그 점에서 안정복은 이익 문하의 남인 중에서는 다소 이색적이요 보수적이었다.

안정복의 보수적 사회사상은 향촌사회 및 정치운영에서의 사대부=지주地主의 위기의식에서부터 출발한다. 18세기의 조선사회는 상공업의 발달과 화폐경제의 발전에 수반하여 전통적인 사대부 중심의 정치운영과 신분질서에 심각한 변화가 일어났다. 중앙의 정치는 권력·금력金力(상인)·병력(군영)이 삼위일체로 유착되면서 부국강병을 유도하기도 했으나, 그 열매는 소수의 훈척문벌勳戚門閥과 왕실로 돌아가는 역기능도 적지 않았다.

더욱이 공도公道에 입각해 운영되어야 할 붕당정치朋黨政治는 탕평蕩平의 미명하美名下에서도 여전히 유능한 사대부 집단을 일거에 몰락시키는 파행성跛行性을 드러냄으로써 사대부의 희망을 꺾어버렸으며, 재지생활在地生活에 있어서조차도 부력을 배경으로 한 하층민의 거센 도전에 직면하여 향권鄕權마저 위협받는 형세에 이르렀다.

위로는 정치적 좌절이, 아래로부터는 하극상의 풍조가 미만한 현실 속에서 사대부의 자기위상을 재정립하여 정치적 사회적 지도력을 회복하는 일은 결국 명분의 확립일 수밖에 없고, 그것은 거꾸로 권력층에 대해서는 개혁이요, 하민층에 대해서는 보수로 귀결되는 것이었다.

『동사강목』은 이와 같은 안정복의 명분의식을 투영시킨 사서인 까닭에 그 명분을 최대로 형식화시킨 주자『강목』의 범례를 빌려오게 된 것이고 또 수백의 사론을 통해서 사실의 가치를 해석했던 것이다.

그리하여 그가 국사國史에서 찾고자 한 이상적인 국가상은 내수內修·외양外攘이 조화된 국가, 다시 말해 안으로 군사적 자강, 왕권강화를 전제로 한 관료정치의 확립, 문벌의 타파, 교화와 진휼정책賑恤政策을 통한 향촌사회의 안정이 달성되고, 밖으로는 국가적 자주성을 전제로 하여 사대교린事大交隣의 국제친선이 도모되는 국가상인 것이다. 그리고 이러한 이상적인 국가상에 가장 근접된 왕조들이 다름아닌 단군 → 기자 → 마한 → 통일신라 → 고려로 이어지는 정통체계이다.

그러나『동사강목』은 이러한 가치평가와는 전혀 무관하게 사실 그 자체를 과학적으로 탐구한다는 실증주의가 또 하나의 술사목적으로 투영되고 있다. 이는 조선 후기에 이룩된 과학과 합리정신의 발달, 그 자체의 반영인 것이며 이로 인해『동사강목』은 조선 후기의 통사 중에서 가장 높은 수준의 위치를 차지하게 된 것이다.

『동사강목』은 사학사의 문맥에서 볼 때 17세기 이후 고조된 국사연구의 성과를 계승·발전시켜 형식과 내용의 양면에서 하나의 정점을 이루었다고 할 수 있다. 다시 말해, 형식 면에 있어서는 유계의『여사제강』(1667)과 임상덕의『동사회강』(1711)에서 시도된 강목법을 한층 세련시킨 것이며, 내용 면에 있어서는 한백겸의『동국지리지』(1614) 이래로 활기를 띠기 시작한 역사지리연구 및 사실고증의 성과들을 집대성하고 재해석한 것이다.

『동사강목』은 이러한 형식 및 내용면에서의 세련성이 지식인 사회에 넓은 호응을 얻어, 개화기의 교과서류에는 물론이고, 한말일제시대의 민족주의 역사가들 그리고 1930년대 이후의 실증사가들에게까지도 크나큰 영향을 주었다.

19세기 초 정약용의 역사관과 대외관

1. 문제의 제기

조선 후기 실학의 집대성자로 알려진 다산茶山 정약용丁若鏞(1762~1836)의 철학哲學·경세관經世觀에 대해서는 지금까지 비교적 많은 연구가 이루어졌다. 그러나 그의 사상체계에서 중요한 한몫을 차지한다고 생각되는 그의 사학史學에 대한 본격적 연구는 거의 없는 실정이다.[1] 그는 통사류通史類와 같은 체계있는 사서史書를 쓰지는 않았지만, 『강역고疆域考』를 비롯하여 많은 역사연구서 또는 사론史論을 발표하여 후세 사학에 큰 영향을 주었다.

이 글은 다산사학의 특색을 이해하고 사학사의 위치를 검토하여 그의 사상체계의 전모를 파악하는 데 보탬을 주려고 한다.

2. 다산의 사관

다산의 철학 체계는 주자학朱子學의 그것과는 매우 다른 성격을 지니고 있다는 것은 이미 널리 알려진 사실이다.[2] 그는 기氣를 중심으로 하여 우주 만물의 본체를 이해하려 하였

---

1   필자의 과문 탓인지는 모르나 茶山의 史學을 전문적으로 다룬 논문은 박시형의 「다산 정약용의 역사관」, 『정다산』(1962)이 유일한 것 같다. 이 논문은 다산의 역사관과 한국사 연구의 여러 부분을 해명하였으나, 다산의 한국사연구의 핵심이 되는 古代史體系의 특색을 밝히지 않았고, 茶山史學의 史學史的 맥락을 깊이 검토하지 않았다.

다. 그가 이해하는 기氣는 유형적이고 자립적이라는 점에서 주자학에서의 기와는 성격이 다르다. 리理는 기를 주재하는 형이상학적 실재가 아니라, 기가 발하는데 따르는 법칙이나 원칙 정도로 이해하였다. 그의 주기론적 세계관은 매우 경험적인 것을 존중하는 입장이라고 할 수 있다.

다산은 인人과 물物의 성性이 동일하다고 보는 주자학의 '인물성동론人物性同論'을 부인하고, 인간과 물의 차이를 '자작自作'(自律)과 '비자작非自作'(非自律)이라는 측면에서 확연히 구별하려고 하였다. 즉 우주만물 중에서 인간만이 '영명靈明한 마음'을 가지고 있는 까닭에, 스스로 자신을 이끌고 스스로 자기를 주장할 수 있다고 믿었다. 주자학에서도 사람과 만물의 차이를 인정하지만, 그 차이를 가져오는 기질의 차이가 궁극적으로는 기보다 더 우위에 있는 성性=리理의 동일성에 의해서 인人과 물物의 합일 혹은 조화가 더 강조되는 것이다.

다산도 인간의 도덕성을 중요시하지만, 그 도덕이 인간의 타고난 본성이라고는 생각하지 않는다. 도덕은 인간이 후천적으로 노력하고 실천함으로써 구현되는 것이므로 어디까지나 가변적이요 상대적이며 경험적인 것이다.

이와 같은 다산의 본체관·인간관·윤리관은 한마디로 인간과 자연의 분리를 의미한다는 점에서 자연 질서와 인간 질서를 통일체로서 파악하려는 주자학의 철학체계와는 근본에 있어서 다른 것이다.

다산에게 있어서 자연은 인간이 주체적으로 대자화對自化시켜 바라보고, 인간을 위하여 이용할 수 있는 대상물로 된다.

다산에 의하면, 인간만이 자연을 이용하여 인간 생활을 향상시킬 수 있는 이른바 이용후생의 능력을 가진다. 이는 인간이 영명한 마음을 가진 데서 비롯되는 것인데, 이를 달리 표현하면 '지려知慮'와 '교사巧思'라 한다. '지려'와 '교사'가 있음으로써 인간은 '기예技藝'를 습득할 수 있게 되고, '기예'를 습득함으로써 생산력을 높이고, 수명을 연장하고, 국방을 강화하고, 국부國富를 증진시킬 수 있다고 한다. 말하자면, 기예技藝 습득능력이 곧 이용후생 능력으로 연결되는 것이다.

---

2   茶山의 本體論이나 理氣論·人性論 등에 관해서는 다음 연구가 참고된다.
     李乙浩, 『茶山經學思想硏究』, 1966; 韓永愚, 「丁若鏞의 與猶堂全書」, 『實學硏究入門』, 1973.

다산은 「기예론技藝論」이라는 글에서 인간과 동물의 차이점, 기예의 중요성과 기능성, 그리고 기예의 발전 방법 등을 자세히 논하고 있다.[3] 그 논지를 요약하면 다음과 같다.

첫째, 인간과 동물의 차이점은 기예 습득능력의 유무에 있다. 동물은 사람보다도 더 무서운 발톱이나 뿔, 이빨, 그리고 독毒을 가지고 자신을 방어하면서 살아가지만, 인간은 그러한 신체적 무기를 갖지 않은 대신 지혜롭고 교묘한 생각(지려 · 교사)을 가져서 기예를 습득하여 자급한다.[4] 말하자면 인간의 신체적 조건은 동물에 뒤지지만 지능면에서는 동물보다 앞서며 그 지능이 기예로 표현되어 생활수단이 된다는 것이다.

둘째로, 기예를 발전시키는 데는 한 가지 조건이 필요하다. 그것은 중지衆智를 모으는 것이다. 한 사람의 지려와 교사가 진보하는 데는 한계가 있다. 그러므로 성인이라 하더라도 천만인의 공의共議는 당할 수가 없고, 또 하루아침에 자신의 능력을 다 발휘할 수도 없다. 따라서 기예가 발전하려면 사람이 모여들어야 하며, 또 일정한 시간이 흘러야 한다. 즉 기예의 진보는 인간의 수와 시간에 따라 비례한다고 본다. 그래서 다산은,

> 사람이 모여 들수록 技藝는 더욱 精해지고, 시대가 내려갈수록 기예는 더욱 工해지는 것이니, 이는 형세가 부득불 그렇지 않을 수 없는 것이다. 그래서 村里 사람은 縣邑의 工作을 따르지 못하고, 현읍 사람은 名城 · 大都의 기교를 따르지 못하며, 명성 · 대도 사람은 京師의 新式妙制를 따르지 못하는 것이다.[5]

라 하여 사람이 많이 모이는 곳일수록, 그리고 시대가 내려갈수록 기예가 더 앞서간다는 점을 갈파하고 있다.

다산의 기예관技藝觀에는 인간 역사의 진보에 대한 믿음이 깔려 있다. 그리고 역사진보의 주체는 개인이 아니라 중인衆人이라는 관점이 전제되어 있다. "성인聖人이라도 천만인

---

3 茶山의 技藝觀에 대해서는 高柄翊, 「茶山의 進步觀 - 그의 技藝論을 中心으로」, 『金載元博士回甲記念論文集』, 1965가 참고된다.

4 『與猶堂全書』第1集 第12卷, 詩文集 論 技藝論一, "天地於禽獸也 予之爪 予之角 予之硬蹄利齒 予之毒 使各得而獲其所欲而禦其所患 於人也 則倮然柔脆 若不可以濟其生者 豈天厚於所賤之而薄於所貴之哉 以其有知慮巧思 使之習爲技藝以自給也".

5 同上, "人彌聚 則其技藝彌精 世彌降 則其技藝彌工 此勢之所不得不然者也 故村里之人 不如縣邑之有工作 縣邑之人 不如名城大都之有技巧 名城大都之人 不如京師之有新式妙制".

千萬人의 공의共議를 당할 수 없다"는 데서 표현되듯이, 역사는 성인이 이끌어가는 것이 아니라 중인衆人이 이끌어가는 것이다. 이는 선천적으로 우수한 자질을 타고난 성인이 역사를 주도한다는 유교적 역사관과는 매우 다른 발상이 아닐 수 없다.

다산이 기술진보에 있어서 성인보다도 중인의 역할을 중요시한 것은, 군주의 통치권의 근원을 중민衆民의 합의와 추대에서 구한 것[6]과 아울러 역사 발전의 원동력을 중민에 두고 있음을 보여 준다고 하겠다.

그러면 기예의 진보는 구체적으로 어떻게 인간을 이롭게 하는 것인가. 다산은 기예技藝의 발전이 가져오는 이점을 농업農業 · 직조織造 · 무기武器 · 의약醫藥 · 궁실宮室 · 기용器用 · 성곽城廓 · 주선舟船 · 거여車輿 등 인간의 의식주 생활과 수명, 그리고 부국강병의 측면에서 검증하고 있다. 다시 말하자면 기예의 발전은 인간의 의식주 생활을 향상시키고, 수명을 연장시키며 부국강병富國强兵을 가져오는 데 결정적으로 기여한다고 믿은 것이다.[7] 기예가 가져오는 인간의 물질 생활의 향상을 다산은 총체적으로 '이용후생利用厚生'이라고 부르고 있다. 그리고 다산은 이용후생을 위한 기예의 발전을 조선이 당면한 긴급한 과제로 보고, 기예를 발전시킬 수 있는 방법을 강구할 것을 역설하고 있다.

그에 의하면, 당시의 기예 수준은 중국이 가장 앞섰다고 한다. 기예는 시대가 내려갈수록 발전하는 것이므로 가장 뒤에 나온 기예를 배우는 것이 중요하다. 그럼에도 불구하고, 우리나라는 수백 년 전에 중국의 기예를 배워온 것으로 그치고 말아, 최근에 중국의 신식 묘제妙制가 일취월장하는 것을 배워오지 못하고 있는 까닭에 매우 낙후되어 있다고 보았다.

다산이 본 바로는 당시의 기예 수준은 중국이 가장 앞서고, 유구琉球와 일본도 중국의 기예를 재빨리 이식하여 중국과 거의 대등한 수준에 있으며, 민생이 풍족하고 국방이 강하여 이웃 나라가 감히 침략하지 못할 정도로 되었다 한다.[8]

다산의 기예관은 그의 역사관의 기초를 이루는 것으로서, 기예의 진보에 대한 믿음은 역사가 발전해 간다는 신념으로 이어진다고 볼 수 있다. 기예가 발달할수록 그것과 직접

---

6 韓永愚, 前揭論文 참고.
7 앞의 技藝論二, "農之技精 則其占地少而得穀多 其用力輕而穀美實 …… 織之技精 則其費物少而得絲多 …… 兵之技精 …… 醫之技精 …… 百工之技精 則凡所以製造宮室器用 以至城郭舟船車輿之制而皆有以堅固便利矣 苟盡得其法而力行之則國可富也 兵可强也 民可裕也而壽也 ……".
8 同上 技藝論一 및 技藝論三.

관련을 맺고 있는 이용후생과 부국강병의 수준도 높아질 수 있는 것이므로, 이 부분에 관한 한 역사는 무궁하게 발전해 간다고 믿어질 수밖에 없으며, 또 기예의 수준이 어떠한가는 곧 역사 발전 수준을 가늠하는 중요한 척도가 되지 않을 수 없다.

그러나 다산은 기예의 중요성을 이처럼 인정하면서도, 또 한편으로는 그에 못지않게 도덕적 가치를 중요시했다. 다산의 도덕관은 일반 유자의 그것과는 물론 다르다. 그의 도덕관은 이론적으로는 수기와 치인을 똑같이 중요시하고 있지만, 현실적으로는 수기보다도 치인治人의 측면에 더 많은 관심을 기울이고 있다. 그래서 그는 통치자의 치민윤리와 통치의 실질적 수단인 제도에 대하여 큰 의미를 부여하고 있는 것이다. 제도개혁을 논한 『경세유표經世遺表』·『흠흠신서欽欽新書』와 치민윤리를 제시한 『목민심서牧民心書』가 그의 대표적 저술이라는 것만 보아도, 그의 관심이 주로 제도개혁과 치민윤리의 재확립에 두어지고 있음을 쉽게 이해할 수 있다.

그런데 도덕에 관한 한, 다산은 시대가 내려갈수록 도덕이 발전한다는 생각을 갖지는 않았다. 그에 의하면, 역사적으로 볼 때, 문물제도가 가장 좋게 되어 있었던 때는 중국의 삼대였고, 삼대 중에서도 특히 『주례周禮』에 제시된 주周나라의 문물제도를 가장 진선·진미한 이상적인 것으로 생각했다.

그는 유학자들이 『논어論語』를 주석하면서 주장하던 이른바 '문질삼통론文質三統論'을 반박했다. '문질삼통론'에 의하면, 왕조가 바뀔 때마다 문아한 것, 문식적인 것과 질박質朴하고 실질적인 것, 이 두 측면이 반복·순환한다는 것이다. 이에 대하여 다산은 '문질삼통론'은, 후세 유학자의 조작이요 공자의 본뜻이 아니라고 했다. 주周나라의 문물제도는 진선진미眞善眞美하게 완성되었으나, 후세에 와서 파괴되었으므로 주나라 제도로의 복귀가 필요하다는 것이 다산의 주장이다.[9] 말하자면 그는 일반 유학자들보다도 더 철저하게 문물의 순환론을 배격하고 후퇴론을 내세우고 있는 것이다.

삼대를 가장 이상으로 생각하는 상고적 역사관은 '원목原牧'이나 '탕론湯論'과 같은 논설에서도 보이고 있다. 여기에서 그는 고대에는 정치가 '하이상下而上'의 형식을 띠어 민의가 상달되고, 민의에 의해서 통치자가 교체될 수 있었으나, 뒤에는 정치운영이 '상이상上而下'의 형식을 가져 전제정치로 흘러갔다고 보았다. 다만, 고대의 군주는 민주적 존재이면서

---

9   『與猶堂全書』第2集 第7卷, 論語古今註.

도 주재천主宰天과 같은 절대적 권위를 가졌다고 해석함으로써 왕권강화를 통한 민권신장民權伸張을 추구했다.[10]

이러한 그의 도덕적(광의廣意의) 상고주의尙古主義는 강렬한 현실개혁 의지의 표출이라는 점에서 그 기능에 있어서는 매우 혁신적이고 전진적인 의미를 갖는 것이지만, 역사 발전의 객관적 사실과는 부합되지 않는다. 더욱이 도덕적 상고사상과 기예의 진보에 대한 믿음 사이에는 통일적 역사관이 형성되어 있지 못하다. 말하자면 다산은 기예의 진보가 가져오는 이용후생이 정치제도나 사회제도에 어떤 변화를 가져다주는가의 문제까지는 통일적으로 설명하지 못하고 있는 것이다. 이는 그의 역사관의 약점이요 한계라 할 것이다.

그런데 다산의 역사관의 이중적 성격은 중국사 이해에서 보이는 것만큼 한국사 연구에서 나타나지는 않는다. 도리어 지나치리만큼 자연환경이 인간 생활에 미치는 영향을 중요시하고, 환경의 차이가 가져온 사회발전의 선후 관계를 이해하려고 노력하고 있다. 예컨대 우리나라 고대국가의 흥망성쇠에 관한 해석에서, 그는 도덕주의적 해석방법을 피하고 철저히 물질적 제도적 접근을 시도하고 있다. 마한과 백제사를 적극적으로 재평가한 것은 그 좋은 예가 된다. 『강역고疆域考』에서 다산은 한강 이남에서 형성된 마한의 자연조건을 다음과 같이 설명하고 있다.

> 우리나라는 西北이 荒寒하고, 東道가 險窄하며, 嶺南은 僻遠하고 京畿北邑 또한 土地가 척박하고 百姓이 가난하다. 오직 洌水 남쪽은 馬韓의 故地로서 風氣가 溫和하고 土地가 비옥하니, 이곳은 東國의 中國이다. 그래서 馬韓이 당시에 主人이 되었고 三國의 霸者가 되었다.[11]

즉 우리나라는 서북은 황폐하고 춥고, 관동은 험하고 좁으며, 영남은 궁벽窮僻하고 멀며, 경기 북쪽은 토지가 척박하고 백성이 가난하다. 그런데 열수洌水(한강) 이남만은 마한의 옛 땅으로서 기후가 따뜻하고 토양이 비옥하여 동국 중의 중국이다. 그래서 마한은 삼한의 패주覇主가 될 수 있었다는 것이다.

---

10 丁若鏞의 君主像에 대해서는 金文植, 「尙書硏究書를 중심으로 본 丁若鏞과 洪奭周의 政治思想比較」, 『韓國史論』 20, 1988 참고.

11 『全書』 第6集 第1卷, 疆域考 三韓總考, "我邦之地 西北荒寒 東道險窄 嶺南僻遠 京畿北邑 亦土瘠民貧 唯洌水以南 馬韓故地 風氣溫和 土壤肥沃 此東國之中國也 故馬韓當時得主 霸於三國也".

한편, 마한과 같은 지방에서 성립된 백제는 삼국 가운데서 '최강최문最強最文' 즉 가장 국력이 강하고 문화가 가장 앞섰다고 한다.[12] 백제가 가장 강성하고 문화가 앞섰다고 본 것은 문헌에 의거해서 주장하고 있는 것으로서 자연환경과 직접 연결시키고 있지는 않지만, 백제가 지닌 자연조건의 이점을 충분히 의식하고 한 말인 것으로 추측된다.

삼한 가운데서 마한 다음의 강국은 변진弁辰 즉 가라駕羅라고 보아, 진한=신라는 처음에 가라의 속국이라고 한다. 이러한 해석도 또한 일차적으로는 문헌에 의거한 것이지만, 다산은 문헌의 타당성을 가라와 신라의 자연조건의 차이에서 재확인하고 있는 것이다. 즉 가라는 "해구海口에 직거直居하여 주즙舟楫의 일을 잘 알고 있었으나, 신라는 육지에 심거深居하여 피폐皮幣를 바칠 뿐이었으니, 그 형세가 부득불 가라를 주인으로 할 수밖에 없었다"[13]는 것이다. 다시 말하자면 가라는 해안국가로서 선박 이용기술을 알았다는 것이 신라보다 가라가 앞서게 된 원인으로 보는 것이다.

이와 같이 자연환경에 의거해서 역사 발전을 이해하려는 태도는 백제와 고구려의 멸망에 대한 설명에서도 보이고 있다.

백제는 풍속이 교사驕詐하고 이웃 나라와 화목하지 못해서 멸망했다고 보는 것이 김부식金富軾의 『삼국사기』 이래로 거의 통설처럼 믿어져 왔다. 그러나 다산은 이러한 도덕적 해석방법을 따르지 않고, 수도를 남쪽으로 옮긴 천도의 실책失策에서 멸망의 원인을 찾았다. 그는 '백제론百濟論'에서,

> 백제는 삼국 중 가장 강했으나 가장 먼저 망했다. …… 어떤 이는 말하기를, 백제의 풍속이 驕詐하고 이웃 나라와 和睦하지 못해서 쉽게 망했다고 한다. 그러나 이것은 백제의 단점이 될 뿐이며 나라가 망한 원인이 되는 것은 아니다.[14]

라 하여 백제가 삼국 중 가장 강성하였으면서도 가장 먼저 망한 원인으로서 풍속이 교사한 것과 이웃 나라와의 불목不睦을 들지만, 이러한 조건들은 백제의 단점은 될지라도 멸망

---

12 同上 弁辰別考.
13 同上.
14 『全書』第1集 第12卷, 詩文集 論, "百濟於三國最強而其亡最先 …… 或曰 其俗驕詐 不睦鄰國 故易亡 此皆百濟之所短而其所由亡則非也".

의 원인이 될 수는 없다고 단정하고, 이어서 백제가 천부금탕天府金湯의 요새지인 위례성慰禮城 즉 한성漢城을 버리고, 큰 평야 지대인 부여로 천도한 것이 멸망의 근본 원인이 되는 것이라고 해석하였다.

고구려 멸망의 원인에 대해서도 그는 색다르게 해석하였다. 지금까지는 고구려인의 호전성 때문에 멸망한 것으로 이해되어 왔으나, 다산은 평양천도에서 그 원인을 찾았다.[15] 마치 백제가 남천해서 망한 것과 같은 이유이다.

이상 다산의 역사해석에 대한 몇 가지 사례를 소개하였거니와, 이러한 해석 방식은 그 진실성 여부를 따지기에 앞서 그 발상이 매우 새롭다는 것을 알 수 있다. 다산의 역사 연구가 주로 지리고증에 치중한 것도, 지리가 곧 지리地利, 즉 이용후생과 부국강병의 기초라는 점을 의식한 것과 관련이 있다고 하겠다.

3. 『강역고』의 한국사 서술

다산의 우리나라 역사지리에 대한 관심은 청년재관시절에 이미 상당한 학문적 수준에까지 이르고 있었다.

28세 되던 1789년(정조 13)에 실시된 내각친시內閣親試의 지리책에 대한 시험에서 그는 수위로 합격하였다. 이때 시제試題의 요지는, 고조선·부여·예맥·삼한·사군·삼국·신라·발해·고려·조선의 역사지리에 관한 중요 사실들이 어떠한 연혁을 밟아왔으며, 또 어떠한 역사적 평가를 부여할 수 있느냐 하는 것이었다. 그리고 그 시제 가운데에는 "발해의 옛 땅이 반半은 거란契丹에 들어갔으니, 고려 왕조의 통일은 여한餘恨이 없느냐"[16]는 물음도 들어있었다. 말하자면 이 시제의 취지는 만주와 발해사에 관한 관심을 환기시키면서 지리地理가 곧 지리地利로 연결된다는 것을 깨우쳐 주기 위한 것이라고 풀이된다.

이 시제에 대한 해답을 통해서, 다산은 『삼국사기』 지리지, 『고려사』 지리지, 『동국여지승람』 그리고 『동국문헌비고』 등 역대의 지리서에 탈락 착오가 많음을 지적하고, 한백

---

15 同上 高句麗論.
16 同上 第1集 第8卷, 詩文集 對策 地理策.

겸을 비롯한 선배 실학자들의 연구성과를 널리 원용하면서 자신의 입장을 당당하게 피력하였다.[17] 그의 역사지리연구의 토대는 이때 이미 마련되고 있었다.

그로부터 11년 뒤인 1800년(정조 24)에 그는 『문헌비고文獻備考』의 오류를 조목 별로 지적한 『문헌비고간오文獻備考刊誤』를 저술하였는데, 이 책에서도 『문헌비고』 가운데 『여지고輿地考』에 관한 비판이 가장 큰 비중을 차지하고 있다. 그는 이미 내각친시內閣親試의 지리책에서도 『문헌비고』의 지리 서술에 대한 불만을 어렴풋이 토로했는데, 이제 그것을 좀 더 구체화하여 위 책을 펴낸 것이다.

그의 역사지리에 대한 관심은 유배流配시절에 더욱 깊어져서 1811년(순조 11)에 『강역고』를 완성하고, 해배解配 뒤에 발해 관계를 보완하여 속고續考를 첨부하였다(1833). 이밖에 왜란과 호란의 전란기사戰亂記事를 수집한 『비어고備禦考』가 말년에 편찬되었고, 그의 제자 이청李晴에 의해서 편찬된 것이긴 하지만, 우리나라 하천사河川史에 해당하는 『대동수경大東水經』(1814)에도 다산의 역사지리에 관한 의견이 많이 반영되어 있다.[18]

다산은 통사通史를 쓴 일이 없다. 그래서 그는 한치윤韓致奫이나 안정복 등과 비교하여 역사에 대한 관심이 부족한 듯이 느껴질는지 모르나, 사실은 그렇지가 않다. 그의 500여 권에 달하는 저서가 사실은 전문적이고 개별적인 문제들을 역사적으로 다룬 것이다. 예를 들면, '정전론井田論'·'정전의井田議'·'방전론邦田論'·'방전의邦田議' 같은 논문은 토지제도사에 해당하는 것이다. 그의 방대한 정치·경제에 관한 저술들은 모두가 역사적인 안목에서 다룬 것이기 때문에, 그의 역사연구의 전모를 이해하려면 이 모든 저술들을 검토 대상으로 삼아야 할 것이다.

그러나 이 글에서는 그의 역사지리에 관한 연구만을 검토대상으로 삼고자 한다. 그럴 경우에, 4권의 『강역고』는 분량도 방대할 뿐 아니라, 저자의 만년의 저술로서 독창적인 견해가 가장 풍부하게 나타나고 있다는 점에서 그의 대표적 역사지리연구서로 보아 의심할 여지가 없다. 또 이 책은 후세에 미친 영향이 크다는 점에서도 주목할 가치가 크다.[19]

---

17 同上.
18 『大東水經』에는 '先生云'이라고 한 부분과 '晴案'이라고 한 두 부분이 있는데, 전자는 분량상 후자에 비하여 매우 적다. 이 책에서는 『疆域考』에 인용되지 않은 『震史』·『海東古記』 그리고 『日本書紀』·『異稱日本傳』·『和漢三才圖會』와 같은 일본 측 자료도 다수 인용되고 있음을 본다. 그 결과 神功皇后의 新羅征伐을 인정하는 대목도 보이고, 檀君朝鮮의 실재를 인정하고 있어 『疆域考』와 내용이 다른 면이 적지 않다. 따라서 『疆域考』와 『大東水經』의 전반적인 비교 연구가 앞으로 요망된다.

1)『강역고』의 구성

『강역고疆域考』에서 다루어지고 있는 내용은 크게 세 가지로 분류할 수 있다.

첫째는 고조선에서 발해에 이르기까지의 고대국가의 강역과 그 역사를 고증한 것이다. 여기에서는 먼저 조선고朝鮮考라는 이름 아래 기자조선의 강역과 그 역사를 고증하고, 이어서 (漢)사군四郡에 총론과 각론을 차례로 서술하여 사군의 위치와 그 역사를 고증하고 있다. 세 번째로는 삼한을 총론과 각론으로 구별하여 마한馬韓·진한辰韓·변진弁辰(가라)의 위치와 역사를 다루고 있다. 그 다음에는 옥저沃沮·예맥濊貊·말갈靺鞨·발해渤海의 순으로 북방 여러 나라의 위치와 역사를 검토하였다. 이 중에서 다산이 가장 주력하고 있는 것은, 조선과 삼한, 사군 그리고 발해에 관한 항목이다.

『강역고』에서 다루어지고 있는 두 번째의 큰 내용은 고구려와 백제의 수도 위치이며, 이에 부수하여 패수와 백산의 위치를 개별항목으로 설정하고 상세하게 고증하고 있다. 고구려의 초기 수도인 졸본·국내·환도, 그리고 백제의 초기 수도인 위례와 한성의 위치를 세밀히 고증하는 데 주력하고 있으며, 그 위치가 명백한 평양과 사비 등에 대해서는 언급하지 않았다.

세 번째로 이 책에서 다루어지고 있는 것은 조선시대 8도의 연혁 및 서북로의 연혁을 고증한 것이다. 말하자면 이 부분은 조선 당시의 행정구역을 토대로 하여 지방 단위의 역사적 변천 과정을 이해하고자 한 것이다.

본서의 체재를 살펴보면, 먼저 항목배열을 연대순으로 하였기 때문에 항목배열이 저절로 역사체계를 이루도록 되어있다. 따라서 이 책은 어느 정도 통사적인 성격도 띠고 있다고 할 수 있다.

다음에 각 항목에 대한 서술은, 먼저 편찬자의 결론을 앞에다 제시하고, 그 다음에 그 결론을 뒷받침하는 국내의 자료들을 넓게 망라하면서 그 자료에 대한 자신의 의견을 안설按說로서 비판·검증하는 형식을 취하고 있다. 따라서 이 책은 매우 격조 높은 실증적 논문의 형식을 취하고, 중국과 우리나라의 역대 자료가 종횡무진으로 이용되고 있음을 본다.

---

19 韓末·日帝 초기의 史學者인 張志淵의『大韓疆域考』는 그 직접적인 영향을 받은 것이다.

2) 『강역고』의 역사체계

『강역고』는 지리고증이 중심을 이루고 있으나, 상고 시대의 정치사를 많이 보충하여 역사체계를 재구성했다는 점에서도 획기적인 의미를 갖는다.

기왕의 사서史書에 대하여 다산이 가장 불만스럽게 생각한 것 중의 하나는, 삼한의 역사를 미궁에 묻어버린 것이었다. 그는 기록이 없다는 이유로 삼한 시대를 '묘망渺茫한 시대' 혹은 '수고遂古한 시대'로 던져버리는 선배 유학자들의 태도를 매우 못마땅하게 생각했다.

> 우리나라 儒學者들이 歷史를 쓸 때 三韓을 三國의 앞 시대로 인정하여 渺茫한 시대로 돌려보내는 것은 잘못이 아닐까. 東儒들은 新羅와 백제의 定名에만 집착하여 三韓을 遂古한 시대로 귀속시키는데, 이는 史家의 大夢이다. 저 荒服의 바깥에서 이미 망한 나라를 中國 史家들이 왜 列傳을 세워 썼는지를 한 번쯤 생각해 보아야 한다. [20]

즉 삼한 시대를 아득하게 먼 시대로 던져버리는 우리나라 사가史家의 태도를 비난하고, 중국인 사가들이 먼 황복 밖의 오랑캐 나라로서 이미 멸망해 버린 나라를 왜 열전列傳까지 세웠는지를 한 번쯤 생각해 볼 필요가 있다고 지적한다.

그리하여 그는 가능한 한 문헌 자료를 수집하고, 지리조건과 생산력을 따져보고, 또 언어적인 해석방법을 동원하여 삼한의 정치사를 복원하려고 무진히 노력하였다. 그가 복원한 삼한사의 요지는 다음과 같다.

① 삼한의 위치에 대한 고증은 한백겸의 설說이 가장 옳다. 삼한은 모두 한강 이남에만 있었다. 따라서 동유東儒들이 삼한을 삼국으로 분배한 것은 잘못이다. 그러나 한백겸은 삼한의 정치사를 밝혀내지는 못했다.

② 마한은 기자조선의 마지막 왕인 기준箕準이 남쪽으로 내려와 처음으로 세운 나라인 것처럼 믿어온 것은 잘못이다. 기준이 내려오기 이전부터 마한이라는 나라가 본래부터 있었으며, 기준이 내려와 마한왕이 된 것은 사실이나 그것은 기준 당대에 그쳤으며 기씨

---

20   『全書』第6集 第1卷, 疆域考 辰韓考, "東儒撰史 每以三韓認作三國之前代 歸之渺茫之世 不亦誤乎 …… 東儒但 執新羅・百濟之定名 遂以三韓屬之遂古 此史家之大夢也 夫夷裔荒服之外 前代已亡之國 中國撰史之人 何爲立傳 請一思之".

가 멸망하자 다시금 토추土酋가 왕이 되었으므로 마한은 기씨의 나라가 아니다.[21]

③ 마한은 삼한의 패주霸主로서 열수洌水(한강) 이남의 54현縣을 거느리는 대국大國이었다. 현縣은 국國과 같다. 마한총왕馬韓總王의 수도는 목지국目支國으로서 전라북도 익산군에 있었다. 진왕辰王이란 한국의 총왕總王을 가리킨다.

④ 기준이 위만에 쫓겨 남쪽으로 내려올 때, 그의 종족은 평양에 그대로 남아 위만 치하에 잠복했다가 낙랑군樂浪郡이 설치되면서 한씨를 모성冒姓하면서 마한부馬韓部를 세웠다. 마한을 고구려(평양)에 비정한 최치원설은 여기서 유래한 것이다. 마한이 삼한의 패주霸主가 된 것은, 한강 이남의 경기·충청·전라도 지방이 가장 풍기風氣가 온화하고 토양이 비옥하여 '동국東國 중의 중국中國'인 까닭이라고 한다.[22]

⑤ 고구려 제부諸部 가운데 마한일족馬韓一族이 있었는바, 고구려가 망하자 발해에 투탁했는데, 발해가 다시 쇠망하자 따로 나라를 세웠다. 이른바 정안국定安國이 그것이다.[23]

다음에 변진弁辰과 진한에 관한 다산의 연구는 다음과 같다.

① 변한이라는 명칭은 본래 없었는데, 우리나라 유자儒者들이 변진을 나누어 변한·진한이라 한 것은 잘못이다. 변진이 맞다. 변진을 가락駕洛이라고 본 한백겸설은 탁견이다. 우리나라 풍속에서 관책冠幘의 첨정尖頂을 '변弁'이라고도 하고, 또는 '가나駕那'라고도 하므로, 변弁은 곧 가락이 되기 때문이다. 변진이 북방에 있었다고 한 당서唐書의 기록은 잘못이며, 『여지승람輿地勝覽』·『주관육익周官六翼』, 그리고 권근權近과 최치원崔致遠의 설說은 모두 잘못이다.[24] 삼한의 송訟은 중국사책中國史冊으로 해결해야 하는데, 『북사北史』와 『통전通典』의 설이 옳다.

② 가락=가야는 처음에 6국이었으나 뒤에는 12국으로 성장했고, 16대 520년의 장구한 역사를 가졌다. 따라서 『삼국사기』에서 가야본기伽倻本紀를 넣지 않은 것은 실책이다.[25]

③ 금관국金官國(김해)은 변진 12국의 총왕總王으로서, 김수로왕金首露王은 마한인馬韓人(『漢史』·『魏志』에 의거)이었다. 그러므로 지금까지 변한은 그 시조를 모른다고 한 통설은

---

21 同上 馬韓考, "馬韓本自有國 箕準特來襲取 旋復滅絶 東儒每云 箕準南來 始開其國 不亦謬乎 …… 箕氏旣滅 土酋
復立爲王 馬韓非箕氏也".
22 同上 三韓總考.
23 同上 馬韓考.
24 同上 弁辰考.
25 同上 弁辰別考.

잘못이다. 또 가야 시조를 난생설화卵生說話로써 설명한 위항委巷의 설說은 믿을 것이 못 된다. 다산은 가야 6국과 12국의 위치를 비정하는 데 큰 공功을 들였으며, 주즙舟楫을 사용한 변진=가야를 육지에 심거深居한 진한보다 선진국先進國으로 보아야 한다.

④ 진한은 진인동주자秦人東走者가 세운 나라로서 진한이라고도 한다. 진한 6부部는 모두 경주에 있다가 뒤에 강대해지면서 제현諸縣에 번처分處했는데, 처음에는 마한에 신속臣屬했다가 마한이 망하자 비로소 자립했다. 진辰이라는 글자는 신臣과 통하는 것으로, 중국에 군왕이 있으므로 삼한에서는 처음에 모두 신왕臣王이라고 통칭했는데, 마지막에는 영남에 있던 진인들만이 그 칭호를 이어갔다.[26]

다산은 삼한 중 기호畿湖지방에 세워진 마한을 최강국으로 본 것과 마찬가지로, 마한을 병합한 백제를 진한에서 성장한 신라보다 선진강국으로 본 것이 특이한 역사해석이다. 신라의 후진성은 다음 몇 가지 논거로써 설명되고 있다.

① 신라의 군장君長은 오랫동안 '왕'호를 갖지 못하고, 이사금尼師今·마립간麻立干이라고 칭했는데, 이는 '무문無文'(문자가 없음)의 증거이다.[27]

② 박혁거세는 경주에 있던 진한 6부의 총왕(군장)이지, 혁세개명革世改命하여 새 나라를 세운 창업주가 아니다.[28]

③ 혁거세의 뒤를 이은 진한군장辰韓君長 석탈해昔脫解는 마한인으로서, 진한은 오랫동안 마한에 신속했다가 마한이 망한 뒤에 비로소 자립했다.

④ 신라는 육지에 심거深居하여 가야처럼 선박 이용을 몰랐고, 마한·백제처럼 토양이 비옥하지도 못하여 농업생산력이 뒤졌다.

⑤ 박朴·석昔·김金 삼성三姓의 교체는 인후仁厚한 정치의 표상으로 이해되어 왔으나, 그것은 신라가 아직 왕위세습제를 모르던 '이적夷狄의 누陋'에 지나지 않는다. 삼성三姓 교대는 평화적인 선수禪受와 성격이 다른 것으로서, 재력과 권세에 의한 혁명에 지나지 않는다. 신라왕은 찬시자簒弑者가 반半을 넘고, 여후女后의 세勢를 업고 음도陰圖한 자가 셋이나 된다.[29]

다산에 의하면, 『북사』 신라전에 이르기를, 신라왕은 본래 백제인으로 바다로부터 신

---

26   同上 辰韓考.
27   同上 弁辰別考, "新羅君長 猶稱尼師今·麻立干 則其無文可知也 三韓之中 百濟最强最文".
28   同上 辰韓考.
29   『全書』第1集 第12卷 詩文集 論 新羅論.

라에 도망해 들어가서 드디어 그 나라의 왕이 되었으므로 처음에는 백제에 부용하였다고 했는데, 『북사』와 『수서』는 믿을 만한 기록이다.[30] 석탈해昔脫解와 수로왕首露王의 출생에 관한 독란설화瀆卵說話도 다산은 믿으려 하지 않는다. 그 설화는 신라와 백제가 뒤에 구극仇隙이 생기면서, 신라인이 백제로부터 수명受命했던 것을 부끄럽게 생각하여 조작해 낸 설화라고 한다. 이러한 위항委巷의 설설說設은 믿을 것이 못 되는데도 『삼국유사』와 『고려사』에 이를 병재한 것도 잘못이라고 다산은 힐난한다.[31] 결론적으로 그는 "三韓之中 新羅猶荒昧無文 其朝聘中國 或附庸於百濟 或附庸於駕那 中國之史 厥有明驗"[32]이라 하여 초기의 신라가 백제 혹은 가야에 복속했음이 중국사를 통해서 증거가 명확하다고 단언하고 있다.

요컨대 다산의 삼한관三韓觀은, 첫째로, 마한을 기자조선의 후속국가로 믿어 온 통설을 근본적으로 거부하고, 조선과 마한을 병렬 관계로 재구성하였다는 것과, 둘째로, 『삼국사기』이래 정설로서 굳어진 신라 중심의 삼국사체계를 백제 중심으로 바꾸어 놓았다는 점에서 획기적 의미를 가진다고 할 것이다.

한편, 사군 시대의 정치사를 복원함에 있어서도 다산은 탁월한 공헌을 하였다. 사군의 위치는 한백겸의 설을 따라, 한강 이북에 조선, 한강 이남에 한국(삼한)이 병존한 것으로 보아, 조선고지朝鮮故地에 설치된 사군은 당연히 한강 이북에만 있었던 것으로 확신한다.

사군은 이렇듯 한강 이북의 조선고지에 있는데, 조선의 중심은 대동강 유역의 평양이라고 본다. 단군이 평양에 도읍했다는 것은 신문信文, 즉 믿을만한 기록이 없다고 하여 단군조선의 실재에 회의를 보이고 있다.[33] 기록상 실재가 확실한 것은 기자조선이다. 기자조선의 강역은 평양을 중심으로 하여 평안도·황해도·함경도 영동지방의 한강 이북 지역인데, 뒤에 국세가 강성해졌을 때는 요하를 넘어서서 연燕과 접했다. 그러나 기자가 처음에 도읍한 곳이 요서의 광녕현廣寧縣이라고 한 『성경지盛京志』의 기록은 잘못이다. 기자조선의 말기의 강역은 압록강 이남으로 위축되었으며, 이 지역이 위만에게 점령된 다음에 한사군이 되었다.

---

30 同上 疆域考 弁辰別考, "北史新羅傳云 新羅王 本百濟人 自海逃入新羅 遂王其國 初附庸于百濟 …… 北史·隋書 皆信文也".
31 同上 弁辰別考.
32 同上.
33 同上 朝鮮考.

따라서 사군은 처음에 모두 압록강 이남과 한강 이북의 조선고지에 설치되었으나 시종 한漢의 직접 지배를 받은 것이 아니라, 토착세력인 토추土酋가 국군國君 혹은 군수가 되어 자치했다고 보고, 특히 낙랑왕樂浪王 최리崔理가 춘천에서 독립하여 맥국貊國이 되었다고 고증하였다. 500년간 지속된 낙랑은 한때 백제를 위협하고 신라를 침공할 정도로 강국이 었으나 고구려에 의해서 멸망되었으며, 고구려가 망한 뒤에는 발해가 일어나서 북방을 지배하였다.

지금까지 소개한 다산의 고대사체계의 특색은 한강(열수)을 경계로 하여 북쪽엔 조선 (기자조선)이, 남쪽엔 한국이 거의 병렬적으로 형성되었고, 조선은 사군 → 고구려 → 발 해로 이어지는 독자적 역사체계를 갖고, 한국은 마한이 백제로, 변진이 가야로, 진한이 신 라로 연결되는 또 다른 독자적 역사체계를 가졌다고 보는 것이다. 이러한 새로운 역사체 계는 기본적으로 17세기 초의 한백겸의 설을 계승·발전시킨 것으로서, 이는 종전에 삼 한을 조선의 후행국가後行國家로 보고, 특히 삼한의 패주霸主인 마한을 기자조선의 후계국 가로 간주해 온 것과 매우 다르다. 또한 삼한을 한강 이남에만 국한시킨 것은, 종전에 삼 한을 삼국에 비정하여 삼한을 삼국의 전신으로 간주한 것과 전혀 다르다. 고구려는 삼한 과 무관한 것으로 보기 때문이다.

결국 다산의 새로운 역사체계는 결과적으로 한강 이남의 남방사회가 북방의 영향을 받 아 뒤늦게 성장한 후진사회가 아니라, 북방사회와 거의 동시에 독자적인 선진사회로 성 장하였다는 것을 말하려고 하는 것이며, 남방의 한국사회에 있어서는 기호지방의 마한과 백제가 남방사회를 주도하는 지도적 위치에 있었다는 것을 입증하려고 하는 것이다.

3) 『강역고』의 종족관

다산은 한국사를 이끌어온 종족에 대해서도 새로운 해석을 가하고 있다. 우선 '한韓'족 에 대한 해석이 그 하나이다. 지금까지 삼한족三韓族은 대체로 중국계로 이해되어 왔다. 마한은 기자 후예로, 진한은 진인동주자秦人東走者로, 그리고 변한은 그 시조를 알 수 없는 종족으로 간주되어 왔다. 이러한 인식은 멀리 『삼국유사』에서부터 토대가 이루어져, 조 선왕조에 들어와서도 기본적으로 계승되었다.

다산은 "동유東儒들이 중국의 한인이 동쪽으로 이주해 온 것으로 보는 것은 큰 잘못"[34]이라고 보고, '韓'은 '크다'라는 뜻의 토착어로서, 열수洌水 이남의 사람들이 그 추호酋豪를 가리켜 '韓'이라고 부른 데서 한국이라는 명칭이 유래하였다고 한다. 따라서 한족은 한강 이남의 토착족이다.

다만, 진한만은 통념대로 진인동주자秦人東走者로 보고 있으나, 마한의 신속국臣屬國으로 삼한의 주도족속主導族屬은 아니다. 변진=가야는 '변弁' 혹은 '가라駕羅'가 관책冠幘의 첨정尖頂을 말하는 토착어로서 이들이 토착인임을 입증한다. 동시에 가야의 총왕인 김수로는 마한인이다.

남방의 패주霸主인 마한은 앞 절에서 설명한 바와 같이 본래 기자조선과 관계없이 성립되었던 국가이므로 기씨箕氏국가일 수 없으며, 북방의 조선족과도 다른 토착민이다. 그러나 다산은 "조선은 기자의 유민遺民이요, 남한은 중국의 유인流人"[35]이라고 하여 한족을 중국계로 해석하는 언급도 보인다. 아마 이것은 진인동주자로 이루어진 진한을 염두에 둔 말로 짐작된다.

다산은 한국사를 이끌어온 주종족을 북방의 조선족과 남방의 한족으로 보고 있으며, 이 두 종족에 대해서는 커다란 긍지를 갖고 있었다. 그러나 부여와 고구려를 형성한 예맥족濊貊族에 대해서는 매우 천賤한 종족으로 간주하였다.

> 濊貊은 …… 北狄의 種族으로서 우리나라 강역 안에는 이런 名稱이 본래 없었다. …… 濊貊이라는 것은 天下의 賤한 이름으로서 …… 본래 土着하지 못하고 水草와 짐승을 따라 항상 옮겨 다녔는데, 우리나라에 들어와서 몇 개 郡에 雜居하게 됨을 면치 못했다.[36]

즉 예맥은 북적의 일종으로서 우리나라 영토 안에는 본래 예맥이라는 종족이 없었다 한다. 예맥은 천하의 천명賤名으로서 수초水草를 따라 유목 생활을 하던 유목민이다. 그에 의하면, '맥貊'이라는 글자는 수피獸皮로 추위를 막은 데서 유래하였다 한다.

우리나라의 주종족인 조선(기자족)이나 한족韓族은 농경민으로서 맥貊으로 불린 일이

---

34 同上 三韓總考.
35 同上 濊貊考, "朝鮮 箕子之遺民也 南韓 中國之流人也".
36 同上 濊貊考, "濊貊 …… 北狄之種 我邦疆域之內 本無此名 …… 濊貊者 天下之賤名也 …… 本不土著 逐水草 隨鹿豕 轉徙無常 遂至我邦 不免有雜居數郡".

없음에도 불구하고, 중국 측 기록에 삼한을 맥貊이라고 한 것은 잘못이다. 다산은 한족에 대하여 특별한 자부심을 보이고 있다.

여진족女眞族의 발상지와 그 종족적 성격에 대해서도 다산은 새로운 견해를 제시하였다. 『금사金史』 이래로 여진은 만주(肅愼故地)의 흑수말갈黑水靺鞨의 유종遺種으로 이해되어 왔으나, 다산은 이를 반박하고, 여진은 본래 발해인들로서 함흥 이북의 옥저고지沃沮故地가 본거지이며 발해가 망한 뒤에 비로소 여진이라는 칭호를 썼다고 한다. 따라서 여진은 변외이주민이 아니며, 고려시대에는 고려에 "귀복歸服·조현朝見·공헌貢獻하는 자가 수미상속首尾相續하여 작호爵號를 받았으며"[37] 금제국金帝國을 세운 뒤에도 고려를 부모 나라로 섬겼다. 여진은 시랑豺狼보다도 학독한 요遼·원元과는 같지 않다.

다산의 이같은 우호적인 여진관女眞觀은 왜倭·호란胡亂 뒤에 고조되었던 배청의식에서 탈피하여 현실적으로 청淸의 기술문명을 높이 평가하는 대청관對淸觀, 즉 북학파적인 대청관의 변화와도 관련이 있는 것으로 보인다.

4) 『강역고』의 지리고증

고조선 이래 역대의 강역과 수도·하천 등의 위치를 새롭게 고증한 것은 『강역고』의 주요 내용이다. 수많은 고증사례 중에서 중요한 것만을 추려서 시대순으로 소개하기로 한다.

첫 번째로, 고조선의 수도 평양이 요동에 있었다는 『요사遼史』·『성경지盛京志』 등의 기록을 반박하고, 평양은 지금의 대동강 유역이며, '조선朝鮮'이라는 칭호도 평양에서 발생했다. 말하자면 조선의 발상지는 만주가 아니라 한반도이다.

'왕험王險'이라는 말은 '험한 곳'이라는 뜻을 가진 평양의 별칭인데, 이를 '왕검王儉'으로 바꿔 단군왕검이라 한 것은 잘못이다. 단군이 평양에 나라를 세웠다는 것은 증명할 만한 신문信文이 없다.[38] 따라서 다산은 단군조선의 실재를 믿지 않는다.

평양에 처음으로 건국한 조선은 기자조선이다. 그러나 그는 기자의 주봉설周封說이나 기자로부터 중화국가가 되었다는 문화적 측면에 관심이 있다기보다는[39] 기자조선의 강

---

37 同上 北路沿革續.
38 同上 朝鮮考.
39 다산은 『尙書大傳』의 '箕子走之朝鮮'설과 『漢書』 地理志의 '箕子去之朝鮮'설을 인용하여 기자가 周武王의 封

역을 정확하게 이해하려는 데 주목적을 두고 있다. 그리하여 그는 기자의 도읍이 요서의 광녕현에 있었다는 『성경지盛京志』의 기록을 반박하고 이곳은 후세에 척지拓地하여 강역이 된 곳이라고 주장했다. 기자 당시의 강역은 그리 넓지 않았으나 뒤에 강역을 넓혀서 서쪽으로는 요하遼河를 넘어서서 연燕과 접했을 것으로 본다.

또한 평양의 기자정전유지도 믿을 수 없다고 보고, 아마 당장唐將 이적李勣이 평양을 점령했을 때 시행한 둔전屯田의 유지일 것으로 추정한다.[40]

한편, 평양에 동명왕의 죽음에 관한 유적이 있다는 전설도 거짓이라고 본다. 동명왕은 이곳에 건국한 사실이 없기 때문이다.[41]

두 번째로는, 사군의 위치에 관해서는, 『통전』·『성경지』 등에서 한사군을 요동에 비정한 것을 잘못이라고 비판하고, 그것을 좇은 『문헌비고』도 잘못을 저질렀다고 한다.[42] 그에 의하면 낙랑樂浪은 요동의 해성현海城縣이 아니고, 경주도 아니며, 지금의 평안·황해도로서 군치郡治는 평양이다. 현도玄菟는 요동遼東의 요양이 아니라, 함경남도의 옥저고지이며, 뒤에 혼하渾河의 고구려치소高句麗治所로 북사北徙했다가 다시 요심遼瀋으로 재사再徙했다. 그리하여 현도는 동東·북北·서西 등 3현도가 있었다.[43]

임둔臨屯을 강릉으로 본 『고려사』와 홍만종의 설은 모두 잘못이며 임둔은 임진으로서 이곳이 동이東暆이다.[44] 진번眞番은 홍경興京 남쪽의 동가강佟家江의 좌우로서 강계외요江界外徼이다.[45] 낙랑의 속현屬縣인 대방帶方을 요동·남원·나주 등지에 비정하는 것은 모두 잘못이고, 임진강입해처인 풍덕豊德·개성開城지방이 대방이다.[46]

세 번째는, 삼한이 삼국에 비정되어 온 통설의 부정이다. 최치원은 마한=고구려, 변한卞韓(변진弁辰)=백제, 진한=신라설을, 권근은 마한=백제, 변한=고구려, 진한=신라설을 주장하여 위 양설이 오랫동안 믿어져 왔으나, 이는 모두 잘못된 것이고, 한백겸의 삼한설이 가장 옳다. 즉 마한은 경기·충청·전라도의 백제 지방이고, 변한(변진)은 낙동강 서쪽의

함을 받기 전에 자율적으로 조선에 도망왔다는 사실을 주목하고 있다.
40 이러한 견해는 『大東水經』에서도 똑같이 나타나고 있다.
41 『大東水經』에 그러한 주장이 보인다.
42 『全書』 第6集 第1卷, 疆域考 樂浪考의 別有考.
43 同上 玄菟考.
44 同上 臨屯考.
45 同上 眞番考.
46 同上 帶方考.

가야 지방이며, 진한은 낙동강 동쪽의 신라지방이다. 고구려는 변한이나 마한과 관계가 없다. 삼한은 열수(한강) 이남에만 있었기 때문이다.

네 번째는, 『요사遼史』・『명일통지明一統志』・『성경지盛京志』등에서 옥저沃沮를 요동遼東의 해성현海城縣에 비정한 것은 잘못이며, 지금의 함경도가 맞는다. 옥저에는 본래 3옥저가 있어 동옥저는 함흥지방, 남옥저는 철관이남鐵關以南, 북옥저는 육진지방이다. 동옥저는 신라에 병합되고, 북옥저는 고구려에 병합되었으나, 신라가 망하자, 남북옥저가 모두 발해의 영토가 되었으며, 발해가 망하자 여진이 점거했다가 고려에 병합되었다. 따라서 옥저는 고구려・발해・여진・고려에 의해서 지배되어 온 반도 내 지역이다.[47]

다섯 번째로, 예맥은 수피獸皮로 옷을 해 입고 유목 생활을 하던 북적北狄의 일종으로서 9종이 있는바, 우리나라 강역에는 본래 맥족貊族이 없었다. 따라서 삼한의 농경민을 『주례周禮』등에서 맥貊이라고 칭한 것은 잘못이다. 예맥은 구맥중九貊中의 일부로서 부여・고구려가 이에 속하며, 이들이 강릉으로 동사하여 이곳을 예맥이라 부르게 되었다.[48]

여섯 번째로, 발해의 강역에 대한 고증은 가장 독창적인 업적 중의 하나이다. 발해는 300년간 우리 땅에 존속했음에도 불구하고, 우리나라 여지서輿地書들이 발해에 관해 일언반구도 말하지 않고 함흥 이북의 동북지방이 여진에 의해서 점거된 사실만을 기록한 데 대한 불만이 발해사연구의 동기였다. 그에 의하면, 여진이 이 지방을 차지한 것은 고려초기 100여 년간에 지나지 않는 것이다. 그의 『발해고渤海考』의 일절을 옮겨 본다.

渤海・新羅 既以泥河爲界 則襄陽以北 皆渤海之所得也 我邦之襄陽以北 蓋自武后末年 入于渤海 …… 至宋太宗之時 渤海衰微 咸興以北 沒于女眞 其間三百餘年 皆渤海之地也 然而東國輿地之書 都無渤海之說 但云咸州 久爲女眞所據 不亦疎乎 女眞據此 不過百餘年 高麗睿宗 使尹瓘攻取之 乃築九城 旋復失之耳

다산이 이해하는 발해의 강역은 『요사』・『일통지』・『성경지』등에서 주장하는 내용과는 매우 달랐다. 위 기록들은 발해가 요동의 패주霸主였던 것처럼 쓰고 있으나, 다산은

47　同上 沃沮考.
48　同上 薉貊考.

발해의 행정구역인 이른바 5경京·15부府의 위치를 새롭게 고증하여, 발해가 백두산 동쪽에서 일어나서 요동을 제외한 고구려 옛 땅을 회복하였을 뿐만 아니라, 동방에서는 고구려 영토를 훨씬 넘어섰다는 것을 논증했다. 이 같은 새로운 고증은 대체로『당서唐書』를 따른 것인데, 이는 유득공柳得恭의『발해고渤海考』가『요사遼史』·『청일통지淸一統志』를 따르고 있는 것과 비교하여 매우 다른 접근방법이다.

그에 의하면, 발해의 강역고증은 맨 처음『요사』가 착오를 일으켰는데,『일통지』와『성경지』가『요사』를 따르면서 이를 한층 증익하여 큰 혼란을 빚게 되었다고 한다.[49] 다산은 나아가서 이와 같은 착오가 생긴 원인까지도 분석하여, 거란이 발해를 멸망시키고 나서 그 부락을 요동에 이사시킨 다음, 발해의 주현명州縣名을 요동에 모정冒定한 데서 연유했다고 진단했다.

다산은 유배에서 풀려난 뒤,『요사』·『송사』·『고려사』·『해동역사海東繹史』등에서 발해에 관한 자료를 더 발췌하여 속고續考를 썼는데(1833), 여기에서는 주로 발해의 정치·문화를 상술하고 있다. 그리고 속고의 말미에 홍석주洪奭周(1774~1842)의『발해세가渤海世家』를 자료로 첨부하는 성의까지 보이고 있다. 그의 발해사에 관한 관심이 얼마나 비상했던가를 여실히 보여 준다.

일곱 번째로, 졸본고卒本考·국내고國內考·환도고丸都考에서는 고구려의 건국과 천도 과정을 정밀하게 고증하였다. 먼저 주몽설화朱蒙說話에 나오는 비류수沸流水는『고려사』·『여지승람』등에서 평안도 성천成川 지방으로 비정하였으나, 다산은 만주 흥경興京 지방의 졸본卒本에 도읍한 주몽이 평안도 성천 지방까지 들어왔다는 것은 상식적으로 있을 수 없다고 보고, 비류수沸流水를 흥경興京 부근의 혼하渾河 지방에 비정하였다. 고구려라는 국호는 제2대 유리왕瑠璃王 때이며, 이때 낙랑樂浪의 속현屬縣인 고구려현高句麗縣을 빼앗고 비로소 국호를 고구려라 했다 한다. 졸본에 도읍했을 당시는 국호가 부여扶餘였다.

한편, 유리왕 22년에 다시 국내성으로 천도했는바, 국내성의 위치는『삼국사기』에서 불이고성不而故城으로,『동국사략』과『성호사설星湖僿說』에서 의주義州로,『열하일기熱河日記』에서 구련성九連城으로 각각 비정하였으나, 다산은 이를 모두 부인하고 초산楚山 북쪽

---

49 同上 渤海考, "其十五府 疆域所分 歷然不亂 皆有確證 乃自遼史地志 惑亂顚倒 忽以大荒諸府 悉移遼東 一統志·盛京志又從而增益之 於是渤海大氏 儼作遼東之覇主".

의 압록강 격강지隔江地로 보았다. 또한『삼국사기』에서 국내성에 도읍한 것을 425년간
이라고 한 것은 잘못이고, 207년간에 불과하다는 것을 논증했다.

다음에 환도성丸都城의 위치는 만포보滿浦堡 북쪽의 압록강 격수지隔水地로 보고,『삼국
사기』에서 안시安市를 환도로 본 것을 반박하였다. 그에 의하면, 안시성은 요동의 개평현
蓋平縣 동북 70리里에 있으며,『성경속지盛京續志』의 요양동북설遼陽東北說,『여지승람』의
용강오석산설龍岡烏石山說,『성호사설』의 봉황성설鳳凰城說,『삼국사기』의 환도설丸都說을
모두 잘못이라고 반박하였다.

여덟 번째로, 위례고慰禮考와 한성고漢城考에서는 백제의 건국 과정을 새롭게 고증하였
다. 온조溫祚가 처음 도읍한 위례慰禮는 지금 서울의 혜화문惠化門 밖 10리지점이며, 온조
13년에 이도移都한 하남위례성河南慰禮城은 광주고읍廣州古邑이라고 고증하여, 지금까지 직
산稷山을 위례로 본『삼국사기』·『고려사』·『여지승람』·『동국통감』등을 반박하였다.
종전설에 따른다면, 백제는 직산에 도읍했다가 거꾸로 한성漢城으로 북상北上하여 천도遷
都하고, 다시 웅진熊津으로 재천再遷한 것이 되어 매우 불합리한 것으로 본다. 또한『삼국
사기』·『고려사』·『여지승람』등에서 한성을 고구려 땅(북한산군北漢山郡)으로 보고 온
조왕溫祚王이 이를 빼앗아 축성築城했다고 한 것은 망설妄說이라고 한다. 왜냐하면 온조왕
때는 고구려의 유리왕瑠璃王 때로서, 이때는 고구려가 만주의 졸본을 떠나지 않았고 압록
강 이남은 일보도 밟지 않았기 때문에 한성을 영토로 할 수 없었다는 것이다.

또『삼국사기』에서 백제의 근초고왕近肖古王이 고구려의 남평양南平壤을 취取하여 한성
으로 이도移都하였다고 쓴 것도 잘못이라고 한다. 이때는 고구려 고국원왕故國原王 때로서,
평양에서 환도丸都로 이거移居하여 평양을 남경南京이라 불렀는데, 고구려가 한양을 남평
양이라 부른 일은 없다는 것이다. 그리하여 다산은 결론적으로 한양의 역사적 성격을 다
음과 같이 재인식하였다.

漢陽雖本四郡之地 其破天荒者 百濟也 至長壽王時 始爲句麗所焚 乃金富軾以來每以漢陽壓
作句麗之舊物 不亦膠乎 …… 漢陽之城 是百濟根本之地 腹心之藏 乃謂之本句麗之南平壤可乎[50]

___

50　同上 漢城考.

즉 한양을 처음으로 개척한 것은 고구려가 아니라 백제이며, 이곳은 백제의 근본의 땅
이요. 심장과 같은 곳인데도 마치 고구려가 개척한 땅인 것처럼 『삼국사기』 이래로 믿어
져 온 것은 크게 잘못되었다는 것이다.

또 한양 부근의 아차성阿且城은 온조 14년에 축조한 것인데도, 우리나라 여지서輿地書들
이 이를 신라고성新羅古城이라고 한 것도 잘못이라고 한다. 신라가 이곳을 취한 것은 진흥
왕 때부터이기 때문이다. 다산은 「백제론百濟論」에서도 한성에 대해 깊은 관심을 표했는
데, 백제가 한강유역에 도읍했을 때는 삼국 중 가장 강성했다 하여 이곳의 입지 조건이 매
우 좋다는 것과, 이곳에 도읍한 백제의 선진성을 강조하고 있다.

이 밖에도 다산은, 패수浿水에 4곳이 있으나 대동강이 패수라는 것,[51] 백산白山이 불함不
咸·개마蓋馬·도태백徒太白·장백長白·백두산白頭山과 같다는 것,[52] 윤관구성尹瓘九城 중
의 공험진公嶮鎭은 두만강북豆滿江北 700리가 아니라 함경도 길주 부근이라는 것 등을 고증
하기도 했다.[53]

이상과 같은 다산의 새로운 지리 고증은 엄밀한 문헌 고증에 바탕을 두고 있어서 설득
력을 가지는 부분이 많으나, 때로는 개연성에 입각하여 유추한 대목도 적지 않다. 결과적
으로 그가 지리 고증에서 가장 신임을 두고 있는 자료는 중국 문헌이며, 『요사』·『일통지』
·『성경지』 등의 후대자료는 불신하는 경향이 매우 높고, 또 위항委巷의 구전 자료에 대한
신뢰를 매우 경계하는 입장을 보이고 있는 것이 특징이다.

이러한 그의 지리 고증 태도는 17·18세기 선배 학자들의 역사지리 연구 성과를 계승
발전시킨 것으로, 결과적으로 고대사의 중심 무대를 요동遼東 지방에 두지 않고 반도에 두
고 있는 것이 두드러진 특징이라 하겠다.

4. 다산의 대외관

다산은 자기 시대의 이웃 나라에 대해서도 비상한 관심을 가지고 이해하려 하였다. 그

---

51 同上 浿水辨.
52 同上 白山譜.
53 同上 北路沿革續.

가 관심을 보인 이웃 나라는 일본과 대륙에 대해서였다. 이들은 역사적으로도 우리와 밀접한 관계를 가지고 살아온 민족들일 뿐 아니라, 18세기 말~19세기 초의 당시에 있어서도 우리와 가장 밀접한 관계를 가진 나라들이기도 한 까닭이었다.

특히 다산은 일본에 대해서 비상한 관심을 가지고 일찍이 2편의 『일본론日本論』을 썼다. 그 저술연대는 확실하지 않으나 30대의 재관在官 시절에 쓴 것으로 보이며,[54] 그렇다면 18세기 말의 정조 말년 때의 생각을 옮긴 것이다. 강진康津 유배 시절인 1812년에 그는 「민보의民堡議」를 썼는데, 여기서는 일본을 크게 경계하는 언설이 보인다. 다산은 유배에서 풀려난 후 고향에 돌아와 더 많은 자료를 모아 4편의 「일본고日本考」를 썼고 우리나라의 전란사 자료를 모은 『비어고備禦考』에서도 임진왜란과 대마도에 관한 사항이 들어 있다. 또 비록 단편적인 언급이기는 하지만, 「기예론技藝論」에서도 일본과 유구琉球의 기술문화에 대한 언급이 보이며, 그의 제자가 찬한 『대동수경大東水經』에서는 일본의 서적을 참고한 것이 나타난다.

이상 여러 자료에 나타난 다산의 대일관對日觀은 서로 다른 분위기를 풍기고 있는 것이 먼저 주목된다. 이는 그의 대일관이 시대의 흐름을 따라 변천해 갔다는 것을 암시하는 것이다.

그의 초기 저술로 보이는 「일본론」이나 「기예론」에 나타난 대일관은 비교적 일본을 긍정적으로 바라보면서 일본의 장래를 낙관하는 분위기를 풍기는 것이 특징을 이룬다.

먼저 「기예론」에서는 유구와 일본이 청淸의 문물을 받아들여 중국과 대등한 기능을 가지고 민유民裕 · 병강兵强하고 있다는 사실을 이렇게 쓰고 있다.

近世 琉球人들은 太學에 10년간 있으면서 그 문물과 기능을 배웠으며(芝峰集), 일본은 江浙지방을 왕래하면서 百工과 織巧를 배워오는 데 힘썼다. 그래서 琉球와 일본은 海中絕域에 있으면서도 그 技能이 中國과 맞먹으며, 백성이 풍족하고 兵이 강하여 이웃 나라가 감히 侵擾할 수 없게 되었다.[55]

---

54 茶山의 저작 중 纂文 · 疏 · 論 등의 형태를 취한 단편적인 논설들은 대부분 30代의 在官 시절에 쓴 것들이다. 闠田論은 그 전형적 예이다.

55 同上 技藝論三, "近世 琉球人處太學十年 專學其文物技能(芝峰集) 日本往來江浙 唯務移百工纖巧 故琉球日本 在海中絕域而其技能與中國抗 民裕而兵強 鄰國莫敢侵擾".

여기서 그가 이해하고 있는 일본과 유구琉球는 주로 『지봉집芝峰集』을 통해서 얻은 지식이기 때문에 시기적으로 본다면 17세기경의 일본을 이해한 것으로 풀이된다. 「기예론」을 쓸 당시만 해도 다산은 아직 일본에 대한 자료를 풍부하게 갖지는 못했던 것 같다.

다산의 일본에 관한 지식은 「일본론」에서 좀 더 깊이 있게 전개되고 있다. 「일본론 1」에서는 일본의 유학이 크게 발달하고 있는 사실을 주목하고 있으며, 「일본론 2」에서는 일본의 문물文物이 크게 성장한 것을 들어 침략 가능성이 희박하다는 사실을 조목조목 논증하고 있다. 먼저 「일본론 1」의 내용을 좀 더 음미해 보기로 한다.

다산에 의하면, 어느 나라든지 '문文'이 승勝하면 남의 나라를 침략할 가능성이 없다는 것이다. '문文'이 없으면 예의와 염치를 모르고 원대한 계획과 사려를 갖지 못하여 맹수처럼 가부를 따지지 않고 덤빈다. 역사적으로 예를 들더라도 고구려가 수隋·당唐의 대군大軍을 격퇴시킨 것이라든지, 고려가 여진을 신하로 복종시키고 유구를 제압한 것은 '문文'이 없었던 시대의 현상이다. 고려는 뒤에 문물이 점차 융성해지면서 예의를 숭상하게 되자, 외적이 쳐들어오면 허리를 굽히고 조공을 바쳤다.

마찬가지로 과거에 일본이 이웃 나라를 침략하여 보화寶貨와 식량·포백布帛을 약탈했으며, 우리나라도 신라 이래로 그 침략을 받아 수십 년도 편안한 시대가 없었고, 중국도 명말明末까지 근심이 그치지 않았었는데, 이는 일본의 풍속이 불교를 좋아하고 무력을 숭상하는 등 문文이 없었던 데 이유가 있었다.

그런데 임진왜란 이후로는 200년간이나 일본은 중국과 평화적으로 교역하고 있으며 우리나라와도 싸운 일이 없으니 이는 필시 예의 문물이 있는 증거이다. 그리하여 다산은 일본이 문물을 가진 증거를 구체적으로 일본 고학古學의 발달에서 찾으려 하였다.

내가 이른바 古學先生 伊藤氏의 글과 荻先生·太宰純 등이 論한 經義를 읽어 보았더니, 모두 文이 찬연하다. 이로써 본다면 일본은 이제 걱정할 것이 없다. 비록 그들의 議論이 간혹 迂曲한 점이 있지만 그 文의 勝함이 이미 대단하다. …… 文이 勝하면 武事를 다투지 않고, 妄動하여 利를 탐내지 않는다. 저 몇 사람들은 그 經을 말하고 禮를 말하는 것이 이와 같으니, 그 나라는 반드시 禮義를 숭상하고 久遠을 염려하는 자가 있을 것이다. 그러므로 일본은 이제 근심할 필요가 없다.[56]

다산은 17세기 말~18세기 초의 일본의 고학자인 이토 진사이伊藤仁齋(1627~1705), 오규 소라이荻生徂來(1666~1728), 그리고 다자이 준太宰純(太宰春台, 1680~1747)의 저술을 직접 읽어 보고, 그들의 유학儒學 수준에 대한 신뢰를 보이면서 이를 통해서 일본의 문물이 발달하고, 따라서 침략 가능성이 없다는 낙관론을 펴고 있는 것이다. 17세기 말에서 18세기 전반기에 걸쳐 나타난 일본의 고학古學은 우리나라의 실학과 거의 비슷한 성격을 가진 새로운 유학사상으로서 실학의 대가인 다산이 이에 대하여 신뢰를 보인 것은 자연스러운 일이라 하겠다. 그러나 18세기 말에서 19세기 초에 이르면, 주자학朱子學이 다시 부흥하고, 이에 대한 반발에서 국수적이고, 대외팽창적인 국학國學운동과 소위 해방론海防論이 나타나고, 이어서 노골적인 정한론征韓論이 일어나기에 이르렀는데, 다산의「일본론」은 아직 이러한 새로운 학풍과 사조가 나타나기 이전의 경험을 바탕으로 하여 일본을 이해하고 있는 것으로 보인다.

「일본론 2」에서는「일본론 1」의 입장을 더욱 부연하여, 일본의 침략 위험이 없으리라는 전망을 뒷받침하는 다섯 가지 이유를 제시하고 있다.[57] 그 요지는 다음과 같다.

첫째, 평수길平秀吉(풍신수길豊臣秀吉)의 조선 침략으로 일본이 망했다는 것을 알아 일본인들이 그를 원망하고 있으므로 다시는 전철을 밟지 않을 것이다.

둘째, 지금 영남嶺南의 세사미歲賜米가 수만 곡斛이나 되는 까닭에 겁략刼掠하는 것보다 이利가 크다.

셋째, 조선은 청淸의 좌비左臂로 있으므로 일본의 조선 점령을 청淸이 용납하지 않을 것

---

56 『全書』第1集 第12卷, 論 日本論 一, "日本今無憂也 余讀其所謂古學先生伊藤氏 所爲文 及 荻先生 · 太宰純等所論 經義皆燦然以文 由是知日本今無憂也 雖其議論 間有迂曲 其文勝則已甚矣 夫夷狄之所以難禦者 以無文也 無文則無禮義廉恥以愧其奮發驚悍之心者也 無長慮遠計以格其貪婪攫取之慾者也 如虎豹豺狼 怒則囓之 饒則咶之 復安有商度可否於其間哉 … 文勝者 武事不競 不妄動以規利 彼數子者 其談經說禮如此 其國必有崇禮義而慮久遠者 故曰日本今無憂也".

57 同上 日本論 二, "平秀吉 動百萬之衆 竭十州之力 再擧大事 一鏃不還 國隨以亡 百姓至今怨之 其不宜蹈轍審矣 此日本之無可憂一也 嶺南歲輸米數萬斛 以活一州之命 今雖大行刼掠 必不能當此米之利而盟約必敗 其不欲生釁審矣 此日本之無可憂二也 淸人以我邦爲左臂而我之北界 又與其根本之地逼近而相附 淸人決不使懷悍習兵之虜據 其左臂 日本之知得之而不能有之也審矣 此日本之無可憂三也 日本舊未統合諸洲 亡賴之徒 各以其意治兵行刼 … 今一島一嶼 莫不統轄於國君 其不敢擅起戎禍審矣 此日本之無可憂四也 日本未通中國 凡中國之錦綉寶物 皆從我得之 又其所孤陋我人之詩文書畫 得之爲奇珍絶寶 今其舟航 直通江浙 不唯得中國之物而已 並得其所以製造諸物之法 歸而自造而裕其用 又安肯刼掠鄰境取竊盜之名 而僅得其粗劣苦惡之物哉 此日本之無可憂五也 若夫覘國力之虛實 察武備之疎密 量度於勝敗之數而爲之權而已 則彼已百來 我已百敗 無噍類矣 豈至今安然無事哉".

이며, 이를 일본도 또한 잘 알고 있을 것이다.

넷째, 일본은 현재 국군 밑에 통일되어 있으므로 여러 고을이 함부로 융화戎禍를 일으키기 어렵다.

다섯째, 일본은 지금 중국과 직접 교류하여 선진先進 문물을 배워가고 있으므로, 우리나라를 침범하여 조열고악粗劣苦惡한 우리나라 문물을 얻어갈 필요가 없게 되었다.

이상과 같은 다섯 가지 이유를 들어 다산은 일본의 침략이 없을 것을 전망하면서도, 만약의 경우 일본이 우리나라의 국력의 허실과 무비武備의 소밀疎密을 엿보고 승패를 계산하여 쳐들어 온다면 백번 들어와도 우리가 백번 패敗할 것이니 안연무사安然無事해서는 안 된다는 점을 「일본론 2」의 말미에서 경고하고 있다. 다산의 대일낙관론對日樂觀論은 일본이 쳐들어왔을 때 우리가 막아낼 수 있을 만한 능력을 가졌다는 그릇된 판단에 기초한 것이 아니라, 일본이 과거의 침략 전통을 청산하기를 기대하는 의미의 낙관론樂觀論이라는 데 특색이 있다고 하겠다. 또한 그의 이같은 낙관론은 과거 어느 때보다도 두 나라의 관계가 안정되었던 18세기 말의 시대 상황을 반영하는 것으로도 풀이된다.

그러나 다산의 낙관적 대일관對日觀은 1812년의 「민보의民堡議」에서는 다른 모습으로 나타나고 있음을 본다. 「민보의」는 일본의 침략에 대비한 민방위체제 구축을 목적으로 저술된 것이다. 당시 일본에 왕래하고 있던 남방의 도민島民 사이에는 살마족薩摩族과 대마도족對馬島族의 상호불화 때문에 6~7년 내에 왜침倭侵이 있으리라는 풍문이 나돌아 피난 심리가 고조되고 있었는데, 더욱이 1811년에 홍경래난洪景來亂이 일어나자 전라도 연해민들에게까지 영향이 파급되어 도호공촌逃戶空村의 사태가 빚어지고 있었다. 다산은 당시 남해연안의 강진康津에 유배 중이었던 까닭에 이같은 남방주민의 동요를 민감하게 포착할 수 있었고, 그러한 위기의식에서 「민보의」를 저술하게 된 것임을 그 서문에서 스스로 밝히고 있다.[58]

다산이 특히 일본에 대하여 우려를 갖고 있는 것은 살마족에 대해서였다. 그들은 경생호살輕生好殺하는 요힐猺犵과 같은 종족이며, 왜란倭亂 당시의 조총鳥銃보다도 성능이 훨씬 뛰

---

58 『全書補遺』(茶山學會 編) 卷3 民堡議, "…… 民之訛言 雖不足信 六七年來 薩摩 · 對馬不睦之說 萬口喧傳 百舌紛騰 然且海島漁採之氓 乘風往來恰有信息 其說未必無苗脈 審如是也 …… 大抵倭人 未必皆殘毒 惟薩摩州 本是別種 性力特殊 輕生好殺 有如猺犵 …… 火箭 · 火礮 淫技奇巧 日新月盛 壬辰鳥銃 於今已爲古調 閃一星之火而灰萬家之城者 不可勝數 若使此種有或自貳於日本者 則其禍必先及於我地 此其最可憂者也 ……".

어난 가공할 화기火器를 가지고 있다고 한다. 따라서 이러한 상황 아래서 만약 일본의 기강이 해이해져서 변방 세력이 반란을 일으키게 된다면 그 병화兵禍의 대상은 반드시 우리나라가 될 것이라고 예측하고 있다.[59] 그리하여 다산은 왜적倭敵이 침략해 올 가능성이 높은 취약지역으로서 동래東萊 · 통영統營 · 고금도古今島 등을 예시例示하고 있기까지 하다.

「민보의」에 나타난 다산의 대일관은 비록 일본 전체를 경계 대상으로 한 것도 아니고 또 일본 막부幕府 지도층의 동향을 정확하게 파악하고 있는 단계에까지 나간 것은 아니지만 앞서 「일본론」에서 보였던 낙관론이 후퇴하고 위기론으로 전환했다는 것은 큰 변화라고 하지 않을 수 없다.

다산의 말기 저술로 보이는 『일본고日本考』와 『비어고備禦考』에서의 대일관은 일본의 전 역사와 문화를 체계적으로 이해하는 단계로 나갔음을 보여 준다. 4권의 『일본고』는 중국의 역대사서와 『문헌통고』, 그리고 모원의茅元儀(명대인明代人)의 『무비지武備志』 및 우리나라의 『삼국사기』 · 『고려사』 · 『여지승람』 등에 기록된 일본 관계 자료를 집성集成한 것이다. 그리고 조선 시대 국방자료 총서의 성격을 띠고 편찬된 것이 5권의 『비어고』인데, 이 책의 제1권은 임진왜란 관계 자료를 모은 것이다. 그리고 『비어고』의 제4권에서는 대마도에 관한 자료가 수록되어 있는바, 대마도가 본래 우리 땅으로서 언어와 의복이 우리와 같다는 내용이 담겨 있다.[60] 『비어고』는 미완성으로 끝날 만큼 다산의 말년의 국방의식이 얼마나 적극적이었던가를 말해 준다.

한편, 다산의 제자 이정李晴이 찬찬한 『대동수경大東水經』에서는 『일본서기日本書紀』, 『이칭일본전異稱日本傳』(松下見林, 1637~1703), 『화한삼재도회和漢三才圖會』(寺島良安, 1713) 등 일본 측 자료가 많이 이용되고 있다. 이러한 자료는 한치윤韓致奫의 『해동역사海東繹史』에서도 인용되고 있는 것으로 보아 1810년대 이후 남인학자南人學者 사이에 널리 알려져 있었던 것 같다.

『대동수경』에서는 위 일본자료를 무비판적으로 인용하여 신공황후神功皇后의 신라정벌을 인정하는 망발妄發도 보이고 있는데,[61] 이것은 다산 자신이 찬한 것이 아니기 때문에

---

59 同上 참조. 鄭景鉉, 「19세기의 새로운 國土防衛論 - 茶山의 『民堡議』를 중심으로」, 『韓國史論』 4, 1978 참고.
60 『全書補遺』(茶山學會 編) 卷3, 備禦考 4, 對馬島事案, "對馬島 …… 今雖爲日本地 本係我國地方 故島中男子言語 婦女衣服 多類朝鮮 其稱倭 必曰日本 日本人待之 亦異內地民 皆未嘗專以倭人自處也 瓠公以本島人 仕于新羅 可見其爲我地 ……."
61 『大東水經』淥水(一) 참조.

그의 책임이라고 할 수 없으나, 그만큼 다산 및 그의 문인들이 일본 측 자료에 친숙해 있다는 것을 보여 준다.

지금까지 살펴 온 다산의 대일관을 요약한다면, 만년에 이를수록 일본에 대한 문화적 이해가 깊어지면서 동시에 일본의 침략가능성에 대한 위기감이 고조되는 것을 볼 수 있는데, 적어도 종전에 일본을 문화적으로 야만시하고 왜란에 대한 적개심만 충만하던 고식적인 대일관에서 벗어나서 일본문물의 발전을 객관적으로 인정하면서 새로운 대응 태세를 모색한 것은 보다 현실적인 대일관의 정립이라고 할 것이다.

다음에 다산은 대륙大陸이나 북방족에 대해서는 어떻게 보았는가. 한마디로 말해서, 지금까지 이적시夷狄視되어 오던 탁발위拓跋魏(선비鮮卑)와 거란契丹(동호東胡), 그리고 여진(金 · 淸)에 대해서 매우 호의적인 해석을 내리고 있다. 그에 의하면, 본래 중국과 이적은 강역疆域에 의해서 구분되는 것이 아니라 도道와 정政, 즉 문화 수준의 차이에 있는 것이라고 한다. 그래서 중국도 문화가 낮아지면 이적이 될 수 있고, 반대로 이적도 문화가 높아지면 중국이 될 수 있다고 하였다. 『탁발위론拓跋魏論』의 앞머리에서 그는 중국과 이적의 관계를 이렇게 설명하고 있다.

> 聖人의 法은, 중국이 夷狄이 되면 夷狄으로 간주하고, 夷狄이 중국이 되면 중국으로 간주한다. 중국과 夷狄은 道와 政에 있는 것이지 疆域에 있는 것이 아니다.[62]

이적夷狄으로서 중국이 된 예로서는 주周가 있다. 주의 조상은 훈육에서 나오고, 이적 가운데 섞여 있었으므로 이적이 아님이 아니었으나, 일조에 태왕太王 · 왕계王季 같은 사람이 나와서 예악 · 문물이 피어나게 되면서 중국이 되었다 한다. 반대로 중국으로서 이적이 된 예로서 진秦을 들고 있다. 진의 조상 백익伯益은 중국이 아님이 아니었으나, 한비자韓非子 이래로 이利를 숭상하고 의義를 버리며, 중국과 화호和好하기를 좋아하지 아니하면서 이적이 되었다.

탁발위拓跋魏는 이적으로서 중국이 된 또 하나의 예로 본다. 그들은 본래 선비라 불렸으나

---

62 『全書』第1集 第12卷, 詩文集 論 拓跋魏論, "聖人之法 以中國而夷狄 則夷狄之 以夷狄而中國 則中國之 中國與夷狄 在其道與政 不在乎疆域也".

유교를 진흥시키고 불교를 억압하며 호복胡服과 호어胡語를 금지하여 중국이 되었다 한다.

비단 탁발위만이 중국이 된 것이 아니라, 흉노匈奴·돌궐突厥·몽골蒙古·서강西羌 등 북방족을 제외한 동이제족東夷諸族을 정약용丁若鏞은 중국이 된 나라로 보았다. 탁발위도 그 중의 하나이거니와, 거란契丹(동호東胡)과 금金·청淸(여진)도 중국이 된 종족으로 보았다. 거란(요遼)의 태조 아보기阿保機는 천륜에 돈독하여 자갈刺葛이 세 번 반란을 일으켰으나 모두 풀어 주었으며, 여진은 두 번이나 중국의 주인이 되었는데, 금金나라 때에는 송宋의 두 황제를 포로로 하였으면서도 끝끝내 가해加害를 하지 않았으며, 청淸나라 때에는 전쟁을 하지 않고서도 귀하게 되었다. 사서에서 동이東夷를 인仁하고 선善하다고 한 것이 이런 까닭이다.[63] 여진에 대한 호의적 평가는 『강역고疆域考』에서도 나타나 있는바, 이에 대해서는 앞 장에서 이미 설명한 바와 같다.

우리나라는 동이 중에서도 정동正東에 있는 나라로서 풍속이 예禮를 좋아하고 무武를 천하게 여기며, 차라리 약할지언정 포악하지 않았으니 군자君子의 나라이다. 그리하여 다산은 "중국에서 태어나지 못할 바에는 동이 밖에 없다"[64]고 하면서 동이에서 태어난 것을 자랑으로 생각하고 있다. 다산이 생각하는 우리 민족의 핵심 종족은 동이 중의 한족韓族이다. 그래서 그는 『강역고』에서 한족의 비중을 높이는 새로운 국사체계를 수립했던 것이다.

다산의 화이관華夷觀은 지금까지 이적으로 멸시받아 온 소위 이적 중에서 선비·여진·동호·일본 등 동이제족을 재평가하고, 지역 중심으로 굳어진 화이관을 문화중심의 화이관으로 바꾸어 놓은 것이라고 할 수 있다. 문화가 높은 곳은 어디라도 중국이라고 보는 다산의 중국관은 「送韓校理(致應)使燕序」(1799, 정조 23)에도 보이고 있는데, 여기에서 그는 방위상으로 본다면 자기가 서 있는 곳은 어디든지 '中'이 되는 것으로 중국이 마치 세계의 중심인 것처럼 생각하는 것은 잘못이라고 비판하고 있다. 따라서 그가 말하는 중국이란 지역으로 고정된 것이 아니라 문화 수준에 따라 부단히 변동될 수 있는 상대적 개념인

---

63 同上 東胡論, "…… 北方之人 大抵強悍 故匈奴·突厥·蒙古之屬 莫不嗜殺戮 習殘暴而西羌 亦詐薄多變 獨夷狄之在東方者 皆仁厚愿謹 有足稱者 拓跋魏鮮卑也 其入中國也 崇禮樂獎文學 制作粲然 契丹東胡也 阿保機敦於天倫 刺葛三叛而三釋之 此虞舜以來 所未有也 其制治之盛 歷年之久 實中國之所菫獲也 女眞再主中國而其在金也 虜宋之二帝而終不加害 將相和附 規模宏遠 非海陵之狂昏 未易亡也 淸之得國也 兵不血刃 市不易肆而貴 盈哥以來 有泰伯·仲雍之風者數人 不亦韙哉 史稱東夷爲仁善 眞有以哉 況朝鮮處正東之地 故其俗好禮而賤武 寧弱而不暴 君子之邦也 嗟乎 旣不能生乎中國 其唯東夷哉".

64 同上 참조.

것이다. 그가 기호畿湖지방을 '동국東國 중의 중국中國'이라고 부른 것도 중국개념의 상대화의 한 표현이라고 볼 수 있다.

이러한 다산의 대외관은 존명북벌론尊明北伐論이 풍미하고, 척왜斥倭복수심에 불타던 17·18세기 전반기의 주자학적 대외관과는 현저하게 다른 것이다. 이제 현실적으로 이적은 존재하지 않는 시대가 되었으므로 화華·이夷구별의 국제질서도 존재할 수 없는 것이다.

그러나 다산의 대외관은 현실적으로 본다면, 청淸의 중원中原지배를 인정하고, 청淸과의 우호 관계를 정당화하는 태도로 이해된다. 이미 「技藝論」에서 보았듯이 그가 이해하는 청은 문물이 융성하여 동아시아 세계에서 가장 문화적으로 앞선 나라로 비쳐지고 있다. 과거의 이적이 지금은 동아시아 세계의 주역으로 등장한 현실을 바탕으로 하여 다산의 대외관은 새로운 동아시아 세계의 협력관계를 모색한 것이라 할 수 있다.

5. 다산의 사학사적 지위

다산은 인간이 자연환경의 제약을 받으면서, 동시에 기예를 통하여 자연을 이용하여 이용후생利用厚生의 수준을 높여가는 데서 역사발전의 한 척도를 찾으려 하였다. 특히 그러한 입장은 한국사를 해석하는 데 특징적으로 나타나고 있다. 그리하여 그는 도덕 중심의 역사해석에서 탈피하여 자연조건·기술과 생산력·부강의 정도 등을 주요 지표로 삼으면서 한국사체계의 재구성을 시도하고 있다.

자연환경의 특색, 즉 풍토성을 존중하는 태도는 허목·안정복·이중환 등 남인학자에게서 공통으로 나타났던 것이고, 기술이나 이용후생에 대한 관심은 유수원柳壽垣·홍대용洪大容·박지원朴趾源·박제가朴齊家 등 이른바 18세기의 북학파 사이에 고조된 것이었는데, 다산은 그 영향을 크게 받으면서 이를 역사해석에 적극적으로 응용했다는 점에서 그의 독자적 공헌이 인정된다.

17·18세기의 편사방법의 주류는 주자의 강목법綱目法과 정통론을 따르고 있었다. 이는 극히 이데올로기적이고 엄격한 명분론에 입각한 도덕주의적인 역사해석을 특징으로 한다. 18세기 후반의 대표적 통사로 꼽히는 안정복의 『동사강목』(1778)도 기본적으로는 그러한 계열에 속한다.

강목법사서綱目法史書에서는 대체로 단군조선 → 기자조선 → 마한 → 삼국(무통無統)
(혹은 신라정통新羅正統) → 통일신라로 이어지는 흐름을 정통국가로 간주하고 가야사伽倻
史나 발해사渤海史에는 거의 무관심하였고, 백제는 삼국 중 가장 후진국가로 인식되어 왔
다. 특히 삼한 중 마한이 정통으로 인식된 것은 기자조선의 혈통과 문화를 이어받은 나라
라는 것이 근본 이유였다.

한편, 강목법사서들은 도덕주의적 역사해석과는 별도로 고대사의 강역을 새롭게 고증
하고, 역사적 사건들에 대해서도 세세한 고증을 가하여 역사를 독립된 학문의 수준으로
끌어올리고 있었다. 다산은 남인계 학자로서 선배 학자의 고증적 학문 영향을 크게 받았
고, 역사인식의 측면에서도 그러한 면이 보인다. 그러나 기자조선과 마한을 분리시키고
백제사를 부각시키며, 발해사연구를 발전시킨 것은 매우 독창적이다.

다산의 고대사체계와 지리고증은 북학파의 그것과도 매우 대조적이었다. 유득공 · 박
지원 등 북학파 학자들은 대체로 고조선과 발해의 중심지를 요동에 비정하는 『요사』, 『성
경지』, 『일통지』 계통의 기록을 그대로 신빙하는 경향이 있었다. 영英 · 정正 때 편찬된 『동
국문헌비고』도 같은 경향이 보이고 있다.

그러나 다산은 『요사』 계통의 사서가 두찬杜撰이라는 것을 신랄하게 폭로 · 비판하면
서 고대사의 중심지를 반도에 비정하는 입장을 취하고 있다.

『요사』 계통 사서에 대한 비판은 다산보다 앞서 안정복의 『동사강목』(1778)에서 먼저
시도된 바 있고, 다산과 거의 동시대인 한치윤韓致奫의 『해동역사海東繹史』에서도 똑같이 나
타나고 있다. 이들은 모두가 기호남인畿湖南人으로서 공동보조를 취하고 있는 것을 본다.

다만, 한 가지 유의할 것은, 『요사』에 대한 비판은 『요사』를 특히 많이 참고하여 쓰여진
청淸의 관찬사서인 『만주원류고滿洲源流考』(1778, 정조 2)에 대한 간접비판의 의미를 갖는
다는 사실이다. 이 책은 만주 중심, 청나라 중심의 입장에서 한국사를 청나라 역사에 해소
시켜 버린 것이다. 따라서 다산 등 남인학자들이 고대사의 강역을 반도에 비정한 것은,
결과적으로 청나라의 부용적 위치로 전락된 한국사를 독자적인 역사로 이끌어 들이는 데
기여했다고 볼 수 있다.

정약용의 『강역고』는 개화기 역사학에 커다란 영향을 주었는데, 특히 장지연張志淵의
『대한강역고大韓疆域考』는 정약용의 『강역고』에 일본 측 사서에서 뽑은 자료를 가지고 삼
한에 대한 사실을 보완한 것이다.

19세기 초『해동역사』의 역사서술

1. 문제의 제기

한국 역사상 19세기 초기는 여러 가지 의미를 지닌다. 정치적으로는 대규모 민란이 일어나기 시작했다. 홍경래난洪景來亂(1811~1812)으로 불리는 서북지방의 민란이 그것이다. 민란에 대응하여 중앙정국은 더욱 경색되어 일당전제一黨專制로 치달린다. 이른바 세도정치勢道政治가 그것이다. 세도정치는 대민對民 통제 수단으로서는 효율적이었으나 이를 견제할 반대당이 없어 정치 운영은 한없이 부패했다.

민란과 그 대응 체제로서의 세도정치만 가지고 본다면, 19세기 초기 사회는 더없이 암담한 시대라 할 만하다. 그러나 그 어둠 속에는 낡은 껍질을 벗기고 새 사회를 건설하려는 새 정치세력과 새 지도이념이 힘차게 자라고 있었다. 민란은 그러한 새로움의 물리적인 한 운동이었다.

중인층, 서얼층, 당파정치에서 배제된 양반층, 유랑지식인, 부유한 상인층과 농민층, 그리고 맨 밑바탕의 노비층이 구각을 깨는 운동에 참여했다. 그러나 19세기 초기에 있어서 상인층, 농민층, 그리고 노비층은 구질서에 대체될 만한 새 질서를 내다보는 체계적인 지도이념을 창출하지는 못했다. 아직도 그들은 신비주의적인 말세 사상에 젖어 있을 뿐이었다. 이러한 시기에 그들의 욕구를 다 반영하지는 않았지만, 18세기에 꽃피었던 실학의 전통을 계승하여, 이를 좀 더 근대적, 민중적인 방향으로 발전시킨 학자들이 있었다. 몰락양반과 중인층이 그들이었다. 다산茶山 정약용丁若鏞은 그중에서도 가장 우뚝한 대표적 학자이다. 새 문화운동은 사학 분야에서도 예외일 수 없다. 정약용도 사학 분야에서 중요한 공헌을 한 이지만, 사학 전문가는 아니었다.[1] 사학 분야에서 가장 탁월한 업적을 낸 이는 한치윤韓致奫과 그의 조카 한진서韓鎭書이다. 이 두 사람은 평생 오직 사학에만 전심한 최초의 사학 전문가이다. 18세기 말의 안정복安鼎福도 당시로서는 뛰어난 사학자였지만 경학에의 관심을 다 버리지는 않았다. 이에 비한다면 한치윤·한진서는 경학에서 완전히 독립된 사학자로서 특이한 위치를 차지한다.

이 글은 바로 위 두 사람의 합작으로 이룩된 『해동역사海東繹史』(85권)의 성격을 검토하려는 것이다. 지금까지 『해동역사』는 『동사강목東史綱目』(안정복), 『연려실기술燃藜室記述』(이긍익)과 더불어 조선 후기 실학자의 삼대사서로 평가되어 왔으나 의외로 그 연구는 한적한 편이다.[2] 워낙 부피가 거질巨帙이어서 쉽게 접근하기 어려운 점도 있으나, 지금까지의 관심은 주로 그 백과사전적 체재와 문헌고증적 편찬 태도에만 집중된 감이 있다. 이 책이 사서로서의 가치를 정당하게 인정받으려면, 그러한 외형적 문제보다는 편찬자들이 무엇을 목적으로 하여 한국사를 어떻게 이해하려고 했으며, 그러한 역사 인식이 사학사의 전후 문맥에서 차지하는 위치가 무엇이냐의 문제일 것이다. 물론 이와 관련하여 개략적인 해설이 제시된 바 있으나,[3] 그 이상의 구체적 천착은 아직 이루어지지 않았다. 여기서는 이러한 사정을 유념하면서, 『해동역사』의 내용을 축조적으로 검토해 보고, 아울러 편찬자들의 역사의식을 해명하는 데 초점을 두려고 한다.

---

1 韓永愚, 「茶山 丁若鏞의 史論과 對外觀」, 『金哲埈博士華甲紀念史學論叢』, 1983(本書 11장 所收).
2 『해동역사』에 관한 기왕의 연구논문은 다음과 같다.
   黃元九, 「韓致奫의 史學思想」, 『人文科學』 72, 1962; 黃元九, 「海東繹史 解題」, 『海東繹史』, 景仁文化社, 1973; 黃元九, 「實學派의 歷史認識」, 『韓國史論』 6, 1979; 黃元九, 「海東繹史의 文化史的 理解」, 『震檀學報』 53·54, 1982; 李泰鎭, 「海東繹史의 學術史的 檢討」, 『震檀學報』 53·54, 1982.
   上記 震檀學報의 두 논문은 진단학회 주최 「海東繹史의 綜合的 檢討」(제11회 한국고전연구 심포지움)에서 발표된 것이며, 李佑成, 宋贊植, 李成珪, 鄭求福, 韓永愚 등 諸氏가 토론에 참석하여 그 速記錄이 同誌에 수록되었다. 앞의 두 논문이 거시적 관점에서 『해동역사』의 성격을 이해하려고 한 것과는 달리 토론자들은 『해동역사』의 내용을 구체적으로 언급하여 큰 보탬이 되고 있다.
3 黃元九의 위 논문들은 『해동역사』의 성격을 개략적으로 이해하는 데 큰 도움을 주고 있다. 특히 「한치윤의 사학사상」에서 한치윤의 行狀을 발굴하여 부록으로 수록한 것은 큰 공적이다.

2. 한치윤의 가계와 생평

한치윤韓致奫(1765~1814)의 가계와 생애를 알려주는 자료로서는 그의 증손 일동日東이 쓴「옥유당한공행장玉薤堂韓公行狀」[4]과『청주한씨세보淸州韓氏世譜』[5]가 있다. 이 두 자료에 의하면, 한치윤은 자字가 대연大淵, 호號를 옥유당玉薤堂이라 하며, 1765년(영조 41) 원도元 道를 아버지로 하고 고령신씨高靈申氏(참판 신근申近의 딸)를 어머니로 하여 한성漢城 남부南 部 나동羅洞에서 태어났다. 그에게는 9살 위의 형이 있어 이름을 치규致奎라 했다.

아버지 원도는 본래 벼슬을 갖지 못했으며, 진사, 생원 같은 자격도 얻지 못했다. 그러 나 한치윤의 가계[6]는 평민은 아니었다. 원래 청주한씨淸州韓氏는 고려조 이래 대성大姓의 하나로서 그의 조상 중에 조선조에 들어와 크게 현달顯達한 인물이 적지 않다. 태조 때 개 국공신의 한 사람이던 상경尙敬(14대조), 세조 때 훈구대신의 한 사람이던 계희繼禧(12대 조), 인조의 장인으로서 선조로부터 영창대군 보필의 유교를 받은 일곱 대신의 하나인 준 겸浚謙(7대조) 등을 꼽을 수 있다. 한치윤의 방계 친척으로는 준겸의 친형인 백겸百謙이 유 명하고 준겸의 숙부인 효순孝純은 광해군 때 우의정까지 지냈으나, 인조반정으로 실각하 여 그 후손의 벼슬이 조선 말기까지 끊겼다. 한치윤의 가까운 직계로서 크게 벼슬한 이는

4　註 3) 참고.
5　여기서는 淸州韓氏旌善公派에서 간행한『淸州韓氏世譜』(南山印刷所, 1967)를 이용하였다.
6　「玉薤堂韓公行狀」과『淸州韓氏世譜』를 참고하여 한치윤의 家系를 조선초기부터 도표로 만들어 보면 다음과 같다.

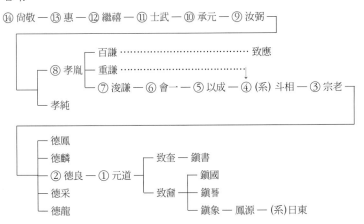

7대조 준겸(서평부원군) 뿐이고, 6대조에서 조부에 이르기까지는 한성좌윤, 성균진사, 돈녕부판관, 군수, 정언 등 비교적 낮은 벼슬을 각각 하는 데 그쳤다.

이와 같이 한치윤의 가계는 조선 초 훈구파 가문에서 출발하였으나, 사림이 득세하던 성종조 이후로 점차 가세가 기울기 시작하여 16세기 말 동서분당이 나타난 이후로는 동인·남인 계열에 속하여 권력의 핵심에서 점차 멀어지게 되었다. 특히 백겸·준겸 형제는 선조 만년의 반역아 정여립鄭汝立과 친한 사이[7]였다는 점으로 미루어 사상적으로도 정통성리학과는 일정한 거리 관계를 유지하면서 당쟁黨爭의 와중에서 근근하게 벼슬길을 이어갔다. 그러나 그의 가계가 남인파에 속했다고는 하지만 서인·노론과 전혀 절연 된 것은 아니었다. 4대조 두상斗相의 외조는 인조 때 노서老西의 중진이던 신흠申欽(상촌象村)이라는 사실[8]이 그것을 말해 준다.

이렇듯 현직顯職은 아니더라도 벼슬길이 그치지 않고 이어지던 가계가 한치윤의 아버지 원도元道에 와서 갑자기 벼슬이 끊어진 이유는 무엇일까. 그것은 원도(1736~1767)가 32세의 나이로 요절한 데도 일인一因이 있을 듯하나, 그보다는 그의 출생 조건과 어떤 관련이 있어 보인다. 즉 원도의 부 덕량德良(1683~1750)은 본래 본부인이 있었으나 자식이 없었고, 원도는 둘째부인이 낳은 독자이며,[9] 그의 출생 시 덕량의 나이 54세였다. 원도의 생모가 후취인지 첩인지는 확실치 않으나, 그녀의 무덤이 남편과 합장되지 않고 타지방에 있는 것을 보면 첩일 가능성도 있다.[10] 만약 그것이 사실이라면 원도가 벼슬을 하지 못한 것은 그의 출생 조건과 무관한 것이 아닐 것이다.

어쨌든 한치윤이 아버지를 여읜 것은 세 살 때였으며, 9세 무렵 학교에서 문명을 떨쳤다 한다. 그는 25세 되던 1789년(정조 13)에 진사시에 합격하였다. 그러나 이해 백씨伯氏 치규致奎가 4살 난 조카 진서鎭書를 혈육으로 남긴 채 34세의 약관으로 세상을 떠나게 되

---

7 浚謙은 鄭汝立의 사위 李震吉을 선조 때 추천했던 관계로 정여립 반란이 일어나자 수금되었으며, 1613년(光海 5)에 癸丑獄事에 연루되어 또 수금된 일이 있었다. 『東國地理誌』의 찬자인 百謙은 정여립이 반역으로 죽자 그 시체를 안고 통곡했다고 한다.

8 上記『淸州韓氏世譜』, 317쪽.

9 上記 世譜(317쪽)에 의하면, 元道의 父 德良은 漢陽趙氏 參奉 九齡의 딸을 아내로 맞이했으나 '無育'으로 후사가 없었다 한다.

10 德良의 첫 부인 趙氏의 무덤은 덕량의 무덤이 있는 驪川에 '同兆'되었으나, 둘째 부인(金海金氏 永坤의 딸)의 무덤은 始興에 있는 것으로 되어 있다(世譜, 318쪽). 만약 둘째 부인이 정식 後娶라면, 유일한 血育인 元道의 생모인 그녀의 무덤을 남편과 함께 쓰지 않았는지 의심스럽다.

자, 과업科業을 중단하고 말았다. 백씨 병 치료와 사후의 상장 비용으로 자신의 토지를 모두 팔아 충당하고, 백씨 소유의 장토庄土는 종가의 제사 비용으로 쓰기 위해 팔지 못하게 했다 한다.[11] 따라서 그는 어려운 경제 조건에서 백씨 유족을 돌보는 처지가 되었는데, 특히 조카 진서를 총애하여, 뒷날 진서가 숙부의 학문을 계승하여 『해동역사』의 지리고를 편찬하게 된 것도 우연이 아닌 것을 알 수 있다.

한치윤이 진사로서 만족하고 그 이상의 과업을 그만둔 이유는 뚜렷하지 않다. 경제적 곤궁, 가계상의 문제점, 그리고 남인파의 실세 등 여러 이유가 복합되었을 듯싶다. 어쨌든 그는 과업을 포기한 뒤 오직 학문에만 전심했다. 그의 학문은 과업을 위한 수단으로서가 아니라, 당시 서울의 진보적 지식인 사이에 퍼졌던 북학적 학풍 바로 그것에 침잠하는 것이었다. 그의 증손 일동日東이 지은 「행장行狀」에, 폐거廢擧 후의 학문 경향을 평하여 "백가百家의 서書에 관철하지 않음이 없었다"고 한 것은, 한치윤의 학문이 주자학 일변도에서 벗어나 박학주의에 흐르고 있었음을 말해 준다.

한치윤의 생애에 또 하나의 큰 전환을 가져오게 한 것은 35세 되던 1799년(정조 23)에 족형族兄인 치응致應을 따라 북경에 다녀온 사건이었다.[12] 치응은 한백겸韓百謙의 7대손으로서 치윤과는 16촌 되는 먼 친척이었지만,[13] 나이는 다섯 살 위로서, 족제族弟인 치윤의 사질을 몹시 아꼈던 것 같다. 그는 진하겸사은사進賀兼謝恩使의 서상관書狀官으로 북경에 갔는데, 입연사신入燕使臣들이 자제나 친척을 데리고 가는 것은 당시로서는 관례처럼 되었다. 치응은 정약전丁若銓 · 이유수李儒修 · 홍시제洪時濟 · 윤지눌尹持訥 등과 더불어 죽란시사竹欄詩社라는 모임을 조직했던 동우同友의 한 사람으로서, 1823년(순조 23)에는 정조 때 남인재상南人宰相이던 채제공蔡濟恭의 신원伸寃을 위해 노력하기도 했던 인물이기도 하다. 따라서 그의 당색은 남인파에 속했지만, 당시 서울에 살던 남인의 학문 분위기는 노론북학파老論北學派의 영향을 많이 받고 있었다.

하여간, 한치윤이 35세의 성숙한 나이에 당시 건륭문화乾隆文化의 중심지이던 북경에

11 玉蕤堂韓公行狀(日東撰), "…… 伯氏下世 醫藥喪葬之需 貨甚不眥 家人將賣庄土償之 公曰此是宗家奉祀之資 吾有分土 顧無所重 即盡賣以報".
12 黃元九, 「韓致奫의 史學思想」, 1962, 341쪽 註 5) 참고.
13 한치윤의 高祖(斗相)와 한치응의 고조(後相)은 원래 韓重謙의 曾孫으로서 친형제였으나 후상은 百謙로, 斗相은 浚謙家로 각각 養子로 出系하였다. 따라서 出系 사실을 무시하면 치윤과 치응은 10寸 형제가 된다. 『行狀』에는 두 사람 사이가 三從氏라 하였는데, 이는 친근도를 과장한 것이다.

다녀온 사실은 그의 사상을 북학 쪽으로 기울게 하는 데 결정적 영향을 주었을 것으로 짐작된다. 북경을 다녀온 지 15년 뒤인 1814년(순조 14)에 그는 50세의 나이로 세상을 떠난다. 그의 필생의 저서인 『해동역사』는 그의 만년에 이루어졌는데, 이를 편찬하는 데 10몇 년이 걸렸다고 하는 것으로 보아,[14] 북경에 다녀온 이후부터 작업이 착수되었음을 알 수 있다. 그리고 이 시기에 한치윤은 『연행일기燕行日記』도 지었다 하는데[15] 지금 전하지 않는다. 그가 『해동역사』 편찬에 이용한 540여 종의 서책은 모두 가장도서家藏圖書라고 하는데,[16] 아마 그중의 일부는 북경에서 돌아올 때 구입한 것이 아닐까 추측된다. 세도정치로 국가 기강이 극도로 무너지고, 홍경래난 등으로 세상이 어수선했던 19세기 초기에 그는 서울 나동羅洞 사제私第에 파묻혀 저술에 전념하다가 숨을 거두었다.

한치윤의 친교 관계는 자세치 않다. 그러나 『해동역사』의 서문을 유득공柳得恭(1749~?)이 써 준 것으로 보아 그와의 친교를 생각할 수 있다. 당시 북학파 대가의 한 사람이던 유득공은 한치윤보다 16세 연상이지만, 한치윤을 '오우吾友'로 부를 정도라면 두 사람의 관계가 나이를 초월한 학우 관계였음을 짐작케 한다. 한치윤이 세상을 떠난 뒤, 그를 위해 만장挽章을 써 준 사람으로 김정희金正喜 · 홍명주洪命周 · 이해응李海應 · 김유헌金裕憲 · 심영석沈英錫의 이름이 보인다.[17] 이들도 한치윤의 학문을 이해하는 동우同友로 간주해도 무방할 것이다. 뒤에 북학파의 대가가 된 김정희(1786~1856)는 한치윤보다 21세 연하로서, 만장을 지을 당시의 나이는 29세, 아직 벼슬길에 오르기 전 일이다. 그러나 그는 24세(1809) 때 생부 김노경金魯敬을 따라 북경에 다녀온 경험이 있어 입연入燕 선배인 한치윤을 잘 알고 그의 학문을 충분히 이해하고 있었던 것 같다. 홍명주(1770~?)는 5세 연하로서 1805년(순조 5)에 사간원 정언正言으로 있으면서 이서구李書九 · 김달순金達淳 등 당시 노론 벽파를 탄핵한 일이 있으나 그의 학문 경향은 잘 알 수 없다. 이해응은 한산인이라는 것 외에 경력을 알 수 없고, 김유헌은 1822년(순조 22)에 홍문록弘文錄에 들고 1827년(순조 27)

---

14   上記 『行狀』, "常病我東史之無徵 紬集編籍 上自經傳 下至叢稗 引用書目 凡五百四十餘種 積十數年 始克成編 竊附述而不作之意" 및 『海東繹史』 地理考의 韓鎭書 序文에 "家叔父 病東史之無徵 …… 分類立目 積十數年 工書成名曰海東繹史".
15   上記 『行狀』 중 韓致應이 지은 墓誌에 "公甚愛著書 家藏中東奇書數千種 … 述海東繹史七十卷 燕行日記等 遺稿甚多".
16   同上 참조.
17   上記 『行狀』.

에 어사가합인御史可合人으로 추천되어 뒤에 승지까지 올랐으나 그 밖의 행적은 자세치 않다. 심영석은 숙종 때 소론파 대신의 한 사람이던 심단沈檀(1645~1730)의 증손으로서 1822년(순조 22) 전라좌도 암행어사를 지내고 벼슬이 참판에 까지 이르렀던 인물이다.

이상 한치윤의 만장을 쓴 인사들은 정치적으로 당색이 다양하고 크게 현달한 인사들이 아니었다는 것이 공통된 특색으로 나타난다. 한치윤은 가계상으로는 기호계 남인에 속했지만, 당파를 초월하여 청렴하고 단정한 인사들과의 교류를 통해서 자신의 학문을 키워 간 것으로 보인다.

한치윤의 학문 세계는 그의 문집이 남아 있지 않아 자세히 알 수 없다. 그러나 그의 학우들이 쓴 만장에는 그의 학문세계를 이해하는 데 도움이 되는 평들을 싣고 있다. 먼저 김정희는 그의 학문을 평하여,

宏雅王伯厚 精博顧亭林 (宏雅함은 王伯厚와 같고, 精博함은 顧亭林과 같다.)[18]

이라 하여 송나라 말기의 『옥해玉海』 저자인 왕응린王應麟과, 청나라 고증학의 개조開祖인 고염무顧炎武의 학문에 비유하고 있다. 한치윤의 학문이 왕응린처럼 크고 바르며, 고염무처럼 정밀하면서 넓나는 것은 『해농역사』를 두고 한 말인 것으로, 이는 한치윤의 박학고거주의博學考據主義를 칭송하는 뜻으로 풀이된다.[19]

이해응의 만장에서는 한치윤의 성도性度를 곽태郭太(임종林宗)에 비유하고 있다. 곽태는 후한 때 분전墳典에 박통한 학자로서도 유명하거니와 해내인물海內人物을 비평하면서도 위언핵론危言覈論(위험한 말로써 남을 비평하는 글)을 하지 않아 뒤에 당고黨錮의 화禍가 일어났을 때 홀로 이를 면했다고 알려진 인물이다. 한치윤을 곽태에 비유한 것은 그의 초당파적 초연한 처세를 기린 것으로 보인다. 한치윤의 족형인 치응이 지은 묘지墓誌에는 한치윤의 인간성과 처세가 좀 더 구체적으로 언급되고 있다.

---

18 同上.

19 김정희가 한치윤의 학문을 평하여 "宏雅함은 王應麟이요, 精博함은 顧炎武"라고 한 것은 어디까지나 비유법으로 쓴 것으로 해석하는 것이 온당할 것이다. 그러나 위 구절을 '한치윤이 王應麟에의 傾倒', '한치윤의 왕응린에 대한 관심'으로 해석하는 이도 있다. (李泰鎭, 「海東繹史의 學術史的 檢討」, 233쪽)

公은 性度가 淸介하고 雅古하며, 法家(법도있는 사람 - 필자)와 文學(학문)하는 선비가 아니면 교제하지 않았다. 세속의 얄팍한 榮華에는 조금도 마음을 두지 않았으니 족당과 벗들은 이를 모범으로 삼지 않음이 없었다. 公은 책 모으기를 매우 좋아하여 집에는 중국과 우리나라의 奇書 수천 종이 있었다. 公은 만년에 羅洞의 집에서 해동역사 70권을 지었다.[20]

세속의 영화를 등지고 고결하게 살아가면서 책 모으기에 힘써 마침내『해동역사』가 나오게 된 배경이 잘 그려지고 있다.

한치윤이『해동역사』를 쓰게 된 동기는 '동사東史의 무징無徵'을 개탄한 데서 비롯되었다 한다.[21] 다시 말하면 한국사를 서술함에 있어서 자료 부족, 증거 부족을 극복하지 못하고 있는 현실을 개탄하고, 증거가 많고 착실한 한국사를 써 보고 싶은 충동에서 출발했다는 것이다. 그리하여 그는 무엇보다도 새 자료 발굴에 힘을 기울였고, 그 결과 수천 종의 가장家藏도서 가운데 540여 종의 외국 측 자료를 이용하여 70권의 방대한『해동역사』를 편찬할 수 있었다.[22] 그가 이용한 540여 종의 자료는 대부분 중국 측 자료들이지만, 일본 측 자료도 20여 종 포함하고 있다. 자료의 종류는 경서, 사서는 물론이고 총패叢稗에 이르기까지 제한을 두지 않았다. 중국의 경사를 참고하여 한국사를 연구하던 경향은『동사강목』을 비롯하여 18, 19세기 학인들 사이에 널리 성행하던 풍조로서, 유독 한치윤만이 그렇게 한 것은 아니다. 그러나『해동역사』는 기왕에 이용되지 않던 총패류叢稗類를 많이 이용한 데 독자적 공헌이 있다고 생각된다.[23] 그가 외국의 자료로써 한국사를 구성하려 한 것은, 주로 고대사에 관한 국내 측 자료가 승려들이 쓴 고기로서 믿을 수 없는 허무맹랑한 이야기가 많은 데 대한 불만이 크게 작용하였던 것 같다. 한치윤 자신은 국내 측 자료에 대한 불만을 직접 말하지 않았으나, 유득공이 쓴 서문에서 한치윤의 의도를 간접적으로 읽을 수 있는 대목이 있다.

---

20 上記『行狀』.
21 註 14) 참조.
22 同上 및 註 15) 참조.
23 『해동역사』의 卷頭에 실린 545종의 문헌(실제 본문에서 인용된 서적은 이보다 더 많다.) 중 반수 이상이 叢稗類로서, 이들 자료의 대부분은 기왕에 거의 이용되지 않았던 새 자료이다.『해동역사』에 인용된 22종(실제는 24종)의 日本側 文獻 중『日本書紀』,『異稱日本傳』,『和漢三才圖會』등은 茶山의 제자 李晴이 지은『大東水經』(1814)에도 인용되고 있어 19세기 초의 학인들 사이에 비교적 널리 이용되고 있었던 것 같다.

東史는 여러 종류가 있다. 이른바 古記는 모두 승려들이 쓴 荒誕한 이야기로서 士大夫는 이를 말하지 않는 것이 옳다. 金富軾의 『三國史記』는 탈락이 많아 볼 것이 없다고 사람들이 비난한다. 그러나 名山石室에 간직한 자료가 없으니, 이를 어찌하랴. 그러니 오직 鄭麟趾의 『高麗史』가 있을 뿐이지만, 고려 이전은 무엇을 통해서 살필 수 있으랴. 나는 일찍이 21史의 東國傳을 가지고, 중복된 것을 빼고, 여기에 註와 辨을 붙여, 『삼국사』와 『고려사』 두 역사책과 더불어 서로 의지해서 이용한다면, 증거를 가지고 믿기에 도움이 되겠다고 생각했었다. 그러나 마침내 이를 실현하지 못하고 마음속으로만 오락가락하고 있었다. 나의 벗 韓大淵은 성격이 恬靜하고 책 모으기를 좋아하였으며, 문을 닫고 옛일을 연구하여 개연히 東史에 뜻을 두었다. 나하고는 서로 의논하지 않았지만, 뜻이 맞는다. 또 이를 넓혀서 正史에 범람하는 것 외에, 우리나라 수천 년의 사실을 經傳으로 부터 叢稗에 이르기까지 여기저기 散見되는 자료를 거의 모아서 베끼고, 또 손칼과 풀을 써서 자료를 떼어서 합치고, 합치고 떼는 일에 몰두하여 풀어헤친 머리에 땀이 흐르고 거의 침식을 잊을 정도였다.

여기에서 유득공은, 승려들이 쓴 고기古記는 황탄하여 믿을 것이 못 된다고 일축하고, 김부식의 『삼국사기』는 탈락이 많아 볼 것이 없다고 개탄하면서 고대사를 재구성하기 위해서는 부득이 중국의 자료를 이용하지 않을 수 없음을 토로하고 있다.

유득공이 『삼국사기』를 들어 탈락이 많다고 한 것은 주로 삼국 이전의 역사적 사실을 두고 말한 것이다. 그러면 삼국 이전의 사실은 왜 중국측 기록에 의존해야 하는 것일까. 유득공의 서문을 더 읽어 보기로 한다.

우리나라 사람들은 간혹 말하기를, 東方의 史籍으로서 平壤에 있던 것은 李勣에 의해서 불태워지고, 完山에 있던 것은 甄萱이 망할 때 불태워졌다고 한다. 그러나 그것은 전혀 근거 없는 말이다. 東方에 무슨 史籍이 있었겠는가. 箕聖(箕子 - 필자)의 시대는 堯舜 시대로부터 끊어지며 衛滿 시대 앞에 속하여 『春秋』에서 쓰지 않았다. 漢나라 400년간에 안으로 樂浪太守에 복속하니 어찌 史官이 있었겠는가. 따라서 빠뜨려진 사건과 특이한 소식을 반드시 중국에서 구해야만 얻을 수 있다.

영동지방의 濊와 한강 이남의 韓, 개마산 동쪽의 沃沮는 陳壽가 아니었다면 어찌 그것이 있었는지 없었는지를 알 것인가 …… 이 때부터 三國·加羅·耽牟羅 등이 있어 모두 중국에 사신을 보내고 朝貢을 바쳐 上國을 방문하였다. 남조·북조의 여러 역사책에서 이것을 기록해 놓으니 이 또한 東方의 史籍이 아닐 수 없다.

즉, 우리나라는 삼국 이전의 역사적 사실을 전하는 사적史籍이 없어서 우리와 교섭을 가졌던 중국의 사적을 통해서 알 수밖에 없다는 사연이 적혀 있다. 이것이 비록 유득공의 변명이라 하더라도 작자 한치윤의 입장을 어느 정도 대변하는 것이라고 보아 무방할 것이다. 그렇다면, 『해동역사』가 주로 중국 측 자료를 이용하여 우리나라 역사를 편찬한 것은 무엇보다도 고대사의 누락된 부분을 재구성하려는 목적이 직접적인 계기였다는 것을 짐작할 수 있다.

물론 중국 측 자료를 이용한다고 해서 『삼국사기』나 『고려사』 같은 국내 측 정사를 무시한다는 뜻은 아니다. 유득공의 서문에 보이듯이, 국내 측 자료와 외국 측 자료를 '서로 의지해서 이용한다'는 상호보완적 입장이 담겨져 있다. 그래서 한치윤은 외국 측, 기록이라 하여 무조건 다 사실로 받아들이는 것이 아니다. 국내 측 자료와 비교하여 외국 측 자료의 잘못된 서술을 무수히 바로잡고 있다. 따라서 한치윤이 주로 외국 측 자료에 의존해서 『해동역사』를 지었다 해서 외국 측 기록만을 맹신하고 국내 측 기록은 무조건 불신하는 태도를 가진 것은 아니었다.[24]

어쨌든 『해동역사』는 유득공이 하고 싶었던 작업을 대신해 주었다는 점에서 유득공의 부러움을 사고 있다. 그의 서문 가운데,

海東繹史는 내가 뜻을 두었으면서도 하지 못한 것을 一朝에 얻은 것이니 어찌 기쁜 일이 아니겠는가.

고 한 것이 그것이다. 아마 유득공만이 아니라 당시 학자들이 누구나 하고 싶었던 일을

---

24 한치윤이 자료의 한계를 극복하기 위해서 외국 측 자료를 수집했다면, 왜 그와 같은 열성으로 국내 측 기록을 수집하지 않았는가라는 의문이 제기될 수 있다. 그러나 국내 측 기록은 正史와 野史를 망라하여 이미 李肯翊이 『燃藜室記述』(1797)을 통해서 집대성했으므로 한치윤이 그런 노력을 기울일 필요는 없게 되었다. 뿐 아니라 『연려실기술』은 野史와 古記類를 지나치게 참고한 감마저 주는데, 아마 이점이 한치윤에게는 중국 측 기록 수집의 필요성을 절감케 했는지 모른다.

한치윤이 했다고 보는 것이 옳을 것이다.

한치윤이 완성한『해동역사』는 본래 70권이었다. 그러나 그가 세상을 떠난 지 9년 뒤인 1823년(순조 23)에 그의 조카 진서가 「지리고」 15권을 속간하고, 또 한치윤이 지은 원편에도 자신의 의견을 많이 첨가하여 '진서근안鎭書謹按'이라고 따로 표시하였다. 그래서 지금 전하는『해동역사』는 85권에 이른다.

한치윤이 세상을 떠날 때 29세였던 한진서韓鎭書(자字 유경酉敬)는 진사를 거쳐 벼슬이 음사蔭仕로 현감에 머물렀는데 4살 때 아버지를 여의고 숙부 한치윤의 보호와 훈도 밑에 자라 마침내 숙부의 유업을 계승 완성했다. 지리고는 본래 한치윤 자신이 초고를 만들어 놓았으나 뜻을 이루지 못한 채 타계하여 조카 진서가 더 많은 자료를 수집·보충하여 이를 완성하기에 이르렀다. 한진서는 이러한 경위를 지리고 앞머리에 다음과 같이 쓰고 있다.

叔父께서는 東史의 無徵을 개탄하여 …… 십몇 년의 工을 쌓아 책을 만드니 海東繹史라 이름하였다. 다만 地理가 다 끝나기 전에 叔父께서 세상을 떠나셨다. 小子는 숙부의 뜻이 다 이루어지지 못한 것을 안타깝게 생각하여 옛 草稿를 편집하고 다른 책들을 널리 모아 地志가 빠진 것을 보완하였다. ……

「지리고」는 이렇듯 새 자료를 모아 9년의 세월을 소비하여 15권의 방대한 양을 형성하였으므로, 엄밀히 말하자면 「지리고」 자체만으로도 훌륭한 저서라 할 만하다. 또「지리고」의 내용은 한치윤이 편찬한 원편과 일치하지 않은 점도 있고, 편찬 체재상으로 보더라도「지리고」는 먼저 결론을 제시하고, 다음에 자료를 제시하고, 마지막에 자료에 대한 검증을 가하는 순서를 취하여 매우 짜임새 있는 체재를 갖추고 있다. 이는 원편에서 결론 없이 자료를 나열하고 간간이 안설按說을 붙이는 형식에 비하여 한걸음 앞 선 것이다.

『해동역사』는 「지리고」가 간행되기 3년 전인 1820년(순조 20)에 한치윤의 장자 진국鎭國(1788~1857)에 의해서 중국에 소개되었다. 이해 치응은 세 번째로 연경에 갔는데, 이때 진국은 치응을 따라가는 길에 원편『해동역사』를 가지고 가서 중국학인中國學人에 전수하고 돌아왔다.[25] 사행使行을 통한 문화교류는 당시의 관행이었으며,『해동역사』는 바로 그

---

25 申緯의 詩集選인 「警修堂詩集選」 庚辰(純祖 20 - 필자 주) 十月條 詩及詩註에 "晊山尙書(한치응 - 필자 주) 充

러한 관행 속에서 자료가 수입되고, 또 완성된 작품이 역으로 수출되었던 것이다.

한치윤에게는 세 아들이 있어, 진국이 맏이고, 그 아래에 진모鎭謩·진상鎭象이 있었다. 진국은 벼슬을 못 했고, 진모는 진사에 그쳤으며, 진상은 고종 24년(1887)에 동돈녕의 벼슬을 얻어, 이 때문에 조상 3대가 추증되고, 한치윤도 호조참판에 추증되었다.

3. 『해동역사』의 체재와 내용

1) 체재

『해동역사』에는 찬자의 서문과 범례가 없다. 따라서 찬자가 어떤 의도로 어떤 체재를 따라 편찬하였는지 직접 들을 수는 없다. 그러나 서문과 범례가 없는 것은 이 책의 흠이라기보다는 특색이라 봄이 온당할 것이다. 명분을 강하게 표출시키는 강목법사서綱目法史書는 그 명분을 밝히는 상세한 범례를 필수 조건으로 하는 것이지만, 그렇지 않은 사서에서는 범례란 필수적으로 있어야 하는 것은 아니다. 서문은 있어도 좋지만, 『해동역사』의 경우 유득공柳得恭의 서문으로써 찬자의 서문을 대신한 것으로 풀이된다. 찬자의 서문과 범례가 없이 출간된 것은, 그만큼 이 책이 명분을 좇은 사서가 아니라는 것을 단적으로 말해 준다.

『해동역사』는 권수卷首에 인용서목을 제시하고, 다음에 본론으로 세기世紀·지志·고考의 순서로 편찬되어 있다. 이러한 체재는 얼핏 보아 기전체정사紀傳體正史와 유사한 점이 보인다. 즉 세기는 본기本紀(혹은 세가世家)에 해당하고, 지志는 명칭상 기전체사서紀傳體史書의 필수 부분이기 때문이다. 그러나 기전체사서에는 열전列傳이 있는 대신 고考가 없다. 또 기전체는 원래 열전에 가장 큰 비중이 두어지는 것이 특색인데,[26] 『해동역사』는 85권 중 4권만이 인물고人物考로 할당되어, 그 비중으로 보아 기전체사서의 특색을 갖추지 않았다.

進香使入燕 賦此詩爲別 … 尙書昔年 與大淵行 … 今與大淵之子鎭國行皆一時之佳士也 海東繹史聞入行篋云 此乃必傳之書 探喜其渡鴨也"라 하였고, 『純祖實錄』卷23, 純祖20年 11月 8日條에 "召見進香正使韓致應 ……"이라 한 데서 韓致應과 韓鎭國의 入燕 사실과 海東繹史의 將去 사실을 확인할 수 있다.

26 梁啓超는 『中國歷史硏究法』(20쪽)에서 紀傳體는 인물 본위의 역사로서, 編年體는 연대 위주의 역사로서, 그리고 紀事本末體는 사건 위주의 역사로서 적합한 史體라고 말하였다.

『해동역사』는 또 그 명칭이 '역사繹史'라 한 데서 청나라 학인 마숙馬驌이 지은 『역사繹史』의 체재를 방倣한 것이 아닌가 하는 추측을 낳기도 한다.[27] 물론 그 명칭은 분명히 『繹史』를 모방한 것이 사실이지만, 체재상으로는 서로 전혀 다르다. 『繹史』는 기사본말체를 따르고 있는 데 반하여, 『해동역사』는 그렇지 않은 까닭이다.[28]

『해동역사』는 그 분류입목分類立目이 방대하다. 지志만 보더라도 13에 달하고, 각 지에 포함된 항목은 모두 합하여 70여 조에 달한다(별표別表 참조). 거의 백과사전적 편차를 방불케 하는 이러한 분류 방식은 이긍익李肯翊의 『연려실기술燃藜室記述』이나, 『동국문헌비고東國文獻備考』 등 18세기 말기 학인들의 저서에 널리 유행했던 유서類書의 형식을 따른 것이다. 그러나 유서의 특색은 '박문博文'과 '고거考據'를 중요시하여 내용을 분류하는 까닭에 분류입목分類立目에 특별한 정형이 있는 것은 아니다. 다시 말하면 편찬자의 주관적 명분을 정해 놓고, 그에 따라서 항목을 나누기보다는, 자료에 의거하여 항목을 설정하는 방식이다. 『해동역사』처럼, 외국 측 문헌만을 자료로 하여 분류입목해야 하는 경우에는 더욱 정형을 세우기 어려웠을 것이다. 따라서 『해동역사』의 분류입목은 그 어떤 기성유서既成類書의 분류 방식과도 다른 독자의 성격을 지니고 있다. 구태여 기성유서와 가장 유사한 체재를 찾는다면 1791년(정조 15)에 이만운李萬運 등이 찬撰한 『증보동국문헌비고增補東國文獻備考』와 1797년(정조 21)에 이긍익이 지은 『연려실기술』을 생각할 수 있으나, 세부적인 면에서는 약간의 차이가 있다.[29] 이는 각 유서들의 이용 자료가 다르기 때문에 불가피

---

27 黃元九의 上記論文들에서 그런 주장이 피력되고 있다.

28 『繹史』는 太古·三代·春秋·戰國·外錄의 5부로 이루어지고, 外錄에 天官·律呂通考·月令·洪範五行傳·地理志·詩譜·食貨志·考工記 등 8개 항목이 수록되었다. 그런데 이 外錄은 전체 160권 중 10권을 차지할 정도로 분량이 작아, 世紀가 중심을 이루고 있다. 이에 반하여 『해동역사』는 세기가 85권 중 16권에 불과하고, 志가 43권으로 약 절반을 차지한다. 또 서술 방식에 있어서도, 『繹史』는 특정한 정치적 사건을 토픽으로 내세워 그 사건의 전말을 적고 있으나, 『해동역사』는 어떤 특정 사건을 토픽으로 내세워 서술하고 있지 않다.

29 『增補文獻備考』(1791)의 목차는 象緯·輿地·禮·樂·兵·刑·田賦·財用·戶口·市糴·選擧·學校·職官·物異·宮室·王系·氏族·朝聘·諡號·藝文 등 20부문으로 되어 있다. 이 중에서 禮·樂·兵·刑·宮室·藝文 등 6개 부문은 『해동역사』의 志의 명칭과 완전히 합치된다. 그 나머지도 명칭은 다소 다르지만 내용 상으로 서로 유사한 것이 많다. 예컨대 象緯는 星曆志, 輿地는 地理考, 田賦·財用·戶口·市糴는 합쳐서 食貨志, 選擧·學校는 禮志의 學禮, 職官과 氏族은 官氏志, 物異는 物産志, 朝聘은 交聘志, 王系는 世紀에 각각 해당한다. 『해동역사』의 釋志와 風俗志는 『증보문헌비고』에 없는 듯 보이지만, 실은 그렇지 않다. 釋志와 완전히 부합하는 것은 아니지만 『증보문헌비고』의 禮考 闢異와 學校考의 闢異, 그리고 藝文考의 釋家類는 불교에 관한 사항을 다룬 것이다. 風俗志는 『비고』의 禮考 중 淫祀·雜祀와 내용상 비슷한 점이 있다.
다음에 『연려실기술』의 목차는 다음과 같다. 즉 太祖 이후 歷代의 故事, 國朝·禮典·事大·官職·政敎·文

한 현상이다.

한편, 자료의 해석보다는 자료 제시에 더 큰 비중을 두고 있다는 점에 서도『해동역사』는『연려실기술』이나『문헌비고』와 아주 흡사하다. 따라서『해동역사』는 이 같은 국내의 선행유서先行類書들의 편찬 방식을 널리 참고하면서, 더 많은 자료를 보충하여 새로운 유서를 만들어 냈다고 할 수 있다.『해동역사』는 체재 형식의 기준을 송초宋初 정초鄭樵가 지은『통지通志』에서 취했다고 하는 견해도 있으나,[30] 이는 재고의 여지가 있다.

지금까지 살펴본 바와 같이,『해동역사』는 어느 기성사서 하나를 모델로 한 것은 아니다. 책 이름이 '繹史'라 하여 이를『繹史』의 모방으로만 이해하는 것은 무리다. 그럼에도 불구하고 책 이름을 굳이 '역사'라고 한 것은 그 나름의 이유가 있을 것이다. 그것은 마숙馬驌이 청초淸初의 대표적 역사 전문가일 뿐 아니라 인증이 해박한『繹史』가 17세기 중엽에 이미 출간되어 1778년(정조 2)에는 이덕무에 의해 청에서 구입된 바 있고, 그 후 19세기 초에는 청이나 조선의 학인들 사이에 비교적 익숙해져 유행적 새 명칭을 따른 것이 아닌가 한다.[31] 이는 마치『삼국사기』나『동국통감』·『동국사략』,『동사강목』 등의 사서가

藝·天文·地理·邊圉·歷代 등 11부분이다. 이중 歷代는 世紀, 邊圉는 備禦, 地理는 地理와 宮室, 天文은 星曆, 文藝는 藝文, 政敎는 食貨·風俗·釋·刑·兵·樂志에, 事大는 交聘, 祀典은 禮志, 國朝는 官氏志와 각각 대비된다. 따라서 分類의 명칭은 많이 다르지만, 내용 항목상으로는『해동역사』와의 일치점이 많다.

30 李泰鎭 교수는 上記論文(232~233쪽)에서『通志』와『해동역사』의 分類立目이 서로 가장 近接되어 있다는 사실과, 한치윤이 王應麟에 경도되어 있는 것은 왕응린과 비슷하게 類書의 하나인『通志』를 지은 鄭樵에 대한 일정한 관심을 반영하는 것으로 보아,『해동역사』는 체재 형식의 기준을『通志』에서 취했다고 해석하였다. 물론,『通志』도 類書의 일종이므로 分類立目上『해동역사』와 비슷한 점이 있고, 또 한치윤이『通志』를 많이 인용하고 있어『通志』의 영향을 전혀 안 받았다고 할 수는 없다. 그러나 체재 형식의 기준을『通志』에서 취하고, 또 分類立目이 가장 近接되었다는 해석에는 문제점이 있다. 왜냐하면,『通志』에는 兵志·交聘志·備禦考 등이 빠져 있을 뿐 아니라『해동역사』에 없는 年譜·六書略·七音略·諡略·校讎略·災祥略·金石略 등이 들어 있는 까닭이다. 또『通志』는 列傳이 전체 200권 중 112권을 차지할 정도로 큰 비중으로 다루어지고 있으나『해동역사』의 人物考는 85권 중 4권에 불과하여 감히 열전이라고 부르지도 않았다. 이 밖에도, 19세기 초의『해동역사』가 10세기의『通志』를 기준으로 삼았다고 보아야 할 것인지 의문이다.

31 馬驌은 평생『繹史』(160권)와『左傳事緯』만을 저술하여 馬三代라고 세상 사람들이 부를 만큼 전문적 역사가였고, 死後에는 淸史稿·淸史列傳·國朝先正事略·淸儒學案小識 등에 오를 정도로 淸初를 대표하는 學人의 한 사람이었다. 그는 順治(1644~1661) 연간에 進士가 되고 벼슬은 知縣밖에 하지 않았다. 한치윤은『繹史』의 체재 그 자체보다도『繹史』라는 책명 그 자체, 그리고 歷史 전문가로서의 馬驌이라는 學人에 대하여 매력을 가졌는지도 모른다. 한치윤이『繹史』를 접했을 가능성은『역사』를 최초로 구입한 이덕무가『해동역사』의 서문을 쓴 유득공과 친교가 두텁다는 사실, 그리고 한치윤이 직접 燕京에 갔다는 사실 등에서 충분히 추리해 볼 수 있다. 그러나『해동역사』의 인용서목 가운데『역사』가 보이지 않는 것으로 보아 한치윤이 이를 소장했던 것 같지는 않다.

『해동역사』의 편차

분류	권	내용(立目)
世紀 (16권)	1	東夷總紀
	2	檀君朝鮮 · 箕子朝鮮 · 衛滿朝鮮
	3	三韓 · 濊 · 貊
	4	夫餘 · 沃沮
	5	(附)四郡事實
	6~8	高句麗
	9	百濟
	10	新羅
	11	渤海
	12~15	高麗
	16	諸小國(加羅 · 任那 · 耽羅 · 泰封 · 後百濟 · 休忍 · 沸流 · 定安)
志 (43권)	17	聖曆志(星野 · 測候 · 曆 · 徵應 · (附)五行)
	18~21	禮志(朝禮 · 朝禮 · 燕禮 · 昏禮 · 學禮 · 賓禮 · 儀物 · 喪禮)
	22	樂志(樂制 · 樂器 · 樂歌 · 樂舞)
	23	兵志(兵制 · 兵器 · 馬政)
	24	刑志(刑制)
	25	食貨志(田制 · 農桑 · 賦稅 · 俸祿 · 倉庫 · 權量 · 債貸 · 市易 · 互市 · 錢貨)
	26 · 27	物産志(金玉珠石類 · 布帛類 · 穀類 · 草類 · 花類 · 菜類 · 果類 · 竹木類 · 禽類 · 獸類 · 魚類 · 蟲類 · 文房類 · 玩好類)
	28	風俗志(雜俗 · 方言)
	29	宮室志(城闕 · 民居 · (附)器用)
	30~31	官氏志(官制 · 氏族)
	32	釋志(釋敎 · 寺刹 · 名僧 · (附)道敎)
	33~41	交聘志(朝貢 · 上國使 · 迎送 · 舘待 · 班次 · 宴饗 · 正朔 (附)東國年號 · 貢道 · 海道(附) 師行海路 (附) 通倭海路 · 漂流 · 通日本始末)
	42~59	藝文志(經籍 · 書法 · 碑刻 · 畫 · 本國詩 · 中國詩 (附) 日本詩 · 本國文 · 中國文 · 雜綴)
考 (26권)	60	肅愼氏考
	61~66	備禦考(馭倭始末 · 建州事實 · 北憂始末)
	67~70	人物考(少連 …… 張欽)
	71~85	地理考(識 · 古今疆域圖 · 八道表 · 朝鮮 · 濊 · 貊 · 沃沮 · 三韓(總論 · 馬韓 · 辰韓 · 弁辰) · 四郡(建置總論 · 眞番郡 · 玄菟郡 · 臨屯郡 · 樂浪郡 · (附)帶方郡) · 夫餘 · 挹婁 · 高句麗(總論 · 城邑) · 新羅(總論 · 北界沿革 · 城邑) · 百濟(總論 · 城邑) · 渤海(總論 · 京府辨誤) · 高麗(總論 · 西北界沿革 · 城邑) · 本朝 · 山水)

그 당시 가장 익숙했던『사기』,『자치통감』,『십팔사략十八史略』,『자치통감강목』등 중국 사서의 명칭을 따른 것과 다를 것이 없다.

　『해동역사』의 체재와 관련하여 정작 중요한 의미를 가지는 것은 찬자의 '술이부작述而

不作[32]의 태도이다. '述而不作'은 해석보다 자료를 앞세우는 편찬 방식이다. 따라서 그것은 정치적이기보다는 학구적이고, 이념적이기보다는 실증적인 편사編史 방법이다. 한치윤 자신이 범례나 서문을 직접 쓰지 않은 것도 이러한 태도와 관련된 것은 물론이다. 그가 이러한 편사 태도를 갖게 된 것은, 그 자신 명분에 대한 상대적 무관심의 표현인 동시에 역사를 도덕(經學)에서 분리하여 독립된 학學으로 나갈 수 있는 길을 열어 놓은 것이다.

그러나 한치윤이 '述而不作'의 실증적 객관적 술사述史 태도를 보여주었다 해서, 『해동역사』가 단순한 자료집으로 만들어진 것은 아니다. 자료의 필요한 부분에 「안설按說」이라는 제목하에 자신의 의견을 제시하여 인용 자료에 대한 비판·검증·보완을 시도하고 있을 뿐 아니라, 자료의 분류입목에 이미 찬자의 주관적, 역사의식이 어느 정도 반영되어 있다. 다만 그 주관이 이론적으로 제시되어 있지 않다는 점에 사서로서의 한계성이 드러나고 있다.

2) 내용분석

(1) 세기의 분석 - 한국사 체계

『해동역사』의 세기世紀 16권은 단군조선으로부터 고려말에 이르는 한국사 체계를 연대순으로 편차하고 있다. 기전체사서의 '본기本紀' 혹은 '세가世家'에 해당하는 이 부분을 「세기世紀」라고 이름한 것부터 이색적이다.[33] '본기'는 천자국天子國임을 표방하는 칭호라면, '세가'는 제후국諸侯國의 명분을 좇는 칭호다. '세기'는 이 두 가지 대립되는 명분을 다거부하는 몰가치적 용어다. 뒤에 살피게 되겠지만, 지志의 항목 가운데 '교빙交聘' 지志라는 칭호도 이와 관련된 새 용어다. 종전에 중국과의 외교관계를 '사대事大'[34] 혹은 '조빙朝聘'[35]으로 써 오던 것을 '교빙交聘'으로 바꾼 것은 사대명분론으로부터의 해방을 뜻한다.[36]

---

32 前揭『行狀』.
33 우리나라 紀傳體史書의 효시인 『삼국사기』에서는 '本紀'라 했고, 『고려사』에서는 '世家'라 했다. 許穆의 『東事』에서도 '世家'라고 하여, 대체로 조선조에 들어와서는 '本紀' 대신 '世家'가 널리 통용되었다.
34 『해동역사』보다 불과 17년 전에 나온 『연려실기술』에서도 '事大典故'라는 용어 아래 중국과의 외교관계 기사를 수록하였다.
35 『증보문헌비고』(1791)에서는 '朝聘考'라는 題名을 썼다. 이 말에도 上國에 朝見한다는 사대적 명분이 담겨 있다.

이제 「세기」에 나타난 한국사 체계의 특색을 검토하기로 한다.

①동이총기東夷總紀 : 한국사 체계를 구성함에 있어서 단군조선을 국사의 시발로 설정하는 것은 『삼국유사』 이래로 관례로 내려왔다. 그러나 『해동역사』는 이러한 관례를 깨고, 단군조선에 앞서 「동이총기」를 독립된 항으로 설정하여, 요순堯舜으로부터 하夏 · 은殷 · 주周에 이르는 기간 중국 동북 지방과 한반도에서 중요한 역사 활동을 전개했던 동이족東夷族에 관한 여러 기록들을 모아 놓았다. 이 기록들에 의하면, 동이東夷에 9족族이 있고, 이夷는 대궁大弓을 가진 동방 사람을 가리키며, 그 문화는 군자가 사는 나라로서 공자가 살고 싶어 했던 고장이라는 것이 요지이다. 찬자 한치윤은 동이 9족이 모두 우리 조상이라는 관점에서 동이문화東夷文化를 소개하고 있는 것은 아니다. 그는 안설按說을 통해,

> 九夷는 東方 夷 종족의 총칭으로서 오로지 우리나라에 살던 사람만을 가리키는 것은 아니다.

라고 하여, 동이는 우리 조상을 포함하여 더 넓은 종족집단임을 올바르게 인식하고 있다. 그러나 우리 조상의 문화는 이 동이문화권東夷文化圈 속에서 그 뿌리를 찾아야 할 것으로 믿고, 이를 역사의 첫머리에서 다루고 있는 것이다. 특히 동이를 군자국으로 본 중국 측 기록들은 우리나라를 가리키는 것으로 그는 이해한다. 다시 그의 안설을 들어 본다.

> 東方朔 神異經에 말하기를, 동방사람은 남자가 흰옷을 입고 검은 모자를 쓰고, 여자는 비단옷을 입었는데, 항상 공손하게 앉아 서로 犯하지 않고 서로 존경하며 헐뜯지 않는다. 다른 사람이 患難을 당하면 목숨을 던져 구제해 준다. 얼핏 보면 바보처럼 보이는데 착한 사람들이다. 善人과 君子의 나라는 모두 우리나라를 가리켜 하는 말이다 …… 우리나라는 옛부터 君子의 칭호가 있으니, 孔子가 가서 살고 싶어한 것도 이 때문이 아니겠는가.

물론, 한치윤은 우리나라가 예부터 군자국으로 호칭된 것은 주로 기자의 교화 덕으로

36　'交聘'이란 용어는 대등한 국가관계의 뜻이 담긴 것으로, 이는 분명히 새로운 시도이다.

이해한다. 이는 그가 우리나라의 거의 모든 문화의 시발을 기자로부터 시작된다고 보는 입장과도 관련된다. 하지만, 종래 '이夷'라고 하면 '화하華夏'에 대립되는 야만족의 문화로 멸시해 온 관념을 바꾸어 놓은 것은 큰 의미를 갖는다. 말하자면, 한치윤은 유교문화를 숭상하는 입장에 있으면서도 이夷의 문화를 높이 평가하고 있으며, 한국문화의 뿌리를 동이문화와 연결시킴으로써 그 이해의 폭을 넓힌 결과를 가져온 것이다. 이점은 뒤의 「인물고人物考」에서 대련大連, 소련小連 등 산동 지방의 효자를 '東夷之子'라는 이유로 우리나라 사람으로 간주하여 등재한 사실과 아울러 음미해 볼 만한 사실이다.

②단군조선檀君朝鮮 · 기자조선箕子朝鮮 · 위만조선衛滿朝鮮 세기世紀 : 「동이총기」 다음에는 단군조선, 기자조선, 위만조선의 차례로 이어진다. 3조선의 역사 체계는 새로운 것이 아니지만, 기자조선의 역사가 상세하게 부각되고, 단군조선의 위치가 상대적으로 격하되고 있음이 주목이다.

단군조선에 관해서는 작자불명의 『조선세기朝鮮世紀』의 기사를 인용해 놓고 3측則의 안설을 실었다. ① 기자 이전에 조선이 있었던 것은 확실하다는 것. ② 단군에 관한 우리나라 측 기록은 승려들이 쓴 것으로 황당무계한 이야기가 많다는 것. 예를 들어 환인桓因 · 제석帝釋 등 용어는 『법화경法華經』에서 나온 것이다. ③ 단군이 1017년 살았다는 것은 믿을 수 없다는 것 등이다. 『고기古記』에 대한 불신은, 당시 소론학자들이 『고기』에 의존하여 단군조선의 역사와 문화를 복원하려 했던 시도와는 대조를 이루는 것으로,[37] 한치윤의 『고기』 불신은 이들을 의식한 발언이 아닌가 한다. 그리고 단군시대에 관한 『고기』의 불신은 남인 학자인 안정복의 『동사강목』이나 정약용의 『강역고』에서도 똑같이 나타난다.[38]

단군조선에 관한 자료가 단 1건으로 그친 것과는 대조적으로 기자조선에 관한 기록은 『사기史記』· 『한서漢書』· 『후한서後漢書』· 『상서尙書』· 『상서대전尙書大傳』· 『상서소尙

37　『해동역사』 출간 직전에 나온 소론계의 이긍익의 『연려실기술』(1797)과 李種徽의 『東史』(修山集, 1803)에서는 『古記』를 많이 이용하여, 단군의 무덤, 단군의 아들 夫婁에 관한 전설, 마니산 참성단의 단군 祭天, 九月山 三聖祠에 관한 이야기들이 수록되어 있다.

38　韓永愚, 「茶山丁若鏞의 史論과 對外觀」, 『金哲俊博士華甲紀念史學論叢』, 1983(本書 11장 所收) 참고. 안정복은 『東史綱目』 考異 · 怪談辨證에서 『古記』에 보이는 神話 · 傳說 등을 황탄무계한 이야기라고 비판하면서, 단군에 관한 설화들도 마찬가지로 부인하고 있다. 남인 학자들의 단군 조선 문화에 대한 不信의 이면에는 箕子조선 文化에 대한 신뢰가 담겨져 있음이 주목된다.

書疏』·『삼재도회三才圖會』·『죽서기년竹書紀年』·『위략魏略』·『삼국지三國志』등에서 발췌하여 실었다. 그리고 안설에서는 기자의 행적에 관한 여러 사실들을 고증하고 있다. 특히 주목되는 것은, 기자가 주周 무왕武王의 신하가 되지 않았다는 이른바 '망위신복罔爲臣僕'설說을 반박하고 있다는 점이다. 원래 기자의 신복 여부는 고려시대부터 이데올로기적인 입장에서 식자들 사이에 예민한 반응을 보여 왔다. 조선초기 이래 '망위신복'설은 기자의 절개와 중국에 대한 자율성의 상징으로서 크게 주목되어 왔다[39] 그런데 한치윤이 거꾸로 '망위신복'설을 부정하고 나선 것은 이데올로기적, 도덕적 입장과는 관계 없다는 것을 유의해야 한다. 그것은 단순히 자료에 의거한 사실 고증의 결과로써 얻어진 인식에 불과한 것이다. 마찬가지 이유로, 기자조선 서술이 자세해지고 기자조선의 위치가 부상된 것도 자료 수집의 결과일 뿐, 옛날처럼 기자조선을 정통국가로 인정하려는[40] 명분상의 의도가 깔려 있는 것은 아닌 것 같다.

기자조선 다음의 위만조선에 관한 자료 수집은 종전의 수준을 크게 넘어선 것이 없으며, 특별한 안설도 보이지 않는다.

③삼한三韓 세기 : 삼조선三朝鮮 다음에 삼한세기三韓世紀를 넣은 것은 지금까지 삼조선 다음에 사군四郡을 넣고, 그 다음에 삼한을 서술하던 관례를 깨뜨린 것이다. 이것은 사군보다도 삼한의 상한上限을 더 높인 것을 의미한다. 그만큼 삼한세기는 자료 수집면에서 큰 업적으로 평가된다.『삼국지』「위지」·『한서』·『후한서』·『당서』등 지금까지 널리 쓰이던 자료 이외에『상서전尙書傳』·『모시毛詩』·『잠부론潛夫論』·『연사燕史』·『지리통석地理通釋』·『일지록日知錄』·『조선세기朝鮮世紀』·『진서晋書』등에서 많은 새 자료를 모아 그 인식 폭을 넓히고 있다. 그리하여 주초周初에도 연燕나라 근처에 한후韓侯·한성韓城이 있었다는 사실과, 기준箕準이 남쪽으로 내려오기 전에 한강 이남에 마한이 존재했으며, 기준이 망한 뒤에 다시 마한인이 자립하여 진왕이 되었다는 사실을 전하는 자료가 주목된다. 특히 한진서의 안설로써 3마한의 존재를 확인한 것은 중요한 수확으로 평가된다.[41]

---

39 韓永愚,「高麗~朝鮮前期의 箕子認識」,『朝鮮前期社會思想研究』, 1983.

40 朱子의 綱目法에 따라, 箕子朝鮮을 고조선의 유일한 正統國家로 규정한 최초의 史書는 洪汝河의『東國通鑑提綱』(1672)이며, 그 후 林象德의『東史會綱』(18세기 초)에서도 그대로 계승되었다.

41 3馬韓說은 이미 정약용의『강역고』에서 주장된 바 있어, 한진서의 創見은 아니다. 아마 한진서는『강역고』

④예濊·맥貊 세기 : 삼한 다음으로 예와 맥에 관한 자료에도 볼 만한 것이 있다. 『한서』
·『후한서』·『삼국지』 이외에 『급총주서汲冢周書』에서 예에 관한 기사를 뽑고, 한진서의
안설을 붙여 예국이 지금의 강릉부요, 임둔군이라는 주장을 세우고 있다.[42] 맥貊(貉)에 관
한 기사는 『맹자』·『급취편주急就篇註』·『유주수장幽州收藏』·『문선文選』·『상서尚書』·
『주례周禮』·『모시毛詩』·『관자管子』·『대학연의大學衍義』·『한서』·『후한서』 등에서
뽑아, 그들이 본래 중국 동북방에 있다가 험윤에 쫓겨 동방으로 들어온 것으로 되어 있다.
그리고 안설에서는 춘천에 맥국이 세워진 것으로 해석한다.[43] 한편, 『사기』에 보이는 팽
오彭吳(예맥조선을 멸한 자)와 우리나라 사서에 보이는 팽오(단군의 명命을 받아 국내산천을 다
스리고 민거를 정했다고 하는 신하)에 대해 안설을 붙여 중국의 팽오를 단군의 신하로 본 『동
사』가 잘못임을 주장하고 있다.[44]

⑤부여夫餘·옥저沃沮 세기 : 부여와 옥저에 관한 기사는 『후한서』와 『삼국지』에서 주로
뽑았으나, 이 밖에 『상서』·『통전』·『진서』·『자치통감』 등에서 새 자료를 뽑아 실었
다. 특히 부여세기 앞에는 안설을 붙여, 부여가 본래 우리나라 강역 안에 있던 나라는 아
니지만 고구려, 백제가 일어난 곳이므로 특별히 세기를 둔다고 언명하고 있다. 또 다른
안설에서는 북부여왕 해부루解夫婁가 단군의 아들 해부루가 아니라고 하여 단군과 부여와
의 혈맥 관계를 부인하고 있다.[45] 한편, 한진서는 자신의 안설을 첨가하여, 부여가 구이
중의 '부유鳧臾'와 같고 『통지씨족략通志氏族略』, 『산해경山海經』에 나오는 '불여국不與國'도
부여를 가리킨다고 하면서, 주무왕 때도 부여의 명칭이 보인다는 점(상서전) 등을 들어 그
유래가 매우 오래다고 한다. 어쨌든 부여를 삼국세기에 앞서서 독립된 세기로 다룬 것은,
지금까지 부여를 삼국시대 서술에서 부수적으로 다루어 온 관례를 깨뜨린 것이다.

⑥사군사실四郡事實 : 여기에서는 한사군의 위치를 고증함이 없이 사실 자료만을 수집하

를 읽어 보고, 3마한설을 按說로 붙인 것 같다.
[42] 濊國이 江陵府에 있었다는 說은 『고려사』 지리지 이래 통설로 내려온 것으로 새로운 주장은 아니다.
[43] 貊國이 春川에 있었다는 說도 『고려사』 이래 통설로서 새로운 것은 아니다. 그러나 貊의 본거지가 중국 동북
방이었다고 고증한 것은, 『동사강목』에서 遼地에 비정한 것과 아울러 독창적 견해라 할 만하다.
[44] 이러한 견해도 『동사강목』에서 이미 고증된 바 있다.
[45] 이 역시 『동사강목』의 결론과 같다.

고 있다. 지금까지 사군 다음에 이부二府를 설정한 관례를 깨고, 이부를 따로 설정하지 않은 것도 특이하다. 이점에 관해서는「지리고」에서 자세한 설명이 제시되어 있다.

⑦고구려 · 백제 · 신라 세기 : 삼국에 관한 세기 편차는 고구려, 백제, 신라의 순으로 되어 있다. 이 또한 지금까지 신라를 삼국의 수위首位로 서술해 온 관례를 깬 것이다. 고구려를 3국 중 가장 앞선 것으로 본 것은, 고주몽이 세운 고구려 이전에 주무왕 극상克商 후 주와 통교했다는 구려駒驪(상서전), 한사군에 속했던 고구려현의 존재를 의식한 것이다.[46] 이같은 입장은 한진서의 안설에 밝혀져 있다. 즉 고구려는 고주몽의 고구려와 그 이전의 고구려가 있다는 것과, 고주몽은 동명왕의 후예로서 동명왕과 서로 다른 인물임에도 불구하고,『삼국사기』에서 두 사람을 한 사람으로 합쳐 놓은 것은 큰 잘못이라는 것이다.

고구려 세기에는『삼국사기』에 빠진 기사들이 대량으로 수록되어 있다. 특히 자료의 성격상, 대중국 교섭 관계 기사가 많다. 3국 중 백제 · 신라세기가 각각 1권씩 배당된 데 비하여, 고구려 세기가 3권을 차지하고 있어서 고구려 관계 기사가 가장 많이 수집되고 있음을 볼 수 있다. 3국 세기 작성에 인용된 자료는 다음과 같다.

ⅰ) 고구려 세기 : 尙書傳 · 經義考 · 汲冢周書 · 汲冢周書註 · 漢書 · 後魏書 · 梁書 · 三國志 · 後漢書 · 資治通鑑 · 資治通鑑註 · 晋書 · 宋書 · 文獻通考 · 南書 · 後周書 · 北齊書 · 北史 · 陳書 · 隋書 · 圖書編 · 舊唐書 · 新唐書 · 冊府元龜 · 唐史論斷 · 石林燕語

ⅱ) 백제 세기 : 梁書 · 後漢書 · 三國志 · 文獻通考 · 晋書 · 日本紀 · 宋書 · 後魏書 · 南史 · 南齊書 · 陳書 · 北齊書 · 後周書 · 隋書 · 新唐書 · 舊唐書 · 冊府元龜 · 資治通鑑註 · 通鑑考異 · 資治通鑑.

ⅲ) 신라 세기 : 三國志 · 通典 · 梁書 · 隋書 · 兩朝平壤錄 · 資治通鑑 · 秦書 · 後魏書 · 大中遺事 · 北齊書 · 隋東蕃風俗記 · 新唐書 · 舊唐書 · 冊府元龜 · 五代史 · 遼史.

3국 세기 중에서 또 하나 주목되는 것은 신라 세기이다. 특히 신라를 백제와 가라의 부용국으로 보고, 신라 사람은 중국, 고구려, 백제 사람들이 혼잡되었다고 한『수서』의 기록

---

46 『동사강목』에서도 漢武帝 이전에 고구려가 있었다는 주장이 보인다.

이나, 신라는 나라가 작아서 스스로 사빙使聘하지 못하고 문자와 어훈語訓이 없어서 백제를 기다린 후에 중국과 통했다고 한 『양서梁書』의 기록 등은 신라의 후진성을 말해 주는 것으로,[47] 『삼국사기』에서 찾아볼 수 없는 것이다.

백제세기를 신라세기 앞에 넣은 것은 온조의 건국이 빠르다고 보아서가 아니라, 그들의 조상(구태仇台)이 부여 동명왕의 후예로서 대방고지에 입국한 사실이 있다는 『수서』의 기록에 의거한 것 같다.

이와 같이 삼국세기는 『삼국사기』와 다른 삼국상三國像을 세워 놓았지만, 중국 측 문헌에 3국 왕들의 세차世次를 잘못 기록한 것은 『삼국사기』 기사를 기준으로 하여 바로잡고 있어, 중국 문헌을 무조건 믿는 입장은 아니다.

⑧발해세기渤海世紀 : 3국 다음에 발해를 독립된 세기로 넣은 것도 지금까지의 관례를 깬 것이다.[48] 여기에서는 먼저 안설을 통해 『동사』를 인용하면서 고구려 구장 대조영이 세운 발해가 300년의 역사와 5천 리의 영토를 가진 해동성국海東盛國이었음을 밝히고, 『신구당서新舊唐書』·『책부원구冊府元龜』·『오대사五代史』·『자치통감資治通鑑』·『요사遼史』·『금사金史』·『송사宋史』·『송막기문松漠記聞』·『자치통감주資治通鑑註』·『요사고증遼史考證』·『국어해國語解』 등에 보이는 발해 관계 기사를 모았다. 발해 시조 대조영이 고구려인이냐 말갈인이냐의 문제는 중국 측 기록에도 양설이 있고, 이를 받아들이는 우리나라 측 사서도 양론兩論으로 갈리고 있는데,[49] 한치윤의 안설은 대조영을 고구려인으로 규정하고

47 신라가 3국 중 가장 후진국이었다는 인식은 『동사강목』, 『강역고』에서도 보인다. 『동사강목』은 百濟가 '最大國'이요, 신라가 '微側하고 荒陋'한 나라로 보고 있다. 『강역고』의 신라관에 대해서는 拙稿, 「茶山 丁若鏞의 史論과 對外觀」(本書 11장) 참조.

48 안정복의 『동사강목』에 이르기까지 발해는 三國의 附庸의 존재로 취급해 온 것이 지금까지의 관례였다. 그러다가 柳得恭의 『渤海考』(1784)에서 발해에 대한 전문적 연구가 나타나고 이어 『연려실기술』과 『강역고』에서 독립된 항으로 발해를 다루었고, 洪奭周의 「渤海世家」(1833년 이전)도 이 부류에 속하나, 『해동역사』보다는 편찬 시기가 뒤늦은 것 같다.

49 『舊唐書』에서는 "大祚榮者 本高麗別也"라 하였고, 『新五代史』에서도 "渤海 … 高麗之別種也 … 高麗別種 大乞乞仲象 … 仲象子祚榮立 …"이라 하여 대조영을 고구려인으로 보고 있다. 한편, 『新唐書』에서는 "渤海本粟末靺鞨附高麗者 姓大氏"라 하여 大氏를 본래 粟末靺人으로 보고 있다.
우리나라 측 史書 중 『동사강목』에서는 大祚榮을 말갈 추장이라 하여 고구려인으로 보지 않았고, 정약용의 『강역고』에서도 대조영이 고구려인이라고 확언하는 언급은 없다. 한국 측 史書로서는 조선초기의 관찬 사서들이 공통적으로 대조영을 고구려인으로 보았으며, 조선 후기에는 許穆·柳得恭 등이 그와 같은 입장을 견지하였다. 이점에 관해서는 李萬烈, 「朝鮮後期의 渤海史認識」, 『한우근박사 정년기념 사학논총』, 1981,

있다. 이점은 발해 세기의 성격과 관련하여 주목할 사항이다.

⑨ 고려세기高麗世紀 : 고려 세기는 4권으로 구성되어 있다. 첫머리의 안설에서는, 고려가 고구려 구지舊地에서 일어났기 때문에 국호를 고려로 했다는 것, 태조 왕건의 조상이 당나라 선종宣宗에서 나왔다는 국내 측 기록은 확실치 않다는 것, 『당서』·『고려도경高麗圖經』·『송사宋史』 등에서 고려를 고씨高氏(고구려)의 왕위를 계승한 자로 본 것은 모두 잘못이라는 것을 지적하고 있다.

고려세기에 인용된 자료는 『자치통감』·『고려도경』·『요사遼史』·『오대사五代史』·『책부원구冊府元龜』·『송사』·『의각료잡기猗覺寮雜記』·『문헌통고』·『금사金史』·『원사元史』·『명산장왕향기名山藏王享記』·『일본전日本傳』·『일하구문日下舊聞』·『홍간속록弘簡續錄』·『경신외사庚申外史』·『명사明史』·『대명회전大明會典』·『무비지武備志』 등에서 뽑은 것으로 『고려사』에 누락된 대중국 관계 기사가 많이 보완되었다. 그러나 『고려도경』을 비롯하여 중국 측 기록에 보이는 고려왕의 세차世次나 홍거薨去에 관한 착오를 『고려사』를 기준으로 하여 교정한 것이 많다.[50] 그리고 『금사』에서 "장백산長白山은 금金이 일어난 곳"이라는 기사 뒤에 안설을 붙여, 금나라의 조상은 고려에서 나왔으며, 고려를 부모향으로 섬겼다는 것을 『고려사』 세가의 기록에 의거하여 밝혀내고 있다. 이는 여진족에 대한 고려의 우월성을 의식한 발언이라 하겠다.

⑩ 제소국세기諸小國世紀 : 세기의 마지막에서는 나려羅麗 시대의 속국으로서 가라加羅·임나任那·탐라耽羅·태봉泰封·후백제後百濟·휴인국休忍國·비류국沸流國·정안국定安國 등 8개 소국小國에 관한 자료를 모았다.

먼저 가라에 대해서는 안설을 통해 가라가 10세 491년의 역사를 가진 나라임을 밝히고, 『삼국지』·『오학편吾學編』·『남제서南齊書』·『북사』에 실린 기사를 모았다. 그 기록 가운데,

---

448~455쪽 참고.
50 『고려도경』의 착오에 대한 교정은 『해동역사』의 지리고와 여러 志에서도 보이고 있는바 이는 『고려도경』 출간 이후 최초의 본격적 비판이라 할 수 있다.

日本이 百餘國의 附庸國을 가졌는데, 狗耶韓國이 가장 컸다.

는『오학편』의 기사가 눈길을 끈다. 이 기사 뒤에 한치윤은 안설을 붙여,

狗耶韓國이라는 것은, 狗耶가 본래 弁韓의 屬國이기 때문에 그렇게 부른 것이다.

라고만 설명하고 있다. 따라서 변한 12국 중에 구야(가라)가 있고, 구야가 일본의 부용국 중 가장 큰 나라라는 결론이 된다.

임나에 대해서는, 안설을 통해, 임나와 가라(가야)가 별개의 나라라고 주장하고, 그 위치를 알 수 없으나 변한의 땅에 있으며, 6가야 중의 하나일 것으로 추정하고 있다. 그리하여『일본기日本記』에서 임나를 가라의 별칭으로 본 것은 잘못이라고 주장한다. 그러나 임나와 일본과의 관계에 대해서는, 교빙지交聘志의 통일본시말通日本始末에서 재론하고 있는 바, 여기서는 다시 안설을 통해 왜왕이 백제·신라·임나·진한·모한慕韓 등 여러 나라의 군사를 도독했다고 한『송서』·『통전』 등의 기사는 사실과 다르다고 반박하고, 그것은 어디까지나 '自夸之辭'일 것으로 단정하고 있다. 그러면서 도리어 일본의 유교儒敎·기용器用·공기工伎 등이 모두 백제로부터 건너간 사실을 지적하고 있다.

어쨌든 한치윤은 가라가 일본의 부용국임을 인정하는 자료를 싣고 이에 대한 직접적인 반박을 하지 못했다. 일본 측 기록인『일본기』를 인용한 것도 지금까지 없던 새로운 시도이다.[51] 그러나 다른 곳에서 인용하고 있는『일본서기』를 이곳에서 인용하지 않은 것은 의도적인 것인지 그 이유를 알 수 없다. 아마 너무 황당한 기사가 많아 일부러 뺀 것인지도 모른다.

탐라에 관해서는 한진서의 안설을 통해, 중국 측 사서에 보이는 탐라耽羅·섭라涉羅·담모라躭牟羅·담라儋羅·탐부라躭浮羅·모라毛羅 등이 모두 같은 뜻으로서 '섬나라'라는 뜻을 가진 것이라 한다. 탐라에 관한 자료는『책부원구冊府元龜』·『창려집昌黎集』·『일본기』·『후위서後魏書』·『수서隋書』·『신당서新唐書』·『몽계필담夢溪筆談』·『원사元史』 등에서

---

51 『해동역사』와 거의 비슷한 시기에 편찬된 李晴(茶山의 弟子)의『大東水經』(1814)에서도『日本書紀』,『異稱日本傳』,『和漢三才圖會』같은 일본 측 자료가 인용되고, 神功皇后의 新羅征伐 기사가 소개되고 있어, 19세기 초의 南人 學人 사이에서는 일본측 자료의 이용이 어느 정도 보편화되었던 것 같다.

뽑았다.

태봉국泰封國에 관해서는 『자치통감』·『전당시全唐詩』·『남당서南唐書』에서, 후백제는 『오대사五代史』에서, 휴인국休忍國에 관한 것은 『대청일통지大淸一統志』·『자치통감』에서, 비류국沸流國은 『요사』에서, 정안국定安國은 『송사』에서 각각 자료를 모았다. 한편, 휴인 국은 그 위치가 불명하고, 비류국은 압록강(초산楚山) 격강지이며, 정안국은 지금의 홍경 興京지방이라는 안설이 실려 있다.

이들 제소국 중 특히 탐라, 휴인·비류·정안국 등은 지금까지 별로 관심을 끌지 못했던 것으로, 이를 세기에 넣은 것은 그만큼 국사의 국가적 범위를 확대시킨 것을 의미한다.[52]

(2) 지志의 분석

지는 총 13별別 43권으로 책 전체 분량의 약 반을 차지한다. 세기에 비하면 2.5배가 넘 는다. 그만큼 『해동역사』에서 지의 비중이 가장 크다.

다시 13지 가운데서 각 별이 차지하는 분량을 비교해 보면, 예문지藝文志가 18권으로 가 장 많고, 다음에 교빙지交聘志가 9권으로 두 번째이며, 그 다음에 예지禮志(4권), 물산지物産 志(2권), 관씨지官氏志(2권), 그리고 성력지星曆志·악지樂志·병지兵志·형지刑志·식화지食 貨志·풍속지風俗志·궁실지宮室志·석지釋志는 각각 1권으로 되어 있다. 예문과 교빙을 합 하여 27권으로 13지의 약 반을 차지한다는 것은, 학술, 문예와 외교 관계를 가장 큰 비중 으로 다루고 있음을 뜻한다. 또 이를 뒤집어 말하면, 이 관계 기사가 외국 측 문헌에서 상 대적으로 많이 수집되고 있다는 뜻도 된다. 이제 가장 비중이 큰 예문지부터 시작하여 각 지의 성격을 개별적으로 검토하기로 한다.

① 예문지藝文志 : 예문지는 경적經籍·서법書法·비각碑刻·화畵·시詩·문文·잡철雜綴 등 7개조로 구성되어 있다. 이 중에서 분량이 제일 많은 것은 경적과 시·문이다. 이는 한 치윤의 한·중·일 3국 간의 문화교류 특히 학술과 문학의 교류에 대한 각별한 관심의 반 영일 수 있다. 자료를 뽑는 기준에 있어서는 우리나라 사람이 쓴 것만을 대상으로 삼지

---

52 『동사강목』에서는 休忍과 州胡國에 대한 고증이 地理考에 보이고, 『연려실기술』에서는 沸流·미추홀국· 탐라·州胡 등이 취급되고 있다.

않고, 외국인이 쓴 것이라도 우리나라에 관계되는 내용을 담은 것이면 가능한 한 수록하였다. 또 국내에서는 영향력이 뚜렷하지 않은 인물이나 서적이라도 외국에 큰 영향을 준 것이면 다 수록하려고 하였다. 따라서 우리 문화가 외국에 어떻게 영향을 주었으며, 외국인의 눈에 어떻게 비쳤는가, 또 외국 문화가 우리나라에 어떤 영향을 주었는가를 알리려고 하는 것이 예문지 편찬의 목적이라 할 수 있다.

먼저 경적조經籍條에서는 앞머리의 총론에서, 기자箕子로부터 조선조에 이르기까지 역대 왕조에서 중국과 서로 도서를 교환 수집한 사실과, 우리나라 특유의 이본이 많은 것을 알리는 자료를 실었다. 또 안설을 통해서, 고려의 도서 수장 실태, 조선왕조 때 명·청에서 보내온 서적의 종류를 상세히 소개하고 있다. 특히 삼국시대의 경적과 관련하여 백제의 경적 기사를 많이 싣고, 신라에 관한 것은 빠져 있다.

총론 다음에는 우리나라에서 간행된 경적을 경經·사史·자子·집集의 순으로 소개하고 있다. 경서經書 중에 우리나라 고유의 상서尚書·홍범洪範·맹자孟子 등이 있었음을 소개한 것은 새로운 정보로서 눈길을 끈다. 그밖에 자·사·집의 서목 중에는 백제에서 일본에 전해 준 천문서天文書·지리서地理書 등이 소개되고 있다.

본국서목本國書目 다음에는 중국서목中國書目이 역시 경經·사史·자子·집集의 순으로 소개되고 있다. 이것들은 우리나라에서 중국으로부터 구입해 온 서적을 가리킨다. 여기서도 백제가 일본에 전해 준 방술서·산해경·역경·법화경·천자문 등이 소개되고 있다. 또 중국서목 끝에는, 중국인이 쓴 우리나라에 관한 58종의 서적이 실려 있다.

다음에 예문지에서 경적 다음으로 크게 다루어지고 있는 시·문에 관해 알아보자. 여기서는 먼저 본국시와 문, 다음에 중국시와 문에 관한 기록이 모아졌다. 본국시는 기자의 맥수가麥秀歌와 여옥麗玉의 공후인으로부터 시작하여 고구려, 신라, 고려, 조선왕조에 만들어진 100여 수의 시들이다. 중국시는 모두 210여 수로서, 중국인이 우리나라 사람에게 써 준 것, 우리나라에 오는 사신에게 써 준 것, 우리나라의 지리, 인물, 유적, 사건, 건축 등을 노래한 것들이다. 그리고 중국시 뒤에는 일본인이 우리나라 사람에게 써 준 일본시 6수를 부록으로 넣었다.

시 다음에 이어지는 문은, 중국 및 일본에 보낸 외교문서와 서書·기記·서序·명銘, 중국 측에서 쓴 외교문서와 우리나라에 관련된 계啓·론論·송頌·서序·기記·명銘 등이다. 발해가 일본에 보낸 국서도 외교문서 속에 포함되어 있다. 문에 실린 글들은 대부분 국내 측 문헌에 보이지 않는 희귀한 것들로서 외교관계 이해에 큰 도움을 준다. 중국문의 마지막에는 서긍徐兢의 『고려해도일록高麗海道日錄』을 비롯하여 예겸倪謙의 『조선기사朝鮮紀事』, 장녕張寧의 『봉사록奉使錄』, 동월董越의 『조선부朝鮮賦』등 중국 사신으로서 우리나라에 다녀가서 쓴 보고서가 실려 있다.

다음에는 예문지 중 서법書法·비각碑刻·화畫·잡철雜綴에 대하여 간단히 언급하기로 한다. 먼저 서법에서는 중국 역대 서법이 우리나라에 받아들여진 사례 기사를 모으고, 비각에서는 관구검毋丘儉의 불내성기공비不耐城紀功碑, 소정방蘇定方의 평백제탑비명平百濟塔碑銘 등 4개의 비명碑銘을 소개하였다. 화畫에서는 백제의 백여白如·하성河成 등이 일본에 건너가 일본 화단에 크게 공헌한 기록을 일본 측 문헌에서 뽑았고, 고려시대 화가와 그림에 관한 자료가 수집되었다. 예문지에 실린 기사들은 단순한 목록학目錄學의 수준을 뛰어넘어 직접 본문을 수록했다는 데 큰 의미가 있다. 특히 시대별로 따진다면, 지금까지 가장 빈약한 자료밖에 전하지 않던 백제 관계 예문 자료가 비약적으로 보완된 것은 특기할 만하다. 또 결과론적인 이야기이기는 하지만, 예문지는 우리 문화가 중국의 영향만 받은 것이 아니라, 영향을 준 것도 있고, 중국인의 눈에 높은 문화국으로 비쳤으며, 특히 일본에 대해서는 일방적으로 문화를 전수하는 관계였다는 것을 보여 준다.

② 교빙지交聘志：교빙지는 조공朝貢·상국사上國使·영송迎送·관대館待·반차班次·연향宴饗·정삭正朔·공도貢道·해도海道·표류漂流·통일본시말通日本始末 등 11개항으로 구성되어 있다.

조공은 중국에 사신을 파견한 사례들을 적은 것으로, 구이로부터 시작하여 기자조선에서 조선왕조(숭정 2년까지)까지 포괄하고 있다. 조공 기사들은 『삼국사기』·『고려사』등 국내 측 문헌에도 보이는 것으로 큰 가치는 없다. 그러나 구이九夷의 조공 관계를 넣은 것은, 세기에 동이총기를 넣은 것과 아울러 국사를 보는 시야를 크게 확대시킨 것이다.

상국사는 중국에서 온 사신 관계 기사인데, 인적 상황보다도 물품 교류에 역점을 두고 자료를 모은 것이 특색이다. 영송迎送·관대館待·연향宴饗·반차班次는 우리나라 사신을 중국에서 접대하는 의식, 숙소에 관한 것이다. 정삭은 중국의 반력班曆을 소개한 것으로, 끝에 우리나라 고유의 연호가 부기되었다. 연호에 대한 안설에서, 중국이 분열되어 정삭 시행이 어려울 때, 고유 연호를 쓰게 되었다는 해석을 내린 것은 특이하다.

공도貢道와 해도에서는 사신 교통로를 적은 것이다. 특히 한치윤은 안설을 통해 사행로使行路의 상세한 일정을 소개하여, 중국에 왕래하는 사행들에게 편람의 구실을 할 수 있도록 배려한 것 같다. 해도의 말미에는 사행해로라 하여 수군 항로를 소개하고, 그 뒤에는 통왜해로通倭海路, 즉 일본에 가는 사행로를 소개하였다. 그런데 여기서 특히 주목되는 것은 한치윤의 안설이다. 즉 한치윤은 옛부터 일본이 중국과 우리나라를 침략할 때 어떤 해로를 이용했는가를 상세히 소개하고, 이에 대한 인식이 '해방지책海防之策'을 세우는 데 도움이 되기를 바란다는 목적을 밝히고 있다. 말하자면, 일본과의 해로는 단순한 문화 · 경제 교류의 통로로서만 의미를 가지는 것이 아니라, 국방 차원에서도 중요한 의미가 있음을 깊이 인식하고 있는 것이다.

교빙지의 마지막에 실린 통일본시말은 한일교류사 자료에 해당한다. 앞머리에 붙인 안설은 한치윤의 대일관을 보여 주는 것으로 그 일부를 옮겨 본다.

> 우리나라가 日本과 通交하기 시작한 것은 任那부터다. 그 뒤 신라 · 백제 · 고구려가 차례로 통교하였고, 발해 · 고려에 이르러서도 사신이 끊이지 않았다. …… 漢 이래로 倭와 韓은 帶方에 속하여 서로 동등한 위치에 있었다. 倭王 武와 珍은 일찍이 倭 · 백제 · 新羅 · 任那 · 秦韓 · 慕韓 여러 나라의 軍事를 持節都督한다고 자칭했지만, 신라와 백제 여러 나라의 군대가 어찌 그 節制를 받았겠는가. 이는 스스로 뽐내는 말에 지나지 않는다. 그렇지만 이웃 나라로서 우호와 사신 교류는 그치지 않았다. 서적을 전해 준 것은 (백제의) 辰孫으로부터 시작되었고, 유교가 일어난 것은 王仁으로부터 비롯되며, 器用 · 공기도 모두 백제로부터 얻어갔다. 聖武天皇은 高氏와 형제가 된다는 것을 숨기지 않았으나, 발해 大氏만은 얕잡아서 조카라고 칭했다. 그러나 渤海의 國書는 일본을 대등한 이웃나라로 대접하였다.

즉 고대의 한일 관계는 한마디로 말하여 문화적으로는 일방적인 전수 관계이고, 정치적으로는 대등한 관계라고 보는 것이다. 이러한 전제 밑에 한치윤은 『일본서기』· 『일본기』· 『화한삼재도회』· 『이칭일본전』· 『속일본기續日本記』· 『일본일사日本逸史』· 『유취일본국사類聚日本國史』· 『일본삼대실록日本三代實錄』· 『제왕편년집성帝王編年集成』등 지금까지 우리나라 지식인들이 편사에 이용해 본 일이 없는 일본 측 문헌에서 한일 관계사 자료를 모았다. 여기에 모아진 자료는 임나에서 고려 말에 이르는 기간에 해당한다. 조선왕조 이후의 한일 전란 관계 자료는 비어고備禦考에서 따로 다루고 있다. 우리나라 사서에서 한일외교사 · 한일문화교류사 및 한일전란사를 다룬 것은 『해동역사』가 최초이며,[53] 이점에서도 이 책은 크나큰 의미를 가진다.

③ 예지禮志 : 예지는 제례祭禮 · 조례朝禮 · 연례燕禮 · 혼례昏禮 · 학례學禮 · 빈례賓禮 · 의물儀物 · 상례喪禮 등 8개 항목으로 분류된다. 제례에서는 역대의 제천祭天 · 묘제廟制(시조신) · 사서士庶의 묘제를 소개하고, 이어 잡사雜祀로서 삼한 · 삼국 · 고려의 민속신앙에 관한 자료를 모았다. 조례와 연례는 궁중의식, 혼례는 국혼과 사서혼례에 관한 자료다. 학례는 국학國學(관립학교), 과시科試(과거 제도), 빈공賓貢(중국 유학)의 순으로 자료를 모으고, 끝에 안설로써 우리나라 사인으로 중국에서 등제登第한 자의 수와 명단이 소개되고 있다. 빈례는 중국 사신을 접대하는 의식을, 의물에서는 역대의 장복章服을 군복 · 신복臣服 · 사서부인복士庶婦人服의 순으로 소개하였다. 상례에서는 역대의 상례를 소개하고, 부록으로 평양의 기자묘箕子墓에 관한 자료를 소개한 다음 한진서의 안설을 통해, 중국 여러 지방에 있다고 전해지는 기자묘의 허구성을 주장하였다.

예지에서 특히 주목되는 것은 묘제 · 혼례 · 장복 등에서 사士와 서庶로 나누어, 서인에 관계되는 예제까지도 함께 수록한 사실이다. 이점은 뒤에 살피게 될 풍속지風俗志의 내용이 일반 서민들의 생활풍습과 관계되는 자료가 많은 것과 아울러 한치윤의 문화사 정리 안목이 지배층 문화에만 치우쳐 있지 않고 서민문화까지도 포용하는 자세를 가졌음을 보여 주는 것이라 하겠다.

④ 성력지星曆志 · 악지樂志 : 성력지에서는 성야星野(별자리) · 측후測候 · 역력歷曆 · 징응徵應(점성占星)으로 분류되고 있다. 징응을 제외하고는 중국의 입장에서 본 우리나라의 천문天文 · 기후氣候 · 역력曆에 관한 기록으로서 정확성이 부족할 뿐 아니라, 조선 시대에 들어와 독

---

53 19세기 초 학자로서 韓日관계사에 관심을 가진 또 다른 학자는 丁若鏞이다. 그는 18세기 말에 日本論, 1811년에 民堡議를 써서 일본에 대한 관심을 보였고, 말년에는 日本考 · 備禦考 등을 써서 우리나라 및 중국 측 문헌에 보이는 일본 관계 자료를 모았다. 특히 備禦考는 명칭상으로도 『해동역사』의 비어고와 같고, 壬亂 관계 자료를 모은 사실도 서로 같다. 정약용의 日本考와 備禦考는 그의 解配(1818) 후의 편찬으로 보여, 『해동역사』의 영향을 받은 것으로 생각된다.

자적으로 천문·기후를 측정한 사실이 있고, 역曆도 세종조에 칠정산내외편七政算內外篇을 만든 사실 등을 안설을 통해 소개하였다.

악지에서는 동이·고조선으로부터 조선조에 이르는 기간의 악제樂制·악기樂器·악가樂歌·악무樂舞에 관한 기록을 중국·일본 측 자료에서 모은 것이다. 특히 3국 이전의 음악 자료가 정리된 것과, 백제의 악사樂師 3인(味摩之·己中芳·加多憲)이 일본에 건너가 일본음악을 창시했다는 자료는 새로운 발굴이다. 또 고구려 악가·악무로서 지주가芝酒歌·지서무芝栖舞·호선무胡旋舞·괴뢰傀儡·월조越調 등이 발굴된 것도 큰 수확이다.

⑤병지兵志: 병지는 병제兵制·병기兵器·마정馬政으로 구성되었다. 특히 병기와 관련하여 조선시대 병기로서 일본의 조총鳥銃을 소개하면서 안설을 통해 병기의 중요성을 강조하고 있어 주목된다.

임진왜란 때 한 달 만에 京城이 함락되고, 八路가 진동한 것은 昇平이 오래되어 백성들이 兵을 모른 데서 온 것이지만, 사실은 倭人이 조총을 가진 데 대하여 우리나라는 火器가 없었다는 것이 이유이다. 우리나라 사람들은 헛되이 弓矢만을 숭상하고 火器를 익히지 않았다. …… 임진년 이후로 훈련도감에서 그 제작법을 모방하여 조총을 만들고, 당시에도 이를 조금 施用하였다. 지금은 훈련도감의 砲手가 조총을 전문적으로 익히고 列邑의 軍器도 조총이 많다. 그러나 아직도 倭人이 만든 것처럼 정교하고 열째지는 못하다.

이 글에서 한치윤은 병지를 만든 목적이 단순히 자료 수집에 있는 것이 아니라, 예민한 국방의식을 가지고 무기 개선을 열망하는 자세가 보인다. 이점은 교빙지에서 보여준 '해방지책'에 대한 제언과도 관련하여 한치윤의 현실감각을 이해하는 데 도움이 된다.

병지의 마지막 마정에서는 역대의 산마産馬 등을 소개하고, 끝에 한진서의 안설을 통해 우리나라에서 원元·명明에 보낸 공마貢馬의 수를 소개하면서, 특히 조선초기 한 번에 만여 필씩 보낸 사실을 들고,

이로써 당시 馬畜의 번식이 지금 따를 수 없었음을 알겠다.

고 하여, 조선초기의 마정馬政(양마養馬)이 크게 발전한 것을 부러워하고 있다. 여기서도 찬자의 국방에 관한 관심을 읽을 수 있다.

⑥ 형지刑志 : 형지는 형제刑制 한 항목만을 다루고 있어 어느 지志보다도 간략하다. 형제에서는 기자의 팔조교八條敎, 부여의 금법禁法, 예濊의 책화責禍, 그리고 3국·고려의 형제를 소개하고, 끝에 중국의 금령禁令을 부기하였다.

형제에서 특히 주목되는 것은 기자팔조교에 대해 안설을 붙여 새롭게 해석한 것이다. 즉 『한서』에 실린 팔조교에 대해 어떤 이는 3조밖에 모른다 하고, 또 어떤 이는 5륜이 합쳐져 팔조가 되었을 것이라고 하며, 또 어떤 이는 홍범 가운데 삼팔정三八政이 이에 해당한다고 하는데 이는 모두 잘못된 해석이다. 한치윤이 본 바로는 『한서』의 팔조교 기사는 3조만 실린 것이 아니라 4조가 실린 것이다. 상살相殺·상상相傷·상도相盜 이외에 '가취무소수嫁聚無所讎'가 더 있다. 그래서 팔조교 때문에 부인이 정신貞信하고 음벽淫辟하지 않게 되었다. 또한 한치윤은 팔조교는 '敎'가 아니라 '禁'이라고 하는 새로운 해석을 가했다.

팔조교를 이렇듯 도덕윤리 덕목으로 보기보다는 금법으로 보았기 때문에 형지에 넣은 것이다. 그러나 팔조교는 풍속지의 잡속조에서도 실려 있어 한치윤은 이를 우리나라의 미풍양속의 하나로도 간주하고 있음을 볼 수 있다. 어쨌든 팔조교를 형지에 넣은 것은 지금까지 이를 윤리·도덕적 차원에서 이해해 온 것과는 다르다.

⑦ 식화지食貨志 : 식화지는 전제田制·농상農桑·부세賦稅·봉록俸祿·창고倉庫·권량權糧·임대賃貸·시역市易·호시互市·전화錢貨 등 10조로 분류되었다.

전제에서는 기자의 정전井田과 고려의 전제만을 소개하였다. 특히 기자정전箕子井田에 대해서는 안설을 통해 한백겸의 기전도설箕田圖說을 소개한 다음 이를 찬탄하는 평을 쓰고 있다.

농상에서는 부여·옥저·삼한·예·삼국·탐라·고려의 전잠田蠶에 관한 기사를 모았다. 특히 『수서』에 보이는 "新羅 田甚良沃 水陸兼種"이라는 기사에 대한 한진서의 안설이 눈길을 끈다. 즉 영남은 비옥한 땅이 많아서 봄에는 보리를 심고 여름에는 물을 대어 벼를 심는다고 말하고, '水陸兼種'이란 이런 도맥이모작稻麥二毛作을 두고 한 말로 해석한다. 그러니까 이모작의 기원을 신라에서 찾는다.

식화지 중에서 또 하나 주목되는 것은 호시조互市條이다. 이는 국제무역에 관한 자료를 모은 것으로, 예맥·조선·신라·발해·고려·조선 시대에 걸치고 있다. 특히 조선조의 중국 및 일본과의 호시에 관해서는 한치윤 자신이 안설을 붙여, 중강개시中江開市·중강후시中江後市·책문후시柵門後市·북관개시北關開市·회령개시會寧開市·경원개시慶源開市·왜관개시倭館開市의 연혁과 교역 품목을 상세히 설명하고 있다. 이는 한치윤이 국제무역에 대해서 비상한 관심을 가지고 있음을 반영하는 것으로 생각할 수 있다.

한치윤의 상업에 대한 관심은 전화조錢貨條에서도 나타난다. 특히 고려 시대 전화錢貨인 은병銀甁·활구闊口·동전銅錢을 소개하면서 자신의 안설을 붙여, 그 주조 연대와 시폐施廢 연혁, 생김새, 가치 등을 자세히 설명한다. 이는 교빙지에서 조공품목에 대하여 보인 관심과도 맥락을 같이하는 것으로 풀이된다.

⑧ 물산지物產志 : 물산지는 모두 15개 항으로 나뉘어져 있다(748쪽 표 참조). 먼저 총론에서는 삼한 이래 역대의 물산에 관한 종합자료를 모았고, 금옥주석류金玉珠石類에서는 황금黃金·은銀·동銅·철鐵·옥玉·주珠·호박號珀·백수정白水晶·석유리石琉璃·송풍석松風石·유황琉黃·석등石燈·석유石油의 순으로 자료가 배열되어 있다.

포백류布帛類에서는 포布(麻布)·목면포木綿布·첩포氈布(毛布)·저포紵布(견직)·면주綿紬·용초龍綃·능라綾羅·염자染紫 등이 소개되고 있다. 특히 목면木綿 항에서는 안설을 통해, 우리나라 목면이 문익점文益漸에 의해 수입되었음을 첨부하여 깊은 관심을 표명하고 있다.

곡류에서는 서黍·양梁·맥麥·호마胡麻·도稻·두豆·마자麻子·반飯·주酒·임려장林慮醬·고糕 등을 소개하면서, 찬자가 안설을 붙여 우리나라 속명俗名을 한글로 첨부하여 이해를 돕고 있다.

초류草類에서는 인삼人蔘·토사자菟絲子·백부자白附子·오미자五味子·구기자枸杞子·산삼山蔘·왕과王瓜·남등근藍藤根·여여蕳茹·박하薄荷·세신細辛·형개荊芥·필관筆管·산장酸漿·만화석초滿花席草·연초煙草를 소개하고, 각 초류에 대한 우리의 속명이 있는 것은 한글 이름을 달아 주고 있다. 특히 인삼과 연초에 대해서는 안설을 붙여 그 재배법과 상업적 가치를 해설해 주고 있는 것이 주목된다. 즉 인삼에 대해서는 두 개의 안설을 써서 앞에서는 인삼 재배법을 상세히 소개하고, 뒤에서는 인삼을 이용하는 방법을 설명하면서『화한삼재도회和漢三才圖會』에서 일본인이 인삼 이용법을 잘 모르고 쓴 것을 가소롭다고 지적하고 있다. 한편, 연초에 대한 안설에서는 중국·일본·우리나라에 연초가 들어오게 된 배경과 그 사용법을 상세하게 설명하고, 끝에 연초 재배의 상업적 가치에 대하여 다음과 같이 쓰고 있다.

지금은 公卿大夫로부터 아래로는 부녀자와 종에 이르기까지 담배를 피우지 않는 사람이 없다. 농가에서는 밭두렁마다 담배를 심어 이득을 얻는 것이 곡식을 심는 것보다 배나 된다. 그래서 좋은 밭들이 담배를 심지 않는 데가 없다. 평안도·황해도에서 생산되는 것을 西草라 하는데 맛이 한층 향기롭고 가격도 배나 된다.

여기에서 한치윤이 물산지物産志를 설정한 문제의식이 단순한 자료 정리에 있는 것이 아니라, 우리나라 물산의 상업적 가치에 착목하고 있다는 사실이 주목된다. 이는 한치윤이 당시에 유행했던 상업적 농업에 대한 관심이 비상했음을 보여 주는 것이다.

화류花類에서는 10종의 꽃들이 소개되고 있으나 특별한 관심은 보이지 않는다.

채류菜類에서는 11종의 채소를, 과류果類에서는 15종, 죽목류竹木類에서는 7종의 나무를 소개하고 있다. 특히 죽목류 중에서 황칠黃漆에 대해서는 한진서의 안설에서, 지금의 완도莞島에서만 그것이 생산되고 있다고 그 출산지를 제시하고 있다.

금류禽類에서는 6종의 새를, 수류獸類에서는 18종의 짐승을, 어류魚類에서는 21종의 물고기를, 충류蟲類에서는 7종의 곤충을, 각각 소개하고 있다. 그중에서 『동의보감』·『지봉유설』 등에 보이는 기록을 안설로 소개하여 설명을 보완하고 있다.

문방류文房類에서는 연硯·필筆·묵墨·지紙를 소개하였다. 여기에 모아진 자료들은 한결같이 우리나라 문방구文房具의 우수한 성능을 찬양한 글들이다. 그런데 한치윤은 안설按說을 붙여 연·필·지에 대한 더욱 상세한 해설을 가하고 있다. 즉 연에 대해서는 남포藍浦의 오석烏石, 관서關西의 자석紫石, 북도北道의 청석靑石이 이름 높다고 하여 그 명산지를 소개하고 있다. 필에 대해서도 '우리나라 黃鼠毛筆이 중국에서 귀하게 여겨진다'고 한 다음, 중국인들이 황서黃鼠의 이름을 잘못 알고 서랑鼠狼이니 랑모狼毛니 한 것을 잘못이라고 지적한다. 종이에 대해서도 고려의 청지靑紙가 질이 좋다는 자료를 소개한 다음, 청지를 사용한 유래가 오래, 부처의 뱃속에서도 왕왕 발견된다고 부기하고 있다. 김생金生이 쓴 불경도 청지라 한다. 끝으로 완호류玩好類에서는 만불산萬佛山, 자금대紫金帶 등 6종의 완호물을 소개하고 있으나 특별한 내용은 없다.

물산지를 지志의 한 분야로 넣은 것은 그 발상 자체가 매우 특이하다. 지는 제도·사상 등만을 다루는 것이 관례로 되어 왔으나, 여기서는 그 관례를 깨고, 국토에서 생산되는 광물·의복 재료·식품·약재·가구 재료·짐승·수산 자원·문방 재료 등을 총망라해서 소개한 것은 이용후생에 관한 비상한 관심이 없이는 시도될 수 없는 작업이다.

⑨ **풍속지風俗志**: 풍속지는 1권으로 구성되어 있고, 잡속雜俗·방언方言 두 항목을 다루고 있을 뿐이다. 그러나 풍속지를 설정한 그 자체만으로도 사학사상 큰 의미를 갖는다. 지금까지 풍속지를 독립된 지로 다룬 사서가 없을 뿐 아니라, 여기에 소개된 풍속 자료들은 흔히 유학자들이 이풍夷風으로 천시해 오고 사서에 싣기를 꺼려했던 내용을 많이 담고 있는 까닭이다.

먼저 잡속조에서는 기자의 팔조교, 부여의 형사처수제兄死妻嫂制와 하호제下戶制, 삼한의 문신 풍습과 편두編頭, 고구려의 하호제·창악倡樂·음사淫祠·호음好淫·장갱長坑(온돌)·경당扃堂, 백제의 문신·바둑·그네 등의 잡희, 신라의 화백·가배嘉俳, 고려의 연등·단오·그네·고려장·다처제·부부혼욕·음사 등이 소개되고 있다. 조선의 잡속은 『오잡조五雜組』·『황화집皇華集』·『조선기사朝鮮紀事』·『조선부朝鮮賦』·『청일통지淸一統志』에 실린 기사를 모은 것으로, 모두가 기자의 후예로서 예의도덕이 발달한 나라라는 칭송 기사로 채워져 있다. 한치윤은 이러한 기사에 대하여 특별한 논평을 가하지는 않았으나, 기자 이후로 인현仁賢의 교화가 이루어지고, 공자가 가서 살고 싶다고 말하기까지 된 우리나라의 풍속에 대하여 상당한 긍지를 가진 듯이 보인다.

방언조에서는 『양웅방언楊雄方言』·『삼국지三國志』·『후한서後漢書』·『후위서後魏書』·『양조평양록兩朝平壤錄』·『해편통종海篇統宗』·『후주서後周書』·『책부원구冊府元龜』·『청이록淸異錄』·『송사宋史』·『중주집中州集』·『고려도경高麗圖經』·『곡경록穀耕錄』·『화경花鏡』·『조선부』·『화한삼재도회和漢三才圖會』 등에 실린 우리나라 방언 기사를 모았다. 그리고 안설을 붙여 그중에 잘못된 칭호가 있음을 지적하고, 또 어떤 것은 연대가 너무 오래 어음語音이 변해서 알 수 없는 것이 있다고 첨기하고 있다.

어쨌든 방언까지도 풍속의 일부로 포함시킨 것은 무형적인 언어생활까지도 풍속의 일부로 간주하고 있음을 보여 주는 것으로 한치윤의 문화 파악 시각의 확대를 말해 준다.

⑩ 궁실지宮室志 : 궁실지는 성궐城闕·민거民居·기용器用으로 구성되었다. 먼저 성궐에 대해서는 진한·부여 이래 역대 성궐에 관한 자료를 싣고, 중국 측 기록의 오류와 미비점을 『삼국사기』·『고려사』에 의거하여 바로잡고 보충하였다. 조선시대 성궐에 관한 것은 『조선부』·『화한삼재도회』·『조선기사』 등에서 자료를 뽑았다.

민거조에서는 삼한 이래 역대의 민간 가옥에 관한 자료를 모았다. 기용조에서는 거처 구居處具·주구酒具·다구茶具·노로爐·선선扇·잡기雜器·주차舟車에 관한 자료를 모았다. 기용에 이용된 자료는 『고려도경』 이외에도 『두양잡편杜陽雜編』·『계림지鷄林志』·『조선부』·『척이기摭異記』·『굉기주記주舦記注』·『책부원구冊府元龜』·『옥해玉海』·『화한삼재도회』·『화계畵繼』·『산곡집山谷集』·『춘풍당수필春風堂隨筆』·『천록식여天祿識餘』·『추원잡고秋園雜孤』·『현혁편賢奕編』·『명일통지明一統志』·『정자통正字通』·『동파시집東坡詩集』·『수중금袖中錦』·『동천청록洞天淸錄』·『언폭담여偃曝談餘』·『해방의海防議』 등 희귀한 서적에서 발췌되었다. 특히 주차조舟車條에서는 『해방의』에 실린 귀선龜船(거북선)에 관한 기사를 실은 다음에 안설을 붙여 『충무공전서忠武公全書』에 보이는 구선의 구조와 성능, 크기 등을 자세히 소개하고 있다. 이는 한치윤이 국방에 대해 가진 관심의 또 한 측면을 보여 준다.

⑪ 관씨지官氏志 : 관씨지는 관제官制와 씨족氏族의 두 부분으로 구성되었다. 관씨지라는 명칭은 중국의 『위서魏書』에만 유일하게 보이는 것으로, 한치윤이 이를 모방했다기보다는 씨족지氏族志를 독립시킬 만한 분량이 못 되어 관제와 합하게 되고, 이에 따라 명칭을 관씨지로 하게 된 것 같다.

먼저 관제에서는 기자 이후 고려에 이르는 기간의 관제에 관한 기록을 모았다. 기자조선의 관제에 관하여는, 『삼재도회』에 보이는 "箕子入朝鮮 衛門官制 悉隨中國"이라는 기사를 인용한 다음, 『위략魏略』에 보이는 대부와 박사, 그리고 『사기』에 보이는 상相·장군將軍을 소개하여, 기자조선의 관제가 이미 중국식으로 정비되었음을 간접적으로 암시하고 있다.

삼한의 관제는 『삼국지』·『후한서』·『위략』에서 자료를 모았다.

고구려의 관제는 『후한서』·『삼국지』·『양서』·『후위서』·『수서』·『후주서』·『신당서』·『구당서』·『통전』·『통고』를 인용하였다. 그리고 안설을 붙여 고구려 관등에 관한 기록의 차이를 소개하고, 이것이 시대변천의 결과일 것으로 추정하고 있다.

백제 관계는 중국 측 기록 이외에『일본기』와『화한삼재도회』를 이용했다. 신라 관계는 중국 측 문헌만을 이용하고,『삼국사기』기록과 대조하면서 설명을 가하고, 또『삼국사기』에 누락된 것을 보충하기도 하였다.

발해 관제는『신당서』·『책부원구』·『요사』·『문헌통고』와 일본 측 문헌인『일본일사』를 활용하였는데, 특히『일본일사』에서 뽑은 자료가 많다.

고려 관제는 송宋·금金·원元·오대五代·명사明史 이외에『고려도경』·『계림유사』·『유환기문遊宦記聞』·『경의정經義政』·『열조시집列朝詩集』·『명시종明詩綜』·『엄주별집弇州別集』·『오학편吾學編』·『책부원구』·『화한삼재도회』·『몽계만필夢溪漫筆』등에서 자료를 뽑았다. 그리고 안설을 붙여『고려사』기사를 비교하면서 미흡한 설명을 보충하고, 외국 측 기록에 보이는 관제로서『고려사』에 누락된 것이 있음을 지적하기도 하였다. 고려 관제 끝에는 원나라에서 고려에 설치한 관제를 부록으로 첨가해 놓았다.

씨족조氏族條에서는 기자로부터 고려 시대에 이르는 역대의 성씨에 관한 자료를 모았다. 먼저 기자성씨에 관한 자료로서,『풍속통風俗通』·『청일통지淸一統志』·『성원姓苑』·『삼국지』·『위략』의 기사를 소개하고, 다시 안설에서는『씨족대전氏族大全』·『씨족원류氏族源流』의 기사를 인용하여 기자족성씨에 관한 한치윤 자신의 의견을 개진하고 있다. 즉 기자 소자少子의 후예가 선우씨鮮于氏가 되고, 기준箕準(마한)의 후예가 신라에 벼슬하여 한씨韓氏가 되었으며, 그 일파가 평강平康으로 가서 기씨奇氏가 되었다 한다. 기자족이 뒤에 기씨·한씨·선우씨로 분화되었다는 이야기는 일찍이 허목의『기언記言』(1677)에도 보이고, 안정복의『동사강목』에도 언급이 있으나, 인용 자료가 서로 다르다.[54]

고구려 성씨에 관한 자료는『통지씨족략通志氏族略』·『만성통보萬姓統譜』를 비롯한 11종의 문헌을 참고하여 고씨高氏·오부五部(오족五族)·우진씨羽眞氏·을지씨乙支氏·천씨泉氏·연씨淵氏·사선씨沙先氏·곽리씨霍里氏·비씨卑氏·척왕씨拓王氏 등을 소개하고『제왕운기帝王韻記』,『대동운옥大東韻玉』등 국내 자료의 기사를 안설로서 첨가하여 고씨의 유래를 설명하였다.

부여 씨족에 관해서는『북사』를 비롯한 10종의 문헌에 보이는 여씨餘氏·부여씨夫餘氏·부유씨鳧臾氏·8족대성族大姓·난씨難氏·흑치씨黑齒氏·사씨씨沙氏氏에 관한 자료를 모

---

54 『동사강목』에서는『德陽奇氏譜』를 자료로 이용하였다.

으고, 안설을 붙여 여餘·부여夫餘·부유鳧臾가 동일 성씨라고 주장하고, 8족대성의 글자가 전와轉訛된 것을 고증하고 있다.

발해의 씨족으로는 대씨大氏를 들고, 신라 씨족으로는 김金·박朴, 고려 씨족으로는 중국 문헌에 보이는 유柳·최崔·김金·이李·박朴·유妞·북北·홍洪·기씨奇氏 등 8성에 관한 자료를 모았다. 그리고 고려 씨족에 관한 안설에서는 이수광의『지봉유설』과 이덕무의『앙엽기盎葉記』등에 보이는 우리나라 벽성僻姓에 관한 자료를 첨기하였다. 따라서 성씨에 관한 자료는 실제적으로 국내외 문헌을 함께 수집한 결과가 되었다.

⑫石志釋志 : 석지를 독립된 지志로 설정한 것은 일찍이 없었던 첫 시도로서 획기적 의미를 갖는다. 불교를 이단으로 취급하는 성리학자의 입장으로서는 석지의 설정은 생각할 수 없는 일이다. 석지는 석교釋教·사찰寺刹·명승名僧의 세 부분으로 편성되고, 끝에 도교를 첨부하였다. 도교가 들어 있으므로 이름을 석노지釋老志로 할 수도 있겠으나, 도교 부분이 분량상 너무 적어 석지라 한 것 같다.

먼저 석교에서는 삼국시대에서 조선에 이르는 기간의 불교 자료를 모았다. 3국의 불교 자료는『후주서』와 일본 측 문헌인『일본기』·『화한삼재도회』에서 발췌했다. 특히 한진서가 안설을 붙여 마한의 소도蘇塗를 우리나라 석교의 조짐으로 해석한 것과, 최치원의 지증비문智證碑文을 들어 서진西晋(265~316) 때 이미 우리나라에 불교가 수입되었다고 해석한 것이 눈길을 끈다. 고려 불교는『송사宋史』·『계림지鷄林志』·『고려도경』·『요사遼史』·『중봉행록中峰行錄』·『원사元史』등에서, 조선 불교는『명사明史』·『춘명몽여록春明夢餘錄』·『산방수필山房隨筆』등에서 자료를 뽑았으나 안설을 달지 않았다.

사찰조에서는 신라의 망덕사望德寺와 구산사龜山寺, 고려의 정국안화사靖國安和寺·광통보제사廣通普濟寺·홍국사興國寺·국청사國清寺 기타 왕성王城 내외 제사諸寺, 감로사甘露寺, 영통사靈通寺에 관한 자료를 모으고, 각 사찰마다 안설을 붙여『여지승람』을 이용하여 그 위치와 연혁·유물을 보완·소개하고 있다.

명승조名僧條에서는, 고구려 승려로서 정법사定法師·신성信城·혜관慧灌·혜자慧慈·혜편惠便을 소개하고, 안설을 붙여 마지막 세 승려는 백제승百濟僧일 것으로 추측하고 있다.

백제 승려로는 진표眞表·도침道琛·관륵觀勒·법명法明 등 4인을, 신라 승려로는 묵호자墨胡子·무루無漏·지장地藏·금사金師·무상無相·현광玄光·법융法融·이응理應·순영

純英・원효元曉・현담懸談・의상義湘・홍혜弘惠,『전등록傳燈錄』소재 승려, 부록으로 무저 선사無著禪師와 아각雅覺에 관한 자료를 실었다. 끝에는 도신道侁(선詵)에 관한 자료를 싣고, 안설로서 "世稱 東方地理家의 祖宗"으로 불린다고 하였다.

고려 승려로는 체관諦觀・여가如可・의천義天・진각眞覺, 그리고『전등록』소재 고려 제 승諸僧, 환상인幻上人・식무외式無外・엄상인嚴上人 등이 소개되고 있다. 특히 의천에 대해 서는 여러 곳에 안설을 붙여,『동파집東坡集』・『고려사』열전 등에 보이는 자료를 보완하 면서 그의 행적과 대장경大藏經 간행에 관한 사실을 자세히 소개하는 등 큰 관심을 보이고 있다.

조선 시대 승려로는 굉연宏演・송운대사松雲大師・무명선사無名禪師 등이 소개되고 있 다. 불교에 관한 자료로는 중국 문헌 이외에『일본서기』・『화한삼재도회』・『이칭일본 전異稱日本傳』・『유마회연기維摩會緣記』등 일본 측 문헌을 많이 이용한 것이 주목된다.

도교에 관한 것은『문헌통고』・『송사』・『고려도경』에 보이는 자료를 모은 것이 전부 로서 매우 빈약하며, 안설도 붙이지 않았다.

(3) 고考의 분석

고考는 모두「숙신씨고肅愼氏考」・「본조비어고本朝備禦考」・「인물고人物考」・「지리고地 理考」등 4부로 구성되었다. 고考라는 명칭은, 이들 항목을 형식상 지지나 열전列傳에 넣기 어려운 점이 고려되어 편의상 붙여진 것으로 보인다. 예컨대「인물고」는 열전으로 편제 하기에는 분량이 너무 적다(4권밖에 안 됨).「지리고」는 내용상 도道나 군현郡縣의 연혁을 따지는 지리지와 달리 역대의 강역疆域을 고증한 것일 뿐 아니라, 한진서가 원편原編 완성 뒤에 첨가한 부분이므로 지지에 편입하지 않았다고 보여진다.「숙신씨고肅愼氏考」를 세기 世紀에 넣지 않은 것은, 숙신肅愼을 우리 민족으로 간주하지 않은 까닭이다.「본조비어고本 朝備禦考」는 전란사戰亂史에 해당하므로 지지에 넣을 성질이 아니다. 이제 고考의 내용을 차 례로 검토하기로 한다.

① 숙신씨고肅愼氏考 : 1권으로 되어 있다. 여기서는 숙신肅愼・읍루挹婁・물길勿吉・말갈 靺鞨에 관한 자료를 모았다. 한치윤은 앞머리에 안설을 붙여 숙신에 관한 명칭과 그 강역 을 해설하고 있다. 즉 숙신은 처음에 식신息愼(당우唐虞 시대)으로 불렸다가, 그 뒤 숙신 혹

은 직신稷愼(殷·周)·읍루挹婁(漢 이후)·물길勿吉(元魏)·말갈靺鞨(唐) 등으로 호칭이 바뀌었다 한다. 숙신의 본거지는 지금의 영고탑 등지로서 뒤에 발해가 점령하고, 그 뒤 여진의 땅이 되었다 한다. 『금사金史』 이래로 여진女眞은 숙신(말갈) 유종遺種으로 인식되어 왔으나, 한치윤은 여진과 숙신을 동일 종족으로 보는 것 같지 않다. 이점은 정약용의 견해와 일치한다.[55] 한진서의 지리고에서도 읍루고가 있어 숙신고의 내용을 보완하였다.

숙신에 관한 자료는 『산해경山海經』을 비롯해 34종의 서적에서 모았으며,[56] 숙신에 관한 자료집으로서는 지금까지의 어느 사서보다도 충실하다.[57] 자료 사이에 간간히 안설이 붙어 있으나 특별한 내용은 없다.

② 본조비어고本朝備禦考 : 6권으로 구성되어 있다. 그중에서 어왜시말馭倭始末이 5권으로 압도적으로 많고, 건주사실建州事實이 1권이다. 「비어고備禦考」를 설정한 것은 단순한 자료 수집에 목적이 있다기보다는 찬자의 국방國防에 관한 깊은 관심의 표명으로 보인다. 특히 일본에 대한 경계심은 이미 교빙지交聘志와 병지兵志에서도 보였음은 앞에서 설명한 바와 같다.

어왜시말은 조선초기부터 임진왜란에 이르기까지의 한일관계사 자료를 모은 것이다. 그러나 평화적 외교 관계로서의 한일관계가 아니라, 왜구로부터 왜란에 이르기까지의 대일항쟁이요. 일본의 한국 침략사다. 여기서 이용된 자료는 일본 측 자료 6종과 중국 측 자료 11종이다.[58] 자료에 대한 찬자의 안설로서 특이한 것은 없고, 다만 인명이나 지명·연대의 착오를 교정한 것이 간간이 보이고, 유성룡의 『임진록壬辰錄』을 이용하여 설명을 보완한 곳이 있다.

---

55 韓永愚, 前揭論文, 650쪽. 한편 『동사강목』에서는 말갈과 여진을 같은 종족으로 본다.
56 숙신씨고에 이용된 자료는 다음과 같다. 山海經·山海經註·釋義·淮南子·左傳註·國語註·左傳疏·竹書紀年·史記註·史記·釋地餘論·漢書註·國語·左氏傳·山海經釋義·爾雅·三國志·書百篇序·尙書傳·汲冢周書·汲冢周書註·後漢書·晋書·資治通鑑·宋書·北齊書·後魏書·新唐書·隋書·通典·文獻通考·地理通釋·日本紀·武備志
57 『동사강목』의 靺鞨考는 通典, 文獻通考·北史·後漢書만을 자료로 이용했고, 『강역고』의 말갈고는 北史·唐書·竹書紀年·魯語·魏書·隋書 등만을 이용했을 뿐이다.
58 馭倭始末에 이용된 자료는 다음과 같다. 중국 측 자료로서 兩朝平壤錄·明史·續文獻通考·登壇必究·獻徵錄·荊川左編·東征記·葉蒼霞集·紀事本末·初學集·震川集, 일본 측 자료로서 和漢三才圖會·道喜居士記·異稱日本傳·征伐記·南浦文集·毛利氏家記 등이다.

「비어고」의 후반에 실린 건주사실建州事實과 북우시말北憂始末은 조선초기에서 호란胡亂에 이르기까지의 여진·청과의 전란관계 기사를 모았다.[59] 이 부분은 어왜시말에 비하여 분량이 적다. 또 제목 이름이 보여 주듯이 여진·청을 호胡라 칭하지 않은 것은 청과의 우호 관계를 크게 의식한 것으로 보인다. 청을 의식한 발언은 안설에서도 보인다. 즉 광해군 때 명의 요청으로 후금을 치러 간 강홍립姜弘立이 후금에 투항한 사건을 『명사明史』에서 자료를 뽑아 실은 뒤, 안설을 통해 강홍립이 투항하여 청태조로부터 귀빈으로서 후한 대접을 받았다고 쓴 것이 그것이다.

또 인조 3년에 일어난 이괄난李适亂 기사를 『명사』에서 뽑아 싣고, 안설에서 한명련韓明璉의 조카 한의韓義와 한윤韓潤 등이 후금에 투항하여 청태조로부터 처실妻室·전댁田宅·의복衣服·기용器用 등을 받은 사실을 부기한 것도 그 다른 한 예이다. 다시 말하자면, 한치윤은 후금(淸)과의 관계를 국방의 차원에서 다루면서도 청에 대한 우호의 감정을 잃지 않으려는 자세가 엿보인다. 이점은 일본에 대하여 경계심을 아직 늦추지 않고 있는 태도와는 대조가 된다.

③인물고人物考 : 「인물고」는 4권으로 구성되어 있다. 여기에 실린 인물은 모두 202명이며, 부록 인물 52명을 합하면 254명이다. 이들 인물을 연대별·국가별로 통계를 만들어 보면 다음과 같다.

古朝鮮·三韓(四郡 이전) : 12명(부록 인물 3명을 합하여 15명)

高句麗 : 13명(부록 인물 9명을 합하여 22명)

百濟 : 28명(부록 인물 2명을 합하여 30명)

新羅 : 20명

渤海 : 9명(부록 인물 14명을 합하여 23명)

高麗 : 44명(부록 인물 13명을 합하여 57명)

朝鮮 : 48명(부록 인물 11명을 합하여 59명)

后妃 : 13명

---

59 여기에 이용된 자료는 다음과 같다. 武備志·彛州別集·續文獻通考·明史·初學集·初學集詩註.

名媛：10명

中官：5명

위 표에서 보듯이, 3국 중 백제인물이 가장 많이 수록된 것이 우선 주목된다. 『삼국사기』 열전에서 신라·고구려·백제 인물이 각각 39명, 9명, 3명의 순으로 되어 있는 것과 비교하여 큰 차이가 있음을 볼 수 있다. 인물고에서 백제인이 가장 많은 수를 차지한 것은 백제인의 해외 활동이 3국 중 상대적으로 가장 활발했음을 암시하는 것으로 풀이된다.

사군 이전의 인물로서 첫머리에 소련小連, 대련大連을 넣은 것도 특색이다. 동이인으로서 거상을 잘하여 공자에 의해 효자의 상징으로 칭송받았다고 전해지는 위 인물들을 한치윤은 우리나라 사람으로 간주하여 인물고의 첫머리에 넣은 것은 한국 사서로서는 처음 있는 시도이다. 이는 앞서 세기의 첫머리에 「동이총기東夷總紀」를 실어 동이문화를 우리 문화의 원류로 간주하고 있는 사실과도 관련이 있다. 더욱이 한치윤은 두 인물 기사의 뒤에 안설을 붙여, 발해의 대씨가 대련의 후예라는 논평까지 싣고 있다.

고조선·삼한시대 인물로서 조원리曹元理(玄菟人으로 算術에 뛰어난 사람), 왕간王簡(玄菟人으로 忠義人士), 왕굉王閎·왕경王景 부자父子(樂浪人)·왕파王波(낙랑인) 등 기성 사서에 보이지 않던 인물들이 수록된 것도 특징이다. 조원리는 『서경잡기西京雜記』에서 발췌되었고, 왕파는 『후주서』와 『만성통보萬姓統譜』에서 자료를 뽑았다.

고구려 인물은 『신당서』·『구당서』·『책부원구』·『수서』·『유산집遺山集』·『후위서後魏書』·『통지씨족략通志氏族略』·『후주서』·『진서』·『삼국지』 등에서 자료를 뽑았다.

백제 인물은 『화한삼재도회』·『이칭일본전』·『조래집徂徠集』·『효경범례孝經凡例』 등 일본 측 문헌과, 『송서』·『남제서南齊書』 등 중국 측 문헌에서 자료를 모았다.

신라 인물은 『화한삼재도회』·『책부원구』·『신당서』·『역대명화기歷代名畫記』·『문원영화文苑英華』·『태평광기太平廣記』·『전당시全唐詩』·『속신선전續神仙傳』·『광여기廣輿記』·『쌍녀분기雙女墳記』·『육조사적六朝事跡』 등에서 자료를 모았다. 발해 인물은 『구당서』·『책부원구』·『요사』·『화사회요畫史會要』·『송사』·『송막기문松漠紀聞』 등에서 자료를 모았다.

고려시대 인물은 한신일韓申一로부터 권근權近에 이르고 있다. 특히 박인량朴寅亮·김부식金富軾·정가신鄭可臣·민지閔漬·이제현李齊賢·정추鄭樞 같은 대학자大學者에게는 안설을 붙여 그들의 행적을 보충 설명하고 문집文集도 아울러 소개하고 있다. 또한 금金나라 시조 함보函普를 고려 인물 속에 넣고, 안설에서 아골타阿骨打 · 김준金俊에 관한 자료를 소개하면서 금나라 시조가 우리나라 사람이라고 주장한 것도 특이하다. 이는 앞서 비어고備禦考의 건주사실建州事實에서 청淸에 대해 우호적인 입장을 취한 것과도 관련하여 한치윤이 금金 · 청淸을 이민족 국가로 간주하지 않고 있음을 보여 주는 것이다.

조선시대 인물은 정도전으로부터 시작하여 김상헌까지 수록하였다. 한가지 주목되는 것은, 김종직, 조광조 등 소위 사림도학자가 거의 빠져 있고, 이이가 들어 있으면서 이황이 빠진 것이다. 이황 같은 인물은 일본 측 문헌에서 얼마든지 자료를 찾을 수 있었을 텐데, 그가 빠진 것은 이해가 가지 않는다. 이는 그가「인물고人物考」의 자료 선정에 있어서 어떤 기준을 두고 있지 않았나 의심된다. 즉 그가 수록한 인물들의 성향으로 보아, 15세기의 훈신들(정도전, 신숙주, 남곤, 권남, 박원형, 서거정, 허종, 성현), 16세기의 기호사림 인물들(이행, 노공필, 김안로, 김안국, 서경덕, 기대승, 이산해, 이이, 이순신 등)을 중점적으로 발췌한 것이 아닌가 생각된다. 그리고 이런 인물선호는 한치윤 자신의 기호남인으로서의 학문적 입장, 그리고 당색과도 일정한 관련이 있을 것으로 보여진다.

「인물고」의 마지막 권卷에는 후비后妃 · 명원名媛 · 중관中官이 소개되어 있다. 후비는 후위後魏 · 후주後周 · 요遼 · 금金 · 원元 · 명明 황제의 후비가 된 여인들을, 명원은 기이한 행적이나 문학작품을 남긴 여류문인들로서, 위로는 고조선의 여옥麗玉으로부터 아래로는 허난설헌許蘭雪軒에 미치고 있다. 중관은 고려말 · 조선초기의 환자宦者 5명에 대한 자료를 모은 것이다.

「인물고」의 설정은 우리나라 사람들이 이미 고조선부터 조선 후기에 이르기까지 해외에 직접 가서 이름을 떨쳤거나, 국내에 있으면서도 그 명성이 해외에 널리 알려진 사실을 드러내 보이고 있다. 특히 고조선 · 3국시대 인물이 많이 수록된 것은, 우리나라 고대문화의 수준을 새롭게 인식시켜 주는 결과를 가져왔으며, 여기에 실린 인물들은 한말 · 일제시대의 민족주의 사가들에게 크게 주목되었다.[60]

---

60 예컨대 신채호 · 박은식 · 김교헌 등의 저서와 논설 등에서 大連 · 少連 · 沙法名 · 姐瑾 · 李正己 · 曹元理 등 인물이 古代의 大倫理家 · 大將軍 · 大數學者로서 높이 숭상되고 있음을 본다. 韓永愚, 「1910년대의 申采浩의 歷史認識」, 『韓㳓劤博士停年紀念 史學論叢』1981; 韓永愚, 「1910년대의 民族主義 歷史敍述」, 『韓國文化』1 참고.

④지리고地理考 :「지리고」는 모두 15권으로, 이것만 해도 당당한 저서의 분량이다. 한진서가「지리고」를 완성한 것은 1823년으로, 한치윤이 사거死去한 지 9년 뒤이다. 따라서 지리고 찬술에 소요된 세월이 거의 10년에 가깝다. 한치윤이 10여 년의 세월을 소요한 것과 합치면 20여 년의 세월이 흘러서『해동역사』가 완성된 셈이다.

『해동역사』의「지리고」는 정약용의『강역고』와 비슷한 시기에 편찬되었다는 점에서 양자의 비교 검토도 흥미있는 연구거리다.『강역고』의 원편은 1811년에 완성되었으나, 1833년에 발해 관계를 보완하여 속고를 냈다. 따라서 원편만 가지고 말한다면『강역고』가「지리고」보다 12년 앞서며, 속고를 가지고 보면,『강역고』가「지리고」보다 10년 뒤진다. 양자의 이러한 시간적 선후 관계로 보아,「지리고」는『강역고』의 원편을 참고하였을 가능성이 있고, 반대로『강역고』의 속고는「지리고」를 참고할 수 있었다.

실제로『강역고』의 속고에서는『해동역사』가 인용되고 있는 것을 볼 수 있다. 그러나「지리고」에서는『강역고』를 인용하고 있지는 않지만, 이를 참고한 흔적이 뚜렷하다. 즉「지리고」의 편찬 체재를 보면, 첫머리에 먼저 결론(대강大綱)을 내세우고, 다음에 결론을 뒷받침하는 자료(사실事實)를 인용하며, 마지막에 한진서의 안설을 가하는 방식을 취하고 있다. 이런 방식은 자료를 먼저 나열하고 뒤에 안설을 첨가하는『해동역사』원편의 편찬 체재와는 전혀 다르고,『강역고』의 편찬 방식과 일치한다.

한진서는 자신이 택한 이같은 편찬 방식에 대하여 '고험考驗'에 편리하도록 하기 위함이라고 변명하고, 이러한 편찬 방식이 원서와는 같지 않지만 한치윤의 유지遺志를 만분의 일이라도 받들기 위함이라고 밝히고 있다. 어쨌든「지리고」의 체재는 결과적으로 원편의 체재보다는 훨씬 세련되고 정리된 모습을 갖추었다.

「지리고」의 제1권에는 고금강역도古今疆域圖로서 11개의 지도를 넣고, 이어 팔도표八道表를 실어 각도各道의 지역이 역사적으로 어느 나라에 속했는가를 도표로 작성해 놓았다.「지리고」의 제 2권에서 12권까지는 고조선에서 조선에 이르기까지 역대의 강역을 고증하였으며, 제13권 이후의 마지막 3권은 산수고山水考가 따른다.

「지리고」에서는 외국 측 자료만 전거로서 이용하고 있는 것이 아니라,『삼국사기』·『고려사』·『문헌비고』등 국내 측 자료도 함께 참고하고 있다. 이제 역대 강역 고증의 요지를 소개하면 다음과 같다.

㉠ 조선 : 조선이라는 명칭은 단군으로부터 시작되며, 기자조선의 수도는 지금의 평양

이다. 영평부永平府가 기자의 수봉지受封地라는『대명일통지大明一統志』기록은 잘못이다. 기자조선의 강역은 뒤에 요서遼西 지방을 훨씬 넘어섰다. 패수浿水는 대동강이며, 평양과 왕검성王儉城은 별개 지역으로서, 지금의 성천成川이 왕검성이다.『통전通典』에서 평양을 왕검성이라 한 것은 잘못이며,『삼국사기』에서 단군 이름을 왕검이라 한 것도 잘못이다. 이러한 견해는 정약용의 고조선 지리 고증과 비교하여 약간의 차이가 있다.[61]

ⓛ 예濊 : 원편에서 예와 부여를 별개로 취급한 것과는 달리 여기서는 예(穢)·부여는 같은 뜻으로 본다. 예의 본거지는 개원현開原縣이며, 강릉으로 옮겨 동예東濊가 되었다. 예는 한초漢初에 위만조선에 부용되었다가 예군남려濊君南閭는 한漢에 투항하고, 그 땅은 창해군蒼海郡이 되었다. 영동의 예는 임둔군臨屯郡이 되었으나, 후한 광무 6년에 토추土酋를 봉하여 예후濊侯로 삼았다. 불내예不耐濊는 지금의 함흥 지방이다.『요사』등에서 봉황성 등지를 예지濊地라고 본 것은 잘못이다. 한진서의 예에 대한 견해는 정약용의 견해와는 다소 다르다.[62]

ⓒ 맥貊 : 맥은 중국 동북지방의 이夷(北狄)로서 뒤에 춘천(牛首州)에 이주했다. 한무제 때 낙랑군이 세워지자 이에 속했다. 압록강 서쪽에도 맥의 일종이 있어 소수맥小水貊이라 하였으며, 이는 고구려의 별종別種이다.

ⓔ 옥저沃沮 : 옥저는 북옥저(회령·종성), 동옥저(이원·북청)가 있다.『삼국사기』·『문헌비고』에서 남옥저가 있다고 한 것은 잘못이다.[63] 한漢나라 초기에 옥저는 위만조선에 속했다가 뒤에 현도군에 속했으며 그 뒤 고구려에 병합되었다.『요사지리지遼史地理志』·『성경통지盛京通志』·『대청일통지大淸一統志』에서 요동의 해성현海城縣을 옥저라고 한 것은 잘못이다.

ⓜ 삼한 : 3한의 위치에 대해서는 한백겸의 설이 부역세不易世의 정론定論으로 인정된

---

61 기자조선의 수도가 永平府 혹은 廣寧에 있다는 설을 부인한 것, 단군의 이름이 王儉이라고 한 것을 잘못이라고 본 것은 한진서와 정약용이 서로 같다. 그러나 정약용은 平壤을 王險城으로 보았으나, 한진서는 이를 별개 지역으로 보았다.

62 정약용은 濊와 貊을 전자는 地名, 후자는 種族으로 보아 濊貊을 濊 지방의 貊으로 해석한다. 그리고 그들의 본거지는 北扶餘 땅(개원 지방)으로서 뒤에 강릉으로 옮겨 왔다 한다. 위치에 대한 고증은 한진서와 비슷하다. 한편,『동사강목』에서는 濊와 貊을 별개 종족으로 구별하고 있어, 한진서의 견해는 오히려 이에 근사하다.

63 南沃沮를 인정한 것은『삼국사기』,『문헌비고』만이 아니라,『동사강목』,『강역고』에서도 같은 입장이다. 따라서 한진서의 비판은 안정복, 정약용에게도 똑같이 겨냥되고 있다고 할 수 있다.

다. 진왕辰王 혹은 진국辰國은 한국의 총왕總王이다. 마한은 삼한의 패주覇主로서 변한·진한은 모두 마한에 신속臣屬했다. 『대청일통지』·『요사지리지』·『성경통지』의 3한설, 최치원·『동국여지승람』의 3한설은 모두 잘못이다. 한韓이라는 칭호가 삼대에도 있었고, 또 기씨箕氏 때에도 있었다는 설이 있으나 확실치 않다.

마한의 수도는 익산이며, 기준箕準 남천 이전에도 마한이 있다. 기준은 마한왕이 되었으나 본신本身에서 그쳤고, 토추土酋가 다시 일어나서 진왕이 되었다. 한무제 때 진왕은 중국과 통교通交했고, 10년 뒤에 마한 총왕은 백제(온조)에 멸망했으나, 그 소속 여러 나라는 여전히 존속하다가 서진西晉 때 백제에 병합되었다.

진한은 진秦의 망인亡人으로서 영남에 별거別居하던 무리다. 한초漢初에 고조선 유민이 내려와 6부部(6국)를 형성하고, 뒤에 12국으로 나뉘었는데 이를 진한이라 통칭하게 되었다. 혁거세는 진한의 총주總主이다.

변진은 지금의 경상우도慶尙右道이며 12국이 있다. 후한 초에 김수로가 가라국왕加羅國王이 되었는데, 이것이 변진구사국弁辰狗邪國이며 지금의 김해부金海府에 있었다. 구사狗邪·가야伽倻·가라加羅는 모두 개(犬)를 가리킨다. 변진 속국의 임나任那는 대가야(高靈)이며, 뒤에 미마나彌摩那(彌烏邪馬)로 개명했고, 왜倭에 복속했다. 가야 6국은 곧 변진제국弁辰諸國을 말한다. 우리나라 풍속에 관책冠幘의 첨정尖頂을 변弁이라고도 하고 가나駕那라고도 하는바, 이는 변한이 가야임을 증명한다. 변진의 강역은 동으로 낙동강, 북은 가야산, 서로 지리산, 남으로 바다에 이르렀다.

이상과 같은 3한 강역 고증과 정치사 해석은 기본적으로 정약용의 『강역고』와 일치한다.[64] 그러나 임나(대가야)가 왜倭에 복속했다는 해석은 『강역고』에 없는 신설新說이다.

㉯ 사군四郡: 4군은 위씨조선의 다섯 나라에 세워진 것으로, 조선은 낙랑(평양), 예濊·맥貊은 임둔臨屯(강릉), 옥저沃沮는 현도玄菟(함경도), 고구려는 진번眞番(홍경 동남)이 되었다. 한漢 소제昭帝 때 사군을 합하여 현도, 낙랑 2군을 만들고, 유주幽州에 속하게 했다. 『삼국유사』·『동국통감』에서 사군이 이부二府로 되었다고 한 것은 잘못이다.[65] 후한 말에 낙

64　정약용은 馬韓을 三韓의 覇主로 보는 입장에서 한진서와 일치한다. 그러나 馬韓이 왜 三韓의 패주가 되었느냐에 관하여 한진서는 이렇다 할 이유가 제시되어 있지 않으나, 정약용은 마한 지방의 기후·풍토 조건의 良好에서 찾고 있다. (韓永愚, 「茶山 丁若鏞의 史論과 對外觀」, 641, 646쪽)

65　二府說을 부인한 것은 『동사강목』이 최초로서, 한진서는 이 說을 따른 셈이다.

랑을 나누어 대방군帶方郡을 두어 3군이 되었으며, 평주平州에 속하게 했다.

낙랑군의 강역은 남으로 한강, 북으로 압록강, 동서는 모두 바다에 닿았다. 『요사지리지』·『원사지리지元史地理志』·『대청일통지』·『성경지』, 그리고 『문헌비고』에서 요동의 요양遼陽을 평양=낙랑으로 비정한 것은 잘못이다. 『요사』는 두찬杜撰으로 믿을 것이 못된다. 대방帶方은 장단長湍·풍덕豊德 등지로서,[66] 모용연慕容燕 이후 한때 요서遼西에 대방이 있었으나, 이는 허호虛號이거나 현명縣名을 모칭한 것에 불과하다. 『고려사』에서 남원을 대방으로 비정한 것은 잘못이다. 이는 당장 유인궤劉仁軌가 백제를 점령한 후 대방주자사帶方州刺史의 직함으로 남원을 지킨 데서 생긴 칭호이다.

㉑ 부여 : 부여는 본래 예지濊地로서 북이北夷의 왕자 동명이 내려와 나라를 세우고 북부여라 했는데, 지금 봉천부奉天府의 개원현開原縣 지방이다. 부여에 넷이 있는 바, 금와金蛙가 가엽원迦葉原에 세운 동부여, 해모수가 세운 북부여, 주몽이 세운 졸본부여卒本夫餘, 그리고 남부여=백제가 그것이다. 진대에 부여는 모용연에 의해 멸망되고, 그 땅은 고구려에 들어갔으며, 그 북쪽 땅은 말갈에 점령되었다. 부여 유종遺種이 구국舊國의 동북방으로 이주하여 두막루豆莫婁라 칭했는데, 그 땅은 부여 구지舊地가 아니다. 부여에 대한 지리 고증은 『동사강목』·『강역고』에도 보이나, 한진서는 이를 더욱 부연한 데 특색이 있다.

◎ 읍루挹婁 : 읍루는 옛날의 숙신씨肅愼氏로서 지금의 백두산(不咸山) 북쪽 오라烏喇·영고탑寧古塔 등지다. 한대漢代에는 읍루라 했는데, 그 강역은 서로 오라, 동으로 바다, 북으로 흑수黑水, 남으로 두만강에 이르렀다. 원위元魏 시대는 물길勿吉, 수당 때는 말갈靺鞨로 불렸으며, 뒤에 발해 땅이 되었다. 『요사』·『성경지』·『대청일통지』 등에서 봉천奉天 지방을 읍루 땅으로 본 것은 잘못이다. 『후한서』 기록이 맞다.

읍루에 대한 지리 고증은 앞에서 살핀 숙신씨고肅愼氏考에서도 시도된 바 있어 그 내용과 중복되는 부분이 많다.

㉒ 고구려 : 고구려는 주초周初부터 존재했던 동이국으로서(孔安國의 尙書大傳) 한무제 때 진번군에 속하고, B.C. 37년에 주몽이 졸본천卒本川(圖延郡 북쪽)에 다시 고구려를 세웠다. 후한 초에 국내성(江界 격강처)으로, 후한 말에 환도성丸都城(楚山 격강처)으로 도읍을 옮겼

---

66 대방군의 위치를 長湍 등지로 본 것은 『동사강목』의 한강 이북 경기·황해 연안설, 『강역고』의 임진강 入海處說과 대체로 같다.

다. 수·당 때 고구려는 요하를 넘어서고, 북으로 개원開原·오라烏喇 등지, 남으로 한강에 이르렀으며, 총 176성城을 장악했다. 유송劉宋 때는 남으로 계령鷄嶺·죽령竹嶺에 이르렀다.

고구려 주요 성읍城邑의 위치는 다음과 같다.

紇升骨城=卒本=여연 북쪽 격강처

幘溝坁=興京 부근

泊灼城=西安平=曷蘇館=婆速路=婆娑府=義州玉江堡 북쪽

烏骨城=鴉鶻關=連山關

大行城=함흥 서남

沙卑城=卑沙城=卑奢城=沙城=海城현 연해처

安市城=蓋州衛 동북 70里

后黃城=銀城=安市城 相近地

平郭=建安城=蓋平 남쪽

白厓城=白岩城=岩州=白州=요양주 동북 57리 石城山 위

蓋牟城=요양주 동북

新城=蓋牟城 동북

南蘇城=興京 부근

木底城·倉岩城=遼陽州 동쪽, 興京西界

南陜=木底城 서쪽

北豊城=承德 서북

遼東城=承德·遼陽 사이

玄菟城=요하 동쪽

扶餘城=開原

石城=압록강 入口 서쪽

積利城=石城 부근

加尸城=黎山州

橫山城=熊岳城

磨米城=磨米州

獨山城=赤峰鎭・武厲邏=압록강 서북

魯城=평양 북쪽 大城山 혹은 九龍山

伐奴城=順安 근처

辱夷城=定州 근처

柵城=富寧 등지

水口城・海谷城・鏤方城・蠶支落=압록강 동남

고구려 성읍城邑에 대한 지리 고증은 『동사강목』고구려제현고高句麗諸縣考에서도 시도 되었으나, 위치 비정이 서로 다른 것이 많고, 또 『동사강목』에서 미상으로 남긴 것을 새로 밝혀낸 것이 있다. 또 고구려 강역에 대한 고증도 양인이 서로 비슷하나, 『동사강목』에는 고구려 3경京에 관한 언급이 보이는 등 다른 점도 있다.

ⓒ 신라 : 한치윤은 세기世紀를 비롯하여 지志에서도 신라를 3국의 끝에서 다루었으나, 한진서는 백제 앞에 신라를 설정하고 있어 차이가 보인다. 이에 대한 구체적 설명은 안 보인다. 그러나 한치윤이 백제 시조 온조溫祚의 조상인 구태仇台가 대방에 입국한 백제를 의식하여 백제를 신라의 선행 국가로 인식한 반면, 한진서는 온조 이후의 역사만을 중시 한 결과의 차이가 아닌가 한다. 이제 신라 강역의 요지를 알아본다.

신라는 한선제漢宣帝(B.C. 57) 때 경주에서 입국한 나라로서 진한의 사로국斯盧國이 그것 이다. 그 후 신라는 진한 12국을 병합하여 경상좌도慶尙左道 땅을 차지했으며, 조위曹魏 때 는 조령鳥嶺 이북을 차지하고, 양진梁陳 때는 함흥까지에 이르렀다. 양진 간에는 가야를 합 치고, 서쪽으로는 백제와 지리산을 경계로 하였다. 당중종唐中宗 때는 백제 땅과 고구려 남계를 차지하여 9주를 설치하였는데, 북으로 대동강을 경계로 하였다. 『삼국사기』에 한 주漢州・삭주朔州・명주溟州를 고구려 땅이라고 한 것은 잘못이다. 신라 말에 궁예는 대동 강 서북 땅(13진鎭)을 차지했다. 9주 중 8주를 견훤과 궁예가 차지하여 신라는 양주良州 하 나만을 차지하다가 고려에 병합되었다.

이상과 같은 신라 강역 고증은 『동사강목』의 신라강역고新羅疆域考와 비교하여 대체로 비슷하다. 그러나 신라의 북계北界를 『동사강목』에서는 정천군井泉郡(덕원德源)으로 보았 으나, 여기에서는 함흥 지방으로 본 것이 다르다. 정약용의 『강역고』에서는 3국의 강역을 고증하지 않아서 서로 비교할 수 없다.

신라 주요 성읍의 위치는 다음과 같다.

金城=경주부 동쪽 4里　　　　唐思郡=南陽

鷄林=경주부 남쪽 4里　　　　長口鎭=長淵·殷栗 등지

棠項城=南陽近地(安山)　　　　泉井郡=德源

七重城=積城縣　　　　　　　　淸海鎭=康津(莞島)

買肖城=楊州

ⓒ 백제 : 백제는 본래 마한국으로서 온조가 B.C. 18년에 한강 북쪽(한양, 위례성)[67]에 입국하였다. 온조 14년에 지금 광주(하남위례성)로 이도移都하였으며, 이때 영토는 북으로 곡산谷山, 남으로 공주, 동으로 춘천, 서로 바다에 이르렀다. 『동사』에서 첫 위례성을 직산稷山으로 본 것은 잘못이다. 후한 이래로 한강 이북은 다시 대방군에 속하고, 서진西晋 말에 대방 땅을 병합하여 비로소 고구려와 접경하고, 또 마한 여러 나라를 병합하여 서남西南이 모두 바다에 이르고, 동으로 신라와 접하였다. 『송서』·『양서』·『문헌통고』에 백제가 요서를 점령하여 진평 두 군에 백제군百濟郡을 두었다고 한 것은 근거없는 주장이다.[68]

근초고왕 때 백제는 광주에서 한양으로 다시 도읍을 옮겼다. 이때 영토는 북으로 신계新溪(水谷城) 등지에 이르렀다. 『삼국사기』에서 한성이 본래 고구려의 남평양이라고 한 것은 잘못이다.[69] 한성은 온조 이전은 낙랑에 속했고, 온조 이후는 백제에 속했으며, 간혹 대방에 속했으나 뺏겼다 얻었다 했으므로 고구려 땅이 된 일이 없다. 개로왕 때 고구려에 패하여 수도를 한양에서 공주로 옮겼으며, 이때 한강 북쪽 땅은 고구려에 속했다. 『삼국사기』에서 수원 등 수십 읍이 고구려 땅이라고 한 것은 잘못이다.

무령왕 때 북으로 장령長嶺(철령)·오곡五谷(서흥) 등지에 이르고, 성왕聖王 때 공주에서 부여로 도읍을 옮겼다. 성왕 31년(553) 한강 이북을 신라에 뺏기고, 전국을 5부로 나누었다.

67　『동사강목』에서는 온조가 도읍한 慰禮城을 『三國遺事』 이래의 통설을 따라 稷山으로 보았고, 『강역고』에서는 漢城으로 보았는데, 한진서의 說은 후자와 같다.
68　百濟가 遼西를 점령한 것이 근거없다는 주장은 『동사강목』에서도 이미 주장된 바 있다
69　漢城=南平壤說을 부인한 것은 정약용 『강역고』에서도 이미 보인다.

백제 주요 성읍의 위치는 다음과 같다.

固麻城=公州   周留城=錦江 근처

居拔城=扶餘   加林城=林川

古沙城=中方城=扶餘 근처   任存城=大興

得安城=恩津   眞峴城=貞峴=鎭岑

久知下城=久磨奴利城=미상   尹城=定山

刀先城=미상   大山縣=鴻山

熊津城=公州

㉣ 발해 : 발해는 말갈 종족으로 699년에 옛 읍루의 땅인 동모산東牟山(지금의 寧古塔)에 건국했다(발해 시조 대조영의 출신에 관해서는 『구당서』에 고려별종이라 했고, 신당서에서는 속말粟末말갈이라 하여 다른 견해를 표시했는데, 한진서는 후자를 따르고 있다). 당현종 이후로 발해는 강역이 커져서, 서로는 개원, 동으로 바다, 북으로 흑룡강, 남으로 덕원에서 대동강에 이르렀다. 후당 때, 요遼는 발해를 멸망시키고, 그 땅은 여진에 점거되었으며, 금金이 여기서 일어났다.

5경京·15부府의 위치는 『당서唐書』와 『대청일통지大淸一統志』의 설說을 좇아 다음과 같이 고증하였다.

5京

上京 龍泉府=지금의 寧古塔·虎爾哈河 동쪽

中京 顯德府=烏喇 동남

東京 龍原府=함경도 鏡城·富寧 등지

南京 南海府=함경도 北靑 등지

西京 鴨祿府=평안도 江界 서북 격강지

15府

長嶺府=永吉州 등지

扶餘府=開原縣

鄚頡府=開原 相近地

定理府=영고탑 지방

安邊府=　　〃

率賓府=함경남도 三水 서쪽 압록강 內外地(卒本)

東平 · 鐵利=영고탑 동북 흑룡강 지방

懷遠 · 安遠=흑룡강 지방

獨奏 · 郢州 · 涑州=미상

한진서는 5경 · 15부의 위치를 새롭게 고증한 다음, 『요사遼史 지리지』와 『성경통지盛京通志』의 5경 · 15부에 대한 지리 고증이 잘못된 것을 일일이 반박하고 있다. 그에 의하면 요遼가 발해를 멸망시킨 뒤, 그 주민住民을 요동으로 이사시키면서 그들의 주현州縣 이름을 가져다 붙였기 때문에 강역 고증에 혼란이 생겼다고 한다. 『요사』의 찬자는 이러한 사정을 헤아리지 못하고, 옮겨진 지명을 본래의 강역으로 잘못 판단하여 5경, 15부의 위치를 모두 요동에 비정하는 잘못을 저질렀다는 것이다.

한진서의 발해 강역 고증은 정약용의 『강역고』의 발해 강역 고증과 기본적으로 일치하며,[70] 『요사』 · 『성경지』 기사를 존중한 유득공의 『발해고』의 지리 고증과 다르고, 안정복의 『동사강목』의 발해 강역 고증과도 다르다.[71]

70　韓永愚, 「茶山 丁若鏞의 史論과 對外觀」, 1983, 652~653쪽(本書 11장).

71　안정복은 『동사강목』 渤海國郡縣考에서 唐書를 위주로 하고 『盛京志』를 註로 참고하여 5京 15府의 위치를 고증했는데, 이를 소개하면 다음과 같다.
(5京)
龍泉府=肅愼故地=지금의 混同江 서쪽
顯德府=지금의 廣寧 · 義州界
龍原府=濊貊故地=지금의 鳳凰城
南海=沃沮故地=지금의 海城縣
鴨祿府=고구려고지=지금의 三水 · 甲山 이하 江外 등지
(15府)
長嶺府=永吉州界　　　　　　鐵利府=承德縣界
扶餘府=開原縣界　　　　　　懷遠府=鐵嶺縣地
鄚頡府=開原縣 서북　　　　安遠府=미상
定理府=읍루 故地=興京 界內　郢州=永吉州 界內

㉤ 고려 : 여기서는 총론·동북계東北界 연혁·서북계西北界 연혁, 그리고 성읍城邑의 순으로 지리를 고증하고 있다.

먼저 총론에서는 고려의 국경선과 지방 제도의 대강을 설명하고 있다. 즉 고려 초의 강역은 북北으로 정평定平의 도련포都連浦를 경계로 하고, 서북으로는 청천강淸川江으로 경계를 삼았으나, 뒤에는 압록강을 경계로 했다. 태조 때는 신라 제도를 따라 2경京·6부府·9절도節度·120군郡으로 했다가, 성종 때 10도道로 나누고, 현종 때 5도 양계兩界·3경·4도호부·8목牧으로 하고, 문종 때 남경南京(한양)을 두어 4경을 만들었다.

동북계 연혁에 관한 고증에서 특히 주목되는 것은 ① 예종 때 윤관尹瓘이 설치한 구성九城의 위치를 모두 두만강 남쪽에 비정하여 『고려사』 지리지에서 선춘령先春嶺이 두만강 북쪽 700리에 있었다는 설을 부정한 것과,[72] ② 명초에 설치한 철령위鐵嶺衛는 압록강 이북의 봉황성 근처이며, 함경도 안변安邊 남방에도 철령이 있다는 것이다.

서북계 연혁 고증에서 주목되는 것은 덕종 때 쌓은 장성長城을 보주保州(義州)에서 영흥永興에 이르는 지역으로 본 것과, 『대청일통지』에서 보주를 안주로 본 것은 잘못이라는 것, 강계江界·벽동碧潼 등지를 수복한 것은 공민왕 때이며, 원대元代에 설치한 동녕부는 지금 평양이라는 것 등이다.

고려 성읍 고증에서는 『여지승람』에서 영원寧遠·유원柔遠을 합하여 영유현永柔縣으로 했다고 한 것은 잘못으로, 지금의 영청永淸과 통해通海가 합하여 영유현永柔縣이 되었다는 것, 『대청일통지』에서 운주雲州를 지금의 운흥雲興으로 본 것은 잘못이라는 것 등이 주장되고 있다.

㉥ 본조지리고本朝地理考와 산수고山水考에서는 중국과 일본 측 문헌에 나오는 우리나라 주현州縣과 산수에 관한 기록을 현재의 지명에서 찾아 고증하고, 나아가 『대청일통지』·『무비지武備志』·『수도제강水道提綱』 등에서 우리나라 주현·산수에 관한 잘못된 설명을 일일이 바로잡고 있다. 예컨대, 개마산蓋馬山은 백두산, 죽도는 울릉도(송도·우산도), 열

安邊府=미상 　　　　　　　涑州=混同江 좌우
率賓府=卒本지방=봉황성 界內　　獨奏州=미상
東平府=開原 동쪽

[72] 『동사강목』과 정약용의 『강역고』에서는 公嶮鎭을 함경도 吉州 부근으로 비정하였다. 한진서는 『동사강목』과 『강역고』의 說을 따르고 있다.

수는 한강, 대수帶水는 임진강, 두이강豆耳江은 섬진강, 패수는 대동강, 살수薩水는 청천강, 마자수馬訾水는 압록강, 비류수沸流水는 동가강佟家江 근처, 동가강은 파저강婆豬江, 엄호수淹淲水는 개원현開原縣에 있다고 한 것 등이 그 주요 골자다.[73]

4. 『해동역사』의 사학사적 지위

지금까지 『해동역사』 찬자의 인적 상황과 이 책의 체재, 그리고 내용을 목차순으로 축조적으로 검토해 보았다. 여기에서는 지금까지 개별적으로 분석된 사항을 전체적으로 종합해 『해동역사』의 전체상을 그려 보고, 나아가 이 책이 사학사에서 차지하는 위치를 생각해 보기로 한다.

『해동역사』는 자료를 선정하고 이를 분류입목하는 과정에 묵시적으로 찬자의 의도가 반영되어 있으며, 자료에 붙인 안설은 직접적으로 찬자의 편사 의도를 나타내 주고 있다. 물론 안설의 대부분은 도덕적 · 정치적 명분이나 교훈을 내세운 것들이 아니라 자질구레한 사실 고증으로 채워져 있다. 그러나 그중에는 독자들에게 어떤 의식을 불어넣어 주려는 목적을 가진 것이 의외로 적지 않다. 따라서 『해동역사』는 '술이부작述而不作'이라는 겸손한 자세를 내보이면서 되도록 찬자의 주관을 보이지 않으려고 노력한 사서이지만, 그렇다고 자료 수집 그 자체만을 목적으로 한 것은 결코 아니다. 이제 이 같은 사정을 고려하면서 찬자 한치윤과 한진서의 역사의식의 특색을 정리하면 다음과 같다.

첫째, 찬자는 청 · 조선 · 일본 동양 3국의 국가 관계를 역사적으로는 사대교린의 전통적 질서 속에서 이해하면서도, 현실적으로는 전통 질서를 극복하고자 하는 입장을 견지하였다. 이는 사대교린의 명분이 담긴 '본기本紀' · '세가世家' 등 용어를 버리고 가치 중립적인 '세기世紀'라는 용어를 선택한 것과, '사대조공事大朝貢'이라는 용어 대신 '교빙交聘'이라는 용어를 지志의 명칭으로 선택한 사실에서 단적으로 드러난다. 다시 말하자면 사대는 과거의 질서요, 교빙은 찬자가 바라는 미래의 당위적 질서인 것이다. 교빙은 군신 · 상하 관계를 부정하는 수평적 국제질서다. 따라서 한치윤은 주권을 전제로 한 수평적 국제질

---

[73] 이 같은 山水 고증은 『동사강목』 및 『강역고』 · 『大東水經』과 거의 일치하여 특별한 발명이 없다.

서를 당위로서 받아들이고 있다는 점에서 근대적인 국가주권 의식과 국제관계를 지향했다고 할 수 있다.

둘째, 찬자는 국사에 대하여 크나큰 긍지를 가지고 있다. 그 긍지의 근원은 혈통이나 문화의 독자성에 있는 것이 아니라, 중국과 같은 수준의 문화를 상고시대부터 유지해 왔다는 사실에 대한 믿음에 있다. 한국문화의 뿌리는 단군조선보다 더 넓은 동이문화권과 연결된다. 한국인을 동이족의 일부인 예맥족과, 동이와 관련없는 한족 등이 합류되어 이루어진 것으로 이해하고 있으나 찬자는 어느 종족이 주족主族이고 객족客族이냐를 따지지 않는다. 찬자의 주된 관심은 문화 수준에 있다. 한국문화의 뿌리로서의 동이문화는 중국문화와 성격이 다르고 질이 낮은 야만적 문화가 아니라 중국인의 높은 칭송을 얻은 고급문화이다.

즉 이夷는 화華에 대한 대칭으로서 받아들이고 있는 것이 아니라 이夷=화華의 등식 관계에서 이夷를 이해하고 있다 할 것이다.

특히 한국 상고 문화를 높은 수준으로 이끌어 올리는 데 가장 결정적 공헌을 한 것은 기자조선이다. 이때부터 우리나라는 중국 역대 왕조와 더욱 활발한 문화교류를 통해 같은 수준의 문화를 유지해 왔다. 이는 역대의 중국 정치가나 문인들의 칭송을 통해서도 확인된다. 양국 간의 사신 왕래와 물물교환을 찬자는 정치적 관점에서가 아니라 문화교류의 차원에서 그 의미를 찾으려고 한다.

한국과 중국의 문화교류가 주로 중국으로부터 받는 관계라면, 한국과 일본의 관계는 일방적으로 일본에 주는 관계로 이해되고 있다. 특히 백제는 일본문화의 모체로서의 위치가 선명하게 부각된다.

그러나 문화의 수수授受 관계에는 이같은 차이가 있다 하더라도 동아시아 3국은 동아시아 세계에서 가장 선진적인 위치에서 동일문화권을 이루고 있었음은 부인되지 않는다. 또한 이같은 문화의 수수 관계에서 한국문화는 자연히 한반도만을 무대로 하여 전개되어 온 것이 아니라, 동아시아 세계 전체를 무대로 하여 전개되어 왔다는 사실이 재발견되고 있다. 이는 지금까지 한국인의 문화 활동 무대를 만주와 한반도에 국한시켜 온 관례적 역사 인식을 깨뜨린 것이다.[74]

---

74 黃元九 교수는 「海東繹史의 文化史的 理解」, 『震檀學報』 53·54에서 『해동역사』의 한국문화사 이해 시각을 평하여 "한국사의 전개와 한국문화의 차원을 한반도라는 한정에서가 아니라 만주, 일본, 나아가서 중국이라는 동아시아에서 새삼 재발견"하였다고 주장한다. 이러한 평은 기본적으로 타당하다.

찬자가 이해하는 동아시아 문화의 보편성은 유교에만 국한된 것은 아니다. 그가 유교에만 집착했다면, 승려나 도가들이 쓴 총패류叢稗類를 자료로 널리 이용하지도 않았을 것이고, 석지釋志나 풍속지 같은 것을 설정하지도 않았을 것이다. 그러나 그가 문화적 포용성을 가지고 있었다 하더라도, 유교를 가장 고급문화로 인식한 것만은 부인할 수 없다. 그러하기에 찬자는 유교 문화를 일찍부터 발전시킨 한국문화 수준을 높게 보는 것이며, 그러한 문화 전통이 낮은 북방족을 낮게 보는 것이다. 북방족에 대한 천시 관념 속에는 물론 청의 주인공인 만주족도 포함된다. 청조淸朝 관변官邊 측에서 만든 문헌들을 불신하는 태도나, 건륭乾隆 황제의 칙명으로 편찬된『만주원류고滿洲源流考』를 인용하지 않은 것, 그리고 금金나라의 조상을 한국인으로 본 것 등은 모두가 만주족을 혈통상으로는 친화관계로 인식하면서도 문화적으로는 한 수 아래로 보는 자긍심의 발로라 할 수 있다.

셋째로, 한국 정치사 이해에 있어서 정통과 윤통閏統의 구별은 전혀 무시되고 있다. 17, 18세기를 풍미했던 정통론 위주의 역사인식 방법이 청산되고 있다. 이는 바꿔 말하면 도덕적·명분론적 역사해석으로부터의 탈피를 의미한다.『해동역사』의 세기의 왕조 순위는 건국 순서에 따랐을 뿐, 어느 국가가 도덕적으로 정통이고 이단이냐를 기준으로 한 것은 아니다. 그런데『해동역사』에서의 역대 국가의 건국 연대(혹은 역사 등장 시기)에 관한 새로운 고증은 지금까지의 국사체계에 대한 통설을 크게 뒤바꿔 놓았다. 삼한을 사군 앞에 둔 것과, 3국의 건국 순서를 고구려·백제·신라 순으로 한 것,[75] 그리고 발해를 독립된 세기로 넣은 것이 그것이다.

따라서 결과적으로 볼 때, 삼한사·고구여사·백제사의 상한上限이 올라가고, 발해사의 위치가 높아진 셈이다. 특히 삼한사의 상한이 높아짐으로써 고조선과 삼한은 종전의 종렬 관계에서 병렬 관계로 바뀐 것이다. 그리고 발해가 독립된 세기로 들어간 것은 결과적으로 신라의 3국 통일의 의미를 상대적으로 감소시킨 것이다. 또한 발해와 더불어 숙신肅愼·탐라·주호州胡·정안국定安國 등을 국사에 포함시킨 것은 국토의 범위를 현재의 영토 범위보

---

[75] 3한을 4군 앞에, 3국 중 고구려를 首位에 설정한 것은 실은 한백겸의『동국지리지』를 효시로 한다. 그러나 이 책에서는 강역 고증의 순서를 그와 같이 했을 뿐이지, 그 순서가 반드시 국가 성립 시기의 선후 관계를 의미하는 것은 아니었다. 예컨대 한백겸은 3한을 4군 앞에서 다루고 있지만, 4군 이전에 3한이 성립되었다고 보는 것 같지는 않다. 그러나『동사강목』과 정약용의『강역고』에서는 조선과 3한을 並列關係로 인식하는 경향이 보다 뚜렷해진다.

다도 넓게 확산시킨 것을 의미한다. 원래 강역에 대한 지리 고증의 밑바탕에는 영토에 대한 깊은 관심이 깔려있는 것이고, 이는 근대국가의 3대요소인 영토·주권·인민의 한 요소가 된다. 따라서 찬자의 강역 의식은 근대적 국가관의 일부를 지니고 있음을 말해 준다.

넷째, 찬자는 국방과 이용후생에 대한 관심이 비상함을 보여 준다. 국방에 대한 관심은 군사제도적인 측면에서보다는 무기라든지 해양침입로와 같은 전술적인 측면에 더 집중되어 있다. 교빙지에서의 해방책의 제언, 조총과 거북선에 대한 관심, 양마養馬에 대한 관심이 그것을 말해준다. 담배재배나 인삼 재배와 같은 상업적 농업에 대한 관심, 본국물산本國物產에 대한 관심, 호시互市와 사행무역使行貿易, 그리고 화폐貨幣에 대한 관심, 기술문화에 대한 관심, 의식주 생활에 대한 관심은 모두가 이용후생과 관련된 것이라 할 수 있다. 그리고 이용후생에 대한 깊은 관심은 당시 서울 지방의 학풍을 지배하던 노론 북학파의 학풍으로부터 큰 영향을 받은 것으로 생각된다.[76] 동시에 찬자의 이용후생 정신은 단순한 자급자족의 농업경제를 뛰어넘어 국내 상업과 국제무역을 매개로 한 상품유통경제를 지향하는 부국강병적 자세가 엿보인다.

다섯째, 찬자의 자료 취급 태도는 되도록 많은 자료를 모으려는 고거주의考據主義를 지향하면서도 자료에 대한 검증·비판을 병행하고 있다는 점도 유의할 일이다. 외국측 문헌을 존중하고 국내의 고기류를 불신했다는 사실이 얼핏 자기비하 의식의 소산이 아닐까하는 의심도 할 수 있으나 그런 것이 아니다. 외국 측 문헌이라 하더라도 두찬杜撰의 성격을 지닌『요사』나 그것을 좇은『성경통지』·『대청일통지』계통의 문헌에 대해서는 낱낱이 그 오류를 지적하고 있다. 이밖에도『해동역사』에서 가장 비판받은 문헌 중의 하나는 서긍의『고려도경』이다. 특히 삼국·고려·조선 시대에 관계되는 외국 문헌의 오류를 『삼국사기』·『고려사』등 국내 측 기록에 의존하여 시정하고 보완한 것이 무수히 많다. 따라서『해동역사』에서의 문헌 취급 태도는 그 기록이 얼마나 과학적이냐에 기준을 둔 것이지, 외국 문헌에 대한 맹신에서 출발한 것이 아님을 알아야 한다. 그리고 이같은 박학

---

76 黃元九 교수는 한치윤의 학풍이 '經世致用'에 바탕을 두고 있다(前揭論文, 246쪽)고 하였으나, 이는 그의 黨色이 南人이라는 사실에서 추리된 것 같다. 한편, 李泰鎭 교수는 上揭 심포지움 논문(240쪽)에서 한치윤이 유득공·이덕무 등 北學派人士와 교류가 있고,『해동역사』의 志에 食貨·物產이 있으며, 宮室志에서 舟車를 설정한 것 등을 들어 北學派와의 관련성을 조심스럽게 개진한 바 있다. 필자도 위 심포지움의 토론 과정에서 인삼·담배 등 상업 작물에 대한 언급에서 상업 및 利用厚生에 관한 한치윤의 비상한 관심을 들어 북학파와의 관련성을 인정한 바 있다(253쪽).

·고거주의는 근대사학 성립에 필요한 조건의 하나를 발전시킨 것이다.

『요사遼史』계통 문헌에 대한 찬자의 불신은 결과적으로 한사군이나 발해 등 강역을 새롭게 비정하는 결과를 가져왔다. 사실『요사』계통 문헌에 대한 비판은 이미 안정복의『동사강목』에서부터 시도되었고, 정약용의『강역고』에서도 비슷한 노력이 있어,『해동역사』의 강역 고증은 기본적으로는 이들과 일치한다. 그러나 세부적인 면에서는 적지 않은 차이가 있다. 따라서 한치윤과 한진서는 선배 남인 학자의 연구 성과를 계승·발전시킨 것이라 할 수 있다.

그리고 남인 학자들의 이같은 연구 방법은 당시 노론老論·소론少論측 학자들의 한국사 이해 방법과는 다소 차이가 있다. 예컨대 18세기말 노론 학자들이 중심이 되어 편찬한『동국문헌비고』의「여지고」(1770, 1791 개정)와 노론 북학파의 한 사람인 유득공의『발해고』(1784), 소론 이종휘의『수산집』(1803), 소론 이긍익의『연려실기술』(1797), 그리고 노론 북학파 박지원의『열하일기』(渡江錄) 등에서 표명된 사료 취급 및 지리 고증과의 차이가 그것이다. 이들 문헌에서는 대체로『요사』계통의 문헌에 대한 신임이 크고, 또 국내 측 고기류도 많이 참고하는 경향이 있다. 그 결과 이 부류에서는 단군조선의 위치를 남인 학자들에 비해 높이 평가하고, 그 밖에 패수·낙랑을 요동에 비정하고(박지원·이종휘), 백제의 요서遼西 점령을 시인하며(『문헌비고』), 발해의 위치를 요동 중심으로 이해하는(유득공) 등의 차이가 나타난다.

노소론 당파와 남인 간의 역사인식상의 차이가 정치적으로 어떤 의미를 갖느냐는 여기서 일단 차치해 두고, 순전히 문헌 고증적인 측면에서만 비교한다면, 남인 학자들의 수준이 한 단계 높은 것만은 틀림없다 하겠다.

그러나『해동역사』는 위에 든 여러 장점을 가지면서도 몇 가지 약점과 한계를 가진 것도 간과할 수 없다. 무엇보다도 이 책은 한국인의 혈통상, 문화적 독자성에 대한 의식이 미약하게 반영되어 있다. 단군조선의 문화나 고유신앙에 대한 배려가 지나치게 소홀한 것, 그리고 한국인을 구성한 종족 범위를 지나치게 넓게 이해한 나머지 무엇이 주족主族을 형성하여 한국을 대표하는 민족으로 성장했는지를 추적하지 않은 것이 그것이다. 이는 찬자가 한국사를 민족사로 이해할 의도를 갖지 않았음을 뜻한다. 그리고 이같은 미숙한 민족의식은 자료 취급에 있어 이른바 고기류를 지나치게 불신한 태도와도 관련이 있다. 고기류는 물론 신비주의적인 내용이 너무 많아 이를 그대로 사실로서 받아들이는 것은 과학적 태도가 아니다. 그러나 이러한 자료를 사상사의 차원에서 이용한다면 훌륭한 참고자료가 될 수 있는 것이다.

중국 측 자료를 이용하는 데 있어서도 위서僞書와 진서眞書를 구별하지 못하고 모든 자료를 보이는 대로 동등하게 망라한 것은 찬자의 서지학적인 지식의 한계를 드러낸다. 예컨대『급총주서汲冢周書』・『죽서기년竹書紀年』, 그리고『일본서기』등 문제가 많은 문헌들을 무비판적으로 인용한 것이 그것이다.

그러나 서지학적 지식의 한계는 19세기 초 학계의 공통된 수준을 반영하는 것으로『해동역사』찬자의 책임만은 아니다. 하지만, 국내 측 고기류에 대한 불신은 당시 소론・노론계 학자의 사학에 비하여 상대적으로 지나치다는 비난을 면할 길이 없으며, 바로 이점이 한말・일제시대 민족주의사가들에 의해서 비판받는 요인이 된 것이다.[77]

그렇지만, 이러한 한계성에도 불구하고 이 책이 후세 사학에 미친 영향은 적지 않다. 가장 가까이는 정약용의『강역고』중 1833년에 편찬된「속고續考」에서『해동역사』가 인용되고 있으며, 1908년 박용대朴容大 등이 편찬한『증보문헌비고』에서는 조빙고朝聘考를 교빙고交聘考로 바꿨다. 이 밖에도 이 책이 1930년대 이후 문헌고증 사가들에게 자료집으로서 공헌한 사실은 일일이 그 예를 다 들 수 없다.

『해동역사』의 기본되는 편사 방법인 '述而不作'과 박학博學・고거주의적考據主義的 역사서술 방법은 19세기 중엽의 홍경모洪敬謨와 박주종朴周鍾 등에게 계승되어 갔으나, 개화기에는 오히려 후퇴되는 추세를 보인다. 이는 이 시기가 정치적 격동기로서 고증주의적 학풍이 전반적으로 쇠퇴하는 풍조와 관련이 있다 하겠다.

---

77 申采浩는『朝鮮史』總論에서『해동역사』를 다음과 같이 평했다.
　　"한치윤의 해동역사는 오직 支那・日本 등 서적 중에 보인 本史에 관한 문자를 수집하여 거연히 巨秩을 만들었을 뿐 아니라, 三國史에 빠진 부여・발해・가락・숙신 등도 모두 1편의 世紀가 있으며, 동국통감에 없는 姐瑾・沙法名・慧慈・王仁 등도 각기 幾行의 傳記가 있으며, 언어・문자・풍속 등의 分門이 있고, 게다가 그 조카 鎭書氏의 地理續이 있어 後人 考證의 勞를 덜 뿐 아니라 또한 史學에 두뇌가 있다 할 것이다. 다만 (1) 너무 字句間에서 조선에 관한 事實을 찾다가 民族大勢의 관계를 잃어 곧 夫婁와 夏禹의 국제 大交際로 볼 吳越春秋의 州愼의 蒼水使者와 2천 년간 흉노와 燕과 조선과 或和或戰한 전후 大事를 다 궐루하며, (2) 유교의 세력에 눌리어 孤竹國이 조선족의 分系됨을 발견치 못하는 동시에 伯夷・叔齊의 성명을 탈락하며, (3) 서적 선택의 不精이니 晋書 束晳傳으로 보면 '禹殺伯益 太甲殺伊尹' 등을 記한 竹書紀年이 眞本이오. 현존한 竹書紀年은 僞書이거늘, 이제 그 僞書를 논박없이 그대로 신용하며, 司馬相如의 茂陵書는 唐人의 위조인데 그대로 신용하며, 그 밖에 支那에나 日本에나 없는 사실을 만들어 本國을 誣辱한 者를 많이 그대로 주입한 것이 該書의 缺憾이 아니라 할 수 없다."

조선 후기 주요 사서

서명	저술 연대	편찬자	권수	서술시대	체재
東史纂要	1606 · 1609 1614	吳澐 (1540~1617)	8권	檀君~高麗末	紀傳體
東國地理志	1614~1615	韓百謙 (1552~1615)	1권	上古~高麗末	地誌
海東樂府	1617	沈光世 (1577~1624)	1권	古代~朝鮮	樂府體
歷代紀年	1602~1615	鄭逑 (1543~1620)	3권	檀君~光海元年	年表
歷年通考		鄭克後 (1577~1658)	1권		年表
東史補遺	1630전후 1640간행	趙挺 (1551~?)	4권	檀君~高麗末	編年體
東史補編	1644	申翊聖 (1588~1644)	9권		
東國輿地誌	1656	柳馨遠 (1622~1673)	13권	檀君~高麗末	地誌
東國歷史可攷		〃		고려	
東國史綱目條例		〃			
彙纂麗史	1640경 1770년대 간행	洪汝河 (1620~1674)	48권	高麗	紀傳體
麗史提綱	1667	俞棨 (1607~1664)	23권	高麗	綱目體
東事(記言)	1667 · 1673 1677	許穆 (1595~1682)		檀君~高麗	紀傳體
東國通鑑提綱	1672	洪汝河 (1620~1674)	13권	檀君~高麗末	綱目體

서명	저술 연대	편찬자	권수	서술시대	체재
東國三韓四郡 古今疆域說	1690년대	李世龜 (1646~1700)		檀君~三國	
東史辨證	1690년대	南九萬 (1629~1711)			
東國歷代總目	1705	洪萬宗 (1643~1725)	2권	檀君~朝鮮顯宗	總目體
東史會綱	1711	林象德 (1683~1719)	27권	檀君~高麗末	綱目體
星湖僿說 (經史門)	1720년대~ 1750년대	李瀷 (1682~1764)			
楓岩輯話	(英祖代)	柳光翼 (1713~1780)	7권	三韓~朝鮮顯宗	編年體
疆界考	1756	申景濬 (1712~1791)	4권	檀君~朝鮮	地誌
東史綱目	1759 · 1778	安鼎福 (1712~1791)	20권	檀君~高麗末	綱目體
東國文獻備考 (輿地考)	1770	申景濬	100권	檀君~朝鮮	地誌
同文廣考	(英祖代)	?	4책	檀君~三國	
箕子外記	1776	徐命膺 (1716~1787)	3권	箕子朝鮮	
紀年兒覽	1778	李萬運 (1723~1797)	8권	檀君~高麗末	年表
增補東國文獻備考 (輿地考)	1782~1796	李萬運	246권	檀君~朝鮮	地誌
東史(修山集)		李種徽 (1731~1797)	4권	檀君~高麗	紀傳體
渤海考 · 四郡志	1784	柳得恭 (1749~?)	1권	渤海 · 四郡	
燃藜室記述	1797	李肯翊 (1736~1806)	59권	檀君~朝鮮	記(事)本末體
疆域考	1811 · 1833	丁若鏞 (1762~1836)	4권	朝鮮~朝鮮	地誌
海東繹史	1814 · 1823	韓致奫 · 韓鎭書 (1765~1814)	85권	古朝鮮~朝鮮	紀傳體
渤海世家 (淵泉集)	1820년대	洪奭周 (1774~1842)		渤海	
叢史 (東史辨疑)		洪敬謨 (1774~1851)	1권	檀君~三國	

서명	저술 연대	편찬자	권수	서술시대	체재
大東掌攷 (歷代考)	(憲宗代)	洪敬謨	13책	檀君~高麗末	編年體
東史約	(哲宗代)	李源益			編年體
東史撮要	(哲宗代)	?	2책	檀君~朝鮮純祖	編年體
東國通志 (地理志)	1868	朴周鍾 (1813~1887)	24권	檀君~朝鮮	地誌
東史節要	1878	安鍾和 (1860~1924)	5권	檀君~高麗末	紀傳體
本紀通覽	(東國歷代總目에서 引用)				
靑史紀要	〃				
震旦通紀	〃				
東史寶鑑	〃				
東國記異	(東國文獻備考에서 引用)				
東史遺記	〃				

제3부

한국 민족주의
역사학

어느 시대를 막론하고 역사학은 역사의식과 역사의식의 두 측면을 가지고 있다. 자기 시대의 정치사회적 과제를 해결하려는 의지가 역사의식이라고 한다면 역사를 얼마나 과학적이고 객관적으로 쓰느냐가 역사 인식이라 할 수 있다. 전자가 역사학의 이념적 측면이라 한다면 후자는 역사학의 학문적 측면이다. 역사학이 지닌 이 두 가지 측면은 서로 불가분의 관계에 있지만 또한 별개의 문제이기도 하다. 다시 말해 이념이 진보적이라 하더라도 학문이 낮을 수도 있고 이념이 뒤졌다 하더라도 학문수준이 높을 수도 있다. 역사학의 역사를 다루는 사학사가 역사의식과 역사인식을 종합적으로 평가해야 하는 이유가 여기에 있다.

우리나라 근대 역사학은 100년 가까운 연륜을 쌓았다. 그 백 년의 약 절반을 일본의 압제 아래 살았고 나머지 절반은 민족 분단 속에서 살았다. 민족의 분단은 이민족의 압제보다는 나은 것이라 할 수 있지만 '민족'이라는 큰 공동체가 상처를 받았다는 점에서 공통성도 있다. 그런 점에서 우리 근대 역사학은 크게 보아 '민족'을 사랑하는 마음이 바탕에 깔려 있었다고 할 수 있다. 특히 이민족의 압제를 받던 시기가 더욱 그러하였다. 일제 시대 역사학을 민족주의 역사학이라고 하는 까닭이 여기에 있다. 물론 일제 시대에는 민족주의 역사학 이외에 마르크스주의 역사학과 문화주의 역사학이 있었다. 마르크스주의 역사학은 사회평등을 위해 노력하고 문화주의 역사학은 문화발전을 촉진시켜 각각 고유의 공헌이 있음을 인정해야 한다. 그러나 그 시대의 최대의 과제는 민족의 해방이었다는 점에서 민족주의 역사학이 지니는 의미는 각별하다 하겠다. 한국 근대 사학상서 민족주의 역사학이 가지는 비중이 그래서 큰 것이다.

필자는 최근 20년간 사학사연구에 집중적으로 매달려 왔다. 그 결실이 『조선 전기 사학사연구』(1981)와 『조선 후기 사학사연구』(1989)로 정리되어 나왔다. 이번에 내는 『한국민족주의역사학』은 그 후속편이라 할 수 있다. 이 책에 실린 글들은 대부분 개별논문으로 발표되었던 것을 모은 것이다. 그러나 이를 책으로 묶는 과정에서 적지 않은 손질을 가하였다. 내용의 첨삭과 수정, 그리고 장·절을 재구성하기도 하였으며 결론 부분을 새로 집필하였다. 이로써 단행본의 면모를 갖추려고 나름대로 애를 썼으나 미흡한 점이 한두 가지가 아니다. 다만 사학사의 방법론으로서 앞에서 말한 역사의식과 역사인식을 종합적으로 검토하여 균형감각을 가지려고 노력한 흔적이 인정된다면 다행으로 생각한다. 그리고 민족주의 역사학을 단순히 흘러간 옛날의 이야기로서가 아니라 민족통일을 앞에 둔 오늘의 현실 속에서 어떻게 계승발전시킬 것인가를 모색하고자 하는 필자의 고민이 이해된다면 더 한층 다행이겠다.

끝으로 이 책의 출간을 기꺼이 맡아주신 일조각 한만년 사장님 이하 편집부 여러분, 교정과 색인작업을 도와준 규장각 김문식 조교와 신병주·노대환 제군에게도 감사의 뜻을 전한다.

1993년 12월
저자

민족주의 사학의 성립과 전개

1. 머리말

1905년 소위 '을사조약'을 계기로 민족주의라는 새로운 시대사조가 풍미하여 항일구국운동의 정신적 지주가 되었으며, 이러한 민족주의를 바탕으로 한 새로운 역사학이 성립하였다. 이른바 민족주의 사학이 그것이다.

민족주의 사학은 국권이 상실되었던 일제시대에 가장 극성했지만 8·15해방에서 지금에 이르기까지도 기본적으로는 민족주의 사학이 현대사학의 주류를 이루고 있었다고 할 수 있다. 다만, 민족주의 사학은 각 시대의 역사적 과제가 달라지고 학문 수준이 높아짐에 따라서 끊임없이 그 성격이 변화되어 왔다. 뿐만 아니라 같은 시대에 있어서도 민족을 해석하는 기준이나 원용하는 방법론 혹은 자료선택에 따라 역사해석체계가 각양각색으로 달랐다. 민족주의 사학의 시대구분이 가능하고, 역사가 개개인의 개성적 파악이 필요한 이유가 여기에 있다.

이 글에서는 민족주의 사학의 하한을 우선 일제시대로 한정하고, 이를 다시 한말, 1910년대, 1920년대, 그리고 1930년대의 4시기로 나누어 그 변화과정을 추적하려고 한다. 이는 민족주의 사학의 성격이 크게 4단계를 거쳐 변화되었다는 것을 전제로 한다.

2. 민족사학의 전사로서의 조선 후기 사학

한말 일제시대의 민족주의는 반제反帝의 민족의식과 반봉건反封建의 민주의식을 표리에 담고 있는 하나의 통일된 개념이다. 그러나 민족의식과 민주의식은 한말, 일제시대에 돌발적으로 나타난 것이 아니라, 왜란과 호란 후의 3백년의 역사과정 속에서 점진적으로 성숙되어 왔다는 것을 유념해야 한다. 이렇듯 민족주의가 기나긴 전사를 가졌듯이 민족사학도 그를 배태·성숙시킨 선행 조건들이 있었던 것이다

조선 후기 사학은 역사의식에 있어서 민족의식과 민주의식의 성숙, 그리고 역사인식에 있어서 과학적 방법의 진전이라는 측면에서 조선 전기의 사학에 비해 진일보한 성격을 지녔다.[1] 조선 후기 사학이 지닌 민족의식의 심화는 두말할 나위도 없이 왜란과 호란 그리고 청淸의 중원中原 지배라는 국제정세의 변동에 의해서 촉발된 것이다. 왜倭와 호胡에 의한 국토유린은 문화선진국으로서의 소중화小中華의 자부심을 지녀온 식자층識者層에게 심대한 정신적 상처를 주었고, 이는 반사적으로 민족적 정체성에 대한 자각을 촉발시키는 계기가 되었다.

대체로 조선 후기 지식인들의 민족적 자각운동은, 첫째로 소중화로서의 문화적 우월성을 재확인하는 방향으로 진행되었다. 이는 명明이 망한 뒤로는 우리만이 유일중화라는 의식으로 전화되고 그 유일성을 강조하기 위해 주자학적 정통론을 빌어오게 되었다. 17세기 중엽부터 18세기 후반에 이르기까지 성행했던 강목법 사서의 출간은 일차적으로 중화정통의 동방이전을 확인하는 데 그 목적이 있었다.

그러나 정통론에 의한 소중화의 재확인은 왜·호에 대한 적개심과 이왕조에 대한 애국심을 북돋우는 효과는 컸으나, 정통론 자체가 근원적으로 중국 중심의 세계관이라는 한계를 벗어나지 못하였다. 더구나 오랑캐로 천시하던 청이 18세기 중엽에 이르러서는 강희康熙·건륭乾隆시대를 거치면서 문명선진국으로 부상하게 되자, 호에 대한 천시는 더 이상 설득력을 가질 수 없게 되었다. 그러한 사정은 왜의 경우도 마찬가지였다. 이제 왜와 호는 옛날처럼 불타는 적개심을 가지고 복수해야 할 적국이 아니라, 대등한 관계에서 평화공존하면서 문화교류를 촉진해야 할 경쟁국으로 변했으며, 그러한 선린관계를 유지하

---

1   韓永遇, 『朝鮮後期史學史研究』, 一志社, 1989.

면서 국력과 애국심을 배양해야 한다는 새로운 과제가 주어졌다.

18세기 중엽의『동사강목東史綱目』을 끝으로 하여 강목법 사서는 쇠퇴하고, 그 대신 기전체나 혹은 그것을 변용한 사서들이 많이 출간된다.[2] 이는 중화와 이적으로 세계를 양분하는 시대가 지났다는 것을 의미하며, 기전체를 정형대로 도입함으로써, 우리 역사를 보다 적극적인 독립적 주체로서 재구성할 수 있게 되었음을 보여주는 것이다. 다시 말하자면, 기전체의 정형인 사마천의『사기』에서 시도한 본기本紀 · 세가世家 · 열전列傳 · 지志 · 연표年表의 형식은 화이관華夷觀에 구애됨이 없이 우리의 역사를 하나의 독립된 천하질서로 재구성할 수 있는 길을 열어 놓았다.

동시에 이러한 독립된 천하질서로서의 한국사는 문화적으로도 중국과 동일한 것으로만 인식되지는 않았다. 우리는 중국과 지리적으로도 구별되어 있을 뿐만 아니라 기후 · 국토 · 풍속 · 언어 · 기욕嗜欲 등이 뚜렷한 개성을 지닌 것으로 의식되었다. 이는 바꿔 말하면, 우리 자신을 독립된 지역공동체인 동시에 문화공동체로 의식하게 되었음을 말한다.[3]

또한 조선 후기 사서에서 뚜렷한 위치를 차지해 가고 있던 단군조선에 대한 인식은 혈연공동체의식을 고양시키는 구실을 하였으며, 단군 이래의 고유종교로서 신교神敎에 대한 자각도 점차로 높아지기 시작했다. 이러한 여러 변화는 장차 민족주의를 맹아시키는 태반胎盤이 되었던 것이다.

한편, 조선 후기 역사의식의 변화로서 두번째로 지적해 두어야 할 것은, 잃어버린 만주 땅에 대한 관심의 고조이다. 이는 왜란과 호란을 경험하면서 경제 · 군사적으로는 우리가 약소국임을 절감하게 되었으며 그렇게 된 근본 이유를 만주 상실에서 찾게 되었다. 더욱이 두 차례의 전란은 약육강식의 처절한 힘의 논리를 각성케 하는 계기가 되었으며, 힘을 기르는 이른바 '자강自强'의 첩경을 실지수복에서 찾고자 하는 열의가 팽배하였다. 그리하여 고조선 · 삼한 · 고구려 · 백제 그리고 발해에 대한 지리고증이 활발하게 진행되어 역사지리연구의 일대진보가 이루어지게 된 것은 조선 후기 사학의 커다란 특색이었다.

또한 자강과 관련하여 북방영토에 대한 관심과 아울러 도서의 개발과 도서의 방위, 즉

---

2 李種徽의『東史』, 丁若鏞의『疆域考』, 韓致奫의『海東繹史』, 洪敬謨의『大東掌攷』, 安鍾和의『東史節要』등 18세기 중엽 이후에 출간된 史書들은 대부분 강목법을 따르지 않았다.

3 조선 후기 史學者 가운데 민족의식이 가장 뚜렷하게 표현되고 있는 것은 이종휘라 하겠다(韓永愚, 前揭書 제7장 참조).

'해방' 문제가 심각하게 논의된 것도 특기할 사실의 하나이다.[4] 조선 후기 사서에서 탐라국耽羅國·우산국于山國·대마도對馬島 등 섬나라가 중요하게 취급된 것은 그러한 분위기를 반영하는 것이다.

다음에 조선 후기 사학에 나타난 민주의식의 진전은 신분제도의 타파, 토지의 재분배와 수취의 공정화, 정치기강의 확립, 하이상下而上의 상향적 민의존중, 향권자치제의 민주화 등으로 표현되었다. 물론 이러한 민주의식의 진전은 아직도 유교적 민본사상의 한계를 벗어난 것이 아니지만, 그 다음 단계의 주권재민적 민주사상으로 전화될 가능성을 충분히 준비하고 있었음을 유념해야 한다.

끝으로, 조선 후기 사학은 근대사학의 특성의 하나인 문헌고증학의 단서를 열었다는 점을 간과할 수 없다. 근대사학은 하나의 독립된 학문으로서의 자기체계를 갖추고 있는 것인데, 경학과 체용관계로 얽혀 있는 유교사학의 테두리 안에서는 사학의 학문적 독자성이 성립되기 어려운 것이다.

그런데 조선 후기 사학은 비록 외형상으로는 유교사학의 한계를 벗어나지 못하였지만 내면에 있어서는 상당한 정도로 가치중립적이며 과학적인 박학고거주의博學考據主義로 나아가면서 이른바 사학전문가로 불러도 좋을 만한 역사가가 배출되었다. 안정복·한치윤·정약용·이긍익과 같은 인물이 그러한 부류에 속한다.

지금까지의 설명을 다시 종합해 본다면, 조선 후기의 역사의식과 역사인식은 민족과 민주 그리고 과학화라는 세 가지 목표를 향해서 자기혁신을 거듭하면서 발전해 가고 있었다. 이러한 사실은 근대적 역사의식과 역사인식 즉 민족주의사학을 잉태하고 준비해가는 과정이었다는 점에서 중요한 의미를 갖게 된다.

3. 한말 민족사학의 성립

조선 후기에 민족지향·민주지향, 그리고 과학지향의 성격을 띠면서 근대사학을 향해착실하게 전진해 가던 역사학은 1894년의 갑오경장甲午更張을 계기로 소위 '신사체新史體'

---

4   海防問題를 가장 심각하게 논의한 史學者는 安鼎福이었다(韓永愚, 上揭書 제8장 참조).

로 탈바꿈하기 시작했으며, 1905년의 을사조약을 거치면서는 '신사학新史學' 즉 '민족주의 사학'으로 또 한 번의 변신을 경험하게 되었다.

개화기의 소위 '신사체'는 기본적으로 조선 후기 사학을 계승한 것으로서 민족지향·민주지향·과학지향의 동질성을 지녔으나, 다음과 같은 몇 가지 새로운 면모를 보여주었다.

첫째, 신사체는 그 주도층이 양반이 아닌 중인층으로 바뀌었다.[5] 그리고 이들은 대부분 갑오경장 이후 새로 설치된 학부의 관리로 봉직하면서 각급 학교의 교과서 형식으로 사서를 편찬하였다. 개화기의 사서들이 대부분 교과서인 것은 이 까닭이었다.

교과서는 그 기능상 압축된 내용을 전달하는 것이므로 방대한 자료를 인용하면서 학구적으로 쓰일 필요는 없었다. 그래서 이 시기의 사서들은 학술적으로는 크게 진보된 면이 보이지 않으며, 대체로『동사강목』에서 완성된 강목체와 정통론을 그대로 따른 것이 대부분이다.[6] 이는 또한 새 시대의 지식층으로 부상한 중인들이 아직은 양반들의 학문 수준을 능가할 만한 자기성숙이 따르지 못한 상황에서 갑자기 확대된 국민 역사교육을 담당하게 된 것과도 관련이 있다.

둘째, 신사체는 명치유신 이후로 서양 근대사학을 받아들여 외형상 근대화된 모습을 갖춘 일본 황국사관皇國史觀의 영향을 받기 시작했다. 그리하여 역사서술의 형식을 편編·장章·절節로 나눈다든가, 정치·경제·사회·문화 등의 분류사적 서술을 시도한다든가, 또는 서기西紀의 연대를 사용한다든가 하는 변화를 보여 주었다. 그리고 이러한 외형상의 변화, 즉 근대화된 모습을 근거로 하여 '新史體'라는 호칭이 생겨나게 된 것이다.

그러나 개화기의 신사체는 이러한 외형상의 발전에도 불구하고, 그 신사체의 모체가 되었던 일본 사학의 왜곡된 한국사상까지도 받아들이는 오류를 범함으로써 민족지향에 저해되는 결과를 낳게 되었다. 예컨대『일본서기』에 근거하여 일본인들이 꾸며 낸 신공황후의 신라정벌이라든가, 임나일본부任那日本府의 설치 등을 받아들인 것이 그것이다.[7]

신사체사학의 이러한 오류는 소위 개화파 인사들이 지녔던 불철저한 민족의식과 낙관

---

5 개화기의 대표적 중인 출신 史學者로서는 金澤榮, 玄采가 있고, 일제시대에 활약한 이로는 安廓, 崔南善을 들 수 있다.

6 韓永愚, 「韓末에 있어서의 申采浩의 歷史認識」,『丹齋申采浩와 民族史觀』, 1980, 149~160쪽.

7 일본인이 개항 이후 쓴 史書로서 한국고대사를 왜곡한 것은 大鳥圭介의『朝鮮紀聞』(1885)이 첫 번째이며, 重野·久米·星野 등 3人이 쓴『國史眼』(1890)이 두 번째이고, 東大 출신의 林泰輔가 쓴『朝鮮史』(1892)가 세 번째이다. 특히 개화파 인사들에게 영향을 크게 준 것은 林泰輔의『朝鮮史』이다.

적인 대일관에서 연유하는 것이었다. 다시 말하면 그들의 민족지향은 '반청독립'에만 편중되어 있었고, '반일독립'에 대한 의지는 상대적으로 미약했다. 물론 반청독립의 정신은 호란 이후로 성숙되어 온 국민감정인 것이고, 개항 이후로 접고되어 온 청의 정치적 간섭과 경제적 침투에 대응하는 논리로서의 정당성이 없는 것은 아니었다.

그러나 청으로부터의 독립은 조선침략을 획책하던 일본의 시각에서 더욱 부추겨 주었던 것이고, 그것을 여과없이 받아들인 개화파 인사들은 '청으로부터의 독립' 뒤에 숨겨진 '일본으로의 예속'의 위험성을 꿰뚫어 보지 못했던 것이다.

한편, '新史體史學'은 민주지향이라는 측면에서도 여전히 한계성을 드러내고 있었다. 개화파 인사들은 천부인권론이나 사회계약설 혹은 사회진화론과 같은 서양 부르주아사상에 부분적으로 접하기는 했지만, 정치체제로서는 입헌군주제 이상의 공화주의 단계에까지는 나가지 못했다.

요컨대 '新史體史學'을 주도한 개화파의 역사의식은, 민족·민주·과학의 세 가지 지표로 볼 때, 조선 후기 사학의 수준에서 약간의 진보는 인정될 수 있으나, 다른 한편으로는 일본의 식민주의적 황국사관에 오염되기 시작하는 단서를 열어 놓았다는 점에서 그 역기능도 또한 적은 것이 아니었다. 바로 이러한 이유 때문에 '新史體史學'은 뒷날 민족주의사학에 의해 "韓裝本을 으로 洋裝本으로 바꾸어 놓은 사학" 혹은 "賣國奴性을 지닌 사학"으로 매도당하는 운명을 맞이하게 되는 것이다.[8]

민족주의사학의 선창자는 신채호申采浩이며, 이것이 성립되는 직접적 계기는 1905년의 을사조약이었다. 일본에 의한 국권침탈은 청에의 종속보다도 더 심각한 민족의 위기를 초래했고, 따라서 반일독립은 반청독립보다도 더 강력한 민족적 단결심과 저항심을 요구했던 것이다. 그리하여 '반일독립'의 논리로서의 민족주의는 그 안에 공화정에 입각한 근대 국민국가를 건설한다는 이른바 시민혁명의 이념을 내포하고 있으며, 그 국민국가의 영토를 만주에까지 확장시킨다는 적극적 팽창주의를 동시에 깔고 있었다. 물론 국권이 거의 상실된 당시의 상황에서는 시민혁명이나 대외팽창 모두가 용이한 것이 아니었지만, 당시의 역사적 상황은 시민계급의 꾸준한 성장과 그들에 의한 계몽적 문화운동이 급속히 팽창하는 동시에 만주지방으로의 이민이 활발하게 진행되고 있었던 것은 사실이었다.

8　韓永愚, 前揭論文.

구한말의 민족주의는 이와 같이 대내적으로는 반봉건의 시민운동을, 대외적으로는 반제국주의의 민족자주와 영토확장을 동시에 추구했던 까닭에, 근대적 자유 · 평등 · 합리정신과 아울러 민족적 독립심과 팽창의식을 분기시키는 낭만적 감정을 동시에 고양시키지 않으면 안 되었다. 근대 서양의 계몽사상가들, 예컨대 몽테스키외 · 칸트 같은 인물이 주목되는 반면에, 낭만주의 역사가인 카알라일 같은 인물이 인기를 모으고 영웅숭배관념이 팽배된 이유가 여기에 있다.[9]

가령 신채호가 「을지문덕전」(1908)에서 을지문덕주의를 제국주의로 규정하면서, 이를 칭송한 것이라든가, 「영웅과 세계」(1908)라는 글에서 "英雄者는 세계를 창조한 聖神이며, 世界者는 英雄의 활동하는 무대"라고 한 카알라일의 말을 인용한 것 등은 그러한 낭만적 경향을 잘 보여준다.

한말 민족주의운동의 낭만적 경향을 더욱 부채질한 것은 스펜서의 사회진화론이었으니, 약육강식의 제국주의 국제질서 속에서 민족생존을 보전하기 위해서는 낭만적 자기 분발 이외에 다른 선택의 길을 당시로서는 찾지 못했다. 한말의 민족주의는 이렇듯 사회진화론을 밑바탕에 깔고 저항과 팽창의 양면성을 띠고 있었는데, 이를 근대적 종교형태로 발전시킨 것이 대종교(檀君敎)라면, 이를 역사학과 연결시킨 것이 신채호라고 할 수 있다.

대종교는 을사조약 직후부터 준비되어 1909년에 창립(重光)되고, 1910~1920년대에 극성기를 맞이하였다. 교리는 단군 이래의 고유종교를 부활시킨 것이라고 표방하고, 또 단군을 중심으로 한 독특한 국사체계를 제시하고 있는 까닭에 역사서술에 미치는 영향이 적지 않았다.[10]

대종교가 창설되는 시기와 민족주의 역사학이 성립하는 시기는 거의 일치하며, 양자는 서로 긴밀한 상보관계를 가지면서 발전해 가고 있었다. 신채호는 대종교가 창설되는 분위기 속에서 많은 민족주의 사론을 발표하다가 1908년에 『독사신론讀史新論』을 써서 민족주의 역사학의 방법론과 이에 입각한 새로운 고대사체계를 제시함으로써 종전의 소위 '新史體史學'과 일선을 획하는 근대사학으로서의 민족주의 역사학의 기초를 놓았던 것이다.[11]

9   韓永愚, 「開化期 安種和의 歷史敍述」, 『韓國文化』 8, 서울大, 1987, 138~140쪽.
10 韓永愚, 「1910년대의 申采浩의 歷史認識」, 『韓㳂劤博士停年紀念 史學論叢』 1981; 韓永愚, 「1910년대의 民族主義的 歷史敍述 - 李相龍 · 朴殷植 · 金敎獻 · 『檀奇古史』를 중심으로」, 『韓國文化』 1, 서울大, 1980.
11 주 10)의 앞 논문. 한편, 신채호를 市民的 근대사학의 확립자로 보는 점에는 일치하지만, 그 성립시기에 관해

『독사신론』에서는 개화기 교과서들을 통렬히 비판하면서 '新史學'의 창출을 힘주어 강조했다. 그것은 교과서들이 중세적인 유교사학의 한계를 벗어나지 못했을 뿐만 아니라, 일본 황국사관에 오염되어 노성과 매국의 성향까지 띠고 있다고 보는 까닭이었다. 특히 신채호가 노성과 매국이라는 극단적인 표현을 써 가며 교과서를 비판한 까닭은 신공황후의 신라정벌이라든가, 임나일본부의 인정, 그리고 단군과 일본 삼신三神의 하나인 소전명존素箋鳴尊을 형제로 보는 것 등 일본측 사서의 주장들을 여과하지 않고 그대로 받아들인 것에 대한 불만이 작용한 것이었다.

신채호가 유교사관 및 일본의 황국사관을 맹렬히 비판하면서 대안으로 제시한 새로운 한국사 이해방법에 있어서 가장 핵심되는 목표는 민족의 실체를 선명하게 부각시키고자 하는 것이었다. 그는 역사와 민족 그리고 국가를 삼위일체로 인식하여 다음과 같이 말했다.

民族을 捨하면 歷史가 無할지며, 歷史를 捨하면 民族의 그 國家에 대한 觀念이 不大할지니
…… 國家가 旣是 民族精神으로 구성된 有機體인즉 ……

여기서 신채호가 생각하는 국가는 종전의 중세국가와는 다른 '민족정신으로 구성된 有機體', 즉 민족국가라는 것이 새롭게 천명되고 역사는 바로 그러한 국가의 구성원인 민족을 확인함으로써 국가관념을 고양시키는 수단이라는 것이 명시된다.

그렇다면, 역사의 핵심이 되어야 할 민족의 실체는 무엇인가. 신채호는 우리 민족을 구성하고 있는 6개의 종족, 즉 선비족·부여족(단군후예)·지나족·말갈족·여진족·토족(韓·濊貊) 가운데서 부여족이 주족主族이고, 나머지가 객족客族이라고 규정함으로써 우리의 민족사는 곧 부여족(단군족)의 역사임을 선언했다.

신채호가 부여족을 민족의 주류로 부각시킨 것은, 부여족이 천손 후예로서의 독자적인 혈통을 지녔을 뿐만 아니라, 그들의 활동무대가 만주와 한반도에 걸치는 광역의 영토를 포괄했다는 지리관념이 작용한 것이었다. 이는 바꿔 말하면, 민족의 중심개념을 혈연과

서는 舊韓末說과 1920년대說이 양립되어 있다. 愼鏞廈 교수는 필자와 마찬가지로 신채호의 『讀史新論』 편찬을 近代史學의 성립으로 보았고(愼鏞廈, 『申采浩의 社會思想研究』, 한길사, 1984), 李萬烈 교수는 近代民族主義 歷史學이 구한말에 태동하여 1920년대에 성립하는 것으로 해석했다(李萬烈, 『韓國近代歷史學의 理解』, 文學과 知性社, 1981).

지연에 놓고 있다는 것을 의미한다. 동시에 이러한 민족개념은 현실적으로 한족과 한반도를 중심에 놓고 소중화의 문화자존 의식으로 역사를 인식해 온 유교사관의 한계를 극복하려는 것이며, 보다 더 실천적으로는 만주수복의 당위성을 강조함으로써 팽창적 민족주의로 나가려는 의지의 표현이기도 한 것이다.

신채호의 이상과 같은 부여족 중심의 한국사 체계는 멀리는 고려말의『제왕운기帝王韻記』에서 시작하여 조선 후기의 허목·이종휘 등으로 이어져 내려온 단군중심의 역사서술의 전통을 계승한 것이었다.[12] 그것은 신채호가 부여·고구려·백제·신라·가야·발해 등 고대국가들을 모두 단군족의 후예로 간주한 데서 찾아진다. 그리고 발해사를 적극적으로 편입시키고, 신라의 삼국통일을 부정적으로 평가한 것은 만주땅에 대한 강렬한 영토의식과 그 수복(多勿)의 당위성을 강조한 것으로서, 이는 그의 민족주의 역사학이 지향하는 바 실천적 목표이기도 한 것이다.

4. 1910년대 민족주의역사학과 대종교

1910년대의 민족사학은 대종교와의 밀접한 관련 위에서 전개되었다는 것이 주목할 특색이다.

1909년에 서울에서 나철羅喆·오기호吳基鎬 등이 중심이 되어 창설된 대종교(初名은 檀君敎)는 처음부터 독립운동을 목표로 세워진 종교단체로서, 그 교리나 실천강령이 철저하게 민족주의적이었다.[13] 먼저 대종교의 교리는 단군을 비롯한 삼신의 가르침을 따르자는 것으로, 이는 우리나라의 오랜 민간신앙이던 신교를 현대적으로 발전시킨 것이었다. 원래 삼신에 관한 사화는 고기라는 이름으로 전승되어 왔는데, 대종교도들은 이 고기들을 현대적으로 확대, 재구성하여 경전처럼 믿고 선교하였다.『천부경天符經』·『삼일신고三一神誥』·『단기고사檀奇古史』·『환단고기桓檀古記』·『신단실기神檀實記』·『신단민사神檀民史』·『단조사고檀祖事攷』와 같은 책들이 그것이다.

---

12 許穆과 李種徽의 史學에 관해서는 韓永愚의 前揭書 참조.
13 朴永錫,「大倧敎의 獨立運動에 관한 研究」,『史叢』21·22, 1977.

대종교도들이 쓴 역사책은 그 내용이 반드시 통일되어 있는 것은 아니었지만, 공통점은 대략 다음과 같이 정리될 수 있다.[14]

첫째, 인류문화의 발상지를 백두산 부근에 설정하여 우리나라가 세계문화의 중심지라는 것.

둘째, 부여족뿐 아니라 여진·몽골·거란 등 소위 동이족 전체를 '倍達族'이라는 하나의 큰 민족집단으로 간주하여 이를 우리의 조상으로 생각한다는 것이다. 이는 바꿔 말하면 서양의 '汎게르만주의'나 '汎슬라브주의'와 비슷한 '汎東夷民族主義'라고 부를 수 있다.

셋째로, 우리 민족의 종족적 범위를 위와 같이 확대시킨 결과 자연히 우리 민족의 활동무대는 만주와 한반도는 물론이요, 중국 동북지방까지 포괄되며, 순임금이나 요·금·원·청 등과 같은 북방족의 왕조도 우리 민족의 역사로 간주된다.

넷째로, 우리의 민족문화의 핵심이 되는 종교는 불교나 유교가 아니라, 단군 이래로 내려오던 신교(대종교에서는 이를 大倧敎라 부른다)이며, 이는 동이족 전체가 공유한 배달족 고유의 민족종교인 것이다.

이상과 같은 대종교인의 역사인식은 한말 신채호가 설정했던 부여족 중심의 민족사보다도 공간적으로나 종족상으로 훨씬 확대된 것이며, 신채호의 민족주의가 부여족 중심, 만주 중심의 대조선주의라면, 대종교의 그것은 동이족 중심, 범동북아세아 중심으로 확대된 것이라 할 수 있다.

이와 같은 대종교인의 범동이주의는 현실적으로 조선인의 주도하에 만주족(女眞族)을 포섭하여 만주지방을 탈환하고, 그곳에 대조선국을 세우려는 실천목표를 뒷받침하기 위한 것이었다. 그리고 그것은 당시 일본이 대동아주의를 내걸면서 대륙진출을 추구하던 정책과 맞서 만주에 대한 주도권을 장악하려는 의도와도 관련이 있었다. 특히 대종교인들이 1910년 국치 이후로 만주에 본부를 두고 포교활동과 독립운동을 전개하면서 발해사에 비상한 관심을 기울인 것은, 그 옛날 소수의 고구려유민이 다수의 말갈족을 지배하면서 발해국가를 운영해 갔던 그 전통의 현대적 계승을 염원한 것이라고 볼 수 있다.

어쨌든 1909년에 창립된 대종교는 1910년의 국치를 계기로 그 교세가 더욱 확장되어 신민회를 비롯한 만주와 중국본토에 망명했던 독립운동가의 대부분이 그 교단조직에 참

---

14 주 10)의 두 번째 논문 참조.

여하였으며, 1920년 전후의 시기에는 40만 명의 교인을 포용할 만큼 번성하였다. 따라서 1910년대의 만주에서의 독립운동을 주도한 것은 대종교단이었으며, 독립운동가이자 역사가인 박은식朴殷植·신채호申采浩·안확安廓·최남선崔南善·안재홍安在鴻·정인보鄭寅普·문일평文一平 등이 직접 혹은 간접으로 대종교의 영향을 받으면서 활약했다.

1910년대에 저술활동이 가장 활발했던 역사가는 박은식이었다. 그는 국치 직후 중국으로 망명하여 대종교단의 간부로 활약하면서, 1911년에 금태조金太祖·동명왕東明王·대조영大祚榮·천개소문泉蓋蘇文 등 만주를 누볐던 고대영웅들의 전기를 잇따라 발표하고, 그 후 『한국통사』(1915)와 『한국독립운동지혈사』(1920)를 냄으로써 민족주의의 입지에서 근대사를 이해하는 기준을 설정하는 데 크게 공헌하였다. 뿐만 아니라 일제 당국자들을 당황하게 하여 조선총독부로 하여금 조선사 편수작업을 서두르게 하는 계기를 마련하였다. [15]

일찍이 독립협회에도 참여한 바 있던 박은식은 원래 양명학에서 출발한 개화사상가였으며, 한말까지만 해도 유교의 국교화를 주장할 만큼 유학자의 한계를 벗어나지 못했었다. 그러나 1910년의 국치를 계기로 대종교에 귀의한 그는 유儒·불佛·선仙의 삼교를 포용하면서 국혼을 유지하고 그 국혼을 바탕으로 평등하고 부강한 대조선국가를 만주를 중심으로 건설하려고 하였다.

박은식은 역사라는 것을 신神과 혼魂으로 이해하고, 국가는 형形과 백魄으로 이해했는데, 신과 혼이 남아 있으면, 형과 백은 다시 살아날 수 있다고 믿었다. 이러한 그의 정신주의사관은 양명학의 주관적 관념론의 영향을 받은 것으로서, 바꿔 말하면 역사를 종교적 차원에서 인식하고 있음을 보여주는 것이다.

한편, 1910년대에 대종교의 영향을 받은 역사가로서 신채호의 활약을 잊을 수 없다. 그는 1910년에 「동국고대선교고東國古代仙敎考」를 써서 우리나라 고유종교로서 선교가 있음을 인식하였고, 1915년에는 그 선교사상을 밑바탕에 깔고 우리나라의 고대사를 사화형식으로 그려 낸 「꿈하늘」을 발표했다. [16]

원래 사화史話란 역사를 낭만적으로 서술하는 방식으로서 대종교인들의 역사서술은 대부분이 이러한 사화의 형식을 띠고 있었다. 앞에서 설명한 박은식의 일련의 고대 영웅

---

15 同上. 愼鏞廈, 『朴殷植의 社會思想研究』, 서울대학교 출판부, 1982 참조.
16 주 10) 의 첫 번째 논문 참조.

들에 대한 전기들이 모두 사화형식을 띠고 있었는데 신채호의 경우도 예외가 아닌 것을 알 수 있다. 특히 꿈의 형식을 빈 사화가 많은 것이 1910년대 사화의 중요한 특색이며, 이는 독자의 감정을 최대한 부추기기 위한 사화의 한 기법이라 할 수 있다.

그러나 신채호는 1910년대의 후반기부터는 보다 냉철한 학구적 태도로 되돌아가 우리나라 고대문화를 체계적으로 정리한 『조선상고문화사朝鮮上古文化史』(1919~1921?)를 저술했다. 앞의 「꿈하늘」과 이 책에 반영된 한국고대사는 그가 일찍이 『독사신론讀史新論』에서 구상했던 고대사와는 상당히 다른 점이 보인다. 즉 이 두 작품에서는 민족종교인 선교(仙家思想)를 민족문화의 정수로 해석하고, 동이제족東夷諸族을 조선족으로 간주하며, 단군조선의 문화를 동양문화의 원류로 이해하며, 단군시대의 정치제도를 3경과 5부제로 본다. 이러한 고대사의 인식방법은 대종교 교리서의 영향을 받은 것이다.

그러나 다른 한편으로 신채호는 『조선상고문화사』에서 역사연구 방법론으로서 문헌고증·고고학·금석학, 그리고 비교언어학의 중요성을 강조하고 있어 역사학의 과학화에 관한 인식이 한층 깊어져 있음을 보여준다. 신채호는 역사의식에 있어서는 대종교의 영향을 많이 받았지만 이를 과학적인 근대 역사학의 수준으로 이끌어 올리는 데 앞장서 나갔다.

한편, 1910년대에 국내에서 역사학 연구에 참여한 이는 최남선으로서, 그는 「古朝鮮人의 支那沿海식민지」(1915), 「稽古箚存 - 檀君及扶餘시절」(1916~1918) 등을 발표하여 단군 및 고조선 연구에 일가를 이루어 나갔다. 최초의 일본 유학생으로서 와세다早稻田대학을 중퇴한 그의 고대사 연구는 대종교의 영향을 받아 단군역세檀君歷世를 50허대許代 보고 주초周初에 중국 동북지방에 세워졌던 서융徐戎·회이淮夷 등을 고조선인의 식민국가로 해석하였다.[17] 그러나 최남선은 동이제족을 모두 우리 민족으로 간주하지 않고, 협의의 동이만을 조선인으로 인정함으로써, 대종교의 민족관과는 다른 모습을 보여주었다. 그의 학문은 1920년대에 이르러 탈바꿈하게 되는데, 이는 뒤에 재론하기로 한다.

1910년대의 민족주의 역사학과 관련하여 빼놓을 수 없는 인물은 김교헌金敎獻(1868~1923)이다. 독립협회와 신민회에 참여했던 경험이 있던 그는 국치 이후 대종교에 참여하여, 1916년에는 나철의 뒤를 이어 제2세 교주(1916~1923)에 올랐다. 그는 대종교의 교리를 정리하는 데 있어서 중추적 역할을 담당한 이론가였으며, 재만학생의 사관생도의 국사교재

---

17 崔南善, 「稽古割存 - 檀君及扶餘시절」, 『靑春』 14, 1918.

로서『신단실기神檀實記』(1914)·『신단민사神檀民史』(1914)·『단조사고檀祖事攷』등을 저술하여 만주의 독립운동가들에게 큰 자극을 주었다.[18]

그의 역사서술의 중요한 특색은, 요遼·금金·원元·청淸 등 소위 북방족의 국가를 모두 한국사(배달족)로 간주하고, 단군 이래의 민족고유종교로서 신교의 흐름을 상세히 소개하였으며, 민간전승자료를 이용하여 단군시대의 문화를 서술하고 있는 점이다. 김교헌의 역사인식 방법은 사화적 성격을 완전히 벗어난 것은 아니었으나 문헌자료의 수집이 비교적 충실하고, 이익·허목·안정복·이종휘·박지원 등 조선 후기 학인들의 연구성과를 종합, 정리한 공이 또한 적지 않았다. 특히『신단민사』는 단군에서부터 조선조 말에 이르기까지 통사를 민족주의의 시각에서 정리한 최초의 저술이라는 점에서 사학사적 의의가 크다.

1910년대의 재만 독립운동가 중에 이상룡李相龍의 역사서술도 주목의 대상이 된다.[19] 1911년 서간도로 망명하여 신흥학교를 설립하고 광복인재를 양성하는 데 전력했던 그는 1911년에『서사록西徙錄』, 1913년에『대동역사大東歷史』를 지었다. 후자는 현존하지 않아 내용을 알 수 없으나 전자는『만주원류고滿洲源流考』·『만주지지滿洲地誌』등 지금까지 이용되지 않았던 중국측 자료를 이용하여 한국고대사를 새롭게 이해하려고 하였다.

이상룡은 먼저 역사란 "國家의 體統을 높이고, 國民精神을 기르는 것"이라고 규정하고 만주땅은 우리 땅이고, 만주족(여진)은 우리 민족이라는 전제하에 우리 역사를 만주 중심의 북방사와 한반도 중심의 남방사로 이원화시켜 이해하였다. 그 중에서 국사의 주류를 이루는 북방사는 단군족의 국가 활동이 단절 없이 내려와 발해로 이어졌으며, 숙신肅愼과 일본도 단군에 신속臣屬한 나라로 해석하였다. 그리고 소위 한사군이나 기자국은 모두가 요동에 있던 조그만 지역에 불과하며, 이로써 단군족의 역사가 단절된 것은 아니라고 주장하였다.

이상룡이 만주족을 우리 민족으로 간주하면서 만주 중심의 역사를 국사의 주류로 부각시킨 것은, 김교헌·박은식 등과 마찬가지로, 만주족을 포섭하면서 그곳에 대조선국을 건설하려는 실천목표와 관련된 것이라 할 수 있다.

---

18 주 10)의 두 번째 논문 참조.
19 同上.

5. 1920년대의 타협적 민족사학과 민중적 민족사학

1) 타협적 민족사학

1920년대는 일제의 동화정책同化政策의 강화와 사회주의 사상의 전파에 따른 노동운동과 농민운동의 확산에 대응하여, 민족주의사학도 보다 성숙되고 다양한 모습으로 분화되었다.

1919년의 3·1운동을 전환점으로 하여 일제는 무력 탄압보다는 문화적 동화정책이 식민통치에 더 유효하다는 것을 깨닫고 소위 문화정책을 표방했다. 한국인을 일본의 신민으로 동화함에 있어서 일제가 가장 주력한 것은 한국사의 왜곡이었다. 일본인의 한국사 왜곡은 이미 오랜 역사를 가진 것이고 명치유신 이후에도 대조규개大鳥圭介의 『조선기문朝鮮紀聞』(1885), 중야重野·구미久米·성안星眼 등의 『국사안國史眼』(1890), 임태보林泰輔의 『조선사朝鮮史』(1892) 등이 잇따라 나오면서, 고대 일본이 우리나라를 지배하고 일본과 조선이 같은 조상에서 기원한 것처럼 한국사를 왜곡하였다.

한편, 1905년의 러·일전쟁 이후로는 일본의 만주침략이 시작되면서 이른바 만선사관에 의하여 한국사를 대륙사에 종속시키는 연구가 나타나고, 1910년의 국치 이후로는 박은식 등 민족주의 사가들의 활약에 충격을 받아, 1915년에는 중추원을 중심으로 우리나라 역사의 체계적 개편작업에 착수했다.[20] 말하자면 일본정부 차원의 한국사 왜곡작업에 대한 직접지원이 시작된 것이다.

그 후 3·1운동을 계기로 역사왜곡 사업은 박차를 가해 조선총독부 산하에 소위 조선사편수회朝鮮史編修會라는 것을 두고(1922), 이곳을 중심으로 35권의 방대한 『조선사』를 편찬하기 시작하고, 고적古蹟조사사업도 전개하였다. 이시기 일제가 한국사의 왜곡과 관련하여 가장 주력한 것은 고대사 분야였으며, 특히 독립운동의 정신적 근원이 되는 단군의 존재를 학문적으로 말살하는 일이었다.

1920년대의 이와 같은 새로운 상황은 민족주의의 진로에 다양한 분화를 가져왔다. 일부 소극적 민족주의자는 민족개조론民族改造論 혹은 자치론을 들고 나오면서 일제와의 타협을 모색했고,[21] 일부는 비타협 노선을 견지하면서 민중적 민족주의를 지향했다.

---

20 李萬烈, 前揭論文.

(1) 최남선崔南善(1890~1957)

먼저 타협적 민족주의 계열에 속하는 역사가로서는 최남선을 들 수 있다.

중인 출신으로서 최초의 와세다대학 유학생이기도 했던 그는 광문회를 통한 출판운동을 벌이면서 1920년대 이후에는 수많은 단군연구를 발표함으로써 이 방면의 대가가 되었다.[22] 그러나 1928년부터는 조선사편수회 위원으로 참여하면서 친일적 행각을 전개하기 시작하여, 1935년에는 일본의 신사정책神社政策을 지지하였으며, 해방 후에는 반민족행위자로 지탄을 받게 되었다.

최남선의 단군연구 및 한국고대사 연구는 비타협적 민족주의자의 그것과는 다음과 같은 차이점을 지니고 있었다.

첫째로 그의 국사연구태도는 세계문화를 ① 인구印歐계통문화, ② 지나支那계통문화, ③ 불함문화라는 3개의 큰 문화권으로 나누고, 3대 세계문화의 하나로서 불함문화권을 설정하고, 그 불함문화권의 중심에 우리나라 고대문화를 정립시키고자 하는 것이었다. 여기서 불함문화권에 포괄되는 지역은 서쪽으로 발칸반도 · 카스피해 · 흑해 · 중앙아시아 · 몽골을 거쳐 만주 그리고 일본과 유구까지 이른다.

이러한 최남선의 불함문화권 이론은 대종교인이 설정한 동이문화권을 더 확대시킨 것이라 할 수 있는데, 특히 일본을 불함문화권 속에 끌어들인 것은 한 · 일 양국의 문화적 동질성을 승인하는 것으로서, 뒷날 그가 신사참배를 용인하는 학술적 근거가 마련된 것이다.

둘째로 최남선의 단군연구는 위와 같은 초민족적인 광역문화권으로서의 '불함문화권' 속에서의 단군의 보편적 가치를 추구한 것이다. 다시 말하자면 단군은 우리 민족에게만 고유한 민족시조인 것이 아니라, 불함문화권 속에 보편적으로 존재하는 신격으로 해석되

---

21 民族改造主義의 대표적 人士로는 1922년에 「民族改造論」을 쓴 李光洙를 들 수 있다. 그는 이 글에서 우리 민족성의 부수적 성격으로서 虛僞 · 非社會的 利己心 · 나태 · 無信 · 怯懦 · 社會性의 결핍 등을 들고, 務實 · 力行으로써 이를 극복 개조할 것을 제창했다. 이러한 주장은 부분적으로는 긍정할 점이 없는 것이 아니나, 식민지 체제의 근본적인 모순관계를 호도하는 역기능이 적지 않았다. 한편, 自治論은 1924년경부터 대두되었는데 그 중심된 언론매체는 『東亞日報』였다.

22 崔南善이 1920~1930년대에 檀君 및 古代史에 관해 쓴 논문은 다음과 같다. 「朝鮮歷史 通俗講話開題」(1922) · 「不咸文化論」(1925, 1927) · 「兒時朝鮮」(1925) · 「檀君論」(1925) · 「檀君否認의 妄」(1925) · 「薩滿敎箚記」(1927) · 「檀君及其研究」(1928) · 「檀君과 三皇五帝」(1928) · 「역사를 통하여 본 조선인」(1928) · 「檀君 神典의 古意」(1928) · 「朝鮮史의 箕子는 支那의 箕子가 아니다」(1928) · 「朝鮮歷史講話」(1928, 1930) · 「韓國의 古神道와 日本의 古神道와의 유사성」(1935).

는 것이다. 그가 배달임금이라는 뜻의 '檀君'을 버리고 토속신앙의 뜻이 강한 단군으로 고쳐 쓴 것이나, 그 토속신앙을 인류학에서 말하는 Shamanism으로 이해한 것은 결국 단군이 지녀 온 민족주의적 이미지를 희석시키는 결과를 가져왔다.

최남선의 학문을 얼핏 이해하면 민족주의적인 것처럼 보이는 대목이 없지 않다. 그는 일찍이 1922년에 쓴 논문에서 '朝鮮學'의 성립을 열렬히 강조하면서 다음과 같이 자신의 입장을 토로했다.

> (전략) 우리가 이제 민족적 一大 각성을 가진 것은 사실이다. 그러나 그 각성은 아직 一혼돈이다. …… 정신부터 독립할 것이다. 사상으로 독립할 것이다. 학술에 독립할 것이다. 특별히 自己를 護持하는 정신, 자기를 발휘하는 사상, 자기를 究明하는 학술의 上으로 절대한 自主, 完全한 獨立을 실현할 것이다. 조선인의 손으로 朝鮮學을 세울 것이다. 조선의 피가 속에 돌고, 조선의 김이 곁에 서리는 활발한 大朝鮮經典을 우리 자리에서 우리 힘으로 만들어 놓을 것이다. 부끄러운 줄 알 것이다.[23]

여기서 최남선이 말하는 '조선학朝鮮學'이란 정신적·사상적·학술적 자주독립을 가리킨다는 것이 밝혀지고 있는데, 그 '조선학'의 본질이 민족사에 대한 신뢰의 회복과 독립정신의 함양에 있다기보다는 일본인과의 학술경쟁에서 우위성을 확보하겠다는 생각과 나아가 이를 중심으로 '東洋學'을 발전시키겠다는 의지의 표현에 지나지 않는다. 그것은 위 조선학 제창의 동기가 일인에 의한 고적조사사업에의 충격에서 출발했다는 사실이 말해준다.

실제로 '조선학'의 독립을 그토록 강조하는 최남선이 민족사에 대해 갖는 감정은 긍정적인 자신감보다는 부정적 자기혐오가 앞서고 있었다. 그는 '조선학'의 독립을 강조한 바로 그 글의 말미에서 민족성의 결함으로써 자상배제하는 통습과 비사회성을 지적하고 있는데, 1928년에 쓴 「역사를 통하여 본 조선인」이라는 논설에서는 우리의 나쁜 국민성으로서 사대벽事大癖·타율성他律性·조직력부족·형식병·낙천성 등을 지적한 다음 결론적으로 한국사의 성격을 다음과 같이 규정하고 있다.

---

23 崔南善, 「朝鮮歷史通俗講話開題」, 1922.

미지근하고, 탑작지근하고, 하품나고, 졸음까지 오는 기록의 연속이 조선역사의 外形이
다. …… 현실의 朝鮮及朝鮮人이 不具未成者임을 역사에서 알라.

한국사의 기본성격이 근본적으로 한국인의 불구성을 확인하는 기록이라면, 최남선이
그토록 강조한 조선심, 조선학이란 아무런 실체도 없는 감상적 수사에 지나지 않는다는
것을 알게 한다. 최남선의 이 같은 자기부정적 한국사상은 사실은 일제의 식민주의사관
에 깊이 오염되어 있음을 말해준다. 물론 이러한 자기부정적 한국사 이해방식은 다른 한
편으로 자기반성을 통한 진보·개혁에의 염원이 있는 것은 사실이요, 그런 점에서 계몽
적 의의도 전혀 없다고 할 수는 없다. 그러나 최남선과 비슷한 입장에서 「민족개조론民族
改造論」(1922)을 부르짖었던 이광수李光洙가 끝내는 친일파로 전락했던 것과 마찬가지로,
최남선이 뒷날 같은 길을 걷게 된 것도 우연한 사실로 보기 어렵다.

최남선은 민족성의 결함을 비판하던 그해(1928) 조선사편수회의 회원으로 들어가 일
본인의 조선사 왜곡사업을 도와주기 시작했고, 1935년에는 우리의 고신도古神道와 일본
의 고신도의 유사성을 강조하는 강연을 함으로써 일본의 신사참배정책을 지지하였다.
그리고 그는 1926년에 이미 일부 식자들 사이에 논의되던 소위 '自治論'을 지지함으로써,
조선독립에 대한 의욕이 상실되었음을 보여 주었다.

중인 출신으로서 공리적 사고가 몸에 배어 있고, 일본 유학을 통해 프랑스 Guizot 류의
문화사방법론이나 독일 랑케Ranke의 실증적 학풍만을 도입한 최남선의 역사연구는 역
사학의 전문화에는 공이 없지 않으나 노동운동과 사회주의 사상이 확산되던 1920년대의
시대 상황에서는 민중적 기반을 갖지 못한 타협적 이데올로기의 기능을 가질 수밖에 없
었고, 타협주의의 귀결점은 결국 반민족적 친일로 끝나고 말았다.

(2) 안확安廓(1888~1946?)

타협적 민족주의자로서 1920년대에 중요한 활약을 보인 역사가로서 안확을 빼놓을 수
없다. 중인집안 출신으로서 일본에 유학하여 정치학을 공부한 그는 일제와의 정면대결
을 피하고 조선총독부와 일정한 관련을 맺으면서 학문 활동에 종사한 까닭으로, 민족주
의자로서의 처신에 흠을 남기게 되었다.[24]

그러나 안확의 사학은 감상적이고 모고주의적慕古主義的인 1910년대의 민족주의학풍

을 배격함과 동시에, 타율성과 정체성을 강조하는 식민주의사학도 아울러 비판하면서 '독립적'이고 '진화적'인 한국사의 체계화를 시도하였다. 그는 당시 중국과 일본에서 유행했던 근대 서구의 문화사적 방법론에 영향을 받아[25] 우리나라 전역사를 민족사 · 정치사 · 경제사 · 문화사 · 육해군사 등으로 출간할 계획을 세웠다. 이는 당시 일제가 추진하던 『조선사강좌朝鮮史講座』(전 5권, 1923~1924)의 출간과 경쟁적 관계를 갖는 것이었다. 안확이 구상한 전 8권의 『조선문명사朝鮮文明史』는 결과적으로 완성을 보지 못했으나, 그 일부로 간행된 『조선문학사朝鮮文學史』(1921)와 『조선문명사』(일명 『조선정치사朝鮮政治史』, 1920~1923)는 그의 대표적 저술이라고 할 수 있다. 특히 후자는 좁은 의미의 정치사가 아니라 민족생활사로서의 정치사이며, 8,500권의 도서를 참고한 노작勞作으로서 그의 학문을 대표하는 저술이다.

『조선문명사』에 반영된 안확의 사관은 한마디로 한국사의 '독립성'과 '진화성'을 천명하려는 것이다. 여기서 독립성이란 대중국 관계에서의 주체성과 자율성을 말함이며, 진화성이란 고대로부터 고려 · 조선으로 내려오면서 우리 역사가 정치 사회적으로 발전해왔음을 의미한다. 원래 한국사의 주체성은 1910년대의 민족사학에서 극렬하게 천명되었지만 그것은 시간적으로 고대사에 국한되는 것이었고, 만주땅을 차지했느냐 안했느냐가 주체성의 근본적인 지표가 되었다. 그러므로 만주를 잃어버린 신라통일 이후의 역사는 주체와 발전의 양면에서 다 같이 퇴영과 퇴보의 역사로 인식되었다. 물론 민족주의 역사가들은 누구나 이론적으로는 역사의 진화를 믿었지만, 그 진화의 실상을 고려 · 조선시대의 역사를 통해서 확인하지는 못했다. 이러한 한계점은 1910년대의 민족주의 역사학이 만주수복이라는 뚜렷한 실천목표를 전제로 하여 한국사를 이해한 까닭이었다.

안확은 역사연구의 실천목표를 만주수복에 두지 않았기 때문에 만주를 잃어버린 통일

24　安廓의 生涯와 학문에 관한 연구논문은 다음과 같다.
　　崔元植, 「安自山의 國學 - 『朝鮮文學史』를 중심으로」, 『心象』 8, 1981; 韓永愚, 「韓國近代歷史學과 朝鮮時代史理解」, 『人文科學의 새로운 방향』, 1984; 李泰鎭, 「安廓의 生涯와 國學世界」, 『高柄翊先生回甲紀念 史學論叢, 歷史와 人間의 對應』, 한울, 1984.
25　中國에서 文化史의 방법을 도입한 대표적 역사가는 梁啓超이며, 일본의 文化史觀의 확립자는 內藤湖南이다. 梁은 중국통사를 文化史라는 이름으로 저술하여 정치 · 경제 · 문화 등 역사연구 영역을 확대하는 데 기여했고, 內藤도 京都大學을 중심으로 中國史에 대한 문화사적 연구방법의 토대를 놓았다. 安廓의 역사연구는 위 두 사람의 영향을 받은 것으로 추측된다.

신라 이후의 역사를 발전적으로 바라볼 수 있는 시각을 가질 수 있었다. 그리하여 그는 역사발전의 지표를 영토의 변동에 두지 않고 사회정치제도의 변화와 민족내부의 통일에 두게 되었으며, 그러한 시각에서 신라통일의 의의를 긍정적으로 평가하고 고려와 조선의 차이를 귀족정치와 계몽적 독재정치의 차이로 대비시켜 발전적으로 이해했다. 즉 조선시대에는 고려시대보다 군주권이 강화되어 군주독재가 시행되었는데 이러한 정치체제 아래서 귀족의 권한이 약화되고 신권과 서민의 지위가 향상된 것으로 보았다. 그리고 이러한 시각에서 조선시대의 당쟁을 부정적으로 평가한 일인학자와 이건창李建昌 등의 견해를 반박하고, 당쟁을 참정권의 확대와 정당정치의 시원이라는 측면에서 긍정적으로 해석했다.

그 밖에도 안확은 이태조의 건국을 개혁당의 승리로 해석하고 조선시대의 경제정책을 국가사회주의로, 대중국사대정책을 주권에 바탕을 둔 호혜선린互惠善隣의 외교정책으로, 조선시대 양반을 고정된 세습신분이 아닌 유동적 계급으로 해석하는 등 민족주의사가와 식민주의사가에 의해 양면에서 그 타율성과 정체성만이 강조되던 부정적 조선시대상을 획기적으로 바꾸어 놓는 계기를 만들었다.

안확이 이해하는 우리나라 정치사는 자치제의 발전이 또 하나의 주요한 지표가 되고 있었다. 당쟁도 물론 자치제의 발전과 무관한 것이 아니지만 고대의 화백이나 고려의 사심관, 조선의 유회儒會(향교)와 향회鄕會(향청)로 내려오는 자치제의 전통을 매우 중요시하였으며, 특히 조선시대의 자치제는 입헌군주제나 공화제와 방불한 것으로까지 높이 평가했다.

이상과 같은 안확의 새로운 역사해석은 분명히 1910년대의 그것에서 진일보한 면모를 보여주는 것으로서 역사이해의 폭을 넓히고 특히 우리나라 중세사와 근세사 연구의 새 시야를 열어 놓는 공적이 큰 것이었다. 그러나 1920년대의 역사적 상황에서 볼 때, 그의 사학은 강렬한 항일정신을 유발하지는 못했으며, 도리어 3·1 운동 이후의 타협적 민족주의자 사이에서 일어난 자치론을 부추기는 결과를 가져왔던 것은 그의 학문의 한계점으로 지적되어야 할 것이다.[26]

---

26 安廓이 우리나라 自治制의 발달에 유념하여 韓國政治史를 해석한 것은 한말부터 팽배된 共和主義思想이 밑바탕에 깔린 것으로서 1920년대 초에 대두된 民族改造論者의 자치제 주장과는 궤를 달리하고 있다. 그러나 安廓의 저술이 1920년대 초에 간행된 것은 결과적으로 타협주의자의 自治論을 옹호하는 것이 되었다.

2) 민중적 민족사학과 신채호

1920년대의 비타협적 민족주의 노선을 견지하면서 역사연구에 큰 공적을 남긴 이는 신채호였다. 그러나 1920년대의 신채호는 민족운동과 역사연구의 양면에서 이전과는 다른 모습을 보여줌으로써 민족주의를 새로운 단계로 이끌어 올리는 데 기여했다.

민족운동가로서의 신채호는 1920년대에 들어와 크로포트킨의 무정부주의Anarchism에 빠져들고, 이를 실천하는 과정에서 위폐사건에 연루되어 옥고생활을 치르게 되었다. 원래 무정부주의 사상은 사유재산을 부인하고 혁명을 강조하는 점에서는 사회주의나 공산주의와 통하는 면이 있지만 국가라든가 정당 혹은 노동조합과 같은 조직된 운동에 의한 사회변혁을 거부한다는 점에서 사회주의와 공산주의와는 성격을 달리했다.

무정부주의에서 사회변화는 '민중Mass'의 '직접혁명'에 의존하고 있는데, 여기에서의 민중은 어느 특정계급을 가리키는 것이 아니라, 자율성을 지닌 개인의 자연스런 집합체를 의미한다. 인간이란 원래 착하고, 서로 도와주는 상호부조적Mutual Aid인 관계를 가진 것이며, 사회변화는 이러한 자율성을 지닌 개인들의 자연스런 감정에 의하여 이루어져야 하는 것이다. 무정부주의는 개인의 자율성을 고도로 존중한다는 점에서 자유주의Liberalism과도 통한다. [27]

신채호가 크로포트킨의 무정부주의를 받아들인 것은, 약육강식과 적자생존의 사회진화론적 민족주의가 결국은 강자의 지배를 정당화해 주는 자기모순에 빠진다는 것과, 나아가 사회주의적 계급운동에 대한 대응논리를 가져야 한다는 것을 깨달은 까닭이었다. 다시 말해, 무정부주의의 상호부조론과 평등이념은 제국주의와 계급주의를 비판하면서 동시에 민족내부의 평등을 촉진할 수 있는 사상적 무기로 인식되었던 것이다.

따라서 1920년대의 신채호는 독립운동가로서는 전술적으로 민족주의에서 다소 후퇴하는 모습을 보여주었고, 역사연구 방법론에 있어서도 '역사를 위한 역사'를 강조하여 보다 실증적이고 객관적인 역사학을 지향함으로써 애국심 고취의 수단으로서의 역사학에서 탈피하려는 자세도 보여 주었다.

그러나 이와 같은 몇 가지 변화에도 불구하고, 1920년대의 신채호는 기본적으로 민족주

---

27   『Encyclopedia of Social Science』의 Anarchism 항목 참고.

의자요 시민적 역사가였다. 그는 민중을 강조하면서도 '조선민중 전체의 진화를 서술하는 것'이 당시로서는 아직 '사치한 선택'으로 보았으며, '조선적 조선', '위인적 조선', '조선을 주체로 한 역사'를 참된 조선사로 보았다.[28] 또한 그는 "국수주의國粹主義=Nationalism은 군국 침략주의로서 타기할 것"이라고 주장하면서도, 국수주의를 비난하게 되면 역사의식이 후퇴할 것을 우려하기도 했다.

1920년대의 신채호의 사학에 영향을 크게 준 사람은 중국 청말淸末 - 민국초民國初의 시민적 역사가인 양계초梁啓超였다. 신채호가 양계초의 영향을 받은 것은 이미 한말부터이지만, 역사방법론에 관한 것은 1920년대 이후부터이다. 특히 그의『중국역사연구법中國歷史研究法』(1922)은 신채호에게 큰 자극을 주었으며, 실제로『조선상고사』총론에 제시된 신채호의 역사연구방법론은 '我와 非我의 투쟁'이론을 제외하고는 양계초의 이론과 공통점이 많다.[29] 또한 신채호가『조선상고사』에서 왕망의 정책을 고대사회주의로, 당태종의 정치를 국가사회주의로 해석한 것도 양계초의 해석을 따른 것이다. 양계초는 기본적으로 부르주아 사상가이면서도 경제적으로는 사회주의를 수용하고 있었는데, 신채호도 사유재산을 부인하는 무정부주의 수용을 통해서 경제적 측면에서는 사회주의를 수용하고 있었다. 그러나 신채호는 유물사관唯物史觀에 대해서는 관심을 보인 일이 없고, 계급혁명에 동조한 사실도 없으며, 그런 점에서 그의 사관은 궁극적으로 민족주의 사관이면서 문화사적인 접근방법을 차용했다고 할 수 있다.

1920년대의 신채호는 이상과 같은 개량된 민족주의자로서 보다 성숙된 문헌고증적 방법과 문화사적 접근방법으로서 고대사의 지리 · 제도 · 문화 등에 관해 독창성이 풍부한 여러 견해를 제시하였다. 곧 이것이『조선사연구초朝鮮史研究草』(1922 · 1925)로 발표되고 뒷날 다시『조선사』(1931)로 정리되었다. 그 요지를 소개하면 다음과 같다.

첫째, 고조선의 단군檀君(배달일금)을 단군壇君(수두임금)으로 재해석하고, 단군시대에도 삼신신앙에 입각하여 삼황三皇=삼한三韓=삼경三京을 두었으며 오제五帝 신앙에서 오부

---

28 「朝鮮史整理에 대한 私疑」,『改訂版 丹齋申采浩全集』中.

29 梁啓超는 이미 1900년대 초부터『中國史敍論』(1901) · 『新史學』(1902) 등의 저술을 내어 近代市民的歷史研究方法論을 제시하였는데 申采浩는 이를『飮氷室文集』을 통해 영향을 받아『讀史新論』을 저술한 것으로 보인다. 그러나 梁啓超가 자신의 歷史研究方法論을 보다 구체적이고도 체계적으로 저술한 것은 1922년의『中國歷史研究方法』이며, 申采浩의『朝鮮上古史』총론에 게시된 歷史研究方法論은 바로 梁啓超의『中國歷史研究方法』의 영향을 받은 것이다.

五部의 제도를 두었다.

둘째, 삼한=삼경 가운데서 신한(解氏)은 하얼빈에 있으면서 북경·상곡 등지를 점령했다가 뒤에 흉노에 패하여 부여로 계승되고, 그 유민은 낙동강 우안右岸에 내려와 진한자치부를 세웠다. 또한 삼한 중 말한(韓氏)은 평양에 있다가 뒤에 기준箕準에게 밀려나 반은 남쪽에서 진한·변한을 지배했으며, 불한(箕氏)은 안시성에 있다가 위만에게 패하여 낙동강 좌안에 변한자치부를 세웠다. 삼한은 이와 같이 한 곳에만 있었던 것이 아니라 처음에는 북방에 있다가 뒤에 반도의 남쪽으로 내려왔다고 보는데, 이러한 전후삼한설은 신채호의 학설 중에서 가장 독창적인 부분이다.

셋째, 기자동래는 사실로 인정되나, 그는 수두교를 믿는 신자로서 수두교의 조국인 조선으로 도망온 것이며, 그 후손이 B.C. 323년에 왕이 되었다.

넷째, 소위 한사군은 요동지방에 허설虛設된 것으로 고조선이 한漢의 식민지가 되었던 것은 아니며, 평양에는 최씨의 낙랑국樂浪國이 있어서 역사의 단절이 없었다.

다섯째, 삼국 중 고구려의 건국이 가장 빠르고, 백제는 요서·산동·강소·절강·월주 등지를 경략했으며, 신라는 진흥왕 때 길림 동북지방까지 점령한 사실이 있다.

신채호의 위와 같은 고대사 연구는 만주를 중심에 놓고 단군조선의 강성함을 부각시켰다는 점에서 1910년대의 고대사 인식 방법과 근본적인 차이점이 없으나, 단군檀君을 단군壇君으로 바꾸고, 『삼일신고三一神誥』·『천부경天符經』 등 대종교의 경전을 위서로 간주하여 인용하지 않은 것 등은 대종교의 영향에서 크게 탈피하고 있었음을 보여주고 있다. 그의 고대사 체계는 1930년대에 들어와 안재홍安在鴻과 정인보鄭寅普 등에게 큰 영향을 주어 민족사가들의 고대사 연구의 표준이 되었다.

한편 1920년대에는 대종교의 영향을 그대로 받으면서 아직 세련된 문헌고증의 방법을 구사하지 못한 저서들도 적지 않게 출간되었는데, 이원태李源台의 『배달족강역형세도倍達族疆域形勢圖』(1923), 신태윤申泰允의 『배달조선정사倍達朝鮮正史』(1928), 김광金洸의 『대동사강大東史綱』(1928) 등이 그것이다.

6. 1930년대 민중적 · 신민족주의적 사학과 조선학운동

1) 1930년대의 사상적 분화

1931년의 소위 '만주사변'을 계기로 일제의 탄압은 가속화되고 한국인에 대한 동화정책은 더욱 적극화되어 신사참배의 강요(1935)와 창씨개명(1940)을 거쳐 황국신민화정책이 노골화해 갔다. 중 · 일전쟁(1937)과 제2차 세계대전(1939)으로 이어지는 풍운의 연속은 제국주의의 독아毒牙를 날카롭게 드러내면서 식민지 국민의 민족운동을 근원적으로 압살해 가고 있었다.

이러한 시기에 타협적 성향을 띠었던 민족주의자들은 대부분 친일파로 변절하였고, 민족운동의 주류는 노동자와 농민의 손으로 넘어가는 형세였다. 1910년대 말부터 나타나기 시작한 공산주의 운동은 1920년대 말부터 코민테른과 연결되어 그 열도를 더해 갔으며, 1930년대에는 소작쟁의와 노동쟁의가 매년 수백 건을 헤아릴 정도로 확산되었다. 공산주의운동의 확산은 국내적으로 좌우의 갈등을 첨예화시켜, 이에 대응하는 이데올로기의 자기성숙과 상호논쟁을 유발하는 계기가 마련되었다.

이데올로기의 분화와 갈등이 첨예화되었던 1930년대에 있어서 사학의 흐름은 크게 세 줄기로 갈라졌다. 타협적 민족주의에 호응하는 극우성향의 학인들은 일제의 동화정책을 앞장서서 후원하는 친일파로 전향하거나, 아니면 순수 아카데미즘을 표방하면서 역사학의 전문화와 문화사로의 시야확대에 주력해 갔다. 진단학회를 창설하고 이를 중심으로 활약한 역사가들이 그들이었다. 일본이나 국내의 최고학부에서 교육받은 이들은 고도로 세련된 문헌고증방법을 발전시키고 19세기 이후 근대서양의 부르주아적 역사이론들을 받아들여 역사학을 전문화시키고 세련시키는 데 큰 공헌을 한 것은 사실이었다. 그러나 그들은 일제와의 대결의식이 약하고 더러는 일제와 협력하는 사례가 적지 않아서, 1930년대의 시점에서 요구하는 민족적 과제에 실천적으로 대응하지 못한 것은 큰 약점으로 지적될 수 있다.

한편, 1930년대의 역사학에 또 하나의 줄기를 형성한 것은 마르크스주의 역사학이었다. 공산주의운동을 이론적으로 후원하기 위해 마르크스주의 역사학을 주도한 학자는 이북만李北滿 · 백남운白南雲 · 이청원李淸源 등이었으며, 특히 백남운은 일본 마르크스주의 사학의 선구자인 하니 고로羽仁五郎의 영향을 크게 받아 유물사관의 방법론을 이론적으로 정리하고, 실증적인 연구서로서『조선사회경제사朝鮮社會經濟史』(1933)와『조선봉건사회경제사朝鮮封建社會經濟史』(1937)를 저술하였다.

마르크스주의 역사학은 민족문제의 특수성을 소홀하게 취급하고, 실증보다는 이론에 치우치는 등 문제점이 있었으나, 지배층 중심의 역사학을 탈피하고 민중의 물질생활과 직결되는 사회경제사 분야를 개척한 공로는 적지 않았다.

한편, 1930년대 역사학에서 아카데미즘 사학이나 극좌적인 마르크스주의 사학과 성격을 달리하면서 중도적인 이데올로기를 지향하는 또 하나의 흐름이 있었다. 이들은 일제와의 타협을 거부하는 민족주의자들이면서, 내부적으로는 사회주의의 평등이념을 수렴하여 새로운 계급협동체로서의 민중사회를 건설하려는 의지를 품었다. 말하자면 이들은 민중적 민족주의자이었으며, 스스로는 '신민족주의'로서 자신의 이데올로기를 규정지었다.

1930년대의 민중적 민족주의는 그 사상적 뿌리를 신채호에 두고 이를 계승·발전시킨 것이며, 1930년대 중반부터는 이른바 '조선학'운동을 전개하면서 극우 및 극좌와의 학문적 대결을 시도하게 되었다. 안재홍·문일평·정인보 등이 바로 이러한 부류에 속하는 역사가들이다. 이제 이들의 활동을 개별적으로 검토해 보기로 한다.

2) 안재홍의 사학

민세民世 안재홍安在鴻(1891~1965)은 와세다 대학에서 정경학을 전공하고 돌아와 1910년대에는 신채호와 대종교의 영향을 받았으며, 1920년대에는 언론인으로 종사하면서 신간회新幹會(1927~1931) 운동을 주도하여 극우와 극좌를 지양하는 소위 중앙당 건설을 추진했다.[30] 좌우협진 혹은 좌우통합을 통한 만민공생의 '다사리' 이념을 견지했던 안재홍은 1945년에 이르러 자신의 정치노선을 '신민족주의와 신민주주의'로 호칭하고 이에 입각하여 건국준비위원회와 조선국민당에 참여하다가 1950년에 납북되었다.

안재홍은 이와 같이 독립운동가이자 정치가로서 두드러진 활약을 보였지만, 1930년대부터는 역사가로서 그리고 '조선학'운동의 주도자로서도 중요한 업적을 쌓았다.

30　韓永愚,「安在鴻의 新民族主義와 史學」,『한국독립운동사연구』1, 1987.

안재홍은 선배 민족사가 중에서 신채호를 가장 존경하여 그의 영향을 크게 받았는데, 신채호 사학을 '과도기적 · 낭만적 · 관념적'이라고 규정하고, 자기 시대의 과제는 역사과 학적 또는 사회경제사관적이어야 한다고 내다보았다. 그러나 안재홍이 지향한 역사과학 이나 사회경제사관은 어디까지나 유물사관의 부분적 수용을 의미하는 것이며 그 자체를 공식주의적으로 받아들이자는 것은 아니었다. 그에 의하면, 유물사관의 공식주의는 "사 회발전의 도정途程을 규정하는 한 준승準繩으로는 되지만, 허구한 동안 풍토 · 역사 등 국 제관련하에 구체적으로 되어 연성鍊成되어 온 끈질긴 기구를 간과하는 데서 큰 과오가 생 길 수 있다"는 것을 경계하였다. 유물사관에 대한 안재홍의 경계심은 공산주의자의 공식 적 혁명이론을 '소아병적인 과오' 혹은 '직역적 · 국제연장적인 관념론'으로 비판하는 것 과 맥을 같이하는 것이다.

안재홍은 독립투쟁노선에 있어서나 역사해석 방법에 있어서나 다같이 극좌와 극우를 모두 배격했는데, 이와 같은 그의 중도노선을 학문적으로 뒷받침하고자 한 것이 이른바 '조선학'운동이었다. 원래 '조선학'이란 말은 1920년대 초에 최남선이 수창한 것으로 그것 은 일본에 대한 학문적 자주 · 독립이라는 막연한 의미를 지닌 것이었다. 다시 말해 조선 학은 자기를 호지護持하고, 자기를 발휘하며, 자기를 구명하는 정신 · 사상 및 학술을 가리 키는 것이며, 조선의 피가 돌고 조선의 김이 서리는 학문이라는 것이다.[31] 그리고 조선학 의 구체적 핵심은 단군에 있었고, 고신도古神道의 전통 즉 불함문화에서 찾았다.

그런데 안재홍이 1934년에 다산 서거 99주기 기념강연회를 계기로 정인보와 더불어 제 창한 '조선학'은 일본의 식민주의 동화정책에 대한 학문적 대응논리일 뿐 아니라 도식적 유 물사관과 국제주의적 공산주의 운동에 대한 경계심도 아울러 고려한 학문체계였다.

그가 주장한 '조선학'은 "조선에 고유한 것, 조선문화의 특색, 조선의 전통을 천명하여 학문적으로 체계화하는 것"을 말한다.[32] 그렇다고 조선학이 조선의 특수성만을 강조한다 는 것은 아니었다. 그것은 세계문화에 조선색을 짜넣음으로써 민족으로부터 세계에, 세 계로부터 민족에 돌아오는 이른바 '민족적 국제주의 - 국제적 민족주의'를 지향한다는 것 이다. 그리고 이와 같은 민족과 세계의 합일은 현실적으로 민족주의와 사회주의의 협진,

---

31 崔南善은 1922년에 쓴 「朝鮮歷史通俗講話開題」에서 조선인의 손으로 '朝鮮學'을 세울 것을 강조한 바 있다.
32 주 30) 참고.

다시 말해 민족문제와 계급문제의 조화를 추구하는 안재홍의 만민공생의 철학을 뒷받침하는 논리이기도 했다.

안재홍의 조선학 운동은 당시의 극좌와 극우의 양측으로부터 공격을 받았다. 좌익 역사가들은 이러한 조선학운동을 '소小부르주아적 배타주의' 혹은 '반동적反動的 보수주의' 혹은 '감상적 복고주의復古主義' 등으로 비난하였다.[33] 그것은 세계사적 보편성을 강조하는 마르크시즘의 입장에서는 당연한 것이었으며, 조선학 운동의 본질이 한국사의 특수성을 강조함으로써 계급혁명의 보편적 당위성을 부인하는 결과를 가져오는 것이기 때문에 더욱 그러할 수밖에 없었다.

안재홍은 민족주의 이론가로서 뛰어난 활약을 보였지만, 고대사 연구자로서도 일가를 이루었다. 그의 고대사 연구는 혈연공동체, 지역공동체, 그리고 운명공동체(역사공동체)로서의 민족이 이미 상대에 형성되었다고 보는 점에서는 신채호를 비롯한 선배 민족주의 역사가의 시각을 그대로 계승하였다. 또한 민족문화의 원류를 상고 이래의 불함문화에서 찾고 있는 점은 특히 최남선의 영향이 컸다. 그러나 그의 역사이해는 선배 민족사가의 그것과는 몇 가지 다른 특색을 보여 주고 있었다.

첫째, 그는 동이족 전체를 우리 민족으로 간주하지는 않았다. 이는 그의 민족에 대한 이해가 보다 객관화된 것을 의미하며 만주수복을 최대의 실천목표로 내세웠던 1910년대의 팽창주의적 역사인식에서 일단 후퇴한 것을 의미한다.

둘째, 안재홍의 고대사 연구[34]의 핵심은 지리고증에 있다기보다는 고대 사회의 정치적·사회적 발전과정을 해명하는 데 두어졌다. 그리하여 그는 당시의 유행적 인류학 이론

---

33 예컨대 朝鮮學運動에 대해 左翼史家 白南雲은 그의 『朝鮮社會經濟史』 結論에서 "朝鮮文化史의 獨自的인 小宇宙로 특수화하려는 기도로서 …… 神秘的·感傷的이며, ……人類社會發展의 歷史的 法則의 共通性을 거부하는 …… 反動的인 것"으로 규정했고, 같은 左翼史家인 李淸源도 그의 『朝鮮歷史讀本』(1936)에서 "儒敎訓話的인, 政策的인, 半封建的 '朝鮮學'은 조선의 역사적 과정을 세계사와는 전연 별개의 독립적인 고유의 신성불가침적인 '5천년간의 얼'을 탐구하는 데 열심인 것으로서, 그 公式의 天才는 檀君을 분석하고, 그 전체적인 영웅은 李舜臣의 옷을 빌려 입고, 그 재간 있는 사람들은 丁茶山의 가면을 쓰고서 역사를 왜곡하고 있다"고 비난했다.

34 安在鴻은 中·日戰爭(1937) 이후부터 고대사 연구에 침잠하여 1947년에 『朝鮮上古史鑑』이라는 논문집을 간행했는데 그 목차는 다음과 같다.
「上卷」 1. 箕子朝鮮考, 2. 阿斯達과 白岳·平壤·扶餘辨, 3. 高句麗建國事情考, 4. 高句麗官職考, 5. 新羅建國事情考, 6. 新羅官職考略, 7. 三韓國과 그 法俗考, 8. 六加羅國小考.
「下卷」 1. 扶餘朝鮮考, 2. 밝·발·배어 원칙과 그의 순환공식, 3. 高句麗와 平壤別考, 4. 百濟史總考, 5. 朝鮮上代地理文化考.

이던 모르간Morgan의 사회 발전 이론을 원용하여 고대사회의 발전과정을 여계사회女系社會(阿斯達사회)에서 남계 중심의 부족사회를 거쳐 다시 부족연합의 도시국가(단군조선=부여조선), 그리고 근세류의 봉건귀족국가(삼국)로 나아가는 것으로 새롭게 체계화했다. 그리고 이러한 고대사회 발전을 논증하는 방법으로서 안재홍은 비교언어학적 원칙을 제시했는데, 첫째는 '기·지·치 원칙'이고, 둘째는 '달→불→나 진행법칙'이며, 셋째는 '밝·발·배어 원칙'이다.

첫째의 '기·지·치 원칙'은 우리나라 씨족사회의 수장이나 대인은 기·지·치 등으로 불렀는데, 이들의 명칭은 후대에도 그대로 지속되면서 그 지위가 사회발전에 대응하여 족장·지방제후·고대국가의 공경 혹은 상공적인 지위로 바뀌어 갔다는 것이다. 안재홍은 이 이론에 입각해서 '기자箕子'도 고유명사로 해석하지 않고 '크치' 즉 대공을 가리키는 일반명사로 해석하여, 기자조선을 크치계급에 의한 왕조혁명으로 이해하였다.

둘째의 '달→불→나의 진행법칙'은 고대의 땅 혹은 산을 가리키는 용어가 달→불→나의 순서로 변해갔다는 것인데, 이 법칙에 의해 아사달阿斯達(아씨달)·백아강百牙岡(배아달)·신시神市(밝불)·불내不耐(불나)·평양平壤(베나) 등은 모두 같은 곳이라 한다.

셋째로 '밝·발·배어 원칙'은 고대의 종족·나라이름 혹은 지명이 밝·발·배어 등으로 변화되었다는 것으로, 조선朝鮮·백민국白民國·발국發國·부여국夫餘國·태백국太白國·환국桓國·단국檀國 등이 모두 같은 나라라는 것이다.

이밖에 안재홍의 고대사 연구의 또 한 가지 중요한 공헌은 가야사 연구이다. 이는 신채호가 말년에 구상하다가 중단한 것을 계승·발전시킨 것이었으며, 특히 가야인의 일본진출을 지적한 것은, 최남선이 「아시조선兒時朝鮮」(1925)에서 한반도 이주민에 의한 일본고대국가 건설을 지적하고 다시 「한일관계의 역사적 고찰」(1953)에서 한반도 이주민에 의한 대화정권의 건설을 주장한 것과 아울러 고대한일관계사연구를 심화시킨 공적이 컸다.

3) 문일평의 사학

1930년대에 안재홍과 더불어 진보적 민족주의를 지향하면서 역사학의 대중화에 공헌한 이는 호암湖岩 문일평文一平(1888~1939)이었다. 평북 의주에서 태어나 재일유학을 통해 정치학과 역사학을 배우고, 중국에 건너가 박은식·신채호·홍명희·조소앙 등과 더불어 동제사운동을 주도하면서 좌익과 우익의 영향을 받은 그는 1920년대에는 신간회운동에도 참여했고, 1930년대에는 신문지상을 통해 사론적인 글을 계속 발표하다가 1939년에 52세를 일기로 세상을 떠났다.

문일평의 사학은 선배 민족주의 역사가들이 고대사 연구에 치중한 것과는 달리 조선시대 연구에 관심을 쏟아 1920년대의 안확과 더불어 근세사를 개척한 공로가 컸는데, 그의 역사의식의 저변에는 '조선심朝鮮心'과 '민중民衆'이라는 두 개의 명제가 깔려있는 것이 중요한 특색이었다. [35]

문일평의 '조선심'은 여타 민족사가들이 강조하는 '혼'이나 '얼'이 다분히 민족종교를 가리키는 것이요, 시대적으로 보면 근세보다는 고대적 생리를 가리키는 것과는 대조가 된다. 즉 '조선심'은 민족적 특색을 가지면서도 민중의 실생활에 도움을 주려는 마음이며, 그것의 대표적 표현은 세종대왕의 훈민정음과 조선 후기의 실학이다.

문일평은 고유한 말과 글을 민족적 자아의 핵심으로 간주하는데, 특히 말은 글의 발명을 통해서 완성되므로 훈민정음의 창작이야말로 우리말의 완성인 동시에 조선문학의 시작이요, 조선학의 토양이라고 보는 것이다. 그는 「사안史眼으로 본 조선」이라는 글에서 조선 글의 발명이 갖는 의의를 다음과 같이 설명했다.

> 조선말은 조선인과 함께 아득한 옛날에 발생하였겠으나, 그 사용은 조선글의 발명을 기다려 비로소 완성의 역에 이르렀으며 …… 朝鮮文學은 …… 型式으로 內容으로 진정한 朝鮮文學이 됨에는 朝鮮말이 朝鮮글을 적게 된 이후의 일이다. 이를 보면 朝鮮學은 조선 글의 발명 및 그 발달에 의하여 비로소 그 존재의 가치를 증대하게 된 것은 史實이 증명하는 바이다. …… 그러므로 조선글은 朝鮮心에서 생겨난 結晶인 동시에 朝鮮學을 길러주는 비료라 하려니와 ……

조선글이 조선심의 결정이요 조선학의 비료로서 중요한 의의를 가졌다고 본다면, 결국 훈민정음이 발명된 조선시대 이후가 조선심이 가장 발달한 시대라고 보는 것이 당연해진다. 아닌게 아니라 문일평은 이조문명은 신라·고려의 정화를 흡수하여 대성한 것으로서,

---

35 文一平의 생애와 史學에 대해서는 文喆永, 「湖岩 文一平의 歷史認識」, 『韓國學報』 46, 一志社, 1987이 참조된다.

이것을 물에 비하면 문명의 샘이 新羅에서 다시 發源하여 가지고 高麗의 시내로 흘러서 李朝의 貯水池로 모여들어 왔다. …… 利用厚生의 견실한 文明에 이르러서는 李朝의 獨步로서 羅・麗의 追隨를 許하지 않는다.

는 것이다. 다시 말하면 이조문명은 '利用厚生의 견실성'을 지닌 것이 특색으로서 그 정수로서의 훈민정음을 만든 세종은 "장차 오는 민중문명 시대에 가서도 사상계의 선도됨을 잃지 않을 것"이라 하였다. 여기서 문일평이 지적한 조선심이란 민중지향・실용지향・민족지향이라는 것이 확연히 드러난다.

이러한 시각에서 문일평은 실학을 조선심의 재현으로 보고 다산을 비롯한 조선 후기 실학의 실사구시實事求是 정신을 '조선학'에 있어서의 자아확립 방법으로 이해하였다. 실학을 '조선학'의 선구로 인식하는 점에 있어서 문일평은 안재홍과 입장을 같이 하고 있는 것이다.

한편 문일평은 민중과 사회의 발견을 '신세계의 발견'에 비유하면서 그 민중의 실체를 역사에서 찾고자 하였다. 홍경래를 비롯한 '반역아叛逆兒'를 높이 내세운 이유가 그것이었다. 그의 민중지향적 사안은 민중의 계급투쟁을 역사진화의 원동력으로 인식하는 단계에까지 나아갔다.

그러나 문일평이 인식하는 민중은 좁은 의미의 피지배계급만을 가리키는 것은 아니었다. 그가 말하는 민중은 소수의 귀족계급을 제외한 다수의 국민을 가리키는 것으로, 유물사관에서 말하는 계급이론과는 일정한 차이가 있었다. 따라서 문일평은 궁극적으로 계급보다는 민족을 우위에 둔 민족주의자였으며, 민족주의의 시각에서 우리 민족의 국제진출을 염원하고, 실리추구를 통한 부국강병을 지지하는 입장에서 대외관계사 연구에 비상한 관심을 쏟았다. 특히 『대미관계 50년사』는 민중적 민족주의 시각에서 한・미관계사를 처음으로 정리했다는 점에서 그 학술적 가치가 높이 평가된다.

문일평은 다른 민족주의사가들과 마찬가지로 고구려의 대조선주의가 실패하고 신라의 삼국통일에 의해 소조선주의가 승리한 것을 개탄했으며, 그 점에 있어서는 고려・조선의 역사를 퇴행의 시대로 간주했다. 그리고 그러한 퇴행의 원인은 실리적인 국제안을 갖지 못한 의리와 명분에 얽매인 주자학에서 찾았다.

요컨대 문일평은 1910~1920년대의 감상적이고 관념적인 민족주의를 민중지향적인 민족주의로 제고시키면서, 실제로 민중과 관련되는 민중문화에 대한 연구에 관심을 쏟았고, 특히 조선시대의 문화사와 대외관계사를 개척한 공로가 컸다.

4) 정인보의 사학

1930년대에 활약한 민족주의 역사가로서 위당爲堂 정인보鄭寅普(1892~?)의 존재를 간과할 수 없다. 한말에 양명학자로 이름이 높던 이건방李建芳과 박은식으로부터 양명학을 배우고 1910년대에는 중국으로 망명하여 동제사를 조직하여 광복운동을 전개하면서 대종교에도 귀의한 것이 바탕이 되어, 1930년대는 안재홍 등과 더불어 이른바 조선학운동을 주도함으로써 우파사학의 요인으로 부상하였다. 그는 1930년에 『양명학연론陽明學演論』, 1935년에 「5천년간 조선의 얼」을 발표했으며, 고대사 연구에도 일가를 이루어 뒷날 『조선사연구』(1947)로 정리하였다.

대체로 1930년대에 활약한 역사가들은 일본이나 국내의 대학에서 역사학이나 사회과학을 전공한 이들이 대부분이었으나, 정인보는 특이하게도 그러한 과정을 밟지 않고 한학의 기초 위에서 역사가로 자성하였다. 일찍이 9경과 10통을 통달할 만큼 해박한 고전지식을 갖춘 정인보의 학문은 그만큼 남다른 박학의 풍모를 보여 주었으나, 상대적으로 근대적·사회과학적 감각이 뒤지는 것이 약점이었고 난해한 한문투의 문장은 대중성을 얻는 데 장애가 되었다.

정인보의 사학은 사상사와 고대사 연구에 공헌한 바 컸다. 사상사와 관련하여 그가 가장 주력한 것은 다산을 비롯한 실학자의 학문과 양명학의 가치를 선양하는 것이었다. 그가 실학을 주목한 것은 그것이 '민족적'이고, '민중적'이며, '실용적'인 학문이라고 보는 까닭이었다.

정인보는 1934년 다산 서거 99년을 기념하는 강연에서 안재홍과 더불어 '조선학'의 중요성을 강조하고 나섰는데, 그가 말하는 '조선학'은 민족적·민중적 실용적 학문으로서의 '실학' 바로 그것에서 연원하는 것으로 보았다. 그런데 조선학으로서의 실학은 단순히 지나간 시대의 실학인 것만이 아니라, 바로 1930년대의 시점에서도 여전히 실학이요, 조선학의 모범이라고 보는 것을 유념할 필요가 있다. 그것은 바꿔 말하면, 조선 후기의 사상과 학문을 그대로 1930년대의 학문으로 계승할 수 있다고 보는 것이며, 소위 실학이 지닌 중세사상으로서의 한계성을 크게 의식하지 않았음을 의미하는 것이기도 하다.

다음에 정인보가 실학과 더불어 양명학의 가치를 크게 강조한 것은 양명학의 주관적 관념론 철학에서 '자심自心'의 원천을 찾기 위한 것이었다. 다시 말하면 정인보가 강조하는 민족의식과 민중의식은 무엇보다도 '타심他心'이 아닌 '자심'으로 자신을 보는 데서 출발하는 것이었다. 여기서 '타심'이라 함은 하나는 주자학이요, 다른 하나는 서양학문을 가리키는 것이었다. 다시 말해 주자학은 민족과 민중의 권리를 외면하는 허학과 가학이요, 서양학문 또한 민족과 민중의 병근病根으로 화化하는 폐단이 있는데, 양명학만은 자심으로부터 출발하여 민족과 민중의 권리를 도圖하는 실심實心과 실학의 성격을 가졌다는 것이다.

민족주의 역사가들이 주자학을 비판하는 것은 하나의 상식처럼 되어 있었던 것이 일제시대의 풍조인지라 이상할 것이 없지만, 근대 서양학문을 비판하는 것은 다소 기이한 느낌을 준다. 가령 『양명학연론』에서,

> 遠西의 學術이 수입된 뒤로 그중에 幾分은 病이 이를 받음에 벌써 濃汁으로 化한 것도 있고, 그중에 幾分은 이상하게도 '實心以外의 考究' 같은지라, 이에 다시 또 病根을 북돋아 점점 心外로 더 나타나게 되고 마는 것이 실로 可哀롭지 아니하냐(一. 論述의 緣起).

고 하면서 원서遠西(서양)의 학문을 병근으로까지 몰아치고 있다. 그런데 정인보가 공격하는 서양학문은 부르주아학문과 마르크시즘 모두를 가리키는 것으로 보인다. 그것은 그가 영국 모某학자, 프랑스 모某대가, 독일 모某박사, 러시아 모某동무의 언설을 싸잡아 비판한 데서 확인된다.

그러나 실상, 정인보가 비난하는 서양학문의 초점은 서양학문 그 자체라기보다는, 그것을 자심과 실심에 의해서 여과하지 않고, 무비판적으로 수용하는 그 교조주의적 태도에 있었던 것이고, 이를 가리켜 정인보는 '타심'과 '무실'의 학으로 본 것이다.

정인보의 사학은 이와 같이 근대 서양의 사회과학이론을 좌우를 불문하고 거부하는 입장에 서 있었기 때문에, 자연히 1930년대의 학자치고는 사회과학에 어두운 편이었고, 그것은 반사적으로 중세적 학문으로서의 실학과 양명학으로의 회귀로 끝나지 않을 수 없었다. 따라서 정인보가 지향하던 민족적·민중적·실용적 학문은 안재홍이나 문일평의 사학처럼 좌우를 지양·통일하려는 이론과는 구별되는 것이며, 중세적 학문으로서의 한계성을 농후하게 지닌 것이었다고 할 수 있다.

한편, 정인보의 고대사 연구[36]는 기본적으로 신채호가 세운 고대사 체계를 거의 수정없이 따랐다는 점에서 특이한 독창성은 찾아지지 않는다. 그러나 신채호의 가설적 학설들을 더 구체적으로 논증하였다는 점에서 안재홍과 더불어 신채호사학의 계승자의 위치를 차지한다.

특히 정인보가 가장 역점을 두고 해명코자 한 것은 한사군의 실재를 부인한 것과[37] 광개토왕비문의 새로운 해석이다. 이는 당시 일인의 황국사관의 핵심적 논리에 대한 정면대결을 의미하는 것으로서 그 진부 여부를 떠나서 학술적 의의가 적지 않았다.

7. 맺음말

민족사학의 성립은 구한말까지로 소급될 수 있으나, 그 전개 과정의 하한은 현재에까지 연결된다. 그러나 이 글에서는 연구의 편의상 20세기 초에 해당하는 1930년대까지를 하한으로 설정하고 민족사학의 흐름을 검토해 보았다.

이 글을 마무리하면서 본고의 논지를 요약·정리하고 앞으로의 과제를 전망하고자 한다.

우선 민족사학은 한말에 민족주의를 바탕으로 하여 성립된 역사학이며, 민족주의는 반제·반봉건의 실천목표를 지닌 것이었기 때문에 민족사학도 민족주의의 실천에 이바지한다는 뚜렷한 목적성을 지닌 역사학으로 출발하였다. 먼저 반제와 관련된 구체적 실천목표는 만주영토의 수복이었다. 영토수복은 왜란과 호란의 양란 이후로 점증되어 간 다물주의의 계승·발전으로서, 한반도의 국토가 일제에 거의 침탈되고 만주에 대한 청조의 지배력이 약화된 시대상황하에서는 더욱 매력적인 과제로 등장하였다. 그리고 그 다물주의는 스펜서의 사회진화론에 의해서 이론적으로 뒷받침되고, 근대서양의 낭만주의 역사학의 영향으로 더욱 부추겨졌다.

---

36 鄭寅普는 자신의 古代史 硏究 성과를 정리하여 1946년에 『朝鮮史硏究』(上·下)로 출간했다.
37 정인보는 漢四郡이 기본적으로 古朝鮮의 일부인 衛氏朝鮮에 세워진 것으로 보고 그 위치를 다음과 같이 고증했다. 즉 眞番은 요서의 大凌河 부근이며, 臨屯은 요동의 消子河 부근이며, 玄菟는 요동의 渾河이며, 樂浪은 요동의 淤泥河(浿水) 동쪽의 險瀆에 비정하였다. 그러므로 한반도에는 소위 한사군이 설치된 사실이 없다고 본다(『朝鮮史硏究』上, 제9장 漢四郡役 참조).

민족주의의 또 하나의 과제인 반봉건은 구체적으로 시민혁명을 통한 근대국가의 형성이 실천목표였다. 그리고 이러한 시각에서 가장 시급하게 극복되어야 할 구시대의 잔재는 바로 조선왕조의 유교문화였고 고대사와 근세사는 영광과 암울의 시대로 양극화되어 인식되었다. 이는 한국사의 발전적 이해와는 상반되는 결과를 가져왔으니, 민족주의 역사학이 지닌 낭만적 성향과는 반대되는 계몽적 측면을 반영하는 것이다. 다시 말하자면, 서양의 경우에는 먼저 계몽주의가 나와서 반봉건의 시민의식을 고취하고, 그 다음에 낭만주의가 나와서 민족주의를 부추겨 주었지만, 우리나라에는 이 두 가지 과제가 동시적으로 제기됨으로써 민족주의운동이 계몽주의 역할까지 겸행해야 하는 특수성을 지니게 된 것이다.

다음에 민족사학은 다물주의의 실천목표와 관련하여, 만주지방에 거주했던 여러 종족들을 모두 우리 민족으로 간주하는 이른바 '범동이민족주의汎東夷民族主義'를 낳았고 이렇게 확대된 '범동이민족주의'를 바탕으로 하여 중국 동북지방과 만주·한반도를 모두 우리의 영토로 간주하는 '대조선주의大朝鮮主義' 영토관념을 강조하였다.

민족사학의 창도자는 한말의 신채호로서, 그의 『독사신론讀史新論』(1908)은 최초의 민족사학의 지침서라 할 수 있다. 그러나 신채호의 다물주의는 부여족을 민족의 주류로 인식하는 데 머물렀으나, 민족의 범위를 범동이족으로 확대시킨 것은 1910년대의 대종교의 영향이 컸다. 대종교는 한말의 민족주의를 종교적 차원으로 심화시킨 것으로서 극단적인 낭만적 역사의식을 수반하면서 만주수복운동을 열렬히 추구하였다.

민족사학은 1920년대에 들어가 다양한 형태로 전개되었다. 다물주의와 대조선주의 노선을 포기한 타협적 민족주의자인 최남선은 국내에서 활약하면서 범동이민족주의를 문화권 개념으로 바꿔놓고 이를 '불함不咸문화권'으로 호칭하였다. 그리하여 항일의 실천목표를 상실한 문화권 이론은 결과적으로 일제의 대아시아주의에 흡수당하면서 한·일간의 문화적 동류의식을 제고시키는 친일의 논리로 전락하고 말았다.

한편 1920년대에 타협적으로 민족주의 노선을 걸어갔던 안확은 다물주의를 거부하는 대신 신라통일의 의의를 긍정적으로 재평가하고 고려와 조선의 역사를 발전적으로 재구성하였다. 안확이 구성한 한국사의 발전 체계는 문명사관의 시각에서 정치적 진화를 표준으로 한 것인데, 특히 자치제의 전통에서 정치적 발전을 찾은 것은 정체성 이론을 내세운 식민주의 역사학과 대결하는 의미가 담긴 것이었다. 그러나 그의 발전적 역사해석은

1920년대 초에 타협적 민족주의자 사이에 일기 시작한 자치운동과 때를 맞추어 제기되었다는 점에서 적극적 항일의 논리가 될 수는 없었다.

1920년대의 시대상황 속에서 적극적 항일의 논리를 추구하면서 역사학을 과학의 수준으로 이끌어 올리는 데 적극적으로 기여한 이는 신채호였다. 약육강식을 긍정하는 사회진화론을 바탕으로 하여, 제국주의에 저항하면서 다른 한편으로 제국주의를 선망하기조차 했던 신채호의 민족주의는 1920년대에 들어와 무정부주의를 받아들이면서 민중직접혁명이론으로 선회하였다. 이는 1920년대에 새로운 시대사조로 등장했던 사회주의 계급혁명이론과는 다르면서도, 부르주아 중심의 민족운동을 보다 평등지향적으로 발전시킨 것이었다.

한편 역사가로서의 신채호는 1920년대에 들어와 독립운동의 수단으로서의 역사학에서 탈피하여 '역사를 위한 역사'의 필요성을 강조하는 새로운 면모를 보여주었다. 이것은 랑케Ranke의 실증주의적 역사학 방법론을 받아들인 일본사학과의 대결에서 불가피하게 요구되는 역사학의 과학화의 필요성을 절감한 까닭이었다. 다시 말해 1920년대의 신채호는 제국주의와 사회주의에 대한 대응논리로써 무정부주의를 선택하여 민족주의에 좌파적 색채를 가미하였고 제국주의를 뒷받침하던 식민사학의 도전에 대해서는 실증적 방법의 제고를 통한 역사의 과학화로 대응함으로써 민족사학의 수준을 한 단계 높이 끌어올리는 데 기여하였다.

1930년대에는 일본의 만주침략이 노골화되고 한국인에 대한 동화정책이 가열되는 한편으로, 이에 대항하는 독립운동은 좌우의 양편에서 새로운 모습을 띠고 나타났다. 좌측에서는 유물사관의 방법론을 도입하여 한국사 체계를 재구성하면서 세계사적 보편성에 입각하여 공산주의 혁명의 필연성을 강조했으며, 우측에서는 일제와의 타협을 긍정하면서 순수 아카데미즘에 지향하는 사학풍이 나타나고, 또 다른 민족주의 계열의 우파 학인들은 '조선학'운동을 전개하면서 우리 문화의 특수성을 찾아내어 이를 학문적으로 체계화하고, 이를 통해 민족주의와 사회주의의 조화와 협동을 추구하였다.

대체로 '조선학'운동을 주도한 안재홍·문일평·정인보 등은 계급적 편향을 극복하는 수단으로서 민중개념을 창출하고, 그 민중적 민족문화의 전통을 조선 후기 실학에서 찾고자 하였다. 우리 문화의 민족적 특수성을 찾으려는 노력은 유물사관의 세계사적 보편성 이론이 지닌 혁명주의사상을 거부하고, 좌우협진의 정당성을 뒷받침하기 위한 이데올로기의 기능을 가졌다.

극좌의 유물사관에 대응하여 민중개념을 창출하면서 계급적 개방성을 보이기 시작한 민족주의 사학은 8·15해방을 전후한 시기에 이론적인 수준에서 또 한 껍질을 벗으면서 소위 '신민족주의'를 낳았다. 신민족주의는 부르주아 민주주의와 프롤레타리아 민주주의를 모두 거부하고 초계급적 통합민족국가의 건설을 지향하는 것이었다. 그러나 안재홍의 신민족주의가 계급협동에 초점을 맞춘 만민공생의 '다사리' 이념을 특색으로 하고 있는데 반해, 손진태의 그것은 지배계급의 각성을 통한 계급평등의 실현에 초점을 맞춘 것이 다른 점이었다. 또한 안재홍은 신민족주의를 주로 정치사상적으로 발전시킨 데 비해 손진태는 그것을 역사해석 이론으로 발전시킨 것도 비교될 만한 것이다. 안재홍의 사학이 신채호 등 선배 민족사학에 뿌리를 두고 나온 것이라 한다면, 손진태의 사학은 다물주의에서 벗어나 한반도를 중심에 놓고 민족사체계를 발전적으로 구성하려던 안확의 학문과 1930년대의 실증적 학풍의 영향을 받았다는 것을 유념할 필요가 있다.

해방 후 안재홍은 정계로 진출하였기 때문에 학계에 영향을 많이 끼친 이는 손진태였다. 그러나 6·25를 계기로 민족주의자들이 대부분 납치당하는 비운을 겪었고, 민족주의 역사학도 극단적인 동서냉전체제 속에 한동안 위축됨을 면치 못하다가 4·19를 계기로 현대사학과 재접목하는 전기를 맞이하게 되었던 것이다.

민족사학은 지금까지 보아온 대로 이데올로기적으로는 반제·반봉건의 시민국가건설을 목표로 한 데서부터 출발하여 해방 전후 시기에는 극우와 극좌를 모두 배격하는 신민족주의 단계까지 발전해 왔으며, 학문방법상으로는 종교적·신비주의적·낭만주의적 역사인식에서부터 출발하여 문헌고증적 문화사적 인식으로 그 수준을 제고시키면서 변화 발전을 계속해 왔다.

앞으로의 민족사학의 진로는 민족통일의 과제와 관련하여 그 이데올로기적 의미가 재조명되어야 할 것이며, 문화사적 인식방법과 사회구조론적 방법론을 통일적으로 합일시키면서 다시 거듭나야 할 것이다.

한말 신채호의 민족주의사론

1. 머리말

독립운동가 또는 사상가로서의 신채호申采浩(1880~1936)의 생애는 크게 세 시기로 구분
되고 있다. ①『대한매일신보大韓每日申報』신민회新民會에 참여하여 구국계몽가救國啓蒙家
로 활약하던 시기(1906~1910), ② 대종교의 영향을 크게 받으면서 국수주의적 민족주의운
동에 투신하던 시기(1910년대), 그리고 ③ 무정부주의의 영향을 받아 혁명운동에 투신하
던 시기(1920년대 이후)가 그것이다. 그의 생애의 일관된 목표가 항일민족해방이었다는
점에서 본다면 그는 기본적으로 민족주의자로서 시종했다고 말할 수 있으며 구태여 그의
생애를 구분지어 생각할 필요가 없을 것 같기도 하다. 그러나 신채호의 민족주의사상을
문화의식·사회의식·역사인식이라는 측면에서 관찰할 때에는 반드시 일관된 입장을
견지했던 것은 아니었다. 그의 생애를 시대구분하는 이유가 여기에 있다.

지금까지 신채호의 사상과 역사인식에 관한 연구와 논의는 비교적 활발한 편이었다.
그러나 지금까지의 연구와 논의는 주로 신채호의 민족주의적 사회사상에 치중된 감이 없
지 않고, 그의 사학을 다루는 경우에는 대개 그의 말년(1920년대)의 저작만을 대상으로 하
는 경우가 많으며,『독사신론讀史新論』을 중심으로 하는 그의 초기적 역사인식에 대해서
는 깊은 배려가 적었다.[1] 또 그의 사상과 사학 사이의 유기적 관련성이나 그의 사학이 갖

---

[1] 申采浩의 韓末의 역사인식을 다룬 것으로는 申一澈 교수의 「申采浩의 自强論的 國史像」(『韓國思想』 10호,
1972)이 최초라 할 수 있다. 이 논문은 1972년판『丹齋申采浩全集』(乙酉文化社)을 토대로 작성되었으나,
1977년에 간행된『丹齋申采浩全集』(螢雪出版社 刊)에서 새로운 자료가 보충되었으므로 새 자료에 의한 폭넓

는 사학사적 위치, 즉 신채호 사학과 다른 부류의 사학과의 종적·횡적 상호 관련성에 대한 배려가 불충분했던 것 같다.

위와 같은 점을 고려하여 본고에서는 신채호의 역사인식을 한말에 국한하여 검토할 것이며, 신채호 사학과 대극관계에 있던 당시 교과서의 역사서술과 비교 검토하고, 나아가 그의 역사인식의 기저를 이루고 있던 문화의식과 사회사상을 이해하려고 한다.

필자는 일찍이 신채호를 비롯한 민족주의사학의 원류를 이른바 선가들의 역사인식의 흐름에서 찾을 것을 제의한 바 있다.[2] 흔히 '고기'류로 불리는 선가적 역사인식의 흐름은 고려 이래로 유교적 역사인식과 대립 또는 합류되면서 한말까지 이르고 있다. 한말에 있어서 교과서류의 역사서술이 기본적으로 유교적 역사인식의 흐름을 계승한 것이라면 대종교 계통의 역사서술은 선가적 역사인식의 전통을 계승한 것이라고 말할 수 있다. 한말에 있어서의 신채호의 역사인식은 선가적인 것에서 출발하고 있으나 1910년대의 그의 역사인식과 비교할 때에는 선가의 영향이 아직 철저한 것은 아니었다. 그가 선가의 영향을 크게 받은 것은 대종교가 창설된 1909년 이후이다.

따라서 신채호 사학과 대종교 사학과의 비교 검토는 그의 1910년대 사학을 검토하게 될 제5장에서 다룰 예정이다.

2. 1895~1910년 교과서의 역사서술

1) 신채호의 교과서 비판

신채호가 초기에 쓴 사론 가운데서 가장 대표가 될 만한 것은 1908년에 발표한 『독사신론』이다. 여기에서 그는 한말 당시의 사학의 동향을 심각하게 반성하면서 이른바 '신역사新歷史'의 찬출이 시급함을 역설하고 있어서 주목을 끈다. 그가 한말의 사학계에 대하여 가장 크게 불만을 표시한 것은 학부검정의 교과용 국사에 대해서였다. 위 『독사신론』의 서

은 이해가 가능하게 되었다.
2   韓永愚, 「17世紀의 反尊華的 道家史學의 成長」, 『韓國學報』 1집, 1975.

론에서 그는 당시 각급 학교에서 사용하던 국사 교과서를 이렇게 평하고 있다.

余가 現今 各學校 敎科用의 歷史를 觀하건대 有價値한 歷史가 殆無하도다. 第一章을 閱하면 我民族이 支那族의 一部인 듯하며 第二章을 閱하면 我民族이 鮮卑族의 一部인 듯하며 … 오호라, 果然 如此할진댄 我幾萬方里의 土地가 是 南蠻北狄의 수라장이며 … 東國主族 檀君 後裔의 發達한 實跡이 昭昭하거늘, 何故로 我先民을 誣함이 此에 至하뇨. … 此等 歷史로 歷史라 할진댄 歷史가 無함만 不如하도다.

신채호가 당시의 교과서를 가리켜 이렇듯 "없는 것만 같지 못하다"고까지 혹평한 것은 한마디로 민족주의적 역사가 아닌 데 이유가 있었다.

교과서에 대한 비판은 1931년에 발표된 『조선상고사』 총론에서도 가해지고 있다. 여기서는 교과서라고 꼬집어서 말하지는 않았지만, 이른바 '신사新史의 체體'를 표방하면서 역사서술 체제만을 상세니, 중세니, 근세니 하여 서양식으로 바꾼 신저를 가리켜 "한장책 韓裝冊을 양장책洋裝冊으로 고침에 불과한 것"이라고 하여 체제의 근대화만이 결코 근대사학이 될 수 없음을 지적하고 있다. 여기서 '신사체新史體의 신저新著'란 한말 교과서를 가리키는 것이다.

신채호는 교과서를 비판할 뿐 아니라, 교과서를 편찬하는 책임을 맡은 학부를 가리켜 '국가를 멸망케 하는 학부'라고까지 극언하였다. 학부에 대한 공격은 특히 1908년 이후에 집중되었다. 그 이유는 1908년 8월에 교과용도서 검정규정이 제정되어 학부교과서의 검정방법이 민족의식과 자주독립 정신을 억제하는 방향으로 나간 까닭이었다.

당시 학부에서 정한 검정방법에 의하면 아래의 여덟 종류의 서술을 불가한 것으로 규정하였다.[3]

① 한국의 현시 상태를 痛論한 者.
② 과격한 文字로 自主獨立을 說하여 國家의 현상을 파괴하려는 정신을 고취하는 者.

3　「國家를 滅亡케 하는 學部」, 『丹齋申采浩全集』 別集, 螢雪出版社, 1909, 124~128쪽. (이하 『全集』 改訂版은 『改全集』으로 略記함).

③과 ④ 本國 情形을 풍자한 者.

⑤ 國家論·義務論을 揭하여 분개적 言辭를 用한 者.

⑥ 편협한 愛國心을 說한 者.

⑦ 日本 및 기타 外國에 관계가 있는 歷史 사실 중에 장렬한 人物의 事蹟을 과장하여 暗然히 日本과 기타 外國에 대한 적개심을 고취하는 者.

⑧ 本國의 고유한 言語·風俗·習慣을 유지하고 外國을 모방함이 不可하다고 說한 者.

이와 같이 한말의 학부가 일본의 간섭을 받으면서 민족정신을 억제하는 방향으로 교과서 편찬을 유도하였기 때문에 그러한 규제하에서 검정된 교과서가 어떤 성격이 될 것인가는 자명한 일이었다.

그러나 신채호가 검정 교과서를 비판한 것은, 검정 당국인 학부나 또는 검정에 간여하고 있는 일본 당국에만 책임을 묻기 위한 것은 아니었다. 당국자 못지않게 편사자 자신에게도 책임이 있다고 그는 보았다. 그에 의하면 당시 편사를 맡은 역사가들은 일본을 숭상하는 노성奴性이 크고 일인이 쓴 사기를 망신하여 이를 국사에 수입함이 많아 우리의 신성한 역사를 무멸誣蔑하고 있다고 보았다.[4] 그리하여 과거에 유학자가 지나(중국)를 숭상한 나머지 지나인이 자존자오自尊自傲의 입장에서 쓴 자존폄외自尊貶外한 사기를 국사에 맹수함으로써 비열한 국사를 썼던 것과 마찬가지의 폐단이 나타나고 있음을 크게 우려하였다.

2) 교과서의 역사인식

신채호의 교과서 비판은 신채호 사학이 한말의 교과서류와는 계통을 달리한다는 것을 단적으로 암시하는 것이다. 따라서 신채호 사학의 성격을 보다 근원적으로 이해하기 위해서도 교과서의 역사서술이 어떠한 것인가를 먼저 검토할 필요가 있다.

역사상 각급 학교에서 국사 과목이 교육과정에 들어간 것은 1894년 갑오경장으로부터 비롯된다.[5] 그 전에도 서원이나 서당에서 『동몽선습童蒙先習』을 비롯하여 『사략』, 『통감

---

4   「讀史新論」, 『改全集』 上, 1908, 494~498쪽.
5   金成俊, 「舊韓末의 國史教育에 대하여」, 『大東文化研究』 8, 1971.

절요』등 몇 가지 사서가 읽히고 있었지만, 그것은 중국사가 중심이요, 국사를 독립 과목으로 가르친 일은 거의 없었다.

갑오경장 때 학부에서 『조선역사』(3권)를 펴낸 것을 효시로 하여 1910년 국망 때까지 약 20종의 국사 교과서가 간행되어 교재로 이용되었다. 물론 교재가 아닌 사서도 편찬되었다. 장지연張志淵의 『대한강역고大韓疆域考』(1903)나, 정교鄭喬의 『대한계년사大韓季年史』, 김택영金澤榮의 『한사계韓史綮』등이 그것이다. 그러나 교재이든 교재가 아니든, 서술내용은 큰 차이가 없고, 또 필자도 몇 사람으로 한정되었다.

〈표 1〉 한말 국사교과서 일람표(1895~1910)[6]

간행연대	편자	책명	권수	국·한문	서술시대	비고
1895 가을	學部(김택영)	朝鮮歷史	3	국·한	단군~1893	
1895 겨울	學部	朝鮮歷代史略	3	한문	〃	
1899	學部(김택영)	東國歷代史略	6	〃	단군~고려	中學用
〃	〃	大韓歷代史略	2	〃	조선시대	〃
〃	玄采	普通敎科東國史*	5	국·한	단군~고려	小學用
1902	金澤榮	東史輯略				
1905	學部(김택영)	東史輯略*	11	한문		
〃	崔景煥·鄭喬(獨立協會)	大東歷史*	12	〃	단군~신라	
1906	玄采	東國史略*	4	국·한	단군~1905	中學用
〃	大韓國民敎育會	大東歷史略*	1	〃	단군~고려	
〃	元泳義·柳瑾 (張志淵 교열)	新訂東國歷史*	2	〃	〃	小學用
1908	헐버트(오성근 譯)	History of Korea (대한력사)	6	국문	〃	
〃	鄭寅琥	初等大韓歷史*	1	국·한	단군~현대	小學用
〃	柳瑾 (장지연·안종화 교정)	初等本國歷史	1	〃	〃	〃
〃	조종만	초등대한력사	1	국문	〃	〃
1909	朴晶東(興士團)	初等大東歷史	1	국·한	〃	고려에 중점
〃	〃	初等本國略史	1	〃	〃	이조에 중점
〃	安鍾和	初等本國歷史	1	〃	〃	
1910	柳瑾(장지연 校)	新撰初等歷史	3	〃	〃	

*표는 1908년 8월 이후 학부에서 사용 금지한 도서

---

6   이 一覽表는 亞細亞文化史, 『開化期敎科書叢書』(권 11~20)에 의거하여 작성하였음.

당시 사서편찬에 직접·간접으로 참여했던 주요 인물을 보면, 김택영金澤榮(1850~1927)·현채玄采(1856~1925)·장지연張志淵(1864~1921)·최경환崔景煥·정교鄭喬·유근柳瑾·안종화安鍾和(1860~1924)·박정동朴晶東·정인호鄭寅琥 등이다. 이 중에서 가장 핵심적인 위치에 있었던 이는 김택영·현채·장지연으로서 이들은 학부 교과서 편찬에 깊이 관여했던 인물들이고, 역사인식 수준도 가장 높았던 대표적 사학자들이었다.

교과서 편찬자들은 비단 역사가로서만 활약한 것이 아니고, 개화사상가 내지는 구국계몽가로서도 활약하였다.[7]

따라서 이들의 역사인식은 당시 학부(政府)의 역사인식을 반영할 뿐 아니라 독립협회와 구국계몽운동가의 역사인식의 한 측면을 반영하는 것이기도 하였다. 물론, 독립협회를 대표하는 사서는 이들의 저서가 아니라, 최경환·정교 등이 지은 『대동역사大東歷史』이었다. 이 책은 국사가 자주독립국의 역사임을 유달리 강조하고, 단군 조선이 국절한 것이 아니라 부여, 고구려 등으로 이어진 것을 인정한 점, 그리고 한사군의 태반이 요遼·심瀋과 만주 땅에 있음을 주장한 것 등 다른 사서에 보이지 않는 특색이 많이 나타나고 있다. 그러나 이 책도 큰 테두리에서 보면 군주권을 옹호하는 입장에서 충군애국과 자주독립을 강조한 것이고, 주자학적인 정통론을 고수하고 있다는 점, 그리고 친일적인 서술이 많다는 점에서 다른 교과서류와 근본적으로 다른 역사인식체계를 세우고 있는 것은 아니다.

물론 교과서의 역사인식도 반드시 책마다 동일한 것은 아니다. 교과서 중에는 내용이 과격하다 하여 학부의 인가를 받지 못한 것도 있었고[8] 뒤에 금서禁書로 지목된 것도 있었다.[9]

그러나 교과서 상호 간의 차이는 근본적인 것이라고는 생각되지 않는다. 오히려 각 교과서에 공통적으로 나타나고 있는 일반적인 역사인식체계가 있다. 이제 그것을 간추려서 정리해 보기로 한다.

---

7 예컨대 金澤榮은 獨立協會 회원이었고, 玄采 역시 獨立協會와 國民教育會(1906), 光文會(1910) 등에 참여하였으며, 張志淵은 獨立協會·皇城新聞·大韓自强會(1906), 大韓協會(1907) 등에 참여하였다. 鄭喬는 獨立協會·大韓協會·新民會의 회원이었고, 柳瑾은 獨立協會·大韓自强會·畿湖興學會·大韓協會·新民會에 참여하였다. 朴晶東은 嶠南學會(1908)·興士團(1909)에 가입하였고, 元泳義도 大韓協會 회원이었다.

8 예컨대, 元泳義·柳瑾의 『新訂東國歷史』와 鄭喬의 『大東歷史』가 그것이다.

9 1909, 1910년에 걸쳐 일제 당국에 의하여 금지·압수된 교과서는 玄采의 『普通教科 東國歷史』와 『東國史略』 그리고 鄭寅琥의 『初等大韓歷史』 등이었다. 이들 禁書들은 歷史認識體系 자체가 다른 교과서에 비하여 특이한 데서 주목을 받은 것이 아니라, 부분적으로 反日的인 서술이 삽입되어 있는 데 연유한 것으로 보인다.

첫째, 교과서는 거의 공통적으로 강목체와 정통론을 따르고 있음이 주목된다. 1895년에서 1908년 사이에 간행된 김택영의 『조선 역사』(1895), 『조선 역대사략』(1895), 『동국역대사략』(1899), 『역사집략』(1905), 현채의 『보통교과 동국역사』(1899), 최경환·정교의 『대동역사』(1905), 대한국민교육회의 『대동역사략』(1906), 원영의·유근의 『신정동국역사』 등이 모두 그러한 체재를 따르고 있다.[10] 1908년 이후에 편찬된 교과서는 약간 체재를 달리하고 있다. 여기에서는 일인학자 임태보의 『조선사』의 영향을 받아서 상고·중고·근고·근세 등으로 시대를 구분하거나, 혹은 편·장·절의 체재를 따르고 있다. 그러나 이러한 외형상의 변화에도 불구하고 국사체계 자체는 강목법을 따르는 교과서의 그것과 근본적으로 다른 것이 없다.

강목법과 정통론에 입각한 역사서술에 있어서는 단군·기자·삼한(특히 마한)·신라가 국사의 정통왕조 내지는 주류로 인식되고 있다. 정통왕조 중에서도 가장 큰 비중으로 다루어지고 있는 것은 기자조선과 그것을 계승한 마한이다. 그리하여 두 왕조는 전후 50대 1,131년의 장구한 역사를 가진 정통국가로서 크게 부각되고 있다. 기자가 주무왕의 봉함을 받았다는 이른바 주봉설은 거의 모든 교과서가 부인하고 있으며[11] 기자를 문성왕으로 호칭하고, 기자조선과 마한의 역대 왕계를 선우씨·한씨·기씨족보에서 채집하여 그대로 전재하고 있는 교과서가 많다.[12] 기자조선의 위치를 가장 높이고 있는 『대동역사』에서는 부여·삼한·옥저·예 등을 기자조선의 속국으로 처리하고 있기까지 하다. 역사상 기자조선의 위치가 가장 높아지고 또 가장 상세하게 서술된 것은 한말 교과서의 커다란 특징으로 지적될 수 있다.

단군조선은 국사의 시발로서 중요시되고 있지만, 오직 시조 단군의 건국과 치적 그리고 태자 부루夫婁의 조회 등 단편적인 사실만이 인식될 뿐 1천여 년의 왕대사 자체는 공백으로 남겨 놓고 있다. 단군 조선이 그 후의 역사와 혈통적으로 어떻게 연결되느냐에 관해서는 양론이 갈라지고 있다. 하나는 단군 조선의 혈통이 아주 끊어져서 후대의 역사와 전

---

10 그 중에서도 綱目法과 正統論을 가장 철저히 따르고 있는 것은 金澤榮의 『朝鮮歷代史略』·『東國歷代史略』과 鄭喬의 『大東歷史』이다. 특히 『朝鮮歷代史略』과 『大東歷史』는 범례에서 朱子綱目法에 의한 정통론의 원칙을 제시하고 있다.

11 箕子周封說을 긍정하고 있는 교과서는 『朝鮮歷史』(1895)뿐이다.

12 金澤榮의 『歷史輯略』(1905), 崔景煥·鄭喬의 『大東歷史』(1905), 玄采의 『東國史略』(1906), 大韓國民教育會의 『大東歷史略』(1906) 등이 그 예이다.

혀 연결이 안 된다는 것이고, 다른 하나는 부여·고구려로 연결된다는 설이 그것이다. 이러한 두 주장은 『대동역사』(1905)를 전환점으로 하여, 그 이전의 교과서는 전자의 입장을 따르고[13] 그 이후의 교과서는 후자의 입장을 따르고 있다.

다음에 단군이 자子 부루를 도산에 보내어 하夏의 우禹임금에게 조회했다는 설도 『대동역사』에서 비판이 가해지고 있다. 부루가 도산에 간 것은 사실이나 그것은 제후로서 천자(夏禹)에게 조회한 것이 아니라, 대등한 입장에서 왕회往會한 것뿐이라고 주장하였다. 단군조선은 자주독립국가인 까닭에 하夏의 제후가 아니었다는 것이 그 이유이다. 『대동역사』 이후의 모든 교과서는 이와 같은 '왕회'설을 따르고 있다.

단조檀朝 단절설보다는 단조의 부여 계승설이 단군조선의 역사적 위치를 한층 높이는 의미를 갖는다는 점에서 최경환·정교의 『대동역사』는 상고사 인식에 있어서 중요한 전환을 가져왔다고도 말할 수 있다. 그러나 단조의 부여 계승설의 경우에 있어서도 단조·부여·고구려로 이어지는 흐름을 결코 국사의 주류로 인식하고 있는 것은 아니었기 때문에 기자·마한·신라를 주류로 본다는 점에 있어서는 단조 단절설과 다를 것이 없었다. 따라서 모든 교과서는 공통적으로 부여(단군)보다는 한韓(箕子)에 중점을 두고 있었으며, 그런 점에서 그것은 한韓 중심의 국사인식체계라고 부를 수 있다.

교과서가 표방하는 한韓 중심의 국사인식체계는 대한제국이라는 국호의 제정과도 무관하지 않은 것 같다. 조선이라는 국호가 본래 단군에 대한 민족신앙과 깊이 관련된 것이라면 대한제국의 국호는 기자숭배에 뿌리를 둔 숭한의식의 표출이라고 이해된다. 그리고 이러한 기자숭배와 한韓의식이 기본적으로 유교적인 존화사상에 근거를 두고 있다는 것도 다 아는 사실이다.

조선중기 이후로 성리학이 발달하고 반청·존아적 사상이 깊어지면서 기자조선 중심의 정통론이 대두되고 그러한 입장에서 수많은 강목체 사서가 편찬된 것은 이미 알려진 바와 같다.[14] 따라서 대한제국의 출현은 바로 그와 같은 역사인식의 성장을 토대로 해서 가능한 것이었다는 해석이 내려질 수 있다.

---

13 檀君朝鮮의 扶餘 계승설을 가장 단정적으로 부인하고 있는 것은 金澤榮의 『歷史輯略』(1905)이다. 여기에서 김택영은 檀氏가 箕子를 피하여 北扶餘를 세웠다고 한 眉叟 許穆의 설을 일축하면서 檀氏는 國絶했다고 단정하고 있다.
14 韓永愚, 『朝鮮後期史學史硏究』, 一志社, 1989.

강목체 서술과 한韓 중심의 국사인식은 독립자주정신의 한 발로였다. 이것은 개화기 교과서의 기저에 흐르는 공통된 역사의식이었다. 특히 그러한 의식은 독립협회의 대표적 사서인『대동역사』(1905)에 가장 강렬하게 표방되었고, 그 이후의 모든 교과서에 거의 공통적으로 보이고 있다.

그런데 그 독립자주 정신은 두 가지의 큰 특색을 지니고 있었다. 첫째는 독립자주의 주 대상이 일본이 아니라, 중국이라는 사실이다.『대동역사』에서는 우리나라가 상고로부터 자주독립국가로서 전승되어 왔다는 것을 증명하기 위하여 단군의 자子 부루가 도산에 가서 제후로서 하우夏禹에 조알朝謁했다는 것을 부인하고, 다만 도산의 만국회에 참회 또는 왕회했을 뿐이라고 주장하면서 중국인의 자존망대적인 역사서술 태도를 비난하고 있다. 기자가 주무왕의 봉함을 받았다는 이른바 기자의 주봉설도 부인하고 있으며, 한사군도 낙랑을 제외하고는 모두 요·심과 만주땅에 있다고 주장하였다.

단기 이래로 우리나라가 중국의 제후가 아닌 자주독립국가였다는『대동역사』의 국사인식체계는 그 후의 모든 교과서에 그대로 계승되었다.

한편,『대동역사』이후의 교과서는 이렇듯 중국에 대하여는 정치적 자주독립, 즉 주권의 독립을 내세우면서도 혈통과 문화의 기원이 중국과 다르다는 점은 전혀 의식하지 않았다. 또 중국에 대하여서는 지나치리만큼 독립자주를 강조하면서도 일본에 대해서는 비교적 우호적인 입장을 취하여 대조를 보이고 있다. 이미 김택영의『동국역대사략』(1899)에서부터 일황연호와 서기를 중국연호와 병기하는 새로운 서술 체제가 나타나서,『대동역사』에 이르기까지 그대로 계승되고 있다.

또한, 역대 한일관계사에 큰 비중을 두고 서술하는 경향도『동국역대사략』에서 비롯되어『보통교과 동국역사』(1899)·『대동역사』(1905)·『동국사략』(1906) 등에 그대로 계승되고 있다. 한·일관계사에 대한 관심은 이들 저자의 친일적 성향과 아울러 현실적으로 갑오경장 이후로 한·일관계가 긴밀해지고 일인이 쓴 일본사 내지는 조선사를 접할 기회가 많아져 그 영향을 크게 받은 데 기인하는 것 같다.

교과서에 반영된 대일관은, 대체로 한·일 양국을 "同文·同種之國"[15]으로 이해하면서,

---

15 『大東歷史』, 190~201쪽에서 歷史의 韓日關係를 자세히 서술한 다음에 결론 부분에서 다음과 같이 쓰고 있다. "蓋我大韓之地與日本爲同文·同種之國 壤地相接 有脣齒輔車之勢 而其古今和戰 政治改革 我邦初學之士 鮮有之講究之者 故玆擧其國史之槪略 附之於此."

근대 이전에 있어서는 우리나라의 문물·전장이 일본보다 뛰어나서 일본문화에 큰 영향을 주었지만 현재의 문명은 도리어 일본이 우리나라보다 크게 앞서는 것으로 인식하였다.[16] 그리하여 현금에 있어서는 일본문명을 배우자는 입장이 강하였고, 그러한 생각에서 일인이 쓴 일본사 또는 조선사를 많이 신뢰하여 한·일관계사를 이해하게 된 것으로 보인다.[17]

물론 교과서가 일인이 쓴 사서의 영향을 받았다 해서 일인이 세운 국사체계와 반드시 일치하는 것은 아니었다. 예컨대 교과서에 큰 영향을 준 임태보의 『조선사』(1892)에서는 한국사를 고금에 걸쳐 거의 중국의 속국으로 서술하였고, 단군을 『일본서기』에 나오는 소잔명존素盞鳴尊의 제弟라 하며, 소위 임나일본부가 가야를 지배하고, 신공황후가 신라를 정복하고 백제의 조공을 받은 것으로 기술하여 우리 민족의 자율성을 거의 무시하고 있다. 이에 비하여 교과서에서는 중국에 대한 우리 민족의 자주독립을 강조하고, 일본에 대해서도 근대 이전에 있어서는 문화적으로 우위에 있었음을 역설하여 일인의 국사체계와는 많은 차이를 보이고 있다. 그러나 그러면서도 김택영의 『역사집략』(1903)과 장지연의 『대한강역고』(1903), 현채의 『동국사략』(1906) 등에서는 신공황후의 신라정복과 수인천황의 임나부 설치 등을 그대로 받아들이고 있어서 일인의 역사서술을 철저히 비판하는 안목을 갖지는 못하였다. 특히 장지연의 『대한강역고』는 정약용의 『강역고』가 일본 측 기록을 참고하지 않아 미흡하다는 생각에서 증보한 것인데, 결과적으로 『일본서기』의 임나관계기사를 무비판적으로 받아들여 개악한 것이 되었다. 교과서가 보여준 일인사기에 대한 망신적 수입에 대하여 신채호는 "역사가가 일본을 숭배하는 奴性"에서 온 것이라고 『독사신론』에서 개탄하고 있어서 교과서 편찬자와는 좋은 대조를 보이고 있다.

더욱이 교과서에는 일인들의 강압에 의해서 이루어진 병자수호조약이나 갑오경장을

---

16   예컨대, 玄采는 『東國史略』의 序에서, 三國시대에는 日本이 衣服·宮室·車馬·文章·制度·技藝에 이르기까지 우리나라를 스승으로 삼지 않은 것이 없고, 근세의 倭亂 때에 日本將軍(한국명 : 金忠善)이 3천의 부하를 거느리고 우리나라에 귀화한 것도 한국 문화의 우월성을 흠모한 것에 기인하는 것이었으나, 지금에 이르러서는 도리어 일본의 文明이 우리의 옛날을 크게 앞섰다고 하였다.

17   예를 들면, 玄采는 『東國史略』을 편찬함에 있어서 日人 林泰輔가 쓴 『朝鮮史』(1892)를 많이 참고하였는데, 韓國史의 自律性을 부정하는 植民主義的 입장에서 쓰여진 이 책을 다음과 같이 호평하고 있다. "今日本人林泰輔史家也 尤致力於我國 著有朝鮮史七册 自三國以至本朝 皆確有證據 又各分門別類 令人一讚瞭然 實不可以外人歧視之也." 즉 『朝鮮史』는 모두 확실한 증거를 가지고 쓰여진 것이므로 외국인이 쓴 것이라고 해서 歧視해서는 안 된다는 것이다.
실제로 『東國史略』은 『朝鮮史』를 그대로 역술하지는 않았지만 소위 神功皇后의 신라침공과 같은 妄說을 그대로 받아들이고 있음이 보인다.

일본이 조선의 자주독립을 위하여 기여한 것으로 서술하고, 을사조약(1905)과 정미조약(1907)에 대해서도 동양평화와 우리나라의 부강을 협조하기 위한 것이라고 쓰고 있다. 이와 같은 서술은 특히 1907년 이후의 교과서에서 공통적으로 나타나고 있다. 이는 교과서 편찬이 이미 일본의 통제하에 들어간 결과로 생각되기 때문에, 교과서 편찬자의 자의적인 서술이라고는 보기 어렵지만, 어쨌든 자주독립이라는 의미가 처음부터 중국에 대하여 가졌던 것만큼 일본에 대해서도 내세워지지 못했던 것만은 사실이라고 하겠다.

다음에 교과서에 표방된 자주독립이 누구를 주체로 하는 것인가를 검토할 필요가 있다. 자주독립은 물론 국가를 단위로 하는 것이지만, 국가의 중심을 어느 층에 두느냐에 문제가 있다.

교과서에서는 거의 공통적으로 국가의 중심을 군주에 두고 있다. 예를 들면 정교는『대동역사』의 서序에서 이 책이 '尊王主義'를 가지고 쓰여졌으며 성천자聖天子의 독립지권獨立之權과 우문지치右文之治에 보탬이 되기를 희망한다고 쓰고 있다. 독립협회를 대표하는 사서가 독립의 구심점을 성천자에 두고 존왕의 뜻을 밝히고 있음은 이 회의 정치사상이 입헌군주제를 지지하고 있는 것과도 관련이 있다고 하겠다.

현채의『동국사략』에서도 독립협회에 관하여 서술하면서, 이 단체가 "自主獨立과 愛國ㆍ忠君으로 主義를 定하고 云云"이라고 하여 충군ㆍ애국의 자주독립을 지향하고 있음을 말하고 있다. 현채 자신도 독립협회 회원이므로 그의 이 같은 설명은 사실로서 받아들여도 좋을 것이다.

주자의 강목체 자체가 존왕ㆍ양이의 춘추정신을 바탕으로 하고 있기 때문에 그 강목법을 따르는 교과서들이 충군ㆍ애국의 자주독립을 강조하고있는 것은 이상한 일이 아니다.

교과서의 실제 서술내용을 검토해 보더라도 역시 군주나 지배층을 중심으로 역사를 서술하고 있음이 공통적으로 발견된다. 특히 대한제국 성립 이후의 서술에 그러한 현상이 두드러지게 나타난다.

다음에 교과서의 국사체계에서 민족에 대한 관념이 어떻게 반영되어 있는가를 알아보기로 한다.

교과서에서는 '민족'이라는 용어나 '민족주의'라는 용어가 거의 보이지 않는다. 애국ㆍ조국ㆍ아국 등과 같은 국가관념을 표현하는 용어는 많이 보이고, 또 앞에서 설명한 바와 같이 한韓에 대한 숭상은 강렬하게 나타나 있지만, 한족의 혈통은 단군ㆍ부여ㆍ고구려 등과는 연결되지 않는 중국계로 이해되거나 아니면 남방의 별종으로 이해하고 있다. 즉 한韓은 크게 삼한으로 구분되는 바 마한은 기자의 후예이니 그 혈통이 중국(殷)과 연결되고, 진한은 진인과 연결된다. 변한은 시조를 알 수 없다고 한다. 이와 같은 삼한에 대한 혈통 관념은 일연의 『삼국유사』 이래로 조선시대의 유학자들 사이에 통념으로 받아들여져 온 것으로 한말 교과서에서도 대체로 그대로 답습되고 있다. 다만, 『초등본국역사初等本國歷史』(1909)와 『신찬초등역사新撰初等歷史』(1910)에서는 한韓을 한강 이남의 별개 종족으로 간주하여 삼한의 국가와 삼한의 종족을 구분하는 색다른 서술을 보여주고 있다.

따라서 한韓을 높이는 의식은 그 문화적 우월성과 정치적 독립성에 바탕을 둔 것이지, 결코 혈통적 독자성이나 순수성에 바탕을 둔 것이 아님을 유의할 필요가 있다. 순전히 혈통의 측면에서 말한다면 한韓은 중국인(支那族)의 한 분파로 보는 편이 강하다고 할 수 있다. 이것이 바로 신채호에 의해서 가장 통렬하게 비판되고 있는 점이다.

끝으로, 교과서에서는 한국 고대사의 중심무대를 반도에 설정하고 있다. 이는 한사군의 위치를 종전의 유학자들의 통설을 그대로 따라 낙랑을 지금의 평양에, 임둔臨屯을 강릉(또는 경기·황해도)에, 현토를 함흥 지방(또는 江界)에, 진번眞番을 요동 지방에 비정하고 있는 데서 단적으로 드러난다.[18] 그 밖에 태백산을 묘향산에, 졸본을 성천(平安道)에, 패수를 저탄猪灘(황해도)에 삼한을 모두 한강 이남에 각각 비정하고 있는 데서도 반도 중심의 역사 인식이 나타난다.

이와 같은 반도 중심의 역사인식은 소위 신라의 삼국통일을 크게 강조하고, 발해사를 가볍게 취급하는 데서도 엿보인다. 조선 후기의 일부학자들, 예컨대 유득공·한치윤·홍석주 등에 의해서 신라와 대등한 위치로 인식되었던 발해의 위치는 교과서 서술에서 다시금 종속적·부록적 지위로 떨어지게 되었다. 그리고 그러한 지위의 하락은 『동사강목』의 수준으로 되돌아간 것을 의미하는 것이었다.[19]

문무왕 9년 이후는 신라기로서 독립시켜 서술하고, 신라와 발해를 대등하게 남북국으로 서술한 것은 보이지 않는다. 이는 물론 대립된 두 나라에서 하나를 정통으로 삼는 정통론과도 관련이 없는 것은 아니지만 그보다는 만주에 대한 영토의식을 상실하고 반도통일

---

18 『大東歷史』만이 예외적으로 樂浪을 제외한 三郡을 遼·瀋과 滿洲에 비정하고 있다.
19 韓永愚, 『朝鮮後期史學史硏究』, 1989, 318쪽 참고.

을 곧 삼국통일로 이해하려는 소극적 영토의식, 즉 반도 중심의 영토의식의 소산이라고 생각된다. 또 이와 같은 반도 중심의 지리 비정은 안정복·정약용 등의 영향이 컸음도 부인할 수 없다.

지금까지 설명한 것을 종합해 보면 개화기 교과서의 역사인식은 다음과 같이 정리될 수 있다.

개화기 교과서는 군주를 높이는 애국적 입장에서 쓰여진 것으로, 애국심을 고취하기 위하여 우리나라가 정치적으로 중국의 속국이 아닌 자주독립국가라는 것과, 문화적으로도 근대 이전에 있어서는 중국과 일본에 뒤지지 않는 우수성을 가지고 있었다는 것을 주지시키려는 데 목적을 두고 있다. 그리고 이러한 목적과 관련하여 역사 서술체제로서 朱子의 강목법과 정통론을 따르고 있으며, 조선중기 이후에 특징적으로 발달한 강목체사서編目體史書와 삼한정통론의 영향을 크게 받고 있다.

교과서에서 강조하고 있는 자주독립의 구심체는 계층적인 측면에서 보면 군주를 중심으로 하는 집권자를 가리키는 것이고, 혈통적인 측면에서 보면 중국인과 연결되는 한족이며, 지역적으로 보면 만주를 제외한 반도의 현재의 강역을 가리키는 것이다. 따라서 이와 같은 교과서의 역사인식은 기본적으로 중세적인 유교적 역사인식의 한계를 벗어난 것이 아니다. 더욱이 일본사 내지는 일본인이 쓴 조선사의 영향을 받아 일부 교과서가 임나일본부라든가 신공황후의 신라정복설을 그대로 받아들이고, 일본천황의 연기를 병기하며, 개항 후 일본의 대한정책을 우호적인 입장에서 서술하고 있는 것은, 자주독립의 의미를 다소 친일적인 방향으로 굴절시키는 결과를 가져왔다는 점에서, 철저한 반일적 입장에서 자주독립을 부르짖은 신채호 등의 민족주의사학과는 자주독립의 의미가 다르다는 것을 유의할 필요가 있다.

총체적으로 보아 교과서의 역사인식은 국가의식과 주권의식은 비교적 강렬하게 반영하고 있으나 혈통관념으로서의 민족의식은 미약한 편이며, 문화의식에 있어서도 유교 이외의 민족적·민중적 신앙에 대한 배려가 결여되고 영토의식에 있어서는 만주 중심의 대조선주의가 아니라 반도중심의 소조선주의를 탈피하지 못하였다. 그리고 이러한 역사인식의 한계성은 편사자들의 구국계몽 사상이 적극적으로 민중과 연결을 갖지 못하고 지배층 중심의 근대국민국가를 형성하려 했던 사회사상의 한계성에 연유하는 것이라 믿어진다.

3. 1907~1910년의 신채호의 사회사상

1) 신채호와 구국계몽운동

조선초기의 훈신勳臣의 하나인 신숙주申叔舟의 후예로서 조선 후기에는 거의 벼슬을 하지 못한 남인파의 가계에서 태어난 신채호申采浩가 구국계몽운동에 처음으로 참여한 것은 1898년에 19세의 나이로 성균관에 입학하고 독립협회 회원이 되면서부터이다.[20] 독립협회는 그 해 연말에 해산되었기 때문에 독립협회 회원으로서의 신채호의 활동은 특기할 만한 것이 없었다. 그러나 이때 얻은 경험은 본래부터 남인파 실학자의 사상적 영향을 받았을 것으로 보이는 신채호를 구국계몽 사상가로 전환시키는 데 중요한 영향을 주었을 것으로 보인다.[21]

구국계몽가이자 사학가로서의 신채호의 활약이 나타나기 시작하는 것은 1905년 이후의 일이다. 그는 26세 되던 1905년에 장지연의 도움으로 『황성신문』의 논설위원이 되었다가, 1906년에는 『대한매일신보』의 주필 기자가 되었다. 그는 이때부터 언론인으로 활동하면서 1907년에는 비밀결사 단체인 신민회에 가입하여 1910년 해삼위海參威로 망명할 때까지 이 회의 일원으로 활약하였다. 그는 1908년에 기호흥학회畿湖興學會에도 가입하였으나 이 회에서의 활약은 두드러진 것이 없다.[22] 따라서 신채호가 가장 깊이 관여한 단체는 『대한매일신보』와 신민회라고 말할 수 있다.

신채호가 깊이 관여한 두 단체는 당시의 구국계몽단체 가운데서 가장 항일의식이 강렬하고 사회의식이 앞섰던 단체였다.[23] 이 점은 신채호의 사회사상과 역사인식을 결정하는

---

20 愼鏞廈, 『國立協會硏究』, 1977.

21 申采浩는 1901년(22세)에 文東學院 강사로 일하면서 한문 무용론을 주장하다가 배척을 받았다고 한다. 이것은 그가 이미 독립협회의 한글 전용운동의 영향을 받았음을 암시한다. 申采浩 선생의 令息 申秀凡 氏의 증언에 의하면 申氏家는 본래에 南人派에 속하였다 한다. 高靈申氏族譜에 의하면 申采浩는 申叔舟의 19代孫으로서 8대손까지는 中央에서 벼슬을 하였으나 9대 이후로는 300년간 거의 벼슬을 하지 못하였다. 신채호의 寒微한 家門 배경과 南人派로서의 黨性은 그의 사상형성에 적지 않은 영향을 주었을 것으로 생각된다.

22 申采浩는 1908년 8월에 『畿湖興學會月報』 창간호에 「畿湖興學會는 何由로 起하였는가」라는 논설을 발표한 바 있다. 그러나 그 밖에 그가 이 학회에 깊이 관여했다는 것을 증명할 만한 자료는 없다.

23 『대한매일신보』는 義兵을 적극 지지하는 입장을 견지하여 다른 구국계몽가들이 의병을 폭도로 호칭하면서 의병운동을 반대한 것과는 다른 입장에 있었다. 新民會가 가장 抗日意識이 투철한 단체였다는 것은 그 조직 자체가 비밀결사였다는 데서도 드러난다.

데 중요한 요인이 되었던 것 같다.

1905년 을사조약을 계기로 민족운동은 크게 구국계몽운동과 의병운동(독립전쟁)의 두 방면으로 전개되었는데 구국계몽운동은 다시 합법적인 운동과 비합법적인 지하운동의 두 가지 형태로 분화되었다. 헌정연구회憲政研究會(1905)·대한자강회大韓自强會(1906)·서우학회西友學會(1906)·한북흥학회漢北興學會(1906)·대한협회大韓協會(1907)·서북학회西北學會(1908)·기호흥학회畿湖興學會(1908)·호남학회湖南學會(1908)·교남학회嶠南學會(1908)·관동학회關東學會(1908) 등이 전자의 대표자라면 신민회(1907)는 후자의 대표자였다.

구국계몽운동은 합법적이든 비합법적인 단체이든간에, 서양의 근대문화를 수용하면서 전통문화(儒敎)를 개혁적으로 계승하여 입헌공화의 근대적인 국민국가를 형성할 것을 목표로 한다는 점에서는 서로 공통점을 많이 가지고 있었다.[24] 그리고 이러한 근대국가 형성이념은 기본적으로 독립협회의 그것을 계승한 것도 사실이었다. 다만, 독립협회는 아직 공화정을 적극 지지하지 않고 입헌군주제를 긍정하는 데 머물러 있었다는 점에서 1905년 이후의 구국계몽운동과는 질적인 차이가 나타난다. 그러나 천부인권론·사회계약론·사회진화론(약육강식·생존경쟁·우승열패·적자생존) 등과 같은 구국계몽사상의 핵심적 논리는 이미 독립협회 단계에서부터 일부 회원 간에 주장되었던 것으로, 1905년 이후의 특징적인 사조라고 말할 수는 없다.[25]

그런데, 구국계몽운동은 이렇듯 사상적으로 서로 공통점을 많이 가지면서도 항일운동 자세에 있어서는 상당한 차이가 노정되고 있었다. 즉 합법적인 구국계몽단체는 대체로 의병운동에 대하여 반대하는 입장에 서서 의병을 폭도라고 규정하면서 어디까지나 문화주의적인 입장과 점진적인 실력배양방법을 지지하였다.[26] 이러한 운동이 가져온 성과도 물론 무시할 수 없는 것이지만, 일제의 탄압이 강화되는 과정에서 이와 타협하고 굴절되는 현상이 적지 않았다. 실제로 합법적인 구국계몽운동에만 일관하던 인사로서 국치 후에 항일운동을 적극적으로 전개한 이는 극히 드문 것이 사실이다.

---

24 田口容三,「受國啓蒙運動期の時代認識」,『朝鮮史硏究會論文集』15, 1978 참고.
25 愼鏞廈, 前揭書(1977) 참고.
26 예컨대 大韓協會의 총무이던 尹孝定은 「大韓協會의 本領」(『大韓協會會報』 제1호)이라는 글에서 의병운동을 비난하면서 폭행을 중지하고 각자 本業에 종사하여 정당한 국민의 권리 의무를 지키라고 경고하였다. 『皇城新聞』의 주필이자 獨立協會·大韓自强會·畿湖興學會·大韓協會의 주요회원이었던 柳瑾도 義兵을 항상 폭도라고 라고 쓰고 있다.

이와 반대로 비밀결사인 신민회에 참여했던 구국계몽가들의 상당수는 일제의 탄압이 강화될수록 더욱 적극적인 항일운동의 길을 택하였다. 신민회는 의병운동을 지지하였고, 나아가서는 의병운동을 독립전쟁의 차원으로 이끌어 올리기 위해서 독립군을 준비하고, 독립운동기지를 국외에 건설하는 계획까지 추진하였다.[27] 만주와 노령이 바로 그들의 독립운동기지로서 선정되었던 것이다.

신민회는 전국적인 규모를 가진 것이었지만, 그 중심인사는 양기탁梁起鐸 · 전덕기全德基 · 이동휘李東輝 · 이동녕李東寧 · 이갑李甲 · 유동설柳東說 · 안창호安昌浩 등이었다. 신민회 회원은 대개 『대한매일신보』와 서우학회 · 한북흥학회에 참여했던 인사들이 중심을 이루고[28] 회會의 지도층에는 서북인과 관북인이 주류를 이루었으나 기호인과 영남인도 적지않이 참여하였다.[29] 종교적으로는 기독교와 민족신앙(仙敎)의 영향을 받은 이가 많고,[30] 역사인식에 있어서는 만주를 무대로 전개되었던 단군조선 · 부여 · 고구려 · 발해를 중시하는 경향이 많았다.[31]

따라서 신민회는 비단 항일운동에 있어서만 합법적인 구국계몽단체(특히 대한자강회와 그 후신인 대한협회)와 방법을 달리한 것이 아니라 문화의식과 역사인식에 있어서도 상당한 차이를 보여주고 있었다.

우리는 앞에서 학부검정교과서에 나타난 역사인식의 성격을 검토하였거니와, 교과서의 편찬자들은 대부분 합법적인 구국계몽단체의 인사들이었다는 것을 주목할 필요가 있다. 신민회 회원들은 교과서 편찬에 참여하지 않았고, 도리어 교과서를 비판하면서 새로운 역사인식체계를 세우려고 노력하였다. 그 대표적인 인사가 박은식,[32] 이상룡,[33] 김교

---

27 尹炳奭,「1910年代의 韓國獨立運動」,『史學研究』27, 1977; 愼鏞廈,「新民會의 創建과 그 國權恢復運動」,『韓國學報』8, 1977.

28 梁起鐸은『大韓每日申報』의 사장이고 李東輝는 漢北興學會 회원이며 李甲 · 柳東說 · 安昌浩는 西友學會 회원이다.

29 新民會는 西北人의 단체인 서우학회와 關北(함경도)人의 단체인 한북흥학회의 회원이 지도층을 이루었으나 그 밑에는 畿湖人과 嶺南人도 다수 참여하여 한 지방 人士들로만 구성되었던 것은 아니었다. 申采浩와 뒤에 大倧敎를 창설한 인사들은 대부분 畿湖人이었다.

30 西北 · 關北 · 畿湖 지방은 예부터 高句麗의 文化傳統을 이어받아 仙敎의 영향이 컸으며, 기독교도 가장 먼저 받아들인 지방이었다. 新民會 會員의 文化意識이 儒敎主義보다는 기독교 · 仙敎를 중시하게 된 데에는 이러한 문화전통의 배경도 무시할 수 없다.

31 新民會가 만주를 중시한 것은 만주진출이 비교적 용이했던 당시의 국제적 여건이 크게 작용한 것이겠지만 이 지방과 역사적으로 깊은 인연을 가진 北方人士들의 현실적인 역사 경험과도 무관하지 않은 것 같다.

헌,[34] 신채호[35] 등이다.

그리고 신민회 인사의 새로운 역사인식을 종교의 차원으로 극단화시킨 것이 바로 단군교檀君教(1909, 뒤의 대종교)라고 말할 수 있다. 단군교단의 핵심멤버 가운데 신민회 회원이 많고[36] 단군교의 독립운동 기지가 뒤에 만주로 선정되었으며 뒤에 신민회가 해산되자 회원의 상당수가 단군교에 흡수되었고, 단군교의 역사인식이 발해를 극도로 중시하며, 단군교의 교리가 기본적으로 선교를 바탕으로 하고 있다는 점에서 단군교와 신민회의 깊은 관계가 인지된다.

신채호의 사회사상과 역사인식은 신민회 인사들의 그것과 깊은 관련을 가진 것으로서 피차 영향을 주고받은 점이 많았을 것으로 보인다. 그러나 사회사상의 측면에서는 영향을 받은 쪽이 많았을지 모르나, 역사인식의 측면에서는 영향을 주는 쪽이 컸을 것으로 생각된다. 그만큼 신채호의 역사인식은 당시의 수준에서는 선진적이었다.

2) 신채호의 사회사상

(1) 국가론

1907~1910년에 있어서의 신채호는 공화주의자요 국가주의자요 국민주의자요 민족주

---

32 朴殷植은 西友學會(1906)와 西北學會(1908) 會員으로서 1906년부터 『西友學會會報』와 『西友』에 九月山의 三聖祠, 경주의 仙桃聖母, 耽羅의 三神說話 등 仙教와 관계되는 설화를 발표하였다. 그가 뒤에 大倧教에 깊이 관여하게 된 것도 仙教에 대한 관심을 일찍부터 가졌던 것과 관련이 있는 것 같다.

33 李相龍(石洲, 安東人)은 新民會 회원으로서 國恥 전후부터 고구려, 발해사에 관심을 가지고 이에 관한 史論을 썼다(尹炳奭, 『韓國近代史料論』 中, 石洲遺稿, 1979).

34 金教獻은 獨立協會·朝鮮光文會 등에 참여하고, 1910년 이후에는 大倧教에 참여하여 2세 교주가 되었는데, 1914년에 『神壇實記』·『神壇民史』의 史書를 저술하였다. 이 두 사서는 1914년에 저술되었으나, 그 준비는 이미 韓末부터 이루어진 것 같다.

35 申采浩가 역사관계 논설을 발표하기 시작한 것은 1908년 이후부터로서, 朴殷植의 활약보다 약간 뒤늦다. 특히 仙教에 대한 관심은 박은식의 경우, 1906년부터 나타나지만, 신채호는 1910년 이후부터 나타난다. 그러나 韓末에 있어서 가장 근대적이고 체계적인 史論을 전개한 것은 신채호였다는 점에서 그의 선구적인 역할은 오히려 朴殷植보다 앞선다고 생각된다.

36 檀君教 창립에 참여한 人士는 教主 羅喆(羅寅永)을 비롯하여 吳基鎬·姜虞·崔顓·柳瑾·鄭薰模·李沂·金寅植·金春植·金允植 등이다.
    教主 羅喆은 全南 寶城 출신으로 獨立協會·大韓自强會에 참여하였고, 1907년에 五賊을 誅殺하려다가 실패하자 몇 차례 渡日하고 돌아와 1909년에 檀君教를 창립하였다. 柳瑾과 金寅植은 新民會 회원이고, 李沂는 湖南學會, 金允植은 畿湖興學會 회원이었다.

의자였다. 이 중에서 신채호의 정치사상의 기저를 이루는 것은 공화주의, 즉 민주주의이다. 따라서 그의 국가주의는 민주적 국가주의이며, 국민주의는 민주적 국민주의이며, 민족주의는 민주적 민족주의라고 말할 수 있다.

신채호가 말하는 국민은 봉건적 신민을 의미하는 것이 아니라, '입헌적 국민'이요 '독립적 국민'이었으며 자치력을 가진 '시민'을 말하는 것이었다. 이러한 그의 국민관은 「20세기 新國民」(1910)이라는 논설에 생생하게 피력되어 있다.

그 밖에 「韓國自治制의 略史」(1909), 「身·家·國 三觀念의 變遷」(1909) 등에도 그의 민주·공화사상이 나타나 있다.

신채호는 이렇듯 공화주의를 지지하는 입장에 있었기 때문에 국가관도 유교적인 왕실 중심의 국가관과는 같을 수가 없었다. 그에 의하면, "國家는 人民의 낙원이요, 인민은 국가의 主人"[37]으로서 봉건시대는 귀족이나 군주가 국가의 중심이었지만, 근세에는 인민이 국가의 중심이라고 생각하였다.[38] 그래서 그는 "人民이 政權에 無關할진대 貴族에 在하든지, 君主에 在하든지 불문하고 此가 진정한 국가가 아님은 일반이니라."[39]고 하여 국가의 관념을 새롭게 정의하고, 군주와 국가의 이해가 양립될 수 없는 경우에는 군君을 버리고 국國을 좇아야 한다고 하였다. 여기에서 군주와 국가가 완연히 분리되고 있음을 본다.

신채호가 국가관념을 강조하고 애국심을 고취한 것은, 추상적 실체인 국가 자체를 위한 것이 아니라, 국가를 구성하고 있는 전체 국민을 위한 것임이 드러난다. 그리하여 전체 국민의 이익에 어긋나는 것, 예컨대 군주주의, 신분주의, 지방주의, 가족주의는 국가주의와 국민주의의 적敵으로 보았다. 그가 수많은 논설을 통해서 군주관념, 신분관념, 지방관념, 가족관념의 타파를 강조한 이유가 여기에 있었다.

신채호는 국가라는 것을 두 가지 측면에서 관찰하였다. 첫째는 형식상 국가로서, 여기에는 ① 토지(영토), ② 인민(국민), ③ 주권이 3대요소를 이룬다고 생각하였다.[40] 이 형식상 국가를 유지·건설하는 것이 궁극의 목표이지만, 그 형식상 국가의 전제가 되는 것은 정신상 국가라고 하였다. "精神上 國家라 함은 그 民族의 獨立할 정신, 自由할 정신, 生存할 정

---

37   「20世紀 新國民」, 『全集』別集, 213쪽.
38   「論忠臣」, 『全集』別集, 179쪽.
39   「身·家·國 三觀念의 變遷」, 『全集』別集, 155쪽.
40   「崔都統傳」, 『改全集』中, 454쪽; 「精神上 國家」, 『全集』別集, 160~161쪽.

신, 國威를 奮揚할 정신, 國光을 煥發할 정신"[41]을 가리킨다. 국가주의와 애국심, 그리고 민족주의는 바로 이러한 정신상 국가를 건설하기 위한 심리상태인 것이다. "국가는 민족정신으로 구성된 有機體"[42]라고 한 것도 정신상 국가의 중요성을 강조한 것이라 볼 수 있다.

그리고 정신상 국가의 요체인 민족정신과 애국심을 앙양시키기 위한 수단이 바로 역사라고 인식되었다. 「歷史와 愛國心의 관계」(1908)는 그러한 의미에서 쓰여진 것이고, 그가 역사학의 길을 걸어가게 된 것도 바로 정신상 국가의 건설이 시급함을 의식한 데서 온 것이라 믿어진다. 그러나 그의 궁극의 목적이 정신상 국가에 있는 것이 아니라 형식상 국가에 있는 것은 두말할 나위도 없다. 그래서 그는 형식상 국가의 3대 요소인 영토·인민·주권의 회복·유지·확장을 위한 물질 능력의 강화를 똑같이 중요시하였던 것이다.

(2) 영웅론

그는 국가가 생존·유지되기 위해서는 세계(외국)와의 분투·경쟁에서 이겨야 한다고 믿었다. 이를 그는 외경·진화라고 불렀다. 이러한 외경사상은 물론 서양의 사회진화론의 영향이 크지만, 그보다는 제국주의적 약육강식의 처절한 국제경쟁 속에서 우리가 살아남을 수 있는 유일한 방법은 현실적으로 우리 스스로가 강자의 입장에 서는 것이라고 믿은 데 있었던 것 같다.

그런데 국가의 외경력을 기르기 위해서는 경제력과 군사력 그리고 체력을 키우는 것이 중요하지만, 동시에 그러한 외경력을 앞장서서 이끌어가는 영웅이 필요하다고 생각하였다. 그는 Caryle의 말을 인용하여, "英雄者는 세계를 창조한 聖神이며, 世界者는 영웅의 활동하는 무대"[43]라고 하면서 세계적 영웅이 출현하기를 기대하였다. 「伊太利建國三傑傳」(1906), 「乙支文德傳」(1908), 「李舜臣傳」(1908), 「崔都統傳」(1909), 「한국의 第一豪傑大王(廣開土大王)」(1909) 등은 모두가 외경사상을 고취하고, 과거의 영웅을 찬미하여 미래의 영웅을 산출하기 위한 목적에서 쓰여진 것이었다.

그러나 신채호가 이렇듯 영웅의 역할을 중요시하고 영웅의 산출을 열망하였다 해서 몇 사람의 영웅의 힘만으로 제국주의적 경쟁에서 승리할 수 있다고 믿었던 것은 아니었다.

---

41 「精神上 國家」, 『全集』 別集, 160~161쪽.
42 「讀史新論」, 『改全集』 上, 471~513쪽.
43 「英雄과 世界」, 『全集』 別集, 111쪽.

그는 분명히 과거의 영웅과 미래의 영웅은 다르다는 것을 지적하였다. 그에 의하면 과거의 영웅은 무력가일 뿐이었으나, 근세의 영웅은 무인武人 · 종교가 · 정치가 · 실업가 · 문학가 · 철리가哲理家 · 미술가 등 모든 직업에 종사하는 사람들을 가리키는 것으로서 "그 所執한 長物로 風雲을 叱咤하며, 山河를 轉移하여, 耳目手足을 具有한 靈物로 一切 그 슬하에 屈伏케 하는 능력만 優有한 者"[44]는 모두 영웅이라고 정의하였다.

그리하여 그는 "舊國民은 國民이 아니며 舊英雄은 英雄이 아니라"[45]고 잘라 말하고, 신영웅은 국민적 영웅으로서 국민적 종교, 국민적 학술, 국민적 실업에 종사하는 사람들이라고 규정하였다.[46] 말하자면 신영웅은 국민 전체를 위하여 봉사하는 사람을 말하며, 또 국민 전체가 영웅이 되어야 진정한 외경력을 가질 수 있다고 생각하였다. 그는 일국의 흥망이 한두 사람의 영웅에 달려 있는 것이 아니라, 국민 전체의 실력에 있다는 것을 강조하여 이렇게 말하고 있다.

諸公은 혹 何處 草根石窟에서 일개 英雄이 산출하여 此國 山河를 정돈할 줄로 信하는가?

古代에는 一國의 原動力이 항상 一二 호걸에 在하고 國民은 그 지휘를 隨하여 左右할 뿐이러니, 今日에 至하여는 一國의 흥망은 國民전체 실력에 在하고 一二 호걸에 不在할뿐더러 …[47]

여기에서 우리는 신채호의 영웅관이 그의 국민공화사상과 전혀 마찰 없이 일치되고 있음을 본다.

그의 민주주의적 영웅관은 「西湖問答」(1909)에서도 피력되고 있다. 여기에서 그는 영웅을 정의하여

善說 · 善文 · 善淚에 能感人하며 能嚇人하며, 能激人者도 亦是也니 …. 識英雄者는 識英雄之英雄이요, 友英雄者는 友英雄之英雄이요, 英雄을 信之者도 英雄이요, 愛之者도 英雄이요, 英雄을 敬之라도 英雄이요 …

---

44 上揭書, 112쪽.
45 「20世紀 新東國之英雄」, 『改全集』 下, 116쪽.
46 同上.
47 「所懷一幅으로 普告同胞」, 『改全集』 下, 93쪽.

라고 하여 영웅을 알고, 영웅과 벗하고, 영웅을 믿고, 영웅을 사랑하고 존경하는 者도 모두 영웅이라고 하였다. 따라서 영웅이란 어느 특정계급에 속하는 사람을 가리키는 것이 아니라 근대의식을 가진 모든 국민을 가리킨다고 생각된다.

신채호가 추구하는 근대정신이 정치적으로 국민국가사상, 즉 민주공화사상과 연결되고, 그러한 정신을 갖춘 인간상을 영웅이라고 하였다면, 그러한 근대적 영웅의 모범을 누구로 생각하였던가. 나폴레옹·이태리건국삼걸三傑(마찌니·가리발디·카부르)·워싱턴·크롬웰·비스마르크 등과 같은 근대서양의 시민혁명가들을 영웅의 표본으로 생각하였지만, 이들은 서양의 영웅이지 우리의 영웅은 아니다. 우리나라에서는 그러한 근대영웅이 나오지 못했음을 그는 몹시 개탄하였다.

신채호가 한국사에서 근대혁명과 그래도 비슷한 것을 찾았다면 동학란과 의병운동이었다. 그래서 그는 동학란을 프랑스혁명에 비교하였고, 의병운동을 이탈리아의 소탄당燒炭黨운동에 비교하였다.[48] 그러나 동학란에서는 나폴레옹과 같은 영웅이 나오지 못했다고 한다. 그러면서도 신채호는 동학란 지도자인 전봉준全琫準에 대해서는 그가 비록 실패한 자이지만 혁명가의 정신을 풍부하게 가졌다고 믿어 그의 실패를 안타깝게 생각하였다. 「天喜堂詩話」(1909)에서 그는 동학란 발발 당시 호남에서 유행하던 「파랑새」(八王새) 노래를 소개하면서 전봉준에 대하여 이렇게 쓰고 있다.

甲午東學의 諸魁首는 일시 妖鬼에 불과하나 獨彼 古阜首擾者 全琫準은 革命家의 精神이 饒有하고 兵略이 神速하여 彼 日本人의 崇拜를 代受하는 者라. (詩 생략) 오호라. 琫準의 手略으로 만일 稍後히 出現하여 世界의 風潮를 觀察하고 時機를 利用하였더면 後來 其可觀의 成就가 必有함은 尙論家의 並認할 바니 此歌가 明白히 道破하였도다.[49]

말하자면, 전봉준은 근대혁명가(영웅)로서의 정신과 자질을 풍부히 갖추고 있었지만 너무 일찍이 출현하여 시기를 잡지 못하여 실패했다고 보았다. 여기에서 우리는 신채호의 영웅관의 본질이 국민적인 것, 민중적인 것에 있음을 이해한다.

---

48 「20世紀 新東國之英雄」, 『改全集』 下, 114쪽.
49 『全集』 別集, 62~63쪽.

(3) 문화의식(국수론)

이제 우리는 신채호의 근대적 사회사상의 성격을 이해하였거니와, 그와 같은 근대의식이 문화의식에는 어떻게 반영되었는가를 검토할 차례가 되었다.

그의 문화의식은 한마디로 '國粹'를 보전하면서 외국문화를 "동등적 사상으로 모방"하는 것에서 문화의 진보가 있다고 생각하는 입장에 서 있었다. 그는 당시의 문명수준으로 보아서 서양문명이 우리보다 우월하다는 것을 솔직히 인정하였다. 따라서 우리가 서양과 경쟁할 수 있으려면 서양문화를 모방하는 것이 불가피하다고 생각하였다. 그러나 '모방'은 '동화同化'를 의미하는 것은 아니었다. 동화란 我의 정신과 我의 이익을 저버리면서까지 외국화 되는 것을 말하는 것으로, 그는 이러한 '동화적 모방'을 '노예적 모방'[50]이라고 불렀으며, 노예적 모방은 국가와 민족을 소멸시키는 결과를 가져온다고 생각하였다.

따라서 외국문화의 모방은 반드시 아국이 외국과 동등하기를 바라는 입장에 서야 하는 것으로, 이러한 모방을 그는 "동등적 사상에 의한 모방"[51]이라고 불렀다.

그러면, 어떻게 하는 것이 "동등적 사상에 의한 모방"인가. 그는 「文化와 武力」(1910.2)이라는 글에서,

> 自國固有의 長을 保하며, 外來文明의 精을 採하여 일종 新國民을 양성할 만한 文化를 진흥할지어다.[52]

라고 하고, 「同化의 悲觀」(1909)이라는 글에서는 외국모방의 방법을 논하여,

> 韓國社會에 外國을 模倣함에는 長을 取하여 短을 補하며, 害를 鑑하여 利를 圖함이 其法門이니, 故로 外國의 文物이 或 世界에 보통되는 者로 我國 固有의 文物보다 優勝 或 同等되는 者(즉 양복 · 단발 · 양화)이나, 不然하면 普通은 되지 못하는 者라도 특별히 優勝한 者를 모방할지요, 若 보통은 되나 有害하거나 又는 보통도 되지 못하고 優勝치도 못한 者(즉 日服 · 淸服 등)는 모방치 아니할지라. 어찌 外國의 文物이라 하면 王도 拾하며 瓦도 拾하여 일종

---

50 「同化의 悲觀」, 『全集』別集, 150쪽.
51 同上.
52 『全集』別集, 200쪽.

노예적 습관을 양성하리오.[53]

라고 하였다. 이 두 글은 공통적으로 우리의 장점을 살리고, 단점을 보완하는 입장에서 외국의 장점을 모방해야 한다는 것을 강조한 것이다. 말하자면 무조건적 모방이 아니라, 선별적 모방을 의미한다.

선별적 모방에 대한 강조는 「국수보전설國粹保全說」(1908)에도 피력되어 있다. 그는 이 글에서 국수보전國粹保全의 필요를 역설하면서 그 이유를 이렇게 설명한다.

> 外國文明을 不可不 輸入할지나 단지 此만 의지하다가는 蟒蛤敎育을 成할지며 時局風潮를 不可不 酬應할지나 단지 此만 추향하다가는 魔鬼試驗에 陷할지니 …[54]

고유문화와 외국문화를 조화시키는 것이 문명진보의 법문이라는 생각은 「국가를 멸망케 하는 학부」(1909)에서도 피력되어 있는 바

> 外國의 長을 取하여 本國의 短을 補하며, 外國의 害를 鑑하여 本國의 利를 計함은 文明進步의 唯一法門이니 어찌 外國을 전연 모방하리오.[55]

라 한 것이 그것이다.

그렇다면 외국문화와 동등적 입장에서 보전해야 할 고유문화 즉 '국수國粹'는 구체적으로 어떠한 것을 말하는가.

신채호는 '국수'의 개념을 정의하여

> 國粹者는 何오. 卽 其國에 歷史的으로 傳來하는 풍속 · 습관 · 법률 · 제도의 정신이 是라.[56]

---

53 『全集』別集, 151~152쪽.
54 『全集』別集, 116~117쪽.
55 『全集』別集, 127쪽.
56 「國粹保全說」, 『全集』別集, 116쪽.

고 하였다. 그런데 그가 실제로 국가와 민족의 표준으로서 가장 중요시한 것은 언어와 문자였다.

> 대저 言語·文字는 國家와 民族의 一標準이니, 言語·文字가 변하면 국가와 민족의 標準이 변하며, 言語·文字가 滅하면 국가와 민족의 標準이 滅함이라. [57]

그가 국문에 대하여 많은 관심을 갖고 국문의 기원을 논하고[58] 국한문의 경중을 비교하며[59] 국문 보급을 강조한 이유가 여기에 있었다. 그에 의하면 삼국 이전에 나라가 강성한 것은 한문이 미성했기 때문이었으나 고려 이후에 나라가 쇠약한 것은 한문을 사용하여 국수와 국혼을 상실했기 때문이라고 보았다. [60]

국수와 관련하여, 전통적인 사조인 儒·佛·仙에 선대해서는 어떻게 생각하였을까. 이 점에 관한 한, 신채호의 평가는 1910년 이전과 이후에 상당한 차이를 보여주고 있다. 1910년대에는 국수의 중심을 낭가사상·수두교·선교 등으로 불리는 고대신앙·민족신앙에서 찾았으나, 1910년 이전에는 이에 대하여 별로 관심을 보이지 않았다.

1910년 3월에 발표한 「東國古代仙敎考」는 처음으로 선교를 동국 고유의 신앙으로 평가하고, 이에 대한 연구의 필요성을 촉구하였다는 점에서 획기적인 의미를 갖는다고 하겠다.

이 논문이 발표되기 이전에는, 선도를 가리켜 "國을 亡할 者"[61]라고까지 혹평하였다. 그 이유는 선도가 김단술金丹術이나 수화상제법水火相濟法 등을 써서 능생能生하는 기술에 지나지 않는 까닭이다. 이러한 선도관은 아직도 그가 동국 고유의 선도에 관한 깊은 지식을 갖지 못하고 仙을 다만 도교적 신선술로만 이해한 데서 온 결과이다.

불교에 대해서도 신채호는 1910년대 이후에 가졌던 것과 같은 적극적인 관심을 갖지 않았다. 불교 역시 "獨善其身에 虛無寂滅하니 그 道가 空空하여 滅種할 者 此也오"[62]라 하여 숭상할 종교가 못된다고 생각하였다. 그러나 불교가 지닌 구세주의와 국가주의는 긍정

---

57 「同化의 悲觀」, 『全集』別集, 151쪽.
58 「國文의 起源」, 『全集』別集, 78쪽.
59 「國漢文의 輕重」, 『全集』別集, 73~77쪽.
60 同上.
61 「西湖問答」, 『全集』別集, 138쪽.
62 同上.

적으로 평가하고 승려동포에게 그러한 정신으로 되돌아갈 것을 촉구하기도 하였다.[63]

유교에 대해서는 그 말폐를 시정하여 유교 본연의 정신으로 돌아갈 것을 촉구하는 입장에 있었고, 그러한 입장에서 박은식의 「儒敎求新論」에 피력된 유교개혁주의에 찬동하였다.[64] 그가 지향하는 유교는 존화적(사대적)·보수적·형식주의적·출세주의적·친일적·독선 주의적 유교가 아니라, 애국적·진취적·실학적·대동적 유교를 말하는 것이었다.[65]

유교의 폐단을 혁신하여 그 진의로 돌아갈 것을 역설하면서 유교의 전면적 부정을 거부한 이유는, 현실적으로 유자를 빼놓고는 국민을 계몽하고 애국운동을 주도할 고등지식인을 달리 찾을 수 없다는 판단에서였다. 따라서 그의 유교 긍정은 유교이념 자체를 긍정한 것이라기보다는 유교의 현실적 영향력을 긍정하고, 그들의 근대지식인으로의 전향과 근대적 민족운동의 선구자로서의 실천을 촉구하는 의미가 큰 것이었다. 그리하여 그는 "來頭의 韓國 興復 여부는 儒敎에 專在한다"[66]고 하면서 유림의 각성과 분발을 촉구하였던 것이다. 그리고 만약 부패한 유교를 개량할 수 있다면 그것을 더욱 장려하여 국민적 종교의 지위를 얻게 해야 한다고까지 생각하였다.[67] 이것은 곧 유교의 비판적 계승을 의미한다.

국민적 종교로서 신채호가 긍정한 것으로는 유교 외에 기독교가 있었다. 기독교는 영국·미국·프랑스·독일 등이 종교로 삼고 있는데, 그 나라들은 모두 강국이다. 따라서 기독교 국가의 부강을 따라가려면, 그 종교도 따를 필요가 있다고 믿었다. 종교로서의 기독교는 구세속죄 의식을 가지고 있는바, 이러한 정신은 국가와 민족을 강하게 만드는 데 매우 효과적인 것으로 판단하였다. 그는 「서호문답」(1908)에서 주인의 말을 빌려서, 기독교를 믿으면 나라가 강하게 되는 이유를 이렇게 설명하고 있다.

… 同胞는 擧皆 救主를 篤信하여야 一身의 罪와 一國의 罪를 贖하고 主恩을 感服하여 能히 殺身成仁도 하며 能히 救濟蒼生도 하리니, 同胞를 愛하는 범위가 此에 不外하니라. … 上帝 로 大主宰를 삼고 基督으로 大元帥를 삼고, 聖神으로 劍을 삼고, 信으로 盾을 삼아 勇往直前

---

63 「遍告僧侶同胞」, 『全集』 別集, 181~183쪽.
64 「儒敎界에 대한 一論」, 全集 別集, 108~110쪽.
65 「警告儒林同胞」, 『全集』 別集, 105~107쪽.
66 同上.
67 「20世紀 新國民」, 『全集』 別集, 228쪽.

이면 誰가 服罪치 아니하며, 順命치 아니리오. …[68]

여기에서 민족주의의 한 수단으로서 기독교가 의식되고 있음을 본다.

그런데, 신채호가 존중하는 기독교는 기독교의 정신 그 자체이지, 서양의 기독교 세력에 대해서까지도 호의를 가진 것은 아니었다. 그에 의하면, 세력으로서의 기독교는 침략성을 가진 것으로 이해되었고, 그러한 침략성은 크게 경계해야 한다고 생각하였다. 그래서 그는 기독교의 정신을 확장, 보전하는 일과 기독교 세력의 침략성을 경계하는 일을 똑같이 중요시하였다. 「20세기 신국민」에서 국민과 종교의 관계를 논하면서,

> 기독교는 勃勃의 勢가 有하나, 然이나 此亦 近日에는 일종의 沮害力이 侵入한다 하니 어찌 可警할 바 아닌가. … 야소교는 各方面으로 한국 宗敎界의 第一位를 점령하여 과연 20세기 新國民的 宗敎의 가치가 有하나니, 此를 擴張하는 동시에 그 敎徒中 無精神者를 警起하며, 又 外來의 侵力을 驅除하면 可히 國民前途의 大福音을 作할 줄로 思하는 故니라.[69]

라고 한 데서 신채호의 기독교관이 가진 양면성이 잘 드러나고 있다.

그런데 1910년 3월에 발표된 「동국고대선교고」에서는 동국 고유의 종교로서 선교가 고대에 있었음을 주장하고, 나아가 그에 대한 연구를 촉구하고 있어서 주목된다. 1908년까지만 해도 신채호는 선仙을 불로장수를 추구하는 중국 도교의 이입으로 생각하여 무가치한 종교로 평가한 것에 비추어 볼 때, 중국 도교와 전혀 성격이 다른 동국 선교가 이미 도교유입 이전부터 형성되어 나말·여초에 소멸되기까지 고대종교의 중핵이었음을 갈파한 것은 그의 문화의식·역사인식에 있어서 중대한 변화라 하지 않을 수 없다.

1910년 이후의 신채호의 역사 연구는 거의 전적으로 선교의 실체를 탐구하는 데 두어졌다고 해도 과언이 아닐 만큼 이에 심취되었다. 그런 점에서 볼 때, 「동국고대선교고」는 그의 문화의식·역사인식에 있어서 일대 전환점을 긋는다고 해도 잘못이 아니다.

신채호가 선교에 대하여 관심을 갖게 된 것은 1909년 1월에 창설된 대종교(단군교)의

---

68 『全集』別集, 138쪽.
69 『全集』別集, 228쪽.

영향이 매우 큰 것 같다. 대종교는 박은식의 『한국독립운동지혈사』(1920)에서,

大宗敎者 信念我三神始祖 爲最古之敎 … 且其信條 保持其族性 · 國性者

라 한 바와 같이, 삼신三神과 삼신의 가르침을 신봉하며 족성族性과 국성國性을 보지保持함을 신조로 하는 종교이다. 여기서 삼신이라 함은 단군신화에 나오는 환인 · 환웅 · 단군(환검)을 가리킨다. 대종교에서는 환인을 조화造化의 아버지(조물주)로, 환웅을 교화敎化의 스승으로, 단군을 치화治化의 임금으로 해석하며, 3신을 합하면 하나요 나누면 셋이라고 하여 삼위일체로 이해하였다.

삼신신앙은 고대로부터 전승되어 내려온 것이고, 3신에 관한 전설을 기록한 이른바 고기류도 고대로부터 전해져 내려왔다. 이러한 삼신신앙을 고문헌에서는 선교라고 불러왔던 것이다.

따라서 한말에 창립된 대종교는 실은 선교를 근대종교로 승화시킨 것에 불과한 것인데, 그 창립자들이나 신자들은 대개 구국계몽운동에 참여하고 있던 근대지식인들이었다.[70]

대종교는 1909년 초에 창설되었지만, 선교에 대한 관심은 1905년 을사조약 이후로 급속히 고조되어 마침내 강렬한 민족주의 종교의 성립을 보게 된 것이었다. 민족주의로써 반일독립운동을 추진하던 인사들에게는 민족주의를 고취할 수 있는 국수적 종교의 힘이 필요하였고, 그 국수적 종교의 근원을 선교에서 찾았던 것 같다.

신채호는 선교나 대종교에 관한 신앙을 보이지는 않았고, 다만 『기년아람紀年兒覽』(李萬運) · 『삼국사기』 · 『동사강목』 · 『고기』 등에서 자료를 뽑아 선교의 내력을 설명하고 있으나, "三神은 즉 선교 창립의 祖라, 其 義가 대략 야소교의 삼위일체와 佛敎의 三佛如來와 如한 者어늘"[71]이라 하여 대체로 선교에 대한 대종교적 해석을 따르고 있는 것으로 보아 대종교의 영향을 받고 있는 것이 확실하다. 말하자면 대종교도들이 선교를 신앙의 차원에서 받아들였다면, 신채호는 신앙보다도 역사 연구의 핵심적 대상으로 받아들이고 있는 것이다.

---

70 朴殷植도 그의 『血史』에서 大倧敎의 信者가 紳士 · 學生層이라고 하였다.
71 「東國古代仙敎考」, 『全集』別集, 48쪽.

선교는 3신을 숭상하는 신앙 형태이지만 3신을 조물주이자 국조로 보기 때문에 그 신앙은 곧 하나의 역사체계를 이루고 있었다. 선교적 역사인식은 조물주인 환인의 조화에서부터 역사의 출발점을 삼고 조물주의 명을 받은 환웅의 가르침에서 문화의 기원을 찾으며, 조물주의 조화에 의해서 탄생된 단군으로부터 국가의 시발점을 삼으며, 단군의 후예가 우리 민족을 구성하였다는 입장에서 국사를 이해하기 때문에, 유가들이 이해하는 국사인식체계와는 판이한 것이었다. 유가들은 중국에서 만들어진 유교에서 문화의 기원을 찾고 유교를 이 땅에 이식한 중국인들의 활동, 예컨대 기자조선과 마한을 국사의 주류로서 이해하였으며 중국인들이 적어 놓은 기록을 가장 신빙할 만한 자료로 신뢰하였다.

또 선교인들은 국사의 시발지를 만주로 생각하고 이곳을 중시하였으나 유가들은 현재의 정착지인 반도를 중요시하였고, 또 반도를 국사의 시발지로 생각하였다. 이렇듯 선교적 역사인식과 유교적 역사인식은 근본적으로 상이한 성격을 가졌는데 민족의 팽창과 웅비를 열망하는 시대에는 으레 선교적 역사인식이 많은 호응을 얻으면서 유교적 역사인식과 대립하는 형세를 이루어 왔다. 한말에 선교적 역사인식이 많은 지식층의 호응을 얻은 것은, 바로 이 시기가 국란의 시대이면서 동시에 만주로 웅비할 수 있는 구체적 여건이 비교적 호전된 상황과도 관련이 있었다. 청일전쟁(1895)에 의한 청조의 쇠약과 노일전쟁(1905)에 의한 러시아 남하정책의 좌절은 우리 민족의 만주진출을 전보다 용이하게 만들었다. 신민회가 독립운동의 기지를 만주에 설치하려고 한 것이나, 만주 이민을 계획적으로 추진하려 한 것도 이러한 배경에서 이해될 수 있다. 만주에 대한 관심의 고조가 만주를 중심으로 국사를 이해해 온 선교적 역사인식에 대한 호응을 불러일으키게 되는 것은 당연한 추세일 수밖에 없었다.

3) 신채호의 역사인식

(1) 만주수복론

신채호는 선교에 대한 관심을 1910년에 들어가서 표명하였으나, 만주에 대한 관심은 그보다 훨씬 앞서서 가지고 있었다. 그는 1908년에 「한국과 만주」라는 논설을 발표하여 만주에 대한 관심을 환기시켰고, 1910년 1월에는 「만주와 일본」, 「만주 문제에 취하여 재론함」을 연속적으로 발표하여 만주에 대한 국민적 관심을 거듭 촉구하였다.

그가 만주문제에 비상한 관심을 가진 것은 순수한 학문적 동기에서가 아니라, 당시의 국제정세가 한인의 만주진출을 용이하게 만든 기회를 선용하자는 현실적 정치목적에서 출발한 것이었다. 그에 의하면 만주는 역사적으로 우리 민족의 흥망과 직결되어 있는 지역으로서,

韓民族이 만주를 得하면 韓民族이 强盛하며, 他民族이 滿洲를 得하면 韓民族이 劣退[72]

하는 중요한 전략지로 인식되었다. 따라서 이러한 역사적 유래로 보아서, 한민족의 강성을 도모하기 위해서는 만주를 다시 지배해야 한다는 논리가 성립된다. 그런데 당시의 국제정세는, 만주의 주인공인 청조(여진족)가 쇠약해지고, 러시아의 야심은 일본에 의해서 저지되었으며, 일본의 기세 또한 열강의 간섭으로 주춤해져서 만주는 이제 열강의 쟁패지로 전락하였으나, 어느 나라도 만주에 대한 지배권을 확립하지 못하고 있었다. 신채호는 이와 같은 당시의 상황을 정확하게 포착하고 있었다.

近世 滿洲의 主人翁된 女眞族은 旣 如彼히 無能하고, 만만한 野心을 抱한 俄國은 日本의 打擊下에 退하고, 日本이 又 일시 기염이 騰上하다가 열강의 合力的 운동에 屛伏의 狀態를 呈할 뿐더러, … 오호라 장래 滿洲 풍운이여.[73]

신채호는 이러한 국제정세를 한민족이 만주쟁탈에 참여할 수 있는 기회로 생각하였다. 비록 한반도가 이미 일본에 의해서 거의 침탈되었다고는 하지만, 그렇다고 해서 유리한 국제정세를 수수방관만 하고 있을 수는 없다고 판단하였다. 그래서 그는 비스마르크나 카부르 같은 대영웅이 나와서 만주문제에 관하여 갈력竭力·연구해 주기를 갈망하였다.

신채호가 만주문제에 대하여 궁극적으로 기대하는 것은 한인에 의한 만주지배를 의미한다. 그러한 기대는 만주에 관한 논설에서 암암리에 표현되어 있다. 1910년 2월에 발표된 「韓國民族地理上發展」에도 만주에 대한 그의 기대가 잘 나타나 있다. 여기에서 그는 한

---

72 「韓國과 滿洲」, 『全集』別集, 232쪽.
73 「滿洲問題에 就하여 再論함」, 『全集』別集, 240~241쪽.

민족의 지리적 발전 과정을 두 단계로 나누어 고대(삼국시대까지)에는 북방에서 일어나서 남방으로 발전하는 코스를 밟았으나, 중고中古(고려) 이후에는 반대로 남방에서 始하여 북방으로 발전하는 과정을 밟았다고 보았다. 그리하여 장차에는 남방에서 북방으로의 발전 과정이 만주수복의 단계에까지 이르기를 기대하였다.

> 高句麗 舊域을 索還하며, 檀君遺史를 重光할 時代가 又有할 듯하나 …

라고 한 데서 그의 구강수복의 열망이 엿보인다.

신채호는 만주수복이 당위로써 요구된다고 해서 그 실현이 쉽게 이루어지리라고 생각한 것은 아니었다. 빈약한 국력으로 본토의 독립도 유지 못하는 상황에서 열강의 각축장이 된 만주를 수복한다는 것은 어려운 일이었다. 그러나 그러한 어려움을 의식하면서도 신채호가 현실적으로 기대를 저버리지 못하고 있는 것은 한인의 만주 이주가 날로 증가하고 또 그것이 현실적으로 가능한 상황 때문이었다. 만주는 육지로 연결된 지적의 땅이기 때문에 비록 통감부의 시행법이 가혹하고, 청국淸國의 제한이 있지만 남부여대男負女戴하고 숨어 들어가는 한인을 뜻대로 막을 수는 없을 것이라고 내다보고, 장차 만주는 한인의 주집지가 될 것이라고 예측하였다.[74]

따라서 이렇게 급증하는 한인 이주민이 보다 수적으로 증가하고, 정치적으로 조직화되고, 사상적으로 의식화된다면 만주수복의 꿈도 전혀 허망한 것으로 생각하지는 않았다. 그리하여 그는 만주 이주민이 가져야 될 세 가지 권계를 제시하였다. 하나는 사상을 고상하게 하여 애국애족의 의기를 가지고 학교·신문과 같은 애국사업을 벌일 것과, 둘은 국수를 보전하여 만주족의 언어와 풍속에 동화되지 말 것이며, 셋은 정치능력을 양성하여 자치·단결할 것이 그것이다.[75] 이와 같은 이주는 곧 계획된 이주를 의미하며, 동시에 그것은 평화적인 영토확장을 뜻하는 것이기도 하다.

만주에 대한 관심은 신채호의 고대사 인식의 출발점이라는 점에서 중요한 의미를 가진다. 그는 독립의 원리를 민족주의에서 찾았고, 민족주의를 외경의 원리로서 이해하였다.

---

74 前揭書, 243쪽.
75 同上.

외경은 제국주의에 대항하여 자기를 보전하는 능력인 동시에, 가능하다면 제국주의적 팽창도 가능하게 하는 능력이다. 따라서 신채호의 민족주의는 '저항'과 '팽창'의 양면을 가진 것이었다. 팽창은 저항을 통해서 강화되는 것이고, 팽창은 저항을 수반해야 가능한 것이므로, 저항과 팽창은 실은 하나인 것이다. 만주는 바로 신채호가 지향하는 민족주의의 영토적 목표였다.

만주수복은 궁극적으로 점령에 의해 이룩되는 것이지만, 그 점령이 '침략'이 아닌 '수복'의 명분을 띠기 위해서는 역사적으로 만주가 우리 영토임을 증명하지 않으면 안 되었다. 만주의 주인공이 현재 여진족인 상황에서는 더욱 역사적 증명이 필요할 수밖에 없었다. 신채호의 민족주의 운동이 역사학에 치중하게 된 중요한 이유의 하나가 여기에 있는 것이다.

만주의 역사적 소속을 증명하려면 ① 어느 종족이 만주를 장기간 지배하였으며, ② 어느 종족이 최초로 만주에 국가를 건설했느냐가 중요한 관건이 된다. 신채호의 역사 서술은 바로 이 두 가지 문제를 논증하여 만주가 아강我疆임을 밝히고, 만주에 대한 외경심을 고취하는 데 목적이 두어지고 있었다.

신채호가 국사에 관한 논설을 발표하기 시작한 것은 1908년 이후부터이니, 만주문제에 대하여 관심을 나타낸 것과 시기가 일치된다. 그의 대표적 역사 관계 논설로는 ①「歷史와 愛國心의 관계」(1908), ②「聖雄 李舜臣」(1908), ③「乙支文德傳」(1908), ④『讀史新論』(1908), 그리고 ⑤「東國巨傑 崔都統傳」(1909)을 들 수가 있다. 이 중에서 구체적 역사 사실을 논한 것은 ②~⑤이며, ②·③·⑤는 인물사(영웅사)이고 ④는 정치사에 해당된다. 이 밖에「韓國의 第一豪傑大王」(1909),「許多古人之罪惡審判」(1908),「韓國自治制의 略史」(1909),「論麗史誣筆」(1909),「進化와 退化」(1910),「東國古代仙敎考」(1910),「天喜堂詩話」(1909),「國文의 起源」(1909) 등도 역사와 관련되는 논설이라고 할 수 있다. 그리고 앞에서 언급한 만주에 관한 일련의 논설도 만주사의 성격을 갖는다.

신채호의 역사인식은 일차적으로 인물중심의 정치사에 치중된 느낌이 있지만 언어·문학·사상·사회 등 넓은 영역을 포괄하는 넓은 의미의 정치사라고 할 수 있다. 그리고 그의 모든 역사서술은 분야와 테마는 다르더라도, 궁극에 가서는 만주에 대한 관심으로 집중되고 있다는 사실이 주목된다. 근대국가의 3대요소인 ① 영토, ② 인민, ③ 주권 가운데서 만주 문제는 영토 및 인민의 확장과 관련되는 것이며 영토와 인민의 확장은 주권 강화의 한 수단이 될 수도 있다.

따라서 신채호가 만주문제를 중시하는 것은 그의 국가관과 모순된 입장이 될 수 없는 것이다.

(2) 『독사신론讀史新論』의 사론

1907~1910년 사이에 쓰여진 사론 가운데서 신채호의 역사인식을 포괄적으로 반영하고 있는 것은 『독사신론』이다. 『독사신론』은 서론과 상세로 나뉘어, 서론에서는 자신의 사관을 피력하였고, 상세에서는 단군시대에서 발해에 이르는 3,000년의 고대사를 서술하고 있다. 말하자면 신채호의 사관과 고대사 인식체계가 아울러 제시되고 있다. 이러한 서술체제는 1931년에 발표된 『조선상고사』(1948년에 간행)의 그것과 기본적으로 유사한 것으로, 『독사신론』이 이 책의 모태라고 말할 수 있다. 신채호의 한말의 역사 연구가 『독사신론』으로 정리되었다면 그의 일제시대의 역사 연구가 『조선상고사』로 집성되었다고 볼 수 있다.

『독사신론』에 피력된 그의 사관은 한마디로 국가주의사관인 동시에 민족주의사관인 것이었다.

그에 의하면, 역사는 국가의 역사인데, 국가는 민족정신으로 구성된 유기체이므로 민족사가 곧 국사가 되는 것이라고 보았다. 그런데 우리 민족은 하나의 종족으로 구성된 것이 아니라 여러 종족이 연합하여 구성되었기 때문에, 그 중에서 가장 주동력되는 한 종족을 '주족'으로 간주하고, 그렇지 못한 종족을 '객족'으로 취급하여, 주족을 중심으로 하여 민족사가 서술되어야 한다고 보았다.

여기서 '주동력이 되는' '주인되는' 주족이라는 것은 주권개념을 기준으로 한 것이었다. 즉 국가의 주권을 행사한 종족이 주족이 되고, 그렇지 못한 종족이 객족으로 취급되어야 한다는 것이다.

그리하여 역사를 서술함에 있어서는 반드시 그 나라의 주인이 되는 한 종족 즉 주족을 주체로 하여, 그 주족의 정치·실업·무공·습속의 성쇠·변이·과정을 서술하고, 주족이 객족을 흡수하는 과정과 주족과 타족이 교섭하는 과정을 서술해야 한다고 하였다. 주족이 아닌 객족은 역사서술의 주체가 될 수 없으며, 오직 "敵國·外寇의 一例로 보아야"[76]

---

76 『改全集』上, 487쪽.

한다고 하였다.

그러면, 우리 민족 중에서 어느 것이 주족이고, 어느 것이 객족인가. 신채호에 의하면, 부여족이 주족이고, 지나족 · 말갈족 · 여진족 · 선비족 · 토족(한족과 예맥 등) · 몽고족 · 일본족이 객족이라고 한다.[77] 주족인 부여족은 다른 객족을 형질상 · 정신상으로 정복, 흡수하여 우존열망優存劣亡의 경쟁에서 승리한 자로서 4천년 동토의 주인옹이 된 자라고 한다. 그래서 "四千載 東國歷史는 扶餘族 盛衰消長의 歷史이니라"[78] 라고 하여, 국사는 곧 부여족의 역사임을 강조하고 있다. 부여족을 주족으로 인정한 것은 지금까지 기자조선 - 삼한으로 이어지는 한족 중심의 국사체제를 근본적으로 뒤집어 놓은 것을 의미한다. 신채호는 한족을 도리어 문화가 낮은 만족 · 토족으로 이해하여 객족으로 취급하였다. 말하자면, 교과서에서 주족으로 간주했던 것을 객족으로, 객족으로 취급되었던 것이 주족으로 위치를 바꾸게 되었다.

부여족이 동국의 주족이라고 본 것은 부여족이 실제로 형질상으로나 정신상으로 민족의 주류의 위치에 있었다는 사실에 기초한 것이라기보다는 차라리, 부여족이 주족이 되어야 한다는 현실적 당위에 기초한 것이라고 보아진다. 부여족은 만주를 중심으로 국가활동을 전개한 까닭에 만주를 지배했던 고대에 있어서는 민족의 주류였다는 주장이 설득력을 가질 수 있으나 만주를 잃은 후의 천년의 역사에서는 반드시 부여족이 주족이었다고 말하기는 어려운 것이다. 신채호 자신도 그러한 사실을 잘 알고 있었지만 국가주의와 민족주의에 입각해서 국사체계를 재구성해야 한다는 당위성 때문에 부여족을 4천년 역사의 주족으로 인정하지 않으면 안 되었던 것 같다.

다시 말하자면, 부여족이 주족이 되어야 한다는 생각은, 부여족이 살았던 만주를 근대국가의 영토로 수복하고, 현재에 있어서 국가적 주권을 침탈하고 있는 지나족 · 일본족에 대해서 객족으로서의 적대의식을 가짐으로써 근대적 민족국가를 건설해야 한다는 현실의 당위적 요청에서 연역된 역사인식인 것이다. 따라서 그것은 역사를 위한 역사, 객관적인 역사가 아니라 처음부터 목적의식이 뚜렷한 이데올로기 사학인 것이었다. 그리고 그러한 그의 사관은 뒤의 『조선상고사』의 총론에 제시된 "歷史를 위한 歷史", "객관적 歷史"

77　이 중에서 蒙古族과 日本族은 政治上으로만 영향을 주고 경제상으로는 영향이 없다고 보아, 나머지 6種族이 우리 民族의 주류를 이룬다고 보았다.

78　『改全集』上, 475쪽.

와는 성격이 다른 것을 유의할 필요가 있다.

그러나 그의 민족주의적 이데올로기 사관은 교과서에 반영되었던 중세적 이데올로기 사관, 즉 춘추강목에 입각해서 왕통의 정윤과 조정의 진위를 가리는 데 역점을 두고, 왕실 중심·지배자중심으로 역사를 서술하던 유교사관을 타파하였다는 점에서 바로 근대적 역사의식의 초석을 놓았던 것이다.

(3) 고대사체계

그러면 신채호가 민족주의·국가주의의 사관을 가지고 재구성한 고대사체계는 어떠한 것인가. 그는 단군시대부터 발해 멸망에 이르는 3,000년의 고대사를 부여족의 성쇠과정과 타족(객족)과의 교섭 과정으로써 재구성하였다. 그는 먼저 민족사의 시발점이 되는 단군조선사를 새롭게 이해하였다.

단군조선은 종래 유학자들에 의해서 압록강 이남의 묘향산(태백산)에서 발원하여 평양에 도읍을 둔 것으로 이해되어 왔고, 개화·계몽기의 교과서류에서도 그러한 이해 체계가 그대로 답습되었다. 그러나 신채호는 그와 같은 단군조선의 반도 내 건도설을 부인하고, 장백산과 압록강 유역의 졸본부여에서 발생하여 마침내는 만주와 한반도 북부를 영역화한 것으로 서술하였다.

단군시대의 정치는 이른바 추장酋長정치로서 10리 또는 100리 단위의 무수한 소국가가 분립하였으나 이를 신복·통일하여 대국가를 이룬 것으로 이해하였다. 단군의 정복 과정은 심양(길림성)으로부터 시작하여 요동(봉천성)을 거쳐 조선본부에 이르렀으나 압록강 이남은 단군시대의 중심지가 아니라고 보았다.

단군시대에는 태자 부루가 정치를 보좌하고 현신 팽오가 국내산천을 전하고 인민에게 가색을 가르쳤으며, 주차를 만들었다고 하였다. 단군은 압록강 이남의 만족(한족)을 신복하는 과정에서 평양성과 삼랑성(강화도)을 주필기념駐蹕記念으로 축성築한 것으로 보았는데 여기에서 이 시대의 공예의 발달을 알 수 있다고 하였다.

단군의 정통을 이은 부여족의 다음 왕조는 부여이고, 부여왕조 다음에는 고구려·백제·신라·가야 등이 일어나서 부여족의 성세가 동서 만여리에 돌비突飛하였다고 하였다. 말하자면 삼국 이전에는 부여족의 정치중심지가 압록강 이북이었으나, 삼국 이후로는 만주와 한반도 전역이 부여족의 지배권에 들게 됨으로써 부여족의 대발달 시대를 현출하였다고 보았다.

한말의 교과서에서는 신라를 지나족의 일부로 보는 견해가 많았고,[79] 가야는 선계가 불명한 독립종족으로 이해하고 있었으나, 신채호는 이를 모두 반박하고 고구려 · 신라 · 가락의 시조설화가 서로 비슷한 점과 신라와 고구려의 관제가 서로 비슷한 점을 들어서 부여의 동종이라고 주장하였다.

그런데, 신채호는 삼국 · 가락이 모두 부여족의 국가이지만, 그 중에서도 단군시대의 구강이던 만주를 다물(회복)시킨 고구려를 가장 으뜸으로 생각하여, 삼국의 첫머리에 놓아 서술하였다. 이것은 당시의 교과서가 신라를 3국의 첫머리에 두거나, 아니면 고구려와 백제를 신라기에 부기하던 신라중심 서술의 통례를 깨뜨린 것이다.

기자 · 위만 · 한사군 등 지나족의 활동은 왕조사로서 다루지 않고, 부여족의 왕조사에 함입시켜 부수적으로 서술하였다.

그것은 지나족이 주족이 아닌 객족인 까닭이었다. 특히 지금까지 41대 929년의 역년을 가진 당당한 왕조로서 크게 주목되었던 기자조선이 부여왕조사 속에서 작은 비중으로 취급되었다. 기자는 결코 조선의 왕이 된 것이 아니라, 부여왕의 신하(수위)로서 부여왕조의 속읍인 평양 일대의 1백리를 봉지로서 받았을 뿐이라고 하였다. 또 기자를 태조 문성왕이라고 부른 것은 후인의 두찬杜撰으로서 믿을 것이 못되고, 단군 조선이 기자를 피하여 부여로 천도하였다는 통설을 부인하였다. 기자가 왔을 때에는 부여왕조가 융성하던 때이며, 또 단군 조선이 쇠망한 것은 기자의 동래와 무관한 것이라고 보았다.

기자 · 위만 · 한사군은 모두 압록강 이남에 있었기 때문에 부여족의 중심지인 만주 지방이 크게 침범당한 것은 아니라고 한다. 따라서 이와 같이 작은 의미밖에 갖지 못하는 중국인의 활동이 부여족의 활동과 같은 비중으로 다루어질 수는 없다고 보는 것이다.

그 다음 일부 한말 교과서에서 받아들여지고 있던 왜곡된 한 · 일관계사에 대해서도 통렬한 비판을 가하였다. 예컨대 ① 일본의 신공황후(卑彌乎)의 신라침공, ② 일본의 대가야 정복과 임나일본부의 설치 등 일인들이 주장하는 내용을 망설이라고 단정하고 그것을 교과서에 편입한 사실에 대해 다음과 같이 개탄하고 있다.

---

[79] 예컨대 玄采의 『東國史略』에서는 "新羅는 본래 秦漢의 流亡한 人民이라고"(68쪽)하였다. 이는 新羅의 前身이 辰韓인 바, 辰韓은 秦人이라고 본 것에 근거를 둔 것이다. 한말 교과서는 거의 모두가 진한을 진인으로 서술하고 있다.

近日 歷史家는 日本을 崇拜하는 奴性이 又長하여, 我 神聖歷史를 誣蔑하니, 오호 此國이 將且 何地에 脫駕할는지. 諸公 諸公이여, 歷史를 編하는 諸公이여, 諸公이 此를 聞하면 必曰 日人이 雖妄이나 어찌 史記야 捏造하리오. 此必實事가 有한 것인즉 불가불 我史에 收入하리라 하여, 彼를 妄信하며, 我를 自欺함이로다.[80]

신채호는 과거에 유학자들이 중국을 숭배하여, 자존폄외한 입장에서 쓴 중국인의 사적을 국사에 맹수하여 비열한 역사를 쓴 것이나, 금일에 교과서 편사자들이 일본을 숭상하여 일인의 사적을 맹수하는 현상을 똑같이 타기할 노성으로 간주하였다.

한편, 마한 · 진한 · 변한 등 삼한의 역사도 삼국시대, 즉 부여족 대발달 시대에 함입시켜 서술하였다. 교과서에서는 대체로 삼한을 중국계로 이해하면서, 특히 마한은 기자조선의 후계로 간주하여 큰 비중으로 다루었으나, 신채호는 한족을 야만적인 토족으로 간주하고 그들을 부여족에 정복당한 객족으로 취급하여 가볍게 다루었다. 이로써 기자조선에서 3한으로 이어지는 흐름을 정통으로 취급했던 교과서의 고대사체계는 완전히 뒤집어지고 말았다.

끝으로 신채호는 과거에 유학자나 교과서에서 신라의 삼국통일을 찬미한 것을 통박하고 신라의 통일은 통일이 아니라고 규정하였다. 왜냐하면 신라의 통일은 '半邊的 統一'일 뿐으로 만주에는 부여족에 의해 발해국이 세워졌으므로, 엄밀히 말하자면 3국이 2국으로 된 것에 불과하다고 보았다. 따라서 신라의 삼국통일을 찬미하는 것은, 압록강 이북을 타국시하고 오직 압록강 이남만을 아국 · 아민시하는 김부식 이후의 사대주의 · 소국주의의 소산으로 이해하였다. 그리하여 신채호는 발해사가 당연히 국사에 편입되어야 할 뿐 아니라, 발해야말로 단군 · 고구려의 정통을 계승한 국가로서 중시해야 한다고 믿었다.

요컨대, 『독사신론』에 나타난 신채호의 고대사체계는 유학자나 교과서의 국사체계가 반도중심 · 중국인(한인)중심 · 왕실중심으로 구성되었던 것과는 정반대로, 만주중심 · 부여족중심 · 국가주권중심으로 구성되었다는 점에서 근본적인 차이를 드러내고 있는 것이다. 그리고 이러한 신채호의 새로운 국사인식체계는 중국과 일본에 대한 적개심과 만주수복에 대한 뜨거운 정열로 밑받침되어 있다는 것을 또한 주목할 필요가 있다. 신채

---

80 「讀史新論」, 『改全集』上, 496쪽.

호가 그려내고 있는 영웅상, 예컨대 단군·광개토대왕·을지문덕·연개소문·최영·대조영 등은 거의 모두가 만주와 관련된 인물이라는 것도 우연한 일이 아닌 것이다.

(4) 역사진화론

신채호의 국사에 대한 관심은 주로 고대사에 치중하였다. 『독사신론』이 발해 멸망까지의 고대사만을 취급한 데서도 그의 고대사에 대한 관심의 열도가 잘 반영되어 있다.

신채호가 고대사에 대하여 비상한 관심을 가진 이유는, 그의 국가주의와 민족주의사관에서 영토와 주권이 중요한 의미를 가지는 바, 영토와 주권이라는 측면에서 볼 때, 고대사가 가장 영광스러운 시대로 인식된 까닭이었다.

또 이를 뒤집어 말하면, 가장 영광스러웠던 고대사가 기왕의 역사서술에서는 가장 불명예스럽게 인식되어 온 데 대한 불만에서 고대사의 재구성의 긴급성을 의식했다고도 볼 수 있다.

그러나 그가 고대사에서 민족의 영광을 찾으려 했다고 해서 4천년 역사에서 고대가 사회적으로나 문화적으로 가장 발달했다는 의미를 가지는 것은 아니었다. 그의 국가주의와 민족주의사관에서 영토와 주권 이외에 또 하나의 중요한 의미를 가지는 것은 인민 즉 국민이다. 여기서 말하는 국민이란 앞에서 언급한 바와 같이 자치권을 가진 근대적 시민을 말한다.

국사를 시민의식이라는 관점에서 생각할 때에는 고대사가 영광의 시대가 될 수 없다. 인권을 중심으로 한 정치사·사회사·문명사의 관점에서는 신채호는 분명한 진화론자였고 발전론자였다.

그는 사회진화론을 따라서 인류의 진화과정을 다음과 같이 크게 다섯 단계로 이해하였다.[81]

① 動物 중에서 人類가 이루어지는 단계
② 禽獸와 경쟁하여 승리를 얻는 단계
③ 社會生活을 영위하는 단계

---

81 「進化와 退化」, 『全集』 別集, 208쪽.

④ 國家的 生活을 영위하는 단계

⑤ 世界共通的 시대

이 중에서 ④의 국가적 생활단계를 다시 네 단계로 나누어 ① 추장시대, ② 귀족시대, ③ 전제시대, ④ 입헌시대(민주시대)로 나아가면서 진화한 것으로 이해하였다.

이와 같은 국가적 생활의 진화과정은 어느 민족이나 공통되는 것으로서 한국사의 경우에 있어서도 왕조의 변천을 이에 대응시켜 다음과 같이 국가적 생활과 문명이 변천하는 것으로 이해하였다.[82]

〈표 2〉

王朝	國家的 生活	文明
檀君시대 扶餘시대 箕子시대	酋長시대 · 貴族시대	文明의 맹아기
三國시대	專制시대	文明의 方長시대
高麗시대	專制시대	文明退化(중엽 이후)
李朝시대	초엽을 지나면서 貴族시대 復來(退化)	文明復長(초엽) 文明암흑(중엽 이후)
20世紀	(立憲共和시대)	(세기초) 참담비분의 시대 (지금) 新文明의 맹아

여기에서 한국사는 국가적 생활이라는 측면에서는 추장이 주권을 가졌던 추장시대로부터 전국민이 주권을 가지는 입헌공화의 시대로 단계적으로 발전 진화해가는 과정으로서 이해되고, 문명이라는 측면에서는 맹아에서 방장(성장)을 거쳐 신문명으로 진화하는 과정으로서 이해되고 있다. 그러나 이와 같이 사회와 문명은 기본적으로 진화하는 것이지만 그 진화가 직선적으로만 진행되는 것이 아니라, 때로는 후퇴(퇴화)하는 시기도 있다고 보았다. 즉 국사에 있어서는 고려 중엽 이후와 조선 중엽 이후를 사회적 · 문화적 퇴화기로 이해하고, 이조 초기를 사회적 · 문화적 복장시대로 이해하였다.

신채호는 사회적 진화를 '身 · 家 · 國의 세 관념의 변천'이라는 측면에서 이해하기도 하

---

82   同上.

였다.[83] 즉 인류는 ① 신身의 관념시대, ② 가家의 관념(부락관념)시대, ③ 가족적 국가 관념시대, ④ 국가관념 대치시대(사민적·공화적 국가)로 진화한다고 보는 것이 그것이다. 여기에서 ① 신관념의 시대는 인류가 개인적으로 동물과 투쟁하던 시대로서, 이를테면 원시시대를 의미한다. ② 가관념의 시대는 인간과 인간이 상쟁하는 가운데 가족 공동체가 형성되고, 가족끼리 합하여 동성동본 부락(이를테면 친족공동체)이 형성되는 시대를 말한다. 그 다음 ③ 가족관념과 국가관념이 교체하던 가족적 국가관념시대는 형식상 부락이 통일되어 국가를 형성하였으나, 군주 혹은 귀족이 국가의 토지와 인민을 사산과 노예로 보던 시대를 말한다. 이러한 시대는 이른바 '귀족공화'의 시대로서, 그것은 '인민공화'가 아니며 인민이 정권에 무관한 까닭에 진정한 국가가 아니라고 하였다.[84]

역사적으로 보면 우리나라의 조선(단군시대)·부여·신라·고구려 등이 귀족공화의 시대에 속한다고 한다. 말하자면 앞에서 귀족시대·전제시대로서 이해했던 시대가 가족적 국가관념의 시대에 해당한다고 보는 것이다. 그리고 마지막으로 국가관념 대치시대는 바로 20세기를 가리키는 것으로 이 시대의 국가의 특색을 이렇게 설명한다.

> 國家는 斯民의 國이라 하여 其存其亡에 惟民이 是圖라 하며, 國民은 斯國의 民이라 하여 其安其危를 惟國이 是顧라 하여, 國家는 國民의 公産을 作하며 國民은 國家의 公權을 有함에 至한지라. 비록 亘古絶今의 梟雄悍夫가 出할지라도, 此産을 獨專하며 此權을 獨把함을 不得하고, 비록 吞山吸海의 頑魔巨敵이 來할지라도 此産을 不敢侵하며 此權을 不敢害하나니, 盖如此라야 今日에 云하는 國家라.[85]

말하자면 그가 말하는 20세기의 신국가는 국민주권의 국가, 국민공산의 국가를 의미하는 것이니, 곧 근대국민국가를 이름이다.

신채호의 사회진화사관은 「대한의 희망」에도 피력되어 있다. 여기에서 그는 국사의 흐름이 ① 부락추장시대, ② 봉건제도시대, ③ 과인정치시대, ④ 세가귀족의 시대로 전개되어 왔음을 말하고, 미래는 국민의 국가시대가 도래해야 함을 역설하고 있다. 이 글에서

---

83 「身·家·國 三觀念의 變遷」, 『全集』 別集, 156쪽.
84 上揭書, 155쪽.
85 上揭書, 155~156쪽.

는 구체적으로 어느왕조가 어느 단계에 있다는 것을 지적하지는 않았지만, 주권의 소재를 기준으로 하여 역사발전단계를 설정하려고 한 것은 앞에 소개한 여러 글의 취지와 기본적으로 일치하는 것이라 생각된다.

지금까지 검토한 것을 종합할 때 신채호의 역사인식은 기본적으로 역사진화론의 입장에서 사회와 문명의 진보를 인정하고 있으며, 그 진화·진보의 기준을 주권의 소재에서 찾아 주권이 소수인으로부터 국민 전체로 확산되어 가는 과정으로 이해하고 있음을 알 수 있다. 따라서 그가 고대사서술에 치중했다고 해서, 고대를 사회·문화의 측면에서까지 가장 영광된 시대로 인식하고 있는 것은 아니라는 것이 확실하게 되었고, 또 고려·이조사의 체계를 재구성하지 않았다고 해서 이 시대를 사회·문화적으로 낙후된 시대로 본 것이 아니라는 것도 수긍할 수 있게 되었다. 따라서 그가 고려 후기와 조선 후기를 퇴화의 시대로 이해한 것은 그의 사관이 정체사관에 입각해 있다는 것을 의미하는 것은 아니다.

다만, 그가 조선 중엽 이후를 '귀족시대의 부활', '문명의 암흑' 시대로 규정하고, 20세기 초를 '참담비분의 천지'라고 극언한 것은 그의 진화사관의 입장에서 볼 때 다소 지나친 해석이라고 생각된다.

그의 진화사관이 가진 약점이 잘 드러나는 또 다른 글은 「韓國自治制의 略史」(1909.7)이다. "국가의 흥망성쇠는 그 국민의 자치력의 우열에 달려 있다"는 입장에서 우리나라 자치제의 역사를 개관한 이 글에서는 고대의 자치제가 가장 성盛하고 시대의 흐름을 따라 그 성盛함이 쇠퇴해 가는 것으로 인식되고 있다. 예컨대, 상고에 있어서 단군을 국인이 군장으로 세웠다든가, 고구려에서 6부部대인이 모여서 국사를 의논했던 것, 그리고 신라에서 6부인이 박혁거세를 군장으로 추대하고 박朴, 석昔, 김金 삼성三姓이 교대로 한 것 등은 희랍이나 로마의 공화제에 비교하여 손색이 없다고 본다. 그러나 유교가 들어와 존군주의를 고취하고, 불교가 들어와 초세적인 자비를 주장하면서 부지불식중에 자치정신이 유실되었다 한다.

그러나 조선왕조 말기까지 면장(面)·유사(鄕)·동임洞任의 제制가 남아 있는 것은 고대 자치제의 명맥이 면면히 이어진 것이라 하면서, 중국의 향약은 족장자치요 시민자치가 아니라고 비판한 다음, "고로 한국의 자치가 獨히 東洋史 중의 특색"이라고 결론짓고 있다.

신채호가 자치제에 관심을 둔 것은, 주권재민과 입헌공화정의 구체적 실천방법으로서 대의정치를 희구하는 입장과 관련된 것으로서, 그 발상 자체는 매우 진보적인 성격을 갖는 것이다. 또 한국사의 한 가지 특색을 자치제의 역사에서 찾으려 한 것도 새로운 착상으로 높이 평가할 만하다. 그러나 한국 자치제의 역사를 통관하여,

中世가 上世에 不及하며, 近世가 中世에 不及하여 수천년 이후 今日에 坐하야 數年 이전 당시를 仰함에 지옥과 천당같이 懸殊하니 ……[86]

라고 결론지은 것은 지나친 퇴화관이라고 하지 않을 수 없다.

이와 같이 신채호가 이론적으로는 역사의 진화를 깊이 신봉하면서도 한국사의 전개과정에 대한 이해에 있어서는, 지나치리만큼 고대에서 진화를 찾고, 중세·근세에서 퇴화를 찾은 것은 오늘날의 입장에서 보면 학문적 진실성을 많이 缺했다고 보아진다. 이는 그가 진화사관을 지나치게 현실개혁을 위한 계몽적 입장에서 받아들이고 있었다는 것이 한 가지 이유요, 고려·조선시대사에 대한 연구부족이 둘째 이유가 아닌가 한다.

신채호의 한국사 연구는 비단 한말에서만 고대사 연구에 치중했던 것이 아니라, 1910년대와 1920년대에 있어서도 마찬가지였음은 주지의 사실이다. 일제시대에 그는 고려·조선시대에 관한 단편적인 논문을 발표하기는 하였다. 「조선역사상 一千年來 第一大事件」(1925)[87]이라든가, 『조선상고사』(1931) 총론에 실은 고려·조선시대의 사서에 대한 평론 등이 그것이다. 또 그는 말년의 옥중생활에 「鄭仁弘公略傳」을 쓰려고 하였고, 당쟁사 연구에도 관심을 가졌다 한다. 말년의 연구는 미완으로 끝났으므로 그 논거의 방향을 가늠하기가 어려우나, 지금 전해지고 있는 완성된 논설을 통해서 볼 때에는, 고려중기 이후와 조선왕조에 대한 인식이 전반적으로 어둡게 묘사되어 있는 것이 특징이다. 김부식 이후의 유교지배시대를 사대주의 노예사상의 시대로 이해하고 있는 것이 그것이다. 물론 단편적인 사건이나 인물에 대해서는 매우 긍정적인 평가를 내리고 있는 부분도 없지 않다. 예컨대, 세종대의 문화라든가 양성지의 국수사상, 16세기의 반역아 임제와 정여립, 그리고 17세기 초의 대북인 정인홍, 그리고 허목, 이종휘, 안정복, 한치윤 등 남인계 실학자를 높이 평가한 것이 그것이다.[88]

---

86 上揭書, 127쪽.
87 이 논문은 1925년에 발표되었지만, 실제 집필된 시기는 1918년경으로 보인다. 이 논문 중에 "近者 李能和의 著한 佛敎通史에는" 云云한 대목이 보이는데 佛敎通史는 1918년작이기 때문이다.

한편, 신채호는 1920년대 이후부터는 「조선혁명선언」(1923)에서 보이듯 민중문제에 깊은 관심을 가지면서, 고려말의 왕공귀족을 민영휘 이상의 대토지 소유자로 보고, 이태조와 황희의 청빈주의淸貧主義를 칭송하는 등 이조 건국을 긍정적으로 평가하는 논설도 간간이 보이고 있다.[88] 그러나 이와 같은 단편적인 관심과 긍정적 평가에도 불구하고, 그의 사학의 주된 관심은 역시 고대사에 시종일관 머물렀고, 참된 조선사는 조선민중 전체의 진화를 서술한 것이어야 한다는 주장을 사치한 선택이라고 반박하면서 참된 조선사는 ① 조선적 조선을 적은 것, ② 위인적 조선을 적은 것, ③ 조선을 주체로 하는 것이라는 주장을 굽히지 않고 있다.[90] 결국 그는 「조선혁명선언」에서 보이는 민중중심의 진보적 입장을 역사연구의 실제에서는 별로 반영시키지 않았던 것이다. 민중중심으로 볼 때, 가장 돋보여야 할 조선시대를 어둡게 본 것은 그의 사학의 한계를 말해주는 것이며, 따라서 조선시대에 관한 한, 신채호의 공헌은 고대사 연구에 비할 바가 못되는 것이다.

4. 맺음말

1907~1910년(망명 이전)까지의 신채호의 사회사상은 급진적 구국계몽단체이던 신민회의 영향을 크게 받아 국민적·무력적 독립운동으로서의 독립전쟁을 중요시하였고, 그러한 독립운동을 정신적으로 계도하고 실천하는 영웅의 출현을 열망하였으며, 그러한 바탕 위에서 민주주의(입헌공화)와 국민주의와 민족주의와 국가주의가 합일된 근대국민국가의 형성을 지향하였다.

근대국민국가의 형성은 근대국민국가를 먼저 성립시켜 제국주의로 성장한 서양과 일본을 모방하면서 다른 한편으로는 그들의 침략을 저지시켜야 한다는 이중의 과제를 요구하였다. 이러한 과제를 신채호는 적자생존·생존경쟁·우존열망의 원리로서 받아들였다.

생존경쟁은 문화의 힘과 물질의 힘이 합해짐으로써 가능한 것인바, 문화의 힘은 우리의 전통문화를 비판적으로 계승하면서 열강의 근대문화를 선별적으로 수용함으로써 강

---

88 『朝鮮上古史』總論 참조.
89 「問題없는 論文」(1924. 10)(『丹齋申采浩全集別集』).
90 「朝鮮史 정리에 대한 私疑」, 『全集』別集.

화될 수 있다고 믿었다. 전통문화 중에서 근대문화로서 그대로 계승할 수 있는 것은 언어와 문자이며, 유교·불교·선교 등은 근대적으로 혁신시킨 뒤에 계승할 것이 강조되었다. 전통문화(國粹)가 전적으로 거부될 수 없는 이유는 서양문화를 받아들이는 과정에서 발생하는 노성奴性과 동화同化를 우려한 까닭이었다. 그래서 그는 '奴性的 同化'를 반대하고 '同等的 模倣'의 필요성을 강조하였다.

그의 민주주의·국민주의·국가주의적 국민국가 이념은 결국 서양문화의 동등적 모방을 의미하는 것이다. 그리고 그가 강조하는 국수보전은 바로 '동등적 모방'을 가능케 하기 위한 주체의식의 확립을 의미한다.

근대 국가의 수립을 통해서 생존경쟁에서 살아남을 수 있는 물질력의 근원은 영토의 확장에서 찾았다. 영토는 경제력과 군사력 강화의 원천으로서 이해되었다. 그리고 영토 확장의 대상을 고구려·발해의 구강인 만주에서 찾았다. 이곳은 역사적으로 영토권을 주장할 수 있는 근거가 있을 뿐 아니라, 국제정세가 비교적 유리하게 전개된 기회를 실기하지 않기 위함이었다.

신채호의 역사인식은 국민주의·민주주의·국가주의·민족주의를 고취하기 위한 수단이었고, 만주수복을 촉구하고 정당화하기 위한 방편이기도 하였다. 그래서 그는 만주를 고대 국가의 중심지로 재해석하고 만주에서 고대 국가를 운영했던 부여족을 우리 민족의 주족으로 설정하여 국사체계를 재구성하려 하였다.

이와 같은 만주 중심·부여족 중심의 국사체계는 발해가 멸망한 뒤로 고려, 조선에 내려오면서 만주수복을 열망하는 북진주의자 사이에 끊임없이 지속되어 왔던 것이기도 하다. 만주수복론자들은 대개 사상적으로 선교에 기울었기 때문에 우리는 이러한 역사인식의 흐름을 선교적 역사인식이라고 불러도 좋다. 선교적 역사인식은 조선초기와 조선 후기의 일부실학자(예컨대 허목·이익·이종휘·한치윤·유득공 등) 사이에 주목되어 왔으나, 개화기와 한말에 이르러 학부검정의 교과서에서는 도리어 이를 배척하고 반도중심·한족중심의 유교적 역사인식체계를 그대로 따르고 있었다. 이것은 조선 중기 이후로 성행했던 주자학적 강목법 사학을 계승한 것으로서, 대한제국의 기성질서를 유지하면서 점진적이고 타협적인 근대화를 추진하려던 온건파 구국계몽 사상가들의 사상적 성향과 관련된 것이었다. 그들은 만주수복에 적극적 관심을 갖지 않았고, 의병운동이나 독립전쟁에도 소극적 태도를 보였으며, 온건한 사회개량주의의 입장에 있었기 때문에 역사인식체계도 반도중심·한족중심이 될 수밖에 없었다.

신채호의 국사인식체계는 온건파 구국계몽 사상가들의 그것과는 첨예하게 대립되었으나, 그의 새로운 국사인식체계의 발상은 결코 새로운 것은 아니었다. 사학사의 문맥에서 본다면, 신채호의 국사체계는 선교적 역사인식의 흐름을 근대의식을 가지고 계승, 발전시킨 것이었다.

『독사신론』은 바로 근대적 사관을 제시한 최초의 사론이다. 그러나 사관이 근대적이라고 해서 국사체계 자체가 과학적이라는 의미를 갖는 것은 아니다. 사관과 사학은 별개의 것으로서, 한말의 신채호는 아직 근대사학의 방법론을 확립하지 못하였다.

신채호의 문화의식과 역사인식은 1909년에 창설된 대종교의 영향을 받으면서 새로운 차원으로 전개되었다. 1910년에 발표한 「동국고대선교고」를 고비로 하여 그는 선교를 민족고유의 신앙(종교)으로 포착하여 국수의 핵심을 유교에서 선교로 바꾸었다. 지금까지 선교를 이해하지 못하면서 만주에 대한 관심에서 선교적 역사인식을 이해하였던 그의 국사인식은 이제 선교를 이해하면서 선교적 역사인식을 심화시키는 단계로 이행하였다. 따라서 1910년대의 신채호의 역사인식은 대종교와의 긴밀한 관련 위에서 검토될 필요가 있으나, 이 문제는 뒷장에서 다루기로 한다.

1910년대 이상룡 · 김교헌의 민족주의 역사서술

1. 머리말

1910년대의 민족주의사학은 대종교와의 밀접한 관련 위에서 전개되었다.

1909년에 서울에서 나철羅喆 · 오기호吳基鎬 등이 중심이 되어 창설된 대종교(초명은 단군교)는 처음부터 독립운동을 목표로 세워진 종교단체로서, 그 교리나 실천강령이 철저하게 민족주의적이었다.[1] 대종교의 교리는 단군을 비롯한 삼신(환인 · 환웅 · 단군)의 가르침을 따르자는 것으로, 우리의 오랜 민간신앙이던 신교를 현대적으로 발전시킨 것이었다. 원래 삼신에 관한 사화는 고기라는 이름으로 전승되어 왔는데, 이 고기들을 현대적으로 확대, 재구성하여 경전처럼 믿고 선교하였다. 대종교의 교리가 체계적으로 정리된 것은 1920년대로서『신리대전神理大全』·『회삼경會三經』·『신사기神事記』·『조천기朝天記』·『신가집神歌集』·『삼일신고三一神誥』등의 경전이 1922~1923년에 출간되지만, 1910년대에는 김교헌金教獻이 쓴『신단민사神檀民史』·『신단실기神檀實記』·『단조사고檀祖事攷』·『배달족역사倍達族歷史』등의 역사책이 경전처럼 읽히면서 독립운동가들 사이에 큰 영향을 주고 있었다.

대종교도들의 역사서술은 통일되어 있는 것은 아니었지만, 대략 다음과 같이 정리될 수 있다.

첫째, 인류문화의 발상지를 백두산 부근에 설정하여 우리나라를 세계문화의 중심지로

---

1   朴永錫,「大倧教의 獨立運動에 관한 研究」,『史叢』21 · 22, 1977.

보고,

둘째, 부여족뿐 아니라 여진·몽고·거란 등 소위 동이족 전체를 '배달족'이라는 하나의 큰 민족집단으로 간주하여 이를 우리의 조상으로 생각한다는 것이다. 이는 바꿔 말하면 '범동이민족주의汎東夷民族主義'라고 부를 수 있다.

셋째로, 우리 민족의 종족적 범위를 위와 같이 확대시킨 결과, 자연히 우리 민족의 활동무대는 만주와 한반도는 물론이요 중국 동북지방까지 포괄되며, 순舜임금이나 요遼·금金·원元·청淸등과 같은 북방족의 왕조도 우리 민족의 역사로 간주된다.

넷째로, 우리의 민족문화의 핵심이 되는 종교는 불교나 유교가 아니라, 단군 이래로 내려오던 신교神敎(대종교에서는 이를 대종교라 부른다)이며, 이는 동이족 전체가 공유한 배달족 고유의 민족종교인 것이다.

대종교인의 역사인식은 한말 신채호가 설정했던 부여족 중심의 민족사보다도 공간적으로나 종족상으로 훨씬 확대된 것이며, 신채호의 민족주의가 부여족 중심, 만주 중심의 대조선주의라면, 대종교의 그것은 동이족중심, 범동북아세아 중심으로 확대된 것이라 할 수 있다.

대종교인의 범동이주의는 현실적으로 조선인의 주도하에 만주족(여진족)을 포섭하여 만주지방을 탈환하고, 그곳에 대조선국을 세우려는 실천목표를 뒷받침하기 위한 것이었다. 그리고 그것은 당시 일본의 대륙침략정책과 맞서 만주에 대한 주도권을 장악하려는 의도와도 관련이 있었다. 특히 대종교인들이 1910년 국치 이후로 만주에 본부를 두고 포교활동과 독립운동을 전개하면서 발해사에 비상한 관심을 기울인 것은, 소수의 고구려 유민이 다수의 말갈족을 지배하면서 발해국가를 운영해 갔던 그 전통의 현대적 계승을 염원한 것이라고 볼 수 있다.

1909년에 창립된 대종교는 1910년의 국치를 계기로 교세가 더욱 확장되었다. 만주와 중국본토에 망명했던 신민회를 비롯한 독립운동가의 대부분이 그 교단조직에 참여하였으며, 1920년 전후의 시기에는 40만 명의 교인을 포용할 만큼 번성하였다. 따라서 1910년대의 만주에서의 독립운동을 주도한 것은 대종교단이었으며 이상룡·박은식·신채호·안확·최남선·유인식·안재홍·정인보·문일평 등이 직접 혹은 간접으로 대종교의 영향을 받으면서 독립운동가이자 역사가로서 활약했다.

이 장에서는 1910년대 전반기에 역사서술가로 활약했던 이상룡과 김교헌의 역사의식의 성격을 알아보기로 한다.

2. 이상룡의 생애와 역사의식

1) 이상룡의 생애

석주石洲 이상룡李相龍(1858~1932)은 안동출생으로 조선개국공신 이원李原(본관 固城)의 19대손이며, 퇴계의 학통을 이은 김흥락金興洛에게서 유학을 배웠다.[2] 그러나 그의 유학은 성리설에 치중한 것이 아니라 정치와 법률, 그리고 천문 · 지리 · 기형 · 역기 · 율려(음악) · 수학 등 실용적 학문에 박학하였다 한다.

그는 민비 시해사건 이후 안동과 합천 등지에서 의병운동에 참여하다가 을사조약 이후로는 구국계몽운동에 투신하여 대한협회 안동지회장으로 활약하고, 53세가 되던 국치 이후에는 서간도로 망명하여(1911), 신민회 회원 및 대종교도와 함께 광복운동에 참여하였다. 이곳에서 그는 만주식민을 위한 단체로서 경학사耕學社(뒤에 부민회 · 한족회로 발전)를 운영하면서 신흥학교(1919년 5월 신흥무관학교로 확장)를 설립하여 문무쌍전의 광복인재를 양성하고, 1919년 4월에 군정부(뒤에 西路軍政署로 개편)를 건립하여 총재로 취임하였으며, 1925년에는 상해 임시정부의 국무령이 되어 임정내부의 좌우대립을 조정하려 하였으나 실패하였다. 그 후에도 그는 재만 광복단체의 통합운동에 진력하다가 1932년에 망명지인 길림성 서란소성자舒蘭小城子에서 75세로 병사하였다.

그가 독립운동에 참여하는 과정에 친교가 두터웠던 인사는 박은식 · 김좌진金佐鎭 · 서일徐一 · 여준呂準 · 허혁許爀 · 김창숙金昌淑 · 유인식柳寅植 · 김동삼金東三 · 이동주李東柱 등으로서 이들은 대부분 대종교와 관련을 가진 인사들이었고 독립운동 노선에 있어서 무장투쟁을 지지하던 강경파였다.

이상룡은 처음에 유학자로서 출발하였으나, 구국계몽운동의 영향을 받으면서 사회계약

---

2   李相龍의 生涯에 대해서는 다음 논문이 참고된다. 尹炳奭, 「石洲遺稿」, 『韓國近代史料論』, 1979; 朴永錫, 「日帝下 在滿韓人社會의 形成 - 石洲 李相龍의 活動을 중심으로」, 『韓國史學』 3, 1980.

설·천부인권설·사회진화론을 바탕으로 한 근대적인 민주·공화주의자로 전향하였다.

이상룡의 자유·민주주의적 근대사회사상은 「自由輯說」·「合群輯說」·「進化輯說」에 집중적으로 피력되어 있다. 「자유집설」에서는 자유를 진真자유(정신자유)·전全자유(군체자유)·문명자유(복법수약服法守約)의 셋으로 구분하면서, 그 중에서 군체자유를 가장 중요시하고 있다. 군체자유란 정치적으로 사민평등·참정권·속지자치를 이루며, 종교적으로 신앙의 자유를 가지며, 민족적으로 타국의 간섭을 받지 않으며, 생계에 있어서 사회노동이 보장되어 노력자가 자식기력하고 지주와 자본가가 노예를 두지 않는 상태를 말한다.

「합군집설」에서는 인류사회가 가족·부락·국가·민족 등의 단체를 이루며 진화해 감에 있어서 반드시 계약에 의해서 이루어진다는 것과, 국가와 민족의 주권이 확립되어 인민주권과 일치되는 상태를 최상의 정치형태로 이해하고 있다. 「진화집설」에서는 『춘추』의 삼세진화설三世進化說과 다윈의 진화론을 소개하면서 우자優者·강자强者·적자適者만이 경쟁에서 승리, 생존할 수 있다는 공리를 재확인하고 있다. 그의 만주식민사업을 통한 광복운동은 이러한 사회진화론적 사회사상에 입각하여 민족주의로써 제국주의를 극복하려는 운동임을 알 수 있다.

2) 이상룡의 역사의식

이상룡의 역사에 대한 관심은 국치를 전후하여서부터 고조되어 있었는데, 특히 우리나라 고대사에 깊은 관심을 두고 있었다. 1910년 겨울에 국사를 초抄하였다고 하나,[3] 그 내용을 알 수 없고, 1913년에 『대동역사』를 지어 신흥학교 교재로 사용하였다고 하는데[4] 그 원본을 접할 수 없는 것이 유감이다.

현재 『석주유고石洲遺稿』에 전해지고 있는 사론으로서는 「西徙錄」(1911)·「封箕子于朝鮮」(1913)·「遼東平壤」(1915)·「朝鮮平壤確有箕子墓又有井田」(1915)·「尊華攘夷辨」(1915) 등이 있다. 이 중에서 그의 역사인식을 가장 포괄적으로 제시하고 있는 것은 「서사록」이다. 이것은 그가 1911년(辛亥) 정월 5일부터 4월 13일까지 서간도로 망명하는 과정에 쓴

---

3   『石洲遺稿』「西徙錄」 2월 22일字 日記에 "昨年(1910년 - 필자) 冬 余抄國史 云云"하여 1910년 겨울에 國史를 抄하였다고 한다.

4   『石洲遺稿』「行狀」 "···癸丑(1913 - 필자) 抄大東史 云云".

일기로서, 그가 만주에서 직접 경험한 사실과 사서를 통해서 얻어진 지식을 토대로 하여, 비록 단편적이긴 하나 만주사에 관한 새로운 해석을 시도하여 눈길을 끈다. 그가 참고한 서적은 『만주원류고滿洲源流考』·『만주지지滿洲地誌』·『요사遼史』·『한서漢書』·『진서晋書』 등으로서 특히 전이자前二者를 많이 참고하여 부여·발해·숙신·고구려·백제·신라의 역사를 새롭게 이해하고, 기자동래 문제, 한사군의 위치 등에 대해서도 새로운 해석을 시도하고 있다.

그가 애용한 『만주원류고』는 청나라 건륭황제의 칙명으로 편찬된 여진족의 역사로서, 우리나라 역사를 여진족 역사 속에 흡수시키고 『요사』 지리지 등 신빙성 없는 자료를 많이 인용하여 학문적 가치가 크게 떨어지는 자료로 이해되고 있다. 그런데 이 책은 우리 역사의 중심무대를 만주에 비정하고 있으며, 우리 민족과 여진족을 동류로 간주하고 있어서 만주에 식민사업을 벌이면서 여진족을 동화시켜 가려는 이상룡의 시각에서는 이용 가치가 큰 것으로 비쳐진 것 같다.

이상룡이 생각하는 역사란, 학문적 진실성 그 자체보다는 국가의 체통을 높이고 국민정신을 배양하는 목적성을 가진 것이어야 한다. 그래서 그는,

> 대저 나라가 역사를 갖는 것은 지난 일을 記述하는 것에서만 그치는 것이 아니다. 그 역사를 가지고 國家의 體統을 높이고, 國民의 정신을 기르는 것이다. 그렇지 아니하면 역사가 있으나 없으나 다름이 없다.[5]

고 하였다. 이와 똑같은 생각은 다른 글에서도 보이는 바이니,

> 역사가 귀한 까닭은 國家의 體統을 높일 수 있고, 國民의 精神을 기를 수 있는 까닭이다.

라고 되풀이하고 있다. 이와 같이 역사를 애국심과 국민정신의 배양수단으로 이해한 이상룡은 현실적으로 만주가 과거에도 우리 땅이고 현재에도 우리 땅이 되어야 한다는 목적성을 갖고 고대사를 이해하고자 하였다.

---

5 『石洲遺稿』 卷3, 「朝鮮平壤礶有箕子墓又有井田」.

그런데 잃어버린 만주땅을 다시 되찾기 위해서는 그곳이 과거에 우리 땅이었다는 것을 확인하는 것만으로는 부족하다고 믿었다. 이상룡은 만주가 우리 고대사의 중심지일 뿐 아니라, 그곳에 살고 있었던 만주족도 실제로는 우리와 같은 동족이었다는 것을 확인하는 것이 만주식민사업에 절대로 필요한 일로 믿고 있었다. 그래서 그는

> 滿洲라는 한 구역은 扶餘 이래로 우리나라의 根本이자 腹心이 된 것이 3천여 년이 되었다. 그리고 그 遺族들의 氣와 피가 서로 灌注하여 결코 잊을 수 없는 관계를 가지고 있다.[6]

고 하여 우리나라와 만주와의 뗄 수 없는 관계를 강조하고 있다. 그리고 그가 만주에 살고 있던 모든 종족을 하나의 동족으로 보려는 시각은 다음의 구절에 잘 나타나고 있다.

> 옛부터 뜻을 가진 人士들은 그 뜻을 이루지 못할 때 온 가족이 은둔하는 것이 한 가지 길이다. 하물며 滿洲는 우리 檀聖의 옛땅이요, 桓道川은 고구려의 國內城이다. 遼東의 近地는 또한 箕氏의 封地로서 4郡 · 2府의 역사가 있다. 그곳의 住民들은 비록 衣章이나 土音(언어)이 서로 다르지만 그 조상은 同一의 種族이다. 한 줄기 江을 사이에 두고 南과 北이 서로 거침없이 왕래하며 살았으니, 어찌 異域으로 볼 수 있으랴. 그래서 내가 이곳으로 遷徙하기로 결심한 것이다."[7]

만주가 아강我疆이고, 만주인이 아족我族이라는 데서 출발한 이상룡의 국사인식은 자연히 국사의 중심무대를 만주에 설정하게 되었고, 만주에서 영위되었던 숙신 · 단군조선 · 부여 · 고구려 · 발해의 역사에 주목하게 되었던 것이다. 그리고 기자조선 · 한사군 등 중국계의 역사활동을 요동지방에 국한시켜서 조그만 지방사로 이해하게 되었던 것이다.

그리하여 이상룡은 과거 유학자들이 체계화했던 단군조선 → 기자조선 → (위만조선) → 삼한 → 사군이부 → 신라의 체계를 부인하고, 단군조선의 혈통이 북부여 · 동부여 ·

6　前揭書, 「西徒錄」, 278쪽.

7　"自古有志之士 不遂其志 則全家隱遁 亦一道也 況滿洲 是我檀聖舊疆 而桓道川 爲高句麗國內城 近地遼東 又是箕氏所封 而四郡二府之歷史 班班居人 雖衣章不同 土音相殊 然其先乃同一種族也 一江南北 互居無礙 豈可以異域視哉 於是 決意遷徙"上揭書, 269쪽.

졸본부여(고구려) · 발해로 이어지면서 3천 년간 不絶했다고 하여 이 흐름을 국사의 주류로 인식하였다.

> 盖檀氏之血統 自北扶餘 · 東扶餘 · 卒本扶餘 綿互三千年不絶則 一榻之上 復豈有箕氏鼾睡
>
> 之地乎 … 愚獨以爲 高句麗之王統 當以渤海爲正嫡[8]

단군에서 발해로 이어지는 흐름을 국사의 정통으로 인식하려는 시도는 이미 신채호의 『독사신론』에서도 나타난 바이지만, 이상룡은 여기에서 한걸음 더 나아가 숙신과 왜국까지도 단군에 신속한 나라로 간주하는 신설을 제기하였다. 숙신 · 단군 · 왜국은 모두가 구이에 속하는 바, 숙신은 영고탑을 중심으로 수천 리의 대국이었으나 부여에 신속하여 조세를 바쳤고, 부여는 고등왕高登王의 소도이므로 숙신이 단군에 신속한 것은 확실하다고 하였으며, 왜국의 초군初君인 소잔명존素盞鳴尊은 처음에 신라에 강降하였다가 도해渡海하여 일본으로 갔다고 하므로, 이는 진국시대에 아족이 바다를 건너서 일본에 거주한 것을 뜻하는 것이라고 추정하였다.

단군 · 숙신 · 부여 · 고구려 · 발해의 강역에 대해서도 그 중심지를 길림 · 영고탑 등 동북 만주지방으로 새롭게 비정하여 흑룡강 이남의 만주전역이 고대의 영토였음을 강조하고 있다.

소위 기자조선과 사군은 한반도에 있었던 것이 아니라, 압록강 이북의 요동에 국한되었다고 한다. 기씨의 도읍인 평양은 요동의 요양遼陽을 가리키며, 현토는 요동의 개평蓋平 · 해성海城 · 복주復州 등지이며, 임둔은 개원開原, 낙랑樂浪 · 진번眞番도 압록강 이북의 요동에 있었다 한다. 따라서 단군강역의 한 변방을 차지한 데 불과한 기씨 때문에 단군 후예가 기자를 피하여 부여로 천도한다는 것은 있을 수 없으며, 또 시간적으로 보더라도 고등왕이 부여(흑룡강 · 길림 등지)로 천도한 것은 기씨가 동래한 것보다 197년이나 앞서는 것이기 때문에 기씨를 피하여 단씨檀氏가 북부여로 피하였다는 설은 어불성설이라고 주장한다.

소위 기씨 · 한사군 시대에도 단씨의 혈통은 여전히 부절하였고, 또 한반도에는 삼한이 자치하고 있었으므로 만주와 한반도의 어느 지역도 역사가 단절되지 않았다. 그러므로

---

8   上揭書, 279쪽.

기씨를 단군을 이은 정통국가로 보는 것은 부당하다.

고구려가 처음 건도한 졸본도 압록강 이남의 성천이 아니라, 요동의 현도지방이며, 고구려의 강역은 서쪽으로 요하를 넘어 당唐의 영주에까지 달하였다고 하면서, 칠백년 문화대국을 하나의 작은 선괴仙怪의 굴댁屈宅으로 환작幻作한 선배사가들의 사필史筆을 개탄하였다. 기자조선을 피하여 단군조선이 북천北遷하였다고 하거나, 고구려의 중심을 한반도에서 구하는 사가들의 견식을 이상룡은 노성奴性에서 장찬粧撰된 환작幻作이라고 통박하고 있다.

이상룡이 이렇듯 만주중심의 국사체계를 재구성하였다고 해서, 반도사를 홀시忽視한 것은 아니었다. 반도는 삼한의 자치국으로서 기씨나 한군현漢郡縣의 영향을 받지 않았으며, 그 정통은 신라와 백제·가락으로 이어진다고 보았다. 따라서 그는 우리나라의 고대사 체계를 만주를 중심으로 3천 년간 이어진 단군 → 부여 → 고구려 → 발해의 흐름과, 한반도를 중심으로 이어진 삼한 → 신라·백제·가락의 두 흐름으로 이해하였으며, 북방사를 남방사보다 선진적인 것으로, 그리고 만주를 한반도보다 근본적인 땅으로 간주하였다.

그리하여 그는 과거의 사가들이 신라가 삼국 중 가장 먼저 건국되었다고 생각한 것을 잘못이라고 보고, 신라의 건국은 고구려·백제보다 뒤늦은 것이라고 주장하였다. 신라는 22대 지증왕智證王 때 비로소 국호를 정하고 왕을 칭했기 때문이라고 한다.[9] 또 이른바 통일신라시대라 하여 신라가 삼국을 통일했다고 하여 신라만을 알고 발해를 모르는 것도 그는 부당하다고 보았다.

발해는 고구려의 정적正嫡(정통)일 뿐 아니라, 문물제도가 찬연하고, 전세傳世가 200여 년이나 되고, 영토가 북으로 송화강을 넘고 남으로 조선의 함경·평안 2도道를 점령하였으며, 서쪽으로 요하를 넘어서 과이심科爾沁에까지 이르러 그 폭원幅員이 5천 리나 되는 동방최대국인 까닭이다. 이와 같이 중요한 의미를 가진 발해사를 모르고 마치 역외域外의 만추蠻酋처럼 빈척擯斥해버린 국내의 사승史乘에 대하여 그는 다음과 같이 통박하고 있다.

我國史家 只知新羅而不知渤海 遂使三千年祖國後身 擯居域外蠻酋之列 竟無一字遺傳於內
國史乘 是豈得爲秉公義之信筆乎 愚獨以爲 高句麗之王統 當以渤海爲正嫡而羅濟與駕洛 系三
韓之緒 自爲一派 然後 東國之史 乃歸於正也[10]

9　"按新羅 自始祖赫居世 至二十二世智證王而始定國號稱王 則序次似當在麗濟之後矣"上揭書, 278쪽.

결국 그가 도달한 국사의 정맥은 발해로 이어지는 북방사와 신라로 이어지는 남방사를 이원적으로 파악하면서, 현실적으로는 북방사에 역점을 두고 국사체계를 재구성하려는 것으로 요약된다.

한편, 그는 신라사의 위치를 종래보다 낮춰 평가하면서도 신라의 영토에 대한 인식이 종래에 낮게 평가되었다고 주장하였다. 즉 신라의 영토는 압록강 이남에만 국한된 것으로 알고 있으나, 당唐 용삭년간龍朔年間(661~663, 신라 문무왕 1~3년)에 신라는 려麗·제濟 양국과 말갈을 겸유하여 만주의 홍경·개원·길림 등지를 차지했다고 한다. 『만주원류고滿洲源流考』에 의하면, 계림은 곧 길림으로서 경주가 아니라 한다.[11]

국치 직후의 울분 속에서 「西徙錄」을 집필했던 이상룡은 1915년을 전후하여 ①「封箕子于朝鮮」, ②「遼東平壤」, ③「朝鮮平壤確有箕子墓又有井田」, ④「尊華攘夷辨」 등의 단편적인 사론을 발표하였다. 이들 사론은 논문이라기에는 너무 소박한 것들이지만, 앞서 「서도록」에서 제시했던 고대사의 중요 의문점을 좀더 실증적으로 고구한 것이라 하겠다.

먼저 ①은 기자의 수봉설을 비판한 것이고, ②는 『滿洲地誌』·『遼史』·『北史』·『三國遺事』·『海東繹史』·『明一統志』·『筮篨詞註』·『漢書地理志』·『潛夫論』 등에 의거하여 기씨의 도읍(평양)이 요동의 요양이요. 기씨의 국호가 한韓이요, 한사군이 요동에 있다는 것이며, ③은 소위 평양의 기자묘와 정전제의 사실성을 부정한 것으로 기자묘는 도리어 만주의 요동지방에 있다는 것이 『水經註』·『杜預』·『淸一統志』·『寰宇記』 등에 보인다는 것, 정전제는 당군이 실시한 둔전의 유지일 것이라는 것, 그리고 단군이 기자를 피하여 당장경으로 도읍을 옮기고 기자가 대신 조선의 왕이 되었다는 것은 연대상으로도 맞지 않고 도리상으로도 있을 수 없는 일이라는 것, 따라서 단군의 정통은 기자의 동래로 단절된 것이 아니라 북부여·동부여·고구려로 3,000년간 단절없이 계승되었으며, 타방 이족인인 기자가 정통이 되는 것은 도리상으로나 사리상으로나 부당하다는 것 등이 주장되고 있다.

다음으로 「尊華攘夷辨」은 완고한 유자들이 존화사상에 사로잡혀 외국의 진화된 정법·학술·물질·기예를 夷라 하면서 배척하는 어리석음을 통박한 것이다. 그에 의하면, 공자가 말한 중화와 이적의 구별은 본래 지역을 가지고 나누는 것도 아니고 종족을 가지고 나누는 것

---

10 上揭書, 279쪽.
11 上揭書, 278쪽.

도 아니며, 오직 문화수준의 차이를 가지고 나누는 것이다. 따라서 문화의 진화를 배척하면서 화이를 구별하려는 것은 자주·자립의 정신을 상실한 노성에 불과한 것이라고 한다.

이상룡의 역사인식에 있어서 한 가지 주의할 점은, 유교의 확장을 강조하고 중국과 우리나라의 동족·동문관념을 주장한 사실이다. 이러한 그의 주장은 역사적으로 중국과 우리나라가 지리적으로 가장 가까운 인방隣邦으로서 혈통이 같고, 공교孔敎를 숭상한 문화 전통이 같으며, 왜란시에 명과 조선이 일본에 공동으로 대항한 데서 볼 수 있듯이 운명공동체로서의 성격도 가진 것으로 생각하였다.[12] 더욱이 이상룡 개인으로서는 선조가 중국인이었다는 점에서 중국을 먼 조국이라고까지 말하였다.[13]

이와 같은 그의 중·한일체의식은 과거에 유학자들이 지녔던 존화적·사대적 역사인식 내지 문화의식과 흡사함을 보여주고, 그런 점에서 그가 과연 민족주의자인가를 의심케 한다. 그러나 이러한 언설들은 모두가 중국의 관헌들을 상대로 피력된 것으로서 현실적으로 한·중이 일제의 침략에 공동으로 대처하고, 또 재만한인의 자치권 획득을 위한 외교적 교섭용이었다는 것을 고려할 필요가 있다. 따라서 이러한 언설에서 이상룡의 역사인식의 진실을 찾아내는 것은 어려울 것으로 보인다.

3. 김교헌의 생애와 역사의식

1) 김교헌의 생애

김교헌金敎獻(1868~1923)은 1868년 외가인 수원군 구포에서 공조판서 창희昌熙와 풍양 조씨 희필熙弼의 딸 사이에 태어났다. 관향은 경주, 자는 백유伯猷, 호는 무원茂園이며, 뒤에 이름을 헌獻으로 바꾸었다.[14]

그는 1885년(고종 22) 18세로 문과에 급제한 뒤 승문원 부정자副正字, 성균관 전적典籍

---

12 上揭書, 卷5, "中東兩國地理歷史之關係".
13 上揭書, 卷5, "與吉林總督筆話"(1917).
14 金敎獻의 略歷은 『大倧敎重光六十年史』(대종교종경종사 편수위원회, 1971)의 「茂園宗師略歷」, 365~368쪽을 참고하였다.

(1887), 사간원 정언正言(1887), 규장각 직각直閣(1888), 홍문관 응교應敎(1888), 동수찬同修撰(1892), 예조참의(1892), 성균관 대사성(1892)에까지 올랐다. 이미 약관 25세에 청요직을 두루 거친 것으로 보아 그의 재능과 학문이 뛰어났음을 알 수 있다.

27세 되던 1894년의 갑오경장 이후에는 외무아문外務衙門의 참의 겸 회계국장을 거쳐 외부 참서관參書官(1895), 법부 참서관 겸 고등재판소 판사(1896), 중추원의관(1897)을 역임하고, 1898년(31세)에는 독립협회에 가입하여 만민공동회의 대표위원, 부회장 또는 회장 대리직을 맡으면서 민중계몽운동을 주도하였다.[15]

독립협회가 해산한 뒤, 김교헌은 다시 관직에 올라 1903년(36세)에 『문헌비고』 찬집위원으로 피임되었는데, 이때의 경험이 뒷날 역사서술가로 성장하는 토대가 된 것 같다.

1905년 을사조약으로 국운이 기울어 갈 무렵에 그는 동래감리 겸 부산항재판소 판사(1906), 동래부윤(1906)으로 재직하였는데, 이때 통감부의 비호 아래 자행된 일본인들의 경제침략에 맞서 이권운동을 징치하다가 송병준宋秉畯의 무고로 파면되었다(1907).

1906년에 비밀구국계몽단체인 신민회가 창설되자, 김교헌은 그 회원과 교우관계를 맺었으며, 1909년에는 『국조보감』 감인위원과 규장각 부제학에 올라 우리나라 전적문화와 더욱 친숙하는 계기가 되었다.

1910년의 국치 직전에 그는 최남선이 주관하던 조선광문회에 참여하여 고전간행사업을 도왔으며, 같은 해 1월부터 대종교에 귀의하여 그 후 1923년에 타계할 때까지 대종교의 핵심간부로 활약하였다.

국치 이후 일제는 대종교가 독립운동의 구심체임을 알아차리고, 그 회원을 일면 탄압하고 일면 회유하는 양면정책을 썼다. 이에 대항하여 대종교는 1911년 백두산 북쪽의 청호에 총본사와 고경각을 건설하고, 북간도에 동도본사(서일 주관), 상해에 서도본사(신규식 주관), 노령 소학령에 북도본사(이상설 주관), 한성에 남도본사(강우 주관)를 각각 두어 교세를 확장해 갔다.

그러나 1910년대 초에 이미 30만의 교도를 포용하는 대규모 독립운동 세력으로 성장하자 이에 놀란 일제는 1915년 10월 총독부令으로 폐교를 공포하게 되었고, 이에 교주 나철(홍암)은 황해도 구월산 삼성사에서 자결하고 교주의 지위를 김교헌에게 물려주었다(1916. 9).

---

15 신용하, 『獨立協會研究』, 1976, 100~103쪽.

김교헌은 국치 이후 지교知敎(1911)·상교尙敎(1914)를 맡으면서 중심간부로 활약하다가 1914년에는 한성의 남도본사를 주관하고 있었는데, 1916년 나철의 뒤를 이어 제2대 교주(都司敎)가 된 것이다. 김교헌이 이때 새 교주로 된 것은 그의 항일투쟁경력이 평가된 것이 아니라, 그의 학문과 관직경험, 그리고 온후침중溫厚沈重한 인품이 평가된 것으로 보인다. 사실 항일투쟁이라는 측면에서 본다면, 만주에서 무장투쟁을 전개하고 있던 서일(白圃)이 한층 교주로서의 적격성을 띠고 있었고, 그래서 김교헌도 1919년 3·1운동 직후 그에게 교주의 자리를 물려주려고까지 하였으나,[16] 서일의 거부로 뜻을 이루지 못했다.

온건 노선을 지향하는 김교헌의 등장은 일제당국에게도 큰 무리없이 받아들여진 것 같다. 일제는 국치 후 그를 총독부 촉탁으로 회유·포섭하여 월 50원元의 월급을 지급하고 있던 터이므로,[17] 김교헌의 등장은 어떤 의미에서는 대종교운동이 다시 합법화되는 계기가 되었다 할 수 있고, 또한 무장투쟁노선이 한층 온건한 종교·문화운동으로 전환하는 계기도 된 것이다.

김교헌의 등장으로 대종교의 중핵을 이루고 있던 혁신유림계 인사들이 대종교를 떠나기도 하였으나, 김교헌의 적극적인 포교활동에 힘입어 오히려 교세가 크게 확장되고 1920년 전후에 30~40만의 신도를 헤아리게 되었다.[18] 『大倧敎重光六十年史』에는 그의 포교활동을 이렇게 적고 있다.

한말의 傾國風霜 속에서 從2품 嘉善階의 작위까지 오른 茂園宗師는 학문의 조예도 깊거니와 溫厚沈重한 성품으로 평생 無言을 守行하신 덕망가인 까닭에 前日 大宗師 在世時에 특별한 신임을 받아 3년간 都司敎委里를 맡으셨고 … 神命으로 都司敎에 선임되었으며, 奉敎 14년과 管敎 8년 동안에 특별하신 誠力으로 파란중첩한 가운데 신봉생활을 이어왔다.

그러기에 때로는 倧理연구와 敎史편찬에 침식을 망각하고 밤을 새우기도 하였으며, 때로는 敎政처결과 學務수행에 鞠躬盡瘁하였고, 때로는 宣道布敎와 敎衆感化에 血汗을 不辭

---

16 『大倧敎重光六十年史』, 363쪽.
17 姜德相, 『現代史資料』 25권, 1967, 7~8쪽; 趙東杰, 「大韓光復會硏究」, 『韓國史硏究』 42, 1983.
18 朴永錫, 「大倧敎의 獨立運動에 관한 硏究」(『史叢』 21·22合輯, 1977)에서는 1916~1923년의 김교헌 시대가 대종교의 극성기로서 신도수가 약 40만을 헤아렸다 한다. 한편, 朴殷植의 『韓國獨立運動之血史』(1920)에서는 1920년경의 대종교 신도수를 약 30만이라고 보고하고 있어서 정확한 숫자를 알기는 어려우나, 어쨌든 1920년 전후의 시기가 대종교의 極盛期였음은 사실이다.

하였는가 하면, 日軍의 탐색과 침해로 3년간 東北滿의 和龍·寧安·密山 등지를 流離轉轉하면서 避險苦行에 寸時도 放念安息할 기회를 갖지 못하고도 布教사업을 쉴 줄 몰랐다.

이렇듯 寧日이 없는 가운데서도 教勢확장에 盡力獻誠한 神化의 은총으로 포교 수년에 教徒는 도처에 운집하고, 教堂은 각지에 林立하여 聖域大地에 大道가 煥然하게 되었다(362~363쪽).

김교헌은 교세확장에 진력하는 한편, 대종교의 교리를 정리하는 데 있어서 중추적 역할을 담당하여, 1914년에는 『神檀實記』를 저술하여 대종교의 연원을 역사적으로 밝혀냈으며, 같은 해에 통사로서 『神檀民史』를 저술하여 재만중학생 및 사관학도의 국사교재로 사용하였다 한다.[19] 이 책은 1923년에 국한문으로 상해에서 정식으로 출판되었다.[20] 그리고 1923년에 이원태李源台가 지은 『倍達族疆域形勢圖』를 감수하여 『신단민사』와 함께 사관학도의 역사교재로 사용하였다.

이 밖에 김교헌은 소학생 교과용으로 『倍達族歷史』를 간행하였고, 『震旦史乘』을 집필하였다고 하며,[21] 각종 대종교 경전을 증보 또는 국역하여 교리정리에 크게 기여하였다.[22]

김교헌은 1923년 질병으로 만주 영안에서 타계하였으며, 그 후임에 윤세복尹世復(檀崖)이 취임하여 1930년까지 교단을 이끌다가 일제의 탄압으로 문을 닫고 말았다.

2) 김교헌의 역사의식

(1) 『신단실기神檀實記』

『신단실기』는 문자 그대로 신성한 단군의 사실을 적은 것이다. 대종교가 단군숭배의

---

19 朴永錫, 前揭論文, 375~377쪽.
20 『大倧教重光六十年史』(353~355쪽)에 의하면, 金教獻이 『神檀實記』와 『神檀民史』를 저술한 것은 1914년 1월로 되어 있고, 『神檀民史』는 1923년에 國漢文으로 다시 간행된 것으로 되어 있다. 현존하는 『神檀實記』에도 1914년에 초판이 발행된 것으로 되어 있으나, 『神檀民史』는 1923년(개천 4380년)에 上海에서 초판이 발행된 것으로 되어 있다. 아마 1914년에는 活字가 아닌 프린트본으로 간행하고 純漢文으로 쓰여진 것이 아닌가 추측된다.
21 『神檀民史』重版序言(1946, 趙琬九 씀).
22 金教獻은 1922년에 『神誥講義』·『神理大全』·『會三經』·『神事記』·『朝天記』·『神歌集』을 간행하고, 1923년에는 『倧理問答』·『重訂神歌集』·『增刪倧禮抄略』·『國漢文三一神誥神誥』·『神理大全』·『神事記』 등을 譯刊하였다.

종교이므로 단군에 관한 사실을 밝히려고 하는 것은 당연하다. 대종교의 경전은 어느 것이나 단군 혹은 삼신의 언행과 관련되지 않은 것이 없다. 따라서 유독『신단실기』만이 단군사실을 적은 것은 아니다.

김교헌은 교도의 입장에서『신단민사』를 비롯하여 여러 경전을 정리하였기 때문에 그의 단군이해가 종교성을 띠게 되리라는 예측이 가능하다. 그럼에도 불구하고 이 책을 사학사에서 논의하지 않을 수 없는 것은, 적어도 단군에 관한 역대의 문헌을 수집하여 가능한 한 사실적인 이해체계를 세우려 했다는 점, 국사를 민족사의 차원으로 제고시킴으로써 민족주의사학 발달에 일익을 담당했다는 점, 그리고 이 책이 재만한인의 항일운동의 정신적 지주로서 공헌한 점이 크다는 것 때문이다.

『신단실기』는 ① 단군세기를 비롯하여, ② 三神上帝, ③ 敎化源流, ④ 神異徵驗, ⑤ 壇祠殿廟, ⑥ 歷代祭天, ⑦ 族統源流, ⑧ 詩詞樂章, ⑨ 古俗拾遺, ⑩ 檀君享壽辨, ⑪ 檀君辨, ⑫ 江東陵辨, ⑬ 扶婁辨, ⑭ 太白山辨, ⑮ 平壤及浿水辨, ⑯ 檀君疆域考, ⑰ 白頭山考, ⑱ 白岳考, ⑲ 經史災厄 등 모두 19항목으로 구성되어 있다.

먼저 '단군세기'는 단국 · 부여 · 고구려 · 백제 · 신라 · 발해 · 예맥 · 동옥저 · 비류 · 숙신 · 삼한 · 정안국 · 요 · 금의 순으로 14 왕조의 흥망을 개관한 것으로, 이들 국가를 모두 단군족(倍達族)으로 이해하고 있으며,[23] 기자 · 위만 · 사군이부의 역사를 삭제하고 있다. 삼국시대를 고구려 · 백제 · 신라 순으로 서술하고 있음이 특히 주목된다.

이는 국사를 단군족(배달족)의 단일민족사로 체계화하고, 요 · 금과 같은 북방족까지도

---

[23] 扶餘 이하 諸國의 혈통은 다음과 같이 이해되고 있다.
① 扶餘: 檀君이 支子를 餘地에 封하여 扶餘가 되었는데 뒤에 北徙하여 북부여가 되고, 解慕漱의 아들 夫婁가 迦葉原으로 移都하여 동부여가 되었다. 동부여는 夫婁 · 金蛙 · 帶素 · 曷思로 왕위가 이어지고, 曷思王의 從弟가 고구려에 투항하여 椽那部에 소속되었다. 뒤에 부여는 尉仇台 · 夫台 · 簡位居 · 麻余 · 依慮 · 依羅 · 孱王 등으로 왕위가 이어지다가 고구려에 병합되었다.
② 高句麗 · 百濟 · 新羅: 고구려 시조 朱蒙은 北扶餘王 해모수의 子(夫婁의 異母弟)이며, 백제시조 溫祚는 夫婁의 庶孫 優台의 子이며, 신라시조 赫居世는 扶餘帝室女(婆蘇)가 不夫而孕하여 辰韓에 쫓겨가서 낳은 子라고 한다. 신라시조를 부여계로 연결시키는 것은 특이한 견해이다.
③ 濊貊: 예맥의 祖先은 扶餘와 동출하니 모두 檀君의 자손이다. 東에 濊가 있고 西에 貊이 있는 바, 貊은 濊에 附庸하였고 예맥이 동시에 朝鮮에 臣屬하였다. 濊는 滄海라고도 한다.
④ 東沃沮는 단군의 苗裔로서 蓋馬山에 있다가 고구려에 병합되었다.
⑤ 沸流는 단군의 後裔로서 沸流水上에 있다가 松讓王 때에 고구려에 투항하였다.
⑥ 三韓은 檀君의 遺民으로서 朝鮮南에 있었다.
⑦ 定安은 馬韓之種이며, 遼의 祖先은 고려에서 나왔으니 단군의 후예이며, 金의 太祖는 고려인 金俊의 5대이다.

국사에 편입시키며, 나아가 만주에서 영위되었던 국가들을 국사의 주류로 부각시키는 결과를 가져온 것으로, 대종교에서 표방하고 있는 단군민족주의적 국사상을 반영하고 있다.

'단군세기'는 문헌제시 없이 서술되고 있으나, 대체로 고기를 비롯하여『삼국유사』·『삼국사기』·『동명왕편』·『위지동이전』 등에 의거하여 작성된 것이며, 끝부분에 미수 허목과 수산 이종휘의 단군에 관한 언설을 소개하고 있는 것으로 보아,[24] 허목의『동사』(記言)와 이종휘의『동사』및『수산집』의 영향을 많이 받은 것을 알 수 있다. 허목과 이종휘의 사학에 대해서는 신채호의『조선상고사』에서도 높이 평가하고 있는 터이지만,[25] 시간적으로 보아『신단실기』는『조선상고사』보다 16년이나 앞선다는 점에서,『신단실기』의 선구적 위치가 인정된다.

『신단실기』에서 가장 핵심적인 위치를 차지하고 있는 단군조선의 정치와 문화에 대해서는 어떻게 이해하고 있는가. '단군세기'에 의하면, 단국의 시조 단군(환검)은 '以神化人'하여 태백산(백두산)에 내려와 신교를 베풀다가 개천 125년 10월 3일에 왕검으로 추대되었다. 국호는 처음에 단檀(배달)이라 하고, 국도를 태백(백두산)으로 하였다. 뒤에 평양으로 이도移都하고 국호를 조선으로 바꾸었다가, 또 뒤에 당장경唐莊京(文化縣)으로 수도를 옮겼다. 단군의 수壽는 217년이요, 재위는 93년간이며, 조선의 역년은 1212년이나, 전세傳世는 알 수 없다. 단군은 태자 부루扶婁를 우하禹夏의 도산회에 보내어 중국과의 교제를 시작했고, 지자支子를 부여에 봉했으며, 강화 마니산에 제천단을 설設하고, 삼자三子를 보내어 삼랑성을 쌓았으며, 팽우彭虞로 하여금 산천을 다스리고 민거民居를 전奠하게 하고, 신

---

24 『神檀實記』檀君世紀 말미 "眉叟許穆曰 檀君之世 當帝嚳唐虞之際러니 而自衛滿·三韓以降으로 攻戰이 不休하며 滅亡이 旣多하야 載籍이 不備함으로 旣無文獻可徵하고 後世에 雜出於傳記者는 實多夫婁·朱蒙·赫居世·溫祚之世에 傳道古事而已라.

修山 李鍾徽曰 余嘗聞摩尼山에 有祭天壇하고 九月山에 有三聖祠하고 其東에 有古所謂唐莊京하야 往往有佳氣 其上云하고 … 盖 檀君은 首出聖人으로 在中國에 其伏羲神農之君乎.

又曰 扶餘는 大國也라 … 檀君後世數千百年에 立國稱王이 世不絶하니 此는 始封에 必有賢聖之君하야 仁惠及于物하고 至于子孫也로다.

又曰 余聞古史에 稱호대 扶婁·濊貊·沸流 皆出於檀君하야 立國傳世 或數千年不絶이라하니 此는 所從來遠矣라. 無乃檀君之德이 如姚姒湯姬耶아 不然이면 何如其久也오".

25 申采浩는『朝鮮上古史』총론에서 許穆의 史學을 평하며 "檀君·新羅 등 各世紀가 너무 간략하나 왕왕 獨得의 見이 있다"고 하였고, 李鍾徽의 사학에 대해서는 "修山集 끝에 檀君 이래 朝鮮固有한 독립적 문화를 詠歌하여 金富軾 이후 史家의 노예사상을 갈파하여 특유한 發明과 採輯은 없다 하여도 다만 이 한가지로도 또한 不朽에 垂할 것이다"라고 하여 허목과 함께 단군연구에 공헌이 있음을 칭송하고 있다.

지神誌로 하여금 서계書契를 장掌하게 하고, 고시高矢로 하여금 전사田事를 치治하게 하고, 여수기余守己로 하여금 예濊의 군장君長을 삼으며, 비천생裶天生으로 하여금 남해상장南海上長을 삼았다 한다.

다음에 '단군세기'에서 특히 주목되는 것은 숙신에 관한 설명이다. 그에 의하면 숙신은 당시의 북간도이던 동만주(영고탑 부근)에 있던 나라로서 상고시대 동방구이東方九夷 가운데 최강국이며, 석노石弩·피갑골皮甲骨·단궁檀弓·고시楛矢 등을 만들어 썼는 바 단궁檀弓이 중국에 알려져 동인을 이夷(대궁의 뜻)라고 부르게 되었다 한다. 그리고 홀신忽愼·직신稷愼·읍루挹婁·물길勿吉·말갈은 모두 동종이며, 숙신의 땅은 뒤에 모두 발해의 소유가 되었다 한다. 숙신에 대한 연구는 재만사가在滿史家의 공통된 관심사로서 한인의 간도이민과 관련된 추세로 보인다.

'삼신상제'이하 '經史災厄'에 이르기까지의 18 항목은 단군 또는 단군조선과 관련되는 신앙·습속·지명·강역·연대, 그리고 문헌들을 고증 또는 소개하고 있다.

먼저 '삼신상제'에서는 삼신이 환인(天)·환웅(神)·단군(神人)에서 유래하고 삼신이 곧 상제·제석이며, 삼신산이 태백산(백두산)이라는 것을『古今記』·『漢書』·『風俗考』등을 인용하여 밝히고 있으며, 삼신에 대한 부설로서 부루단지扶婁壇地 혹은 업주가리業主嘉利에 대한 민간풍속을 소개하고 있다.

다음에 '교화원류'에서는 단군이 성인聖人 혹은 신인神人으로서 신교를 설립하여 주곡主穀·주명主命·주형主刑·주병主病·주선악主善惡하고, 남녀·부자·군신·의복·음식·궁실宮室·편발編髮·개수盖首의 제제制로써 교화하며,[26] 구이九夷의 소국을 모두 신교로써 교화하여[27] 백이伯夷가 인현지풍仁賢之風의 소문을 듣고 귀화했다는 것,[28] 단군조선은 요심 지방을 병유하여 유영幽營의 순순舜과 상접하였으므로 중국문화의 영향을 받았으리라는 것,[29] 동방인은 주의朱衣·호대縞帶·현관玄冠·채의綵衣를 착용하고, 부상범不相犯, 부상훼不相毁하며, 타인의 환患을 보면 목숨을 걸고 구해주어 선인이라고 일컬어진다는 것,[30] 동

---

26 以上은 古記에서 인용.
27 古史에서 인용.
28 『星湖僿說』에서 인용.
29 前揭書에서 인용.
30 『神異經』에서 인용.

방인이 예의가 바르다고 알려진 것은 단군·기자의 교화의 결과로서 공자가 부해의 뜻을 품고, 공자의 후손 공소가 고려에 귀화한 것은 이 때문이라는 것,[31] 단군이 창시한 종교를 부여에서는 대천교 혹은 배천교, 신라에서는 숭천교, 고구려에서는 경천교, 고려에서는 왕검교라고 하였다는 것,[32] 나라에 현묘한 도道가 있는데 유·불·도의 3교를 포함하고 있다는 것[33] 등이 피력되고 있다. 이 부분의 서술은 심광세沈光世의 『海東樂府』·『古記』·『古史』·『星湖僿說』, 이희령李希齡(1697~1776)의 『藥坡漫錄』, 『山海經』·『神異經』, 공명렬公明烈의 『東國闕里志』(1839), 『續宛委餘編』·『東事類考』, 최치원崔致遠의 『鸞郞碑序』, 『武陵集』·『滿洲志』 등에서 인용되고 있다.

'신이징험'에서는 삼신상제가 인간에게 길흉화복을 내려준 여러 가지 신이한 징험의 사례들을 모은 것으로, 예컨대 『裵氏舊譜』에 보이는 비의동자설화緋衣童子說話,[34] 『동사유고』에 있는 비삼문扉三門[35] 전설과 아란불阿蘭弗의 몽천夢天[36] 전설, 솔거率居의 신화,[37] 『이상국집』의 김생신필金生神筆, 『용비어천가』의 구변진단지도九變震檀之圖와 금척金尺에 관한 기사, 『성종실록』에 기록된 삼성사 신앙에 관한 기록 등이 그것이다.

'단사전묘'에서는 마니산 참성단, 구월산 삼성사, 평양의 숭령전·성제사, 발해의 보본단報本壇과 목엽산묘木葉山廟, 금金의 태백산묘, 고구려의 부여신묘와 고등신묘에 관한 『수산집』·『문헌비고』·『춘관통고』·『문원보불文苑黼黻』·『고려사지리지』·『요사』·『금사』·『후주서』의 기록을 모으고 있다. 그리고 이와 같은 단壇·사祠·묘廟·전殿의 설립은 보본추원報本追遠의 뜻을 가진 것이라는 저자 자신의 해설을 말미에 덧붙이고 있다.

---

31 『東國闕里志』·『武陵集』에서 인용.
32 『續宛委餘編』·『滿洲志』에서 인용.
33 崔致遠의 『鸞郞碑序』에서 인용.
34 이 說話의 내용은 다음과 같다. 檀君이 南海上을 巡할 때 赤龍이 異祥을 보이고 神女가 金樻을 바치거늘, 단군이 이를 열어보니 緋衣를 입은 童子가 있어 姓을 緋라 하고 이름을 天生이라고 하였으며, 어른이 되자 南海上長을 삼았다.
35 江界 四季山에 있는 三石人像에 얽힌 전설로서, 단군 때에 세 사람의 異人이 이곳에 살았는데, 단군이 불러서 相을 삼아 정치를 보좌하게 하였다. 뒤에 단군이 阿斯達山에 들어가 御天하자 세 사람은 四季山에 돌아와 化石人이 되었다 한다.
36 扶餘의 相臣 阿蘭弗이 꿈에 登天하니, 天帝가 이르기를 "나의 子孫 가운데 너의 舊都에서 立國할 자가 있을 것이다"라고 하였는데, 해모수가 柳花를 만나서 朱蒙을 낳아 고구려 시조가 되었다.
37 率居는 주야로 天神에게 神敎를 받기를 축원하다가, 어느날 꿈에 神人檀君이 나타나 神毫를 주겠다고 한 다음에 名工이 되었으며, 솔거는 神恩에 감명하여 檀君像을 千本 가까이 그렸다 한다. 李奎報는 率居가 그린 檀君御眞의 賛을 썼다.

'역대제천'에서는 고조선 · 부여 · 예맥 · 삼한 · 고구려 · 백제 · 신라 · 고려 · 요 · 금 등에서 이루어지고 있었던 제천행사, 예컨대 영고 · 무천 · 천군 · 동맹 · 교천 · 연등 · 예화악 · 사류 등을 소개하고, 중국의 봉선 · 환구제보다 앞서서 동방의 제천이 행해졌다고 주장하고 있다.

'족통원류'는 단군 후예의 배달종족이 후세에 분파된 과정을 설명한 것으로, 이를 알기 쉽게 표로 작성하면 다음과 같다.

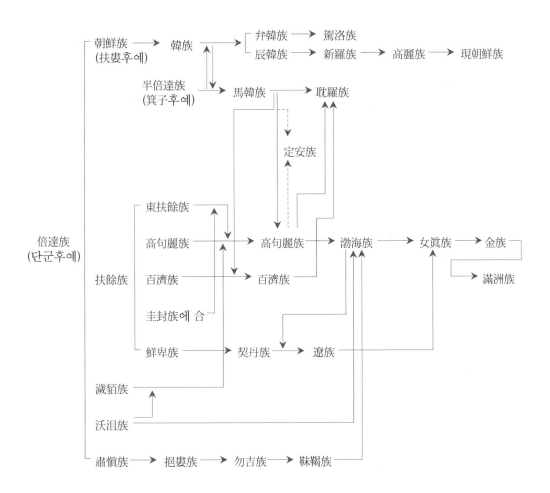

이에 의하면, 배달족은 처음 다섯 파로 크게 분화되었다가, 나중에는 신라족과 발해족이 여러 분파를 흡수하여 전자가 현조선족으로 이어지고, 후자가 현만주족으로 이어져

내려온 것으로 이해되고 있다. 과거에 중국계로 이해되어 온 한족(진한 · 변한)을 배달족으로, 기자후예와 마한을 반 배달족으로, 그리고 북방 이민족으로 간주되어 온 선비鮮卑 · 거란契丹 · 요遼 · 금金 · 여진女眞 · 청淸 · 말갈靺鞨 · 만주족滿洲族 등을 모두 배달족으로 간주하는 것이 특이한 점이다.

『신단실기』는 이렇듯 만주와 한반도에서 국가를 영위했던 모든 족속들을 배달종족이라는 하나의 테두리 속에 함입시켜 이해하고 있으며, 첫장의 '단군세기'에서 단국 · 부여 · 고구려 · 백제 · 신라 · 발해 · 예맥 · 동옥저 · 비류 · 숙신 · 삼한 · 정안 · 요 · 금 등의 역사를 서술하고 있는 것도 이와 같은 족통관념에 근거하고 있음을 알 수 있다.

'시사악장'은 이조의 문인 또는 중국문인이 지은 단군에 관한 시사 혹은 악장을 모은 것이며[38] '고속습유'는 달(月) · 임금(王) · 서낭당(仙王堂) · 고시네(高矢네) · 단단檀檀 · 동령東嶺 · 댕기(檀戒, 檀祈) · 성주(成造) · 단신제檀神祭 · 배(白) 등의 어원과 풍습이 모두 단국에서 유래한 유풍미속이라는 것을 말하고 있다. 이는 말하자면 언어 · 민속적인 측면에서 단국의 문화를 이해하고 있음을 보여준다.

그 다음 단군향수변, 단군변, 강동릉변, 부루변, 태백산변, 평양급패수변, 단군강역고, 백두산고, 백악고 등은 안정복의 『동사강목』, 박지원의 『열하일기』, 허목의 『기언』, 정약용의 『강역고』, 그리고 『와유록』 · 『동방지명변』 등에서 고증한 선배학자들의 연구성과를 모은 것이다. 여기에서 얻어진 결론을 요약하면 다음과 같다.

① 1048년은 단군의 享壽가 아니라 단군조선의 歷年이라는 것.[39]

② 단군의 뜻은 '檀國의 임금'이라는 것.[40]

③ 江東에 있는 소위 단군묘는 1世 단군의 묘가 아니라 후세 단군의 무덤이라는 것.[41]

④ 夫婁는 2人이 있어서, 하나는 檀君의 子요, 다른 하나는 解慕漱의 子라는 것.[42]

---

38 예컨대 崔鳴吉의 檀君祠詩, 沈光世의 太白檀歌, 權近 · 鄭斗卿 · 洪柱世의 檀君詩, 南孝溫 · 金堉 · 金南重 · 朴瀰 · 肅宗 · 史道(明) · 唐皐(明) · 龔用卿(明) · 薛延寵(明) 등의 檀君廟에 관한 詩, 沈埈의 崇靈殿에 관한 詩, 秋谷(僧)의 三聖祠에 관한 詩 등이 소개되고 있다.

39 『東國通鑑』에서 인용.

40 『東史綱目』에서 인용.

41 眉叟記言 · 文獻備考 · 輿地勝覺 등에 모두 檀君廟가 江東에 있다고 기록하고 있으나, 一世檀君은 神이 된 까닭에 陵寢이 있을 수 없으며, 檀君의 嗣君도 모두 단군이라 칭하였으므로 소위 강동의 단군묘는 嗣君의 陵으로 보아야 한다고 김교헌은 주장하고 있다.

⑤ 太白山은 妙香山이 아니라 지금의 백두산이라는 것.[43]

⑥ 平壤과 浿水는 각각 여러 곳이 있어서, 예컨대 평양은 (1) 요동의 鳳城, (2) 요서의 永平・廣寧 사이, (3) 요양, (4) 대동강유역 등이 있는바, 소위 기자가 도읍을 정했다는 평양은 (2)에 해당하고, 낙랑군치가 되었던 평양은 (3)이라는 것.[44] 그리고 패수 역시 요동의 軒芋灤水와 대동강을 가리킨다는 것.[45]

⑦ 檀・箕 시대의 강역은 요심일대를 포함하여 서쪽으로는 요하를 넘어서고 북으로는 黑水를 넘어섰다는 것.[46]

⑧ 漢四郡의 위치는 半은 요동에, 半은 여진에 있었다는 것.[47]

⑨ 백두산은 不咸・蓋馬・徒太・白山・太白・長白山 등으로 불렸다는 것.[48]

⑩ 백악은 白牙岡=阿斯達=九月山을 의미한다는 것.[49]

『신단실기』의 마지막 부분인 '경사재액'은 단군시대의 고사와 경전이 후세에 인멸된 과정을 설명하고 있다. 이에 의하면, 단군시대의 經・사史가 부여・고구려에 유전流傳하여 역번간행된 것이 많았으나, 신라와 당唐이 고구려를 멸하면서 서고를 불태우고 민간 소장을 수분收焚하였으며, 부여에 소장되었던 것은 발해로 전해졌으나 금金(遼?)이 나당羅唐의 전철을 밟아 훼손하였다 한다. 그러나 경・사의 일부가 그래도 남아서 조선왕조의 세조・예종・성종 때에 8도 관찰사에게 유시諭示하여 수상케 하였는데 그 뒤 병화兵火로 인하여 유실되었다 한다.[50] 조선초기까지 남아 있던 단군의 경사로서 『古朝鮮秘詞』・『大辯說』・『朝代記』・『誌公記』・『表訓天詞』・『三聖密記』・『安舍老元董仲三聖記』・『道證記』・『動天錄』・『通天錄』・『地華錄』 등을 들고 있다.

끝으로 『신단실기』는 연대표기에 있어서 과거 존화사상의 잔재인 중국년호표기나, 또

---

42 『東史綱目』의 說을 따름.

43 同上.

44 『熱河日記』에서 인용.

45 同上.

46 『東史綱目』에서 인용.

47 『熱河日記』의 說을 따름.

48 『疆域考』・『臥遊錄』・『東方地名辨』에서 인용.

49 『東史綱目』에서 인용.

50 『世祖實錄』(3년 5월)・『睿宗實錄』(己丑 9월)・『成宗實錄』(卽位年 12월)에서 인용.

는 한말 교과서에서 보이던 일황년기를 쓰지 않고 개천기년법을 쓰고 있다. 이는 단군숭배와 관련된 것이기도 하지만, 사대적 잔재와 친일 잔재를 청산하려는 의도로 이해된다.

『신단실기』는 저자 김교헌이 대종교신자의 입장에서 단군 또는 삼성에 대한 깊은 종교적 신앙심을 바탕으로 하여 편찬한 것이면서도, 어디까지나 문헌적 자료에 입각하여 객관적으로 배달족의 역사를 서술하려고 노력한 흔적이 많다는 점에서 단순한 사화로만 치부하기는 어렵다. 물론 간간이 대종교적 교리에 입각한 역사해석이 없는 것은 아니지만, 비슷한 시기에 나온 『단기고사』와 비교하여 보면 견강부회적牽强附會的인 억설이 훨씬 적은 편이다. 『단기고사』에서 제시되었던 단군조선의 역대왕명과 그들의 치적을 무시해 버린 것은 매우 인상적이다. 김교헌은 단군조선의 역사와 문화를 무리하게 훼조하지 않고, 조선 후기 실학자들이 밝혀낸 단편적인 연구성과를 광범위하게 수집·정리하고, 여기에 대종교적인 단군민족주의 세계관을 투영시켜 새로운 상고사의 체계를 수립하였던 것이다.

(2) 『신단민사神檀民史』

① 체재

『신단실기』가 상고사에 중점을 두고 문헌수집에 역점을 둔 것이라면, 『신단민사』는 단군에서 갑오경장에 이르는 통사체계의 구성에 목적을 두고 교과용으로 편찬된 것이다. 따라서 이 책은 훨씬 평이하고 정리된 개설서의 면모를 갖추고 있다.

본서는 본문 4권으로 구성되어 있으며, 권수에 9항의 범례를 실어 본서 편찬의 취지와 방법을 밝히고, 다음에 민족계표民族系表·남북강통일국계표南北疆統一國系表·대사계표大事系表를 작성하여 배달족의 족통계보와 남강국가 및 북강국가의 왕계, 그리고 단군건국으로부터 동학에 이르기까지의 주요사건에 대한 연표를 각각 제시하고 있다. 이제 범례를 중심으로 하여 본서의 성격을 검토해 보기로 한다.

먼저, 범례의 첫머리에,

> 是書는 國代를 限치 않고 民族을 표준하야 檀君民族의 全體를 統擧함으로 册名을 神檀民
> 史라 稱함.

이라고 밝히고 있다. 즉 이 책은 좁은 의미의 국가사가 아니라 넓은 의미의 민족사로 편찬되었다는 것이 가장 중요한 특색으로 지적될 수 있다. 여기서 민족이라 함은 단군민족=배달족=신단민=구이(구족)를 가리킨다. 단군민족은 국조를 중심으로 부른 것이며, 배달족은 최초의 국호인 단檀의 방언에 따른 호칭이며, 신단민은 배달족에 대한 존칭(신성한 배달민)이며, 구이 혹은 구족은 중국측 문헌에 보이는 배달족의 명칭이다. 배달족은 여러 종족으로 분파되었는 바, 크게 나누어 ① 조선족, ② 부여족, ③ 한족, ④ 예족, ⑤ 맥족, ⑥ 옥저족, ⑦ 숙신족이 있다. 이 중에서 가장 주류를 이루는 것은 조선족으로서, 조선족이 부여족으로 이어지고(②의 부여족을 別派로 보는 듯), 부여족이 다시 ㉮ 동부여, ㉯ 북부여, ㉰ 졸본부여, ㉱ 서라부여, ㉲ 남부여로 나뉘어져, ㉰가 다시 고구려 · 발해 · 여진 · 금 · 청으로 이어지고, ㉱가 다시 신라 · 고려 · 조선으로 이어지며, ㉲에서 백제가 나온다.

②의 부여는 북예로 이어지고, ③의 한韓은 진한 · 변한으로 나뉘어 진한이 신라로 이어지고(신라는 진한과 서라부여의 두 계통이 합쳐진 셈이다), 변한이 가락으로 이어진다. 그리고 삼한의 하나인 마한은 타래족인 기씨의 후예로 간주된다. ④ 예는 서예徐濊 · 한예寒濊 · 동예東濊 · 불내예不耐濊 등으로 나뉘어지고, 서예가 주초周初에 서국을 세워서 1천여 년간 50여 국을 거느리는 동방의 맹주가 되었다. ⑤ 맥은 북맥北貊 · 호맥胡貊 · 양맥梁貊 · 구려맥句麗貊 · 소수맥小水貊 · 예맥濊貊 · 우수맥牛首貊 등 7파로 나뉘는 바, 그 중에서 북맥이 선비鮮卑 · 거란契丹 · 요遼로 이어진다. ⑥ 옥저는 동옥저와 서옥저로 나뉘어지며, ⑦ 숙신은 읍루挹婁 · 물길勿吉 · 말갈靺鞨 · 여진女眞(여진은 발해에서 이어진 것과 숙신에서 이어진 것의 두 계통이 있는 셈이다)으로 이어진다.

이상과 같은 배달족의 족통계보는 기본적으로 『신단실기』의 족통원류에서 제시한 것과 일치하나, 세부적으로는 많은 차이가 보인다. 예컨대 『실기』에서는 조선족과 부여족을 이원화시켜서 전자에서 삼한 · 신라 · 고려 · 조선이 이어지고, 후자에서 고구려 · 발해 · 백제 · 여진(金 · 淸)이 이어지는 것으로 보았으나, 『민사』에서는 조선족과 부여족을 일원적으로 체계화하고 있다는 점이 서로 다르다. 이것을 바꾸어 말하면, 민족사체계에서 한족보다도 부여족의 위치를 더욱 높인 것을 의미하며, 아마 이것은 만주사(北疆史)를 반도사(南疆史)보다도 더 중요시한 결과가 아닌가 짐작된다.

다음에 본서는 배달족의 활동무대를 모두 영토(국토)로 간주하는 입장에서 만주와 한반도가 하나의 국가로 통합된 시대를 통일시대로 이해하고, 그렇지 않았던 시대를 열국시대 혹은 남북조시대로 부르고 있다. 이러한 관점에서, 역사상 통일시대는 신시神市시대

(桓族시대) · 배달倍達시대(단군조선)뿐이며, 소위 삼국시대는 열국시대로, 소위 통일신라 시대는 남북조시대로, 그리고 고려와 조선도 각각 남북조시대로 취급되고 있다. 왜냐하면 통일신라 이후에도 만주에는 배달족 국가인 발해 · 요 · 금 · 청이 계속 건설되었던 까닭이다. 그리고 이러한 논리를 가지고 이해한다면, 배달족은 상고시대를 제외하고는 한번도 통일을 이루지 못한 것이 되며, 만주의 실지를 다시 수복함으로써만 민족의 재통일이 이루어지고 민족사가 곧 국사가 될 수 있다는 논리로 귀결된다.

본서의 권두에 '南北疆統一國系表'를 작성하여 북강국가와 남강국가를 확연히 구별하고 있는 것도 이러한 취지와 관련된 것으로 보인다. 소위 북강국가는 기씨조선 · 위씨조선 · 부여 · 고구려 · 발해 · 요 · 금 · 청이며, 남강국가는 마한 · 백제 · 가락 · 신라 · 고려 · 조선이 이에 포함된다.

그 다음, 본서는 범례의 두 번째 항에서,

是書는 編法을 史談體와 開化史體를 用하며, 國漢文으로써 交作하야 普覽에 便케함.

이라고 밝히고 있다. 여기서 본서의 편법으로써 '史談體'와 '開化史體'를 쓰고 있다는 것은 바꾸어 말하면 정사에 보이지 않는 사화 내지는 전설을 수록함과 동시에 근대적인 역사 서술방식을 취하고 있다는 뜻으로 풀이된다. 그리고 국한문을 병용한 것은 한말의 교과서를 비롯하여 1910년대 초의 상당수의 사서들이 아직도 순한문 서술을 탈피하지 못한 사실에 비추어 진일보한 서술방식으로 평가된다.

범례의 세 번째 항에서는,

是書는 民族의 固有한 精神과 傳來하는 美俗에 注重하야 神檀民族의 價值를 表明함.

이라고 하여, 민족의 고유정신과 전래미속에 중점을 두었음을 밝히고 있다. 실제로 본서는 문화사 서술에 주력하고 있으며, 문화 중에서도 종교 · 제도 · 문학기예 · 풍속을 반드시 각 시대마다 서술하고 있다. 그리고 종교에 대한 서술에서는 반드시 민족고유신앙인 신교를 첫머리에 싣고, 풍속 항에서는 관혼상제와 의식주 생활상의 고유한 풍습을 소개하는 데 주력하고 있다. 일반적으로 고유한 정신이 많이 나타나는 것은 제도보다는 종교와 풍속이라는 점에서, 저자가 종교와 풍속의 서술에 주력한 것으로 이해된다.

또 앞의 범례에서 밝혔듯이, 본서가 사담체와 개화사체를 병용하여 사담을 많이 실은 것도 실은 민족의 고유정신과 미풍을 소개하여 신단민족의 가치를 드러내고자 한 것과 관련이 있을 것이다. 종교나 풍속은 사실 정사에 보이는 문헌만으로는 상세한 설명이 어려운 것이고, 신화·전설 같은 구전자료나 현존하는 민속자료를 광범위하게 이용할 수밖에 없기 때문이다.

범례 (1)에서 "민족을 표준하야" 썼다는 것이나, 범례 (2)에서 "史談體"를 썼다는 것, 그리고 범례 (3)에서 "민족의 고유한 정신과 전래하는 미속에 주중하야 신단민족의 가치를 표명"하였다고 한 것은 서로 같은 문맥에서 나온 것이며, 한마디로 요약한다면 민족주의의 입장에서 민족의 자부심을 드러내기 위하여 사담을 채용했다는 의미로 해석된다.

다음 범례 (4)에서는 다음과 같이 밝히고 있다.

是書는 原編과 續編과 增編과 補編으로 分하야 姑先 原編을 著하며 餘는 後日을 俟함.

즉 원래는 원편·속편·증편·보편으로 나누어 서술할 계획으로 우선 원편만을 썼다고 하는바, 범례 (6)에 의하면, 속편은 갑오경장 이후의 역사를, 중편은 원편에 루재漏載된 사건(예컨대 당론 등)을, 그리고 보편은 원原·속續 양편에 빠진 것을 기입할 예정이었다 한다. 말하자면 원편이 통사적 문화사에 해당한다면, 속편은 한말현대사에, 증편은 정치사로서 각각 구상된듯하다. 어쨌든 본서는 원편만을 완성한 것이기 때문에 정치사와 현대사가 누락되었다.

범례 (5)에서는 시대구분과 편·장·절의 구분원칙을 제시하고 있다. 이에 의하면, 편은 상고·중고·근고·근세로 4분하고, 각 편마다 종교·제도·학예·풍속의 4장을 두며, 각 장은 몇 개의 절로 구성되어 있다. 이와 같은 시대구분법과 편제방식은 이른바 개화사체를 따른 것으로서, 현채의 『동국사략』(1906) 이후 널리 통용되던 신사체이었다.[51]

---

51 各編의 서술시대는 다음과 같다.
　　上古 —— 神市時代·倍達時代·扶餘時代
　　中古 —— 列國時代·南北朝時代
　　近古 —— 麗遼時代·麗金時代·高麗時代

그런데『민사』는 시대구분에만 신사체를 따른 것이 아니라, 장 · 절의 제목이나 역사용어를 완전히 근대적인 것으로 바꾸어 놓았다는 점에서도 획기적인 의미를 갖는다.[52] 즉 종전에 유가들이 존화 · 존왕실적인 입장에서 써오던 왜란 · 호란 또는 모모란某某亂이라는 용어를 일본의 입구, 형제의 맹약, 모모의 거병 등으로 바꾸어 놓았다.

다음에, 범례 (7) · (8)에서는 중고편 이후의 서술에 있어서 시대장의 수절에 그 장의 개요를 적고, 또 각 장의 서술분량을 균일케 하여 독자의 편의를 도모하였음을 밝히고 있다. 이는 교과서의 학습효과를 살리기 위한 것으로 이 역시 근대교과서의 체제를 발전시킨 것이다.

끝으로 범례의 마지막에서는 연대표기방법으로 개천기년과 간지를 따랐음을 밝히고, 이러한 편년방식이 가진 불편한 점을 후일 고칠 것을 약속하고 있다. 개천기년을 쓴 것은 년대 표시방법으로서 편리한 것은 아니지만, 대종교의 민족주의에서 채용된 것으로, 종래 유가들이 써오던 중국연호 표시법이나, 한말 교과서에 많이 채용되었던 일황기년법이 극복되었다는 점에서는 일단 긍정적인 의미를 갖는 것이다.

다음에『민사』에 반영된 상고사인식과 문화사인식의 특색에 대하여 살펴보기로 한다. 이 점은 본서의 성격을 이해하는 데 있어서 중요한 관건이 되는 부분이기 때문이다.

② 고대사서술

제1편 상고에서는 신시시대 · 배달시대 · 부여시대의 정치와 문화일반을 서술하고 있는바, 여기서 신시시대라 함은 신인(환검)이 태백산에 하강하여 단국을 건국하기까지의 124년간을 말하며, 배달시대는 환검이 재위한 93년간을 가리키고, 부여시대는 단군의 후예가 개천 2399년에 부여(금아성)에 천도한 이후를 말한다.

신시 · 배달 · 부여시대의 정치와 영역 · 민족구성 그리고 문화에 대한 서술은『신단실기』의 내용에 대동소이하다. 기자조선이 요서의 영평 · 광녕에 위치하고, 한사군이 요서

近世 —— 朝鮮時代 · 朝淸時代

52 韓國史의 시대구분을 소위 新史體에 따라 처음 시도한 것은 林泰輔의『朝鮮史』(1892)로서, 여기에서는 太古史 · 上古史 · 中古史 · 近世史로 구분하였다. 玄采는『東國史略』(1906)에서 이를 채용하여 三韓까지를 太古, 三國時代를 上古, 高麗時代를 中古, 朝鮮時代를 近世로 구분하였다. 그 뒤로 韓末교과서에서는 太古를 빼고 三韓까지를 上古, 삼국시대를 中古, 고려시대를 近古, 조선시대를 近世(혹은 國朝)로 나누는 시대구분법이 널리 통용되었다.

· 요동에 있다고 하는 것도 같다. 구이(구족)를 모두 배달족으로 간주하는 까닭에 복희 · 순 · 대련 · 소련이 모두 조선인으로 이해되고, 주대에 양자강 유역에 세워졌던 서국은 예인의 천식으로 서술되고 있다. 선비 · 거란 · 요 · 여진 · 숙신 · 읍루 · 물길 · 말갈 · 만주족 등을 모두 배달족으로 간주하는 까닭에 소위 통일신라시대가 남북조시대(신라 · 발해 · 요)로, 고려시대가 여료麗遼시대 · 여금麗金시대로, 조선 후기가 조청시대로 각각 호칭되면서 요 · 금 · 청의 역사가 국사에 편입되어 서술되고 있다. 만주사와 반도사를 고대에서 근대에 이르기까지 모두 국사에 편입시키는 이원적 국사체계는 『신단실기』의 '단군세기'와 '족통원류'에서 이미 제시된 것과 근본적으로는 다를 것이 없다.

다음에 『신단민사』는 문화사 서술에 있어서 종교를 항상 우위에 두고 있으며, 종교에 있어서는 신교를 유교 · 불교 · 도교 등 다른 종교보다 먼저 서술하고 있다. 신교는 신시시대부터 조선조 말에 이르기까지 각 시대에 빠짐없이 서술되고 있으며, 특히 상고시대의 종교는 신교 하나만을 7절로 나누어 상세하게 서술하고 있다. 즉 ① 신교의 문호는 단군의 오훈에서 비롯되었으며, ② 신교의 배천은 단군의 제천에서 시작되고, ③ 신교의 사사는 기자의 삼신봉안(아사달)에서 비롯되었으며, ④ 신교의 구서는 효孝 · 우友 · 신信 · 충忠 · 손遜 · 덕德 · 예禮 · 규規 · 휼恤을 포함하고, ⑤ 신교의 오계五戒가 뒤에 원광의 세속오계로 전해졌으며, ⑥ 신교의 팔관이 뒤에 팔관법으로 이어지고, ⑦ 신교의 별파로서 지나의 선교가 생겼다는 것이 그것이다.[53]

신교는 배달 · 부여 · 열국시대를 통하여 비상히 발달하여, 부여는 대천교, 신라는 숭천교, 고구려는 경천교, 발해는 신종교 등으로 불렀고, 그 밖에 신교의 속칭으로서 장교掌教를 선인이라고도 하여 왕검선인王儉仙人 · 신지선인神誌仙人 · 지제선인持提仙人 · 남해선장南海仙長(裨天生) 등의 칭이 있고, 해모수 · 주몽 · 혁거세를 천선天仙이라 하며, 남해차차웅南解次次雄 · 김수로왕을 대선이라 하며, 명림답부明臨答夫 · 김유신을 국선이라 하며, 고구려 관직에 조의선인이 있으며, 신라의 선법에 선랑(花郎)이 있다고 한다.[54]

신교는 고려에도 계승되어 왕검교라 하였고, 신교의 제천을 팔관재 · 연등이라 하였으며, 강감찬 · 홍언박과 같은 신교의 독신자가 나오기도 하였다. 요 · 금에서도 신교가 융

---

53 第一編 第四章 第一~七節.
54 第二編 第三章 第一~四節.

성하기는 마찬가지였다.[55]

저자 김교헌은 신교가 쇠퇴한 시기를 몽골침략 이후로 보고 있다. 즉 몽골이 라마교를 포행하고 금의 신교를 금할 때, 고려에서도 신교의 문호가 폐색되기 시작했다고 본다.[56]

그리하여 조선시대에는 오직 북강(만주)에서만 떨치고, 남강(반도)에서는 그 여의餘儀만이 김시습金時習·홍유손洪裕孫·정붕鄭鵬·정수곤丁壽崑·정희량鄭希良·남주南趎·서경덕徐敬德·정렴鄭礦·정작鄭碏·정초鄭礎·전우치田禹治·윤군평尹君平·남사고南師古·박지화朴枝華·이지함李之菡·유형진柳亨進·곽재우郭再祐 등을 통해서 전해져 왔다고 한다.[57]

『신단민사』가 신교에 역점을 두고 문화사를 이해하려고 하는 것은 신교가 대종교의 원류라는 점에서 당연한 것으로 보인다. 그러나 『신단민사』는 신교를 중요시하면서도 그 것만 가지고 종교 전체를 이해하려고 하지는 않는다. 유교·불교·도교 등에 대한 서술도 빠뜨리지 않고 있으며, 그 긍정적 역할을 인정하고 있다. 또 각 시대마다 종교 다음에는 반드시 제도와 문학기예 그리고 풍속을 차례로 서술하여 문화의 전체상을 이해하려는 노력이 보인다. 특히 과거의 유교사서에서 소홀히 다루었던 풍속사가 비교적 상세하게 다루어진 것은 특기할 만하다. 풍속의 장에서는 신분계급·혼인·상제·의·식·주의 풍습 등이 차례로 소개되고 있다. 이는 저자가 지배층문화에만 국한하지 않고 각계각층의 문화를 포괄적으로 이해하려는 입장과 관련된 것으로 보인다.

각 시대의 문화를 서술함에 있어서 문학기예의 장을 반드시 설정하고 있는 것도 주목된다. 여기에서는 학술·문학·예술(書·畵·樂·건축·조각 등), 그리고 천문·역曆·산算·지리·의학 등 과학분야가 골고루 망라되고 있다.

『신단민사』는 전체적으로 보아 근대종교로서의 대종교의 입장에서 고대종교를 이해하고 문화사에 대한 이해체계를 세운 까닭에, 문화에 있어서 종교의 비중이 지나치게 강조되고, 특히 원시종교로서의 신교가 지나치게 미화되었으며, 충분한 자료의 뒷받침이 부족한 사화·전설이 사실로서 많이 채용되었다는 점에서 일종의 종교사화와 같은 성격을 가지고 있다. 뿐만 아니라 혈통이나 문화의 기원은 같다 하더라도, 뒤에 가서 문화성격이 서로 달라진 북방민족을 모두 단일민족으로 이해하여 국사에 편입시킨 것도 문제이

---

55   第三編 第四章 第一~四節.

56   第三編 第四章 第四節.

57   第四編 第三章 第一節.

다. 이 점은 본서의 약점으로 지적되어 좋을 것이다.

그러나 역사의식에 있어서 근대적 민족주의를 바탕으로 하여 유교중심 · 중국중심의 국사체계를 부인하고, 배달족이라는 단일민족을 설정하여 민족사체계를 통사로서 구성했다는 것은 그 나름의 의미가 있다. 적어도 민족주의사관에 입각한 통사는 『신단민사』를 효시로 꼽지 않을 수 없다. 더욱이 편사방법으로 소위 개화사체를 도입하고, 기층사회와 깊이 연결된 종교 · 신앙 · 풍습에 중점을 두어 문화사체계를 재구성하려고 한 것은, 근대역사학이 다루어야 될 기본적인 과제를 선구적으로 취급한 것이라고 할 것이다.

③ 조선시대사 서술

『신단민사』에서는 조선시대를 '근세近世'로 편명을 붙이고 정치 · 종교 · 제도 · 문학 · 기예 · 풍속 등 5개 분야로 나누어 서술하고 있다. 민족주의 역사가들이 대부분 고대사연구에 치중하고 있던 경향에 비추어 조선시대 문화를 비교적 상세히 서술하였다는 점에서 이 책은 특별한 주목의 대상이 될 만하다. 다음에 각 분야별로 그 내용을 검토하기로 한다.

가. 정치사 서술

먼저, 정치사에 대한 서술은 조선왕조 개국으로부터 청이 등장하기 이전까지의 220년간을 '조선시대'로, 청이 등장한 후 갑오경장 때까지의 280년간을 '조 · 청시대' 즉 남북조시대로 구분하여, 여진족의 역사를 국사의 일부로 서술하고 있는 것이 특이하다. 이는 작자가 배달족의 범위를 넓게 잡고, 배달족의 전역사를 국사로 이해하는 입장과 관련이 있다. 특히 청의 조상을 경주김씨의 후예로 이해하여 조선과 청은 부자 · 형제의 나라로 설정되고 있으며, 따라서 후금과 청의 침입도 호란이라 부르지 않는다. 만주와 반도의 교전관계에 대해서는 뚜렷이 어느 쪽을 '我'로 설정하지 않고 중립적인 입장에서 서술하고 있으며, 여진 귀화인 이지란이 북청 이북의 여진인을 회유 · 복속시킨 사실을 '李之蘭의 勞'라 하여 독립된 절로 서술하고 있는 것도 특이하다.

조선왕조가 명이나 청에 대하여 사대외교를 전개한 사실에 대해서는 전혀 언급하지 않고, 국초로부터 황제국가로서 자치 · 독립을 유지해 온 것으로 이해하고 있다. 그리하여 태조 이성계를 태조고황제라 부르고, 왕후와 왕자를 황후와 황자로 호칭하고 있다.

조선의 정치사는 내치보다도 대외관계에 큰 비중을 두어 서술하고 있는바, 특히 대명

관계에 있어서 조선왕조가 의연하게 대처해 왔음을 드러내는 데 노력한 흔적이 보인다. 예컨대 태조 때의 외교에 대해서는 정도전이 요동정벌을 계획한 사실을 다음과 같이 큰 비중으로 서술하고 있다.

明主(朱元璋)가 國書에 戲侮함이 有라하고 怒하거늘 鄭道傳이 建言하여 大小中外官의 武職을 帶한 者와 下로 軍卒하니 訓練케 하고 南誾이 上疏하되 卒鍊糧備하니 可히 東明의 舊疆을 復하겠다 하니, 政丞 趙浚이 役餘民疲라 하고 權近을 明에 遣하야 和하니, 誾曰 政丞은 斗升出納이나 但知라. 어찌 能히 奇謀와 良策을 劃하리오 하더라.[58]

흔히 이성계의 입국이 위화도회군에서 비롯된 것을 들어서 사대주의가 국시인 것처럼 이해하는 경향이 있었으나, 이 책에서는 위화도회군이 대우와 질역에 의한 부득이한 조처였음을 말하여(卷3, 30쪽) 결코 명에 대한 사대의 소치가 아님을 밝히고 있다.

본서에서 대외관계로서 크나큰 비중으로 서술하고 있는 것으로 일본의 침구를 들 수 있다. 이른바 '임진왜란'으로 오랫동안 불려온 이 사건에 대하여 본서에서는 무려 5절을 할애하여 상세하게 서술하고 있는데, 전국 각지에서 일어난 의병부대의 활약에 큰 비중을 두고 있다. 그러면서도 이 전란을 '왜란'이라고는 부르지 않고 '일본의 입구入寇'[59]라는 표현을 씀으로써, 주자학적 가치관에 입각한 중세적 호칭을 극복하고 있다. 이는 '호란胡亂'이라는 칭호 대신 '형제兄弟의 맹약盟約'[60] '남한南漢의 피위被圍'[61] '삼전도三田渡의 화약和約'[62] 등으로 용어를 바꾼 것과도 취지를 같이하는 것이다.

왕조지배체제에 도전하는 일체의 무력시위를 '란亂'으로 불러오던 관례도 이 책에서는 깨뜨려지고 있다. 그리하여 '이시애李施愛의 거병擧兵'[63] '이괄李适의 거병'[64] '홍경래洪景來의 거병'[65] '갑오甲午의 동학東學'[66] 등으로 모든 란이 '거병'으로 호칭되고 있다.

---

58 『神檀民史』卷4, 第4節 內治와 外交, 3쪽.
59 前揭書, 卷4, 12쪽.
60 前揭書, 卷4, 18쪽.
61 前揭書, 卷4, 19쪽.
62 前揭書, 卷4, 20쪽.
63 前揭書, 卷4, 8쪽.
64 前揭書, 卷4, 18쪽.
65 前揭書, 卷4, 28쪽.

종전에 중종과 인조의 등위를 '반정'이라 부른 것에 대해서도 새로운 호칭이 내려지고 있다. 중종의 등위만은 '중종의 반정'(제1장 제17절)이라고 불러주고 있으나, 소위 인조반정은 '조선의 인조'(제2장 제5절)라고 하여 반정이라는 의미를 적극적으로 부여하지 않는다. 이는 광해군의 폐위와 인조의 즉위를 연산군과 중종의 관계와 동일시할 수 없다는 판단과 무관하지 않은 것 같다. 사실 광해군의 내치·외교는 연산군의 그것과는 매우 다르며, 집권 과정에 빚어진 도덕적 패륜문제를 제외한다면, 인조반정의 명분 자체가 오히려 약점을 가졌다고 할 수 있다.

나. 종교사 서술

조선시대의 종교에 대한 서술은 신교에서부터 시작하여 유교, 불교, 도교, 천주교, 야소교, 동학교에 이르기까지 각파 종교를 모두 망라하고 있으며, 청나라 종교로서 라마교, 회회교, 백련교, 천리교, 살마교 등을 소개하고 있다.

신교는 대종교의 모체로 이해하는 만큼 어느 종교보다도 상세하게 서술하고 있는데, 고려 초에 떨치던 신교가 고려 말 元의 금압으로 떨치지 못하고 오직 풍속과 혼잡하여 그 여법이 전하여졌다고 안타까워하고 있다. 조선시대에 신교의 여법을 전한 인물로는 김시습, 홍유손, 정붕, 정수곤, 정희량, 남주(仙隱), 서경덕, 정렴, 정작, 정초, 전우치, 윤군평, 남사고, 박지화, 이지함, 장한웅, 곽재우 등을 들고 있다. 여기에 등장한 인물들은 인조대에 발견되었다고 전해지는 『해동전도록海東傳道錄』에 수록된 도맥과 유사한 것으로 보아,[67] 작자 김교헌이 그 영향을 받은 것 같다.

다만, 작자는 『해동전도록』에 수록된 도인들을 도교인사로 보지 않고 단군이 건설한 신교의 신앙자로 본다는 점에서 어디까지나 대종교인다운 해석을 내리고 있다. 그리하여 우리나라의 신교를 "仙敎로 오인하고 단군의 건설하신 敎로 知하는 者가 鮮하더라"(卷4, 38~39쪽)고 하여 신교가 우리 민족 고유의 종교임을 강조하고 있다.

신교를 긍정하는 입장과는 달리 유교에 대해서는 비판적인 입장에서 서술하고 있다.

---

66 前揭書, 卷4, 37쪽.
67 이 책은 仁祖 때 關東에서 체포된 한 중의 몸을 수색해서 얻게 된 것인데, 그곳의 수령이 澤堂 李植 (1584~1647)에게 보내 그의 손을 빌어 정착된 것이라 하며, 그 내용이 李圭景의 『五洲衍文長천산고文長箋散稿』元曉·義湘辨證說에 수록되어 있다. 車柱環, 『韓國道敎思想硏究』, 1978, 61~63쪽.

조선의 유교는 오직 성리학만을 위주로 하여 노장이나 육왕의 지를 취하여 정주의 의견과 맞지 않으면 이를 완강히 배척한 까닭에 언론자유에 역행했다고 본다.

불교는 태조, 세종, 세조, 명종의 숭불정책으로 조선 전기에는 비교적 성했음을 말하고 임진란 때 휴정休靜, 유정惟政, 영규靈圭 등 3대 승장僧將이 배출된 것을 특기하여 은근히 두둔하는 입장을 보이고 있다. 도교도 국초에는 소격서昭格署의 초제醮祭가 행해져 질병·병계兵戒·한서수한寒暑水旱에 이용되었다가 중종 때 폐지된 후 순조 이후로 평민사회에 선업善業을 닦는 결사가 유행하게 된 것을 소개하여 간접적으로 긍정하는 태도를 보이고 있다.

천주교, 야소교 그리고 동학에 대해서도 이를 특별히 이단으로 규정하지 않으며, 그 신도들이 국가에서 좌도로 규정되어 탄압받으면서도 교세가 확장되어가는 과정을 객관적으로 서술해 주고 있다. 그 제목부터 '천주교의 동래東來' '야소교의 전포傳布' '동학교의 신창新創'으로 표현한 데서 객관적 태도가 엿보인다.

결국 『신단민사』에서 이해되고 있는 조선시대의 종교사는 전체적으로 보아 민족종교인 신교가 쇠퇴하는 시기로서 그다지 긍정적인 시대로 의미지어지고 있지 않다는 데 특색이 찾아진다. 이는 지나치게 민족적이고 민중적인 데서 종교의 의미를 찾고자 한 데서 결과한 것으로서 합리적 사안이라고 할 수는 없다. 그러나 지나치게 유교중심으로 조선의 문화를 이해하고 유교 이외의 종교 각파를 이단으로 취급하여 그 문화사적 의의를 무시해버린 종전의 관념을 타파한 공적은 크다고 하지 않을 수 없다.

다. 문학·기예사 및 제도사 서술

조선시대의 제도는 『경국대전』의 법전에 나타난 바 동서반東西班직제와 조세租稅·전제田制 그리고 선거제도에 관해서 간략하게 서술하여 특기할 만한 진보는 보이지 않는다. 이는 작자 김교헌이 조선시대 관제가 지닌 발전적 의미를 정치사 내지는 사회사적으로 해석할 만한 안목을 갖지 못한 데 연유한다고 하겠다.

조선시대 제도사에서 작자가 크게 자랑으로 내세우고 있는 것은 이순신의 철갑선鐵甲船과 박진朴晉의 비격진천뢰飛擊震天雷 그리고 정평구鄭平九의 비행차飛行車 등 과학기술상의 발명이다. 위 세 가지 발명은 세계에서 가장 오랜 것이기도 하다.

제도사가 비교적 소략하고 특별한 개성을 보이지 않는 것에 비해서, 문학·기예에 관한 서술은 매우 자상하고 또 그 내용에 대해서 긍지를 보여주려고 애쓴 흔적이 보인다.

문학·기예 중에서 제일 먼저 서술하고 있는 것은 서원인데, 그 건폐建廢의 시말을 적으면서 분경奔競의 폐가 있었음을 지적하여 비판적 입장을 보이고 있다. 이는 앞에서 종교를 서술할 때에 유교를 긍정적으로 보지 않은 것과도 관련된다. 그 다음 국문의 창제에 대해서는

세종이 古時부터 流來하는 字形을 倣하여 … 그 字가 교묘하여 국가진화에 크게 有力하니
실로 세계 古今에 特絶한 文字(卷4, 52쪽)

라고 극찬하고 있다. 국문을 언문시諺文視하던 유자적 문자관文字觀이 완전히 극복되고 있음을 본다.

시문에 대해서는 고문 12대가를 비롯한 각체의 대가들을 소개하면서, "金笠(김삿갓)과 黃五의 風月도 奇絶"(卷4, 53쪽)하다고 하여 방외의 방랑 풍자시인까지도 문학사에 포함시키는 여유를 보여 주고 있다.

조선시대의 서적편찬은 관찬과 사찬으로 나누어 서술하면서, 특히 사찬의 대표적 저술로서 유계의 『여사제강』, 임상덕의 『동사회강』, 안정복의 『동사강목』, 한치윤의 『해동역사』, 이긍익의 『연려실기술』, 권문해의 『대동운부군옥』, 유형원의 『반계수록』, 이익의 『성호사설』, 정약용의 『여유당전서』, 서유구의 『임원십육지』, 최한기의 『추측록』 등을 열거하고 있는 것은 이채롭다. 이는 작자 김교헌이 조선 후기 실학계열 인사의 역사서술과 사회개혁 사상에 관하여 깊은 지식을 가지고 있음을 반영하는 것으로, 대종교 자체가 실학과 개화·계몽사상의 발전적 형태로서 성립되었다는 점을 고려하면, 이는 당연한 역사서술 태도라고도 할 것이다.

필법과 회화에 대한 서술은 지나치리만큼 상세하게 각품各品의 대가 이름을 소개하고 있다. 필법만 하더라도 가체家體, 원체院體, 사체士體, 자체自體, 초서, 전서, 예서, 찰행札行, 팔분八分, 편액 등으로 분류하여 각품의 명장들을 열거하고 있는데, 윤순尹淳, 이광사李匡師, 김정희金正喜를 '자체'라 이름한 것도 흥미롭다. 회화도 공화工畵, 유화儒畵, 방외화方外畵, 각체各體 등으로 분류하고, 또 산수화, 매梅, 죽竹, 란蘭, 우牛, 마馬, 접蝶, 포도, 모란 등의 대가 이름을 개별적으로 열거하는 성의를 보여주고 있다. 또 공화, 유화, 방외화의 특색으로 각각 법승法勝, 운승韻勝, 획승劃勝을 든 것은 매우 탁월한 안목이라 하겠다. 정선, 심사정, 김홍도, 장승업 등을 '각체'로 호칭한 것은 그들의 화법이 독자적 개성을 가진 것을 파

악한 것으로 보인다.

의술은 국초로부터 한말 이제마의 사상의법에 이르기까지 중요한 의서의 출간을 소개하고 있으며, '태일太一의 학술'을 별절로 설하여 국초에 태일관이 용병用兵·과진寡陳·둔갑遁甲·피병避病·여공輿工·이도移徒로 등의 일을 관장한 사실과 세종 때 태일관의 말을 써서 대마도 정벌에 전승한 사실을 소개함으로써 도교 학술을 은근히 칭송하는 태도를 보이고 있다. 이는 신교와 도교의 밀접한 관련으로 보아, 대종교인의 입장에서 도교에 대한 호의를 반영하는 것으로 풀이된다.

이 밖에도 동활자銅活字주조, 악기제조, 조각, 고산자(金正浩)의 지도 등에 이르기까지 문화 각 방면의 중요한 업적들을 망라 소개하고 있는데, 무엇보다도 문화사 서술태도에 있어서 관변측 업적중심의 서술을 지양하여 민간인으로서 뛰어난 문화적 업적을 이룩한 인물의 활동을 부각시킨 것이 중요한 특색으로 지적될 수 있다. 이는 치자중심의 문화사 이해태도에서 탈피하여 국민적 문화사로의 시야확대를 가져왔다는 점에서 획기적 의미를 갖는 것이다.

라. 풍속사 서술

풍속사에서는 신분계급과 관혼상제, 그리고 의식주 생활의 각 부면을 절로 나누어 서술하고 있다.

먼저, 신분계급에 관해서는 갑오경장 때 신분제가 벽파될 때까지의 계급구조를 경京, 향鄕(邑) 그리고 외촌外村으로 나누어 서술하고 있는데, 경에는 귀인(文武兩班), 중인, 상인, 천인의 네 계급이 있고, 외읍에는 유향儒鄕, 장교將校, 아전衙典, 노령奴令의 네 계급이 있으며, 외촌엔 존위尊位, 풍헌風憲, 집강執綱, 영좌소임領座所任 등이 있다고 한다. 그리고 각 신분에 소속한 직종을 소개하고 있으며, 신분 계급에 편제되지도 못한 창부(광대), 양중兩中(南巫), 거사居士(화랑), 회사回寺(사당), 회수劊手(땅군), 백정白丁(도살자) 등 천인 중에서도 천인이었던 부류가 있음을 소개하고 있다.

신분계급은 조선사회의 성격을 이해함에 있어서 큰 비중으로 다루어져야 할 분야임에도 불구하고, 본서의 서술은 한말의 경험을 토대로 하여 평면적으로 소개한 느낌이 짙다. 이는 앞에서도 말했듯이 작자 김교헌이 사회경제사 분야에 대한 안목이 부족한 데서 연유한 것으로 이 책의 가장 큰 약점으로 지적될 수 있겠다.

하지만, 신분계급을 따로 장을 설하여 서술했다는 사실 자체는 근대사가의 안목을 이미 갖추고 있다는 것을 의미하며, 신분계급제가 갑오경장 때 벽파되었다는 것을 지적한 것은, 작자 자신이 신분계급제를 지나간 시대의 유물로 이해하고 만민평등의 국민의식을 가짐으로 해서 가능하다는 점을 유의해야 할 것이다.

그 다음 관혼상제와 의식주의 특색을 상세하게 신분적 차이와 지방적 차이까지 지적하면서 서술한 것은, 앞서 문학·기예사 서술에서 보여 주었던 것과 같은 국민생활사의 차원으로 역사인식을 확대시킨 것을 말해주는 것이다.

3) 김교헌의 사학사적 위치

전체적으로 볼 때, 『신단민사』에 반영된 작자의 조선시대사 인식태도는 전에 볼 수 없던 새로운 모습을 보여 주고 있다. 무엇보다도 유교중심·지배층중심으로 협소하게 이해해 오던 조선시대 문화사체계를 극복하고, 유교를 포함하여 문화전반을 포괄하는 국민적 문화사체계를 세웠다는 점이 가장 중요한 공헌으로 평가될 수 있다. 이제 유교는 조선시대 문화체계의 일부이지 전체가 아니었다. 또 유교가 가장 우수한 사상체계로서 평가되지도 않았다. 오히려 유학자들이 이단시하고 배척했던 문화요소들이 적극적인 평가를 받고 있다.

이와 같은 시각의 변화는 지배층중심의 역사인식으로부터 국민 전체를 역사주체로 인식한 데서 온 것이다. 작자는 마찬가지의 입장에서 유교적 가치관 위에서 써오던 역사용어도 크게 바꾸어 놓았다. '亂'이라는 용어를 일체 쓰지 않은 것이 단적으로 그것을 말해 준다.

년대표기도 단군기원을 씀으로써 군주중심의 년대표기 방식을 극복하였다. 또 중국에 대한 사대외교에 큰 비중을 두던 대외관계사 서술은, 우리 측이 중국에 대하여 의연히 대처해 나간 사실이나, 영토확장을 위해서 노력한 사건들을 부각시킴으로써 조선왕조의 자주성을 드러내는 방향으로 바꾸었다. 이는 종전의 사대적 역사인식을 극복한 것을 의미하며, 작자 자신의 민족주의적 입장이 반영된 것을 말해준다.

이와 같이 작자 김교헌은 민족주의적이며, 국민적인 입장에 서서 조선시대사를 재구성하였다는 점에서 선배 민족주의사가, 예컨대 신채호가 착수하지 못한 조선시대 연구를 개척한 공로가 크다.[68]

그러나 조선시대를 문화사의 측면에서 긍정적으로 이해하는 단서를 열었으면서도, 사회사 내지는 정치사의 측면에서 발전적인 성격을 해명하지 못한 것은 본서의 최대의 약점이며, 이는 작자의 사회과학에 대한 이해부족에서 연유하는 것으로 생각된다.

4. 맺음말

1910년대의 역사서술과 역사인식은 이 시기의 민족주의운동의 방향과 깊이 관련되면서 전개되었다.

1910년대의 민족주의운동을 주도한 것은 만주와 중국본토에서 망명생활을 보내던 애국지사들이었으며, 특히 대종교도의 활약이 두드러졌다. 한말에 유ㆍ불ㆍ선 삼교를 통합하여 근대적인 민족종교로 성립된 대종교(初名 단군교)는 열렬한 민족주의적 교리로 하여 국치 이후에는 많은 우국지사의 호응을 얻어 교세가 급속도로 팽창하여갔다. 1910년대 말기에는 교도수가 약 30~40만에 이르고, 재만교민의 약 80%가 대종교에 귀의하였다 한다.

만주 혹은 중국에 망명한 독립운동가들은 만주를 본국해방을 위한 독립운동기지로 설정하고, 나아가 만주 자체를 점차적으로 영토화하려는 원대한 계획까지도 설계하고 있었다.

망명인사들의 국사서술은 바로 이러한 실천적 과제와 연결된 정신운동의 일환으로 나타난 까닭에, 자연히 만주사를 중요시하게 되고, 만주지방에서 경영되었던 단군조선ㆍ부여ㆍ고구려ㆍ발해ㆍ숙신 등의 고대국가를 과장해서 이해하게 되었다.

원래 만주사를 국사의 주류로 이해하려는 경향은 신라의 삼국통일 이후로 유교적 국사인식과 병행하여 국사인식의 한 흐름을 형성하여 왔다. 고대국가의 중심무대가 만주였던 역사적 사실과 관련하여 만주땅을 잃어버린 이후에도 옛날의 역사경험을 간직하면서 만주에 대한 회고의 정을 잃지 않게 되었고, 그러한 회고의 감정은 만주에 대한 이민족의 지배의 강약의 정도에 따라서, 혹은 한반도에서의 안위의 심도에 따라서 반복적으로 부침하면서 1910년대까지 연속되어 온 것이었다.

만주중심의 국사인식은 유교적 국사인식과 비교하여, 그 발상에 있어서 차이가 있을

---

68 연령상으로 보면 金敎獻이 申采浩보다 12세 年上이다. 그러나 역사가로서의 활약은 신채호가 앞선다.

뿐만 아니라, 역사서술방법과 국사체계에 있어서도 많은 차이를 지니고 있었다. 전자는 대체로 만주수복에 목표를 두고, 고대의 동이족의 제분파를 모두 단군족(혹은 배달족)의 동일혈통으로 간주하며, 민족문화의 기원을 동이문화에서 구하고, 그 문화의 성격이 중화문화와 다른 독자성을 가진 것을 강조한다. 그리고 동이국가의 국력이 상고에 있어서는 중국에 우월하거나, 적어도 동등한 것으로 생각한다.

이 계통의 국사인식은 신화 혹은 설화를 중요한 자료로 삼고, 역사서술에 있어서도 시가나 설화 혹은 족보의 형식을 따르며, 민족문화의 핵을 신교라고 하는 천신신앙의 종교에서 찾는다. 따라서 이 계통의 역사서술은 실증적·합리적이라는 측면에서는 매우 큰 약점을 가지나, 혈통과 문화(종교)에 대한 자각을 일깨워 유교문화권 속에서 중국에 동화되는 것을 견제하는 역할을 했다는 점에서는 일정한 기여를 하였던 것이다.

한편, 유교적 국사인식은 신라통일 이후의 현영토(한반도)를 유지하는 것을 목표로 하며, 중국과 문화상·혈통상으로 관련을 맺으면서 위계적인 사대질서 속에 편입된 국가들을 국사의 주류로 이해하려 한다. 그리하여 기자조선·삼한(특히 마한)·신라가 항상 높은 위치로 평가를 받았고, 또 이들 나라는 그 위치가 한반도에 있었던 것으로 이해되었다. 그리고 이 계통의 역사인식에서는 중국에서 이입된 유교를 민족문화의 정수로 간주하고, 유교문화의 수준이 중국에 버금간다는 점에서 소중화라고 자부하였으며, 동이족의 신교나 선교는 저급한 이적문화로 멸시하였다.

유교적 역사서술은 신화나 설화를 비합리적인 자료로 간주하여 배격하고, 중국인이 기술한 문헌과 중국에서 성립시킨 역사서술방법을 채용하여, 역사를 학문의 수준으로 이끌어 올리는 데에는 적지 않게 기여하였으나, 국사인식이 지나치게 현재에 치우쳐서 상고사의 진실을 매몰시키고 민족의 웅비雄飛와 이상을 저버리는 폐단도 적지 않았다.

신교적 국사인식과 유교적 국사인식은 이렇듯 피차 장단점을 가지고 있으면서 제각기 역사적 진실의 일면을 밝혀내는 데 공헌하였지만, 총체적으로 말하여 유교는 중세적 사유체계이고 신교나 선교는 고대적 사유체계인 까닭에 중세사학을 발전시키는 데 있어서 주동적으로 공헌한 것은 선가라기보다는 유가이었다. 유학자들이 선교적 국사인식을 합리적으로 흡수할 때, 유교사학도 한걸음 발전하고 사학의 전체수준도 높아졌다.

1910년대에 국사서술을 주도한 망명인사들은 대부분 유학으로부터 출발하여 불교와 선교를 이해하고, 다시 그 위에 근대서양문화를 수용하여 근대지식인으로서의 교양을 비교적 균형있게 갖춘 고급지식인들이었다.

그들은 유학의 소양을 가졌기 때문에 이른바 신사학의 서술방법을 쉽게 터득할 수 있었고, 실증의 중요성도 알고 있었다. 또한 그들은 불교와 선교에 대한 이해를 가졌기 때문에 민족주의의 중요성도 예민하게 깨우칠 수 있었고, 민족지향적 역사인식의 흐름을 포착할 수도 있었다.

그러나 1910년대의 역사적 상황은 이들 근대지식인들로 하여금 근대사학을 아카데미즘으로 제고시킬 수 있는 여건을 박탈하였다. 아카데미즘은 사학을 위한 사학에서만 가능한 것이나, 1910년의 국치는 아카데미즘을 용납하기에는 너무나 엄청난 충격과 비극으로 받아들여질 수밖에 없었다. 그리하여 그들의 국사서술은 사학을 위해서가 아니라 현실을 위해서 굴절되고 변용되었다.

독립운동은 뜨거운 애정과 정열을 우선적으로 요구하였다. 그것은 바꾸어 말하면 종교적 신앙에 가까운 것이라고 해도 좋을 것이다. 그러니 역사서술이 이성과 냉정과 객관성을 지니기 어려운 것도 당연하다 할 것이다. 그러나 그 뜨거운 정열 속에서 중세사학이 용해되고 근대사학의 여명이 다가왔으며, 잃어버린 만주사의 연구가 개척되기 시작한 것은 1910년대 사학의 중요한 성과라고 할 것이다.

1910년대 박은식의 민족주의 사학

1. 박은식의 약전

박은식朴殷植(1859~1925)은 19세기 중엽 황해도 황주군 남면의 바닷가 농촌 마을에서 태어났다.[1] 자는 성칠聖七, 호는 처음에 겸곡謙谷이라 하였다가 뒤에 백암白岩이라 하였다. 1910년 국치 후에는 박기정朴箕貞이라는 별명을 쓰기도 하고, 태백광노太白狂奴 혹은 무치생無恥生이라는 별호를 즐겨 썼다. 본관은 조선조 대성의 하나인 밀양密陽이나 그의 직계 선대는 벼슬아치가 없었고, 조부 박종록朴宗祿이 '力農治産'하여 부농으로 성장한 듯하다. 그러나 부친 박용호朴用浩가 서당의 훈장을 지낸 것으로 보아 농업과 유업을 겸업한 서북 지방의 전형적 토착향반土着鄕班임을 알 수 있다. 부친이 과거출사를 하지 못한 것은 경색된 세도정국하에서의 서북인 차별과도 무관하지 않은 것 같다.

박은식은 부친의 서당에서 한학漢學(주자학)을 공부한 뒤에 과업을 포기하고 개항 직후 개화사상의 열풍이 불고 있던 서울을 향해 집을 나갔다. 그는 22세 되던 1880년에 먼저 경기도 광주의 두릉斗陵에 살고 있던 신기영申耆永과 정관섭丁觀燮을 찾아가 다산의 정법사상을 접하였으며, 이어 서울에 머물면서 임오군란을 목도하고 시무책을 제출하려다가 실패하자(1882), 다시 낙향하여 평안도 태천泰川의 명유名儒인 박문일朴文一·문오文五 형제로부터 유학을 배웠다. 박문일은 위정척사파의 거두인 이항로의 문인이기도 하다. 이러

---

1   朴殷植의 略傳은 『朴殷植全書』(단국대학교 동양학연구소, 1975) 下卷에 수록된 「白岩朴殷植先生略歷」(286~291쪽)에 의거하였음.

한 한학 소양이 바탕이 되어 그는 1885년에 향시에 합격하고 평양의 숭인전(箕子祠堂)과 동명왕릉의 참봉으로 임명되었으나(1888~1894) 동학란과 갑오경장에 실망하여 다시금 강원도 원주군 주천에서 은둔생활을 보냈다. 이때까지만 해도 그는 동학혁명을 동비들의 반란으로 이해하고, 갑오경장을 사설이라고 보아 이 두 사건을 긍정적으로 받아들이지 않았다.

박은식이 다시 서울 무대에 등장한 것은 1898년경이었다. 아마도 독립협회 활동에 자극을 받은 듯, 그는 40세의 장년으로 여기에 가입하고, 『황성신문』의 주필로 활약하면서 『학규신론學規新論』(1904) 등 교육문화 개혁사상을 개진하기 시작하였다.[2]

1905년의 을사조약을 계기로 그는 더욱 열렬한 구국계몽운동에 헌신하였는데, 서우학회(1906.12~1908.1) · 서북학회(1908.1~1910.1) · 신민회(1907)에 참여하면서 유교의 근대화를 통한 국교로의 정착에 힘을 쏟았다. 1909년에 발표한 『유교구신론儒教求新論』은 그의 계몽사상의 백미로서, 여기에서 그는 공자의 대동주의와 맹자의 민위중설을 통해서 평등적 · 민주적 · 민중적 유교로 확장 · 발전시킬 것을 주장하고, 양명학과 접합시켜 강한 실천성을 부여하려고 하였다. 1909년에 대동교를 창건한 것이나, 1910년에 『왕양명실기』를 저술한 것도 그의 유교에 대한 집착성을 보여 준다.

박은식의 계몽운동 노선은 명치유신을 모델로 하여 일본과 협력하면서 급진적으로 시민사회를 형성하려던 친일적 근대주의자들에 비해서는 다소 보수성을 띤 것이지만, 바로 그 점 때문에 그는 친일파로 전락하지 않고, 1910년의 망국과 더불어 중국으로 망명하여 대종교도와 협력하면서 민족주의자로 변신할 수 있었다.

1911년 만주 서간도 환인현으로 망명한 박은식은 뒷날 대종교의 3대 교주가 된 윤세복의 후원을 받으면서 역사저술에 몰두하여 1911년에 『東明王實記』, 『渤海太祖建國誌』, 『夢拜金太祖』, 『明臨答夫傳』, 『泉蓋蘇文傳』, 『大東古代史論』 등을 잇따라 펴냈다. 이것은 저 옛날 고조선 · 고구려 · 발해의 옛 땅이자, 우리 민족의 후예가 세운 금의 고토였던 만주 땅을 되찾고, 유 · 불 · 선의 3교문화 전통을 회복하여 부강한 근대국가를 수립하고자 하는 염원에서 쓰여진 사론적 사서이다. 그리고 이 저술들은 재만한인들의 정신교육 교재로

---

2   朴殷植의 敎育사상에 대해서는 李萬烈의 논문과 愼鏞廈의 『朴殷植의 社會思想硏究』(서울대 출판부, 1982)가 참고된다.

서 활용되었다. 여기서 금나라를 국사에 편입시킨 것은 만주족을 우리 민족으로 동화ㆍ포섭시키려는 의도가 담긴 것이다.

박은식은 이미 1911년에 대종교에 입교하여 1913년에 참교, 1914년에 지교, 1916년에 상교, 1922년에 서이도본사의 전리, 그리고 1926년에는 정교(加大兄號)를 역임하는 등 대종교단의 핵심간부로 계속 활약하였다.[3] 1911년에 그가 환인현에서 윤세복의 집에 기거한 것도 우연한 일로 보이지 않는다. 박은식이 단시일 내에 위에 소개한 여러 사론들을 집필할 수 있었던 것은 윤세복의 도움이 컸던 것으로 보인다.

박은식은 중국에서의 독립운동 활동무대를 확대시키고 그 연대성을 높이기 위해 북경ㆍ상해ㆍ남경 등지를 순력하면서 많은 망명지사들과 협력하여 동제사同濟社ㆍ박달학원博達學院 등 단체를 조직하고 민족정신을 고취하는 언론ㆍ교육사업에 종사하는 한편으로, 우리나라 망국의 역사를 정리하여『한국통사』를 간행하였다(1914 저술, 1915 간행). 이 책에서 그가 교훈을 찾고자 한 것은, 개화ㆍ계몽운동의 기본방향을 긍정하면서도 일본에 이용당한 비주체성과 민중적 기반의 취약성, 그리고 근대 운동의 조급성 등 방법론의 미숙을 반성하고, 항일무장운동을 계승하여 이를 삼교회통의 국수사상으로 재무장시킴으로써 독립전쟁으로 제고시키려는 데 있었다.

이 책의 출간과 유포는 총독부 당로자에 큰 충격을 주어 일제는 1916년에 조선반도사편찬위원회(1922년에 조선사편찬위원회, 1925년에 조선사편수회로 개칭)를 조직하고, 어용학자들을 대거 동원하고, 100만 엔의 거액을 투자하여 거질巨秩(37권)의『조선사』를 편찬하는 계기가 되었다. 그만큼 이 책은 1910년대 항일운동의 큰 정신적 지주가 되었다.

1918년에 그는 60세의 노구를 이끌고 소련의 쌍성자雙城子와 블라디보스톡에 들어가 언론ㆍ교육활동에 종사하고, 1919년 4월에는 한성임시정부의 평정관으로 임명되었으며, 8월에는 상해임시정부를 후원하면서 독립운동 관계자료를 수집하여 1920년에『한국독립운동지혈사』를 상해에서 간행하였다. 이 책은 앞서 편찬한『한국통사』의 자매편에 해당하는 것으로서, 일제의 탄압 및 동화정책에 맞서서 투쟁하는 국내ㆍ국외의 민족운동의 실상을 보고하고 일제의 패망과 독립성취의 필연성을 예고하였다.

박은식이 일제의 패망을 낙관적으로 전망한 이유는, 우리 민족의 저력에 대한 신뢰와

3　『大倧教重光六十年史』, 大倧教倧經史編修委員會, 1971 第3篇, 重光諸賢, 837~838쪽.

더불어 러시아혁명과 3 · 1 운동 등을 통해서 민중의 힘이 전 세계적으로 솟아나고 있는 데 대한 믿음이 깔려 있는 까닭이었다. 그는 한말에 이미 강유위의 대동사상의 영향을 받아 유교적 이상사회를 선망한 일이 있는데, 1917년의 러시아혁명에 자극을 받아 진보적 성향으로 기울고 대동주의 입장에서 사회주의의 평등사상을 수용하고 있었다. 그는 또한 제1차 세계대전에서 제국주의국가가 패배하고 유럽 여러 나라에서 사회당이 집권하는 것을 보고 약육강식의 시대가 끝나고 정의와 인도가 승리하는 시대로 변하고 있는 것을 확신하였다.

그러나 박은식은 사회주의의 영향을 받았으면서도 결코 계급혁명 노선을 지지하지 않고 어디까지나 계급단결에 의해 독립을 우리 손으로 쟁취해야 한다고 믿었다. 따라서 1923년에 상해임시정부가 창조파와 개조파로 대립되었을 때, 그는 양쪽 어디에도 적극 가담하지 않고 중립을 지켰으나, 위임통치를 지지하는 이승만이 임정을 떠난 후 제2대 대통령으로 추대되었다(1925. 3). 그 후 박은식은 대통령제를 폐지하고 내각책임제로 헌법이 바뀜에 따라 대통령을 사임하였는데(1925. 7), 신병의 악화가 큰 원인이었다. 그리하여 1925년 11월 1일 67세를 일기로 타계했으며, 그의 유해는 상해 정안길로 공동묘지에 안치되었다가 1993년 8월 서울의 국립묘지로 이장되었다.

2. 박은식의 역사의식

박은식이 역사관계 논설을 단편적으로 발표하기 시작한 것은 독립협회에 참여했던 무렵부터이며, 그 후 『서우西友』(1906~1908), 『서북학회월보』(1908~1910) 등에도 계속적으로 고사와 인물에 관한 해설을 실었다.[4] 1910년 국치 이전의 박은식의 역사인식은 기본적으로 유교적인 애국사상에 바탕을 둔 것으로서,[5] 당시의 교과서류에 반영되었던 일반적

---

4 朴殷植이 韓末에 발표한 역사관계 논설로서는 인물에 관한 것으로 金庾信傳 · 金忠善傳 · 庾黔弼傳 · 金堅益傳 · 休靜大師傳 · 鄭鳳壽傳 · 朴大德傳 · 韓禹臣傳 · 金方慶傳 · 羅彦述傳 · 金景瑞傳 · 崔孝一傳 · 林仲樑傳 · 金時習傳 · 李應擧傳 · 金德中傳 등이 있고, 古事에 관한 것으로 九月山三聖祠 · 新羅始祖說話 · 耽羅國의 三神說話 등이 있다.

5 한말의 朴殷植은 陽明學을 신봉하던 儒學者로서 「儒敎求新論」을 써서 儒敎의 근대적 개혁을 통한 그 宗敎化를 주장하였고, 「宗敎說」을 발표하여 유교교육을 강화하여 西敎나 東學 또는 佛敎 등 이단종교에 빠지는 폐단

인 역사인식과 크게 다를 바가 없었다. 1908년에 신채호가 이미 『독사신론』을 발표하여 역사인식의 방향을 새롭게 설정했던 것과 비교할 때, 박은식의 사안은 도리어 한 걸음 뒤진 감을 지울 수가 없다.

그런데 1910년대에 들어서면서 박은식의 역사인식은 급속도로 방향을 바꾸었으며, 1911년에 이미 『夢拜金太祖』·『東明王實記』·『渤海太祖建國誌』·『泉蓋蘇文傳』·『明臨答夫傳』·『大東古代史論』 등 고대사에 관한 사론들을 연이어 발표하였으며, 1915년에는 저 유명한 『한국통사』를 간행하여 일제 당국자에게 큰 충격을 주었던 것이다.

1910년대 초기에 박은식이 이렇듯 새로운 감각을 가지고 수다한 사론과 충격적인 사서를 낼 수 있었던 것은, 물론 국치에 대한 발분이 역사에 대한 관심을 가중시켰다는 데 원인이 있겠지만, 그보다도 더 직접적인 것은 대종교의 영향을 크게 받으면서 만주 및 중국본토에서 독립운동을 전개했던 새로운 역사경험과 관련이 있었다.

그러면, 1910년대 박은식의 역사의식은 어떠하였는가. 그가 이 시기에 집필한 사론들은 그 제목이 보여 주듯이 모두가 고대사에 관한 것이며, 특히 만주에서 활약한 고구려·발해·금의 창업주와 영웅적 무장에 관한 인물전기라는 것이 주목된다. 『대동고대사론』이 전기물이 아니지만, 이것도 또한 단군·기자조선과 그 강역에 관한 서술로서 만주사의 일부임에는 다름이 없다. 또 그가 1918년에 발해사와 금사를 역술했다는 사실에서도 그의 만주에 대한 관심이 얼마나 비상했는가를 말해준다.

박은식이 이렇듯 망명 직후 만주사에 관련된 고대사 논설을 지은 것은 만주 망명객들이 독립군기지로서 신한민촌을 건설하고, 그곳의 청소년들의 애국심을 깨우치기 위한 교재로 활용하기 위함이었다.

그러나 박은식은 만주의 고대사에만 관심을 가진 것이 아니라, 침략과 저항이 겹쳐진 자기 시대의 현대사에도 차츰 관심을 돌리기 시작했다. 『안중근전』(1914)·『이준전』(1918)·『한국통사』(1915)·『한국독립운동지혈사』(1920)의 잇따른 편찬이 그것을 말해준다. 사가로서의 박은식의 대표적 업적은 물론 현대사(오늘의 近代史)에 관한 것이다. 그러나 그의 고대사인식도 1910년대의 시점에서는 매우 중요한 의미를 가진다고 할 수 있다.

을 막아야 한다고 강조하였다. 그의 역사관계 논설들도 기본적으로는 이러한 유교주의에 입각하여 쓰여진 것으로, 그가 발표한 人物傳의 인물들이 대부분 유가들이 숭상하던 충신들인 것도 이 까닭이다.

유감스럽게도 1910년대의 박은식의 저술 가운데서『동명왕실기』·『발해태조건국지』·『명림답부전』등은 지금 전하여지지 않는다. 따라서 軼失된 것을 제외한 나머지 사론들을 검토하는 것으로써 그의 역사인식에 접근할 수밖에 없다.

1)『대동고대사론』(1911)

이 책은 최근까지도 학계에 알려지지 않아『박은식전서』(단국대학교 동양학연구소, 1971)에 빠져 있었다. 그러다가 최근에 도산 안창호가 소장했던 것을 그의 후손이 독립기념관에 기증하게 됨으로써 비로소 학계에 알려지게 된 것이다.[6]

이 책은 19쪽의 간략한 프린트물로서 ① 백암 박기정의 서, ② 단군조선, ③ 기자조선의 세 부분으로 되어 있으며, 말미에 고조선의 강역에 대한 견해와 단애 윤세복의 간단한 발문이 들어 있다. 그리고 이 책의 교열은 윤세복이 맡았다.

먼저 서문에서는 "民族이 있으면 歷史가 있고, 역사가 없으면 민족이 없다"는 전제하에 민족독립을 위해서는 반드시 애국애족의 민족주의를 고취하는 역사가 필요하다는 것을 강조하고 있다.

그러면, 박은식이 민족주의 고취의 수단으로서 우리 역사에서 찾고자 한 것은 무엇인가? 그것은 첫째로, 혈통의 동일성이다. 그에 의하면, 우리민족은 단군혈통과 기자혈통(中華人)의 두 피가 섞여 있지만, 주체족인 단군 후예가 객족인 기자 후예를 혼혈동화하여 후세에는 모두 단군혈통으로 일원화되었다는 것이다. 여기서 군이 기자를 거론한 것은 만주의 한족에게 혈통적 일체감을 보여줌으로써 그들을 우리 민족으로 흡수·통합하려는 현실적 목표가 담겨진 것으로 풀이된다.

다음에, 박은식은 우리 국사의 무대를 만한, 즉 만주와 한반도의 통합체로서 이해한다. "滿韓原是一國 其民原是同族 均皆檀祖神聖之裔也"라는 표현이 그것을 말해 준다. 물론 만주와 한반도가 고대뿐 아니라 고려·조선시대까지도 국사에 포함되는 것은 아니고, 만한의 분리는 이미 오래전에 이루어졌지만, 적어도 고대사만은 그렇게 이해하고 있는 것이다.

---

6 1992년 여름호『韓國學報』67집에,『大東古代史論』의 原本(영인)과 함께 필자의 解題가 실려 있다. 이 자료는 필자가 서울대 愼鏞廈 교수를 통해서 입수한 것이다.

세 번째로, 박은식이 주목하고 있는 것은 우리의 종교와 역사이다. 민족경쟁은 세력(國富兵强)이나 정신으로써 이루어지고 있는데, 우리 민족은 세력으로써 취승할 수 없는 형편이므로 정신으로 취해야 하며, 그 원천을 종교와 역사에서 찾아야 한다는 것이다. 그리하여, 우리의 혈통·국토 그리고 종교 및 역사정신을 확인하여 독립정신을 고취하고자 하는 것이 이 책의 저술 동기임을 밝히고 있다.

단군조선의 시조 단군은 백두산에 하강하고 평양에 도읍하여 동방민족의 始祖가 되었는데, 중국의 황제가 중원에 입국하여 중토의 시조가 된 것보다 300년이 늦다. 그러나 단군은 궁시를 만들고, 강화에 축성하여 문명을 일으켰으며, '神仙養生의 術'로서 선종의 종교를 세워 놓았다. 또, 우리나라에는 묘향妙香·김강金剛·지이智異·한나산漢拏山과 같은 신선굴댁神仙窟宅이 있어서 인민이 번식하는 땅이기도 하다.

단군의 후예는 이종휘가 말한 대로 부여·예맥·비류·옥저를 세웠으며, 숙신·고구려도 물론 단군의 후예이다. 금의 완안씨도 고려의 후예이므로 여진족도 단군의 후예라 할 수 있다. 따라서 만한 양족은 본래 동족이요, 이들이 통고사종으로서 세계의 명족이 된 것이다.

단군은 강화 마니산에서 참성단을 쌓고 제천보본의 예를 행하였는데, 부여·고구려·예·백제·요·금에서도 제천의 예를 따라 행하였다. 단군은 신권정치를 행한 까닭에 신도로서 종교를 삼았는데, 이를 신교 혹은 배천교라 하며, 현재의 대종교도 이를 계승한 역사적 종교이다.

단군시대는 신권시대이지만 수류나 만족과 경쟁하기 위해 궁시·노弩 등의 무기를 발명하였다.

단군시대의 강역은 북으로 요심遼瀋(幽州)에 이르고, 동서남으로는 벽해·황해·현해에 이르렀다.

기자조선은 처음에 요동의 영평부에서 도읍했으며, 그 후손들이 점차 영토를 개척하여 지금의 평양에 도읍하게 된 것이다. 기자는 성인의 덕으로 예의를 일으켰으며 무왕에 불신하였는데 그 후예들이 주周의 작위를 받았으므로 조선후라는 칭호가 생겨났으나, 주말周末에 스스로 왕을 칭하여 독립국이 된 것이다. 주무왕은 기자를 조선에 봉한 사실이 없다. 무왕은 단군조선을 정복한 사실이 없기 때문에 그 땅에 기자를 봉한다는 것은 불가능하다.

그렇다면, 지금의 평양에 기전릉箕田陵과 기자정전箕子井田 등의 유적이 있는 것은 무슨 까닭인가? 이에 대해 박은식은 고구려 시조 동명왕이 만주의 졸본에서 건국했음에도 불구하고 평양에 기린굴麒麟窟과 조천석趙天石이 있고, 중화에 그의 능침이 있는 것과 마찬가지로 모두가 후손들이 선왕을 추모하여 만든 것이라고 주장한다.

끝으로, 박은식은 우리나라 고대의 지명은 동명이지가 많다는 것을 예거한다. 예컨대, 조선은 요동의 조선과 악랑의 조선이 있으며, 평양은 요서와 낙랑의 두 곳이 있으며, 현토는 동·서가 있으며, 옥저는 남·북이 있으며, 개마는 동·서가 있으며, 마한은 남·서가 있으며, 졸본은 두 곳이 있으며, 부여는 넷이 있으며, 패수는 셋이며, 태백은 넷이 있다.

이상과 같은 박은식의 단군·기자조선에 대한 인식은 만주에 대한 국토 관념을 제고시키려는 민족주의 시각에서 출발한 것으로 여진족을 동족으로 간주하는 무리한 해석도 보이지만, 전체적으로 문헌에 의거하여 역사를 합리적으로 해석하려는 학자적 진실성이 돋보인다.

박은식의 고조선사 인식은 1907년에 신채호가 쓴 『독사신론』과 유사한 점이 많다. 만주를 중심에 두고 고대사체계를 세우려고 한 것이 기본적으로 같다. 그러나 여진족을 동포로 간주한 것은 신채호가 부여족을 주족으로 설정하고 여진족을 객족의 하나로 이해한 것과 다르다. 이러한 차이는 『독사신론』이 아직 대종교의 영향을 받기 이전에 쓰여진 것이고, 만주에 망명하기 이전에 집필된 사정과 관련이 있다.

2) 『몽배금태조』(1911)

이 글 역시 윤세복이 '열閱'하고 박은식이 '저著'한 것으로 되어 있으며, 윤세복의 서도 실려 있다.

『몽배금태조』는 꿈속에서 금태조를 만나 구국의 방법을 문답하는 형식으로 박은식 자신의 독립구국 사상을 피력한 일종의 반소설적·사화적 논설이다.

박은식은 이 글의 모두冒頭에서 만주의 지리·역사·인종을 개관하면서, 이곳이 단군·부여·고구려·발해의 구강으로서 무수한 영웅·호걸이 출현하여 강대한 국가를 건설하였으나 지난 1,000여 년간 이곳을 잃고 소중화로 전락한 사실을 개탄한 다음, 최근에 한인의 만주이민이 급증하는 사실을 축하하면서 장래에 좋은 결과가 맺어지기를 간절히 기대한다고 말하고 있다.

말하자면 이 글은 우수한 영웅아가 재만한인 사이에 다시 출현하여 옛날의 영광을 회복시켜 주기를 기대하면서 청소년의 정신교육 지침서로 쓴 것이다.

박은식은 1911년 5월에 만주로 망명한 후 5개월 동안 독립구국의 방안을 찾아 침사묵념하다가 10월 3일 개천일 기념식을 가진 뒤 객탑에서 대종교의 신리를 조용히 생각하다가 그날 밤 꿈에 백두산 천지에서 금태조(開天弘聖帝)를 만나 신명의 계시를 받았다고 『몽배금태조』를 쓰게 된 경위를 설명하고 있다.[7]

박은식은 금태조를 평주인 금후의 9세손으로 고려족의 영웅이라고 보고 있으며, 금국의 여진족은 발해족의 변칭자로서 조선족과 더불어 모두 단군자손으로 이해하고 있다. 금태조를 탁월한 영웅으로 이해하는 까닭은, 그가 두만강변의 한 작은 부락에서 일어나 일거에 요를 멸하고, 재거에 송을 취하여 지나천지에 주권을 장악한 진취주의자인 까닭이다.

주인공 무치생(박은식)과 금태조가 주고받은 문답을 통해서 작자가 강조하고 있는 요점을 추려보면 다음과 같다.

① 충국·애족하는 자가 화禍를 받고 매국·화족하는자가 복福을 받는 것은 복선화음의 천도에 어긋나는 것처럼 보이나, 실은 그렇지 않다. 선자는 일시적인 육체의 고통을 받으나 영원한 영혼의 쾌락과 만세의 숭배를 받아 천당에 가고, 악자는 일시적 육체의 쾌락을 맛보나 영원한 정신적 고통과 만세의 타매唾罵를 받아 지옥에 간다. 일신의 영복榮福보다는 국가와 국민(민중)의 영복이 더욱 크다. 국가가 문명부강文明富强하고 유쾌·안락하는 것은 모두가 충국·애족자의 골혈로서 조성된다.

② 조선인은 과거의 죄악을 반성하여 자강자립의 정신을 길러야 하는바, 현시대는 약

---

7   "於是에 歷史와 地理와 民族의 관념으로 轉輾思惟하되 如何한 方法으로 我祖先時代의 榮譽를 回復할가. 여하한 방법으로 玆絶勝江山에 無數한 英雄兒를 喚出할가. 如何한 方法으로 其民族性質에 對하야 長處를 利用하고 短處를 改良하야 文明程度에 引進할가. 此로 以하야 起居食間에 念根이 不斷하야 沈吟度日이 五·六個月을 經過하였으되 終是 好個方法을 透得치 못한지라. 管子曰 思之思之에 鬼神이 通之라 하니 余의 沈思默念한 結果로 或 神明의 指導를 得함이 有할가 하였더니 居然 秩序가 已過하고 冬候가 奄至하니 陰曆 十月三日은 我 檀君 大皇祖의 降世紀念日이라. 一般同志와 學生諸君으로 더불어 紀念式을 行하고 客榻에 轉輾하야 大倧敎의 神理를 靜念하다가 是夕에 栩栩然히 莊生의 蝴蝶을 化하야 風을 御하고 雲을 乘하야 白頭山 最高頂에 陟하야 大澤畔에 至하니…" (『朴殷植全書』中, 200~202쪽).

육강식·우승열패·적자생존의 공례에 따라 살벌한 민족경쟁·국가경쟁이 지배하는 시대이므로, 과거의 충효인의와 같은 성인도덕이나 소중화의식, 존화양이사상, 성리철학과 같은 노예정신을 하루속히 버려야 한다.

③ 우리 문화의 단점을 보익하기 위하여 타국문물을 수입하되, 선善한 것과 장長한 것을 선별적으로 받아들여서 우리의 지리와 풍속에 맞는 문화를 건설할 것. 우리 문화의 단점으로서 문약文弱과 태타怠惰, 결신潔身은둔주의, 허례허식, 신분차별과 군역 기피, 조세포탈의 악습을 버리고, 근로와 산업, 그리고 국민개병에 의한 부국강병을 추구할 것이다.

④ 지금은 개혁시대로서, 하등사회로 하여금 상급사회로 진보케 하여 평등사회를 이룩하는 것이 진화의 공리이다. 혁명정신은 과감성과 자신력을 필요로 하는바, 이를 위해서는 인간의 주인옹인 심心(마음)의 능력을 키우는 것이 중요하다.

⑤ 청년의 심력心力, 곧 정신력을 키우기 위해서는 학교 교육이 가장 중요한 것으로, 이를 위해서 ① 천설학교天設學校, ② 해상보통학교海上普通學校와 대륙보통학교, ③ 그리고 4천여 년의 역사학교를 통해서 청년을 교육시켜야 한다.

먼저 천설학교에서는 일반청년의 과감성과 자신력과 모험심을 단련시켜야 하는바, 그러기 위해서는 평등주의와 진취주의에 뛰어난 동서고금의 영웅·혁명가들, 예컨대 금태조金太祖·징기스칸成吉思汗·콜롬부스·루터·피터대제·크롬웰·워싱턴·나폴레옹·링컨·마찌니 등의 정신을 본받아야 하며, 우리 역사에서는 고구려의 무강의 풍기와 독립정신을 배워야 한다. 조선시대에는 대외경쟁이나 향외진취向外進取의 기풍이 무너지고 정당이나 학파의 경쟁만이 발달하여 동족내의 사리私利·사권私權을 경쟁하였기 때문에 현재의 불행이 초래되었다.

해상보통학교와 대륙보통학교에서는 일반 인민의 단합심과 활동심을 계발시키고, 바다와 육지로 뻗어나가도록 국민성을 개량시켜야 한다.

역사학교는 단군 이래 4천여 년간 전래된 학교로서 가장 저명한 것이 대동중학교이며, 그 밖에 육군대학교·해군대학교·정치대학교·법률대학교·농업전문학교·공업전문학교·의학전문학교·철학전문과·문학전문과·종교학 등의 대학이 있다고 한다. 이상 역사학교에서는 지치심과 지통심을 격발케 하여 각과교육을 일치 발달케 해야 한다고 한다. 이러한 역사학교는 물론 작자 박은식이 역사적 위인을 토대로 하여 가상적으로 만든 것이지만,[8] 여기에 그의 역사인식과 문화의식이 함축되어 있다는 점에서 주목된다.

역사학교의 교사로 등장된 인물 중에는 과거 유학자들이 추앙하던 인물들이 다수 포함되어 있지만, 그 밖에 선가나 대종교에서 중요시하는 인물들이 적지 않다. 예컨대 지리학의 팽오, 논리학의 소련·대련, 산술의 부도, 정치학의 발해 선왕, 물리학의 서경덕, 도화圖畵의 솔거率居, 음악의 우륵于勒과 옥보고玉寶高, 의학의 허준 등이 그것이다. 그리고 종교학으로서 대황조(단군)의 신교, 동명성왕의 선교, 지나의 유교, 인도의 불교를 들고 있는데서, 박은식의 문화의식이 유·불·선 삼교를 균형있게 포용하고 있음을 보여준다.[9] ⑥『몽배금태조』는 제국주의·강권주의를 정복하여 세계인권의 평등주의를 실현하는 것이 조선인의 당면과제라고 보고, 조선청년이 모두 금아골타와 같은 영웅이 되어 평등주의의 선봉이 되어야 한다고 결론을 맺고 있다.

『몽배금태조』에 반영된 박은식의 역사인식은 만주를 무대로 하여 제2의 조국을 건설하려는 긴박한 현실적 욕구에서부터 출발한 것이기 때문에, 자연히 만주사를 국사의 중심으로 이해하게 되고, 고려·이조사보다도 만주를 지배했던 고대사를 긍정적으로 인식하게 되는 것은 어쩔 수 없는 일이었다.

또한 문화의식에 있어서도 부국강병과 대외팽창을 지지하고 국민평등의 실현을 지향

---

8   作者가 假想的으로 설정하고 있는 各學校의 敎師는 다음과 같다.
    大東中學校：箕子(校長), 安裕(校監), 善德女王·百濟王保孫(天文學), 地文學(彭吳), 少連·大連·朴堤上(倫理學), 泉蓋蘇文(體操), 薛聰(國語), 居柒夫·李文眞·安鼎福(歷史), 崔致遠·楊士彦(化學), 于勒·玉寶高(音樂), 率居·曇徵(圖畵), 夫道(算術), 徐敬德(物理), 崔沖(修身)
    陸軍大學校：廣開土王(校長), 乙支文德·姜邯贊(교사)
    海軍大學校：新羅 太宗大王(교장), 鄭地·李舜臣(교사)
    政治大學校：渤海宣王(校長), 柳馨遠·丁若鏞(교사)
    法律大學校：法興王(교장), 孝昭王朝의 律學博士 6人
    農業專門學校：百濟多婁王(교장·稻田)·智證王(牛耕)·신라백제의 王宮夫人(양잠·績麻), 신라 大廉氏(茶), 文益漸(木綿)
    工業專門學校：蓋鹵王(교장), 智證王, 百濟 威德王, 新羅 異斯夫, 百濟 高貴, 고구려의 革工, 백제의 陶工·冶工·鞍工·漆工·美術工, 신라의 鑄工·盤工·繡工·佛像鑄造工·織機工·造船工, 崔茂宣
    醫學專門學校：백제 聖王(교장), 신라 金波鎭, 고구려 毛治, 이조 許浚
    哲學專門科：鄭夢周·李滉·李珥(支那哲學), 順道·元曉·大覺禪師(印度哲學)
    文學專門科：世宗大王(교장), 高興·任强首·李齊賢·張維·王仁(漢文)
    宗敎學：大皇祖의 神敎, 東明聖王의 仙敎, 支那의 儒敎, 印度의 佛敎
9   尹世復도 그의 『夢拜金太祖』序에서 朴殷植의 學을 評하여 "其 學이 儒·佛·仙 三敎界에 出入하야 硏究의 所得이 宏한 故로 惟心의 能力을 確信한 바 有함이라"(190쪽)고 하여 儒·佛·仙 3敎에 출입하였다고 한다. 한말의 朴殷植은 儒敎만을 숭상하고 佛·仙을 배격하였던 데 비추어 儒·佛·仙 3敎의 兼通은 커다란 사상적 변화라고 생각된다.

하는 까닭에 사대적 · 도덕적 신분지향적인 유교보다는 그와 대립적 성향을 띠고 발전해 온 기층문화와 고대문화에 대하여 더한층 애착을 갖게 되었다. 신교나 대종교에 대하여 호의적 반응을 보인 이유가 여기에 있는 것이다. 그리고 그가 바라는 조국광복이 너무나 암담하고 곤란하기 때문에, 그가 추구하는 조국광복의 방법도 상대적으로 신앙적이고 정신적인 것일 수밖에 없었다. 실의에 빠지기 쉬운 재만교민들에게 무엇보다도 긴급한 것은 조국광복의 희망과 자신감을 불어넣어 주는 일이라고 그는 판단한 것 같다. 그가 신명의 계도로서 구국방안을 제시하고, 심력의 중요성을 강조한 것은, 그의 학문적 토대가 양명학에 있었다는 것과도 무관하지 않을 것이나 그보다도 국치 전후의 긴박한 역사적 상황이 더욱 투철한 신앙적 귀의를 요구했다고 보아진다.

그러나 박은식은 신앙만으로써 조국광복이 이루어질 수 있다고 믿은 것도 아니며, 기층문화나 고대문화에의 신뢰만으로 근대문화가 성립된다고 생각한 사람도 아니다. 그는 근대서양의 부국강병을 뒷받침한 물질문화와 혁명정신 · 진취정신에 크게 고무되었고, 이를 적극적으로 받아들여 전통문화, 특히 이조문화의 단점을 보익하려 하였다. 그러한 점에서 그는 궁극적으로 관념론자인 것은 아니었다.

3) 『천개소문전泉蓋蘇文傳』

『천개소문전』은 본문 9장으로 되어 있으며, 앞과 뒤에 서론과 결론을 붙이고 있다.

먼저 서론에서는 영웅숭배의 필요성을 강조하고, 이조 500년간 상등사회에서 유림파와 귀족당만을 숭배하고 영웅을 숭배하지 아니한 결과로 오늘날의 불행을 초래하였다고 진단한 다음, 우리 역사상 가장 위대한 영웅인 천개소문의 전을 써서 영웅혼의 부활을 기대한다고 하였다.

본문 9장에서는 천개소문의 중원에서의 성장과정과 국내에서의 활동, 당군과의 항쟁, 그리고 그의 종교사상을 차례로 묘사하고 있다.

여기에 나타난 천개소문의 인간상은 크게 두 가지로 요약될 수 있다. 첫째는 대내적으로 세신거족의 귀족정치에 항거하는 개혁가로서의 인간상이요, 둘째는 중국의 침략에 항거하는 데 그치지 않고 적극적으로 중원을 도모하려는 팽창주의자로서의 인간상이다. 그리고 그의 이와 같은 반귀족적 · 팽창주의적 정책을 뒷받침하는 종교사상으로서 유 ·

불・선 3교의 병립을 지향하면서 동명성왕의 선교와 도교를 진흥시킨 사상가로서의 공적에 주목하고 있다.

끝으로 결론에서는 김유신과 천개소문을 비교하여, 전자는 국가주의를 가졌으나 사대의뢰의 모범이 되었는 데 반하여, 후자는 개인주의에도 독립자주자요 국가주의에도 독립자주자로서 비교가 되지 않는다고 말하고, 고구려가 망한 것은 유자들이 비판하듯이 소국으로서 대국에 도전했기 때문이 아니라 남생・남건 형제의 쟁권에 기인하는 것이라고 보고 있다. 박은식은 한말에 『서우학회월보』에서 김유신전을 쓴 바 있고, 또 『삼국사기』의 김유신전을 개찬한 바 있다.[10] 이것은 김유신의 위인됨을 높이 평가한 글이었다. 그러나 박은식의 김유신에 대한 평가는 『천개소문전』에 이르러 이렇듯 달라지고 있다는 것을 유의할 필요가 있다.

『천개소문전』에 나타난 박은식의 역사인식과 문화의식은 기본적으로 『몽배금태조』의 그것과 일치됨을 알 수 있다. 그가 지향하고자 하는 것은 철저한 팽창주의요 무력주의이며 반귀족적 평등주의이다. 그리고 이러한 이념의 문화적 바탕을 선교에서 찾으며 고구려 정신에서 구하고 있다.

박은식의 영웅숭배론은 자칫 과거의 영웅을 현대의 영웅으로 착각하며 역사의 주체를 소수의 영웅에 국한시킨 것으로 오해하기 쉽다. 그러나 박은식은 과거의 영웅과 현대의 영웅을 분명히 구별하고 있다. 이 점은 『몽배금태조』에서, 금태조는 가족의 강력으로 천하를 정복하였으나 지금은 민족의 강력이 아니면 천하를 정복할 수 없다[11]고 한 데서도 단적으로 드러난다. 그에 의하면, 지금은 민족전체, 국민전체의 역량이 역사를 이끌어가는 동력으로 인식되고 있다. 다만 근대영웅은 민족과 국민을 각성시키고 선도하는 지도자로서의 의미를 가질 뿐이다. 그래서 그는 "大抵 英雄은 邦國의 干城이요 人民의 司令"[12]이

---

10 朴殷植은 한말에 金庾信傳을 두 번 썼다. 하나는 『謙谷文稿』에 실린 「改撰金庾信傳」이고 다른 하나는 『西友學會月報』에 실린 글이다. 『謙谷文稿』는 대체로 1905년 이전에 쓴 論說을 모은 것이기 때문에 「改撰金庾信傳」이 먼저 쓰여진 것으로 보인다. 여기에서는 『三國史記』 金庾信傳에 실린 기사 중에서 "禱佛寺 資陰助云云"이라 한 구절을 반박하여 삭제해 버린다고 하였다. 김유신과 같은 英傑이 귀신을 숭상하였을 리 없으며, 이와 같은 妄說을 가지고 세상사람들을 교훈시키는 것은 부당하다는 이유에서였다. 『西友學會月報』에 실린 金庾信傳은 전자를 國漢文으로 쉽게 풀어서 쓴 것으로 내용상 차이는 없다.

11 『朴殷植全書』中, 278쪽.

12 上揭書, 中, 317쪽.

므로 영웅을 냉담하게 대우하는 것은 나라의 간성을 훼기하고 민民의 사령을 멸시함이라고 단정하고 있다. 따라서 그가 과거의 영웅을 상찬하는 것은 어디까지나 과거의 영웅을 본받아 근대의 영웅을 만들고, 국민 모두를 영웅화시키려는 의도로 풀이된다.

4) 『한국통사韓國痛史』

『한국통사』는 문자 그대로 국망의 아픔을 겪었던 대원군 집정 이후의 50년간의 일제침략사를 다룬 것이다. 그러나 그가 근대사를 쓴 것은 망국의 아픔을 광복으로 이끌기 위한 것이며, 광복의 지름길을 신神과 혼魂에서 찾기 위함이었다. 그에 의하면, 모든 사물에는 형形과 신神, 혹은 백魄과 혼魂이 있는 것으로서, 형이나 백은 쉽게 없어질 수 있으나, 신이나 혼은 백이나 형에 관계없이 영원한 것이라 한다.

마찬가지로, 우리나라가 망한 것은 형과 혼이 망한 것이지 혼과 신이 망한 것이 아니므로, 혼과 신이 살아 있는 한 형백의 부활 즉 조국의 광복이 가능하다고 그는 믿었다.

그렇다면 혼·신은 구체적으로 어디에서 찾아지는가. 그에 의하면, 혼이 속한 것은 국교·국학·국어·국문·국사로서 특히 국교와 국사를 국혼의 중심으로 생각하였다. 그래서 그는 "國敎와 國史가 망하지 않으면, 그 나라가 망하지 않는다"[13]고 하고, 또는 "나라는 滅할 수 있으나 史는 滅할 수 없다. 나라는 形이고 史는 神이다. …… 神이 남아 있으면 形은 부활할 때가 있다"[14]고도 하였다.

따라서 박은식이 『한국통사』를 쓴 것은 단순히 망국의 과정을 밝히기 위한 것이 아니라 우리 민족의 국혼을 확인하기 위한 것임이 드러난다. 그런데 국혼은 50년의 근대사에서만 찾아지는 것은 아니요, 4천년의 전역사에서 찾아야 하는 것이다. 그래서 박은식은 『한국통사』의 수편首編에서 지리의 대강과 역사의 대개大槪를 쓰고, 다시 제3편 속에서 우리나라의 고물古物과 교화의 내력을 서술하여 4천년 국수의 정신을 소개하고 있다.[15] 특히 제3편 중 제16장 일인속박각교회 부분에 그의 국수사상이 잘 반영되어 있다. 그의 관심은

---

13   『韓國痛史』 結論.
14   『韓國痛史』 緒言.
15   上揭書, 凡例, "一. 此書始末 限於最近五十年而 特於首編 設載地理及舊史之大槪 又於第三編 因敍古物·敎化之來歷 含有四千年國粹之精神".

사실은 4천년 전역사에 있는 것이지만, 시간과 능력의 부족으로 후일로 미루고, 다만 그가 직접 체험한 근대사만을 쓴다고 그 자신이 술회한 것을 보면[16] 이 책에서 우리가 유념해야 될 부분은 근대사 자체라기보다는, 그가 강조하고자 하는 국혼·국수의 실체가 무엇인가를 찾아내는 것이 아닌가 한다.

먼저 제1편 제1장 '지리지대강地理之大綱'에서 가장 주목되는 것은 반도 각지에 널려 있는 문화유적 중에서 단군신앙과 관련되어 있거나 대외항쟁과 관련된 것을 빠짐없이 언급하고 있다는 사실이다. 그리고 특히 백두산과 백두산 부근을 중요시하여, 이곳이 발해 태조·금태조·청시조 등 영웅이 산출된 곳이라고 특기하고 있다.[17] 이는 그가 만주를 중요시하고 이곳에서 영웅이 다시 나타나기를 대망하는 입장과 관련이 있을 것이다. 그는 만주를 중요시하는 입장에서 발해사에도 비상한 관심을 가졌던 것은, 『한국통사』의 결론에서, 발해가 마한의 동족이요 고구려의 후계자로서 5,000리의 영토와 3,000년의 역사를 가진 해동성국의 문명대국이면서도 역사를 남기지 않은 것을 애통해 하는 데서도 엿보인다.

다음에, 제1편 제2장의 '역사지대개'에서는 우리나라의 역사를 단군·부여·기자·위만·고구려·백제·신라·발해·후삼국·고려·조선의 순으로 서술하고 있다. 삼국 중 고구려를 수위에 서술한 것이나, 부여와 발해사를 첨가한 것, 그리고 궁예와 견훤의 입국을, 신라가 당을 끌어들여 고구려와 백제를 멸한 불의에 대한 항거로 서술하고 있는 것 등에서, 만주사를 중시하고 사대를 배격하는 입장이 잘 드러나고 있다.

기자조선에 대해서는 그 문화적 업적은 긍정적으로 평가하고 있으나 그 위치는 봉천 광녕현이라고 보고 있다.[18] 사군과 삼한은 대체로 열수를 경계로 하여 북과 남에 병립한 것으로 이해하고 있다. 그러나 삼한을 중국계와 연결시키지 않고 독립된 자치부로 이해하고 있다.

단군조선의 문화에 대해서는 특히 단군의 교화와 제천례, 그리고 후세의 삼신신앙을 소개하고 있으며, "三神을 生民의 祖로 생각하고, 民의 報本을 중하게 여기는 것은 단군의

---

16 上揭書, 結論.
17 上揭書, 第一編 第一章 地理之大綱, "咸鏡道 … 白頭山附近 卽古肅愼氏之地 而渤海太祖·金太祖·淸始祖 皆發祥於此 故世以此地爲英雄産出之區".
18 上揭書, 第一編 第二章 歷史之大槪, "殷太師箕子 避周東來 從者五千 居今奉天廣寧縣 仍國號朝鮮".

제천이 교화의 祖가 된 까닭이다"라고 쓰고 있다. 말하자면 박은식의 단군조선에 대한 인식은 대종교적 신앙에 바탕을 두고 있는 것을 알 수 있으며, 이 점은 그가 앞에서 언급한 '지리지대강'에서 단군과 관련된 문화유적을 상세히 소개하고 있는 것, 제3편 제60장에서 단군의 신교와 한말의 대종교를 상세히 서술하고 있는 점 등과 아울러 고찰할 필요가 있다.

삼국·고려·조선시대에 관한 서술은 대외항쟁과 영토확장, 그리고 문물의 발달에 역점을 두고 서술하고 있으며, 조선시대는 태조에서 성종에 이르는 15세기를 높이 평가하고, 조선 후기의 당쟁과 문약, 그리고 민생의 피폐를 개탄하고 있다.

박은식의 조선시대에 관한 역사인식은 제2, 제3편의 본론에서 더욱 구체적으로 드러나고 있다. 대원군 집정 이후의 근대사를 서술하는 그의 기본입장은 한마디로 ① 민족주의, ② 평등주의, ③ 근대화(부강)로 요약될 수 있으며, 이러한 관점에서 근대정치사의 중요한 봉우리를 이루는 사건들에 대하여 명쾌한 시비판단을 내리고 있다. 대원군을 대혁명가로 칭송하면서도 그의 대내개혁상의 과거와 대외배척을 무학의 소치로 개탄한다든지, 갑신개화파와 독립협회의 혁신적 활동을 그 사상적인 측면에서 높이 평가하면서도 실천과정의 조급성과 국민적 기반의 취약성을 지적한 것 동학란을 양반의 학정에 대한 상민의 정당한 항거로 이해하면서 그것이 만약 성공하였다면 서구혁명의 혈광을 우리나라에서 다시 볼 수 있었을 것, 이라고 애석해하고, 비록 그것이 실패로 끝났지만 정치사상상 혁명성을 내포하고 있으며 이로 말미암아 엄각한 계급이 무너졌으므로 개혁의 선구라고 말할 수 있다고 긍정적으로 평가한 점, 그러면서도 동학군이 우준무식愚蠢無識한 오합지중烏合之衆으로 전투기술과 기계이용의 방법을 모르고, 경성에 직입하여 개혁에 착수할 담력과 식력을 갖추지 못했다고 비판한 점, 끝으로 을미사변 이후의 유생들의 의병운동이나 산림도학자들의 은둔주의나 위정척사운동에 대하여 그들의 충분강개나 윤리성을 긍정하면서도 이 때문에 수구에 침체되고 나라의 부강이 이루어지지 못한 역기능을 지적하고 있는 것 등이 그것이다.

박은식이 근대 50년사에서 대체로 비판없이 긍정하고 있는 것은 한말의 구국계몽운동과 1907년 이후의 항일무장운동이다. 이 두 운동은 박은식이 추구하는 항일운동의 기본방향과 일치하는 까닭으로 생각된다.

다음에 그가 제3편에서 두 장을 할애하여 서술하고 있는 고물 및 교화의 내력에 대하여 알아보기로 한다. 제3편 제44장의 '일사도취옥탑일군절거석비日使盜取玉塔日軍窃去石碑' 및 제60장의 '일인속박각교회日人束縛各敎會'는 박은식 자신이 범례에서 밝히고 있듯이, 4천년 국수의 정신을 함유하는 까닭에 의도적으로 삽입한 부분이다.

먼저 제44장에서는 첫머리에,

古物 國粹也 祖先創造之腦力 國家文明之價格 後人紀念之品式 悉於是乎在 故世界文明之族 胥重而保之

라 하여 고물이 국수로서 가지는 의의를 설명하고, 우리나라는 4천년의 문명국가로서 많은 고물을 남겼다고 자부한 다음, 현존하지는 않으나 문헌에 보이는 고물과 현존하는 고물의 종류와 성격을 상세하게 소개하고 있다. 그가 소개하고 있는 고물은 위로는 단군조선으로부터 기자 · 발해 · 숙신 · 고구려 · 백제 · 신라 · 고려 · 조선에까지 이르고 있으며, 그 종류는 제단[19] · 불상 · 불탑 · 불종 · 불경 · 악기 · 도자기[20] · 비석[21] · 서화[22] · 서책 · 석부 · 석노[23] · 고분 · 활자 · 무기[24] · 과학기구 등 주로 고고 · 금석 · 종교 · 과학 · 예술 및 외란이나 영토개척과 관련된 것들이 많다. 유교와 관련된 것이 거의 없다는 것이 주목된다.

박은식은 나아가 합방을 전후하여 일인이 내한하여 역대 총묘의 고기 · 고화 · 명산사찰의 고종古鐘 · 고로古爐, 그리고 충인 · 공인의 기적비, 명정名亭 · 걸루傑樓의 시문판 등을 가져간 것이 헤아릴 수 없이 많다고 지적하고, 그중에서 가장 대표적인 것으로서 일대사日大使 전중광현田中光顯이 도취해간 경천사 13층옥탑과 노일전쟁 시에 일병이 가져간 회

---

19 祭壇으로서는 江華 摩尼山의 祭天壇을 들고 있으며, 所築시기 · 재료 · 형태 · 크기를 소개한 다음에, 이것은 東方建築의 最古者라고 서양인이 칭했다고 한다.

20 陶磁器에 관해서는 撫順지방에서 高句麗의 磁器製造具와 陶瓶이 나왔다는 것, 渤海가 瑪瑙樻와 紫瓷盆을 唐에 朝貢했다는 것이 '杜陽雜編'에 보인다는 것, 고려때에 紫霞盃 · 五色琉璃盞 · 金磁器 · 螺鈿器 등이 있었다는 것 등이 소개되고 있다.

21 碑石으로서는 廣開土王紀功碑의 書法이 魏晉과 같고, 眞興王碑(황초령비)의 書法이 六朝 이전에서 나온다는 것, 신라의 鰲藏寺碑, 고려의 麟角寺碑 · 寶鏡寺碑의 榻本은 中國 金石家의 珍賞이라는 것 등을 기록하고 있다.

22 書畫에서는 金生의 昌林寺碑刻과 率居의 檀君神祖像 · 佛像 · 老松이 神品이라는 것을 자랑한다.

23 石斧와 石弩는 함경도 鍾城郡에서 출토되는데 肅愼시대에 만들어진 것이라 한다. 참고로 함경도 北靑의 土城에서 숙신시대의 石弩 · 石斧 · 石槍 · 刀鎌이 나오고 있다는 기록은 成大中(英祖代)의『靑城集』에도 보인다.

24 武器로서는 李舜臣의 龜船이 세계 最古의 鐵甲船이라는 것, 조선시대에 만들어진 飛車는 가죽으로 만들어져 4人이 타고 공중을 날 수 있다는 것 등이 소개되고 있다.

녕군의 임명전첩비臨溟戰捷碑(임진란시 정문부부대의 승첩비)를 들고 있다.

끝으로, 박은식이 4천년 교화의 내력을 서술한 제3편 제60장의 내용을 검토해 보기로 한다. 이 장에서는 먼저 (宗)교敎라는 것은 세계와 중생을 보도하는 것으로서 일국일족에 국한되는 것은 아니지만, 지방과 풍속에 따라서 동성과 족성을 갖게 되는 것이라고 전제하고, 우리나라의 종교는 본지에서 창조된 것과 타방에서 온 것이 있으나 역사가 오래고 신력이 깊으면 국혼이 의탁하기는 마찬가지라고 하면서,[25] 역대 종교의 내력을 소개하고 있다.

먼저 박은식은 삼국시대 이전에 성립된 교敎로서 ① 단군의 신교, ② 기자의 예교, ③ 소련·대련의 윤교倫敎를 들고 있다.

단군신교는 제천보본을 중핵으로 하는 것으로서, 배천교 혹은 종교라고도 하며, 신교는 부여·고구려·백제·고려로 내려오면서 연면히 계승되어 후세의 삼신신앙으로 이어져 왔다고 한다. 삼신신앙은 불교와도 연결되어 환인제석숭배로 나타나고, 고려시대에는 묘향산에 360여암庵을 세워서 단군이 다스린 360여사事의 뜻을 드러냈다. 일연이 『삼국유사』에서 삼신이화三神理化의 적跡을 논하고, 이익이 "我國宗敎는 檀君에서 나왔다"고 말한 것이나, 정약용이 "三神은 人民의 시조"라고 한 데서 신교의 원류를 징험할 수 있다고도 한다.

다음에 기자의 예교는 이른바 8조교와 홍범을 말하는 것으로, 우리나라가 군자국의 칭호를 듣고, 우리나라 유가들이 홍범의 학學을 존중하는 유래가 여기에 있다 한다.

소연·대연은 공자와 같은 시대의 동이인(해주인)으로서 거상을 잘하여 효자의 모범이 되었으므로 천하의 윤교의 대성이 되었다 한다.

삼국시대에는 ① 최치원이 나라에 현묘한 도道가 있다고 말한 이른바 통속오교通俗五敎가 있고, ② 신라시조와 고구려시조 때부터 비롯된 신선교가 있는바, 이는 단군 때 신지선인神誌仙人이 전한 것이며, ③ 불교는 가락·고구려·백제·신라의 순으로 수입되어 여러 명승이 배출되고 일본에 불교를 전해주었으며, 혜량의 팔관법, 원효의 대승기신론주소大乘起信論注疏, 원광의 세속오계와 같은 특출한 업적을 남겼고, ④ 유교 역시 고구려·백제·신라의 순으로 진흥되어, 백제는 일본에 논어와 천자문을 전해 주었고, 신라에서는 설총

---

25   『韓國痛史』第三編 第六十章 日人束縛各敎會, "敎者天下之公德也 天命之定則也 勿論何敎 凡爲敎主 皆以範圍世界 普度衆生 爲宗旨 豈囿於一國·一族之區域者哉 … 而因其地方與風俗 各立敎門 有爲其國性族性者焉 以吾國之敎論之 有創於本地者 有來自他方者 而信敎自由自昔已然 各敎之歷史旣久 信力俱深 則其爲吾國魂所托一也".

의 이두 제작과 같은 특출한 업적이 나타났다고 한다.

고려시대에는 유·불 2교가 성행하였는바, 불교에는 교종(천태종)과 선종(자은종·조계종)의 구별이 있으나 선종이 더욱 성했다고 한다. 유교는 성종 이후로 흥기하여 문종 때 최충과 같은 해동공자가 나오고 인종 때에는 극성을 이루었으나, 궁행자가 적고 사부에 치우치는 폐단이 있어 여말에 성리학이 융성하게 되었다.

조선시대에는 역시 유교와 불교의 2교가 있었는바, 유교는 정몽주의 계통을 이어 혈배된 것으로서 조광조·이황·이이의 삼현이 유종이 되었으며 특히 이황의 여택이 일본에 미쳐, 일본학자의 퇴계숭신은 우리나라 유가의 주자숭신과 같다고 한다. 박은식에 의하면, 조선조의 유교는 공과가 반반으로서, 사론을 존중하여 초야위포草野韋布가 참정권을 갖고, 여론에 의해 정부를 굴종시키는 경우가 많았던 것은 구미의 중민론과 같아서 500년 후 형국이 이에 의뢰하는 바 많았다. 그러나 사림이 존중되면서 명심이 치열해지고, 명심이 치열하면서 당쟁黨爭·사화士禍·찬상竄謫·주륙誅戮이 성행하여 사기가 꺾이고 공론이 소멸하였으며, 그 위에 학문이 구허拘墟에 빠지고 주자학에만 치우쳐서 육왕학陸王學이나 서양의 신학문 등을 모두 이단으로 배척하여 시대에 뒤떨어져서 나라에 보탬이 되지 못하였다고 한다.

조선시대의 불교는 나옹懶翁·함허涵虛·서산西山·진묵眞默 같은 명승을 배출하고, 서산·유정惟政·처영處英·영규靈圭 같은 승려는 왜란 때 의병을 일으키기도 하였으나, 여말부터 유가의 배척을 받아 점점 쇠미·도태되었다고 본다.

그 다음, 조선시대의 교로서 박은식은 세종대왕의 국문을 더 들고 있다. 그에 의하면, 우리나라의 국문은 신라승 요희가 창작했으나 보급되지 않고 있다가 세종 때 다시 훈민정음이 창작되었다 한다. 훈민정음이 중요한 의미를 갖는 것은 단순히 우리 글자라는 데 있는 것이 아니라, ① 문자체계가 언어·사물을 기록하는 데 있어서 곡당曲當하지 않음이 없고, ② 배우기 쉬워서 농공상가 및 부녀자가 쉽게 쓸 수 있는 보편성을 가지며, ③ 한자를 빌지 않더라도 능히 문장을 지을 수 있다는 점에서 한자를 빌어야만 성설이 가능한 일문과는 비교가 되지 않는다고 한다.

조선왕조 후기에 들어온 천주교와 개항 이후에 들어온 미국의 신교에 대해서도 박은식은 그 교육사업이나 병원·자선사업, 그리고 배일운동을 높이 평가하고, 동학의 후신인 천도교와 시천교에 대해서는 천도교가 1백만 신도를 가졌다고 하고, 시천교는 모두 일진

회당이라 하여 매도하고 있다.

이상 열거한 한인의 각종 교단에 대하여 일인은 이를 조종하기도 하고 속박하기도 하면서 그 박멸을 꾀하고 있는바, 유교에 대해서는 이완용의 아류훈노亞流勳勞들을 성균관에 임명하고 초야의 기유들을 탄압하고 있으며, 불교에 대해서도 국내의 명사대찰을 일인승도가 점령하여 교권을 장악하고 있으며, 대종교에 대한 감시·탄압을 강화하고 있을 뿐 아니라, 야소교에 대한 탄압이 음양으로 가열해지고 있다고 박은식은 보고하고 있다.

국교는 국혼이 의탁하는 것으로서, 일인의 국교탄압은 결국 국혼의 소멸을 가져오는 것이므로, 국혼의 소멸을 막기 위해서는 국교의 부흥이 필수적이라고 보는 것이 박은식의 기본입장이라 할 수 있다. 다만, 박은식은 국교의 범위를 협소하게 설정하지 않고, 단군신교에서부터 기독교와 대종교에 이르기까지 역대의 신앙·윤리를 민족주의와 평등주의의 이념 위에서 넓게 포용하고 있다는 점이 주목된다. 이는 박은식이 전통문화와 외래문화를 근대적이고 주체적인 입장에서 넓게 포용하고 수용하면서 또 이를 비판할 수 있는 안목을 아울러 가지고 있음을 뜻하는 것이다. 그리고 이러한 입장은『몽배금태조』에서 표현된 바 3교절충적 입장과 일치되는 것이다.

5)『한국독립운동지혈사韓國獨立運動之血史』(1920)

『한국통사』가 국망의 충격 속에서 편찬된 것이라면, 1919년의 3·1운동을 경험한 자신감에서 쓰여진 것이『한국독립운동지혈사』(1920)이다. 이 두 책은 모두 독립정신을 고취하기 위한 강렬한 목적의식에서 쓰여진 역사라는 점에서는 하등의 차이가 없지만, 역사를 보는 시각에는 적지 않은 차이점이 발견된다.

첫째로,『통사』는 제국주의를 극복하고 독립을 달성하는 힘을 국수의 혼에서 찾으려고 하였다. 그리하여 '혼'을 담고 있는 '국교'(종교)·'국학'·'국어'·'국문'·'국사'를 일으키려는 데 주안점을 두고 쓰여진 것이다. 말하자면 국수적 민족주의가 밑바탕에 깔린 역사의식이다.

이에 비하여『혈사』는 '국혼'만을 강조하는 것이 아니라, '민의'가 이에 못지 않은 독립실현의 변수임을 확인하고 있다. 박은식은『혈사』의 도처에서 일본이 반드시 망하고, 우리가 반드시 독립한다는 자신감과 희망을 피력하고 있는데 그것은 '민의'가 그러한 방향으로 움직이고 있다는 확신에 근거하고 있다.

박은식이 포착한 '민의'는 국내외를 모두 포함하고 있다. 우선 일본침략주의자들이 우리나라 2천만의 원수가 되었음은 물론이요, 4억의 중국인과 2억의 러시아인의 인심을 잃었으며, 나아가 일본국민 자체의 인심까지도 잃고 있다. 여기에 더하여 유럽 열강이 또한 일본의 침략에 분노와 질투를 느끼고 기회를 보아 억제하려는 생각을 가지고 있다. 이와 같이 일본은 세계 각국의 민의의 원수가 되어 있고, 우리 민족은 반대로 각계각층의 남녀 노소가 한 마음이 되어 3·1운동을 일으켰으므로 일본의 패망과 우리의 독립을 필연적 사실로 확신할 수 있는 것이다.

박은식의 '민의'에 대한 포착은 『혈사』의 서언에 잘 드러나고 있는데, 그 일부를 옮겨본다.

> 日本은 … 갑자기 西勢東漸을 보고나서, 自强을 급히 서두르지 않으면 自存할 수 없고, 銳意進取하지 않으면 發展할 수 없다는 것을 알았다. 이에 … 軍國主義를 일으키고 大陸政策을 착수하여 … 國威가 크게 떨쳤으나 … 武人의 專制로 輿情이 不平하고 … 民力이 이미 피폐하였다. … 그리하여 저들은 한 번 나아가자 우리 2천만의 원수가 되었고, 두 번 나아가자 中國의 4억과 원수가 되었으며, 세 번 나아가자 러시아 2억의 원수가 되었다. 저들이 비록 强武하다 할지라도 世界民意의 公仇가 되었으니 어찌 無敗를 지킬 것인가. 또한 歐美列强이 저들의 침략을 분하고 싫어하여 기회를 보아 제압하려는 나라가 적지 아니하니, 저들의 국제적 고립이 이와 같다. 바로 이것이 日本이 장차 반드시 망할 것이라고 생각하는 까닭이다 (상편, 2쪽).

박은식은 세계 각국 민중들의 의사가 일본을 싫어하고 있다는 것을 정확하게 인식하고 있었는데, 이러한 세계정세의 변화를 그는 '세계를 개조하는 신문화'로 표현하고 있다. 여기서 세계를 개조하는 신문화란 한마디로 과거의 세계질서를 이끌었던 군국주의·제국주의가 후퇴하고, 인도주의·평화주의·민족자결주의가 신문화로 대두하고 있음을 의미한다.

박은식은 군국주의와 제국주의가 후퇴하는 계기가 된 것을 제1차 세계대전을 경험하면서 일어난 러시아혁명(1917)에서 찾고 있다. 러시아혁명이야말로 '세계개조世界改造의 최선동기最先動機'[26]로 평가된다. 러시아혁명은 전제를 무너뜨리고 각 민족의 자유와 자치를 허용하고, 극단적 침략주의를 극단적 공화주의로 바꾸는 계기가 되었다. 그 다음에 독일에서 사회당이 일어나 공화정을 세우고, 오스트리아가 그 뒤를 따랐으며, 미국 대통령(윌슨)의 국제연맹 결성과 민족자결주의 제창으로 세계개조는 더욱 진보하게 되었다. 더욱이 일본내에서조차도 '사회파'가 발전하여 혁명을 일으키려는 기운이 일어나고 있다고 박은식은 지적하고 있다.[27]

박은식에 의하면, 제1차 세계대전 이후의 신문명은 더이상 적자생존과 약육강식과 우승열패를 용납하지 않는다. 그것은 약자의 희생을 초래할 뿐 아니라, 강자와 강자의 투쟁을 유발하여 강자 또한 멸망을 초래하게 하는 것이다. 따라서 미래의 신문명은 강자와 약자가 함께 살아가는 '세계대동'과 '인류공존'의 길로 나아가는 것이다.[28] 그리고 우리나라의 3·1 독립운동은 바로 이러한 세계 개조의 신문명에 발맞춰 일어난 '도수혁명'으로서 세계사적 의의가 크다고 본다.

『혈사』에 나타난 박은식의 역사의식은 러시아혁명을 포함한 사회주의운동을 우리나라 독립운동에 유리한 조건으로 인정하고 있다는 점에서 『통사』와 다른 새로운 면모를 읽을 수 있다. 이는 그가 평등과 민중에 대한 자각이 한층 커졌음을 말해 준다. 『통사』에 보였던 사회진화론적 독립운방략은 국혼과 국수문화를 강조하면서 만주식민사업에 역점을 두었고, 이론상 평등주의를 강조하면서도 갑신혁명이나 동학혁명을 '란'으로 표현하는 한계를 보였다.

그러나 『혈사』에서는 이러한 한계들이 극복되면서 국혼과 국수를 강조하는 정신주의가 다소 후퇴되고, 그 대신 2천만 인민의 단결된 힘에 의한 실제적 독립운동방략을 제시하고 있다. 『혈사』의 결론에서 제시되고 있는 애급埃及(이집트) 및 애이란愛爾蘭(아일랜드)식 독립운동이 그것으로서 인민 각계각층이 일제와의 협력이나 복족을 거부하고 납세거부운동을 벌여야 할 뿐만 아니라, 수십년간 축적된 독립전쟁의 경험을 살려가야 한다는 것이다. 그리고 이와 같은 민중역량에 대한 자각과 자유·평등이념에서 박은식은 갑신혁명과 동학혁명을 '란'에서 '혁명'으로 바꾸어 썼다.

『혈사』는 이와 같이 진일보한 민족주의이념에서 쓰여진 것이지만, 박은식이 계급혁명

---

26   『血史』(하편), 5쪽.

27   前揭書(하편), 370쪽.

28   上揭書(하편), 5쪽.

을 지지한 흔적은 없다. 외국에서의 사회주의혁명이나 사회주의운동을 긍정적으로 평가하는 그의 입장이 국내의 독립운동에 있어서 사회주의혁명을 긍정하는 논리로 이어지고 있지는 않다는 것이다. 그는 사회주의운동을 계급혁명이 아닌 민족해방운동의 차원에서 이해하고, 그 평등주의이념을 선호한 것으로 보인다.

1910년대 신채호의 민족주의 사학

1. 머리말

신채호의 국사연구는 크게 세 시기로 구분해 볼 수 있다. 1906년에서 1910년까지의 한 말을 한 시기로 묶을 수 있고, 1910년에서 1920년 전후까지를 또 한 시기로 설정할 수 있으며, 1920~1930년대를 마지막 단계로 구분할 수가 있다. 제1기는 단재사학의 초창기로서, 이 시기의 그의 국사인식을 집약적으로 반영하고 있는 것은 『독사신론』(1908)이다. 마지막의 제3기는 단재사학의 성숙기라고 할 수 있으며, 이 시기의 연구축적을 정리한 것이 『조선상고사』(1931)라고 볼 수 있다. 이 책은 그의 역사연구의 마지막 단계에서 정리된 것이기 때문에, 그의 사학의 정수라고 해도 큰 잘못이 없을 것이다.

『독사신론』과 『조선상고사』를 비교해 보면, 민족주의를 바탕으로 하고 있다는 점에서는 공통점이 있으면서도 역사연구 태도와 국사인식 체계에 있어서 상당한 차이가 있음을 발견하게 된다. 그것은 신채호 자신이 『조선상고사』에서 『독사신론』에 대하여 크게 불만을 토로하고 있다는 사실에서도 확인된다.[1]

신채호가 자신이 쓴 사서로서 또 하나 불만을 크게 가진 것으로 『조선상고문화사』가 있다. 이 책은 1931년에 『조선상고사』와 거의 같은 시기에 발표되었는데도 불구하고[2] 내

---

1   『朝鮮上古史』總論에서, "距今 16年前에 國恥에 發憤하여 …… 史評體에 가까운 『讀史新論』을 지어 『大韓每日申報』紙上에 發布하며 …… 그 論評의 獨斷임과 行動의 大膽임을 지금까지 自愧하거니와, 그 이후 얼마큼 奮勉한 적도 없지 않으나 ……"(『丹齋申采浩全集』[以下 『全集』으로 생략함], 丹齋申采浩先生紀念事業會, 1977, 47쪽)라 하여 『讀史新論』에 獨斷과 大膽이 있었음을 스스로 반성하고 있다.

용상 서로 다른 점이 많아서, 과연 그것이 신채호의 저술인가에 대하여 의문이 가는 점도 없지 않다. 따라서 『조선상고문화사』를 신채호의 저술로 인정해 줄 것인가, 인정해 준다면 어느 시기의 저술로 보아야 할 것인가가 문제된다.

결론부터 말한다면, 이 책은 발표연대는 비록 1931~1932년, 즉 그의 생애의 말년이지만 역사인식 자체는 1910년대의 그것을 가장 집약적으로 반영한다고 보는 것이 필자의 소견이다. 본고에서 1910년대의 신채호사학을 검토하고자 하는 이유가 바로 여기에 있다.

신채호가 1910년대에 쓴 것이 확실한 사론으로서는 「동국고대선교고」(1910.3) 사담체 소설로서 「꿈하늘」(1916.3)이 전해지고 있다. 따라서 이들 사론과 소설의 내용을 검토해 보고, 또 이 시기에 있어서 신채호의 독립운동의 성격을 관련시켜 본다면, 대개 그의 역사 인식의 방향이 어떤 것인가를 짐작할 수 있다. 그런데 저 의문에 싸인 『조선상고문화사』의 역사인식은 한말의 그것과도 다르고, 1920~1930년대의 그것과도 같지 않으며, 오직 혹사한 것이 있다면, 그것은 바로 1910년대의 역사인식이다.

1910년대의 신채호의 역사인식은 한마디로 하여 대종교적 역사인식으로 특징지을 수 있다. 그래서 본고에서는 대종교에 초점을 맞추어 신채호의 역사인식의 성격을 검토함으로써 그의 역사인식이 단계적으로 변화되어 가는 과정을 밝혀보려고 한다. 그의 한말의 역사인식에 관해서는 이미 앞장에서 설명한 바 있으므로 여기서는 논외로 하겠다.

2. 신채호와 대종교

1910년 4월, 그러니까 국치를 당하기 4개월 전에 신채호는 신민회 간부의 일원으로서 만주로 망명하였다. 이때 그와 함께 만주로 망명한 신민회 간부에는 안창호 · 유동설 · 이 갑 · 이동휘 · 조성환 · 이종호 · 김지간 · 이강 등이 있었는바, 이들은 대부분 신민회 이 전에 서우학회西友學會와 서북학회西北學會 · 한북흥학회漢北興學會 등 구국계몽단체에 참여했던 인사들이었다.

---

2   『朝鮮上古史』는 1931.6.10~10.14 사이에, 『朝鮮上古文化史』는 1931.10.15~12.3 및 1932.5.27~6.3 사이에 각각 『朝鮮日報』에 연재되었다.

신민회 간부들이 만주로 망명한 것은 만주를 거점으로 하여 독립운동을 조직적으로 전개하기 위한 것이었으나, 독립운동 방법을 둘러싸고 점진적인 준비론과 급진적인 전쟁론이 대립되어 의견이 엇갈리고, 1910년 9월에는 신민회마저 해산되어 신민회조직을 통한 독립운동은 끝장을 보게 되었다.[3]

신민회가 해산된 뒤 급진적인 독립운동노선을 이끌어간 것은 대종교단이었다. 1909년에 창설된 대종교(단군교)는 제1세 교주 나철이 1916년까지 교단을 이끌었고, 1916년 이후로는 김교헌이 제2세 교주가 되어 교세가 크게 확장된 결과로 1920년 전후에는 40만의 신도를 가졌다.[4]

대종교는 본래 독립협회 혹은 구국계몽운동에 참여했던 호남출신 인사들이 중심이 되어[5] 민족주의 독립정신을 고취하고, 나아가 만주를 수복하여 대조선국을 건설할 목적으로 창설된 종교로서,[6] 그 교리는 고대로부터 전승되어 온 민간신앙인 신교(혹은 선교)를 바탕으로 하여 여기에 유교·불교를 가미하고 기독교와 이슬람교의 영향까지 받아 이를 근대종교로서 부흥(重光)시킨 것이었다.[7] 대종교는 그 교리 자체 속에 독특한 역사인식체계

---

3 新民會에 관해서는 다음 論文이 참고된다.
　尹炳奭, 「1910年代의 韓國獨立運動」, 『史學研究』 27, 1977; 愼鏞廈, 「新民會의 創建과 그 國權恢復運動」上, 『韓國學報』 8, 1977; 同 下, 『韓國學報』 9, 1977.

4 朴永錫, 「大倧教의 獨立運動에 관한 研究」, 『史叢』 21·22 合輯, 1977 참조.

5 1909년 1월 15일 大倧教가 처음으로 創立(重光)될 당시의 主動人士는 教主 羅喆(初名 寅永)을 비롯하여 吳基鎬(改名 赫)·姜錫華(改名 虞)·崔東植(改名 顓)·柳瑾·鄭薰模(改名 選)·李沂·金寅植·金春赫·金允植 등이었다.
　羅喆(1863~1916)은 全羅道 寶城 출생으로, 1891년에 文科에 壯元及第하고, 承政院假注書(1891)·兵曹司正(1893)·承文院 權知副正字(1893)를 지내고, 獨立協會 會員으로 활약하다, 1904년에는 吳植·李沂崔顓 등 湖南人士들과 더불어 維新會(宋秉畯 등의 維新會와 다름)를 조직하여 秘密救國運動을 벌였으며, 乙巳條約 체결 후 이른바 五賊誅殺을 계획했으나 실패하고, 1909년에 檀君教를 重光하였다(이상은 大倧教倧經史編修委員會, 『大倧教重光六十年史』 및 申哲鎬의 『弘巖 羅喆大宗師』를 참고한 것이며, 羅喆이 獨立協會에 참여한 사실은 愼鏞廈의 『獨立協會研究』, 1978에 의거하였음).

6 大倧教가 滿洲收復을 목적으로 하였다는 것은 ① 渤海를 가장 숭상하여, 「三一神誥」와 같은 經典을 渤海 高王의 아우 大野勃이 지었다고 믿으며, ② 現生人類는 白頭山에 出現한 나반(나반)과 阿曼(아만)의 子孫으로서 이들이 九族(九夷)이 되었는데, 이 白頭山이 우리 민족의 중심부라고 보며, ③ 韓日合邦 후에는 만주를 布教의 중심지로 삼아 總本司를 만주의 靑坡湖에 두었으며(1914), ④ 高句麗와 渤海의 舊疆人에게는 入教에 있어서 여러 가지 特典을 부여하고, ⑤ 1923년(?)에 大倧教가 일제의 탄압을 받아 被訴되었을 때, 그 訴文에 大倧教는 만주를 탈환하여 大朝鮮國의 건설을 계획했다고 한 점 등을 들 수가 있다.

7 大倧教 教主 스스로는 대종교가 民族固有信仰인 神教를 重光시킨 것인바, 그 안에 儒教·佛教·道教·기독교·이슬람교의 정신이 모두 포함되어 있다고 천명하고 있으나, 실은 古代宗教를 그대로 重光한 것이 아니고, 儒·佛·道·기독교·이슬람교 등의 영향을 받아 재구성된 것으로 봄이 타당할 것 같다.

를 담고 있는데, 이 역시 예부터 잔해 내려온 신교적 역사인식의 전통을 계승 발전시킨 것이었다.

대종교는 이렇듯 극단적이고 팽창적인 민족주의운동을 위한 목적에서 중광된 민족종교이기 때문에, 만주를 무대로 하여 무장투쟁과 식민운동을 전개하던 독립지사들은 거의 대부분 대종교의 신도가 되었다. 그리하여 신민회가 해산된 뒤에 급진파 회원들은 대부분 대종교에 참여했는데, 예를 들면 김인식·김좌진·박은식·신백우·신채호·이동녕·조성환 등이 그들이다.[8]

신채호도 신민회의 급진파의 한 사람으로서 대종교와 깊은 관련을 맺으면서 1910년대의 무장투쟁을 지원하고 있었다. 신채호가 대종교에 대한 관심을 갖게 된 것은 만주망명 이전부터인 것 같다. 만주망명 1개월 전인 1910년 3월에 쓴 「동국고대선교고」에서 이미 선교를 우리나라 고유종교로 인정하고, 그 연구의 필요성을 주장하고 있는 데서 그러한 짐작이 가능하다. 그러나 신채호가 대종교 신도와 직접적으로 인연을 맺은 것은 1911년에 블라디보스톡(海蔘威)에서 광복회의 부회장을 맡으면서부터이다.[9] 무장투쟁을 목표로 하던 광복회의 회장은 대종교의 핵심신도의 하나인 윤세복(1924년에 제3세 교주가 됨)이 맡았고, 이동휘·이갑 등 강경파 인사들이 주축을 형성해 간도·회인현·안동·봉천 등지를 중심으로 독립운동을 전개하였다. 한편 신채호는 1911년에 대종교신도인 이상설[10]이 중심이 되어 조직된 권업회의 기관지인 『권업신문勸業新聞』의 주필을 맡아 1914년 폐간될 때까지 참여하였다.

1913년 신채호는 신규식의 초대를 받아 상해로 갔으나, 다음 해(1914)에 다시 윤세용·윤세복 형제의 초청으로 봉천성 회인(환인)에 가 그들이 경영하는 동창학교에 참여하고 교재로서 『조선사』를 집필했다고 한다. 또한 이때, 남북만주 일대의 고적을 답사하고 광개토왕릉을 처음으로 조사하여 큰 감명을 받았다. 대종교단은 1914년에 총본사를 서울에서 만주 화룡현(회녕 부근) 청파호(간도)로 옮기고, 북간도의 왕청현에 동도본사를, 상해에 서도본사를, 노령 소학령에 북도본사를 그리고 서울에 남도본사를 두어 만주, 중국 본토, 그리고 한반도에 걸쳐 포교활동을 전개하고 있었다.

---

8   朴永錫, 前揭論文 참조.
9   丹齋申采浩先生紀念事業會, 『丹齋申采浩와 民族史觀』, 1980, 年譜 참조.
10   李相卨은 1914년 현재 大倧敎團 北道本司(露領 巢鶴嶺)의 責任者였다 한다(朴永錫, 前揭論文, 380쪽).

신채호를 지원하고 있었던 윤세복은 1910년에 대종교에 입교하여, 1911년에 환인에 들어가서 사재로써 동창학교를 경영하는 한편, 박은식을 사가에 기거케 하여 그의 역사연구를 후원하고 있었다. 1911년에 이미 대종교단의 간부로 활약하던 박은식[11]은 윤세복의 집에서 기거하면서 『동명왕실기』·『발해태조건국지』·『몽배금태조』·『명림답부전』·『천개소문전』·『대동고대사론』 등을 저술하였는데,[12] 아마 이것들은 동창학교의 교재로 이용되었던 것 같다. 신채호가 윤세복의 후원을 받은 것은 박은식보다 3년 늦은 셈이다.

신채호가 환인에서 고구려 유적을 답사하면서 고대사 연구의 웅지를 가다듬고 있던 1914년에 대종교 핵심간부의 하나인 김교헌(1916년 2세 교주가 됨)은 『신단실기』·『신단민사』·『단조사고』 등의 사서를 서울에서 저술하여 재만교민의 국사교재로서 널리 이용되기 시작하였다.[13] 신채호는 대종교도와 접촉하는 과정에서 대종교의 경전은 물론이요, 박은식이나 김교헌의 저술을 접할 기회를 가졌을 것이 틀림없고, 이에 자극과 영향을 받은 바 컸을 것으로 짐작된다.

1913년 상해에 있을 때, 신채호는 박은식·문일평 등과 더불어 박달학원을 세워 청년교육에 종사하고, 신규식 등이 조직한 동제사에 참여하기에도 하였다. 박달학원이라는 명칭은 대종교에서 주장하는 배달倍達(배달·박달)민족에서 유래한 것으로 보이며, 신규식은 이동녕과 더불어 대종교단의 서도본사(상해)의 책임자이기도 하였다.[14]

1915년에 신채호는 신규식·이상설(대종교북도본사의 책임자)[15]·박은식·조성환 등 대종교 신도들이 중심이 되어 조직한 신한혁명단에 참여하여 1차대전을 계기로 한중항일공동전선을 모색하는 한편, 1916년 3월에는 자전적 사담소설 「꿈하늘」을 집필하였다. 이 소설은 주인공 한놈(신채호 자신)이 천상에서 을지문덕·강감찬 등 애국명장과 만나 반만년 역사를 심판하면서 항일의 방법과 의지를 환상적으로 제시한 내용을 담고 있다. 따라서 「꿈하늘」에는 1916년 당시의 신채호의 역사의식과 역사인식이 가장 집약적으로 반영되어 있어서, 한말에 쓴 『독사신론』이나 1920년대 이후에 발표된 『조선상고사』·『조

---

11 大倧敎倧經史編修委員會, 『大倧敎重光六十年史』 第3編 重光諸賢, 1971, 837~838쪽.
12 檀國大東洋學研究所, 『朴殷植全書』 下, 年譜, 299~300쪽.
13 朴永錫, 前揭論文, 375~377쪽.
14 『大倧敎重光六十年史』, 184쪽.
15 同上.

선상고문화사』등과 비교하여 그의 역사인식의 변천과정을 이해하는 데 중요한 자료가 되고 있다. 1910년대에 발표한 논설 중에서는 이「꿈하늘」이 가장 대표적인 글이라고 할 수 있다.

1916년 8월에 대종교 1세교주인 나철이 일본 정부에 보내는 장서를 남기고 황해도 구월산 삼성사에서 자결하자, 신채호는 그의 죽음을 추모하는「도제사언문」을 지었다 하나, 그 원문이 전하지 않는다. 그러나 여기에서도 신채호의 대종교에 대한 깊은 관심의 일면이 보인다.

1917년 10월에 러시아혁명이 일어나고, 1918년에는 1차대전이 끝나면서 민족자결주의운동이 약소민족 사이에 더욱 세차게 일어났다. 이러한 추세 속에서 1917년 8월에 신규식을 중심으로 한인사회당이 상해에서 결성되고, 1918년에는 이동휘를 중심으로 한인사회당이 하바로프스크에서 결성되었다가 1919년 4월에는 블라디보스톡으로 본부를 옮기고 고려공산당으로 개칭하였다.

한편, 1918년 12월에는 재만(東三省)대종교인들이 중심이 되어 39명[16]의 명의로「대한독립선언서」(일명 戊午獨立宣言)가 발표되었는데, 신채호는 이 선언서의 서명에 참여하였다. 이 선언서는 육탄혈전의 무력항쟁을 표방하고 있다는 점에서 기미년의 평화주의적 독립선언서와는 성격을 달리하고 있다.

1919년 3·1운동 이후 상해에서 임시정부가 수립되었을 때, 그는 준비론과 외교론에 치중한 이승만·안창호 등의 온건 노선을 반대하여 투쟁하였고, 철저한 무력항쟁노선을 지지하면서 점차 민중직접혁명노선 쪽으로 기울어져 갔다. 1920년대의 신채호는 사회사상의 측면에서는 무정부주의의 영향을 받고, 역사연구방법론에 있어서는 양계초의 영향을 많이 받고 있었다.[17]

1910년대에 국한해서 볼 때, 신채호의 독립운동은 대종교단과 밀접한 관련을 가지고 있었음은 지금까지 살펴온 바로서 명백하다 하겠다. 그리고 대종교단과의 밀접한 관련

---

16 戊午獨立宣言에 서명한 39명의 人士 중 呂準·金教獻·朴殷植·尹世復·金東三·李光·李始榮·金佐鎭·李東寧·申圭植·申采浩·許蔿·朴贊翊 등이 大倧敎 신도로서 확인되고 있으며(玄圭煥,『韓國流移民史』上, 565~567쪽), 나머지 인사들은 대개 上海와 美洲에 있던 지도자들이다.
17 1920년대의 申采浩의 歷史研究方法論에 관해서는 申一澈,「申采浩의 民族史的 歷史理論」(『省谷論叢』5, 1974)이 참고된다.

을 갖는 과정에서 대종교도의 역사서술의 영향을 크게 받았을 것도 짐작키 어려운 일이
아니다.

3. 「동국고대선교고」와 「꿈하늘」

1) 「동국고대선교고」(1910)

신채호가 만주로 망명하기 한 달 전인 1910년 3월 『대한매일신보』에 발표한 「동국고
대선교고」[18]는, 그가 그때까지 발표했던 어떤 사론에서도 찾아볼 수 없는 새로운 내용을
담고 있다는 점에서 우리의 관심을 끈다.

이 글에서는 먼저 ① 중국에서 도교가 들어오기 전에 이미 우리나라에서 고유종교인
선교가 성립되었다는 것을 주장하고,[19] ② 우리의 선교는 중국의 도교와는 성격이 전혀 달
라 후자가 피세避世 · 외사畏死의 미신적 교教라면, 전자는 사군이충事君以忠 · 사부이효事父
以孝 · 교우이신交友以信 · 임전무퇴臨戰無退 · 살생유택殺生有擇을 존중하는 애국적 종교라
는 것, ③ 선교의 조祖는 삼신三神(혹은 三聖)으로서, 삼신인 환인 · 환웅 · 단군은 기독교의
삼위일체나 불교의 삼불여래와 같은 것이며, 환인 · 환웅은 실존인이 아닌 추상적 신이라
한다. ④ 선교에 관한 기록으로 『선사』가 있었으나 전하지 않고 오직 『古記』 · 『紀年兒覽』
· 『鸞郎碑序』(최치원) · 『삼국사기』 등에서 그 편린을 엿볼 수 있으며, ⑤ 선교에 관련된
인물로서 명림답부明臨答夫 · 김유신 · 우온달愚溫達 · 김흠순金欽純 · 김인문金仁問 · 관창官
昌 · 김흠운金歆運 · 김령윤金令胤 · 을지문덕 등을 들고, ⑥ 선교수련처는 암굴로 그 대표적

18　「東國古代仙教考」는 『全集』 別集에 수록되어 있음.
19　道教수입 이전에 東方固有의 仙教가 있었다는 證左로서 다음 6가지 사실이 지적되고 있다.
　　① 道教輕典은 高句麗 榮留王 때 始來하였으나, 天仙 · 國仙 · 大仙의 명칭은 三國初 혹은 그 이전에 보인다.
　　② 道教는 佛教 수입 후에 들어왔는데, 仙教는 불교 수입 이전부터 있었다.
　　③ 仙教는 檀君에서 비롯되고, 道教는 老子에서 비롯되는바, 檀君이 老子보다 千數百年 앞이라는 것.
　　④ 東明聖王 · 大武神王 · 明臨答夫 · 金庾信 등 삼국시대 仙教의 君臣이 不死樂을 구하거나 導引을 學한 일이
　　　없다는 것.
　　⑤ 中國의 道教人士는 政治의 實權을 갖지 못하였으나 麗 · 濟의 皂衣 · 大仙 등은 權力이 王者와 相持하였다는 것.
　　⑥ 中國의 道教는 避世 · 畏死의 道이나, 仙教는 國事를 위하여 視死如歸한다는 것.

인 것이 단군굴(묘향산)·기린굴(동명왕)·을지문덕굴(석다산)·김유신굴(중악산)이라 한다. ⑦ 끝으로 선교는 삼국시대에 불교와 격렬한 경쟁을 벌이다가 나말려초에 불교의 대성으로 멸절하게 되었는데, 그 원인이 교리의 미정으로 도태된 것인지 시세와 인심에 미적하여 자연쇠절한 것인지는 모르나, 어쨌든 선교는 중고사상의 연구가치가 있는 문제라고 강조한다.

이 글은 신채호가 처음으로 선교를 우리나라 고유종교로 인식하였다는 점에서 획기적인 의미를 가지며, 그 선교에 대한 인식태도가 대종교의 그것과 거의 일치된다는 사실이 또한 주목된다. 1908년에 쓴 『독사신론』에서만 하더라도 선교에 대한 언급이 전혀 보이지 않고 있다. 이때는 아직 대종교가 창설되기 이전이므로 선교에 대한 이해를 갖지 못했던 것 같다.

「동국고대선교고」가 이렇듯 신채호로서는 최초로 선교에 대한 관심을 표명한 글이지만, 여기에 나타난 그의 선교에 대한 인식은 매우 소박한 것에 지나지 않으며, 또 선교에 대한 연구의 필요성을 제창한 것이지 그것에 대한 신앙까지는 갖고 있지 않았다. 그뿐 아니라, 이 글에서는 부여족과 숙신족·예맥족을 별개 족속으로 구별하고, 후2자는 배호나 배사 등과 같이 배물의 만교를 가지고 있었으나, 부여족만이 배신적인 선교를 가졌다고 보고 있다. 부여족을 우리 민족의 주족으로 보는 입장은 『독사신론』의 그것과 일치된다.

뒤에 나온 『조선상고사』·『조선상고문화사』 등에서는 부여·숙신·예맥을 포함하여 소위 구이족을 모두 조선족으로 간주하고 있어서 민족관이 크게 달라지고 있는데, 이러한 민족관의 변화는 대종교의 경전 또는 대종교도의 사서의 영향에 의한 것이다. 그러나 「동국고대선교고」를 쓴 1910년만 하더라도 대종교의 경전이나 사서가 본격적으로 출간되기 이전이므로, 신채호의 대종교에 대한 인식도 소박한 단계에 머무를 수밖에 없었던 것으로 보인다.

2) 「꿈하늘」(1916)

(1) 「꿈하늘」의 내용

「꿈하늘」(夢天)은 신채호가 중국에 망명하여 대종교도와 깊은 유대를 맺으면서 독립운동을 전개하던 1916년 3월에 쓴 사담체의 자전적 소설이다. 「꿈하늘」은 서와 전6장으로 구성되어 있다. 먼저 서에서는 이 글의 창작동기와 창작방법, 그리고 이용자료를 밝히고 있다. 창작동기에서는 꿈많은 '한놈'이라는 주인공이 이 글을 '꿈꾸고 지은' 것이 아니라 '꿈에 지은 글'이라는 것을 밝히고 있다. 여기서 '꿈에 지은 글'이라는 것은 그 꿈이 단순한 생리적·우연적인 것이 아니라, 의지적·환상적인 세계를 그린다는 의미의 꿈을 가리켜 말한 것이다. 따라서 꿈은 곧 주인공 한놈의 소망인 동시에 작자 신채호의 이상을 반영하는 것이다.

둘째의 창작방법에서는, 이 글이 격식을 갖춘 소설이 아니라, 붓 가는 대로 작자의 의도를 자유스럽게 구사한 수필문임을 밝히고 있다. 이는 이글이 원래 사건의 전말, 즉 스토리를 객관적으로 독자에게 전달하고자 하는 데 목적을 둔 것이 아니라, 작자 신채호의 주관적 의지를 자유분방하게 주인공의 입을 빌어 독자들에게 전달하고자 하는 글이라는 것을 이해시키기 위함이다.

셋째로, 작자는 이 글이 기본적으로 환상적인 세계를 그린 것이지만, 역사적 실재인물과 관련된 이야기들은 허구적으로 꾸며낸 것이 아니라, 『고기』를 비롯하여 『삼국사기』·『삼국유사』·『고려사』·『광사』·『역사』(해동역사?) 등의 사서에서 참고하였음을 밝히고 있다. 말하자면, 「꿈하늘」은 허구와 사실의 양면성을 가진 소설로서, 작자 신채호가 사실에 의거해서 허구화했다는 바로 그 부분에서 우리들은 그의 역사인식 체계를 엿보게 되는 것이다.

다음에, 제 1장은 주인공 한놈이 1907년 어느 달 어느 날 꿈속에서 영계靈界에 올라가 을지문덕이 살수에서 수나라 군사와 싸워 이기고 돌아오는 장면을 목격한 뒤, 을지문덕과 대화를 나누는 내용을 담고 있다. 을지문덕이 주인공 한놈에게 설교한 대화에서 신채호가 강조하고 있는 것은 두 가지로 요약된다.

하나는, 단군 이래의 종교적 무사혼의 성격과 내력을 설명하고 있다. 즉 단군은 태백산에 내려와 삼신三神·오제五帝를 위하여 삼경三京·오부五部의 제도를 베풀고, 삼부三部·오계五戒의 윤리를 세웠으며, 삼랑三郎·오가五加로 하여금 교육을 맡게 하였는데, 이것이 종교적 무사혼의 시초가 되었다 한다. 그리고 이 무사혼이 삼국시대에는 더욱 발전하여 고구려에서는 무사를 선배(선인)라 부르고, 백제에서는 수두(蘇塗)라 불렀으며, 신라에서는 도령(仙郎)이라고 불렀다고 한다. 을지문덕은 곧 고구려 선배의 한 사람인 것이며, 을지문덕이 수나라와 싸워 이긴 정신은 곧 이 선배의 무사혼인 것이다.

단군 이래의 종교적 무사혼을 인정하고, 그것을 숭상하는 입장에서 신채호는 석가나 예수를 믿는 불교와 기독교의 내세주의를 격렬하게 비난하고 있다. 현세에서 싸워 이기지 못하고 영계에 가서 천당과 평화를 찾는 것은 망국멸족의 병에 지나지 않는다고 보고 있다. 그에 의하면, 현세에서의 승리자가 영계에서도 승리자가 되는 것이요, 천당은 승리자만이 가는 곳이다. 따라서 천당과 평화를 구하려는 종교는 마땅히 현세의 승리자가 될 수 있는 자강능력을 가져야 하는바, 이 자강적 승리를 보장할 수 있는 종교는 불교도 기독교도 아니고, 단군 이래의 민족종교뿐이라고 보는 것이다. 여기에서 신채호는 이미 선교의 열렬한 신자임을 스스로 표명하고 있으며, 자신의 종교적 신앙이 대종교에 의거하고 있음을 암시하고 있다.

제2장은 한놈이 제 손가락끼리 싸우다가 무궁화와 을지문덕의 충고를 듣고 투쟁의 대상은 동족이 아니라 적국이 되어야 한다는 것을 깨우치는 과정을 묘사하고 있다. 즉 투쟁은 나(我)와 남(非我)간에 이루어지는 것인데 아我는 가족이나 지방이나 부락이 될 수 없고, 오직 국가만이 아我가 되어 적국이 투쟁상대라는 것을 가르친다. 이와 같은 국가의식과 민족의식을 강조하기 위하여 신채호는 을지문덕의 말을 빌어『신지비사神誌秘詞』의 삼경설을 소개하고 있다. 이에 의하면 단군시대의 삼경은 ① 부소扶蘇(태백산 동남 조선땅), ② 백아강(태백산 서편 만주땅), ③ 오덕(태백산 동북 만주 및 연해주)으로서, 부소는 저울의 몸이요, 백아는 저울의 머리요, 오덕은 저울의 추와 같으므로 이 셋을 하나도 잃어서는 안된다는 것이다. 삼경의 위치비정에 대한 근거는 제시되어 있지 아니하고, 또 그 위치비정이 1920년대 이후에 발표된『조선상고문화사』나『조선상고사』,「전후삼한고」의 그것과도 같지 아니하다. 1920년대 이후의 저술에서 제시된 삼경의 위치는 부소를 하르빈(阿斯達·非西岬)에, 백아강을 평양에, 그리고 오덕을 안시성(蓋平·遼陽 海城)에 각각 비정하고 있다.

그러나 삼경의 위치비정은 이렇듯 서로 다르다 하더라도, 삼경제 자체를 인정하고, 또 삼경의 위치를 만주에서 두 곳, 반도 안에서 한 곳에 비정하고 있음은 시종일관하고 있다. 삼경 중 이경이 만주에 있다고 하는 것은 곧 만주가 상고사의 주무대임을 주장하려는 의도와 관련되어 있는 것으로 보이며, 이러한 의도는 이미 1908년의『독사신론』에서도 피력된 바 있는 것이다. 다만『독사신론』에서는 아직 삼경·오부, 삼부오계, 삼랑오가에 대한 서술은 나타나 있지 않다가, 1910년대에 들어와 비로소 이에 대한 이해가 나타나는 것이 새로운 점이라 하겠다.

「꿈하늘」의 제3장은 유감스럽게 탈락되어 그 내용을 알 수가 없다. 제4장에서는 님(神)과 도깨비(魔)의 싸움에 따라나선 한놈이 고전하는 과정이 그려져 있다. 즉 우리 민족(을지문덕)과 왜적(풍신수길)과의 싸움에 한놈의 일곱 신분이 싸우려 나가다가 고통에 못 이겨 탈락하고, 황금에 팔려 탈락하고, 새암(질투)에 빠져 탈락하고, 칼(강력)이 없어 탈락하고, 칼을 가진 마지막 한놈마저 왜적의 미인계에 빠져 마침내 지옥에 떨어지고 마는 과정이 묘사되어 있다. 여기에서 신채호가 말하고자 하는 것은, 1907년 이후 항일운동의 전열이 독립운동가의 의지의 박약에서, 개인적 영달의 추구에서, 파당적 분열에서, 무력주의의 포기에서, 그리고 일본의 회유책에 말려 무력주의자마저 의지가 꺾여 마침내는 일제에 나라를 빼앗기는 실패의 과정에 대한 자기반성을 촉구하고자 함이다.

말하자면 이 제4장은 실패와 비운의 한국근대사를 상징적으로 묘사한 것으로 풀이된다.

그 다음 제5장은 지옥에 떨어진 한놈이 순옥사자 강감찬으로부터 지옥에 갇힌 죄인罪人의 죄상에 대하여 설명을 듣고, 참된 애국의 길을 대오하여 지옥에서 해방되는 과정이 그려져 있다. 강감찬의 입을 빌어 신채호가 규정하고 있는 지옥 죄인의 죄상은 크게 나누어 ① 국적과 ② 망국노로 구분되고, 국적은 다시 7종의 죄인으로, 망국노는 12종의 죄인으로 각각 분류되고 있다.

국적이나 망국노나 모두 나라에 대한 죄인으로서, 원래 사람의 큰 죄에는 단군오계를 범한 것이 모두 해당되지만, 지금은 나라일이 가장 중대한 까닭에 5계 중에 나라에 대한 죄罪만을 큰 죄로 취급하여 지옥에 내린다고 한다. 신채호에 의하면, 단군5계의 내용은 소위 원광법사가 지었다고 전해지는 세속오계와 같다.

어쨌든 옛날에는 5계의 하나만 범해도 큰 죄라 하여 지옥에 떨어졌으나, 지금은 나라에 대한 불충만이 큰 죄로 간주되어 지옥에 내려진다는 전제하에 신채호는 국적과 망국노의 사례를 구체적으로 설명하면서 애국에 반하는 반민족적 행위가 무엇인가를 제시하고 있다.

이에 의하면, 7종의 국적은 다음과 같다.

① 賣國逆賊, 예컨대 百濟의 任子, 高句麗의 男生, 渤海의 誾譔, 韓末의 閔泳徽와 李完用 등.
② 百姓의 피를 빨아 제몸과 妻子를 살찌운 놈(貪官汚吏).
③ 敵國의 정책을 찬양한 演說匠과 신문기자.
④ 敵國을 위하여 偵探질한 자.

⑤ 겉으로 志士인 체하고 속으로 敵 심부름하는 자.

⑥ 敵國(일본)의 언어·의복·풍습 등을 따르는 자.

⑦ 敵國人과 결혼하는 자.

다음에 12종의 망국노의 지옥은 다음과 같다.

① 예수나 孔子를 믿어 一身의 善과 天堂을 찾는 자(개인주의자 - 필자).

② 지방·종교·私感으로 당파를 갈라 민족끼리 相殘하는 자(분파주의자).

③ 외국의 언어·풍속·종교·학문·역사 등을 제것으로 알고 좇아 쉽게 외국인으로 同化되는 자(동화주의자).

④ 外交에만 의뢰하여 국민사상을 약하게 하는 자(외교주의자).

⑤ 義兵과 暗殺을 반대하고, 교육·실업만을 중요시하여 더운 피를 차게 하고 산 넋을 죽게 하는 자(준비 주의자).

⑥ 黃金이나 女色에 빠지는 자(향락주의자).

⑦ 지식과 열성을 위장하면서 명예만 추구하는 자.

⑧ 남의 나라의 민족운동을 모방만 하고 自己固民과 自己國性을 갖지 못한 자(모방주의자).

⑨ 잔꾀를 부려 일 없을 때는 강경하고, 일이 있을 때는 발을 빼는 자(기회주의자).

⑩ 자포자기하여 희망과 의욕을 갖지 못한 자.

⑪ 남을 이용만 하여 도덕 없는 사회를 만드는 자.

⑫ 남의 나라의 聖賢과 英雄은 숭상하면서 내 나라의 성현·영웅을 하나도 모르는 자(배외주의자).

이상 열거한 국적과 망국노의 종류에서 신채호의 독립사상과 문화의식이 철저한 철혈주의와 국수주의에 바탕하고 있음을 엿볼 수 있다. 이미 「꿈하늘」의 제5장에서도 한놈이 도깨비와의 싸움터에 나가면서 탈락·낙오·실패하는 과정이 그려져 있거니와 그 실패의 원인에 대한 평가가 이 5장에서 더욱 구체적으로 내려지고 있는 것이다.

제6장은 지옥에서 풀려난 한놈이 님나라(천국)에 가서 우리나라 역대 선왕·선성·선민을 만나, 그들이 더럽혀진 하늘을 정화하는 것에 감복하고 다시 하늘의 명을 받아 도령

군(화랑)이 있는 곳으로 들어가는 과정이 그려져 있다. 이 마지막 장은 이 소설의 종결부
분인 동시에 작자 신채호의 역사인식이 총괄적으로 제시되어 있다는 점에서 중요한 의미
를 가진다.

먼저, 님나라의 선왕·선성·선민으로 소개하고 있는 인물들은 대개 ① 강토를 개척하
였거나, 외지에 가서 왕이 되었거나, 외적을 물리친 군왕·장상·의병,[20] ② 문화적으로
국수를 진작시켰거나 국위를 선양한 인물들,[21] ③ 봉건적 충절을 타파한 인물,[22] 그리고
④ 건축·미술·음악·과학적 공적이 큰 사람[23]들을 망라하고 있다.

시대별로 보면 고려 이전의 고대인이 가장 많고, 국가별로 보면 고구려·백제·발해인
이 많으며, 사상적으로 보면 유교나 불교와 관련된 인물보다는 선교에 관련된 인물이 압
도적으로 많다.[24] 이러한 인물설정 기준은 과거에 유학자들이 유교를 기준으로 하여 신라
에 치중해서 인물을 평가하던 것과는 좋은 대조를 이룬다. 특히 과거에 신라통일의 영걸
로 숭앙받던 김유신이 빠진 것이 이채를 띤다.

한마디로 말하여「꿈하늘」의 천국에 등장하는 인물은 선교적 문화의식의 기초 위에서
선택된 사람들이다. 그리고 그러한 인물들은 특히 대종교에서 가장 숭앙하는 인물들이
기도 하다. 첫째 발해인으로서 선왕·발해태조·발해장사 등이 들어 있고, 둘째 단군시

---

20 예컨대, ① 疆土를 개척한 위인으로 廣開土王·東聖大帝·尹瓘·金宗瑞, ② 陸軍에 能한 위인으로 渤海太祖
·淵蓋蘇文·乙支文德, ③ 海軍에 能한 沙法名(百濟人)·鄭地·李舜臣, ④ 外敵을 물리친 崔瑩·姜邯贊·林
慶業, ⑤ 外地에 殖民한 徐偃王·奄國始祖·孤竹始祖, ⑥ 死後에 龍이 되어 日本을 屠戮하려던 文武大王, ⑦
他國에 가서 王이 된 高雲·李正己·金俊, ⑧ 鷄林의 개 되어도 日本의 臣人은 아니된다던 朴堤上, ⑨ 紅巾賊을
討平한 鄭世雲, ⑩ 金나라를 치려던 妙淸, ⑪ 安市城싸움의 楊萬春, ⑫ 撒禮塔을 죽인 金允侯, ⑬ 暗殺을 唯一神
聖으로 깨달을 密友·紐由·黃昌·安重根, ⑭ 義旗를 잡은 李康年·許蔿·全海山·蔡應彦, ⑮ 落花巖의 妃
嬪, 論介·桂月香 등등.

21 예컨대, ① 信仰에 굳으신 東明聖帝·明臨答夫, ② 國文에 힘쓰신 世宗大王·薛聰·周時經, ③ 中國洪水에 五
行治水의 줄로 夏禹를 가르친 夫婁太子, ④ 一葦로 大海를 건너 島國蠻種을 開花시킨 慧悲禪師·王仁博士, ⑤
教育界의 宗主되어 四海를 쏠리게 하던 永郞·南郞, ⑥ 國粹의 무너짐을 놀래어 花郞을 中興하려던 李知白 등.

22 예컨대, "暴君은 베어도 可하다 하여 忠臣不事二君의 奴設을 반대한 竹島 鄭立立"

23 예컨대, "算術로 夫道, 그림으로 率居, 音律로 于勒·玉寶高, 칼을 잘 만드는 駕洛의 工匠, 猛虎를 맨손으로 때
려잡은 渤海의 壯士, 星曆의 伍允孚, 異術의 田禹治, 歸歸來來詩로 物質不滅의 原理를 말한 花潭 徐敬德……
鐵鑄字 발명한 바치, 飛行機 시조 鄭平九".

24 儒教에 관련된 인물로는 晦齋와 退溪, 佛學의 인물로는 元曉와 義湘을 들고 있을 뿐이며, 이들의 공적에 대하
여 "國學에는 비록 도움이 없지만 일방의 교문에 통달하여 朝鮮의 빛을 보냈다"고 소극적으로 평가하고 있다.
한편 仙教 혹은 道教에 관련된 인물로서는 東明聖帝·乙支文德·姜邯贊·明臨答夫·韓惟漢·李資玄·崔瑩
·薛元郞·妙淸·永郞·南郞·李知白·嵒始·鄭磏·田禹治 등 다수가 열거되고 있다.

대의 신지선인을 사관으로, 부루태자를 하우에게 오행치수를 가르친 인물로 보고 있으며, 셋째 서徐의 언왕偃王, 엄국奄國의 시조, 고죽孤竹의 시조 등 소위 동이족 국가의 인물을 외지에 식민한 아족으로 간주하며, 넷째, 고운·이정기·김준 등을 아족으로서 타국에 가서 왕이 된 인물로 평가하고 있다. 그리고 화랑과 관계되는 인물로서 영랑과 남랑을 교육계의 종주라고 부르고 있으며, 묘청란의 주동자인 묘청을 "本國八聖을 제사지내고 金나라를 치려 했던" 인물로 묘청의 당여였던 정지상을 '역사에 익으신' 사가로 높이 평가하고, 고려 현종대에 화랑의 중흥을 주장한 이지백을 국수의 옹호자로 숭앙하고 있다.

이 밖에 고려, 조선시대의 선가로 꼽히는 한유한·이자현·정렴·전우치·서경덕·정여립 등을 열거하고 있으며, 특히 정여립에 대해서는 '暴君은 베어도 可하다 하여 忠臣不事二君의 奴說을 반대'하고, '九月山에 들어가 단군에게 祭지내고, 시대의 악착한 風紀를 고치려 하여 忠臣不事二君이 聖人의 말이 아니라고 외쳤던' 혁명적인 사상가로 높이 평가하고 있다.[25] 말하자면 정여립은 단군을 숭앙한 국수주의자일 뿐 아니라 봉건적 충신관념을 타파한 근대적 사상가로 이해하고 있는 것이다.

다음에 님나라의 선왕·선성·선민이 님나라의 하늘을 비로 쓰는 대목에서는, 고려말기 이래로 국수사상이 무너지고, 외래사상에 의해서 사상계가 더럽혀진 과정을 상징적으로 그려내고 있다. 공자·석가·보살·제군·관우·도사(도교) 등 온갖 하늘(사상)이 진단의 나라에 들어와, 국전과 국보가 무너지기 시작하였으며, 그 결과,

檀君을 빼고 …… 扶餘를 제껴놓고 漢나라 叛逆者 衛滿으로 正統을 가지게 하며, 高句麗의 血統인 渤海를 물리어 北貊이라 하며, 百濟의 勇武를 싫어하여 이를 無道之國이라 하며, 우리의 倫理를 버리고 外國의 文敎로 대신하고, 만일 國粹를 保全하려 하는 이 있으면 도리어 惡刑에 죽을 새[26]

결국 역사인식에 있어서 단군·부여·고구려·발해·백제 등으로 이어지는 북방사가 소홀하게 취급되었다고 보고 있다. 여기에서 신채호가 흐려진 님나라의 하늘을 개탄하

25　申采浩, 『全集』(改訂版) 別集, 216쪽.
26　申采浩, 上揭書, 218~219쪽.

고 있는 것은 역사인식의 비뚤어짐을 바로잡자는 의미임이 드러나고, 그가 바로잡으려는 역사인식의 방향은 단군중심, 북방중심의 민족사임이 암시되고 있다.

6장의 마지막 부분에서 한놈은 흐려진 하늘을 21일간 쓸다가 드디어 새파란 하늘의 한쪽을 보게 되고, 마침내는 '도령군놀음곳'으로 들어가는 데서 이 소설은 끝난다. 여기에서 '도령군놀음곳'은 님나라의 중심인 동시에 파란 하늘의 상징이다. 따라서 그것은 곧 신채호의 역사인식 · 문화의식의 귀결점이 되는 것이기도 하다. 신채호는 주인공 한놈이 도령徒領의 역사를 회고하고 이해하게 함으로써 독자로 하여금 역사의식 · 문화의식의 기저를 도령에서 구하도록 유도하고 있다.

그에 의하면, 도령은 단군 때부터 내려오는 "우리 역사의 뼈요, 나라의 꽃"[27]으로서, 신라에서는 화랑, 고구려에서는 선인, 백제에서는 소도라고하여 이름은 시대를 따라 변하였지만, 그 정신은 한 가지로서 고대에 있어서의 종교적 상무정신을 이루어왔다고 한다.

이러한 종교적 상무정신이 삼국시대에 크게 성하여 국광을 발휘하는 원천이 되고, 고려에 들어와서도 이지백 · 예종 · 의종 · 최영 등에 의해서 그 명맥이 유지되어 왔으나 배화노 김부식과 이조의 건국으로 그 명맥이 소멸되었다고 보고 있다.

도령, 즉 화랑에 대해서는 「꿈하늘」의 1장에서 한놈이 을지문덕을 만나는 대목에서도 소개되고 있음은 앞에서도 설명한 바와 같다. 또 5장에서 한놈이 강감찬을 만나는 대목에서도 단군오계가 강조되고 있으며, 6장의 님나라에 모여 있는 선왕 · 선성 · 선민의 절대다수가 화랑과 관련되는 인물이라는 것도 이미 검토한 바와 같다. 따라서 「꿈하늘」의 전편에 흐르는 주제는 결국 화랑정신의 강조라는 말로써 요약될 수 있다. 그리고 그것은 단순히 화랑정신을 강조하여 국수적 문화의식을 고취하고, 그것을 토대로 하여 철혈주의적 무장독립운동을 촉구하려는 것일 뿐 아니라, 화랑적 문화의식을 바탕으로 하여 국사체계 자체를 재구성하려 하였다는 점에서도 중요한 의미를 가진다고 하겠다.

(2) 「꿈하늘」에 반영된 대종교의 영향

「꿈하늘」이 발표된 1916년은 대종교의 교리가 정리되어 각종 경전이 편찬되고, 대종교 교리에 바탕을 둔 사서와 사론이 적지않이 저술된 뒤였다. 경전으로서는 『삼일신고』

---

27 申采浩, 上揭書, 222쪽.

·『신리대전』·『신사기』등이 이미 간행되었고, 사서로서는 김교헌(2세 교주)이 지은『신단실기』(1914)와『신단민사』(1914), 박은식(참교·지교·상교 역임)의『몽배금태조』(1911)·『천개소문전』(1911)·『동명성왕실기』(1911)『발해태조건국지』(1911)·『명림답부전』(1912)·『대동고대사론』(1912)·『한국통사』(1915) 등이 저술되었다.[28]

신채호는 망명 직후부터 대종교인의 경제적 후원을 받으면서 그들과 함께 독립운동을 전개하고 있었기 때문에, 「꿈하늘」을 집필하는 과정에서 위에 열거한 경전이나 사서를 열람할 기회를 가졌을 것이고, 또 그 영향을 받았을 것은 거의 틀림없는 사실이다.

실제로 「꿈하늘」의 구성방식과 내용을 검토해 보면 기성저술에서 영향을 받음이 의외로 크다는 것을 발견하게 된다. 특히 박은식의 『몽배금태조』의 영향은 절대적이라 할 만하다. 우선 몽환의 형식을 빌어 사화를 도입하고, 사화 속에서 역사적 위인과 주인공(작자)이 서로 만나 대화를 주고받는 데서 주제를 설명해 가는 방식이 서로 같다.

『몽배금태조』에서는 주인공을 무치생, 역사적 위인을 금태조로 설정하고, 사대적이고 신분지향적인 유교도덕을 타파하여, 평등과 자강과 진취를 지향하는 정신혁명의 필요성을 촉구하고 있으며, 전통문화에 대해서는 유·불·선의 좋은 점을 모두 합일시키려는 포용성을 보이면서도 특히 고구려의 무강의 기풍과 독립정신을 기리고 있다.[29]

한편, 「꿈하늘」에서는 주인공을 한놈, 역사적 위인을 을지문덕과 강감찬으로 설정한 것이 『몽배금태조』와 다르기는 하지만, 단군 이래의 종교적 무사혼으로서의 선교를 통해서 자강·독립의 정신혁명을 촉구하려는 의도는 전혀 다를 것이 없다.

「꿈하늘」은 이렇듯 소설의 기본구성과 주제의 설정이 『몽배금태조』와 거의 일치하지만, 후자보다는 훨씬 많은 비소설적 부분, 즉 사실적 내용을 많이 담고 있다는 점에서 특이한 면이 보인다. 이를테면, 단군시대 문화로서 삼경제도·오부제도·오가제도·오계 등에 관하여 설명하고, 서국·엄국·고죽국의 시조와 고운·이정기·김준 등 타국에 가서 왕이 된 자를 모두 우리 민족의 대외식민활동으로 간주하며, 묘청·이지백·한유한·이자현·정렴·전우치·서경덕·정여립 등을 선교의 계승자로 인정하는 것 등이 그러하다. 따라서 「꿈하늘」은 비록 소박한 형태이기는 하지만, 선교의 내력을 역사적으로 서술

---

28 韓永愚, 「1910年代의 民族主義的 歷史敍述」, 『韓國文化』 1, 1980 및 本書 第4章 참고.
29 前揭書.

함으로써 사상사에 가까운 체계화를 시도했다고 말할 수 있다. 1910년에 발표했던 「동국고대선교고」에서는 선교가 나말려초에 소멸했다고 보았으나, 「꿈하늘」에서는 전설을 뒤집고 선교의 흐름이 고려·조선에까지 이어져온 것을 인정하고 있는 것이다.

신채호의 선교에 대한 인식이 이렇듯 깊어지게 된 것은, 그 동안 선교에 관한 자료를 더 많이 수집한 결과라고 보아야 하겠지만, 더 직접적으로는 대종교도의 경전과 사서를 접할 기회를 가졌던 것에 기인하는 것으로 보인다. 위에 언급한 선교에 관한 서술은 실은 대종교도의 사서에서 이미 다 서술된 것들이기 때문이다. 다만 한 가지 신채호의 독견이 있다면 그것은 단군시대의 삼경제에 관한 설명이다. 이것은 소위 「神誌秘詞」에서 자료를 취한 것으로, 뒤에는 삼한에 대한 재해석과 연결되어 단재의 고대사에 있어서 가장 독특한 부분을 형성하게 되었다.

4. 『조선상고문화사』

1) 『조선상고문화사』의 저술연대

신채호의 이름으로 발표된 사서 가운데서 저술연대가 불확실하고, 또 그의 작품인가의 진부에 대하여 의심을 받아온 것이 1931년에 『조선일보』에 연재된 『조선상고문화사』이다. 이 책은 같은 해에 조선일보에 연재된 『조선사』(1948년에 『조선상고사』로 개칭됨)와 내용상 차이점이 적지 않은바, 전자가 대종교적 분위기를 강하게 풍기는 데 반하여, 후자는 대종교의 경전인 『천부경』·『삼일신고』 등을 위서라고 비판하면서[30] 보다 실증적이고 객관적인 역사방법론을 제시하고 있다는 점에서 근본적인 차이점이 발견된다.

『조선상고사』는 신채호가 1920년대에 발표한 『조선사연구초』의 여러 논문들과 내용상 일치점이 많은 것으로 보아, 1920년대에 집필된 것이 거의 확실하다. 이 시기는 신채호가 사상적으로 대종교를 떠나서 무정부주의사상으로 흘러가고 있고, 또 양계초의 근대

---

30 『朝鮮上古史』總論, "我國은 古代에 珍書를 焚棄한 때는 있었으나 僞書를 造作한 일은 없었다. 근일에 와서 『天符經』·『三一神誥』 등이 처음 출현하였으나, 누구의 辯駁이 없이 古書로 信認할 이가 없게 된 것이다"(『全集』上, 55쪽).

적 역사방법론의 영향을 크게 받고 있었으므로, 역사인식에 있어서도 대종교적 역사인식을 탈피하려는 노력이 보이는 것은 당연한 일이었다. 따라서 대종교적 분위기를 강하게 풍기는 『조선상고문화사』가 1920년대나 또는 그 이후의 작품일 가능성은 극히 희박하다.

결론부터 말한다면, 『조선상고문화사』는 1916년 이후에서 1922년 이전에 씌여진 것으로 생각된다. 그 이유는 대략 다음과 같다.

첫째, 『조선상고문화사』에서 풍기는 대종교적 분위기는, 신채호가 1910년대에 발표한 「동국고대선교고」 및 「꿈하늘」의 분위기와 일치된다는 사실이다. 또 신채호가 대종교도와 깊이 관련을 가지면서 독립운동을 전개한 것도 1910년대에 한하고 1920년대에 들어가서는 거의 대종교와 인연을 끊고 있다는 사실도 아울러 주목할 필요가 있다.

둘째, 신채호가 1921년경에 거의 완성하였다고 알려진 5권의 『조선사』가 지금 전하지 않고 있으나, 아마 그중의 일부가 『조선상고문화사』라는 이름으로 뒤늦게 발표된 것이 아닌가 하는 추측이다. 『조선사』 5권의 내용은 ① 조선사통론, ② 문화편, ③ 사상변천편, ④ 강역고, ⑤ 인물고 등이라고 한다. 이 원고는 신채호가 "수년전부터 조금씩 써둔 것"[31]이라고 한 것으로 보아 1910년대 말기쯤에 집필되기 시작했음을 알려주고 있다. 그는 1918년경부터 북경의 보타암에서 『조선사』를 집필하기 시작했다고 하는데, 아마도 이때 시작한 작업이 1921년경 5권으로 정리된 것 같다. 그리고 이 5권의 원고는 모두 일실逸失된 것이 아니라, 1920년대에 발표된 여러 논문의 초고가 된 것으로 보인다.[32]

대체로 5권 중 ① 통론과 ② 문화편이 『朝鮮上古文化史』로 발표되고, ③ 사상변천편이 「朝鮮歷史上 一千年來一大事件」으로, ④ 강역고가 『朝鮮史硏究草』의 각 논문으로, 그리고 ⑤ 인물고가 「朴象義」·「李适」·「父를 囚한 次大王」·「一目大王의 鐵椎」 등으로 발표된 것이 아닌가 한다.

『조선상고문화사』가 통론과 문화편을 합친 것이라고 보는 이유는, 첫째 이 책의 제1편 제1장의 모두에, 이제 "朝鮮文化史 開卷 第一章이라"고 밝히고 있는 데서, 신채호 자신이 이 책을 '조선상고문화사'라고 하지 않고 그냥 '朝鮮文化史'로 생각하고 있음이 명백하게 보인다.

'조선문화사'는 곧 '조선사문화편'을 의미한다고 보아 틀림없을 것이다. 이를 뒤에 『조

---

31 李允宰, 「北京時代의 丹齋」, 『全集』 下, 480쪽. 이 글은 1936년에 발표된 것인데, 李允宰가 丹齋를 北京에서 만난 것은 15년 전, 즉 1921년이라 한다.

32 申一澈 교수도 前揭論文(219쪽)에서 그러한 추정을 내리고 있다.

선상고문화사』로 이름을 바꿔 발표한 것은, 문화사의 서술이 주로 상고시대를 다루었기 때문이었을 것이다.

다음에 『조선상고문화사』가 통론을 합친 것이라고 보는 이유는, 이 책의 제1편이 '단군시대'로 되어 있으나, 실제의 내용은 단군시대에 관한 것이 아니라, 통론적인 성격을 가진 까닭이다. 즉 제1편 단군시대에는 다음과 같은 내용을 담고 있다.

> 第一章 朝鮮이라 이름한 뜻
>> 1. 高句麗·高麗 등은 壇君朝鮮 中部의 이름
>> 2. 眞番·三韓 등은 다 壇君朝鮮의 三京이나 或 三京長官의 이름
>> 3. 扶餘·樂浪 등은 다 壇君朝鮮의 三京·九部
>> 4. 新羅·百濟·駕洛·渤海·泰封 등도 다 壇君 때부터 있던 이름
>> 5. 朝鮮이라 이름한 뜻
> 第二章 朝鮮歷代文獻의 禍厄

위 목차의 제목에서도 알 수 있듯이, 제1장은 우리나라 역대 국가의 이름이 단군시대부터 유래하였다는 것을 밝힌 것이지, 단군시대 그 자체를 설명한 글은 아니다. 단군시대의 문화에 관한 서술은 실제로 제2편 이하에서 다루어지고 있다.

제2장은 더욱이 단군시대와 무관한 내용이다. 여기에서는 우리나라의 역대 사적이 중국인 침략자와 우리나라 사대주의자에 의해서 망실·변개된 과정을 설명하고, 그것을 바로잡는 방법으로서 유증·호증·추증·반증·변증의 방법을 쓸 것을 제시하고 있다. 말하자면 제2장은 우리나라사학사와 사학연구 방법론을 함께 압축해 놓은 것으로서, 『조선상고사』의 총론 부분과 성격이 비슷하다. 다만 다른 것이 있다면, 후자보다는 내용이 간략하고 덜 세련되었다는 것뿐이다.

위와 같은 제1편의 내용을 검토할 때, 이것이야말로 통론적인 성격을 가진 것이라고 규정하지 않을 수 없다. '단군시대'라는 편명은 아무래도 내용과 일치하지 않는다. 그렇다면, 왜 통론이라고 부르지 않고 단군시대라는 편명을 붙였을까. 필자의 추측으로는, 『조선상고문화사』와 같은 해에, 그보다 조금 앞서 발표된 『조선상고사』에서 개고된 총설을 이미 실었기 때문에, 그것과의 중복을 피하여 『조선상고문화사』에서는 통론을 '단군시

대'로 바꾼 것이 아닌가 한다.[33]

여기서 한 가지 주목이 되는 것은, '壇君'이라는 표현이다. 신채호는 「꿈하늘」에서만 해도 '檀君'이라고 하였지 '壇君'이라고 쓰지 않았다. 따라서 이러한 표현의 변화는 『조선상고문화사』의 저술연대가 1916년 이후라는 증거의 하나가 될 수 있을 것이다.

지금까지 검토해 온 바를 종합할 때, 『조선상고문화사』는 1921년경에 이미 집필 완료된 5권의 『조선사』 중의 일부가 1931년에 뒤늦게 책명과 편명의 일부를 바꾸어 발표된 것이며, 이 책의 원고는 1918년에서 1921년 사이의 3, 4년간에 집필된 것으로 추정해서 거의 틀림이 없을 것 같다. 이 책의 집필연대를 1918년 이전으로 소급하기 어려운 것은 1916년에 발표된 「꿈하늘」보다는 훨씬 많은 자료, 특히 중국측 자료를 인용하고 있는 점에서이다. 「꿈하늘」에서는 오직 소수의 국내측 자료만을 참고하였을 뿐이다. 이것은 신채호가 1916년까지만 해도 중국측 자료를 섭렵하지 못한 결과로 생각된다. 「꿈하늘」이 역사를 소재로 한 것이면서도 소설의 형식을 취하게 된 것은 자료의 제약이 한 원인이 아니었던가 한다. 그러다가 1918년경부터 北京도서관을 비롯하여 북경근교에서 많은 문헌을 접하게 되자 본격적인 역사저술에 착수하게 되고, 그 일차적인 성과가 1921년경에 『조선사』 5권으로 일단 정리된 것으로 보인다.

2) 『조선상고문화사』의 내용

(1) 상고사 체계

이제 『조선상고문화사』가 1920년 전후의 신채호의 역사인식을 반영한다는 전제하에서 이 책의 내용을 검토하기로 한다.

본서는 단군조선 2,200여 년의 역사를 서술한 것으로서, 『조선상고사』가 삼국시대 말까지 서술한 것과 비교하여 취급시대가 짧다. 본서는 모두 5편으로 구성되어 있는바, 제1편은 '단군시대'라 제題하였으나, 실제로는 총론적인 성격을 가지고 있다 함은 앞에서 설

---

33 申一徹 교수는 前揭論文(219쪽)에서, 『朝鮮史通論』이 『朝鮮上古史』의 總論으로 발표되었을 것으로 추정하고 있다. 이러한 추정은 원칙적으로 타당하나, 다만 通論이 그대로 總論이 된 것이 아니라 통론을 수정하여 총론이 된 것이며, 수정하지 않고 그대로 발표한 것이 『朝鮮上古文化史』의 第1篇이라고 보는 것이 보다 합리적인 해석이 아닐까 한다.

명한 바와 같다. 제2편은 단군조선 전반기 1천년의 정치와 문화를 서술하고 있는데, 작자 신채호는 이 시대를 총명하여,

> 대개 壇君 이후 천여 년 동안의 朝鮮은 그 治制의 善美가 古代에 가장이었으며, 文化의 發達도 隣邦各族이 모범할 만하게 되었나니, 만일 子孫된 者武力으로 그 문화를 保護 또 擴張하였더라면 朝鮮이 진실로 東洋文明史 首座를 점령할 뿐 아니라 環球全土를 독립하였을 것이다. [34]

라고 결론짓고 있다. 말하자면, 단군조선 전반기 1천년의 정치와 문화는 고대에 있어서 가장 선진적인 것으로, 중국을 비롯한 동양 각국 문화의 원류가 되었다고 보는 것이다.

제3편에서는 단군이 B.C. 1286년에 아사달(하르빈 부근)로 도읍을 옮긴 이후로 삼경·오부·구족이 분열되어 열국이 상쟁하는 가운데, 지나의 기자가 신앙의 조국인 조선에 돌아와 오덕지五德地(북평양부근의 광녕현=요서지방)의 제후(군수)가 되고(B.C. 1122년경), 중국땅에서는 조선교민이 고죽국孤竹國(지금의 영평부, 난하유역)·내국萊國(내이, 지금의 내주부)·엄국奄國(지금의 제남부)·우국嵎國(우이, 지금의 연주부)·영지슈支(순천부 부근)·적국赤國(적적·산서지방)·백국白國(백적, 산서지방)·서국徐國(서주지방)·회국淮國(회수지방) 등의 식민국가를 세우고 지나족과 싸우는 과정을 적고 있다.

다음에 제4편에서는 B.C. 634년경에 진한(봉천·흥경)이 다시 조선의 맹주가 되어 지나의 맹주가 된 제齊와 연경지방에서 대대적으로 대결하였으나 B.C. 430여 년경에는 기조가 점점 강성해지고 이어서 진개秦開·진시황·한漢·유방劉邦·모돈冒頓·위만·무제 등이 잇달아 침략해 옴으로써 북부의 진한·변한 등 조선인민이 반도 남쪽으로 대천동大遷動하게 되었음을 서술하고 있다.

마지막으로 제5편에서는 단군조선 말기에 일어난 한족·몽고족·선비족 등의 동란과 그 파동으로 만주에 있던 삼한의 열국이 한강 이남으로 이동하는 과정을 소개하고, 소위 위만과 한사군의 위치(강역)가 요동에 국한되었음을 논증하고 있다. 그리고 끝으로 동부여에서 일어난 고구려가 한사군과 선비족을 구축하면서 요동지방을 되찾는 데서『조선

---

[34] 申采浩,『全集』(改訂版) 上, 399쪽.

상고문화사』의 서술이 끝나고 있다.

　지금까지 보아온 바를 요약하면, 삼국 성립 이전까지의 상고사의 흐름은 조선족, 즉 부여족의 국가활동이 주류를 이루어온 것으로서, 부여족의 국가인 단군조선은 2,200여 년간 지속되면서 그간에 통일과 분열의 기복은 있었으나, 국가활동 그 자체는 단절이 없이 지속되다가 삼국으로 이어지는 것으로 특징지을 수 있다. 이른바, 기자조선·위만조선·한사군 등은 단군조선의 전강역을 포괄하는 것이 아니라 요서·요동 등 일부지역을 점령한 것에 불과한 까닭에 조선족의 국가활동에 단절을 가져온 것은 아니며, 또 기자나 위만이 세운 정권은 조선국의 칭호를 가진 것도 아니었다고 한다. 따라서 이들 한족의 정치활동이 조선사의 주류가 될 수는 없다.

　또 우리 민족의 대표적 이름은 부여족이요, 국명은 조선이며, 만주족(여진족)과 구이를 부여족의 일부로 간주하고 있다. 그리하여 요하 이서의 중국땅에서 활약했던 구이족의 국가활동이 모두 부여족의 식민활동으로 간주되고 있는 것이다.

(2) 상고문화의 서술

　『조선상고문화사』에서 가장 역점을 두고 있는 것은 정치사보다는 차라리 문화사라고 볼 수 있다. 사실 신채호의 모든 저술 가운데서 이 책만큼 상고의 문화를 상세히 서술한 것은 달리 찾아볼 수 없다. 책명을 『조선상고문화사』라고 붙인 것도 이유가 있다.

　이 책에서 중점적으로 서술하고 있는 것은 단군조선 2천여 년의 정치제도·종교·철학·문학·풍속·습관 등이다.

　먼저 단군조선의 정치제도의 기간은 삼경·오가(오부)·구부(구족)로서 이해하고 있다. 단군조선의 전반기 1천여 년간은 대통일제국을 건설하여, 그 영토가 북으로는 흑룡강, 남으로는 현해, 서로는 중국 연해안과 연燕·동몽골, 동으로는 태평양에 미치는 수만 리의 영토를 옹유하였으므로, 이를 통치하기 위하여서는 전국을 삼경·오부·구부(구족)로 나누어 다스리지 않을 수 없었다는 것이다.

　삼경은 태백산(백두산)을 중심으로 하여 저울의 몸·추·머리에 해당하는 곳에 3개의 서울을 설치한 것으로서, 삼경의 이름은 부소량·오덕지·백아강이다. 삼경의 위치는 부소량이 하르빈 부근으로 이른바 아사달이 이곳이요, 오덕지는 요동의 요양·해성 지방으로 태백의 서남에 위치하고, 백아강은 태백의 동남에 위치한다고 한다.

삼경에는 각각 장관이 있어, 이를 삼한三韓(三汗)이라 하였는데, 삼한이 뒤에 삼국으로 분립되어 이른바 구삼한이 되었다 한다. 구삼한의 영지는 진한이 백아강의 경京으로서 봉천·홍경지방이요, 변한이 오덕지의 경이며, 마한이 부소량의 동북지방이라 한다. 앞서 백아강이 태백(백두산)의 동남에 있다고 한 것과, 여기에서 백아강을 봉천·홍경지방으로 비정한 것과는 위치가 서로 맞지 않아서 혼란을 가져오고 있다. 또 한 가지 주목되는 것은, 「꿈하늘」(1916)에서의 삼경과 『조선상고문화사』에서의 삼경·삼한, 그리고 뒤에 발표된 「전후삼한고」(1925)·『조선상고사』(1931)에서의 삼경·삼한설이 서로 맞지 않는다는 사실이다. 이제 이를 표로 작성하여 서로비교해 보기로 한다.

		三京·三韓의 위치
꿈하늘 (1916)	三京	扶　蘇 — 太白山 동남의 조선땅 — 첫 서울 百牙岡 — 太白山 서쪽의 만주땅 — 둘째 서울 五　德 — 太白山 동북의 연해주 — 셋째 서울
朝鮮上古文化史 (1918~23)	三京 (三韓)	扶蘇樑 — 하르빈 부근(阿斯達) — 馬韓 百牙岡 — 太白의 동남(혹은 奉天·興京지방) — 辰韓 五德地 — 太白의 서남(遼陽·海城) — 卞韓
前後三韓考 (1925)	三京 (三韓)	신한(辰韓) — 遼東·吉林 등지(서울=海城) 말한(馬韓) — 압록이동(지금의 평양지방) 불한(卞韓) — 遼西·開原 이북
朝鮮上古史 (1931)	三京 (三韓)	신한 — 扶蘇岬 — 하 르 빈 — 上京 — 大王 말한 — 百牙岡 — 지금평양 — 南京 — 副王 불한 — 五　德 — 안 시 성 — 中京 — 副王
짤막한 조선의 이야기 (?)	三京	신한 — 扶蘇樑 — 하르빈 말한 — 五德地 — 요동의 蓋平 불한 — 百牙岡 — 평양

다음에 단군시대 5부라 함은 동·서·남·북·중의 다섯 행정구역(道)을 말하는 것으로 각 부에 장관을 두어 이를 각각 마가馬加·우가牛加·구가狗加·저가猪加·대가大加라 하였으며, 중부의 대가가 정권을 맡되, 3년에 한 번씩 4부의 제가가 교대로 정권을 맡았다 한다. '加'의 별명이 '지'로서, 이것이 중국에 수입되어 '帝'가 되었다. 오가는 공화정부의 장관이나, 제는 독재군주의 칭호가 되었다. 중부는 '가울이'로서 이를 이독吏讀로 표기하여 계루桂婁·고리古離·고리槁離·고려·고구려 등의 명칭이 생겼다.

9부는 청이靑夷(藍夷)·적이赤夷·백이白夷·현이玄夷·황이黃夷·견이畎夷·우이于夷·

방이方夷 · 양이良夷의 9족을 말하는 것으로, 양이가 악랑樂浪(五德)이요, 현이가 현토이다. 청이 · 적이 · 백이 · 현이 · 황이는 5부의 동부 · 남부 · 서부 · 북부 · 중부에 해당한다. 따라서 5부와 9부와의 관계는 다소 모호한 점이 있으나, 9부 속에 5부가 포함되는 것으로 보는 것 같다. 9부설은 오직 『조선상고문화사』에만 보이고, 뒤의 『조선상고사』에는 보이지 않는다. 소위 9이를 모두 조선족으로 간주하는 것은 대종교단 사서의 특징으로 『단기고사』 · 『신단민사』(1914)에 이미 그러한 주장이 나왔었다.[35]

다음에 신채호는 단군조선의 종교 · 철학 · 문자 · 풍속 등에 대하여 어떻게 이해하고 있는가를 알아보기로 한다.

먼저, 단군시대의 종교로서는 선교, 즉 화랑을 들고 있으며, "화랑은 단군 때부터 내려오던 종교의 魂이요 國粹의 중심"[36]이라고 평한다. 선교에 관한 서술은 「꿈하늘」에서의 그것에서 별로 달라진 것이 없다. 다만, 「꿈하늘」에서 인용하지 않았던 『응제시주』 · 『동방설원』 · 『필재집』 · 『대동운옥』 · 『여지승람』 등을 언급하고 있어서 선교에 관한 자료를 더욱 보강하고 있음을 본다.

단군시대의 문화로서 신채호가 본서에서 특기하고 있는 것은, 태자부루가 황부의 성경, 곧 「황제중경」과 오행을 하우에게 전하여 오행치수의 법을 가르쳐 주었고, 뒤에 기자가 「홍범」을 지은 것도 역시 「황제중경」의 일부를 역술한 것이라는 사실이다. 또 이밖에 중국 역철학의 근원을 이루는 복희의 팔괘도 조선인의 사상이라고 한다. 그리하여 "대개 五行과 八卦는 다 朝鮮에서 수입하여 五行으로써 실물에 응용하고 八卦로써 理諦를 설명"[37]함으로써 "대개 단군 이후 천여 년 동안의 조선은, 그 治制의 善美가 고대에 가장이었으며 문화의 발달도 隣邦 各族이 모범할 만하게 되었다"[38]고 하는 것이 신채호의 단군조 문화에 대한 총평인 것이다.

신채호는 한 걸음 더 나아가, 기자가 동래하여 주무왕의 봉함을 받아 조선의 왕이 되었다고 하는 소위 기자동래설을 재해석하여, 기자동래의 원인을 신앙의 조국을 찾아서 온 것으로 이해하고, 기자가 왕이 된 것이 아니라 평양(오덕지, 요서의 광녕현)지방의 소제후

---

35 韓永愚, 前揭論文.
36 申采浩, 『全集』 上, 383쪽.
37 上揭書, 407쪽.
38 上揭書, 399쪽.

에 지나지 않았다고 해석하였다. 이는 바로 기자의 「홍범」이 조선의 「황제중경」을 역술했다고 하는 사실에 근거한 것이다. 기자가 조선의 제후가 되었다는 설은 이미 『독사신론』에서도 피력되고 있으나, 기자동래의 원인이 종교적·문화적인 데 있다고 하는 주장은 『조선상고문화사』에 처음으로 피력되고 있는 것이다. 비단 기자동래만이 아니라, 상고시대의 조·중관계사를 문화적 우열관계에서 이해하고자 하는 것은 본서의 주요한 특징을 이룬다. 이와 같은 논지는 『조선상고사』에서도 그대로 답습되고 있다.

신채호가 단군조선의 문화로서 또 한 가지 주목하는 것은 문자생활이다. 그에 의하면 우리 고유의 문자가 처음으로 만들어진 것은 「삼황내사문」을 중국에 전했다고 하는 자부선생(청구인)과 팔패와 서계를 지은 복희씨(풍부인)로서, 후자는 중국의 문자 창제보다도 수백년 앞서는 것이고, 전자 또한 신지보다도 수백년 앞서는 것이라 한다. 이밖에 조선족은 많은 문자를 만들었으니, 예컨대 신라의 각목자, 삼국시대의 이독문, 발해문자, 여진문자 등이 그것이다.

고유문자로 지은 서책으로서 특기할 것은 『신지神誌』이다. 『신지』는 본래 단군시대의 역사책을 의미하나, 동시에 그 지은 이를 신지라 하였다 한다. 신지는 『신지』를 지은 외에 『진단구변국도震壇九變局圖』·『조선비록朝鮮秘錄』 등의 예언서를 지었으며, 『신지』를 뒤에 고흥高興·이문진 등이 한시로 역술하고, 그 본의를 다시 부연하여 『삼한고기』·『단군고기』·『해동고기』 등을 지었다 한다. 그리고 중국인이 쓴 『후한서』·『삼국지』 등의 삼한열전은 이 고기를 토대로 작성된 것이라 한다.

이와 같이 『조선상고문화사』에서는 단군시대의 고유문자를 인정하고, 그 문자활동을 높이 평가하고 있는데, 이는 「꿈하늘」에서도 이미 보인 바다. 그런데 신채호는 1924년 이후에 쓴 논설에서는 태도를 바꾸어, 태고문자의 존재를 부인하고 있으며, 신지에 대해서도 새로운 해석을 가하여, 이를 인명으로 보지 않고 관명(신지=臣智)으로 보며, 『신지』·『해동비록』과 『신지비사』를 예언서로 보지 않고 신지들이 신수두제일에 노래한 치어(잠언)를 모아 이두문으로 적은 것으로 새롭게 해석하고 있다. 그리고 신지가 지었다는 『진단구변국도』에 대해서도 참인지 거짓인지 모를 책으로 의심하고 있다.[39] 따라서 이러한

---

39 「朝鮮古來의 文字와 詩歌의 변천」(1924), 「前後三韓考」(1925), 「古史上吏讀文名詞」(1925), 『朝鮮上古史』(1931) 등에서 모두 그러한 견해가 피력되고 있다.

역사인식의 차이는, 『조선상고문화사』가 1924년 이전의 작이라는 또 한 가지 증거가 될 뿐 아니라, 1924년 이후의 신채호의 역사인식은 이전보다 훨씬 냉정해지고 실증적인 입장을 가지고 있음을 의미하는 것이다.

끝으로, 단군조선의 제례·풍속·습관에 대해서는 부여·고구려·백제·신라·마한·가락 등 여러 나라에서 행했다고 전해지는 제천의식이나 백희의 기예 등을 모두 단군조 때 창시된 것으로 해석하고, 제례의 월일이 나라마다 다른 것은 역법의 차이에 유래한 것으로 보고 있다. 동시에 거란·여진·몽골족의 언어와 종교와 풍속이 조선과 서로 같음이 많은 것에서 이 여러 겨레의 뿌리가 같음을 알 수 있다고도 한다.

그러나 삼한·삼국 이후 시기의 풍속을 단군시대에까지 소급할 만한 뚜렷한 문헌자료가 없기 때문에, 이 부분의 서술은 한낱 억측에 지나지 않을 뿐이다. 뒤의 『조선상고사』에서는 단군시대의 제천례·풍속·습관에 관한 서술이 빠져 있는데, 이것은 신채호가 뒤에 더욱 실증적 역사연구를 중요시하는 입장을 가지면서 전설을 스스로 반성한 결과로 보인다.

3) 『조선상고문화사』의 역사연구방법론

『조선상고문화사』는 5편으로 구성되어 있는바, 그중 제1편은 편명이 '단군시대'로 되어 있으나, 실은 내용이 단군시대에 관한 것이 아니고 역사연구방법론에 관한 총설의 성격을 띠고 있다 함은 앞에서 잠깐 언급한 바와 같다.

제1편 제1장에서는 조선·숙신·진단·삼한·삼국·가락·발해 부여 사군 등의 칭호를 어원상(吏讀)으로 고찰하여 그 유래가 모두 단군시대의 삼경·5부 혹은 9부에서 기원한다는 것을 주장하고 있다. 제2장에서는 「朝鮮歷代文獻의 禍厄」이라는 제하(題下)에, 우리나라 고문헌이 본래 적은 것이 아니었으나 외적의 병화에 소실되고,[40] 사대주의 유자의 손으로 소멸 혹은 변개된 내력을 말하고, 이를 극복하여 참 조선의 역사를 되찾기 위해서

---

40 "……『文獻備考』에 가로되 '新羅의 故籍은 甄萱의 亂에 없어지고, 高句麗의 文獻은 李勣의 亂에 없어졌다'는 傳說이 있다. 그러나 어찌 이뿐이리오. 三韓이나 列國이나 三國이나 南北國의 사이에, 울안의 싸움을 千이나 萬으로 세일지니, 이때에 없어진 것도 적지 않을지며, 秦開나 冒頓이나 衛滿이나 劉徹(漢武帝)이나 薛仁貴나 蘇定方 같은 兇賊의 덤빔이 한두 번만 아니니, 이때에 없어진 문헌도 많을지라 하노라"(申采浩, 『全集』上, 370쪽).

는 유증類證 · 호증互證 · 추증追證 · 반증反證 · 변증辨證 등의 5가지 문헌고증방법을 구사해야 할 것과, 서적의 수집搜集 및 지중유물地中遺物의 발굴이 시급하다고 결론짓고 있다.

이상에서 설명한 1, 2장의 내용을 종합해 보면, 결국 ① 문헌의 수집, ② 문헌의 고증, ③ 고고 및 금석문 발굴, ④ 그리고 비교언어적 고찰(吏讀연구)이 새로운 역사연구방법론으로서 제기되고 있는 셈이다.

실제로 『조선상고문화사』의 본론(제2편 이하)을 검토해 보면, 신채호 자신이 강조하고 있는 방법론에 따라 많은 새로운 자료가 발굴되고 있으며, 또 비교언어적 해석방법이 종횡무진으로 구사되고 있는 것을 볼 수가 있다.

이 책에서 인용되고 있는 서책은 우리나라측 문헌으로『三國史記』·『三國遺事』·『高麗史』·『東國輿地勝覽』·『東國通鑑』·『東史綱目』·『東國文獻備攷』·『大東韻玉』·『應制詩註』·『龍飛御天歌』·『海上雜錄』·『東方說苑』·『東國史綱』·『旬五志』·『西郭雜錄』·『佔畢齋集』·『海東繹史』·『周官六翼』·『我邦疆域考』·『東事』(허목)·『燕岩集』등이 인용되고 있다. 그리고 중국측 문헌으로는 25사를 비롯해『吳越春秋』·『高麗圖經』·『魏略』·『滿洲源流考』·『塵餘』·『通典』·『說文』·『竹書紀年』·『昌黎集』·『古今拾遺』·『博物續誌』·『修文備史』·『鷄林類事』·『八卦雜傳』·『五行大義』·『管子』·『大中遺事』·『尙書』·『順天誌』·『永平府誌』·『墨子』·『左傳』등이 인용되고 있다. 물론 신채호는 이들 정사와 야사 또는 경전류들의 기사를 맹목적으로 받아들이는 것이 아니라, 어디까지나 문헌비판의 자세를 견지하면서 과학적으로 실증하려는 입장을 잃지 않고 있다.

위에 열거한 자료 중에서 중국측 자료는 일찍이 우리측에서 이용되지 않았던 생소한 것들이 적지 않다. 아마 이러한 자료들은 북경도서관에서 보았거나, 신채호 자신이 서사에서 구득한 것이 아닌가 짐작된다. 그가 제시한 자료의 해석과 논증이 과연 정확한 것이냐는 별문제로 하고라도, 가능한 데까지 새로운 자료를 발굴하여 미지의 세계에 파묻힌 상고사를 재구성하려 한 강인한 집착력과 실증적 자세가『조선상고문화사』에 잘 드러나 보인다.

물론, 그의 실증방법과 문헌 수집도『조선상고사』의 그것과 비교할 때에는 한 걸음 뒤지고 있다는 사실을 부인할 수 없다. 또한「꿈하늘」에서 보이던 대종교적 역사상이 구석구석에 여운을 풍기고 있다는 것도 숨길 수 없는 사실이다.『조선상고문화사』가 가진 이러한 한계성은 1931년 발표 당시의 신채호 자신이 누구보다도 잘 알고 있었을 것이며, 그래서 그는 이 책에 대하여 매우 불안스럽게 생각하였던 것 같다.

4) 『조선상고문화사』와 대종교 사서

『조선상고문화사』에서는 1910년대에 편찬된 대종교도의 사서, 예컨대 김교헌의 일련의 저술이나 박은식의 일련의 사론들에 대해서는 전혀 인용하거나 언급함이 없다. 그렇다고 신채호가 이들 대종교도의 저술을 접할 기회가 없었다거나, 또는 접했다 하더라도 그 영향을 받은 바 없다고 말하기는 어렵다.

『조선상고문화사』의 내용을 검토해 보면, 다음의 몇 가지 측면에서 김교헌 저술의 영향을 받았음이 입증되고 있다.

신채호가 김교헌의 영향을 받았다는 것은, ① 『조선상고문화사』의 제1편 제2장에서 '조선역대문헌의 화액'을 논한 것이 김교헌의 『신단실기』의 마지막에서 '경사재액'을 설정한 것과 상통하는 점이 많고,[41] ② 제2편 제4장에서 고구려 · 백제 · 신라 · 부여 · 고려 · 요 · 금 등에서 행해지던 제천행사의 기원이 모두 단군조의 제천에서 유래하였다고 보는 것은 김헌교의 『신단실기』의 '역대제천'장의 내용과 혹사하다. ③ 이밖에도 기자소봉지지인 평양을 요서의 광녕현으로 해석하고, 악랑의 위치를 해성(요동)으로 비정하는 것이 양서가 서로 같으며, 미수 허목의 『단군세기』에 주목하는 것도 양자가 공통된다.

이와 같이 신채호가 대종교 사서의 영향을 받은 것은 여러 가지 면에서 나타나지만, 그렇다고 신채호의 역사 이해방법이나 해석방법이 대종교도의 그것과 전혀 일치하느냐 하면 결코 그런 것은 아니다. 대종교도가 어디까지나 신앙에 우위를 두고 역사를 해석하는 입장이라면, 신채호는 실증에 우선을 두고 신앙적 역사해석을 흡수하려는 입장이라고 할 수 있다. 바로 그러한 차이점이 1910년대에 있어서 역사가로서의 그의 위치를 돋보이게 하는 것이라 믿는다.

---

41 『神檀實記』의 經史災厄에 의하면, 檀君時代의 經 · 史가 扶餘 · 高句麗에 流轉하여 譯繙刊行된 것이 많았으나, 新羅와 唐이 高句麗를 멸하면서 書庫를 불태우고 民間所藏을 收焚하였으며, 부여에 소장되었던 것은 渤海로 전해졌으나 金(遼?)이 唐의 전철을 밟아 훼손하였다 한다.

5. 맺음말

　지금까지「동국고대선교고」·「꿈하늘」·『조선상고문화사』를 통하여 1910년대의 신채호의 역사인식의 특색을 알아보았다.

　「동국고대선교고」(1910)는 신채호가 최초로 선교를 동국고유의 종교로 인정한 사론이라는 점에서 중요한 의의가 있으나, 아직은 선교의 연구가치를 인정한 것에 지나지 않으며, 이에 관한 자료나 그 변천과정에 관하여 깊은 지식을 갖지 못하였다.

　그의 선교에 대한 이해는「꿈하늘」(1916)에 이르러 한층 깊어지고 있으며, 또 그에 대한 열렬한 신앙심까지도 보여주고 있다.「꿈하늘」은 환상소설의 형식을 띠고 있지만 일정한 사료의 뒷받침 위에서 쓰여진 것으로 일면 사론적인 성격을 가지고 있다.

　1918~1921년 사이에 쓰여진 것으로 추측되는『조선상고문화사』는 선교를 중심으로 하여 단군조선의 문화와 정치사를 서술하고, 역사연구방법론과 간략한 사학사를 첨가한 것이다. 이 책은 1908년에 저술한『독사신론』의 국사체계와 다른 점이 많고, 역사서술이 보다 실증성을 띠고 있다는 점에서 중요한 차이점이 발견된다.

　『독사신론』에서는 민족주의 입장은 강렬하게 투영되었으나 그것은 주로 ① 민족의 주류(주족)를 부여족에서 찾고, ② 민족사의 중심무대를 만주로 설정하고, ③ 부여족이 우존열망의 공리에서 승리자라는 것을 밝힘으로써 국가주권의 독립성을 강조하는 데 관심이 집중되었다. 이러한 역사해석은 종전의 한족중심·반도중심의 유교적 역사해석을 근본적으로 뒤집어놓았다는 점에서는 획기적인 의미를 가지는 것이지만, 여기에 이용된 자료는『동국통감』을 토대로 한 것이었기 때문에 새로운 역사적 사실을 밝혀낸 것은 거의 없었다. 그리하여 기자의 수봉지를 지금의 평양이라고 보았고, 단군조선의 발상지를 백두산이라고 보았으며, 단군조선의 선교에 대해서는 전혀 언급함이 없었다.

　이에 비하여『조선상고문화사』는 조선족의 범위를 보다 넓게 설정하여 여진족·숙신족·구이를 모두 아족으로 간주하고, 만주뿐만 아니라 중국대륙에서 구이가 세운 국가들을 모두 조선족의 식민활동으로 이해하였다.『독사신론』에서는 삼한을 반도남방에 있던 객족(토족)으로만 보았으나, 여기에서는 삼한을 단군조선 시대의 삼경의 장관으로 새롭게 해석하고 원래의 삼한은 북방에 있었으나, 뒤에 남하하여 남삼한이 되었다는 소위 남북삼한설을 주장하였다. 또한 기자수봉지를 요서지방으로, 한사군의 위치를 요동으로 각각 새롭게 비정하였다. 단군조선의 문화에 대해서도 화랑 즉 선교라는 고유종교가 있었다고 보고, 오행·팔괘·팔조교 등이 모두 조선에서 중국으로 수출된 것으로서, 기자가 조선에 온 것도 신앙의 조국을 찾아온 것이라고 색다른 해석을 가하였다.

이와 같은 새로운 역사해석은, 그 기본발상은 대종교의 영향을 받은 것이지만, 신채호는 중국 및 우리나라의 역대사적을 광범하게 새로 수집하여 어디까지나 실증적인 입장을 관철하려고 노력한 점에서 대종교의 역사서술 태도와 기본적으로 다르다.

『조선상고문화사』는 『독사신론』과 마찬가지로 민족주의 입장에 서 있으면서도 구체적인 역사해석에 있어서는 이렇듯 많은 차이를 보이면서 새로운 고대사체계를 구성하였다는 점에서 중요한 의미를 가진다. 『독사신론』이 한말의 역사서술로서는 최고의 수준이었던 것과 마찬가지로, 『조선상고문화사』는 1910년대의 史學수준에서는 역시 가장 앞선 것이라고 하지 않을 수 없다.

그러나 신채호의 역사인식은 여기에서 머물고 있는 것이 아니라, 1920년대에는 더욱 실증적인 단계에 들어가 이른바 '역사를 위한 역사'의 필요성을 주장하고, 더 많은 새로운 자료를 발굴하여 1931년에 『조선상고사』를 내놓게 된 것이다.

『조선상고사』는 신채호가 1920년대에 발표한 일련의 실증적 논문을 토대로 하여 재정리된 것이므로, 그의 20년대의 역사인식 방향과 관련시켜서 검토되지 않으면 안 될 것이나, 이는 후일의 연구과제로 남겨놓는다.

1920년대 안확의 민족주의 문화사서술

-『조선문명사』를 중심으로

1. 안확의 생애[1]와 국학연구

안확安廓(호는 自山)은 본적이 경남 창원으로 1888년(고종 25) 생이다.[2] 중인 출신으로 알려진 그는 어려서부터 서울에 거주하여 우리나라 최초의 소학교인 서울의 수하동 소학교를 다녔으며, 10세의 소학생 시절에 독립협회의 토론운동에 참여하여 칭찬을 받은 일이 있었다. 독립협회가 해산된 뒤에는 교육사업에 투신하여 서북지방에서 여러 곳에 학교를 개설하고 직접 교수에 참여하기도 하다가, 1910년 국권이 상실되자 일본 유학을 떠나 일본대학에서 정치학을 공부한 후 1916년에 귀국하여 1918년에는 이회영李會榮의 고종 망명계획에 참여하고, 1915년에 경북 달성에서 조직된 조선국권회복단(통령: 윤상태)의 마산지부장을 맡던 중 3·1운동을 마산에서 맞이했다.

1921년에 그는 오상근吳祥根·장덕수張德秀·장도빈張道斌 등이 조직한 조선청년연합회의 기관지인『아성我聲』의 편집인이 되었다가 곧 손을 끊고, 1922년에 설립된 조선총독부 조선사편수회의 일인학자들과 교유하면서 저술활동에 전념하였다.[3] 그는 1930년에 몇

---

1 安廓의 생애에 관해서는 崔元植의 「安自山의 國學 -『朝鮮文學史』를 중심으로」(『心象』8, 1981)에서 비교적 상세히 소개되어 있다.

2 安廓의 정확한 出生年代는 미상이다. 그러나 獨立協會 토론회 당시 자신의 나이가 10세였다고 自述한 것(『朝鮮文學史』, 118~120쪽)으로 보아 1888년생일 것으로 추측된다.

3 金容燮,「우리나라 近代歷史學의 成立」(『知性』5호, 1972)에 의하면, 安廓은 조선사편수회의 일본인 학자들과 학문활동을 같이하고 있었다고 한다. 그러나, 안확은 조선사편수회의 위원이나 修史官으로 일했던 것은 아니고, 뚜렷한 親日활동을 한 증거는 없다.

개월간 조선총독부의 이왕직 촉탁으로 일한 일이 있으며, 총독부 기관지인 『朝鮮』에 많은 국학논문을 발표하였다. 그의 卒年은 미상이다.

안확의 생애는 독립운동가로서보다는 학자·문필가로서의 업적이 뛰어났다고 할 수 있으며, 그의 문필활동은 일본 유학시절인 1914년부터 시작되어 1942년에까지 이르고 있다.[4]

1914년에서 1920년에 이르는 기간에 발표된 그의 글에서는 유교를 비판하고 조선고유의 무사정신을 찾아내어 독립의식을 고취하려는 계몽적 태도가 강렬하게 표현되고 있다. 1919년에 저술된 『조선무사영웅전』은 이 시기의 그의 입장을 보여주는 대표적 저술이라 하겠다. 그는 1910년대의 가장 국수주의적인 종교단체인 대종교에 직접 참여하지는 않았으나, 그 역사인식 체계의 영향을 크게 받은 것 같다.[5] 특히 근대 민족주의사학의 선구자인 단재 신채호 사학에 영향받은 바 많았던 것 같다. 『조선문학사』(1922)에서 그는 한말의 문학사조를 설명하면서,

此時 無涯生의 名이 江湖에 선전하야 文譽가 혁혁한 者는 申采浩 其人이라, 申氏는 … 所著는 伊太利三傑傳·乙支文德·崔都統傳·讀史餘論 등이니, 근래 歷史의 新見地를 開함은 氏의 독창에서 出한지라.[6]

라 하여 신채호의 문학과 동시에 그의 사학의 독창성을 높이 평가하고 있다. 신채호에 대한 존경은 그 후에도 계속되어 신채호가 죽은 뒤 그의 죽음을 애도하는 애도시哀悼詩를 짓기도 했다.[7]

비단 신채호에 대해서만이 아니라, 안창호나 이회영, 이승훈과 같은 민족주의 독립운동가에 대해서도 깊은 존경을 보였고, 문일평, 정인보와 같은 국학자와는 친교관계를 맺

---

4 安廓이 1914년에서 1942년까지 발표한 저서 혹은 논문은 약 124종이나 된다(崔元植의 앞 論文 부록 참고).
5 『朝鮮文學史』와 『朝鮮文明史』의 古代史 부분에 대한 서술에 특히 大倧敎의 영향이 많이 보이고 있다. 예컨대 대종교 經典인 『三一神誥』를 우리나라 最古의 文學으로 평가하고 있는 것이라든가(『朝鮮文學史』, 7~8쪽), 東夷諸族과 鮮卑, 遼, 金, 滿人(淸) 등을 朝鮮族으로 간주하는 데서(『朝鮮文明史』, 11~12쪽) 그러한 것이 엿보인다. 그러나 안확은 대종교에서 보이는 國粹的 입장을 전적으로 받아들인 것은 아니다.
6 『朝鮮文學史』 124~125쪽.
7 『時調詩學』(1940)에 '悼申丹齋'라는 애도시가 실려 있다.

고 있었다."[8] 1930년대에는 조선총독부와 연계를 가지면서 저술활동에 종사한 관계로 독립운동가로부터는 적막한 시선을 받은 것이 사실이었지만, 그의 기본입장은 민족주의를 견지하였고, 또 그 자신 민족주의자들에 대한 존경을 버리지 않았다.

다만 그의 민족주의는 정치운동으로서가 아니라 학문으로서 표출·승화되었다는 점에 특색이 있다고 하겠다. 특히 안확의 국학에서 가장 특출한 공적은 고려·조선시대사를 발전적으로 체계화하였다는 점이다. 그의 나이 30대 초반에 해당하는 1920~1923년은 그의 국학연구의 전성기라고 해도 과언이 아닌데, 이 시기에 집필된『조선문학사』(1921·1922 증정)와『조선문명사』(일명 조선정치사)는 그의 전 생애를 통한 대표작이라 해도 좋을 것이다. 이 시기에 그는 일본 상야도서관, 북경 관립장서각, 상해 천주교서루 등을 돌아다니면서 8천여 권의 자료를 섭렵하였는데, 그 결실로서 집필된 것이 바로『조선문명사』이다.[9]

그의 국학에 관한 관심과 지식은 매우 넓고 깊어서, 원래 그의 구상은 전8책의『조선문명사』를 편찬하고자 하였다. 그중에는 민족사, 정치사, 경제사, 외교사, 미술사, 학예사, 문학사, 육해군사가 포함되어 있는데, 지금 단행본으로 전해지고 있는 것은 정치사와 문학사·육해군사이고, 나머지는 단행본으로 출간되지 못하였다. 이 밖에도『조선문법朝鮮文法』(1917),『조선어학원론朝鮮語學原論』,『자각론自覺論』,『개조론改造論』등이 출간되었고, 그 밖에 소소한 논설은 헤아릴 수 없을 만큼 많다.

사학사의 입장에서 볼 때, 그의 국학연구 중에서 가장 정채를 드러내는 것은『조선문명사』(조선정치사)이다. 이 책은 자료 섭렵 면에서도 단연 뛰어날 뿐 아니라 우리나라 최초의 체계적인 정치사라는 점에서도 획기적 의미를 갖는다. 그의 모든 국학연구는 이 정치사를 바탕으로 하여 전개되고 있다고 해도 과언이 아닌 만큼 이 책에 대한 검토는 그의 국학방법론의 대강을 이해하는 지름길이 될 것으로 믿는다.

---

8   위『時調時學』에 '悼文湖岩', '經島小墓', '哭李友堂(會榮 - 필자)', '思李南岡', '訪鄭爲堂' 등의 글이 보인다. 湖岩 文一平(1888~1939)과는 연배가 거의 비슷하고, 政治學을 전공한 것도 서로 비슷하다. 그러나 문일평이 역사가로 활약한 것은 1930년대로서 安廓보다 뒤늦다.

9   『朝鮮文明史』述例에 다음과 같은 언급이 보인다. "引用書는 頻多하여 ——히 기재치 못하니, 書院 又 古家의 藏書며, 日本 上野도서관, 北京 官立藏書閣, 上海 天主教書樓 등에 周遊 탐독한 바, 本史로는 大典通編, 百憲總要, 銀坮條例, 東略 및 諸歷史·諸文集 등과, 漢書로는 九通, 각종 法典, 古今治平略, 淵鑑類書 등과 西洋書로는 獨逸法制史, 奴馬法制史, 각종 政治史, 政治學 등 통합 八千五百册이 된다."

2. 안확의 조선정치사 이해 - 『조선문명사』의 인식체계

1) 서술체제

『조선문명사』는 1920년 여름에 집필이 착수되어 1922년 1월에 탈고되었고,[10] 이해 12월에 서울의 회동서관에서 인쇄되어 1923년에 발행되었다.

이 책의 집필을 위하여 참고된 자료는 모두 8,500책에 달한다고 하며, 서원 및 고가의 장서와 일본과 중국의 북경·상해 등지의 도서관 자료를 열람하였다. 한국측 자료로서는 『大典通編』, 『百憲總要』, 『銀坮條例』, 『東略』 그리고 여러 사서와 문집을 참고하였으며, 중국측 자료로서는 구통을 비롯하여 각종 법전과 『古今治平略』, 『淵鑑類書』 등을 참고했고, 이 밖에 서양서로는 독일법제사, 로마법제사, 그 밖에 각종 정치사와 정치학 등을 참고하였다 한다.[11]

비단 서적만 참고한 것이 아니라, 전직 대관, 서리, 아전 등에게 행정의 실제경험을 문의한 것이 많다고 저자가 스스로 밝히고 있다.[12] 그래서 그런지 이 책에서는 특히 조선시대 행정체제와 관련하여 문헌에 보이지 않는 내용을 많이 담고 있다.

본서는 이와 같이 풍부한 문헌적·경험적 자료를 활용하였기 때문에 실증적·학술적 가치를 높이 지니고 있음에도 불구하고, 인용서를 일체 본문 속에서는 밝히지 않고 있는 것이 흠이라면 흠이다.

책명이 말해 주듯이 이 책은 정치사를 다룬 것이지만, 좁은 의미의 정치, 즉 관제만을 다룬 것이 아니라, 경제조직과 계급제도 나아가서는 사상사에 관해서까지도 언급하고 있어서 문자 그대로 문명사학적인 방법론을 도입하고 있음이 주목된다. 더욱이 우리나라 정치사의 특징을 세계 각국의 정치사와 종횡무진으로 비교함으로써 세계사적 공통점과 한국적 고유성의 양면을 파악하는 데 주력하고 있을 뿐 아니라, 본문 서술 중에 간간이 저자의 의견을 삽입하여 타인의 학설을 비판함으로써 사실적인 면과 사론적인 면을 적절히 조화시키고 있는 것도 또 한 가지 특색이다.

---

10 『朝鮮文明史』述例 참고.
11 註 9) 참고.
12 『朝鮮文明史』述例 참고.

2) 주체적 발전사관과 시대구분

『조선문명사』의 제1장 서언에는 작자의 사관이 집약·정리되어 있다. 우선 그가 추구하는 정치사는 생활사를 바탕으로 한 정치사인 것이었다.

> 朝鮮政治史를 知할진대 朝鮮民族의 生活史를 知할지오. 朝鮮族의 生活史를 窺코자 할진
> 대 그 政治史를 先究치 아니치 못할지라 … 文明의 요체로써 生活史의 根本을 尋하야 政治史
> 를 건설함은 실상 今日 刻下에 最急한 요구라 아니치 못할지니라.[13]

생활사로서의 정치사는 말하자면 사회조직·경제·문화 및 지리상의 여러 문제를 다 포괄하는 것으로 그는 이해하고 있으며, 이러한 정치사를 건설하는 것이 당면의 긴급한 요구라고 생각하고 있다.

그런데, 조선민족의 생활사로서의 조선 정치사의 특색은 한마디로 '독립적'이고 '진화적'인 것으로 그는 이해하였다. 이는 바꾸어 말하면 주체적이고도 발전적인 것으로 조선정치사의 성격을 이해하고자 함이다. 독립적이고 진화적이라 함은 조선정치사의 주인공인 조선족이 제2 중국족이 아닌 조선족(동이족 전체를 조선족으로 간주함)이라는 것과 조선족의 5,000년 역사상 한번도 외족의 왕조가 세워진 일이 없다는 것, 그리고 조선의 법제와 문명을 외래에서 수입한 것이 많지만 그것을 본래의 것과 혼합·조화하여 진보·발달에 참고, 이용한 것에 불과하다는 사실에 근거를 두고 있다. 이제 저자의 말을 직접 들어보기로 한다.

> 我 朝鮮民族이 지금 五千年을 經來할새 自民族을 보호함에는 外賊의 침입함을 防하야 血
> 戰苦鬪를 시험하고, 自民族을 발달함에는 찬란한 制度를 施할새 혹은 外文化를 흡수하고,
> 혹은 自發的 文化를 토하야 改善進化를 經由하다.[14]

이와 같이 우리 문화는 본래의 법제와 문명을 바탕으로 하여 외래의 문화를 수용하여 혼합·조화시킴으로써 낡은 것을 개선하고 뒤떨어진 것을 진화시켜 왔다고 주장함으로

---

13 前揭書, 2쪽.
14 上揭書, 1쪽.

써, 우리 민족이 문화를 건설하는 과정에서 보여준 주체성과 개방성을 정당하게 인정하고, 그러한 자세를 줄기차게 견지한 까닭에 시대가 내려올수록 사회와 문화가 진보해 왔다는 사실도 올바르게 파악할 수 있었다.

그리하여 저자는 이와 같은 올바른 정치사인식을 바탕으로 하여 기왕의 역사가들이 우리의 정치사를 잘못 이해해 온 것을 준엄하게 꾸짖고 있다.

> 古來로 朝鮮史의 出한 바 그 수가 凡數百에 달한지라. 然이나 … 그 著書에 記錄한 文意를 察하면 朝鮮族의 生命이 寄生的 또는 模擬的으로 言함이 多하고, 獨立 또 특수적 文明을 발휘하야 生命을 生命으로 保치 아니한 것으로 裝置함이 多하다. 近來 종종 學者의 論한 바를 見할지라도 亦然하야 朝鮮人으로써 第二中國族으로 推付하야 曲見 · 謬說을 喋함이 많은지라. [15]

이는 조선족의 자율적 생명력을 부인하고, 한국사를 타국에 대한 기생적 혹은 모의적인 것으로 이해하려는 중세적 사대사관 혹은 그것을 부연한 일제의 식민주의사관을 겨냥한 비판으로 보인다.

안확은 이같이 왜곡된 사관을, 역사가의 안목이 궁연 일각에 치우치고, 외교수단의 가면과 허상만을 보는 데서 온 것으로 풀이하고, 그 이면에 숨어 있는 정치사실을 색출하여 과학적으로 분석하는 안목이 필요함을 역설하고 있다.

안확은 나아가서 당시의 일부 인사들 가운데 삼국시대보다 고려 · 조선시대로 내려오면서 정치와 문명이 퇴보한 것처럼 주장하는 이가 있음을 지적하고 이러한 주장은 "時勢에 見敗하야 史詩的 觀念으로 慕古하는 염려에서 生한 것"이라고 비판하고 있다. [16]

정치와 문명이 삼국시대에 가장 발달하고, 그 뒤로는 퇴보했다고 주장하는 이른바 모고慕古주의자는 아마도 신채호를 가리키는 것으로 보인다. 안확은 신채호 사학을 높이 평가하면서도 그의 이론을 전적으로 받아들이지는 않았다. 그가 보기에는, 신채호는 독창성이 풍부한 사가이지만, "조선사를 민족적으로 全驅하매 或處에 就하야는 歷史의 本色을

---

15   前揭書, 2쪽.
16   上揭書, 3쪽.

失한 점도 不可無"하다고 생각하였다.[17] 다시 말하자면, 신채호의 사관은 지나치게 민족주의적이고, 또 감상주의적인 것에 흘러서, 그 결과 한국사의 발전성을 파악하지 못하고, 모고주의에 빠졌다고 보는 것이다. 그리하여 안확은 한국사 이해에 있어서 신채호의 이론과 영향을 많이 받아들였지만, 보다 냉정하고 과학적인 입장에서 주체적이고도 발전적인 한국사 체계의 재구성을 시도하게 된 것이다.

안확은 한국사의 발전적 체계를 재구성함에 있어서 가장 중요한 것은 시대구분이라고 생각하였다. 그리하여 그는 한국정치사의 시대구분을 다음과 같이 설정하였다.[18]

① 上古: 小分立政治시대 (檀君에서 三韓末까지의 2200년간)
② 中古: 大分立政治시대 (三國초부터 南北朝까지 1000년간)
③ 近古: 貴族政治시대 (高麗)
④ 近世: 君主獨裁政治시대 (李朝)

여기에서 상고와 중고를 분립정치시대라고 표현한 것은 '部族自治'와 '各王分立'의 정치를 말하는 것으로, 이는 바꾸어 말하면, 서양 중세의 봉건제도나, 중국 주대의 봉건제도 (天子諸侯)와 같은 것이 우리나라에는 형성되지 않았다는 의미로 쓰여지고 있다.

그에 의하면, 서양의 봉건제는 이민족의 정복과정에서 나타난 것이고, 중국의 봉건제는 군주제가 선립한 뒤에 성립된 것이다. 이에 비하여 우리나라의 봉건제는 "血族觀念으로부터 자치적 정치에 基하야 국가를 건설하던 當初에 成한 것"으로 그는 해석하였다.[19] 따라서 우리나라의 봉건제는 자치제에 생명이 있다고 보았으며, 이 자치제의 발달에서 우리나라 정치사의 특색을 찾으려 하였다.

그러면, 상고와 중고를 소분립정치시대와 대분립정치시대로 나눈 것은 무슨 뜻인가. 이는 정치단체의 규모의 대소를 기준으로 하는 것이다. 상고시대에는 부여, 숙신, 고구려, 삼한 등 여러 작은 정치단체가 분립한 까닭에 소분립이라 한 것이고, 삼국시대와 남북조시대(신라·발해)는 국가가 셋 혹은 둘로 크게 통합되어 있는 까닭에 대분립이라 한 것

---

17 『朝鮮文學史』, 125쪽.
18 上揭書, 4쪽.
19 上揭書, 23쪽.

이다.

정치단체의 통일이라는 관점에서 본다면, 근고의 고려는 역사상 최초로 일조단체가 된 시대로 이해되고 있으며, 이는 무수한 소국분립에서부터 출발한 한국사가 5·6개국 → 3 국 → 2국 → 1국으로의 과정을 밟아서 통일을 달성한 역사로 특징지어지는 것이다.[20]

그러나 이러한 정치단위의 통합과정을 이해함에 있어서 선배 민족주의 사가들이 고구려와 만주사에 중점을 두고 민족통일과정을 이해한 것과는 달리, 안확은 신라와 반도에 중점을 두고 있다는 것이 특이하다. 이러한 입장은 소위 신라통일에 대한 해석에서 결정적으로 드러난다.

신채호를 비롯한 민족주의 사가들은 당병의 힘을 빌어 승리한 신라의 삼국통일을 민족적 반역행위로 매도하였고, 고구려 → 발해로 이어지는 만주사를 국사의 주류로 인식하였는데,[21] 안확은 발해와 신라를 남북조시대로 호칭하면서도 주류는 신라에 두고, 문무왕의 통일을 영웅적 위업으로 찬양하면서, 신라통일의 원인을 신라의 정치발달(자치제)에서 찾고 있다. 나아가서 그는 신라통일을 비난하는 입장을 이렇게 반박하고 있다.

> 或 史家는 新羅를 責하여 外國의 兵으로 同族을 滅함을 토론하는지라. 然이나 此 同族을 표방함은 今日 民族觀念이 熾盛한 시대에 偏照함이니, 당시는 麗·濟가 新羅를 공격한바 同族間의 원수를 結하매 民族관념은 猶無하고 國民的 意識이 야기한 시대라. 어찌 時代的 思想의 相異함을 不顧하고 자기 편견에 의하야 評論을 執하리오 ….[22]

말하자면 삼국시대에는 아직 민족관념이 형성되기 이전이므로 오늘날의 민족관념으로 신라의 통일을 이해해서는 안된다는 뜻이다.

안확의 신라통일 옹호론은 그 나름의 합리성을 띠고 있음이 사실이다. 그러나 그러한 논리의 이면에는 안확 자신의 신라에 대한 깊은 애정이 담겨져 있음도 간과할 수 없다. 그러한 입장은 후삼국에 대한 다음의 논평에서 잘 드러난다.

---

20 前揭書, 第44章 近古史의 意義, 109쪽.
21 本書 2~4章을 참조.
22 『朝鮮文明史』, 第36章 文武의 統一, 95쪽.

此 회고적 사상을 선동하여 國家를 분열케 함은 흡사 近日 地方熱을 고취하여 세력을 획득코자 하는 某某와 同한지라. [23]

즉 후삼국의 성립을 그는 지방열에 의한 국가분열행위로만 간주하고 지방열이 일어나게 한 신라정치 자체의 문제점에 대해서는 시선을 주지 않고 있다. 그리고 그러한 지방열을 한말·일제초기의 지방열에 비유하는데서 그의 문제의식이 어디에 있는가를 짐작케 한다.

안확의 지방열에 대한 비판은 『조선문학사』에서도 무수히 보이고 있는바, 그가 비판하고 있는 지방주의는 현실적으로 서북지방 사람들을 겨냥하고 있음이 주목된다. 예컨대, 그는 한말의 평안·황해·함경도인이 세운 서북학회를 가리켜 "南方人의 對峙함에 至하다"[24]고 비난하고 있는 데서, 특히 서북인에 대한 증오심 같은 것이 엿보인다.

요컨대 안확의 지방열에 대한 비판은, 그 자신의 출신지인 영남에 대한 애정, 나아가서는 신라에 대한 애정을 밑바탕에 깔고 있다는 것이 은연중에 드러나고 있으며, 이 또한 지방열과 무관하지 않은 것 같다.

어쨌든 그의 진보적 역사관과 발전적 시대구분론의 밑바탕에 신라에 대한 애정이 강하게 표출되고 있다는 사실은 『조선문명사』나 『조선문학사』의 도처에서 쉽게 발견되는 바, 그가 우리나라 정치사의 최대의 특색으로 강조하고 있는 이른바 '자치제'만 하더라도, "신라는 본시 政治의 성질이 自治에 在한지라"[25]라 하여 주로 삼국시대의 신라에서 특징적으로 발달했다고 강조하는 데서도 여실히 드러난다. 그리하여 그는 신라의 삼성교체도 자치정치의 한 형태로 이해하고, 촌주제村主制나 화백제和白制도 자치제로 이해하는 것이었다.

안확이 정치사 이해에 있어서 자치제문제에 특별히 유의한 것은, 정치주권의 소재를 통해서 정치발달의 정도를 가늠하는 기준으로 설정한 데 연유한다. 그리하여 그는 상고에서 중고의 전반기는 주권이 민중에 있었던 공화제로 보고, 중고 후반기 즉 삼국과 남북조시대를 군주·귀족·인민의 혼합체 시대, 고려 500년은 주권이 귀족에 있던 귀족정치

---

23   前揭書, 111쪽.
24   『朝鮮文學史』, 126쪽.
25   『朝鮮文明史』, 102쪽.

시대, 그리고 조선왕조 500년은 군주독재정치시대로 각각 규정하였다. 여기서 군주독재정치시대는 군주 한 사람만이 주권을 가졌다는 의미가 아니라, 군권을 매개로 하여 신민의 정치참여가 크게 확대된 정치, 즉 '계몽적 독재정치'시대로서, 그 다음 입헌공화제로 넘어가는 과도기적 단계로 이해한다는 점이 주목된다.[26]

안확의 시대구분론에는 문제점이 없는 것이 아니다. 특히 상고와 중고의 전반기, 즉 삼국 이전시대를 공화제로 본 것이나, 고려시대를 귀족정치로 규정한 것은 문제점이 있다. 이는 고려시대를 한국사에서 가장 귀족정치가 발달한 시대, 다시 말하자면 인민참정권이 가장 제약된 시대로 보는 까닭이다. 삼국이나 신라보다도 고려정치가 더 후퇴된 것처럼 인식하는 것은 그가 표방하는 발전적 시대구분론과도 맞지 않는 것이다. 아마도 안확은 신라의 정치발달에 대하여 지나치게 의의를 부여한 나머지 고구려 계승국가인 고려에 대하여는 부정적인 평가를 내리게 된 것이 아닌가 한다.

그러나 조선시대 정치사를 고려시대 정치사에 견주어 그 발전된 모습을 찾으려고 한 것은 안확의 독창적인 기여라고 할 것이며, 조선시대 정치사 이해의 획기적 전환을 가져왔다는 점에서 우리의 관심을 끌기에 충분하다.

3) 조선시대사 이해

(1) 신분제의 개방성에 대한 인식

안확은 고려를 귀족정치시대로, 조선을 군주독재정치시대로 대비시켜 이해함으로써, 고려에서 조선으로의 왕조교체를 단순한 왕실의 자리바꿈으로 보지 않고, 사회혁명적인 발전과정으로 이해하였다.

군주독재정치를 귀족정치보다 발전된 형태로 보는 이유는, 군권의 발달이 군주 한 개인의 권리를 신장시키는 데 그치는 것이 아니라, 군권을 매개로 하여 신권과 서민의 지위가 향상되었다는 데서, 소수의 귀족만이 주권을 가졌던 귀족정치보다 발전된 정치형태로 보는 것이다.

그리하여 군주독재정치가 발달한 조선시대에 있어서는 무엇보다도 신분 이동이 활발

26　前揭書, 326~327쪽.

하다는 사실을 먼저 주목하고, 반班 · 상신분常身分이 세습된 것처럼 믿어온 통념을 부정하고 비판하였다.

貴族政治의 쇠망은 君主에게 무한한 便利를 與한 것이다. 그 동시에 庶民의 발달에도 便利를 與하야 그 지위를 昂上하얏나니, 고로 此 시대에는 階級制度가 前代보다 일층 발달하야 班常의 구별이 嚴峻한 觀이 有하되 何人이던지 固有의 閱閱이 없이 何人이던지 자유로 兩班됨을 獲하며, 또한 班種이라도 추락하야 常民이 됨에 至하다.[27]

이렇듯 조선시대 양반은 세습신분이 아니요, 누구든지 자유롭게 양반이 될 수 있고, 또 양반이라도 상민이 될 수 있다고 한다면, 이와 같은 신분 상하이동은 어떠한 조건하에서 나타나는 것일까. 이 점에 대하여 안확은 다음과 같이 부연해서 설명한다.

或者는 말하되 門閱의 制가 심하야 班常의 차별이 심하므로 下級人民은 士論에 참여치 못한다 한지라. 然이나 此 시대에는 班閱과 儒生에 세습적 제한이 없었는지라. 비록 下級人이라도 學行과 志槪가 있으면 士論에 참여하고 또 班閱을 得하기 쉬우니 宋龜峰(奴), 徐孤靑(奴), 鄭錦南(吏), 朴靈城(平), 洪慕堂(平), 徐藥峰(平)이 是오, 또한 閱族이라도 5代無顯官이면 常人列에 自落하나니라.[28]

즉 사류와 반벌班閱에 참여할 수 있는 신분상승의 요인을 학행에서 찾고, 벌족이 상인으로 하락하는 신분하강의 요인을 5대 동안 현관顯官이 없는 경우에서 찾는다. 그리고 노비, 평민, 향리로서 반족이 된 여섯 사람의 사례까지 들고 있다.

조선시대 신분 · 계급제도의 성격에 관해서는 따로이 '계급'의 절(134절)을 설정하여 논하고 있는바, 여기서는 조선시대 계급을 크게 ① 사색양반, ② 중등평민(중인), ③ 칠반천인七班賤人의 세 부류로 나누고, 양반을 다시 삼한갑족三韓甲族(圈子양반), 초마양반(상인으로서 양반과 혼인하여 반열에 오른 자), 책상양반冊床兩班(상인이라도 학문 · 도덕이 고상한 자),

---

27 前揭書, 177쪽.
28 上揭明, 190쪽.

토반(향촌의 무색양반)으로 4분하고 있다. 그리고 이러한 계급제도의 성격을 총괄하여,

> 兩班이라도 三代의 現官이 無하던지 又는 避禍族으로 賤業을 종사하야 常人을 自作한 것이
> 라. 此와 如히 班常의 구별은 自在多岐하나, 種族을 嚴立하야 固着한 階級을 作한 것이 아니
> 라, 互相昇降하기 自由에 在하니, 此가 前代族制와 異한 동시에 民權이 발달된 것이니라.[29]

라고 결론짓고 있다. 결국 그가 인식하는 조선 계급구조의 특색은 반상의 구별이 결코 종족적 세습제가 아니라, 호상승강이 자유로운 성취적 계급제라는 것을 강조하는 것으로 일관되어 있음을 볼 수 있다. 그리고 조선의 계급구조가 이렇듯 개방성을 가진 원인을 민권의 발달에서 찾고, 바로 그 점에서 고려시대의 귀족적 계급제도와의 차이를 분명히 가르고자 한 것은 매우 탁월한 사회사가적 안목을 가진 것을 보여주는 것이다.

(2) 신민의 권리향상

조선시대에는 신분제가 개방성을 띠었다고 보는 입장과 표리관계에서 안확은 조선시대의 정치제도를 매우 개방적이고 근대적인 성질을 많이 띠었다고 생각하였다. 군권이 비록 전대에 볼 수 없을 만큼 강화되었다고는 하지만, 그와 동시에 신민도 군권에 항거하는 권리가 비상히 발달되었다는 점에서 조선시대 정치의 특색을 찾았다.

그는 조선 500년의 정치를 군왕 1인의 횡자압제橫恣壓制로 이해하는 일부 학자의 견해에 대하여 "이는 政史의 내용을 不知하고 한갓 감정발동에 醉한 것에 불과"하다고 비난하고,[30] 조선시대에는 현대 구미 각국의 국회 같은 것은 없었다 하더라도, 정신상·습관상·행정상으로는 신민의 무한세력이 잠재하여 군권을 제약하는 요인으로 작용하였다고 이해하였다. 안확에 의하면, 군주와 인민간에는 다음과 같은 권리와 책임이 있다.

> 君主는 國家를 자기 소유물로 知하나 命을 天에 受하야 民國을 治하는 主權을 有하고, 更
> 히 人民은 天民·公人으로 認知하야 정당한 政治로 天民을 안녕케 하는 책임이 有하다. 臣民

29　前揭書, 315쪽.
30　上揭書, 179쪽.

은 天命을 受한 국가주권자에게 복종하는 義務가 有하고, 동시에 天民·公人의 自信力이 有하야 君主가 만일 不正當한 政令을 행할 時는 言 및 疏로써 항거하는 권리가 有하다. 此가 近代人民의 국가적 관념이오, 此가 近代政治의 성질이라.[31]

다시 말하자면, 군주의 통치권은 인민을 천민과 공인으로 인정하는 토대 위에서 행사되는 것이고, 한편 인민은 자신들을 천민과 공인이라는 자부심 위에서 군주의 통치권에 항거하고 비판할 수 있는 권리가 있다는 것이요, 바로 이 점은 근대정치의 성질을 지닌 것으로 본다.

(3) 당쟁과 향촌자치제의 재평가

그리하여 안확은 조선시대의 신민이 군권을 제약하면서 정치적 자율성을 행사한 사례들을 궁연회의(次對, 輪對, 常參, 賓廳會議, 大輪次 등)와 공론에 입각한 여론정치의 발달, 국민대표의 정치발안(儒疏 등), 그리고 정당정치의 발달 등에서 찾으려 하였다.

특히 조선시대의 특징적 정치형태로 나타난 당쟁을 부정적으로 평가하지 않고, 이를 '적극적 정치의 발달'로 긍정한 것은 매우 주목할 발언이라 하겠다. 그에 의하면, 조선시대에 와서 비로소 당쟁이 발생한 것은 일반 인민의 정치상 토의가 얼마큼 자유로워진 참정권의 확대에서 비롯된 것으로 이해하고, 이건창(『黨議通略』)을 비롯한 제인사의 당쟁폐단론을 반박하고 있다.

政治는 黨派로 因하야 쇠퇴하였다는 者이 多하니 … 黨議通略을 著한 李建昌도 亦 黨의 폐단을 說하며 近來人士도 亦然이라. 然이나 予는 思하니, 近代政派는 黨派로 인하야 발달을 成하고, 오히려 黨派가 進步치 못하고 두절함으로 인하야 政治가 쇠하였다 단언함을 주저치 않노라.[32]

당파정치가 정치발달을 가져왔다는 증거로서 안확은 세 가지 현상을 들고 있다. 첫째

---

31 上揭書.
32 前揭書, 196~197쪽.

당파정치는 군권이 감하고 정객의 권리가 진작하여 정치상 자유가 생겼다는 것, 둘째 당파정치는 인재등용을 활성화시키고 상인의 정계진출도 촉진시켰으며, 셋째 당파정치는 각기 상이한 여론과 당의가 일어나는 중에 절충적 정치가 진행될 수 있었다는 점이 그것이다.

조선 후기의 대표적 당파인 이른바 사색에 대해서도 안확은 이를 단순한 사리추구의 도당으로 보지 않고 일정한 주의를 가진 정당으로 볼 수 있다면서 그 성격을 다음과 같이 분류하였다.[33]

① 老論 · 北人: 변통적 자유방침 · 수단이 있는 自由黨
② 少論 · 南人: 節義的 · 固執的 수단 · 방침을 가진 保守黨

결국 조선 후기의 정치는 자유당과 보수당이 서로 각축하는 가운데 정치발전이 이루어졌고, 세도정치는 당파정치가 끊어진 상황에서 빚어진 것으로 오히려 정치가 더욱 추악하게 쇠퇴했다고 보았다. 조선의 독재정치가 500년간 지속된 이유는 정당의 쟁의가 군권을 제한함에서 가능하였다는 것이다.

우리나라 정치사의 가장 큰 특색으로서 주목할 것 중의 하나가 고대로부터 발달한 자치제의 역사이거니와, 조선시대에 있어서는 고려의 사심관제를 계승한 유향소(향회)와 촌자치(촌회) 등에 주목하였다.

특히 향교를 중심으로 회집되는 유회와 유향소(향청)를 중심으로 회집되는 향회는 각각 상원과 하원의 성격과 비슷하다고 보고, "근세정치의 元氣는 此 鄕會에서 있었다"고 하면서,[34] "此 鄕會가 있을 때에는 비록 군주독재정치로되 立憲君主制나 共和制와 無異하야 國泰平 民安樂을 報하였다"고까지 높이 평가하고 있다.[35]

⑷ 조선시대 경제구조의 특색

조선시대의 경제구조에 대한 안확의 해석은 그의 정치사에 대한 해석 못지 않게 독창

---

33   前揭書, 193~196쪽.
34   上揭書, 237쪽.
35   上揭書, 238쪽.

적인 견해가 풍부하게 제기되고 있다.

우선 그는 이성계일파의 개혁당이 건국 전에 이룩한 전제개혁의 의의를 높이 평가하였다. 이성계일파가 위화도에서 회군한 것을 가지고 한갓 야심의 소위로 해석한 것에 대하여 안확은 단연코 부정한다. 이성계의 회군은 외교보다 내정정돈을 선결문제로 삼고, 호곡이 충천하는 민정을 구제코자 하는 경륜이 큰 까닭에 회군한 것이요, 그 개혁의 핵심을 이루는 것이 전제개혁이라고 이해하였다.

> 李太祖는 國家의 大本이오 民業의 생명인 田制를 개혁코자 하야 3년간 쟁론으로 강경한 議論을 고집하야 公私田籍을 市街에 분각하고 人民生活을 평등에 均하였는지라. 만일 田制改革도 오직 奪位의 野心으로 人心을 수습한 수단이라 하면 革命의 一班政治는 다 惡意所出이라 하기 可하고 또한 吾人 祖先은 500년내 惡化의 人民이라 하기 可하다. 余는 太祖의 변호사가 아니오. 李朝의 忠奴가 아니라, 政治史의 眞情을 천명코자 하므로 如是言之함이니 …[36]

이와 같이 전제개혁의 의의를 높이 평가한 이유는, 이성계일파의 개혁당의 출현이 우연의 산물이 아니라, 고려 말기의 역사적 상황이 개혁당의 출현을 절실하게 고대할 만큼 보수귀족정치의 모순이 극대화되었음을 정당하게 인식함에서 나온 것이다. 군주독재정치 자체가 귀족정치를 타파하는 진보적 정치형태로서 출현한 것으로 보는 까닭에, 개혁정치의 일환으로써 나타난 전제개혁도 탈위의 야심으로만 돌리는 것은 부당하다는 해석이다.

그리하여 전제개혁을 출발점으로 한 이조국가의 경제행정은 농업을 근본으로 삼고 "富의 分配를 上下均一케 하야 此로써 大政策을 삼았으며", 이로써 농업생산력이 크게 성장하였음을 밝혀내고 있다. [37]

상업에 있어서도 더욱 정리되고 완전한 체제가 이루어져 분업적 · 전문적 상가인 시진市塵이 형성되고, 도가, 향시, 임방 등이 나타나서 상업 자체가 발달했을 뿐만 아니라 물가의 안정을 가져와 국민경제에도 큰 보탬이 되었다고 본다. 특히 상업정책에 있어서는 상인들

---

36 前揭書, 173쪽.
37 上揭書, 265쪽.

의 자치적 영업활동을 조장하면서 국가가 이를 적절히 통제 혹은 지원하는 데서 상인과 국민이 다 같이 보호될 수 있었다고 보고, 이를 총괄하여 다음과 같이 결론을 내리고 있다.

> 以上 商業政策은 舊來主義, 즉 國家社會主義를 執한고로 일반 物價도 政府에서 平準하며,
> 商業家의 害가 있을 時는 政府에서 또한 扶助하야 興旺의 道를 濟하니라.[38]

조선시대의 상업정책을 국가사회주의로 해석하는 입장은, 비단 상업에만 국한된 것이 아니라 농업, 어염, 삼림, 목축 등 경제전반에 걸친 특징으로 이해하였다.
그래서 그는 조선시대 경제구조의 기본특색을 다음과 같이 규정하고 있다.

> 經濟의 大主眼은 已上에도 言한 바와 같이 如히 국國家社會主義에 在하매, 土地·財産을
> 모두 國有物로 알며, 人民도 亦國有物로 인정할새 그 정책은 즉 生活의 平均을 主하야 富의
> 分配를 公平하게 干涉코자 한 것이라.[39]

이와 같이 조선시대 경제정책의 특징을 산업국유와 부의 평균화, 즉 국가사회주의에서 찾으면서도, 정조 이후의 조선 후기의 경제구조는 매우 달라졌음을 통찰하였다.
즉 정조 이후로는 상류사회에 모리적謀利的 경제관념이 크게 진보하여 민재民財를 늑탈하고 국재國財를 할취割取하여 탐관오리의 작폐가 백성을 피곤케 하였는데, 이는 경제와 도덕이 조화를 이루지 못한 데서 나타난 현상으로 풀이하였다. 따라서 그는 조선조 말기의 경제발달과 부富의 축적을 정당하게 인식하면서도 그것이 가져온 경제적 불균형이 결과적으로는 정치의 타락으로 유도되었음을 예리하게 통찰하였던 것이다.

⑸ 조선시대 외교의 특색

조선시대의 대외관계, 특히 대중국관계는 사대관계로 특징지어지거니와 그 성격에 대하여는 흔히 사대주의 혹은 굴종적屈從的 노예주의로 이해하는 경험이 많았다. 이러한 이

38　上揭書, 270쪽.
39　前揭書, 274쪽.

해태도를 가진 이는 식민주의사관을 가진 일인학자는 물론이요 우리나라 민족주의사가들 중에도 없지 않았다. 그러나 안확은 이와 반대로 조선시대 외교의 성격을 호혜주의와 법률적 관념에 바탕을 둔 주권의식에서 찾으려 하였다.

> 近世의 外交정책을 말하면 或者는 말하되, 屈服主義를 執하였다 하는지라, 觀하면 爾來外交가 혹시 굴복주의를 執함이 없다 할 수 없는 듯한지라. 然이나 他面으로 관찰하면 互惠主義를 執함이 大하다.[40]

그 역시, 간혹 굴복주의 외교가 있었음을 부인하는 것은 아니지만, 대세가 그렇다고는 생각지 않았다. 우리나라 외교사를 통관할 때, 상세上世에는 자국을 선민시하고 타국을 야만시하여 정복정책을 썼으나, 중세에 이르러는 국제적 감각이 발달하고, 근세에는 그 합리적 타산이 더욱 발달하여, 명확한 법률적 관념으로 주권을 옹호하고, 호혜주의를 고집하여 권력과 도리를 병행하는 평화정책을 발휘하였다고 보았다.

안확은 상세에서 근세에 이르는 외교정책의 이 같은 변화과정을 매우 긍정적으로 평가하는 것이었다. 왜냐하면, 국제 관계란 자국의 권리도 해치지 않고 타국의 권리도 침해하지 않는 호혜주의가 가장 이상적인 것으로 보는 까닭이었다.

조선시대 외교를 말할 때, 가장 논란이 된 것은 이성계의 위화도회군이었다. 정명征明 도중에 '이소사대以小事大'를 비롯한 4대불가론을 표방하고 되돌아 온 회군사건은, 감정상으로 보면 굴복주의로 생각될 소지가 없는 것이 아니지만, 이 사건을 확대해석하여 조선왕조의 국시 자체가 굴복주의에서 출발한 것으로 보고, 나아가 조선시대 전역사를 모멸하는 경향이 없지 않았다. 이러한 해석방식에 대해 안확은 전혀 새로운 견해를 제시하였다.

> 혁명 당시에 李太祖가 明을 征치 않고(威化島回軍) 일시적 消極의 外交를 執한지라. 고로 그 外交는 臭氣가 有하다 하야 近來 文字輩는 此로써 李太祖의 愆過를 作하는 동시에 近世 역사까지 모멸에 付하는 경향을 做하는 자가 多한지라. 論컨대 此 議論은 과도의 責이라 아니치 못할지라.[41]

---

40 上揭書, 284쪽.

이성계의 회군을 이렇듯 옹호하고 나서는 이유로는 크게 두 가지가 제시되고 있다. 첫째는, 회군의 목적이 왕위점탈을 위한 야심에서만 나온 것이 아니라, 외교보다 내정개혁을 급선무로 생각하고, 특히 국가의 대본이요 민업의 생명인 전제개혁의 필요성을 절감하였다는 것이다. 둘째는, 회군의 동기가 명나라에 대한 굴복주의에서 나온 것이 아니라는 명백한 증거로서 이태조 등극 후에 대대적으로 준비된 정명운동을 들고 있다.

> 李太祖가 등극 후에는 크게 征明論을 제창하야 鄭道傳과 共히 征明의 議論을 開하기 數次오, 또한 八道 民間에 揭牓하야 征明준비를 大作하얏나니라.[42]

이성계와 정도전이 중심이 된 정명운동은 이미 김교헌의 『신단민사』에서도 소개되고 있어서, 안확의 창견이라고 할 수는 없지만, 『신단민사』에서는 단순한 소개에 그치고 말았던 것을 안확은 한 걸음 더 나아가 이를 정치사적으로 해석하는 안목을 보여주고 있는 것이다.

(6) 조선왕조건국의 의의에 대한 재평가

안확의 조선시대 정치사에 대한 새로운 해석은 교육제도, 군역제도, 재정제도, 교통행정 등 여러 분야에 걸쳐 시도되고 있으며, 그 모든 분야에서 고려시대와 다른 발전된 변모를 찾아내고 있다.

그런데 안확의 조선시대 정치사에 대한 긍정적 재평가는, 단순히 고려시대와 조선시대의 차이점을 평면적으로 비교하는 데서 그치는 것이 아니라, 그와 같은 차이가 나타나게 된 원인을 사회과학적인 인과관계 속에서 동태적으로 추적하고 있다는 데 사회과학도다운 안목을 보여주고 있다.

즉 고려의 귀족정치가 조선왕조의 건국을 계기로 군주독재정치로 전환되면서 민권의 성장이 나타나는 역사적 계기와 원인을 고려인의 자각적 사회운동에서 찾고 있다. 그에 의하면, 고려 귀족정치를 무너뜨린 세력은 일차적으로 노예세력으로 본다. 노예의 반항

---

41 前揭書, 173쪽.
42 前揭書, 174쪽.

운동은 처음에는 소송제기로 나타나다가, 무신집권 이후로는 노예신분해방운동으로 승화되고, 마지막에는 몽골침략기(고종) 이후로 마침내 관로에 오르게 되었는데, 노예를 비롯한 미천微賤계급 출신으로 관로에 오른 자를 남반이라 칭했다 한다. 몽골간섭시기는 바로 남반이 정권을 장악한 시기로서, 남반은 몽골과 외교적으로 교섭하여 관제를 바꾸고 노예법을 개혁코자 하였다.

그러나 남반은 미천계급 출신으로 정치경륜이 미숙한 까닭에 외세의존적이고, 또 귀족정치를 새로운 형태로 재현하였는바, 이를 한 단계 극복하여 청신한 개혁정치를 표방하고 나선 유교도(정주학자)들이 새로운 왕조를 세운 것이 조선왕조이다. 그리하여 조선왕조는 귀족정치를 타파하여 민권의 성장을 가져오려는 개혁당에 의한 정권장악으로 이해되고 있다. 특히 이성계일파의 왕위탈취는 권력장악 그 자체가 목적이 아니라, 개혁의 수단으로서 결과된 것, 즉 개혁을 반대하는 보수세력의 반발을 저지하기 위한 수단에서 나타났다고 본다.

그리하여 안확은 조선개국세력이 국민을 위한 개혁당이라는 구체적 증거로서 전제개혁의 의미를 높이 평가하고 있으며, 더욱이 대외적으로도 사대주의자가 아니고 주체적인 정치세력이었다는 것을 태조등위 후의 정명운동을 통해서 확인하고 있는 것이다.

그리고 한 걸음 나아가, 이조의 권력체계가 군주독재체제를 지향하게 된 원인이 한 개인의 권력을 증대시키는 데 목적이 있는 것이 아니라, 개혁 반대세력을 누르기 위한 권력집중 수단으로서 나타나게 되었다는 것을 다음과 같이 피력하고 있다.

> 革命 전에 이미 政權이 李太祖일신에 集하야 政治개혁을 능히 자유로 用事할 수 있었으나, 다소 반대파가 有하야 自家經綸을 진작키 不能하므로 王位를 奪치않고는 不能하며 … 是以로 革命黨의 운동을 因하야 王位에 即하니, 그 욕망과 그 君權을 擁치 안하면 改造키 不能이라 하는 방침이 君主독재정치를 탄생함에 至한 것이라. [43]

그런데 군주독재정치의 탄생에 대한 설명과 관련하여, 안확의 예리한 통찰력이 더욱 잘 드러나는 것은 다음의 대목이다.

---

43 同上.

此 革命은 天授시대(고려시대 - 필자)와 異하야 분열된 정부를 통합한 것이 아니요, 일부 人士의 力으로 革命을 成한 것이라. 고로 改革정치의 정신이 단순하야 前日의 時弊를 改定함에 대한 관찰력이 專一하게 되니, 어시호 貴族政治를 타파하고 독재정치를 건설함이 改革上 방침의 第一精神이 되니라.[44]

이는 무슨 말이냐 하면, 고려건국과 조선건국의 차이점을 비교하여 고려건국은 무력정복을 통한 건국이오, 조선건국은 정치력에 의한 건국이라는 점을 갈파한 것이다. 즉 조선건국은 무력수단보다는 정치력으로써 수행된 까닭에 구세력의 반발을 누르고, 민정을 대변할 수 있는 강력한 정부의 출현을 불가피하게 요구하였다는 뜻이다. 물론 안확은 군주독재정치가 태조 때에 완성되었다고는 보지 않는다. 세조의 집권 후에 군주독재정치가 완성되어 경국대전에 법제화되었다는 것이 그의 해석이지만, 군주독재정치의 출현을 사회과학적인 안목으로 해석한 것은 탁월한 착상이라 아니할 수 없다.

(7) 안확의 사학사적 지위

안확의 생애는 민족운동에서 출발하였으나, 그의 후반생애는 학자로서 끝맺었다. 학자로서의 후반생애가 독립운동과 양립되지 못한 이유로 그의 사학은 지금까지 크게 주목ㆍ평가받아 오지 못했던 것이 사실이다.

그러나 그의 사학정신은 기본적으로 민족주의로 일관되어 있다고 할 수 있다. 다만 그의 민족주의는 종교적 성격을 가진 대종교의 민족주의와는 달리, 사회과학적인 역사인식으로 승화된 민족주의라는 점에 차이가 있다.

그가 한국사의 새로운 인식방법으로 받아들인 사회과학적 방법론은 문명사학으로서의 정치사인 것이었다. 이러한 방법론은 내적으로 본다면 한말에 유행했던 진화론적인 문명사관을 한 걸음 발전시킨 것이며, 밖으로부터는 청조의 고증학을 발전시킨 양계초 등의 문화사관[45]과 일본 경도대학의 나이토 코난內藤湖南[46] 등의 문화사관의 영향도 무시

---

44 上揭書, 174~175쪽.
45 安廓 자신이 梁啓超 史學의 영향을 받았다고 自述한 증거는 없다. 그러나 梁啓超(1874~1930)는 제1차 세계대전 이전에 中國通史를 '文化史'라는 이름으로 저술하여 정치ㆍ경제ㆍ문화(협의의 文化)를 모두 포괄하려 하였다. 또 그는 『中國歷史研究法』(1922)에서 역사를 위한 역사, 실증적ㆍ진화적ㆍ인과적 역사연구법을 제시

할 수 없을 것 같다. 특히 군주체제를 귀족정치로부터 군주와 인민의 해방이라는 측면에서 해석하는 안목은 양계초나 나이토 코난의 중국정치사 인식방법과 매우 흡사하다.

그러나 안확은 1920년대 초에 이미 문화사관의 안목으로 우리나라 정치사를 실증적으로 재구성했다는 점에서 그의 선구적 공헌은 매우 크다고 하지 않을 수 없으며, 『조선문명사』는 우리나라 사학사상 최초의 근대적 정치사로서의 위치를 가졌다고 할 수 있다.

동시에 그의 새로운 정치사 체계는 선배 민족주의사가들에 의해서 일찍이 시도되지 못했던 조선시대 정치사를 발전사적으로 재구성하는 단서를 열어 놓았을 뿐만 아니라, 일제식민주의 사가들에 의해서 타율과 정체의 시대로 인식되었던 조선시대사를 자율적 · 발전적 시대로 바꾸어 놓았다는 점에서도 사학사적 의의가 매우 크다고 하지 않을 수 없다.

1930~1940년대 안재홍의 신민족주의와 사학

1. 머리말

1945년 8·15해방을 전후한 시기의 사상사에서 민족주의 흐름을 생각할 때 우리의 이목을 크게 자극하는 것은 신민족주의新民族主義다.

신민족주의는 안재홍安在鴻(民世)에 의해서 정치사상으로 이론화되었고, 손진태孫晋泰(南滄)에 의해서 사학이론으로 발전되어, 정계와 학계에 미친 영향이 적지 않았다. 학계에 국한해서 말하더라도, 조윤제趙潤濟(陶南)의 국문학과 이인영李仁榮(鶴山)의 사학이 신민족주의와 유관하다는 것은 이미 알려진 사실이다.[1]

신민족주의 제창자들은 6·25를 계기로 대부분 타의에 의해 연구활동이나 정치활동이 중단 당했고,[2] 전란 후의 경직된 냉전체제하에서 그 후속적 논의가 한동안 정지된 상태에 있었다. 신민족주의가 다시금 학계의 관심사로 떠오르게 된 것은 1970년대 이후로서, 손진태사학이 먼저 논의대상이 되었고,[3] 최근에는 안재홍의 정치사상에 대한 관심이 점

---

1 趙潤濟와 新民族主義의 관련에 대해서는 金允植, 「도남사상과 신민족주의 사관」(『韓國學報』 33, 1983)이 참고된다. 李仁榮의 신민족주의 사학에 관해서는 金容燮, 「우리나라 近代歷史學의 發達」(『文學과 知性』 4, 1971)에서 언급되었다.

2 신민족주의 정치가로서는 安在鴻이, 학자로서는 손진태와 이인영이 6·25 동란 중 납북된 것으로 알려지고 있다.

3 孫晋泰史學에 관한 논고는 다음과 같다.
   金容燮, 前揭論文, 1971; 李基白, 「新民族主義史觀論」, 『文學과 知性』 9, 1972; 韓永愚, 「孫晋泰의 朝鮮民族史概論」, 『서울評論』 103, 1975; 金貞培, 「新民族主義史觀」, 『文學과 知性』 35, 1979; 李基白, 「孫晋泰先生全集解題」, 太學社, 1981; 金允植, 前揭論文, 1983.

고해 가고 있다.[4]

지금까지의 연구성과로써 신민족주의의 기초적 이해가 가능해진 것은 다행스러운 일이다. 그러나 대체로 정치사상 쪽에 관심이 쏠리고 역사인식의 문제는 소홀하게 다루어진 감이 있다. 따라서 이 글에서는 후자에 역점을 두고 사학사의 맥락에서 신민족주의사학을 다루어 보고자 한다. 다만, 연구의 편의상 손진태 사학은 후고로 미루고 안재홍사학의 성격을 검토하는 데서 그치려고 한다.

2. 안재홍의 신민족주의

1) 안재홍의 약전

민세民世 안재홍(1891~1965)은 경기도 평택의 중농가에서 태어나[5] 국운이 급박하던 구한말에 10대의 소년으로서 서울에 유학하면서 구국계몽운동에 큰 자극을 받아 이미 독립운동가로서의 입지를 굳혀가고 있었다.[6]

1910년대에는 일본 와세다대학 정경학부(1911~1914)를 다니면서 독립운동가들이 망명해 있던 북경 · 상해 · 심양 등지를 여행하고 상해에서 신채호를 다시 만났으며(1913), 대학 졸업 후에는 귀국하여 중앙학교에 몸담으면서(1915), 대종교에도 가담했다(1917년경). 1919년 3 · 1운동이 일어날 때까지 그는 아직 20대의 청년으로서 독립운동에 직접 투신하지는 않았으나, 선배 민족운동가들의 사상적 감화와 일본 유학에서 얻어진 사회과학에 관

---

4   安在鴻에 관한 主要論考는 다음과 같다.
     任洪彬,「安在鴻論」,『政經研究』, 1965. 9; 李庭植,「構成 民世 安在鴻의 自敍傳」,『新東亞』, 1976. 11; 千寬宇,
     「民世 安在鴻年譜」,『創作과 批評』, 1978. 겨울; 千寬宇,「民世 安在鴻選集 解題」, 知識産業社, 1981; 鄭允在,
     「安在鴻의 新民族主義論研究」, 愼鏞廈編『韓國現代社會思想』, 知識産業社, 1984; 兪炳勇,「安在鴻의 政治思
     想에 관한 再檢討」,『한국민족운동사연구』 1, 1986.
5   안재홍은 順興安氏 允燮의 2남으로 태어났고, 고향인 振威郡 古德面 杜陵里에는 과수원을 비롯한 농장이 있
     었으며, 안재홍 스스로도 '農村의 中産階級' 출신임을 인정하고 있다.
6   安在鴻은 7세에서 17세까지 고향의 書堂에서 漢學을 배웠으며, 17세(1907)에 황성기독교 청년회 중학부에
     입학하여 李商在 · 南宮檍 · 尹致昊 등 애국계몽인사들과 접하게 되었으며, 당시 民族主義운동의 최선봉에서
     활약하던 申采浩도 만났다고 한다.

한 지식 등이 합쳐져 당시 지식계급의 최첨단 그룹에 속할 만한 지적 성장을 이룩했다.

이러한 지적 성장이 바탕이 되어 1920년대 이후로는 언론계(조선일보)에 투신하여 수많은 논설로서 국내의 민족운동을 지도하고, 1927년에는 신간회(1927. 2~1931) 총무로서 좌우연합전선 내지는 민족단일당 형성을 위해 진력했으며, 그러한 노력은 해방 직후의 건국준비위원회나 국민당 창당운동에서도 그대로 이어지고 있다.

안재홍이 언론인·정치인으로서의 독립운동가라는 틀에서 한 걸음 더 나아가 역사학자로서의 면모를 보이기 시작한 것은 1930년대 이후부터이다. 1930년에 「朝鮮上古史管見」을 『조선일보』에 연재한 이후 1934년에는 정인보와 함께 『여유당전서』를 교열·간행했고, 또 이때부터 이른바 '조선학'운동을 선도하기 시작했다.

그러나 안재홍이 특히 고대사 연구자로서 일가를 이루게 되는 것은 6차의 옥고에서 풀려나 고향인 두릉리에 칩거하던 1937년 이후부터이니, 이때 그의 대표적 저술로 꼽히는 『조선상고사감』과 『조선철학』의 집필이 이루어졌다.

55세의 장년으로 해방을 맞이한 그는 9차에 걸친 투옥으로[7] 다져진 정치가로서의 경력과, 역사 및 사회과학의 심오한 온축에서 얻어진 사상가로서의 경륜이 복합되어 '신민족주의'와 '신민주주의'를 건국이념으로 하는 '통일독립민족국가'의 건설을 위해 정당활동에도[8] 참여하고 최고 행정책임자(민정장관)에도 올랐다. 그러나 1948년의 두 정부 탄생과 더불어 그가 염원하던 통일국가 수립은 수포로 돌아가고 그의 시대도 끝났다.[9] 역사의 흐름은 그가 바라던 통일로 간 것이 아니라 분단으로 가버린 것이다.

7　安在鴻의 투옥 시기를 시대순으로 소개하면 다음과 같다. 제1차(1919, 上海臨政 지원 협의), 제2차(1928), 제3차(1928), 제4차(1929), 제5차(1932), 제6차(1936), 제7차(1938), 제8차(1938), 제9차(1942).

8　安在鴻이 창설한 政黨은 朝鮮國民黨(1945. 9. 24), 新韓國民黨(1947. 6)이며, 참여한 정당은 金九의 韓國獨立黨(1946. 3), 洪命熹의 民主獨立黨(1947. 9)이다.

9　安在鴻은 1948년 대한민국 정부수립 직전에 民政長官을 사임하여 『漢城日報』 社長의 야인으로 돌아갔으며, 1949년에는 대종교의 正教에 피선되었다. 그는 1950년 5월 國會議員(무소속)에 당선되어 다시 정계에 발을 들여놓았으나 다음 달 6·25동란으로 피랍의 비운을 맞이했다. 이북에서는 평화통일추진협의회 최고위원(1956. 9)으로 있다가 1965년 3월 1일에 사망한 것으로 전한다.

2) '신간회' 운동과 '중앙당' 사상

안재홍의 간판적 정치사상이랄 수 있는 '신민족주의'가 공식적으로 표방된 것은 해방 직후인 1945년 9월 20일이지만, 그 구상은 이미 1920년대에 싹터서 1930년대에 성숙되고 1940년대에 완결된 것으로 보아야 한다.

신민족주의의 핵심은 민족·사회의 두 흐름을 통일·지양하여 제3의 정치사상을 창출하는 데 있으므로, 그러한 각도에서 고찰할 때 안재홍의 입장은 1920년대 이후 일관되어 왔다고 말할 수 있다. 안재홍은 1920년대 중엽 이후로 자신의 정치노선을 '중앙당'이라 즐겨 불렀는데, 해방 후의 신민족주의 제창 이후에도 그것이 곧 중앙당의 정치사상임을 강조하여 결국 그의 중앙당적 정치사상의 기원은 신민족주의 제창 이전까지 소급할 수 있다.

'중앙'이라는 말은 좌·우 양극을 배제한다는 뜻으로 쓴 것이지만, 극우에 대해서는 '좌익'으로 자처하고, 극좌에 대해서는 '순정우익'을 표방하기도 하여 '중앙'이 갖는 의미는 결국 좌우 양측에 다 통할 수 있는 운신의 폭을 가졌다.

안재홍이 '좌익'을 자처하기도 한 것은 일제와의 투쟁방법에 있어서 일부 우파 민족주의자들이 1920년대 이후 일제가 표방한 소위 '문화정치'에 타협하는 경향을 경계하고, 그들과 일정한 선을 긋기 위함이었다. 그리고 비타협에 관한 한 좌파와 연합할 수 있다는 생각이 전제되어 있음도 사실이다. 다시 말해 당시 우익인사들 중에는 친일파의 무리가 있고, 또 친일파는 아니더라도 자치론을 주장하는 타협적 민족주의자가 있어, 안재홍은 이들을 '최우익'과 '우익'으로 각각 명명했고, 자신은 이들과 구별된다는 점을 천명키 위해 '좌익'을 표방했던 것이다. 그러나 다른 한편으로 안재홍은 사회주의자들을 '최좌익'으로 부름으로써 자신의 노선이 결코 사회주의와 같은 것이 아님을 분명히 했으므로,[10] 우리는 그를 사회주의자로 오인해서는 절대로 안된다.

'좌익'이 다분히 일제와의 비타협적 투쟁을 천명하기 위한 선전적 구호라면, '중앙당'이라는 말은 보다 정직하게 안재홍의 이데올로기의 본질을 드러낸다고 하겠다. 그는 부르조아지든 프롤레타리아든 어느 한 계급의 독재는 반대한다. 당시 국민의 83%를 차지하던 농

---

10 安在鴻의 最右翼·右翼·左翼·最左翼에 대한 용어 사용의 의미는 『조선일보』 사설 「朝鮮人의 政治的 分野」 (1925. 1. 21), 「朝鮮今後의 政治的 추세」 (1926. 12. 16)에 잘 나타나 있다.

민과, 도시의 소부르조아지의 생활향상과 교양향상에 일차적인 목표를 두어야 하되, 실제 정당을 이끌어가는 주체는 의식화된 '前衛分子'에 국한시켜야 한다는 입장이었다.

1920년대의 안재홍의 정치적 입장을 극명하게 보여주는 것은 그가 주동적으로 참여했던 신간회운동이다. 1927년에 결성된 신간회에 대해 그가 기대했던 것은 단순히 좌우세력의 전략적 연합체형성이 아니라 극우노선과 극좌노선을 지양한 제3의 '민족단일당' 즉 '중앙당'의 형성이었다. 그래서 그는 신간회의 성격을 규정하여 "비타협적 민족주의 입장에서 민족적 정치투쟁을 사명으로써 하는 단일정당의 매개형태"라고[11] 정의했으며, 민족단일당으로서 신간회에 참여해야 될 세력으로서는 '전위분자'에 국한시키고, 농민·노동자·자본가 등에 대한 비약적 침투는 급선무가 아님을 명백히 했다.

신간회는 이와 같이 전위분자의 규합과 통일에 일차적 목적을 두지만, 그 활동 내용으로서는 당시 '민중적 요구의 가장 중요한 자'에 두어야 한다고 말하고, 구체적으로는 ① 농민교양(문맹 타파), ② 경작권 확보(이민방지), ③ 조선인 본위의 교육 확보, ④ 소부르조아지의 지지를 위한 협동조합운동, ⑤ 언론·집회·결사·출판의 자유획득을 위한 운동, ⑥ 그리고 심의深衣(염색옷)와 단발의 장려를 들었다.[12] 또한 1929년부터는 생활개선운동을 주창하여 색의단발·건강증진·상식보급·소비절약·허례폐지 등을 전개했는데, 특히 앞에 제시한 ①, ②, ③을 가장 중요한 민중적 요구로 인식하였다.

안재홍이 제시한 신간회의 운동방향은 당시 사회주의자들의 운동방향과 비교하여 매우 소극적이고 온건한 것이 사실이었으므로 좌파로부터는 "小부르조아적 정치운동"으로서 "노동대중의 투쟁욕을 말살시키는 피해를 끼치고 있다"는[13] 비난도 있었고, 마침내는 좌파의 신간회 해소론이 대두되는 형세에까지 이르렀다.

그러나 안재홍은 자신의 노선이 '소부르조아적'이고 '개량주의적'이라는 비난에도 굴하지 않고, 당시의 국제정세와 조선의 역사적 현실에 비추어 '계급각성'과 '민족각성'이 다 필요하되, 특히 '민족각성'의 측면을 우위에 두어야 한다는 입장을 끝까지 견지했다. 즉 선진국가와 후진 약소국가는 역사적 과제가 같을 수 없는 것으로서, '선진국가에서는 계

---

11 『조선일보』 사설(1927.12.10)(본고에서 인용한 안재홍의 사설은 『民世 安在鴻選集』(지식산업사, 1981, 1983)을 참고했음을 밝혀 둔다. 이하 같음).

12 上揭 신문의 사설(1928.3.27).

13 『東亞日報』(1930.12.18)에 실린 金鳳翰의 글.

급대립이 첨예하여 이러한 나라에서 초계급적 종적 통일을 기하는 것은 공상에 지나지 않지만'[14] 지배계급과 피지배계급이 다같이 낙후된 아시아제국의 경우에는 초계급적 민족각성운동이 일차적 중요성을 띤다는 주장이다. 결국 그가 인식하는 조선의 현실은 계급혁명을 우선과제로 내세울 수 없는 '특수정세'인 것으로, 이러한 특수현실을 무시한 "계급혁명이론은 직역적 혹은 국제연장적인 관념론"[15]으로 규정했다.

1931년 5월, 계급운동가들에 의해서 신간회가 해소될 때, 안재홍은 그 해소의 불가함과 불리함을 간곡히 주장하고, 민족단일정당으로의 승화가 불가능하다면 민족·계급 양당의 병립적 협동이라도 유지해야 된다는 점을 누누이 강조했다.[16] 노동자·농민을 전투적인 기본역량으로 삼으려는 해소론자의 입장은 "公式的인 左翼理論에 들어맞추어 …… 도리어 小兒病的 과오를 범할 수 있는 것"이며[17] "조선의 운동은 건듯하면 최대형의 의도와 최전선적 논리에 열중·집착하는 동안 왕왕히 면밀 또는 엄정한 과정적 기획정책을 소홀한 데 붙여 선의의 실책과 동경적 과오를 범하기 쉽다"는[18] 우려를 표명했다. 그러나 다른 한편으로 안재홍은 "조선의 무산노동계급의 사람들이 …… 全民衆을 영도할 만큼 완성되었다고는 보지 않는"[19] 상황에서 인테리=小부르인테리층의 전위적인 역할이 절대로 중요함을 역설하고, 그들이 좀더 적극적인 '중간적인 투사'로서[20]의 식화되기를 촉구하기도 했다.

3) 1930년대의 '조선학'운동

신간회가 해체된 1931년을 전후하여 안재홍은 역사연구에 깊은 관심을 쏟기 시작하고, 30년대 중반부터는 이른바 '조선학'운동을 전개하여 역사학계에 신풍을 불어넣었다.

안재홍은 소년시절부터 이미 역사에 대한 관심이 커서 술사가가 될 생각을 품었으나 국망의 비운 때문에 정치에 관심을 쏟게 되었다고 스스로 술회하고 있다. 그러므로 그가

---

14   『조선일보』 사설 (1929. 6. 30).
15   上揭 신문의 사설 (1930. 12. 26).
16   上揭 신문의 사설 (1930. 12. 26, 1931. 1. 20, 1931. 1. 24).
17   上揭 신문의 사설 (1931. 5. 16).
18   同上.
19   上揭 신문의 사설 (1931. 9. 2).
20   註 17)과 같음.

1930년대에 40대의 장년으로 술사가로 변신한 것은 결코 급작스러운 일은 아니다. 하지만, 이때 와서 그가 역사연구에 정열을 쏟게 된 것은 그 시기의 특수한 사정이 있었음을 고려해야 한다. 안재홍 자신은 술사에 관심을 갖게 된 동기를 『조선상고사감』 권두에서 이렇게 말한다.

> 나는…… 소년시대에 이미 述史家될 立志 굳었었으나, 弱冠의 때에 불행 祖國의 복몰을 만나 痛恨의 情이 오직 부흥을 기함에 열중하매, 즐기어 政治書를 뒤적거리었고, 이래 한갓 국제치란의 局에 관심이 바빴었더니 日帝國主義의 침략이 봉망이 더욱 날카로워지고 만주사변이 부르터난 후 나는 거듭 투옥되고 世局은 갈수록 험난한데 빠졌다. 나 영오에서 헤아리건대 政治로써 투쟁함은 한동안 거의 절망의 일이요 國史를 연찬하여서 民族正氣를 불후에 남겨둠이 지고한 使命임을 自任하였을 새 이에 國史攷究에 전심한 지 다시 거의 10년인데……

여기에서 국사연구에 관심을 갖게 된 직접 동기는 만주사변(1931)을 전후하여 일제의 독립운동에 대한 탄압이 한층 날카로워지는 상황에서 정치투쟁의 좌절을 문화투쟁으로 극복하려는 데 있었음을 밝히고 있다. '국사를 연찬하여 민족정기를 불후에 남겨둠이 지고한 사명'이라고 한 대목은 특히 그러한 뜻을 명시한다.

또한 안재홍은 1935년 1월에 『신조선新朝鮮』에 발표한 「조선과 문화운동」이라는 글에서는 문화운동으로서의 '조선학'운동이 '최선한 차선책'이라고 말하며, 위에 인용한 내용과 거의 비슷한 동기를 내세우고 있다. 그러니까 정치투쟁이 어려우니 문화운동이라고 해보자는 뜻이다.

그러나 위에 인용한 몇 줄의 글이 안재홍의 국사연구 동기를 다 설명해주는 것은 아니다. 그의 국사연구와 '조선학'운동이 정치투쟁을 문화운동으로 전환시켜 보다 온건하고 장기적인 독립운동의 한 방편으로 방향을 바꾼 것은 사실이라 하더라도 그 목표는 매우 복합적인 것으로 보인다. 구체적으로 말한다면, 일본에 대해서는 1930년대 이후로 가속화된 동화정책과 그것을 근원적으로 뒷받침하고 있던 한국사 왜곡에 대하여 학문으로써 저항한다는 의미가 있었다. 이는 안재홍이 1926년에 쓴 「조선사문제」라는[21] 사설에서 조

---

21 前揭 신문의 사설(1926.8.8).

선사편수회에서 간행준비중인『조선사』의 문제점을 지적한 데서도 잘 나타난다. 1926
년 당시에는 아직『조선사』가 간행된 것이 아니고, 이 책은 1927년에 간행되기 시작했지
만, 안재홍은 이미 이 책 간행의 의도가 불순하다는 것을 명료히 간파하고 이를 비난하는
사설을 썼던 것이다. 이 사설에서는『조선사』편수의도가 병합의 의의를 정당화하기 위
한 데 있음을 지적하고, 그 의도가 잘못되었음을 다음과 같이 지적한다.

"조선인에게는 우선 朝鮮歷史를 알릴 필요가 있다. 이 역사에 정통함에 의하여 佛合의
의의가 명료하게 될 것이다. 한갓 朝鮮歷史를 封하여 두는 것은 좋지 못하다"고. 조선사의
권위라는 한 日本人의 말이다. 조선인에게 조선사를 잘 알려야 할 것은 너무 당연한 일이니
까 다시 云爲할 여지가 없다. 그러나 그 語義인 즉 吾人이 생각하는바 必要論과 매우 다르
다. 그를 해설하는 자는 이렇게 말한다. "건국이래 적나라한 朝鮮史에 정통한 자이면 倂合
을 도저히 안할 수 없는 실정을 충분히 양해하였으려니와, 이것을 알지 못하는 자에게는
무슨 때문의 병합인지 그 意義를 알지 못하는 것도 무리가 아니라"고. 이는 일부 日本人의
말이지만, 이러한 견해를 가진 일본인은 제법 많이 있을 줄 믿는다. 이 생각이 바로 되었는
지 비뚜로 되었는지는 좀 사려가 있는 자이면 直覺으로 판단할 것이다 …… 朝鮮史를 云爲
하는 그들 論者의 소견은 허망하다 할 것이다. 그들 워낙 제국주의 국가의 走狗를 짓는 자들
이니 구태여 탓한들 무슨 쓸 데야 있으랴.

안재홍은 한국병합을 정당화하기 위해『조선사』를 편수하는 이들을 '제국주의 국가의
주구走狗'라고 격렬하게 비난하고, 구체적으로 사대사상 강조와 단군 말살을 왜곡한 한국
사의 예로 들었다.

안재홍이 이미 1926년에 일본인 사학에 대해 그러한 생각을 품었다면, 그가 1930년대
에 본격적으로 국사연구에 몰두하고 나아가 '조선학'운동을 대중사회에서 전개한 것은
결코 식민주의사학과의 대결과 무관하다고 할 수 없다. 따라서 그가 해방후 자신의 국사
연구를 회고하면서 '민족정기를 불후에 남기고자' 했다는 말은 식민사관에 의해서 왜곡
된 한국사를 바로잡음으로써 민족정기를 불후에 남기겠다는 뜻으로 풀이해야 옳다.

한편, 안재홍의 국사연구와 '조선학'운동은 국내의 도식적인 유물사관에 대한 경계심
도 내포되어 있음을 유념할 필요가 있다. 이는 그가 '조선학'의 개념을 극히 민족주의적인

시각에서 정의하는 데서 찾아진다.

안재홍의 '조선학'에 대한 정의는 광의廣義로는 '온갖 방면으로 조선을 연구 · 탐색하는 것'이지만, 협의로는 '조선에 고유한 것, 조선문화의 특색, 조선의 전통을 천명하여 학문적으로 체계화하는 것'을[22] 의미한다. 그리고 이와 같은 '조선학'의 필요성은 '세계문화에 조선색을 짜넣는 것을 임무로 하는 것이다'라고 한다. 위 광의와 협의의 두 개념 중 전자는 후자에 의해서 제약되는 것이므로, 결국 안재홍의 '조선학' 개념은 한국문화의 고유한 특색을 찾아내어 체계화하는 것으로 요약될 수 있다.

안재홍의 한국사 이해방식이 고유성 포착에 역점이 두어지고 있음은 신간회운동을 벌이던 1920년대의 정치논설에서도 나타난 바이요, 또 '조선학'이란 말도 1920년대에도 이미 쓰인 사실이 있지만,[23] 이를 하나의 '학'으로서 제고시키려는 노력이 운동적 차원으로 확산된 것은 1934년 9월에 있은 다산서거 99주기 기념강연회 때부터다. 신조선사에서 주관한 이 강연회에서 정인보는 「조선학상에 있어서 다산의 지위」라는 제목의 강연을 했는데, 여기서 처음으로 '조선학'이란 말이 공표되었다. 그러나 정작 '조선학'의 개념을 이론화시킨 것은 정인보보다는 안재홍으로서, 그는 『신조선』 1934년 12월호와 1935년 신년호에 잇달아 '조선학'의 의의와 그 필요성을 역설하고 있으며, 1935년 5월부터 연재되기 시작한 『조선일보』의 「민세필담民世筆談」에서도 '조선학'에 관련된 논설들이 주조를 이루고 있다. 안재홍의 '조선학'운동은 모든 역사학자들의 공감을 받았던 것은 아닌 것으로서, 특히 백남운 같은 계급사관학자들의 반발이 있었다.[24] 또한 비단 계급사관학자들뿐 아니라, 1934년에 창설된 진단학회 중심의 사학자들도 '조선학'에 대해서는 별로 호의적 반응을 보인 것 같지 않다. 그것은 '조선학'이 사관보다는 실증 그 자체를 더 존중하는 진단학회 학풍과는 거리가 있기 때문이었다.

---

22 「朝鮮學의 문제」, 『新朝鮮』, 1934. 12.
23 1927년에 李覺鍾이 쓴 「朝鮮民族思想變遷의 槪要(日文)」, 『朝鮮及朝鮮民族』(朝鮮思想通信社)에서도 "최근 어느 일부에서 부르짖고 있는 '朝鮮學'의 문제 같은 것은 실로 이러한 朝鮮化의 운동"이라고 하여, 이미 1927 년경에 일본의 同化政策에 대한 반발로서 조선화를 목표로 하는 '조선학'운동이 있었음을 말해 주고 있다.
24 白南雲은 1934년 『東亞日報』의 인터뷰에서 "朝鮮心 · 朝鮮魂 · 朝鮮民族의 本性 등을 찾아보자는 것이 어렴풋하나마 일부 학자들 사이에서 일어나는 것 같다"고 전제한 다음 "조선민족 하면 단군 때부터 있는 줄 알지요. 민족과 종족을 구별하지 못해요"라고 부정적 반응을 보였다. 그러나 白南雲의 비판은 朝鮮心 · 朝鮮魂 등을 거론한 것으로 보아 안재홍보다는 정인보를 더 겨냥한 것으로 느껴진다.

그러나 안재홍은 이러한 학계의 비판적 반응에도 불구하고 더욱 자신의 이론을 심화시켜가고 있었다. 특히 좌익사가들의 비판을 의식하여 이를 역비판하는 논설을 「민세필담」을 통해 거듭거듭 개진하고 있다. 가령 1935년 6월 「세계로부터 조선에」라는 제하의 글에서는

現代朝鮮의 급진적인 선구자로 자임하는 자 중에는 朝鮮的인 혹은 民族的인 것을 주장하는 자를 대할 때에 흔히는 문득 그것은 小부르적 排他主義니, 反動的 保守主義니 또는 感傷的 復古主義니 하고, 덮어놓고 비난하려는 태도가 있습니다 …… 그러나 엄정한 현실에 즉하여 보면 朝鮮的이거나, 혹은 民族的인 것을 관심 · 討究 및 工作하는 것이라고 해서 모두 반드시 反動保守거나 感傷的 復古主義거나가 아니겠고, 따라서 小부르적 배타주의만이 아닙니다. 실제로서는 후진낙오적인 어떠한 국민 혹은 민족에 있어서는, 自國的 또는 民族的인 충동 · 각성 및 염원이 도리어 진보적 · 약진적 그리고 세계적으로 되는 것.

이라고 하여 조선적 · 민족적인 것을 찾는 노력이 반드시 보수반동이나 감상적 복고주의로 흐르는 것이 아니라, 진보적 · 약진적 · 세계적인 것이 될 수 있다고 주장한다.

안재홍에 의하면, 당시의 세계문화의 특징은 국제주의를 추구하면서도 각개 민족의 민족문화를 순화 · 심화시키는 노력이 병행되고 있다는 것이며, 이러한 세계적 추세에 따라 우리도 '민족으로 세계에, 세계로 민족에' 즉 '민족적 국제주의 - 국제적 민족주의'로 나가야 하며, '세계로부터 조선에', '미래를 지나 금일에'도 돌아와야 한다고 주장한다.

안재홍의 '조선학'은 결국 '조선적 · 민족적'인 것을 찾되, 그것이 다시 세계적인 것, 보편적인 것과 만나야 한다는 입장이며, 그러한 시각에서 우리나라 역사와 문화의 특징을 나름대로 해석해 갔다.

보편성과 특수성의 조화를 강조하는 '조선학'의 시각에서 문화를 이해할 때에는 '중화협동성'이 가장 본받을 가치로 인식되는 것은 당연하며, 그 점에서 안재홍은 영국인의 무혈혁명 전통을 높이 평가하고, 한국역사에서는 고려 태조가 훈요십조에서 국풍을 바탕으로 당풍을 수입한 실례와 병자란 때 수호방난을 주장한 최명길이 칭송된다.

한편, 외국사조에 일방적으로 물들어 국풍적 진취성을 잃는 태도는 비판의 대상이 되는 것이니, 예컨대 존화자굴尊華自屈을 정책으로 삼던 김부식 일파가 독립자존의 묘청일

파妙淸一派를 이기고 난 이후의 역사, 특히 한양조 이후의 역사는 존명자안尊明自安과 쇄국 고립에 빠졌던 쇠망기로 이해된다.

안재홍은 한국사가 고대에서 근대로 오면서 퇴영의 길을 밟아왔다고 보는데, 이는 사회사적 측면에서 그렇다는 것이 아니라, 국가사·민족사의 측면에서 볼 때 그렇다는 것이다. 우리나라는 "上代에서부터 인근 제국민의 사이에 소문난 文化民族"으로서[25] "支那文化란 자에 관하여서도 조선인은 직접 및 간접으로 그 공동한 創成者 및 寄與者로 되어 있는 것이며 …… 일본문화의 근간부에 있어서는 그 조선적인 기본요소가 선명 또 牢乎한터"로서,[26] 결국 중국과 일본의 고대 문화에 공동으로 기여한 문화민족이었으나, 신라통일 이후로 퇴영의 역사가 시작되었다는 것이다. 다시 말해 신라의 삼국통일은 "간신히 시늉뿐"이었고 "聯唐政策은 민족사상 심대한 죄과로 되었으나"[27] 그래도 신라는 내강자위의 실實을 지켰다. 그 다음 고려시대도 그런대로 국풍파의 기백이 남아 외세의 침략을 백전항쟁으로 막아내었으나 만주 구강 수복이 실패로 끝나고, 더욱이 한양조에 이르러는 그러한 의욕조차 버리고 압록강 이남의 소천지에 국척함으로써 현대 소위 약소민족의 대열에 끼게 되었다.

그렇다면, 우리 역사가 약소화, 즉 퇴영의 길을 걷게 된 근본 원인은 무엇일까. 안재홍은 첫째 그 원인을 지리적 조건에서 찾는다. 즉 우리나라는 중국처럼 평천광야의 대지도 아니고, 일본처럼 대륙의 풍진을 벗어난 도시가 아니요, 곳곳에 산악이 종횡하여 교통 불편한 각소구역으로 구분되어 있는 것이, 첫째 정치적 통일을 어렵게 만들었고, 둘째로는 정치지리적으로 대륙풍진에 시달리고 해양세력인 일본에 시달려 의기 저상의 원인이 되었다는 것이다.

안재홍의 이러한 논리는 일인 학자들의 이른바 지리결정론의 영향을 받은 듯하고, 또 정체론적 시각을 크게 벗어나지 못했다는 점에서 문제점이 있는 것은 사실이다. 그러나 그 발상에 있어서는 망국의 원인을 자성하여 새로운 각성을 촉구하자는 데 있으므로 일인류의 식민사관과 동일시할 수는 없겠다.

안재홍은 민족각성의 구체적 내용으로서 「우리 민족성의 병폐」를 4회에 걸쳐 「민세필

---

25 「우리의 歷史와 現實(二)」(1935. 5, 民世筆談).
26 「우리의 歷史와 現實(一)」(1935. 5, 民世筆談).
27 「退嬰의 由來와 經緯(二)」(1935. 5, 民世筆談).

담」으로 연재하고 있는데, 그 병폐란 ① 무기력, ② 불관용, ③ 관념적, ④ 지속성 부족, ⑤ 비조직성으로 요약된다. 이러한 병폐들은 모두 동근이지同根異枝의 것이요, 또 주로 조선조 이후에 생성된 것이므로 선천적이요 숙명적인 것으로 받아들이는 것은 아니요, 또 앞에 설명한 것처럼 고대문화에 대한 크나큰 긍지가 밑받침되어 있다는 것을 유념할 필요가 있다. 결국 안재홍이 민족의 결점으로 지적한 것은 한마디로 집약한다면 극단주의인 것이요, 이를 극복하여 선양코자 하는 가치는 '중화협동'으로 귀결된다.

4) 1930년대의 '민족주의'론

안재홍의 민족주의 노선은 1920년대 이래 일관되어온 것이지만, 1920년대에 있어서는 신간회운동과 관련하여 주로 계급문제에 초점을 맞추고 계급협동의 필요성을 강조하는 데 그칠 뿐 민족주의 개념에 대해서는 깊이 있는 정의를 내리지 않았다. 그러나 1930년대에 들어오면서 '조선학'운동과 관련하여 역사에 대한 관심과 연구가 깊어지면서 민족주의에 대한 이해도 보다 이론적으로 세련되는 것을 보게 된다. 동시에 그것은 좌익국제주의가 학술적 차원에서 심화되어가는 추세에 대한 대응의 필요성도 한 원인으로 작용했다고 보여진다.

우선, 그는 국민주의와 민족주의를 일단 구별하려는 입장을 취한다. 양자는 뿌리는 같지만 질적으로는 달라서, 국민주의는 저주의 대상이지만, 민족주의는 그렇게 될 수 없다는 입장이다. 그는 1932년에 쓴 「국민주의와 민족주의」라는[28] 글에서 양자의 차이점을 이렇게 설명한다.

> 先進國家의 國民主義와 後進社會의 民族主義는 同根異質의 것이다. 그러나 그 根底에서 동일하지만 표현되는 동기와 형태에서는 매우 서로 다른 것이다. 歐洲의 大戰亂(1차 세계 대전 - 필자)은 최근에 있어 國民主義의 최고조에 달한 시기를 이루었으나 대전란에 인한 舊사회기구의 대파괴와 신흥계급의 발흥으로 국민주의는 심대한 저주의 대상으로 되었다. 民族主義까지도 그 餘沫을 입어서 매로 조소 · 비난의 거리로 된 바 있었으나, 오늘날

---

28   『朝鮮日報』 社說(1932. 2. 18).

극동의 풍운(만주사변 - 필자)을 계기로 이 국민주의적 경향은 바야흐로 복귀적인 신단계를 나타낸 것이다.

여기에서 안재홍은 국민주의를 선진국의 것으로 보고, 그 때문에 제1차 세계대전이 일어났고, 또 최근에는 극동의 풍운(만주사변)이 일어났다고 하여 분명히 나쁜 것으로 인식하지만, 그 국민주의와 대항해야 할 후진국가의 민족주의는 국민주의와 똑같이 취급될수 없다는 주장이다. 그 이유는 민족주의란 "낙후된 처지에서 진지한 생존노력의 투쟁적인 역량을 길러내는 데는 반드시 한 번 지나가는 필요한 계단으로, 동류의식과 연대감으로서, 그 연소되는 정열이 실로 둔화 · 정화 · 심화 또 단일화의 존귀한 작용으로 되는 것"이기[29] 때문이다. 그래서 "만일에 이러한 민족주의적 세련과정을 치름이 없이 산만한 공식론적 국제주의에서 고답적 행진을 하는 인민이 있다면, 그는 실로 심상치 아니한 불행"이라고[30] 보는 것이다.

그렇다면, 후진사회가 그 후진성을 탈피하기 위해 '반드시 한 번 지나가야 할 단계'로서의 민족주의란 구체적으로 무엇인가. 이 점에 관해 안재홍은 다음과 같이 정의한다.

民族 그것은 거북한 偶像도 아니요 고루한 편견도 아니요, 그 文化와 傳統과 취미의 俗尙과 정치와 경제상의 핍박한 공통적 利害 따위 —— 共同한 自然的 테(향토 - 필자)의 안에 일정한 특수 생활경향을 형성한 집단으로 된 것이요 …… 이러한 감정과 우의의 아래에 同一民族을 一單位로서 일정한 사회적 생활과정을 국제간의 一區域에서 가지려 하는 것을 가리켜 民族主義라고 하겠다.[31]

이를 다시 쉽게 정리한다면, '민족'이란 전통 · 향토 · 문화 · 정치 · 경제적 공동체요, 그러한 공동체를 의식적으로 지켜 나가려는 심리가 '민족주의'라는 논리다.

안재홍은 1935년 이후에 쓴 「민세필담」에서는 '민족'의 생성과정으로 향토(지리)와 역사를 들고 있고, 이 두 요소는 오랜 지속성을 갖는 까닭에 이 두 요소를 기조로 하여 미래

---

29 同上.
30 同上.
31 上揭 신문 사설(1932. 12. 2).

의 문화가 건설되어야 할 것이라고 강조한다. 물론 그의 '조선학'운동에서 이미 밝혔듯이, 민족을 강조한다 해서 국제협력이나 국제교류를 부인하는 것은 아니지만, 민족과 세계의 만남은, 민족적인 것을 매개로 하여 만나야 한다는 것이다. 그래서 그는,

> 吾人은 文化的인 世界人으로서만 잘산다는 것보담은, 문화적인 朝鮮人으로서, 鄕土인 自然을 즐기면서, 生成의 歷史에 걸맞는 朝鮮的인 정취에 기뻐하면서, 그리하여 변동되는 시대에서 그 自動的인 世界的 大同에의 조류에 항진하는 것이다. [32]

라고 하여 우리의 자연과 역사에 걸맞는 문화를 가지면서 세계적 대동의 조류에 나가야 할 것을 강조한다.

그렇다면, 구체적으로 우리 조상들이 '민족'을 형성한 시기를 언제로 보는가. 이 점은 그의 고대사연구에서 재론될 것이나 결론을 미리 말한다면, "上代 朝鮮의 각계 種族은 同一血族과 同一言語와 또 同一文化의 종족"이었다고[33] 한 바와 같이 이미 역사의 시작에서부터 단일민족을 형성했다고 본다.

다음에, 민족주의가 좌파로부터 비판의 초점이 되는 계급문제는 어떻게 풀어야 한다고 보았을까.

민족주의는 결국 민족공통의 연대감을 형성하려는 심리상태라고 할 때, 민족 내부의 계급적 모순은 어떻게 해결할 것이냐가 문제되지 않을 수 없다. 이 점에 대한 안재홍의 입장은, 계급적 모순은 "이해가 충돌되는 점에서 항쟁할 것이요, 조화될 범위에서 조화될 것"이며,[34] 계급적 모순 때문에 민족적 존재를 말살·부인해서는 안된다는 생각이다. 그러니까, 바꿔 말해 민족공동체를 계급보다 우위에 놓고, 계급모순은 그 안에서 항쟁과 조화의 양면으로 풀어가자는 논리다.

안재홍은 민족주의 입장에 서면서도 계급문제의 중요성을 부인하는 것이 아니기 때문에, 민족과 계급의 두 과제를 '중층적'이고 '병존적'인 것으로 받아들이고 있었다. 이를 정치·경제의 차원에서 말한다면 '부르적 데모크라시'와 '자본주의'가 '민족주의'와 짝해서

---

32   前揭 신문 논설(1934. 6), 文化建設私議.
33   「우리의 歷史와 現實(二)」(1935. 5, 民世筆談).
34   上揭 신문 사설(1932. 12. 2).

추구되어야 하고, 다른 한편으로는 계급모순 지양을 위한 '혁정革正'도 병진되어야 한다.

안재홍의 개량과 혁정의 병진론은 당시의 조선사회가 후진사회라는 인식에서 도출된 것으로, 이는 '혁정'만을 유일노선으로 추구하려는 좌익급진주의에 대한 견제의 의미를 갖는다. 그래서 그는 과학성을 자처하는 급진주의가 도리어 현실성을 갖지 못한 관념론에 지나지 않는다는 것을 다음과 같이 비판한다.

> 현대의 조선인도 …… 입으로는 觀念論을 배격하는 자칭 科學的인 사람들 중에도 그 行爲에서는 도리어 觀念論的인 主我觀에 쏠리는 者 꽤 많으니, 이를테면 저 혼자 急進革正家로 자기를 치켜올려 놓고 外他의 진지한 工作을 기도하는 자에게는 '그것은 改良主義的'이라고 輕侮해 버리고 또 배격하는 일이 적지 않았습니다. 革正과 改良이 並進하는 것이 역사진행의 鐵則이라고 하면 그것도 모순인 兩個事體의 행위에서의 統一이려니와, 歷史科程이 最惡한 경우에는 다만 文化運動인 改良的 工作에도 스스로 도피하지 않는 것이 진지 血性人의 책무인 것이요. …… 그리고 矛盾에서 統一로의 중요한 一件은, 즉 世界로부터 朝鮮에 再歸하는 文化的 作業입니다.[35]

위 인용문에서 특히 주목되는 것은 "革正과 改良이 병진하는 것이 역사진행의 鐵則"이라고 규정한 점과, 역사과정이 최악한 경우에는 "世界로부터 朝鮮에 再歸하는 문화적 작업"이 모순에서 통일로 나아가는 중요한 일건一件이라고 주장한 점이다.

결국 1930년대에 있어서 안재홍의 민족주의사상은 더욱 이론적으로 세련·심화되어 갔으니, 1945년에 발표한 「신민족주의와 신민주주의」는 이미 1930년대에 그 골간이 잡혀 있었다고 할 수 있다.

5) 1945년의 「신민족주의와 신민주주의」

1945년 9월 22일에 집필된 「신민족주의와 신민주주의」는 직접적으로는 건국준비위원회(8.15)와 조선인민공화국(9.6)이 결정되는 과정에서 스스로 좌우갈등을 심각하게 체

35　「世界로부터 朝鮮에」(1935.6, 民世筆談續).

험하면서 어떻게 하면 '통일민족국가'를 건설할 것인가를 염원하여 자신의 정치철학을 총정리한 것이다. 이 이론은 안재홍 자신이 당수로 취임한 조선국민당(9. 24)의 정강政綱으로 채택되었으며, 각론적인 성격을 띤 세부정책까지 첨가되었다.

건준建準과 인공人共은 다같이 외형상으로는 민족통일연합전선의 성격을 띤 것이지만, 내부적으로는 극우와 극좌, 중도좌파와 중도우파가 제각기 다른 속셈을 갖고 참여했으며, 실제로는 극좌와 중도좌파세력이 주도하는 형세로 전개되었기 때문에 중도우파의 입장에 서 있던 안재홍으로서는 그 장래에 우려를 품지 않을 수 없었다. 따라서 안재홍은 건준과 인공에 일시참여했으나 곧 탈퇴하여 독자의 정치노선을 걸어가게 된 것이고, 상기 논설들은 바로 그러한 입장에서 자신의 중도우파적인 건국이념을 이론적으로 심화시킨 것이라 할 수 있다.

「신민족주의와 신민주주의」는 종전에 쓰지 않던 '新'자를 관두에 붙인 것이 새로운 듯 보이지만 사실은 내용 면에서는 20년대 이래의 안재홍의 기본입장을 바꾼 것은 아니다. 다만, 일제시대에 일제와의 '비타협성'이 전개되었던 민족주의는 해방정국의 국제정세 변동을 고려하여 '국제협력'으로 바꾼 것이 다르다. 그러나 국제협력은 국가주의 · 민족주의를 상위개념으로 하여 널리 인류와 공존한다는 의미로서 민족을 부인하는 국제주의와는 엄연히 구별된다.

다음에 신민주주의는 신민족주의의 성격을 규정하는 가장 핵심적인 부분으로서 사실 신민족주의는 '신민주주의적 민족주의'로도 호칭된다. 신민족주의가 일반 민족주의보다 진보성을 띠게 되는 까닭이 바로 여기에 있다.

신민주주의는 한 마디로 극좌와 극우를 동시에 배척하면서 "민족주의와 사회주의 이념과의 적절한 조합"을[36] 통해 '중앙당'을 이루자는 것이며, "모든 진보적이요 반항제국주의적인 지주(중소지주 - 필자)와 자본가(중소기업가 - 필자)와 농민과 노동자가 한꺼번에 만민공생"의[37] 길을 찾는 것이다. 다시 말해 신민주주의는 부르주아지나 프롤레타리아의 어느 한 계급이 독재하는 것도 아니고, 어느 한 계급의 이익만을 대변하는 정치도 아니다. 우리

---

36 「新民族主義와 新民主主義」, 『選集』 2, 29쪽.
37 上揭와 같은 글(『選集』 2, 50쪽). 이 인용문에서 필자가 地主를 中小地主로, 資本家를 中小企業家로 註釋한 것은 "朝鮮은 中産階級 즉 中小地主 및 中小企業家의 계급과 勞動者와 農民이 並進協進하여야 할 客觀社會"(『選集』 2, 58쪽)라고 한 대목에 의거한 것이다.

나라는 초계급적으로 전민족이 일제의 굴욕과 착취의 대상이 되었다가 초계급적으로 해방되었으므로 당연히 모든 계급이 초계급적으로 동참하는 '통합민족국가'가 되어야 한다.

안재홍이 구상하는 만민공생의 구체적 실현방안은 ① 대기업의 국영과 ② 농민의 세습적 경작권의 보장을 요체로 하는 것인데, 1945년 9월 24일 성립된 국민당의 정책에는 이를 더 구체화하여 ① 인구비례·직역별에 따른 대의원 선출과 의회제도(단 여자의 피선거권 제한), ② 국민개병제에 입각한 국방군 편성, ③ 일본인 토지의 장기저리의 유상분배 및 토지국유에 입각한 세습소유 보장과 37제의 소작제,[38] ④ 의·식·주·행 등 중요산업의 국영과 그 밖의 중소기업 및 상업의 자유경영, ⑤ 최저임금과 최고노동시간의 창정, ⑥ 공업화를 위한 외국자본 및 기술의 도입과 장기적 계획수립(기획원 설치 필요), ⑦ 초등교육의 의무제 및 민족문화와 대중문화(농민·노동자 등)의 앙양과 쌍행 등이 제시되고 있다.[39]

안재홍의 이와 같은 신민주주의는 '전민중적'인 민주주의로서 모택동毛澤東의 신민주주의나 손문孫文의 삼민주의를 모방한 것이 아니라는 것이 누누이 천명된다. 모택동의 신민주주의는 "정략적 혼담이 잠겨 있는"[40] 것으로, 다시 말해 그것은 프롤레타리아 독재로 가는 과도형태로서 지주·자본가와 일시적으로 제휴하는 것이지만, 안재홍의 그것은 모든 계급의 공생을 목표로 한다는 점에서 본질적으로 다르다. 또한 손문의 삼민주의는 만주족에 대한 중화족의 민족주의요, 정권과 치권을 분리하는 민권주의라는 점에서 다를 수밖에 없다.

안재홍은 자신의 사상이 결코 외국사상의 모방이 아닌 "고대 이래의 조국고유의 민족주의·국민주의·민주주의의 제이념과 꼭 합치되고, 다만 그것을 현대적 의의에 발전시

---

38 安在鴻의 土地改革에 대한 政策 사상은 1946년 10월 10, 13일에 발표한 「合作과 建國路線 - 左右合作原則妥結과 立法議院 설치에」라는 글에서는 더욱 구체적 방안이 제시되어 있다. 이를 옮기면 다음과 같다.
"自作 정도의 소유토지는 그대로 私有耕作케 하고, 小地主의 土地로 자기 耕作量을 공제한 이상의 分은 時價全額으로 買上하고, 中地主 이상 大地主의 土地는 역시 그 제한소유의 면적을 제한 外에 누진적으로 그 土地 면적이 올라갈수록 그 代價인 즉 체감적으로 줄여 주면서 국가에서 買上한다는 뜻이다. 요컨대 土地國有의 원칙에서 여러 가지 방법으로 국가에 회수하여 경작지인 農民에게 適正 分與키로 하되, 값을 받지 않고 주어 그 世襲私有를 보장하되 이후라도 …… 국가에 팔기로 하면 국가에서는 또다시 꼭 수요되는 경작자에 분여하게 되는 것이다. 이것이 有價回收·無價分與의 정책이다." 이 원칙은 앞서 國民黨의 土地政策에 비해 훨씬 구체적이고 한층 진보적인 성격을 띤 것이 특징이다. 이는 1946년 10월 1일 이후 경상도지방의 농민 폭동을 경험하고 나서 土地改革의 필요성을 절감하게 된 것이 아닌가 한다.

39 「國民黨政綱·政策 解說」, 『選集』 2, 68~77쪽.

40 「新民族主義와 新民主主義」, 『選集』 2, 37쪽.

킨 것"[41]이라고 주장하고, 그 구체적 증거로서 일즉다一即多 · 대즉일大即一 · 개즉전個即全의 회통철학과 화백和白 · 홍익인간弘益人間 · 재세이화在世理化 · 접화군생接化群生 · 대동大同 등으로 표현되는 조상전래의 만민공생의 이념을 예시한다. 그리고 그는 이러한 이념이 一(한울) · 二(땅) · 三(씨) · 四(나 · 나라) · 五(다사리) · 六(연속) · 七(성취) · 八(열고   닫음) · 九(아우름 · 회통) · 十(개전) · 百(온통) · 千(참) · 萬(조화) · 億(선) 등의 숫자에 나타나 있다고 풀이한다. 여기에서 안재홍이 우리의 숫자에 대한 발음을 철학사상적으로 풀이한 것은 다소 견강부회적인 면이 없지 않으나, 어쨌든 유 · 불 · 선 3교의 포용적 조화사상과 고대의 귀족민주제의 전통을 종합하여 이를 현대적인 '조선철학'으로 재구성하려고 한 시도 자체는 높이 평가할 만한 것이다.

1930년대 중반부터 조선 고유의 전통을 찾아내고자 한 안재홍의 '조선학'연구는 1940년의 『불함철학대전不咸哲學大全』과 1944년의 『조선철학』으로 정리된 바 있는데, 이제 그 철학적 탐색의 결과가 정치사상과 연결되어 신민족주의와 신민주주의라는 독창적 건국이념을 이론화시키게 된 것이다. 이로써 안재홍은 사상가로서의 자기 면모를 확립했을 뿐 아니라, 해방조국의 사상적 갈등과 민족분열의 위기를 중도적 민족주의로서 지양하려했던 그 노력은 엄연한 시대적 요청이었다고 할 수 있을 것이다.

한편, 상기 「신민족주의와 신민주주의」에서는 서두에서 민족주의 개념에 대한 학술적 정리를 다시 시도함으로써 1920~1930년대의 민족주의론이 지녔던 산만함이 많이 극복되고 있다.

여기에서 먼저 "民族과 民族意識은 …… 近代資本主義時代의 産物이 아니다"라는 전제하에서, 민족을 형성하는 요소로서 ① 동일혈연체, ② 지역공동체, ③ 운명공동체의 세 가지를 들고 있다. 이를 다시 한국사에 즉해서 말한다면, 우리 민족은 다른 종족의 혼혈이 있었지만 거의 순수한 혈연공동체를 상고로부터 성립시켰다는 것이고, 지역공동체의 측면에서는 만주 · 한반도 및 대륙의 풍토를 공통기반으로 하고 있으며, 운명공동체로서의 조선민족은 선비 · 한족 · 몽고족 · 일본과의 피나는 항쟁을 통해 응집되어 왔는데, 특히 운명공동체는 문화공동체가 전제되는 것으로 본다.

한편, 민족주의는 우리나라에만 고유한 것은 아니고, 서양 여러 나라가 자본주의국가

---

41   「新民族主義와 新民主主義」, 『選集』 2, 50쪽.

든 사회주의국가든 모두 민족주의로서 근대국가를 성립·발전시켰음을 예증한다. 민족주의는 나찌스나 일본처럼 독선배타로 흐른 것은 나쁘고, 또 자본주의적 민족주의도 중대한 화인禍因이 되는 것이지만, '민족적 개아성個我性'을 적정하게 발휘하면서 국제협동으로 나가는 것은 변증법적인 논리에서 지양止揚·회통會通의 의미를 갖는 것으로 지극히 자연스러운 것으로 받아들여야 한다는 것이다.

한 나라의 국체와 정체라는 것도 그 민족의 역사와 전통을 기축으로 하여 점층적으로 결정되어야 하는 것이지 일조일석에 인공적으로 급조되어서는 안된다. 그런 점에서 유물사관의 공식주의는 "사회발전의 途程을 규정하는 한 準繩(자 - 필자)으로는 되지만, 허구한 동안 풍토·역사 등 국제관련하에 구체적으로 鍊成되어 온 검질긴 機構를 간과하는 데서 큰 과오가 생길 수 있다"는 것이다.[42]

결국 안재홍의 민족주의는 자기 민족의 우수성을 과장하면서 팽창주의로 나가던 서구식 민족주의를 따르자는 것이 아니고, 우리의 '민족적 개아성'에 토대를 두고 근대국가를 형성하자는 논리이며, 그 '민족적 개아성'이 다름 아닌 중화협동의 전통, 즉 신민주주의로 연결되는 것이다.

3. 안재홍의 고대사연구

1) 민족주의 사학의 계승

안재홍의 한국사 전체에 대한 이해태도는 이미 앞장들에서 설명한 바와 같이 고대를 영광스런 시대로 보고 고려·조선으로 내려오면서 '퇴영退嬰'의 길을 밟아왔다는 것으로 요약된다. 그가 특히 조선시대를 '퇴영'의 시대로 본 것은 역사해석의 기준을 민족항쟁사의 차원에서 볼 때 '尊明自安'과 '鎖國孤立'으로 약소국의 대열에 끼게 된 것이 조선시대라고 생각한 까닭이다. 그러므로 '퇴영'의 뜻은 사회사적 측면의 퇴영이 아니라 민족적 강약논리에서의 퇴영을 의미한다. 그러니까 뒤집어 말하면, 사회발전 과정에서 조선시대가

---

42   前揭, 『選集』 2, 20쪽.

고대보다 더 후진된 사회였다는 뜻은 아니다.

안재홍은 조선시대 역사를 전문적으로 연구한 일은 없으나, 대체로 조선시대를 봉건시대로 파악하고 한말 이후를 부르조아단계로 보며 1920년대 이후를 좌우협진 단계로 각각 설정하고 있다. 더 세부적으로 말한다면, 조선조 500년 중에서도 태조에서 성종에 이르는 국초를 상대적으로 긍정하고 성리학·주자학이 발달한 조선중기 이후의 사화·당쟁기를 부정적으로 본다.

1920년대에는 이미 안확의『조선문명사 - 조선정치사』(1923)가 나와 조선시대의 정치와 사회를 발전적으로 재구성한 연구업적도 있었지만,[43] 안재홍은 그러한 연구의 영향을 받지 않고, 신채호사학의 영향을 절대적으로 받고 있어 그 이해수준을 벗어나지 못하고 있다. 이것은 그가 사학 전문가들과의 학문교류가 별로 없었던 데에도 한 원인이 있겠으나, 그보다도 정치가로서의 강렬한 실천적 의지를 가지고 조선시대를 대할 때 그 발전적 요소를 강조하기보다는 '근대'에 도달하지 못한 그 한계를 지적하는 것이 더 급한 일이고, 더욱이나 약소국으로서의 한계를 극복하는 일이 더욱 절실한 관심사였기 때문이었을 것이다.

안재홍이 한국사 전체를 조망하는 안목은 이렇듯 민족항쟁사적 시각에서 크게 벗어나 있지 못하지만, 고대사 분야에 관해서는 거의 일가를 이루었다 할 독창성을 보였을 뿐 아니라, 민족항쟁사적 차원을 벗어나 사회사와 사상사의 넓은 안목에서 고대사 이해수준을 한 단계 높여 놓았음을 주목할 필요가 있다. 물론 그의 사회사나 사상사연구의 이면에는 민족주의적 심리가 깔려 있음도 사실이나, 당시로서는 최신의 인류학 이론이라 할 수 있는 Morgan의 고대사회 이론을 원용하고, 비교언어적 해석방법을 도입한 위에 문헌고증을 시도함으로써 나름대로 역사과학의 수준으로 끌어올리려고 시도한 것은 높이 평가할 만하다.

인류학과 비교언어학의 방법론을 원용하여 한국 고대사를 연구하려는 경향은 이미 최남선의 「불함문화론」(1927)에서도 시도된 바 있고, 백남운 같은 유물론학자의『조선사회경제사』(1933)에서도 나타난 바로서, 안재홍은 바로 그러한 유행적 방법론을 따른 것이다. 다만, 안재홍은 고대사에서 이미 민족의 형성을 인정하고 있다는 점에서 민족의 존재

---

43 安廓의 史學에 대해서는 다음 두 論文이 참고된다.
韓永愚, 「韓國近代歷史學과 朝鮮時代史理解」,『人文科學의 새로운 방향』, 서울대 인문과학연구소, 1984; 李泰鎭, 「安廓의 生涯와 國學世界」,『高柄翊先生回甲紀念史學論叢』, 1984.

를 부인하는 백남운과는 다르며, 오히려 그 점에서는 신채호의 입장을 계승했다고 할 수 있다. 아울러 조선 고유의 '불함철학'을 중심으로 사상사 이해체계를 세우려 한 것은 기본적으로는 대종교의 영향이지만, 직접적으로는 신채호와 최남선의 학적 성과가 크게 원용되고 있다.

안재홍과 신채호와의 관계는 그 누구와의 관계보다도 밀접한 것으로 보인다. 그는 융희시대의 소년기에 11세 연상의 신채호를 만난 일이 있고,[44] 23세 되던 1913년에 상해에서 다시 그를 만났으며, 1927년의 신간회에도 함께 참여했고, 1931년부터는 자신이 부사장으로 있던 『조선일보』에 신채호의 『조선사』와 『조선상고문화사』를 연재했으며, 1936년 신채호가 돌아가자 그를 위해 추도사를 쓰고,[45] 또 신채호사학을 총평하는 글을 쓰기도 했다.[46] 이 밖에도 안재홍은 자신의 『조선상고사감』과 논설의 도처에서 신채호의 학설을 원용하고 있다. 이런 의미에서 1930~1940년대의 사학계에서 주관적으로나 객관적으로나 신채호사학의 계승자라고 할 수 있는 이는 안재홍이라고 할 수 있다.

그러나 안재홍이 신채호사학의 계승자라 해서 단순히 신채호사학을 조술했다고 한다면 그것은 잘못이다. 안재홍은 신채호를 "훌륭한 과도적 임무를 다한" 인물로 규정함으로써 자신과 그와의 위상의 차이를 분명히 설정하고 있다.

여기서 '과도적 임무'라고 한 것은 "封建鎖國의 말기로부터 자본주의적 국민주의 또는 민족사상의 발흥시대에 있어서 …… 로맨티시즘的 또는 觀念論的 主潮時代에 있어서의 유수한 노력이 객관적으로는 필연으로 다가오는 다음 시대인 역사적 신단계에 향하여 훌륭한 과도적 임무"로[47] 부연된다. 다시 말해 신채호를 자본주의적 국민주의를 뒷받침하는 낭만주의적·관념주의적 사가로 규정하고, 그것은 '역사의 신단계'로 나아가는 과도기적 임무로 이해한다.

그렇다면 신채호가 열지 못한 '역사적 신단계'란 무엇인가. 그것은 "후진 특종지대에서 정치문화의 重層並存의 협진을 요하는 現下過程"이며,[48] 이는 안재홍의 1920년대 이후의

---

44 安在鴻, 「오호 丹齋를 哭함」, 『丹齋申采浩全集別集』, 1936. 2. 27.
45 同上.
46 安在鴻, 「朝鮮史學의 先驅者 - 申丹齋學說 私觀」, 『朝光』, 丹齋申采浩全集別集, 1936. 4.
47 上揭글.
48 上揭글.

지론인 개량과 혁정의 병행, 즉 민족주의와 사회주의의 협진을 의미함이다.

안재홍이 신채호사학의 특색을 말하면서 '낭만적 · 관념적'이라고 규정한 것은 특별히 주의를 요하는 대목이다. 이는 안재홍이 자기시대 사학의 과제를 '역사과학적 또는 사회경제사관적'이어야 한다고 말한 대목과 관련지어 볼 때, 적어도 안재홍 자신은 '관념론적 사학'에서 '사회경제사적 사학'으로의 전환을 역사의 신단계로 의식하고 있었음을 알 수 있다.

2) 상고사 연구의 특색

안재홍이 고대사에 관한 논고를 처음으로 발표한 것은 1930년에 『조선일보』에 연재한 「朝鮮上古史管見」으로서, 이 글에서 처음으로 자신의 독창적 학설의 하나인 '기 · 지 · 치' 이론이 시도되고 있다. 이 논문이 기초가 되어 1938년에 「扶餘朝鮮考」 · 「夫婁神道」 · 「不咸文化論」 등이 집필되고, 1940년에 『朝鮮上代地理文化考』 · 『不咸哲學大全』이 저술되었으며, 1941년에 『조선통사』의 집필이 시작되었다. 그리고 해방 후 1947년 · 1948년에 이들 구고들을 한데 묶어 『조선상고사감』(上 · 下)이라는 이름으로 출간했다.[49] 따라서 그의 고대사연구는 이 책을 통해 그 전모를 한꺼번에 이해할 수 있다.

안재홍이 고대사회사 연구를 위해 원용한 비교언어학적 원칙은 크게 셋이 있다. 첫째

---

[49] 『朝鮮上古史』에 실린 論文 제목과 집필연대는 다음과 같다.
「上卷」
　1. 箕子朝鮮考(1937 탈고, 1940 수정)
　2. 阿斯達과 白岳 · 平壤 · 夫餘辨(1937 탈고, 1940 정서)
　3. 高句麗建國事情考(1937 탈고, 1941 증보)
　4. 高句麗 職官考(1937 탈고, 1941 精寫)
　5. 新羅建國事情考(1937 탈고, 1941 정사)
　6. 新羅職官考略(1937 탈고, 1941 정사)
　7. 三韓國과 그 法俗考(1937 탈고, 1941 증보)
　8. 六加羅國小考(1937 탈고, 1941 정사)
「下卷」
　1. 夫餘朝鮮考(1938 기초, 1941 필삭)
　2. 붉 · 볼 · 빛어 原則과 그의 循環公式(1941)
　3. 高句麗와 平壤別考(1938 탈고, 1941 정사)
　4. 百濟史總考(1941~1942)
　5. 朝鮮上代地理文化考(1940)

는 '기·지·치' 원칙이고, 둘째는 '달 → 불 → 나 진행법칙'이며, 셋째는 '밝·발·배어 원칙'이다.

첫째의 '기·지·치' 원칙은 우리나라 씨족공동체사회의 수장이나 대인을 가리키는 말로서 '기'·'지' 혹은 '치'가 있으며, 이들이 역사발전에 따라 그 위격이 달라지면서 우치·크치·배치·신지 아치·한지·한기·큰치·바지·살치·마리지·큰기·우커·쿠커·따기 등으로 분화되었다는 것이다. 다시 말하면, 상고사의 발전과정은 여계사회(아사달사회)에서 출발하여 남계중심의 부족사회를 거쳐 부족연합국가(단군조선=부여조선) 그리고 근세류의 봉건귀족국가(삼국시대) 단계로 발전해 갔다고 보고, 그러한 각 단계에 맞추어 기·지·치 계급이 수장 혹은 대인적 지위로, 족장적 지위로, 혹은 지방제후나 지방군장으로, 혹은 고대국가의 공경 혹은 상공적인 위격으로 변화되어 왔다는 것이다.[50]

안재홍은 이러한 논리에 입각해서 중국 문헌에 보이는 夷(저)·君子國·孤竹國(크치)·己抵國(크치), 부여의 諸加·仇台(크치)·簡位居(큰우커) 등, 고구려의 乙支(우치)·莫離支(마리지)·沛者(배치)·拔奇, 삼한의 韓岐·臣智(신지)·邑借(아치)·險側·(한지·검치·큰치)·樊濊(번지)·殺奚(살치)·臣雲遣支, 백제의 百濟(배치)·阿直岐·百殘, 가야의 金官國(큰기) 등을 모두 기·지·치를 가리키는 위격으로 해석한다. 심지어 후세의 '촌뜨기'도 '촌따기'에서 온 것이고, '촌따기'는 '지방의 장관'을 가리킨다고 해석한다. 이러한 비교언어적 해석방법이 언어학상으로 타당한 것인지는 재검토의 여지가 있는 것이지만 어쨌든 그의 독창적 견해임에는 틀림없다.

더욱이 안재홍은 기자조선을 새롭게 해석하여 '기자箕子'를 고유명사로 보지 않고 '크치' 즉 대공을 가리키는 일반명사로 보아 크치계급에 의한 왕조혁명으로 해석한 것은 주목을 요한다.[51] 기자를 은殷에서 온 이주자로 보지 않고 고조선의 토착세력으로 보려는 견해는 이미 『단기고사』(1912년 중간)에서도 나타난 바이고,[52] 최남선도 이를 '개아지'로 해석한 바 있어 안재홍의 기자동래설 부인은 선구적 의미를 갖지는 못한다. 그러나 안재홍의 기

---

50 安在鴻은 신라시대의 村長·村主와 고려시대의 其人, 조선시대의 衙前 등이 모두 地方豪族을 가리키면서 동시에 옛날의 기·지·치의 전이된 계급으로 해석한다.

51 『朝鮮上古史鑑(上)』(이하 史鑑으로 약칭함) 箕子朝鮮考.

52 『檀奇古史』에서는 '箕子'를 '奇子'로 쓰고 있으며, 奇子는 檀君血統을 계승한 자로 본다(韓永愚, 「1910年代의 民族主義的 歷史敍述」, 『韓國文化』1, 1980 참조).

자 해석은 어의 해석이 독특하고, 사회발전과 관련시켜 시도되었다는 데 특색이 있다.

둘째로, 안재홍이 제시한 '달 → 불 → 나의 진행법칙'이라는 것은, 고대에서 땅 혹은 산을 가리키는 용어가 처음에는 '달', 다음에는 '불', 그리고 나중에는 '나'로 변해갔다는 말이다. 구체적으로 예를 든다면, 우리 역사의 시초에 해당하는 여계중심의 성모사회는 백두산 부근의 아사달(아씨달) 즉 백아강(배아달)·백악(밝달)에서 시작되었는데, 뒤에는 이곳이 신시(밝불)로 되고, 나중에는 불내(불나)·평양(베나)으로 호칭이 바뀌었다는 것이다. 따라서 아사달·백아강·백악·신시·불내·평양 등은 모두가 같은 곳이라 한다.

세 번째의 원칙, 즉 '밝·발·배어 원칙'은 고대의 종족이름이 밝 → 발 → 배어 등으로 호칭이 변화되고, 이것이 국명·지명·직명 등에까지 확산되어 쓰였다는 것으로, 예컨대 백白·맥貊 등은 '밝'의 표음이고, 발發·불不·비류沸流 등은 '발' 또는 '불'의 표음이며, 예濊·부여扶餘 등은 '배어'의 표음이라는 것이다.[53] 따라서 우리 민족은 옛부터 '밝'·'불' 혹은 '배어'로 불려온 종족이요, 그들이 세운 국가는 한자로 백민국·발국·부여국·태백국·환국·단국 등 다양하게 표기되었지만, 모두가 같은 나라이다. 그러니까 조선이 따로 있고, 부여가 따로 있는 것이 아니라, '밝주신'[54]이라고 불린 조선이 수도를 백두산 부근의 백악(아사달)에서 북쪽의 부여천반으로 옮긴 이후가 곧 부여국이 된다. 그리고 수도의 이동은 동시에 사회발전을 수반하여 농목사회에서 도시 또는 도시국가로 성장하였다. '밝주신'의 개창자로 알려진 단군은 농목 병행의 사회 단계에서 출현한 신인적인 영웅으로서, 우리말로는 '덩걸'로 발음되며, 등고신·가한신으로 후세에 숭모되었던 자이다.

밝주신, 즉 단군조선(부여국)은 기자조선(크치조선) 단계에서 크치(대공)들의 성장으로 왕조가 바뀌고, 나라가 더욱 강성해졌는데, 당시 동방에는 이 밖에도 대동강 유역, 송화강 유역, 요서의 의무여산醫巫閭山, 한강이남 지역 등에 여러 크치들의 나라가 분립되어 바야흐로 대공분립의 시대가 전개되었다. 고죽국·기저국·한기·한후 등이 그것이다.

한편, 기원전 3세기경 이후로, 만주에 살던 '밝' 족 즉 부여족의 일파가 한반도로 남하하여 세운 나라가 '삼한'이요, 그중 마한(말한)은 한강 양안에, 변한(불한)은 낙동강 하류에, 진한(신한)은 경주지방에 각각 자리잡았다.[55]

---

53 『史鑑』(下卷) 2, 붉·블·빅어 原則과 그의 循環公式.
54 '밝주신'의 '주신'은 혹은 珠申 혹은 肅愼에서 借音한 것이다.
55 上揭書(上卷) 7, 三韓國과 그 法俗考.

'韓'의 뜻은 『만주원류고』에서 만주어의 '汗'으로 해석한 것을 좇아 대후·대공을 가리키는 것이며, 그 용어는 신라에 전승되어 거서간居西干·마립간麻立干·이벌간伊伐干·서발한舒發翰·서불감舒弗邯 등으로 쓰이게 된 것으로 본다.

'한韓'은 또한 '신辰'과도 뜻이 통하며, 그래서 삼한을 통틀어 진국이라고도 불렀다.

삼한의 맹주는 마한으로서 그 수도는 월지 즉 위례성이며 지금의 한강 유역이다. 진한과 변한은 마한을 보좌하는 신왕적 존재로서, 그들 밑에는 다시 신지臣智·한지險側·번지樊濊·살기殺奚·아치邑借 등으로 불리는 5등급의 관등을 거느리고 있었는데, 이러한 정치제도는 부여가 고구려의 삼한오가제와 기본적으로 일치한다.

안재홍은 삼국과 가야까지도 그의 『조선상고사감』에서 함께 다루고 있는데, 삼국시대가 그 전단계와 다른 것은 근세류의 봉건국가를 이루었다는 점에 있다. 그러나 그 민족구성은 모두가 밝족 즉 부여족에서 분파된 것이므로 정치제도나 문화는 기본적으로 부여국의 그것을 계승한 것으로, 다같이 '밝神道'의 종교를 가지고 있었고, 귀족적 민주제를 시행하고 있었다. 즉 부여·고구려의 제가평의나 신라의 화백, 가라의 계회 등이 모두 같은 성격의 귀족민주제로서, 이는 홍익인간·제세이화·접화군생의 건국이념을 계승한 우리 민족 고유의 만민공생사상, 즉 '다사리' 사상의 출발점이 되는 것이다.

끝으로, 안재홍의 가야사에 대한 서술을 알아보기로 한다. 가야사는 본래 신채호가 말년에 「육가라국소고六加羅國小考」라는 유고를 남긴 바 있는데, 안재홍이 이를 보고 '흥미와 자신'을 갖게 되었다고 자술하는 것으로 보아,[56] 신채호의 영향이 절대적으로 컸음을 상징할 수 있다.

먼저, '가라'라는 명칭은 낙동강이라는 '가람'(江)에서 유래한 것이요, 그것은 또 변한(불한)의 이칭이다. 가라의 정치제도와 법속은 부여 및 삼한과 동일한 것으로, 가령 금관국은 '큰기' 혹은 '큰지'국이며, 군자국, 기저국도 금관국의 동명이칭이다.

가라는 김해의 금관국(큰지국)을 종주로 하여 5가라가 분치할거한 상태로 있었는데, 그

---

56 安在鴻은 『史鑑』(上卷) 八, 六加羅國小考 앞의 '말씀'에서, "申丹齋 그 未發表된 著作目錄 중에 「六加羅國小考」가 있었기에 나도 이 文獻作成의 흥미 및 자신을 가졌었다. 이에 附記하야 그 靈께 謹謝함"이라고 썼다. 신채호의 「六加羅國小考」는 발표되지는 않았지만 原稿 자체는 작성되어 있어서 안재홍이 그것을 본 것이 아닌가 싶다. 안재홍의 「六加羅國小考」 중에는 간간히 신채호의 加羅位置 고증이 소개되고 있는데, 이는 그의 遺稿를 본 결과가 아닌가 생각된다.

중 함안을 '아라가라'로 부른 것은 '어른' 즉 종주의 뜻을 가진 것으로, 이를 임나가라로 부르기도 한 것은 임나가 '임내'(宗主)의 뜻을 가진 까닭이다. 다시 말해 함안에 있던 가라는 김해가라와 백중하는 세력을 가져 '어른' 혹은 '임내'라고 부르게 되었다.

고령을 대가라로 부른 것은, 처음에 읍차(아치) 밑에 있던 소후국이 점차 강대해져 금관국을 압도하는 형세가 되면서 大가라로 부르게 된 것이고, 성산의 벽진가라는 '벳재가라' 혹은 '부여가라'의 뜻이 되며, 함창의 고녕가라는 '골가라'의 뜻이고, 고성의 소가라는 본래 변진의 고자미동국古資彌凍國(고지민동)을 가리키는 것으로 고지(반도) 밑(下)에 있는 나라인 까닭에 그렇게 부르게 되었다.

가라는 서로 연맹체를 이루고 전후 520년의 역사를 지속했는데, 특히 가라인들은 일본에 이주하여 수많은 사적을 남겼음을 『일본서기』 기록에 의하여 찾아내고, 나아가 『일본서기』에 진한제실의 후예로 자칭하는 이들이 사실은 가라의 왕자·왕손일 것으로 추측한다.

이러한 주장들은 비록 치밀한 고증을 거치지 않은 가설과 추측으로 제시된 것이지만, 당시 일본인 학자들이 『일본서기』를 이용해 임나일본부와 신공황후의 신라정벌을 크게 내세우고 있던 상황에서 거꾸로 일본에 대한 가라인의 우위성을 입증하려 한 그 발상은 특기할 만한 것이다. 이러한 발상이 신채호로부터 비롯된 것인지 아니면 안재홍의 인지는 확인할 길이 없으나 아무튼 가야사 연구의 일대전환을 가져온 것만은 부인치 못할 사실이라 하겠다.

3) 삼국시대 연구

안재홍은 고구려·신라의 건국 과정과 직관에 대해서도 각각 독립된 논문을 발표했고, 백제에 대해서는 「백제사총고」라는 논고를 통해 백제의 건국과정과 왕실의 혈통, 역대의 수도 위치와 주요 성城들의 위치, 담로擔魯와 법속法俗, 그리고 요서遼西·진평晉平의 점령 사실 등에 대해 자세히 고증했다.

먼저, 고구려는 동명왕 이후의 고구려 이전에 이미 부여국에 복속되었던 구려국 시대가 수세기간 있었다는 점에서 삼국 중 가장 먼저 건국된 나라로 보고, 고구려의 왕통은 단군의 혈통을 그대로 계승했으며, 그 정치제도와 문화도 부여의 그것을 그대로 계승했다는 시각에서 연구되고 있다.[57]

고구려의 국가성격은 5부족연합의 통합국가로서 - 처음에는 서부西部인 연나부椽那部가 왕통을 차지하다가 뒤에는 중앙부인 계루부桂婁部인 군장이 이를 대신했으며, 각 부部의 대가는 그 밑에 직관을 두었다. 국가대사는 5부 및 중외대가들이 회의로서 결정하여 (소위 제가평의諸加評議) 민주적 전통을 유지했으며 그 문화는 부여 이래의 농목사회의 전통을 계승하여 일신인 유화신모와 단군(천왕)인 등고신, 그리고 크치인 기자신을 제사하는 풍습이 있었다.[58]

　고구려의 직관으로는 마리지(相加, 莫離支, 大對盧), 배치(對盧, 沛者, 評者, 謁奢), 크치가(古雛加, 頭大兄), 우치(優台 · 于台 · 烏拙 · 鬱折 · 乙支), 신크지(太奢, 太大兄), 크치(大兄 · 近支), 살치(使者), 선배(先人) 등이 있는데, 이 중에서 배치는 마리지가 될 수 있는 계급으로 중앙부족 출신이며, 크치가는 대사마에 비할 것이며, 우치는 주무장관격이며, 살치는 지방장관이며, 선배는 신관에 해당한다. 그리고 배치 · 크치 · 우치 · 살치 · 선배는 고구려의 5대관을 구성하였다.

　다음 신라는[59] 6부족이 연합하여 근세식 국가(도시연합국가)를 세운 것으로, 처음에는 '붉의 뉘'(赫居世)라고 하는 여계 중심의 신정시대를 열었다가 불부(梁部, 喙部) 출신의 공자 발치한(海尺)이 비로소 국가를 세웠다. 박혁거세는 인명이 아니라 신정시대를 가리키는 말이다. 따라서 신라의 건국은 『삼국사기』의 기사와 다르며, 고구려 · 백제보다 뒤늦다. 신라에서 성을 '건모라健牟羅'라고 부른 것은 '큰 마을'의 사음寫音이며, 읍을 훼평喙評이라고 한 것은 '불베어'즉 '부여', '부루', '평양'과 같은 뜻이다.

　한편, 신라에는 천지인의 삼황이 있었으니, 시조 해척거서간海尺居西干(굿한)이 천황이요, 남해왕南解王(나기왕)이 지황地皇이요, 노예이사금弩禮尼師今(누리닛검)이 인황이다. 제17대 내물마립간奈勿麻立干은 마리한 혹은 말한으로 읽어야 하며, 그것은 황제에 상당한 위호位號이다.

57　安在鴻이 쓴 高句麗 관계 논문은 다음의 3편이다.
　「高句麗建國事情考」(『史鑑』上)
　「高句麗 職官考」(『史鑑』上)
　「高句麗平壤別考」(『史』下)
58　高句麗가 檀君=夫餘의 혈통을 계승했다는 증거로는 이 밖에도 고구려 시조 東明王의 뜻이 '새밝한' 즉 東白王, 東夫餘王의 語義라는 것이다.
59　신라에 관한 논문은 「新羅建國事情考」와 「新羅職官考略」의 두 편이 있으며, 모두 『史鑑』上에 수록되어 있다.

신라의 6부의 명칭은 부여와 마찬가지로 모두가 불·베어의 변형이며, 계림雞林도 '부리' 혹은 '불'의 이두식 표현이다.

신라의 17등 직관의 직책에 대해서도 언어적 해석방법을 써서 다음과 같이 추정한다. ① 이벌찬伊伐湌은 '이불치한'의 사음으로 승부대경의 뜻이며, ② 이척간伊尺干은 '이치한'으로 승정장관承政長官이며, ③ 잡찬匝湌은 '지압치한'으로 위사衛士 장관이며, ④ 파진찬波珍湌은 '밭치한'으로 농부경農部卿이요, ⑤ 대아찬大阿湌은 '한아치한'으로 이부대경吏部大卿이요, ⑥ 일길찬一吉湌은 '일기치한'으로 예부경禮部卿이요, ⑦ 살찬薩湌은 '사리치한' 으로 대사자이며, ⑧ 급벌찬級伐湌은 '기불치한'으로 이번부대신理藩部大臣이며, ⑨ 대내마大奈麻·내마奈麻는 그 어의가 불명하나 가색稼穡과 관련되는 직책인 듯하고, ⑩ 대사大舍(韓舍)·소사小士(舍知)·길사吉士(稽知)·대오大烏(大烏知)·소오小烏(小烏知)·조위造位(先沮知) 등은 '지' 혹은 '기'로 불리는 하료제직下僚諸職일 것으로 추측한다.

끝으로, 안재홍의 고대사 연구논고 중에서 가장 늦게 집필된 백제사 연구에 대해 그 요지를 소개하기로 한다.

백제는 국명 자체가 부여공을 의미하는 '배치'에서 유래하고, 비류와 온조가 부여의 왕손이며, 신앙상으로 부여신을 제사하고, 수도도 부여라 했으므로 본질적으로 부여국의 하나다. 백제는 왕을 '큰기지'로 불러 건길지라 쓰게 되었고, 온조가 처음에 구태라 불린 것은 '크치'의 뜻이며, 백제를 백잔 혹은 과잔이라고도 쓴 것은 '배치한'과 '크치한'의 뜻이다.

본래 백제의 첫 시조는 비류로서 아우 온조와 더불어 한강 북쪽의 위례에 도읍했으나 비류가 어염의 리利를 탐하여 인천을 취했다가 분사하자, 온조가 뒤에 한강 남쪽의 광주 고읍 지역(하남위례성)에서 시조로 추존되었다. 위례는 '울ㅅ기' 즉 강성을 의미하는 것으로, 월지도 '얼ㅅ기'로서 위례와 같은 지명이다.

『삼국사기』에 비류의 어머니로 되어 있는 소서노召西奴는 '부수나'로 읽어야 하며 '부수나'는 곧 '夫蘇那' 혹은 '松讓'과 같다.

백제에는 사비 천도 이후 부여·고구려와 마찬가지로 5방제도가 있었는데, 그 위치는 중방 고사성이 수원·직산·안성일경이요, 동방 득안성은 은진의 마야산이요, 남방 구지하성은 장성일대요, 서방 도선성은 덕산의 가야산 일대요, 북방 웅진성은 공주다.

한편, 백제에는 지방에 22담로가 있었는데, '담로'는 '딴마을' 즉 외촌의 뜻을 가진 것으로, 담로제가 뒤에 5방(5부)제로 바뀐 것이다.

끝으로, 송서·양서·남사·통전 등에 백제가 요서·진평의 2군을 점거다였다는 기록을 믿을 만한 기록으로 받아들이고, 그 시기는 대략 근구수近仇首~진사왕대辰斯王代일 것으로 추측한다. 또 최치원이 '상태사시중상上太師侍中狀'에서 백제가 남쪽으로 오월을 침했다고 했고, 신구당서에도 '서계월주西界越州'라고 한 기록도 음미할 가치가 있다고 하면서 백제사 통고를 끝맺는다.

이상과 같은 안재홍의 백제사연구는 이마니시 류今西龍를 비롯한 일학자의 백제사연구에 자극을 받고, 이를 극복하기 위해 집필되었음을 서문에서 밝히고 있다.[60]

4. 맺음말

안재홍은 1920년대 중반부터 1950년까지 정치사상가로서 뚜렷한 지위를 차지했던 인물일 뿐 아니라, 1930년대 중반부터 1941년까지는 이른바 '조선학'운동의 핵심인물이자 그 자신 고대사 연구자로서 사학사상 간과할 수 없는 업적을 남겼다. 안재홍의 전생애를 놓고 볼 때에는 사학자로서 전심했던 기간보다는 정치가로서의 활약이 더 길고, 또 그 영향도 컸다는 점에서 그는 기본적으로는 정치가 내지는 정치사상가라고 할 수 있겠다.

그러나 안재홍의 정치사상은 사학자로서의 소양에 바탕을 두고 형성되었다는 점에서 그의 정치사상과 역사의식은 불가분의 관계를 맺고 있고, 바로 그 점에서 위 양자는 표리일체로 파악되어야 한다.

신민족주의와 신민주주의로 대표되는 그의 정치사상은 1927년 신간회운동을 전후하여 잉태되어 1945년에 이론체계가 완성되었는데, 이는 1910년대의 부르주아 민족주의에서 진일보하여 초계급적 만민평등의 민주주의를 바탕으로 한 민족주의라는 데 특색이 있다. 그것은 극우와 극좌를 모두 배격하는 동시에, 좌와 우를 변증법적으로 지양하여 제3의 중앙당을 건설하려는 것이며, 그 이념의 중심계급을 명시하지는 않았으나 중소지주

---

60 『史鑑』(下)수록의 「百濟史總考」小序에, "…… 再入獄의 지음 某君의 서재에서 비로소 日本人 今西龍 博士의 『百濟史研究』의 著作 있음을 보아 알고 入獄한 후 同氏의 著作인 『新羅史研究』와 함께 購入熱讀하야 왕왕 起敬은 하였으나 역시 큰 收穫 없었고, 朝鮮古文化의 研究는 필경 朝鮮출신의 士女로써 하여야 하겠다는 感만 더욱 깊어졌다"고 하였다.

와 중소상공업자의 이익을 가장 유념한 까닭으로 소부르주아지의 사상이라는 평가를 제 3자로부터 받고 있었다.

안재홍의 조선학운동, 나아가서는 한국고대사 연구는 일제의 독립운동 탄압과 동화정책이 절정에 달한 1930년대 중반 이후의 상황에서 문화적 저항운동의 성격을 띠고 나타난 것이지만, 이는 단순히 일제에 대한 저항만이 목표는 아니었고, 자신의 신민족주의적·신민주주의적 정치이념을 학문적으로 뒷받침하여 극좌·극우이념에 대한 우월적 지위를 확보한다는 목적도 작용한 것으로 보인다. 따라서 그가 역사에서 찾고자 한 문화전통은 만민공생·홍익인간의 '다사리' 이념이었고, 그것이야말로 조선고유의 이념인 동시에, 자기 시대에 있어서도 세계적 조류에 부응하는 보편적 가치로 생각했다.

조선 고유의 문화전통을 찾으려는 노력은 일찍이 1910년대의 대종교 측에서 독립운동의 차원에서 시도되었던 것이고, 1920년대에 와서는 신채호의 '정가사상'이나 최남선의 '불함문화'로 이어지면서 학문적 이해가 깊어져 갔는데, 안재홍은 이를 철학의 차원으로 이끌어 올리면서, 동시에 그 철학이 지닌 국수성에만 집착하는 것이 아니라 민주성·보편성을 찾아 재해석한 데에 선배 민족주의 사가와의 차이점이 발견된다. 그리고 이와 같은 안재홍의 역사해석 태도는 1930년대에 일기 시작한 유물론 역사가들의 소위 세계사적 보편성 이론과는 일정한 차이를 드러낸다.

한편, 안재홍의 고대사 연구는 한민족 전체를 혈족 및 문화적으로 단일 민족으로 간주하고, 백두산 부근을 고대국가의 발상지로 설정하고 있다는 점에서 신채호 등 선배 민족주의 사가의 관점을 계승하고 있으나, 몇 가지 점에서 차이가 드러난다. 첫째, 선비·여진·몽고·흉노 등 동이 전체를 한민족으로 간주했던 선배 학자들의 무리한 주장이 극복되고, 둘째, 지리고증이나 대외항쟁에 치중되었던 고대사 연구시각에서 탈피하여 사회사를 바탕으로 한 정치사로 전환하고 있다는 점이다. 그의 독창적 사회사 이해의 틀을 이루고 있는 이른바 '기·지·치' 이론이 바로 그것이다. 물론 그가 의존하고 있는 사회사의 틀은 모르간Morgan의 『고대사회』 이론을 빌어온 것이지만, 그 틀을 '기·지·치' 이론을 가지고 설명함으로써 한국 사회의 보편성을 증명하려고 한 것은 고대사 연구의 시야를 확대하는 데 공헌했다고 할 수 있다.

모르간의 이론은 백남운 같은 유물론자들에 의해서도 이미 1930년대 초에 받아들여진 바 있었지만, 안재홍은 이를 우파의 시각에서 수용함으로써 좌파와 다른 고대사회사 연구의 단서를 열어놓았다고 할 수 있다.

안재홍이 역사연구에 몰두했던 1930년대에는 진단학회(1934년 창설)를 중심으로 하는 전문적 역사학자들의 학문활동이 활발하게 전개되던 시기이기도 하다. 문헌고증의 수준에서 본다면 안재홍의 사학은 이들에게 미치지 못하는 약점이 있어, 그의 사학을 1930년대의 최고수준이라 평가할 수는 없다. 그러나 민족주의의 시각에 선 학자로서 안재홍은 근세사의 문일평과 더불어 반드시 기억되어야 할 학자로 보아도 좋을 것이다.

끝으로, 안재홍은 똑같은 신민족주의를 들고나온 손진태와의 비교가 문제가 될 것이나, 역사해석의 측면에서 양자는 공통점과 동시에 많은 차이점이 있다는 것을 지적해 두고자 한다. 우선, 계급보다 민족을 우위에 놓고 초계급적 민족국가의 건설을 목표로 하여 역사를 해석하는 태도는 양자가 같다. 그러나 안재홍은 역사에서 공생의 이념을 찾아 계급갈등을 극복하려는 태도를 취한 반면, 손진태는 역사에서 계급갈등과 계급협조의 사례를 적극적으로 강조함으로써 평등의 중요성을 보다 강도 높게 부각시킨 점에 차이가 있다. 다시 말해 안재홍은 역사에서 지배계급의 공생의 미덕을 발굴하자는 시각이고, 손진태는 지배계급의 미덕과 추악을 모두 드러냄으로써 지배계급의 일대 각성을 촉구하려는 시각이다. 또한 단일민족의 순수성을 인식하는 시각에 있어서는 안재홍보다 손진태는 덜 엄격하며, 전자는 민족형성기를 고조선 시기로 보는 데 반해 후자는 신라통일기로 본다.

그러나 양자의 더 상세한 비교는 앞으로의 과제로 남겨놓고 이 글을 맺는다.

1940년대 손진태의 신민족주의 사학

1. 머리말

남창南滄 손진태孫晋泰(1900~?)는 해방 직후 이른바 신민족주의 역사학을 창도하다가 6
· 25 때 납북되어 아직 생사가 묘연한 역사학자이다.

그가 창도한 신민족주의 역사학은 그 개인의 우발적 산물이 아니고, 일제말 · 해방초기
의 격심한 좌우갈등 속에서 민족주의 역사학을 새로운 단계로 이끌어 올리려는 신진학도
들 사이에서 심각한 고민과 갈등을 거쳐 잉태 · 생산된 것이다. 그것은 비록 짧은 기간이
지만 해방정국의 사학계에 신선한 충격을 주었다는 점에서 분명히 현대사학사의 한 페이
지를 장식하는 것이다.

지금까지 알려진 바로는 신민족주의에 관여된 학인으로는 손진태 이외에 정치방면에
서의 안재홍(1891~1965), 역사방면에서 이인영(1911~?), 그리고 국문학방면에서 조윤제
가 있으며, 이 중에서 안재홍과 이인영은 손진태와 마찬가지로 6 · 25 때 납북되는 비운을
똑같이 맞이하였다. 신민족주의 학인들의 불행은 그들 개인의 불행일 뿐 아니라, 해방정
국의 이념적 갈등을 지양하여 민족단결을 달성해 보려던 중도이념 창출의 좌절을 의미한
다는 점에서 정치사와 사상사적으로도 중요한 의의를 지닌다.

그동안 우리 학계에서는 신민족주의 주창자들에 대한 개별적 연구가 진행되어 왔으
나,[1] 아직은 그 이해의 심도가 깊지 못하다. 신민족주의는 크게 정치사상적 측면과 역사

---

1   손진태의 신민족주의 역사학에 관한 주요 논문은 다음과 같다.

해석방법론의 두 측면을 가지고 있는데, 안재홍은 전자에 공헌했고, 손진태는 후자에 기여했다. 따라서 우선 안재홍·손진태 두 사람의 상호관련성에 대한 이해가 선결문제이며, 나아가 구민족주의와 문헌고증사학, 그리고 마르크스주의 사학과의 대비적 검토가 불가피하다. 신민족주의는 이 모든 사상 혹은 학풍에 대한 대응논리인 까닭이다.

필자는 이러한 시각에서 기왕에 안재홍의 신민족주의와 그의 사학을 검토한 바 있으며,[2] 이제 그 후속 작업으로서 손진태의 사학과 신민족주의를 다루어보고자 한다.

2. 손진태의 생평과 저술

손진태는 1900년 12월 28일 경남 동래군 하단이라는 마을에서 출생했다. 그의 남창이라는 호는 낙동강 하구에 위치한 자신의 고향마을에서 연유한 것이다.

그의 가계는 자세하지 아니하나, 밀양을 관향으로 하는 손수인孫秀仁의 차남으로 태어났다. 그의 모친은 그가 5세 되던 해에 해일로 사망했고, 그 자신은 노도 속에서 조그만 배를 타고 표류하다가 구사일생으로 살아났으며 그의 집도 이때 유실되었다.[3] 그 후 그는 거의 고아처럼 이곳저곳에 전전하면서 역여逆旅의 생활을 보내기 시작했고, 그의 학창생활의 대부분을 고학으로 보냈다.[4]

그는 1909년에 소학교에 들어갔고, 1912년에 서울에 유학하여 중동학교에 다녔다.[5] 중학 2학년에 그는 "대담하게도 한국사편저를 기도한 적이 있다"[6]고 할 만큼 일찍이 역사에 대한 관심을 품었으며, 소년기에는 정치가가 되려는 꿈을 품었다. 그것은 한말·일제 초

李基白, 「新民族主義史觀論」, 『文學과 知性』, 1972. 가을호(『韓國의 歷史認識』(下), 創作과 批評社, 1976에 재수록 됨); 金貞培, 「新民族主義史觀」, 『文學과 知性』, 1979, 봄호.
이 밖에 손진태 사학에 관해 언급한 논문으로 다음의 것들이 있다.
金容燮, 「우리나라 近代歷史學의 發達」, 『文學과 知性』 4, 1971; 金允植, 「도남사상과 신민족주의 사관」, 『한국학보』 33, 1983; 李萬烈, 「한국근대사학의 제보」, 『한국근대 역사학의 이해』, 문학과 지성사, 1983; 崔在錫, 「손진태 저작 문헌목록」, 『한국학보』 39, 1985.
2   韓永愚, 「안재홍의 신민족주의와 사학」, 『한국독립운동사연구』 1집, 1987.
3   太學社刊, 『孫晋泰全集』(이하 全集이라 약함) 6, 505쪽.
4   「朝鮮民譚集」, 『全集』.
5   「최근 한국사회상의 변천」, 『全集』 6, 675쪽 및 『조선급조선민족』, 371쪽.
6   上揭書, 682쪽.

기에 유행했던 민족주의역사학의 영향을 받았기 때문인데, 그가 1920년에 동경으로 유학하여 와세다고등학원에 입학, 이를 마치고 와세다대학 사학과에 들어가게 된 것도 소년기의 꿈을 실현하기 위함인 듯하다. 그는 중학 때 주시경으로부터도 배웠다고 하며, 이밖에도 언론·문예 등 문화 각 방면에서 이루어지고 있던 감상주의적 민족해방운동에 많은 감화를 받으면서 소년기를 보냈던 것이다.

그는 자신이 동경 유학을 떠나던 1920년 전후한 시기의 교육계의 일반적 상황과 자신의 처지를 다음과 같이 술회하고 있다.

> 한국의 中學生이 … 모두가 졸업면허장을 얻어 직장을 얻으려고 하지 않는다. 많은 사람이 民族解放運動者의 한 사람으로 활동하고자 포부를 갖고 있었다. … 1919년의 소위 3·1운동 이래 한국청년의 향학열은 놀라우리만큼 증가하고, … 東京이나 諸外國에 향하는 자도 년년 증가하는 추세다. 그리고 그들 대부분이 苦學의 결심으로 나오고 있는 것에 대해서는 경악을 금치 못하는 바이다. 나도 또한 그 한 사람이기에 별 할말이 없다. 그들 중에는 역시 해방운동의 대열 속에 들어가려고 하는 사람이 다수였다. 요는 청일전쟁 후 오늘날까지의 教育相은 아직도 주로 민족해방운동으로 나아가는 것이 그 조류였다.[7]

손진태는 청일전쟁에서 1920년대에 이르는 교육열의 기본흐름을 민족해방운동으로 파악하고, 자신의 서울유학이나 동경 유학도 그러한 흐름 속에서 나타난 한 사례로 보고 있는 것이다. 따라서 시골 출신의 손진태가 고학의 어려운 역경 속에서 향학심을 불태운 것은 나름대로의 민족의식에서 출발했다는 것을 확인할 수 있다. 그러나 손진태의 감상적 애국심과 민족의식은 동경유학생활을 보내는 동안 점차 이성적이고 현실적인 방향으로 조정되기 시작했다. 1920년에서 1933년에 귀국할 때까지 그는 13년간 동경에 머무르면서 1927년에 대학을 졸업하고 이어 동양문고에 재직했는데, 그 사이에 여러 차례에 걸쳐 민속채집을 위해 전국 각지를 탐방하고, 이를 논문으로 발표하였다. 첫 번째 여행은 1923년에, 두 번째 여행은 1926년에, 그리고 세 번째는 1932년에 제국학사원의 학술연구비 보조를 받아 두 달에 걸친 민속채방여행에 나섰다.

---

7   前揭書, 683쪽.

이와 같이 사학과에 입학한 그가 민속학으로 관심을 바꾼 것은 1920년대 이후로 사회주의 영향을 받아 '민중' 문제가 주요관심사로 등장함에 따라 민중문화의 근원인 민속을 알아야 한다는 것을 깨달은 것이고, 또 한편으로는 쓰다 소키치津田左右吉을 비롯하여 우츠보 쿠보타窪田空穂·마에마 교사쿠前間恭作·니시무라 신지西村眞次 등과 같은 학자들의 권유와 학문적 영향을 받은 것도 한 원인이 되었다.[8]

한편, 1920년대 이후로 일제는 소위 문화정치를 표방하면서 우리 민족을 문화적으로 동화시키기 위해 한국문화를 대대적으로 조사 혹은 연구하기 시작했는데, 그 일환으로 민속채집에도 비상한 관심을 쏟았다. 그 결과가 조선총독부 지원하에 이루어진 무라야마 지준村山智順의 4부작 『조선민간신앙朝鮮民間信仰』(1929~1933)이었다. 이 책은 비록 저술의 동기는 정치적인 것이라 하더라도 민속학을 활성화시키는 계기가 되어 한국인의 민속학 연구자들에게도 많은 자극을 주었으며, 손진태도 그의 업적을 긍정적으로 평가하고 있었다.[9]

손진태는 자신의 민속채방여행에서 얻어진 자료들을 토대로 수많은 논문을 1923년부터 발표하기 시작했고, 『조선고가요집朝鮮古歌謠集』(1929, 日文)·『조선신가유편朝鮮神歌遺篇』(1930, 韓日對譯)·『조선민담집朝鮮民譚集』(1930, 日文)·『명엽지해蓂葉志諧』(1932)[10] 등을 저술 혹은 편집간행했다. 그리고 단행본으로 묶이지 못한 개별논문들은 해방 후에 수정·보완되어 『조선민족설화의 연구朝鮮民族說話의 研究』(1946)와 『조선민족문화의 연구朝鮮民族文化의 研究』(1948)로 출간되었다.

1933년에 귀국한 손진태는 연희전문학교의 강사로 취직했으나, 그곳에서 일본사를 강의하라는 학교측의 부탁을 거절하고, 1934년에 보성전문학교(현 고려대학교)로 직장을 옮

8 　孫晉泰 자신은 왜 역사학에서 민속학으로 방향을 바꾸었는지 글로써 해명한 일이 없다. 그런데 해방 후 그는 자신의 학문을 회고하는 자리에서, 일제시대에 역사학을 자유로이 연구할 수 없기 때문에 民俗學에 주력하였노라고 말한 일이 있다 한다. 해방 후 그가 다시 역사학으로 되돌아온 것을 보면 그의 말은 사실일 것으로 보인다. 하지만, 그의 말을 인정한다 하더라도, 그가 민속학연구에 20여 년간 종사한 것은 단순한 역사연구의 회피만은 아닐 것이다.

9 　孫晉泰는 書評(1933. 11)을 통해 村山智順의 4부작을 평가하여 "23년 전까지 거의 그 존재까지도 막연하게 의심스러웠던 정도인 한국의 민속학계가 근래 아연히 생기를 띠게 되어 좀 화려한 감마저 주게 된 것은 그 공적의 태반은 아마도 村山氏의 이 四部의 大著가 아닌가 하고 생각하기까지 할 정도이다"라고 하였다.

10 　『蓂葉志諧』는 조선 후기 학자인 洪萬宗의 作인데, 손진태는 1928년 서지학자인 前間恭作씨로부터 자료를 입수하여 간행한 것이다.

졌다. 아마 이 무렵부터 그는 연전에 재직하던 백남운의 사학을 접하고 많은 자극을 받은 것 같다. 그리고 1939년부터 보성전문학교 도서관장을 맡고 있다가 8·15해방을 맞이했다. 귀국 후 손진태는 조선민속학회의 조직과 『조선민속朝鮮民俗』의 간행에 중심인물로 참여하여 민속학연구를 계속하였으며, 1934년에는 이병도李丙燾가 주도한 진단학회 창설에도 핵심인사로 참여했다. 이 진단학회 활동을 통해서 그는 이병도·김상기·이상백 등 와세다출신의 동문 국사학자들과 긴밀한 관계를 맺게 되었고, 보성전문시절에는 이인영·조윤제 등과 가까이 지내면서 새로운 역사연구방법론으로서 '신민족주의사관'을 구상하게 되었다.

8·15해방 후 그는 보성전문에서 자리를 옮겨 경성대학 사학과 교수로 취임하고, 1946년에 서울대학교가 창설되자 문리과대학 사학과에서 이병도·김상기·이인영·유홍렬 등과 더불어 국사학자로서 새로운 학문활동을 시작하고 후진양성에 전력을 기울였다.

일제시대에 민속학으로 일관했던 손진태의 학문이 해방과 더불어 국사학으로 방향을 바꾼 뒤에 내놓은 가장 중요한 업적은 신민족주의사관에 입각해서 쓴 『조선민족사개론』(1948)이었다. 이 책은 원래 통사를 목표로 쓴 것이었으나 고대사로 끝나고 말았으며, 그 대신 학생들의 교재용으로 쓴 『국사대요國史大要』(1948.12)와 『우리민족이 걸어온 길』(1948.5) 그리고 『국사강화國史講話』(1950)에서 비록 간략하기는 하지만 자신의 통사체제를 제시하였다.

손진태의 국사연구는 순수학구적 측면으로 나아갔다기보다는 국사교육쪽에 더 깊은 관심이 쏠렸다고 볼 수 있으며, 「삼국유사의 사회사적 고찰」(1949)이 그가 발표한 거의 유일한 논문이었다. 그 대신 국사교육에 대한 그의 관심은 「국사교육의 기본적 제문제」(1947), 「국사교육 건설에 대한 구상 – 신민족주의 국사교육의 제창」(1948) 등의 논설로 표현되었는데, 그가 1949년에 문리대에서 사대로 자리를 옮기고, 1950년에 문리대학장을 거쳐 문교부차관 겸 편수국장을 맡게 된 것도 그의 이러한 국사교육에 대한 비상한 열의 및 관심과 관련지어 생각할 수 있다.

그는 해방정국의 심각한 좌우갈등의 와중에서 새로운 이데올로기의 창출을 가장 긴급한 과제로 생각했고, 이를 국사교육에 반영시키려고 애를 썼다. 그리하여 대학 안에서도 이인영 교수와 더불어 신민족주의사관을 후학들에게 가르치는 데 힘쓰다가 1950년의 6·25동란 중에 북으로 이끌려가 불귀不歸의 객이 되고 말았다.[11] 손진태와 더불어 신민족주의의 중진의 한 사람이던 이인영도 동란 중에 피랍되어 생사가 묘연하며, 정치권에서 신민족주의를 주창했던 안재홍 역시 북으로 이끌려감으로써 남한에서의 신민족주의는 한동안 자취를 감추게 되었다.

3. 손진태의 민속학연구

손진태의 학문은 소년기의 국사에 대한 민족주의적 관심에서 출발하였으나, 대학에 진학한 이후로는 민속학으로 일관하였으며, 해방이 된 뒤에는 다시 국사로 돌아왔으나 학문연구 자체보다는 신민족주의적 국사교육에 치중했다고 할 수 있다.

그렇다면 그가 일제시대에 국사연구를 포기하고 민속학으로 일관한 이유는 무엇이며, 어떤 시각에서 민속학을 했을까 하는 의문이 앞선다. 그리고 그의 민속연구와 해방 후의 신민족주의사관과는 어떤 상관관계를 갖는지도 관심거리다.

우선 그가 민속학을 선택한 동기에 대해, 그는 해방 후 자신의 학문을 회고하는 자리에서, 역사를 자유스러이 연구할 수 없었던 일제시대의 상황에 이유를 들었다 한다.[12] 이를 그대로 믿는다면, 그는 민속학을 했지만 역사를 포기한 것은 아니라는 뜻이며, 역사를 위해 우회적으로 민속학을 했다는 것으로 보아야 한다.

실제, 그가 학문에 들어선 1920년대는 지식인으로서 처신하기가 매우 어려운 시기였다. 이 시기는 민족주의에서 사회주의로 민족운동의 조류가 바뀌어가는 과도기로서 그만큼 좌우의 이념적 갈등이 심하면서도 쉽게 택일적 확신이 서기도 어려운 시점이었다. 여기서 그가 선택한 길은 민족주의를 따르면서도 종래의 센티멘탈리즘은 벗어나야 한다는 자각이었다. 다시 말해 좌익의 '계급' 이론에 대응할 수 있는 민족주의의 활로를 '민중'에서 찾았으며, 실제 '민중적 민족주의'는 1920년대 이후의 대세를 이루는 흐름이었다.[13]

다만, 손진태는 '민중적 민족주의' 노선을 따르면서도 이를 정치운동으로 표출시키지

---

11 최근에 입수한 소련학자 朴미하일의 『Korea: Essays of History』(1987)에 의하면 손진태는 1950년에 사망한 것(140쪽)으로 되어 있으나, 그 후 그가 생존했다는 설도 있어서 아직 그의 生死여부를 확인할 수 없다.

12 李基白, 『孫晋泰全集解題』, 太學社, 1981.

13 韓永愚, 「民族史學의 成立과 展開」, 『國史館論叢』 3호, 1989.

않고 어디까지나 학문적으로 승화시키려 하였으며, 또한 과거의 민족주의를 센티멘탈리즘으로 인식하였기 때문에, 안재홍이나 정인보 혹은 문일평 같은 소위 민족주의 역사가들과는 역사해석을 달리하였다. 그가 13년간이나 오랜 기간 일본에 체류하면서 민속학에 전념한 것은 자신을 정치운동에 희생시키지 않으면서 민속학을 통해 '민중'을 발견하고, 장차 '민중'을 토대로 한 민족주의운동을 정치운동으로 연결시키고자 하는 원대한 계획이 숨어 있었던 듯하다. 이러한 그의 복안은 일제시대에 발표한 여러 글에서 간접적으로 표현되고 있다. 가령, 1939년에 『진단학보』 10집 출간을 평하는 글에서 그는 1920년대 초의 자신의 학문하는 태도를 다음과 같이 회고하고 있다.

> 15·6년 전 ··· 동경에서 史學을 전공하는 4·5友가 모이면 하는 말이 ··· 당시로 말하면 한국사람들의 지식층이며 학생간에 사회주의니 민족주의니 하는 논쟁이 일세를 풍미하여 우리들처럼 순수학구적 방면으로 향하는 자는 사람의 數에 들어볼 생각도 못하였다. ··· 우리들은 반동적이라는 경멸까지 감수하지 않을 수 없었다. 그래도 우리들은 학문이 현실정치를 초월할 것이라는 신념을 버리지 아니하였다.[14]

여기서 손진태는 자신을 '순수학구적 방면으로 향하는 자'로 규정하고, 이러한 자신의 태도가 민족주의나 사회주의를 내세우는 지식층으로부터 '반동적'이라는 경멸까지 받았음을 인정하면서, 그러나 '학문이 현실정치를 초월'한다는 굳은 신념을 지니고 학문생활에 정진했음을 당당하게 피력하고 있다.

현실정치보다 학문을 우위에 두는 손진태의 위 발언은 분명히 1920년대의 시점에서는 '반동적'으로 규탄받을 만한 분위기임에 틀림없지만, 사실은 정치를 근원적으로 부정하는 말이 아니라, 먼저 학문적 성숙을 이룩한 다음에 보다 원숙한 정치를 이끌어낸다는 전략적 의미가 담긴 것으로 보인다. 그것은 그가 1928년에 쓴 「최근 한국사회상의 변천」이라는 글에 잘 나타난다. 이 글에서 그는 청일전쟁에서부터 1920년대에 이르는 기간의 민족운동의 흐름을 총괄적으로 개관한 다음, 다음과 같은 결론을 내리고 있다.

---

14   『全集』 6권, 517쪽.

총괄적으로 말한다면 청일전쟁 후의 한국의 사회는 서양의 문화를 들여와서 교육·신문·문예·역사·언어·문학의 운동에 의해 한국민의 獨立自尊心을 발양하고, 國民意識의 긴장통일에 전력을 경주한 것인데, 이 운동은 병합과 함께 이름은 바뀌었으나 의연하게 民族的 自尊心과 民族意識의 긴장·통일을 위하여 계속되었다. 이것은 배타적 색채를 갖는 것으로 社會主義者의 사이에서는 근래 이것을 배척하는 자도 있으나 그들조차 民族的 感情을 무시할 수 없었으므로 은밀히 이것을 인정하고 있다. 그러나 그들의 역할이 계급의식의 고조에 있는 것은 물론이다. 계급운동은 아주 초기현상이고, 그것보다 더 뿌리가 튼튼한 것은 역시 民族運動이라 할 수 있겠다. 그리고 한국사회에 포만해 있는 이 민족운동도 실은 지금까지 센티멘탈리즘에 의한 民族解放運動인 것으로 생각한다. 그러나 센티멘탈리즘은 이것으로 일단락을 지우고, 지금부터는 현실적으로 다른 방향으로 그 운동이 전환하지 않나 하고 나는 관측하는 것이다.[15]

이를 다시 정리한다면, 그는 1894년에서 1910년대까지의 민족운동을 '센티멘탈리즘'에 입각한 부르조아적 민족주의운동으로 규정하고, 그것이 그 시점에서는 일종의 감정해방운동으로서 불가피하고 필연적인 과정으로 이해하였다. 그러나 1920년대 이후로는 사회주의운동이 일어나게 되는 현상도 그는 필연적 추세로 보면서 동시에 사회주의운동 또한 민족적 감정을 무시할 수 없다는 점에서 민족주의운동의 당위성을 긍정하고 있다. 다만 그가 추구하는 민족주의운동은 센티멘탈리즘에서 벗어나 '이성적·현실적'이어야 한다는 점에 특색이 있고, 그 구체적 표현이 결국 학문을 통한 민중의 발견으로 귀착된 것으로 풀이된다. 그는 "종래의 센티멘탈리즘으로써는 민중이 호응하지 않게 된"[16] 현실상황을 정확히 읽었으며, 민중을 토대로 한 이성적 학문은 궁극에 가서 민족해방운동으로 연결된다는 것을 믿고 있었다. 민중문화로서의 민속학을 택한 이유는 바로 여기에서 찾아지며, 그가 해방 후 지배계급과 민중(피지배계급)의 평등을 강조하는 '신민족주의'를 내세우게 된 것은 결코 돌발적인 변신이 아니요, 그의 학문태도의 자연스런 귀결이라고 믿어진다. 따라서 손진태가 일제시대에 '순수학구적' 자세를 견지했다 해서 단순히 실증적 학

---

15 前揭書, 692쪽.
16 上揭書, 682쪽.

문에만 몰두했다고 보기는 어렵다.[17]

그렇다면, 손진태가 민중문화로서 이해하는 우리나라 민속의 구체적 특징은 무엇인가. 그는 우선 어느 선진국가이든지 미개시대의 유풍으로 민속을 지니고 있으며, 그러한 민속이 있다고 해서 그 민족을 야만시하거나 경멸하는 것은 잘못이고 오히려 "그러한 토속을 통하여 그 민족에게 말할 수 없는 애상과 존경을 갖게 된다"는 시각에서부터 민속조사의 출발점을 찾고 있다. 1926년에 쓴 「토속연구여행기」에는 위와 같은 입장이 천명되고, 이어서 다음과 같이 민속의 의의를 정의하고 있다.

> 미개시대의 유풍을 가지고 있는 것이 그렇게 자랑될 것은 없다. 그러나 그렇다고 조금도 부끄러워할 까닭은 없다. 우리가 成人이 된 뒤에라도 오히려 童心을 가지고 있는 것과 일반으로, 아무리 소위 文化人이라도 먼 옛날의 유풍을 무슨 형식으로서라도 가지고 있는 것이다.[18]

여기서 민속은 자랑할 것도, 부끄러워할 것도 없는 미개시대의 유풍이지만, 어떤 문화민족에게서도 발견되는 보편적 현상으로 받아들여지고 있다. 그런데 민속은 이렇듯 그 수준면에서는 미개하고 저급한 것이지만, 오히려 그 민족에 대한 애정과 존경은 민속을 통해서 갖게 되는 것으로 보기 때문에, 손진태의 민속에 대한 시각은 기본적으로 긍정적이라고 할 수 있고, 또 그가 우리나라 민속을 통해서 우리 민족에 대한 애정을 더 깊이 갖게 되었다고도 할 수 있다. 다만, 민족주의 역사가들은 민속을 고유문화로 파악하고, 또 그것을 우수하고 자랑스런 문화로 이해하는 것이 보통이지만, 손진태의 경우는 이와 다르다. 그는 민속을 고유문화로 보지 않으며 대부분 다른 민족에서도 볼 수 있는 세계성을 가진 것으로서 다른 민족으로부터 전파되어 들어온 것으로 이해한다.[19] 따라서 그는 민족

---

17 李基白 교수는 孫晉泰가 實證史學에서 출발하여 해방 후 民族主義 史學으로 전향한 것으로 이해하고 있다(註 1) 참고). 손진태가 스스로 순수학구파임을 자처했다든가, 실증사가들과 더불어 진단학회를 창립했다는 사실만을 주목하면 그러한 해석도 가능하다. 그러나 우리가 보통 실증사가라고 부르는 학자들은 학문방법상으로 문헌고증에 치중하고, 민족이나 민중에 대해 깊은 관심을 갖지 않았고, 간접적으로 日帝와 협력하는 경향이 있었다. 손진태는 일제시대나 해방 후에도 문헌고증에 치중한 학자가 아니었고 일제 당국에 협력한 사실도 없었다는 점에서 실증사가들과는 다르다.

18 『全集』 6권, 465쪽.

19 孫晉泰는 民俗을 크게 두 부류로 나누어 ① 외국에서 수입된 것과 ② 자연발생적으로 생겨난 것이 있다고 보는데, 우리의 민속은 대부분 외국에서 들어온 것으로 이해한다.

주의적 관점보다는 인류문화의 보편성과 더불어 계급적 관점에서 민속을 이해하였다고 할 수 있다. 그가 민속학을 민족학이라 부르는 것을 꺼리는 이유도 여기에 있다.

손진태의 민속연구대상은 주로 가옥과 온돌, 분묘로서의 고인돌, 혼인풍습, 석전, 그리고 원시신앙과 관련된 선왕당(累石壇) · 솟대(蘇塗) · 장승 · 무당 · 태양숭배 등에 관한 것이다. 그리고 이와 같은 유형적 민속 외에도 이른바 구비문학으로 전승되어 온 설화의 수집 · 연구도 그의 민속학 연구에 있어서 중요한 위치를 차지한다.

그러나 손진태는 설화를 수집 · 연구하면서도 단군신화나 동명왕 · 혁거세 · 수로왕전설 등 소위 역사적 설화에 대해서는 연구하지 않았다. 이는 그가 역사적 설화보다는 민중의 현실생활에 직결되어 있는 민중설화를 일차적으로 존중했고, 또 이러한 역사적 설화들은 최남선을 비롯한 민족주의 역사가들이 많이 손대고 있는 현실도 고려했을 것이다. 그러나 우리의 민족시조설화인 단군신화에 대해서는 해방 후 깊은 관심을 가지고 연구하여 이를 우리의 민족사상의 뿌리로 강조하고 국사서술의 앞머리에서 다루었다.[20] 단군신화를 실제적 역사사실보다는 민족사상으로 취급한 것은 선배 민족주의 역사가들의 감상주의적 방법과 다른 것이며, 이를 말살하고자 하는 일인日人학자의 태도와도 상반되는 것으로서, 단군신화연구의 진일보를 의미하는 것이었다.

손진태는 민속을 배타적이고 국수주의적인 민족주의 시각에서 보지 않았으면서도, 해방 후 자신의 민속학 연구업적을 단행본으로 정리할 때에는 '민족설화' 혹은 '민족문화'라는 명칭을 붙여 주었다. 그런데 이때 그가 쓴 '민족'이라는 용어는 다소 특이한 의미를 가졌다. 이제 그의 '민족'에 대한 정의를 직접 들어보기로 한다.

민속학은 민족문화를 연구하는 과학이다. 여기서 민족이라고 하는 술어는 자매귀족계급을 포괄하는 광의의 말이 아니요, 민족의 대다수를 구성하는 농민과 상공어민 및 노예 등 피지배계급을 의미하는 것이니, 따라서 민족문화란 것은 귀족문화에 대한 일반민중의 문화를 이르는 것이다.[21]

여기서 민족은 民衆이요, 민중은 피지배계급을 가리키는 것으로 정의되고 있으니, 결국

---

20 孫晉泰는 해방 후 「三國遺事의 社會史的 考察」(1947)에서 단군신화를 심도있게 해설하였고, 『조선민족사개론』의 緖編에서도 「民族始祖 檀君傳說」을 독립된 章으로 서술하였다.
21 『朝鮮民族文化의 研究』自序.

民族文化는 곧 피지배계급인 민중문화를 달리 표현한 것에 지나지 않는다.

피지배계급의 민중문화를 민족문화로 정의할 경우, 지배계급문화는 어떻게 해석할 것이며, 지배계급문화와 피지배계급문화의 상호관련성은 무엇인가의 문제가 남는다. 손진태는 지배계급의 문화는 문자로 기록된 고급문화로 보면서도 그 기능은 귀족적인 것으로 비판한다. 이에 반해 민중문화는 문자로 기록되지 못한 低級文化이면서도 그 성격은 "集團的이며 平等的이며 民族的인 것"[22]이요, "일반민족층(민중 - 필자)의 직접생활에서만 취사선택되고 성장·발달되는 예술이므로 해서 그 민족의 성격과 사상감정을 가장 순직하게 표현하고 있는 것"[23]이기도 하다. 그런데, 지배계급의 문화와 피지배계급의 문화는 이렇듯 성격상 상반되면서도, "소위 고급문화는 平地에서 돌출한 것이 아니요, 저급한 민족문화(민중문화 - 필자)에서 진전한 것"[24]이라는 점에서 서로 유기적 관련을 맺고 있으며, 그런 점에서 지배계급의 귀족문화=고급문화도 궁극적으로 민족문화의 범주에 넣고 있다. 여기에서 손진태의 '민족문화'는 결국 광의와 협의의 두 개념을 가진 것으로 나타난다.

4. 신민족주의의 정치사상

손진태는 1947년 4월에 쓴 「국사교육의 기본적 제문제」라는 글에서 처음으로 '신민족주의'를 제창하였다. 그리고 이어서 1948년 1월에 쓴 『조선민족사개론』의 자서와 서론, 그리고 같은 해 9월에 쓴 「국사교육건설에 대한 구상 - 신민족주의 국사교육의 제창」(『새교육』)이라는 글과, 같은 해 12월에 쓴 『국사대요』의 서문에서 거듭거듭 '신민족주의사관'을 천명하였다.

위의 여러 글들은 그동안 민속학에 전념해 왔던 손진태가 국사교육으로 방향을 전환하면서 발표한 것들인데, 그가 국사교육의 새로운 방향으로서 제시한 소위 '신민족주의'는 좁게는 역사해석이론이지만, 넓게는 정치이데올로기의 기능을 가진다는 점에서 중요한 의미를 지닌다.

22　『朝鮮民族說話의 研究』序說.
23　同上.
24　『朝鮮民族文化의 研究』自序.

손진태는 자신의 '신민족주의'가 태평양전쟁이 발발하던 때(1939)부터 구상되었으며, "同學數友로 더불어 때때로 密會하여 이에 대한 이론을 토의하고 체계를 구상하였다"[25]고 술회하고 있다. 태평양전쟁 발발 당시라면 그가 보성전문학교에 재직하던 시절이며, 이때 함께 신민족주의를 구상한 동학은 아마도 이인영·조윤제 등을 가리키는 것으로 보인다.[26]

그러나 비록 신민족주의에 대한 구상은 그때 이루어졌다 하더라도, 그가 1947년에 비로소 세상에 이를 발설하게 된 것은, 조소앙趙素昻의 삼균주의三均主義와 해방 직후 안재홍이 쓴 「신민족주의와 신민주주의」(1945.12)에 직접적으로 자극과 영향을 받은 것으로 보인다. 신민족주의에 대한 구상은 손진태가 안재홍과 무관하게 가졌는지 모르나, 신민족주의라는 술어 자체는 안재홍이 최초로 발설한 것이 사실이요, 손진태는 실제로 안재홍의 글을 접한 사실을 밝히고 있다.[27]

안재홍과 손진태의 신민족주의는 술어상의 일치점뿐 아니라, 그 정치적 이데올로기에 있어서도 기본적으로 서로 같다. 즉 안재홍의 신민족주의는 지주·자본가·농민·노동자 등 부르조아지와 프롤레타리아트가 만민공생하는 초계급적 통합민족국가의 건설에 있으며, 민족주의와 사회주의의 적절한 조합을 통해 중앙당을 세우자는 중도우파의 정치이데올로기이다.[28] 또한 안재홍의 신민족주의는 대외적으로 배타성을 버리고 국제협력을 추구하면서도 민족적 개아를 유지한다는 점에서 기본적으로 민족주의를 버리지 않았다.

한편, 손진태는 자신의 신민족주의가 내포하고 있는 민주주의를 다음과 같이 밝히고 있다.

국사교육은 어떤 방향으로 나아갈 것인가. 그것이 民主主義 방향이어야 된다는 점에는 아무런 異論이 없을 것이다. 그러나 우리는 소련적 민주주의나 英美的 민주주의를 모두 원치 않는다. 그들은 모두 다수한 異民族을 포섭한 국가일 뿐 아니라 세계지배를 꿈꾸는 강자

25 『朝鮮民族史概論』 自序.
26 金允植, 「도남사상과 신민족주의 사관」, 『한국학보』 33집(1983) 참고. 조윤제의 『도남잡지』(1964)에 의하면, 조윤제는 1939년에 보성전문의 도서관장이던 손진태 옆에 연구실을 얻어 들어갔으며, 뒤에 이인영이 왔다고 한다.
27 孫晉泰는 1948년에 쓴 「국사교육 건설에 대한 구상 – 신민족주의 국사교육의 제창」 이라는 글에서 安在鴻·鄭寅普·司空桓 등이 국사교육에 대하여 발표한 글이 있음을 지적하고 있다.
28 韓永愚, 「안재홍의 신민족주의와 사학」, 『한국독립운동사연구』 1집, 1987.

들이다. 강자의 철학과 약자의 그것은 스스로 달라야 할 것이다. 소련적 국사교육은 민족 내부에 계급투쟁을 일으키어 민족을 약화시키고, 더 나아가서는 민족 자체를 부인하게 될 염려가 있다. 그리고 英美的 민주주의는 약소민족으로 하여금 저도 모르게 그들의 거대한 자본주의 속에 빠지게 하여 弱少者는 더욱 더 약소화하여 민족으로서의 발전을 꾀할 수 없게 될 염려가 있다. … 우리는 그들의 장점을 취하고 단점을 버리고 조선민족에게 적절하고 유리한 민주주의 이념을 창조하여야 할 것이다. 그러한 민주주의를 우리는 민주주의적 민족주의라고 하며, 간단하게는 '신민족주의'라고 한다.

신민족주의는 국제적으로는 모든 민족의 평등과 친화와 자주독립을 요청한다. 그리고 국내적으로는 모든 국민의 정치적·경제적·교육적 균등과 그로 인한 약소민족의 단결과 발전을 요청한다. 그러므로 신민족주의는 국제적으로 전쟁을 부인함과 마찬가지로 국내의 계급투쟁을 거부한다.[29]

다소 긴 인용문이지만, 손진태의 신민족주의가 내포한 정치이념을 가장 요령있게 보여주는 글이다. 여기에서 신민족주의는 소련식 민주주의, 즉 사회주의와 영미식 민주주의, 즉 자본주의를 다같이 거부하면서, 동시에 사회주의와 자본주의의 장점을 취하여 새로운 민족주의를 창출할 것을 역설하고 있다. 즉 사회주의의 '평등'이념과 자본주의의 '계급투쟁 반대' 이념을 수용하고 있음을 본다. 그리고 신민족주의가 지향하는 궁극의 목표는 계급단결을 통한 초계급적 민족통합국가의 건설임이 자명하고, 대외적으로는 자주독립에 입각한 국제친선임도 명백하다. 따라서 손진태의 신민족주의는 기본적으로 안재홍의 그것과 다를 바 없다. 결국 손진태의 신민족주의는 계급투쟁을 반대한다는 점에서 우파적 이데올로기이고, 계급평등을 강조한다는 점에서 좌파적이라 할 수 있으니, 다시 말해 극우도 아니고 극좌도 아닌 중도좌파 혹은 중도우파의 입장에서 있다고 할 수 있다.

그러나 이와 같은 양자의 공통점에도 불구하고, 서로 간에 차이점이 있음도 유의할 필요가 있다. 그것은 첫째로, 안재홍의 신민족주의는 초계급적 통합민족국가 건설을 위한 구체적 정강정책을 가지고 있는 데 비하여, 손진태의 그것은 계급평등을 실현하기 위한 아무런 구체적 실천방략이 없다는 점이다. 즉 손진태의 신민족주의는 계급평등의 당위성을 선

---

29   註 27)의 논문.

언하는 의미밖에 없다는 점에서 정치이데올로기로서는 매우 미숙한 것이라 할 수 있다.

그렇지만, 손진태의 신민족주의는 역사해석이론, 즉 사관으로 발전시켰다는 점에서 남다른 공헌이 인정된다. 따라서 신민족주의사관이 내포한 역사해석방법의 특색을 이해하는 것이 우리의 다음 과제가 된다.

5. 신민족주의 사관

1) 민족에 대한 해석

손진태의 신민족주의는 그 안에 내포된 민주주의 이념에 있어서 사회주의적 민주주의와 부르조아적 민주주의를 다같이 거부하고 있음을 앞에서 보았다. 사회주의와 자본주의는 다같이 한 계급의 이익만을 대변하기 때문에 그것은 진정한 의미의 민주주의일 수 없다는 것이다. 이러한 그의 생각은 당연하지만 '계급'을 초월한 '민족'의 입장에 서야 한다는 논리로 귀결된다. 그가 그의 사관을 궁극적으로 '신민족주의'로 이름붙인 것도 '민족'을 일차적인 이익집단으로 설정하고 역사를 보겠다는 뜻이다. 따라서 신민족주의 사관에서 '민족'을 어떻게 해석했느냐가 가장 관심의 대상이 되지 않을 수 없다.

손진태는 그의 신민족주의 사관에 입각한 대표적 저술인 『조선민족사개론』의 서설에서 '민족의 발견'에 노력했다고 하면서, 자신의 사관과 가장 대칭적인 위치에 있는 사관을 '계급사관'으로 이해하였으며, 그 중에서도 특히 백남운의 사학을 가장 예민하게 의식하였다. 그에 의하면 백남운은 적어도 왕실중심·지배계급중심의 역사학을 깨뜨리는 데 앞장선 선구자였으며, 그런 점에서 그의 저술인 『조선사회경제사』(1933)와 『조선봉건사회경제사』(1937)에 대하여 경의를 표하였다. 그러나 백남운은,

피지배계급을 발견하기에 너무나 열중한 나머지 '민족의 발견'에 극히 소홀하였다.[30]

---

30 『朝鮮民族史』(1948) 槪論.

는 것이 단점으로 지적되고 있다. '계급'과 '민족'이라는 두 개의 집단을 놓고 비교할 때, "계급의 생명은 짧고 민족의 생명은 길다"[31]는 것이 그의 지론이며, 그런 의미에서 계급보다는 민족이 윗자리에 서 있다고 본다. 더욱이 계급과 계급투쟁을 강조할 경우, 그 결과는 필연적으로 민족의 내부분열로 인해 민족의 약화를 가져오고, 외민족으로부터의 수모를 초래한다는 점을 우려하고 있다.

일제시대에 피지배계급인 민중의 문화를 연구하기 위해 민속학에 몰두했던 손진태가 해방정국을 맞이하여 피지배계급보다도 민족의 우위성을 강조하고 나선 것은 그만큼 계급투쟁에 의한 민족분열의 현실을 위기로 받아들였음을 의미한다. 그는 좌익혁명운동을 '국제적인 음모'라고까지 극언하였으며, 계급사관은 계급이 없어지는 그날로 사라질 것이라고 예견하기도 하였다.[32] 따라서 신민족주의는 일차적으로 계급투쟁을 반대하고 민족의 단결을 호소하기 위한 이념이지만, 그렇다고 계급투쟁을 반대했다 해서 지배계급의 입장만을 옹호한 것이 아닌 데서 그의 민중에 대한 애정은 여전히 관철되고 있는 것도 사실이다.

그렇다면, 그가 그토록 강조하는 '민족'의 역사적 실체는 어떠한 것인가. 그는 현재의 한국인이 "有史이래로 동일한 血族이, 동일한 지역에서, 동일한 문화를 가지고, 공동한 운명하에서 공동한 민족투쟁을 무수히 감행하면서, 공동한 역사생활을 하여 왔고, 異民族의 혼혈은 극소수"[33]라는 사실에서부터 역사해석의 출발점을 삼는다. 다시 말해, 우리는 혈연공동체 · 지역공동체 · 문화공동체 · 운명공동체 · 역사공동체로서의 민족을 유사 이래로 형성해 왔다는 것이다. 그러한 의미에서 우리의 역사는 곧 '민족사'가 된다. 국사는 이렇듯 근본에 있어서 민족사인 까닭에,

朝鮮史에 있어 民族문제는 그 硏究의 핵심이 되는 것이며, 따라서 第一義的 根本的인 중대성을 가지는 것이다. 조선사가 경과한 모든 민족투쟁 · 계급투쟁 · 정치 · 문화 등 史實은 모두 민족의 입지에서 비판되고 가치가 판단되어야 할 것이니, 민족은 실로 조선사의 근본적인 안목이 되는 것이다.[34]

---

31   前揭書, 自序.
32   註 27)의 논문.
33   『朝鮮民族史槪論』緖說.

라는 결론에 도달한다.

　국사를 이와 같이 민족사로 규정할 경우에는, 당연한 일로서 민족의 흥망성쇠가 시대구분의 기본적인 지표가 될 수밖에 없다. 그에 의하면, 우리 역사의 시작인 신석기시대는 '민족의 태동기'이고, 금석병용기(고조선ㆍ부여ㆍ3한)는 '민족형성의 시초기'이며, 삼국시대는 '민족통일 추진기', 통일신라는 '민족결정기', 고려는 '민족의식 왕성기', 조선초기는 '민족의 완성', 조선 중후기는 '민족의식 침체기', 그리고 20세기는 '민족운동의 전개기, 민족사상의 폭발기'로 각각 규정된다. 이와 같은 민족사의 시대구분은 민족의 생성ㆍ발전 과정을 단계적 진화과정으로 해석한 것이 특징으로서, 계급사관에서 민족의 형성을 근대사회 이후로 설정하는 것과는 물론 판이하며, 구민족주의 역사가들의 민족사 해석방식도 같지 않다. 즉 신채호나 대종교도 등 구민족주의 역사가들은 민족의 흥망성쇠를 이해함에 있어서 영토의 크고 작음에 큰 비중을 두었다. 그리하여 만주땅을 차지하고 있던 시대는 민족왕성기이고, 만주를 잃은 이후는 민족쇠퇴기로 이해하였기 때문에 신라통일의 의의가 극히 부정적으로 평가되었던 것이다. 이것은 1910~1920년대의 민족주의가 만주수복을 실천목표로 하여 다분히 팽창주의적ㆍ제국주의적 경향까지 띠었던 데 이유가 있었다.[35] 손진태는 바로 이러한 구민족주의를 애국적ㆍ군국주의적ㆍ제국주의적ㆍ센티멘탈리즘적인 것으로 보았으며,[36] 보다 이성적이고 현실적인 민족주의 입지에서 역사를 보게 되면서 신라통일을 '민족의 결정기'로 긍정적 해석이 내려지게 된 것이다. 다시 말해 만주수복의 당위성을 인정치 않고, 현재의 한반도를 민족영토의 완성으로 가정할 때, 신라통일의 의미는 상대적으로 커질 수밖에 없는 것이다. 그리고 신라통일에 대한 긍정적인 해석은 신채호나 안재홍과는 판이하게 다르고, 안확의 해석과 기본적으로 일치한다.[37]

　국수주의적 민족주의를 반대한 손진태의 신민족주의는 국사교육에 있어서도 우리 역

34　上揭 同.

35　韓永愚, 「民族史學의 成立과 展開」, 『春秋論叢』 창간호, 1989.

36　孫晋泰는 淸日戰爭 이후 1920년대까지의 민족운동은 교육운동ㆍ신문운동ㆍ문예운동ㆍ역사운동ㆍ언어문자운동 등이 모두 애국적이고 군국주의적이며 제국주의적인 것이었다고 보고, 그 밑에는 공통적으로 센티멘탈리즘이 깔려 있어서 감정적 해방운동의 성격을 띠었다고 해석했다. 그리고 이러한 센티멘탈리즘은 그때까지는 필요하고 필연적인 과정으로 이해하면서, 미래의 과제는 보다 이성적이고 현실적인 것으로 나아가야 한다고 내다봤다(「최근한국사회상의 변천」, 1928).

37　註 35) 참고.

사의 단점을 은폐하거나, 우리 역사를 과대평가하는 것을 극력 배격하고 있으며, 단군기원 사용을 또한 반대한다. 이는 민족사를 국제적 · 세계적 시야에서 관찰하고 비판해야만 세계적 민족으로 발전할 수 있다는 신념에서이다.

2) 정치사에 대한 해석

국사를 민족을 중심에 놓고 이해한다 하더라도 각 시기별로 정치와 사회경제가 변화 · 발전하는 모습을 외면할 수는 없다. 그래서 손진태는 민족의 성장과정을 중심으로 한 시대구분과 아울러 정치 · 경제형태의 변화를 표준으로 한 시대구분을 병행시키고 있다. 후자의 경우 우리나라의 역사발전은 씨족공동사회(신석기시대) → 부족국가시대(금석병용기, 고조선 · 부여 · 3한) → 귀족국가시대(삼국 · 고려 · 조선)로 크게 3대별된다.[38] 씨족공동사회에서 부족국가를 거쳐 귀족국가로 나아간다는 이론은 일제시대부터 인류학과 역사학에서 보편적으로 받아들여지고 있던 이론으로서 크게 색다른 주장은 아니다. 그러나 귀족국가가 삼국시대부터 시작하여 조선말에까지 계속되었다는 주장은 특이한 것이다. 그러면 귀족국가란 어떤 성격의 시대인가.

> 三國이래의 정치형태를 나는 貴族支配정치라 규정하였다. 貴族支配정치란 것은 王者전제정치 · 權力貴族지배형태의 정치를 이름이니, 1천 5 · 6백년에 걸친 이 시대의 모든 문화는 王室중심 · 귀족중심으로 개진되었다. 이 귀족중심의 정치 내지 문화는 민족문제와 동등으로 중대한 역사적 사실에 속하는 것이다. … 나는 이 저술에서 귀족정치 · 귀족문화의 본질에 대하여 민족적 일지에서 이것을 비판 · 구명하여 보았다.[39]

손진태가 인식하는 귀족국가란 왕실중심 · 권력귀족중심의 국가를 말함이니, 그것은 달리 말하면 반민주적 · 반민중적 정치를 뜻한다.

---

38 孫晋泰는 部族國家에서 貴族國家로 나아가는 과도기에 部族聯盟國家를 설정하고 있다. 따라서 엄밀하게 말하면 4단계 시대구분론이라 할 수 있지만, 부족연맹국가는 기본적으로 부족국가단계에 귀속되는 것이므로 3단계설로 압축해도 무방하다.

39 註 30) 참고.

이러한 시각에서 손진태는 삼국·신라·고려·조선의 각 왕조사를 서술함에 있어서 반드시 귀족들의 호사한 생활과 민중의 빈궁한 생활을 구조적으로 부각시켜 서술함으로써, 귀족들의 탐욕이 민중의 고통을 초래하고 그것이 마침내 계급투쟁을 유도하여 왕조가 망하게 되었다는 것을 강조하고 있다. 물론 지배계급 중에도 양심적이고 청렴한 인물이 있으면 그것도 강조하는 것을 잊지 않으며, 또 대체로 왕조 초기에는 지배계급의 자제와 양보로 정치가 안정되고 민중생활이 다소 향상되었다는 점도 함께 기술하고 있다.

또한 지배계급의 무도의 탐욕은 민족내부의 분열과 왕조의 멸망만을 초래하는 것이 아니라 반드시 그것은 외침의 원인이 되고 민족의 불행을 가져온다는 것을 부각시키려고 노력하고 있다.

이와 같은 정치사 이해방식은 한마디로 철저한 도덕적 기준에 의해 역사를 해석하려는 태도이고, 실제로 그러한 서술을 통해 지배계급의 각성을 촉구하는 교훈적 효과는 작은 것이 아니다. 다시 말해 신민족주의사관의 핵심적 요소인 '계급평등'의 실현을 위한 도덕 각성의 효과를 기대하고자 하는 것이다.

그러나 삼국시대부터 조선조 말기까지의 1천 5·6백년의 역사를 하나같이 귀족국가의 탄복과정으로 이해하는 것은 역사과학으로서는 문제가 많은 것이다.

손진태는 귀족국가의 본질을 귀족과 민중의 대립 혹은 협력관계로 이해하였을 뿐, 권력구조의 변동이나 사회계급구조의 변화, 그리고 토지제도나 상공업과 같은 경제구조에 대한 총체적인 이해를 통해 사회구성체의 변화과정을 이해하는 단계에 이르지 못하였다. 이는 손진태가 민속학과 고대문화에 대한 공부만을 계속해 오다가 국사의 통사체계서술로 방향을 급히 바꾼 데서 결과한, 사회과학의 기초지식에 대한 인식부족과 고려·조선시대의 연구성과를 미처 흡수하지 못한 데서 오는 이해부족을 반영하는 것으로 보인다.

해방직후의 역사학의 수준으로 볼 때, 마르크스주의 역사가들이 아니더라도 사회경제사나 정치사의 이해수준은 이미 상당한 정도에 이르고 있었다. 1920년대 초에 부르조아 역사가인 안확은 고려의 귀족정치와 조선의 군주독재정치를 발전적으로 설명할 수 있는 이해체계를 세우고 『조선정치사』(1923)를 저술한 바 있으며,[40] 사회경제사 분야에서도 스도 요시유키周藤吉之·후카야 도시데츠深谷敏鐵, 그리고 이상백의 전제개혁 등의 연구가

---

40   韓永愚, 「韓國近代歷史學과 朝鮮時代史理解」, 『人文科學의 새로운 방향』, 서울대 인문과학연구소, 1984 참고.

있었다.[41] 그럼에도 불구하고 손진태의 국사체계에서는 이러한 성과들이 거의 반영되지 않고 있을 뿐 아니라, 전근대사회의 기본적인 경제구조인 토지제도나 상공업에 대한 서술이 극히 빈약한 것은 이상할 정도이다. 따라서 손진태의 한국사인식 수준은 적어도 정치ㆍ경제ㆍ사회사의 측면에서 본다면 구민족주의 역사가들이나 일제 식민주의 역사가들의 정체사관에서 근본적으로 벗어나지 못했다고 할 수 있다. 실제로 손진태는 일인학자의 학설을 거의 비판하지 않고 있는 것이 특이할 정도이며, 이는 그의 학문활동이 오랫동안 일본에서 이루어진 상황과도 관련이 있을 것이다.

어쨌든 손진태의 역사학은 정치ㆍ경제ㆍ사회사에서 가장 취약점을 드러내고 있으며, 그 반면 고대사에 대한 서술과 민중의 생활사를 많이 소개한 것은 장점으로 지적되어야 할 것이다.

3) 문화사에 대한 해석

신민족주의의 사관은 문화사 이해방법에 있어서도 특이한 논리를 전개한다. 손진태에 의하면, 과거의 전통문화는 그 주류가 지배계급의 문화요, 지배계급의 문화는 성격상 귀족중심적이지만 그러나 그것은 '민족문화'로 보아야 한다는 것이다. 그 이유는 다음과 같이 설명된다.

> 지배귀족계급이라는 것이 피지배계급을 토대로 하여 성장된 것과 마찬가지로 그 文化도 民衆을 토대로 하여 성장된 것이다. 그러므로 그 문화는 비록 귀족적이나, 귀족계급만으로 조성될 수는 없었던 것이요, 두 계급의 관련상에 있어서만 조성할 수 있었던 것이다. … 그러나 그 民族文化가 민족적으로 보아 결코 理想的인 것도 아니었고 理想에 가까운 것도 아니었다는 것은 췌언할 필요도 없다. 그것은 어디까지나 귀족주의적이요 지배계급적이었고, 民族이라든지 民衆이란 것은 항상 종속적이며 第二義的이었다. 하지만 그렇다고

---

41 周藤吉之는 고려와 조선을 地方分權的 封建社會와 中央集權的 封建社會의 차이로 이해하면서 土地制度의 연구를 진행시켰고, 深谷敏鐵은 中世와 近世의 차이로 설정하고 고려와 조선의 토지제도를 연구했으며, 李相伯은 李成桂 일파의 불교배척운동과 田制改革운동을 신진세력에 의한 개혁운동(주로 재정적인 의미가 크지만)의 일환으로 파악하여 해방 후 『李朝建國의 硏究』라는 力著를 낸 바 있다.

해서 이것의 民族的 意義를 부정할 수는 없다. …나는 이러한 견지에서 민족문화의 우수한 것을 선양함과 동시에 그 그릇된 것에 대하여 明正한 비판을 가하려고 한다.[42]

지배계급의 문화는 본질적으로 귀족적이고 비민중적인 것이지만, 그것이 민족문화로 간주되어야 하는 이유는 두 가지이다. 첫째로 지배계급의 문화는 민중을 토대로 하여 성장되고, 귀족과 민중의 협력하에 성취된 까닭이요, 둘째는 귀족문화도 민족적 의식상에서 만들어진 것이기 때문이다. 손진태는 귀족문화가 민족문화로 간주될 수 있는 실례로서 불국사와 석굴암을 들고 있다. 이것들은 김대성이 민중을 착취하여 만든 것이지만 그것을 조성한 것은 신과 장인이며, 또 화강암을 가지고 만든 것은 당의 석굴을 의식하고 민족적 자존심을 발로한 것이다. 귀족문화는 이렇듯 긍정적 측면과 부정적 측면을 모두 가지는 까닭으로, 앞으로의 과제는 귀족문화의 귀족적 속성을 없애고 민족적인 것을 살리는 것이다.

손진태는 우리의 자랑할 만한 민족문화로서 조각 · 주상鑄像 · 건축 · 회화 · 음악 · 자기 · 활자 · 철갑선 등을 들고 있다. 말하자면 불교문화재와 과학기술에 관한 것들이다. 그 반면 불교 · 유교 등 사상 · 학술이나 거기에서 파생된 여러 관념들은 부정적으로 이해한다. 이를테면, 유교에서 파생된 당쟁과 같은 것은 "인류역사상에 희유한 단점"으로 지적되고, 문족사상 · 조상숭배의식 · 여성천대 · 소년홀대 · 반상을 가르는 천인사상 · 노동천시관 · 의타심 · 사환심 · 관존민비사상 등을 단점으로 지적한다. 그러니까 조선시대의 유교문화를 대체적으로 부정하는 입장이 강하다. 손진태가 조선시대의 유교문화를 특히 부정적으로 비판하는 것은, 조선시대의 봉건적 문화가 일제시대와 해방 후까지도 완전히 청산되지 못하고 강인하게 남아 있다는 인식에서 출발한 것인데, 실제로 그의 신민족주의 사관은 구민족주의와 계급사관은 물론이요 봉건사학에 대한 비판을 동시에 추구한 것이다.[43]

---

42 「국사교육건설에 대한 구상」, 『새 교육』 창간호, 1948.
43 孫晉泰는 유교적 봉건사학에 대한 비판과 관련하여, 역사서술에 있어서 '某王某年'이라는 표기방식을 써서는 안된다는 것을 강조하고, 干支를 써서 사건을 서술하는 방식도 피하였다. 예컨대 '임진왜란' 대신에 '일본과의 7년전쟁', '병자호란' 대신에 '청과의 전쟁', '갑신정변' 대신에 '개혁운동'이라는 표현으로 바꾸었다. 1905년의 보호조약 이후에 일어난 일련의 신문화운동을 '애국계몽운동'이라고 부르기 시작한 것도 손진태가 처음이다 (『國史大要』 참고).

한편, 손진태는 우리의 민족성에도 장점과 단점이 있는데, 이것도 우리 민족문화의 특수성과 관련이 있는 것으로 이해하였다. 민족성의 장점으로는 자존심 · 적극성 · 강인성 · 소박성 · 우아성 · 결백성 · 관후성 · 해학성 · 고집성 · 풍자성 · 실용성을 들고, 단점으로는 사대성 · 은둔성 · 향학성 · 보수성 · 의뢰성 · 파벌성 · 시기성 · 소아만족 등을 거론한다.[44] 그러나 이러한 민족성론은 그의 지론인 계급적 속성과는 어떤 관련이 있으며, 역사적 배경이 무엇인지에 대해서는 이렇다 할 분석이 없다. 대체로 민족성론은 1920년대 이후로 민족개조론자들 사이에 논의가 성행했는데, 손진태도 의식적이든 무의식적이든 그 영향을 받은 것으로 보인다.

지금까지는 주로 지배계급의 문화를 어떻게 이해했느냐가 초점이 되어왔는데, 그렇다면 피지배계급인 민중의 문화에 대한 이해는 어떠했을까.

손진태는 민중문화의 핵심으로서 민속에 대해 그토록 오래 연구해 왔지만 실상 민중문화의 성격을 뚜렷하게 설명한 일은 없고, 그의 국사체계에서는 민중문화에 대한 언급이 없다. 그것은 민중들이 문화에 접근할 기회가 박탈된 데서 연유한 것으로 이해한다.

> 민족문화의 귀족적인 부면이 고도로 발달되었음에 반하여 大衆的인 부면이 천년이나 2천년 전의 그것과 거의 동양으로 현존한다는 것은 귀족지배계급정치로 인한 국민생활의 빈궁 때문이라는 것을 또한 밝혀야 할 것이니 … 그러한 정치 때문에 대다수의 민중은 문화에 접근할 기회도 허여되지 아니하였거니와 접근하려는 꿈도 꾸어보지 못하였다.[45]

즉 민중의 생활곤궁은 민중의 문화에의 접근을 차단했고, 그 결과 민중문화는 1천년 · 2천년이 지나도록 고대적 모습을 그대로 간직한 채 발전하지 못했다는 것이다. 이러한 손진태의 민중문화인식은 민속연구의 결과로 얻어진 결론으로 보이는데, 이는 그가 지나치게 민중의 범위를 협소하게 설정하고, 구전자료에 의존하여 민중문화를 이해하는 데서 온 한계가 아닌가 생각된다. 만약 그가 계급구조를 귀족과 민중으로 양분하지 않고, 보다 넓은 중간계층을 설정하여 민중문화를 이해하였다면, 민중문화를 그렇게 저급하고 단순

---

44 註 42) 참고.
45 同上.

한 것으로만 인식하지는 않았을 것이다.

귀족문화니 민중문화니 하는 것은 계급적 이해관계의 차이와 고급과 저급의 차이를 두고 말하는 것일 뿐 두 문화의 질적 차이를 의미하는 것은 아니었다. 유물사관에서 주장하는 것처럼 지배계급의 문화는 관념론적이고, 피지배계급의 문화는 유물론적이라는 도식적 해석방법은 물론 따르지 않는다 하더라도, 두 계급의 문화적 차이를 어느 정도 유형화하여 이해하는 것은 가능한 일이다. 그러나 손진태는 귀족문화와 민중문화를 유형화할 수 있을 만큼 사상사적 · 철학사적 이해를 갖지는 못하였다. 이는 물론 당시 학계 전반의 연구수준의 저급성을 반영하는 것이기도 하지만, 이에 대한 이론적 접근이 미흡한 것도 사실이었다.

그러면, 민족문화의 성격을 규정할 때, 반드시 수반되기 마련인 문화공동체로서의 민족문화의 특성은 어떻게 이해하였느냐도 우리의 관심거리다. 다시 말해 우리 문화 전체를 하나의 공동체로 묶어놓고 볼 때, 다른 나라의 문화와는 어떤 차이점을 갖느냐의 문제이다. 이는 손진태가 '민족'의 한 속성으로서 문화공동체를 설정하였기 때문에 당연히 제기될 수 있는 의문이다.

이 점에 관하여 손진태는, 우리 문화가 기본적으로 중국문화권에 속하면서 돌멘이나, 백의풍습, 상투, 언어 등에 있어서만 중국과 다른 개성을 가진 것으로 이해한다. 중국과 우리나라와의 관계에 관한 손진태의 설명을 직접 들어본다.

중화민족과의 사이는 여러번 큰 전쟁도 하였지만, 문화적으로 크나큰 은혜도 입혔으니, 우리의 고급문화인 지난날의 귀족문화는 모두 그들로부터 배운 것이었다. 정치 · 제도 · 불교 · 유교 · 언어 · 문자 · 예술 · 풍속 · 습관 등에 이르기까지 여러 방면으로 그들의 문화는 우리에게 영향을 주어, 우리 문화 속에는 중국문화가 깊이 뿌리를 박고 있으며, 중국 주위의 여러 민족 가운데 중국문화를 가장 완전하게 받아들이고 소화시킨 자는 우리 민족이었다.[46]

결국 우리 민족은 중국문화를 가장 완전하게 받아들이고 소화시킴으로써 중국문화권

---

46 『國史大要』, 1948, 15쪽.

의 우등생이 되었다는 것이다. 우리 문화가 기본적으로 중국문화권에 속한다는 것은 구민족주의 역사가들도 대체로 동의하는 것이지만 그들은 민족종교의 강인한 지속성에서 '얼'이나 '혼'을 찾았고, 또 '조선심'같은 자주의식의 실재를 인정하고자 하였다.[47] 따라서 구민족주의자의 문화공동체로서의 민족의 설정은 이론적으로 별 하자가 없었던 것이다. 이에 비하여 손진태는 민족고유종교에서도 민족의식을 찾지 아니하고, 조선 후기 실학 같은 데에도 별다른 주목을 보이지 않았다. 그는 '얼'이니 '혼'이니 하는 것에 대하여 아무런 언급을 하지 않고 무시하는 태도를 견지하였다. 이러한 각도에서 볼 때, 손진태의 문화공동체이론과 민족문화론은 이론적인 취약점을 지니고 있다고 할 수 있다. 그가 지적한 돌멘이나 언어·백의풍속·상투만 가지고 민족문화의 특성이 설명될 수는 없으며, 중국문화를 어떻게 한국화시켰으며, 그것을 가능케 한 주체적 바탕이 무엇인가를 설명해야만 문화공동체로서의 민족의 실체가 인정될 수 있을 것이다.

4) 대외관계사의 해석

신민족주의는 대외관계사에 대하여서도 큰 비중을 두고 있다. 민족을 단위로 하여 역사를 이해할 경우, 민족의 흥망성쇠는 내부적으로는 계급투쟁이 중요원인이 되고, 대외적으로는 다른 민족과의 갈등이 또 하나의 원인이 된다.

손진태는 민족자립을 바탕으로 한 국제친선을 가장 이상적인 국제관계로 설정하면서, 과거 우리 민족의 대외관계는 '민족투쟁과 민족친선의 반복'[48]으로 이해한다. 먼저, 민족투쟁이 일어나는 이유는, "제왕과 그 부하 귀족들의 영토욕·인민욕 때로는 허영욕을 위하여" 전쟁을 일으키는 데서 연유한다. 구체적으로 우리 민족과 가장 투쟁 관계가 심했던 민족은 일본으로서,

---

47 대체로 申采浩나 朴殷植, 그리고 金敎獻 등과 같은 한말·일제 초기의 민족주의 역사가들은 大倧敎의 영향을 받아 우리의 고유종교를 인정하고, 그것을 통해 민족의 독립정신이나 민족의식의 원천을 찾았다. 그러나 1920~1930년대의 安在鴻·文一平·鄭寅普 등은 여기에서 한걸음 발전하여 우리의 학술이나 철학에서 고유정신을 찾으려 하였으니, 안재홍의 '不咸哲學', 문일평의 '조선심', 그리고 정인보의 '얼'이 그것이다. 이들이 조선 후기 실학을 주목한 것은 바로 민족의식의 원천을 학술적인 데서 찾으려 한 것과 관련이 있다.
48 『朝鮮民族史槪論』緒說.

日本은 삼국시대로부터 우리의 先進한 文化를 항상 배위가고, 또 우리 학자와 승려들도 많이 건너가서 그들의 문화를 지도하였다. 그러나 민족으로서 우리와 일본민족 사이에 친선한 일은 없었으니, 그것은 그들이 너무 간사하고 싸움을 좋아하는 까닭이었다.[49]

고 하는 바와 같이 우리와 가장 적대적 관계에 있는 민족으로 보았으며, 또 앞으로도 가장 경계해야 할 민족으로 생각하였다.

한편, 그는 "몽골민족은 미개하여 야만적·호전적이었으므로 이 또한 우리와 친선한 적이 없고 문화를 서로 주고 받은 것도 매우 적다"[50]고한다.

우리와 가장 친선관계가 많았던 것은 중화민족이고, 그 다음으로는 여진족을 치는데, "여진민족은 옛날에 우리와 피를 같이하였으므로, 나라가 없고 어지러울 때에는 자주 침략하나, 통일된 국가가 서게 되면 서로 친화하였다"[51] 손진태가 여진족을 우리와 피를 같이한다고 본 것은 금나라 시조가 황해도 평산인이라는 사실에 기초한 것으로서, 손진태는 이러한 사실에 근거하여 금金나라 역사를 국사에 넣어야 한다는 주장을 누차 강조하였다.[52]

물론 금사를 국사에 넣은 사례는 그 이전에도 없지 않았다. 한말·일제시대의 민족주의 역사가들은 대부분 동이족 전체를 우리 민족으로 간주하는 시각에서 발해·요·금·원·청을 한국사에 포용하는 사례가 많았으며,[53] 특히 금태조를 한국인으로 간주하는 데는 거의 이의가 없었다. 따라서 손진태는 적어도 금사에 관한 한, 민족주의 역사가들의 주장을 따른 것이라고 할 수 있다. 손진태는 동이제족을 우리 민족으로 간주하는 데는 동의하지 않았으나, 우리 민족이 동이제족 가운데 유일한 적통으로 살아남은 사실에 대하여는 자부심을 갖고 있었다.

다음에, 손진태의 대외관계사인식과 관련하여 한 가지 부언할 것은 발해에 대한 인식

49　『國史大要』, 14~15쪽.

50　前揭書, 15쪽.

51　同上.

52　孫晉泰는 1926년에 쓴「太祖는 黃海道人也」라는 논문에서 金太祖 阿骨打가 고려 사람이라고 주장했고, 해방 후에 쓴「국사교육 건설에 대한 구상」(1948)에서도 金史를 國史에 넣어야 한다고 주장했다.

53　한말 일제 초기의 大倧敎史學者들은 대부분 東夷諸族을 倍達族으로 간주하여 遼·金·元·淸을 國史에 편입시켜 서술하였다(韓永愚,「1910년대의 民族主義的 歷史敍述 - 李相龍·朴殷植·金敎獻·『檀奇古史』를 중심으로」,『韓國文化』1, 1980 참고).

이다. 그는 일제시대에 발해 태조 대조영을 고구려인으로 해석한 유득공의『발해고』와 한치윤의『해동역사』도 옳지 않으며, 대조영을 고구려인이 아니라고 주장한 진전좌우길의 설도 모두 틀린 것이라고 하면서, 대조영은 "반고구려인 혹은 고구려에 귀화하였던 말갈인"이라는 새로운 주장을 내세웠다.[54] 그러나 해방 후에는 대조영의 국적에 대해서는 더이상 논하지 않고, 발해를 고구려의 후신으로 간주하는 입장에서 국사체계에 넣어서 서술하였으며, 발해가 멸망하여 만주지방이 영원히 민족권에서 떨어져 나간 것을 통한스럽다고 쓰고 있다.[55]

그렇지만, 발해사를 정식으로 국사에 편입시켰다 해서, 그 비중을 신라와 동등하게 보지는 않았다. 따라서 손진태는 발해와 신라의 대치관계를 남북국사로 인식하지는 않았으며, 어디까지나 신라의 통일을 민족결정기로 이해하였다. 이는 조선의 건국을 통일의 완성으로 보는 시각에서 볼 때 당연한 것이지만, 구민족주의 역사학자들이 남북국사로 이해하려는 시각과는 다른 것이고, 일인학자들이 발해사를 한국사에서 제외시키려는 시각과도 같지 아니하다.

끝으로, 우리 민족의 대외관계사에서 가장 비중이 크다고 할 수 있는 중화민족과의 관계는 어떻게 이해하였는가. 손진태에 의하면, "신라통일 이래 1천 3백 년 동안 중화민족과의 사이에서만은 큰 전란이 없고 평화가 유지되었으나, 이러한 이례에 있어서도 사대칭신으로 인한 굴욕감은 없을 수 없었다"고 한다. 그러니까 중화민족과 우리 민족은 다른 민족과의 관계에 비해서 볼 때 상대적으로 평화친선관계를 오래 유지하였기 때문에 가장 믿을 만한 나라로 본다. 그렇지만, 중국과의 관계는 사대칭신에서 오는 굴욕감을 감수한 것으로 이해함으로써, 진정한 의미에서 우호친선의 관계로 보지는 않았다.

손진태가 이렇듯 대중국관계를 굴욕적인 사대관계로 본 것은, 실은 구민족주의자와 일인학자들의 공통된 견해로서 별로 이상한 해석이라고 볼 수 없다. 그러나 이러한 해석은 오늘날의 연구수준에서 본다면 문제가 없는 것이 아니다. 소위 사대외교가 있었던 것은 숨길 수 없는 사실이지만, 그것이 굴욕적인 것이라고 보는 것은 사실에 맞지 않는다. 사대외교를 긍정한 그 어느 누구도 우리 자신을 비하하거나 굴욕감을 가진 사실이 없기 때문이다.

---

54   註 52) 참고.
55   孫晋泰는『조선민족사개론』과『국사대요』에서 다같이 '발해의 흥망'을 별개의 章으로 독립시켜 서술하였다.

6. 맺음말 - 사학사적 위치

남창 손진태는 불우한 시골가정에서 태어나 가장 민족적으로 불행했던 한말·일제 초기에 민족주의운동에 감화되어 역사학에 눈을 뜨게 되었고, 1920~1933년에 이르는 기간을 日本에서 유학하면서 민속학에 전념했다.

역사학을 꿈꾼 그가 민속학으로 방향을 바꾼 것은, 1920년대에 불어 닥친 좌익운동의 영향이었다. 이 시기의 민족주의운동이 '민중의 발견'을 통해 좌익운동에 대한 대응논리를 세워가고 있던 추세에 따라 손진태의 민중문화에 대한 관심이 민속학에로의 방향전환을 유도했던 것이다.

1920~1930년대의 민중적 민족주의자들은 일제와의 타협을 거부하고 신간회운동을 통해 좌우합작을 시도하기도 하고, 그것이 실패하자 1930년대 중반부터는 이른바 '조선학운동'을 전개하면서 민족적·민중적·실용적 학문전통을 찾기 위해 실학붐을 일으키기도 하고 고대사연구에 박차를 가하기도 하였다. 안재홍·문일평·정인보는 바로 민중적 민족주의 역사학의 대표적 학자들이었다. 이들은 우리나라 민족주의 역사학의 선구자인 신채호의 사학을 계승하면서도, 1910년대에 풍미했던 부르주아적·감상적·낭만적·군국주의적·제국주의적 민족주의를 탈피하여 민중적·이성적·현실적 방향으로 민족주의를 조정해 가고 있었다. 손진태는 이 시기에 일본에 체류하고 있어서 그들과 직접적인 학문교류를 가질 수는 없었으나, 이러한 국내의 민족주의의 새 흐름을 간파하고 그 흐름에 따라 민속학에 침잠한 것으로 보인다.

그러나 1933년에 귀국한 손진태는 언론과 정치운동에 종사하던 민중적 민족주의자들과 손잡지 아니하고, 이병도를 중심으로 한 '진단학회' 그룹의 문헌고증학자들과 교류하여 대학강단으로 나갔으며, 일본의 패전이 예견되던 태평양전쟁 말기부터는 민중적 민족주의를 역사해석이론으로 승화시키려고 노력했다. 이러한 이론 정립 과정에서 조윤제·이인영 등 경성제대 출신의 소장 학자들과의 협의가 있었으며, 실제로 조윤제는 이를 국문학해석이론으로, 이인영은 대외관계사연구에 응용하였다.

8·15해방 후 손진태가 자신의 민중적 민족주의 이념을 '신민족주의'라고 호칭하여 이를 국사교육에 투영시키게 된 것은 직접적으로는 안재홍의 '신민족주의'에 자극된 것으로 보인다. 그리고 이 이론을 국사교육에 급속히 반영시키려고 한 것은, 백남운을 정점으

로 하는 유물사관에 대한 대응논리의 시급성을 깨달은 것과, 문헌고증학자들에게 남아 있는 봉건적 잔재와 식민지적 잔재를 청산하려는 의도가 함께 반영된 것으로 보인다. 그는 인맥상으로는 문헌고증 학자들과 가까웠으나, 학문적으로는 민중적 민족주의자들과 더 친화적인 관계에 있었다고 할 수 있다. 그는 실제로 고답적이고 미시적인 문헌고증 위주의 논문을 쓴 일이 별로 없었으면서도, 문헌고증학자들과의 인맥을 두터이 가진 것은 정치보다 학문과 교육 쪽을 선호한 데 근본이유가 있는 듯하다.

신민족주의사관에 입각한 손진태의 국사서술은 민족을 위에다 놓고 정치·사회·문화를 설명하면서도, 지배계급보다는 피지배계급인 민중의 처지를 동정하는 입장을 견지한다는 데 남다른 특색이 있다. 그러나 그의 민중옹호는 결코 민중의 계급투쟁을 정당화하거나 긍정하는 것이 아니라, 계급투쟁의 가능성을 미연에 방지하자는 데 근본목적이 있다는 점에서 중도좌파 혹은 중도우파의 한계를 벗어나지 않는다. 다시 말해 그의 신민족주의 사관은 중도우파 혹은 중도좌파의 정치이데올로기를 역사해석에 응용한 것이라고 정리할 수 있다.

그러나 결과를 놓고 볼 때, 손진태의 신민족주의사관은 지나치게 도덕적 교훈을 역사에서 찾는 데 급급한 나머지 역사의 객관적·과학적 이해를 저해하는 면도 적지 않았다. 무엇보다도 손진태는 한국사의 주체적·발전적 이해를 무시하고 삼국시대 이후의 전 역사과정을 귀족정치의 악순환으로 치부하는 정체사관에서 헤어나지 못한 것이 큰 약점으로 지적될 수 있다. 따라서 그는 민중을 감정적으로는 동정했지만, 민중이 단계적으로 성장해가는 모습을 포착하지 못했으며, 그 결과 미래의 민중이 어떻게 자신의 위상을 정립시킬 것인지에 대해서도 아무런 해답을 주지 못했다.

결국 그의 신민족주의 사관은 마르크스주의 사관에 대응하는 우파사학에 대하여 도덕성을 제고시키는 효과는 가져왔으나 역사학의 과학적 이해에 기여한 점은 상대적으로 적다고 할 수 있다.

결론을 대신하여

- 한국 근대역사학과 일을 위한 과제

1.

우리나라 근대 역사학은 조선 후기에 맹아가 싹트고 성장하여 1905년의 을사조약 이후 국권이 침탈되면서 성립되었다. 신채호에 의하여 그 기초가 놓여진 근대 역사학은 자주독립된 근대국민국가의 건설을 목표로 하여 민족주의와 민주주의 그리고 산업화를 바탕에 깔고 있었다. 그러나 이를 총괄하는 이념이 민족주의라는 점에서 근대 역사학을 민족주의 역사학이라고 부른다.

한말~일제초기의 민족주의 역사학은 약육강식과 적자생존의 사회진화론에 의해 밑받침되어 있어서 민족주의와 제국주의는 표리관계에 있었고, 저항과 팽창의 양면성을 띠고 있었다.

민족주의 역사학은 저항과 팽창의 거점을 만주에 설정하고 잃어버린 만주방을 수복하여 대조선국을 건설한다는 것을 실천목표로 정하고 우리 역사를 새롭게 해석하였다. 중국 동북지방과 만주에 살았던 동이족 전체를 단군후예의 동일혈족으로 보고 고대로부터 내려온 삼신신앙을 우리 겨레의 고유종교로 강조하고, 이를 현대화시켜서 단군교(뒤의 대종교)로 발전시켰다. 초기 민족주의 역사학은 대종교와 깊이 관련을 맺어 역사서술도 종교사화 형식을 많이 따랐고 학문으로서 과학성과 전문성이 미숙하였다.

종교 성향이 강한 초창기 민족주의 역사학이 과학성과 전문성을 높이게 된 것은 1920년대 이후부터이다. 마르크스주의 역사학과 시민적 문화주회 역사학이 새로이 등장하는 가운데 민족주의 역사학은 좌우의 영향과 자극을 받으면서 한층 유연하고 합리적인 형태로 변해갔다. 안재홍·안확·문일평·정인보·신채호 등으로 대표되는 1920~1930년대의 민족주의 역사가들은 종교적·국수적 색채와 사회진화론적 팽창주의를 탈색시키고, 민족과 세계, 유산자와 무산자의 조화를 추구하면서 종교·철학·언어·학문 등 문화전반에서 민족정신과 민중의식, 그리고 실용성을 찾으려고 하였다.

민족주의의 새로운 변신은 1920년대의 신간회운동을 통한 좌우협동과 민족유일당으로서의 중앙당건설운동과 맞물려 있었고, 1930년대에는 이른바 '조선학'운동으로 승화되면서 학문적으로도 한층 세련되어 가는 모습을 보였다. 조선 후기 실학에 대한 논의는 민족주의 역사학의 중요한 성과이다.

일제의 대륙침략과 우리 민족에 대한 탄압과 동화정책이 강화되어 가던 1920~1930년대에 민족을 윗자리에 놓고 좌우이데올로기를 중화시키면서 각계각층의 대동단결을 추구하던 민족주의 역사학의 방향은 옳은 것이었다. 그러나 순수학문적 측면에서 본다면, 마르크스주의 역사학이 사회경제사를 개척한 공로나, 진단학회 중심의 문화주의 역사학이 문화사영역을 확대하면서 학문적 전문성을 높인 공적은 결코 작은 것이 아니었다. 그리고 정도의 차이는 있을지라도 위 세 흐름은 모두 애국심에 바탕을 두고 있었으므로 상호보완하는 관계를 유지할 수 있었다. 정인보와 백남운·홍명희의 친교 관계나 『진단학보』에 김석형金錫亨·박시형朴時亨 등이 투고한 사례 등에서도 그러한 사실을 확인할 수 있다.

2.

8.15 해방 이후 남북이 분단되고, 6.25를 거쳐 미국과 소련의 대립구도가 오래 지속되면서 우리 역사학계는 판이하게 양분되었다. 좌와 우의 중도에 서 있던 진보적 민족주의 역사학자는 해방을 전후하여 삼균주의 혹은 신민족주의를 표방하면서 민족통일국가수립에 정열을 쏟았으나 결과는 수포로 끝나고 말았다.

통일지향 역사학이 밀려난 남과 북에서는 문화주의 역사학과 마르크스 - 레닌주의 역사학이 각각 주류를 형성하고, 또 그것만이 국가적으로 허용되었다. 그러나 남한에서는 4.19를 거친 1960년대 이후로 민족주의 역사학이 다시 접목되고, 최근에는 민중사학까지 등장하여 비교적 다양한 학풍이 병존하면서 역사연구의 성과가 폭발적으로 늘어나고 있다. 특히 남한은 자료가 풍부한 조선시대 연구에서 괄목할 성과를 거두고 있으며, 신라·백제·가야, 그리고 삼한시대와 선사시대에 관한 연구도 고고학의 성과에 힘입어 장족의 발전을 이룩하였다.

한편, 해방 직후 "소련을 향하여 배우자"는 구호 아래 마르크스 - 레닌주의 역사학을 도입했던 북한 역사학은 6.25 이후 마르크스 - 레닌주의의 창조적 적용을 강조하면서 대외 항쟁사, 계급투쟁사, 시대구분, 고전번역, 그리고 노동당 중심의 현대사에 역점을 두고 당과 수령의 지도노선에 따라 역사연구를 집단적으로 수행해 갔다.

교조주의를 비판하면서 이루어진 북한의 역사연구는 1960년대에 집중적으로 그 성과가 나타났는데, 이는 북한 역사학이 점차 민족주의와 접목되면서 체제유지를 위한 이데올로기로 바뀌어가는 모습을 보여준다.

1970년대에 들어와 북한 역사학은 마르크스 - 레닌주의로부터의 이탈이 한층 가속화되었다. 이른바 주체사상에 입각한 사회역사관, 즉 '주체사관'의 등장이 그것이다.

주체사관은 민족의 형성을 선사시대까지 소급하고 있다는 점에서 민족주의 색채가 강하게 풍기고, 인간을 중심에 두고 역사를 해석한다는 점에서 문화주의적 요소가 발견된다. 이는 해방직후의 상황과 비교하여 남한의 역사학과의 거리가 한층 좁혀졌다는 것을 의미한다.

그러나 주체사관은 다른 한편으로는 남한 역사학과의 거리를 한층 멀어지게 만든 측면도 있다. 그것은 지역주의와 가문주의가 지나치게 부각되고 있다는 점과 외형상 학문적 토론이 보이지 않는다는 사실이다.

북한의 역사서술에서는 지금의 북한 영역에서 세워졌던 나라들과 그 중심지인 평양의 역사적 위상이 지나치게 강조되고 있다. 물론 고조선과 고구려, 그리고 발해에 관한 연구에서 북한은 적지 않은 성과를 올리고 있으며, 북한의 고고학적 유적이나 유물을 직접 이용할 수 없는 남한의 입장에서는 북한의 고대사연구 성과가 많은 도움을 주고 있다. 그러나 고구려를 삼국의 중심에 놓고 서술한다든가, 평양을 민족의 심장부로 표현하는 것, 그리고 고구려의 민족통일정책과 고려의 민족통일을 지나치게 강조하는 것 등은 남한 주민에게 정서적 위화감을 주고 있다는 사실을 지적하지 않을 수 없다.

그 다음 북한의 가문주의는 근대사와 현대사에서 현저하게 나타난다. 북한 지도자의 항일투쟁은 근현대사 서술에서 간과할 수 없는 사실임에는 틀림이 없으나, 그것을 너무 과장하는 것은 도리어 설득력을 약화시키고 있다는 것을 유념해야 한다. 특히 소년기의 조그만 써클활동을 기준으로 근대와 현대를 시기구분하는 것은 인민대중을 역사의 주체로 보는 주체사관의 논리와도 어긋난다.

주체사관의 역사서술에서 역사해석의 기준(자막대기)을 일일이 지도자의 교시나 지적에 따르는 방식도 지양되어야 할 부분이다. 이는 교시나 지적의 내용이 옳으냐 그르냐의 문제가 아니다. 역사학의 학문적 독립성과 자율성이 존중되지 않으면 의견이 다른 사람과의 대화나 토론을 통한 자기발전은 기대하기 어렵다. 실제로 주체사관이 등장한 뒤로 역사학자들 상호간에 토론이 보이지 않는 것은 매우 유감스러운 일이라 하지 않을 수 없다.

3.

남북 역사학의 이질성은 다가올 민족통일의 걸림돌이 된다는 점에서 그 간격을 좁혀가는 일이 시급하다. 북한 역사학은 무엇보다도 지역주의와 가문주의를 타파하고 학문의 자율성을 보장해 주어야 통일을 앞당기는 데 기여하게 될 것이다.

한편, 통일을 위한 역사학의 반성은 남한이라고 해서 예외가 될 수 없다. 오히려 학문의 자율성이 상대적으로 높은 남한이나 그 밖의 제3국에서 새로운 역사의식과 방법론의 개발이 더욱 절실히 요구된다고 하겠다.

통일을 위한 역사학의 과제와 관련하여 미리 전제해 둘 것이 있다. 그것은 어떤 모습의 통일이냐를 먼저 그려보는 일이다. 무력에 의한 베트남식 통일이나 경제력에 의한 독일식 흡수통일은 부작용이 크다는 것이 이미 입증되었다. 우리는 부작용을 최소화하는 제3의 통일 방법을 생각해야하며, 그것은 곧 무력이나 경제력 등 힘에 기초한 통일이 아니라, 문화력에 의한 통일을 의미한다.

문화적 통일은 오늘의 남과 북의 이질적 체제와 주민정서를 중도적 입장에서 절충하고 수렴하여 새로운 제3의 통일국가상을 만들고, 그것을 향하여 남과 북이 함께 개혁해 가는 방식이다.

이 작업은 매우 어려운 일이다. 그러나 우리는 다행히 과거 문화전통 속에서 오늘의 남과 북을 중화할 수 있는 통일국가상의 모델을 찾을 수 있다. 우리 역사학도의 임무는 바로 그 가능성을 역사 속에서 확인하고 검증하는 일이다.

역사는 시대에 따라 발전하고 변화하지만, 같은 국토, 같은 자연환경 속에서 수천년간 조성된 문화풍토는 근본적으로 바뀌지 않으며, 바뀌어서도 안된다. 우리 한국인에게는 한국인의 원형이 있다. 이 원原한국인의 모습이 지난 20세기의 거친 패권주의 풍랑 속에서 일그러지고 비틀려졌다. 물론 근대 이전의 원한국인이 산업화 사회를 맞이하면서 달라져가는 것은 당연한 일이기도 하다. 그러나 우리는 지나치게 원형을 잃었다.

역사발전은 자신의 원형을 바탕에 깔고 그것이 세계적 보편성을 갖도록 변화시킬 때 이루어진다. 서양이 고전고대의 부활인 르네상스를 통해 근대를 열고, 동양이 삼대를 숭상하면서 사회발전을 거듭해 간 것은 우리가 다 아는 사실이다. 공산주의도 따지고 보면 원시사회의 이상을 현대에 맞게 발전시킨 것이라 할 수 있다. 우리도 이제는 우리식 문화부흥을 열어야 할 때가 된 것이다.

4.

우리가 문화통일을 내다보면서 찾아야 할 원한국인의 모습은 이제 그 실험이 실패로 끝나가고 있는 원시시대가 될 수도 없고, 민족이 분열·상쟁하던 삼국시대가 되어서도 안된다. 가장 통일의 농도가 짙었던 시대가 언제인가를 눈여겨 보아야 한다.

고려는 국토통일면에서는 볼 만한 점이 있으나 정신적으로는 고구려유민의식과 신라유민의식이 아직 청산되지 못한 시대였다. 이에 비한다면 조선왕조야말로 민족통일의 농도가 국토상으로나 정신적으로 가장 높았던 시대이다. 그러므로 우리는 조선왕조의 통일문화를 눈여겨 보아야 하며 그중에서도 주민통합의 수준이 상대적으로 높았던 15세기와 18세기를 주목할 필요가 있다.

우리는 지난 20세기를 통하여 조선왕조를 집중적으로 원망하면서 살아왔다. 특히 지배층인 양반과 그 문화(유교)를 비판하는 데 치중하였다. 그 결과 양반국가가 518년의 장수를 누려온 생명력의 비결을 찾지 못하고 말았다.

20세기의 산업문명과 패권주의 시각에서 본다면 조선왕조가 무기력하고 낙후된 시대로 보이는 것은 당연한 측면도 있다. 그러나 통일된 조국의 미래상이 현재와 같을 수 없다는 전제하에 조선왕조를 뒤돌아보면 배울 점도 적지 않다. 특히 유교문화가 그러하다.

첫째로, 조선의 유교문화는 학자 - 지식인의 정치적 지도력을 확립해 놓았다. 당시의 사士 · 농農 · 공工 · 상商 위계질서가 상공업인의 위상을 지나치게 낮추어놓은 문제점이 없는 것은 아니지만, 오늘날의 상 · 공 · 사 · 농의 계급구조가 반드시 이상적인 것이냐에 대해서도 의문이 생긴다. 상공인이 주도하는 현대사회에서 물질만능의 풍조와 도덕성의 타락이 심각한 것은 우리가 경험하고 있는 바이다. 인본주의와 도덕성을 강조하던 유교문화는 현대병을 치료하는 미래의 명약이 될 수도 있다.

둘째로, 유교문화는 공개념에 기초하여 통제경제와 시장경제의 중간형태에 가까운 경제형태를 발전시켜 왔다는 것도 깊이 음미할 가치가 있다. 원래 통제경제는 분배정의실현에 유리한 것이고, 시장경제는 생산력 발전에 효과적인 것으로서 각각 일장일단이 있는 것이다. 우리나라를 포함한 유교문화권에서는 일찍이 그 장단점을 파악하여 토지를 비롯한 주요 생산수단과 유통구조를 공개념으로 통제하면서, 실제의 경영은 개인의 자율에 맡겼던 것이다.

이러한 특수한 경제구조를 우리는 여러가지 봉건경제의 한 유형으로 해석하는 데만 관심을 쏟고 있다. 물론 역사현상만 본다면, 유교적 이상이 현실에 적중한 모습으로 구현되었다고는 할 수 없다. 그러나 왕조교체기마다 반복적으로 나타난 공개념의 경제구조가 분배구조를 개선하고 생산력을 높여서 인민생활을 단계적으로 향상시켜 온 것만은 틀림없다. 그러한 전통이 8.15해방 전후의 건국강령에서도 그대로 이어진 것을 본다면, 공산주의식 통제경제나 자본주의적 시장경제가 과연 우리의 체질과 정서에 적합한 것인지 재고해 볼 만하다.

셋째로, 조선시대 정치운영에 나타난 수로의 개방과 입현무방의 관리선발, 다당제(붕당)에 의한 정책의 경쟁, 왕의 근친세력의 벼슬억제 등을 통해 정치의 공정성을 높이려는 노력에 대해서도 놀라움을 금할 수 없다. 이는 출판인쇄술의 발달과 학교교육 및 사회교육 · 가정교육의 확산에 의해 주민들의 교양과 정치감각이 높아진 데서 온 결과로서, 해방후 남북의 정치수준이 과연 조선시대를 능가하고 있었는지 의문을 가질 만하다.

끝으로, 조선시대 지식인 - 학자들의 국제감각과 민족자아의식의 성숙도에 대해서도 새로운 평가를 내릴 필요가 있다. 우리는 무력으로 침공해 오는 이웃나라에 대해서는 언제나 단호하게 응징하였으며, 여기에는 지배층이나 농민이나 구별이 없었다. 그러나 평화적인 우호선린을 추구하는 나라에 대해서는 언제나 문을 열고 물자와 학문을 교류하고 이른바 사대조공질서에 순응하였다. 중국과의 조공이나 책봉관계는 어디까지나 형식적·의례적 상하관계일 뿐이지 주권의 침해를 용납하는 것은 아니다. 따라서 이를 사대주의로 보는 것은 부당하며, 서양 중세봉건시대의 영주와 가신 간의 관계로 해석하는 것도 맞지 않는다.

조선시대의 지식인들이나 지배층은 다른 민족을 배타하거나 침략하지 않고 우호선린을 넓게 추구하면서도, 내면적으로는 우리 민족의 혈통, 우리 국토와 자연환경의 특색, 우리 문화의 독자성과 우수성에 대해 깊은 지식과 자부심을 가지고 있었다. 동아시아 문화의 보편성 위에서 민족적 개성을 지키려는 노력은 비단 소수의 이른바 실학자에게서만 나타나는 것이 아니라, 서울과 그 주변지역의 학인들 사이에 공통적으로 나타나고 있다는 것이 최근의 연구결과로 확인되고 있다.

조선시대의 민족의식의 성숙과 관련하여 또 한 가지 간과할 수 없는 것은 삼국유민의식의 완전한 청산이다. 고려시대만 해도 고구려계승의식과 신라계승의식이 경쟁하여 정신상 민족통일이 불완전한 상태에 있었으나, 조선시대에는 거의 모든 역사서술에서 3국을 대등하게 취급하는 이른바 '三國均敵'론이 자리잡게 되었고, 조선 후기에 유행했던 정통론에서도 삼국을 '무통'의 시대로 서술하는 것이 관례였다. 이는 3국을 대등하게 국사에 포용하려는 통일의식의 큰 진전을 의미하며, 이러한 의식이 인재등용(과거시험)에 있어서 입현무방으로 나타나고, 8도의 균형발전이 이룩된 것이다

전체적으로 볼 때, 3국시대까지는 민족문화의 큰 줄기가 잡혔다고 하지만 아직은 국가별 개성이 있었던 것도 사실이었다. 그것이 고려시대의 과도기를 거쳐 조선조에 들어와서는 3국문화가 완전히 한 도가니 속에 융해되어 통일성이 강한 민족문화로 뿌리를 내리게 된 것이다. 수도 한양은 바로 고구려문화도 백제문화도 아니며, 신라문화도 아니면서, 그 모두를 포용하여 새롭게 탄생한 민족문화의 중심지였던 것이다.

5.

오늘의 남과 북은 미국과 소련을 모델로 하여 국가를 건설했고, 교류가 끊어진 지 이미

반세기가 흘렀다. 같은 뿌리에서 자란 한 민족이 지금은 지구상에서 가장 먼 나라로 떨어져 있다. 나라 이름까지도 서로 다른 것은 더욱 안타까운 일이다. 1천 년간 통일국가로 살아온 조상 앞에 부끄럽다.

우리 역사학도가 가야 할 길은 통일국가를 꾸려 온 조상으로부터 통일의 철학을 배우는 길이다. 이는 단순한 복고주의가 아니라 앞으로 나아가기 위한 법고창신의 우리식 르네상스인 것이다.

제2차 세계대전 후 전세계에서 가장 빠른 속도로 성장한 나라가 유교문화권의 국가들이다. 그리고 유교문화권 중에서도 유교전통이 가장 강한 남한이 가장 빨리 성장하였음을 누구나 인정하고 있다. 많은 전문가들은 동아시아가 미래 세계의 중심지로 부상할 것이라고 전망하고 있다. 한국이 멀지 않아 세계 2위의 선진국이 될 것으로 예견하는 학자도 있다. 물론 이러한 예견들은 경제성장에 중심을 두고 하는 말이다.

나는 우리 민족이 경제대국이 되느냐의 여부보다는 이데올로기 갈등이 첨예하였던 20세기를 청산하고 21세기의 새로운 세계문명을 창조하는 중심지가 되기를 희망하고 있다. 그 새로운 문명은 남과 북을 하나로 묶는 통일역사학의 수립으로부터 시작되어야 할 것이다.

19세기 전반 홍경모의 역사서술

1. 머리말

이른바 '세도정치'시대 일러온 19세기 전반기의 사학사는 정약용의 『강역고』(1811·1833)와 한치윤·한진서의 『해동역사』(1814·1823)만이 학계의 관심을 모았을 뿐, 1894년의 갑오경장에 이르기까지의 긴 세월이 사학사의 공백으로 남아 있다.

그러나 이 시대는 중세사학에서 근대사학으로 넘어가는 과도기로서 중요한 의의를 지니는 사서들이 많이 출간되었으며, 크게 보아 세도정치권에 들어있던 경화거족京華巨族 출신 학자관료들의 역사편찬사업도 활발하였다.

이 글에서 다루고자 하는 홍경모의 역사서술도 경화거족들의 역사의식의 한 측면을 반영할 뿐 아니라, 18세기 후반 안정복의 『동사강목』에서 비롯된 고증학적 역사서술을 한층 심화·발전시켰다는 점에서 사학사적으로 중요한 뜻을 지닌다. 근대사학은 실증적 방법을 한 가지 특색으로 지닌다고 할 때, 고증적 역사서술은 근대사학의 선구적 형태로서 평가될 수 있다.

2. 홍경모의 생평과 저술

1) 홍경모의 생평

홍경모洪敬謨(1774~1851)는 조선 후기의 대표적 경화거족의 하나이던 풍산홍씨 집안에서 태어났다.

그의 직계조상 중에는 고관대작으로서 문명을 떨친 이가 적지 않았는데, 선조 때의 명신이던 이상履祥(대사헌)이 8대조이고, 선조의 사위로서 시헌력時憲曆을 청으로부터 가져와 역법의 개정을 주장한 주원이 6대 조이며, 정조대의 양관대제학으로서 문명을 날리고 고증학발전에 기여했던 양호良浩(1724~1802)가 조부이다.[1] 홍경모의 아버지 낙원樂源은 24세에 요절하여 벼슬길에 오르지 못했지만, 그 대신 홍경모는 3살 때부터 할아버지 양호의 깊은 사랑과 가르침을 받으면서 성장하여 양호의 학문을 '가학'으로서 계승하였다.

홍경모는 임영대군 후손인 이존원李存遠의 딸을 어머니로 하고, 역시 경화거족의 하나이던 풍양조씨(判書 趙弘鎭의 女)를 아내로 맞이하여 외가와 처가 쪽도 명문에 속했다. 그가 태어난 곳은 한성 남부 훈도방 이현泥峴(진고개)으로서, 이곳에는 5대조인 만회萬恢 때 지은 530간의 큰 저택이 있었다. 이와 같이 큰 저택을 가질 수 있게 된 것은, 6대조모인 정명공주(선조의 딸)가 명례궁의 구기舊基이던 이 땅을 사들여 아들 만회에게 준 것이 계기가 된 것인데,[2] 이곳에서 홍경모에 이르기까지 6대가 내리 살았다.

---

1 洪履祥에서 敬謨에 이르는 直系와 주요 傍系人物을 계보화하면 다음과 같다.

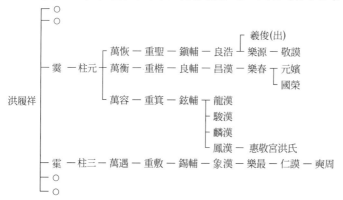

홍경모는 독자로서 이 저택을 물려받았을 뿐 아니라, 우이동계곡에는 '이계암서耳溪岩樓'로 불리는 5대전승의 별장이 있고, 그 별장 안에는 유·불·도 3교에 관련된 장서가 가득하여,[3] 그의 독서와 저술활동은 주로 이곳에서 이루어졌다.

홍경모가 '운석耘石'이라는 호 외에 '관암冠岩'이라는 호를 즐겨 쓴 것은 우이동의 관암산에서 유래한 것이며, 할아버지 양호의 호가 '이계耳溪'라 한 것도 우이동 별장에서 빌어온 것이다.

홍경모의 직계조상은 이와 같이 문명을 떨친 이가 많고 경제적으로도 유복하였는데, 그의 친족 중에도 많은 권신과 명신이 있었다. 영조 때 영의정을 지내고 혜경궁홍씨(정조의 어머니)의 아버지이기도 한 홍봉한과 홍린한(좌익정) 형제, 정조 때 세도가로 이름이 높던 홍국영, 홍국영의 누이이자 정조의 후비인 원빈, 정조~헌종 때의 명신이던 홍석주 등이 모두 홍경모의 6대조인 주원대에서 갈라진 종친들이었다. 이들은 당색으로는 노론에 속했고, 정치적으로는 홍경모의 직계보다도 더 현달하였다.

이러한 경화거족으로서의 단단한 친족기반을 가진 홍경모는 음으로 양으로 이들 족친과의 학문적 교류에서 일정한 영향을 받았고, 특히 동갑 족질族姪이면서 연암학파의 일원이던 홍석주와는 친교가 두터웠던 것으로 보인다. 그러나 홍경모의 직계는 당색으로는 소론에 속했고,[4] 학풍에 있어서도 소론학풍을 계승하여 그의 족친과는 학문경향을 달리하였다.

홍경모는 17세 때부터 생원·진사시험에 응시하여 몇 차례 초시에 합격했으나 32세에 이르러서야 최종합격했고, 36세 되던 1809년(순조 9)에 비로소 문과(병과 제5인)에 합격하였다. 이때부터 그는 78세에 타계할 때까지 근 40년간 순탄한 버슬살이를 하다가 이조판서를 끝으로 관직에서 은퇴하였다. 그 사이 그는 예문관·홍문관·성균관·사헌부·사간원 등 청요직을 두루 거쳤고, 외직으로는 송화현감(39세)·안변부사(46세)·강원도관찰사(52세)·한성부판윤(60세·65세·69세·71세)·함경도관찰사(63세)·광주부윤겸수어사(71세) 등을 역임하였으며, 6조 중에서는 형조판서(4차례), 공조판서(3차례), 병조판서(1차례), 예조판서(1차례), 이조판서(2차례)를 맡았다.

2   『冠岩全書』卷23, 四宜堂志.

3   上揭書, 卷15, 牛耳洞莊記 및 耳溪岩記.

4   洪良浩는 少論 李種徽의 아들 李東稷과 친하여, 그의 부탁으로 「修山集序」를 써주었으며 良浩의 子婦는 明齋 尹拯의 후손인 尹東哲의 女이기도하다.

그가 판서직을 맡은 것은 순조 말년에서 헌종대에 걸친 것으로서, 11차에 걸쳐 판서직을 두루 거치면서도 의정부재상에는 오르지 못하였다. 이는 그가 문과에서 뛰어난 성적을 거두지 못하고, 양관의 대제학을 거치지 못한 경력과도 관련이 있을 것이나, 안동김씨와 풍양조씨 중심으로 운영되던 파행적 세도정치하에서 적극적으로 적응하기 어려웠던 그의 학문성향이나 당색과도 관련이 있을 듯하다.

실제로 홍경모는 근 40년의 관직생활을 보내면서도 특별히 세인의 비난을 받을 만한 비행을 저지른 일은 없으며, 실무관료로서 전전하는 자신의 관직생활에 회의를 느껴 새 관직에 임명될 때마다 수차례에 걸쳐 간곡한 사직상소를 올렸다. 대체로 그의 상소문에 담긴 내용은 파행적 세도정치를 완곡하게 비난하는 것이 주조를 이루고 있다. 예컨대 순조 16년(1816)에 올린 啓에서는 '求治之要 專資於講學'[5]이라 하여 왕이 경연을 강화할 것을 요청하고 있는데, 이는 홍경래난 이후 비변사의 기능이 강화되는 추세와 역비례하여 언관의 기능이 약화되고 경연이 위축되는 현상을 우려한 것이다. 그리고 이는 뒤집어서 말한다면, 비변사중심의 파행적 정치운영을 극복하여 왕권중심의 관료정치로 환원하고자 하는 염원이 담긴 것이다.

또한 홍경모는 헌종 6년(1840)에 이조판서에 제수되었을 때, 수차에 걸쳐 이를 사양하면서 다음과 같이 자신의 처세관을 피력하였다.

> 臣은 본래 재주가 없으면서 일찍이 世路에 올랐으나, 빈배가 風波에 떠다니는 것과 같았습니다. 외로운 수레가 가파른 고개에서 넘어지지 않은 것은, 杜門修拙하고 先人의 훈계를 지키는 것을 일생의 교훈으로 간직한 까닭입니다.[6]

자신의 처지를 빈배와 외로운 수레에 비유하면서, 간신히 풍파를 이겨내고 험한 고개에서 넘어지지 않은 것을 그나마 다행으로 생각하고, 선인의 가르침을 평생의 교훈으로 삼겠다는 것은 단순한 겸양이 아니라 세도정치에 오염되지 않고 살겠다는 학자관료의 양심선언이라 할 수 있다.

---

5 『冠岩全書』, 請願開經筵啓(丙子).
6 上揭書, 大政後 乞免吏曹判書疏.

결과적으로 그는 관직을 끝내 사양하지 못하고 실무관료로서 세도정치에 협력하고 말았는데, 이는 그가 서울에 깊은 뿌리를 내린 경화양반京華兩班으로서 재야산림在野山林의 처사적處士的 생활을 가질 수 없는 여건과 관련이 클 것이다.

2) 홍경모의 학문과 저술

홍경모의 학문은 할아버지 양호로부터 이어받은 가학의 전통이 가장 큰 영향을 주었다고 생각되지만, 홍석주洪奭周 · 이상황李相璜 · 권돈인權敦仁 · 신위申緯 · 서기수徐淇修 등 당대 노론명류들과의 교유가 있었고, 또 당시 남인실학의 거두이던 다산 정약용과의 직접 교유가 있었는지는 확인되지 않지만, 그의 학문에 대한 이해를 가지고 있었다.

또한 홍경모는 두 차례에 걸쳐 청에 다녀옴으로써 청의 문물에 대한 이해와 청의 문인들과의 돈독한 교유가 있었다. 그의 첫 번째 연행은 57세 되던 순조 30년(1830)에 동지사 은부사로서 정사인 서준보徐俊輔를 따라 북경에 다녀온 것이고, 두 번째는 60세 되던 순조 33년(1833)에 진하겸사은정사로서 다녀온 것이다. 그는 연행 중 청의 기수유紀樹蕤 · 육경희陸慶灝 등 많은 문인들과 교유했는데, 이들은 홍양호와도 친교를 가진 이들로서 홍경모의 시문집을 보고 서문을 써 주기도 했다. 그 중에 기수유는 홍경모의 시문집에 대한 서문에서 그의 학문을 평하여

冠岩선생은 經 · 史에 潛心했는데, 이는 家學에서 연원한다.[7]

고 하였다. 다시 말해 홍경모의 학문은 경사經史에 치중했는데, 이는 '가학家學'의 전통이라는 것이다. 여기서 가학의 전통으로서의 경사는 구체적으로는 홍양호학문의 계승을 말하는 것으로, 홍경모 자신도 뒷날 자신의 학문이 할아버지로부터 이어받았음을 다음과 같이 술회하고 있다.

할아버지께서는 小學을 먼저 가르쳐 주시고, 그 다음에는 經傳(9經 - 필자)을 가르쳐 주

---

7   『耘石外史』, 耘石山人文序(紀樹蕤).

섰는데, 수레의 두 바퀴와 새의 두 날개처럼 순서를 분명히 하여 하나도 빠뜨리지 않으셨다. … 몇 편의 저술들은 나의 할아버지의 가르침이 아닌 것이 없다.[8]

어려서 소학과 9경을 배우는 것은 당시의 유학자로서는 누구나 거쳐가는 기본소양으로서 특이할 것이 없으나, 자신의 여러 저술이 홍양호 할아버지의 가르침에 따라 이루어진 것이라는 것은 음미할 대목이다.

홍양호(1724~1802)는 영정시대의 관각館閣학문을 대표하는 인물의 하나로서『英祖實錄英祖實錄』,『國朝寶鑑』,『興王肇乘』,『同文彙攷』(1788),『羹墻錄』(1786) 등 조선왕조의 왕업을 찬양하는 각종 관찬사서의 편찬에 참여한 바 있고, 우리나라 애국명장의 전기를 모은『海東名將傳』(1794), 우리나라 북방지역의 역사·지리·풍토를 정리한『北塞記略』,『朔方拾遺』,『朔方風土記』, 수령의 치정지침을 논한『牧民大方』과『鄕約折中』, 역의 원리를 논한『易象翼傳』,『萬物原始』등의 저술을 남겼다. 이 밖에도 그는 지방관을 역임하고 연경에 다녀온 경험을 토대로 수많은 기행문을 남겼는데, 이는 지방사연구의 좋은 자료가 될 수 있다.

이상과 같은 그의 저술경향에서도 알 수 있듯이, 홍양호의 학문은 의리와 명분이나 고답적인 이기理氣를 논하는 성리학이 아니라, 국가경영과 민생안정에 실용성이 큰 역사와 지리, 그리고 제도 등에 깊은 관심을 보였다. 그의 학문태도를 잘 보여주는 것은「修山集序」에 보이는 다음의 구절이다.

土의 爲學은 經術에 근본을 두는데, 經術에는 體와 用이 있다. 性理는 體요, 政事는 用이다. 體가 밝더라도 古今에 통하지 못하고, 典章에 밝지 못하면, 體를 政事에 미치게 할 수 없다. 우리나라의 유학자들은 性理에 밝은 사람은 울연하게 많으나, 史와 典의 학문은 왕왕 소략하고 배우지 않는다. 그래서 政事에 대한 致用은 중국의 大儒에 뒤떨어지는데, 이는 山川의 제한에 연유한다. 우리나라의 幅員이나 疆域, 典章, 故實은 마땅히 관심을 두어야 함에도 이를 소홀히 여기는 것을 나는 늘 큰 병으로 생각해 왔다.[9]

8   耘石外史序.
9   『耳溪洪良浩全書』(上), 民族文化社, 246쪽.

여기에서 홍양호는 경술經術의 체體가 성리학이라는 것은 일단 인정하면시도, 우리나라 학자의 병폐는 경술의 응용인 정사에 밝지 못하고, 정사에 관련되는 역사 · 지리 · 제도의 학문에 소홀하다는 점이 지적되고 있다.

학문의 실용성과 역사 · 지리 · 제도의 중요성을 강조하는 의미에서 홍양호는 스스로 '태사씨'를 자처했고,[10] 1782년에 연경을 다녀온 뒤에는 상소를 올려 이용후생에 필요한 차제車制 · 벽법甓法 · 여양驢羊 기르기 · 동기銅器 안쓰기 · 전모氈帽 안쓰기 · 화어華語 익히기 등을 강조하였다.[11] 말하자면 그는 '북학'의 옹호자였다.

고답적인 성리학을 선호하지 않는 그의 입장에서는 당연한 일이지만, 홍양호는 '문文'보다 '질質'이 성한 주나라 이전의 '고문古文'을 숭상했으며, 서한의 가의賈誼의 문文과 성당의 시를 칭송하였다. 그는 질보다 문을 숭상한 주周가 말기에 문치에 빠져 나라가 지리멸렬해진 것을 개탄하고, 주의 문보다 은의 질을 숭상한 한나라가 오히려 주의 입국보다 낫다고 보았다.[12]

또한 역사서술이라는 측면에서 볼 때, 흔히 『사기』의 저자 사마천을 '고문의 조祖'로 보는 것은 잘못이라고 하고, 사史라는 것은 질을 숭상하고 경經에 충실해야 한다고 하여, 이른바 경사일치론을 주장했다. 그의 경사일치론은 주자학에서의 경사체용론과 일견 유사하게 보일지 모르나, 주자학에서의 경사체용론은 도덕적 입장이 주로 강조되는 반면, 홍양호의 그것은 주자학 이전의 원시유교로서의 고학을 존중하는 입장에서 경사일치를 주장했다는 점에서 차이가 있다.

홍양호의 고문 · 고학숭상은 정치이데올로기로 본다면 왕권강화와 밀접하게 관련되어 있는 듯하다. 이는 그가 태조 이후 역대 제왕의 왕업을 찬양하는 저술을 많이 냈을 뿐 아니라, 천자권이 강화된 서한시대를 주시대보다 낫다고 칭송하는 글에서 엿볼 수 있다.[13] 그리고 이 점에서 그는 왕권강화론을 지지하고 있던 남인들의 정치사상과도 맥을 같이한다고 할 수 있다.

---

10 上揭書(上), 太史氏自序, 560쪽.
11 上揭書(上), 太史氏自序, 562쪽.
12 上揭書(上) 質文論, 380쪽.
13 上揭書(上) 質文論, "… 漢承秦暴 代苟以寬而徵周之文 反商之質 雖無文武之德 而猶能號令天下 屢顚而屢起 以一隅之蜀尙能與中國抗 是漢之立國 勝於周也". 홍양호가 文이 勝한 周를 質이 勝했던 殷만 못한 것으로 보고, 漢이 일어나면서 質로 환원한 것을 칭송한 것은, 周代의 天子權이 약화된 것을 개탄하는 의미가 들어 있다.

이제 홍양호의 학문을 이와 같이 이해할 때, 그것을 '가학家學'으로서 계승하고 있는 홍경모의 학문과 사상이 어떠하리라는 것은 짐작하고도 남는다.

홍경모는 자신의 시문집을 여러 차례 편집했는데, 이를 '유사遊史',[14] '외사外史',[15] '추사秋史', '총사叢史'[16] 등으로 이름 붙였다. 보통 문집이라고 불러야 할 것을 그가 유독 '史'라고 호칭한 것은 그의 글들이 기본적으로 사史인 동시에 경經이라고 믿는 까닭이었다. 그가 75세에 편찬한 『冠岩叢史』의 서문에 그의 뜻이 잘 나타나 있다.

> 聖人의 道는 6經에 갖추어져 있으며, 6經의 응용은 史로 나타난다. 그러니 史는 곧 經이다. 詩經과 書經은 史로써 經을 삼았으며, 春秋는 經에 의거하여 史를 썼는데 여기에서 紀傳體와 編年體가 생겨났다. 즉 書經은 紀傳體의 祖이며, 春秋는 編年體의 本이다. 體는 다르지만 근원은 모두 하나다. … 漢에 이르러 司馬遷과 班固가 차례로 나오면서 作史가 오로지 傳·志·表·記만을 따르게 되어 經과 史가 나뉘고, 經과 史가 각각 經과 史가 되었다.

여기서 매우 주목되는 발언은 시경과 서경을 경經인 동시에 사史로서 이해하는 것이다. 시경과 서경을 사서로 보는 시각은 18세기 말~19세기 학자들에게서 보편적으로 나타나는바,[17] 홍경모도 같은 시각에 있다. 그리고 이러한 입장에서 볼 때, 사마천의 『사기』와 반고의 『한서』 이후로 오히려 경사가 분리된 것을 비판적으로 이해하게 된 것이다.

시경과 서경을 사서로 보는 시각은, 시詩와 문文을 사史로 보는 입장으로 연결된다. 홍경모가 자신의 시문집을 사史라고 호칭하는 이유가 여기에 있다.

그렇지만 시詩와 문文은 어떤 내용을 담든지 史라고 하는 것은 아니다. 실제로 홍경모의 문집에 실린 시문은 크게 보아 ① 군읍의 연혁, ② 강역의 분합, ③ 산천의 험역險易, ④ 누대

---

14 洪敬謨는 61세 때까지 국내외를 여행하면서 쓴 詩文을 모아 『冠岩遊史』라는 이름으로 정리하였다.

15 洪敬謨는 64세 되던 1837년(헌종 3)에 함경도관찰사로 있으면서 그때까지 쓴 자신의 시문을 모아 『耘石外史』라는 이름으로 정리하였다.

16 洪敬謨는 75세 때 자신의 시문을 다시 정리하여 『冠岩叢史』라 하였다. 이보다 앞서 70세 되던 해에는 『耘石始有集』이라 하여 70세까지의 시문을 정리한 바 있었다. 그러니까 홍경모는 61세, 64세, 70세, 75세 등 네 차례에 걸쳐 자신의 문집을 스스로 정리하였다.

17 19세기 초의 학자로서 홍경모의 族姪이기도 했던 洪奭周도 『尙書』를 '史'라고 해석했고, 正祖의 『弘齋全書』에서도 "三代以上 經卽史 史卽經"이라고 하여, 經書를 史書로 인식하고 있음이 보인다. 이에 대해서는 金文植, 「尙書硏究書를 중심으로 본 丁若鏞과 洪奭周의 政治思想 비교」(『韓國史論』 20, 1988)가 참고된다.

의 증손, ⑤ 고적과 명승, ⑥ 인물과 풍요, ⑦ 연사(중국기행) 등이 주조를 이룬다. 이런 내용들은 그가 오랜 관직생활 중 외방의 수령과 관찰사를 역임하면서 쓴 기행들이거나, 두 차례의 중국여행 때 쓴 기행들이다. 그러니까 그 내용들은 형식은 시문이지만 실제로는 직방고職方考나 군읍지에 가까운 것으로 홍경모 자신은 생각하고 있으며, 그런 의미에서 사史라고 해도 크게 틀릴 것이 없다는 것이다.[18]

홍경모의 마지막 문집인 『叢史』 가운데는, 진짜 역사연구서라고 할 수 있는 「東史辨疑」가 실려 있다. 이것은 28항에 걸쳐 우리나라 고대사의 여러 문제들을 밀도있게 고증한 것으로서 19세기 중엽 고증적 역사서술의 한 전형을 보여준다고 할 수 있다.

홍경모의 저술로는 『총사』 이외에도 『大東掌攷』, 『重訂南漢志』, 『國朝樂歌』, 『耆社志』, 그리고 『冠岩紀年』 등이 있다.

『대동장고』(13책)는 모두 36고攷로 구성되어 있는데, 앞머리의 「歷代攷」는 단군에서 조선정조 때까지의 역사를 약술한 것이며, 그 다음에는 조선시대의 후비·종친·외척·부마에서부터 관찰사와 중국사신에 이르기까지 고급관원의 명단을 직책별로 분류하여 수록하였다.[19] 그리고 '별편別編'으로서 유림·문원·시인·필원·서화가·청리·명장의 명단을 수록하고, '외편外編'으로서 태묘(종묘)와 문묘에 제사되는 신위의 이름과 내한 및 내각의 명단을 적었다.

이 책에 수록된 인물은 순조 18년(1818)에 임명된 자를 하한으로 하고 있고, 순조를 '당저當宁'로 기록한 것으로 보아서, 아마 홍경모가 비교적 한직인 안변부사로 있던 순조 19년(1819, 46세)에서 순조 21년 사이의 저술이 아닌가 추측된다. 홍경모가 왜 이 책을 편찬했는지는 아무런 서발序跋이 없어서 확단하기 어려우나, 여기에 수록된 직책이 대부분 홍경모 자신이나, 그의 직계조상들이 거친 자리라는 점에서, 조선왕조를 이끌어온 지배 엘

---

18 『冠岩全書』 冠岩叢史序 "… 余之宣力于四方也 各隨其方而郡邑之沿革 疆域之分合 山川之險易 樓臺之增損 廣而及 古蹟名勝 又廣而人物風謠 曁夫燕槎 一路之所踐歷者 靡不發之于詩文 繫日月 則有編年之例 叙事實 則657紀傳之法 體製不一 記載有要 引伸觸類 同工異曲 有似乎職方考郡邑志而又似乎代各一史 史各一局 是可以非史而喩史也".

19 『大東掌攷』의 36項의 내용은 다음과 같다. 1) 歷代攷 2) 椒掖攷(后妃) 3) 宗英攷(大君·君) 4) 國舅攷 5) 儀賓攷 6) 輔相攷 7) 冢宰攷 8) 司馬攷 9) 文衡攷 10) 文任攷 11) 湖堂攷 12) 玉署攷 13) 講官攷 14) 國子攷 15) 中書攷 16) 銓郎攷 17) 內翰攷 18) 戎垣攷 19) 耆社攷 20) 休退攷 21) 司勛攷 22) 方伯攷(京畿·海西·湖西) 23) 方伯攷 (關東·嶺南·湖南) 24) 方伯攷(關西·關北) 25) 使星攷 26) 儒林攷 27) 文苑攷 28) 詩人攷 29) 筆苑攷 30) 畫家 攷 31) 淸吏攷 32) 名將攷 33) 太廟從享攷 34) 文廟從攷 35) 啓聖祠 36) 莊陵配食攷 37) 內翰薦圈錄 38) 內閣攷

리트층을 확인하고 나아가 홍씨가문의 명예를 드러내기 위한 것으로 보인다. 그러나 이 책의 앞머리에 실린「역대고」는 그의 한국사 이해체계를 보여준다는 점에서 또다른 의미를 지니며, 이는 뒤에 재론하기로 한다. 『중정남한지』(13권 6책)는 홍경모가 71세 되던 1844년(헌종 10)에 광주부윤 겸 수어사로 있으면서, 선배 수어사이던 서명응이 미완성으로 끝낸 남한산성지를 보완한 것으로, 2년 뒤인 1846년(헌종 12)에 완성하였다. 그 내용은 남한산성을 중심으로 한 광주부지이다.

『기사지耆社志』(19권 8책)는 홍경모가 70세에 기로소에 들어간 뒤, 자신을 포함해 조부인 양호와 계부인 희준羲俊(樂俊), 그리고 종조부 등 4대가 기로소에 들어간 사실을 기념하기 위해 76세 되던 1849년(헌종 15)에 지은 것으로, 기로소의 설치연혁, 기로소에 든 인물, 고사 등을 정리한 것이다. 『대동장고』중에도 태조에서 순조에 이르는 기로소 명단이 들어 있어서, 이『기사지』는『대동장고』와 보완관계를 가졌다고 할 수 있다.

『국조악가』(5책)는 74세 되던 1847년(헌종 13)에 조선왕조 역대의 제례에 관한 악가와 중국의 고대악가를 보완하여 엮은 것이며, 『관암기년』은 홍경모가 68세 되던 1841년(헌종 7)까지의 관역 위주의 기사를 일기체로 정리한 것이다.

이상 소개한 홍경모의 저술 가운데서 학문적 독창성이 돋보이는 것은 그의 시문집인 『관암총사』와『대동장고』이며, 이 두 저서 중에서도, 특히『관암총사』의「동사변의」와, 『대동장고』의「역대고」이다. 이 점에서 홍경모는 기본적으로 역사가로서의 업적이 가장 뛰어나다고 할 수 있다.

3.『대동장고』「역대고」의 역사서술

홍경모의 역사의식을 보여주는『대동장고』의「역대고」와『총사』의「동사변의」는 저술시기에 상당한 차이가 있다. 전자는 대략 1818년에서 1821년 사이의 저술로 보이고, 후자는 홍경모가 은휴당恩休堂에 은퇴하여 말년을 독서로 소일하던 1848년 무렵의 저술로 생각된다.

이러한 저술상의 시차로 인하여 두 저서 사이에는 역사해석상의 불일치가 적지 않으며, 역사인식의 깊이에 있어서 후자가 훨씬 앞서 있다. 이런 의미에서 홍경모의 대표적 역사서술은 「동사변의」라고 할 수 있겠으나, 「역대고」는 1820년 전후시기의 역사서술의 수준을 보여준다는 점에서 그 나름의 의미가 있다.

「역대고」에는 찬자의 서문이나 범례 등이 전혀 없어서 어떤 동기와 어떤 기준에서 편찬했는지 자세히 알 수 없다. 그러나 이 책은 체재나 내용에 있어서 이만운李萬運(1723~1797)의 『紀年兒覽』(1778)[20]과 매우 닮았으며, 더 정확히 말한다면 『기년아람』을 대본으로 놓고, 역사적 사실을 좀 더 자세히 보완했다고 하는 것이 옳다. 따라서 「역대고」는 『기년아람』과의 비교에서 그 성격이 명확히 드러난다고 할 수 있다.

우선, 두 책의 공통점을 먼저 살펴보면, 사마천 『사기』의 연표형식과 소옹邵雍의 『皇極經世書』를 응용하여 왕력 순으로 왕의 이름, 생졸년대, 재위기간, 시호, 파계派系, 후비后妃, 능묘陵墓, 고실故實(주요치적), 고이攷異(사실고증) 등을 간단히 기술한 것이 서로 같다. 원래 연표형식의 역사서술은 17세기 초 정구鄭逑의 『歷代紀年』과 18세기 초 홍만종의 『동국력대총목』 등을 거쳐 발전되어온 것인데, 『기년아람』과 「역대고」에 이르러서는 신하의 행적이 생략되고 군주에 관련된 사항만을 기록한 것이 주요 차이점으로 나타난다. 또한 '고이'라는 항목을 설정하여 역사적 사실들을 세밀하게 고증한 것도, 『기년아람』과 「역대고」에서만 보이는 것이다. 이는 안정복의 『동사강목』(1759 · 1778)에서 부록으로 '고이'편을 넣은 이래로 역사서술에서 사실고증에 치중하는 것이 새로운 관례로 되어간 것을 보여준다.

이와 같이 『기년아람』과 「역대고」는 군주중심의 서술, 고증중심의 서술이라는 점에서 서로 공통점이 있고, 「역대고」가 『기년아람』을 직접 참고하여 편찬된 것이지만, 그러나 두 책은 서로 다른 점이 적지 않다.

첫째로, 『기년아람』은 역대 왕국의 강역이나 지리에 대한 서술을 책 끝에 부록으로 독립시켜 놓았으나, 「역대고」에서는 이를 독립시키지 않고, 각 왕국마다 '강역'이라는 항목을 설정하여 직접 서술하는 형식을 취하였다. 이는 역사를 서술함에 있어서, 영토적 공간에 대한 관심이 「역대고」에서 보다 크게 나타나고 있음을 보여주는 것이며, 19세기 초의 『해동역사』와 『강역고』에서 강역에 대한 관심이 증폭된 것과 맥을 같이하는 것이다.[21]

---

20 李萬運과 『紀年兒覽』의 성격에 대해서는 高錫珪, 「『紀年兒覽』에 나타난 李萬運의 歷史認識」, 『韓國文化』 8, 1987이 참고된다.
21 韓致奫의 『海東繹史』와 丁若鏞의 『疆域考』에 대해서는 韓永愚, 『朝鮮後期史學史硏究』, 一志社, 1989, 제9, 10장 참고.

둘째로, 「역대고」는 『기년아람』에 비해 역대 국왕의 위상을 강조하고 격상시키려는 의도가 강하게 표출되고 있다. 예컨대, 『기년아람』에서는 기자조선과 마한의 왕명을 세주로 기록하고 재위년한 만을 간단히 적었으나, 「역대고」에서는 재위년한과 훙년薨年, 그리고 왕의 치적을 아는 데까지는 가능한 자세히 쓰고 있으며, 왕명을 표제로 내세워 대자로 드러내고 있다. 부여국을 비롯한 여러 소국들의 역대 왕명도 『기년아람』에는 없으나, 「역대고」에는 보인다.

고려시대와 조선시대에 관한 서술에서도 두 책은 다른 점이 나타난다. 『기년아람』에서는 각 왕의 파계·후비·능묘·고실 이외에 고려시대에는 배향신의 명단을 기록하고, 조선시대에는 상신·공신·배향신의 명단을 반드시 기재하고 있으나, 「역대고」에서는 어느 시대에도 상신과 배향신, 그리고 공신명단을 기록하지 않았다. 또한 고려시대를 서술함에 있어서도 두 사서는 차이점이 보인다. 『기년아람』에서는 왕의 묘호만을 적고 있으나, 「역대고」에서는 묘호와 시호를 병기하여 군주의 위상을 한층 돋보이게 하고 있다.[22] 이러한 서술태도의 차이는, 역사주체를 국왕과 대신의 통일체로 보느냐, 아니면 국왕중심으로 보느냐의 시각차이를 반영하는 것으로 풀이된다.[23]

대체로 조선 후기 유자들의 군신관은 기본적으로 군신통일체적 시각을 가지면서도 왕권의 위상을 좀더 강화하려는 입장과 대신의 위상을 강조하는 입장으로 나뉜다고 볼 수 있는데, 현실적으로 고급관직을 많이 차지하고 있던 노론에서는 신권존중의 입장이 강했다. 이에 반하여 권력의 핵심에서 벗어나 있던 소론·남인계에서는 왕권강화론이 우세한 편이었는데, 특히 왕권이 극도로 위축되어 있던 세도정국하에서 권력의 핵심에서 벗어난 인사들 사이에서는 왕권강화론이 더욱 설득력을 가질 수밖에 없었다. 홍경모의 역사서술에 나타난 군주편향적 시각은 세도정국하에서 왕권의 신장을 희구하는 남인 및 소론 학인의 일반적 성향을 대변하는 것이 아닌가 추측된다.[24]

---

22   예컨대 『기년아람』에서는 王建에 대해 '太朝'라고만 적었으나, 「역대고」에서는 "太祖應運明元興烈大定睿德章孝威穆神聖大王"이라고 쓰고 있다.

23   「역대고」에서 相臣·功臣·配享臣의 명단을 적지 않은 것은, 『大東掌攷』의 輔相攷·太廟從享攷 등에서 상신·배향신 등을 따로 서술하였기 때문이라고 해석할 수도 있다. 그러나 조선시대에 한정할 경우에는 그러한 해석이 가능하지만, 고려시대에는 해당되지 않는다.

24   19세기 초 대표적 老論學人의 한 사람이던 洪奭周와 남인학자이던 丁若鏞의 정치사상에서도 君主權을 둘러싼 견해 차이가 나타난다고 한다(金文植, 上揭論文 참고).

끝으로, 두 사서는 우리나라 역사를 총괄적으로 계통화함에 있어서 다소간의 시각차이가 나타난다. 예를 들면, 『기년아람』에서는 삼조선을 서술함에 있어서 '단군조선'을 '세칭 전조선', '기자조선'을 '세칭 후조선'으로 표현하고 있으나, 「역대고」에서는 '단군조선'을 '조선국'으로, '기자조선'을 '중조선'으로, '위만조선'을 '후조선'으로 표현하고 있다. 이는 『기년아람』이 위만조선을 은연중 정통에서 배제하는 데 반해서, 「역대고」에서는 삼조선을 동등한 위치에서 다루고 있음을 말해준다.

또한, 삼조선 다음에 『기년아람』은 사군과 이부를 서술하고, 이어서 삼한 서술로 넘어가는 데 반하여, 「역대고」에서는 사군·이부를 아예 삭제하고, 삼조선에서 바로 삼한으로 넘어가고 있다. 그 이유는 제시되지 않고 있으나, 사군의 문제는 지리에서나 따질 문제이지 우리나라 역사체계(특히 왕통)와는 무관하다고 보는 입장의 반영일 것으로 추측된다.

4군에 대한 언급이 빠진 대신에 삼조선에 소속된 속국으로서 부여·동옥저·북옥저·남옥저·진국·예국·맥국·고구려 등 8개 소국이 삼한 뒤에 서술되고 있어서 삼조선의 국가적 위상은 한층 높아지고 있다. 이는 『기년아람』에서도 마찬가지로 속국들이 소개되고 있지만, 「역대고」에서는 속국 중 부여의 역대 왕명까지 기록하고 있어서 속국의 위상이 더욱 높아져 있다.

삼한에 대한 서술은 마한·진한·변한을 마한정통론의 시각에서 쓰지 않고, 세 나라를 대등한 입장에서 서술한 것이 서로 같으나, 사실고증에 있어서는 「역대고」가 한층 자세하고, 진한의 주민을 『기년아람』에서는 '진망인'으로 이해하고 있음에 반하여, 「역대고」에서는 '연인피지자燕人避之者'라는 최치원의 설을 소개하고 있다.

그 다음, 삼한 이후의 삼국에 대한 서술은 두 책이 다같이 신라·고구려·백제 순으로 서술하고 있다. 그러나 3국시대에 반란세력에 의하여 세워진 나라들에 대하여 『기년아람』에서는 '참위僭僞'라는 표제하에 '보덕장군報德將軍 대문大文', '웅주도독熊州都督 김헌창', '태봉왕 궁예', '후백제왕 견훤' 등으로 기록하고 있는데, 「역대고」에서는 '보덕국', '장안국', '태봉국', '후백제' 등으로 기록하여 정식 나라로 인정해 주고, 각 나라의 도읍을 소개하고 있다. 「역대고」에서도 이들 반란국가들을 '참위'로 구분하고 있음은 『기년아람』과 마찬가지지만, 정통과 참위를 구별하려는 의식이 「역대고」가 한층 미약하다.

또한 삼국에 예속된 속국에 대해서는 『기년아람』이 신라 33국, 고구려 16국, 백제 4국으로, 「역대고」가 신라 34국,[25] 고구려 16국, 백제 4국으로 기재하여 약간의 차이가 있다.

발해를 신라·고구려 다음에 서술하여 백제보다 앞에 내세운 것도 두 책이 동일하다. 이는 발해를 고구려의 후속국가로 인정하여, 고구려에 바로 뒤이어 써준 까닭이다. 그리고 발해를 국사체계 속에 당당히 편입한 까닭에 통일신라를 따로 독립시키지 않고, 신라사에 통합해서 서술한 것도 두 책이 서로 같다. 그러나 『기년아람』에서는 발해의 대씨大氏를 '본래 속말말갈로서 고구려에 부한 자'로 보는 데 반하여, 「역대고」에서는 '고구려 속말인'이라 하고, 발해의 역대 왕명과 15명의 발해 인물 및 그의 행적을 상세히 소개하여 한층 적극적인 자세를 보이고 있다.[26] 그러나 이는 『기년아람』 이후 정약용의 『강역고』(1811·1833), 한치윤의 『해동역사』(1814·1823), 홍석주의 『동사세가』(발해세가) 등이 나와 발해사 인식이 깊어졌음에도 불구하고 아직 그러한 업적을 접하지 못한 상황에서 썼기 때문에, 이들 수준에는 미치지 못한 것을 알 수 있다. 특히 발해의 5경·15부의 위치비정이 그러하다.

삼국 다음에 고려·조선왕조로 이어지는 역사체계는 두 책이 같다.

역대국가의 강역에 대해서는 『기년아람』이 『동사강목』과 『문헌비고』의 설을 그대로 소개하는 데 그치고 있어서 새로운 천착은 나타나지 않는데, 「역대고」는 『기년아람』의 강역설을 대부분 그대로 받아들이고 있어서 새로운 것이 없다. 그러나 홍경모가 만년에 쓴 「동사변의」에서는 「역대고」보다 한층 심화된 사실고증과 지리고증이 나타나는데, 이에 대해서는 뒤에 재론하기로 한다.

4. 「동사변의東史辨疑」의 사실고증

홍경모가 만년(1848년경)에 쓴 것으로 보이는 「동사변의」는 체계적인 역사서술이 아니라, 삼한시대까지의 우리나라 상고사에 관해 이설이 분분한 28항의 문제들을 여러 문헌 자료들을 비교하면서 밀도있게 고증한 것이다.

그러니까 이것들은 문헌고증학적 역사연구라고 불러도 좋을 것들이다.

---

25 「역대고」에서는 新羅의 屬國으로 古陀耶國(安東)이 추가되어, 『기년아람』에서의 33국보다 1국이 더 많다.
26 渤海史에 부기된 인물의 명단은 다음과 같다. 王子文藝·臺夏·王子宏臨·王子新德·任雅相·張文休·申德·大和句·大元句·大福暮·大審理 … 大鸞河.

홍경모가 1820년 전후하여「역대고」를 쓸 때만 하여도, 수준 높은 문헌고증적 역사서술이던『강역고』와『해동역사』가 원편은 저술되었으나, 아직 속고가 완성되지 않았던 시기였다. 따라서 홍경모는 18세기 후반기에 저술된『동사강목』,『문헌비고』등을 주로 참고하면서,『기년아람』보다는 약간 수준 높은 고증적 역사서술에 머물 수밖에 없었다. 그러나 그 후 그는 1833년에 완성된 정약용의『강역고』와 1823년에 완성된 한치윤·한진서의『해동역사』를 접하게 되었고, 이에 자극을 받아「동사변의」를 따로 집필하게 된 것으로 보인다.[27]

홍경모는 이 책을 쓴 동기를 서문에서 밝히고 있는데, 그 요지는 우리나라 수천 년의 상고사에 대한 기록이 황만불경荒謾不經한 것이 많아 믿을 수가 없고, 수많은 작은 나라들이 서로 쟁탈하여 지계를 가늠하기 어려울 뿐 아니라, 국호와 지명이 중복·혼잡하고, 방언과 이어俚語가 뒤섞이고 명호가 뒤얽혀서 사실을 파악하기 어렵다는 것을 한탄하고 있다. 그래서 저자는 자신이 평소 의문으로 품어 온 수십사數十事들에 대해, 제설을 박고하고 중국의 역사책을 참고하여 사실에 맞고 맞지 않는가를 고증하겠다고 하였다. 그러나 확실하게 고증할 수 없는 것은 이른바 '이의전의以疑傳疑' 즉 의심스러운 것은 의심스러운 대로 남겨 둔다는 태도를 간직하여, 결론을 유보해 둔 것도 적지 않다.

「동사변의」에 수록된 고증항목을 시대별로 분류하여 소개하면 다음과 같다.

1. 總論的인 것 - 君子國, 南邱國, 韓雁, 東夷(畎夷·嵎夷·方夷·白夷·黃夷·赤夷·玄夷·藍夷·風夷·陽夷·玄菟·樂浪·良夷·高驪·島夷)

2. 檀君에 관한 것 - 檀君, 檀君降生, 檀君姓名, 檀君系派, 檀君後裔, 檀君國號, 檀君享國

3. 箕子에 관한 것 - 箕子封朝鮮, 箕子受封, 箕子生卒, 箕子世代, 箕子氏族, 箕子朝周

4. 東國文獻과 古文尙書에 관한 것.

5. 衛滿立國에 관한 것.

6. 三韓에 관한 것 - 韓, 三韓之始, 三韓之號, 箕準馬韓, 辰韓六部, 弁辰爲駕洛, 三韓事實, 三韓分配三國

---

27 洪敬謨는 丁若鏞의 견해를, '斗湖丁氏曰' 혹은 '惑云'이라 하여 소개하고 있으며,『해동역사』를 직접 언급하고 있지는 않으나 '東國世紀', '朝鮮世紀', '世紀' 등으로 표현한 것은 '해동역사'의 '世紀' 부분을 호칭한 것으로 보인다. '世紀'라는 표현은 다른 사서에서는 보이지 않는다.

이제 위에 열거한 항목에 따라, 그 요지를 간단히 소개하기로 한다.

(1) 군자국君子國

『山海經』과 『淮南子』에 동방에 '군자국'이 있다고 되어 있는데, 이는 기자 이전부터 있어 온 칭호로서 국호를 가리키는 것이 아니라 그 문화가 군자다워서 생긴 것이며, 구체적으로는 우리나라 사람을 가리킨다. 공자가 군자가 사는 구이에 가서 살고 싶어했던 것과, 『東方朔 神異經』에 동방사람을 '선인'이라고 한 것, 당현종이 신라를 '군자지국君子之國'이라고 한 것 등이 모두 우리나라 문화가 높은 것을 가리킨다.

우리나라가 예부터 군자국으로 불렸다는 사실은 『해동역사』에서도 지적되고 있으나, 『해동역사』에서는 이러한 칭호가 기자 이후에 생긴 것으로 해석한다.[28] 그런데 홍경모는 이미 기자 이전부터 군자국의 칭호가 있었다고 해석함으로써 기자 이전의 문화수준을 높이 평가했다는 점에 차이가 있다.

(2) 청구국靑邱國

『山海經』, 『抱朴子』, 『淮南子』, 『呂氏春秋』, 『淸一統志』, 『天文類抄』, 『北史』 등에 동방에 靑邱國이 있다는 기록이 나오는데, 이는 처음에는 국호가 아니라 우리나라를 가리키는 지명이었다.

(3) 한안韓雁

『山海經』, 『韓雁經』 등에 나오는 한안은 동방에 있는 어느 지명으로서 어느 곳인지는 확실치 않으나 箕子封內의 어느 지역인 듯하다.

(4) 동이東夷

『禮記』, 『爾雅』, 『說文』, 『風俗通』, 『書經』, 『通鑑前編』, 『子虛賦』, 『易經』, 『汲冢周書』, 『後漢書』, 『山海經』, 『通志氏族略』, 『通鑑』, 『括地志』 등에 보이는 구이는 동방東方 이종夷種의 총칭으로서, 우리나라에만 해당하는 것이 아니라, 요하 동북이 모두 포함된다.

28　韓永愚, 前揭書, 제10장 참고.

견이畎夷는 구이九夷의 하나로서, 산곡山谷간에 살고 있었으며, 은殷·주周와 교섭하였다.

우이嵎夷는 우이于夷라고도 하며 산곡간에 거주하고, 우리나라의 경상도 영해부나 강원도의 강릉부 등지를 가리키는 듯하다.

방이는 일방에 모여 살아서 붙여진 것인지, 관명 때문에 붙여진 것인지 미상하며, 하夏 소강 때 내빈한 일이 있다.

백이白夷·황이黃夷·적이赤夷·현이玄夷·남이藍夷 등 5이는 방색에서 유래한 것인지, 소거지지所居之地에 황백 등 호칭이 있어서 붙여진 것인지 확실히 알 수 없다. 그 중 남이는 일명 풍이風夷라고도 하며, 이는 풍성風姓에서 유래하였다. 풍이는 은·주와 교섭하면서 뒤에는 회대지방으로 옮아가서 점차 중국땅에 살게 되었다.

양이陽夷는 역이暘夷라고도 하며 양곡지방에서 살았다.

현토와 악랑은 한군현 이전에도 있었고, 그 위치는 요하 북쪽으로서 한 군현과는 다른 것 같다. 낙랑은 양이良夷라고도 한다.

고려는 고구려로서, 주몽이 세운 고구려 이전에 있었으며, 그 위치는 요동의 동쪽 천여 리, 조선의 북쪽에 있었다.

도이島夷는 부여이며, 부여국이라고도 한다. 그 위치는 지금의 봉천부의 개원현에 있다.

이상과 같은 동이에 관한 고증은 조선 후기 사서로서는 가장 상세하게 동이 문제를 거론한 것으로서 중요한 의의를 지닌다. 물론 동이를 야만시하던 전통적 관념에서 벗어나, 동이문화를 재평하기 시작한 것은 『동사강목』과 『해동역사』에서 이미 시도된 바 있다. 특히 『해동역사』에서 우리나라 역사의 첫머리에 '동이총기'를 수록한 것은 동이 연구를 위한 기초적 자료수집의 성격을 갖는다.[29] 그런데 홍경모는 여기에서 한 걸음 더 나아가, 동이의 여러 갈래를 하나하나 독립시켜서, 그 명칭의 유래와 주거지역, 그리고 흥망과정을 고찰한 것은 동이 이해의 깊이를 더해 준 것이라 할 수 있다.

(5) 단군檀君

단군이 태어난 시대는 중국의 문명이 이미 발달했던 도당(堯)시대로서, 우리나라도 이미 인물이 번자하고 구역 안에 흩어져 살았으나, 아직 사람들이 추박충준椎朴蠢蠢하고 집

---

29   前揭 同.

승과 더불어 함께 사는 단계에 머물러 있다가 단하檀下의 신인神人을 추대하여 임금으로 삼은 것이 단군이다. 따라서 단군은 혼망混芒이 처음 갈라지던 시대에 처음 태어난 인간은 아니다.

단군이라는 칭호는 단목하에 내려왔기 때문에 '단檀'이라고 하고, 군장이되었기 때문에 '군君'이라고 하였다 하나, 삼국시대의 임금도 거서간·차차웅과 같이 왕호가 없었는데, 그보다 수천년 전에 왕호가 있었는지 의심스럽다.

『고기』에는 단군이 백성에게 편발編髮과 개수盖首를 가르치고, 팽오에게 명하여 산천을 정했다고 했는데, 이때는 아직 문자를 쓰기 이전이므로 누가 이를 알고 기록하여 후세에 전하였겠는가.[30] 더욱이 팽오는 한인이지 단군의 신하가 아니다. 그렇지만, 단군은 신성한 덕을 갖추었기 때문에 후세자손들이 천여 년간 끊이지 않고 나라를 세운 것은 사실이요, 부여·예맥 등이 그 후예이다.

(6) 단군강생檀君降生

단군의 출생과 사망에 관한 기록은 우리나라 자료인 『고기』에만 보이는데, 그 내용을 어떻게 받아들여야 할 것인지 매우 난감하다.

『조선고기』[31]에는 "天神인 桓因이 庶子 雄을 태백산에 내려가게 하여, 神으로써 敎를 베풀게(以神設敎) 하였는데, 神熊의 異가 있어서 檀樹 밑에서 아들을 낳았다. 그를 檀君이라고 불렀다"고 쓰여 있다. 이와 같이 『고기』에는 환웅을 '신인神人'으로 불렀는데, 『동국통감』에서는 단군을 '신인'으로 기록하여 어떤 것을 믿어야 할지 알 수 없다.

그런데 신인이 하늘에서 내려온다는 것은 있을 수 없는 일로 보이지만, 그러나 천지가 창조될 때, 올챙이나 물벌레가 연못 속에서 '화생化生'한 것처럼 최초의 인간출생은 '화생'

---

30 「역대고」에서는 檀君의 治績으로서 ① 編髮盖首, ② 尊國內山川, ③ 遺子夫婁朝塗山을 기록하고 있는데, 「동사변의」에서는 이러한 치적을 인정할 만한 기록이 없었다는 것을 이유로 회의를 보이고 있다. 그러나 단군이 신성한 군주라는 사실은 부인하지 않는다.

31 『朝鮮古記』는 구체적으로 어떤 책을 가리키는지 알 수 없다. 다만, 『朝鮮古記』 가운데 桓雄이 '以神設敎'했다는 대목이 보이는 것은, 이 책이 『三國遺事』를 가리키는 것이 아님은 확실하다.
桓雄이 '以神設敎'했다고 언급한 史書로는 李種徽의 『東史』(神事志)가 있다. 이 책은 18세기 후반에 쓰여진 것이므로, 홍경모가 보았을 가능성이 있다. 그러나 그렇다면, 홍경모가 『東史』라고 하지 왜 『朝鮮古記』라고 했는지 의문이다. 또한, 李種徽의 『東史』도 某種의 古記를 보고 桓因의 '以神設敎'를 언급했다고 생각된다. 그렇다면, 이종휘도 홍경모가 본 『朝鮮古記』를 보았을 가능성이 있다.

의 원리에 의해서 태어났다고 볼 수밖에 없고, 그러한 인간이 곧 '신인'일 것이며, 그러한 인간의 출현을 하늘에서 강생했다고 했을 것이다. 따라서 이른바 신인은 보통사람과 출생이 다르다고 하는 것은, 황당무계하다고 생각될지 모르지만, 반드시 괴이하게만 볼 것도 아니다.

다음에, 단군이 입산하여 신이 되었다는 것도, 만물은 반드시 생사가 있다는 일반적 이치에 비추어 볼 때, 상리에 벗어나는 일이다. 그렇지만, 태어남이 '화생'이었다면, 그 죽음도 또한 보통사람과는 다를 수 있기에 신이 되었다고 한 것은 아닌가. 어쨌든 단군의 생사는 시인도 부인도 하기 어려운 문제이므로, '이의전신以疑傳信' 즉 '의심스러운 대로 믿어야' 하는 것이 옳다고 하겠다.

이상과 같은 단군의 생사에 관한 홍경모의 논평은, 『고기』에 기록된 신화의 세계를 일방적으로 부인하거나, 일방적으로 사실로서 받아들이려는 시각에서 벗어나, 소박하긴 하지만 생물진화의 시각에서 신화를 재해석하려는 시도로서 중요한 의의를 갖는다.

(7) 단군성명檀君姓名

『고기』[32]에 의하면, 단군은 성이 환씨요, 이름이 왕검이라고 하였으나, 이 시기에는 아직 문자가 없었으므로 성명이 있을 수 없다. 아마 이것은 후세인들이 단군이 환인·환웅의 후손이라는 사실에 근거하여 부회한 것일 것이다.

한편, 『삼국사기』에는 두우杜佑의 『통전』에 근거하여 평양을 왕검성이라 하고, 『고기』에 의거하여 '평양은 선인왕검의 댁'이라고 하였는데, 이로부터 평양과 단군을 왕검이라 부르는 것이 유행했다. 그러나 『고기』는 신사가 아니다.

(8) 단군계파檀君系派

『고기』에는 단군이 하백녀와 혼인하여 부루를 낳았다 하고, 부루를 도산에 보내 하우를 조견케 했다고 한다.[33] 그러나 『삼국유사』에서 환인제석이라고 한 것은 『법화경』에

---

32 이 『古記』는 앞에서 언급한 『朝鮮古記』와 같은 책을 가리키는 것인지, 아니면 별개의 책을 말하는지 불확실하다. 그런데, 그 『古記』 속에 檀君의 姓이 桓氏라고 기록되어 있다고 했는데, 檀君의 姓을 桓氏라고 한 것은 李種徽의 『東史』에서도 보인다. 따라서 이종휘도 홍경모가 본 것과 같은 『古記』 보았다고 생각된다.

33 洪敬謨는 "檀君의 아들 夫婁가 塗山에 가서 夏禹를 朝見했다"는 『古記』의 기록이 『삼국유사』에 수록되어 있

나오는 말로서, 승려들이 이를 역사에 편입시킨 것이며, 단군이 하백녀와 혼인하여 부루를 낳았다는 것도 믿을 수 없는 일이다. 더욱이 해모수가 또 하백녀와 관계하여 주몽을 낳았다는 것은, 하백녀가 단군에게 시집갔다가 뒤에 해모수와 사통했다는 것이니 있을 수 없는 일이다. 또한 부루가 도산에 가서 하우를 만났다면 중국측 기록에 남아 있을 터인데, 그러한 기록이 없다.

따라서『고기』의 기록들은 믿을 것이 못된다. 그러나 주자가 "후세사람들이 상서로운 일들을 위망했다 해서 진실된 일들이 없다고 할 수 있는가"라고 말했듯이, 옛날 일들을 함부로 단정하기는 어려운 것이다.

이상과 같은 홍경모의『고기』에 대한 불신 발언은, 안정복 · 정약용 · 한치윤 등 18세기 말~19세기 초 남인 학자들에게서 공통적으로 나타났던 것으로서, 홍경모는 비록 당색은 다르지만, 이들 남인학자들의 영향을 받고 있다고 할 수 있다. 그러나 홍경모가 마지막에 가서 "僞妄하다고 해서 眞實事가 없겠는가"라고 일말의 여운을 남기고 있는 것은, 이긍익의『연려실기술』(1797)과 이종휘의『동사』(1803)에서 고기를 그대로 신빙하던 소론학자들의 전통을 완전히 저버리지 않고 있음을 보여준다.[34]

(9) 단군후예檀君後裔

『고기』에 의하면, 단군의 아들 부루, 부여와 예맥 · 옥저 · 비류가 모두 단군의 후예이며, 또한 숙신肅愼 · 읍루挹婁 · 물길勿吉 등 제이諸夷의 조상이 모두 단군에서 나왔다고 되어 있다.[35] 그러나 사마천의『사기』에서도 한고조의 세계를 모르고 있는데, 하물며 중국의 황제와 같은 시대의 단군의 세계를 알 수 있겠는가. 따라서 부여 등 여러 나라가 단군의 후예라는 주장은, 장자가 말한 것처럼 "그렇지 않은 듯하면서 그러하고, 그런 듯하면서 그렇지 않은"(然於不然, 不然於然者也) 것이라 할 수 있다.

다고 하였으나,『삼국유사』에는 그러한 기록이 없다. '夫婁朝夏' 說은『應制詩註』에 처음 보이며, 이는 모종의『古記』를 참고한 것이다.

34 李種徽는『古記』에 쓰여진 檀君의 여러 행적을 사실 그대로 받아들이면서 단군조선의 역사적 위상을 높여 놓았으며, 이 때문에 뒷날 民族主義 역사가들에게 큰 영향을 주었다(韓永愚, 前揭書, 제7장).

35 여기서 말하는『古記』도 그 정체가 미상하다. 그러나 부여 · 예맥 · 옥저 · 비류 등이 단군의 후예라는 주장은 이미 고려 말기 李承休의『帝王韻記』에서도 보이며, 조선 후기의 李種徽도 같은 입장을 계승하고 있다(韓永愚, 前揭書, 제7장, 255~257쪽).

홍경모는 위와 같은 시각에서 부여·고구려·예맥·옥저·발해·숙신 등의 역사를 하나하나 재검증하고 있는데, 그 요지는 다음과 같다.

① 부여는 단군의 支子가 세운 것으로서, 압록강북에 세운 것이 북부여이고, 천여 년 뒤에 해부루가 가섭원(강릉)에 세운 것이 동부여이며, 해부루의 아들 김와金蛙의 장자인 대소帶素의 아우가 세운 것이 갈사국이며, 그의 종제가 고구려에 항복하여 세운 나라가 연나국이며, 대소의 아들이 우태優台이며, 그 후 7세 뒤에 고구려에 망하였다. 또 어떤 기록은 해부루가 단군의 아들이라고 하는데, 해부루가 나라를 세운 것은 단군으로부터 1,200여 년 뒤로서, 도저히 해부루는 단군의 아들이 될 수 없다.

김와가 해부루의 아들이라고 한 것도, 다른 기록에 의하면, 부루가 곤연에서 어린아이를 얻어서 금와라고 이름지었다 하므로 해부루의 아들이 될 수가 없다.

② 금와는 우발수優渤水에서 하백녀를 만나 태양의 빛을 받고 알을 낳았는데 이가 주몽이므로, 주몽은 금와의 아들이 아니고, 단군의 후예도 아니다.

③ 주몽의 장자인 비류는 미추홀에서 나라를 세우고, 차자인 온조는 백제국을 세웠는데, 이들은 부여의 후예와 단군의 후예로 불리고 있다. 그러나 주몽이 단군의 후예가 아니므로 비류와 온조도 단군의 후예가 될 수 없다.

④ 예맥은 본래 북부여의 이름으로서, 해부루가 강릉지방으로 이사하였기 때문에 이곳을 예맥이라 부르게 되었다. 해부루는 바로 예왕이다. 위만조선 때 한에 항복한 예군 남려는 혹시 부루의 아들이 아닐까.

⑤ 동옥저는 지금 함경도의 고원·영흥에서 경성 이남의 땅이요, 비류국은 압록강 서북 380리에 있었다. 옥저와 비류가 모두 단군의 후예라고 하나 확연한 증거가 없다.

⑥ 발해국왕 대조영의 조상은 고구려인인데, 수隋 양제 때 그의 할아버지 도지계度地稽는 부루의 후예라고 자칭하면서 내항하였다. 또 발해국 사람 고운은 중국에 들어가 북연왕이 되었으며, 스스로 고주몽의 지속이라고 칭하였다. 대조영과 고운은 과연 단군의 후예일까.

⑦ 숙신씨도 단군의 후예라고 한다. 숙신은 식신·직신·읍루·물길·말갈 등으로 명칭이 바뀌어 왔고, 뒤에는 숙여진(粟末말갈, 在西者)과 야인(黑水말갈, 生女眞)으로 나뉘어졌다. 우리나라에서는 함경도 청주(北青) 이북지역에서 고시와 석노가 출토되어 이 때문에 그들을 단군의 후예로 주장하나 근거없는 주장인 것 같다.

홍경모는 이상과 같이 단군의 후예에 관한 사실을 고증한 뒤, 마지막으로 다음과 같이 결론을 내리고 있다.

夫餘 · 濊貊 등 여러 나라가 檀君의 후예가 아님을 어떻게 알 수 있는가. 그러나 옛부터 참고할 문헌이 없으니, 그들이 檀君의 후예라는 것을 또한 어떻게 알 것인가. 司馬遷의 『史記』에서는 옛날 12諸侯를 나열하면서 …… 그들의 傳世가 많고 歷年이 긴 것을 가지고, 虞 · 夏 · 殷 · 周의 德厚가 지극한 까닭이라고 소급하여 칭송하였다. 지금 夫餘 등 여러 나라의 立國傳世가 수백년 혹은 수천년간 끊이지 않았으니, 이것은 그 유래가 오랜 까닭이다. 그들의 조상이 檀君이 아니고, 檀君의 德이 중국의 虞 · 夏 · 殷 · 周와 같지 않다고 어찌 알 수 있겠는가. 그렇지 아니하다면, 어떻게 그렇게 오래갈 수 있을까.

이 결론을 다시 요약한다면, 부여 · 예맥 · 비류 · 옥저 등 여러 나라들이 단군의 후예로 볼 수 있는 확증은 없다 하더라도, 단군의 덕이 크기 때문에 그토록 오래 국가가 존속되었다고 믿는 것이다. 그러니까 혈연적 계승의 측면보다는 문화적 계승의 측면을 홍경모는 더 주목하면서 단군조선과 고대국가를 이해하고 있다고 할 수 있다. 이 점은 이종휘가, 단군조선의 역사가 수천년간 이어진 것은 단군의 덕이 중국의 요사나 탕희처럼 컸기 때문이라고 주장한 것과도 일맥상통한다.

(10) 단군국호檀君國號

『書大傳』과 『山海經』 등에 '조선'이라는 칭호가 보이는 것으로 보아, 기자 이전에 '조선'이라는 칭호가 있었던 것이 확실하나, 이것은 국호라기보다는 지명인 듯하다. 신라도 22대 지증왕 때 와서야 비로소 국호가 정해진 것으로 보아 단檀 · 기箕시대에 국호가 있었을 것 같지 않다. 따라서 조선이라는 국호는 후세에 붙인 것이 확실하다. 어떤 이는, '檀'이 국호인 까닭에 후세 사군을 모두 단군이라고 칭하게 되었다고 했는데, 이 설이 그럴 듯하다.

이상 홍경모의 조선이라는 국호에 대한 견해는, 기자 때부터 조선이라는 국호가 생겼을 것이라는 정약용의 견해와도 다르고, 기자 이전의 국호를 '檀'이라고 본 이익의 설[36]에

---

36 韓永愚, 前揭書, 제6장, 208쪽 참고.

동의하는 것이다.

(11) 단군향국檀君享國

『고기』에 의하면, 단군은 1,048년간 재위하고, 향수도 이와 같다고 했다. 또 어떤이는 단군이 1,500년 재위했다 하고, 또 어떤 이는 1,520년 재위했다고도 한다. 그러나 이는 단군이 입국한 연대와 기자가 왕이 된 연대를 따질 때 년수가 맞지 않을 뿐 아니라, 한 사람의 재위가 천여 년이 된다는 것은 있을 수 없는 일이다.

또 단군이 신이 되었다는 연대가 '상商 무정武丁 8년 을미乙未'라고 하나, 무정 8년은 을미가 아니라 갑오이다. 이러한 기록상의 여러 혼란을 총괄적으로 검토하고, 인간의 수명이 100여 년을 넘을 수 없다는 것을 고려할 때 권근이 1017년을 단군조선의 전세역년으로 해석한 것이 사실에 가깝다.

(12) 기자봉조선箕子封朝鮮

사마천의 『사기』에 무왕이 기자를 조선에 봉했다고 했으나, 이는 사실에 맞지 않는다. 기자는 신복할 생각이 없었으므로 무왕의 신하가 되고자 한 일이 없고, 무왕도 그를 신하로 만들 생각이 없었다. 기자는 은殷이 망한 것을 애통해 하여 조선으로 피하였으며, 조선인이 그를 추대하여 왕을 만들었고, 무왕은 그를 빈사賓師로 대접했을 뿐이다. 또한 당시 조선은 중국에 복속하지도 않았는데, 어떻게 조선땅을 차지하여 제후를 봉할 수 있겠는가.

따라서 『한서』 지리지에 "殷이 衰하여 箕子가 조선으로 갔다"고 한 것이 가장 이치에 맞고, 『史記』의 기사는 틀렸다.

이상과 같이 무왕과 기자의 관계를 빈주관계로 본 것은 17세기 중엽 홍여하의 『동국통감제강』에서 처음 주장된 것인데,[37] 홍경모는 홍여하의 설을 따른 것이라 할 수 있다. 주 무왕과 기자의 봉신관계에 대해서는 조선 후기 사서들이 대부분 부정하고 있다. 그러나 이익과 한치윤만은 기자의 신복을 인정하여 이채를 보이고 있는데, 홍경모는 이를 다시 부정한 것이라 할 수 있다.

---

37 上揭書, 제4장, 148쪽 참고.

(13) 기자수봉箕子受封

기자가 조선에 온 시기에 대해서는 『고기』에 주무왕원년기묘라 하였다. 『통감전편』에도 그렇게 쓰여 있다. 그러나 『경세보편』(신익성)에는 성왕 3년 무자에 기자가 중국인을 거느리고 왔다고 되어 있는데, 이는 은이 망한 후 10년이 지난 뒤로서 사실에 맞지 않는다. 따라서 기자의 동출은 기묘년으로 보는 것이 타당할 듯하다.

(14) 기자생졸箕子生卒

『고기』에는 기자의 생졸이 무왕과 같아서 93세에 卒하고, 40년간 재위했다고 하는데, 이는 맞지 않는다. 무왕의 생존에 관해서는 중국측 기록이 있으나, 기자의 생졸에 관해서는 우리나라 역사책에 기록이 없다. 기자가 무왕과 동년인 계축에 태어나고 을유에 죽었다면, 재위는 불과 7년이 되어 견강부회에 가깝다.

어떤 사람은 기자가 상商 제을병술帝乙丙戌에 태어나서 성왕무오成王戊午에 죽었다고 하는 데 이 설이 사실에 맞고, 수壽도 93년이 된다.

(15) 기자세대箕子世代

『고기』에는 기자조선은 전세가 41대 929년이요, 마한이 8대 202년으로, 모두 합쳐 48군 1,131년이라고 한다. 그러나 기자조선의 역대 왕명은 역사책에는 보이지 않고, 오직 『기씨보』에만 보인다. 그런데, 이 책에는 기부의 이름이 없고, 왕의 시호가 병기되어 있으며, 41 대 1,026년으로 되어 있다. 그러나 우리나라에서 시호를 쓰기 시작한 것은 3국시대 중엽이므로, 기자조선 역대왕의 시호는 호사가의 두찬일 것이다.[38]

어쨌든 고석古昔 성제聖帝의 후예로서 방외이역方外異域에서 나라를 일으킨 자로는 기자가 가장 오래니, 이는 인仁과 력力을 시행한 결과라 할 수 있다.

(16) 기자씨족箕子氏族

『고기』에는 기자가 자성으로서, 선우씨·기씨·한씨가 기자의 후예라고 하였다. 중국

---

38 『德陽奇氏譜』에 기재되어 있는 箕子朝鮮 41世 王名과 馬韓 8世 왕명이 후세인의 杜撰일 것이라는 견해는 이미 『東史綱目』에서도 지적된 바 있다(韓永愚, 前揭書, 324쪽). 그런데, 李種徽만은 『奇氏譜』의 기록을 사실로 받아들여 箕子世家를 작성한 바 있다(韓永愚, 前揭書, 259쪽).

측 기록인『성원』,『위략』,『우부구옥』,『씨족대전』,『후한서』,『한묵전서』등에 의하면, 기자의 후예가 중국에서 선우씨가 되었고, 우리나라에서는 한씨가 되었다. 자씨라는 성은 중국과 우리나라에 없는데, 이는 자씨子氏가 우씨于氏로 변했기 때문인 듯하다.

한편,『씨족』에는 마한의 후예인 친親·양諒·평平등 3인이 있었는데, 친은 신라에 벼슬하여 한씨가 되고, 양은 룡강龍岡에 들어가 선우씨가 되었으며, 평은 평강으로 가서 기씨가 되었다 한다.

『덕양기씨보』에 의하면, 마한 원왕이 3인의 아들을 두었는데, 우평은 고구려에 들어가 북원선우씨가 되고, 우성은 백제에 항복하여 덕양기씨가 되었으며, 우량은 신라로 귀의하여 상당한씨가 되었다 한다.[39]

『청일통지』에는, 기자가 기성분야인 조선에 도읍하였으므로, 기자라 했는데, 기씨箕氏가 기씨奇氏로 변했다고 했다. 지금의 행주기씨幸州奇氏가 그 후예다.

(17) 기자조주箕子朝周

사마천의『사기』에 의하면, 기자가 조선에 봉해진 후 주에 내조하여 은허를 지나면서 맥수가를 지었다 하고,『상서대전』에는 기자가 신례를 갖추기 위해 13년 만에 내조하였다 하며,『죽서기년』에도 무왕 16년에 기자가 내조하였다고 되어 있다.

그러나 기자는 홍범을 무왕에게 전하고 조선으로 왔을 뿐이지, 무왕에게 신복하거나, 다시 중국에 들어간 일이 없다. 또『상서대전』에 맥수가는 미자微子가 지었다 하였고, 기자는 명이이정明夷利貞으로 수정守正한 인물이므로 벼슬하거나 조주朝周할 수가 없다. 따라서 이른바 조주라는 것은, 주무왕이 3대의 후손을 봉하는 형식에 따라 기자를 빈으로 대접한 것을 말한다.[40]

(18) 동국문헌東國文獻

우리나라는 기자 이후로 문자생활을 하였으므로 문헌이 있었으나, 지금 전하는 것이

---

39   箕子後孫이 韓氏·奇氏·鮮于氏로 되었다는 說은 17세기 초의 李廷龜가 지은「箕子崇仁殿碑」에 처음으로 제시된 이래, 조선 후기의 모든 사서들이 이를 사실로 받아들이고 있다.
40   箕子의 朝周說을 최초로 부인한 것은 17세기 중엽의 洪汝河로서, 홍경모는 결과적으로 홍여하의 견해와 일치한다.

없다. 『동사』에서는, 그 이유를 다음과 같이 보고 있다.

첫째, 진시황이 분서할 때, 기부는 이미 진에 복속하고 있던 때이므로, 우리나라의 인현지적을 함께 태웠을 것이다.

둘째, 기준이 나라를 잃고 남쪽으로 내려갈 때 공사의 문헌이 초토화되었을지도 모른다.

셋째, 당나라 이적이 고구려를 정복했을 때, 동방의 문물이 중국에 뒤지지 않는 것을 보고 평양에 있는 기자이래의 전적을 불질렀을 것이다.

넷째, 견훤이 완산을 점거하고 있을 때, 3국의 유서들을 모아놓고 있었는데, 그가 패하자 모두 회진되었다.

이와 같은 사정으로 인하여, 기자 이후의 문헌과 중국의 고문시서들이 없어진 것은 우리나라 3천년 이래의 이대 액이다.

이상과 같은 홍경모의 견해는 『해동역사』에 들어 있는 유득공의 서문에도 보이고 있어서, 홍경모가 그 영향을 받았음을 짐작케 한다.

(19) 고문상서古文尙書

기자가 우리나라에 들어올 때, 시詩·서書·예禮·악樂이 함께 들어왔으므로 고문상서도 있었을 가능성이 있다. 송대 이후로 고려에 선진先秦·진晋·수隋·양梁의 이서들이 매우 많다는 설이 중국에 퍼져서, 이를 중국인들이 구하려는 노력이 많았으나 결국 구하지 못하고 말았다. 일본에도 고문육경이 있다고 소문이 있었지만 사실이 아니다. 명나라 가정년간에 풍방이라는 이가 고문상서를 조선과 일본에서 얻어서 가지고 있다고 하였는데, 『명사』, 『경의고經義考』(주이존), 『일지록』(고염무), 『서하집』(모기령) 등에 모두 위찬이라고 주장하였다.

이상과 같은 고문상서에 대한 홍경모의 논설은 『해동역사』의 예문지 경적조에 이미 소개되어 있는 것으로서, 홍경모가 이를 참고하여 쓴 것 같다.

(20) 위만입국衛滿立國

위만조선은 위만이 입국하고, 그의 손자인 우거왕 때 망하여 87년간 존속했는데, 위만의 아들이 누구인지는 알 수 없고, 재위년한도 알 수 없는 것이 유감이다.

(21) 한韓

한은『상서대전』에 나오는 해동제이 중의 하나인 '馯'과 같은 것으로서 '韓'의 뜻은 '크다'는 우리말이며 한강 이남의 추호를 한이라고 불렀다.

우리나라의 유자 가운데에는, 중국의 칠웅 중의 한인이 우리나라에 와서 한이 되었다고 하는데,[41] 이러한 견해는 잘못된 것이다.

왕부의『잠부론』에 의하면, 주周 선왕 때 연燕에 가까운 지역에 한후가 있었는데 위만에 의해서 침략을 받아 해중으로 옮아갔다고 되어 있다. 또『시경』한혁장韓奕章에는 한후가 보이고,『산해경』에도 한안이 해중에 있으면서 주남에 도읍했다고 하였다. 이러한 기사들을 종합해 볼 때, 기씨가 금마로 남천하기 이전에 한으로 불린 것으로 보인다.

(22) 삼한지시三韓之始

『상서대전』에 해동제이로서 구려駒麗 · 부여扶餘 · 간맥馯貊이 있는데, 무왕이 상商을 정복한 후 이들과 길을 텄다고 한 것으로 보아, 간馯 즉 한韓은 기자조선 이전부터 있었다.

열수를 경계로 하여 이북에는 삼조선이 있고, 이남에는 삼한이 있었는데, 삼한을 통틀어 '한국'이라 하고, 그 총왕을 '진왕'이라 하였으며, '한국'을 '진국'이라고도 불렀다. 삼한에 대한 기록은『한서』와 진수의『삼국지』등에 보이는데, 진한 · 변한은 모두 마한에 복속되어 있었다.

결론적으로, 삼한은 삼조선과 동시대에 있었으나, 그 호칭은 삼조선이다 망한 뒤에 나타났다. 따라서 우리나라 찬사자들이 삼한을 삼국의 전대로 인식하여 홍황지세로 돌리는 것은 매우 큰 잘못이다. 기준 이전에도삼한이 있었으니, 삼국의 전대만이 아닌 것이다.

홍경모의 삼한에 대한 인식은 정약용의『강역고』와 한치윤의『해동역사』의 삼한에 대한 인식과 기본적으로 일치하며, 그 영향을 받은 것으로 보인다.

(23) 삼한지호三韓之號

『후한서』에 삼한을 진국이라 했는데, '辰'이란 '臣'이라는 뜻이다. 당시 중국의 진왕이

---

41 中國의 韓人이 우리나라에 들어와서 韓族이 되었다는 견해는 李瀷에 의해서 주장된 것이다(韓永愚, 前揭書, 제6장, 218쪽 참고).

중국의 대군이 되었으므로 삼한의 추장을 '臣王'으로 불렀는데, 그 뒤 중국인들이 이를 '진왕' 혹은 '진국'으로 번역했던 것이다.

마한이라는 칭호는 기준이 한국을 차지하여 금마군에 도읍한 뒤, 진한과 변한으로부터 구별하기 위해 붙인 이름이다.

진한은 진한으로서 진인동주자를 의미하며, 변한(弁辰, 卞韓)은 진한과 잡거하고 있으면서 진한에 의지했는데, 그 총왕의 소거는 진한 아래에 있었다.

어떤 사람은 말하기를, 변한의 '弁'은 모자의 한 명칭으로서, 우리나라 풍속에는 관책의 첨정을 '弁'(고깔) 혹은 '駕那'(가라)라고 부른다고 했다. 여기에서 변한과 가나·가야·가락·가라는 같다는 논리가 타당하다. 그런데, 변한이 '가라'로 명칭을 바꾼 것은 金수로왕 이후부터이며, '가라'가 신라에 투항한 이후에 국명을 '金官'이라 한 것은 '金冠', 즉 '金가라'라는 뜻이다.

이상과 같은 '변한=가야' 이론은 기본적으로 정약용의 『강역고』의 해석과 일치된다.[42]

(24) 기준마한箕準馬韓

우리나라 사람들은 기준이 남천하여 비로소 마한이 생겨난 것처럼 생각하는데 이것은 잘못이다. 『조선세기』와 『후한서』에는 모두 기준이 마한을 멸하여 스스로 마한왕이 되었다고 되어 있다.

또한 『후한서』에는 기준이 뒤에 멸절되고 마한인이 자립하여 진왕이 되었다고 하였으므로, 기준 이후의 마한왕은 기씨가 아니다. 따라서 우리나라 사람들이 신라사나 백제사에 보이는 마한왕을 기씨로 해석하는 것이나 기준을 무강왕이라 하여 마한의 시조로 보는 것은 모두 잘못이다. 또한 『기씨보첩』에 기자 이후 50~60대의 왕명과 시호를 적고, 마한왕이 8세 203년 계속되었다고 한 것은 모두 위서이다. 결론적으로, 마한은 셋이 있는 바, 기준 이전의 마한 기준 본신의 마한, 그리고 기준 이후의 마한이 그것이다.

이상과 같은 삼마한설은 정약용과 한치윤의 해석을 따른 것이다.

---

42 韓永愚, 前揭書, 제9장, 367쪽 참고.

(25) 진한육부辰韓六部

신라의 건국과정에 대해서는 『신라사』에[43] "朝鮮遺民이 山谷間에 분거하여 6부가 되었다"하고, 『위략』에는 우거왕 때 조선상 역계경이 3,000호를 데리고 진국으로 갔다고 하였는데, 이들이 진한 6부(6촌)를 구성하여 경주계내에 서로 의부하고 살다가 뒤에 12통이 되었다.

진한 6부에는 각기 '추장'이 있었는데, 그 중에 양산촌인 혁거세가 6부 추장에 의해 추존되어 '군장'이 되고 '진한사로국왕'으로 칭하게 되었다. 여기서 '사로국'이라는 것은 '새 나라'라는 뜻이다.

사로는 처음에 마한에 신속해 있다가 마한이 망한 뒤에 자립했고, 지증왕 때에 비로소 '신라'라고 칭하고 칭왕하기 시작했다.

(26) 변진위가락弁辰爲駕洛

변진 12국은 처음에 진한에 신속해 있다가, 신라 유리왕 18년에 가락의 장 9인이 김수로를 추대하여 왕을 삼고, 국호를 '駕洛'이라 하였다. 이것이 변진구야국으로서, 김해부를 국도로 하였으며, 12국이 모두 이에 예속되었다. 그러므로 김수로는 변진의 총왕이다.

수로왕은 35년에 신라를 침략하여 이후 20여 년간 전쟁을 벌였으며, 구해왕에 왕에 이르러 신라에 항복하였다.

이로써, 마한은 백제가 되고, 진한은 신라가 되었으며, 변진은 가락이 된 것이 확실하다.

(27) 삼한사실三韓事實

『삼국사기』에 의하면, 박혁거세는 초년에 사로국의 '추장'에 불과하여 마한에 신속했다. 온조도 처음에는 마한에 신속했다가 26년에 마한을 멸망시켰다고 한다. 그러나 당시 마한은 웅진 이하의 넓은 땅을 차지하고 있었고, 다루왕多婁王 때에도 한인소마시韓人蘇馬諟 등이 낙랑에 공헌하고 있으며, 탈해왕 때 마한장 맹소가 복암성을 가지고 내항한 것으로 보아, 금마군의 마한 총왕은 온조 26년에 망했다 하더라도 그 소속 제국은 다 망한 것이 아니었다.

---

43 이는 『삼국사기』의 '신라본기'를 가리킨다.

『진서』와『통전』에는 진무제 때 마한왕이 견사입공遣使入貢하고 혹은 내조한 것으로 되어 있는데, 이때는 이미 마한왕이 망한 지 300년이 지났으므로, 이때의 마한은 백제를 가리키는 듯하다.

『삼국사기』에는, 고구려 태조왕이 마한·예맥 1만기를 이끌고 현토성을 포위했다고 했는데, 이때 마한은 웅진 남쪽에 있었으므로, 현도·요동을 공격한 마한은 기씨의 후예로서 서토에 남아 있던 자가 마한을 자칭한 것 같다.

『위지』에 의하면, 정시중正始中에 오림吳林이 진한 8국을 분할하여 악랑樂浪·이부二部에 주고 한韓을 멸했다고 되어 있다. 그러나 이때 신라는 이미 춘천을 점령하고 있었으므로, 오림이 분할한 진한 8국은 조령 이북의 충주·원주·춘천 등지일 것이다.

『삼국사기』에 의하면, 혁거세 19년에 변한이 내강來降했다고 되어 있다. 그러나 혁거세 38년에 호공이 마한에 대하여 말하기를, 변한과 낙랑이 두렵지 않음이 없다고 한 것으로 보아, 이때까지 변한이 망하지 않은 것이 확실하다. 따라서 혁거세 19년에 내강한 것은 변진 12국 가운데 하나일 것이다.

(28) 삼한분배삼국三韓分配三國

최치원이 마한을 고구려, 변한을 백제, 진한을 신라에 비정한 것은, 그의 창설이 아니라 3국시대 초기부터 상전된 것으로서, 그 이유는 이러하다. 즉, 고구려 동명왕이 낙랑에서 일어나서 마한동북지방을 병합한 까닭에 '마한=고구려'설이 나왔다. 또한 백제가 강성해져서 신라와 변한의 옛땅을 잠식한 데서 '백제=변한'설이 나왔다.

조선초기 권근과 이첨의『동국사략』에서는 마한을 백제, 변한을 고구려, 진한을 신라에 비정했는데, 이러한 설이 나오게 된 배경은 이러하다. 즉 백제 온조가 마한(금마군)을 멸한 데서 '마한=백제'설이 나왔으며,『신당서』에 변한이 악낭지樂浪地에 있다는 기록이 있으므로 '변한=고구려'설이 나왔다.

김부식의『삼국사기』에서는 최치원설을 지지했으나, 고려 중엽부터 권근의 설과 같은 내용의 인식으로 바뀌어갔다. 그러나 최치원설이 첫 번째의 잘못이라면, 권근의 설은 두 번째의 잘못이다.

한편,『동국여지승람』에는 김경숙의『周官六翼』의 3한설이 소개되어있는데 맞지 않는다. 즉『주관육익』에는 삼한을 서술하면서 변한을 고구려, 마한을 백제로 비정했으나, 삼국을 서술함에 있어서는 마한을 고구려, 변한을 백제로 비정하여 앞뒤가 맞지 않는다.

『동국여지승람』의 찬자는 최치원설을 계승하여 마한을 경기·충청·황해도에, 변한을 전라도에, 진한을 신라에 비정했다.

한편, 두호 정씨[44]는 3한을 3국에 비정해 온 통설을 비판하고 한백겸설을 따라 3한을 백제·신라·가야에 비정했다.

이상과 같은 홍경모의 3한의 위치에 대한 고증은 기본적으로 정약용의 설을 계승한 것이라 할 수 있다.

5. 홍경모의 사학사적 위치

조선 후기의 역사서술은 반청자주의식을 고양하고 성리학적 도덕정치를 재건하려는 목적에서 명분과 의리를 강조하는 강목법 사서가 유행하였으며, 이는 18세기 중엽의『동사강목』에서 자기완성을 달성하였다.

그러나 18세기 중반기를 전환점으로 하여 청의 문물을 수입하려는 이른바 '북학'이 대두하면서 성리학적 역사서술은 급속히 쇠퇴하고 이용후생과 부국강병을 지향하는 탈명분론적 역사서술이 유행을 보게 된다. 18세기 후반의『동국문헌비고』(1770, 1782~1796), 이종휘의『동사』, 이만운의『기년아람』(1778), 유득공의『발해고』(1784), 이긍익의『연려실기술』(1797) 등이 기본적으로 이러한 범주에 든다고 할 수 있다.

이들 북학적 역사서술은 대체로 잃어버린 만주땅에 대한 관심을 강하게 표출시키면서『고기』를 이용하여 단군조선의 역사를 복원하고, 발해사를 국사에 편입시키려는 노력을 보이고 있는 데 특색이 발견된다.

그러나 19세기에 들어오면, '북학'에서 한 걸음 나아가 청대학술의 주류가 되었던 '고증학'이 유행하면서, 유교경전에 대한 고증학적 연구가 성행함과 더불어 역사서술에 있어서도 엄밀한 문헌고증주의가 지배하게 된다. 문헌고증적 역사서술은 명분주의적 역사서술의 정수라고 할 수 있는『동사강목』에서도 이미 뚜렷한 모습을 보여 이른바 '고이'편을

---

44 斗湖 丁氏는 茶山 丁若鏞을 가리키는 것 같다. 그러나 정약용을 왜 '斗湖'라고 호칭했는지는 미상하다.

낳게 한 바 있거니와, 『동사강목』과 약간의 시차를 두고 나온 이만운의 『기년아람』에서도 매왕마다 '고이'라는 항목이 들어가 있는 것을 볼 수 있다.

19세기 초기의 대표적 고증적 역사서술로는 정약용의 『강역고』(1811·1833)와 한치윤의 『해동역사』(1814·1823), 그리고 홍석주의 『발해세가』 등을 들 수 있다. 그리고 이들의 영향을 받아 생산된 것이 홍경모의 『대동장고』의 「역대고」와 「동사변의」이다. 이들은 성리학적인 역사서술방식인 강목법과 정통론을 완전히 탈피하였으며, 신비주의적이고 불합리한 내용을 많이 담고 있는 『고기』류를 불신하고, 중국측 기록에 의존하여 한국 고대사의 여러 문제들을 해명하고 있다는 점에서 공통성이 찾아진다.

그러나 홍경모의 초기저술인 「역대고」와 만년저술인 「동사변의」는 역사 인식상의 상당한 차이점이 발견된다. 전자는 『강역고』와 『해동역사』를 접하기 이전의 1820년 전후 시기의 저술로서, 주로 이만운의 『기년아람』을 모본으로 하여 이를 약간 실증적으로 보완하고, 왕권중심으로 통사체계를 개작한 것에 머물렀다. 그러나 1848년경의 저술로 보이는 「동사변의」에서는 『강역고』와 『해동역사』를 충분히 참고한 토대 위에서 고대사의 28항에 걸친 문제들을 고증한 것이다.

「동사변의」의 역사고증은 고기류에 바탕을 둔 고대사인식, 특히 단군조선·부여·예맥·옥저 등에 대한 고기의 기록들을 불신하고 과학적이고 합리적인 고대사체계를 구성하려고 하였다는 점에서, 정약용이나 한치윤의 태도와 기본적으로 일치한다. 그러나 홍경모는 고기에 대한 불신 속에서도 가능한 한 진실을 찾으려는 애정을 보임으로써 단군조선과 그 후예들이 세웠다고 전해지는 후속국가들의 역사적 계승관계를 부각시키려는 입장이 정약용이나 한치윤보다 한층 강하다. 아마 이 점은 그가 소론파 학인으로서, 선배 소론학자인 이종휘의 단군중심의 고대사체계에 많은 영향을 받은 것 같다. 그리고 이것은 이종휘의 문집에 대한 서문을 써주고 그의 학문을 높이 평가한 할아버지 洪良浩의 영향이라고도 할 수 있다.

19세기 중엽 이원익의 역사서술

-『동사약』해제

1. 이원익의 가계와 행적

『동사약東史約』의 저자 이원익李源益은 1792년(정조 16)에 출생하여 1854년(철종 5)에 63세를 일기로 하여 세상을 떠났다. 자는 익여益汝라 하며, 호는 고향인 부여扶餘의 마을 이름을 따서 모정茅亭이라 하였다. 관향은 용인龍仁이다.[1]

용인이씨는 조선시대의 명문대가는 아니었으나, 조선 후기에 이세백李世白·이의현李宜顯 부자가 각각 숙종 때의 좌의정과 영조 때의 영의정을 지내고, 정조 때에도 이재협이 영의정을 지냄으로써 그 일파가 명문으로 부상하기도 했다. 특히 이의현은 노론청류老論淸流로 문명이 높았던 인물이다.

이원익은 이의현의 증조 때부터 별파로 갈라진 이후천李後天의 8대손인데, 이 파에서는 재상급의 명신은 배출되지 않았으나 꾸준히 벼슬길을 이어오고 있었다. 이원익의 부친 조현은 문과를 거쳐 호조참판에 이르고, 조부 재성은 진사에 머물렀으며, 증조 영우는 문과를 거쳐 부안현감을 지냈다. 이원익은 서울에서 조현의 둘째 아들로 출생하였으나, 5촌 당숙인 문현의 후사가 없어서 그의 계자로 입양되었다.[2]

그는 어려서부터 영자가 뛰어나서 28세인 1819년(순조 19)에 생원에 합격하고[3] 34세 되던 1825년(순조 25)에 문과에 을과로 합격하였다.[4] 그 후 43세 되던 1834년(순조 34)에는

---

1 李源益의 生卒과 家系, 그리고 官歷은『龍仁李氏派譜』(都事公派)를 참고하였다.
2 李源益의 家系를 계보화하면 다음과 같다.

홍문록에[5] 그 다음해인 1835년(헌종 원년)에는 도당회권에 들었다.[6] 이것은 그가 문명을 인정받았음을 의미한다. 헌종이 즉위한 뒤로는 왕의 총애를 얻고, 또 당시 세도가이던 풍양조씨 일족과도 교유관계가 깊어 순탄한 벼슬길에 올랐다. 그의 행적에 관한 연보나 문집이 없는 관계로 자세한 관력은 알 수 없으나, 46세 되던 1837년(헌종 3)에 주청사의 서상관으로 연경에 다녀온 후 5결의 토지와 4구의 노비를 하사받았으며,[7] 그 후 순천부사와 한성우윤 · 승지 등을 거쳐 형조참판(종2품)에까지 이르렀다.[8]

그러나 헌종이 돌아가고 철종이 즉위하면서 그는 관을 버리고 고향인 부여로 낙향하여 그곳에서 여생을 보내다가 1854년(철종 5)에 타계하였다.[9] 그가 벼슬을 버리고 낙향한 이유가 무엇인지는 확실치 않으나 풍양조씨와의 교유관계가 원인이 아니었던가 추측된다. 이원익의 저술로는 『東史約』(38권)과 『二禮通考』(2권)가 세상에 전하며, 헌종 · 철종 때의 소론명신이던 정원용鄭元容과 인척관계였던 것이 인연이 되어, 뒷날 정원용의 후손인 정인보 선생이 『동사약』을 차람한 사실이 있다고 한다. 이원익 집안의 당색은 소론에 속하는 것으로 알려지고 있다. 『동사약』은 헌종이 돌아가던 해인 1849년(헌종 15)에 쓴 것으

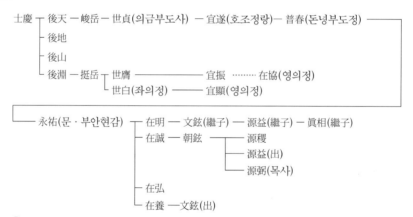

3 『龍仁李氏派譜』에는 李源益이 己卯에 進士에 합격한 것으로 되어 있으나, 『國朝文科榜目』(영인본, p. 413)에는 生員으로 되어 있다. 여기서는 후자를 따르기로 하였다.

4 『國朝文科榜目』(영인본, 413쪽).

5 『純祖實錄』卷 34, 純祖 34년 10월 庚申條.

6 『憲宗實錄』卷 2, 憲宗 元年 正月 丙子條,

7 上揭書, 卷 4, 憲宗 3년 8월 壬戌條.

8 위 派譜에는 그가 "內以刑曹參判 · 漢城右尹 外面順天府使 蓋例遷也"라 하였으며, 『憲宗實錄』에는 그가 헌종 13년 正月 壬午 당시 對擧承旨에 있었음을 전하고 있다.

9 위 派譜 "嘗受知於憲宗而方且登用 憲宗又遷上賓 遂棄官 歸湖西之扶餘 以終焉".

로 이원익의 58세 저작이다. 그러나 이 책의 초본을 읽은 조영화趙英和로부터 입강에 관한 몇 가지 지적을 받아 내용을 수정한 끝에 1851년(철종 2)에 완성을 보게 된 것이다. 이 책에는 조영화와 조명화趙命和가 1850년(철종 원년)에 쓴 서문이 실려 있다.

2. 『동사약』의 편찬목적과 체재

『동사약』을 왜 편찬했을까. 이원익이 1849년(헌종 15)에 쓴 서문에는, 이 해에 관직을 그만두고 소일거리로서 백향산(백거역)의 年譜를 편찬하고 이어서 두 번째 소일거리로서 『동사약』을 지었다고 한다. 특히『동사약』을 짓게 된 것은 이 해에 헌종이 돌아간 슬픔을 달래기 위한 것이라고 쓰고 있다.

그러나 이원익이 소일거리로서『동사약』을 지었다는 것은 지나치게 겸손을 드러낸 것이다. 그는 2년 뒤인 1851년(철종 2)에 쓴 두 번째 서문에서는 조금 더 적극적인 자세를 보이면서,

> 내가 비록 史家로 自任하지 않고, 후세의 君子를 기다리고자 하였지만, 후세의 군자 또한 내가 후세의 군자를 기다리는 것과 같지 않게 될지 어찌 알 것인가. 그렇게 된다면 東史는 장차 바로잡힐 때가 없을 것이다. 그래서 僭猥함을 무릅쓰고 刪削 添潤을 가하게 된 것이다.

라고 하여 동사의 잘못을 스스로 바로잡겠다는 뜻을 밝히고 있다.

한편,『동사약』의 서문을 써준 조영화도, 이원익이 소일거리로 이 책을 썼다는 말에 대해 "나는 그 뜻이 警世寓語라는 것을 안다. 세상 사람들이 소일하는 방법을 茅亭처럼 해 준다면 無徵의 문헌에 보탬이 될 것이니, 누가 헛된 일로 세월을 보낼 것인가"라고 하면서 『동사약』이 단순히 소일하는 방법으로 지은 것이 아니라 세상 사람들에게 교훈을 주기 위한 것임을 적극적으로 인정하고 있다.

사실,『동사약』은 그 분량으로 보거나, 그 책에 담긴 내용과 정신으로 볼 때 뚜렷한 목적의식을 가지고 쓴 것이 확실하다. 특히 이 책을 쓴 시기가 자신을 총애하던 헌종이 돌아간 직후이며, 또 자신이 정치적으로 락백落魄하여 고향으로 돌아간 뒤의 일이라는 것은 음

미할 만한 일이다. 더욱이 이 책은 단군에서 시작하여 현종이 즉위할 때까지의 역사를 담고 있어서, 말하자면 자신이 살고 있던 당대사까지도 대담하게 서술한 것이다. 어느 시대를 막론하고 당대사란 가장 다루기 어려운 부분으로서 대단한 용기와 신념을 필요로 하는 것이다. 이원익이 자신의 서문의 끝에 "세상 사람들은 내가 소일하는 방법이 지나쳤다고 생각하지 않을까"라고 걱정한 것은, 뒤집어서 해석하면 이 책의 서술동기가 단순한 소일거리에 있지 않다는 것을 스스로 시인한 것이라고 할 수 있다.

그렇다면, 『동사약』에서 저자가 주고자 한 메시지는 무엇일까. 이 점을 알아보기 위해서는 먼저 이 책의 체재부터 검토할 필요가 있다. 『동사약』은 본문 38권으로 되어 있으며, 목차·범례·서문, 그리고 갑자기원(년표)이 따로 붙어 있다. 본문 38권을 각 시대별로 살펴보면, 고조선에서 신라말까지가 2권, 고려시대가 7권, 조선시대가 29권으로서, 전체 분량의 약 76%가 조선시대에 할당되고 있다. 그만큼 이 책은 조선시대에 큰 비중을 두고 쓰여진 것이다.

범례는 모두 28조로 되어 있는데, 그 첫머리에서 이 책이 명나라 고서병顧瑞屏(錫疇)의 『정사약』의 범례를 참고하여, 고려 이전의 서술은 『강목』을 따르고, 조선시대의 서술은 『춘추』를 좇았음을 밝히고 있다. 그 다음의 범례들은 안정복의 『동사강목』(1759·1778), 임상덕의 『동사회강』(1711)의 범례들을 비교하면서 이원익 자신의 독자적인 편사원칙을 제시하고 있다. 따라서 이 책은 18세기에 편찬된 대표적 강목체인 『동사회강』과 『동사강목』을 주로 의식하면서 그와 다른 시각에서 강목체 사서를 쓴 것이며, 『동사강목』과는 약 70~90년의 시간 차이를 보이고 있다.

『동사약』은 『동사강목』을 충분히 참고하였을 뿐 아니라, 『동사강목』이 편찬된 뒤에 간행된 여러 사서와 문집들을 아울러 참고하였기 때문에 새로운 내용을 많이 담게 되었다. 예컨대, 『동국문헌비고』(1770, 1782~1796), 이돈중李敦中의 『동문광고』, 이만운의 『기년아람』(1778), 이긍익의 『연려실기술』(1797) 등이 참고된 것이 그것이다. 그러나 새로운 사실의 보완은 주로 고대사에만 한정되어 있고, 그 이후의 역사는 도리어 『동사강목』에 비해 월등하게 간략하여 새로운 사실의 보완은 거의 무시해도 좋을 정도이다. 『동사약』은 『동사강목』이 고려말까지의 역사를 서술한 것과는 달리, 조선왕조(태조~순조)의 역사를 함께 수록하였다는 점에서도 전사로서의 가치가 더욱 크다고 할 수 있다. 조선 후기 사서 중에 전사의 체재를 제대로 갖춘 것은 실상 없다고 해도 과언이 아니다. 홍만종의

『동국역대총목』(1705)이 당대사까지 포함시켰다고 하지만, 이는 극히 간략하여『동사약』
에 비할 것이 못되며, 안정복은 조선시대사를『열조통기列朝通紀』로 독립시켜 기술하였을
뿐『동사강목』에 합쳐 놓지는 못했다. 이긍익의『연려실기술』도 조선시대사를 다루었으
나, 기사본말체로서 전사의 형식을 갖추지 못했다.

3. 『동사약』의 서술원칙

1) 정통체계

『동사약』은 강목법을 따른 만큼 국사의 통계(정통체계)를 어떻게 세우느냐가 가장 중요
한 의미를 지닌다.『동사약』의 범례에서는 여러 조에 걸쳐서 통계의 원칙을 밝히고 있는
데, 그 요지는 다음과 같다.

첫째, 우리나라는 중국 정통국가에 의해서 봉해진 열국이므로, 열국의 수사법인『춘추』
의 법례를 따르는 것이 옳다. 그러나『동사회강』과『동사강목』등에서 이미 강목을 따라
정통과 무통을 구분했으므로 이를 그대로 따르기로 한다.

둘째,『동사회강』은 단·기를 신라 아래에 편입시켰고,『동사강목』은 단군을 기자 아
래에 부기했는데, 이는 모두 잘못된 것으로 우리나라 정통의 시작은 단군으로부터 한다.

셋째,『동사강목』마한을 정통으로 내세웠으나, 나라를 잃고 한 모퉁이를 차지한 마한
을 정통으로 간주하는 것은 부당하다. 따라서 삼한시대는 무통으로 처리한다.

넷째, 삼국은 지금까지의 관례를 좇아 무통으로 처리한다.

다섯째, 위만·가락·태봉 등은『동사강목』에서 참국으로 간주하여 기년 밑에 적었으
나,『동사약』에서는『동사회강』의 예를 따라 사건의 연대순으로 적기로 한다.

여섯째, 단·기 다음의 정통은 신라 문무왕 9년 이후와 고려 태조 19년 이후로 이어진
다. 다만『동사회강』과『동사강목』에서 태조 즉위초의 사실을 신라 기년 아래에 적은 것
은 부당하다. 태조의 즉위는 정당한 행위이므로 이 시기는 삼국시대와 마찬가지로 무통
의 시대로 처리한다.

또한 궁예와 견훤은 참국이긴 하지만 엄연히 국호가 있으므로 태봉·후백제로 써주는

것이 옳다.

이상과 같은 『동사약』의 통계설정을 다시 도식화하면 단군(정통) → 기자(정통) → 위만(참국) → 삼한(무절) → 삼국(무통) → 신라 문무왕 9년 이후(정통) → 후삼국(무통)→고려 태조 19년 이후(정통) → 조선(정통)으로 정통이 이어지는 것이 된다. 이 중에서 단군을 정통의 시작으로 설정한 것은 홍만종의 『동국역대총목』(1705)에서 비롯된 것으로[10] 이익의 호응을 거쳐 『동사약』으로 계승된 것이라 할 수 있다. '삼국=무통'론은 17세기 중엽의 『동국통감제강』(홍여하)을 제외하고는 조선 후기의 모든 강목법 사서에서 공통적으로 수용된 것이므로 특이할 것이 없다. 한 가지 특이한 것은 '삼한=무통'인바, 이는 조선 후기 사서들이 대부분 '마한=정통'론을 내세운 것과 비교하여 아주 다르며, 『동사회강』의 설을 따른 것이라 할 수 있다.[11]

한편 위만·태봉·후백제 등과 같은 나라에 대해서는 비록 정통으로 인정하지는 않는다 하더라도 이를 참국이나 도적으로 극도로 폄하하지 않는 것도 특이하다. 이는 작자 이원익이 정통과 비정통을 구별함에 있어서 도덕적 명분에만 구애되지 않고, 그 나라의 국력이나 실세를 고려하는 입장을 취하고 있음을 보여준다. 그리고 이 점에서 『동사약』은 명분론이 강한 『동사강목』과 다르고, 오히려 『동사회강』쪽에 가깝다고 할 수 있다.

2) 기타 서술원칙

『동사약』은 기본적으로 강목법을 따르고 있으므로 강목법의 범례를 준수한다는 점에서 『동사강목』의 범례와 공통점이 많다. 그러나 이 책은 위에서 언급한 바와 같이 통계(정통체계) 설정에 있어서 『동사강목』과 다른 점이 있듯이 기타 서술원칙에 있어서도 『동사강목』과 다른 점이 적지 않다. 그 주요한 차이점을 들면 다음과 같다.

첫째, 고대의 국호나 왕호에 대하여 이를 변문하지 않고, 당시의 칭호를 그대로 써줌으로써 역사적 사실성을 존중하고 있다. 예컨대 신라라는 국호가 정해지기 이전까지는 서라벌·계림 등으로 국명을 기록하였으며 거서간·차차웅·이사금 등의 왕호도 이를 방

---

10   조선 후기 사서에서의 檀君正統論에 관해서는 韓永愚, 『朝鮮後期史學史硏究』, 一志社, 1989, 319~320쪽 참고.
11   韓永愚, 上揭書, 174쪽 참고.

언이라 하여 변문하지 않고 그대로 써주었다. 이는 『동사강목』의 목目에서 왕王이라고 변문하여 쓴 것과 다르다.

둘째, 단군신화나 기타 고대 설화를 황탄불경하다는 이유로 『동사강목』에서는 모두 삭제하고, 다만 부록의 고이편에서 괴설변이라 하여 고대 신화들을 소개하는 데 그쳤다. 이에 반해 『동사약』은 의심스러운 것도 그대로 후세에 전한다는 이른바 '傳疑之義'를 내걸고 고대 신화들을 그대로 수록하였다. 물론 안정복도 '以疑傳疑'의 원칙을 따르지 않은 것은 아니지만, 이원익이 보다 적극적으로 신화를 소개하였다는 점에서 차이점을 발견할 수 있다.

셋째, 『동사약』은 인신人臣의 행적이나 치적보다는 왕의 행적과 왕실관계기사, 예컨대 왕후나 태자의 책립 등을 빠뜨리지 않고 기술하고 있다. 아는 이원익이 『동사약』을 저술함에 있어서 왕실의 위치를 매우 존중하는 입장을 지녔음을 말해준다. 왕실관계 기사가 자세한 것과는 대조적으로 인신에 관한 기사는 『동사강목』과 비교하여 현저하게 소략하다. 『동사약』의 범례에서는 "動業・名節・學識이 두드러진 사람이 아니면 卒記를 생략했다"고 밝히고 있는데, 비단 졸기뿐 아니라 주요 관리의 진퇴에 관한 기사도 극히 소략하다. 원래 강목법에서는 재상이나 현신의 졸기를 반드시 써주는 것이 원칙으로서, 『동사회강』과 『동사강목』이 모두 이 원칙을 따랐다. 따라서 이러한 원칙을 무시한 『동사약』은 그만큼 재상이나 일반관료의 정치적 행적을 대폭 생략하는 결과를 가져왔다.

넷째, 『동사약』은 일식・월식・지진・혜성 등 재상에 대하여 종전의 강목 사서가 자세히 기록한 것과는 달리 대부분 생략하였다. 이는 일식・월식과 같은 일들은 대재라고 볼 수도 없거니와 지진・혜성 등과 같은 것들도 기록하는 것이 번거롭다는 이유에서이다. 사실 천재지변을 자세히 기록하는 것은 자연현상을 인심의 감응으로 해석하는 시각과 관련이 있다. 따라서 이원익이 재이를 가볍게 취급한 것은, 천인합일적 자연관에 대한 거부감이 잠재되어 있는 것이 아닌가 추측되기도 한다.

다섯째, 『동사약』은 역사적 사실의 해석에 있어서 논란이 많은 고대사, 특히 고조선・삼・사군의 서술에 있어서 가능한 여러 선배 학인들의 견해를 수집하여 소개함으로써 독자들의 편의를 도와주고 있다. 그러나 여러 대립되는 견해 가운데 어느 것이 옳은지에 대해서는 판단을 내리지 않는다. 그리하여 한백겸・오운・이수광・임상덕・홍만종・안정복・이돈중・남구만・신경준 등 제가의 설을 수합한 것은 큰 공적이라 할 수 있다. 그러나 여러 대립되는 견해 가운데 어느 것이 옳은지에 대해서는 판단을 내리지 않는다.

여섯째, 『동사약』은 기성 사서에 보이는 사론 중에서 필요한 부분을 선별·압축하여 실었을 뿐, 작자 자신의 주관적 사론은 쓰지 않았다. 대체로 강렬한 실천적 목적을 가진 사서일수록 사론이 많은 것이 통례라고 할 때 『동사약』은 그러한 범주의 사서는 아니다.

끝으로 본서의 태반을 차지하고 있는 조선시대의 역사는 어떤 자료를 이용했는지 알 수 없다. 그러나 『국조보감』이나 안정복의 『열조통기』, 그리고 이긍익의 『연려실기술』과 같은 자료를 참고했을 가능성이 크다. 그리고 그 밖에 승정원에서 작성한 란녹류爛錄類들을 참고한 것으로 보인다. 그것은 이원익이 말년에 승정원의 승지를 지낸 일이 있을 뿐 아니라, 그 자신이 쓴 『동사약』의 서문에 "爛草를 蒐輯했다"고 밝힌 것으로 알 수 있다. 조선 후기에는 승정원 승지들이 기록한 란록爛錄·란여爛餘·란초爛抄·란선爛選·란략爛略·란휘爛彙·란보爛報 등이 많이 있고, 이 밖에 각 왕대의 역사를 기록한 정종기사·순조기사·헌종기사 등이 있으므로 이러한 자료들을 참고하였을 것으로 보인다.

『동사약』의 고대~고려시대사 서술이 강목법으로 쓰여진 것과는 달리, 조선시대사는 『춘추』의 예를 따라 편년체로 썼으며, 또 왕의 등위를 고려 이전까지는 '立'으로 적었으나, 조선시대 이후는 '즉위'로 기록하였다. 이는 우리나라 역대 국가 중에서도 조선왕조를 특히 정통국가로 높이려는 의도에서이다. 그리고 조선왕조를 그와 같이 높이는 것은 청에 대한 자주성을 강조하려는 의도가 숨겨진 것으로 보인다.

4. 『동사약』의 사학사적 지위

지금까지 조선 후기 사학사는 19세기 초에 저술된 정약용의 『강역고』(1811·1833)와 한치윤·한진서의 『해동역사』(1814~1823)를 하한으로 하여 1894년 갑오경장에 이르기까지의 기간이 공백으로 남겨지고 있다. 그러니까 19세기 사학사의 태반이 미지의 세계에 버려진 셈이다.

그러나 19세기는 의외로 질과 양에 있어서 좋은 수준을 보여주는 사서들이 출간된 시기로서 결코 사학사의 단절기가 될 수 없음을 먼저 지적해두고자 한다. 이 시기에는 양반층의 역사서술도 활발하였고, 소위 위항인들의 전기물도 적지않이 생산되었다. 위항인들은 양반사회에서 소외된 중인·서얼·천민들의 전기들을 정리함으로써 양반중심의 역사서술에서 국민중심의 역사서술로 전환할 수 있는 길을 터주었다는 점에서 중요한 의미를 지닌다.[12] 그러나 그들은 아직 통사적 역사책을 쓸 만한 안목을 갖지는 못하였다.

이에 비하여 양반층의 역사서술은 통사체계의 구성에 주력하였다는 점에서 위항인의 역사의식과는 차이점을 보여준다. 19세기에 저술된 양반층의 대표적 사서로는, 위에 든 정약용과 한치윤의 저술 외에, 홍석주(1774~1842)의 『발해세가』(1820년대), 홍경모(1774~1851)의 「동사변의」와 『대동장고』의 「역대고」가 순조~헌종대에 저술되고, 철종대에는 『동사촬요』, 고종대에는 박주종(1813~1882)의 『동국통지』(지리고·1868)와 안종화(1860~1924)의 『동사절요』(1878)가 편찬되었다. 그리고 이원익의 『동사약』도 19세기 중엽의 대표적 사서의 하나로 추가할 수 있다. 이 밖에 19세기의 사서는 앞으로 더 발견될 가능성이 있다.

조선 후기의 역사서술은 17세기 중엽 이후로 강목법 사서가 주류를 이루어 왔으며, 18세기 중엽의 『동사강목』(1759·1778)에 이르러 강목법 사서의 자기완성을 보았다고 할 수 있다. 그 후 반청적 자주의식을 저변에 깔고 나타난 강목법 사학은 청의 문물을 적극 도입하고자 하는 소위 북학사상의 유행과 더불어 점차 쇠퇴하기 시작하여 19세기 이후에는 문헌고증적인 역사서술이 강목법을 대신하게 된다. 예컨대 정약용의 『강역고』와 한치윤의 『해동역사』, 그리고 홍경모의 「동사변의」와 『대동장고』 등이 그러한 성격의 사서라 할 수 있다.

이원익의 『동사약』은 고증사학이 풍미하던 19세기 중엽의 사서로서는 다소 이색적이라 할 수 있다. 그렇지만, 이 책은 비록 강목법을 따랐다고는 하지만 고전적 의미의 강목법이 아니라 『정사약』이라고 하는 새로운 명나라 사서를 표준으로 하여 내용을 압축하였을 뿐 아니라, 제가의 이견들을 수집할 수 있는 한 많이 수집해 놓았다는 점에서 고증사학적인 면모도 아울러 보여주고 있다. 그런 점에서 이 책은 강목법 사서와 고증적 사서의 중간적 형태라고도 할 수 있다.

다만, 이 책에서 제가의 이설을 널리 채록하는 자세를 보이면서도 정약용·한치윤·이

---

12 19세기 중엽에는 委巷人의 傳記類들이 특징적으로 많이 출간되었는데, 鄕吏의 역사를 적은 李震興의 『掾曹龜鑑』(1846), 서얼의 역사를 적은 『葵史』(1858), 그 밖에 趙熙龍의 『壺山外記』(1844), 劉在健의 『里鄕見聞錄』(1862), 李慶民의 『熙朝軼事』(1866) 등이 이에 속한다.

종휘에 대한 언급이 전혀 없는 것은 다소 이상하게 느껴진다. 19세기 초에 간행된 이들의 저서가 아직 이원익에게 접하지 않은 까닭일 것이다. 어쨌든, 수십년간 학문생활에 전념해온 정약용이나 한치윤에 비해 역사학의 전문성이라는 측면에서는 이원익의 역사서술이 한 단계 뒤지는 것은 사실이다.

『동사약』이 후세 사학에 어떠한 영향을 미쳤는지도 현재로서는 알 수 없다. 이 책은 활자로 간행된 사실이 없는 것 같고, 필사본이 전하는 것 같지도 않다. 따라서 이원익의 방계 후손인 이진택 씨가 현재 소장하고 있는『동사약』이 원본인 것으로 생각된다. 이번에 국사편찬위원회에서 간행한 것은 바로 이진택 씨 소장본을 저본으로 하였다.

개화기 안종화의 역사서술

1. 머리말

정약용의 『강역고』(1811 · 1833)와 한치윤의 『해동역사』(1814 · 1823)가 저술된 19세기 초에서 1894년의 갑오경장에 이르는 시기는 역사의 큰 전환기임에도 불구하고 사상사연구에서 거의 공백으로 남겨져 있는데, 사학사의 경우에도 예외가 아니다.

이 시기에는 중인을 포함한 이른바 위항인의 문화활동이 활발하다는 것이 학계의 주목을 받았고, 이와 관련하여 중인들이 자신의 내력을 정리한 수종의 간행물이 있었음이 주관심사로 떠올랐을 뿐이다.[1] 중인 이외의 사류들이 통사적 한국사를 서술한 것이 적지 않다는 사실은 거의 무시되어온 것이 사실이다.

그러나 이와 같은 연구의 공백에도 불구하고 실제 이 시기에 편찬된 통사는 의외로 주목할 만한 것이 적지 않다. 예컨대 헌종년간에는 홍경모(1774~1851)의 『대동장고』(歷代考)가 나왔고, 철종년간에는 이원익李源益의 『동사약』이 편찬되었으며, 고종초(1868)에는 박주종(1813~1887)의 『동국통지』(지리고)가 저술되었다. 이밖에도 또 다른 통사류가 발견될 가능성이 있다.

이 글에서 소개하고자 하는 안종화(1860~1924)도 갑오경장 이전의 사학사를 재구성함에 있어서 빼놓을 수 없는 인물의 하나이다. 그는 개항 직후인 1878년(고종 15)에 『동사절

---

[1] 19세기 中人들이 자신의 身分來歷을 史的으로 정리한 간행물에 대해서는 李基白, 「19세기 韓國史學의 새 樣相」, 『韓祐劤博士停年紀念 史學論叢』(1981)에서 개괄적으로 소개된 바 있다.

요』를 쓰고, 1909년에는 그 후속편으로『국조인물지』를 간행했다. 이 두 책은 모두가 인물 중심의 통사인데, 질량면에서 우수한 노작일 뿐 아니라, 유교적 역사서술에서 근대적 역사 서술로 넘어가는 과도기적 성격을 갖는다는 점에서 사학사적으로 중요한 의미를 띤다.

지금까지 개화기를 대표하는 역사가로서 갑오경장 이후 교과서 편찬에 주동적으로 참여했던 김택영·장지연·현채·정교 등에 대해서는 많은 연구가 축적되었으나, 안종화의 사학에 대한 연구는 거의 없다. 따라서 이글은 갑오경장 이전의 사학의 공백을 메꾸어 주고, 나아가 갑오경장 이후의 사학의 다양성을 이해하는 데 도움을 주게 될 것이다.

2. 안종화의 인물과 저술

안종화安鍾和(1860~1924)는 민란이 치성하던 철종 11년(1860)에 몰락한 사족 가문에서 태어나 1910년 국권이 상실되던 시기까지 개화운동가로서, 그리고 역사가로서 현저한 활약을 보인 인물이다.

그의 관향은 경기도 광릉(광주)이지만, 고향은 충청도 홍양(지금의 홍성)이며, 호를 함재 涵齋, 자를 사응士應이라 했다.

안종화의 가계는 그 자신이 지은『광릉세고廣陵世稿』(1907)와 윤희구尹喜求가 지은「함재안공묘지명」(우당문초 소수)에 의해서 확인된다. 이들 자료에 의하면, 그의 조상은 조선 초부터 선조 때까지는 당당한 사족가문으로 내려와 안성安省(태조 때 청백리), 안당安瑭(중종 때 기묘당인), 안민학安敏學(이이와 성혼의 문인)과 같은 명류를 배출한 바 있었다. 학파와 지연으로 따진다면 그의 선계는 기호사림채에 속한다 할 수 있다.

그러나 안종화의 9대조인 안관安瓘이 광해군의 난정을 싫어하여 벼슬을 포기한 이래로 안종화의 선고인 안기원安基遠에 이르기까지 200년간 처사로 일관했는데, 특히 안기원(초명은 氣遠, 호는 方山)은 동생 안정원安鼎遠과 더불어 19세기 초기의 유명한 위항시인그룹에 속하였다.

이용원이 지은「안기원묘지명」에 의하면, 안기원(1823~1896)은 처음에 김수암(炭翁)에게서 시를 배우고, 뒤에는 김정희(秋史)와 홍직필(梅山)의 문하에서 교유했다 한다.[2] 특히 헌종대의 대학자이던 홍직필은 그의 재주를 아껴 이름도 기원으로 바꾸도록 했으며, 그에게 김오랑의 벼슬을 천거했다고 한다. 그러나 안기원은 처음부터 벼슬에 뜻이 없어 과업도 일찍이 포기하고 고향인 충청도 홍양에 내려가 전원생활을 즐기면서 72세의 생애를 마쳤는데, 조병항(冠下)·김기수(倉山)·임한종·김상봉·김윤식(雲陽) 등 저명한 개화파 문인들과 주고받은 서간문이 그의 문집(방산집)에 수록되어 있는 것으로 보아 이들과의 교유가 깊었던 것을 짐작케 한다.

안종화는 이와 같은 9세대 처사집안에서 차남으로 태어났지만 아버지와는 달리 벼슬에 뜻을 두고 학문에 힘써서 34세 되던 1894년에 문과에 급제했다.[3] 그러나 이 해는 마침 동학란과 청일전쟁이 일어나 시국이 어수선하고 국가의 풍운이 갈수록 급박해지는 상황이어서, 벼슬길에 올랐다고는 하지만 관에 있었던 시기는 불과 2개월도 되지 않았다. 즉 1894년에 궁내부랑관에 오른 이후로 법부참서, 세자시강원 시독관, 중추원의관, 그리고 기거주와 승선 등의 자리를 거쳤고, 품계는 1905년에 가선대부(정2품)에까지 올랐다.[4]

안종화의 벼슬길은 1905년의 을사조약을 계기로 끊어졌다. 그는 민영환 등과 함께 을사조약의 부당성을 지적하고 그 폐기를 주장하는 상소를 몇 차례 올렸으나 받아들여지지 않자 모친을 모시고 홍양의 본가로 낙향했다.[5] 이때부터 그는 계몽운동가로 변신하여『대한자강회월보』와『기호홍학회월보畿湖興學會月報』등에 글을 기고하고 각종 역사책을 저술하였으며, 충주에 통명학교를 세워(1909. 4), 육영사업에도 손을 댔다.

1910년 국권이 강탈되자 안종화는 고향에 두문각소하고 살았는데, 미구에 모친이 사망하고, 또 고종황제까지 서거하자 인산에 참가했다가 돌아온 뒤로 울분을 못이겨 냉주만을 마시고 살다가 1924년에 이 세상을 떠났다. 그는 사후에 서산 수평리에 묻혔다.

안종화의 저술로는 18세 되던 1878년(고종 15)에 쓴『동사절요』(1904년 간행)와 1909년에 간행된『국조인물지』가 대표로 꼽히지만, 같은 해 초등학교 교재로 편찬한『초등본국역사』와『초등윤리학교과서』도 주목되는 저서이다. 이 밖에『대한자강회월보』와『기호홍학회월보』, 그리고『장학월보』등에 실린 글도 그의 사상의 전모를 이해하는 데 도움을

2 『廣陵世稿』安基遠墓誌銘(李容元撰), "… 公字善浩 初諱氣遠 始受詩于金秀岩業稍進 遊金秋史·洪梅山之門".
3 『于堂文鈔』涵齋安公墓誌銘(尹喜求撰), "… 公生于哲宗十一年…中進士 未十日捷甲科 聲聞噪而是歲甲午矣 時事遽大變 … 以故策名十有七年 凡先後居官 總不滿二月 郞於宮庭 參書於司寇 議官於樞密 在館爲侍讀 在院爲起居注爲承旨 間攝秩宗內局而敦匠出疆者各一 或暫而下淹或洊餘而禠而資止於嘉善".
4 同上.
5 위 墓誌銘 참고.

준다.

안종화가 『동사절요』를 쓴 것은 18세의 약관이지만, 계몽사상가로서 활동하기 시작한 것은 1907년 즉 그의 나이 47세 이후부터이고, 1910년의 국치 이후로는 아무런 문필활동이 보이지 않는다. 그러니까 그의 문필활동은 극히 짧은 기간에 끝났다고 할 수 있다.

1907년 이후의 계몽운동기에 쓴 안종화의 논설들을 보면, 그는 이미 서양의 근대시민사상을 터득하고 있었고, 특히 근대서양의 역사철학에 대한 관심이 비상했음을 보여준다. 1909년에 쓴 「문명사상」[6]이라는 글에서 그는 과거의 시대와 지금의 시대가 엄연히 다르다는 뚜렷한 시대감각을 표현한다. 즉 과거의 시대는 신권神權에 의해서 백성을 어리석게 만들었거나, 군권에 의해서 백성을 억누른 전제시대였다고 규정하고, 지금의 시대는 문명의 시대로 진화하는 단계로서 문명의 시대에는 진보사상, 인류통일사상, 그리고 자유사상 등 3대사상의 발달이 급선무라고 역설한다.

이와 같은 안종화의 문명개화사상은 인류역사가 단계적으로 진화·발달해 왔다는 사회진화론의 시각에서 전개되고 있는 것이 특색인 바, 그 사회진화의 노정을 확실히 터득하기 위해서는 무엇보다도 '역사철학'에 대한 연구가 필요하다고 강조한다.

> 우리가 과거와 현재의 文明을 비교하면 …… 몇 번이나 개혁과 변천을 거쳐서 오늘에 이르렀는지 모른다. 人類社會의 進化를 생각해 보면, 이 또한 우리들이 연구해 보아야 할 것이다. 그렇다면 어떻게 연구할 것인가. 그것은 歷史哲學과 쟁쟁한 歷史哲學者와 관련지은 뒤라야 그 유래를 살필 수 있는 것이다. 예컨대 姜伯坦·潑士塞·孟德斯鳩·狄爾哥·芙德爾·孔朵綏·維多庫潯·爵福累·義佐·康德·米刻烈·奇呂 등과 같은 이른바 쟁쟁하고 유명한 역사철학의 인물은 世界文明과 크게 관계되는 자들이다.[7]

안종화가 몽테스키외·칸트·머콜리 등과 같은 근대서양의 역사철학자에 대해 얼마나 깊은 지식을 지니고 있었는지는 위 인용문만 가지고는 판단하기 어렵다. 그러나 근대서양의 자유주의사상에 대한 어느 정도의 이해를 가지고 있었음은 틀림없으며, 이들이

---

6 『畿湖興學會月報』8(1909.3).
7 同上.

제창한 자유 · 진보 · 통일(민족) 사상을 도입하여 근대시민사회를 형성하는 것을 자신들의 역사적 과제로 인식하고 있었음을 보여준다. 그리하여 안종화는,

> 이른바 三大思想(진보 · 통일 · 자유—필자)은 모두 進化의 원인이 되는 것이니, 三大思想을 우리 동지 여러분들은 靜夜無寐時에 仰思俯察하여 우리 국민의 사상을 깨우쳐 주고 歐洲에서 이미 發達한 文明을 우리나라에 수입할지어다.[8]

라고 하여 근대서양의 자유 · 진보 · 통일의 사상과 문명을 도입하는 일이 당연한 계몽운동의 정신적 지주임을 천명하고 있다.

안종화가 서양문명의 수입을 갈망하는 것은 세계가 바야흐로 '약육강식'과 '우승열패'의 치열한 생존경쟁시대로 접어들었다는 이른바 천연론의 공리를 믿는 데서 출발한 것이다. 그래서 그는 「위선최악爲善最樂」[9]이라는 글에서,

> 優勝劣敗는 天演의 公理요, 物競天擇은 世道의 常經

이라고 단정하고, 그러한 시각에서 우리나라를 돌아볼 때, 우리는 '동양구습'에 얽매여 세계의 은일국隱逸國으로 전락하고, 마침내는 "全世界 無一無二의 第三等의 國權에 이르렀다"고 개탄한다. 따라서 은일국과 삼등국의 처지에서 탈피하기 위해서는 우리보다 강력한 서양문명의 수입은 불가피한 것으로 인정하는 것이다.

안종화가 특히 '동양구습'으로서 타파되어야 할 대상으로 생각한 것은 주자학과 당화(당쟁)의 풍습이었다. 우리가 은일국으로 낙후한 것은 『사략』 · 『통감』 · 『성리대전』 · 『소학집주』 · 『주자어록』 등의 주자학에 깊이 빠진 결과이며, 특히 당화의 폐습이 국제경쟁능력을 약화시켰음을 통렬하게 반성하고 있다. 그리하여 그는 「기승어리」라는 글에서 나라가 망해가는 과정을 기氣가 리理를 이기는 과정에 비유하여 다음과 같이 쓰고 있다.

---

8   同上.
9   『畿湖興學會月報』 2(1908.9).

黨禍가 크게 일어나 死黨의 습속이 더욱 치열하므로, 老論은 老論領受(首一필자)를 숭배하고, 少論은 少論領首를 숭배하며, 南人은 南人偏長을 祖述하고, 少北은 少北偏長을 祖述하고, 副薦이니 先薦이니 仲人이니 常漢이니, 각기 당파를 엄호하므로 國事는 度外에 두고, 私情으로 姻婭親戚이니 家族社會니, 雄唱雌和하고, 서로가 결납하여 파리나 개처럼 악착스럽게 싸우는 것은 二千萬人種이 한결같다. …… 이것이 어찌 天理리요, 다만 氣數일 뿐이다.[10]

안종화는 조선 후기의 붕당싸움이나 계급갈등 혹은 족벌적 분열상 등을 기氣가 이理를 이기는 과정으로 설명한 것이 흥미롭다. 그런데, 우리의 역사과정뿐 아니라 세계사의 법칙처럼 되어가고 있는 우승열패의 경쟁관계도 안종화는 기가 이를 압도하는 형세로 이해하고 있었다.

원래 이기론은 성리학의 우주론과 본체론의 설명체계라는 것이 주지의 사실이거니와, 성리학의 이기론은 이를 주재자로 보는 것이 특색이지만, 안종화는 거꾸로 기를 '유위자有爲者'로 보는 동시에, '氣가 生死를 좌우하여' '氣數가 이르는 곳에는 理가 敵이 되지 못한다'는 것이다. 그리하여 그는 기를 이보다 우위에 놓고, 유위자(氣)가 승리해온 징험을 역사에서 찾는다. 진시황·성길사한·나폴레옹·대류사(다리우스) 등이 바로 그러한 승리자다.

秦始皇은 殺人함이 城에 가득차고, 群雄을 쓸어버렸다. 成吉思汗은 40國을 멸망시켜 流血 萬里하고, 大流士는 生靈을 십자가에 못박아 이웃나라를 집어삼켰다. 나폴레옹은 백만 대군을 잃고 구라파를 雄視하였으되 威가 四海를 떨치고 이름이 百世토록 드리워졌으니, 이것은 무슨 이치인가. …… 서리와 눈발이 내릴 때는 草木이 시들고 …… 바람과 파도가 몰아닥칠 때는 제방이 무너지는 것이니 氣數가 이르는 곳에는 理 또한 敵이 되지 못한다.[11]

결국 기가 이를 압도하는 것은, 역사의 냉엄한 현실로서 '힘의 논리'가 지배함을 인정하자는 것이다. 이는 인류의 이상이 힘의 논리에 있다는 뜻이 아니라, 생존의 법칙으로서 힘의 논리를 받아들이자는 뜻이다.

---

10 上揭書(1908. 11).

11 同上.

기수가 이를 압도하는 역사의 흐름에 대한 인식은 바꿔 말하면, 제국주의에 대한 자기 방어력으로서 부강한 나라만이 생존할 수 있음을 명시하고자 함이다. 물론 안종화는 자유·진보·통일이라는 가치체계의 도입을 따로 역설한 바 있어, 이 3종의 가치체계는 부강이라는 힘의 논리와 합쳐질 수밖에 없다.

안종화가 추구하는 바, 자유·진보·통일·부강의 논리는 전통의 극복에서 도래되는 것임은 그가 조선조 후기의 주자학과 당화 및 계급갈등을 부정적으로 해석한 데서 명백하다.

그렇다면, 안종화에게 있어서 전통은 모두가 부정되어야 할 대상이었던가. 그것은 결코 그렇지가 않다. 부정되는 것은 전통의 일부이고, 긍정되는 것은 전통의 전체다. 그가 인물중심의 사서를 두 종류나 편찬한 것은 전통에 대한 강한 자부심에서 출발한 것임은 뒤에 재론하겠거니와, 1908년에 쓴 「學問必要는 在於品行」이라는 글에서도 당시 유행처럼 번지고 있던 흥학운동을 격려하면서 우리 역사에 대한 긍지를 다음과 같이 피력한다.

> 우리 大韓 삼천리 강역과 사천년 神聖之邦命에 억만년 무궁한 기초로다. 지금으로부터
> 檀箕의 苗裔와 羅麗의 威武와 빛나는 我朝 500년 文物의 盛蹟을 매일 매일 일으켜서, 발돋움
> 하고 서서 기다림은 智者를 기다리지 않더라도 분명한 것이니 ……[12]

이 글에서 단기에서 삼국·고려를 거쳐 조선 500년에 이르기까지의 4천년 역사가 '신성'한 것으로 자부되고 있는데, 그것은 위무·혈통·문화의 세 측면에서다.

특히 4천년 역사 가운데에서 조선왕조 5백년의 빛나는 문물을 자랑한 것은 유학의 융성을 두고 한 말임이 「氣勝於理」라는 글에서 재확인된다.

> 文明의 기운이 我朝 500년의 융창한 盛世를 열었으니, 衛正斥邪는 漢唐과 宋元을 뛰어넘
> 고, 崇儒尙道는 堯舜과 湯武에 비견하니 위대하고 성대하도다. [13]

조선 후기의 주자학과 당습을 비난한 바 있는 그가 조선왕조 5백년의 유교문화전통을

---

12 『畿湖興學會月報』3(1908.10).
13 註 10)과 같음.

위대하고 성대하다고 자랑하는 것은 얼핏 모순되는 말처럼 들린다. 그러나 그의 말을 잘 새겨보면, 그의 전통문화에 대한 비판은 차원높은 긍정 및 자신감을 전제로 하고 있음이 분명해진다. 따라서 그가 앞서 서양근대 사상의 적극적 수용과 부국강병에 대한 강렬한 희구를 보여준 측면은 전통문화에 대한 드높은 자각과 자긍을 바탕으로 하는 자기혁신의 논리라는 점에서 그의 뛰어난 균형감각이 엿보인다.

다만, 안종화가 역사가로서 입신하게 된 직접적 배경으로서 그의 가학의 전통을 간과 해서는 안된다. 특히 개항 직전의 지식계의 영수로서 군림하던 추사와 매산(홍직필)의 문 하에서 교유하면서 쌓아놓은 그의 선친 안기원의 지식과 경륜이 안종화의 지적 성장에 중요한 밑거름이 되었음을 기억해둘 필요가 있다.

안종화의 첫 번째 저술인『동사절요』가 18세의 약관에 이루어졌다는 것은 그의 선친의 예비적 준비가 있었음을 강력히 암시한다. 실제 이 책의 발문을 쓴 조병항은 그런 뜻을 암시하는 언설을 내보이고 있다.

> 대체로 君(安鍾和 - 필자)의 大人이신 方山公(安基遠 - 필자)은 經에 밝고 史에 흠뻑 젖어
> 있었는데, 君도 이미 어렸을 때부터 詩와 禮를 이어받았으니, 가정교육에서 얻은 것이라 하
> 겠다.

더욱이 안종화는 만년에 고향에 은퇴한 후 1만여 권의 장서를 탐독하면서 살았다는 것 으로[14] 짐작컨대, 이 자료들은 안종화 당대에 수집된 것은 아닐 것이고, 필시 선대에서 물 려받은 것이 대부분일 것이다. 사서편찬은 무엇보다도 자료수집이 결정적인 관건이므 로, 이미 선대의 그와 같은 선공이 있었음으로 해서『동사절요』의 조기 성취가 가능했으 리라 짐작된다.

안종화의 저술로는 지금 소개한『동사절요』(5권)가 첫 작품으로서, 이는 1878년에 편 찬이 완료되어 1904년에 조카 안만손安晩孫에 의해 간행되었으며, 1907년에 완성되고 1909년에 간행된『국조인물지』(3권)는 조선 태조 때부터 철종조까지의 인물을 수록한 것 으로『동사절요』의 속편에 해당한다. 이 밖에 학술적으로 큰 가치를 갖는 것은 아니지만,

---

14 『于當文鈔』涵齋安公墓誌銘(尹喜求撰).

초등학교 교재로 편찬한 『초등본국역사』(1909)와 『초등윤리학교과서』(1909)가 있다.

3. 『동사절요』의 검토

1) 편찬 체재

『동사절요』에는 안종화 자신이 1878년(고종 15)에 쓴 자서와, 같은 해 조병항(하산)이 쓴 발문, 그리고 1904년에 쓴 조카 안만손의 간기가 맨 마지막에 실려 있다.

안만손의 간기에 의하면, 『동사절요』가 편찬된 것은 안종화의 미관시로서 그때 조병항의 참정을 받았으며, 그때부터 30년이 지난 뒤에 김상서(김학진)의 교감을 받아왔으나 세상이 어지러워 간행을 하지 못하고 가장하고 있다가 갑진년(1904) 여름에 비로소 상재를 보게 되었다는 것이다. 그러니까 이 책이 저술된 것은 안종화의 나이 18세 되던 1878년 이고, 세상에 공간된 것은 1904년이며, 조병항의 참정과 김학진(1838~1917)의 교감을 받은 것으로 되어 있다.

『동사절요』의 성격을 잘 드러내는 것은 첫째, 조병항이 쓴 발문이다. 이 글에 의하면, 안종화는 조병항의 교우로서 어려서부터 '경이재도經以載道 사이기사史以記事'라고 말하면서 사史의 중요성을 강조하였고, 특히 우리나라 선비들이 중국의 사책은 보지 않는 것이 없으면서도 자가의 성보는 모르고 있는 것을 개탄하여 이 책을 쓰게 되었다는 것이다.[15] 아울러 조병항은 이 책의 가치를 사마천의 『사기』에 비유하면서 오래도록 전해질 것을 확신한다고 쓰고 있다.[16]

여기서 조병항이 『동사절요』를 『사기』에 비유한 것은, 이 책의 성격이 주자의 강목법 사서와는 다름을 강조한 것으로, 이는 단순히 체재의 차이만을 의식한 것이 아니라, 술사 태도의 차이를 지적한 것으로 생각된다.

---

15 「東史節要跋」(曹秉恒識), "往吾友淮南安君士應 甫爲余語曰 經以載道 史以記事 經學之暇史不可闕 中國之史 自 春秋三傳 下逮班馬 至晦翁綱目是已 我東人士 無不該覽 至於東史 未之或講 無與昧於自家姓譜 … 吾知其與子長 (사마천 ‒ 필자)之書悠久 並傳於我東者無疑矣 …".

16 同上.

이상과 같은 조병항의 발문을 유념하면서 안종화 자신이 쓴 서문과 범례를 검토해 보면, 이 책의 성격은 더욱 명료하게 드러난다. 먼저 그의 자서에서는 술사에 임하는 자세가 대체로 두 가지 특징을 보여준다. 첫째는 정사와 패승을 합일시켜야 한다는 입장이다. 자서의 첫머리에서,

> 善惡을 懲創하는 것은 史에서 드러나며, 奇怪 · 偉麗함을 보는 것은 稗乘으로 돌아간다. 이 두 가지는 褒袞 · 貶鉞함이 서로 다르지만, 이를 竝畜해서 壽世의 文을 삼는다면, 史家의 良規가 될 것이다.

라고 언명한 것이 그것을 말해준다. 즉 사史는 선악을 권징하고 패승은 기괴 · 위려함을 보여주는 것으로 이 양자는 가치평가가 서로 대립되는 경우가 많지만, 이 둘을 병축하는 것이 사가의 바른 태도라는 것이다. 이는 작자가 재조적 시각과 재야적 시각의 합일을 강조하는 것일 뿐 아니라, 합리를 추구하는 정사의 태도와 신화 · 전설을 긍정하는 야사적 태도를 귀일시킴으로써 보다 확대된 시야를 갖겠다는 의지의 표명으로 해석된다. 그리고 그러한 합일적 역사서술 태도야말로 주자의 엄격한 도덕지상적 사관에서 탈피하여 유 · 불 · 선이 종횡무진으로 절충된 사마천의 사기적 세계로의 지향을 보여주는 것이라 할 수 있다.

다음에 자서에서 표방된 두 번째의 문제의식은 기왕의 사서들이 삼국 이전의 역사를 사상시킨 데 대한 불만이다. 예컨대 최치원의 『연대력』, 김부식의 『삼국사기』, 민지의 『편년』, 서거정의 『동국통감』, 오운의 『동사찬요』, 임상덕의 『동사회강』 등이 모두 삼국 이후만을 취급하였는데, 이는 삼국 이전의 역사를 전하는 기록도 적지만 이를 수집하는 노력도 적은데 원인이 있고, 더 나아가서는 중국의 역사에는 관심이 많으나 동국의 역사에는 관심이 적은 선인들의 타성에도 원인이 있다고 본다.[17] 따라서 이러한 약점을 보완하기 위해서는 정사와 패승을 포함하여 광범한 자료의 수집이 필요한 것이고, 그런 점에서도 정사와 패승의 보완관계를 유념하는 것이다.

『동사절요』에서 취급한 시대는 단군에서부터 고려말 공양왕까지다. 조선조역사는

---

17 「東史節要序」, "… 我國僻處洌水之陽 桓因 · 神市之世 邈矣難考 而檀君朝鮮 · 箕氏朝鮮 · 衛氏朝鮮 … 高句麗 · 百濟 · 新羅 分合迭興之間 史乘亦皆斷爛 司勝歎哉 盖東人習中朝之史 而其於東國世代 類多茫昧 如人好講他人之譜系 不識自己之宗派 此先儒氏 所以慨然於未見其可者他 …".

1909년에 따로 『국조인물지』(3권)라는 책명으로 간행했기 때문에, 이 두 책은 서로 상하로 연결되어 있다. 그러니까, 이 두 책은 이름은 서로 다르지만, 실은 하나의 통사로서 계획된 것을 짐작할 수 있다.

『동사절요』는 자서에 이어 9조의 범례를 설정하고, 「동국역대전수도」를 첨가했으며, 100여 종에 달하는 인용서적을 별록하고 있다. 여기 인용된 서적들은 『사기』·『한서』·『삼국지』·『진서』·『수서』·『남사』·『북사』·『송사』·『통전』·『통고』·『일통지』 등과 같은 16종의 중국측 자료를 제외하고는 우리나라 문헌들인데, 고려·조선시대의 문집류와 패사류 『삼국사기』·『삼국유사』·『제왕운기』·『고려사』·『동국통감』·『동국사략』 등과 같은 고려·조선초기의 사서류, 그리고 『동사찬요』(오운)·『동사』(허목)·『여사제강』(유계)·『동사회강』(임상덕)·『해동역사』(한치윤)·『문헌비고』 등 조선 후기 주요 사서들이 망라되어 있다. 그런데 특히 단군조선과 관련된 서술은 허목의 『동사』와 작자 불명의 『동사고기』, 그리고 『동사보감』이 주로 인용된 것이 눈길을 끈다. 안종화의 자서에서 정사와 패승의 병축을 강조한 것은 이와 같은 고기 혹은 야사들을 부분적으로 자료로서 활용했음을 암시하는 것이며, 결과적으로는 단군조선의 역사를 보완하는 데 기여했음을 유념할 필요가 있다.

『동사절요』의 범례에서는 9조에 걸쳐 편사의 원칙이 제시되고 있는데, 그 주요 특징을 소개하면 다음과 같다.

첫째, 단군 이전의 역사로서 환인과 신시에 대한 기록을 권수에 수록한다는 것과, 단군을 '초두출성인初頭出聖人'으로 취급한다는 것이 표방된다. 환인과 신시를 어떻게 이해하고 있는가는 다음 장에서 상론하기로 하겠거니와 단군 이전의 역사로서 오랫동안 신화 속에 파문혀온 환인과 신시를 권수에서 다룬다는 것은 한국사의 시원을 그만큼 소급시킨다는 것을 말해주는 것이다.

또한 단군을 '초두출성인'으로 규정하고 있는 것도 단군의 위격이 그만큼 격상되고 있다는 것을 보여주는 것으로 특별히 주목할 가치가 있다.

범례에서 두 번째로 강조하고 있는 것은 기자의 공적에 대한 칭송과 더불어 그에 대한 자료부족의 개탄이다. 기자조선 1800년의 가언과 선정은 대서특서할 만한 가치가 있음에도 불구하고 문헌부족으로 그 역사를 충분히 메꾸지 못하는 안타까움이 표시되어 있다.

그 다음으로는 삼국·고려시대 서술에 대한 원칙이 밝혀지고 있는데, 이는 자료가 비교적 풍부하지만, 기사의 상략과 주해가 고르지 못한 약점이 있어 이를 조정해서 서술하겠다는 취지가 천명되고 있다.

끝으로, 『동사절요』의 인물분류는 24조로 나누되, 주로 효충의 모범적 인물이나 간위 · 참역을 드러냄으로써 권선징악의 교훈을 얻는 데 목적을 두겠다는 취지가 언명되고 있다. 이는 작자 안종화의 역사의식의 저변에 유교적 도덕 사관이 깔려 있음을 말해주는 것으로, 이 책이 지닌 역사 의식상의 한계를 드러내는 것이다. 그렇지만, 24조에 달하는 인물 분류의 다양성이 암시하듯이, 모든 역사적 인물이 권선징악의 기준에서만 논단되고 있는 것은 아니라는 것을 유념할 필요가 있다. 이는 바꿔 말해 종래의 유교적 인물평가 기준보다는 훨씬 확대된 시야에 서 있음을 보여주는 것으로서, 새로운 시대가 요구하는 새로운 인물평가 기준이 그 나름대로 모색되고 있는 것이다. 이를테면, 장수將帥 · 필가筆家 · 호협豪俠 · 변사辯士 · 화식貨殖과 같은 항목이 그러한 새로운 시각의 예로서 지적될 수 있다.

2) 군왕기에 나타난 역사체계

『동사절요』는 24조로 인물을 분류했는데, 그 구체적인 명칭을 각 권별로 소개하면 다음과 같다.

卷一: 君王 · 后妃 · 宗室 · 公主
卷二: 相國
卷三: 將帥 · 卿士
卷四: 直臣 · 節義 · 文藝 · 筆家 · 循良 · 孝順
卷五: 烈行 · 休退 · 隱逸 · 豪俠 · 辯士 · 貨殖 · 貪汚 · 佞幸 · 奄竪 · 權奸 · 釋敎

이상 24조 중에서 군왕에 대해서만은 '군왕기'로 호칭하고 나머지는 모두 '傳'이라고 명명했다. 그러니까 엄밀하게 말하자면 '군왕기'와 '열전'으로 구성되어, 지志가 빠진 기전체형식에 가깝다 할 수 있다.

(1) 단군조선에 대한 서술

먼저, '군왕기'에서는 환인에서부터 시작하여 공양왕에 이르기까지 역대왕들의 치적이 소개되고 있어서 이것만 가지고도 정치사의 통사를 구성하고 있다. 그런데 군왕기에서 특히 주목되는 것은 고려 이전의 고대사에 대한 서술이다. 고대사는 삼조선·열국·삼국·후삼국의 순으로 서술되고 있는데, 삼조선 중에서는 단군조선이 특히 상세하다.

단군조선의 역사는 단군부터 시작하는 것이 그때까지의 관례이지만, 이 책에서는 단군에 앞서서 환인씨와 신시씨(환웅)를 먼저 서술하고 있다. 환인씨는 '수출신인首出神人'으로 인정하고, 신시씨는 '시교생민지치始教生民之治'하여 인문의 발달이 이때부터 점차로 열리게 되었다고 한다. 그리고 단군에 이르러서는 인문이 더욱 발달하여 다음과 같은 치적을 이루었다고 쓴다.

> 國內山川을 治하여 民居를 奠하고 草衣와 木食, 夏巢와 冬穴을 가르치고, 백성들에게 처음으로 編髮과 盖首를 가르쳤으며, 衣服과 飮食의 제도를 시작하고, 세 아들을 시켜 城을 쌓게 하였는데, 이를 三郞이라고 한다.[18]

안종화는 범례에서도 단군을 '초두출성인'이라고 칭송한 바 있는데, 군왕기에서는 『고기』와 허목의 『기언』(동사)을 인용하여 이와 같이 단군 및 그 선대의 치적을 상술하고 있는 것이다.

그런데, 안종화는 『고기』의 단군관계 기사나 단군에 얽힌 신화·전설을 상세하게 소개하는 데서 그치는 것이 아니라, 이를 자기 나름으로 합리적으로 재해석하는 평설을 첨가하고 있는 것이 주목된다. 예컨대, 곰이 여자로 변하여 신시씨(환웅)와 혼인하였다든가, 단군의 수명이 1,048년이라는 등의 이야기는 모두 진실이 아니라고 한다. 아무리 성인이라도 짐승이 사람이 될 수는 없는 것이다. 또 단군이 1,048년간 살았다가 상商 무정년에 아사달에 들어가 산신이 되었다는 것은, 단군이 그때까지 살았다는 이야기가 아니라, 상 무정년에 백성들이 단군의 덕을 기려 아사달에 묘사를 세운 것이 와전된 것으로 해석한다.

이와 같이 안종화는 단군에 얽힌 고기의 기사를 합리적으로 재해석하여 이를 역사적

---

18 『東史節要』卷1, 君王紀第一 檀君條, 3쪽.

사실로 인정하면서, 동시에 '단군 이전에는 군장이 없었다'고 생각하는 세유들의 주장도 잘못된 것이라고 반박한다. 그리하여 결론적으로 환인 · 신시 · 단군의 3자관계에 대해 안종화는,

桓因은 太極과 같고, 神市는 兩儀와 같으며, 檀君은 三才와 같다.[19]

고 하여, 환인 → 신시 → 단군의 계승관계를 태극太極 → 양의兩儀 → 삼재三才의 발생논리로 해석한다. 따라서 양의가 없이 삼재가 나올 수 없고, 태극이 없이 양의가 생성될 수 없듯이, 신시가 없이 단군이 나올 수 없으며, 환인이 없이 신시가 태어날 수 없음이 자명해진다. 그리고 위 3자를 이와 같은 맥락에서 파악할 때, 우리 역사의 시작을 단군에서만 시작하는 것은 부당하다. 그리하여 안종화는 그때까지 작사자들이 단군 이전의 역사를 삭제해 온 관례를 다음과 같이 비판한다.

우리 東方의 역사는 檀君으로부터 시작되지만, 桓因과 神市에 관한 기록은 荒史에서 나오기 때문에, 作史者들은 孔子가 옛기록을 삭제하고 唐虞(堯 · 舜 ─ 필자)로부터 역사의 시발점을 삼은 것을 모방하여 例로 삼아왔다. 그러나 檀君 이전에 君長이 없었고, 檀君의 享年이 천여년이나 되며, 山에 들어가 神이 되었다고 말할 수 있겠는가 …… 나는 생각하기를, 神市氏의 德이 衰하여지자 檀君氏가 일어났다고 할 수 있다.[20]

사학사적으로 볼 때, 단군 이전의 환인씨와 신시씨 시대를 인정한 역사서술은 17세기 중엽 학자인 허목의 『동사』에서도 보인 것인데,[21] 안종화는 바로 허목의 역사서술을 더욱 계승 · 발전시켜 단군 이전에도 '군장'시대가 있었음을 인정하고 있는 것이다.

안종화는 단군 다음의 군왕으로 단군의 아들인 부루를 소개하고, 그의 치적으로는,

夏后氏(禹 ─ 필자)가 水土를 平定하고 諸侯를 塗山에 모이게 하여 玉帛으로 相見케 했는

19　前揭書 卷1, 君王紀第一 桓因氏條, 2쪽.
20　註 18)과 같음.
21　韓永愚, 「許穆의 古學과 韓國史理解」, 『韓國學報』 40, 1985 참고.

데, 扶屢가 往會했다. [22]

고 하고, 다시 그에 대한 해설을 가하여 "扶屢가 往會한 것은 左海의 外交의 시작"이라고 평
가한다. 다시 말해 우리나라가 중국과 외교관계를 맺은 것은 부루가 최초이다. 그런데 당
시 중국(夏)과 우리나라의 문화를 비교한다면, 지리적으로는 일의대수로 가까우면서도
'복식과 기호가 다르고 언어도 불통'하여 서로 독자의 문화를 가지고 있었다. 동시에 우리
나라는 이미 '삼대지풍三代之風'의 단계에 있어서 중국이 예禮를 잃었을 때, 외이에게 예를
구하게 되는 까닭은 여기에 있다고 본다.

한편, 부루는 지금까지 부여왕 해부루와도 동일시되어 왔으나, 안종화는 부루의 수명
이 그토록 오랠 수 없다는 판단 아래 이를 부인하고, 부루의 후예가 뒤에 기자를 피하여
부여로 이사가서 해부루를 칭하게 되었다고 해석한다. [23] 그러나 이러한 해석은 억측이 작
용하고 있음을 스스로 인정하면서, '이신전신以信傳信 이의전의以疑傳疑'가 바른 태도임을
부기한다.

단군조선의 역사를 가능한 한 합리적으로 상세하게 재구성하려는 노력은 군왕기에서
만 나타나는 것이 아니라, 열전에서도 똑같이 보인다. 이를테면, 상국전相國傳 첫머리에
팽오彭吳와 아란불阿蘭弗을 수록하고, 은일전隱逸傳의 첫머리에 신지神誌를 소개한 것이 그
것이다. 팽오는 단군의 재상으로서 국내산천을 다스리고 민거를 정했다는 것이며, [24] 아란
불은 부여왕 해부루의 재상으로서 왕에게 권하여 동부여로 이도하게 한 인물이다. [25] 신지
는 단군시대 선인으로 자호하던 인물로서「비설秘說」을 써서 삼경을 서울에 비유하는 주
장을 폈다. [26]

이 밖에도 단군조선과 관련된 것으로서, 아사달이 지금의 구월산이라는 것, 구월산에
당장경과 삼성사가 있다는 것, 단군의 묘가 평안도 강동현에 있다는 것 등이 군왕기에 소
개되고 있다.

---

22   『東史節要』卷1, 君王紀第一 扶屢條, 5쪽.
23   同上.
24   上揭書 卷2, 相國傳第五 彭吳條, 91쪽.
25   上揭書 卷2, 相國傳第五 阿蘭弗條, 91쪽.
26   上揭書 卷5, 隱逸傳第十六 神誌條, 301쪽.

이상과 같은 단군조선에 관한 서술은 그때까지 단군조선에 관해 축적된 여러 설들을 집대성한 것으로 볼 수 있으며, 이는 작자 안종화의 역사의식의 저변에 민족지향의식이 깔려 있음을 말해주는 것이다.

(2) 기자조선에 대한 서술

군왕기에서는 부루 다음으로 기자箕子 · 왕부王否 · 왕준王準 · 마한馬韓(9왕)의 네 항목을 설정하여 기자조선의 역사를 서술하고 있다.

먼저, 기자에 관한 서술은, 기자의 주周 무왕에 대한 불신설을 지지하여 그가 주 무왕의 봉함을 받아 조선에 온 것이 아님을 분명히 하고, '기자는 천하의 대성으로서 천하의 대의를 지켰음'을 높이 칭송한다. 동시에 그가 5천인의 추종자를 데리고 조선에 들어와 시행한 팔조교 · 정전제 · 절풍건 · 변등 등으로, 중국 3대에도 볼 수 없는 천여 년의 문화국가를 유지한 것을 자랑스럽게 서술하면서, 후세에 그를 위해 묘사(숭인전)와 기자비(변계량찬) · 기자궁을 세운 사실을 소개하고 있다. 특히 기자조선을 중국 3대에 비유한 것은 허목의 『기언』에서 인용함으로써, 안종화가 허목의 영향을 크게 받고 있음을 다시 한번 보여주고 있다.

한편, 기자 후손이 주말周末에 왕을 칭함으로써 우리나라에 처음으로 왕호가 시작되었다는 것과, 기자의 40대손 왕부王否가 진에 복속하고, 부의 아들 왕준王準이 위만의 내습으로 한지(금마)에 내려가 마한을 세워 9대 200년 간 계속된 사실을 적고 있다.

마한이 망한 다음에 기씨의 자손들은 분산되어 기씨 · 한씨 · 선우씨로 되었다는 것을 허목의 『기언』을 인용하여 서술하고, 한韓이라는 뜻은 '일대지의一大之義'를 가리키는 것으로 한반도의 남쪽은 평원이 넓고 비옥하여 대륙과 같은 인상을 주기 때문에 그러한 칭호를 갖게 되었다고 한다.

안종화는 마한의 9세의 왕명을 열거하고 이를 사실로 받아들이고 있으나 기씨나 한씨 족보에 보이는 기자조선 43세의 왕명은 이를 사실로 보지 않는다.[27] 왜냐하면 기자조선의 역대 왕들이 복시를 쓴 것으로 되어 있는데, 복시는 신라 지증왕부터 처음 사용되었고, 중

---

27 上揭書 卷1, 君王紀第一 王準條 끝에 '考異'라 하는 項을 설정하여 太祖文聖王에서 哀王에 이르는 기자조선 王系表를 적고, 그 왕계표를 믿을 수 없다는 註文을 붙이고 있다.

국의 경우에도 주周의 정정왕 이후부터라고 보기 때문이다.

한편, 열전의 경사전에는 기자조선의 경사로서 왕수긍과 대부례가 소개되고 있다. 왕수긍은 기자가 8조교를 실시하려 할 때 풍토유별을 들어 그 신중한 시행을 요청한 인물로서 국인이 천거하여 사사가 되었다는 것이며,[28] 대부례는 왕이 주를 위해 연燕을 치고자 할 때 이를 만류하고, 연을 예禮로써 설득하여 칭왕을 막게 한 인물이다.[29] 결국 이 두 사람은 나라의 주체성을 유지하는 데 공헌한 인물로 칭송되고 있는 것이다.

이상과 같은 기자조선에 대한 서술은 그때까지의 기자조선에 관한 선배학자들의 연구성과를 집대성한 것은 아니고, 주로 허목의 『기언』을 토대로 하여 기자의 자주적 입국과 그 문화적 위치를 한국적 3代의 한 시기로 설정하려 한 것이 특징이라 할 수 있다.

(3) 열국에 대한 서술

군왕기의 마한 뒤에는 위만과 왕우거가 이어지고 있고, 그 다음에는 군왕 대신 진한 · 변한 · 예 · 맥 · 동부여 · 동옥저 · 비류 · 고구려 · 북옥저 · 읍루 · 행인 · 미추홀 · 금관 · 오가야 · 이서고 · 사량벌 · 감문 · 탐라 · 우산 · 물길 · 발해 · 일본 등의 열국이 서술되고 있다.

먼저, 위만조선은 그 건국과 멸망 과정이 간단하게 서술되고, 그에 대한 평가는 허목의 『기언』을 따라, 불의가 심해 폭득 · 폭망한 나라로 평가한다.

위만조선 다음의 사군과 이부는 독립된 항목으로 설정하지 않았으며, 진한과 변한은 한백겸설을 좇아 한강 이남에 설정했다. 그 밖에 특이한 점은 예濊를 강릉에, 맥貊을 춘천에, 동부여를 '단군지예'로 해석하고, 고구려를 요동에, 행인을 영변에, 미추홀을 인천에, 이서고를 청도에, 사량벌을 상주에, 대가야를 거창에, 감문을 개녕에, 발해를 '고구려유종'으로, 그리고 일본을 허목의 『동사』 중 흑치열전기사에 따라 서술한 것이다.

군왕기에 군왕이 아닌 열국을 광범위하게 망라 소개한 것은 안종화가 우리 민족의 고대국가의 활동을 넓은 시야에서 정리하고 있음을 보여주는 것이다. 또한 일본을 한국사 체계 속에 흡수하여 서술한 것은, 직접적으로는 허목의 『동사』의 영향을 받은 것이지만,

---

28 上揭書 卷3, 卿士傳第七 王受兢條, 186쪽.
29 上揭書 卷3, 卿士傳第七 大夫禮微, 186쪽.

현실적으로 대일관계가 긴박하던 개화기의 시점에서 일본에 대한 경각심을 환기시키려는 의도로 해석된다.

(4) 삼국 · 고려에 대한 서술

군왕기에서는 열국 다음으로 삼국을 서술하고 있는데, 그 순서는 신라 · 고구려 · 백제의 순을 따르고 있다. 통일신라는 따로 독립시키지 않고 신라사에 흡수시켜 서술했으며, 그 대신 태봉과 후백제를 삼국기 말미에 넣음으로써, 삼국통일의 의미를 강조하지 않는다.

삼국의 군왕기는 사건 위주로 서술하되, 특히 삼국시조에 얽힌 설화와 시조묘에 대한 서술을 빠뜨리지 않아 시조에 대한 숭배관념을 유도하려는 의도가 엿보인다. 또한 삼국이 독자적 연호를 쓴 사실은 빠짐없이 소개하여 삼국이 대외관계에서 자주성을 추구한 사실을 부각시키고, 고구려와 백제가 망한 후 부흥운동을 일으킨 안승安勝(보덕왕)과 풍豊(주류왕)을 각각 고구려와 백제의 군왕기 말미에 적어서 여麗 · 제濟 양국의 반당항쟁의 실상을 부각시키고 있다.

이와 같은 삼국기의 서술은 성리학적 도덕관념이나 정통론적 시각에서 벗어나 삼국을 대등하게 보면서, 그 시대의 왕권 및 국가의 위신을 선양하려는 의도가 투영된 것이라 할 수 있다.

한편, 삼국에 뒤이어 이어지는 고려의 군왕기에서도 군주 및 국가위신을 높이려는 의도는 똑같이 나타나고 있다. 그것은 고려 역대 왕의 시호와 묘호 그리고 능호를 반드시 적은 데서 찾아진다.

3) 열전에 나타난 역사의식

군왕기 다음에 이어지는 열전을 후비전에서 시작하여 석교부에 이르기까지 23조로 이루어지고 있다. 각 열전의 첫머리에는 열전을 설정한 취지를 설명하는 서문을 싣고, 연대순으로 인물을 소개하는 형식을 취하고 있다.

먼저, 열전에 수록된 인물의 총수는 대략 1,070여 명에 달하는데, 이를 시대별로 나누어 보면 삼국 이전 인물이 9명, 삼국시대 인물이 183명, 그리고 고려시대 인물이 880여 명이 된다. 삼국시대 인물을 다시 나라별로 나누어 보면, 신라가 121명으로 가장 많고, 그 다음이 고구려 45명, 백제 15명, 가야 2명의 순이다.

다음에, 각 열전별로 수록된 인물수를 헤아려 보면 다음과 같다.

① 后妃傳: 35 ② 宗室傳: 29 ③ 公主傳: 5 ④ 相國傳: 183

⑤ 將帥傳: 101 ⑥ 卿士傳: 170 ⑦ 直臣傳: 34 ⑧ 節義傳: 70여

⑨ 文藝傳: 113 ⑩ 筆家傳: 15 ⑪ 循良傳: 32 ⑫ 孝順傳: 30

⑬ 烈行傳: 36 ⑭ 休退傳: 9 ⑮ 隱逸傳: 21 ⑯ 豪俠傳: 9

⑰ 辯士傳: 7 ⑱ 貨殖傳: 7 ⑲ 貪汚傳: 17 ⑳ 佞幸傳: 34

㉑ 奄竪傳: 13 ㉒ 權奸傳: 45 ㉓ 釋敎傳: 55

위 23조의 열전은 주로 삼강·오륜의 도덕적 기준 위에서 인물을 분류해온 관례를 깨고 보다 확대된 기준에서 역사적 인물의 행적을 분류했다는 것이 먼저 주목된다. 예를 들어 관리들을 분류함에 있어서 명신이나 반역·간신 등으로 양분하는 입장에서 벗어나 상국相國(재상)·장수將帥·경사卿士·직신直臣·절의節義 등 보다 다원화된 기준에서 관료의 기능을 살피고 있으며, 문예文藝·필가筆家·변사辯士 등과 같은 것을 설정한 것은 국가운영에 있어서 기능인의 활동을 주목한 것이라 할 수 있다.

그 밖에 휴퇴전休退傳과 은일전隱逸傳을 둔 것은 재조자在朝者만이 아니라 재야인사도 국가·사회에 기여하는 점이 있음을 부각시킨 것이고, 호협전豪俠傳이나 화식전貨殖傳 같은 것은 비록 이들의 활동을 모두 정당시한 것은 아니라 하더라도 재력이나 완력 등 물리적 힘을 가진 자들의 역할에 대해 관심을 보인 것이라 할 수 있다.

한편, 석교전을 열전의 말미에 붙인 것은 은일전이 다분히 선가적인 처토들을 망라한 것과 아울러 작자 안종화의 문화의식이 기본적으로 유교에 토대를 두고 있으면서도 불교와 선교 등에 대해 매우 포용적 자세를 지니고 있음을 보여주는 것이다.

물론 안종화의 인물 분류기준은 사마천『사기』의 그것을 많이 참고한 것도 사실이고, 또한 삼강오륜의 도덕규범을 전적으로 부인하는 시각에서 열전을 구성한 것도 아니다. 효순전孝順傳·열행전烈行傳 같은 것은 강상의 도리에 충실한 인물을 선양코자 한 것이고, 권간전權奸傳은 약육강식의 비리를 고발코자 한 것이다.

그러나 이와 같은 전통적 가치관의 기초 위에 서면서도, 열전에 수록된 인물들 가운데

에는 분명히 종전의 사서에서 간과되었던 수많은 새로운 이름들이 재조명되고 있다는 것을 주목해야 한다. 다시 말해, 이는 고대와 고려의 역사를 이끌어간 주역들이 보다 넓은 계층에서 포착되고 있음을 의미하며, 바로 그 점은 작자 안종화가 자기 시대의 보다 확대된 신흥계급을 의식한 데서 나타난 결과가 아닌가 추측된다.

4. 『국조인물지』의 검토

1) 체재

『국조인물지』는 모두 3책(3편)으로 되어 있고, 간행연대는 1909년(융희 3)이다. 그러나 원영의가 쓴 발문은 1907년으로 되어 있고, 그 발문에 의하면, 안종화는 수십년간 자료를 수집한 끝에 이 책을 편찬했다 한다.

그러니까 『국조인물지』는 1907년에 일단 편찬이 완료되었지만, 그 편찬 작업은 『동사절요』를 완성한 1878년 이후로 계속되어온 것을 알 수 있다.

이 책의 체재를 보면, 맨 첫머리에 11조의 범례를 싣고, 다음에는 148종의 인용서적을 소개하고 있으며, 그 다음에는 각권에 수록된 인물의 생존시대를 적고 있다. 이에 의하면 1권(일편)에서는 태조에서 중종까지, 2권(이편)에서는 중종에서 인조까지, 그리고 3권(삼편)은 인조에서 철종까지로 되어 있다. 그러니까 이 책은 태조에서 철종에 이르는 기간의 조선왕조의 인물을 연대순에 따라 서술한 일종의 인물사전이다.

그러나 이 책은 단순히 인명사전으로서 편찬된 것이 아니라 기전체 형식의 변례로서 편찬되었다 한다. 이는 원영의가 쓴 발문에 "盖倣紀傳體而變例"라 한 데서 알 수 있다. 다시 말해 기전체의 열전 부분을 독립시킨 형식이 되는 것이다. 앞에 소개한 『동사절요』도 단순한 인명사전이 아니라 군왕기와 열전의 형식을 갖춘 일종의 기전체 사서이거니와, 『국조인물지』도 같은 취지로 편찬된 것을 말해준다. 다만, 『국조인물지』는 군왕기가 누락되었고, 또 인물을 시대순으로 나열할 뿐, 이를 『동사절요』처럼 행적별로 분류하지 않았기 때문에 열전의 형식을 제대로 갖춘 것은 아니다. 작자 안종화는 충역의 뜻을 분명히 하고 선선악악의 포폄을 하기 위해 이 책을 썼다는 취지를 범례에서 밝히고 있어, 아직도 유가

적인 시각에서 벗어나지 않았음을 보여주고 있다. 그럼에도 그가 열전형식의 인물분류
를 시도하지 않은 것은 조선조 인물에 대한 열전적 분류가 기술적으로 쉽지 않을 뿐 아니
라, 또 그렇게 했을 경우 따르게 되는 세인의 비판을 두려워한 것도 사실일 것이다.

그러나 외형상으로는 이렇듯 분류가 없는 열전이 되었지만, 내용상으로는 앞의『동사
절요』에서 설정했던 것과 같은 다양한 기준에서 인물을 뽑은 것을 유념해야 한다. 바로
그 점이 이 책으로 하여금 기왕의 인물지와 근본적으로 성격을 다르게 만든 특색이라고
할 수 있다.

2) 내용 검토

『국조인물지』에 수록된 인명은 모두 2,990명이다. 이 책을 저술하는데 가장 많이 참고
한 것은『국조인물고』이다. 안종화에 의하면,『국조인물고』는 정조 때 초계문신들이 왕
명을 받들어 82책으로 찬진한 것인데, 책이 성편되기 전에 왕이 서거하여 일실이 많다는
것이다.[30] 실제로 지금 전해지는『국조인물고』는 본편 66권, 속편 8권으로 되어 있는데,
그중 권4ㆍ권7이 결실되어 있다.[31]

『국조인물지』는 이렇듯 100여 년 전에 편찬된『국조인물고』를 참고하여 이를 보완하는
방향에서 편찬된 것이므로, 이 양자의 비교에서 그 성격이 더욱 선명하게 부각될 수 있다.

먼저 이용자료면에서 양서는 판이하게 구별된다.『인물고』는 묘갈명ㆍ묘지명ㆍ행상
그리고 비명을 자료로 활용한 것인데, 이 네 가지 가운데 가장 대표적인 것을 하나만 뽑아
매개 인물마다 하나씩 실었다. 이에 반해,『인물지』는『국조보감』ㆍ『여지승람』ㆍ『국조
방목』등 관찬자료 이외에 140여 종의 문집ㆍ야사류를 참고자료로 활용하여 보다 풍부한
내용을 담을 수 있게 되었다. 다만, 자료를 있는 대로 다 싣지 않고 내용을 압축했기 때문
에 서술분량이『인물고』보다 훨씬 간략해졌다.

---

30 『國朝人物志』凡例, "一. 此書 多取於人物考而廣搜書籍 以志其人 以志其事 因名曰 人物志 … 昔在健陵盛際 …
   是時 特命摛文院抄啓文臣 撰進人物考八十二册 未及成編而龍馭賓天臣民之痛 可勝言哉 今其全書多逸".
31 현재 서울대학교 奎章閣 所藏의『國朝人物考』는 本編 66卷, 續編 8卷, 모두 합해 74권으로 되어 있고, 그중 4ㆍ
   7권이 缺失되어 있다. 安鍾和는『國朝人物考』가 82권이라고 하여 양자 사이에 차이가 드러나는데, 어느 것이
   맞는지 알 수 없다.

이용자료의 확대는 자연히 등재인물의 범위를 확대시키는 결과를 가져왔다. 사실, 묘갈명·묘지명·행상·비명 등만을 자료로 이용할 경우에는 등재인물이 극히 한정될 수밖에 없다. 『인물고』에 수록된 인물들이 거의 대부분 고관에 오른 명신이나 유학자에 치중된 이유가 여기에 있다.[32] 그러나, 이와 같은 자료의 한계를 벗어버린 『인물지』에서는 명신만 수록되고 있는 것이 아니라, 군주에 반역한 인물이나, 초야에 은거한 인물, 조선 후기의 실학자로 불리는 인물, 혹은 각종 기술중인, 그리고 심지어는 양수척 같은 천인도 수록되고 있음을 본다. 더욱이, 『인물고』는 대체로 영조조 이전까지의 인물을 수록하는 데 그친 것이지만, 인물지는 그 이후의 인물까지도 수록했기 때문에 자연히 새 인물이 많아질 수밖에 없다.

그런데, 한 가지 주의할 점은, 『인물고』에 수록된 인물이 모두 『인물지』에 들어 있는 것은 아니라는 점이다. 다시 말해 정치적으로나 문화적으로 행적이 미미한 인물은 빼어버렸다. 그러나 전체적으로 볼 때는 뺀 인물보다는 새로 추가한 인물이 압도적으로 많다. 『인물고』에 수록된 인명은 대략 2천 명이 조금 넘는 데 지나지 않으나,[33] 『인물지』에 수록된 인명은 3천 명에 가깝다. 『인물고』의 인명을 상당수 빼고서도 이 정도로 인명수가 늘어난 것은, 새로 추가된 인물이 1천 명을 훨씬 상회한다는 것을 의미한다. 그만큼 『인물지』는 『인물고』와는 질적으로 달라진 것이다.

이제, 『인물지』에 새로 수록된 인물들의 성향을 좀더 구체적으로 검토해 보면 다음과 같이 정리될 수 있다.

첫째, 이왕가의 왕자종친인사들 약 70여 명이 새로 추가되었다. 이는 『동사절요』에서 종실전을 설정한 것과도 맥이 닿는 것이며, 이는 그들의 정치적 혹은 문화적 기능을 도외시할 수 없다는 배려가 작용했을 것이다.

둘째, 역사적으로 반역아로 몰린 인사들이 대거 수록되었다. 예컨대 이징옥李澄玉·이시애李施愛·정여립·허균·정인홍·이몽학 등과 같은 인물이 그것이다. 이러한 인물들은 관찬서적인 『인물고』에서는 수록하기 어려운 사정이 있었을 것이나, 『인물지』는 사

---

32 『國朝人物考』는 인물분류를 相臣·國戚·儒學·卿宰·名流·文官·武弁·休逸·蔭仕·士子 등 10조로 나누고, 그 밖에 黨禍를 입은 사람과 倭·胡亂 때 征討 혹은 立節한 사람으로 분류해서 실었다.

33 註31)의 『人物考』에 수록된 인물은 卷4와 卷7의 缺本에 수록된 인물을 제외하고 2,065명이 된다(李成茂, 「國朝人物考解題」, 1978).

찬이므로 그러한 왕가의 입장을 따를 필요는 없었을 것이다.

셋째, 『인물고』에서는 무슨 이유인지는 모르나 정도전 · 조준 등과 같은 개국공신, 조광조 · 이이 · 이황과 같은 저명한 사림인사가 누락되었고, 송시열 · 송준길 · 허적 · 허목 · 윤휴 · 윤증 등과 같은 저명한 당인이 빠져 있는데, 『인물지』에서는 이들이 모두 수록되고 있다.

넷째, 『인물고』에는 유형원 · 이익 · 박지원 · 박제가 · 홍대용 · 정약용 등과 같은 저명한 실학자들이 들어 있지 않다. 이는 물론 실학자들의 대부분이 영정조 이후에 활약한 데도 이유가 있지만, 유형원 같은 인물은 시기적으로 수록대상이 될 수 있음에도 불구하고 빠진 것이다. 그런데, 『인물지』에서는 이들이 모두 수록되고 있을 뿐 아니라, 그들의 사상내용을 파격적으로 설명하는 성의를 보이고 있다. 이는 『인물지』의 인용서목 중에 유형원 · 이익 · 유득공 · 정약용 등의 저서가 보이고 있는 것과 관련하여 작자 안종화가 실학에 관해 가진 깊은 관심도를 반영하는 것으로 해석된다.

다섯째, 『인물지』에는 조선 후기의 이른바 위항인으로 불리는 중인들이 대거 수록되고 있음을 볼 수 있다. 우선, 인용서목 중에는 고시언高時彦의 『소대풍요昭代風謠』, 조수삼의 『추재기이』, 조희룡의 『호산외기』, 유재건의 『겸산필기兼山筆記』, 장지완의 『배연상초裵然箱抄』와 『침우담초』, 신광현의 『위항쇄문委巷瑣聞』, 이경민의 『희조질사』, 유척기의 『지수재집』 등 18 · 19세기 중인의 저서들이 많이 인용되고 있거니와, 이러한 자료들에서 뽑아진 의관 · 역관 · 화원 · 율관 등 기술중인의 인물들이 수록되는 것은 당연한 결과인 것이다. 하지만, 일반적으로 사족들 사이에 천시되어온 중인들을 사족과 동렬의 인물로 수록했다는 것은 『인물고』와 『인물지』의 본질적 차이를 가장 극명하게 보여주는 것이며, 이는 중인이 현실적으로 역사의 주역으로 등장한 19세기 말~20세기 초의 역사현실을 반영하는 것이기도 하다.

끝으로, 『인물고』에는 비록 소수이긴 하지만, 임진왜란 때 의병을 일으킨 영규靈圭 · 유정惟政 · 휴정休靜과 같은 승려가 새로 수록되어 있고, 울릉도 개척에 공이 큰 안용복安龍福, 임진왜란에 공을 세운 이억기李億祺, 병자호란 때의 명장인 임경업林慶業을 비롯한 수많은 애국무장이 새로 수록되고 있다. 이러한 인물들은 『인물지』가 편찬되던 1907~1909년의 상황에서는 매우 절실한 의미를 가지는 것이니 우리는 여기에서 『인물지』편찬의 의도가 항일민족의식과 결코 무관하지 않다는 심증을 얻게 되는 것이다.

안종화 자신은 『인물지』 편찬의 목적과 관련하여 범례에서 충역의 분을 특서한다는 유교적 표현법을 썼지만, 그가 말하는 忠은 현실적으로 항일민족정신을 내포하고 있는 것으로 풀이될 수 있다. 이러한 그의 의도는 그 자신이 쓴 범례보다는 원영의가 쓴 발문에 더 직설적으로 표현되고 있으니, 『인물고』의 교훈적 가치를 평하여,

祖國思想이 油然하게 배어나올 것이니, 支那史만 헛되이 보는 사람들은 과연 어떤 생각을 하게 될까.

라고 말한 대목에서 여실하게 나타난다.

물론, 안종화가 '조국사상의 유연한 자생'을 목적으로 『인물지』를 편찬했을 때, 그 대상 인물이 충신에게만 국한되는 것은 아닐 것이다. 충신이나 애국명장을 포함하여 조선왕조 500년을 이끌어간 인물을 총체적으로 인식함으로써 우리나라 근세사에 대한 자신감을 얻게 될 때, 항일과 근대화에 필요한 소위 '조국사상'은 자연스럽게 우러나올 수 있다고 기대했을 것이다.

5. 맺음말

1876년의 개항에서 1910년의 일본강점에 이르는 19세기 후반~20세기 초의 역사는 자주적 근대화를 모색하던 격동기로서, 이 시기 역사학은 이를 뒷받침하는 이념적 지주로서 활발하게 전개되고 있었다.

대체로 이 시기의 역사학은 1894년의 갑오경장 이후 학부에서 편찬한 교과서를 중심으로 이루어진 소위 '신사학'이 학계의 관심을 끌어왔고, 1905년의 을사조약을 계기로 민족주의사학이 형성되는 것으로 이해되어왔다. 특히 1909년에 성립된 대종교는 극단적인 민족주의를 표출시키면서 1910년대의 역사서술에 강렬한 영향을 주었던 것이 밝혀졌다.

그런데 신사학이나 민족주의사학의 성립과 관련하여 그 선구적 소임을 했으면서도 망각되어온 인물이 있다. 함재 안종화가 바로 그다.

안종화는 위항인 출신의 개화사상가로서 이미 개항 직후에 『동사절요』(1878)를 써서

17세기 중엽 허목에 의해서 토대가 놓인 단군중심의 고대사체계를 계승·발전시켜 민족주의사학이 성립될 수 있는 중요한 다리를 놓았다. 또 이 책에서는 보다 확대된 시야에서 고대와 고려의 숨겨진 인물들을 표출시켜 장차 근대화에 필요한 인간상의 역사적 근거를 마련하였다.

　다양한 인간상의 표출을 통해 자주적 근대화의 원동력을 찾으려는 안종화의 역사서술은 1909년에 간행된 『국조인물지』에서 더욱 명료하게 나타났다. 이 책에서는 조선시대에 국난을 이겨낸 전쟁영웅들과 왕조체제의 개혁을 모색한 조선 후기 실학자들, 그리고 신분제의 질곡을 깨면서 새로운 개화세력으로 성장해 가던 위항인들, 그리고 도가나 처사를 자처하면서 이단사상을 키워온 인사들을 부각시킴으로써 '조국사상이 유연하게 자생'하도록 독자들을 유도하고 있다.

　물론 안종화의 역사의식은 유교사관의 한계를 다 벗어난 것은 아니다. 그의 역사서술은 사마천의 『사기』에 준거하여, 형식에 있어서 열전체재를 변용시키고, 문화의식에 있어서 유교와 도가를 절충하고 있으며, 자료선택에 있어서 정사와 야사를 합일시켰다. 이는 근대적 역사서술과는 일정한 거리가 있는 것이지만 의리중심·도덕중심의 주자의 강목법 사학으로부터 탈피하여 근대사학으로 넘어가는 토대를 놓았다는 점에 사학사적 의의가 있다.

高柄翊, 「茶山의 進步觀 - 그의 技藝論을 中心으로」, 『金載元博士回甲記念論文集』, 1965.

_____, 「三國史記의 歷史叙述」, 『金載元博士回甲記念論叢』, 1969.

高錫珪, 「『紀年兒覽』에 나타난 李萬運의 歷史認識」, 『韓國文化』 8, 1987.

金烈圭, 「高麗史 世家에 나타난 神聖王權의 意識」, 『震檀學報』 40, 1975.

金文植, 「尙書研究書를 中心으로 본 丁若鏞과 洪奭周의 政治思想 비교」, 『韓國史論』 20, 1988.

金成俊, 「舊韓末의 國史教育에 대하여」, 『大東文化研究』 8, 1971.

金容燮, 「우리나라 近代歷史學의 成立」, 『知性』 5호, 1972.

_____, 「우리나라 近代歷史學의 發達」, 『文學과 知性』 4, 1971.

金允植, 「도남사상과 신민족주의 사관」, 『한국학보』 33, 1983.

金貞培, 「新民族主義史觀」, 『文學과 知性』 35, 1979.

金哲埈, 「高麗中期의 文化意識과 史學의 性格」, 『韓國史研究』 9, 1973.

_____, 「修山 李種徽의 史學」, 『東方學志』 15, 1974.

_____, 「益齋 李齊賢의 史學」, 『東方學志』 8, 1967.

_____, 「高麗史」, 『韓國의 古典百選』, 新東亞, 1969.

檀國大東洋學研究所, 『朴殷植全書』 下, 年譜.

丹齋申采浩先生紀念事業會, 『丹齋申采浩와 民族史觀』, 1980.

大倧教倧經史編修委員會, 『大倧教重光六十年史』 第3編 重光諸賢, 1971.

渡部學, 『近世朝鮮教育史研究』, 雄山閣, 1969.

陸軍本府 편, 『韓國軍制史 - 朝鮮後期篇』, 1977.

李覺鍾, 「朝鮮民族思想變遷의 槪要(日文)」, 『朝鮮及朝鮮民族』, 朝鮮思想通信社, 1927.

李基白, 「19세기 韓國史學의 새 樣相」, 『韓祐劤博士停年紀念 史學論叢』, 1981.

_____, 「解題」, 『東國通鑑』, 景仁文化社, 1973.

_____, 「解題」, 『孫晋泰先生全集』, 太學社, 1981.

_____, 「新民族主義史觀論」, 『文學과 知性』 9, 1972.

李萬烈, 「17·18세기 史書와 古代史認識」, 『韓國의 歷史認識』 下, 1976.

_____, 「17·18세기의 史書와 古代史認識」, 『韓國史研究』 10, 1974.

_____, 「朝鮮後期의 渤海史認識」, 『한우근박사 정년기념 사학논총』, 1981.

_____, 「한국근대사학의 제보」, 『한국근대 역사학의 이해』, 문학과 지성사, 1983.

李萬烈, 『韓國近代歷史學의 理解』, 文學과 知性事, 1981.

李相佰, 「鄭道傳論」, 『朝鮮文化史研究論政』, 1947.

_____, 『李朝建國의 研究』, 乙酉文化社, 1947.

_____, 『韓國文化史研究論攷』, 1947.

李叔還 편, 『道教大辭典』(臺北), 1979, 135쪽.

李佑成, 「李朝後期 近畿學派에 있어서의 正統論의 전개」, 『歷史學報』 31, 1966.

李元淳, 「鮮初史書의 歷史認識」, 『한국민족사상대계』 3, 中世篇, 1974.

_____, 「朝鮮前期 史書의 歷史認識」, 『韓國史論』 6, 1979.

_____, 『鮮初史書의 歷史認識』 韓國民族思想史大系 Ⅱ, 1974.

李庭植, 「構成 民世 安在鴻의 自敍傳」, 『新東亞』, 1976.

李泰鎭, 「三軍門都城守備體制의 확립과 그 변천」, 『韓國軍制史』, 近世朝鮮後期篇, 1977.

_____, 「安廓의 生涯와 國學世界」, 『高柄翊先生回甲紀念史學論叢, 歷史와 人間의 對應』, 한울, 1984.

_____, 「海東繹史의 學術史的 檢討」, 『震檀學報』 53 · 54, 1982.

文喆永, 「星湖 李瀷의 社會思想과 그 구조」, 『韓國社會史研究會論文集』 4.

閔賢九, 「高麗史에 反映된 名分論의 性格」, 『震檀學報』 40, 1975.

朴秉濠, 「經國大典의 編纂과 頒行」, 『한국사』 9.

朴永錫, 「大倧教의 獨立運動에 관한 研究」, 『史叢』 21 · 22, 1977.

_____, 「日帝下 在滿韓人社會의 形成 - 石洲 李相龍의 活動을 중심으로」, 『韓國史學』 3, 1980.

朴元熇, 「明初 文字獄과 朝鮮表箋問題」, 『史學研究』 25, 1975.

_____, 「明初 朝鮮의 遼東攻伐計劃과 表箋問題」, 『白山學報』 19, 1975.

卞媛琳, 「安鼎福의 歷史意識」, 『史叢』 17 · 18, 1973.

邊太燮, 「高麗史와 高麗史節要의 史論」, 『史叢』 21 · 22, 1977.

_____, 「高麗國史의 編纂內容과 史論」, 『學術論叢』 3, 1979.

_____, 「高麗史編纂에 있어서의 客觀性의 問題」, 『震檀學報』 40, 1975.

宋贊植, 「星湖의 새로운 史論」, 『白山學報』 8, 1970.

申奭鎬, 「조선왕조 개국 당시의 대명 관계」, 『국사상의 제 문제』 제1집, 1959.

_____, 「高麗史編纂始末」, 『海圓黃義敦先生古稀記念史學論叢』.

愼鏞廈, 「新民會의 創建과 그 國權恢復運動」, 『韓國學報』 8, 1977.

_____, 『國立協會研究』, 1977.

_____, 『獨立協會研究』, 1976.

_____, 『朴殷植의 社會思想研究』, 서울대학교 출판부, 1982.

申一澈, 「申采浩의 自强論的 國史像」, 『韓國思想』 10호, 1972.

安在鴻, 「오호 丹齋를 哭함」, 『丹齋申采浩全集別集』, 1936.

_____, 「朝鮮史學의 先驅者 - 申丹齋學說 私觀」, 『朝光』, 丹齋申采浩全集別集, 1936.

元裕漢, 「實學派의 貨幣經濟論」, 『東方學誌』 26, 1981.

兪炳勇, 「安在鴻의 政治思想에 관한 再檢討」, 『한국민족운동사연구』 1, 1986.

尹炳奭, 「1910年代의 韓國獨立運動」, 『史學研究』 27, 1977.

_____, 「石洲遺稿」, 『韓國近代史料論』, 1979.

任洪彬, 「安在鴻論」, 『政經研究』, 1965.

田口容三,「受國啓蒙運動期의 時代認識」,『朝鮮史硏究會論文集』15, 1978.

鄭景鉉,「19세기의 새로운 國土防衛論 - 茶山의『民堡議』를 중심으로」,『韓國史論』4, 1978.

鄭求福,「16~17世紀의 私撰史書에 대하여」,『全北史學』1, 1977.

_____,「東國史略에 대한 史學史的 考察」,『歷史學報』68, 1975.

_____,「東國通鑑에 대한 史學史的 考察」,『韓國史硏究』21·22 합집호, 1978.

_____,「三國史節要에 대한 史學史的 考察」,『歷史敎育』18, 1975.

_____,「韓百謙의『東國地理志』에 대한 一考」,『全北史學』2, 1978.

_____,「朝鮮前期의 歷史敍述」,『創作과 批評』41號, 1976.

鄭玉子,「眉叟 許穆 硏究」,『韓國史論』5, 1979.

_____,『朝鮮後期 文化運動史』, 一潮閣, 1988.

鄭允在,「安在鴻의 新民族主義論硏究」, 愼鏞廈編,『韓國現代社會思想』, 知識産業社, 1984.

趙東杰,「大韓光復會硏究」,『韓國史硏究』42, 1983.

酒井忠夫編,『道敎の總合的硏究』, 1978.

車柱環,『韓國道敎思想硏究』, 1978.

千寬宇,「民世 安在鴻年譜」,『創作과 批評』, 1978.

_____,「民世 安在鴻選集 解題」, 知識産業社, 1981.

崔南善,「稽古割存 - 檀君及扶餘시절」,『靑春』14, 1918.

崔元植,「安自山의 國學 -『朝鮮文學史』를 중심으로」,『心象』8, 1981.

崔在錫,「손진태 저작 문헌목록」,『한국학보』39, 1985.

沈喁俊,『順菴 安鼎福 硏究』, 一志社, 1985.

河宇鳳,「順菴 安鼎福의 日本認識」,『全羅文化論叢』2, 1988.

韓相權,「順菴 安鼎福의 社會思想」,『韓國史論』17, 1987.

韓永愚,「17세기 중엽 嶺南南人의 歷史敍述 - 洪汝河의『彙纂麗史』와『東國通鑑提綱』」,『邊太燮博士華甲紀念史學論叢』, 1985.

_____,「17세기 중엽 西人의 歷史敍述 - 兪棨의『麗史提綱』」,『東國大 開校 80週年 紀念論叢』, 1987.

_____,「17세기 초의 歷史敍述 - 吳澐의『東史纂要』와 趙挺의『東史補遺』」,『韓國史學』6, 1985.

_____,「17세기의 反尊華的 道家史學의 成長」,『韓國學報』1, 1975.

_____,「18세기 중엽 少論學人 李種徽의 歷史意識」,『東洋學』17, 1987.

_____,「18세기 초 少論學者의 歷史敍述 - 林象德의『東史會綱』」,『三佛金元龍敎授停年退任紀念論叢』, 1987.

_____,「1910년대의 民族主義的 歷史敍述 - 李相龍·朴殷植·金敎獻·『檀奇古史』를 중심으로」,『韓國文化』1, 서울大, 1980.

_____,「1910년대의 申采浩의 歷史認識」,『韓㳓劤博士停年紀念 史學論叢』1981.

_____,「開化期 安鍾和의 歷史敍述」,『韓國文化』8, 1987.

_____,「高麗~朝鮮前期의 箕子認識」,『朝鮮前期社會思想硏究』, 知識産業社, 1983.

_____,「訥齋 梁誠之의 社會·政治思想」,『歷史敎育』17, 1975.

_____,「茶山 丁若鏞의 史論과 對外觀」,『金哲埈博士華甲紀念史學論叢』, 1983.

_____,「李瀷의 史論과 韓國史理解」,『韓國學報』46, 1987.

_____,「民族史學의 成立과 展開」,『國史館論叢』3호, 1989.

_____,「孫晉泰의 朝鮮民族史槪論」,『서울評論』103, 1975.

韓永愚, 「安在鴻의 新民族主義와 史學」, 『한국독립운동사연구』 1, 1987.

_____, 「安鼎福의 思想과 『東史綱目』」, 『韓國學報』 53, 1988.

_____, 「王權의 確立과 制度의 改革」, 『한국사』 권9, 국사편찬위원회, 1973.

_____, 「王權의 確立과 制度의 完成」, 『한국사』 9, 1973.

_____, 「鄭道傳思想의 研究」, 『韓國文化研究叢書』 15, 1973. 11.

_____, 「丁若鏞의 與猶堂全書」, 『實學研究入門』, 1973.

_____, 「朝鮮時代 中人의 身分階級的 性格」, 『韓國文化』 9, 1988.

_____, 「朝鮮前期 性理學派의 社會·經濟思想」, 『韓國思想大系』 II, 大東文化研究所, 1976.

_____, 「朝鮮初期의 歷史敍述과 歷史認識」, 『韓國學報』 7, 1977.

_____, 「韓國近代歷史學과 朝鮮時代史 理解」, 『人文科學의 새로운 방향』, 서울대 인문과학연구소, 1984.

_____, 「韓末에 있어서의 申采浩의 歷史認識」, 『丹齋申采浩와 民族史觀』, 1980.

_____, 「海東繹史의 研究」, 『韓國學報』 38, 1985.

_____, 「許穆의 古學과 歷史認識 - 『東事』를 중심으로」, 『韓國學報』 40, 1985.

_____, 「許穆의 古學과 韓國史理解」, 『韓國學報』 40, 1985.

_____, 「『高麗史』와 『高麗史節要』의 比較研究」, 『震檀學報』 4, 1979.

_____, 「『東國通鑑』의 歷史敍述과 歷史認識」(上), 『韓國學報』 15, 1979.

_____, 「『東國通鑑』의 歷史敍述과 歷史認識」(下), 『韓國學報』 16, 1979.

_____, 『나라에 사람이 있구나: 월탄 한효순 이야기』, 지식산업사, 2016.

_____, 『서경덕과 화담학파』, 지식산업사, 2021.

_____, 『세종평전: 대왕의 진실과 비밀』, 경세원, 2019.

_____, 『실학의 선구자 이수광』, 경세원, 2007.

_____, 『鄭道傳思想의 研究』, 1973.

_____, 『朝鮮前期史學史研究』, 서울대학교출판부, 1981.

_____, 『朝鮮前期社會思想研究』, 1983.

_____, 『朝鮮後期史學史研究』, 一志社, 1989.

韓㳓劤, 「世宗朝에 있어서의 對佛教施策」, 『震檀學報』 25, 26, 27 합병호.

_____, 「朝鮮王朝初期에 있어서의 儒教理念의 實踐과 信仰·宗教」, 『韓國史論』 3, 1976.

_____, 『李朝後期의 社會와 思想』, 乙酉文化社, 1961.

_____, 『星湖 李瀷 연구 - 人間星湖와 그의 政治思想』, 서울대출판부, 1980.

홍인표, 『洪萬宗詩論研究』, 서울대학교출판부, 1986.

黃德吉, 「順菴先生行狀」, 『順菴叢書』 上, 大東文化研究院, 1970.

黃元九, 「實學派의 歷史認識」, 『韓國史論』 6, 1979.

_____, 「實學派의 史學理論」, 『延世論叢』 7, 1970.

_____, 「韓致奫의 史學思想」, 『人文科學』 72, 1962.

_____, 「海東繹史 解題」, 『海東繹史』, 景仁文化社, 1973.

_____, 「海東繹史의 文化史的 理解」, 『震檀學報』 53·54, 1982.

ㄱ

한국사학사연구

초판1쇄 발행 2024년 12월 30일

지은이 한영우

주간 조승연
편집·디자인 오경희·조정화·오성현·신나래·박선주·정성희
관리 박정대

펴낸이 홍종화
펴낸곳 민속원
창업 홍기원
출판등록 제1990-000045호
주소 서울 마포구 토정로 25길 41(대흥동 337-25)
전화 02) 804-3320, 805-3320, 806-3320(代)
팩스 02) 802-3346
이메일 minsokwon@naver.com
홈페이지 www.minsokwon.com

ISBN 978-89-285-2029-9
S E T 978-89-285-0359-9 94380